Michael Schwartz
Funktionäre mit Vergangenheit

Michael Schwartz

Funktionäre mit Vergangenheit

Das Gründungspräsidium des Bundes
der Vertriebenen und das „Dritte Reich"

In Zusammenarbeit mit Michael Buddrus,
Martin Holler und Alexander Post

Oldenbourg Verlag München 2013

Gefördert durch das Bundesministerium des Innern

Bibliografische Information der Deutschen Nationalbibliothek

Die Deutsche Nationalbibliothek verzeichnet diese Publikation in der Deutschen Nationalbibliografie; detaillierte bibliografische Daten sind im Internet über http://dnb.d-nb.de abrufbar.

© 2013 Oldenbourg Wissenschaftsverlag GmbH
Rosenheimer Straße 145, D-81671 München
Tel: 089 / 45051-0
www.oldenbourg-verlag.de

Das Werk einschließlich aller Abbildungen ist urheberrechtlich geschützt. Jede Verwertung außerhalb der Grenzen des Urheberrechtsgesetzes ist ohne Zustimmung des Verlages unzulässig und strafbar. Das gilt insbesondere für Vervielfältigungen, Übersetzungen, Mikroverfilmungen und die Einspeicherung und Bearbeitung in elektronischen Systemen.

Konzept und Herstellung: Karl Dommer
Einbandgestaltung: hauser lacour
Satz: Typodata GmbH, Pfaffenhofen a.d. Ilm
Druck und Bindung: Memminger MedienCentrum, Memmingen

Dieses Papier ist alterungsbeständig nach DIN/ISO 9706

ISBN 978-3-11-048475-5
eISBN 978-3-486-71745-7

Inhalt

Vorwort IX

I. Vertriebenenpolitiker und NS-Vergangenheit in der frühen
   Bundesrepublik: Eine Annäherung 1

   1. BdV-Gründung und politisches Profil des Gründungspräsidiums
      von 1958 7
   2. Vertriebenenverbände und NS-Vergangenheit: Die „Charta der
      Heimatvertriebenen" von 1950 19
   3. Vertriebenenpolitiker und NS-Vergangenheit: Öffentliche
      Positionen von Erich Schellhaus, Otto Ulitz und Linus Kather ... 27
   4. BdV und NS-Vergangenheit: Der öffentliche Skandal um Bundes-
      vertriebenenminister und BdV-Präsident Hans Krüger 1963/64 ... 43
   5. BdV und NS-Vergangenheit: Der nichtöffentliche Konflikt um ein
      angebliches NS-Netzwerk in der BdV-Führung 1965 68

II. Die Angehörigen des ersten BdV-Präsidiums: Lebensläufe bis 1933 ... 83

   1. Generationen und Generationserfahrungen 83
   2. Unterschiedliche regionale Herkünfte und Prägungen 86
   3. Soziale Schichtungen und biographische Ausgangslagen 89
   4. Bildungsgänge und beruflich-soziale Positionierungen 94
   5. Politische Profilierungen bis 1933 124
      5.1. Die bereits politisch profilierte ältere Generation: Lodgman –
           Ulitz – Kather – Jaksch 124
           Der Deutschnationale: Rudolf Lodgman im Habsburgerreich
           und in der Tschechoslowakei 1911–1925 124
           Der liberale Nationalist: Otto Ulitz in Ost-Oberschlesien
           1919–1933 148
           Der politische Katholik: Linus Kather in
           Ostpreußen 1921–1933 157
           Der „k. u. k. Sozialdemokrat": Wenzel Jaksch in der
           Tschechoslowakei 1919–1933 160
      5.2. Beginnende politische Profilierung der mittleren Generation
           bis 1933: Gille – Rehs – Schellhaus – Krüger – Trischler ... 165
           Konservativer Kommunalbeamter mit NS-Distanz:
           Alfred Gille 1928–1933 166
           Konservativer Kommunalbeamter: Erich Schellhaus
           1931–1933 173
           Der völkische Rechtsradikale: Reinhold Rehs 1921–1933 ... 174

Rechtsgerichteter Milizionär und falscher „alter Kämpfer":
Hans Krüger 1923–1933 187
Nationalsozialistischer „Erneuerer" unter den Jugoslawien-
deutschen: Josef Trischler 1923–1933 190
5.3. Politische Sozialisation der jungen Generation: Gossing –
Langguth – Mocker – Wollner 196
Vom Liberalen zum NSDAP-Mitglied: Hellmut Gossing
1932/33 196
Vom Liberalen zum NSDAP-Mitglied: Heinz Langguth
1928–1933 198
NS-Aktivist in der Tschechoslowakei: Karl Mocker 1930–1933 . 198
Unpolitische Kindheit: Rudolf Wollner bis 1933 201
5.4. Zusammenfassung: Politische Profile vor der NS-Herrschaft .. 202

III. Die Angehörigen des ersten BdV-Präsidiums: Politisches Verhalten 1933–1939 207

1. Die ältere Generation und das NS-Regime: Lodgman – Ulitz –
Kather – Jaksch 211
Der deutschnationale NS-Sympathisant: Rudolf Lodgman
1938–1939 211
Die schiefe Ebene zur NS-Konformität: Otto Ulitz 1933–1939 241
Der resistente Katholik: Linus Kather 1933–1939 260
NS-Gegner und „Volkssozialist": Wenzel Jaksch 1933–1939 267
Zwischenbilanz 276

2. Mitläufer und NS-Aktivisten in der mittleren Generation: Gille –
Rehs – Schellhaus – Krüger – Trischler 277
Vom distanzierten zum loyalen NS-Bürgermeister: Alfred Gille
1933–1939 277
„Einwandfreier" Nationalsozialist und Anwalt von NS-Verfolgten:
Reinhold Rehs 1933–1939 286
Der konservative Mitläufer als NS-Bürgermeister: Erich Schellhaus
1933–1939 289
Schleppende Richter-Karriere und NS-Aktivismus: Hans Krüger
1933–1939 295
Volksdeutscher Abgeordneter mit Hilfe des NS-Regimes:
Josef Trischler 1933–1939 300

3. Die junge Generation und das NS-Regime 1933–1939: Gossing –
Langguth – Mocker – Wollner 302
Karriere eines NS-„Mitläufers": Hellmut Gossing 1933–1939 302
Zwischen NS-Engagement und Rückzug: Heinz Langguth
1933–1939 306
Sudetendeutscher NS-Aktivist: Karl Mocker 1933–1939 308
Familiäre NS-Sozialisation: Rudolf Wollner 1933–1939 315

IV. Die Angehörigen des ersten BdV-Präsidiums: Politisches und
    militärisches Verhalten im Zweiten Weltkrieg 1939–1945............ 319

   1. Die ältere Generation und der Zweite Weltkrieg: Lodgman –
      Ulitz – Kather – Jaksch 321
      Eigensinniger NS-Sympathisant und Denunziant: Rudolf Lodgman
      von Auen.. 321
      Leitender NS-Beamter und regionale Germanisierungspolitik:
      Otto Ulitz 325
      Resistenter Strafverteidiger und Gestapo-Häftling: Linus Kather... 348
      NS-Gegner im Exil zwischen allen Stühlen: Wenzel Jaksch........ 358

   2. NS-Mitläufer und NS-Belastete in der mittleren Generation:
      Gille – Rehs – Schellhaus – Krüger – Trischler 375
      NS-Besatzungsgouverneur in Osteuropa: Alfred Gille............ 376
      NS-Mitläufer im Luftschutz: Reinhold Rehs..................... 412
      Wehrmachtsoffizier im NS-Partisanenkrieg: Erich Schellhaus 413
      NS-Karrierist in Westpreußen – und Kriegsverbrecher?
      Hans Krüger... 420
      NS-Parlamentarier in Jugoslawien und Ungarn: Josef Trischler.... 447

   3. Die junge Generation im Zweiten Weltkrieg: Gossing – Langguth –
      Mocker – Wollner.. 473
      Wehrmachtsoffizier im NS-Partisanenkrieg: Hellmut Gossing..... 474
      NS-Agrarfunktionär im Warthegau und Gestapo-Häftling:
      Heinz Langguth 479
      Vom NS-Aktivismus zur Zurückhaltung: Karl Mocker 496
      Freiwilliger in der Waffen-SS – und Kriegsverbrecher?
      Rudolf Wollner.. 504

V. Zusammenfassung der Ergebnisse.. 521

VI. Quellen- und Literaturverzeichnis 533

   Ungedruckte Quellen... 533

   Gedruckte Quellen... 538

   Literaturverzeichnis 540

VII. Anhang: Kurzbiographien der dreizehn Mitglieder des ersten BdV-
     Präsidiums von 1958 559

Abkürzungsverzeichnis 585
Personenverzeichnis... 589

Vorwort

Am 14. August 2006 erschien im „Spiegel" ein Artikel unter der Überschrift „Unbequeme Wahrheiten", der sich mit der Vergangenheit des Bundes der Vertriebenen (BdV) beschäftigte. Hier breitete das Hamburger Nachrichtenmagazin Aktenfunde aus, die darauf hindeuteten, dass es in der Führung des BdV „weit mehr Nazis" gegeben habe, als bisher bekannt sei. Dies implizierte den Vorwurf an den BdV und seine Präsidentin Erika Steinbach, seit Jahren die eigene Verbandsgeschichte nicht aufarbeiten zu lassen und sie damit zu beschönigen. Als Reaktion hierauf wandte sich Frau Steinbach an das Institut für Zeitgeschichte unter seinem damaligen Direktor Horst Möller mit der Bitte, einen Projektantrag zur Untersuchung der „Biographien von Präsidialmitgliedern des Bundes der Vertriebenen und der Unterzeichner der Charta der deutschen Heimatvertriebenen" vorzulegen.

Überlegungen im IfZ ergaben, dass es sich um einen Personenkreis von etwa 100 Personen handelte. Problematischer als dieser relativ große Umfang der Untersuchungsgruppe war allerdings die Tatsache, „dass ein großer Teil der genannten Personen keine bekannten Persönlichkeiten der Zeitgeschichte" waren „und deshalb über jeden Einzelnen von ihnen intensive, zum Teil schwer kalkulierbare Archivrecherchen durchzuführen wären". Daher entstand die Idee für ein „Pilotprojekt", das „schon als in sich stimmiges Kleinprojekt sinnvoll wäre, aber natürlich auch als erste Etappe eines größeren Vorhabens dienen könnte". Als zu untersuchende Gruppe wurde das Gründungspräsidium des BdV von 1958 ausgewählt, das heißt ein Kreis von 13 Personen. An dieser Kleingruppe sollte festgestellt werden, ob und inwieweit die betroffenen Personen quellenmäßig verifizierbar durch ihre Tätigkeit im NS-Regime oder durch eventuelle Beteiligung an Kriegsverbrechen belastet waren.

Vom Bundesministerium des Innern finanziell gefördert, wurde das Projekt Matthias Lempart übertragen, einem Osteuropahistoriker mit einschlägigen Sprachkenntnissen und Forschungserfahrungen. Im Frühjahr 2008 lag eine von ihm maßgeblich verfasste Pilot- bzw. „Machbarkeitsstudie" vor. Als deren methodisches Hauptproblem konstatierte der Verfasser die Schwierigkeit, „in einer relativ kurzen Zeit wissenschaftlich fundierte und einigermaßen aussagekräftige Forschungsergebnisse" für einen Personenkreis zu präsentieren, für den bisher nur wenige Angaben vorlagen. Bewertungen im Hinblick auf eventuelle Belastungen der betroffenen Personen fielen in der Regel vorsichtig aus. So hieß es zum Beispiel über Karl Mocker: „Der Lebenslauf Mockers bis 1945 bleibt noch weitgehend im Dunkeln und bedarf weiterer Erforschung, ohne die eine fundierte und objektive Bewertung seiner Person nicht möglich ist". Zu Erich Schellhaus schrieb Lempart: „Um den Lebenslauf Schellhaus bis 1945 objektiv bewerten zu können, wäre es notwendig, auch sein Schicksal während der Kriegsjahre zu beleuchten". Und über Alfred Gille hielt die Studie fest: „Die wichtige Frage nach einer möglichen Verstrickung Gilles in den Holocaust bzw. Kriegsverbrechen kann ohne weitere Forschungen nicht geklärt werden".

Die Pilotstudie sollte als internes Arbeitsdokument dienen. Vorzeitig an die Öffentlichkeit gelangt, zog sie zum Teil heftige Kritik auf sich, die sich zum einen auf diverse Einzelbewertungen, zum anderen darauf bezog, dass die Nachkriegskarrieren der Untersuchungsgruppe zu stark in den Vordergrund gerückt worden seien. Zugleich zeigten weitere Recherchen, die bis Ende des Jahres 2009 durchgeführt wurden, dass sich durch intensivere Forschungen noch „viele neue und signifikante Erkenntnisse gewinnen" ließen. Eine Bestandsaufnahme ergab, dass trotz der bisher durchgeführten Quellenrecherchen weiteres umfangreiches und weit verstreutes Aktenmaterial durchgearbeitet werden musste. In dieser Situation entschloss sich die Institutsleitung, die Thematik auf sachlich und personell breiter Grundlage wissenschaftlich zu bearbeiten und beauftragte zwei Mitarbeiter der Berliner Abteilung des IfZ, Michael Schwartz und Michael Buddrus, mit dieser Aufgabe. Im weiteren Verlauf wurde entschieden, Michael Schwartz mit der alleinigen Gesamtdarstellung der Ergebnisse zu betrauen, während die zugrunde liegende Archivforschung durch Michael Buddrus sowie die IfZ-Mitarbeiter Martin Holler und Alexander Post große Unterstützung erfuhr. Dabei hat Martin Holler durch seine Forschungen in ukrainischen und weißrussischen Archiven einen wichtigen Beitrag zur Klärung des Falles Gille geleistet.

Das Ergebnis dieses Projekts, dessen Leitung nunmehr der Stv. Direktor übernommen hatte, ist das vorliegende Gutachten. Auch wenn es nicht als Auftragsarbeit, sondern wesentlich aus Eigenmitteln des IfZ erstellt wurde, standen die Arbeiten aufgrund der Vorgeschichte unter starkem zeitlichen Druck. Allerdings war es für Institutsleitung und Bearbeiter wichtigstes Gebot, dass eine rasche Veröffentlichung keineswegs auf Kosten der „notwendigen fachlichen Solidität und Sorgfalt" geschehen dürfe. Diese Leitlinie ist durch das Ergebnis bestätigt worden. So umfasste das ursprüngliche Manuskript statt der zunächst angestrebten 150 bis 180 mehr als 800 Seiten. Eine vom Verfasser gekürzte und überarbeitete Fassung wurde Anfang März 2012 nach eingehender Begutachtung vom Wissenschaftlichen Beirat des IfZ zur Publikation angenommen.

Einige Anregungen und Hinweise der „Machbarkeitsstudie" aufgreifend, handelt das nunmehr vorliegende profunde Werk die Thematik auf gänzlich neuer Grundlage und empirisch umfassend ab. Infolgedessen liefert es nicht nur einen wichtigen Forschungsertrag zur Prosopographie des ersten BdV-Vorstands, sondern kann – wie im ersten Kapitel der Studie verschiedentlich bereits exemplarisch angedeutet – auch als Modell für künftige Untersuchungen größerer und anderer Personenkreise dienen. Damit findet eine Entwicklung ihren Abschluss, welche die Institutsleitung bereits unter Horst Möller eingeleitet hatte und die von seinem Nachfolger unterstützend begleitet wurde. Das Institut für Zeitgeschichte begrüßt es, wenn diese quellengesättigte Studie die am Beginn der Debatte stehenden Fragen größtenteils klären und zugleich der Forschung neue Wege weisen kann.

München, im Juli 2012
Udo Wengst   Andreas Wirsching

I. Vertriebenenpolitiker und NS-Vergangenheit in der frühen Bundesrepublik: Eine Annäherung

Dieses Gutachten ist nicht zufällig entstanden. Vorangegangen ist eine längere Diskussion in den Medien und in der Wissenschaft über die Rolle früherer Nationalsozialisten in der Spitze des 1957/58 gegründeten Einheitsverbandes der deutschen Vertriebenen und über etwaige individuell schuldhafte Belastungen führender Vertriebenenfunktionäre in der NS-Zeit.

Es ist wichtig, diese Debatte ernsthaft zu führen und nach wissenschaftlichen Kriterien möglichst zu objektivieren. Sie leistet nicht nur einen wichtigen Beitrag zur Selbstvergewisserung unserer Gesellschaft über ihre NS-Vergangenheit und ihren wechselhaften Umgang mit derselben; sie ermöglicht auch dem „Bund der Vertriebenen" (BdV) und darüber hinaus allen Vertriebenen bzw. deren Nachfahren eine selbst-kritische Auseinandersetzung mit der Geschichte ihrer erst durch die Gewalterfahrungen der Jahre um 1945 konstituierten Bevölkerungsgruppe.

Ein solches Thema gerät erfahrungsgemäß leicht in ein öffentliches Spannungsfeld zwischen Übertreibung und Verharmlosung. Es wäre ein bedeutsamer Fortschritt, wenn es gelänge, die Rolle der Mitglieder der ersten Führungsmannschaft des „Bundes der Vertriebenen" in der Zeit des Nationalsozialismus möglichst sachlich zu diskutieren. Letzteres schließt die Bereitschaft zur Differenzierung ebenso ein wie die Anerkennung unumstößlicher Fakten.

Dazu will diese Untersuchung einen Beitrag leisten, indem sie auf zweierlei Weise die öffentliche Debatte weiter zu verwissenschaftlichen bestrebt ist: Einerseits durch die systematische, methodisch nachvollziehbare Aufarbeitung gesicherter Fakten, soweit sie rekonstruierbar und innerhalb eines vertretbaren Zeitrahmens erreich- und auswertbar waren. Andererseits durch die Kontextualisierung der individuellen Biographien der dreizehn Angehörigen des ersten BdV-Präsidiums, das heißt durch die Einbettung der hier zur Debatte stehenden Personen in deren jeweiligen politischen und gesellschaftlichen Handlungskontext, der bislang häufig nicht beachtet worden ist. Zugleich führen integrative gruppenbiographische Analysen zur Verdeutlichung generationeller und sozialgeschichtlicher Gemeinsamkeiten oder Unterschiede, was den Blick auf die in solchem Kontext möglichen individuellen Handlungsoptionen zu schärfen geeignet ist.

Dass es in der frühen Bundesrepublik etliche Angehörige der politischen und gesellschaftlichen Nachkriegseliten gegeben hat, die bereits im „Dritten Reich" zu den Funktionseliten gezählt hatten, ist unstrittig. Ein im Jahre 2011 erstellter, noch nicht publizierter, aber in die Presseberichterstattung gelangter Bericht der Bundesregierung über „die NS-Vergangenheit vieler Politiker und Beamter" macht dies auf 118 Seiten erneut deutlich. Diesem Bericht zufolge waren innerhalb der verschiedenen Bundesregierungen ein Bundeskanzler und 26 Bundesminister „vor 1945 Mitglieder der NSDAP oder anderer NS-Organisationen wie SA, SS oder Gestapo" gewesen, gefolgt von einer ungleich größeren Zahl von

Ministerialbeamten. Der Bericht benennt nicht nur längst bekannte Politiker der rechten Couleur wie den langjährigen Bundesvertriebenenminister Theodor Oberländer oder Spitzenbeamte wie Adenauers Kanzleramtschef Hans Globke, sondern auch angesehene Politiker aus SPD oder FDP wie Horst Ehmke oder Hans-Dietrich Genscher.[1]

Diese am Kriterium der formalen Zugehörigkeit zur NSDAP oder anderer NS-Organisationen ausgerichtete (und somit das Thema der NS-Vergangenheit bundesrepublikanischer Führungsgruppen keineswegs erschöpfende) Analyse verdeutlicht, dass entsprechende Vorwürfe, die seit Ende der 1950er Jahre von der DDR-Propaganda und von linksgerichteten (oft DDR-finanzierten) Kreisen in Westdeutschland selbst erhoben wurden, zwar nicht umfassend, jedoch im Kern zutreffend gewesen waren. Anlässlich des in der DDR um 1965 erarbeiteten sogenannten „Braunbuches" über nach wie vor in führenden Positionen tätige nationalsozialistische „Kriegs- und Naziverbrecher in der Bundesrepublik'" hatten die Propagandisten der mit der westdeutschen Demokratie konkurrierenden SED-Diktatur „21 Minister und Staatssekretäre der Bundesrepublik", 100 Generäle und Admiräle der Bundeswehr, „245 leitende Beamte des Auswärtigen Amtes und der Bonner Botschaften und Konsulate" sowie „828 hohe Justizbeamte, Staatsanwälte und Richter" als schwer NS-belastet bezeichnet.[2] Trotz der evidenten propagandistischen Diffamierungsinteressen, welche die SED-Führung mit ihrer speziellen Form der NS-Aufklärungsarbeit verband, haben sich im Nachhinein zwar nicht alle, aber doch zahlreiche Vorwürfe als faktisch zutreffend erwiesen.[3]

Funktionäre des BdV wurden in der zitierten Auflistung des DDR-„Braunbuches" nicht eigens erwähnt, spielten aber ansonsten bei der Suche des SED-Regimes nach NS-belasteten Führungsgruppen seiner Bonner Konkurrenz eine große Rolle. So enthielten die unterschiedlichen Auflagen des „Braunbuches" wie selbstverständlich ein Kapitel über die als „Hitlers 5. Kolonne" und „Bonner Revanchistenführer" apostrophierten Funktionäre des BdV und anderer Vertriebenenorganisationen, dem ein weiteres über vermeintliche NS-„Kriegsverbrecher" aus den Reihen der „Revanchistenführer" der westdeutschen Vertriebenen vorgeschaltet war.[4] Von den dreizehn Mitgliedern des im Dezember 1958 konstituierten ersten Präsidiums des BdV, das in dieser Zusammensetzung übrigens nur wenige Wochen existierte[5], wurden 1965 im „Braunbuch" sechs Personen mit einem NS-Stigma

---

[1] Herwig, „Moralische Katastrophe", S. 6; der Bericht war bei Abschluss dieses Manuskripts noch nicht zugänglich.

[2] Bundesbeauftragter für die Unterlagen des Staatssicherheitsdienstes der ehemaligen Deutschen Demokratischen Republik (BStU), Archiv der Zentralstelle, MfS ZAIG Nr. 10608, Bl. 27ff., insb. Bl. 34, „Rede von Prof. Albert Norden auf der internationalen Pressekonferenz am 2. Juli 1965 in Berlin anlässlich der Übergabe des Braunbuches: ‚Kriegs- und Naziverbrecher in der Bundesrepublik'", o. D. [1965], S. 7.

[3] Conze, Die Suche nach Sicherheit, S. 251; Amos, Die Vertriebenenpolitik der SED 1949 bis 1990, S. 191–193.

[4] Braunbuch 1965, S. 276ff. und S. 254ff.

[5] Bereits der Rücktritt des Präsidiumsmitgliedes Dr. Linus Kather veränderte im Januar 1959 diese Gründungskonstellation; vgl. Stickler, „Ostdeutsch heißt gesamtdeutsch", S. 455, auch Anm. 12.

versehen: Dr. Alfred Gille[6], Wenzel Jaksch (der damals Dr. Jaksch hätte genannt werden müssen)[7], Hans Krüger (fälschlich als „Dr. Hans Krüger" vorgestellt)[8], Erich Schellhaus[9], Dr. Josef Trischler[10] und Dr. Otto Ulitz.[11] Da es sich im Falle des eindeutigen NS-Gegners und Sozialdemokraten Jaksch um eine sachlich unberechtigte kommunistische Diffamierungskampagne handelte, die auf die Auseinandersetzungen zwischen der Weimarer KPD und den von ihr als „Sozialfaschisten" attackierten Sozialdemokraten zurückverweist, bleiben fünf BdV-Funktionäre bürgerlicher politischer Provenienz, die von der SED-Propaganda mit individuellen NS-Vorwürfen konfrontiert wurden. Die Anschuldigungen wurden im Falle Hans Krügers, des ersten Präsidenten des BdV, der es bis zum Bundesminister gebracht hatte und dessen Rücktritt wegen dieser NS-Vorwürfe 1964 entsprechend skandalös war[12], breiter ausgeführt und mündeten in die Anklage, Krüger sei „ein Blutrichter Hitlers" gewesen.[13] In ähnlich breiter Aufmachung wurde dem einstigen Führer der deutschen Bevölkerungsgruppe in Polnisch-Oberschlesien, Otto Ulitz, vorgeworfen, in Zusammenarbeit mit SS und SD 1939 „das Verbrechen von Gleiwitz" organisiert zu haben – jenen angeblich polnischen Überfall auf den dortigen deutschen Rundfunksender, den Hitler am 1. September 1939 zum Vorwand für seinen Angriff auf Polen benutzt hatte.[14] Die drei übrigen BdV-Funktionäre wurden im „Braunbuch" eher beiläufig aufgelistet, obwohl alle Genannten beträchtliche Angriffsflächen geboten hätten. Hier zeigen sich die Grenzen der vom SED-Regime betriebenen NS-Recherchen.

Wir werden im Laufe dieser Studie des Öfteren feststellen, dass im Falle der von der SED-Propaganda mit NS-Vorwürfen belegten führenden Funktionäre des BdV einige Vorwürfe zutreffend waren, andere jedoch unbelegt blieben und zuweilen auf freier Erfindung oder Personenverwechslung beruht zu haben scheinen. Wenn wir die im oben erwähnten neuesten NS-Bericht der Bundesregierung 2011 genannten Spitzenpolitiker diverser politischer Provenienz betrachten, die bis 1945 Mitglieder der NSDAP oder weiterer NS-Organisationen gewesen sind, wird außerdem evident, wie kurzschlüssig die Insinuation der DDR-Kampagnen der 1960er Jahre war, von einer NS-Vergangenheit auf eine fortgesetzte nationalsozialistische Gesinnung in der Bundesrepublik zu schließen.

Das gilt auch für die führenden Vertreter der Vertriebenenpolitik im westdeutschen Nachkriegsstaat. Hier erscheint eher bemerkenswert, dass sich – obschon die deutschen Ostgebiete vor 1933 „mehrheitlich Hochburgen von DNVP und NSDAP" gewesen waren – nach 1945 „auffällig wenig Vertriebene" in rechts-

---

[6] Braunbuch 1965, S. 278.

[7] Ebenda, S. 276 und S. 308; Jaksch war in den 1960er Jahren zum Ehrendoktor promoviert worden.

[8] Ebenda, S. 260–262; Krüger hatte nie promoviert.

[9] Ebenda, S. 281.

[10] Ebenda, S. 282.

[11] Ebenda, S. 254 und S. 268.

[12] Vgl. unten Kap. I.5.

[13] Braunbuch 1965, S. 260.

[14] Ebenda, S. 268f.

extremistischen Parteien betätigten. Nach Einschätzung des Historikers Matthias Stickler fanden sich im 1949 gewählten ersten Bundestag nur wenige Politiker mit Vertriebenenhintergrund, die in rechten Splitterparteien aktiv wurden, darunter der spätere Vorsitzende der „Nationaldemokratischen Partei Deutschlands" (NPD) Adolf von Thadden. Ein anderer „rechtsextremer Gesinnungstäter" ohne Parlamentsmandat war Egbert Otto[15], der vor 1945 nicht nur ein ‚alter Kämpfer' der NSDAP und SA-Führer, sondern von 1933 bis 1935 auch Landesbauernführer von Ostpreußen gewesen war.[16] Otto hatte zeitweilig als „Kronprinz" des ostpreußischen Gauleiters Erich Koch gegolten, bevor er diesem 1935 in einem Machtkampf unterlag und seine Ämter verlor.[17] Dieser zunächst als CDU-Mitglied agierende Vertriebenenpolitiker wurde 1950 Mitbegründer des „Bundes der Heimatvertriebenen und Entrechteten" (BHE), um kurz darauf bei der neonazistischen „Sozialistischen Reichspartei" (SRP) Anschluss zu finden, bis diese 1952 verboten wurde. Seither blieb Otto offenbar parteipolitisch abstinent und konzentrierte sich auf seine Funktionen in der Landsmannschaft Ostpreußen. Als Otto, seit 1966 Mitglied des BdV-Präsidiums, 1968 verstarb, hielt sein Landsmann, der damalige BdV-Präsident Reinhold Rehs, die Grabrede auf diesen „um Land und Reich verdienten Ostpreußen". In den Nachrufen wurde Ottos NS-Vergangenheit nicht erwähnt.[18]

Weit häufiger als in rechtsextremen Parteien wurden ehemalige Nationalsozialisten, auch solche mit Vertriebenenhintergrund, in den vielen als demokratisch ausgewiesenen Parteien der Bundesrepublik aktiv. Von 182 vertriebenen Abgeordneten der Bundestage zwischen 1949 und 1976 gehörten über ein Drittel (65; 35,7 Prozent) der SPD ein Viertel der CDU (46; 25,3 Prozent), ein Zehntel der FDP und ganze 13 (7,1 Prozent) dem GB/BHE an, der damit knapp vor der CSU (12; 6,6 Prozent) lag. Nur ein einziger hatte der rechtsradikalen DRP angehört. Ganze sechs Abgeordnete mit Vertriebenenhintergrund (3,3 Prozent) hatten vor 1933 der NSDAP angehört, weitere zwei in den 30er Jahren der „Sudetendeutschen Partei" in der ČSR.[19] Selbst die SPD, unter Hitler verboten und verfolgt, konstituierte sich nach 1945 nicht nur aus dezidierten Nazi-Gegnern wie dem Westpreußen Kurt Schumacher oder dem Sudetendeutschen Wenzel Jaksch, die vom NS-Regime im KZ inhaftiert oder ins Exil vertrieben worden waren, sondern auch aus ehemaligen NSDAP-Mitgliedern wie Reinhold Rehs. Die beiden Sozialdemokraten Jaksch und Rehs mit ihren sehr unterschiedlichen Vergangenheiten wurden in den 1960er Jahren die zweiten und dritten Präsidenten des BdV. Ihr Vorgänger, der aus Pommern stammende CDU-Politiker Hans Krüger, war ein

---

[15] Stickler, „Ostdeutsch heißt gesamtdeutsch", S. 333.
[16] Rohrer, Nationalsozialistische Macht in Ostpreußen, S. 270 und S. 317.
[17] Meindl, Ostpreußens Gauleiter, S. 111 und S. 200; Fuhrer / Schön, Erich Koch – Hitlers brauner Zar, S. 65; vgl. auch Bundesarchiv, Abt. Berlin (BAB), R 16/I/102, R 16/I/1042 und BDC OPG.
[18] Stickler, „Ostdeutsch heißt gesamtdeutsch", S. 333 f., auch S. 334, Anm. 670.
[19] Fischer, Heimat-Politiker, S. 66–68; nicht erhoben wurde jedoch die – vermutlich deutlich höhere – Anzahl derer, die nach 1933 der NSDAP angehört hatten.

früherer NSDAP-Ortsgruppenleiter und Sonderrichter, der 1964 wegen dieser NS-Vergangenheit stürzte. Der FDP-Politiker Josef Trischler, der seit 1958 dem BdV-Präsidium angehörte, war nicht der einzige Nachkriegs-Liberale, der mit einer NS-Biographie das anfangs zum Teil durchaus nationalistische Profil dieser Partei prägte. Trischler gehörte nicht zu jenen ehemaligen NS-Funktionären, die unter Führung des einstigen Goebbels-Staatssekretärs Werner Naumann die FDP zu unterwandern suchten und deshalb 1953 von der britischen Besatzungsmacht verhaftet wurden.[20] Doch immerhin zog Trischler 1952 heftige Vorwürfe wegen seiner NS-Vergangenheit seitens jüdischer Organisationen in den USA auf sich, als er als Wortführer von 28 Abgeordneten die Bundesregierung drängte, die Wiedergutmachungszahlungen an Israel auch – wie arabische Regierungen forderten – den palästinensischen Flüchtlingen des israelisch-arabischen Krieges von 1948 zugute kommen zu lassen.[21]

Am stärksten häufen sich Politiker aus Vertriebenenkreisen mit NS-Vergangenheiten im 1950 begründeten „Bund der Heimatvertriebenen und Entrechteten" (BHE). Diese Protestpartei sammelte nicht nur den mit den länger ‚etablierten' demokratischen Parteien unzufriedenen Teil der Vertriebenenbevölkerung (obschon stets mehr Vertriebene CDU oder SPD wählten als den BHE), sondern warb auch offen um ehemalige Nationalsozialisten, die sich durch die Entnazifizierungspraxis der Alliierten benachteiligt glaubten und als „Entrechtete" dagegen aufbegehrten. Sämtliche BHE-Bundesvorsitzende der 1950er Jahre waren als NS-Belastete zu betrachten – von Waldemar Kraft, dem früheren Geschäftsführer einer mit der Verwaltung enteigneten Grundbesitzes im besetzten Polen befassten Reichsgesellschaft, über den Hitlerputsch-Teilnehmer und NS-Ostexperten Theodor Oberländer bis zu Frank Seiboth, einen früheren Gauschulungsleiter der sudetenländischen NSDAP. Auch etliche Mitglieder des BdV-Gründungspräsidiums von 1958 waren Spitzenpolitiker des BHE: Neben Kraft und Seiboth gehörten die ehemaligen NSDAP-Mitglieder und NS-Bürgermeister Alfred Gille und Erich Schellhaus zu jenen BHE-Politikern, die für die enge Vernetzung dieser Partei mit den Landsmannschaften sorgten.[22] Es waren BHE-Politiker mit Vertriebenenhintergrund wie Karl Mocker in Baden-Württemberg, Erich Schellhaus in Niedersachsen oder Alfred Gille in Schleswig-Holstein, die sich zu Beginn der 1950er Jahre ebenso vehement wie erfolgreich für den raschen Abschluss der westdeutschen Entnazifizierungspraxis einsetzten. Als das „Gesetz zur Beendigung der Entnazifizierung" vom 17. März 1951 im Landtag von Schleswig-Holstein verabschiedet wurde, durch das NS-Belastete der Kategorien III und IV („Mitläufer" und „Entlastete") Anspruch auf Wiedereinstellung in den Staatsdienst erhielten,

---

[20] Frei, Vergangenheitspolitik, S. 361–372.
[21] Dawidowicz, Arab Protest, S. 485.
[22] BAK, B 234/1306, BHE. Bundesgeschäftsführer, an BHE-Bundesvorsitzenden Bundesminister Dr. Oberländer MdB, 26.6.1954, mit insgesamt sechs Namensnennungen; zu Kraft und Oberländer: Schwartz, Vertriebene und Umsiedlerpolitik, S. 234–237; zu Seiboth: Stickler, „Ostdeutsch heißt gesamtdeutsch", S. 325.

zählte Gille zur BHE-Koalitionsfraktion.[23] Schellhaus gehörte sogar als Vertriebenenminister der niedersächsischen Landesregierung an und machte geltend, dass das dortige Schlussgesetz auf eine Initiative seiner Partei zurückging.[24] Im Dezember 1953 war es der BHE-Abgeordnete Mocker, der vor der baden-württembergischen Landesversammlung die Beendigung des „trüben Kapitels" der Entnazifizierung feierte. Als Mocker feststellte, es seien „heute wohl alle in diesem Hause befriedigt, daß das Entnazifizierungsschlußgesetz verabschiedet und damit eine wesentliche Beruhigung in der Bevölkerung eingetreten ist", erhob sich kein Widerspruch.[25]

Obwohl der BHE auf Bundesebene von eindeutig NS-belasteten Politikern wie Kraft oder Oberländer geführt wurde, konnten diese im Herbst 1953 zu Ministern einer Koalitionsregierung unter CDU-Bundeskanzler Konrad Adenauer aufsteigen und 1955 in die CDU übertreten. Damals breitete das SED-Zentralorgan „Neues Deutschland" genüsslich die SS- und SA-Vergangenheiten Krafts und Oberländers aus.[26] Auch in Westdeutschland – und nicht zuletzt in Adenauers CDU – war die Entscheidung des Kanzlers umstritten, diese ehemaligen NS-Funktionäre, die weit mehr gewesen waren als bloße Mitglieder der NSDAP, zu Bundesministern zu machen, während einstige NS-Gegner – etwa der erste Bundesvertriebenenminister Hans Lukaschek – das Kabinett verlassen mussten.[27] Dem damals prominenten CDU-Vertriebenenpolitiker Linus Kather, der selbst keine NS-Belastung, sondern vielmehr eine Gestapo-Verfolgung aufzuweisen hatte, warf die „Sudetendeutsche Zeitung" 1953 vor, den BHE-Politiker Kraft wegen dessen NS- und SS-Vergangenheit öffentlich „denunziert" zu haben.[28] Kraft war ein früherer Landwirtschaftspolitiker der volksdeutschen Minderheit in Polen und hatte vor 1939 zeitweilig dem polnischen Sejm angehört, um dann unter dem NS-Regime im nunmehrigen „Reichsgau Wartheland" die Funktion des Präsidenten der Landwirtschaftskammer in Posen zu übernehmen. Von Himmler wurde Kraft im November 1939 der Rang eines SS-Hauptsturmführers ehrenhalber verliehen; der NSDAP trat er hingegen erst zum 1. Mai 1943 bei. Doch zwischen 1940 und 1945 fungierte Kraft als Geschäftsführer der „Reichsgesellschaft für Landbewirtschaftung" (kurz: „Ostland", später „Reichsland"), die für die Bewirtschaftung enteigneter polnischer und jüdischer Landwirtschaftsbetriebe in den „eingegliederten Ostgebieten" zuständig war. Vor allem diese Tätigkeit begründete nach 1945 den Vorwurf, Kraft sei „mitverantwortlich für die NS-Besatzungs-

---

[23] Vgl. Walle, Die Tragödie des Oberleutnants zur See Oskar Kusch, S. 173.
[24] Niedersächsisches Hauptstaatsarchiv Hannover (NHStA-H), VVP 48 Acc. 180/84 Nr. 4, Schellhaus, Wahlrede zur Bundestagswahl 1953, o. D., S. 18f.
[25] Landesarchiv Baden-Württemberg, Hauptstaatsarchiv Stuttgart (LABW-HStAS), LA 3/4, Verhandlungen des Landtags von Baden-Württemberg, 1. WP 1952–1956, Protokoll-Band I, Stuttgart 1954, S. 166.
[26] Bundesarchiv, Abt. Koblenz (BAK), B 234/1256, „Backpfeife für Ostlandreiter", in: Neues Deutschland v. 13. 7. 1955.
[27] Schwartz, Vertriebene und Umsiedlerpolitik, S. 234–237.
[28] Archiv für Christlich-Demokratische Politik, St. Augustin (ACDP), I-377-16/1, Dr. H. K., „Linus Kather denunziert", in: Sudetendeutsche Zeitung v. 21.11.1953.

politik in Polen gewesen".²⁹ Das Zentralorgan der Sudetendeutschen Landsmannschaft befand 1953 jedoch, der Rang eines SS-Führers sei Kraft nur wegen seiner Funktion als Minderheitenpolitiker in der Zeit bis 1939 verliehen worden, und diese Ehrung abzulehnen hätte „wohl kaum jemand wagen können". Der vom CDU-Politiker Kather gegen den frischgebackenen BHE-Bundesminister erhobene Vorwurf, Kraft habe während des Zweiten Weltkrieges als Geschäftsführer der „Ostland" an der Aufteilung polnischer Güter mitgewirkt, war allerdings nicht zu widerlegen; er wurde daher von der „Sudetendeutschen Zeitung" mit dem Argument zurückgewiesen, mit solchen Vorwürfen liefere man nur „der nationalpolnischen Agitation die Propagandaplatten", und außerdem seien „die Polen nach 1918 mit dem deutschen Grundbesitz" ganz ähnlich verfahren wie 1939 das NS-Regime mit dem polnischen Grundeigentum. Natürlich wolle man „nicht entschuldigen, was Hitler getan hat"; man halte „jedoch Minister Kraft für viel zu klug, als daß er nicht versucht hätte, Zumutungen, die ihm unsittlich erschienen, abzubremsen".³⁰ Solche Apologien und der damit verbundene Denunziationsvorwurf gegen Kritiker solcher NS-Vergangenheiten wie Kather hielten Letzteren nicht davon ab, Kraft weiterhin zu kritisieren. So warf Kather 1959 dem Bundespräsidialamt vor, mit der Verleihung des Großkreuzes des Bundesverdienstkreuzes an den mittlerweile ehemaligen Bundesminister Kraft sei „ein prominenter Anhänger Hitler's" ausgezeichnet worden.³¹ Letzteres hätte Kraft wahrscheinlich nicht einmal geleugnet. 1952 hatte er als Bundesvorsitzender des BHE ausdrücklich erklärt: „Wir sind die Partei auch der ehemaligen Nazis, aber nicht derjenigen, die heute noch Nazis sind." Der BHE wolle sich jedoch all der „gutgläubigen Idealisten" der NS-Zeit annehmen, welche von den 1945 zur Macht gelangten Nicht-Nationalsozialisten „verunglimpft" würden.³²

1. BdV-Gründung und politisches Profil des Gründungspräsidiums von 1958

Hier ist nicht der Ort, die konfliktreiche Gründungsgeschichte des „Bundes der Vertriebenen" und deren Auswirkungen auf die Zusammensetzung des ersten

---

[29] Stickler, „Ostdeutsch heißt gesamtdeutsch", S. 76f., Anm. 216; Amos, Vertriebenenverbände im Fadenkreuz, S. 15f., der zufolge Kraft entweder 1933 oder 1943 der NSDAP beigetreten sei; Krafts SS-Personalakte weist den 1.5.1943 als NSDAP-Beitrittsdatum aus; vgl. BAB, BDC, SSO Waldemar Kraft, Reichsschatzmeister NSDAP, Schiedsamt, an Gauschatzmeister Berlin, 7.6.1943; in seiner SS-Beurteilung wurde hervorgehoben, dass er infolge seiner Führungstätigkeit bei der „Reichsland" zwar „nur wenig Dienst" im Stab des SS-Abschnitts XXXXII habe machen können, sich jedoch dabei „stets als guter Kamerad, eifriger SS-Mann und als Nationalsozialist gezeigt" habe; vgl. ebenda, Führer SS-Abschnitt XXXXII, Dienstleistungszeugnis und Beurteilung für Waldemar Kraft v. 31.3.1943.
[30] ACDP, I-377-16/1, Dr. H. K., „Linus Kather denunziert", in: Sudetendeutsche Zeitung v. 21.11.1953.
[31] ACDP, I-377-28/1, Dr. Kather an Bundespräsidialamt, Staatssekretär Bleek, 10.12.1959.
[32] Winkler, Flüchtlingsorganisationen in Hessen 1945-1954, S. 359.

BdV-Präsidiums ausführlich zu schildern.³³ Es reicht der Hinweis, dass es ein volles Jahrzehnt brauchte, bis die diversen Anläufe zur Gründung eines Einheitsverbandes erfolgreich waren. Bereits im April 1949, noch vor Entstehung der Bundesrepublik, war zwar die Gründung eines „Zentralverbandes vertriebener Deutscher" als Zusammenschluss von auf Landesebene bereits bestehenden Interessenverbänden erfolgt, denen sich auch einige Berufsverbände der Vertriebenen (z. B. Wirtschaft, Bauern, Beamte) anschlossen. Doch folgte im August 1949 prompt die Gründung der konkurrierenden „Vereinigten Ostdeutschen Landsmannschaften" (VOL) als „zunächst loser Gesamtverband" verschiedener (aber nicht aller) Landsmannschaften, also der nach dem regionalen Herkunftsprinzip gegliederten Organisationen von Vertriebenen. Im Göttinger Abkommen, das am 20. November 1949 zwischen den Vertriebenenführern Axel de Vries für die VOL und Linus Kather für den ZvD geschlossen wurde, um (letztlich erfolglos) eine inhaltliche „Arbeitsteilung" zu vereinbaren, begannen die beiden Konkurrenzverbände erstmals zu kooperieren, ohne dass dies das wechselseitige Misstrauen behoben hätte. Ergebnis dieser Kooperation war immerhin die Veranstaltung des ersten „Tages der Heimat" und die dabei erfolgte Verkündung der „Charta der deutschen Heimatvertriebenen" in Stuttgart im August 1950.

Die Einigungsbestrebungen führten im November 1951 zur Bildung des „Bundes der vertriebenen Deutschen" (BvD) unter Leitung Kathers als Zusammenschluss des bisherigen ZvD mit den mitgliederstärksten Landsmannschaften der Sudetendeutschen und der Schlesier sowie zwei kleineren landsmannschaftlichen Verbänden. Da es jedoch nicht gelang, sämtliche Landsmannschaften der VOL zum Beitritt zum neuen BvD zu bewegen und der Führungsanspruch Kathers auch seitens kooperationsbereiter Funktionäre wie dem Sprecher der Sudetendeutschen Landsmannschaft (SL), Rudolf Lodgman von Auen, in Frage gestellt wurde, scheiterte das BvD-Gründungsziel der Schaffung eines Einheitsverbandes, indem der neue Bund lediglich einer von zwei konkurrierenden Verbänden blieb. Die Spaltung wurde sogar noch vertieft, indem sich die bisherige VOL mit bislang selbstständigen Landsmannschaften wie den Sudetendeutschen 1952 zu einem neuen „Verband der Landsmannschaften" (VdL) zusammenschloss³⁴, zu dessen erstem Vorsitzenden der sudetendeutsche Landsmannschafts-Sprecher Lodgman gewählt wurde,³⁵ der zuvor als stellvertretender Vorsitzender des BvD unter Kather agiert hatte.³⁶ Für das Scheitern des BvD-Einheitsprojekts machte Lodgman nicht nur eine Seite verantwortlich; obschon er nie mit Kather harmoniert hatte, gab er auch den Landsmannschaften eine Mitschuld.³⁷

---

³³ Zur Gründungsgeschichte des BdV: Stickler, „Ostdeutsch heißt gesamtdeutsch", S. 33–97.
³⁴ Fischer, Heimat-Politiker, S. 74 f.; Stickler, „Ostdeutsch heißt Gesamtdeutsch", S. 54–69.
³⁵ Lodgman hatte dieses Amt bis 1954, die Führung der SL hingegen bis 1959 inne; vgl. Simon, Rudolf Lodgman von Auen, S. 10; demgegenüber lässt Balling, Von Reval bis Bukarest, Bd. 1, S. 328, fälschlich beide Amtszeiten erst 1959 enden.
³⁶ Franzen, Der vierte Stamm Bayerns, S. 164.
³⁷ Lodgman von Auen, Rudolf: Zum Sudetendeutschen Tag 1952 in Stuttgart (Rede als Sprecher der Sudetendeutschen Landsmannschaft bei der Großkundgebung am 1. Juni 1952), in: Simon, Rudolf Lodgman von Auen. Reden und Aufsätze, S. 106 f.

Innerhalb des neuen Landsmannschaften-Verbandes VdL erreichte Lodgman die Akzeptanz einer über die Grenzen Deutschlands von 1937 hinausgehenden großdeutschen „Heimatpolitik", wie sie zwecks Einbeziehung des Sudetenlandes für die SL unverzichtbar, von der Mehrheit der ‚reichsdeutschen' Landsmannschaften bis dahin jedoch eher reserviert betrachtet worden war.[38] Lodgman hatte seit 1949 daran gearbeitet, dass alle Vertriebenenorganisationen gegenseitig ihre territorialen Forderungen anerkennen und mittragen sollten. Nun gelang es ihm, die bisherige „Kakophonie der revisionistischen Forderungen" zu überwinden und eine einheitliche ‚Außenpolitik' der Vertriebenen zu konzipieren.[39]

Durch seine Spitzenämter in SL und VdL wurde Lodgman im Vorfeld der BdV-Gründung zum prominentesten Befürworter einer „landsmannschaftlichen", d. h. nach regionalen Herkunftsgebieten gegliederten Organisationsstruktur der Vertriebenen. Wenn Lodgman dies als „organische" Organisationsform der Vertriebenen favorisierte, schwangen darin konservativ-modernitätskritische Denkmuster ebenso mit wie föderalistisch-regionalistische Überzeugungen. Sein Eintreten für eine „Landsmannschaft" der „Sudetendeutschen" stand in Widerspruch zu seiner früheren Gegnerschaft zur Einrichtung eines einheitlichen „Reichsgaus Sudetenland" im Jahre 1938, doch kann dieser Widerspruch weniger gravierend scheinen, wenn man die seitherigen Kollektiverfahrungen der zuvor heterogenen „Sudetendeutschen" durch NS-Diktatur, Weltkrieg, Vertreibung und Nachkriegsnot berücksichtigt. Hinzu trat in der deutschen „Zusammenbruchsgesellschaft" nach 1945 der dringende Wunsch, konservative Strukturprinzipien wie ein landsmannschaftliches Gruppenbewusstsein gegen eine als gefährlich erachtete Form der „Vermassung" zu mobilisieren. Von der mit Flucht und Vertreibung verbundenen „Entwurzelung" und materiellen Proletarisierung von Millionen Vertriebenen befürchtete mancher einen sozialrevolutionären Linksruck, eine „Bolschewisierung" der in Westdeutschland aufgenommenen Vertriebenen zum Nutzen Stalins. Das war der Hintergrund für Lodgmans Festhalten am Landsmannschaftsprinzip und seine daraus folgende Gegnerschaft zu anderen Organisationsprinzipien: Insbesondere opponierte Lodgman gegen Pläne für einen Einheitsverband aller Vertriebenen, wie sie vom CDU-Vertriebenenpolitiker Linus Kather vorangetrieben wurden, da Lodgman darin die „Keimzelle einer klassenkämpferischen und gewerkschaftsähnlichen Massenorganisation" erblickte.[40]

In diesem Grundsatzkonflikt zwischen Vertriebenen-Interessenverband und Landsmannschaften ging es nicht nur um persönliche Animositäten, sondern auch um die inhaltliche Schwerpunktsetzung in der Interessenpolitik für Vertriebene. Lodgman betrachtete „das landsmannschaftliche Prinzip als Voraussetzung für eine ‚Heimatpolitik'".[41] Gegenüber dem sudetendeutschen BHE-Politiker Karl

---

[38] Franzen, Der vierte Stamm Bayerns, S. 164.
[39] Ahonen, After the Expulsion, S. 41.
[40] Simon, Rudolf Lodgman von Auen, S. 10.
[41] Franzen, Der vierte Stamm Bayerns, S. 152.

Bartunek[42] strich er 1953 den Gegensatz zwischen einer „Vertriebenenbewegung", wie Kather sie mit ihren sozialpolitischen Schwerpunkten repräsentierte, und den Landsmannschaften heraus; diese betrachteten „Vertriebene" weniger als Träger sozialpolitischer Anrechte denn als „Repräsentanten verlorenen Reichsgebiets und Heimatbodens".[43] Auch öffentlich definierte Lodgman eine Landsmannschaft 1953 nicht als belanglosen „Trachten- und Geselligkeitsverein", sondern „als die Vertretung einer der Heimat beraubten Volksgruppe". Es ging letztlich nicht um die Sammlung von „Vertriebenen", sondern von „Landsleuten", die durch Wiedergewinnung ihrer verlorenen Heimat aus Vertriebenen zu Heimkehrern werden sollten.[44] Die auf frühere Wohngebiete bezogene „Heimatpolitik" stand antagonistisch gegen jede „Integrationspolitik" (die sich im Laufe der Zeit gleichwohl faktisch durchsetzte). Zwar gab auch Lodgmans Kontrahent Kather den Anspruch auf die Rückkehr in die bisherigen Heimatgebiete nicht auf, doch lag der praktische Schwerpunkt seines Handelns auf der Sicherung umfangreicher materieller Integrations- und Entschädigungsleistungen in der neuen Zwangs-Heimat. Bei Lodgman war es umgekehrt: Er negierte die Notwendigkeit von Integrationshilfen nicht, legte jedoch das Schwergewicht auf das Wachhalten von Heimat-Bewusstsein und Rückkehrwunsch. Auf dem „Sudetendeutschen Tag" in Stuttgart hatte Lodgman 1952 eine Landsmannschaft als „Gestaltung der Volksgruppe außerhalb der Heimat" definiert. Die Organisation sollte als Heimat-Ersatz dienen, die hilflos vereinzelten Vertriebenen politisch handlungsfähig machen und ihnen die Mittel zur Wahrung ihres Rechtsanspruchs auf die Heimat an die Hand geben. Lodgman räumte ein, wenn es bislang nicht gelungen sei, eine einheitliche Vertriebenenorganisation zu bilden, habe dies wesentlich mit den sich widersprechenden Organisationsformen zu tun, die den „Gedanken des gemeinsamen Vertriebenenschicksals ohne Unterschied der landsmannschaftlichen Herkunft" dem landsmannschaftlichen „Gedanken der Heimatzugehörigkeit" entgegenstellten.[45]

Ein Einheitsverband der Vertriebenen durfte aus Sicht der Landsmannschafts-Funktionäre nur entstehen, wenn darin die Dominanz des eigenen Strukturprinzips gesichert war. Das war beim BvD 1951/52 nicht der Fall, bei der Gründung des „Bundes der Vertriebenen" (BdV) 1957/58 hingegen schon. Jedenfalls ging der bekennende Kather-Feind und einflussreiche VdL-Funktionär Axel de Vries Mitte 1958 davon aus, dass die Landsmannschaften im Vollzug der BdV-Gründung „im stetigen Vormarsch" seien und binnen Kurzem „in fast allen Ländern das Übergewicht" haben würden, so dass sie ihre „bisherige Politik [...] im neuen Gesamtverbande personell und sachlich fortsetzen" könnten. De Vries arbeitete

---

[42] Karl Bartunek, 1906–1984, gebürtiger Prager, Dr.-Ing., 1947–1954 Landesvorsitzender des Landesverbandes vertriebener Deutscher (LVD) Nordbaden, 1954–1959 Bezirksvorsitzender des BvD Nordbaden, 1953–1964 MdL GB/BHE (bzw. ab 1961 GDP/BHE) Baden-Württemberg, 1954–1956 und 1960–64 auch Vorsitzender der Landtagsfraktion dieser Partei.
[43] Landesarchiv Baden-Württemberg, Generallandesarchiv Karlsruhe (LABW-GLAK), N Bartunek/39, SL, Dr. Lodgman , an Dr.-Ing. Bartunek MdL, 2. 5. 1953.
[44] Zitiert nach: Hahn / Hahn, Die sudetendeutsche völkische Tradition, S. 49.
[45] Lodgman, Zum Sudetendeutschen Tag 1952 in Stuttgart, S. 105f.

dabei mit Funktionären des BvD wie Hans Krüger zusammen, die sich von ihrem eigenen Vorsitzenden Linus Kather schrittweise distanzierten.[46] Die Presse beobachtete, dass es „zum wenigsten sachliche als vielmehr personelle Schwierigkeiten" waren, die „immer wieder den Zusammenschluß hinauszögerten".[47] Das war zu einseitig, doch personelle Konflikte spielten im Falle des streitbar-autoritären Linus Kather zweifellos eine Rolle. Dieser hatte klare Ambitionen auf das Amt des ersten BdV-Präsidenten, wurde jedoch am Ende nicht nur von seinen Gegnern in den Landsmannschaften, sondern auch von seinen eigenen BvD-Unterführern zum Verzicht gedrängt.[48] Statt des stets „geschäftig unruhige[n]" Kather wurde der als bedächtig beschriebene Hans Krüger erster Vorsitzender des Einheitsverbandes. Die „Stuttgarter Zeitung" äußerte die Erwartung, dieser erste reguläre Präsident des BdV werde „darauf zu achten haben, daß sich der neue Vertriebenenbund mit zwei bis zweieinhalb Millionen Mitgliedern nicht vor den Wagen einer Partei spannen läßt".[49]

Die Angehörigen des im Dezember 1958 konstituierten ersten Präsidiums des BdV waren folgende dreizehn Personen:[50]

Der neue BdV-Präsident *Hans Krüger* (6. Juli 1902) stammte aus Neustettin, einer Kreisstadt in der preußischen Provinz Pommern, die ab 1945 zu den an Polen gelangten Gebieten gehörte und in Szczecinek umbenannt wurde. Krüger lebte seit dem Ende des Zweiten Weltkrieges in Nordrhein-Westfalen, wohin er nach der Entlassung aus der Kriegsgefangenschaft zu Verwandten gegangen war, und war Ende 1958 sechsundfünfzig Jahre alt. Krüger starb 1971 in Bonn.

Neben Krüger amtierten vier Vizepräsidenten als Stellvertreter. Der Geburtsort des Vizepräsidenten *Hellmut Gossing* (16. April 1905) war Taulensee, ein Dorf in der preußischen Provinz Ostpreußen, das 1945 an Polen gelangte und seither den Namen Tułodziad trägt. Auch Gossing war gegen Ende des Zweiten Weltkrieges in Kriegsgefangenschaft geraten und lebte seither in Niedersachsen. Er war Ende 1958 dreiundfünfzig Jahre alt. Gossing starb 1974 in Bonn.

Vizepräsident *Wenzel Jaksch* (25. September 1896), der erst in den 1960er Jahren zum Dr. h. c. promoviert wurde, war in Langstrobnitz geboren, einem südböhmischen Dorf in der Nähe von Budweis (České Budějovice), das damals zur Doppelmonarchie Österreich-Ungarn gehörte. 1918/19 an die Tschechoslowakische Republik gelangt, wurde Jakschs Geburtsort nach dem Münchner Abkommen 1938 Bestandteil des „Großdeutschen Reiches" (Reichsgau Oberdonau), um

---

[46] BAK, N 1412/17, De Vries an Dr. Turnwald, 21.7.1958.
[47] LABW-HStAS, EA 1/106 Bü 1319, W.H., „Dritter Mann der Vertriebenen. Der Gesamtverband kommt unter Krüger zustande / Eine schwere Geburt", in: Christ und Welt Nr. 48 v. 27.11. 1958.
[48] Ebenda, Eberhard Bitzer, „Heimatvertriebene unter einem Dach", in: FAZ Nr. 290 v. 15.12. 1958.
[49] Ebenda, pel, „Nur noch ein Spitzenverband der Vertriebenen", in: Stuttgarter Zeitung Nr. 289 v. 16.12.1958.
[50] BAK, B 150/4331 H. 1, BMVt, Hamm, Vermerk v. 15.12.1958, mit der Liste des am 14. Dezember 1958 in Berlin konstituierten BdV-Präsidiums; vgl. die Kurzbiographien im Anhang dieses Gutachtens.

1945 erneut an die Tschechoslowakei zu fallen. In der heutigen Tschechischen Republik heißt der Ort Dlouhá Stropnice. Jaksch war 1939 vor den deutschen NS-Besatzern aus seinem Wohnort Prag ins britische Exil geflüchtet, in dem er auch nach 1945 (nicht zuletzt auf Druck der tschechoslowakischen Regierung) noch einige Jahre zurückgehalten wurde, bevor er 1949 in die Bundesrepublik Deutschland übersiedeln durfte. Ende 1958 war Jaksch, der seit 1949 in Hessen lebte, zweiundsechzig Jahre alt. Jaksch kam 1966 in Wiesbaden bei einem Autounfall ums Leben.

Vizepräsident Dr. *Karl Mocker* (22. November 1905) hatte in Horatitz das Licht der Welt erblickt, einem Gutsdorf im habsburgischen Österreich-Ungarn, das 1918/19 zur Tschechoslowakischen Republik gelangte, 1938 an das Großdeutsche Reich (Reichsgau Sudetenland) und 1945 an die Tschechoslowakei zurückkam. Der Ort trägt heute den Namen Hořetice. Mocker, der 1946 in das spätere Baden-Württemberg aus seiner seit 1945 wieder zur Tschechoslowakei gehörigen Heimat von der Prager Regierung zwangsausgesiedelt worden war, zählte 1958 dreiundfünfzig Jahre. Er hatte somit die Vertreibungsphase der Zwangsaussiedlung am eigenen Leibe erfahren. Mocker verstarb 1996 in Schwäbisch Gmünd.

Vizepräsident *Erich Schellhaus* (4. November 1901) wiederum wurde in Bösdorf geboren, einem Dorfe bei Oppeln in der preußischen Provinz Schlesien, das seit 1945 zu Polen gehört und den Namen Pakosławice trägt. Nach seiner Entlassung aus der Kriegsgefangenschaft lebte Schellhaus in Niedersachsen. Ende 1958 war er siebenundfünfzig Jahre alt. Schellhaus starb 1983 in Hannover.

Neben diese engere Führung des BdV traten acht einfache Präsidiumsmitglieder, die paritätisch von den verschmelzenden Verbänden BvD und VdL gestellt wurden. Dabei handelte es sich in alphabetischer Reihenfolge um folgende Personen:

Dr. Alfred Gille (15. September 1901) stammte aus Insterburg, einer Kreisstadt der preußischen Provinz Ostpreußen, die 1945 an die UdSSR (bzw. heute Russische Föderation) gelangte und seither den Namen Tschernjachowsk trägt. Gille war 1945 in US-amerikanische Kriegsgefangenschaft geraten, sehr bald jedoch an die Sowjets überstellt worden, die ihn erst 1948 aus der Kriegsgefangenschaft nach Schleswig-Holstein entließen, wo Gille seither lebte. Er war somit zum Zeitpunkt seines Eintritts in das erste reguläre Präsidium des „Bundes der Vertriebenen" gegen Ende 1958 siebenundfünfzig Jahre alt. Gille starb 1971 in Bonn.

Der schon des Öfteren erwähnte *Dr. Linus Kather* (22. September 1893) ist in Prossitten auf die Welt gekommen, einem Dorf in der preußischen Provinz Ostpreußen. Seit 1945 zu Polen gehörig, trägt es seither den Namen Prosity. Kather hatte Anfang 1945 die winterliche Flucht aus Ostpreußen (zu Lande und zur See) als Zivilist miterlebt und seither seinen Lebensmittelpunkt zunächst in Hamburg, seit den 1950er Jahren dann in Nordrhein-Westfalen. Ende 1958 war Kather fünfundsechzig Jahre alt. Er verstarb 1983 im baden-württembergischen Stühlingen.

Der Geburtsort von *Dr. Dr. Heinz Langguth* (24. Juni 1908) war Danzig, das ab 1945 als Gdansk zu Polen gehört. Langguth hatte ebenfalls 1945 die Flucht aus dem Osten miterlebt und wohnte nach einer kurzen Zwischenstation in Niedersachsen seither in Hamburg. Er war im Jahre 1958 fünfzig Jahre alt. Langguth verstarb 1983 im baden-württembergischen Rielasingen-Worblingen.

Dr. Rudolf Lodgman von Auen (21. Dezember 1877) war in Königgrätz in Böhmen als Rudolf Vinzenz Maria Ritter Lodgman von Auen geboren worden. Die böhmische Kreisstadt gehörte zum Habsburgerreich Österreich-Ungarn und wurde 1918/19 Bestandteil der Tschechoslowakischen (heute: Tschechischen) Republik mit dem tschechischen Namen Hradec Králové. Infolge der revolutionären Gesetzgebung in der Tschechoslowakei hatte Lodgman 1919 seinen Adelstitel eingebüßt, obwohl er das Adelsprädikat in Deutschland ab 1938/45 wieder führte. Lodgman war Mitte 1945 von tschechoslowakischen Lokalbehörden mit seiner Familie in die sowjetische Besatzungszone Deutschlands vertrieben worden und von dort 1947 nach Bayern übergesiedelt. Er war Ende 1958 einundachtzig Jahre alt. Lodgman verstarb 1962 in München.

Wesentlich jünger war *Reinhold Rehs* (12. Oktober 1901) aus dem Dorfe Klinthenen in der preußischen Provinz Ostpreußen, das seit 1945 Bestandteil der Sowjetunion (bzw. seit 1991 der Russischen Föderation) ist und den Namen Snamenka trägt. Rehs war 1945 als verwundeter Soldat aus den bedrohten Ostgebieten nach Schleswig-Holstein transportiert worden. 1958 war Rehs siebenundfünfzig Jahre alt. Er starb 1971 in Kiel.

Der gleichen Generation gehörte *Dr. Josef Trischler* (20. März 1903) an, der in einem Dorfe der Region Batschka seinen Lebensweg begonnen hatte, das damals zur Habsburgermonarchie Österreich-Ungarn gehörte und den ungarischen Namen Boroc bzw. den deutschen Namen Oberndorf trug, unter jugoslawischer Herrschaft (1918-1941 und ab 1944/45) jedoch den serbischen Namen Obrovac erhielt. Trischler war 1944/45 mit einem Treck seiner bedrohten volksdeutschen Bevölkerungsgruppe fluchtartig evakuiert worden und lebte seit 1945 in Bayern. Ende 1958 war Trischler fünfundfünfzig Jahre alt. Er verstarb 1975 in München.

Um einen gebürtigen Allgäuer handelte es sich bei *Dr. h. c. Otto Ulitz* (28. September 1885), der jedoch von Kindheit an in der schlesischen bzw. oberschlesischen Heimat seines Vaters lebte. Er war als hochrangiger Beamter Anfang 1945 aus Oberschlesien evakuiert worden, hatte zeitweilig in der sowjetischen Besatzungszone gelebt, in die er – unterdessen nach Westdeutschland gegangen – 1946 zur Abholung seiner Frau zurückkehrte, um dort unverzüglich vom sowjetischen Geheimdienst verhaftet und bis 1950 interniert zu werden. 1950 wurde Ulitz von der DDR-Justiz, an welche die Sowjets ihn überstellt hatten, wegen angeblicher NS-Verbrechen zu einer langjährigen Zuchthausstrafe verurteilt, durfte jedoch bereits 1952 in die Bundesrepublik ausreisen. Dort lebte er seither in Nordrhein-Westfalen. Ulitz war Ende 1958 dreiundsiebzig Jahre alt. Er starb 1972 im nordrhein-westfälischen Bergholzhausen.

Der Jüngste unter den Präsidiumsmitgliedern des BdV, *Rudolf Wollner* (6. Dezember 1923), stammte aus Asch, einer damals zu Österreich-Ungarn gehörigen Stadt im nordwestlichen Böhmen, die 1918/19 an die Tschechoslowakische Republik gelangte, nach dem Münchner Abkommen 1938 Bestandteil des „Großdeutschen Reiches" (Reichsgau Sudetenland) wurde, um 1945 erneut an die Tschechoslowakei zu fallen. In der heutigen Tschechischen Republik heißt der Ort Aš. Wollner geriet als Mitglied der Waffen-SS 1945 in US-amerikanische Kriegsgefangenschaft bzw. Internierung und lebte nach seiner Haftentlassung 1946 in Hessen. Ende 1958 war Wollner fünfunddreißig Jahre alt. Er verstarb 2002 in Wiesbaden.

Sowohl die Bonner Bundesregierung als auch die Ost-Berliner SED-Führung interessierten sich lebhaft für das politische Profil der neuen BdV-Führung. Für Bundeskanzler Adenauer war die im Vorfeld verhinderte BdV-Präsidentschaft Linus Kathers entscheidend, denn zu diesem einstigen CDU-Vertriebenenpolitiker, der 1954 unter Protest zum BHE übergetreten war, war das Verhältnis des Kanzlers seit Längerem zerrüttet.[51] Nach dem parallelen Verzicht der konkurrierenden Verbändeführer von VdL und BvD, Baron Manteuffel-Szoege[52] und Kather, auf eine Kandidatur war für das Kanzleramt wichtig, dass der CDU-Bundestagsabgeordnete Hans Krüger „der aussichtsreichste Kandidat" für den BdV-Vorsitz war, obschon gegen diesen „in CDU-Kreisen" der „Sudetendeutschen" offenbar „gewisse Bedenken aus landsmannschaftlichen Gründen" erhoben wurden. Wäre Krüger nicht gewählt worden, wäre die BdV-Führung wahrscheinlich „an den BHE" in Person des späteren Vizepräsidenten Erich Schellhaus gefallen.[53] Hier war der Unionspolitiker Krüger, der sich später tatsächlich meist willfährig an den Vorgaben des Kanzleramtes orientierte, begreiflicherweise der Wunschkandidat der damals alleinregierenden CDU/CSU und ihres machtbewussten Kanzlers. Auch in der Folgezeit wurde spekuliert, dass Krüger durch einen agileren Politiker abgelöst werden sollte; statt des 1958 gehandelten BHE-Politikers Schellhaus betrachtete man im Kanzleramt 1960 den BHE-Politiker Gille als mögliche kommende Führungsfigur des BdV.[54] Offensichtlich gab es im Vorfeld der Bundestagswahlen von 1961 Kontakte zwischen Adenauer und Gille, denn Letzterer verbreitete unter Landsmannschafts-Funktionären, Adenauer wünsche „den BHE im nächsten Bundestag" und halte einen BHE-Minister in der Regierung für sinnvoll, weshalb der Kanzler sogar die Fünfprozent-Klausel mildern wolle.[55] Dazu kam es letztlich nicht. Öffentlich demonstrierte der BdV gegenüber Adenauer ohnehin die satzungsmäßig vorgeschriebene Überparteilichkeit, denn als der Kanzler im Mai 1960 eine Delegation „vom Volksbund [sic!] der Vertriebenen" empfing, bestand die sorgfältig ausgesuchte Gruppe der BdV-Führungsmitglieder

---

[51] Vgl. BAK, B 136/2714, Bl. 282, Bundeskanzler Dr. Adenauer an BvD, Dr. Kather, 11.11.1958.
[52] Georg Baron von Manteuffel-Szoege, 1889–1962, 1915–1918 Sekretär der Kurländischen Ritterschaft in Berlin, 1940–1942 Arbeit für das Reichsaußenministerium, 1945 Flucht nach Bayern, 1950–1953 Präsident des Hauptamtes für Soforthilfe, 1950 Vorsitzender der Deutsch-Baltischen Landsmannschaft, 1954–1958 Präsident des VdL, 1953–1962 MdB CSU, 1960–1961 Mitglied des Präsidiums des BdV.
[53] BAK, B 136/2714, Bl. 293, Bundeskanzleramt, Dr. Bachmann, an Bundeskanzler Dr. Adenauer, 4.12.1958.
[54] Ebenda, Bl. 351–353, Bundeskanzleramt, Dr. Vialon, an Bundeskanzler Dr. Adenauer, 5.1.1960.
[55] Ebenda, N 1412/17, De Vries an Baron Manteuffel-Szoege MdB, 14.9.1960, S. 3.

1. BdV-Gründung und politisches Profil des Gründungspräsidiums von 1958   15

Krüger, Manteuffel-Szoege, Rehs und Gille aus drei Bundestagsabgeordneten der CDU, CSU und SPD sowie einem Landtagsabgeordneten des GB/BHE.[56]

Im April 1959 hatten die DDR-Geheimdienste für das Politbüromitglied Albert Norden ihre Einschätzung der „politische[n] Zugehörigkeit der Präsidiumsmitglieder des BdV" formuliert. Demnach war der Vertriebenen-Einheitsverband zwar nicht nur auf eine Partei ausgerichtet. Doch zeigte sich – namentlich im Verhältnis zur seit 1957 rapide sinkenden Bedeutung dieser Partei – eine deutliche Überrepräsentation des „Gesamtdeutschen Blocks / Bund der Heimatvertriebenen und Entrechteten" (GB/BHE), als welcher der frühere BHE seit 1953 firmierte. Die damals auf Bundesebene allein regierende CDU/CSU war laut MfS-Bericht lediglich durch den CDU-Bundestagsabgeordneten Hans Krüger innerhalb der BdV-Führung vertreten – allerdings im Spitzenamt des Präsidenten. Doch wenn die Regierungspartei den BdV-Präsidenten stellte, war der frühere Koalitionspartner der CDU/CSU, der 1957 aus dem Bundestag ausgeschiedene GB/BHE, mit drei von vier Vizepräsidenten außerordentlich stark repräsentiert – durch die als Abgeordnete verschiedener Landtage fungierenden BHE-Politiker Erich Schellhaus, Hellmut Gossing und Karl Mocker. Demgegenüber hatte die starke Sozialdemokratische Partei Deutschlands nur einen einzigen Vizepräsidenten in Person des SPD-Bundestagsabgeordneten Wenzel Jaksch erhalten. In der engeren Führung des BdV dominierte folglich der GB/BHE im unangemessenen Verhältnis von 3:1:1. Der weitere Kreis der „Präsidialmitglieder" nahm sich laut MfS etwas pluralistischer aus: Die SED-Analytiker rechneten das Präsidiumsmitglied Otto Ulitz zur CDU, obschon dieser parteilos und allenfalls als „CDU-nah" einzustufen war. Den umgekehrten Irrtum leistete sich das MfS im Falle Rudolf Wollners, den es als parteilos („-") einstufte, obschon dieser damals dem GB/BHE angehörte. Korrekt waren die Angaben der DDR-Staatssicherheit über die Landtagsabgeordneten Alfred Gille und Heinz Langguth (GB/BHE), den Bundestagsabgeordneten Reinhold Rehs (SPD) und den in der Tat parteilosen Rudolf Lodgman von Auen, der als neutral bezeichnet wurde. Im Falle Josef Trischlers irrte sich das MfS jedoch erneut, denn dieser wurde fälschlich noch seiner früheren Partei, der FDP, zugerechnet, obschon er damals ebenso wie Ulitz parteilos und „CDU-nah" war.[57]

Insgesamt war etwa ein Drittel (63, 34,6 Prozent) der 182 Vertriebenen-Abgeordneten der Bundestage der Jahre 1949 bis 1976 in Vertriebenenverbänden – dem BdV und seinen Vorläufern – organisiert. Zum Zeitpunkt der BdV-Gründung 1957/58 war dieser BdV-Organisationsgrad in der regierenden CDU/CSU-Fraktion mit 54,2 Prozent der dortigen Vertriebenen-Parlamentarier am höchsten,

---

[56] Ebenda, B 136/9088, Bundeskanzler Dr. Adenauer, Aktennotiz vom 10.5.1960.
[57] BStU, Archiv der Zentralstelle, MfS ZAIG Nr. 4625, Bl. 1–11, insb. Bl. 11, „Arbeits-Material für den Genossen Norden über die Ausnutzung der Landsmannschaften und Vertriebenen zur Durchsetzung der Bonner Kriegskonzeption", o. D. [hdschr. Vermerk: „11 Blatt. Rückgabe erbeten Mi. 30/I 60"], Anlage „Politische Zugehörigkeit der Präsidiumsmitglieder des BdV", „Stand vom 28.4.1959"; die Korrekturen der Fehleinschätzungen erfolgten nach Stickler, „Ostdeutsch heißt gesamtdeutsch", S. 455.

gefolgt von 50 Prozent in der „Deutschen Partei" (DP), von 40 Prozent in der FDP und lediglich 23,5 Prozent in der SPD.[58]

Zumindest die Spitze dieses ersten BdV-Präsidiums war ministrabel oder wurde es bald: BdV-Präsident Krüger stieg 1963/64 zum Bundesvertriebenenminister unter dem neuen CDU-Bundeskanzler Ludwig Erhard auf, Vizepräsident Schellhaus amtierte als Vertriebenenminister des Landes Niedersachsen, Vizepräsident Gossing war Staatssekretär in Schellhaus' Ressort, und Vizepräsident Mocker sollte von 1972 bis 1976 als Vertriebenen-Staatssekretär (mit Kabinettsrang) im Innenministerium des Landes Baden-Württemberg fungieren. Hingegen wurde der Sozialdemokrat Jaksch zwar nie Regierungsmitglied, war jedoch im Wahlkampf von 1961 immerhin Mitglied der Regierungsmannschaft des gegen Adenauer unterlegenen SPD-Kanzlerkandidaten Willy Brandt.[59]

Nach den Bundestagswahlen von 1961 mutmaßten die DDR-Beobachter, das schlechte Abschneiden der in ihren Augen „faschistische[n]" Gesamtdeutschen Partei (GDP), in der der bisherige GB/BHE aufgegangen war, ohne über die Fünf-Prozent-Hürde zu gelangen, habe die Hoffnungen der BdV-Führung vereitelt, über diese von ihr „unterstützte und gegängelte Partei" als Koalitionspartner der CDU/CSU „ein sehr gewichtiges Wort im Bonner Bundestag mitzusprechen und […] unmittelbaren Einfluß auf die Bonner Innen- als auch auf die Bonner Außenpolitik zu nehmen". Die BdV-Führung habe sich jedoch rasch umorientiert und beschlossen, fortan „ihr Heil in die Schöße aller im Bundestag vertretenen Parteien zu legen".[60] Zuerst profitierte davon die regierende CDU und deren Repräsentant Hans Krüger. Doch zwischen 1961 und 1964 wurde deutlich, dass sich der BdV auf die noch oppositionelle SPD zuzubewegen begann. Diese stellte folgerichtig zwischen 1964 und 1970 mit Wenzel Jaksch und Reinhold Rehs nach dem schmählichen Abgang Krügers die nächsten Präsidenten des BdV, bevor die „neue Ostpolitik" Willy Brandts mit ihrer faktischen Anerkennung der deutschen Nachkriegs-Ostgrenzen (und damit auch der Dauerhaftigkeit der Deutschen-Vertreibung) diese strategische Achse um 1970 beendete.

Im Unterschied zur Bundesregierung Adenauers interessierte sich die Führung der DDR nicht allein für die aktuellen Parteibindungen der führenden Persönlichkeiten im neuen BdV. Zugleich kümmerte sich das SED-Regime um die Frage, wie sich die Führungsfiguren des westdeutschen Vertriebenenverbandes gegenüber dem Nationalsozialismus verhalten hatten. In einer 1969 verfertigten „Analyse zur Durchsetzung der Führungsorgane des Bundes der Vertriebenen (BdV) mit Nazis" wurde von den ersten drei Präsidenten des BdV deren erster, der fälschlicherweise von seinen SED-Beobachtern promovierte „Dr. Hans Krüger",

---

[58] Fischer, Heimat-Politiker, S. 78 und S. 84.
[59] Vgl. die Kurzbiographien im Anhang dieses Gutachtens; zu Jaksch: Balling, Von Reval bis Bukarest, Bd. 1, S. 356.
[60] BStU, Archiv der Zentralstelle, MfS ZAIG Nr. 9704 Teil 1, Bl. 2–41, insb. Bl. 29f., „A) Der westdeutsche und auch in Westberlin großen Einfluß nehmende Dachverband der 29 ‚Vertriebenen-Landsmannschaften', der sich ‚Bund der Vertriebenen, Vereinigte Landsmannschaften und Landesverbände' nennt", o. D. [ca. 1962].

als „wohl am stärksten belastet" eingestuft. Dies war faktisch richtig, doch insinuierte diese polemische Formulierung, dass auch die beiden anderen als NS-belastet zu betrachten wären, was im Falle von Rehs jedoch nur geringfügig und im Falle von Jaksch eindeutig nicht der Fall war. Krüger hingegen wurde zu Recht vorgehalten, ein ehemaliger Ortsgruppenleiter der NSDAP zu sein; dass er außerdem als Richter „an Todesurteilen" eines Sondergerichts „beteiligt" gewesen sein sollte, war hingegen nicht erwiesen, sondern nur eine Anschuldigung.[61] Von den vier Vizepräsidenten des BdV im Jahre 1969 waren laut DDR-Expertise „nachweislich *drei* aus der NS-Zeit belastet". Von diesen drei – die anderen waren der parteilose Franz Böhm, angeblich ein früherer NS-Funktionär aus dem Sudetenland, und der CDU-Bundestagsabgeordnete Hans-Edgar Jahn, angeblich ein einstiger „NS-Führungsoffizier" – hatte lediglich der damals der „Gesamtdeutschen Partei" (GDP) angehörige Rudolf Wollner schon zum ersten BdV-Präsidium von 1958 gezählt. Dieser nunmehrige BdV-Vizepräsident wurde zutreffend als ehemaliger SS-Führer namhaft gemacht. Hingegen wurde der vierte BdV-Vizepräsident des Jahres 1969, der ebenfalls der GDP angehörige Hellmut Gossing, der sein BdV-Amt bereits seit 1958 ausübte, von den DDR-Organen als nicht NS-belastet eingestuft.[62] Von neun einfachen Präsidiumsmitgliedern des BdV im Jahre 1969 wurden nach dem damaligen DDR-Ermittlungsstand vier als „belastet" bewertet – neben den erst später in die BdV-Führung eingerückten Funktionären Walter Becher, der für die CSU dem Bundestag angehörte, und dem schon erwähnten einstigen NS-Landesbauernführer Egbert Otto (der 1968 verstorben war) waren dies die beiden BdV-Gründungsmitglieder Schellhaus und Trischler. Von diesen beiden unterdessen zur CDU übergetretenen Politikern, die zuvor dem BHE bzw. der GDP oder der FDP angehört hatten, war Schellhaus, bis dahin Vizepräsident, im März 1968 aus der BdV-Führung ausgeschieden. Ein weiteres Mitglied des BdV-Gründungspräsidiums, das 1969 noch in der Verbandsführung vertreten war, wurde durch Nichterwähnung im Umkehrschluss von den SED-Rechercheuren als offenbar nicht NS-belastet betrachtet: der langjährige GDP- und künftige CDU-Politiker Karl Mocker.[63]

Von dieser DDR-Analyse wurden somit von vierzehn Mitgliedern der 1968/69 amtierenden BdV-Führung die Hälfte als NS-belastet eingeschätzt. Sechs seien Mitglieder der NSDAP gewesen, ein weiterer Offizier (Führer) der SS. Auch von den sieben damals stellvertretenden Präsidiumsmitgliedern wurden vier als NS-belastet eingestuft, darunter das Mitglied des früheren Gründungspräsidiums

---

[61] BStU, Archiv der Zentralstelle, MfS-HA IX/11 FV 13/71 Bd. 4, Bl. 8ff., insb. Bl. 13–15, MdI DDR, Dokumentationszentrum der Staatlichen Archivverwaltung, Seckendorf, „Analyse zur Durchsetzung der Führungsorgane des Bundes der Vertriebenen (BdV) mit Nazis (Stand: September 1969)", Dezember 1969.
[62] Ebenda, Bl. 15f.
[63] Ebenda, Bl. 16f.; die einfachen Mitglieder des BdV-Präsidiums waren demnach: Walter Becher, Willi Homeier, Herbert Hupka, Dr. Karl Mocker, Egbert Otto, Walter Richter, Erich Schellhaus, Dr. Josef Trischler und Friedrich Walter; die Korrekturen nach Stickler, „Ostdeutsch heißt gesamtdeutsch", S. 455 und S. 457.

Otto Ulitz. Dasselbe wurde dem damaligen Generalsekretär des BdV, Herbert Schwarzer, attestiert: Dieser sei bereits seit 1930 NSDAP-Mitglied und seit 1931 auch SA-Mitglied gewesen, habe 1936 an einem Lehrgang für NS-Juristen teilgenommen, um im Zweiten Weltkrieg dann im Gauarbeitsamt und beim Reichstreuhänder der Arbeit im oberschlesischen Kattowitz tätig zu werden.[64] Eine weitere, etwa 1970 entstandene DDR-Analyse mit dem polemischen Titel „Stoßtrupp von rechts" zog aus dieser Ansammlung von „Männer[n] mit Vergangenheit" im Präsidium des BdV den Schluss, dass der Vertriebenenverband auch 25 Jahre nach dem Untergang des NS-Regimes „noch immer zu einem hohen Teil von Personen geführt" werde, „die aus der NS-Zeit als belastet anzusehen sind". Diese Tatsache, dass „noch immer NSDAP-Mitglieder und zum Teil stark belastete Naziaktivisten an den Schalthebeln der Macht im zweitgrößten Verband der Bundesrepublik stehen" würden, wurde umstandslos zur Ursache der ablehnenden Haltung des BdV gegenüber der Bonner Ostpolitik der Regierung Willy Brandt erklärt.[65]

Unser Gutachten konzentriert seine Analyse auf das erste reguläre Präsidium des „Bundes der Vertriebenen", das Ende 1958 konstituiert wurde und aus den obengenannten dreizehn Mitgliedern bestand. In der öffentlichen Diskussion der letzten Jahre sind jedoch neben diesen Angehörigen des ersten BdV-Präsidiums wahllos weitere Funktionäre des BdV angeführt worden, die nach Meinung ihrer Kritiker mehr oder weniger schwer NS-belastet gewesen sein sollen.[66] Eine unsystematische Reihung von Namen führt aus wissenschaftlicher Sicht – jenseits kurzfristiger journalistischer Interessenlagen – jedoch nicht sehr weit. Wenn auch im Rahmen dieses Gutachtens gelegentlich jenseits unserer Untersuchungsgruppe weitere Vertriebenenfunktionäre erwähnt werden, die als NS-belastet betrachtet werden müssen, so wird dies nur dann der Fall sein, wenn ein unmittelbarer Konnex zum ersten BdV-Präsidium zu ziehen ist – angefangen beim zeitweiligen FDP-Bundestagsabgeordneten und langjährigen baltendeutschen Landsmannschaftspolitiker Axel de Vries[67], der zwar nie einem BdV-Präsidium angehört hat, aber als eine „graue Eminenz" der BdV-Gründung betrachtet werden muss, bis hin zu den Mitarbeitern der BdV-Bundesgeschäftsstelle in der Gründungsphase des Verbandes.

---

[64] BStU, Archiv der Zentralstelle, MfS-HA IX/11 FV 13/71 Bd. 4, Bl. 8 ff., insb. Bl. 17–19, MdI DDR, Dokumentationszentrum der Staatlichen Archivverwaltung, Seckendorf, „Analyse zur Durchsetzung der Führungsorgane des Bundes der Vertriebenen (BdV) mit Nazis (Stand: September 1969)", Dezember 1969; auch der Geschäftsführer des BdV-Landesverbandes Niedersachsen Otto von Fircks, der seit 1969 für die CDU dem deutschen Bundestag angehöre, sei vor 1945 SS-Obersturmbannführer und Leiter des SS-Arbeitsstabes Gnesen gewesen; vgl. auch Amos, Vertriebenenverbände im Fadenkreuz, S. 162–165.

[65] Ebenda, Bl. 31 ff., insb. Bl. 90 f. und Bl. 102 f., „Stoßtrupp von rechts. Der Bund der Vertriebenen (BdV) und die neue Ostpolitik der Bundesregierung", o. D. [ca. 1970].

[66] Vgl. zu den Fällen der BdV-Landesfunktionäre Friedrich-Wilhelm Schallwig und Rudolf Wagner sowie des BdV-Generalsekretärs Herbert Schwarzer: Kloth / Wiegrefe, „Unbequeme Wahrheiten", S. 46–48; Vorwürfe in Bezug auf Funktionäre der Sudetendeutschen Landsmannschaft erhebt Später, Kein Frieden mit Tschechien, S. 107–131.

[67] Kossert, Kalte Heimat, S. 184.

Hingegen wäre es methodisch nicht statthaft, unklar definierte und folglich willkürlich zusammengesetzte Gruppen von angeblich NS-Belasteten zu konstruieren, statt die Führungsgremien des BdV systematisch zu untersuchen. Mit der vorliegenden Analyse wird dazu auf der Ebene des Bundespräsidiums ein erster Schritt getan, der als Anregung für weitere Forschungen dienen könnte. Die systematische gruppenbiographische Analyse späterer Präsidien wie auch der Landesvorstände des BdV oder sonstiger Gremien des Verbandes bleibt ein Forschungsdesiderat. Hier bieten sich vielversprechende Forschungsmöglichkeiten – nicht nur durch den Nachweis individueller NS-Belastungen oder deren Gegenteils, sondern auch durch die Erarbeitung gruppenbiographischer Zusammenhänge und der vor diesem Hintergrund abgestuften individuellen Handlungsbedingungen im NS-Staat.

Die erste Führung des BdV jedenfalls – soviel dürften diese einführenden Darlegungen bereits deutlich gemacht haben – bestand nicht ausschließlich aus ehemaligen Nationalsozialisten. Selbst jene Mitglieder des ersten BdV-Präsidiums, die als solche anzusprechen sind, waren wiederum auf sehr unterschiedliche Weise in das NS-Regime eingebunden oder durch eigene NS-Aktivitäten belastet. Grundsätzlich bestanden die Führungen der Vertriebenenverbände in der frühen Bundesrepublik neben früheren Deutschnationalen oder Nationalsozialisten stets auch aus Zentrumskatholiken, Christlich-Sozialen, Liberalen oder Sozialdemokraten. Die Vertriebenenpolitiker der ersten Nachkriegsjahre waren insofern – wie die dem BdV nicht besonders nahe stehenden Historiker Eva und Hans Henning Hahn festgestellt haben – keine einheitliche Gruppe, sondern „eine bunte Gemeinschaft". Wie treffend diese faire Einschätzung ist, demonstrieren die als Beispiele genannten Vertriebenenpolitiker Wenzel Jaksch, Herbert Czaja, Walter Becher oder Herbert Hupka.[68]

Gleichwohl gilt auch, was der langjährige BdV-Präsident Herbert Czaja gegen Ende seines Lebens kritisch festgestellt hat, dass nämlich in der Frühzeit der bundesrepublikanischen Vertriebenenverbände eine „extrem deutschnationale und zum Teil nationalsozialistische Grundbeeinflussung […] keineswegs auf einen Schlag beseitigt" gewesen sei, sondern noch längere Zeit verbandsintern großen Einfluss gehabt habe. Diese rechtsextreme Grundströmung rechnete Czaja zu den „aufzuarbeitende[n] Schwächen bei den Vertriebenen".[69] Dem kann man nur zustimmen, zumal bis heute diese Aufarbeitung nur unzureichend erfolgt ist.

2. Vertriebenenverbände und NS-Vergangenheit: Die „Charta der Heimatvertriebenen" von 1950

Die erste bedeutsame öffentliche Stellungnahme der damals noch konkurrierenden Vorgängerverbände des BdV, des von Linus Kather geführten „Zentralverbandes

---

[68] Hahn / Hahn, Die Vertreibung im deutschen Erinnern, S. 538.
[69] Czaja, Unterwegs zum kleinsten Deutschland?, S. 551 f.

vertriebener Deutscher" (ZvD) und der Landsmannschaften-Dachorganisation VOL, war die 1950 verkündete „Charta der deutschen Heimatvertriebenen". Der Publizist Erich Später hat mit Blick auf jene 30 Vertriebenenfunktionäre, die diese für die Vertriebenenpolitik der Bundesrepublik bis heute maßgebliche Charta unterzeichnet haben, die Behauptung aufgestellt, diese seien „mehrheitlich Mitglieder der NSDAP, der SA und SS gewesen". Für Später waren daher diese Funktionäre keine echten „Heimatvertriebenen", sondern belastete „NS-Funktionäre und Aktivisten, die [1945] fliehen mußten, um nicht für ihre Beteiligung an der deutschen Aggressions- und Vernichtungspolitik zur Rechenschaft gezogen zu werden". Gemessen an diesem Urteil überrascht, dass Später nur 15 der 30 Biographien eingehender auf NS-Belastungen untersucht hat, um diese von ihm für schuldig befundene Hälfte der Charta-Unterzeichner umstandslos als „repräsentativ für die deutschen Vertriebenenfunktionäre" schlechthin zu deklarieren.[70]

Die Fragwürdigkeit dieses Verfahrens lässt sich am Beispiel jener vier der dreizehn Mitglieder des ersten BdV-Präsidiums aufzeigen, die in der von Später untersuchten Fünfzehner-Gruppe Erwähnung finden: Karl Mocker, Alfred Gille, Linus Kather und Rudolf Lodgman. Diese vier Personen können – wie unser Gutachten zeigen wird – keineswegs in ein und derselben Weise als NS-belastet betrachtet werden. Dies würde am ehesten für Gille geltend gemacht werden können, den auch Später als höheren Mitarbeiter der NS-Besatzungsverwaltung in den besetzten sowjetischen Ostgebieten benennt. Demgegenüber wäre das NSDAP-Mitglied Mocker zwar als zeitweiliger NS-Aktivist im Sudetenland anzusprechen, aber nicht durch persönliche Beteiligung an verbrecherischer NS-Politik zu belasten. Lodgman wiederum ist ein im Laufe seines langen Lebens äußerst komplizierter Fall; an dieser Stelle genügt die Bemerkung, dass er während der NS-Zeit ein deutschnationaler NS-Sympathisant gewesen ist, ohne je NSDAP-Mitglied gewesen zu sein oder politische Funktionen im „Dritten Reich" wahrgenommen zu haben. Linus Kather war eine ähnlich eigenwillige Persönlichkeit, jedoch im Unterschied zu Lodgman und anders, als Später es unterstellt, während der NS-Zeit kein angepasster Anhänger des Hitler-Regimes, sondern ein deutlich NS-distanzierter Vertreter des zwar nicht widerständigen, aber in Grenzen „resistenten" katholischen Milieus.[71] Immerhin gebührt der undifferenzierten Argumentation Erich Späters das Verdienst, die öffentlichen Debatten um etwaige NS-Belastungen der ersten Führung des BdV mit angestoßen zu haben. In der Forschung zur Vertriebenenpolitik im Nachkriegs-Deutschland allerdings ist die Existenz etlicher früherer Nationalsozialisten in den Vertriebenenbürokratien der Bundes- und Landesregierungen[72] wie auch in den „Vertriebenenverbänden", also dem BdV und seinen Vorläuferorganisationen[73], seit längerer Zeit schon unstrittig.

---

[70] Später, Kein Frieden mit Tschechien, S. 86–105.
[71] Zur Differenz von Widerstand und Resistenz: Schwartz, Regionalgeschichte und NS-Forschung.
[72] Vgl. Schwartz, Vertriebene und „Umsiedlerpolitik", S. 234–238, mit weiterführender Literatur.
[73] Kossert, Kalte Heimat, S. 184.

2. Vertriebenenverbände und NS-Vergangenheit

In jüngster Zeit haben einige deutsche und polnische Historiker der erwähnten „Charta der Heimatvertriebenen" von 1950 die Eignung als erinnerungspolitischen Bezugspunkt abgesprochen, da dieses Dokument von früheren Nationalsozialisten verfasst und unterzeichnet worden sei. Dieser Verweis auf NS-belastete Verfasser oder Unterzeichner ist keineswegs völlig abwegig, er mündet aber leicht in unzulässige Verallgemeinerungen. So machte unlängst Raphael Gross unter 30 Unterzeichnern der Charta einen früheren NSDAP-Schulungsleiter und zwei ehemalige SS-Führer aus und bemerkte zum großen Rest, den er nicht näher betrachtete, überaus lässig: „et cetera".[74] Schaut man genauer hin, wird bislang der Hälfte[75] oder zumindest einem Drittel der Unterzeichner vorgeworfen, „überzeugte Nationalsozialisten gewesen" zu sein.[76] Dies wäre eingehender zu untersuchen, als bisher geschehen, doch selbst wenn man unbesehen diese Hälfte oder dieses Drittel der Unterzeichner als frühere Nationalsozialisten ohne Einzelfallprüfung akzeptieren wollte, hieße dies im Umkehrschluss, dass die andere Hälfte oder sogar zwei Drittel der Unterzeichner offenbar als nicht NS-belastet betrachtet werden müssten.

Das unterschiedliche politische Profil der Unterzeichner verweist auf ähnlich plurale Ursprünge der Charta-Inhalte. Bei diesen spielten christliche und sozialdemokratische Einflüsse eine wichtigere Rolle, als ihnen zumeist zugestanden wird. Das gilt nicht zuletzt für jene Inhalte der Charta, die heute als völlig unzulänglich attackiert werden – für den Verzicht „auf Rache und Vergeltung"[77] und das parallele Beschweigen der NS-Verbrechen. Dieser ganze fünf Jahre nach dem Ende des Zweiten Weltkrieges erklärte Verzicht auf Rache ist bei alledem kein ideelles Monopol einstiger Nationalsozialisten gewesen, sondern wurde bereits unmittelbar nach dem Zweiten Weltkrieg – noch inmitten der laufenden Vertreibung oder Zwangsaussiedlung der Deutschen – zuerst in der katholischen Ackermann-Gemeinde der Sudetendeutschen formuliert, um bald auch in Verlautbarungen der Evangelischen Kirche in Deutschland (EKD) angesprochen zu werden.[78] Jener Verzicht auf „Rache und Vergeltung" will heutigen Kritikern als Anmaßung, wenn nicht als „purer Hohn" erscheinen, da es kein Recht auf Rache gebe, auf das man erst großmütig hätte verzichten können oder müssen – schon gar nicht für Deutsche nach den von ihnen verübten NS-Verbrechen.[79] Tatsächlich gibt es kein

---

[74] Gross, Die Mär von der Versöhnungs-Charta; Ruchniewicz, Rückfall in Zeiten des Kalten Krieges; Historiker kritisieren Bundestagsbeschluss.

[75] Später, Kein Frieden mit Tschechien, S. 86.

[76] Brumlik, Wer Sturm sät, S. 103; gleichwohl behauptet derselbe Autor (ebenda, S. 101) im Bewusstsein seiner „durchaus lückenhafte[n] Aufzählung" unter Berufung auf den oben zitierten Erich Später, die „Autoren und Erstunterzeichner der Charta" seien „fast ausnahmslos überzeugte Nationalsozialisten und ehemalige Mitglieder der NSDAP" gewesen, hätten „in nicht wenigen Fällen im Terrorapparat von SS und SD" gearbeitet und seien „entsprechend am Menschheitsverbrechen des Judenmordes beteiligt" gewesen, ohne dies jedoch hinreichend zu belegen.

[77] Zitiert nach: Lemberg / Edding, Die Vertriebenen in Westdeutschland, Bd. 3, S. 662f.

[78] Zurek, Zwischen Nationalismus und Versöhnung, S. 213f.; Stickler, „Wir Heimatvertriebenen verzichten auf Rache und Vergeltung", S. 56.

[79] Ruchniewicz, Rückfall in Zeiten des Kalten Krieges.

Recht auf Rache, sehr wohl aber die nur zu oft in Geschichte und Gegenwart zu beobachtende Gefahr des Abgleitens in eine vom Rachemotiv getriebene neue Spirale der Gewalt. Daher verwundert ein wenig, mit welcher Leichtigkeit der moralische Ernst negiert wird, der 1950 dazu gehörte, einer solchen Revanche-Politik – ganz anders als nach dem Ersten Weltkrieg – eine klare Absage zu erteilen. Dafür haben Kirchen bzw. kirchlich engagierte Vertriebene entscheidende Vorarbeit geleistet, und dafür wiederum war die selbstkritische Auseinandersetzung mit der Verantwortung etlicher Deutscher für die NS-Verbrechen die unerlässliche Vorbedingung.

Ein wenig von dieser christlichen Motivation findet sich in einer Passage jener Rede, die Linus Kather anlässlich der Verkündung der Charta im August 1950 in Stuttgart hielt. Laut Kather bekundete die Charta den Willen der „Heimatlosgewordenen", „den unseligen Kreislauf von Schuld und Vergeltung und Verhängnis", der die letzten Jahrzehnte geprägt habe, zu durchbrechen. Wer dies tun wolle, müsse zuallererst der „vielen Millionen […] Opfer dieser Verstrickung" gedenken, und zwar „nicht nur derer aus unseren eigenen Reihen, sondern aller, die die Verblendung jener letzten Jahrzehnte und besonders des letzten Dezenniums gefordert hat, an dessen Anfang die Verantwortlichen unseres eigenen Volkes auf einer scheinbar steil ansteigenden Bahn des Erfolges den Blick für das Maß, das allem Menschlichen geboten ist, verloren und […] zuerst andere und dann sich selbst ins Unheil rissen". Daher wollten die deutschen Vertriebenen „all dieser Opfer […] heute in dieser feierlichen Stunde in Stille gedenken".[80]

Diese Rede Kathers relativiert den zweiten Vorwurf, der gegen die Charta oft erhoben wird, dass nämlich diese Vertriebenen-Erklärung von 1950 die NS-Verbrechen schlicht ausgeblendet und die deutschen Vertriebenen einseitig zu Opfern stilisiert habe – sogar zu den „vom Leid dieser Zeit am schwersten Betroffenen".[81] Dieser Vorwurf lässt sich zumindest deutlich abschwächen, wenngleich er im Kern seine Berechtigung behält. Die Vertriebenen mussten nicht zu Opfern stilisiert werden – sie waren zweifellos Opfer einer alliierten Gewaltpolitik ethnischer „Säuberung". Es stimmt auch nicht, dass die Charta zum NS-Unrecht völlig geschwiegen hätte: Sie sprach vom „unendliche[n] Leid", das „im besonderen das letzte Jahrzehnt" – also der Zeitraum ab 1939 – „über die Menschheit gebracht" habe, so dass hier nicht nur selbstbezüglich von deutschen Opfern die Rede war, sondern eine übergreifende Perspektive gewählt wurde, ohne freilich die zahlreichen Opfer deutscher Gewalt und die diesbezügliche Verantwortung des deutschen Volkes konkret beim Namen zu nennen. Selbst das Wort „Schuld" taucht – freilich sehr allgemein – in der Charta auf. Aber zu einem klaren Satz über die NS-Verbrechen und die Verantwortung des deutschen Volkes haben sich die

---

[80] ACDP, I-377-09/7, Dr. Linus Kather, „Rede, gehalten in Stuttgart anlässlich der Verkündung der Charta, 5. August 1950", S. 1.
[81] Vgl. das Charta-Zitat in: Lemberg / Edding, Die Vertriebenen in Westdeutschland, Bd. 3, S. 662f. Wegweisend für die Kritik: Giordano, Die zweite Schuld, S. 289.

Charta-Verfasser in der Tat 1950 nicht durchringen können.[82] Man muss nicht mit Ralph Giordano diesen Passagen das Stigma der „Unbußfertigkeit" aufdrücken[83], um ihre Unzulänglichkeit zu begreifen. Die „am schwersten Betroffenen" waren die zwölf bis fünfzehn Millionen deutschen Vertriebenen mit Blick auf sechs Millionen ermordete Juden und unzählige Millionen slawischer Todesopfer deutscher Gewalt ganz gewiss nicht. „Überaus schwer getroffen", wie es ihnen Papst Pius XII. 1946 bescheinigt hatte[84], waren die deutschen Vertriebenen jedoch durchaus – vor allem mit Blick auf die Mehrheit der nicht-vertriebenen Deutschen, an deren Adresse sich diese Betonung des Opferstatus (nicht zuletzt mit dem Ziel eines möglichst umfassenden Lastenausgleichs der Kriegsfolgeschäden) in einer innerdeutschen Opferkonkurrenz zuallererst richtete.

Wer waren – jenseits der 30 Unterzeichner – die eigentlichen *Verfasser* dieser Charta? Erstaunlicherweise ist diese Frage bis heute nicht eindeutig geklärt, sie wird sogar nur selten gestellt. Matthias Stickler hat hier Pionierarbeit geleistet und darauf verwiesen, dass die konkurrierenden Vertriebenen-Dachverbände, der „Zentralverband vertriebener Deutscher" (ZvD) und die „Vereinigten Ostdeutschen Landsmannschaften" (VOL), im Göttinger Abkommen vom 20. November 1949 vereinbart hatten, „ihre gemeinsamen Forderungen und Ziele in einer Magna Charta der Heimatvertriebenen fest[zulegen]". Zu diesem Zwecke sei im Februar 1950 ein „vorbereitender Ausschuss" gebildet worden, dem für den ZvD dessen Bundesgeschäftsführer Carl Dederra und zwei Landesfunktionäre aus Niedersachsen und Hessen, Wilhelm Drescher und Josef Walter, angehört hätten, für die Landsmannschaften wiederum der Ostpreuße Alfred Gille und der Deutschbalte Axel de Vries.[85] Laut Stickler zeigte sich dieser Ausschuss bald durch Streitigkeiten gelähmt, so dass er zielgerichtet erweitert werden musste: Hinzu getreten seien der ZvD-Vorsitzende Linus Kather sowie zwei Landesfunktionäre aus Württemberg-Baden und Niedersachsen, Karl Mocker und Hellmut Gossing, während die Landsmannschaften den Sudetendeutschen Rudolf Lodgman von Auen, den Schlesier Walter Rinke und den Berlin-Brandenburger Walter von Keudell – einen früheren deutschnationalen Reichsinnenminister der Weimarer Republik – entsandt hätten. Außerdem habe seither der Memelländer Ottomar Schreiber, damals Staatssekretär im Bundesvertriebenenministerium, „eine wichtige Rolle" gespielt. Von diesen zwölf Personen hätten zwei (Kather, Keudell) der CDU angehört, einer (Rinke) der CSU, vier (Mocker, Gossing, Walter, Gille) dem „Bund der Heimatvertriebenen und Entrechteten" (BHE), einer (de Vries) der FDP, während die übrigen vier (Dederra, Drescher, Lodgman, Schreiber) parteilos gewesen seien.[86]

---

[82] Vgl. Lemberg / Edding, Die Vertriebenen in Westdeutschland, Bd. 3, S. 662f.
[83] Giordano, Die Zweite Schuld, S. 308.
[84] Kindermann, Religiöse Wandlungen und Probleme im katholischen Bereich, S. 116.
[85] Stickler, „Wir Heimatvertriebenen verzichten auf Rache und Vergeltung", S. 50f.; dabei wird Alfred Gille allerdings fälschlich als „Walter Gille" vorgestellt.
[86] Ebenda, S. 51f.

Linus Kather erinnerte sich 1964, dass der von ihm geführte ZvD mit den konkurrierenden VOL im „Göttinger Abkommen" von 1949 „die Abfassung einer ‚Magna Charta' der Vertriebenen" als „Protest gegen das Unrecht der Vertreibung und eine Manifestation des guten Willens und der Bereitschaft zur Mitarbeit an einem neuen Deutschland und an Europa" vereinbart habe. Kather erinnerte sich an die Bildung einer sechsköpfigen Kommission „zur Formulierung des Textes", konnte sich später aber nur auf fünf ihrer Mitglieder besinnen – seitens des ZvD auf die Landesvorsitzenden von Hessen und Niedersachsen, Josef Walter[87] und Willy Drescher[88] sowie den Bundesgeschäftsführer Carl Dederra[89], seitens der Landsmannschaften auf Alfred Gille und Axel de Vries. Diese Liste bildete offenbar die Basis für Sticklers oben zitierte Darlegungen. Dabei nahm Kather dem Landsmannschaftsfunktionär de Vries noch nach Jahrzehnten übel, dass dieser für sich beansprucht hatte, ganz allein „der Verfasser der Charta zu sein", obwohl es sich laut Kather „um eine Gemeinschaftsarbeit der Kommission, nicht um das Werk eines einzelnen" gehandelt habe. Im Übrigen sei der Kommissionsentwurf auch beiden Verbandsführungen separat vorgelegt und „erst nach Veränderung einmütig gebilligt" worden.[90]

Folglich war die Endfassung der Charta nicht nur auf die Kommissionsmitglieder zurückzuführen. Dennoch lohnen Letztere eine genauere Betrachtung, namentlich mit Blick auf etwaige NS-Vergangenheiten. Matthias Stickler hat auf der Grundlage erster Recherchen unter den zwölf Mitgliedern der Charta-Kommission nur ganze zwei – Gille und Walter – als „ehemalige aktive Nationalsozialisten" namhaft gemacht, außerdem Mocker als Mitglied der „Sudetendeutschen Partei" (SdP) in NS-Nähe gerückt, während er „die Rolle von de Vries währende [sic!] des Zweiten Weltkriegs als Angehöriger der deutschen Militärverwaltung im besetzten Weißrussland" zwar kritisch ansprach, aber als „bis heute nicht abschließend geklärt" bewertete.[91]

Dieser zwischen einem Sechstel und einem Drittel schwankende NS-Anteil an den Kommissionsmitgliedern ist, wie eine systematische Recherche ergibt, viel zu niedrig angesetzt. Von den von Kather benannten Mitgliedern der Redaktions-

---

[87] Josef Walter, 1893–1966, 1939–1945 Leiter der Aufbauabteilung der sudetendeutschen Angestelltenkrankenkasse; 1948–1966 Landesvorsitzender ZvD/BvD bzw. BdV in Hessen, 1954–1966 MdL Hessen GB/BHE bzw. GDP, 1962–1966 Vizepräsident des Hessischen Landtages.
[88] Dr. Willy Drescher, 1894–1968, Syndikus verschiedener Unternehmen in Königsberg, 1933–1945 Mitarbeiter der Reichsfilmkammer, 1939–1946 Kriegsdienst und Kriegsgefangenschaft, 1949–1958 Ministerialrat im Bundesvertriebenenministerium.
[89] Dr. Carl Dederra.
[90] Kather, Die Entmachtung der Vertriebenen. Bd. 1, S. 168f.; Stickler, „Wir Heimatvertriebenen verzichten auf Rache und Vergeltung", S. 52 und S. 70, Anm. 51, verweist ebenfalls auf die umstrittene Behauptung der Hauptautorenschaft von de Vries, die von Kather bestritten, vom Vertriebenenfunktionär Franz Hamm hingegen bestätigt worden sei, kommt jedoch aufgrund von Textvergleichen zu der Ansicht, dass die Charta durchaus noch andere Ursprünge gehabt haben müsse.
[91] Stickler, „Wir Heimatvertriebenen verzichten auf Rache und Vergeltung", S. 52; Weißrussland unterstand zwischen 1941 und 1944 einer deutschen Zivil-, nicht Militärverwaltung, doch de Vries hatte in dieser Region militärische Aufgaben wahrgenommen.

kommission gehörten Walter und Drescher der NSDAP an – der 1894 in Ratzeburg geborene, aber zum Zeitpunkt seines Parteibeitritts in Königsberg lebende Drescher seit dem 1. Mai 1933[92], während der Sudetendeutsche Josef Walter den NSDAP-Beitritt erst im Januar 1939 beantragte, um rückwirkend zum 1. November 1938 in die Ortsgruppe Bodenbach aufgenommen zu werden.[93] Gille und de Vries waren – wie noch gezeigt werden wird – ebenfalls Mitglieder der NSDAP und noch auf weitaus gravierendere Weise – wegen ihrer Tätigkeiten im Zweiten Weltkrieg – NS--belastet.[94] Lediglich im Falle Dederras fällt die Recherche in der NSDAP-Mitgliederkartei im Sinne einer Nicht-Zugehörigkeit zur NSDAP negativ aus.

Abweichend von Kather erinnerte sich 1996 Herbert Czaja an einen „Ausschuß, dem u. a. Gille, Hellmut Gossing, Rudolf Lodgman von Auen, Walter Rinke, Karl Mocker, Ottomar Schreiber und Axel de Vries angehörten" und der „an Entwürfen zur Charta der deutschen Heimatvertriebenen gearbeitet" haben soll. In Czajas Retrospektive hatten „die beiden letzteren" – Schreiber und de Vries – „vermutlich die Endfassung stark beeinflußt".[95] Gille, Gossing, Mocker und de Vries waren die vier früheren NSDAP-Mitglieder dieses Kreises, während Lodgman, Rinke und Schreiber der NSDAP nicht angehört hatten. Dabei hatte Rinke berufliche Nachteile durch das NS-Regime erlitten, das ihn 1933 als Direktor der Oberschlesischen Provinzialversicherungsanstalt zwangsweise in den Ruhestand versetzt hatte[96], und auch Schreiber war als Präsident des Landesdirektoriums des autonomen Memellandes nicht nur in „schwere Konflikte" mit der litauischen Regierung geraten, die diese Autonomie zu brechen suchte, sondern ab 1939 auch mit dem NS-Regime.[97] Lodgman hingegen muss als deutschnationaler NS-Sympathisant betrachtet werden, dessen Nichtbeitritt zur NSDAP keinen grundsätzlichen Dissens indizierte. Sollten Schreiber und de Vries die Hauptautoren der Charta gewesen sein, hätten ein Nicht-Nationalsozialist und ein NS-Belasteter paritätisch kooperiert.[98]

Unter Berufung auf ältere BdV-Angaben sehen die Historiker Eva und Hans Henning Hahn den Entwurf der Charta als Werk einer Autorengruppe, die aus Carl Dederra, Alfred Gille, Axel de Vries und Josef Walter bestanden habe.[99] In diesem Falle hätten ehemalige NSDAP-Mitglieder die klare Mehrheit in der Verfassergruppe gestellt. Eine bislang ungenutzte Quelle, das Protokoll einer baden-württembergischen BdV-Landesvorstandssitzung von 1980, dessen Informationen

---

[92] Vgl. zum Geburtsdatum 14. 4. 1894 die Todesanzeige für Dr. Willy Drescher im Ostpreußenblatt v. 8. 6. 1968, S. 19, zitiert nach http://archiv.preussische-allgemeine.de/1968/1968_06_08_23.pdf (2. 1. 2012); zu dessen NSDAP-Mitgliedschaft: BAB, BDC, NSDAP-Mitgliedskarte Willy Drescher (Nr. 2857085).
[93] BAB, BDC, NSDAP-Mitgliedskarte Josef Walter (Nr. 6814192).
[94] Vgl. hierzu ausführlicher Kap. IV.2.1.
[95] Czaja, Unterwegs zum kleinsten Deutschland?, S. 551f.
[96] Stickler, „Ostdeutsch heißt gesamtdeutsch", S. 44, Anm. 53.
[97] Ebenda, S. 39, Anm. 24.
[98] Zur NS-Belastung von de Vries:. Kap IV.2.1.
[99] Hahn / Hahn, Die Vertreibung im deutschen Erinnern, S. 772, Anm. 382.

auf den Charta-Mitunterzeichner und BdV-Landesvorsitzenden Karl Mocker zurückgehen dürften, vertrat die „Meinung, daß als eigentliche Verfasser der Charta 4, höchstens 5 Persönlichkeiten anzusprechen sind (Herren Kather, Walter, de Fries [sic!], Schreiber und Dr. Mocker)", während die „Unterschrift vieler Mitunterzeichner auf der Charta [...] teilweise sehr zufällig" zustande gekommen sei.[100] In diesem Falle hätte das Verhältnis ehemaliger NSDAP-Mitglieder zu Nichtmitgliedern in der Autorengruppe 3:2 betragen. Ebenfalls 1980 teilte der damalige BdV-Präsident Czaja Linus Kather mit, dass von früheren Unterzeichnern an der 30-Jahr-Feier der Charta nur „Dr. Mocker, Dr. Geissler [sic!], Herr Hamm, Herr Eschenbach und Herr Winkler" teilgenommen hätten[101], woraufhin Kather erklärte, neben Mocker habe von den Genannten nur Bernhard Geisler, der damalige ZvD-Landesvorsitzende von Nordrhein-Westfalen, „wirklich an der Carta [sic!] Verantwortung getragen", während die anderen „nur Randfiguren gewesen" seien. Zudem nahm Kather für sich selbst eine Mitwirkung an der Charta in Anspruch.[102] Kather war kein NSDAP-Mitglied gewesen und auch sonst durch Distanz zum NS-Regime aufgefallen. Anders verhielt es sich beim 1902 im schlesischen Habelschwerdt geborenen BHE-Politiker Bernhard Geisler[103], der als Regierungsassessor im schlesischen Freystadt am 1. April 1933 der NSDAP beigetreten war.[104]

Wie immer auch die offenbar nur annäherungsweise rekonstruierbare Verfassergruppe der Charta ausgesehen haben mag: Sämtliche Konstellationen, obschon sie stets starke Anteile ehemaliger NSDAP-Mitglieder aufweisen, rechtfertigen dennoch die Einschätzung Matthias Sticklers, dass die Charta von 1950 „eine demonstrative, Übereinstimmung signalisierende Gemeinschaftsleistung" von politisch heterogenen und konkurrierenden Vertriebenenvertretern gewesen sei, welche „die massiven Konflikte" zwischen den Autoren-Gruppen letztlich nicht habe „zudecken" können.[105] Aus dieser politischen Heterogenität der Verfasser der Charta der Heimatvertriebenen resultierte wiederum die Tendenz zu abstrakten Formulierungen im Text[106] – Kompromisse gerade auch mit Blick auf die NS-Vergangenheit.

---

[100] LABW-HStAS, Q 3/51 Bü 160, BdV, Landesvorstand Baden-Württemberg, Landesgeschäftsführer, Klein, an BdV, Präsident Dr. Czaja MdB, 8.8.1980,
[101] ACDP I-377-09/7, Dr. Czaja an Dr. Kather, 18.9.1980; der darin enthaltene Hinweis, „über das Zustandekommen und Unterzeichnung der Charta hat im Landesvorstand des BdV in Baden-Württemberg Herr Dr. Mocker berichtet", belegt, dass es Mockers Informationen über die Charta-Autorengruppe gewesen sein dürften, die im zitierten Vorstands-Protokoll ihren Niederschlag fanden.
[102] Ebenda, Dr. Kather an Dr. Czaja MdB, 17.1.1981, S. 2 und S. 5.
[103] Kather, Die Entmachtung der Vertriebenen, Bd. 2, S. 211.
[104] Vgl. BAB, BDC, NSDAP-Mitgliedskarte Dr. Bernhard Geisler (Nr. 1689782); zu Geislers Geburtsdatum am 12.8.1902 in Habelschwerdt: http://www.republikasilesia.com/Oberschlesien-BW/ldolv/history/charta.htm (29.12.2011).
[105] Stickler, „Ostdeutsch heißt gesamtdeutsch", S. 42, Anm. 42.
[106] Ahonen, After the Expulsion, S. 41–44.

3. Vertriebenenpolitiker und NS-Vergangenheit: Öffentliche Positionen von Erich Schellhaus, Otto Ulitz und Linus Kather

Der kritische Umgang mit der NS-Vergangenheit war in den 1950er Jahren in der westdeutschen Nachkriegsgesellschaft deutlich geringer ausgeprägt als in der Folgezeit. Gleichwohl fand eine solche Debatte durchaus statt und wurde nicht nur von linken Intellektuellen geführt. Schon das in der Vertriebenen-Charta von 1950 artikulierte, jeden Wunsch nach deutscher „Rache und Vergeltung" ausschließende „Gedenken an das unendliche Leid, welches im besonderen das letzte Jahrzehnt über die Menschheit gebracht hat", benannte die deutschen NS-Verbrechen zwar nicht ausdrücklich, schloss sie jedoch ein in jene allgemein benannte „Schuld", an der nach Einschätzung der deutschen Vertriebenenführer alle Kriegsparteien irgendwie Anteil gehabt haben sollten.[107] Die NS-Vergangenheit war in dieser Erklärung in freilich relativierter Form durchaus präsent.

Von den dreizehn Mitgliedern des Gründungspräsidiums des BdV haben sich, soweit bisher ersichtlich, nur wenige öffentlich mit der NS-Vergangenheit auseinandergesetzt. Entgegen der noch jüngst geäußerten wissenschaftlichen Einschätzung, dass „die Frage nach einer Verantwortung oder zumindest Mitverantwortung der Deutschen" im Falle der Landsmannschaft Schlesien „weder in den öffentlichen Erklärungen noch in den internen Debatten" jemals aufgetaucht sei, dass vielmehr ohne jede kritische Auseinandersetzung mit dem Nationalsozialismus „das Leben in Schlesien vor 1945 [...] als heile Welt" beschrieben worden sei[108], zeigen sich im Laufe der 1950er und frühen 1960er Jahre gerade unter den schlesischen und oberschlesischen Vertriebenenfunktionären mit NS-Biographien durchaus Tendenzen, die NS-Vergangenheit explizit anzusprechen und zunehmend kritisch zu bewerten. Diese Beobachtung gilt für den langjährigen Sprecher der Schlesischen Landsmannschaft, Erich Schellhaus, ebenso wie für den Vorsitzenden der Landsmannschaft der Oberschlesier, Otto Ulitz. Namentlich der in der frühen Bundesrepublik (nicht immer zu Unrecht) als rechtskonservativer Scharfmacher geltende Erich Schellhaus machte diesbezüglich einen Lernprozess durch, denn zu Beginn der 1950er Jahre hatte er in der Tat noch eine einseitig die deutschen Opfer betonende Perspektive vertreten und sich nicht gescheut, auch NS-belastete Gruppen der deutschen Gesellschaft offensiv zu rechtfertigen. In einer Wahlrede zur Bundestagswahl 1953, bei der seine Partei, der GB/BHE, ihren größten Erfolg erzielte und einige Jahre als Koalitionspartner Konrad Adenauers fungieren konnte, wandte sich Schellhaus gegen die angebliche Diffamierung der deutschen Soldaten: „Wie kann man den Soldaten schmähen für etwas, was Politiker verschuldet haben?" In diese Rechtfertigung bezog Schellhaus ausdrücklich „die Waffen-SS voll und ohne Vorbehalt mit ein", denn er habe als Wehrmachtsoffizier in Russland deren „große Kameradschaft und Einsatzfreudigkeit" persön

---

[107] Zitiert nach: Lemberg / Edding, Die Vertriebenen in Westdeutschland, Bd. 3, S. 662f.
[108] Lotz, Im erinnerungspolitischen Sog, S. 328.

lich erlebt und hoch schätzen gelernt. Aus dieser Grundhaltung – die immerhin „Politikern" des NS-Regimes (darunter auch dem ungenannten Diktator Adolf Hitler) Schuld für bestimmte, aber nicht näher bezeichnete Ereignisse zuwies – leitete Schellhaus den Einsatz des BHE für entnazifizierungsgeschädigte „Beamte und Soldaten" ab: Man müsse jede „Deklassierung eines Staatsbürgers durch ein politisches Gesetz" ablehnen, „sowohl für die Jetztzeit als auch für die Zeit des 3. Reiches". Denn: „Was damals einzelne Menschen durchgemacht haben und, was den jüdischen Bevölkerungsteil anlangt, dieser in seiner Gesamtheit erdulden musste, damit hätte sich der deutsche Name besser nicht befleckt. Man kann aber zu der Gruppe der politisch und rassisch Verfolgten von gestern nicht jetzt wieder eine neue Gruppe der politisch Entrechteten von heute hinzufügen." Stattdessen müsse man „alle Gräben zuschütten". Die Hunderttausende von Entnazifizierten seien keine Verbrecher, sondern „alles Menschen, die im Glauben an eine gute Sache einmal mitgemacht haben oder mitmachen mussten, wenn sie ihre Stellen nicht verlieren wollten".[109] Das wusste der ehemalige NS-Bürgermeister Erich Schellhaus nur zu gut. Für den Schellhaus der frühen 1950er Jahre trug das deutsche Volk offensichtlich keine Schuld an den NS-Verbrechen, auch wenn „der deutsche Name" durch die NS-Judenverfolgung „befleckt" worden war. Für Schellhaus waren die deutschen Vertriebenen „unter in der Geschichte beispiellosen Umständen" aus ihrer Heimat zwangsweise entfernt worden, „obwohl doch diese Menschen keine Schuld zu sühnen hatten"; sie seien vertrieben worden, nur „weil sie Deutsche waren".[110]

Zum Volkstrauertag in Hannover hielt Schellhaus 1954 eine Rede, in der ebenfalls die deutsche Opfer-Perspektive dominierte, in der aber zugleich die Ausweitung des modernen Krieges auf Frauen und Kinder und der Rassenwahn verurteilt wurden. Neben den Gefallenen des Krieges und ihren Angehörigen wurde „genauso der deutschen Menschen" gedacht, „die durch innere und äußere Gewaltherrschaft in jedweder Form als Opfer der Freiheitsberaubung, Verschleppung und Vertreibung einen Schaden an Leib und Seele erlitten haben oder selbst ihr Leben opfern mußten". Ihr Opfer sei „nicht minder groß", so Schellhaus, daher trauerten die Vertriebenen auch um diese Opfer (teilweise Opfer der NS-Diktatur) und erklärten feierlich, „daß wir alles tun werden, um auch das Leid ihrer Angehörigen zu lindern".[111] Kurz zuvor hatte Schellhaus auf dem Nordwestdeutschen Schlesiertreffen in einem Rückblick auf die Geschichte seiner schlesischen Heimat zwar das „Bekenntnis zum Deutschtum" in der oberschlesischen Volksabstimmung von 1921 gerühmt, die zwölfjährige NS-Herrschaft jedoch mit keinem

---

[109] NHStA-H, VVP 48 Acc. 180/84 Nr. 4, Schellhaus, Wahlrede zur Bundestagswahl 1953, o. D., S. 14 und S. 16–19.
[110] Ebenda, VVP 48 Acc. 180/84 Nr. 3, Erich Schellhaus, Rede zum Tag der Heimat, o. D. [ca. 1952].
[111] Ebenda, VVP 48 Acc. 180/84 Nr. 2, Erich Schellhaus, Rede zum Staatsakt anläßlich des Volkstrauertages im Opernhaus Hannover, 14. 11. 1954, insb. S. 2.

Wort erwähnt – wenn man von einem Hinweis auf die blühende Wirtschaft und Kultur Schlesiens bis 1945 absieht.[112]

In einer Rede vor einer GB/BHE-Versammlung führte Schellhaus drei Jahre später die Vertreibung auf die „deutsche Katastrophe vom 8. Mai 1945" zurück, die er erneut, „das sei ehrlich zugegeben", dem „Verschulden der politischen Führung von 1933 bis 1945" anlastete. Bei dieser Gelegenheit fand Schellhaus offene Worte dafür, dass „in jenen Jahren von einigen wenigen schweres Unrecht im Namen des deutschen Volkes verübt worden" sei. Das war für Schellhaus' NS-Vergangenheitspolitik ein erheblicher Fortschritt, auch wenn er sich wiederum in die damals verbreitete, jedoch allzu simple Unterscheidung zwischen schuldbeladener NS-Führung und schuldlosem deutschem Volk flüchtete. Zugleich beharrte Schellhaus darauf, dass die tiefere Ursache für den Aufstieg des Nationalsozialismus (und damit für die NS-Verbrechen) in den Friedensschlüssen des Ersten Weltkrieges zu finden sei, in denen „die alte Ordnung dieses Kontinents" zerstört und durch den „überspitzte[n] Nationalismus" der „Nachfolgestaaten Österreich-Ungarns, einschließlich Polens", ersetzt worden sei. Die ungerechte Minderheitenpolitik seit dem Friedensdiktat von Versailles und die durch die sinnlose Zerschlagung des großen habsburgischen Wirtschaftsraumes verschärfte Weltwirtschaftskrise hätten den Boden geschaffen, „auf dem ein Hitler wuchs". Daher forderte Schellhaus: „Wenn man uns heute immer vorwirft, was unter dem nationalsozialistischen Regime geschah, dann sollte man auch nie die Ursachen vergessen, die zu ihm geführt haben und an denen der Westen und die übrige Welt genau so Mitschuld haben".[113] Ähnlich hatte die Charta von 1950 argumentiert.

Zum 15. Jahrestag des Kriegsendes wehrte sich Schellhaus 1960 – mitten in der Oberländer-Krise, die durch von Seiten Polens und der DDR erhobene schwere NS-Vorwürfe gegen den damaligen Bundesvertriebenenminister ausgelöst worden war[114] – unter Betonung des völkerrechtlichen Unrechts der Vertreibung vehement gegen die „seit Monaten über das freie Deutschland vom Osten ausgegossenen Kübel schmutzigster Schmähungen, verleumderischer Unterstellungen und frei erfundener Lügen". Freilich musste Schellhaus eingestehen, dass infolge des Oberländer-Skandals der deutsche Appell an „Recht und Gerechtigkeit" durch die „Verleumdungskampagne selbst im neutralen oder sogar befreundeten Ausland" außerordentlich erschwert sei: „Zu tief hängen noch die Schatten über dem düstersten Kapitel unserer eigenen Geschichte und zu wenig vernarbt ist das große Leid, das damit über weite Teile dieser Welt und viele Millionen Menschen kam." Schellhaus hielt dem entgegen, „das freie Deutschland" habe seit 1945 seinen ehrlichen Willen bewiesen, „gutzumachen, was irgendwie gutzumachen geht". Nur solle die Welt von Deutschland nichts Unmögliches verlangen. Unmöglich

---

[112] Ebenda, VVP 48 Acc. 180/84 Nr. 1, Schellhaus, Rede zur Großkundgebung des Nordwestdeutschen Schlesiertreffens am 11.7.1954, S. 4–7.
[113] Ebenda, VVP 48 Acc. 180/84 Nr. 3, Schellhaus, „In Potsdam wurde der Frieden verloren". Redeunterlage für den 4.8.1957, o. D., S. 10 und S. 1f.
[114] Näheres siehe unten in Kap. I.5.

sei, den „Raub unserer Heimat" und die Teilung Deutschlands anzuerkennen. Das sei nichts anderes als „eine neue Spielart der Sippenhaftung", durch die man auch Menschen treffe, „die mit diesen dunklen Zeiten der Vergangenheit nichts, aber auch gar nichts zu tun" hätten, also die junge Generation und künftige Generationen.[115]

Das Wort von den „Schatten der Vergangenheit" bezeichnete zu diesem Zeitpunkt für Schellhaus nicht nur etwas Lästiges, das die Revisionsforderungen der Vertriebenen beeinträchtigte. Bereits im April 1960 hatte Schellhaus in einer Ansprache vor der Jugend seiner schlesischen Landsmannschaft die „Schatten aus einer Zeit" beschworen, „da man sich im Namen des deutschen Volkes selbst gegen göttliches und menschliches Recht verging", und unter Verweis auf die nationalsozialistischen Konzentrationslager ausdrücklich erklärt: „Nicht viel mehr als eine Autostunde von hier liegt eine Stätte, die uns an diese schrecklichen Zeiten mahnt. Ich meine Bergen-Belsen. Wir müßten in der Welt […] als völlig unglaubhaft erscheinen, wenn wir so täten, als bestünde ein derart düsteres Kapitel deutscher Geschichte nicht. Jedoch durch neues Unrecht wurde noch nie ein Unrecht gut gemacht, sondern nur das Unrecht dieser Welt vermehrt." Schellhaus setzte seine Hoffnung ausdrücklich auf die Jugend: „Sie steht da, unbelastet von einer dunklen Vergangenheit und mit unbefleckten Händen."[116] Im unausgesprochenen Umkehrschluss erklärte er damit seine eigene Generation tendenziell für NS-belastet und befleckt.

Noch deutlichere Selbstkritik am Versagen der eigenen Generation übte Schellhaus auf dem Bundesparteitag der „Gesamtdeutschen Partei" (GDP), der Nachfolgerin des GB/BHE, in Hannover im April 1963. Dort führte er aus, Deutschland habe seine historische Aufgabe nicht erfüllt, sondern statt Freundschaft Feindschaft mit anderen Völkern erzeugt. Es werde daher lange dauern, bis „alle Berge von Hass, Furcht und Mißtrauen abgetragen" seien. „Mit dem festen Willen, es diesmal besser zu machen, wollen wir die Brücke wieder bauen, die nicht ohne unsere Schuld niedergerissen wurde." Man müsse den östlichen Nachbarvölkern den eigenen ernsthaften „Willen zur Aussöhnung" verständlich machen und eine „Atmosphäre der Versöhnlichkeit" zu schaffen suchen.[117] Den Höhepunkt seiner selbstkritischen Möglichkeiten erreichte Schellhaus wenig später mit einem Auftritt vor dem SPD-Präsidium, den seine sozialdemokratischen Kollegen im BdV-Präsidium, Jaksch und Rehs, ermöglicht haben dürften. Bei dieser Gelegenheit machte der Sprecher der Landsmannschaft Schlesien deutlich, dass die Landsmannschaften nicht nur rückwärtsgewandt denken dürften, denn es gehe nicht mehr um die Wiederherstellung des Zustands vor der Vertreibung. Schellhaus äußerte Selbstkritik an der früheren Vertriebenenpolitik, die grobe Fehler

---

[115] NHStA-H, VVP 48 Acc. 180/84 Nr. 5, Schellhaus, „15 Jahre danach". Rede o. D. [1960], S. 25 f. und S. 28–31.
[116] Ebenda, Schellhaus, Ansprache auf dem Jugendabend der schlesischen Jugend in Hannover am 23.4.1960, S. 13–15.
[117] Ebenda, Schellhaus, Referat vor dem Bundesparteitag der GDP in Hannover am 6.4.1963, S. 17 und S. 19.

3. Vertriebenenpolitiker und NS-Vergangenheit

bei der Formulierung ihrer Ansprüche begangen habe, und warf dabei auch einen Blick auf „die furchtbaren Jahre von 1933 bis 1945": „Wir müssen den Mut zu dem Geständnis haben, daß in den Jahren von 1933 bis 1945 von unserer Seite sehr viel Unrecht geschah, und daß wir dieses Unrecht wieder gutzumachen haben." Nur – darauf beharrte er weiterhin – dürfe es keine Wiedergutmachung geben, „die selbst das Siegel des Unrechts trägt".[118]

Ähnlich wie Schellhaus ist auch der langjährige Vorsitzende der oberschlesischen Landsmannschaft, Otto Ulitz, hinsichtlich seines Wirkens in der Bundesrepublik „als rechtskonservativ und deutschnational" eingestuft worden.[119] Dabei kann Ulitz – im Gegensatz zu anderen Vertriebenenpolitikern – ebenso wenig wie Schellhaus vorgeworfen werden, einer subjektiv kritischen Auseinandersetzung mit den NS-Verbrechen aus dem Wege gegangen zu sein. Ulitz hat diese Verbrechen vielmehr wiederholt öffentlich benannt – und dies noch deutlicher als Schellhaus. In einem von ihm verfassten Überblickswerk zur Geschichte Oberschlesiens, das erstmals 1957 erschien und 1962 sowie 1971 weitere Auflagen erlebte, widmete Ulitz unter der Überschrift „Deutscher! Vergiß es nie!" ein Kapitel der NS-Rassenpolitik gegen die slawischen und jüdischen Mitbürger seiner Heimat. Ulitz stellte unumwunden fest: „Die Behandlung der polnischen, jüdischen und der tschechischen Bevölkerung widersprach den unter gesitteten Völkern feststehenden Gebräuchen, sie hat die Gesetze der Menschlichkeit und die Forderungen des öffentlichen Gewissens kraß verletzt." Die Polen hätten „unter Ausnahmerecht" gestanden und seien für dieselben Straftaten viel härter bestraft worden als Deutsche, nicht selten mit der Todesstrafe. Privateigentum sei „willkürlich beschlagnahmt" und polnische Bauern seien „bei Nacht und Nebel aus ihren Wohnstätten in das Generalgouvernement ausgetrieben" worden. Allerdings machte Ulitz geltend, dass diese „Unterdrückung nicht immer und überall voll zur Wirkung" gekommen sei, weil sich einige NSDAP-Mitglieder und Beamte „noch von den Gesetzen der Menschlichkeit" hätten „leiten" lassen. Damit meinte er nicht zuletzt sich selbst und seinen engeren Kollegenkreis. Zudem betonte Ulitz, letztlich sei der rassistische „Wahnwitz, die Polen zu Heloten, zu Arbeitssklaven herabzuwürdigen", am „Rechtsempfinden" und „Gemeinschaftsempfinden der Oberschlesier" gescheitert: „Der deutsche Oberschlesier wurde auch in dieser Zeit nicht zum Feinde seines polnischen Bruders."[120]

Dass viele polnische und deutsche Oberschlesier trotz der nationalistischen Konflikte des 20. Jahrhunderts „auch in schwierigen Zeiten ein gewisses Verständnis füreinander aufgebracht" hätten, behauptete später auch der ebenfalls aus Oberschlesien stammende BdV-Präsident Herbert Czaja, der dies auf polnischer Seite für den (1939 verstorbenen) Nationalisten Wojciech Korfanty ebenso gelten

---

[118] Ebenda, Schellhaus, Rede vor Bundespräsidium der SPD, o. D. [ca. 1965], S. 3f. und S. 6–8, S. 18 und S. 24.
[119] Stickler, „Ostdeutsch heißt gesamtdeutsch", S. 323.
[120] Ulitz, Oberschlesien, S. 104f.; die früheren Auflagen von 1957 und 1962 unter dem Titel: „Aus der Geschichte Oberschlesiens".

ließ wie auf deutscher Seite für Männer wie Hans Lukaschek oder Otto Ulitz.[121] Das mag im Vergleich zur nationalistischen Konfrontation in anderen Grenzregionen grundsätzlich zugetroffen haben, hat jedoch die Umsetzung der rassistischen NS-Politik in Oberschlesien nicht verhindert. Auch dort wurden, wie ein jüdischer Augenzeuge aus Breslau kurz vor seiner Deportation in ein NS-Vernichtungslager im April 1941 festhielt, „die Polen auf halbe Lebensmittelrationen gesetzt".[122] Und wenn Ulitz mit Blick auf „die tschechische Volksgruppe [...] im Olsagebiet", das 1939 zu Oberschlesien geschlagen worden war, feststellte, dass diese primär „von der Schließung ihrer Schulen und den Eingriffen in das Privateigentum betroffen" gewesen sei und insgesamt „unter deutscher Herrschaft weniger gelitten" habe „als die polnische Bevölkerung"[123], stellte er bei aller Relativierung die rassistischen Repressionen des NS-Regimes, dem er als Leiter der oberschlesischen Schulverwaltung gedient hatte, zumindest grundsätzlich nicht in Abrede.

Die von Ulitz in seiner Geschichtsdarstellung vorgenommene Stilisierung Oberschlesiens zur „Oase" im NS-Staat[124] ist vor allem deshalb fragwürdig, weil im Zentrum dieser vermeintlichen „Oase" das SS-Vernichtungslager Auschwitz lag. Das war Ulitz sehr wohl bewusst, wenn er anklagend feststellte: „Der Jude war rechtlos, er war vogelfrei!" Zugleich machte er aber auch hier eine oberschlesische Sondersituation geltend, indem er behauptete, in seiner Heimatregion habe es „vor dem Eindringen des Nationalsozialismus keine Feindseligkeiten gegenüber Juden gegeben", und namentlich „die häufig bis zu blutigen Ausschreitungen sich steigernde Feindschaft der Polen gegenüber den Juden" habe „der Oberschlesier nie gekannt". Für Ulitz war „das Niederbrennen der Tempel durch ein [...] Sonderkommando in der Nacht zum 5. September 1939" – also knapp zehn Monate nach dem reichsweit durchgeführten Novemberpogrom von 1938 – das „Fanal für die Ausrottung der jüdischen Bevölkerung". Die Hauptverantwortlichen Hitler und Himmler prangerte er als „Prediger menschlicher Bestialität" an, ihre „Henker und Henkersknechte" wurden in seiner Sicht völlig zu Recht „vor Gericht gestellt", um ihre „Verbrechen" zu „sühnen". Wichtig war Ulitz – ähnlich wie Schellhaus – bei dieser Kritik die grundlegende Unterscheidung zwischen NS-Tätern und dem deutschen Volk. In seiner Sicht hatten die Täter „gegen das innere Gesetz ihres eigenen Volkes gehandelt".[125] Abgesehen davon, dass dies ein Denkmuster war, welches unter umgekehrten Vorzeichen während der NS-Zeit die Ausgrenzung von anderen angeblich von ihrem Volk entfremdeten Minderheiten legitimiert hatte, stellt sich die Frage: Hatte das Volk, hatte ein ‚ordentlicher' Beamter mit alldem nichts zu tun?

Besonders heikel war die von Ulitz versuchte kategorische Trennung zwischen NS-Tätern und Volk im Falle von Auschwitz: „Das Lager Auschwitz lag mehrere

---

[121] Czaja, Unterwegs zum kleinsten Deutschland?, S. 572.
[122] Cohn, Kein Recht, nirgends, Bd. 2, S. 922.
[123] Ulitz, Oberschlesien, S. 106.
[124] Ebenda, S. 101.
[125] Ebenda, S. 105.

Kilometer außerhalb der Stadt, [...] dem Zutritt und dem Einblick Dritter völlig entzogen. Die Bevölkerung hat von den Vorgängen in diesem Lager erst nach dem Ende des Krieges Kenntnis erhalten."[126] Wir wissen heute, dass Gerüchte über den dort verübten Völkermord sehr viel weiter verbreitet waren, als diese Schilderung glauben machen will. Der in Dresden lebende Victor Klemperer, den nur seine Ehe mit einer ‚arischen' Frau vor den NS-Vernichtungslagern bewahrte, hörte erstmals im März 1942 den Namen „Auschwitz (oder so ähnlich) bei Königshütte in Oberschlesien" als „furchtbarstes KZ", in dem die Häftlinge „nach wenigen Tagen" zu Tode kämen. Im Oktober 1942 wurde dieses Gerücht durch tödliche Fakten erhärtet.[127] Auch der im oberhessischen Laubach als Justizinspektor eines Amtsgerichts tätige Friedrich Kellner – ein resistenter Sozialdemokrat – erfuhr nicht nur im Oktober 1941 durch einen auf Fronturlaub befindlichen Soldaten Details über Massenmorde von SS-Kommandos an polnischen Juden[128] und im Dezember 1941 von der systematischen Deportation deutscher Juden „irgendwohin".[129] Im September 1942 wusste dieser nachrangige, aber hellwache deutsche Beamte „von gut unterrichteter Seite" auch, „daß sämtliche Juden nach Polen gebracht u. dort von SS-Formationen ermordet würden".[130] Sollte der als Ministerialrat und Schuldezernent der oberschlesischen Provinzialverwaltung vor Ort tätige Otto Ulitz nicht gewusst haben, was ein weit entfernter Beamter deutlich niedrigeren Ranges in Hessen hatte erfahren können? Der von Ulitz geschätzte Dienstvorgesetzte in Kattowitz, Regierungspräsident Walter Springorum, war mit Raumplanungsverfahren befasst, bei denen die Stadt Auschwitz mit dem anliegenden Konzentrationslager im Konflikt lag, und traf im Oktober 1941 als Vorsitzender einer Kommission mit dem SS-Kommandanten des Vernichtungslagers persönlich zusammen. Im September 1942 war Springorum erneut zu einer „Ortsbesichtigung" in Auschwitz, die ihn zumindest in die unmittelbare Nähe des Lagers gebracht haben dürfte.[131] War das dortige Geschehen nie ein Thema unter den oberschlesischen Spitzenbeamten? Sehr wahrscheinlich konnte ein hoher Beamter jener Provinz, in der Auschwitz sich befand, über das dortige Mordgeschehen erheblich mehr wissen, als Ulitz nach 1945 einzugestehen bereit war. Möglicherweise hatte Ulitz den systematischen Massenmord in nächster Nähe zur Wahrung seines Selbstbildes persönlicher „Anständigkeit" gar nicht wahrhaben wollen. Hier zeigen sich Grenzen seiner Kritik an der NS-Vergangenheit, die eben nicht wirklich in Selbst-Kritik mündete.

Ausgerechnet ein dezidierter Nicht-Nationalsozialist aus dem Gründungs-Präsidium des BdV, Linus Kather[132], schien den NS-Kontinuitätsvorwurf der DDR-Propaganda dadurch eklatant zu bestätigen, dass ihn sein politischer Lebensweg

---

[126] Ebenda, S. 106.
[127] Klemperer, „Ich will Zeugnis ablegen bis zum letzten ...", Bd. 2, S. 47 und S. 268.
[128] Kellner, „Vernebelt, verdunkelt sind alle Hirne", Bd. 1, S. 191 f.
[129] Ebenda, S. 211.
[130] Ebenda, S. 311.
[131] Gutschow, Ordnungswahn, S. 91 und S. 112.
[132] Amos, Vertriebenenverbände im Fadenkreuz, S. 14 f.

von der CDU über den GB/BHE bzw. die GDP schließlich zur rechtsradikalen NPD führte. Kather, der in den frühen 1950er Jahren als CDU-Politiker erfolgreiche und in den späten 1950er Jahren als BHE-Politiker gescheiterte führende deutsche Vertriebenenpolitiker, stellte sich 1968/69 in der Hoffnung auf ein politisches Comeback der NPD zur Verfügung, die damals gute Chancen besaß, in den Bundestag einzuziehen – was erfreulicherweise nicht gelang. Neben persönlichem Ehrgeiz trieb Kather zu seiner NPD-Kandidatur die Wahrnehmung, dass nicht nur SPD und FDP, sondern trotz aller Lippenbekenntnisse auch CDU und CSU die Vertreibungsgebiete längst abgeschrieben hatten.[133]

Kathers Engagement für die NPD war intensiver und dauerte länger als bisher bekannt. Kather hatte diese bedenkliche Nähe nicht nur 1968/69 gepflegt, wie man seit Längerem weiß, sondern über Jahre hinweg aufrecht erhalten. Beginnend im Frühjahr 1968[134], blieb die Zusammenarbeit zumindest bis 1971 sehr eng. Kather betonte 1970, dass er zwar formell „nicht Mitglied der NPD geworden" sei, dass diese Tatsache jedoch „keine Distanzierung von der Partei und ihren Zielen" bedeute; sein Nicht-Beitritt sei „nicht von Belang", denn er habe eine Zeit lang der NPD beitreten sollen und sich selbst bereits als Mitglied betrachtet.[135] Zwar kühlte das Verhältnis zur NPD nach dem Rücktritt des Vorsitzenden von Thadden im Jahre 1971, der Kather 1968 zur Mitarbeit gewonnen hatte, spürbar ab. Thaddens Nachfolger Martin Mußgnug erhielt auf seine Einladung zum NPD-Parteitag für 1972 die säuerliche Reaktion Kathers, da er nicht mehr unter die „Spitzenkandidaten" der Partei eingereiht worden sei, wolle er es sich auch „nicht zumuten, in spektakulärer Form auf dem Parteitag aufzutreten". Dessen ungeachtet werde er sich weiterhin „energisch für Ihre Partei einsetzen". Gerade die Vertriebenen müssten stärker angesprochen werden, wofür er „vielleicht mehr als andere" geeignet sei.[136] Infolgedessen erhielt Kather auch 1973 und 1974 Einladungen zu NPD-Parteitagen, und noch 1978 wurde er als „Gast" geladen. Wir wissen nicht, ob er diese Einladungen wahrgenommen hat; nur für 1974 ist eine

---

[133] So erklärte Kather 1970 in einem Beitrag für eine NPD-Zeitung, er habe die CDU 1954 verlassen, nachdem er „erkannt" habe, „daß die Vertriebenen von ihr und Konrad Adenauer in großem Stil betrogen wurden"; allerdings gebe es „heute noch Vertriebenensprecher, denen diese Erkenntnis immer noch nicht gekommen ist"; vgl. BStU, Archiv der Zentralstelle, MfS ZAIG Nr. 9708 Teil 1, Bl. 94, „20 Jahre Charta der Heimatvertriebenen. Ein Rückblick von Dr. Linus Kather", in: Deutsche Nachrichten Nr. 32 v. 7. 8. 1970; auch als Vorsitzender der von der NPD gesteuerten „Aktion Deutschland" warf Kather nicht nur der SPD/FDP-Bundesregierung 1970 vor, „sich mit der Spaltung Deutschlands abzufinden und wichtige Rechtspositionen ohne Gegenleistung aufzugeben", sondern attackierte auch die CDU/CSU-Opposition, der er vorwarf, diese Politik „mitverschuldet" zu haben; vgl. BStU, Archiv der Zentralstelle, MfS-HA IX/11, PA Nr. 611, Bl. 28f., MfS, HA IX/8, Information 1/1970 vom Mai 1970; ähnlich in der Zeitung des baden-württembergischen Landesverbands des BdV: vgl. LABW-HStAS, J 121/536 Nr. 1, Dr. Linus Kather, „Die Unionsparteien müssen Farbe bekennen! Das Selbstbestimmungsrecht ist unverzichtbar", in: BdV-Nachrichten 20. 1970, Nr. 6, S. 2.
[134] ACDP, I-377-07/6, NPD, v. Thadden, an Dr. Kather, 11. 4. 1968.
[135] ACDP, I-377-27/6, Dr. Kather an Rechtsanwalt Günter S., 15. 12. 1970.
[136] Ebenda, Dr. Kather an NPD, Mußgnug, 7. 9. 1972.

3. Vertriebenenpolitiker und NS-Vergangenheit 35

(angeblich urlaubsbedingte) Absage erhalten. Wir wissen jedoch, dass Kather noch 1975 zum ehemaligen NPD-Vorsitzenden von Thadden privat weiterhin Kontakt hielt. Als hingegen 1979 der bekannte rechtsradikale Politiker Dr. Gerhard Frey seinerseits Kontakt zu Kather suchte[137], scheint dieser darauf nicht reagiert zu haben.

Mit diesem späten NPD-Engagement schien Kather seinen früheren NS-distanzierten Lebensweg zu dementieren. Als „Neonazi" hat sich Kather allerdings nie verstanden. Sein Engagement in der NPD, die 1983 vom Hamburger Nachrichtenmagazin „Der Spiegel" etwas zu nachsichtig für ihre Frühphase der 1960er Jahre als eher „neokonservative" Partei eingeschätzt wurde[138], verteidigte er gegenüber Kritikern, die auf die „Unvereinbarkeit des NPD-Programms mit der Charta" der Heimatvertriebenen von 1950 hinweisen, mit dem Argument, er kandidiere guten Gewissens für die NPD und müsse dies trotz seines hohen Alters tun, weil er dem „nationalen Ausverkauf" der deutschen Ostgebiete „entgegenwirken" wolle.[139] Auch in seinem NPD-Wahlaufruf von 1969 betonte Kather, dass er trotz seines NPD-Engagements kein Nazi sei: „Ich habe mit den Nationalsozialisten nicht paktiert, ich galt die ganzen 12 Jahre lang als politisch unzuverlässig. Wegen der ständigen und aufrechten Verteidigung katholischer Priester habe ich Bekanntschaft mit dem Gefängnis gemacht und Haussuchungen durch die Gestapo hinnehmen müssen. Man wird Verständnis dafür haben, daß ich nicht beabsichtige, mir von Leuten Dummheiten gefallen zu lassen, die eine weniger klare Haltung aufzuweisen haben."[140] Noch 1982 wetterte Kather gegen „verhetzte Jugendliche" und „Schreihälse aller Parteien", die ihn und andere NPD-Vertreter einst am Reden gehindert hätten: „Sie wollten nicht einmal zur Kenntnis nehmen, daß ich ein Gegner der Nationalsozialisten gewesen bin. Auch sie beherrschte die Klischeevorstellung: wer für die NPD kandidiert, ist ein Nazi. Schade, daß sie so spät geboren sind, sie wären prima Nazis geworden."[141]

1968 scheint es in der NPD die strategische Überlegung gegeben zu haben, Nicht-Nationalsozialisten wie Kather herauszustellen, um den häufig nur zu berechtigten NS-Vorwürfen gegen Funktionäre dieser Partei zu begegnen. So schrieb ein NPD-Anhänger an Kather: „Unbelastete Männer in der NPD könnten der Öffentlichkeit am besten beweisen, daß wir eine ehrliche nationale Opposition nach freiheitlich demokratischen Grundsätzen anstreben".[142] Auch der NPD-Vorsitzende Adolf von Thadden scheint bald erkannt zu haben, dass Kather ohne allzu deutliche NPD-Bindung nützlicher zu sein versprach denn als NPD-Kandidat. 1968 hatte man die Erfahrung gemacht, dass die Bereitschaft lokaler BdV-Funktionäre in Krefeld, „eine gemeinsame Veranstaltung" mit der NPD zu orga-

---

[137] Vgl. die Vorgänge in ACDP, I-377-28/4.
[138] Vgl. „Gestorben: Linus Kather", in: Spiegel Nr. 12/1983 v. 21.3.1983.
[139] ACDP, I-377-07/6, Dr. Kather an Wilhelm von K., 27.8.1969.
[140] Ebenda, Dr. Kather, „Gründungspräsident des Bundes der Vertriebenen", NPD-Wahlaufruf vom 13.9.1969, S. 1, S. 3 und S. 5.
[141] Kather, Von Rechts wegen?, S. 195.
[142] ACDP I-377-28/2, Otto K. an Dr. Kather, 12.6.1968, S. 3.

nisieren, bei der Kather als Redner auftreten sollte, am „Abgrenzungskurs des BdV vom Rechtsextremismus" scheiterte[143], da die BdV-Führung die Absage dieser Veranstaltung erzwang.[144] Statt offen für die NPD aufzutreten, besorgte Kather deren Geschäfte nach der Wahlniederlage von 1969 daher in scheinbarer Unabhängigkeit. So wurde er im Februar 1970 zum Vorsitzenden einer „nationalen Sammelbewegung" mit dem Namen „Aktion Deutschland" gewählt.[145] Als solcher warf er nicht nur der SPD/FDP-Bundesregierung vor, „sich mit der Spaltung Deutschlands abzufinden und wichtige Rechtspositionen ohne Gegenleistung aufzugeben", sondern erhob auch gegenüber der CDU/CSU den Vorwurf, die neue Ostpolitik „mitverschuldet" zu haben.[146] Angesichts seiner scheinbaren Unabhängigkeit gelang es Kather, solche Positionen auch in der Vertriebenen-Verbandspresse zu vertreten.[147] Zugleich duldete er, dass im Pressedienst der „Aktion Deutschland", dem „adp", 1974 eine apologetische Notiz zum 80. Geburtstag des 1946 als Hauptkriegsverbrecher verurteilten früheren „Stellvertreters des Führers der NSDAP", Rudolf Heß, erschien.[148]

Dass die NPD und ihre Vorfeldorganisationen um 1970 nicht nur „neokonservativ" waren, wie der „Spiegel" später meinte, sondern auch durch weiterhin rechtsextremistische Alt-Nationalsozialisten geprägt wurden, mit denen Kather gemeinsam auftrat und agierte, ist nicht zu verkennen. So beteiligte sich Kather im Oktober 1970 in Würzburg an der Gründungsversammlung einer „Aktion Widerstand", bei der laut DDR-Staatssicherheit rund 3000 Angehörige „rechtsgerichteter Gruppen" zusammen kamen, darunter ehemalige NSDAP-Mitglieder und aktive NPD-Mitglieder. Als „führende Köpfe" machte das MfS den NPD-Vorsitzenden von Thadden, dessen Partei die finanzielle Unterstützung besorgt habe, und den ehemaligen Hauptabteilungsleiter Ost im Reichsaußenministerium Peter Kleist namhaft, der als Vorsitzender der „Aktion Widerstand" fungierte.[149] Zu Kleist hatte die DDR-Stasi allerdings lückenhaft recherchiert, denn dieser war zwar zeitweilig im Auswärtigen Amt des NS-Staates tätig gewesen, 1941 aber vor allem zum „Abteilungsleiter Ostland" im Reichsministerium für die besetzten Ostgebiete aufgestiegen.[150] Auf dem Podium der „Aktion Widerstand", „über sich

---

[143] Stickler, „Ostdeutsch heißt gesamtdeutsch", S. 339.
[144] Ebenda, NPD-Kreisverband Krefeld, an Dr. Kather, 18.7.1968; BdV-Kreisgruppe Krefeld, an Dr. Kather, 10.8.1968; Dr. Kather, Aktenvermerk o. D. [ca. September 1968].
[145] BStU, Archiv der Zentralstelle, MfS-HA IX/11, PA Nr. 611, Bl. 27, „Die Welt" v. 24.2.1970.
[146] Ebenda, Bl. 28f., MfS DDR, HA IX/8, Information 1/1970 vom Mai 1970.
[147] LABW-HStAS, J 121/536 Nr. 1, Dr. Linus Kather, „Die Unionsparteien müssen Farbe bekennen! Das Selbstbestimmungsrecht ist unverzichtbar", in: BdV-Nachrichten 20.1970, Nr. 6, S. 2.
[148] LABW-HStAS, Q 3/51 Bü 152, Aktion Deutschland e.V. Pressedienst (adp) Nr. 3/1974 v. 9.5.1974, S. 4.
[149] BStU, Archiv der Zentralstelle, MfS-HA IX/11 FV 13/71 Bd. 11, Bl. 32-34, insb. Bl. 32f., MfS DDR, „Gewaltakte rechtsextremistischer Kräfte in Westdeutschland und Westberlin", o. D. [Ende 1970].
[150] Klee, Das Personenlexikon zum Dritten Reich, S. 315; Zellhuber, „Unsere Verwaltung treibt einer Katastrophe zu…", S. 54.

eine Karte des ‚Großdeutschen Reiches'", saß laut MfS-Bericht neben Kather und Kleist auch der ehemalige Wiener NSDAP-Gaupresseamtsleiter Erich Kernmayr alias Erich Kern[151], der nach 1945 – ähnlich wie Kleist – als rechtsextremer Publizist hervorgetreten war und zudem als ehemaliger SS-Sturmbannführer die „HIAG", die „Hilfsgemeinschaft auf Gegenseitigkeit der Angehörigen der ehemaligen Waffen-SS", mitbegründet hatte.[152] Schließlich war der Ehrenpräsident des „Verbandes amerikanischer Bürger deutscher Herkunft", Professor Austin J. App, auf dem Podium anwesend[153], ein US-Literaturwissenschaftler und Sohn deutscher Immigranten aus Milwaukee, der als Apologet der NS-Politik und als Holocaustleugner hervorgetreten war.[154] Zwar hielt Kather auch auf der Gründungsversammlung dieser „Aktion Widerstand" keine inhaltlich rechtsradikale Rede, sondern wetterte laut MfS-Mitschrift lediglich – wie üblich – gegen die Regierung Brandt und deren Ostpolitik, doch im Anschluss an die Versammlung war trotz polizeilichen Verbots ein Fackelzug durch die Würzburger Innenstadt unternommen worden, bei dem es zu tätlichen Auseinandersetzungen mit Gegendemonstranten kam. Dabei hatten Mitglieder der „Aktion Widerstand" Plakate mit dem volksverhetzenden Slogan „Willy Brandt an die Wand" mitgeführt.[155]

Dieses gewalttätige Auftreten erwies sich jedoch als kontraproduktiv. Die DDR-Staatssicherheit erfuhr, dass die „Aktion Widerstand" bereits 1971 durch Vorstandsbeschluss der NPD „praktisch lahmgelegt" worden sei, nachdem sie „die Erwartungen der NPD-Führung nicht erfüllt" habe, die eigentlich „die Aktionsgelüste ihrer jungen Mitglieder" habe „kanalisieren" wollen. Im Januar 1972 notierte Ost-Berlin, dass die AW aufgelöst werden solle.[156] Diesmal war das MfS gut informiert, und auch die Mutmaßung, dass es sich bei der AW um eine Tarnorganisation der NPD gehandelt habe, traf ins Schwarze. Im Juli 1971 hatte von Thadden gegenüber Kather offen erklärt, die „Aktion Widerstand" sei nur deshalb gegründet worden, um als offizieller Mieter für die Würzburger Veranstaltungshalle zu fungieren. Auf der Gründungsveranstaltung sei noch alles „durchaus nach Plan" gelaufen, doch das, „was später folgte, [sei] überflüssig und schädlich" gewesen. Die „negative Entwicklung" habe sich „nach Würzburg" noch verstärkt, als „unter dem zunehmenden Druck von allen Seiten" immer „weitere Aktionen ge-

---

[151] BStU, Archiv der Zentralstelle, MfS-HA IX/11 FV 13/71 Bd. 11, Bl. 32–34, insb. Bl. 33, MfS DDR, „Gewaltakte rechtsextremistischer Kräfte in Westdeutschland und Westberlin", o. D. [Ende 1970].
[152] Bundesverband der Soldaten der ehemaligen Waffen-SS e. V., Hilfsgemeinschaft auf Gegenseitigkeit (HIAG), in: Handbuch deutscher Rechtsextremismus, S. 336; hier ist irrtümlich von „Soldaten" statt von „Angehörigen" die Rede.
[153] BStU, Archiv der Zentralstelle, MfS-HA IX/11 FV 13/71 Bd. 11, Bl. 32–34, insb. Bl. 33, MfS DDR, „Gewaltakte rechtsextremistischer Kräfte in Westdeutschland und Westberlin", o. D. [Ende 1970].
[154] Atkins, Holocaust Denial as an International Movement, S. 153 f.
[155] BStU, Archiv der Zentralstelle, MfS-HA IX/11 FV 13/71 Bd. 11, Bl. 32–34, insb. Bl. 34, „Gewaltakte rechtsextremistischer Kräfte in Westdeutschland und Westberlin", o. D. [1970].
[156] Ebenda, Bl. 131 f., Kurzberichte des MfS zur AW 1971/72.

fordert" worden seien. Daraus sei „eine völlig unkontrollierbare Angelegenheit" geworden, welche die NPD zu diskreditieren drohte.[157]

Paradoxerweise war derselbe Linus Kather, der um 1970 die Führung des „Bundes der Vertriebenen" durch sein NPD-Engagement in Verlegenheit brachte, in den 1950er und frühen 1960er Jahren einer der schärfsten Kritiker NS-belasteter Vertriebenenpolitiker gewesen. Bezeichnend genug für den Geist jener Jahre, leugnete Kather diese Kritiker-Aktivitäten hin und wieder ab und äußerte sich sogar herabsetzend über andere Kritiker. Als die „Sudetendeutsche Zeitung" gegen Kather 1953 den bereits erwähnten Vorwurf erhob, dieser habe den BHE-Bundesvorsitzenden Waldemar Kraft wegen dessen NS-Vergangenheit quasi öffentlich „denunziert"[158], stellte Kather Strafanzeige gegen den Redakteur und bestritt den Vorwurf dieser Vertriebenenzeitung, er habe in einem Vortrag vor dem CDU-Vertriebenenausschuss „die nationalsozialistische Vergangenheit von Kabinettsmitgliedern berührt". Lediglich in der Diskussion habe er, nachdem ein Teilnehmer die NS-Vergangenheit nordrhein-westfälischer BHE-Politiker kritisiert habe, den Zwischenruf gemacht, auf Bundesebene sei die CDU aber „nicht so engherzig gewesen", schließlich sei „unbestrittenermaßen Herr Kraft ehrenhalber Hauptsturmführer der SS gewesen" und habe „bei der Ostland G.m.b.H. mitgewirkt". Kather beharrte darauf, begütigend hinzugefügt zu haben, „daß diese Diskussionen unangebracht seien, und daß auch diese meine Erklärung nicht in die Öffentlichkeit gebracht werden dürfe, daß ich die Naziriecherei ablehne".[159]

Kathers Hinweis auf die abfällig als „Naziriecherei" bezeichnete Suche nach früheren Nationalsozialisten griff ein Wort Konrad Adenauers auf, das dieser in einer Bundestagsrede vom Oktober 1952 hatte fallen lassen – man solle „jetzt mit der Naziriecherei Schluss machen".[160] Noch kurz vor seinem Tode kam Kather auf diesen Terminus und die darin zum Ausdruck gebrachte große Toleranz gegenüber früheren NSDAP-Mitgliedern in der frühen Bundesrepublik zurück, als er 1982 sein letztes Buch publizierte. Bei dieser Gelegenheit erklärte „der allzeit schwierige [...] Linus Kather"[161], den ersten Teil dieses Buches, der über NS-Sondergerichtsprozesse in Ostpreußen handelte, bereits zwanzig Jahre früher (also um 1960) verfasst, jedoch bewusst lange nicht veröffentlicht zu haben: „Er paßte mir lange Zeit nicht in die politische Landschaft. Ich wollte die große Zahl der angeblichen Naziverfolger nicht noch größer machen. Das war damals[,] als

---

[157] ACDP, I-377-07/6, NPD, v. Thadden, an Dr. Kather, 2.7.1971; insofern ist die Wertung zutreffend, dass die „Aktion Widerstand" 1970 „initiiert" worden sei, „um den Zerfallsprozeß der NPD durch eine außerparlamentarische Opposition aufzuhalten", die „alle Fraktionen des nationalen Lagers" habe sammeln und „auch in nationale bürgerliche Kreise, v. a. in die Vertriebenenverbände" habe „hineinwirken" sollen, dass die infolge der AW-Gründung „entstandene rechte Militanz" den „Zerfallsprozeß" der NPD jedoch eher noch beschleunigt habe; vgl. Aktion Widerstand, in: Handbuch deutscher Rechtsextremismus, S. 149.
[158] ACDP, I-377-16/1, BvD, 1. Vors. Dr. Kather, an SL, Vors. Dr. Lodgman von Auen, 21.11.1953.
[159] Ebenda, Dr. Kather an Staatsanwaltschaft Bonn, 21.11.1953.
[160] Frei, Vergangenheitspolitik, S. 86.
[161] Schwarz, Adenauer. Der Aufstieg: 1876–1952, S. 928.

Konrad Adenauer vor dem Plenum des Bundestages sagte: ‚die Naziriecherei muß endlich einmal aufhören.' Sie hatte damals noch gar nicht begonnen. Es ging wohl um Oberländer und Globke."[162]

Dr. Hans Globke, der langjährige Kanzleramtschef Adenauers, war ein hervorragendes Beispiel für die Integration NS-belasteter Ministerialbeamter in die Führungselite der jungen Bundesrepublik.[163] An diesen engen Adenauer-Mitarbeiter, den er übrigens damals zeitweilig duzte, wandte sich Kather im September 1953, um die Berufung der NS-belasteten BHE-Politiker Kraft und Oberländer in Adenauers zweites Bundeskabinett zu verhindern. Auch diesmal betonte Kather vorweg, „von jeder Naziriecherei frei" zu sein und gegen den überall nach Nazis fahndenden „Faschismus der Antifaschisten schon im Jahre 1946 aufgetreten" zu sein, „als das noch nicht so modern und so billig war wie heute". Dennoch, so Kather 1953 gegenüber Globke, müsse er „darauf hinweisen, daß die in Betracht kommenden Männer des BHE wegen ihrer Belastung aus dem 1000-jährigen Reich nicht in Betracht kommen" dürften. Kraft sei nicht allein „SS-Hauptsturmführer gewesen", sondern auch „beteiligt an der Verwaltung und Verteilung der landwirtschaftlichen Güter, die man den Polen geraubt hatte". Oberländer wiederum sei „in ernsthafter Konkurrenz gewesen" mit dem von Hitler letztlich bevorzugten Alfred Rosenberg „für die Aufgabe, den Osten zu ‚betreuen'". Seines Erachtens, so Kather als damals noch führender Vertriebenenpolitiker der CDU, sei es „völlig unmöglich, diese Männer zu Repräsentanten der Vertriebenen und unseres Heimatanspruches zu machen".[164] Dass Kather mit dieser Intervention auch seinen eigenen Anspruch auf das Bundesvertriebenenministerium – welches dann der Ex-Nationalsozialist Oberländer erhielt – zu verteidigen suchte, ist zwar zu beachten, schmälert die inhaltliche Berechtigung der Einwände jedoch nicht.

Kather hat folglich auf die NS-Vergangenheit bundesrepublikanischer Spitzenpolitiker bezogene Einwände nicht erst in den sechziger Jahren erhoben.[165] Er gehörte schon zu Beginn der 1950er Jahre zu jenen christlich geprägten Vertriebenenpolitikern der CDU, die sich nicht von früheren Nazis repräsentieren lassen wollten.[166] Mit dieser Grundhaltung wurde er während der Adenauer-Ära und ihres „Naziriecherei"-Tabus auch im Kreise des ersten BdV-Präsidiums zu einem der wenigen und einem der frühesten Vertreter einer NS-kritischen Diskussion.

Entgegen seinem fortwährenden Lippenbekenntnis, er sei jeder „Naziriecherei" abhold und habe keinesfalls den BHE-Vorsitzenden Kraft wegen dessen NS-Vergangenheit „denunziert"[167], kümmerte sich Kather eingehend um die NS-Vergan-

---

[162] Kather, Von Rechts wegen?, S. 5.
[163] Vgl. Bevers, Der Mann hinter Adenauer; Lommatzsch, Hans Globke.
[164] ACDP, I-377-05/2, Dr. Kather an Bundeskanzleramt, Dr. Globke, 17.9.19[53]; vgl. auch Dublette in ACDP, I-377-04/2, Dr. Kather an Dr. Globke, 17.9.1953.
[165] So jedoch Fischer, Heimat-Politiker?, S. 127.
[166] Ebenda, S. 136 f.
[167] Dies versicherte Kather Ende 1953 auf dessen Anfrage auch einem BHE-Bundestagsabgeordneten; vgl. ACDP, I-377-05/2, Hassler MdB an Dr. Kather MdB, 12.11.1953, und Dr. Kather an H. Hassler, 16.11.1953.

genheit der von ihm abgelehnten BHE-Spitzenpolitiker. 1955 zeigte Kather großes Interesse an einem in der „Bonner Korrespondenz" erscheinenden polemischen Artikel zum Thema „Oberländer und die Juden". Dieser glossierte ein Glückwunschschreiben des Bundesvertriebenenministers an die Juden in Deutschland, in dem sich der ehemalige SA-Hauptsturmführer von der „unmenschlichen Schmach" distanzierte, die den Juden „in einer zutiefst undeutschen zwölfjährigen Ära der Unduldsamkeit und der Verfolgung angetan" worden sei. Dabei, so der Artikel, habe derselbe Oberländer noch 1954 die Ehrenmitgliedschaft der „Emigrantenorganisation der ungarischen Pfeilkreuzler" angenommen und „einen Sympathieartikel für diese faschistische antijüdische Organisation" geliefert. Im Frühjahr 1940 habe Oberländer außerdem in der NS-Zeitschrift „Neues Bauerntum" noch von der dringend notwendigen „Reinerhaltung der Rasse" und von der „Eindeutschung der Ostgebiete" schwadroniert und in diesem Zusammenhang gefordert, dass „Millionen fremden Volkstums durch Millionen eigenen Volkstums ersetzt" werden müssten. Derselbe Mann beschwöre fünfzehn Jahre später eine „Schicksalsgemeinschaft" zwischen Deutschen und Juden. „Da bleibt einem nur zu sagen: Pfui Teufel!"[168] Dieser Artikel findet sich sowohl im privaten Nachlass Kathers als auch in der Hinterlassenschaft seiner BvD-Präsidialakten. Aus Letzteren geht hervor, dass sich Kather den angesprochenen NS-Artikel Oberländers aus dem Jahre 1940 im Original besorgte[169], um denselben bei nächster Gelegenheit gegen Oberländer ins Feld zu führen.[170] Als 1959 seitens des kommunistischen Ostblocks massive Anschuldigungen wegen NS-Kriegsverbrechen gegen Oberländer erhoben wurden[171], wies Kather dessen an ihn gerichteten Vorwurf zurück, er habe den letzten „Tag der Heimat" zu „persönlichen Angriffen" auf Oberländer genutzt und sogar eine „öffentliche Untersuchung verlangt".[172] Doch während sich der damalige BdV-Präsident Hans Krüger öffentlich hinter den NS-belasteten Vertriebenenminister stellte und namens des Vertriebenenverbandes erklärte, „daß der ‚Fall Oberländer' auf diffamierende bolschewistische Propaganda zurückzuführen sei" und dieser „Angriff auf Oberländer" als „ein Angriff auf das von den Vertriebenen vertretene, die Freiheit und die Heimat des Westens schützende Grundrecht" verstanden werden müsse[173], war Kather während des Oberländer-Skandals offenbar bereits derselben Meinung, die er lange nach dem 1960 erfolgten Rücktritt des Ministers im Jahre 1965 veröffentlichte. Damals hielt es Kather für ein „politisches Verbrechen erster Ordnung", dass Adenauer „einem Mann mit der nationalsozialistischen Vergangenheit eines

---

[168] ACDP, I-377-05/2, „Oberländer und die Juden", in: Bonner Korrespondenz Nr. 205 v. 19.9.1955.
[169] BAK, B 234/1123, „Oberländer und die Juden", in: Bonner Korrespondenz v. 19.9.1955, und Hannoversche Siedlungsgesellschaft an Dr. Kather, 17.1.1956, zur Übermittlung der Zeitschrift „Neues Bauerntum" von 1940.
[170] ACDP, I-377-05/2, Dr. Kather an Frankfurter Neue Presse, Dr. Becker, 29.12.1956, S. 4.
[171] Amos, Vertriebenenverbände im Fadenkreuz, S. 99.
[172] ACDP, I-377-05/2, Dr. Kather an Bundesminister Prof. Dr. Dr. Oberländer, 8.10.1959.
[173] Ebenda, unbezeichnete und undatierte Zeitungsmeldung „Vertriebene hinter Oberländer".

3. Vertriebenenpolitiker und NS-Vergangenheit 41

Oberländer" je das Vertriebenenressort überantwortet habe. Denn da dieser Minister „der erste Repräsentant gegen das Unrecht der Vertreibung sein" müsse, dürfe ihm keinesfalls nachgesagt werden können, „daß er jemals bereit war, die Vertreibung anderer hinzunehmen oder gar zu propagieren". Die früheren Bundesminister Kraft und Krüger – und mit Letzterem folglich den früheren Präsidenten des BdV, der 1963 Bundesvertriebenenminister geworden war und der 1964 ebenfalls wegen schwerer NS-Vorwürfe aus dem Ostblock hatte zurücktreten müssen – schloss Kather in diese Kritik ausdrücklich mit ein.[174]

Bei alledem sah sich Kather zuweilen selbst mit NS-relevanten Vorwürfen konfrontiert. Nicht in Bezug auf seine eigene Vergangenheit, sehr wohl aber durch die von Bundeskanzler Adenauer 1952 gegen seine Ministerambitionen genutzte Insinuation, er umgebe sich als Chef des Vertriebenenverbandes BvD „mit früheren Nationalsozialisten, die besonders hervorgetreten seien".[175] Daran war so viel richtig, dass Kather einige frühere Nationalsozialisten als politische Bündnispartner akzeptierte und im Unterschied zu Kraft, Oberländer oder Krüger vehement gegen öffentliche Verurteilungen verteidigte. So wandte sich der streitbare Kather 1956 in einem Schreiben an die „Spiegel"-Redaktion, um seinen damaligen BHE-Fraktionskollegen Hans Egon Engell, einen früheren NSDAP-Ministerpräsidenten von Mecklenburg und SS-Oberführer[176], in Schutz zu nehmen. Der „Spiegel" hatte kritisiert, dass Engell im Bundestagshandbuch seine NS-Vergangenheit völlig verschwiegen und trotz derselben an Bundestagsberatungen über „neonazistische Strömungen in der Bundesrepublik" teilzunehmen gewagt habe, was deutlich zeige, wie schwer es für die junge Bonner Demokratie sei, „ehemalige Nationalsozialisten aus der Führung der Bundesrepublik auszuschalten". Kather verteidigte den ehemaligen mecklenburgischen NSDAP-Regierungschef der Jahre 1933/34 mit der Bemerkung, man solle nicht jene angreifen, die zwar vor 1933 überzeugte Nazis gewesen seien, sich aber nach 1933 ebenso rasch vom NS-Regime wieder abgewandt hätten – wie eben Engell. Viel kritikwürdiger seien die „ewigen Opportunisten", die stets den jeweiligen Machthabern hinterhergelaufen seien; da gebe es für den „Spiegel" überaus „dankbare Objekte". Er habe jedenfalls seinen „Freund" Engell „als einen aufrechten Demokraten und freiheitsliebenden Mann" schätzen gelernt.[177]

---

[174] Kather, Die Entmachtung der Vertriebenen, Bd. 2, S. 13, und Bd. 1, S. 245; vgl. auch Amos, Vertriebenenverbände im Fadenkreuz, S. 23.
[175] ACDP, I-377-04/3, Bundeskanzler Dr. Adenauer an Dr. Kather, 27. 7. 1952.
[176] Hans Egon Engell, 1897–1974, Gutsbesitzer, 1931 NSDAP, 1933 SS, deren Gründer in Mecklenburg er war, 1932–1934 MdL Mecklenburg-Schwerin, Juni–Aug. 1933 Landwirtschaftsminister von Mecklenburg-Schwerin, Aug.–Dez. 1933 Ministerpräsident von Mecklenburg-Schwerin, Jan.–Okt. 1934 Ministerpräsident sowie Minister für Auswärtige Angelegenheiten, Landwirtschaft und Unterricht im vom NS-Regime vereinigten Land Mecklenburg, nach Machtkampf mit Reichsstatthalter und NS-Gauleiter Friedrich Hildebrandt im Oktober 1934 abgesetzt, Rückzug aus der Politik; 1939 aus der SS „wegen Interesselosigkeit" entlassen, 1941 als SS-Hauptsturmführer reaktiviert für Kriegseinsatz in der SS-Polizeidivision; vgl. BA/BDC, Akten in MF, SSO, PK; Mecklenburgisches Landeshauptarchiv Schwerin (MLHA-S), 5.12-3/1 Nr. 442/1.
[177] BAK, B 234/1123, Dr. Kather an SPIEGEL-Redaktion, 23. 2. 1956.

Gleichzeitig verurteilte Kather scharf die im BHE zuweilen zutage tretende Anknüpfung an NS-Rituale. So kritisierte Kather 1954 nichtöffentlich in einem Schreiben an einen BHE-Spitzenpolitiker den Ablauf einer Berliner BHE-Kundgebung, an der er als Redner teilgenommen hatte. Schon der Einmarsch unter Marschmusik sei ihm „zuwider" gewesen; erst recht galt dies für „die nazistischen und nationalistischen Töne" der „unbekümmert[en]" Rede des Berliner BHE-Landesvorsitzenden Staatsminister a. D. Hans Sivkovich[178], der die Zerstörung Dresdens zur Grundlage einer „Gegenrechnung" gegenüber den Westmächten gemacht habe – was in Kathers Augen „unangebracht" und „töricht" war. Sivkovich habe außerdem über „Völkerbrei" in Europa schwadroniert, ein „Bekenntnis zum deutschen Soldatentum" abgelegt und zum Schluss auch noch den „Hitlergruß" angedeutet. Auch dem niedersächsischen BHE-Minister Hermann Ahrens[179], einem früheren NS-Funktionär, warf Kather „Fehler derselben Art" vor, denn Ahrens habe in seiner Rede behauptet, „daß die ehem.[aligen] Parteigenossen [der NSDAP] an sich froh gewesen" seien, „sich nach 1945 aus der Verantwortung zurückzuziehen, daß sie aber hätten wiederkommen müssen, weil die anderen [i.e. die Nicht-Nationalsozialisten] sich als unfähig erwiesen hätten". Besonders negativ reagierte Kather auf die von Ahrens geäußerte Verunglimpfung der „Entnazifizierung als ‚zweite Christenverfolgung'".[180] Er hatte in Ostpreußen nationalsozialistische Christenverfolgungen miterlebt und sich dabei als Rechtsanwalt gegen das NS-Regime gestellt.

Einige Zeit nach Kathers Tod formulierte der Vertriebenenfunktionär Herbert Hupka, der selbst in den siebziger Jahren – wegen der Bonner neuen Ostpolitik – von der SPD zur CDU übergewechselt war, eine Skizze des früheren Weggenossen: „Kather, einst Zentrumsabgeordneter im Königsberger Stadtparlament, hatte nach 1945 bei der CDU seine politische Heimat gefunden, war aber dann als der ständig Unzufriedene, als der Ehrgeizige, der sein Ziel, Minister zu werden, nicht erreicht hat, zum BHE abgeschwenkt und schließlich zu den Rechtsradikalen. Man könnte ihn einen leidenschaftlichen Anwalt der Vertriebenen nennen, aber nicht frei von allzu stark ausgeprägtem Geltungsbedürfnis, so daß er rücksichtslos, auch gegen sich selbst, sein parteipolitisches Forum gewechselt hat."[181] Das war zweifellos in vielem treffend. Und dennoch war Kather bei aller Egozentrik und brillanten Einseitigkeit auch einer der frühesten Kritiker des allzu unbefangenen Umgangs mit der NS-Belastung zahlreicher Spitzenpolitiker der jungen Bundesrepublik. Auch mit der Bereitschaft zu solcher Kritik wurde Kather zum

---

[178] Hans Sivkovich, 1881–1968, Lehrer, 1912–1918 MdR FVP, 1919–1920 MdNV DDP, 1920–24 MdR DDP, 1918–1920 Kultusminister Mecklenburg-Schwerin.
[179] Hermann Ahrens, 1902–1975, SPD, 1931 NSDAP, 1933–1936 NSDAP-Kreisleiter von Goslar, Träger des Goldenen Ehrenzeichens der NSDAP, 1950 Mitbegründer des GB/BHE, 1955–1961 Landesvorsitzender GB/BHE Niedersachsen, 1962–1975 Landes- und Bundesvorsitzender der GDP, 1951–1963 MdL Niedersachsen, 1951–1957 Minister für Wirtschaft und Verkehr Niedersachsen, 1959–1963 Stellvertretender Ministerpräsident und Finanzminister Niedersachsen.
[180] BAK, B 234/1306, Dr. Kather an BG/BHE, v. Kessel, 22.7.1954.
[181] Hupka, Unruhiges Gewissen, S. 186.

Außenseiter – nicht zuletzt im BdV. Wenn er die allzu glatten Minister-Karrieren NS-belasteter Vertriebenenpolitiker wie Theodor Oberländer, Waldemar Kraft oder Hans Krüger attackierte, „traf er durchaus einen wunden Punkt bei einer Gruppe von Vertriebenenpolitikern".[182]

4. BdV und NS-Vergangenheit: Der öffentliche Skandal um Bundesvertriebenenminister und BdV-Präsident Hans Krüger 1963/64

Nach jahrelangem Hin und Her war im Oktober 1957 der „Bund der Vertriebenen" gegründet worden. Dies geschah bis auf weiteres provisorisch, indem der neue BdV zunächst ohne reguläre Organe blieb und einstweilen von den Präsidenten der rivalisierenden Teilverbände BvD und ZdL, Kather und Baron Manteuffel-Szoege, geleitet wurde. Erst am 14. Dezember 1958 gelang es, den BdV endgültig zu konstituieren und ein ordentliches dreizehnköpfiges Präsidium zu installieren, das mit dem bisherigen BvD-Funktionär und CDU-Bundestagsabgeordneten Hans Krüger seinen ersten gewählten Vorsitzenden erhielt.[183] Krüger, als BdV-Präsident zwar nicht unumstritten, aber mehrfach wiedergewählt, erreichte im Oktober 1963 mit der Berufung zum Bundesvertriebenenminister im ersten Kabinett des CDU-Bundeskanzlers Ludwig Erhard den Gipfel seiner politischen Karriere. Doch nur wenige Monate später sah sich der frischgebackene Minister durch schwere Vorwürfe aus Polen und der DDR wegen seiner NS-Vergangenheit zum Rücktritt gezwungen. Nach dem spektakulären Sturz Krügers, der im März 1964 auch als BdV-Präsident aus dem Amt schied, konstatierte der (freilich keineswegs unparteiische) Zeitzeuge Linus Kather, man habe lange über Krüger geurteilt, er sei zwar „schwach, aber ehrenhaft und anständig"; dass selbst Letzteres nicht richtig gewesen sei, habe man durch den Skandal um die NS-Vergangenheit Krügers 1963/64 lernen müssen.[184]

Der selbstbewusste Kather hielt Krüger stets für eine mittelmäßige Figur, die jedoch gerade wegen dieser Harmlosigkeit von den Führern der Landsmannschaften zum BdV-Präsidenten gemacht worden sei.[185] Tatsächlich war Krüger nicht der Mann, es dem einstigen Volkstribun Kather gleichzutun, der Anfang der 1950er Jahre eine Massenkundgebung von 50 000 Menschen in Bonn zusammengetrommelt hatte, um mit der anzüglichen Parole „Kather befiehl, wir folgen!" die Regierung Adenauer in der umstrittenen Frage des Lastenausgleichs unter Druck zu setzen.[186] Kather lag richtig mit seiner Vermutung, dass auch die Führer der

---

[182] Amos, Vertriebenenverbände im Fadenkreuz, S. 24.
[183] Fischer, Heimat-Politiker?, S. 75.
[184] Ebenda, S. 214f.
[185] Ebenda.
[186] LABW-GLAK, N Bartunek/19, Zeitungsartikel „Kather befiel, wir folgen dir!" o.D. [1951]; an die NS-ähnliche Führerparole erinnerte der „Spiegel" später: „Als die parlamentarischen Beratungen über das Lastenausgleichsgesetz begannen, machte Kather als Vorsitzender des

Landsmannschaften den ersten BdV-Präsidenten als unbedeutend betrachteten. Baron Manteuffel-Szoege äußerte 1959 abfällig gegenüber Axel de Vries, Krüger sei nicht viel mehr als das „Lächeln des Landes".[187] Auch der spätere BdV-Präsident Herbert Czaja hielt nicht viel von seinem Vorgänger und bemerkte, Krüger sei nur deshalb 1963 Bundesvertriebenenminister geworden, weil der ursprünglich dafür vorgesehene Rainer Barzel lieber den Vorsitz der CDU/CSU-Bundestagsfraktion übernommen habe. Czaja meinte wenig schmeichelhaft, „der recht ruhige Hans Krüger" sei jemand gewesen, „der sich bei der ersten Belastung sofort beugte und sich still anzupassen gewohnt war", weshalb „von ihm [...] große Konzeptionen kaum zu erwarten" gewesen seien.[188] Auch die Forschung ist dieser abschätzigen Wertung gefolgt und vermutet, der Umstand, dass Krüger BdV-intern „als zu weich und kompromissbereit" gegolten habe, könnte ihn 1963 für das Ministeramt „im Hinblick auf den oft beschworenen Kabinettsfrieden durchaus interessant" gemacht haben.[189]

Man vermutet, dass Krüger schon 1960 für die Nachfolge des zurückgetretenen Vertriebenenministers Oberländer gehandelt worden sein soll, damals jedoch am Widerstand der Landsmannschaften und ihres Exponenten Manteuffel in der Unionsfraktion noch gescheitert sei.[190] Die Krüger zuerkannte Ministerfähigkeit deutet darauf hin, dass vor November 1963 Krügers NS-Biographie in den Bonner Regierungsspitzen als relativ unspektakulär eingeschätzt wurde. Denn bereits der Sturz Oberländers signalisierte eine wichtige Trendwende in der Vergangenheitspolitik des westlichen deutschen Staates. Wolfgang Fischer betont, wenn in den 1950er Jahren die NS-Vergangenheit „einiger vertriebener Abgeordneter" noch nicht kritisch diskutiert worden sei, habe sich dies um 1960 deutlich geändert – teils durch internen Bewusstseinswandel, zu dem der Ulmer Einsatzgruppenprozess von 1958 maßgeblich beigetragen habe, teils durch die Einwirkung der DDR-Propaganda, die im „Fall Oberländer" einen Bonner Minister erfolgreich zum Rücktritt genötigt habe.[191]

Krügers Ministerernennung von 1963 erfolgte noch im Kontext des NS-bezogenen Oberländer-Skandals, denn die westdeutschen Medien stilisierten den neuen Ressortchef ausdrücklich als unbelastet. Selbst ein Insider wie Kather, der Krüger schon 1958 „eindeutig als Opportunist" betrachtet haben will, weil ihm damals schon bekannt gewesen sei, dass Krüger in der NS-Zeit aus der evangelischen Kirche ausgetreten war, um nach 1945 wieder einzutreten und sogar die Funktion eines Presbyters zu übernehmen, wusste nach eigenem Bekunden nur,

‚Bundes vertriebener Deutscher' auf dem Bonner Marktplatz Druck von außen. Dort hatten sich 50 000 Anhänger versammelt. Transparente mit Aufschriften wie ‚Kather befiehl, wir folgen' sollten seine Position zusätzlich stärken." Vgl. „Gestorben: Linus Kather", in: Spiegel Nr. 12/1983 v. 21. 03. 1983.
[187] BAK, N 1412/17, Baron Manteuffel-Szoege MdB an de Vries, 10. 6. 1959, S. 3.
[188] Czaja, Unterwegs zum kleinsten Deutschland?, S. 274.
[189] Fischer, Heimat-Politiker?, S. 122.
[190] Ebenda.
[191] Ebenda, S. 126.

dass Krüger „in Konitz Richter gewesen war", hatte „dem jedoch keine Bedeutung beigemessen". Kather erklärte 1965, erst durch den von der DDR angestoßenen NS-Skandal habe die westdeutsche Öffentlichkeit erfahren, dass Krüger „gelegentlich beim Sondergericht mitgewirkt hat, daß er Ortsgruppenleiter war und daß er als Richter seiner Behörde [...] die falsche Angabe gemacht hat, er habe am Novembermarsch 1923 teilgenommen", was den Straftatbestand des Betruges erfüllt habe. Kather urteilte scharf: „Welch ein Maß an Verantwortungslosigkeit gehört dazu, mit dieser Belastung sich zum Präsidenten des Bundes der Vertriebenen wählen und dann auch noch zum Bundesvertriebenenminister ernennen zu lassen. Der Ortsgruppenleiter mag auf ihn zugekommen sein, wie er behauptet, auf die beiden anderen Positionen hat er zäh und zielbewußt hingearbeitet."[192] Für Kather war Krüger vielleicht kein NS-Verbrecher mit blutigen Händen, wie die DDR-Propaganda behauptete, aber auf jeden Fall ein opportunistischer NS-Karrierist.

Vor dem Skandal des Jahres 1964 lag der Aufstieg des langjährigen, aber weithin unbekannten BdV-Präsidenten zum Mitglied der Bundesregierung im Oktober 1963. Damals musste Krüger – wie nicht nur die von Kather hämisch angeführte Bildverwechslung in der „Süddeutschen Zeitung" zeigte, die statt eines Fotos von Krüger das von Erich Schellhaus gedruckt haben soll[193] – einer breiten Öffentlichkeit erst noch vorgestellt werden. Zu diesem Anlass hatte Krüger freilich eine ausgesprochen gute Presse. Die „Neue Rheinzeitung" begrüßte den neuen Minister als „Mann des Ausgleichs", als „ruhigen, zu keiner Art von Radikalismus neigenden Mann".[194] FAZ-Korrespondent Walter Henkels beschrieb Krüger als Gegenteil der früher auf Krawall gebürsteten Vertriebenenführung – eine Spitze, die zweifellos gegen Kather ging. Die FAZ lobte Krüger, indem sie Äußerungen eines NS-Weggefährten zitierte: „Er hat sich noch nie überreizt, sagt ein alter Freund aus Konitz, einst Bürgermeister dieser Stadt, heute höherer Beamter in einem Bonner Ministerium."[195] Nach den Enthüllungen der DDR über Krügers NS-Vergangenheit kommentierte der von der FAZ attackierte Kather die eklatante Fehleinschätzung des Blattes: „Mir ist kein Fall bekannt, in dem in der Politik sich jemand so überreizt hat wie Krüger. Mir ist auch kein Fall bekannt, in dem ein Journalist sich in wenigen Sätzen so gründlich blamiert hat wie hier Walter Henkels."[196]

---

[192] Kather, Die Entmachtung der Vertriebenen, Bd. 1, S. 216.
[193] Ebenda, S. 215 f.
[194] BStU, Archiv der Zentralstelle, MfS-HA IX Nr. 22926, Bl. 234, „Das NRZ-Porträt: Hans Krüger. Mann des Ausgleichs", in: Neue Rheinzeitung v. 18.10.1963.
[195] Kather, Die Entmachtung der Vertriebenen, Bd. 1, S. 216 f.; vermutlich handelte es sich beim Gewährsmann des FAZ-Korrespondenten um Artur Leuenberg, der in der 1968er zweiten Auflage des DDR-Braunbuchs erwähnt wurde: „Vor 1945: Bis 1943 Reichsministerium des Innern, Abteilung V – Einsatz von Beamten in den okkupierten Gebieten; ab 1943 Bürgermeister in Konitz (Chojnice)/ČSR. Nach 1945: Bundesinnenministerium; Leiter des Referates IV B 3; Ministerialrat". Vgl. Braunbuch 1968, S. 374; dabei wurde Chojnice fälschlich der Tschechoslowakei statt den deutsch annektierten Westgebieten Polens (Westpreußen) zugeordnet.
[196] Kather, Die Entmachtung der Vertriebenen, Bd. 1, S. 216 f.

Noch eklatanter daneben lag jedoch mit ihrer Laudatio auf Krüger die Hamburger Wochenzeitung „Die Zeit". Dort hatte Dietrich Strothmann am 22. November 1963 den „neue[n] Mann im Vertriebenenministerium" wohlwollend als „bedachtsame[n], geduldige[n] Flüchtlingspolitiker" beschrieben, der häufig auf „die Radikalen" in seinem Verband mäßigend eingewirkt habe und dafür in Kauf nehmen müsse, dass „er zuweilen von seinen eigenen Leuten als ‚Weichling' und ‚Kompromißler' verächtlich gemacht" werde. In den Passagen über Krügers NS-Vergangenheit verließ sich Strothmann offenbar auf Selbstauskünfte des frischgebackenen Ministers: „Der heute 61jährige [...] begann als Sohn eines Schulmannes mit dem Studium der Rechte, stieg zum Landgerichtsrat und Oberamtsrichter auf. Er wurde als Gefreiter der Marineartillerie verwundet und eröffnete nach dem Kriege im sauerländischen Olpe eine Anwaltspraxis." Strothmann referierte Krügers Nachkriegs-Karriere und stellte treffend fest: „Dann ging es unaufhaltsam nach oben". Dabei wagte der „Zeit"-Journalist eine Prognose, die Krügers raschen Absturz einleiten sollte, als er mit Blick auf die erfolgreiche SED-Kampagne gegen Krügers Vorgänger Oberländer allzu selbstsicher konstatierte: „Im Falle Krüger mangelt es den propagandistischen Scharfschützen im Osten an Störfeuermunition. So gern sie vom ‚Revanchisten-Ministerium' sprechen, so wenig können sie dem neuen Hausherren am Zeuge flicken. Hans Krüger [...] hat nicht einmal eine ‚Vergangenheit', die angeprangert werden könnte."[197]

Am 6. Dezember 1963 hielt in Ost-Berlin Albert Norden, Mitglied des Politbüros des ZK der SED, eine Pressekonferenz vor internationalen Medienvertretern ab, in der er Strothmanns „Zeit"-Artikel ausdrücklich aufgriff: „Vor zwei Wochen sang eine bekannte bürgerliche Hamburger Wochenzeitung Loblieder auf einen Minister der Erhard-Regierung und schrieb: ‚Er hat nicht einmal eine Vergangenheit, die angeprangert werden könnte. In seinem Fall mangelt es den propagandistischen Scharfschützen im Osten an Störfeuermunition.'" Dabei sei gerade jener „Mann, dessen blütenweiße politische Unschuld die Hamburger ‚Zeit' bescheinigte, vermutlich weil sie durch falsche Personalangaben des Schuldigen irregeführt wurde", außerordentlich NS-belastet. Norden erklärte: „In der Bonner Regierung sitzt ein aktiver Teilnehmer des Hitlerputsches vom November 1923 [...]. In der Bonner Regierung sitzt ein fanatischer Funktionär der Nazipartei [...], der nach dem Überfall auf Polen Ortsgruppenleiter der NSDAP im okkupierten Chojnice wurde, die Nazis nannten es Konitz. In der Bonner Regierung sitzt einer der berüchtigten Sonderrichter Hitlers, die nur aus dem Kaderbestand der ‚absolut zuverlässigen', das heißt der schlimmsten faschistischen Juristen genommen wurden und die bekanntlich für das geringste Vergehen hohe Zuchthaus- und Todesstrafen verhängten." Bundesvertriebenenminister Krüger habe diese belastenden Fakten bewusst verschwiegen. Die DDR verfüge jedoch über seine NS-Personalakte und stelle jedermann frei, „sich mit den Tatsachen bekannt

---

[197] Strothmann, „Sein Prinzip: Besonnenheit", in: Zeit Nr. 47 v. 22.11.1963; zitiert nach: http://www.zeit.de/1963/47/sein-prinzip-besonnenheit (26.1.2011).

zu machen, die den Stab über den Politiker Krüger brechen". Krüger als Bonner Minister sei zweifellos „eine nationale Schande".[198]

Der „fatale Nachgeschmack" des Falles Oberländer wurde durch den neuen NS-Skandal um Krüger verstärkt.[199] Beide Vertriebenenminister stürzten über Vorwürfe erheblicher NS-Belastung, wobei die Anschuldigung, „beide" hätten als Nazis der ersten Stunde bereits „1923 am Hitlerputsch in München teilgenommen"[200], noch zu den geringfügigeren zählte – zumal Krüger seine Putschteilnahme, im Unterschied zu Oberländer, während der NS-Zeit lediglich vorgetäuscht hatte. Die DDR-Vorwürfe gingen jedoch viel weiter und reichten bei Oberländer bis zum Vorwurf des Massenmords, bei Krüger immerhin bis zur Beihilfe zu Massenerschießungen und zur Mitwirkung an Todesurteilen eines Sondergerichts. Man kann diese spezifische DDR-Form der NS-„Aufklärung" diverser Einseitigkeiten zeihen.[201] Doch trotz der unzweifelhaften politisch-propagandistischen Hauptfunktion der DDR-Ermittlungen, die die Bundesrepublik in eine angeblich ungebrochene NS-Kontinuität rücken und dadurch diffamieren sollten, ließen sich die durch „Nordens Kampagne" zutage geförderten Dokumente „nicht einfach als kommunistische Propaganda ignorieren, denn die vorgelegten Fakten stimmten in der Regel, das präsentierte Archivmaterial war echt".[202] Auch wenn man nicht so weit gehen möchte wie der Historiker Eckart Conze, der die von den DDR-Organen „präsentierten Fakten" grundsätzlich als zutreffend bewertet[203], muss man den von Ost-Berlin erhobenen NS-Vorwürfen einen hohen Grad an Treffsicherheit attestieren. Zugleich aber muss man sehen, dass die typische Vorgehensweise der SED-Propaganda darin bestand, gesicherte Fakten mit unbelegten Behauptungen und frei erfundenen Vorwürfen zu mischen, um die propagandistische Durchschlagskraft der Angriffe zu erhöhen.

Nimmt man das 1965 veröffentlichte „Braunbuch" über NS-belastete Politiker, Regierungs- und Verbandsfunktionäre der Bundesrepublik, so waren „die von der DDR im ‚Braunbuch' vorgebrachten Sachverhalte gegen die 109 bundesdeutschen Funktionäre der Vertriebenenverbände […] im Kern zutreffend, wenngleich das MfS Fakten und Zusammenhänge auch pauschalierte bzw. übertrieb und auch vor Fälschungen nicht zurückschreckte". Der Historikerin Heike Amos zufolge war das „eigentliche Kapital" der DDR-Propaganda die Tatsache, „daß die Eliten in der Bundesrepublik und auch die Funktionäre der Vertriebenenverbände viele Jahre lang nicht sehen wollten, welche ungeheure politische Hypothek sie mit sich trugen". Auf diese Weise wurde das „Braunbuch" ein großer Propagandaerfolg für

---

[198] BStU, Archiv der Zentralstelle, MfS ZAIG Nr. 10601, Bl. 84 ff., insb. Bl. 87 f., Nationalrat der Nationalen Front des Demokratischen Deutschlands, „Rede von Prof. Albert Norden, Mitglied des Politbüros des ZK der SED und des Präsidiums des Nationalrates, auf der Pressekonferenz am 6. Dezember 1963 in Berlin", o. D.
[199] Kittel, Vertreibung der Vertriebenen?, S. 16.
[200] Hahn/Hahn, Die Vertreibung im deutschen Erinnern, S. 650.
[201] Knabe, Die unterwanderte Republik, S. 124.
[202] Conze, Die Suche nach Sicherheit, S. 251.
[203] Ebenda, S. 222.

das SED-Regime und erschien 1968 bereits in dritter Auflage. Über 300 NS-Belastete sollen infolge dieser Publikation in der Bundesrepublik ihre Ämter haben niederlegen müssen. Bei alledem waren die Angaben des „Braunbuchs" juristisch eher von zweifelhaftem Wert, denn die DDR-Publikation lieferte eher Nachweise über frühere politische Ausrichtungen oder Funktionen, aber oft „keinen Nachweis individuell strafrechtlich relevanter Schuld".[204]

Allerdings ging es in jenem „Wechselspiel von Skandal und Tabu", das Eckart Conze „zum hervorstechenden Signum der westdeutschen Erinnerungskultur der 1950er Jahre" geworden sieht, keiner Konfliktpartei primär um Wahrheit. Nicht nur die DDR betrieb ideologisierte Propaganda, auch Teile der bundesrepublikanischen Politik und Gesellschaft nutzten zur Zurückweisung der aus der DDR kommenden NS-Vorwürfe eine plumpe antikommunistische Immunisierungsstrategie. Conze weist darauf hin, dass es vielen NS-Belasteten in der Bundesrepublik genutzt habe, dass die gegen sie erhobenen Vorwürfe von der kommunistischen Diktatur in Ost-Berlin stammten, denn „im antikommunistischen Klima des Kalten Krieges und vor dem Hintergrund der deutsch-deutschen Systemkonkurrenz" habe diese Herkunft eine diskreditierende Wirkung entfaltet.[205] Jedoch waren der Rücktritt Oberländers und die jahrelange Diskussion um die NS-Vergangenheit von Regierungsmitgliedern oder Spitzenbeamten „deutliche Hinweise auf eine Veränderung der politischen Kultur und des gesellschaftlichen Klimas". Immer häufiger wurde die personelle Kontinuität der Führungseliten der Bundesrepublik und des NS-Staates kritisch diskutiert, und immer öfter waren „NS-belastete Angehörige in der politischen Spitze der Republik [...] nicht mehr zu halten".[206] Die „Süddeutsche Zeitung" kommentierte denn auch den „Fall Krüger" im Januar 1964 ambivalent: Einerseits wurde kritisiert, dass nach Adenauers Oberländer-Skandal nun auch dem neuen Bundeskanzler Erhard das „Mißgeschick" passiert sei, „in dieses Ministeramt wieder einen Mann ‚mit Vergangenheit' zu berufen". Andererseits wurde gesehen, dass es diesmal nicht Jahre, sondern nur Monate gedauert habe, bevor diese NS-Vergangenheit thematisiert worden sei und mit Krügers Beurlaubung als Minister auch eine rasche Konsequenz gefunden habe. Dies wurde als „erfreuliche Wandlung im Bonner Stil" anerkannt. Gleichwohl hielt es die SZ für nur „schwer verständlich, weshalb es nicht möglich sein sollte, rechtzeitig vor der Berufung in höchste Staatsämter festzustellen, ob der Kandidat politisch eine reine Weste besitzt, statt der Propaganda des Ostens nur immer neues Material zu liefern". Der Fall Krüger sei „kein Schmuckstück für einen demokratischen Staat".[207]

Bereits für die Kampagne gegen Oberländer 1959/60 war das SED-Politbüromitglied Albert Norden federführend gewesen – der für Agitation und Propagan-

---

[204] Amos, Die Vertriebenenpolitik der SED 1949 bis 1990, S. 191–193.
[205] Conze, Die Suche nach Sicherheit, S. 221 f.
[206] Ebenda, S. 258.
[207] BStU, Archiv der Zentralstelle, MfS-HA IX Nr. 22926, Bl. 147, Thi., „Der Fall Krüger", in: SZ v. 23.1.1964.

da zuständige Sekretär des Zentralkomitees (ZK) der SED, der in Abstimmung mit Parteichef Walter Ulbricht und der Westabteilung des ZK die „einzelnen Kampagnen" vorbereitete und durchführte. Im Endeffekt war an fast jeder öffentlichen Skandalisierung der NS-Vergangenheit bundesrepublikanischer Politiker in den 1960er Jahren die DDR aktiv beteiligt. Der Rücktritt Oberländers beflügelte diese Aktivitäten. Norden erklärte 1960 dem Minister für Staatssicherheit Erich Mielke: „Nachdem die Suche nach den Oberländer-Akten so außerordentlich erfolgreich gewesen" sei, müsse man sich „anderen Persönlichkeiten der Bundesregierung zuwenden" und eine „systematische Nachforschung" in Ministerien und Archiven einleiten. Nachdem schon gegen Oberländer ein DDR-Schauprozess in Abwesenheit des Angeklagten geführt worden war, wurde auf dem Höhepunkt dieser umfassenderen DDR-Kampagne ebenfalls ein Ost-Berliner Prozess in Absentia gegen Adenauers Kanzleramtschef Hans Globke geführt. Dieser wurde im Juli 1963 „in einer Art zweitem Eichmann-Prozeß", der freilich den Propagandazielen des SED-Regimes untergeordnet war und keine rechtsstaatliche Verfahrensweise befolgte, wegen Mitwirkung an der antisemitischen Gesetzgebung des NS-Regimes zu lebenslangem Zuchthaus verurteilt.[208] Auch gegen den Bonner Vertriebenenminister Krüger hätte die DDR 1963/64 einen Schauprozess führen können; in diesem Falle jedoch entschied die SED-Führung, völlig anders vorzugehen und den Ball für die Strafverfolgung der bundesrepublikanischen Justiz zuzuspielen.

Insofern war der 1963/64 inszenierte Krüger-Skandal nur ein Teilschauplatz einer viel breiter angelegten Kampagne, die 1965 in die massenhaften NS-Vorwürfe des DDR-„Braunbuchs" mündete. Der Unterschied zwischen den Minister-Skandalen um Oberländer und Krüger bestand nicht nur in der unterschiedlichen Wertigkeit für die DDR, für die der Oberländer-Sturz ein Durchbruch, der Sturz Krügers hingegen nur noch ein weiterer Etappenerfolg war. Eine weitere Differenz bestand in der Dauer beider Skandale und in der daran ablesbaren Veränderung der westdeutschen Politik: Hatte sich Oberländer weit über ein Jahr gegen die DDR-Vorwürfe zur Wehr setzen und sein Ministeramt behaupten können, brach Krügers Verteidigungslinie bereits binnen weniger Wochen zusammen und beraubte ihn schlagartig seines politischen Rückhalts in Partei und Öffentlichkeit.

Oberländer war zunächst von polnischer Seite – vom kommunistischen Partei- und Regierungschef Wladyslaw Gomulka persönlich – im Juni 1959 beschuldigt worden, nach dem deutschen Einmarsch in die Westgebiete der Sowjetunion im Frühsommer 1941 für die systematische Ermordung polnischer Intellektueller in Lwow (Lemberg) verantwortlich gewesen zu sein. Auch die DDR begann ab August 1959 „gezielte geschichtspolitische Kampagnen gegen die Adenauer-Regierung". Gegen Oberländer erhob Albert Norden auf einer Pressekonferenz am 22. Oktober 1959 schwere Vorwürfe wegen dessen NS-Vergangenheit, und im erwähnten Schauprozess vor dem Obersten Gericht der DDR wurde Oberländer

---

[208] Knabe, Die unterwanderte Republik, S. 124–126.

am 29. April 1960 in Abwesenheit zu lebenslangem Zuchthaus verurteilt.[209] Diese Vorwürfe aus Polen und der DDR reaktivierten eine inner-bundesrepublikanische Kritik, die an Oberländer schon zuvor geübt worden war. Bereits 1953 waren bei der Ernennung dieses Ex-Nationalsozialisten zum Bundesvertriebenenminister, der damit an die Stelle des NS-verfolgten Zentrumskatholiken Hans Lukaschek trat, Proteste aus der CDU/CSU-Bundestagsfraktion laut geworden, über die sich Bundeskanzler Adenauer jedoch hinwegsetzte.[210] Dass Oberländer im „Dritten Reich" die nationalsozialistische „Segregation als Strukturpolitik"[211] im besetzten Osteuropa zunächst als Wissenschaftler und später als Verbindungsmann zu ‚fremdvölkischen' Hilfstruppen aktiv unterstützt hatte, war kein Geheimnis, doch erst durch die NS-Vorwürfe des Ostblocks erlebte die bundesrepublikanische zweite Karriere Oberländers ihre abrupte Zäsur.[212] Der Absturz erfolgte nicht primär deshalb, weil dieser Minister ein ideales Feindbild für die SED-Propaganda abgab, die ihn als „Massenmörder", „Bonner Mordminister"[213] und als „vom Blutdurst der Pogrome des Jahres 1941 in Lwow" umwitterte „abscheuliche, antihumanistisch-pervertierte Erscheinung" des „so gekrönte[n] westdeutsche[n] System[s] der Restauration" anprangerte[214]; denn dieser Wortschwall konnte nur dürftig verdecken, dass sich Oberländers DDR-Verurteilung als NS-Massenmörder bei rechtsstaatlicher Prüfung als unhaltbar erwies.[215] Weniger die Attacken aus dem Ostblock als ein paralleler „Stimmungswandel" in der Bundesrepublik hinsichtlich der Frage, „wieviel NS-Vergangenheit die neue politische Klasse vertrug, machte Oberländer zum Fall" und verursachte 1960 seinen Sturz.[216] Unter kritischen Christdemokraten wurde das auf die Formel gebracht, Oberländer sei „niemals ein Gegner des Nationalsozialismus und niemals ein Freund der Demokratie gewesen", weshalb nach 1945 „sein Verständnis für Fairness, Rechtlichkeit, Wahrhaftigkeit, Offenheit und menschliche Rücksichtnahme […] nur unvollkommen entwickelt" geblieben sei.[217] Symptomatisch für den unionsinternen Zwiespalt war, dass eine Persönlichkeit wie Johann Baptist Gradl – wie Lukaschek ein alter Zentrumskatholik und 1965/66 selbst kurz Chef des Vertriebenenressorts – schon 1959 Oberländer das Recht bestritten hatte, als Mitverantwortlicher der

---

[209] Fischer, Heimat-Politiker?, S. 129 f.
[210] Schwarz erklärt treffend für „symptomatisch", dass Adenauer 1953 NS-Belastete wie Oberländer ins Kabinett aufnahm, „während ein Mann des 20. Juli wie Otto Lenz" – bisher Staatssekretär im Kanzleramt – „in die Wüste geschickt wird"; vgl. Schwarz, Adenauer. Der Staatsmann, S. 116 f.
[211] Esch, „Gesunde Verhältnisse", S. 226 und S. 325 ff.
[212] Wachs, Der Fall Theodor Oberländer, S. 498 und S. 500.
[213] „Oberländer zurückgetreten", in: Neues Deutschland Nr. 123 v. 4. 5. 60, Berliner Ausgabe, S. 1.
[214] So der damalige DDR-Kulturminister; vgl. Abusch, Der Irrweg einer Nation, 8. Aufl. 1960, S. 309.
[215] Vgl. Pohl, Nationalsozialistische Judenverfolgung in Ostgalizien, S. 62 und S. 394; zu den propagandistischen Hintergründen der DDR-Vorwürfe: Lemke, Kampagnen gegen Bonn, S. 164.
[216] Wachs, Der Fall Theodor Oberländer, S. 500.
[217] Zit. nach: Ebenda, S. 508 f.

früheren NS-„Ostarbeit" nunmehr die Ostpolitik der Bundesrepublik mitzugestalten, da „die damalige Politik" schließlich „zu dem Unglück des deutschen Ostens geführt" habe, „das wir heute unter so ganz anderen Umständen zu bewältigen suchen müssen".[218]

Infolge der Vorwürfe aus dem Ostblock wurde in der Bundesrepublik ein Ermittlungsverfahren gegen Oberländer eingeleitet, das von der Bonner Staatsanwaltschaft allerdings im April 1961 „mangels begründeten Tatverdachts" eingestellt wurde. Bereits im September 1959 hatte Oberländer Adenauer seinen Rücktritt angeboten, was der Kanzler jedoch unter Hinweis auf die kommunistische Herkunft der NS-Vorwürfe strikt ablehnte. Gleichwohl steigerte sich die Kritik an Oberländer auch in der Union. Im Januar 1960 verlangte der CDU-Bundestagsabgeordnete Gerd Bucerius in der von ihm verlegten Hamburger Wochenzeitung „Die Zeit" den Rücktritt des Ministers. Dies wurde von Adenauer zwar scharf gerügt, doch schon Ende Februar einigten sich Kanzler und Minister auf Oberländers schrittweisen Abgang, der mit einer Beurlaubung bis zur Klärung der Vorwürfe beginnen sollte. Diese sanfte Ausstiegsstrategie wurde durch den Antrag der SPD-Opposition auf Einsetzung eines Untersuchungsausschusses und durch weitere öffentliche Anklagen Moskaus und Ost-Berlins „jäh durchkreuzt". CDU-Politiker wie Gradl stellten sich nunmehr öffentlich gegen Oberländer, der sich in einer Fragestunde des Bundestages am 8. April 1960 zudem in Widersprüche verwickelte. Daraufhin erklärte der aus Oberschlesien stammende CDU-Abgeordnete Hermann Ehren in der CDU/CSU-Bundestagsfraktion, die bisherige Behandlung des Falls Oberländer habe „starke Spannungen innerhalb der Vertriebenen selbst" ausgelöst; man könne „nicht deswegen, weil die Vorwürfe gegen Dr. Oberländer aus dem Osten kämen, diese Vorwürfe nicht überprüfen". Bereits am 4. Mai 1960 erklärte Oberländer seinen Rücktritt als Bundesminister.[219] Es hatte nichts genützt, dass Adenauer Ende 1959 im Bundestag noch hatte erklären lassen, „daß nach allem, was bekannt ist, gegen Herrn Kollegen Oberländer ein Vorwurf nicht erhoben werden kann" und dass deshalb die Regierung „Vertrauen zu Herrn Oberländer" habe.[220] 1961 schied Oberländer auch aus dem Bundestag aus, in den er durch den Zufall einer Mandatserledigung 1963 als Nachrücker allerdings nochmals zurückkehrte. Erst 1965 endete Oberländers Parlamentskarriere – gleichzeitig mit der seines Minister-Nachfolgers, CDU-Fraktionskollegen und einstigen NSDAP-Parteigenossen Hans Krüger.

Im Unterschied zu Oberländer erfolgte der Sturz Hans Krügers als Vertriebenenminister „weniger spektakulär und langwierig".[221] Auslöser waren auch diesmal DDR-Vorwürfe wegen einer schuldbeladenen NS-Vergangenheit, die wiederum von Albert Norden lanciert wurden – dem aus Oberschlesien stammenden „Rabbinersohn im Politbüro", dessen Vater im KZ Theresienstadt umgekommen

---

[218] Zit. nach: Ebenda, S. 345.
[219] Fischer, Heimat-Politiker?, S. 130–132 und S. 134f.
[220] Zitiert nach: Norden, Ereignisse und Erlebtes, S. 231.
[221] Fischer, Heimat-Politiker?, S. 135.

war und der selbst als jüdischer Kommunist 1933 Deutschland fluchtartig hatte verlassen müssen.[222] Norden empfand im Rückblick den Fall Krüger übrigens nicht als beiläufig, sondern als „besonders drastisch".[223] Wie dem auch sei: Bereits im Februar 1964, nur knapp zwei Monate nach Beginn der DDR-Kampagne, „zwang" Bundeskanzler Erhard seinen „farblosen" Minister zur Demission.[224] Zwar hatte sich Krüger anfangs forsch zu verteidigen versucht und alle Anwürfe des SED-Regimes weit von sich gewiesen; doch hatte der Minister in einem „Spiegel"-Interview vom Januar 1964 die Tätigkeit als Sonderrichter des NS-Regimes, die er bis dahin abgestritten hatte, nachträglich einräumen müssen – und dazu noch bagatellisierend erklärt, ein Richter habe damals Todesurteile „routinemäßig" gefällt, weshalb man sich nicht an jedes einzelne erinnern könne. „Nach diesen Aussagen" war Krüger, „dessen Nominierung in Vertriebenenkreisen ohnehin bereits umstritten gewesen war, nicht mehr zu halten" gewesen. Zuerst wurde er von Erhard – angeblich auf eigenen Wunsch – am 17. Januar 1964 suspendiert, dann erklärte er am 31. Januar seinen Rücktritt und erhielt seine Entlassung am 7. Februar.[225] Seinen Ministerrücktritt begründete Krüger mit der Notwendigkeit, sich ganz auf seine Verteidigung gegen die DDR-Vorwürfe konzentrieren zu wollen. Mittlerweile lief gegen ihn auch ein westdeutsches Ermittlungsverfahren.[226]

In späteren DDR-Analysen findet sich die Behauptung, „obwohl Ludwig Erhard von der DDR vorher über Krügers Verbrechen in Polen informiert worden" sei, habe der Bundeskanzler diesen „1963 als Bundesvertriebenenminister in sein Kabinett" aufgenommen.[227] Dies war eine falsche Darstellung, denn Krüger war am 17. Oktober 1963 zum Bundesminister ernannt worden, während erste Informationen der DDR die Bundesregierung über Krügers angebliche NS-Belastungen erst über einen Monat später erreichten. Wie Albert Norden im Dezember 1963 öffentlich erklärte, hatte am 25. November 1963 der Generalstaatsanwalt der DDR, Josef Streit, den Bundeskanzler schriftlich über Dokumente informiert, aus denen hervorgehe, „daß ein hochstehender Staatsfunktionär der Bundesrepublik verdächtig ist, in der Zeit der Hitlerdiktatur an exponierter Stelle des nationalsozialistischen Unterdrückungsapparates gestanden zu haben". Der DDR-Generalstaatsanwalt habe Bundeskanzler Erhard vorgeschlagen, diese Dokumente durch westdeutsche Bevollmächtigte prüfen zu lassen, doch darauf habe „der Bonner Kanzler bis heute nicht geantwortet".[228] Norden sprach später vom Schreiben des

---

[222] Podewin, Albert Norden – der Rabbinersohn im Politbüro, S. 9, S. 18, S. 176 und S. 193.
[223] Norden, Ereignisse und Erlebtes, S. 233.
[224] Czaja, Unterwegs zum kleinsten Deutschland?, S. 283.
[225] Fischer, Heimat-Politiker?, S. 136.
[226] Kather, Die Entmachtung der Vertriebenen, Bd. 1, S. 247f.
[227] BStU, Archiv der Zentralstelle, MfS-HA IX/11 FV 13/71 Bd. 4, Bl. 8ff., insb. Bl. 14, MdI DDR, Dokumentationszentrum der Staatlichen Archivverwaltung, Martin Seckendorf, „Analyse zur Durchsetzung der Führungsorgane des Bundes der Vertriebenen (BdV) mit Nazis (Stand: September 1969)", Dezember 1969.
[228] BStU, Archiv der Zentralstelle, MfS ZAIG Nr. 10601, Bl. 84ff., insb. Bl. 86 und Bl. 88, Nationalrat der NF des DD, „Rede von Prof. Albert Norden, Mitglied des Politbüros des ZK der

DDR-Generalstaatsanwalts als „einem offiziellen, aber internen Brief".[229] Jedenfalls relativiert diese DDR-Vorgehensweise im Fall Krüger die Einschätzung des Historikers Edgar Wolfrum, die dieser auf das DDR-„Braunbuch" von 1965 stützt, dass sich „die Ostblockstaaten" einer an sie gerichteten „Bitte der Bundesregierung, vorhandene Unterlagen über die Verbrechen zur Zeit des Dritten Reiches zugänglich zu machen, verschlossen" hätten, um stattdessen nach politischer Opportunität „Kampagnen gegen Bonn lostreten und häppchenweise mit ‚neuen Dokumenten' aufwarten" zu können.[230] Im Fall Krüger ging das Angebot zur Akteneinsicht eindeutig von der DDR aus und wurde von der Bundesregierung geflissentlich ignoriert.

Das nichtöffentliche Angebot der DDR-Generalstaatsanwaltschaft vom November 1963 wurde von Albert Norden auf seiner Dezember-Pressekonferenz in Anwesenheit westdeutscher Medienvertreter (WDR, „Spiegel") öffentlich wiederholt.[231] Als Bonn weiterhin nicht reagierte, machte die DDR-Nachrichtenagentur ADN am 22. Januar 1964 ein Schreiben der DDR-Justizministerin Hilde Benjamin an Bundesjustizminister Dr. Ewald Bucher (FDP) vom 13. Januar 1964 bekannt, in dem Benjamin nicht nur die Entlassung Krügers gefordert habe, „da Krüger als Minister doch offenbar untragbar sei".[232] Das „Schreiben des sowjetzonalen Justizministers" war an den Bonner Kabinettskollegen Krügers „persönlich – unter persönlichem Absender – gerichtet"[233] und enthielt das nunmehr dritte Angebot der DDR-Regierung, das Belastungsmaterial gegen Krüger durch Bonner Beauftragte überprüfen zu lassen. Der Bundesjustizminister entschied sich jedoch dafür, bei der bisherigen Bonner Regierungslinie zu bleiben, wonach etwaiges DDR-Material nicht regierungsamtlich zu prüfen, sondern allenfalls dem Bundesarchiv zuzuleiten sei, da „es der Sowjetzone nicht um Aufklärung, sondern um Propaganda gegen die Bundesrepublik gehe".[234] Noch im April 1964 – schon nach dem Rücktritt Krügers – stand auch für das Bundeskanzleramt „der politische Gesichtspunkt der kommunistischen Angriffe gegen Bundesminister Krüger im Vordergrund".[235]

Man darf nicht übersehen, dass hinter dieser politisch-polemischen Systemkonfrontation zwischen Bundesrepublik und DDR auch eine biographische Konfrontation zwischen einigen NS-Belasteten und einigen kommunistischen NS-Verfolgten zu entdecken ist. Nicht nur Hans Krüger hatte auf dem NS-Ticket sei-

---

SED und des Präsidiums des Nationalrates, auf der Pressekonferenz am 6. Dezember 1963 in Berlin", o. D.

[229] Norden, Ereignisse und Erlebtes, S. 233.
[230] Wolfrum, Die geglückte Demokratie, S. 277.
[231] BAK, B 136/3813, Presse- und Informationsamt, v. Hase, an Bundeskanzler Prof. Dr. Erhard, 23.1.1964, Anlage: „Der zeitliche Ablauf der Angriffe gegen Bundesminister Krüger", 23.1.1964, S. 1.
[232] Ebenda, S. 5.
[233] Ebenda, BK, Stolzhäuser, für Staatssekretär BK, Westrick, 23.1.1964.
[234] Ebenda, Bundeskanzleramt, Stolzhäuser, an Staatssekretär Bundeskanzleramt, Westrick, 23.1.1964.
[235] Ebenda, Bundeskanzleramt, Dr. Schnekenburger, Vermerk v. 20.4.1964.

ne berufliche und politische Karriere aufgebaut, auch sein Kabinettskollege Ewald Bucher war ein früherer NSDAP-„Parteigenosse", der schon vor 1933 im NS-Schülerbund und in der Studenten-SA aktiv gewesen und später mit dem Goldenen Ehrenzeichen der HJ ausgezeichnet worden war.[236] Das an Bundesminister Bucher gerichtete Schreiben der DDR-Ministerin Hilde Benjamin wiederum kam von einer überzeugten Kommunistin und SED-Politikerin, die nach 1945 zur rücksichtslosen „furchtbaren Juristin" geworden war; Benjamin war nicht zuletzt für jene Waldheimer Schauprozesse von 1950 mitverantwortlich, in denen auch Otto Ulitz unter keineswegs rechtsstaatlichen Umständen zu einer langjährigen Zuchthausstrafe verurteilt worden war. Viele Handlungen und Entscheidungen der Kommunistin Hilde Benjamin als hochrangige Funktionärin der SED-Diktatur sind nicht zu beschönigen. Und doch wird man berücksichtigen, dass diese Frau – die nach den NS-Rassekriterien ‚Arierin' war, aber zur Weimarer Zeit den jüdisch-kommunistischen Mediziner Georg Benjamin geheiratet hatte und durch den Einfluss dieses Berliner Armenarztes zur überzeugten Kommunistin geworden war – während der NS-Zeit hat erleben müssen, wie ihr Mann im KZ ermordet wurde, ihr Schwager (der Philosoph Walter Benjamin) auf der Flucht vor der Gestapo in Frankreich Selbstmord beging und wie ihr Sohn als „Halbjude" bis 1945 in ständiger Lebensgefahr schwebte.[237] Ähnlich wie Albert Norden hatte auch Hilde Benjamin gute persönliche Gründe für ihr Wirken als ‚Nazijägerin' des SED-Staates. Diese guten Gründe machten allerdings die Art ihres Wirkens nicht ebenfalls gut, ebenso wenig wie die SED-Diktatur, der Norden und Benjamin in hochrangigen Funktionen diente, durch diese Form des „Antifaschismus" wirkliche Legitimität zu gewinnen vermochte.

Trotz der in Bonner Regierungskreisen weiter gepflegten antikommunistischen Immunisierungsraster hatte der Fall Krüger bereits ab Januar 1964 eine strafrechtliche Dimension gewonnen, die ihn in der Folgezeit sukzessive *entpolitisieren* und damit aus der antikommunistischen Stigmatisierung herausführen sollte. Diese Entwicklung war wieder ein ‚Verdienst' der DDR. Denn um die Blockade der Bundesregierung zu brechen, hatte Ost-Berlin am 29. Januar 1964 zwei Abgesandte der „SBZ" (wie sie das Bundeskanzleramt nannte) mit Kopien des Krüger

---

[236] Dr. Ewald Bucher, 1914–1991, 1953–1969 MdB FDP, 1962–1965 Bundesminister der Justiz, 1965–1966 Bundesminister für Wohnungswesen und Städtebau; in der Wochenzeitung „Die Zeit" leugnete Bucher „keinen Augenblick, ‚da er ein Knabe war', mit dem NS-Schülerbund, der Studenten-SA und der NSDAP zu tun gehabt zu haben; er bestreitet auch nicht, sich bereits vor dem Kriege freiwillig zur Wehrmacht gemeldet zu haben und während des Krieges mit dem Goldenen HJ-Abzeichen dekoriert worden zu sein"; als für seinen Interviewer „glaubwürdige Begründung für diese juvenile politische Aktivität" gab Bucher an: „jugendliche Gutgläubigkeit, nationale Begeisterungsfähigkeit, knabenhafter Widerspruchsgeist, ansteckende Milieubeispiele"; der „Zeit"-Berichterstatter fügte hinzu: „Wie die meisten jungen Deutschen seiner Generation, ist auch Ewald Bucher durch die Erfahrung der NS- Praxis gründlich bekehrt worden." Vgl. „Ich stelle mich, auch wenn ich falle…", in: Die Zeit Nr. 23 v. 5.6.1964; 1965 trat Bucher als Justizminister zurück, weil er einer Verlängerung der Verjährungsfrist für NS-Verbrechen nicht zustimmen wollte.

[237] Wentker, Justiz in der SBZ/DDR, S. 60–62; Benjamin, Georg Benjamin.

belastenden Materials nach Bonn geschickt. Dort hatte man sie gemäß der von Bundesjustizminister Bucher vorgegebenen Linie ans Bundesarchiv verwiesen. Freilich musste die Bundesregierung lernen, dass die DDR-Staatsanwälte Eigeninitiative entwickelten, mit ihrem Material zur Bonner Staatsanwaltschaft statt zum Koblenzer Bundesarchiv gingen und von diesem Schritt auch noch die westdeutsche Presse in Kenntnis setzten.[238] Ihren überraschten Bonner Kollegen teilten die „sowjetzonalen Staatsanwälte" Foth und Ender mit, dass seit dem 28. November 1963 ein Ermittlungsverfahren der DDR-Generalstaatsanwaltschaft gegen Bundesminister Hans Krüger laufe; auf Grundlage polnischer Zeugenaussagen bestehe ein dringender Tatverdacht gegen Krüger wegen Kriegsverbrechen und Verbrechen gegen die Menschlichkeit.[239]

Die westdeutsche Justiz verhielt sich diesen Anschuldigungen gegenüber deutlich aufgeschlossener als die Bonner Politik. Nur wenige Wochen nach Krügers Rücktritt als Bundesminister teilte das Justizministerium von Nordrhein-Westfalen dem Bundesjustizministerium am 25. Februar 1964 mit, dass die Bonner Ermittlungsbehörde „den Eingang von weiteren Vernehmungsprotokollen [polnischer Belastungszeugen] nicht abwarten, sondern in der Anzeigesache beschleunigt das Erforderliche veranlassen" wolle.[240] Im weiteren Verlaufe der Ermittlungen wurde Krüger auf Basis der von der DDR übermittelten polnischen Anschuldigungen vorgeworfen,

– als Richter am Amts- und Landgericht Konitz / Westpreußen an „der rechtswidrigen Tötung von Angehörigen der polnischen Intelligenzschicht, insbesondere in den Monaten Oktober bis Dezember 1939, beteiligt gewesen" zu sein, und zwar nicht nur in seiner Eigenschaft als aufsichtsführender Richter, sondern auch als Mitglied einer die Erschießungen anordnenden Selektionskommission im Gerichtsgefängnis von Konitz;
– als Richter „wenige Tage nach der Übernahme seiner Amtsgeschäfte" in Konitz die Inhaftierung dreier Polen veranlasst zu haben, die kurz darauf im „Todestal" bei Jarcewo ohne Urteil erschossen worden seien;
– in ähnlicher Weise an der Erschießung des Polen Marian Knitter beteiligt gewesen zu sein;
– als „beisitzender Richter" des Sondergerichts Konitz an zwei Hauptverhandlungen teilgenommen zu haben, in denen Todesurteile gefällt worden seien, und zwar in einem Schwarzschlachtungs-Prozess mit vier Verurteilungen und am Todesurteil gegen einen polnischen Fähnrich namens Jeka.[241]

---

[238] BAK, B 136/3813, Bundeskanzleramt, Ref. 4, Vermerk v. 30.1.1964, S. 1–2.
[239] Landesarchiv Nordrhein-Westfalen, Abt. Westfalen (LANRW-W), Q 234/5964, Bl. 9–16, [Leitender Oberstaatsanwalt beim Landgericht Bonn, Staatsanwalt Born, an Justizminister Nordrhein-Westfalen, 1.2.1964.
[240] BAK, B 136/3813, Bundesministerium der Justiz, i.A. Dr. Dallinger, an Staatssekretär Bundeskanzleramt, 7.3.1964.
[241] LANRW-W, Q 234/5724, Bl. 57ff., insb. Bl. 57–59, Der Leitende Oberstaatsanwalt beim LG Bonn an AG Bielefeld, 26.2.1966.

Ursprünglich hatten die Bonner Ermittler sich lediglich auf den Vorwurf der Mitwirkung an Gefängnisselektionen konzentrieren, die Mitwirkung an Sondergerichts-Todesurteilen hingegen nicht weiterverfolgen wollen, da diese verjährt sei.[242] Bald wurde jedoch justizintern entschieden, das Verjährungsargument fallen zu lassen und auch Krügers angebliche Mitwirkung an Sondergerichts-Todesurteilen zu untersuchen.[243] Entscheidend dafür war das Argument, die Verjährung von Straftaten habe im Falle Krügers infolge seiner Zugehörigkeit zum Bundestag ab 1957 geruht.[244] Ende Mai 1964 bat die Bonner Strafverfolgungsbehörde den Bundestag um Aufhebung der Immunität Krügers, um das Ermittlungsverfahren einleiten zu können.[245] Diesem Gesuch kam der Bundestag am 26. Juni 1964 nach. Das daraufhin eröffnete Ermittlungsverfahren endete erst mit Krügers Tod Ende 1971, ohne bis dahin zu eindeutigen Ergebnissen gelangt zu sein.[246] Gleichwohl erhellte dieses jahrelange Verfahren den politischen und gesellschaftlichen Kontext, in dem der spätere BdV-Präsident und Bundesvertriebenenminister Hans Krüger zwischen 1939 und 1943 als Richter und lokaler NSDAP-Funktionär gelebt und gewirkt hatte. Es war ein Hintergrund radikaler rassistischer Gewaltherrschaft.

Zugleich gewährt der Verlauf des Ermittlungsverfahrens gegen Hans Krüger einige Einblicke in die Phase des Übergangs und der Veränderungen, die die 1960er Jahre im Hinblick auf den Umgang mit NS-Belastungen in der Bundesrepublik darstellten. So lässt sich die zunehmende Verrechtlichung und damit einhergehende Versachlichung und Entpolitisierung des Falles Krüger im Laufe der 1960er Jahre anhand der Beobachtung stützen, dass subtile Versuche der Einflussnahme zugunsten Krügers durch einige CDU-Politiker von den Justizbehörden stets abgewehrt worden zu sein scheinen. Bereits im April 1965 wandte sich Krügers früherer Kabinettskollege, der christdemokratische Bundesminister Heinrich Krone, an seinen Parteifreund Artur Sträter, den nordrhein-westfälischen Justizminister. Diesem teilte Krone mit, er habe erfahren, dass im Ermittlungsverfahren gegen Krüger die Zeugenvernehmungen im Bundesgebiet erfolgt seien und „damit ein gewisser Teilabschluss" gegeben sei. Krone regte an, Sträter möge sich Bericht erstatten lassen.[247] Dass dieser unerbetene Ratschlag als subtiler Wink für eine Verfahrenseinstellung verstanden werden konnte, zeigte Sträters kühle Reaktion: Er lasse sich laufend berichten, könne aber Einzelheiten erst nach dem Schlussbericht der Ermittlungsbehörde mitteilen. Offenbar seien die Ermittlungen gegen

---

[242] Ebenda, Q 234/5964, Bl. 33–35, Der Leitende Oberstaatsanwalt beim LG Bonn, Dr. Drügh, an Justizministerium Nordrhein-Westfalen, 17. 3. 1964.
[243] Ebenda, Bl. 42, Derselbe, Vermerk vom 8. 4. 1964.
[244] Landesarchiv Nordrhein-Westfalen, Abt. Rheinland (LANRW-R), NW 875 Nr. 14324 Bd. 1, Bl. 47f., GStA beim OLG Köln, Dr. Haas, Verfügung vom 10. 4. 1964.
[245] LANRW-W, Q 234/5964, Bl. 61–66, Der Leitende Oberstaatsanwalt beim LG Bonn, i.V. Dr. Leffer, an Präsident des Deutschen Bundestages, 22. 5. 1964.
[246] Vgl. Kabinettsprotokolle der Bundesregierung 1964, S. 107, Anm. 10.
[247] LANRW-R, NW 875 Nr. 14324 Bd. 1, Bl. 105, Bundesminister Dr. Krone an Justizminister Nordrhein-Westfalen, Dr. Sträter, 28. 4. 1965.

4. BdV und NS-Vergangenheit: Der Skandal um Hans Krüger   57

Krüger „schwierig und zeitraubend", denn derzeit bemühe man sich, „durch Vernehmung ausländischer Zeugen eine weitere Aufklärung des Sachverhalts zu erreichen".[248]

Der Modus einer solchen Vernehmung polnischer Belastungszeugen war zwischen Bonn und Warschau lange strittig, was neue Chancen für Einflussnahmen zugunsten Krügers bot. Die Bonner Staatsanwälte hatten im März 1965 die polnische Militärmission in Berlin um Ausreisegenehmigungen für acht polnische Zeugen in die Bundesrepublik gebeten. Die Militärmission antwortete im August 1965 mit dem Gegenangebot, die polnischen Zeugen in Polen in Gegenwart deutscher Staatsanwälte durch polnische Ermittler zu vernehmen; auch Anwälte Krügers und sogar Krüger selbst dürften anwesend sein, wobei Krüger freies Geleit zugesichert wurde. Laut Mitteilung seines Rechtsanwalts Dr. Eugen Kubuschok war Krüger damals „bei Zusicherung des angebotenen freien Geleits bereit, mit seinem Verteidiger in die Volksrepublik Polen einzureisen". Die Bonner Staatsanwälte betrachteten die Zustimmung der Bundesregierung zum polnischen Vorschlag als „die einzige Möglichkeit, die erhobenen Vorwürfe gegen den Beschuldigten Krüger so zu klären, dass eine sachgemäße abschließende Entscheidung getroffen werden kann".[249] Das Bundesjustizministerium wünschte jedoch „aus grundsätzlichen Gründen [...] die polnischen Zeugen in der Bundesrepublik zu vernehmen". Abteilungsleiter Josef Schafheutle (der bereits im Reichsjustizministerium bis 1945 gedient hatte), begründete diese Präferenz mit dem Hinweis, dieses Vorgehen sei bereits in der Vergangenheit öfter problemlos praktiziert worden.[250] Die negative Entscheidung der Bundesregierung und der plötzliche Sinneswandel Krügers, trotz freien Geleits doch nicht nach Polen reisen zu wollen, blockierten die Ermittlungen, indem die Bonner Ermittler im März 1966 zur Wiederholung ihrer ein Jahr alten Bitte an Warschau um Vernehmung der

---

[248] Ebenda, Bl. 106, Justizminister Nordrhein-Westfalen, Dr. Sträter, an Bundesminister Dr. Krone, Mai 1965.

[249] LANRW-W, Q 234/5964, Bl. 183–190, insb. Bl. 183 und Bl. 189f., Leitender Oberstaatsanwalt beim LG Bonn, Dr. Drügh, an Bundesministerium der Justiz, 23. 9. 1965; Krügers Rechtsanwalt war Dr. Eugen Kubuschok; vgl. LANRW-W, Q 234/5971, Rechtsanwälte Dr. E. und R. Kubuschok, Bad Honnef, an Leitenden Oberstaatsanwalt beim LG Dortmund, Menne, 13. 6. 1969; Kubuschok hatte im Nürnberger Hauptkriegsverbrecherprozess 1945/46 als Verteidiger des früheren Reichskanzlers und Vizekanzlers Hitlers, Franz von Papen, und als Verteidiger der als verbrecherische Organisation angeklagten Reichsregierung zwei Freisprüche erzielt; als Verteidiger des früheren kommissarischen Reichsjustizministers Prof. Dr. Franz Schlegelberger hatte er keinen Erfolg, da dieser 1947 zu lebenslanger Haft verurteilt wurde; der von Kubuschok verteidigte frühere Vorstandssprecher der Dresdner Bank und SS-Führer Karl Rasche wurde 1949 im Wilhelmstraßen-Prozess zu sieben Jahren Haft verurteilt.

[250] LANRW-R, NW 875 Nr. 14324 Bd. 1, Bl. 136f., Bundesministerium der Justiz, i. A. Dr. Schafheutle, an Justizministerium Nordrhein-Westfalen, 9. 12. 1965; Dr. Josef Schafheutle, 1904–1973: 1933–1945 Beamter im Reichsjustizministerium, 1936–1941 zugleich Landgerichtsdirektor Karlsruhe; 1945 CDU, 1945–1946 Rechtsreferent der Deutschen Zentralverwaltung der Finanzen in der Sowjetischen Besatzungszone, 1946–1950 sowjetische Haft in Sachsenhausen, 1950–1951 und erneut 1954–1967 Beamter (Abteilungsleiter) im Bundesministerium der Justiz.

polnischen Zeugen in der Bundesrepublik genötigt wurden.[251] Daraufhin bot der Warschauer Generalstaatsanwalt lediglich an, eine Vernehmung der polnischen Zeugen durch deutsche Ermittler in Polen durchzuführen.[252] Die Blockade wurde erst nach Bildung der Großen Koalition aus CDU/CSU und SPD gegen Ende 1966 und der damit verbundenen Übernahme des Bundesjustizministeriums durch den SPD-Politiker Gustav Heinemann aufgelöst.

Bis dahin agierte nicht nur das Bundesjustizministerium zugunsten Krügers. Auch der Staatssekretär im Bundesvertriebenenministerium, der Christdemokrat Peter Paul Nahm, der in dieser Stellung auch dem Minister Krüger gedient hatte, erklärte dessen plötzliche Entscheidung, „sich nicht in Polen zu stellen", für „richtig […], solange nicht eine Gewähr dafür besteht, daß dort ein unbeeinflusstes Gericht mit unbeeinflussten Zeugen vorhanden ist". Nahm beklagte gegenüber seinem aktuellen Ressortchef, dem CDU-Minister Kai-Uwe von Hassel, dass die Justizbehörden der Bundesrepublik leider so verführen, „als ob es in totalitären Staaten freie Gerichte gäbe". Auch ließ Nahm durchblicken, es habe bereits früher einer „besonderen Intervention beim Düsseldorfer Justizminister bedurft", um die Zulassung des Ex-Politikers Krüger als Rechtsanwalt durchzusetzen und damit dessen berufliche Zukunft zu sichern. Nahm riet dazu, nach einer „Konsolidierung der politischen Lage" – damals befand sich die Regierung Erhard in ihrer entscheidenden Krise – einen weiteren Versuch zu unternehmen, eine Entscheidung vor einem deutschen Gericht herbeizuführen. Dass Polen sich weigere, seine Zeugen „hier auftreten zu lassen", dürfe schließlich nicht Krüger angelastet werden.[253]

Diese Versuche aus CDU-Regierungskreisen, das Ermittlungsverfahren gegen Krüger durch Verfahrensfragen zum Erliegen zu bringen, führten nicht zum Erfolg. Stattdessen kam es im September 1967 zu einer von polnischen und deutschen Ermittlern gemeinsam durchgeführten Vernehmung der polnischen Belastungszeugen „in Polen". Dieser spektakulären Kooperation wurde vom nunmehr SPD-geführten Bundesjustizministerium eine „über den Einzelfall hinausgehende Bedeutung" attestiert, und es war kein Zufall, dass sich das von Vizekanzler Willy Brandt geführte Auswärtige Amt ebenfalls für die Ergebnisse interessierte.[254] Dennoch arbeitete die Krüger-Lobby weiter: Im März 1969 wandte sich der Düsseldorfer Landtagspräsident Josef Hermann Dufhues, ehemaliger Innenminister von Nordrhein-Westfalen und einst Geschäftsführender Bundesvorsitzender der CDU unter Konrad Adenauer[255], an den neuen Justizminister von Nordrhein-

---

[251] LANRW-W, Q 234/5733, Bl. 164f., Leitender Oberstaatsanwalt beim LG Bonn an Polnische Militärmission Berlin-Grunewald, 3.3.1966.

[252] Ebenda, Bl. 166–170, Generalstaatsanwalt Warschau an Leitenden Staatsanwalt [sic!] beim LG Bonn, 2.5.1966.

[253] ACDP I-518-016/1, Bundesministerium der Vertriebenen, Staatssekretär [Nahm] an Minister [v. Hassel], 11.11.1966.

[254] LANRW-R, NW 875 Nr. 14324 Bd. 2, Bl. 216, Bundesministerium der Justiz an Justizministerium Nordrhein-Westfalen, 21.9.1967.

[255] Josef Hermann Dufhues, 1908–1971, Rechtsanwalt und Notar, 1946–1947 und 1950–1971 MdL Nordrhein-Westfalen CDU 1958–1962 Innenminister von NRW, 1962–1966 Geschäfts-

4. BdV und NS-Vergangenheit: Der Skandal um Hans Krüger 59

Westfalen, den einst als Juden vom NS-Regime verfolgten Sozialdemokraten Josef Neuberger.[256] Dufhues beklagte, dass das Verfahren „gegen Herrn Bundesminister a. D. Krüger" bereits „seit Jahren anhängig" sei, ohne dass ein Ende absehbar sei; natürlich müsse man alle Vorwürfe sorgfältig prüfen, doch dürfe man auch nicht verkennen, „welche Belastungen" für den Betroffenen „und vor allem seine Familie" damit verbunden seien. Dufhues bat den Landesminister, sich der Sache „annehmen" und mitteilen zu wollen, „wann mit einem Abschluß des Verfahrens zu rechnen" sei.[257] Neuberger erklärte daraufhin, dass das Verfahren gegen Krüger mittlerweile (seit Herbst 1968) von der in NRW für die Bearbeitung von NS-Massenverbrechen geschaffenen Zentralstelle in Dortmund weitergeführt werde, deren Leiter zusätzliche Vernehmungen polnischer Zeugen und weitere Ermittlungen in Polen für erforderlich halte. Mit Hilfe der Bundesregierung sei daher kürzlich ein Rechtshilfeersuchen an Warschau gerichtet worden. Deshalb lasse sich ein Abschluss des Verfahrens weiterhin nicht absehen.[258]

Es waren weniger die Interventionen verschiedener CDU-Politiker, die das Ermittlungsverfahren gegen Krüger an einen toten Punkt kommen ließen, als ein schwer durchschaubarer, möglicherweise mit der „neuen Ostpolitik" der Regierung Brandt/Scheel ab 1969 zusammenhängender Kurswechsel Warschaus. Im Januar 1969 hatte die Dortmunder Zentralstelle an die „Hauptkommission zur Untersuchung der Hitler-Verbrechen in Polen" ein weiteres Rechtshilfeersuchen gerichtet: Der Vorwurf der Beteiligung Krügers an Selektionen im Konitzer Gerichtsgefängnis bedürfe weiterer polnischer Zeugenaussagen, und zum Vorwurf der Sondergerichtsurteile wurde Polen gebeten, „etwa dort vorliegende entsprechende Akten oder Urteile" bzw. Kopien zuzustellen.[259] Doch noch im Juni 1971 – zweieinhalb Jahre später – hatte Warschau diesem „Rechtshilfeersuchen [...] trotz mehrfacher Erinnerung immer noch nicht entsprochen". Dabei hing „die weitere Bearbeitung des Verfahrens" von der polnischen Unterstützung ab, „da nach dem bisherigen Ermittlungsergebnis ein hinreichender Tatverdacht nicht

---

führender Bundesvorsitzender der CDU (Stellvertreter Adenauers), 1966–1971 Präsident des nordrhein-westfälischen Landtages.

[256] Dr. Dr. Josef Neuberger, 1902–1977, 1933 als Jude aus der Anwaltskammer ausgeschlossen (Berufsverbot), 1938 Emigration nach Palästina, 1950 Rückkehr nach Deutschland und Rechtsanwalt in Düsseldorf, ab 1959 MdL NRW SPD, 1966–1972 Justizminister von Nordrhein-Westfalen.

[257] LANRW-R, NW 875 Nr. 14324 Bd. 2, Bl. 265, Rechtsanwalt Dufhues an Justizminister Nordrhein-Westfalen Dr. Dr. Neuberger, 24. 3. 1969.

[258] Ebenda, Bl. 267f., Justizminister Nordrhein-Westfalen an Dufhues, 18. 4. 1969; zur Abgabe des Verfahrens nach Dortmund: LANRW-W, Q 234/5963, Bl. 156–159, Leitender Oberstaatsanwalt beim LG Bonn an Leiter Zentralstelle im Lande NRW für die Bearbeitung nationalsozialistischer Massenverbrechen beim Leitenden Oberstaatsanwalt beim LG Dortmund, 5. 6. 1968.

[259] LANRW-W, Q 234/5963, Bl. 160–164, insb. Bl. 161f., Leiter Zentralstelle im Lande NRW für die Bearbeitung nationalsozialistischer Massenverbrechen beim Leitenden Oberstaatsanwalt beim LG Dortmund, Dr. Hesse, an Hauptkommission zur Untersuchung der Hitler-Verbrechen in Polen, Warschau, 14. 1. 1969.

nachgewiesen werden" konnte.[260] Als Krüger im November 1971 starb, war das Verfahren ergebnislos „erledigt".[261]

Unterdessen hatte sich jedoch das CDU-dominierte Bundeskanzleramt von seiner ursprünglichen antikommunistischen Sicht der Dinge gelöst und stattdessen gelernt, den Fall Krüger individuell und damit vor allem strafrechtlich zu gewichten. Noch vor seiner Entlassung als Bundesminister hatte Hans Krüger 1964 das Bundeskabinett um Übernahme seiner Anwaltskosten „im Rahmen der notwendigen Verteidigung gegen die vom Osten erhobenen Vorwürfe" gebeten. Dabei berief er sich auf den Präzedenzfall Oberländer, bei dem 1960 so verfahren worden war.[262] Dieses Ansinnen stellte die Bundesregierung vor die Frage, ob sie durch Gewährung einer Finanzhilfe für Krüger die gegen ihn erhobenen Vorwürfe als „einen Angriff der kommunistischen Propaganda gegen die Bundesregierung" einstufen wollte, „den es abzuwehren gelte". Es ist bemerkenswert, dass das Kanzramt unter dem neuen Bundeskanzler Erhard dieser Immunisierungsstrategie der Adenauer-Ära nicht mehr folgte, sondern stattdessen beschloss, zunächst eine Expertise des Bundesjustizministeriums einzuholen, ob die Fälle Oberländer und Krüger überhaupt vergleichbar seien.[263] Daraufhin wandte Krüger sich im Oktober 1965 persönlich an Bundeskanzler Erhard mit der Bitte um Kostenübernahme, da es sich klar um Angriffe handle, die die Bundesregierung als Ganze hätten treffen sollen. Krüger begründete dies damit, dass, obwohl er seit 1958 bereits fünf Jahre lang als BdV-Präsident in der Öffentlichkeit gestanden habe, die Angriffe der „Sowjetzone" und der Volksrepublik Polen erst nach seiner Berufung zum Bundesminister erfolgt seien.[264] Daraufhin erhielt Krüger von Erhards Kanzleramtschef, Bundesminister Ludger Westrick, einen hinhaltenden Bescheid: Bevor die geplante Vernehmung der polnischen Zeugen nicht erfolgt sei, könne keine Entscheidung des Kabinetts über Krügers Antrag getroffen werden.[265] Damit hatte die Regierung Erhard, anders als die Regierung Adenauer im Fall Oberländer, die NS-Vorwürfe gegen Krüger nicht antikommunistisch stigmatisiert, sondern strafrechtlich individualisiert und tendenziell entpolitisiert. Allerdings geriet dieser Kurswechsel unter dem Ende 1966 ins Amt gelangten neuen CDU-Bundeskanzler Kurt Georg Kiesinger zeitweilig wieder ins Schwanken, nachdem Krüger im März 1967 den neuen Kanzleramtschef Staatssekretär Werner Knieper

---

[260] LANRW-W, Q 234/5971, Leitender Oberstaatsanwalt beim LG Dortmund, Menne, an Oberlandesgerichts-Präsident Köln, 21.6.1971.
[261] LANRW-W, Q 234/5963, Bl. 168, Leiter Zentralstelle im Lande NRW für die Bearbeitung nationalsozialistischer Massenverbrechen beim Leitenden Oberstaatsanwalt beim LG Dortmund, Verfügung vom 8.12.1971.
[262] BAK, B 136/3813, Bundeskanzleramt, Dr. Mercker, an Staatssekretär Bundeskanzleramt, 3.2.1964.
[263] Ebenda, Bundeskanzleramt, Dr. Mercker, an Bundesminister im Bundeskanzleramt, 8.9.1965.
[264] Ebenda, Krüger an BK Prof. Dr. Erhard, 10.10.1965.
[265] Ebenda, Chef Bundeskanzleramt, Bundesminister Westrick, an Bundesminister a.D. Krüger, 4.12.1965.

4. BdV und NS-Vergangenheit: Der Skandal um Hans Krüger

um Hilfe angegangen war.[266] Der zuständige Referent des Kanzleramtes riet zwar dazu, Krügers Ansuchen abzulehnen[267], doch Knieper sah das völlig anders. Dieser erste Kanzleramtschef Kiesingers, der nach kurzer Amtszeit als „glatte Fehlbesetzung" Ende 1967 schon wieder abgelöst wurde[268], kam zu dem Schluss, dass die polnischen Anschuldigungen gegen Krüger nur deshalb „erhoben worden" seien, „*weil* K. zum Bundesminister ernannt wurde": Folglich habe der Minister getroffen werden sollen und nicht die Privatperson. Indem Knieper sich darauf berief, dass eben deshalb Bundesminister Westrick 1965 Krügers Unterstützungsantrag nicht von vornherein abgelehnt, sondern eine Entscheidung nur zurückgestellt habe, „bis sich herausgestellt habe, daß die Vorwürfe haltlos seien", ignorierte er die in Westricks Bescheid enthaltene verklausulierte Ablehnung. Umso wichtiger war es Knieper, schriftlich festzuhalten, dass Krügers Antrag „von dritter Seite" ihm gegenüber „nicht unterstützt worden" sei; ebenso wenig sei „Druck" ausgeübt worden, schon gar nicht seitens der CDU.[269] Nach Kniepers Abgang scheint sich die abschlägige Linie im Kanzleramt endgültig durchgesetzt zu haben, denn es finden sich keine Hinweise, dass Krüger in der Folge eine Hilfszusage der Bundesregierung erhalten hätte.

Hans Krüger war als Politiker in der bundesrepublikanischen Öffentlichkeit 1963/64 nicht nur an schweren NS-bezogenen Vorwürfen gescheitert, die damals gegen ihn erhoben wurden, sondern auch an einer zunehmend kritischen westdeutschen Öffentlichkeit und an seiner eigenen verheerenden Verteidigungsstrategie. Krüger hatte sich nach Kriegsbeginn 1939 als Richter in das eroberte und von Hitlers Großdeutschem Reich im Oktober 1939 offiziell annektierte Westpreußen versetzen lassen, das seither zum „Reichsgau Danzig-Westpreußen" gehörte. Damit nutzte Krüger eine sich durch das kriegerisch expandierende NS-Imperium bietende neue und beschleunigte Aufstiegsmöglichkeit. Zugleich wurde er zielgerichtet in der NSDAP seines neuen Dienstortes Konitz aktiv, was ihn 1943 in die Position des Ortsgruppenleiters und damit eines „Hoheitsträgers" der Partei brachte. Die DDR verfügte 1963 über die NS-Personalakte des ehemaligen

---

[266] Ebenda, Staatssekretär im Bundeskanzleramt, Knieper, an Dr. Grundschöttel, 13. 3. 1967.
[267] Der Referent argumentierte, dass ein beamtenrechtlicher Anspruch auf Hilfe nicht gegeben sei und dass der von Krüger herangezogene Fall Oberländer nicht weiterführe, denn der Kabinettsbeschluss vom Dezember 1960, Oberländers Verteidigungskosten zu übernehmen, sei seinerzeit vom Bundesrechnungshof beanstandet worden, woraufhin Bemühungen, zur Abwehr künftiger „Angriff[e] der kommunistischen Propaganda gegen die Bundesregierung" 1963 einen eigenen Haushaltstitel zu schaffen, im Bundestag „gescheitert und nicht weiter verfolgt worden" seien; außerdem seien die gegen Krüger erhobenen Vorwürfe zwar „mittelbar geeignet gewesen, die Bundesregierung zu treffen", doch handle es sich dabei „in erster Linie" um individuelle strafrechtliche Vorwürfe; zwar seien diese erst erhoben worden, als Krüger bereits Minister gewesen sei, doch ändere dies nichts an der grundlegenden Einschätzung; außerdem lasse die sehr kurze Ministerschaft Krügers „das politische Interesse der Bundesregierung, die Vorwürfe zu widerlegen, als verhältnismäßig gering" erscheinen; daher solle man Krügers Antrag ablehnen; ebenda, Bundeskanzleramt, Dr. Grundschöttel, an Staatssekretär Bundeskanzleramt, 6. 4. 1967.
[268] Gassert, Kurt Georg Kiesinger, S. 530 und S. 534f.
[269] BAK, B 136/3813, Staatssekretär Bundeskanzleramt, Dr. Knieper, Aktennotiz v. 2. 5. 1967.

Richters Krüger und vermochte damit den auf diese Karrierestationen bezogenen Teil ihrer Anschuldigungen problemlos zu verifizieren. Dies erweckte den Anschein, dass auch die übrigen – sehr viel schwerer wiegenden – Vorwürfe (Beteiligung an Selektionen und an Sondergerichts-Todesurteilen) berechtigt sein könnten. Das SED-Regime brachte unmittelbar nach der Pressekonferenz Albert Nordens im Dezember 1963 Faksimile-Abdrücke aus der Krüger'schen NS-Akte in Umlauf.[270] Diese Faksimiles belegten Krügers Ernennung zum Oberamtsrichter in Konitz durch den „Führer" im Jahre 1940 und seine in der Personalakte dokumentierte „Teilnahme am Erhebungsversuch 1923". Im Januar 1964 argumentierte die DDR-Presse, Krüger habe zugeben müssen, dass die DDR-Angaben zu seiner Personalakte stimmten, und knüpfte hieran die Schlussfolgerung: „Stimmt also auch der Mord an 2000 polnischen Bürgern!"[271] Intern war man sich im SED-Apparat keineswegs so sicher, denn der „Nationalrat" der Nationalen Front der DDR hatte die polnische Hauptkommission zur Untersuchung von NS-Verbrechen noch Ende November 1963 – also kurz nach Beginn der Krüger-Kampagne – ausdrücklich gebeten, „weiteres belastendes Material, insbesondere Urteile, die er als Sonderrichter mitgefällt hat, zu suchen" und weitere Belastungszeugen ausfindig zu machen.[272] Offenbar hielt man in Ost-Berlin das bisher verfügbare Belastungsmaterial gegen Krüger nicht für hinreichend.

Dennoch führte Krügers verfehlte Verteidigungsstrategie, zunächst alles zu leugnen und dann scheibchenweise immer mehr eingestehen zu müssen, zu seinem raschen politischen Absturz. Einen Tag nach den öffentlichen Anschuldigungen des SED-Führers Albert Norden im Dezember 1963 hatte Hans Krüger eine Sechs-Punkte-Erklärung abgegeben, die nach Auffassung des West-Berliner „Tagesspiegel" die „SED-Propaganda" klar „widerlegt[e]". Krüger hatte erklärt, er sei keinesfalls ein Teilnehmer des Hitlerputsches von 1923 gewesen, da er sich zu dessen Zeitpunkt in Jena und nicht in München befunden habe; er sei seit 1933 zwar „einfaches Mitglied der NSDAP" gewesen, habe aber nur im Jahre 1943 für drei Monate (bis zu seiner Einberufung in die Wehrmacht) als Ortsgruppenleiter in Konitz fungiert. Sorgfältig formulierte Krüger den Satz, er sei „zu keiner Zeit als Beisitzer eines Sondergerichtes tätig gewesen" (womit er seine nachweisliche Ernennung zum stellvertretenden Beisitzer eines Sondergerichts geschickt umging) und habe daher auch nicht an Todesurteilen mitgewirkt. Zum Vorwurf seiner Mitwirkung an Selektionen für Massenerschießungen im Gerichtsgefängnis von Konitz im Herbst 1939 erklärte Krüger, dieses Gefängnis habe ihm nie unterstanden und von angeblich 2000 ermordeten Insassen sei ihm „nichts bekannt".

---

[270] BStU, Archiv der Zentralstelle, MfS ZAIG Nr. 10601, Bl. 138 ff., „Bonner Revanchisten-Allianz gegen Entspannung und Abrüstung. Das Zusammenspiel der Bundesregierung mit den Landsmannschaften zur Durchsetzung ihrer aggressiven Ziele. Dokumentation des Ausschusses für deutsche Einheit", o. D. [ca. 1963/64], S. 17–23.
[271] BStU, Archiv der Zentralstelle, MfS-HA IX Nr. 22926, Bl. 18, „Wann geht Krüger?", in: Neue Bild-Zeitung Nr. 3 v. Januar 1964.
[272] Ebenda, Bl. 60, MfS DDR, Abt. Agitation, Alber, Aktennotiz v. 27. 11. 1963.

4. BdV und NS-Vergangenheit: Der Skandal um Hans Krüger   63

Auch sei er nie polenfeindlich gewesen, er habe „Diskussionen mit Polen nicht abgelehnt, sondern gefordert und selbst geführt".[273]

Insbesondere den DDR-Vorwurf seiner Teilnahme am Hitlerputsch hat Krüger offensichtlich besonders „scharf zurückgewiesen".[274] Dabei stärkte ihm die Bundesregierung Mitte Januar 1964 den Rücken: Staatssekretär Karl Günther von Hase erklärte als Regierungssprecher auf Anfrage eines polnischen Korrespondenten, dass Bundesminister Krüger nach eigenen Angaben nur „nominelles Mitglied der NSDAP" gewesen sei, wobei er „nie verschwiegen" habe, „daß er während des Krieges etwa drei Monate lang Ortsgruppenleiter in Konitz gewesen sei". (Nach Auffassung der damaligen Bundesregierung konnte somit auch ein NSDAP-Ortsgruppenleiter ein lediglich nomineller Nationalsozialist gewesen sein.) Hase führte des Weiteren aus, das Bundeskabinett habe sich „mit diesen von Krüger zugegebenen Dingen nicht befaßt" und sei der Auffassung, dass daraus keine Folgerungen zu ziehen seien.[275]

Diese Verteidigungslinie brach binnen weniger Tage zusammen. Am 29. Januar 1964 berichtete der „Spiegel" unter der süffisanten Schlagzeile „Amtsvertrieben", der Vorstand der CDU/CSU-Bundestagsfraktion habe Vertriebenenminister Krüger nach nur zwanzigminütiger Anhörung fallen lassen. Anlass sei ein „Spiegel"-Bericht gewesen, wonach Krüger „entgegen früherer Bekundungen" plötzlich zugegeben habe, im Zweiten Weltkrieg zumindest stellvertretendes Mitglied eines Sondergerichts gewesen zu sein. Daraufhin sei niemand im Fraktionsvorstand mehr für Krüger eingetreten; es sei nur noch darum gegangen, dem Kanzler „eine sich lange hinschleppende Affäre von Oberländer-Ausmaßen [zu] ersparen". Der „Spiegel" betrachtete „Krügers unverständliche Salami-Taktik bei der Preisgabe der Wahrheit" als Hauptursache seines Sturzes. Dass er Ortsgruppenleiter der NSDAP in Konitz gewesen sei (was er nach eigener Aussage nicht habe ablehnen können), sei „der CDU-Zentrale schon vorher bekannt" gewesen. Doch seinen bereits in früheren Jahren bewiesenen eifrigen Einsatz als NS-Zellenleiter in Pommern vor 1939 habe Krüger der CDU-Führung ebenso verschwiegen wie die Tatsache, dass er sich schon bald nach seiner Ankunft in Konitz auch dem dortigen NSDAP-Kreisleiter freiwillig zur Mitarbeit angeboten hatte. Als besonders „peinlich" sei in der CDU der durch die von der DDR publizierte NS-Personalakte nachgewiesene Kirchenaustritt Krügers während der NS-Zeit empfunden worden. Als Bundesminister unhaltbar geworden sei Krüger jedoch erst durch den Nachweis seiner Zugehörigkeit zum Sondergericht in Konitz, was Krüger noch „einen Monat zuvor" strikt bestritten habe.[276] Die DDR-Presse behauptete, Krüger sei sogar „der brutalste Sonderrichter in Chojnice" gewesen.[277] Krügers Glaubwür-

---

[273] Ebenda, Bl. 234, „Krüger widerlegt SED-Propaganda", in: Der Tagesspiegel v. 7.12.1963.
[274] Ebenda, Bl. 222, „Minister Krüger protestiert", in: Kurier v. 7.12.1963.
[275] Ebenda, Bl. 187, „Keine Folgerungen aus Krügers NSDAP-Mitgliedschaft geplant", in: Der Tagesspiegel v. 14.1.1964.
[276] Ebenda, Bl. 119f., „Krüger: Amtsvertrieben", in: Der Spiegel Nr. 5 v. 29.1.1964.
[277] Ebenda, Bl. 145, „Krüger – das war der brutalste Sonderrichter in Chojnice", in: Junge Welt v. 31.1.1964.

digkeit wurde außerdem dadurch erschüttert, dass er zugeben musste, in der NS-Zeit seine Beteiligung am Hitlerputsch von 1923, wie sie in seiner Personalakte festgehalten worden war, fälschlich (also aus Karrierismus) behauptet zu haben. Das Magazin „stern" brachte Mitte Januar 1964 die von der DDR gestellten Faksimiles der Krüger'schen NS-Personalakte zum „Märchen vom ‚alten Kämpfer'" und zum „Strich durch das evangelische Glaubensbekenntnis".[278]

Krüger musste bereits am 23. Januar 1964 als Bundesminister beurlaubt werden. Wie Regierungssprecher von Hase – ein späterer Intendant des ZDF – dem Bundeskanzler am selben Tage „über den Ablauf der Presseangriffe gegen Bundesminister Krüger" berichtete, war deren „Ausgangspunkt" die Ost-Berliner Pressekonferenz Albert Nordens am 6. Dezember 1963 gewesen, da führende westdeutsche Medien wie der WDR oder der „Spiegel" Vertreter dorthin entsandt hatten. Dennoch seien am folgenden Tag in der Westpresse „nur verhältnismäßig kurze Berichte" erschienen, meist in Verbindung mit der Gegenerklärung Krügers. „Bis auf ganz wenige Ausnahmen" habe die westdeutsche Presse auf Kommentare zunächst verzichtet; lediglich der „Trierische Volksfreund" habe schon am 7. Dezember 1963 kritisiert, dass man mit Krüger ein ehemaliges NSDAP-Mitglied und einen „kurzfristigen Ortsgruppenleiter" zum Minister gemacht habe. Der „Spiegel" und alle sonstigen Illustrierten hätten sich hingegen „mit Kommentaren und kritischen Berichten verhältnismäßig lange zurückgehalten". Erst am 8. Januar 1964 habe der „Spiegel" die „unrichtigen Personalvermerke" Krügers zum Hitlerputsch, seinen Kirchenaustritt und seine Tätigkeit als „Stellvertreter beim Sondergericht" zum Thema gemacht. Doch selbst dann sei der „Trend" dieses Artikels noch „nicht ausgesprochen unfreundlich" gewesen. Am 13. Januar habe jedoch das DDR-Fernsehen die eben erfolgte Verteidigungs-Pressekonferenz des Regierungssprechers, die in der Stellungnahme gipfelte, dass aus den NSDAP-Funktionen Krügers „irgendwelche Folgerungen […] nicht zu ziehen" seien, mit einem tags zuvor erschienenen Bericht des „stern" konfrontiert, der von „schweren Vorwürfen" gegen Krüger gesprochen habe. Am 21. Januar habe die DDR-Presseagentur ADN gemeldet, dass die Bundesregierung ihren Minister Krüger nach wie vor „decke", da es noch keine offizielle Stellungnahme zu dessen mittlerweile erfolgtem Eingeständnis gebe, „Sonderrichter gewesen zu sein". Regierungssprecher von Hase monierte, dass eine am Abend des 21. Januar von Krüger veröffentlichte „Klarstellung" zum „Spiegel"-Artikel von der westdeutschen Presse „nicht gebracht" worden sei. Erst die Beurlaubung Krügers am 23. Januar sei breit beachtet worden, wobei der Bundeskanzler meist gelobt worden sei wegen der von ihm herbeigeführten „erfreulichen Wandlung im Bonner Stil" beim Umgang mit NS-Belastungen.[279]

---

[278] Ebenda, Bl. 123–124, Gerhard E. Gründler, „Der ‚alte Kämpfer' von Bonn", in: stern v. 13. 1. 1964.
[279] BAK, B 136/3813, Presse- und Informationsamt der Bundesregierung, v. Hase, an Bundeskanzler Prof. Dr. Erhard, 23. 1. 1964, nebst Anlage: „Der zeitliche Ablauf der Angriffe gegen Bundesminister Krüger", 23. 1. 1964, S. 1–4.

In der Vertriebenenbevölkerung und unter Vertriebenenpolitikern wirkte der NS-Skandal um Hans Krüger, den damaligen Bundesvertriebenenminister und weiterhin amtierenden langjährigen Präsidenten des BdV, verunsichernd und im Ergebnis verheerend. Aus heutiger Sicht zeigen „die Vorgänge um Krüger und vor allem um Oberländer [...], dass gerade die exponierte Position des Bundesministers für Vertriebene [...] besondere Aufmerksamkeit der Öffentlichkeit, speziell der in den Zuständigkeitsbereich des Ministeriums fallenden Bevölkerungsgruppe erregte". Christlich geprägte Vertriebenenpolitiker wie Linus Kather oder Hermann Ehren wollten sich nicht von früheren Nazis repräsentieren lassen.[280] Vor allem Linus Kather, der unter Adenauer 1952/53 vergeblich versucht hatte, Bundesvertriebenenminister zu werden, und der später auch mit seinen Ambitionen auf die BdV-Präsidentschaft gescheitert war, erklärte in bitterer Retrospektive 1965, es sei „doch irgendwie typisch für die Ära Adenauer, daß mir trotz meiner einwandfreien Haltung im Dritten Reich und trotz meiner Leistungen für die Vertriebenen zweimal und auf beiden Ebenen Männer wie Oberländer und Krüger vorgezogen wurden". Eine „aufrechte Haltung" sei eben nichts wert gewesen, stattdessen habe der „*hemmungslose Opportunismus*" gesiegt. „Das verantwortet in erster Linie Konrad Adenauer."[281]

Kather stellte überdies fest, dass der Fall Krüger nicht nur das „Ansehen der Bundesregierung, der Vertriebenen und des ganzen deutschen Volkes" geschädigt, sondern auch „zu einer säkularen Blamage des Bundes der Vertriebenen" geführt habe. In seinen Augen hatte die Führung des BdV dieses Fiasko „vollauf verdient". Dieses Urteil begründete Kather mit den aus seiner Sicht unangemessenen Reaktionen des BdV-Präsidiums auf den Krüger-Skandal. Krüger war auch nach seiner Berufung zum Bundesminister Präsident des Vertriebenenverbandes geblieben, wenn er auch seine Amtsgeschäfte ruhen ließ, und schied als BdV-Präsident offiziell erst zum 1. März 1964 aus dem Amt – also Wochen nach seinem Ministerrücktritt. Folgt man der von der Faktenlage her korrekten Darstellung Kathers, so hatte die BdV-Führung auf die Ostblock-Attacken gegen den eigenen Verbandspräsidenten zunächst nicht anders reagiert als die Bundesregierung – mit einer plumpen antikommunistischen Immunisierungsstrategie im Stil der Oberländer-Affäre. Zunächst war im „Deutschen Ostdienst" (dod), dem Presseorgan des BdV, unter der bezeichnenden Überschrift „Den Helm fester binden" am 8. Januar 1964 ein Artikel erschienen, der ausführlich jenes Lob zitierte, das der geschäftsführende BdV-Vizepräsident Wenzel Jaksch anlässlich der Fünfjahresfeier des BdV Ende 1963 dem Präsidenten Hans Krüger für dessen erfolgreiche Amtsführung gespendet hatte. Der BdV, so Jaksch, sei unter Krügers Leitung „politisch und kulturell mit gutem Erfolg tätig gewesen" und habe „sich Ansehen und Geltung" verschafft. Am 21. Januar 1964 meldete der „dod" sodann, dass eine BdV-Delegation unter Führung von Krüger und unter Teilnahme der Vizepräsidenten Rehs und Jaksch vom Botschafter der USA in Bonn empfangen worden sei. Ka-

---

[280] Fischer, Heimat-Politiker?, S. 136f.
[281] Kather, Die Entmachtung der Vertriebenen, Bd. 2, S. 219.

ther kritisierte scharf, dass Krüger diesen offiziellen Auftritt als BdV-Präsident noch hatte ausführen dürfen, obwohl er zu diesem Zeitpunkt bereits öffentlich zugegeben hatte, „gelegentlich als Stellvertreter beim Sondergericht in Konitz mitgewirkt zu haben", seine anfängliche Leugnung mit „Gedächtnisschwäche" erklärte und lediglich seine Mitwirkung an „Unrechtsurteilen" weiter bestritt. Die Einbeziehung dieser eindeutig NS-belasteten BdV-Führungsfigur in die Audienz beim US-Botschafter erschien Kather als „makabrer Tatbestand". Zwar habe Krüger sein Rücktrittsgesuch als Bundesminister noch damit begründet, dass er sich ganz auf seine Rehabilitierung konzentrieren wolle, doch in Wahrheit sei „nichts mehr zu rehabilitieren": „Es steht fest und zwar aufgrund seiner eigenen Angaben, daß er ein sehr eifriges Parteimitglied war, daß er aus der Kirche ausgetreten ist, daß er Ortsgruppenleiter wurde, beim Sondergericht mitwirkte und sich schließlich als Marschierer von 1923 ausgegeben hat." Nur Krüger selbst und offensichtlich auch die Führung des „Bundes der Vertriebenen" sähen all das „offenbar noch nicht als ausreichend an".[282]

Als nicht minder peinlich empfand Kather den am 24. Januar 1964 – also bereits nach Beurlaubung Krügers als Minister – unter Vorsitz des geschäftsführenden Vizepräsidenten Reinhold Rehs gefassten Beschluss der BdV-Führung zum Krüger-Skandal. Demnach wollte das BdV-Präsidium die gegen Krüger wegen seiner Vergangenheit im NS-Staat erhobenen Vorwürfe nicht vor ihrer Klärung beurteilen, stellte aber fest, dass dieser Fragenkomplex nichts mit Krügers Vertriebeneneigenschaft zu tun habe. Auch sei das BdV-Präsidium „der Meinung, daß Leute, die täglich an der Mauer unschuldige Menschen totschießen lassen, in Fragen der Menschenrechte und der demokratischen Zuverlässigkeit für uns keine maßgebenden Urteile abgeben können". Die Politik des BdV sei jedenfalls „durch den Minister Krüger zur Last gelegten Sachverhalt weder in der Vergangenheit berührt" noch werde sie „dadurch für die Zukunft betroffen". Kather, der das BdV-Präsidium nach nur vier Wochen Mitgliedschaft Anfang 1959 im Zorn verlassen hatte, kommentierte diese zwischen antikommunistischer Immunisierung zugunsten Krügers und vorsichtiger Distanzierung von Krüger schwankende BdV-Stellungnahme bissig: „Es ist bestimmt nicht leicht, soviel Unsinn in so wenige Sätze hineinzubringen."[283]

Zum Zeitpunkt des Krüger-Skandals hatte ein Bündnis zwischen konservativen und sozialdemokratischen Landsmannschaftspolitikern, wie es vom 1962 verstorbenen CSU-Bundestagsabgeordneten Baron Manteuffel-Szoege und den SPD-Bundestagsabgeordneten Jaksch und Rehs verkörpert wurde, hinter den Kulissen schon längere Zeit versucht, Krüger als BdV-Präsident zu stürzen. Dies war aufgrund verschiedener Umstände – nicht zuletzt deshalb, weil Jaksch und Rehs für viele BdV-Funktionäre „das Problem des falschen Parteibuchs" hatten – nicht gelungen.[284] Zwar übernahm mit Krügers Wechsel ins Bundeskabinett Vizeprä-

---

[282] Ebenda, S. 246–248.
[283] Ebenda, S. 248.
[284] Stickler, „Ostdeutsch heißt gesamtdeutsch", S. 208.

dent Jaksch ab dem 14. Oktober 1963 die Dienstgeschäfte des BdV-Präsidenten, und seit Anfang 1964 nahm Jakschs SPD-Genosse Rehs, ebenfalls ein BdV-Vizepräsident, bis zur Neuwahl des Präsidenten diese Geschäftsführung wahr.[285] Da Krüger formell jedoch als BdV-Präsident im Amt blieb, machte erst „Krügers Sturz" im Februar 1964 „den Weg frei" für Jakschs dann ohne Gegenkandidaten erfolgte Wahl zum BdV-Präsidenten am 1. März 1964.[286] Paradoxerweise führte dies dazu, dass Sozialdemokraten – allen voran der profilierte NS-Gegner Jaksch – in die Verlegenheit gerieten, den NS-belasteten Vorgänger Krüger öffentlich zu verteidigen. Die betont antikommunistische BdV-Erklärung zugunsten Krügers, die unter Leitung von Rehs im Januar 1964 zustande kam, wurde bereits zitiert.[287] Sie diente nicht nur der (genau besehen: halbherzigen) Verteidigung Krügers, sondern vor allem der Absicherung der neuen sozialdemokratischen BdV-Führung gegen den drohenden Vorwurf, sich gegenüber Krüger unsolidarisch zu verhalten. Der Antikommunismus bot hierzu die geeignete parteienübergreifende Argumentation. Bereits im „Deutschen Ostdienst" vom 23. Dezember 1963 hatte Wenzel Jaksch erklärt, „die Todfeinde der deutschen Demokratie" wüssten genau, „warum sie sich die Vertriebenen-Verbände als bevorzugte Zielscheibe ausgewählt haben".[288] Man begreift, dass die BdV-Führung die erst im Oktober 1963 erfolgte Berufung ihres Präsidenten zum Bundesvertriebenenminister als großen Erfolg für den Verband wertete[289] und möglichst verteidigen wollte. Noch kurz vor der Beurlaubung Krügers als Bundesminister zitierte die DDR-Nachrichtenagentur ADN am 21. Januar 1964 Jaksch mit der Äußerung, mit Krüger sei das Vertriebenenministerium mit einem „Mann unseres Vertrauens" besetzt worden.[290] Krüger war in der Tat der erste Vorsitzende einer Vertriebenen-Organisation, der – vierzehn Jahre nach Gründung dieses Ministeriums – an dessen Spitze berufen wurde, und er sollte bis zu dessen Auflösung 1969 auch der einzige bleiben.[291] Der deutliche Relevanzverlust des BdV bei der Besetzung des Vertriebenenressorts nach dem Krüger-Skandal ist von Linus Kather als „besondere Tragik" gewertet worden.[292]

In gewisser Weise tragisch war es auch, dass die Führung des BdV persönliche Loyalität, Organisationspatriotismus und BdV-interne Koalitionsabsicherung in der Krüger-Krise von 1963/64 höher gewichtete als eine eigene kritische Stellungnahme zu Krügers NS-Vergangenheit und zum Nationalsozialismus überhaupt. Möglicherweise hätte der Versuch, eine solche Stellungnahme herbeizuführen, wozu insbesondere Wenzel Jaksch zweifellos die intellektuelle und biographische

---

[285] BAK, B 234/1388, BdV, Krüger / Jaksch / Schwarzer, Jahresbericht für 1963, Januar 1964, S. 2 f.
[286] Stickler, „Ostdeutsch heißt gesamtdeutsch", S. 208.
[287] Kather, Die Entmachtung der Vertriebenen, Bd. 2, S. 248.
[288] BAK, B 234/1388, BdV, Krüger / Jaksch / Schwarzer, Jahresbericht für 1963, Januar 1964, S. 42.
[289] Ebenda, S. 1.
[290] BAK, B 136/3813, Presse- und Informationsamt der Bundesregierung, v. Hase, an BK Prof. Dr. Erhard, 23. 1. 1964, nebst Anlage: „Der zeitliche Ablauf der Angriffe gegen Bundesminister Krüger", 23. 1. 1964, S. 3 f.
[291] Fischer, Heimat-Politiker?, S. 122 f.
[292] Kather, Die Entmachtung der Vertriebenen, Bd. 2, S. 249.

Statur gehabt hätte, die heterogene BdV-Führung gespalten und gelähmt. Daher verfiel der BdV nach seinen anfänglichen antikommunistisch grundierten Verteidigungsversuchen alsbald in beredtes Schweigen.

Nach seinem skandalträchtigen Rücktritt als Minister verlief auch Krügers Ausscheiden als BdV-Präsident denkbar glanzlos. Auf der Bundesversammlung, die seinen Nachfolger bestimmte, wagte Krüger persönlich nicht mehr teilzunehmen. Stattdessen verlas Vizepräsident Rehs ein Schreiben, in welchem der bisherige Verbandsvorsitzende die Versammlung grüßen ließ und lapidar erklärte, „daß er nicht teilnehmen könne". Rehs gab daraufhin eine Stellungnahme zu Krügers Ministerrücktritt „wegen Vorwürfen aus der Zone und aus Warschau bezüglich seiner politischen Vergangenheit" ab, in der er kühl darauf verwies, dass „eine Klärung der Vorwürfe [...] von Krüger selbst betrieben" werde. Daher solle einer solchen Klärung seitens des BdV „nicht vorgegriffen werden". Es klang wie Pfeifen im Walde, wenn Rehs nochmals betonte: „Die Politik des BdV wird durch den Krüger zur Last gelegten Sachverhalt weder in der Vergangenheit noch in der Zukunft berührt." Die antikommunistische Immunisierungsstrategie wurde auch hier durch eine individualisierende Immunisierungsstrategie ergänzt; nur die Einzelperson Krüger erschien in dieser Sicht als NS-belastet, der Verband hatte damit nichts zu tun. Rehs fügte hinzu, die gegen Krüger erhobenen NS-Vorwürfe änderten „nichts" am „Dank des BdV, den Dr. Jaksch im Dezember in Berlin Präsident Krüger nach 5jähriger Amtszeit abstattete". Man wünsche Krüger „für seine schwere Auseinandersetzung und seine Rechtfertigung [...] gutes Gelingen". Während Inhalt und Wahrheitsgehalt der gegen Krüger gerichteten NS-Vorwürfe nicht weiter thematisiert wurden, suchte Rehs seinen Verband durch straffen Antikommunismus zu immunisieren, indem er erklärte, die SBZ-Hetze wolle erklärtermaßen – siehe „Zonenpresse" – die Vertriebenen und ihren Verband treffen durch die Angriffe auf dessen Spitzenvertreter. Es müssten daher „Wege gesucht werden, um diese Persönlichkeiten zu schützen". Dabei dachte Rehs an eine Aktivierung des „Gesamtdeutschen Rates", der bundesrepublikanischen Parteien und der „gutwillige[n] Presse". In der folgenden Diskussion äußerte sich kein einziger weiterer Funktionär zum Fall Krüger.[293] Einer fälligen Grundsatzdebatte ging man aus dem Weg. Das hing auch damit zusammen, dass der gestürzte Hans Krüger damals keineswegs der einzige Funktionär des BdV war, der eine NS-Vergangenheit aufzuweisen hatte.

5. BdV und NS-Vergangenheit: Der nichtöffentliche Konflikt um ein angebliches NS-Netzwerk in der BdV-Führung 1965

Wie sehr der Fall Krüger entgegen allem äußeren Anschein den BdV erschüttert haben muss, zeigen jene im Folgejahr 1965 diskutierten verbandsinternen Vorwür-

---

[293] BAK, B 234/737, BdV, Protokoll der Sitzung der Bundesvertretung am 29.2.1964, S. 1–3.

5. BdV und NS-Vergangenheit: Der Konflikt um ein angebliches NS-Netzwerk   69

fe über ein angeblich in der BdV-Zentrale bestehendes Netzwerk früherer NSDAP- oder SS-Mitglieder. Kulminationspunkt dieses nichtöffentlichen Konflikts im Vertriebenenverband war die plötzliche Entlassung des BdV-Kulturreferenten Jochen Brennecke. Dieser wurde am 31. März 1965 durch den stellvertretenden BdV-Bundesgeschäftsführer Dr. Carl Cramer amtsenthoben; vorangegangen war eine entsprechende Entscheidung des geschäftsführenden BdV-Präsidiums unter Leitung des Vizepräsidenten Rudolf Wollner.[294] Was die Verantwortlichen als Konsequenz der in ihren Augen unzureichenden Arbeitsleistung des Referenten betrachteten[295], interpretierten Brennecke und dessen Ehefrau als gezieltes Mobbing eines braunen Netzwerkes im BdV. Gegenüber einem Kollegen ihres Mannes, dem BdV-Referenten Dr. Alfred Domes, listete die Ehefrau des Entlassenen diese Anschuldigungen auf. Demnach war unter Leitung Rudolf Wollners (der in der Tat ein ehemaliger Führer der Waffen-SS war) der Entlassungs-Beschluss gegen Jochen Brennecke gefasst worden, und zwar in Abwesenheit der sozialdemokratischen BdV-Führer Jaksch und Rehs, aber in Anwesenheit einer Gruppe angeblich NS-belasteter BdV-Funktionäre – des Präsidiumsmitglieds Ulitz, des stellvertretenden Bundesgeschäftsführers Cramer und des Sachbearbeiters Johannes Walter. Frau Brennecke warf diesem nachgeordneten BdV-Angestellten vor, ein ehemaliger Mitarbeiter des „Sicherheitsdienstes" (SD) der SS zu sein. Wollner wiederum habe ihr und ihrem Mann in einem Privatgespräch auf einer Autofahrt nach Lübeck „selbst erzählt", dass er mit seiner SS-Einheit im Zweiten Weltkrieg ab einem bestimmten Zeitpunkt „keine Gefangenen mehr gemacht" habe, also mit seinen Kameraden dazu übergegangen sei, „wehrlose Gefangene, die *keine* Waffen mehr besitzen, totzuschlagen". Frau Brennecke zog eine Verbindung zum erst kurz zurückliegenden Krüger-Skandal, als sie empört kommentierte: „Und solche ‚Elite' sitzt im BdV." Der frühere Präsident Krüger werde „nach Hause geschickt, weil er *angeblich* Todesurteile unterschrieben haben soll", aber Leute, „die wirklich Menschen totgeschlagen, gemordet haben", dürften in Führungsämtern verbleiben und auch noch ihren Mann um seine Stellung bringen. Auch Otto Ulitz – neben Wollner das für die Entlassung Brenneckes verantwortliche Mitglied des BdV-Präsidiums – war für Frau Brennecke „kein Aushängeschild, er hat das Goldene Parteiabzeichen [der NSDAP] für besondere Verdienste bekommen", und sie kenne eine BdV-interne „Version" über Ulitz' Vergangenheit, die sie lieber „nicht aussprechen möchte". Frau Brennecke warf diesen NS-belasteten Personen vor, diese hätten „nichts gelernt" aus dem „verlorenen Krieg, der so viel Elend, Kummer und Tränen über Millionen gebracht" habe. „Sie sind heute noch genauso schlecht und würden dasselbe wieder tun." Ihnen gehe „es auch nicht um die Sache" der

---

[294] Ebenda, B 234/1496, BdV, Dr. Cramer, an Jochen Brennecke, 31.3.1965; die fristlose Entlassung wurde, da sie dem Arbeitsrecht offensichtlich zuwider lief, wenig später in eine um wenige Monate befristete Entlassung bei anhaltender Beurlaubung umgewandelt.

[295] Der BdV begründete Brenneckes Entlassung mit einer umfangreichen Liste über „vorsätzliche bzw. fahrlässige Pflichtverletzungen sowie unerlaubte Handlungen bzw. Fahrlässigkeiten mit haushaltsrechtlichen Folgen"; vgl. BAK, B 234/1496, BdV, Dossier „Zur Sache BdV / Brennecke", 25.5.1965.

Vertriebenen, sondern nur „um Posten und schnödes Geld". Frau Brennecke fragte sich und den BdV-Pressereferenten, „wie die Öffentlichkeit das fressen würde, wüsste sie diese Dinge".[296]

Jochen Brennecke glaubte, vor allem wegen seiner vergleichsweise NS-kritischen Geschichtspolitik vom angeblichen NS-Netzwerk in der BdV-Führung gemobbt und schließlich entlassen worden zu sein. Stein des Anstoßes war demnach insbesondere ein von ihm betreutes Buchmanuskript über die Fluchtgeschehnisse in Ostpreußen Anfang 1945. Brennecke berichtete von einer heftigen Attacke des stellvertretenden Bundesgeschäftsführers Cramer, nachdem dieser das im Manuskript angesprochene Versagen der NSDAP und namentlich des ostpreußischen Gauleiters Erich Koch angesichts der Fluchtkatastrophe des letzten Kriegswinters zur Kenntnis genommen habe. Er selbst, so Brennecke, habe damals die Auffassung vertreten, man müsse – gestützt auf zahllose Augenzeugenberichte im Bundesarchiv – auch über die eigene Seite objektiv berichten, wenn man sicherstellen wolle, dass die kritischer denkende Jugend umgekehrt auch die „furchtbaren Anklagen gegen die Rote Armee abnehmen" würde. Cramer hingegen habe „in einer mich in Erstaunen setzenden, ja wütenden Heftigkeit" erklärt, „er würde mir raten, dies Buch nicht zu schreiben". Brennecke deutete an, es gebe neben Cramer und seinem eigenen früheren Sachbearbeiter im Kulturreferat, besagtem Johannes Walter, die beide frühere SS-Männer und SD-Mitarbeiter seien, weitere „Männer, die heute noch an die Rechtmäßigkeit und an die Sendung der SS glauben" und ihn deshalb in seiner Arbeit zu behindern versucht hätten: „Sie werden jede Objektivität bekämpfen, nicht offen, aber durch passiven Widerstand und andere Intrigen." Diesen einflussreichen Leuten im BdV-Apparat habe neben dem Ostpreußen-Buch auch die von Brennecke veranlasste „Einbeziehung von Juden in die [ostdeutsche] Nobel-Preisträger-Ausstellung nicht [ge]passt", die er 1964 vorbereitet habe. Er wolle „keine weiteren Namen nennen", so Brennecke in einem Bericht an BdV-Präsident Wenzel Jaksch, er könne aber „unschwer belegen, dass auch durch andere Herren eine Treibjagd gegen den eingeleitet wurde, den sie hinter dem Autor dieses Buches vermuten oder wissen". Doch machte Brennecke als Gegner nur seinen Untergebenen Walter und seinen Vorgesetzten Cramer namhaft, während er betonte, dass er Cramers Vorgesetzten, BdV-Generalsekretär Herbert Schwarzer, sehr schätze.[297]

Brennecke hatte gegen Johannes Walter den Vorwurf erhoben, dieser sei nicht nur Mitglied der „zivilen SS" gewesen, sondern habe nach eigenem Bekunden „auch mit der Gestapo und dem SD zu tun gehabt". Er habe Walter, so Brennecke, deshalb nie Schwierigkeiten machen wollen, habe diese Ansicht jedoch infolge der negativen Reaktion Walters auf das umstrittene Ostpreußen-Manuskript ab Herbst 1963 geändert, „als ich feststellen musste, dass seine Einstellung die gleiche

---

[296] Ebenda, Inka Brennecke an Dr. Domes, 28. 4. 1965.
[297] Ebenda, „Auszug aus einem Bericht des Herrn Br. an Herrn Präsident Dr. Jaksch", S. 5; vermutlich handelte es sich bei dem Buchprojekt um das 1964 publizierte Werk von Lass, Die Flucht.

5. BdV und NS-Vergangenheit: Der Konflikt um ein angebliches NS-Netzwerk

von ehemals war".[298] Auch gegen den stellvertretenden BdV-Geschäftsführer Cramer erhob Brennecke den Vorwurf, dieser „sei Mitglied der SS, des Sicherheitsdienstes (SD) und der NSDAP gewesen".[299] Laut Brenneckes Ehefrau stand Cramer 1965 „auf dem Standpunkt, ihm könne keiner mehr, seine SS-Zugehörigkeit sei 20 Jahre her".[300]

In diesem Fall stand Aussage gegen Aussage. Brennecke konnte die schweren SS-bezogenen Vorwürfe, die er und seine Frau namentlich gegen Wollner und Cramer erhoben hatten, nicht beweisen und sah sich daher genötigt, dieselben zu widerrufen. Der Skandal wurde nach einem Treffen Brenneckes mit der BdV-Führung am 14. Mai 1965 mit der schriftlichen Erklärung des nun offiziell beurlaubten Kulturreferenten beigelegt, dass dieser die von ihm „in Umlauf gesetzten Tatsachenbehauptungen" – gestrichen war die Ergänzung: „und Beschuldigungen" – gegen Angehörige der BdV-Führung und der Bundesgeschäftsstelle „als gegenstandslos betrachtet" wissen wolle.[301] Dass Brennecke dennoch nicht ohne weiteres als unglaubwürdig – etwa als lediglich rachsüchtig infolge seiner von Wollner und Cramer betriebenen Entlassung – betrachtet werden kann, macht nicht nur der Umstand deutlich, dass er vom angeblichen Eingeständnis Wollners über die Tötung kapitulierender Rotarmisten schon Monate vor seiner Entlassung unter Kollegen gesprochen hatte.[302] Noch schwerer wiegt zugunsten seiner Glaubwürdigkeit, dass Brennecke seine Vorwürfe nie an die Öffentlichkeit brachte, um dem BdV nachträglich zu schaden oder materielle Vorteile herauszuschlagen. Auch der erst 1967 zustande gekommene arbeitsrechtliche Vergleich mit dem BdV brachte Brennecke keine nennenswerten finanziellen Gewinne.[303] Hinzu kommt, dass einige Mitglieder der BdV-Führung den Entlassenen als ehrenhaft und glaubwürdig einschätzten und sich deshalb für ihn einsetzten. Das gilt insbesondere für das BdV-Präsidiumsmitglied Hertha Pech, die das Ehepaar Brennecke gegenüber dem BdV-Präsidenten „für ordentliche Menschen" erklärte, die Jaksch „vielleicht doch einmal hören sollte". Auch Jakschs SPD-Genosse Reinhold Rehs legte gegen Brenneckes fristlose Entlassung „mit aller Schärfe" Protest ein.[304] Selbst der klar rechtsgerichtete ostpreußische Landsmannschaftsfunktionär Alfred Gille, der 1964 aus dem BdV-Präsidium ausgeschieden war, aber weiterhin über beste Kontakte zu Jaksch verfügte, nahm gegen die Entlassung Brenneckes Stellung. Gille machte nicht nur satzungsrechtliche Einwände geltend (die Jaksch widerlegte), sondern verteidigte auch die von Brennecke angestoßene Kritik am Verhalten der NS-Führung in Ostpreußen im Jahre 1945 mit der Bemerkung, die-

---

[298] BAK, B 234/1496, Jochen Brennecke an „Frau Senatorin Pech, vertraulich", masch.: „Betr. Kulturreferat", o. D., S. 1 und S. 5.
[299] Ebenda, Rechtsanwalt Karl Simon an Jochen Brennecke, 12. 5. 1965.
[300] Ebenda, Inka Brennecke an „Frau Pech" [Hertha Pech], 25. 1. 1965.
[301] Ebenda, Jochen Brennecke, Erklärung vom 14. 5. 1965.
[302] Ebenda, BdV, Dr. Schulz-Vanselow, Vermerk vom 7. 4. 1965.
[303] BAK, B 234/1497, Erklärung Rehs / Brennecke, 13. 10. bzw. 1. 11. 1967.
[304] BAK, B 234/1496, Hertha Pech an Dr. Jaksch, 15. 2. 1965, sowie Rehs an Dr. Jaksch, 5. 4. [1965].

se Sicht werde von ostpreußischen Zeitzeugen einhellig als „zutreffend" bewertet – „von Unbelehrbaren abgesehen". Gille fragte empört, wie dieser „Wöllner" – ein Sudetendeutscher – überhaupt dazu komme, sich einzumischen und über die Vorgänge in Ostpreußen „ein Urteil anzumaßen".[305] Der von Brennecke schwer belastete BdV-Vizepräsident Wollner selbst wies zwar die Vorwürfe zurück, bestätigte aber die von den Brenneckes angeführte gemeinsame Autofahrt und fügte hinzu, dass diese einen Besuch bei „Herrn Großadmiral a. D. Dönitz" zum Ziel gehabt habe. Diese Visite bei Hitlers einstigem Oberbefehlshaber der Kriegsmarine, der 1946 als Hauptkriegsverbrecher verurteilt worden war, hatte laut Wollner „auf Wunsch des Herrn Brennecke" im Zusammenhang mit dessen Buchprojekt zur Flucht aus Ostpreußen stattgefunden.[306] In der Endphase des „Dritten Reiches" habe 1945 die von Dönitz kommandierte Kriegsmarine eine positive, durch Evakuierung über die Ostsee viele Menschen rettende Rolle gespielt, wofür die BdV-Vertreter Dönitz hätten danken wollen.[307]

Die Atmosphäre im BdV muss zum Zeitpunkt der Brennecke-Affäre von Misstrauen erfüllt gewesen sein. Jedenfalls betonte Hertha Pech gegenüber Jaksch, Brennecke habe ausschließlich Vertrauen zu ihm und zum für Personalfragen zuständigen Vizepräsidenten Hellmut Gossing. „Es spielen da viele Dinge mit, die ich nicht niederschreiben möchte." Frau Pech erläuterte, sie „habe in all den Jahren oft hinter den Kulissen manches Unangenehme verhindern und lautlos abwenden helfen" und bot an, nach Möglichkeit „auch dieses Mal [zu] helfen[,] ohne daß es jemand merkt". Jedenfalls dürften „das Ansehen, das Vertrauen, die Sauberkeit unseres Verbandes und seiner Führung" keinen Schaden nehmen und „keine Angriffsmöglichkeiten bieten".[308] Damit griff sie eine Warnung auf, die Brennecke ihr gegenüber vor seiner Entlassung geäußert hatte: Es bestehe die akute Gefahr, dass „eine große Illustrierte [...] Material über den rechten Flügel des BdV, ich meine den extrem rechten Flügel", veröffentlichen könnte. „Es wäre eine Katastrophe für den BdV nach dem Sturz von Bundesminister Krüger, wenn die Presse sich mit der SS im BdV befasst. Eine solche Sorge geht diesem fanatischen Kreis doch einfach ab."[309] Brenneckes Ehefrau hatte im Januar 1965 – ebenfalls gegenüber Frau Pech – mit allerdings drohendem Unterton erklärt, dass sie „Himmel und Hölle in Bewegung setzen würde, wenn die Herren von der SS tatsächlich zu ihrem Recht kommen". Schon ein arbeitsgerichtlicher Konflikt würde „Staub aufwirbeln, wenn man die Dinge erzählt", und Arbeitskollegen, denen sie

---

[305] Ebenda, Dr. Gille an Dr. Jaksch, 13. 4. 1965, sowie Dr. Jaksch an Dr. Gille, 27. 4. 1965, sowie Dr. Gille an Dr. Jaksch, 30. 4. 1965.
[306] Ebenda, Wollner an Cramer, 3. 4. 1965 nebst Anlage: Wollner, „Aktenvermerk zum Fall Brennecke", 3. 4. 1965.
[307] Ebenda, BdV, Dr. Schulz-Vanselow, Vermerk vom 7. 4. 1965.
[308] Ebenda, Hertha Pech an Dr. Jaksch, 15. 2. 1965; vgl. zu Jakschs Missbilligung: ebenda, Inka Brennecke an Dr. Jaksch, 28. 4. 1965, worin diese ihr Eingreifen rechtfertigte, welches Jaksch offenbar verurteilt hatte; Frau Brennecke erklärte, ihr Mann habe ihr keine Interna aus dem BdV „erzählt", vielmehr habe sie „Walter, Dr. Ulitz, Kottwitz, Dr. Cramer und auch Wollner selbst ‚erlebt'".
[309] Ebenda, Jochen Brennecke an [Hertha] Pech, Hannover, 7. 2. 1965.

die Vorgänge geschildert habe, hätten ihr die Frage gestellt: „Warum gehen sie damit nicht zum Spiegel?"[310] Jochen Brennecke selbst hingegen scheint keine Öffentlichkeit gewünscht zu haben. Er schwankte zwischen der „Sorge", dass „der Chorgeist [i. e. Korpsgeist] des extrem rechten Flügels" die BdV-Führung dazu nötigen könnte, „sich dieser Macht zu beugen" und die Probleme zu vertuschen, und der Befürchtung, der Verband könnte durch einen öffentlichen Skandal schwer beschädigt werden: „Erfährt die Presse [...] davon, dann ist der Erdrutsch da."[311] Letzten Endes scheinen die Eheleute Brennecke Verbandspatrioten geblieben zu sein, denn die 1965 diskutierten NS-Vorwürfe gelangten nie an die Öffentlichkeit. Der Konflikt um ein angebliches Netzwerk ehemaliger Nationalsozialisten und SS-Männer in der BdV-Zentrale konnte nichtöffentlich gehalten und intern geregelt werden. Spuren finden sich nicht einmal in den offiziellen BdV-Präsidiumsprotokollen.[312]

Als der mit Entlassung bedrohte Kulturreferent des BdV 1965 diese NS-Vorwürfe gegen einige verbandsinterne Gegner erhob, konterten diese offenbar mit Hinweisen auf Brenneckes eigene NS-Vergangenheit. Der zum Zeitpunkt seiner Einstellung durch den BdV als Militär-Schriftsteller aktive Jochen Brennecke, der sich primär mit der deutschen Kriegsmarine im Zweiten Weltkrieg befasste, hatte damit nach 1945 ein publizistisches Wirken fortgesetzt, das er 1942 mit einem NS-Propagandabuch über das deutsche Kriegsschiff „Admiral Scheer" begonnen hatte.[313] Wenn BdV-Generalsekretär Schwarzer Brennecke 1965 bescheinigte, dieser habe bei seiner Einstellung den Ruf eines Schriftstellers" gehabt[314], wird man davon ausgehen dürfen, dass diese militärhistorischen Arbeiten Brenneckes Arbeitgeber bekannt waren und wohlwollend, gewissermaßen als Eignungsnachweis, betrachtet wurden.

Der 1913 in Pommern geborene Jochen Brennecke richtete im August 1965 zwei parallele Schreiben an seinen früheren Vorgesetzten Wenzel Jaksch. Im ersten dieser Briefe, der an Jaksch in seiner Eigenschaft als BdV-Präsident gerichtet war, wiederholte Brennecke seine Anklagen gegen das angebliche NS-Netzwerk.[315] In einem zweiten Schreiben aber sprach Brennecke Jaksch als „lieber Genosse" an, womit angedeutet wurde, dass nicht nur der BdV-Präsident, sondern auch sein entlassener Referent Brennecke der SPD angehörte. In diesem Schreiben wehrte sich Brennecke zunächst gegen die Unterstellung, er habe damit gedroht, den BdV mittels einer „Illustrierten" zu „diskreditieren", und versicherte, das werde er gewiss nicht tun und habe auch einen früheren Kollegen vor einem solchen Schritt gewarnt. Hauptzweck des Schreibens aber war Brenneckes Versuch, sich gegen

---

[310] Ebenda, Inka Brennecke an „Frau [Hertha] Pech", 25.1.1965.
[311] Ebenda, [Jochen Brennecke] an „Frau Senatorin Pech, vertraulich", „Betr. Kulturreferat", o. D. [ca. Anfang 1965], S. 5.
[312] BAK, B 234/738, BdV, Protokoll der Präsidiumssitzung am 22.10.1965.
[313] Brennecke, Kreuzerkrieg in zwei Ozeanen.
[314] BAK, B 234/1496, BdV, Schwarzer, Einschätzung der Arbeitsleistung Brenneckes, 5.5.([1965], S. 1–5.
[315] Ebenda, Brennecke an BdV, Dr. Jaksch, 12.8.1965.

den Vorwurf zu rechtfertigen, er sei nicht nur ein früheres NSDAP-Mitglied, sondern ein im Propagandaapparat tätiger NS-Aktivist gewesen. Zum Vorwurf der NSDAP-Mitgliedschaft erklärte Brennecke, er habe „nie ein Mitgliedsbuch der NSDAP besessen […], sondern lediglich eine Karte", die er jedoch „der Gauleitung Pommern im Mai 1939 zurückgeschickt habe", nachdem sein Vater – der ebenfalls NSDAP-Mitglied gewesen sei – „im Jahre 1938 aus diesem ‚Verein' nach der sogenannten ‚Kristallnacht' austrat". (Ein solcher NSDAP-Austritt wegen dieser gewalttätigen Judenverfolgung wäre 1938/39 mutig gewesen.) Zum Vorwurf der NS-Propagandaarbeit erläuterte Brennecke, er habe nie bestritten, zeitweilig für die NS-„Parteipresse" gearbeitet zu haben. Er habe dies aber nur deshalb getan, weil jene „bürgerliche Zeitung" in Pyritz, für die er tätig gewesen sei, von der NS-Parteipresse übernommen oder gleichgeschaltet worden sei. Brennecke gab außerdem zu, 1938 die Redaktion des „NS-Gaudienstes" in Pommern übernommen zu haben, behauptete jedoch, dass es dabei nur um harmlose Meldungen über das Winterhilfswerk oder über Parteipersonalien gegangen sei. Er habe diese Tätigkeit für die NSDAP-Gauleitung in Stettin nur deshalb angenommen, um gleichzeitig „über das Oberpräsidium den Häfen- und Schiffahrtsdienst herauszubringen". Brennecke musste allerdings einräumen, er habe in der pommerschen Gauleitung zum „Gauhauptstellenleiter" ernannt werden sollen, betonte jedoch gegenüber Jaksch, er habe diese Funktion nie wahrgenommen, weil er – wie oben erklärt – 1939 infolge des Novemberpogroms aus der NSDAP ausgetreten sei. Seither wollte Brennecke bis 1945 nur noch für die bürgerliche Presse tätig gewesen sein. Nach Kriegsende habe er dann, eingedenk der Tatsache, dass sein Großvater einst Sozialdemokrat gewesen sei, 1954 die SPD-Mitgliedschaft beantragt. Da dieser Beitritt unerklärlicherweise verschlampt worden sei, habe er der SPD jedoch formell erst 1964 beitreten können.[316] Dass dieser späte SPD-Beitritt durch den gleichzeitigen Amtsantritt des Sozialdemokraten Jaksch als BdV-Präsident ein gewisses (karriereorientiertes) ‚Geschmäckle' aufweisen musste, scheint Brennecke angesichts dieser ausladenden Erklärung wohl bewusst gewesen zu sein.

Wenzel Jaksch scheint diese Rechtfertigung als nicht besonders glaubwürdig betrachtet zu haben; jedenfalls reagierte er darauf nicht. Tatsächlich hat Jochen Brennecke in eigener Sache nicht die Wahrheit gesagt. Der 1913 als Joachim Brennecke geborene Pommer war nach Aktenlage zum 1. Mai 1933 als Student der NSDAP beigetreten, jedoch keineswegs 1939 wieder ausgetreten, wie er Jaksch gegenüber behauptete. Stattdessen war Brennecke im Oktober 1939 vom NSDAP-Gau Pommern, Ortsgruppe Stettin, lediglich in den NSDAP-Gau Magdeburg-Anhalt, Ortsgruppe Dessau, übergewechselt. Zwar war er tatsächlich im Mai 1936 in Pommern wegen „unbekannten Aufenthalts" als NSDAP-Mitglied gestrichen worden, doch war im Februar 1938 diese Streichung wieder rückgängig gemacht worden, da man unterdessen festgestellt hatte, dass Brennecke seine Mitgliedsbei-

---

[316] Ebenda, Brennecke an „Lieber Genosse Jaksch", 12. 8. 1965.

5. BdV und NS-Vergangenheit: Der Konflikt um ein angebliches NS-Netzwerk 75

träge stets ordnungsgemäß weitergezahlt hatte.[317] Im Übrigen hatte Brenneckes Wechsel von Stettin nach Dessau berufliche Gründe, die aufs Engste mit der NSDAP zusammenhingen, denn seit dem 1. Juli 1939 wurde er in der Gauleitung Magdeburg-Anhalt als „Gaustellenleiter" im „Gau-Presseamt" und für den „NS-Gaudienst" beschäftigt. Noch im Jahre 1943 war er in dieser Funktion für diese Gauleitung tätig[318] und bestätigte dies gegenüber der Reichsschrifttumskammer am 30. März 1943 sogar persönlich – ebenso wie die Tatsache, seit Mai 1933 ununterbrochen der NSDAP anzugehören.[319] Im BdV-internen Konflikt von 1965 war folglich der Ankläger eindeutig selbst NS-belastet, wenn auch als NS-Propagandist und nicht als SS-Täter.

Dieser BdV-interne Konflikt des Jahres 1965 bietet Anlass für eine Gesamtüberprüfung der damaligen Verbandsführung – des Präsidiums sowie der Bundesgeschäftsstelle. Dabei ergibt sich infolge der im Rahmen dieses Gutachtens, das andere Hauptaufgaben zu verfolgen hatte, nur mit begrenztem Zeitaufwand möglich gewesenen Überprüfung bislang das folgende Bild:

1965 amtierte das fünfte Präsidium des BdV, das mit dem Präsidentenwechsel von Hans Krüger zu Wenzel Jaksch am 1. März 1964 ins Amt gelangt war. Ebenso wie Jaksch waren die vier Vizepräsidenten dieses bis 1966 amtierenden Präsidiums (Schellhaus, Gossing, Rehs und Wollner) sämtlich Veteranen aus dem Gründungspräsidium von 1958. Von den acht einfachen Mitgliedern des fünften Präsidiums gehörten hingegen nur noch drei – Mocker, Trischler und Ulitz – zur Gründungsmannschaft von 1958. Sie wurden ergänzt durch den Sozialdemokraten Walter Richter, der als Landesvorsitzender des BdV in Bayern wirkte, den parteilosen Friedrich Walter, der BdV-Landesvorsitzender von Nordrhein-Westfalen war, den niedersächsischen FDP-Landtagsabgeordneten Willi Homeier, der auch als stellvertretender Vorsitzender des dortigen BdV-Landesverbandes fungierte, den pommerschen Landsmannschaftsfunktionär Hans Edgar Jahn, der 1965 CDU-Bundestagsabgeordneter wurde, und den prominenten sudetendeutschen Landsmannschaftspolitiker Hans-Christoph Seebohm, der von 1949 bis 1966 ununterbrochen – zunächst als Mitglied der rechtskonservativen „Deutschen Partei" (DP), ab 1960 der CDU – als Bundesverkehrsminister amtierte. Kooptiert waren als Präsidiumsmitglieder außerdem der West-Berliner BdV-Landesvorsitzende Hans Matthee und Senatorin a. D. Hertha Pech für die „Frauenorganisation" des BdV.[320]

---

[317] BAB, BDC, NSDAP-Mitgliedskartei Joachim Brennecke (Nr. 1393157); ebenda, BDC, PK Brennecke, NSDAP-Reichsleitung, Mitgliedschaftsamt, an NSDAP-Gauleitung Pommern, Gauschatzmeister, 22.2.1938, und NSDAP-Gauleitung Pommern, Gauschatzmeister, an NSDAP-Reichsleitung, Mitgliedschaftsamt, 28.2.1938.
[318] Ebenda, BDC, PK Brennecke, Besoldungsdienstalter-Blätter zu J. Brennecke von 1939 und 1943.
[319] Ebenda, BDC, PK Brennecke, Joachim Brennecke, Fragebogen zur Bearbeitung des Aufnahmeantrages für die Reichsschrifttumskammer, 30.3.1943.
[320] Vgl. BAK, B 106/27361, Bl. 36–37, BdV, Organisationsplan BdV-Präsidium und Bundesgeschäftsstelle, Stand Ende 1965; Stickler, „Ostdeutsch heißt gesamtdeutsch", S. 455 f.; zuweilen findet sich auch die Schreibweise „Herta Pech".

Von dieser Führungsmannschaft war mit Blick auf den Nationalsozialismus eindeutig unbelastet BdV-Präsident Wenzel Jaksch selbst. Hingegen waren drei der vier Vizepräsidenten des Jahres 1965 ehemalige Mitglieder der NSDAP – die GDP-Politiker Gossing und Schellhaus ebenso wie der SPD-Bundestagsabgeordnete Rehs. Das einzige Nichtmitglied der NSDAP, Vizepräsident Wollner, hatte wiederum der Waffen-SS angehört.

Ehemalige NSDAP-Mitglieder waren auch die einfachen Präsidiumsmitglieder Ulitz und Mocker, während Trischler als Auslandsdeutscher zwar nicht der NSDAP angehört, aber Abgeordneter einer entsprechenden NS-Gruppierung in Ungarn gewesen war. Eine NSDAP-Mitgliedschaft wiederum hatte das neue BdV-Präsidiumsmitglied Hans-Edgar Jahn[321] aufzuweisen; Jahn war im Zweiten Weltkrieg zum NS-Führungsoffizier avanciert und 1943 als Verfasser einer NS-Propagandaschrift namens „Der Steppensturm" hervorgetreten, in der er den Sowjetkommunismus („Bolschewismus") als jüdische Erfindung bezeichnet und die Einwohner der Sowjetunion als „Bastarde zwischen Mensch und Tier" eingestuft hatte.[322] Der Danziger Willi Homeier, vom GB/BHE zur FDP gestoßen, hatte ab dem 1. September 1940 der NSDAP angehört.[323] Der im oberschlesischen Neiße geborene Friedrich Walter war zum 1. Mai 1937 der NSDAP beigetreten.[324] Dasselbe gilt vermutlich für die aus Danzig stammende Hertha Pech, die der NSDAP am 1. Mai 1933 beigetreten sein dürfte.[325] Im Sinne des Fehlens von NSDAP- oder SS-Mitgliedschaft unbelastet waren neben Wenzel Jaksch lediglich der gebürtige Oberschlesier Hans-Christoph Seebohm[326], den die SED-Propaganda jedoch als „Arisierungsgewinnler" anklagte, da er während des Zweiten Weltkrieges im Sudetenland Direktor eines vom NS-Regime den jüdischen Vorbesitzern entrissenen Unternehmens geworden sei[327], sowie die Präsidiumsmitglieder Walter Richter und Hans Matthee. Über die Vergangenheit des Letzteren hatte bereits das DDR-Ministerium für Staatssicherheit geforscht, ohne eine NS-Belastung eruieren zu

---

[321] Vgl. BAK, B 106/27361, Bl. 36–37, BdV, Organisationsplan BdV-Präsidium und Bundesgeschäftsstelle, Stand Ende 1965.
[322] Zu Jahn: Bevers, Der Mann hinter Adenauer, S. 111; Amos, Vertriebenenverbände im Fadenkreuz, S. 163.
[323] Klausch, Braune Wurzeln – Alte Nazis in den niedersächsischen Landtagsfraktionen von CDU, FDP und DP, S. 20; zit. nach: http://linksfraktion-niedersachsen.linkes-cms.de/fileadmin/linksfraktion-niedersachsen/Texte/Broschueren_PDF/Broschuere_Nazis_internet.pdf (28.12.2011).
[324] BAB, BDC, NSDAP-Mitgliedskarte Friedrich Walter (Nr. 4940570); ein Hinweis darauf fehlt im Artikel der „Ostdeutschen Biographie", der nur Walters Wehrmachtskarriere ausgiebig beschreibt; vgl. http://www.ostdeutsche-biographie.de/waltfr87.htm (28.12.2011).
[325] Dies gilt unter der Voraussetzung, dass die BdV-Funktionärin Hertha Pech, deren Geburtsdatum uns leider nicht vorliegt, identisch ist mit der am 11.12.1893 geborenen Danzigerin; vgl. BAB, BDC, NSDAP-Mitgliedskarte Herta Pech (Nr. 2650900); es gibt nachweislich noch zwei weitere, 1921 und 1927 geborene NSDAP-Mitglieder gleichen Namens (Nr. 7190501; Nr. 9772428).
[326] Vgl. den biographischen Abriss bei Franzen, Der vierte Stamm Bayerns, S. 506.
[327] Braunbuch 1965, S. 265.

können.³²⁸ Demnach bleibt festzuhalten, dass sich unter fünfzehn Mitgliedern des BdV-Präsidiums, das zur Zeit der Brennecke-Affäre 1965 im Amt war, mindestens neun, vermutlich sogar zehn der NSDAP oder einer verwandten ausländischen Parteiengruppierung angehört hatten, während ein weiterer Offizier (Führer) der Waffen-SS gewesen war.

Mit Blick auf die diesem Präsidium unterstellte Bundesgeschäftsstelle des BdV ergibt sich ein ähnliches Bild starker Durchsetzung mit ehemaligen Nationalsozialisten. Der zentrale Bonner Verwaltungsapparat des Vertriebenenverbandes stand Ende 1965 unter Leitung des unterdessen zum Generalsekretär beförderten Bundesgeschäftsführers Regierungsrat a. D. Herbert Schwarzer, dem vom stellvertretenden Bundesgeschäftsführer Dr. Carl Cramer assistiert wurde. Der überschaubare Apparat gliederte sich in neun Referate und einen kleinen Kreis freier Mitarbeiter. Als Kulturreferent war dem im März 1965 entlassenen Brennecke Siegfried Kottwitz gefolgt, dem Brenneckes Sachbearbeiter Johannes Walter weiterhin unterstand. Kottwitz verwaltete zugleich sein ursprüngliches Referat für Jugend und Volkstumsfragen weiter. Als Referent für Öffentlichkeitsarbeit im Ausland fungierte Dr. Alfred Domes, Referentin für Frauenarbeit und karitative Volkstumsarbeit war Frau Freda von Loesch, die Tätigkeit als Pressereferent und Redakteur der BdV-Zeitschrift „Deutscher Ostdienst" wurde von Clemens J. Neumann wahrgenommen. Referent für „Organisation und Aktion" war Konrad von Randow, Referent für Fragen des Lastenausgleichs ein Dr. Schmidtmayer, der Referent für Soziales und Wohnungswesen hieß Dr. Georg Schebesta, sein Kollege für Außenpolitik war Dr. Hans Schulz-Vanselow. Diesen besoldeten Verwaltungsapparat ergänzten drei freie Mitarbeiter – darunter der spätere BdV-Generalsekretär Dr. Hans Neuhoff.³²⁹

Auf die NSDAP-Vergangenheit der frühen BdV-Generalsekretäre hat bereits der „Spiegel" hingewiesen: „Dass der 1906 geborene Oberschlesier [Schwarzer] (NSDAP-Mitglieds-Nr. 291 754) schon im August 1930 in die Partei eingetreten und damit im Verständnis der Nazis ein ‚alter Kämpfer' war, blieb bis heute unbekannt – genau wie die NSDAP-Mitgliedschaft seiner Amtsnachfolger Hans Neuhoff (eingetreten 1940) und Klaus Graebert (eingetreten 1938)."³³⁰ Schwarzer, bereits als Jurastudent der NSDAP im August 1930 und damit noch vor deren ersten großen Wahlsieg im September 1930 beigetreten³³¹, wurde 1940 in der „Reichstreuhänderverwaltung" beim Reichsarbeitsministerium eingesetzt, bevor er im Mai 1942 nach Kattowitz versetzt wurde³³², wo er im Gauarbeitsamt und

---

[328] Amos, Vertriebenenverbände im Fadenkreuz, S. 86.
[329] BAK, B 106/27361, Bl. 36–37, BdV, Organisationsplan Präsidium und Bundesgeschäftsstelle, Stand 31.12.1965; ebenda, B 234/1388, BdV, Krüger / Schwarzer, Arbeitsbericht für das Jahr 1962, o. D. [Juli 1963], Anlage: Organisationsplan der Bundesgeschäftsstelle – Stand Mai 1963.
[330] Kloth / Wiegrefe, Unbequeme Wahrheiten, S. 48.
[331] BAB, BDC, NSDAP-Mitgliedskarte Herbert Schwarzer.
[332] Vgl. BAB, R 3012/468, Akten zu Herbert Schwarzer.

beim Reichstreuhänder der Arbeit tätig geworden sein soll.³³³ Der 1921 in Königsberg geborene Hans Neuhoff war der NSDAP allein schon altersbedingt erst sehr viel später, zum 1. September 1940, beigetreten, und zwar ebenfalls als Student.³³⁴ Was der „Spiegel" jedoch nicht berichtete, war eine parallel zum NSDAP-Beitritt begonnene Tätigkeit Neuhoffs, die noch sehr viel belastender erscheint. Der Student wurde nämlich seit dem 26. August 1940 – und damit wenige Tage vor seinem Parteibeitritt – als „Mitarbeiter" und „Leiter der Kartei" im „SS-Ansiedlungsstab" im oberschlesischen Bielitz (Bielsko) eingesetzt, nachdem er sich bereits bis 1939 als Funktionär des NS-Studentenbundes profiliert hatte.³³⁵ Damit war Neuhoff in einer SS-Institution tätig, die als Exekutivorgan der nationalsozialistischen Rassen- und Siedlungspolitik im annektierten Teil des 1939 besetzten Polen betrachtet werden muss. Die SS hatte ab März 1940 in jedem Gau ein bis zwei „Ansiedlungsstäbe" eingerichtet, deren Zahl später weiter expandierte. Hauptaufgabe der Ansiedlungsstäbe waren die Analyse der Bevölkerungsstruktur sowie die „Erfassung und Verkartung der Dörfer und Höfe, mit dem Ziel, genügend Betriebe für die Ansiedlung von Volksdeutschen bereitzustellen, wobei oftmals mehrere polnische Betriebe zu einem einzigen ‚deutschen Hof' zusammengelegt wurden. Aus diesen Planungen ergab sich dann die Zuständigkeit der SS-Ansiedlungsstäbe „für die Aussiedlung der Polen und die Ansiedlung von Volksdeutschen in ihrem Kreis", und es gibt Hinweise, dass die „SS-Siedlungsexperten" oft auch „die Deportation der jüdischen Einwohner veranlassten".³³⁶ Neuhoff hatte am 3. Februar 1940 „an Eidesstatt" gelobt, über alle dienstlichen Angelegenheiten, von denen er „als Angehöriger der Dienststelle des Höheren SS- und Polizeiführers Süd-Ost als Beauftragter des Reichskommissars für die Festigung deutschen Volkstums" Kenntnis erhielt, stets „Verschwiegenheit zu bewahren" und das „Dienstgeheimnis zu wahren".³³⁷ Neuhoff war zwischen Juli 1940 und Mitte Mai 1941 „in den verschiedenen Ansiedlungsgebieten des Ostens beschäftigt", wobei er sich „sowohl als Mannschaftsführer der verschiedenen Arbeitsgruppen als auch als Mitarbeiter in der Planungs- und Erfassungsarbeit" betätigte und für seine „Gestaltung des Karteiwesens in der Abteilung Ansiedlung beim Gauleiter und Oberpräsidenten [von Schlesien / Oberschlesien] als Beauftragter" des Reichsführers SS in dessen Eigenschaft als Reichskommissar für die Festigung deutschen Volkstums belobigt wurde.³³⁸ Neuhoff war somit mehr als ein studentischer Hilfsarbeiter. Noch im Juli 1944 drängte er auf eine Bescheini-

---

[333] BStU, Archiv der Zentralstelle, MfS-HA IX/11 FV 13/71 Bd. 4, Bl. 8 ff., insb. Bl. 17–19, MdI DDR, Dokumentationszentrum der Staatlichen Archivverwaltung, Seckendorf, „Analyse zur Durchsetzung der Führungsorgane des Bundes der Vertriebenen (BdV) mit Nazis (Stand: September 1969)", Dezember 1969.
[334] BAB, BDC, NSDAP-Mitgliedskarte Hans Neuhoff (Nr. 7855717).
[335] Ebenda, BDC, PK Hans Neuhoff, Personal-Fragebogen o. D.
[336] Heinemann, „Rasse, Siedlung, deutsches Blut", S. 217 f., S. 220 und S. 223.
[337] BAB, BDC, RK Hans Neuhoff, Protokoll der Verpflichtungsverhandlung vom 3. 2. 1940.
[338] Ebenda, [Der Beauftragte des RFSS als Reichskommissar für die Festigung deutschen Volkstums, Ansiedlungsstab Süd (Bielitz)], Entwurf eines Dienstleistungszeugnisses für Student Hans Neuhoff, 24. 6. 1941.

5. BdV und NS-Vergangenheit: Der Konflikt um ein angebliches NS-Netzwerk 79

gung, dass er in seiner zuletzt in Bielitz ausgeübten Tätigkeit kein untergeordneter Mitarbeiter, sondern „Dezernent" bzw. „Leiter des Dezernats Kartei" in dieser SS-Dienststelle gewesen sei.[339]

Was die 1965 in der BdV-Bundesgeschäftsstelle tätigen Referenten angeht, konnte Kottwitz, der dem „Flakhelfer"-Jahrgang 1929 angehörte, der NSDAP rein altersmäßig nicht beigetreten sein.[340] Auch der Sudetendeutsche Domes scheint der NSDAP nicht angehört zu haben.[341] Freda von Loesch wiederum, eine 1910 im schlesischen Lüben geborene Gräfin Finck von Finckenstein, die als Ehefrau eines volksdeutschen Gutsbesitzers in Polen bzw. im Warthegau lebte[342], war zum 1. August 1941 in die NSDAP eingetreten.[343] Der aus Ostpreußen stammende Clemens J. Neumann hingegen war offenbar kein Mitglied der NS-Partei gewesen; jedenfalls findet sich in der NSDAP-Mitgliederkartei des BDC kein Hinweis. Dasselbe gilt für von Randow, Schebesta und Schulz-Vanselow, während über Schmidtmayer infolge unzulänglicher Angaben zur Person (Vornamen, Geburtsdatum) nichts ausgesagt werden kann.

Das gilt – infolge des Fehlens weiterer Angaben zur Person, namentlich zu Geburtsdatum und –ort – auch für jenen Johannes Walter, dem sein Vorgesetzter Jochen Brennecke 1965 vorgeworfen hat, als ehemaliger SS-Mann mit Gestapo und SD zu tun gehabt zu haben. Eine SS-Belastung Walters wäre allerdings erwiesen, sollte es sich beim Sachbearbeiter der BdV-Geschäftsstelle um den am 6. Mai 1905 in Breslau geborenen Johannes Walter gehandelt haben. Dieser nämlich, ein Verwaltungsbeamter, war zum 1. Mai 1933 in die NSDAP und im Juni 1933 auch in die SA eingetreten, aus der er im März 1934 in die SS überwechselte. Dort brachte es Walter bis 1940 nicht nur zum Offiziersrang eines Obersturmführers, er fungierte ab 1934 auch für zweieinhalb Jahre als hauptamtlicher SS-Führer im Sicherheitsdienst der SS (SD), bevor er Ende 1936 die Bürgermeisterstelle eines niederschlesischen Ortes übernahm. Im Zuge der deutschen Eroberung Polens wurde dieser Johannes Walter im Herbst 1939 zum „Amtskommissar" der Stadt Jarotschin im Warthegau ernannt[344], bis der dortige Landrat (zugleich Kreisleiter der NSDAP) gegen ihn im Herbst 1941 schwere Anschuldigungen wegen diverser „Dienstvergehen" erhob.[345] Infolgedessen wurde im Dezember 1941 auch ein SS-Disziplinarverfahren gegen Walter eingeleitet, das im Juni 1942 jedoch nieder-

---

[339] Ebenda, Cand. Ing. Hans Neuhoff, Danzig, an Gauleiter und Oberpräsident – Beauftragter des RFSS als Reichskommissar f. d. F. d. V., Kattowitz, 31. 7. 1944.

[340] Vgl. „Siegfried Kottwitz", in: Das Ostpreußenblatt v. 6. 10. 1979, S. 12, wonach Kottwitz am 3. 11. 1929 in Breslau geboren wurde; entsprechend findet sich im BDC kein Hinweis auf eine NSDAP-Mitgliedschaft.

[341] Jedenfalls findet sich in den Akten des BDC kein Hinweis auf eine NSDAP-Mitgliedschaft.

[342] Vgl. http://www.ostdeutsche-biographie.de/loesfr10.htm (28. 12. 2011), wo ein Hinweis auf Loeschs NSDAP-Mitgliedschaft jedoch fehlt.

[343] BAB, BDC, NSDAP-Mitgliedskarte Freda v. Loesch (Nr. 8434242).

[344] BAB, BDC, RS (G 572), Akte Johannes Walter, Johannes Walter, Fragebogen des Rasse- und Siedlungshauptamtes SS, 11. 2. 1942.

[345] Ebenda, Landrat Jarotschin, Orlowski, an Amtskommissar Jarotschin, Walter, 27. 10. 1941.

geschlagen wurde.[346] In Jarotschin hatte Walter nicht nur als kommissarischer Bürgermeister, sondern auch als Ortsgruppenleiter der NSDAP fungiert und „die nebenberufliche Leitung der SD-Außenstelle" übernommen[347]; letzteres war nur folgerichtig, hatte Walter doch nach seinem 1936 erfolgten Ausscheiden aus der hauptamtlichen SD-Tätigkeit weiterhin „ehrenamtlich" für den SS-Geheimdienst gearbeitet.[348] Noch während seines SS-Disziplinarverfahrens wurde Walter von der Prager Außenstelle des Rasse- und Siedlungshauptamtes angefordert, um die bislang unbesetzte „RuS-Dienststelle Reichenberg" – also die dortige Außenstelle des Rasse- und Siedlungshauptamtes (RuSHA) der SS – zu aktivieren.[349] Ende März 1942 wurde Walter in dieser Funktion bestätigt, da er „die ihm übertragenen Arbeiten bisher zur vollsten Zufriedenheit durchgeführt" habe.[350] Seit Januar 1943 war Walter zudem im SD-Leitabschnitt Reichenberg (Sudetengau) tätig, bevor er sogar zu dessen „Hauptabteilungsleiter" avancierte und damit wieder hauptberuflich für den SD tätig wurde. Zwischenzeitlich scheint Walter auch eine „Dienststellung als Führer im Reichssicherheitshauptamt" innegehabt zu haben, bis er dieser Funktion im März 1944 auf eigenen Wunsch enthoben und als Führer der Waffen-SS an die Front versetzt wurde.[351]

Im Unterschied zur bestens dokumentierten NS- und SS-Karriere dieses Johannes Walter findet sich weder eine NSDAP-Mitgliedskarte noch eine SS-Personalakte im Falle des stellvertretenden BdV-Bundesgeschäftsführers Carl Cramer. Hatte dieser – 1911 in Siebenbürgen geboren und 2004 verstorben[352] – also 1965 zu Recht seinen Ankläger Brennecke unter Androhung strafrechtlicher Schritte dazu gezwungen, die Vorwürfe, er sei „Mitglied der SS, des Sicherheitsdienstes (SD) und der NSDAP gewesen", nebst weiteren Beschuldigungen zu widerrufen?[353]

Cramer, der sich 1959 dem Presse- und Informationsamt der Bundesregierung „als engster Mitarbeiter des MdB Krüger", also des neuen BdV-Präsidenten, vorstellte[354], geriet zwangsläufig in den Fokus des DDR-Geheimdienstes.[355] Hier ist

---

[346] BAB, SSO 219 B: Johannes Walter.
[347] BAB, BDC, RS (G 572), Akte Johannes Walter, Landrat Jarotschin an Reichsführer SS, Rasse- und Siedlungshauptamt, 23. 2. 1942.
[348] BAB, SSO 219 B: Johannes Walter.
[349] Ebenda, Rasse- und Siedlungshauptamt SS, Außenstelle Böhmen-Mähren, an Rasse- und Siedlungshauptamt SS, Personalabteilung, 26. 1. 1942.
[350] Ebenda, Rasse- und Siedlungshauptamt SS, Außenstelle Böhmen-Mähren, an Rasse- und Siedlungshauptamt SS, Personalabteilung, 31. 3. 1942; vgl. zur „rassenpolitischen" Tätigkeit Walters in Reichenberg auch Heinemann, „Rasse, Siedlung, deutsches Blut", S. 178–180, der zufolge Walter bereits im September 1941 in dieser Funktion im Sudetengau tätig war.
[351] BAB, SSO 219 B: Johannes Walter.
[352] Vgl. „Carl Cramer leistete wertvolle Vertriebenenarbeit", in: Siebenbürgische Zeitung v. 24. 4. 2004, zit. nach: http://www.siebenbuerger.de/zeitung/artikel/altearticle/3088-carl-cramer-leistete-wertvolle.html (30. 12. 2011).
[353] BAK, B 234/1496, Rechtsanwalt Simon an Jochen Brennecke, 12. 5. 1965.
[354] BAK, B 145/3500, Bundespresseamt, Abt. Inland, Dr. Glaesser, Aufzeichnung vom 27. 1. 1959, und BdV, Dr. Cramer, Aufzeichnung v. 5. 1. 1959.
[355] BStU, Archiv der Zentralstelle, MfS ZAIG Nr. 9708 Teil 2, Bl. 447, MfS DDR, Übersicht über die Führung des BdV, ca. 1966/67.

insbesondere eine ausführliche Expertise über den BdV von Interesse, die ein anonymer Informant aus der Bundesrepublik etwa im Spätsommer 1962 erstellte.[356] Dieser Informant war nach eigenen Angaben ein früherer „Bürger Westberlins und als Journalist für verschiedene staatliche und andere Institutionen in Westdeutschland und in Westberlin tätig" gewesen; zuvor habe er als „Sachbearbeiter bzw. Geschäftsführer der Westberliner Organisationen ‚Bund der Verfolgten des Naziregimes' und des ‚Bundes für Freiheit und Recht', gleichzeitig als Funktionär der Sozialdemokratischen Partei der [...] mittleren Ebene" gearbeitet. Aufgrund dessen habe er einflussreiche Personen kennengelernt, darunter den BdV-Funktionär Dr. Cramer, mit dem er oft in dessen Bonner Dienststelle zusammengetroffen sei. Cramer habe sich als Strippenzieher im Hintergrund der BdV-Gründung dargestellt und erklärt: „Meine Bemühungen seit Anfang 1958 im Auftrage der Bonner Regierung und anderer Stellen, die für uns lebensnotwendig sind, die bisherige organisatorische Teilung der Vertriebenen aufzuheben, haben [...] ihre großartige Erfüllung gefunden. [...] Wir wußten ja, wo positive oder negative Auffassungen waren[,] und so konnten wir ohne viel Rücksichtnahme gegen die Funktionäre angehen, die gegen eine Vereinigung waren. [...] Das Präsidium wurde erst einmal für sechs Monate gewählt. Während dieser Zeit wird sich herausstellen, wer von den Präsidiumsmitgliedern in unseren Streifen paßt [sic!], wer wieder gehen muß. In Zukunft können wir uns ganz einfach nicht mehr erlauben, schon unter den Mitgliedern des Präsidiums unterschiedliche Auffassungen zu dulden. Wir müssen eine verschworene Gemeinschaft sein, denn die Bonner Regierung wird uns in der Zukunft Aufgaben übertragen, die eine Geschlossenheit nach innen und außen verlangen."[357] Der MfS-Informant behauptete, Cramer habe ihm angeboten, einen scheinbar neutralen, in Wahrheit aber im Auftrag des BdV arbeitenden Presse-Informationsdienst in Luxemburg aufzubauen.[358]

In diesem Zusammenhang berichtete der Stasi-Konfident Details über Cramers angebliche NS-Vergangenheit: „Dieser Dr. Cramer war damals schon der wichtigste und geheimnisvolle Mann im Hintergrund und er ist es heute noch wesentlich verstärkt. Seine vielseitigen Erfahrungen für seine Hintergrundarbeit holte er sich während der Nazizeit bei einer der wohl gehaßtesten [sic!] SS-Zentralen: Dem Reichssicherheitshauptamt. Und Dr. Cramer erzählte mir, daß er in sehr verantwortlicher Funktion im Auftrage des Reichssicherheitshauptamtes der SS in Südost-Europa im Einsatz war und daß ihm heute eine große Anzahl seiner damaligen Mitarbeiter wieder zur Verfügung stehen." Cramer sei nach 1945 zeitweilig untergetaucht, habe aber nach Gründung der Bundesrepublik „gleich An-

---

[356] Darin wurden der Mauerbau vom August 1961 und die Bundestagswahl desselben Jahres als etwa ein Jahr zurückliegend bezeichnet; vgl. BStU, Archiv der Zentralstelle, MfS ZAIG Nr. 9704 Teil 1, Bl. 2–41, insb. Bl. 29, Anonymes Dossier: „A) Der westdeutsche und auch in Westberlin großen Einfluß nehmende Dachverband der 29 ‚Vertriebenen-Landsmannschaften', der sich ‚Bund der Vertriebenen, Vereinigte Landsmannschaften und Landesverbände' nennt", o. D. [ca. 1962].
[357] Ebenda, Bl. 8 f.
[358] Ebenda, Bl. 9 f. und Bl. 41.

schluß" bei den Vertriebenenorganisationen gefunden. „Damals und heute arbeitet dieser Dr. Cramer nach konspirativen Regeln und zu seiner offiziellen Absicherung, also als Legende, übt er den Vorsitz der ‚Arbeitsgemeinschaft Oder-Neiße-Linie' aus. Dieser Dr. Cramer ist der Mann, der für die ‚Vertriebenen' wichtigsten geheimen Hebel ansetzt, der die geheimen Weichen stellt. Doch nicht nur für die ‚Vertriebenen', sondern im gleichen Maße auch für den ‚Bundesnachrichtendienst' und für das ‚Bundesamt für Verfassungsschutz'."[359]

Wir wissen nicht, ob diese Behauptungen zutreffen. Beachtlich aber ist, dass dieser Bericht an das MfS der DDR völlig unabhängig von den BdV-internen Vorwürfen Brenneckes erstellt wurde und dennoch in ähnlicher Weise auf eine frühere SS-, SD- und RSHA-Vergangenheit des stellvertretenden BdV-Bundesgeschäftsführers abhob. Im Rahmen unseres Gutachtens lässt sich die Vergangenheit Carl Cramers im „Dritten Reich" – sei sie nun NS-belastet oder nicht – jedoch nicht abschließend klären. Bereits die vorliegenden Recherchen aber zeigen: Weitere Nachforschungen zur NS-Vergangenheit des Gründungspersonals des BdV und zu dessen politischer Vernetzung in der frühen Bundesrepublik dürften lohnend erscheinen.

Unsere Studie hat sich im Folgenden auf jene dreizehn Personen zu konzentrieren, welche das 1958 erste Präsidium des BdV gebildet haben. Dabei muss man sehen, dass die Beschränkung auf eine bloße Suche nach NSDAP-Mitgliedschaften und anderen formalen Belastungsmomenten unzureichend, da viel zu schematisch bleibt. Es bedarf einer erheblich aufwendigeren Forschungsarbeit, um Denken, Handeln und Handlungsumstände der untersuchten Personen einschätzen zu können. Zu diesem Zwecke wird ein gruppenbiographischer Ansatz kombiniert mit einer Analyse gesellschaftlicher und politischer Rahmenbedingungen. Erst vor diesem Hintergrund wird das individuelle Handeln einigermaßen beurteilungsfähig.

---

[359] Ebenda, Bl. 10 f.

II. Die Angehörigen des ersten BdV-Präsidiums: Lebensläufe bis 1933

1. Generationen und Generationserfahrungen

Die dreizehn Mitglieder des 1958 konstituierten ersten Präsidiums des BdV entstammten unterschiedlichen Altersgruppen und Generationen und wurden folglich durch unterschiedliche, jeweils nur Teilgruppen unserer Untersuchungsgruppe verbindende Generationserfahrungen sozialisiert und politisch geprägt. Zum Zeitpunkt der Bildung des ersten BdV-Präsidiums lag das Durchschnittsalter der Mitglieder dieses Gremiums Ende 1958 bei achtundfünfzig Jahren. Nur ein einziger damals 35jähriger repräsentierte die junge Erwachsenengeneration (7,7 Prozent der Präsidiumsmitglieder), die 1958 in der Bundesrepublik Deutschland 27,6 Prozent der Bevölkerung stellte. 53,8 Prozent der BdV-Präsidiumsmitglieder gehörten hingegen der Altersgruppe der 40-60jährigen an, die innerhalb der Bevölkerung einen Anteil von nur 26,4 Prozent aufzuweisen hatte. Den stärksten Einzeljahrgang repräsentierten jene drei Präsidiumsmitglieder, die 1958 siebenundfünfzig Jahre alt waren. Weitere drei Präsidiumsmitglieder (23 Prozent) zählten zur Generation der 60-80jährigen, die in der Bevölkerung einen Anteil von 15,3 Prozent stellte. Zwei Angehörige dieser Gruppe waren 62 und 65 Jahre alt, einer jenseits der 70. Ein BdV-Präsidiumsmitglied zählte zur Altersgruppe der über 80jährigen, die in der Bevölkerung nur 1,5 Prozent ausmachten.[1]

Somit dominierte im ersten BdV-Präsidium die Generation der um 1900 Geborenen: Die knapp über Dreißigjährigen des Jahres 1933 und die Vierzig- bis Fünfundvierzigjährigen des Jahres 1945 stellten 1958 sieben von dreizehn Führungsmitgliedern des „Bundes der Vertriebenen". Zu dieser Generation Ludwig Erhards (1897) oder Heinrich Himmlers (1900) gehörten in der ersten BdV-Führung Alfred Gille (1901), Reinhold Rehs (1901), Erich Schellhaus (1901), Hans Krüger (1902), Josef Trischler (1903), Hellmut Gossing (1905) und Karl Mocker (1905).

Zur älteren Kohorte der bereits um 1890 geboren und damit zur Altersgruppe Adolf Hitlers (1889), Charles de Gaulles (1890) oder Walter Ulbrichts (1893) gehörten Otto Ulitz (1885), Linus Kather (1893) und Wenzel Jaksch (1896).

Zur ältesten Generation der 1870er und damit zur Generation Winston Churchills (1874), Konrad Adenauers (1876) oder Jossif Stalins (1878/79) gehörte lediglich Rudolf Lodgman (1877). Jedoch waren auch jüngere Altersgruppen der Jahrzehnte nach 1900 nur schwach vertreten – die Kohorte der Jahrgänge um 1910 und damit der Altersgruppe Erich Honeckers (1912) oder Willy Brandts

---

[1] Vgl. zur Bevölkerungsstatistik von 1958: http://www.destatis.de/jetspeed/portal/cms/Sites/destatis/Internet/DE/Content/Statistiken/Zeitreihen/LangeReihen/Bevoelkerung/Content100/lrbev01ga,templateId=renderPrint.psml (22.7.2011).

(1913) repräsentierte lediglich Heinz Langguth (1908), zur jüngsten Generation der um 1920 Geborenen – der Generation Helmut Schmidts (1918) oder Richard von Weizsäckers (1920) – gehörte allein Rudolf Wollner (1923). Stattdessen dominierte im BdV-Präsidium 1958 eine Generation, die – um die Wende vom 19. zum 20. Jahrhundert geboren – zu jung zur Kriegsteilnahme am Ersten Weltkrieg gewesen war, die jedoch die Nachkriegs- bzw. Zwischenkriegszeit bewusst miterlebt und auch mitzugestalten begonnen hatte. Zum Zeitpunkt ihrer Konfrontation mit dem Nationalsozialismus als Herrschaftssystem – also im Deutschen Reich und in Danzig 1933, im Falle der Sudetendeutschen 1938, im Falle der Jugoslawiendeutschen 1941 – stand diese Generation bereits ausgebildet im Berufsleben und schickte sich an, zur maßgeblichen aktiven Generation ihrer jeweiligen Gesellschaft zu werden. Anders als in den politischen Spitzenämtern der Bundesrepublik ab 1949, in die mit Theodor Heuss, Konrad Adenauer und anderen die dominierenden Generationen des späten Kaiserreiches und der Weimarer Republik zurückgekehrt waren, repräsentierte die BdV-Führung altersmäßig eher die Trägergeneration des „Dritten Reiches" – ob diese Generation dieses Regime nun bejaht hatte oder nicht. Diese „Kriegsjugendgeneration" der Jahrgänge zwischen 1900 und 1910 ist als die erste signifikante „politische Generation" des 20. Jahrhunderts identifiziert worden – eine Generation, die durch die kollektive „Erfahrung des Untergangs der tradierten Welt [1918/19] und der Orientierung auf Rache geprägt" worden sei.[2]

Ein soziologischer Vorschlag zur Ausdifferenzierung der *politischen Generationen* im Deutschland des 20. Jahrhunderts beschränkt die für uns relevante älteste Generation der noch (in den Kaiserreichen der Hohenzollern und Habsburger) bis 1918 Sozialisierten auf die Geburtsjahrgänge bis 1903. Die in der Weimarer Republik (bzw. entsprechend in der Masaryk-Phase der Tschechoslowakei und der parlamentarischen Phase Jugoslawiens) Sozialisierten der Jahre 1919 bis 1932 werden auf die Geburtsjahrgänge zwischen 1904 bis 1917 konzentriert, während demnach die erst in der NS-Zeit zwischen 1933 und 1945 Sozialisierten den Geburtsjahrgängen von 1918 bis 1930 angehörten.[3]

Nimmt man dieses Generationenmodell zum Ausgangspunkt, stellt sich die politische Generationen-Statik im BdV-Präsidium von 1958 deutlich anders dar. Demnach würde die in der Zeit bis 1918 bereits sozialisierte ältere Generation – mit allerdings deutlich unterschiedlichen Kohorten – insgesamt neun von dreizehn Probanden umfassen: Neben der ältesten Kohorte, welcher Lodgman (1877), Ulitz (1885), Kather (1893) und Jaksch (1896) angehörten, gibt es eine jüngere Kohorte mit Gille (1901), Rehs (1901), Schellhaus (1901), Krüger (1902) und Trischler (1903). Demgegenüber würde die Generation der in der demokratischen Phase der 1920er Jahre Sozialisierten nur drei von dreizehn Probanden umfassen: Gossing (1905), Mocker (1905) und Langguth (1908). Zur jüngsten Generation

---

[2] Herbert, Drei politische Generationen im 20. Jahrhundert, S. 102.
[3] Bürklin, Demokratische Einstellungen im Wandel, S. 395.

der erst in der NS-Zeit nach 1933 Sozialisierten würde unverändert allein Wollner (1923) zu zählen sein.

Als problematisch erscheint insbesondere die Zuordnung der fünf zwischen 1901 und 1903 geborenen Präsidiumsmitglieder. Sie befinden sich an der Grenze – man könnte auch argumentieren: am Übergang – zwischen den politischen Generationen des Kaiserreiches und der 1920er Jahre. Unseres Erachtens wäre es zu schematisch, diese zahlenmäßig starke Gruppe allein durch die Ordnung bis 1918 als sozialisiert zu betrachten, denn ein Teil der Schulausbildung, vor allem aber die anschließende Berufs- bzw. Universitätsausbildung fielen bereits in die Umbruchsphase nach 1918. Ulrich Herberts oben zitierte These der Zusammenbruchserfahrung und Rache-Orientierung – die man abgeschwächt als Revisionsorientierung definieren könnte – ist für diese Gruppe ebenso bedeutsam gewesen wie für die nachfolgende jüngere Alterskohorte ab 1904. Wir werden freilich feststellen, dass auch konservativ orientierte Angehörige der älteren Generation (Lodgman, Ulitz) diese Generationenerfahrung von Zusammenbruch und Revisionismus infolge der Zäsur von 1918/19 teilten. Lediglich bewusste Angehörige von oppositionell (sozialdemokratisch) oder ambivalent (zentrumskatholisch) eingestellten Milieus der Kaiserzeit bis 1918 wie Jaksch oder Kather vermochten diese generationelle Grundstimmung abzuschwächen und zu mäßigen. Der NS-Sozialisierte jüngste Proband (Wollner) wurde demgegenüber durch die Doppel-Erfahrung eines erfolgreichen Revisionismus durch die NS-Politik 1938/39 und des totalen Scheiterns dieses NS-Imperialismus 1945 geprägt. Inwiefern Wollner infolgedessen durch die seiner HJ-Generation – die in seinem Falle eine HJ/SS-Generation war – nach 1945 attestierte „skeptische" Grundhaltung gegenüber Politik und Ideologie (Helmut Schelsky) geprägt war, die in „Ideologieferne, Pragmatismus, Nüchternheit und kritische[r] Grundhaltung als generationelle Leitbilder" ihren Ausdruck gefunden haben soll[4], kann hier nicht untersucht werden.

Die beiden ältesten Probanden der Geburtsjahrgänge 1877 bzw. 1885 müssen von den jüngeren innerhalb der Kaiserreich-Generation unterschieden werden, denn jene hatten in Beruf und Politik bereits bis 1918 wichtige Höhepunkte erlebt. Diese beiden, Lodgman und Ulitz, waren gerade infolge dieser weitreichenden Vorkriegsprägung in den Jahren zwischen 1918 und 1939 für ihre Rollen als prominente Wortführer des sudetendeutschen bzw. oberschlesischen „Auslandsdeutschtums" prädestiniert.

Interessant ist überdies, dass sich in den nächsten Altersgenossen Hitlers – Kather und Jaksch – auch die beiden bedeutendsten Hitler-Gegner innerhalb des BdV-Präsidiums wiederfanden. War es Zufall, dass diese mit Hitler Gleichaltrigen resistenter waren als die zahlreichen jüngeren Nachrücker? Oder war diese NS-Distanz bei Kather und NS-Widerständigkeit bei Jaksch lediglich Ausdruck des sozialmoralischen Milieus des politischen Katholizismus oder der sozialdemokratischen Arbeiterbewegung, dem sie entstammten – ganz unabhängig vom Alter? Immerhin fällt auf, dass ausgerechnet das jüngste Mitglied des BdV-Präsi-

---

[4] Herbert, Drei politische Generationen im 20. Jahrhundert, S. 105.

diums, Wollner, auch der einzige frühere SS-Angehörige in diesem Gremium gewesen ist. Sehr viel deutlicher wurde das Gründungspräsidium des BdV 1958 jedoch von ehemaligen NSDAP-Mitgliedern dominiert – mit freilich sehr unterschiedlichen politischen Lebensläufen und entsprechend verschiedenen Abstufungen an NS-Belastungen. Mit der Ausnahme eines Angehörigen der älteren Generation (Ulitz) gehörten diese früheren NSDAP-Mitglieder sämtlich den Jahrgängen zwischen 1901 und 1908 an – und damit der „Kriegsjugendgeneration" des Ersten Weltkrieges.[5]

2. Unterschiedliche regionale Herkünfte und Prägungen

Auch die unterschiedlichen regionalen Herkünfte haben unterschiedliche soziale und politische Prägungen bewirkt. Dabei hatten die einzelnen Mitglieder des dreizehnköpfigen Gründungspräsidiums des BdV sehr unterschiedliche geographische – sie hätten vermutlich eher gesagt: „landsmannschaftliche" – Herkünfte und entsprechend von einander abweichende Prägungen.

Dies gilt entsprechend für die Gesamtgruppe der sogenannten „Vertriebenen", die bekanntlich alles andere als eine homogene Gruppe (gewesen) ist. Von insgesamt 12,8 Millionen Vertriebenen, die als Überlebende eines ab 1944 über mehrere Jahre währenden Prozesses der Flucht, Vertreibung und Zwangsumsiedlung im Jahre 1950 in den drei Nachfolgestaaten des (territorial stark reduzierten) Deutschen Reiches – in der Bundesrepublik Deutschland, in der Deutschen Demokratischen Republik und in der Bundesrepublik Österreich – registriert wurden, lebten damals 8,1 Millionen Menschen in der Bundesrepublik Deutschland (wobei diese Gruppe durch weitere Zugänge aus der DDR und aus Osteuropa noch stark anwachsen sollte). 4,1 Millionen lebten 1950 in der DDR und 430 000 in Österreich, während 120 000 nach Westeuropa oder Übersee ausgewandert waren. Von den acht Millionen Vertriebenen, die 1950 in der Bonner Republik lebten, stammten über vier Millionen oder 54 Prozent aus jenen bisherigen „deutschen Ostgebieten" (des Deutschen Reiches in den Grenzen von 1937), die ab 1945 von Polen und der Sowjetunion verwaltet und bald annektiert worden waren. Die zweitgrößte Gruppe waren 1,9 Millionen Sudetendeutsche aus der Tschechoslowakei, die ein knappes Viertel (23,5 Prozent) der Gesamtgruppe bildeten; die Heimat dieser Menschen war infolge des Münchner Abkommens der vier Großmächte Deutschland, Italien, Großbritannien und Frankreich 1938 überwiegend dem Deutschen Reich zugesprochen worden, so dass sie Reichsbürger geworden waren. 1945 fielen diese Territorien an die wiedererrichtete Tschechoslowakei zurück, welche fast alle deutschen Bewohner (mit Ausnahme weniger anerkannter Antifaschisten) kollektiv ausbürgerte, vertrieb oder zwangsweise nach Deutschland aussiedelte. Vertriebene sogenannte „Volksdeutsche" aus Südosteuropa, die zumeist nie Bürger des Deutschen Reiches gewesen waren und prrimär aus Un-

---

[5] Der NS-sozialisierte Wollner hat zwar HJ und Waffen-SS, nicht aber der NSDAP angehört.

garn, Jugoslawien und Rumänien stammten, stellten mit 470 000 Personen 5,8 Prozent aller Vertriebenen. Sie waren infolge ihrer deutschen Volkszugehörigkeit ab 1945 aus ihren Heimatstaaten ausgebürgert und zwangsausgesiedelt worden. Noch kleiner waren die Gruppen der vertriebenen Volksdeutschen aus Polen in den Grenzen von 1937 (410 000 oder 5,1 Prozent), der Baltendeutschen (110 000 oder 1,3 Prozent) oder der Danziger Deutschen (220 000 oder 2,7 Prozent). Die größte Gruppe der vier Millionen Vertriebenen aus dem damaligen, 1945 verlorenen Ostdeutschland gliederte sich in der Bundesrepublik wiederum in unterschiedlich große Teilgruppen: Die stärkste waren die Niederschlesier (1,5 Millionen Menschen bzw. 34 Prozent aller Ostdeutschen), gefolgt von Ostpreußen und Westpreußen (1,3 Millionen oder 30,4 Prozent), Pommern (890 000 oder 20,3 Prozent) und Oberschlesiern (520 000 oder 11,9 Prozent).[6] Damit stellten Niederschlesier 18,5 Prozent aller Vertriebenen, Ost- und Westpreußen 16 Prozent, Pommern 11 Prozent und Oberschlesier 6,4 Prozent.

Angesichts dieser landsmannschaftlichen Gruppenstärken erweist sich das hier zu untersuchende erste Präsidium des Bundes der Vertriebenen aus dem Jahre 1958 landsmannschaftlich als keineswegs repräsentativ. Denn in der ersten Führung des neugegründeten Dachverbandes der Vertriebenen dominierten mit jeweils vier Repräsentanten ihrer Herkunftsgruppen Sudetendeutsche und Ostpreußen, die mit dem Südböhmen Jaksch bzw. dem Königsberger Rehs in den 1960er Jahren jeweils auch einen Präsidenten des BdV stellen sollten. Die Präsidiumsmitglieder Jaksch, Lodgman von Auen, Mocker und Wollner waren Sudetendeutsche, während ihre Kollegen Gille, Gossing, Kather und Rehs aus Ostpreußen stammten. Beide Gruppen waren damit deutlich überrepräsentiert – die Sudetendeutschen stellten 30,7 Prozent der Führungsmitglieder bei 23,5 Prozent Vertriebenenanteil, die Überrepräsentation der Ostpreußen war noch krasser mit 30,7 Prozent der Führung bei 16 Prozent Vertriebenenanteil, der nach Abzug der Westpreußen sogar noch geringer ausfiel. Auch die kleine Gruppe der Danziger, die durch Langguth in der BdV-Führung vertreten wurde, war erheblich überrepräsentiert. Am deutlichsten unterrepräsentiert waren hingegen die Niederschlesier, die mit Schellhaus nur einen einzigen Vertreter (7,7 Prozent der Führung) im Präsidium hatten und damit auf einer Ebene mit den Danzigern standen, obschon sie von ihrer Gruppenstärke her auf drei Repräsentanten Anspruch gehabt hätten. Ähnlich erging es den Pommern, die allein durch Krüger repräsentiert wurden, der es freilich zum ersten regulären Präsidenten des BdV (und später zum Bundesminister) brachte. Proportional am gerechtesten bedient waren die Oberschlesier und die Deutschen aus Südosteuropa mit jeweils einem Vertreter – Ulitz bzw. Trischler.

Zu berücksichtigen ist an dieser Stelle, dass einige Mitglieder des BdV-Präsidiums ihren räumlichen Herkunftsbezug während der NS-Herrschaft durch berufsbedingte Umzüge verlagert hatten. So ging Krüger karrierebedingt von Pommern

---

[6] Reichling, Die deutschen Vertriebenen in Zahlen, Teil I, S. 59 und S. 61.

nach Westpreußen.[7] Wollte man ihn damit als Wahl-Westpreuße (im annektierten, zuvor polnischen Gebiet dieser Provinz) betrachten, so würde er die Überrepräsentation der Ost- und Westpreußengruppe in der BdV-Führung noch verstärken. Langguth war karrierebedingt aus Danzig in den 1939 von Deutschland annektierten, zuvor seit 1918/19 polnischen Teil des „Reichsgaues Wartheland" (Posen) gegangen, allerdings 1943 in die Region Danzig zurückgekehrt.[8] Wollner wiederum besaß nach seinem Eintritt in die Waffen-SS und damit in den Kriegsdienst 1941 keine Heimatadresse mehr im Sudetengau, sondern in der im „Reichsprotektorat Böhmen und Mähren" gelegenen Stadt Pilsen[9], wo sein Vater hoher NS-Funktionär war.[10]

Die unterschiedlichen räumlichen Herkünfte der Mitglieder des ersten BdV-Präsidiums lassen sich auch als unterschiedliche Kulturräume mit jeweils spezifischen Prägungen verstehen. Der Übersichtlichkeit halber wollen wir vier Großräume mit jeweils unterschiedlicher soziokultureller, aber auch politisch-mentaler Prägung unterscheiden: Erstens jene deutschen Ostgebiete, die bis 1945 dauerhafte Bestandteile des Deutschen Reiches waren. Zweitens jene Teile dieser deutschen Ostgebiete, die bis 1918/19 Bestandteile des Deutschen Reiches waren, aber infolge der Friedensschlüsse des Ersten Weltkrieges abgetrennt und entweder Polen angeschlossen (östliches Oberschlesien) oder als eigene staatliche Entität unter Völkerbund-Aufsicht (Freie Stadt Danzig) konstituiert wurden, um 1939 mit Beginn des Zweiten Weltkrieges von Deutschland besetzt und annektiert (bzw. „heimgeholt") zu werden. Drittens das deutschböhmische bzw. sudetendeutsche Siedlungsgebiet in Böhmen, das bis 1918/19 Bestandteil des habsburgischen Kaiserreiches Österreich (im Rahmen der Doppelmonarchie Österreich-Ungarn) war und 1919 Bestandteil der Tschechoslowakei wurde, von der es 1938 durch das Großmächte-Abkommen in München – mit überwiegender Zustimmung der Sudetendeutschen – abgetrennt und bis 1945 an das Deutsche Reich angeschlossen wurde. Viertens das ungarndeutsche Siedlungsgebiet der Batschka, die bis 1918 zum habsburgischen Teil-Königreich Ungarn gehörte, 1918/20 sodann an das „Königreich der Serben, Kroaten und Slowenen" (das ab 1929 „Jugoslawien" genannt wurde) angeschlossen wurde, bevor es nach dessen Zerschlagung durch den deutsch-italienischen Angriffskrieg von 1941 an Ungarn (bis 1944/45) zurückgegliedert wurde. Allein diese unterschiedlichen politischen Schicksale der Herkunftsregionen verdeutlichen die jeweils unterschiedlichen prägenden Wirkungen auf die dort sozialisierten späteren Vertriebenenfunktionäre.

---

[7] LANRW-W, Q 234/5733, Bl. 11-31, insb. Bl. 11f., OStA LG Bonn, Vernehmungsprotokoll Bundesminister a. D. Hans Krüger vom 12. 10. 1964.
[8] StAHH, 221-11, L 1689, Dr. Dr. Heinz Langguth, „Stellungnahme in der Sache Röver", 7. 8. 1947.
[9] BAB, SSO Rudolf Wollner, SS-Junkerschule Fallingbostel, Beurteilung Rudolf Wollners v. 6. 3. 1944.
[10] BAB, BDC, SSO-Wollner (Georg Wollner); vgl. auch Balling, Von Reval bis Bukarest, Bd. 1, S. 352.

3. Soziale Schichtungen und biographische Ausgangslagen

Betrachten wir die Ausgangslagen der sozialen Herkünfte unserer Untersuchungsgruppe, so sind vier Milieus zu unterscheiden. Der verbürgerlichte niedere Adel, das Bürgertum (mit dem Schwerpunkt auf akademischem Bildungsbürgertum), das Kleinbürgertum und die (ländliche) Unterschicht.

Der einzige Aristokrat unter den dreizehn späteren Mitgliedern des ersten Präsidiums des BdV war *Rudolf Ritter Lodgman von Auen* – wobei ihm wie allen Adligen in Österreich und der Tschechoslowakei der Adelstitel 1919 genommen worden war, obschon er ihn seit der deutschen Annexion des Sudetengebietes 1938 und auch nach seiner Vertreibung nach Deutschland wieder führte. Lodgman ist jedoch nicht ohne Einschränkung der Aristokratie zuzurechnen. Er gehörte einer altadligen Familie an, die aus England stammte und zur niedrigsten Adelsgruppe der Ritter (Knights, Anrede „Sir") zählte, deren Adelsrang auch nach ihrer religiös motivierten Emigration in das Habsburgerreich um 1600 Anerkennung fand. Lodgmans Familie war seither konstant in Böhmen ansässig, verfügte jedoch offenbar nicht über nennenswerten Grundbesitz, der sie in die aristokratische Elite des Landes erhoben hätte. Schon für Lodgmans Elterngeneration gilt, was auch sein eigenes soziales Profil prägen sollte: Einerseits altadliges Abstammungs- und Selbstbewusstsein, andererseits keine typisch aristokratische Karriere in Hof, Militär oder höherer Staatsbürokratie, sondern ein durchaus bürgerliches Sozialprofil. Lodgmans früh verstorbener Vater war als Jurist tätig, Rechtsanwalt in der böhmischen Kreisstadt Königgrätz.[11] Damals wurde die Funktion eines Anwalts nur von wenigen ausgeübt; das Sozialprestige der Berufsgruppe war hoch, aber eben durch bürgerliche Werte wie Bildung und Leistung bestimmt. Lodgman folgte dem Berufsweg des Vaters und erlangte 1901 mit der Promotion zum JUDr. (österreichische Version des Dr. jur.) den „Ritterschlag" dieser bürgerlichen Leistungselite.[12] In der Folge wurde er allerdings nicht freiberuflicher Anwalt wie sein Vater, sondern – nach kurzer Ausbildung im Staatsdienst – leitender Angestellter (Geschäftsführer) eines deutschböhmischen Kommunalverbandes. Möglicherweise war es die Jugenderfahrung des mit dem Tode des Vaters eingetretenen finanziellen Abstiegs der Familie, die den jungen Lodgman nach größerer beruflicher Sicherheit streben ließ. Doch führte ihn diese Suche nach Sicherheit bezeichnenderweise nicht in den Staatsdienst, was ebenfalls nahe gelegen hätte, sondern in den Dienst eines national definierten Interessenverbandes. Lodgman diente somit nicht dem übernationalen österreichischen Staat und dessen Monarchen, der seit 1879 aus Sicht deutscher Nationalisten immer stärker als

---

[11] Balling, Von Reval bis Bukarest, Bd. I, S. 328; laut Simon, Rudolf Lodgman von Auen, S. 7, war Lodgmans Familie englischen Ursprungs und seit etwa 1300 geadelt; ein Vorfahre war vor religiöser Verfolgung (als Katholik) Ende des 16. Jahrhunderts ins habsburgische Spanien geflohen, seit etwa 1600 lebte die Familie im habsburgischen Böhmen.

[12] Titel und eventuelles Erscheinungsjahr der Dissertation Lodgmans sind nicht feststellbar.

gegenüber seinen deutschen Bürgern ungerecht handelnd wahrgenommen wurde, sondern einem Lobbyverband der deutschböhmischen Kommunalpolitik.

Kam es bei Lodgman zu aristokratisch-bürgerlichen Wertekonflikten? Das Bürgertum stand für Werte der Effizienz und des Leistungsdenkens, der Adel stellte im Zweifel stilvolle Form und Ehre (Mut / Tugend) höher als dieses bürgerliche Nutzenkalkül.[13] Zumindest in zwei Krisensituationen scheint bei Lodgman ein solcher Wertekonflikt auf, wobei er sich letztlich für die Wahrung adliger Ehre und daraus folgend für die Geringschätzung von Karriere oder materiellem Erfolg entschied. Die erste Krise war Lodgmans Konflikt mit den NS-Machthabern seiner sudetendeutschen Heimat, die ihm Ende 1938 die Hilfeleistung für einen NS-verfolgten prominenten Sozialdemokraten zum Vorwurf machten; sowohl dieser Vorwurf wegen einer Handlung, die Lodgman als Anstandspflicht gegenüber diesem ihm langjährig bekannten Kommunalpolitiker empfunden haben dürfte, als auch die damit verbundene Unterstellung nationaler Unzuverlässigkeit veranlassten ihn, trotzig jede Mitarbeit unter dem NS-Regime (dem er zugleich politisch sehr nahe stand) durch Rückzug auf einen beleidigten Ehrenstandpunkt abzulehnen.[14] Die zweite Krise war Lodgmans Entnazifizierungsverfahren von 1948/49, welches durch die Anzeige eines früheren politischen Gegners aus dem Sudetenland angestrengt wurde. Lodgman reagierte auf diese Anzeige mit beispielloser Aggressivität, wobei der großbürgerliche Status und Reichtum des Kontrahenten und dessen einstige Anwaltstätigkeit für reiche jüdische Klienten das antisemitisch grundierte Negativbild abgaben für Lodgmans aus dem Wertehaushalt des Beamtenadels geschöpfte Selbststilisierung als armer, aber ehrlicher und national zuverlässiger Patriot.[15]

Eine zweite soziale Herkunftsgruppe bildet das nichtadlige, aber mit Sozialprestige versehene und relativ gut situierte Bürgertum. Hierzu lassen sich zwei von dreizehn Probanden rechnen – der Sudetendeutsche Mocker und der Danziger Langguth.

Karl Mocker war der Sohn eines Oberlehrers.[16] Sein Vater gehörte damit – in Ermangelung österreichischer Daten muss dies aus der preußischen Parallelentwicklung abgeleitet werden – zur Spitzengruppe der damaligen Lehrerschaft und damit zur bildungsbürgerlichen Elite. Der Schritt „vom Oberlehrer zum Juristen", der sich in der Generationenmobilität von Mockers Vater zu Mocker vollziehen sollte, gilt unter Sozialhistorikern nicht als spektakulärer Sprung (wie dies etwa beim Übergang von der Arbeiterschaft in den neuen unteren Mittelstand oder

---

[13] Von der Dunk, Kulturgeschichte des 20. Jahrhunderts, Bd. 1, S. 98f.
[14] Zimmermann, Rudolf Lodgman von Auen, S. 275f.
[15] Bayerisches Staatsarchiv München (BStAM), Spruchkammern Kart. 1068, Spruchkammer Freising, Dr. Lodgman von Auen an Spruchkammer Freising-Stadt, 14.9.1948; vgl. unten Kap. III.1.1.
[16] Státní Oblastní Archiv v Litoměřicích (SOAL), Fond Vrchní zemský soud (rišský) Litoměřice (NAD 724, karton 108, spis 2-M-34), OLG Leitmeritz, Akten über Dienstverhältnisse des Rechtsanwalts Dr. Karl Mocker, Komotau, Personal- und Befähigungsnachweisung Dr. Karl Mocker, S. 1.

3. Soziale Schichtungen und biographische Ausgangslagen 91

von diesem ins Bildungsbürgertum der Fall gewesen wäre), sondern nur als „kleiner Aufstieg" innerhalb derselben Schicht.[17] Der Titel des „Oberlehrers" kam um 1900 als Amtsbezeichnung nur den akademisch gebildeten Lehrkräften der höheren Schulen (Gymnasien und Realschulen) zu. Diese waren meist leistungsorientierte soziale Aufsteiger aus kleineren Verhältnissen, die es erfolgreich zu Spitzenverdienern innerhalb der preußischen Beamtenschaft um 1914 gebracht hatten.[18] Nach der Revolution von 1918 wurde der Oberlehrer-Titel an Gymnasien durch den Studienrats-Titel ersetzt[19], während die materielle Privilegierung im wesentlichen erhalten blieb. Selbst als 1920 die Volksschullehrer durch die Reichsbesoldungsordnung der Weimarer Republik um 178 Prozent bessergestellt wurden, erreichten sie nur 74 Prozent des Grundgehalts der Oberlehrer.[20] In Deutschland gab es um 1914 nur 17 000 Oberlehrer an Gymnasien – eine kleine, aber gut organisierte „Berufsklasse"[21], die überwiegend nationalistisch eingestellt und namentlich im rechtsnationalistischen „Alldeutschen Verband" überproportional vertreten war.[22] Ob auch Mockers österreichisch-böhmischer Oberlehrer-Vater deutschnational oder alldeutsch eingestellt war, ist nicht bekannt, aber angesichts der damaligen Nationalitätenkonflikte im habsburgischen Österreich eher wahrscheinlich. In diesem Falle hätte die spätere politische Ausrichtung des Sohnes eine familiäre Vorprägung.

Der im Raum Danzig-Westpreußen geborene Heinz Langguth wiederum stammte aus einer ganz anderen bürgerlichen Schicht – er war Sohn eines Domänenpächters aus Mariensee, Landkreis Danzig.[23] Unter einem Domänenpächter versteht man den Pachtinhaber eines staatlichen bzw. königlichen Gutes, der neben der wirtschaftlichen Verwaltung desselben auch die Ausübung der gutsherrlichen Rechte übernahm. Auch nachdem Letztere zwischen 1848 und 1918 im Osten Deutschlands beseitigt worden waren, blieben der traditionelle Respekt und das soziale Ansehen solcher „Gutsherrschaft" auch den Pächtern erhalten. Im Osten Deutschlands waren Beamten- oder Landwirtsfamilien oft über mehrere Generationen hinweg in solchen Funktionen tätig, in denen sie sich nur durch den fehlenden Eigentumstitel von den übrigen Großgrundbesitzern unterschieden. Außerdem fehlte in der Regel der Adelstitel, denn die Gutspächter waren vielfach bürgerlicher Herkunft. Sie stellten damit eine neue elitäre bürgerliche Berufsgruppe in der Landwirtschaft dar, waren leistungsorientiert und an moderner Wirtschaftsführung interessiert – jedoch zugleich Teil der ländlichen Honoratioren- und Herrschaftselite.[24] Langguth bewegte sich in Studiums- und Berufswahl

---

[17] Nipperdey, Deutsche Geschichte 1866–1918. Bd. 1, S. 422.
[18] Handbuch der deutschen Bildungsgeschichte, Bd. 4, S. 521 und S. 350.
[19] Matull, Erlebte Geschichte zwischen Pregel und Rhein, S. 53.
[20] Wehler, Deutsche Gesellschaftsgeschichte, Bd. 4, S. 455.
[21] Ebenda, S. 457.
[22] Nipperdey Deutsche Geschichte 1866–1918, Bd. 1, S. 561 und S. 563.
[23] Langguth, Betriebswirtschaftlicher Aufbau und zweckmäßige Organisation der landwirtschaftlichen Betriebe im eingegliederten Ostgebiet, S. 104.
[24] Motsch, Grenzgesellschaft und frühmoderner Staat, S. 20–22, S. 176 und S. 187.

als angehender Jurist zunächst weg von diesem väterlichen Sozialprofil, um sich demselben über einen zweiten akademischen Berufsweg später wieder einzufügen und auch selbst als Gutsbesitzer tätig zu werden.[25]

Die dritte soziale Herkunftsgruppe wäre als untere Mittelschicht zu bezeichnen. Ihr gehörten mit Gossing, Kather, Krüger, Rehs und Schellhaus fünf von dreizehn Mitgliedern der späteren BdV-Führung an.

Dabei waren Hellmut Gossing und Linus Kather jeweils Söhne von Volksschullehrern[26], also von Angehörigen jener breiten Schicht unterer Beamter im Schulwesen, die sich mit dessen Ausbau ständig verbreitete und professionalisierte – allerdings noch nicht bis zum Universitätsstudium. Diese Großgruppe der Volksschullehrer litt mindestens bis zur Novemberrevolution unter einem niedrigen sozialen Status: Der Volksschullehrer verfügte „über kein gediegenes Wissen", höhere Gehaltsansprüche wurden ihm ebenso verwehrt wie seine Einziehung zum einjährigen Militärdienst – woraus im militaristischen Kaiserreich besonders gut zu ersehen war, „wie gering man den Volksschullehrer einschätzte".[27] Die solcherart sozial definierte Berufsgruppe reagierte einerseits status-quo-kritisch und reformorientiert, andererseits betont „national".[28] Die Volksschullehrerschaft war zu der Zeit, als die Lehrersöhne Gossing und Kather geboren wurden, ein wichtiger Aufstiegskanal aus der Arbeiterschaft, aus der um 1914 etwa 13 Prozent aller deutschen Volksschullehrer stammten.[29]

Auch Hans Krüger gehört in diese Schichtungsgruppe, wenngleich er als Sohn eines Schulrektors einer höheren Rangstufe dieser Lehrerschicht entstammt.[30] Die Rektorenämter waren eine im Zuge des Ausbaus des Schulwesens geschaffene untere Leitungs- und Kontrollfunktion, die nicht nur die staatliche Schulaufsicht entlastete, sondern auch einen neuartigen Aufstiegskanal innerhalb der Volksschullehrerschaft bildete.[31] Ganz ähnlich ist Reinhold Rehs einzuordnen, der als Sohn eines Hauptlehrers das Licht der Welt erblickte.[32] Auch dieser Beamtenrang des Vaters war eine Folge jener Ausdifferenzierung von „Leitungsstellen", durch die das „niedere Lehramt" im Kaiserreich attraktiver gemacht werden sollte. Als „Hauptlehrer" wurde dabei der Leiter einer mehrklassigen Schule bezeichnet, wohingegen nur der Leiter einer größeren Schule mit mehr als sechs Klassen den Titel „Rektor" erhielt.[33] Der einzige Nicht-Lehrersohn in dieser Gruppe von Söhnen aus unteren Beamtenfamilien war Erich Schellhaus, der in einem Dorfe des Landkreises Neiße als Sohn eines Postbeamten geboren wurde. Dieser wurde

---

[25] Langguth, Betriebswirtschaftlicher Aufbau, S. 104.
[26] Vgl. Siebenbürgische Zeitung v. 28.3.1959, S. 3, zit. nach: http://www.siebenbuerger.de/zeitung/pdfarchiv/suche/gossing%20sohn%20lehrers/ (6.1.2012); Kather, Die Entmachtung der Vertriebenen, Bd. 1, S. 10.
[27] Matull, Erlebte Geschichte zwischen Pregel und Rhein, S. 28.
[28] Nipperdey, Deutsche Geschichte 1866–1918, Bd. 1, S. 380 und S. 542.
[29] Wehler, Deutsche Gesellschaftsgeschichte, Bd. 4, S. 314.
[30] BAB, R 3001/64956, Reichsjustizministerium, Personalakte Hans Krüger, S. 1.
[31] Nipperdey Deutsche Geschichte 1866–1918, Bd. 1, S. 545.
[32] BAB, R 3001/71744, Reichsjustizministerium, Personalakte Reinhold Rehs, S. 1.
[33] Handbuch der deutschen Bildungsgeschichte, Bd. 4, S. 363.

allerdings später in die Kreisstadt versetzt, wo er als Postinspektor die gehobene Beamtenlaufbahn erreichte.³⁴

Die vierte Gruppe unserer Probanden – wiederum fünf von dreizehn – ist der Unterschicht zuzurechnen. Hierzu zählten der Ostpreuße Gille, die Deutschböhmen Jaksch und Wollner, der Ungarndeutsche Trischler und der (Ober-)Schlesier Ulitz.

Alfred Gille soll der Sohn eines Berufssoldaten der königlich preußischen Armee, der später als Kantinenpächter sein Geld verdiente, gewesen und damit „aus eher bescheidenen Verhältnissen" hervorgegangen sein. Außerdem sei Gille mit 17 Jahren Vollwaise geworden.³⁵ Gille selbst gab 1952 an, als Sohn eines „Kaufmanns" geboren worden zu sein – was in dieser Allgemeinheit (der Begriff reichte vom Kleinkrämer bis zum hanseatischen Patrizier) sicher nicht falsch war, aber die mutmaßliche Unterschichtsherkunft zugleich geschickt verdunkelte.³⁶ Ähnliche aufstiegsorientierte Verschleierung erleben wir beim im bayerischen Allgäu geborenen Otto Ulitz. Dieser war der Sohn eines (aus Breslau stammenden) Handwerkers, der es in seiner schlesischen Heimat später zum Reichsbahnsekretär brachte.³⁷ Nach 1945, in sowjetischer bzw. in DDR-Haft, gab Ulitz nicht – was der SED-Staatsmacht gegenüber taktisch klüger gewesen wäre – seine quasi-proletarische Herkunft zu Protokoll, sondern betonte mit dem Stolz des intergenerationellen Aufsteigers seine Herkunft als „Beamtensohn", dessen Vater als „Staatsbeamter" bis zum „Rechnungsrat" befördert worden sei.³⁸ Der aus der Batschka kommende Ungarndeutsche Josef Trischler wiederum stammte aus einer Familie mit „landwirtschaftlichem Zwergbesitz"³⁹, was der Sohn in späteren Jahren in diesem Falle keineswegs verschwieg. Offensichtlich gehörte die Familie zu jenen zahlreichen ungarndeutschen Landwirten, die als „Zwergbesitzer von Eigentum bis zu fünf Joch" (i. e. 2,5 Hektar) nicht über die ausreichende Nutzfläche verfügten, „um eine Familie ernähren zu können".⁴⁰

Bei alledem hatten die beiden Sudetendeutschen in dieser Schichtungsgruppe, Wenzel Jaksch und Rudolf Wollner, die am deutlichsten ausgeprägten proletarischen Herkünfte – ein Umstand, auf den zumindest der durch die sozialdemokratische Arbeiterbewegung sozialisierte Jaksch nicht mit schamhafter Verdunkelung, sondern mit dem Stolz des selbstbewussten „Proletariers" im marxistischen Sinne reagierte, wenngleich gerade Jaksch alles andere als ein marxistischer Sozialist war. Die Arbeitersöhne Jaksch und Wollner hatten eine ähnliche soziale Aus-

---

³⁴ H.L., Erich Schellhaus †, S. 11.
³⁵ Lempart, Machbarkeitsstudie, S. 18.
³⁶ LASH-S, Abt. 786 Nr. 11044, Bl. 53, Dr. Alfred Gille, Lebenslauf vom 6. 2. 1952.
³⁷ Ein Leben für Oberschlesien. Zum 100. Geburtstag von Dr. Otto Ulitz am 28. September 1985", in: Unser Oberschlesien Nr. 18 v. 27. 9. 1985, S. 3.
³⁸ BAB, DO 1/3004, Bl. 22f., [MdI DDR, Hauptabt. Deutsche Volkspolizei], Fragebogen Dr. Otto Ulitz, o. D. [1950], und Bl. 24f., [MdI DDR, Hauptabt. Deutsche Volkspolizei], Abschrift: Vernehmungsprotokoll zum Lebenslauf Dr. Otto Ulitz, Waldheim, 6. 4. 1950, S. 1.
³⁹ Scherer, Trischler, zit. nach: http://www.ostdeutsche-biographie.de/trisjo00.htm (14. 6. 2011).
⁴⁰ Dokumentation der Vertreibung der Deutschen, Bd. V, S. 15E; ein Katasterjoch entspricht 0,58 Hektar.

gangslage und damit verbundene Prägung erfahren, doch sie hatten darauf, getrennt nicht nur durch den Abstand einer Generation, mit parallelen und doch divergenten Aufstiegsbestrebungen reagiert, die über ein denkbar unterschiedliches „Parteisoldatentum" liefen. Jaksch, der Sohn eines „Häuslers und Wanderarbeiters" aus Südböhmen, der saisonal als Maurer auch in der habsburgischen Reichshauptstadt Wien arbeitete und mit seiner Familie dauerhafte materielle Not zu ertragen hatte, wurde zum Prototypen des sozialdemokratischen Aufsteigers und Autodidakten – sowohl als Intellektueller wie auch als Parteifunktionär.[41] Wollner wiederum war Sohn eines Schlossers, welcher selbst bereits in den 1930er Jahren seinen sozialen Aufstieg als Parteifunktionär bewerkstelligt hatte – freilich nicht wie Jaksch über die gemäßigt-linke Arbeiterbewegung der Sozialdemokratie, sondern vielmehr über den „nationalen Sozialismus" einer Funktionärskarriere in SdP und NSDAP, die ihn bis zum Kreisleiter und Gauinspekteur der NSDAP sowie zum Mitglied des Großdeutschen Reichstages in Hitlers kurzlebigem Imperium aufsteigen ließ. Bei alledem soll der Vater Georg Wollner ein „sehr einfacher Mensch" gewesen sein, der angeblich „kaum einen eigenen Brief schreiben konnte".[42] Insofern stand der junge Rudolf Wollner, anders als Jaksch, unter dem Einfluss des sozialen Aufstiegs seines Vaters, der rasante materielle Veränderungen (Aufstieg 1938, Wiederabstieg 1945) mit sich brachte, und wurde von der Karriere des Vaters nicht nur in politischer, sondern auch in sozialer Hinsicht quasi ‚mitgerissen'. Dennoch blieb der Kontakt zur Arbeiterherkunft der Familie auch beim jungen Wollner erhalten; der politisch bedingte soziale Aufstieg des Elternhauses wurde aus unbekannten Gründen nicht in einen Bildungsaufstieg des Sohnes umgemünzt. Denn auch dieser begann – wie sein Vater zwanzig Jahre zuvor – eine Lehre als Schlosser, bis der Zweite Weltkrieg den jungen Wollner 1941 in ganz andere Lebensumstände brachte, die ihm eine regimeloyale Karriere in der Waffen-SS eröffneten.[43]

4. Bildungsgänge und beruflich-soziale Positionierungen

Die Bildungsgänge unserer Untersuchungsgruppe und die daraus folgende berufliche und soziale Positionierung zeigen, dass wir es überwiegend mit einer Gruppe leistungsorientierter sozialer Aufsteiger zu tun haben, die aus der Unterschicht oder unteren Mittelschicht stammte und von dort in bürgerliche Elitepositionen zu gelangen bestrebt war.

---

[41] Balling, Von Reval bis Bukarest, Bd. 1, S. 355; Skrehunetz-Hillebrand, Wenzel Jaksch – am 25. September 70 Jahre, S. 1.
[42] Vgl. Balling, Von Reval bis Bukarest, Bd. 1, S. 352.
[43] Hessisches Staatsarchiv Wiesbaden (HStAW), Spruchkammern, Abt. 520, Frankenberg Nr. 15544, Bl. 12, Großhessisches Staatsministerium, Minister für Wiederaufbau und politische Befreiung, Spruchkammer Darmstadt-Lager, Rudolf Wollner, Eidesstattliche Erklärung v. 6.11.1946.

4. Bildungsgänge und beruflich-soziale Positionierungen   95

Ist diese Tendenz zum sozialen Aufstieg mehr oder weniger nahezu sämtlichen Angehörigen des ersten BdV-Präsidiums zu attestieren, so war sie doch am wenigsten ausgeprägt bei jenen drei Personen, deren Elterngeneration bereits höhere bürgerliche Positionen innehatte.

So wird man im Falle von *Heinz Langguth*, dem Domänenpächter-Sohn, eher von sozialem Statuserhalt denn von Aufstieg sprechen. Nachdem Langguth zunächst auf der väterlichen Domäne Mariensee bis 1919 „Privatunterricht" erhalten hatte, hatte er bis 1923 das Realgymnasium in Zoppot, das seit 1920 zum Territorium der „Freien Stadt Danzig" gehörte, und sodann das Gymnasium im ostpreußischen Rastenburg besucht, wo er 1928 die Abiturprüfung bestand. Danach erfolgte zunächst eine Abweichung von Beruf und Status des Vaters: Langguth begann ein Jurastudium – und zwar ein überaus weltläufiges (und folglich materiell gut abgesichertes), das ihn an die Universitäten München, Wien, Grenoble, Berlin und Königsberg führte. Im Oktober 1932 bestand Langguth sein Referendarexamen mit „voll befriedigend", im Juli 1933 das juristische Doktorexamen mit der Note „gut".[44] Daraufhin war er 1933/34 im juristischen Vorbereitungsdienst als Referendar am Amtsgericht Zoppot und am Landgericht Danzig tätig. Im Frühjahr 1934 brach Langguth seine juristische Karriere jedoch unvermittelt ab, „schied [...] aus dem Justizdienst aus und wurde Landwirt". Damit kehrte er in den väterlichen Beruf des Gutsbesitzers zurück, denn im Herbst 1934 übernahm er „die Leitung des Gutes Buschkau" (vermutlich das im Landkreis Danzig gelegene Ober Buschkau, heute Buszkowy Górne). Damit einher ging allerdings eine zielstrebige Professionalisierung durch Akademisierung: Langguth studierte Landwirtschaft an der Technischen Hochschule Danzig-Langfuhr und bestand dort im April 1939 sein Examen als Diplom-Landwirt mit „sehr gut". Diese Qualifikation wurde zur Grundvoraussetzung für seine agrarpolitische Verwendung in den im Oktober 1939 auf Kosten Polens annektierten neuen deutschen Ostgebieten (die bis 1918 weitgehend schon einmal zu Deutschland gehört hatten): Zwischen November 1940 und November 1941 leitete Langguth nach eigenen Angaben „die Landbewirtschaftung im Regierungsbezirk Posen in der Eigenschaft als Wirtschaftsoberleiter". Diese kriegswirtschaftlich, aber auch umsiedlungspolitisch wichtige und daher gewiss zeitraubende Tätigkeit im neuen „Reichsgau Wartheland" hinderte Langguth nicht an der Erstellung seiner zweiten Doktorarbeit, deren Thema er aus seiner Tätigkeit „im eingegliederten Ostgebiet" entnahm. Am 4. Februar 1941 wurde er an der Technischen Hochschule Danzig zum Doktor der technischen Wissenschaften (Dr. rer. tech.) promoviert.[45]

Einen Überblick über Langguths materielle Situation besitzen wir nicht. Wir wissen nur, dass er nach Kriegsende geltend machte, „durch Notdienstverpflichtung [für den Reichsstatthalter im Warthegau 1940], Einberufung zur Wehrmacht, Inhaftierung in den Jahren 1943/44" habe sein Landwirtschaftsbetrieb „unter Be-

---

[44] Langguth, Betriebswirtschaftlicher Aufbau, S. 104; vgl. Langguth, Die Bindung des überlebenden Ehegatten.
[45] Langguth, Betriebswirtschaftlicher Aufbau, S. 104.

rücksichtigung aller Nebenbezüge erhebliche Verluste erlitten". Diese Verluste bezifferte Langguth für die Vorkriegsjahre auf 8400 „Dz. Guld." (Danziger Gulden), für die Kriegsjahre 1939 bis 1944 auf jährlich 6000 Danziger Gulden.[46] Daraus resultiert ein angeblicher Gesamtverlust von 44 400 Gulden. Da der Danziger Gulden zur Reichsmark etwa im Verhältnis 2:1 bewertet wurde[47], machte der von Langguth benannte Einnahmeverlust seines Gutes etwa 22 000 Reichsmark aus. Das lässt gewisse Rückschlüsse auf die entsprechenden Gesamteinnahmen zu. Bedenkt man, dass das bäuerliche Jahresdurchschnittseinkommen in Deutschland 1928 bei etwa 1100 Reichsmark gelegen hat[48], indiziert der von Langguth geltend gemachte jährliche Einkommensverlust von je 3000 Reichsmark ab 1939 eine hochgradig überdurchschnittliche Einkommenssituation dieses Gutsbesitzers.

Im Falle von *Karl Mocker* wiederum, der es als Sohn eines Oberlehrers nach Jurastudium in Prag und der 1929 erfolgten Promotion 1935 schließlich zum selbstständigen Rechtsanwalt brachte[49], wird allenfalls ein „kleiner Aufstieg" innerhalb derselben sozialen Schicht des Bildungsbürgertums verzeichnet werden können.[50] Mocker bestand im Februar 1927 die erste juristische Staatsprüfung an der „Universität Prag" mit der Note „gut mit 2 Auszeichnungen". Mit seiner Universität war – selbstredend für einen nationalistischen Sudetendeutschen, der Mocker damals war – die deutsche Teiluniversität (Karl-Ferdinands-Universität) der Stadt im Unterschied zur tschechischen Karls-Universität gemeint, die 1882 von der bis dahin einheitlichen Prager Universität abgeteilt und 1920 von der neuen tschechoslowakischen Obrigkeit zur alleinigen Rechtsnachfolgerin der früheren Ursprungsuniversität erklärt worden war. Der daraus resultierende deutsch-tschechische akademische Konflikt sollte im November 1934 mit dem sogenannten „Insignienstreit" eskalieren, als der damalige tschechoslowakische Unterrichtsminister die deutsche Universität zur Übergabe der mittelalterlichen Universitätsinsignien an ihre tschechische Konkurrenzinstitution zwang; es kam zu gewalttätigen Ausschreitungen, als tschechische Studenten das deutsche Universitätsgebäude zu stürmen versuchten, welches von deutschen Studenten hartnäckig verteidigt wurde.[51] Zu diesem Zeitpunkt hatte Mocker Prag soeben verlassen, wo er im Dezember 1933 beim Obergerichtspräsidium seine Advokaten-

---

[46] StAHH, 221-11, L 1689, Dr. Dr. Heinz Langguth, Entnazifizierungs-Fragebogen v. 7. 8. 1947.
[47] Pusback, Stadt als Heimat, S. 221; demnach betrug damals der Gegenwert 5000 Reichsmark etwa 10 600 Danziger Gulden.
[48] Wehler, Deutsche Gesellschaftsgeschichte, Bd. 4, S. 334.
[49] BStU, Archiv der Zentralstelle, MfS-Abt. X Nr. 746, Bl. 513, [MfS DDR]) Anlage 7 über „Dr. jur. Mocker, Karl", 19. 5. 1956; Thema und eventuelle Publikation der Dissertation Mockers sind nicht nachweisbar.
[50] Vgl. allgemein Nipperdey, Deutsche Geschichte 1866–1918, Bd. 1, S. 422.
[51] Daraufhin lieferte die deutsche Universitätsleitung die Insignien aus; nach Hitlers Einmarsch in Prag und der Errichtung des „Reichsprotektorats" kehrten sich die Machtverhältnisse drastisch um: die deutsche Universität wurde als Reichsuniversität privilegiert und erhielt die Insignien bis 1945 zurück, die tschechische Universität wurde im Herbst 1939 geschlossen und erst im Mai 1945 nach der Befreiung der Tschechoslowakei wiedereröffnet, die zugleich für die deutsche Universität das endgültige Aus bedeutete; vgl. Lemberg, Universitäten in nationaler Konkurrenz; Lönnecker, „… freiwillig nimmer von hier zu weichen …".

prüfung mit der Note „gut" erfolgreich absolviert hatte. Schon 1929 hatte er die zweite Staatsprüfung mit „gut", die dritte lediglich mit „genügend" bestanden, im Dezember 1929 war seine Promotion zum Doktor der Rechte (J.U.Dr.) erfolgt. Daraufhin hatte Mocker im Februar 1930 eine Tätigkeit als „Advokaturskandidat" in der Rechtsanwaltspraxis eines JUDr. Theodor Haischmann in Komotau (Chomutov)[52] in den Sudetengebieten aufgenommen, bevor er im Februar 1935 den Schritt zur Gründung einer selbstständigen Anwaltspraxis in derselben Stadt wagte. Als angestellter „Rechtsanwaltsanwärter" verdiente Mocker 1932 zunächst 12 000, 1934 dann 18 000 tschechoslowakische Kronen; als selbstständiger Rechtsanwalt gab er nach 1945 für das Jahr 1938 ein Jahreseinkommen von 18 000 Reichsmark und ein steuerpflichtiges Vermögen von 55 000 Reichsmark an. Im Weltkriegsjahr 1943 war demnach sein Arbeitseinkommen auf 15 000 Reichsmark gesunken, während sein Vermögen auf 70 000 Reichsmark angewachsen sein und bis Kriegsende 75 000 Reichsmark erreicht haben soll, bevor Mocker „im Mai 1945 alles durch die Tschechen als Deutscher verloren" hatte.[53] Da 1938/39 vom NS-Regime der Umrechnungskurs einer Krone auf 0,12 Reichsmark festgesetzt wurde[54], reduzierte sich der Wert der letzten tschechoslowakischen Jahreseinkünfte nachträglich auf 2160 Reichsmark. Realiter hatte zuvor das Kursverhältnis der Reichsmark zur Krone 1933 bei 1:8 gelegen[55], so dass die letzten tschechoslowakischen Jahreseinkünfte Mockers einen Gegenwert von 2250 Reichsmark besessen haben dürften. Der Standort von Mockers Anwaltspraxis, die 1938 zunächst fünf, 1945 nur noch zwei Mitarbeiter beschäftigte[56], lag in der „Herrengasse" von Komotau und war in dieser Lage – der Name verweist auf dort befindliche Patrizier- oder Adelshäuser – offenbar gut situiert. Kurz nach seinem erfolgreichen Schritt in die berufliche Selbstständigkeit heiratete Mocker im Januar 1936 die Tochter eines Oberstudiendirektors (Leiters eines Gymnasiums) – auch dies ein Indiz gelungenen sozialen Aufstiegs innerhalb des sudetendeutschen Bürgertums.[57]

Anders gelagert ist der Fall des verbürgerlichten Adligen *Rudolf Lodgman von Auen*. Dessen beruflich-sozialer Werdegang war anfangs von Statuserhalt gekennzeichnet, bevor im vierten Lebensjahrzehnt ein schrittweiser sozialer Aufstieg einsetzte, der ihn mit vierzig Jahren, im Jahre 1917, beinahe an die Spitze der Wiener Politik geführt hätte. Lodgman wurde als Sohn des Rechtsanwalts Josef Ritter Lodgman von Auen und dessen Ehefrau Maria, einer geborenen Alter von Walt-

---

[52] Mockers zeitweiliger Arbeitgeber, der Rechtsanwalt Dr. Theodor Haischmann, scheint im „Dritten Reich" zeitweilig – von 1939 bis 1941 – als „Kreisgruppenführer des NSRB" tätig geworden zu sein; vgl. Rademacher, Handbuch der NSDAP-Gaue 1928-1945, S. 261.
[53] Landesarchiv Baden-Württemberg, Staatsarchiv Ludwigsburg (LABW-StAL), EL 902/7, Bü 10084, Dr. Karl Mocker, Schwäbisch-Gmünd, Entnazifizierungs-Meldebogen v. 3.9.1946, S. 2.
[54] Zimmermann, Die Sudetendeutschen im NS-Staat, S. 216f., Anm. 207.
[55] Vencovsky, Deutsche Mark, Tschechische Krone, Euro, S. 477.
[56] LABW-StAL, EL 902/7, Bü 10084, Dr. Karl Mocker, Schwäbisch Gmünd, Entnazifizierungs Meldebogen v. 3.9.1946, S. 2.
[57] SOAL, Fond Vrchní zemský soud (ríšský) Litoměřice (NAD 724, karton 108, spis 2-M-34), Oberlandesgericht Leitmeritz, Akten über Dienstverhältnisse des Rechtsanwalts Dr. Karl Mocker, Komotau, Personal- und Befähigungsnachweisung Dr. Karl Mocker, o. D.

recht, in Königgrätz geboren. Da der Vater bereits „in jungen Jahren starb", zog die Witwe mit ihren Kindern in ihr Elternhaus nach Prag, so dass der junge Lodgman in der böhmischen Hauptstadt aufwuchs und „von der Geisteswelt des Prager Deutschtums der Jahre um 1880 geistig und politisch geformt" wurde.[58] Die Sozialisation in dieser multikulturellen Provinzmetropole des Habsburgerreiches, die als ehemals deutsch geprägte Stadt damals von nationalbewussten Tschechen zu ihrem „nationalen Zentrum" umgeprägt wurde[59], darf man sich nicht als nostalgisch-idyllisch vorstellen. Immerhin lernte der junge Lodgman in Königgrätz und Prag „Deutsch und Tschechisch wie zwei Muttersprachen" zu beherrschen[60], was ihn später – im nordböhmischen Sudetengebiet – von den meisten deutschböhmischen Akademikern unterschieden zu haben scheint. Diesen nämlich wird nachgesagt, sich gerade deshalb massiv gegen die Einführung des Tschechischen als verbindliche zweite Verwaltungssprache gewehrt zu haben, weil ihnen dieses Erfordernis die Beschäftigung in der böhmischen Beamtenschaft verschlossen hätte.[61] Der damalige deutschliberale Parteiführer Ernst Freiherr von Plener hat 1885 im böhmischen Landtag den typischen Bildungsgang eines Deutschen in Böhmen zur Zeit der Jugend Lodgmans exemplarisch charakterisiert: „Der junge Mensch lernt im deutschen Gymnasium in einer deutschen Stadt ausschließlich deutsch; deutsch ist seine ausschließliche Bildung, er kommt an die deutsche Universität, entweder nach Prag, wo er, wie gegenwärtig die Verhältnisse sind, mit den tschechischen Studenten und tschechischen Bevölkerungskreisen absolut nicht verkehrt und in einer ausschließlich deutschen Umgebung lebt; oder er bezieht eine Universität in einer ganz deutschen Stadt." Zwanzig Jahre später beklagte derselbe Politiker zwei fatale „Grundrichtungen unserer modernen akademischen Jugend" – einerseits einen extremen Sozialismus, andererseits ein unter allen Völkern wachsendes chauvinistisches Phänomen, das Plener als „ein extremer, rücksichtsloser, unduldsamer Nationalismus" erschien.[62]

Doch wenn davon die Rede ist, der junge Lodgman habe in Prag „schon in jungen Jahren das Gemeinsame und das Trennende zwischen der deutschen und der tschechischen Geisteswelt" erkannt[63], wird man gerade für die 1880er und 1890er Jahre die Erfahrung des Trennenden, der nationalistischen Polarisierung auf beiden Seiten, zu betonen haben, wie sie 1882 in der erwähnten nationalen Teilung der Prager Universität und später – namentlich im böhmischen Sprachenstreit der Badeni-Krise 1897–1899 – erst in deutschen, dann in tschechischen Straßenkrawallen zum Ausdruck gelangte.[64] Dass des jungen Lodgman „Grund-

---

[58] Simon, Rudolf Ritter Lodgman von Auen, S. 10.
[59] Křen, Die Konfliktgemeinschaft, S. 85.
[60] Simon, Rudolf Ritter Lodgman von Auen, S. 10.
[61] Im Unterschied zu vielen jüngeren Deutschböhmen um 1900, die kein Tschechisch mehr konnten, waren viele Tschechen weiterhin zweisprachig; vgl. Hoensch, Geschichte Böhmens, S. 393f.
[62] Plener, Reden 1873–1911, S. 331 und S. 980.
[63] Simon, Rudolf Ritter Lodgman von Auen, S. 10.
[64] Als der österreichische Ministerpräsident Graf Badeni 1897 eine Sprachenverordnung für Böhmen erließ, die die tschechische Sprache innerhalb des Staatsdienstes gleichberechtigt al-

haltung, die er sich durch Familie und Umwelt erwarb, [...] die eines österreichischen Nationalliberalen" gewesen sei[65], wird man nicht als nicht-nationalistisch missverstehen dürfen, denn die österreichischen Liberalen basierten damals primär auf dem deutschen Bürgertum des Habsburgerreiches und waren am Erhalt von dessen Hegemonie in politischer, sozialer und nationaler Hinsicht vital interessiert. Die Deutschliberalen sahen die Hegemonie der Deutschen im Vielvölkerstaat Österreich entweder in deren kultureller Überlegenheit oder in deren wirtschaftlicher Vorrangstellung begründet.[66] Durch seine Mutter war Lodgman verwandt mit dem Rechtsanwalt und böhmischen Landtags- sowie österreichischen Reichsratsabgeordneten Rudolf Freiherr Alter von Waltrecht, dem späteren Vizepräsidenten des österreichischen Verwaltungsgerichtshofes. Baron Alter gehörte im Wiener Parlament zur deutschliberalen „Verfassungspartei", bis er sich auf dem Höhepunkt der „Ära Taaffe" 1885 aus der Politik zurückzog.[67] Lodgman erfuhr daher im eigenen Familienkreis die wachsende Distanzierung der liberalen deutschen Zentralisten nicht nur von den auf Dezentralisierung setzenden tschechischen Nationalisten, sondern auch von der österreichischen Regierung unter Ministerpräsident Graf Eduard Taaffe (reg. 1879–1893), der den Tschechen weit entgegenkam und die soziale Basis der Deutschliberalen durch paternalistische Sozialgesetzgebung untergrub.[68] Lodgmans Onkel Baron Alter hatte 1880 zu den Unterzeichnern jener Interpellation gehört, mit der im österreichischen Reichsrat „alle deutschen Gruppen mit Ausnahme der Deutsch-Klerikalen" eine „gemeinsame Abwehr" gegen eine den „slawischen Parteien" entgegenkommende Sprachenverordnung der Regierung formulierten. Und im Februar 1882 war es Alter gewesen, der in einer Debatte mit dem Regierungschef „den Unmut der deutschen Vertreter Böhmens" deutlich zum Ausdruck gebracht hatte.[69] War diese wachsende Distanz zwischen habsburgischem Staat und deutscher Bevölkerungsgruppe ein Grund, weshalb der junge Lodgman nicht in den Staatsdienst eintrat?

Lodgman wurde Jurist wie sein Vater, studierte an den Universitäten Prag und Wien, wo er 1901 zum Doktor der Rechte (JUDr.) promovierte.[70] Jedoch wählte er statt der väterlichen freiberuflichen Anwalts-Existenz die beamtenähnlich gesicherte Position des Geschäftsführers eines Kommunalverbandes, des Verbandes der deutschen Bezirke in Böhmen mit Sitz in Aussig. Diese Position gab er 1918 zugunsten seines politischen Engagements vorübergehend auf, kehrte jedoch 1925

---

len Beamten zur Pflicht machte, kam es zu anhaltenden und teilweise gewalttätigen Demonstrationen von Deutschen; als die Verordnung von Badenis Nachfolgern 1898 abgeschwächt und 1899 wieder aufgehoben wurde, kam es zu Ausschreitungen auf tschechischer Seite, vgl. Rumpler, Österreichische Geschichte 1804–1914: Eine Chance für Mitteleuropa, S. 510 ff.

[65] Simon, Rudolf Ritter Lodgman von Auen, S. 10.
[66] Charmatz, Adolf Fischhof, S. 219; Plener, Reden 1873–1911, S. 4.
[67] Alter von Waltrecht, Rudolf Frhr. (1839–1917)., in: Österreichisches Biographisches Lexikon 1815–1950, Bd. 1, S. 16; vgl. http://www.biographien.ac.at/oebl/oebl_A/Alter-Waltrecht_Rudolf_1839_1917.xml (26.7.2011).
[68] Vgl. Beller, Geschichte Österreichs, S. 144 und S. 146.
[69] Kolmer, Parlament und Verfassung in Österreich, Bd. 3, S. 89 und S. 205.
[70] Titel und eventuelle Publikation der Dissertation sind nicht bekannt.

zurück – nunmehr als Geschäftsführer des Verbandes der deutschen Selbstverwaltungskörper in der Tschechoslowakischen Republik – und behauptete diese Führungsposition bis zu seiner Pensionierung Ende 1938. Dabei erwarb sich Lodgman eine Reputation als Experte für kommunale Verwaltungsfragen, die bis nach Österreich und Deutschland reichte.[71]

Ein großbürgerlicher Lebensstil ergab sich aus alledem nicht. Nach eigenen Angaben von 1947 verfügte Lodgman im Jahre 1938 über ein Jahreseinkommen von 84 000 K (tschechoslowakischen Kronen), die nach den im Falle Mockers bereits erwähnten Umrechnungskursen des NS-Regimes etwa 10 000 Reichsmark gleichkamen. Im Weltkriegsjahr 1943 – seit dem 1.1.1939 „in den Ruhestand" getreten mit der „Gehaltsklasse der Reichsbeamten 2A)" – verfügte Lodgman über eine jährliche Pension von 10 000 Reichsmark. Vermögen hatte Lodgman nach eigenen Angaben nicht besessen.[72] Damit verfügte Lodgman über eine Pension, die dem Gehalt eines höheren Beamten der Besoldungsgruppe B10 entsprach – etwa eines Professors einer wissenschaftlichen Forschungsanstalt.[73]

Sowohl nach den adligen Wertbegriffen als auch nach den Moralvorstellungen der keineswegs üppig bezahlten Beamtenschaft jener Zeit stand Lodgman großbürgerlichen Besitzern großer Geldvermögen distanziert gegenüber – deren ‚materialistische' Lebensauffassung explizit verurteilend, was sich gelegentlich mit antisemitischen Tönen verband.[74] ‚Wohlstand' hingegen als Sinnbild einer bescheidenen, aber gesicherten bürgerlichen Existenz war für ihn erstrebenswert und wurde bis 1945 auch erreicht. Entprechend voller Bitterkeit konstatierte der alte Lodgman kurz nach Kriegsende, er sei durch die Vertreibung zum „Bettler" gemacht worden.[75]

Lodgmans weiterer Aufstieg war jedoch nicht allein durch Bildungsgang und Berufswahl bedingt, sondern durch seine darauf aufbauende politische Karriere als Abgeordneter im Habsburgerreich und in der frühen Tschechoslowakei. Diese zwischen 1911 und 1925 ausgeübte Tätigkeit brachte Lodgman zeitweilig in die politische Elite seines Landes: Im Sommer 1917 galt er als ernsthafter Kandidat für das Amt des kaiserlich österreichischen Ministerpräsidenten[76]; im Krisenjahr

---

[71] Simon, Rudolf Lodgman von Auen, S. 7 und S. 9.
[72] BStAM, Spruchkammern, Karton 1068 Lodgman von Auen, Dr. Rudolf Lodgman von Auen, Freising, Flüchtlings-Lager Kindergarten, Entnazifizierungs-Meldebogen v. 23.9.1947, S. 2 und Beiblatt;
[73] Ämter, Abkürzungen, Aktionen des NS-Staates, S. 19 und S. 44.
[74] Vgl. Lodgmans unten zitierte Ausführungen in seinem Konflikt mit K.H. Stradal 1938/40.
[75] BStAM, Spruchkammern Kart. 1068, SpK Freising, Dr. Lodgman von Auen an Spruchkammer Freising-Stadt, 14.9.1948, S. 11.
[76] Simon, Rudolf Ritter Lodgman von Auen, S. 19, nennt neben Lodgman Josef Redlich und den früheren Premier Max Wladimir Freiherr von Beck als aussichtsreichste Kandidaten; der damalige Kabinettschef des Kaisers Karl I., Graf Polzer, nannte später unter den „verschiedene[n] Kandidaten" des Kaisers drei mit Namen, darunter Baron Beck an erster und „Ritter von Lodgman" an dritter Stelle", woraus sich immerhin schließen lässt, dass Lodgman in der engsten Wahl stand; vgl. Polzer-Hoditz, Kaiser Karl, S. 467 f.; zu den Chancen Lodgmans auch: Schicksalsjahre Österreichs 1908–1919. Das politische Tagebuch Josef Redlichs, Bd. 2, S. 220 f. und S. 237.

4. Bildungsgänge und beruflich-soziale Positionierungen   101

1918/19 wurde er Landeshauptmann (Ministerpräsident) des neu proklamierten sudetendeutschen Landes „Deutschböhmen"; in der jungen Tschechoslowakischen Republik war er anfangs der unumstrittene Oppositionsführer aller nichtsozialistischen Sudetendeutschen. Diese hohe politische und zugleich gesellschaftliche Anerkennung büßte Lodgman jedoch bis 1925 sukzessive wieder ein, so dass dem politischen Aufstieg ein ebenso jäher Absturz folgte. Erst Lodgmans späte Führungsrolle in der Sudetendeutschen Landsmannschaft vermochte in den 1950er Jahren an den soziopolitischen Erfolg seiner Lebensmitte noch einmal annäherungsweise anzuknüpfen. Seine kurze Mitgliedschaft im ersten Präsidium des BdV war gewissermaßen der krönende Abschluss dieser späten zweiten Politikkarriere.[77]

Wenn wir von diesem kaiserlichen Beinahe-Regierungschef, der in vieler Hinsicht in unserer Untersuchungsgruppe eine Ausnahmestellung innehat, einmal absehen, vollzog sich insbesondere unter den aus der unteren Mittelschicht und der Unterschicht stammenden Mitgliedern des späteren BdV-Präsidiums ein rasanter sozialer Aufstieg.

So begann etwa *Hellmut Gossing*, der Sohn eines Volksschullehrers, eine Karriere als Bankangestellter. Gossing besuchte die Volksschule in den ostpreußischen Dörfern Cronau (heute Kronowo, bei Wartenburg/Barczewo) und Woldenberg (nicht zu verwechseln mit der gleichnamigen Stadt in der Neumark, die 1938 an Pommern kam) – vermutlich jeweils Dienstorte seines Vaters –, bevor er 1915 auf das Reform-Gymnasium der Kreisstadt Rastenburg (1945–1950 polnisch Rastembork, seither Kętrzyn) geschickt wurde. Gossing machte kein Abitur, sondern verließ die Schule im September 1922 mit der „Reife für Obersekunda". Danach absolvierte er eine Bankausbildung und trat 1931 als Mitarbeiter der „Innenrevision" in den Dienst der Kreissparkasse des pommerschen Landkreises Bütow. Im Februar 1934 wechselte Gossing auf „Anforderung durch [den] Spark.[assen-]Verband" als „Rendant" (Rechnungsführer) an die Stadtsparkasse Bütow, die unmittelbar dem dortigen Bürgermeister Wilhelm Klingbeil unterstand. Gossing wurde die kommissarische Leitung dieser Sparkasse übertragen. Nachdem er im Mai 1935 einen „Oberlehrgang" der Sparkassen- und Beamtenschule in der pommerschen Provinzialhauptstadt Stettin mit dem „Prädikat ‚gut'" absolviert hatte und 1937 bei Manövern der Wehrmacht zum Leutnant der Reserve befördert worden war, erlangte Gossing im August 1937 die endgültige Ernennung zum Sparkassendirektor durch die kommunalen NS-Machthaber. Im Juni 1939 erfolgte der nächste Karrieresprung, indem Gossing als Direktor von der Stadtsparkasse Bütow zur Stadtsparkasse Schneidemühl wechselte. Gossing blieb in dieser Funktion bis April 1945 tätig, wenngleich er während des Zweiten Weltkrieges wiederholt zu Fronteinsätzen eingezogen werden sollte.[78] Schneidemühl war damals Hauptstadt eines pommerschen Regierungsbezirkes, die bis zum Herbst 1938 so-

---

[77] Vgl. den biographischen Abriss bei Simon, Rudolf Lodgman von Auen, S. 7–11.
[78] NHStA-H, Nds. 171 Lüneburg Nr. 36297, Entnazifizierungs-Fragebogen Hellmut Gossing, 26.6.1948, S. 2–3.

gar zwanzig Jahre lang Hauptstadt einer eigenständigen (allerdings kleinen) preußischen Provinz gewesen war – der vom NS-Regime aufgelösten „Grenzmark Posen-Westpreußen". Hatte Gossings ursprünglicher Wirkungsort Bütow 1939 10 000 Einwohner gehabt, so waren es in Schneidemühl knapp 46 000. Die unterschiedliche Bevölkerungsstärke wirkte sich auch auf die Leistungskraft der beiden Sparkassen und damit auf die Einkommenssituation ihres Direktors aus. Hatte Gossing als einfacher Angestellter 1931 mit 2300 Reichsmark Jahresgehalt begonnen, so konnte er nach seinem Wechsel zur Stadtsparkasse Bütow 1934 ein Jahreseinkommen von 3300 RM erreichen. Als voll installierter Direktor verdiente er in Bütow im Jahre 1938 schließlich 4500 Reichsmark pro Jahr, nach dem Wechsel nach Schneidemühl jedoch 1940 bereits 5800 Reichsmark, die während des Weltkrieges bis auf 6700 RM im Jahre 1944 anstiegen.[79] Dies entsprach einem Endgehalt von Beamten im gehobenen Dienst, wie es etwa Schulrektoren oder Hauptleute der Wehrmacht erhielten.[80]

Linus Kather nahm als Sohn eines Volksschullehrers den Aufstieg zum freiberuflichen und wirtschaftlich offenbar sehr erfolgreichen Rechtsanwalt und Notar in der ostpreußischen Provinzhauptstadt Königsberg. Er stammte als zehntes von elf Kindern somit aus einer niederen Beamtenfamilie, deren Wohnung für die große Personenzahl viel zu klein war, was aber die Eltern nicht hinderte, nach gutbürgerlichem Brauch eines der Zimmer als „Gute Stube'" nur für den Empfang von „Besuch" zu reservieren. Kather erinnerte sich später, dass es in seinem Elternhaus „sparsam" zugegangen sei, für seinen Vater sei bereits ein Hundertmarkschein „ein Mysterium" gewesen.[81] Kathers Mutter, Theresia Prothmann, stammte jedoch aus einer relativ gut situierten Bauernfamilie des Kreises Heilsberg – „aus einem großen Bauernhof mit Gastwirtschaft" – und hatte „die für die damalige[n] Zeiten enorme Mitgift von 5000 Talern in die Ehe mitgebracht", deren Wert damals ungefähr 15 000 Goldmark entsprochen haben soll.[82] Die Verwandten der mütterlichen Linie besaßen große Bauernhöfe von 75 oder 125 Hektar, doch einige Angehörige waren auch als Lehrer tätig oder strebten als Gerichtsreferendar in Berlin in den Justizdienst.[83] Auch einer der Brüder Kathers war Eigentümer eines 100 Hektar großen Gutes in Groß-Ramsau und erweiterte dasselbe 1929 durch den Zukauf von 100 Hektar Wald. Er soll ab 1933 zeitlebens den Hitlergruß verweigert haben.[84] Ein anderer Bruder wurde Lehrer in Pettelkau bei Braunsberg, sah sich jedoch vom NS-Regime „kurz vor dem Kriege infolge Mangels an politischem Wohlverhalten in den einstweiligen Ruhestand versetzt" und

---

[79] Vgl. ebenda, S. 10.
[80] Ämter, Abkürzungen, Aktionen des NS-Staates, S. 29, S. 31 f. und S. 44.
[81] Kather, Halali in Ostpreußen, S. 13.
[82] Ebenda, S. 31.
[83] Ebenda, S. 21 und S. 32.
[84] Ebenda, S. 67 und S. 76 f.; Kather, Die Entmachtung der Vertriebenen, Bd. 1, S. 13; Kather mutmaßte, dass sein Bruder – obschon einziger Mann auf dem Hof und bereits 57 Jahre alt – eben deshalb Anfang 1945 aus Schikane zum Volkssturm eingezogen worden sei, wodurch er umkam.

erwarb dann einen kleinen Bauernhof.[85] Kathers ältester Bruder Arthur ergriff hingegen den geistlichen Beruf, wurde katholischer „Probst [sic!] und Dekan in Elbing", aber „im September 1940 von der GESTAPO aus Ost- und Westpreußen ausgewiesen, weil er sich ‚gegen die Polen nicht richtig verhalten' hätte", da er polnische Zwangsarbeiter – demonstrativ gegen den NS-Rassismus – „in seine Kirche gelassen" und am Gottesdienst hatte teilnehmen lassen. Propst Kather musste sich 1940 in Schlesien niederlassen, von wo er 1946 durch die neuen polnischen Machthaber „ausgewiesen" wurde. 1947 wurde er – nach dem Tode des letzten deutschen Bischofs von Ermland, Maximilian Kaller, der zugleich zum „Flüchtlingsbischof" ernannt worden war – zum Kapitularvikar von Ermland gewählt und vertrat damit als dauernder Platzhalter für einen nie mehr ernannten Bischof diese Exil-Diözese bis zu seinem Tode 1957 auf der Fuldaer Bischofskonferenz.[86]

Von 1902 bis 1912 besuchte Linus Kather das Gymnasium in Kulm an der Weichsel, wo er bei einem Bruder seines Vaters, der ebenfalls Lehrer war, wohnen konnte. Dadurch wurde er zum Schulgenossen des späteren SPD-Vorsitzenden Kurt Schumacher, der in Kulm (1895) geboren war, aber als Jüngerer nur wenig Kontakt zu Kather und dessen Klassengenossen hatte, so dass die viel spätere Wiederbegegnung Schumachers und Kathers im ersten Deutschen Bundestag „höflich, korrekt, aber zurückhaltend" blieb. Da Kather bei der Aufnahmeprüfung durchgefallen war und daher ein Jahr verlängerte Schulzeit benötigte, absolvierte er erst im März 1912 erfolgreich die Abiturprüfung.[87] Daraufhin begann Kather ein Studium der Rechtswissenschaften an den Universitäten Berlin, Königsberg und Breslau, das er nach fünf Semestern zu Beginn des Ersten Weltkrieges als begeisterter Kriegsfreiwilliger unterbrach. Nach zweimaliger Verwundung „Ende 1916 als Kriegsbeschädigter entlassen", beendete Kather sein Studium und legte 1918 in Breslau sein „Referendar- und Doktorexamen" (magna cum laude) ab. Nach folgender Absolvierung des großen juristischen Staatsexamens (ausreichend) und mehrmonatiger Verpflichtung zum Richterdienst (infolge kriegsbedingten Personalmangels), den Kather erklärtermaßen „gegen meinen Willen" in der ermländischen Kreisstadt Bischofsburg absolvierte, eröffnete er im November 1921 eine Anwaltspraxis in der ostpreußischen Metropole Königsberg. Dort blieb Kather bis zu seiner Flucht Anfang 1945 – ab 1929 auch als Notar – beruflich tätig.[88] Spätere Behauptungen der DDR-Propaganda, er habe seine Anwaltspraxis

---

[85] Kather, Halali in Ostpreußen, S. 84.
[86] Kather, Die Entmachtung der Vertriebenen, Bd. 1, S. 13; Kather, Halali in Ostpreußen, S. 168f.; Karp, Zum Stand der historischen Forschung über Maximilian Kaller, S. 112; Lang, Identität, Heimat und Vernetzung unter dem Schirm Gottes, S. 174; Voßkamp, Katholische Kirche und Vertriebene in Westdeutschland, S. 394.
[87] Kather, Halali in Ostpreußen, S. 25–27.
[88] Kather, Die Entmachtung der Vertriebenen, Bd. 1, S. 13; Kather, Halali in Ostpreußen, S. 86; vgl. Kather, Schenkung und Schenkungsversprechen (§§ 516, 518 B.G.B.); die Noten der Examina in: StAHH, 221-11, Ad 10925, Dr. Linus Kather, Entnazifizierungs-Fragebogen v. 11.11.1946, S. 3.

bereits 1943 von Königsberg nach Hamburg verlegt[89] und sei insofern gar kein echter Vertriebener, sind nachweislich falsch. Noch im Januar 1945 schwebte ein „ehrengerichtliches Verfahren" der NS-Justiz gegen den Rechtsanwalt Dr. Kather in Königsberg und nicht in Hamburg.[90] Dennoch wurde Kather dadurch wiederholt gezwungen, durch ausführliche Darlegung seiner Fluchtgeschichte jene Gerüchte zu dementieren, die „sogar in sehr seriösen Zeitungen" der Bundesrepublik wiedergegeben wurden und besagten, „daß ich mich schon 1943 von Ostpreußen abgesetzt hätte".[91]

Die Praxisgründung finanzierte Kather mit einem relativ hohen Kredit von 15 000 Mark, den ihm ein befreundeter Seeburger Kaufmann gewährte, da er von seinem Vater seit dem bestandenen Examen keinerlei Unterstützung mehr erwarten konnte. Infolge der Währungsreform von 1923/24, die in Deutschland die Inflationsperiode beendete, erzielte Kather – wie andere Anwälte auch – plötzlich ein enormes Einkommen, da die hohen Anwaltstarife „auf einmal mit vollwertigem Geld" bezahlt werden mussten: Nach eigener Aussage hatte Kather „nie wieder ein so hohes Berufseinkommen gehabt wie 1924", was ihn als Konsumenten anfangs „übermütig" gemacht und zur Anschaffung einer großen Limousine mit Chauffeur veranlasst habe.[92] Seither verfügte Kather über genügend finanzielle Mittel, um – zuweilen gemeinsam mit einem seiner Brüder – größere Immobilienkäufe zu tätigen. Die Brüder wurden beispielsweise in Königsberg Eigentümer „eines größeren Grundstücks [...] in unmittelbarer Nähe des Schloßteichs" im Stadtzentrum, das unter anderem ein großes Kino beherbergte, das beim großen alliierten Bombenangriff auf Königsberg im August 1944 total zerstört wurde.[93] Doch investierte Kather nicht nur in Königsberg, sondern auch reichsweit in Grund- und Hausbesitz. Die DDR-Propaganda machte später öffentlich, dass Kather in den Jahren 1943 bis 1945 „zusammen mit seinem Bruder 700 000 Mark in Häusern und Grundstücken in Westfalen und Württemberg" investiert habe.[94] Daran war soviel zutreffend, dass Kather 1943 „9 halbe Mietshäuser" in den württembergischen Städten Ludwigsburg und Kornwestheim erworben hatte. In den Jahren 1931 bis 1941 hatte er nach eigenen Angaben ein Einkommen von „jährlich durchschnittlich 20 000 RM" erzielt, 1942 bis 1944 sogar von jährlich je 30 000 Reichsmark.[95] Damit lag er deutlich über den Einkünften der höchsten

---

[89] BStU, Archiv der Zentrastelle, MfS-HA IX/11, PA Nr. 611, Bl. 24f., „Kather, Linus", in: dokumentation der zeit [hrsg. vom Deutschen Institut für Zeitgeschichte/DDR] 2. Augustheft 1969.

[90] BAB, R 3001/62689, Vorgänge im Reichsjustizministerium zum ehrengerichtlichen Verfahren gegen Dr. Linus Kather, April 1944 bis Januar 1945.

[91] Kather, Die Entmachtung der Vertriebenen, Bd. 1, S. 12.

[92] Kather, Halali in Ostpreußen, S. 100–102.

[93] Ebenda, S. 173.

[94] BStU, Archiv der Zentrastelle, MfS-HA IX/11, PA Nr. 611, Bl. 24f., „Kather, Linus", in: dokumentation der zeit [hrsg. vom Deutschen Institut für Zeitgeschichte/DDR] 2. Augustheft 1969; vgl. entsprechend BStU, Archiv der Zentralstelle, MfS-HA IX/11 FV 13/71 Bd. 5, Bl. 187.

[95] StAHH, 221-11, Ad 10925, Dr. Linus Kather, Entnazifizierungs-Fragebogen v. 11.11.1946, S. 10f.

Beamtenklasse des Dritten Reiches, etwa der Staatssekretäre, die sich auf jährlich 26 500 Reichsmark beliefen.[96]

Auch nach seiner kriegsbedingten Flucht aus Ostpreußen, wo er wie viele andere alle Habe verlor, war Kather daher nach 1945 weiterhin ein wohlhabender Mann – was zuweilen in der heftig umkämpften Vertriebenenpolitik der 1950er Jahre als feindseliges Argument gegen den damals einflussreichen Vertriebenenführer genutzt werden sollte. Nicht nur von der SED-Propaganda, sondern auch von bundesrepublikanischen Konkurrenten wurde Kather öffentlich vorgeworfen, 1955 einen 12 Hektar großen Bauernhof im Schwarzwald (für 40 000 DM) erworben zu haben, der doch besser an einen landlos gewordenen vertriebenen Bauern hätte vergeben werden sollen.[97] Daraus resultierte „großes Gerede", Kather wolle diesen Bauernhof notfalls als „Absprungbasis zur Flucht nach der Schweiz" benutzen.[98] Schon 1951 musste Kather in einem Leserbrief an den „Spiegel" zu seinem westdeutschen Hausbesitz Stellung nehmen[99], der ihm als Führer der zumeist völlig besitzlos gewordenen Vertriebenen immer wieder zum Vorwurf gemacht wurde. Umgekehrt gab es 1952 „Gerüchte" über Kathers „wirtschaftlichen Zusammenbruch", die sogar Bundeskanzler Adenauer erreichten und von diesem in der CDU intrigant weiterverbreitet wurden, um Kathers Ministerambitionen auszubremsen. Adenauer hatte im Juli 1952 die Chuzpe, Kather gegenüber zu erklären, er habe diese Gerüchte nur deshalb weitergegeben, weil er geglaubt habe, Kather „damit einen Dienst zu tun".[100]

Hans Krüger wiederum nahm den sozialen Aufstieg vom Sohn eines Schulrektors zum Richteramt. Allerdings war dieser Aufstieg in der von Weltwirtschaftskrise und Juristen-Nachwuchsschwemme gekennzeichneten Situation – zwischen 1921 und 1931 nahmen die Jurastudenten in Deutschland von 9900 auf über 16 000 zu[101] – alles andere als unproblematisch. Krüger hatte die Volksschule und dann das humanistische Gymnasium seiner Heimatstadt Neustettin besucht und dort im März 1922 erfolgreich die Abiturprüfung bestanden.[102] Der genaue Ablauf des danach begonnenen Jurastudiums ist nicht bekannt; wir wissen nur, dass Krüger sein Studium Ende 1924 infolge einer schweren Tuberkulose-Erkrankung unterbrechen musste und erst im April 1926 wieder aufnehmen konnte – was er später dafür verantwortlich machte, dass er die Examina erst „in der schlechtesten Zeit" – auf dem Höhepunkt der Weltwirtschaftskrise und der Brüningschen Sparpolitik – absolvieren konnte und damit denkbar schlechte Voraussetzungen für den Einstieg in seinen Wunschberuf des Richters zu gewärtigen hatte.[103] Krügers

---

[96] Ämter, Abkürzungen, Aktionen des NS-Staates, S. 17 und S. 44.
[97] Kather, Halali in Ostpreußen, S. 68–72.
[98] LABW-GLAK, N Bartunek/25, BvD, Kreisverband Buchen, an Dr.-Ing. Bartunek, 12.5.1955, S. 2.
[99] Ebenda, N Bartunek/19, Dr. Kather an SPIEGEL-Redaktion, 11.4.1951.
[100] ACDP, I-377-04/3, Bundeskanzler Dr. Adenauer an Dr. Kather, 27.7.1952.
[101] Wehler, Deutsche Gesellschaftsgeschichte, Bd. 4, S. 464.
[102] LANRW-R, NW 1109 Nr. 1886, Hans Krüger, Entnazifizierungs-Fragebogen v. 10.9.1947, S. 2.
[103] LANRW-W, Q 234/5733, Bl. 11–31, insb. Bl. 11, Lt. OStA Bonn, Vernehmungsprotokoll Bundesminister a. D. Hans Krüger vom 12.10.1964, S. 1.

Studium führte ihn jedenfalls an die Universitäten Jena – wo er der Burschenschaft Teutonia angehörte und wohl auch seine „Schmisse" im Gesicht erhielt – und Köln, wo er im Oktober 1927 am Oberlandesgericht die erste juristische Staatsprüfung mit „ausreichend" bestand. Die Große Staatsprüfung absolvierte Krüger im August 1931 im Preußischen Justizministerium in Berlin, wo er mit der Note „befriedigend" abschnitt.[104] „Dr. Hans Krüger" ist er jedoch, anders als in einer späten DDR-Recherche von 1969 kolportiert[105], niemals gewesen, denn Krüger hat im Gegensatz zu anderen Angehörigen unserer Untersuchungsgruppe niemals promoviert.

In der Folgezeit blieb Krügers soziale Lage über Jahre hinweg prekär: Er musste über fast sieben Jahre in den unsicheren Positionen eines Gerichtsassessors, eines Rechtsanwalts- und Notar-Vertreters oder eines Hilfsrichters zubringen. Beim Amtsgericht Neustettin übte Krüger zunächst eine „unentgeltliche Beschäftigung" aus, bevor er in schlecht bezahlte Stellungen gelangte: Er übernahm „Beschäftigungsaufträge 1932 bei den Amtsgerichten Köslin und Neustettin sowie bei dem Landgericht in Köslin, 1933 bei dem Amtsgericht Neustettin und Amtsgericht in Labes, 1934 zunächst bei dem Amtsgericht in Falkenburg und seit dem 1. August 1934 bei dem Amtsgericht in Lauenburg", wo er außerdem 1936/37 als nebenamtlicher Vorsitzender des Arbeitsgerichts fungierte. Erst im Juni 1938 gelangte der ewige Gerichtsassessor Krüger in sichere Arbeitsverhältnisse, indem er zum ordentlichen Landgerichtsrat in der pommerschen Kreisstadt Stargard (heute polnisch: Stargard Szczeciński) ernannt wurde.[106] In den Jahren 1932/33 hatte Krüger mit seinen befristeten Hilfstätigkeiten lediglich Jahreseinkommen von etwa 1150 oder 1350 Reichsmark erzielt, 1934 kam er auf 2200 Reichsmark, 1936 immerhin auf bereits 3500 Reichsmark, bevor er 1937 sein damaliges Gehalt von 4100 Reichsmark durch weitere 1000 Reichsmark „Vermögensertrag" aufzubessern vermochte. Erst ab 1939 erzielte er ein jährliches Beamtengehalt von 5900 Reichsmark, welches sich 1941 auf 7200 und ab 1942 jährlich auf 7400 Reichsmark erhöhte.[107] Diese finanziellen Zuwächse waren die Folge seines Wechsels von zeitweiliger in dauernde Hilfsrichter-Tätigkeit (ab August 1934 in Lauenburg, ab April 1937 beim Landgericht Stargard), seiner folgenden Ernennung zum Landgerichtsrat in Stargard 1938 und der schließlichen Beförderung zum Oberamtsrichter in der westpreußischen Kreisstadt Konitz (polnisch: Chojnice) am 1. Oktober 1940.[108]

---

[104] LANRW-R, NW 1109 Nr. 1886, Hans Krüger, Entnazifizierungs-Fragebogen v. 10.9.1947, S. 1–3.
[105] BStU, Archiv der Zentralstelle, MfS-HA IX/11 FV 13/71 Bd. 4, Bl. 8ff., insb. Bl. 13, MdI DDR, Dokumentationszentrum der Staatlichen Archivverwaltung, Seckendorf, „Analyse zur Durchsetzung der Führungsorgane des Bundes der Vertriebenen (BdV) mit Nazis (Stand: September 1969)", Berlin Dezember 1969.
[106] BAB, R 3001/64956, Reichsministerium der Justiz, Personalakte Hans Krüger, S. 2f.
[107] LANRW-R, NW 1109 Nr. 1886, Hans Krüger, Entnazifizierungs-Fragebogen v. 10.9.1947, S. 10.
[108] BAB, R 3001/64956, Reichsministerium der Justiz, Personalakte Hans Krüger, S. 2; BAB, ZA I 5484/A18, Reichsministerium der Justiz, Personal- und Befähigungsnachweisung Hans Krüger, S. 2.

Diesen späten beruflichen Karrieresprung mit dem dazugehörigen Sozialprestige des Richters und der endlich erreichten materiellen Absicherung hat Krüger offenbar nicht zuletzt durch zielgerichtetes NSDAP-Engagement erreicht, auf das an anderer Stelle einzugehen sein wird. Anders als seine politische Beurteilung fiel jedenfalls seine fachliche zunächst nur mittelmäßig aus. Zwar attestierte ihm der Oberlandesgerichtspräsident von Stettin im April 1936 die fachliche Befähigung zum Richteramt, glaubte „aber mit Rücksicht auf seine nicht hervorragenden Prüfungsergebnisse" Krügers „*besondere Eignung* für das Richteramt noch nicht mit Sicherheit bejahen zu können".[109] Dieser Einwand wurde ein Jahr später zwar nicht wiederholt, doch hatte Krüger unterdessen wegen außerehelicher Beziehungen, die zu seiner Verwicklung in einen Scheidungsprozess und zu entsprechenden dienstlichen Vernehmungen durch seine Vorgesetzten geführt hatten, Zweifel an seiner „außerdienstlichen Führung" geweckt.[110] Krüger musste einen „Verweis" in seinen Personalakten hinnehmen, konnte jedoch erfolgreich Milderungsgründe seines beanstandeten Verhaltens geltend machen – insbesondere seine Heirat im Juli 1937 mit jener Dame, deren Ehebruch und Scheidungsprozess der Grund für die Beanstandungen gewesen waren. Damit ging die akute Gefahr der Entlassung aus dem Staatsdienst an Krüger vorüber. Der Stettiner Oberlandesgerichtspräsident befürwortete stattdessen aufgrund des ansonsten guten persönlichen und politischen Eindrucks von Krüger, dessen dienstliche Leistungen ohnehin als „tadellos" bewertet wurden, im September 1937 dessen Verbeamtungsgesuch.[111]

Nach erfolgreicher Ernennung zum Landesgerichtsrat Mitte 1938 nutzte Krüger die nach Beginn des Zweiten Weltkriegs im Oktober 1939 vollzogene Annexion polnischer Gebiete durch Hitlers Großdeutsches Reich zielstrebig zur Beschleunigung seiner bislang zähen Richterkarriere. Krüger wurde zwar erst zum 1. Oktober 1940 formell von Stargard nach Konitz versetzt, was er nach 1945 in seinen Lebensläufen denn auch stets als Datum dieses Karrieresprungs angab.[112] In Wahrheit aber war er bereits seit Mitte Oktober 1939 kommissarisch beim Aufbau des Justizwesens in Konitz tätig gewesen. 1964 gab er im Rahmen des gegen ihn laufenden Ermittlungsverfahrens zu Protokoll, nach Kriegsbeginn 1939 zum Oberlandesgerichts-Bezirk Danzig abkommandiert worden zu sein. Dort habe er – zumal seine Vorfahren mütterlicherseits aus dem damals wieder eroberten Westpreußen stammten – „von vornherein die Absicht" gehabt, „mich in diesen Oberlandesgerichtsbezirk versetzen zu lassen". Mit der Realisierung dieser Absicht hänge seine formelle Versetzung vom Oktober 1940 sowie die damit verbundene Funktion als „aufsichtsführender Richter am Amtsgericht Konitz mit der Dienst-

---

[109] BAB, ZA I 5484/A18, Reichsministerium der Justiz, Personal- und Befähigungsnachweisung Hans Krüger, OLG-Präsident Stettin, Beurteilung v. 7. 4. 1936.
[110] Ebenda, OLG-Präsident Stettin, Beurteilung v. 26. 4. 1937.
[111] BAB, R 3001/64956, Reichsministerium der Justiz, Personalakte Hans Krüger, OLG-Präsident Stettin an RMJ, 11. 9. 1937.
[112] LANRW-R, NW 1109 Nr. 1886, Hans Krüger, Entnazifizierungs-Fragebogen v. 10. 9. 1947, S. 4, sowie ders., Entnazifizierungs-Fragebogen v. 20. 3. 1947, S. 3.

bezeichnung Oberamtsrichter" zusammen.[113] Jedenfalls sei er am 18. Oktober 1939 in Konitz eingetroffen.[114] Nach Angaben des damaligen Danziger Oberlandesgerichtspräsidenten war Krüger sogar „der erste Richter, der von Danzig aus zum Amtsgericht nach Konitz geschickt wurde".[115] Formell wurde Krüger damit „zur Verwendung in dem wieder eroberten Westpreußen abgeordnet", und zwar an das Amtsgericht Konitz[116], wo er nach Angaben eines weiteren Richterkollegen ab Herbst 1939 als „aufsichtsführender Amtsrichter" tätig war.[117] Die rasche Beförderung Krügers erklärt sich somit aus dem Kontext der damaligen aggressiven Expansionspolitik des NS-Staates, die neue Karriereschübe für junge deutsche Juristen in den auf Kosten Polens eroberten deutschen Ostgebieten Westpreußen und Warthegau ermöglichte. Doch dürften auch Krügers zielstrebiges Engagement in der NSDAP und sein aktives Hinarbeiten auf die mit rascherer Beförderung verbundene Versetzung nach Westpreußen diesem Karrieresprung von 1939/40 erheblich nachgeholfen haben.

Der Lehrersohn *Reinhold Rehs* war als Achtzehnjähriger – also um die Zeit seiner Abiturprüfung – durch die deutsche Weltkriegsniederlage und die polnischen Gebietsansprüche, die auch Teile seiner Heimat Ostpreußen betrafen, nationalistisch politisiert worden und hatte von Februar bis Juni 1919 als Freiwilliger einem „Freikorps" bzw. freikorps-ähnlichen militärischen Verband angehört.[118] Danach begann Rehs ein Jurastudium, das er im Juli 1923 mit der Note „ausreichend" in der Ersten Staatsprüfung abschloss. Vermutlich nach dem Referendarsexamen wurde Rehs im deutschen Krisenjahr 1923 – das bekanntlich von galoppierender Inflation, vom Einmarsch Frankreichs in das Ruhrgebiet und von kommunistischen sowie rechtsradikalen Aufstands- bzw. Putschversuchen gekennzeichnet war – im militärischen Kampfverband „Bund Oberland" aktiv. Auf dieses rechtsextremistische Engagement des Studenten Rehs wird an anderer Stelle näher einzugehen sein. Hier interessiert nur, dass dadurch seine juristische Karriere unterbrochen wurde. Dazu trug auch der Umstand bei, dass der materiell nicht gut gestellte Student während des Jurastudiums als „Volontär" für Zeitungen gearbeitet hatte. Die ursprüngliche Motivation des Zuverdienstes weitete sich aus und ging mit seiner politischen Ausrichtung Hand in Hand, als Rehs 1923/24 hauptberuflicher Politik-Redakteur bzw. „Schriftleiter f. Politik bei der Ostpreußischen

---

[113] LANRW-W, Q 234/5733, Bl. 11–31, insb. Bl. 12, Lt. OStA Bonn, Vernehmungsprotokoll Bundesminister a. D. Hans Krüger vom 12.10.1964, S. 2.

[114] Ebenda, Bl. 16, Lt. OStA Bonn, Vernehmungsprotokoll Bundesminister a. D. Hans Krüger vom 12.10.1964, S. 6.

[115] Ebenda, Bl. 120–122, insb. Bl. 121, Lt. OStA Bonn, z. Z. Hamburg, Vernehmungsprotokoll OLG-Präsident a. D. Walter Wohler vom 27.11.1964, S. 2.

[116] Ebenda, Bl. Bl. 1–8, insb. Bl. 1 f., Lt. OStA Bonn, Vernehmungsprotokoll Oberamtsrichter a. D. Adolf Freuer vom 24.9.1964, S. 1 f.

[117] Ebenda, Bl. 185–189, insb. Bl. 185, AG Tiergarten, Vernehmungsprotokoll LG-Direktor Dr. Hans Kosinski vom 25.8.1966, S. 1.

[118] BAB, R 3001/71744, RJM, Rechtsanwalts-Personalakte Reinhold Rehs, S. 2; bei diesem Wehrverband handelte es sich um das „Grenadierregiment 3, Freiw.[illigen-]Komp.[anie] Fischhausen".

4. Bildungsgänge und beruflich-soziale Positionierungen 109

Zeitung in Königsberg" wurde[119], einem konservativ-deutschnational ausgerichteten Blatt[120], das bekanntermaßen „eine scharfe Klinge gegen die Weimarer Republik führte".[121] Zu Jahresbeginn 1924 beendete Rehs diese Redakteurstätigkeit, da er als Rechtsreferendar in den preußischen Staatsdienst eintrat; er blieb jedoch als freier Mitarbeiter weiter für die „Ostpreußische Zeitung" tätig und wurde bis 1928 auch für die „Deutsche Zeitung" in Berlin aktiv. Im September 1928 bestand Rehs in Berlin die zweite juristische Staatsprüfung (erneut mit „ausreichend") und wurde daraufhin im Oktober 1928 als Rechtsanwalt beim Amts- und Landgericht Königsberg zugelassen.[122]

Rehs gehörte seither dem „Ostpreußischen Rechtsanwaltsverein" an, der 1933 durch das NS-Regime im Zuge der „Gleichschaltung" des gesamten Vereinswesens in Deutschland aufgelöst wurde. Mit seiner „Rechtsanwaltstätigkeit" wollte Rehs nach eigenen Nachkriegsangaben in den Jahren 1933 bis 1944 „in wechselnder Höhe ca. 1000–3000 RM monatlich" und damit Jahreseinkommen zwischen 12 000 und 36 000 Reichsmark – also durchschnittlich um die 24 000 Reichsmark – erzielt haben.[123] Falls dies zutraf, hätte Rehs als Anwalt das Spitzeneinkommen der zweithöchsten Beamtenklasse des „Dritten Reiches" erzielt, etwa der Oberpräsidenten oder Oberbürgermeister, das ebenfalls bei 24 000 Reichsmark lag[124] – falls er dies nicht sogar noch übertroffen hätte. Trotz dieses geschäftlichen Erfolges beurteilte der Königsberger Landgerichtspräsident, der an Rehs' damaliger (NS-konformer) politischer Haltung ausdrücklich nichts auszusetzen fand, 1944 dessen fachliche Qualifikation ungünstig: Rehs sei nur „schwach befähigt", neige in seinen Schriftsätzen und mehr noch in seinen mündlichen Vorträgen vor Gericht zur „Weitschweifigkeit", weshalb seine fachlichen „Leistungen als Rechtsanwalt nicht sehr hoch zu bewerten" seien. Rehs hatte außerdem 1930, also zu Beginn seiner Anwaltskarriere, sogar eine Anklage vor dem Ehrengericht der Anwaltskammer „wegen Verletzung der Berufspflicht" gewärtigen müssen, war jedoch freigesprochen worden.[125] Trotz alledem hatte Rehs als Anwalt eine prestigeträchtige soziale Position mit hinreichender materieller Absicherung erreicht. Ähnlich wie in den Fällen seiner späteren BdV-Kollegen Kather und Mocker lag sein Anwalts-Jahreseinkommen deutlich über dem Durchschnittseinkommen der 18 780 Rechtsanwälte Deutschlands, das 1935 10 850 Reichsmark betrug.[126] Der soziale Aufstieg von Rehs wurde später – nach der Scheidung von seiner ersten

---

[119] Ebenda, S. 2f.
[120] Von der Goltz, Hindenburg, S. 152; Gause, Geschichte der Stadt Königsberg in Ostpreußen, Bd. 3, Graz 1971, S. 24.
[121] Matull, Damals in Königsberg, S. 42.
[122] BAB, R 3001/71744, RJM, Rechtsanwalts-Personalakte Reinhold Rehs, S. 3; im Impressum der Ostpreußischen Zeitung Nr. 7 vom 9.1.1924, S. 3, ist Rehs nicht mehr als „Schriftleiter" verzeichnet.
[123] LASH-S, Abt. 460.19, Entnazifizierungsakte Rehs, Reinhold Rehs, Kiel, Entnazifizierungs Fragebogen v. 7.8.1947.
[124] Ämter, Abkürzungen, Aktionen des NS-Staates, S. 17 und S. 44.
[125] BAB, R 3001/71744, RJM, Rechtsanwalts-Personalakte Reinhold Rehs, S. 6.
[126] Wehler, Deutsche Gesellschaftsgeschichte, Bd. 4, S. 726.

Frau 1940 – durch die Eheschließung mit einer Dame adliger Abkunft besiegelt.[127]

Erich Schellhaus, der Sohn eines Postbeamten, schlug ähnlich wie Gossing zunächst den Karriereweg einer Banklehre ein, bevor er in den kommunalen Verwaltungsdienst wechselte. Der gebürtige Oberschlesier hatte nach der Volksschule bis 1918 ein Realgymnasium besucht und dann von 1922 bis 1925 an einer Handelshochschule studiert. Nachdem er daraufhin einige Jahre als Bankangestellter gearbeitet hatte, wechselte er als „Hilfsarb.[eiter]" des Magistrats der schlesischen Kreisstadt Schweidnitz in den kommunalen Verwaltungsdienst. Offenbar fest entschlossen, nicht auf dieser unteren Karrierestufe zu verbleiben, besuchte Schellhaus 1931 eine „Beamtenfachschule", die er im Juli 1931 mit der staatlichen Verwaltungsprüfung erfolgreich absolvierte. Damit hatte er eine Qualifikation für kommunale Führungsfunktionen erworben, die er unverzüglich nutzte, indem er sich 1931 um das Amt des Bürgermeisters der pommerschen Kleinstadt Fiddichow bewarb.[128] Ende 1931 wurde er „von den bürgerlichen Parteien des Stadtparlaments" zum hauptamtlichen Bürgermeister von Fiddichow (heute polnisch: Widuchowa) gewählt, um dieses Amt am 1. Juni 1932 anzutreten.[129] Dadurch wurde der Sohn eines nachgeordneten Beamten und bisherige kleine Bankangestellte zum respektablen „Herrn Bürgermeister" – wenn auch seine Stadt Fiddichow 1939 nur 2500 Einwohner zählte. Durch den Karrieresprung vom Bankangestellten zum verbeamteten Kommunalverwaltungschef verdoppelte Schellhaus fast sein Jahreseinkommen – von 2500 auf 4000 Reichsmark. Der Zugewinn an Sozialprestige war noch höher zu veranschlagen. 1935 wechselte Schellhaus dann durch eine erneute erfolgreiche Bewerbung in das Amt des Bürgermeisters der schlesischen Stadt Bad Salzbrunn, wodurch er sein Jahresgehalt auf 7000 Reichsmark erneut beinahe verdoppeln konnte. In dieser Funktion blieb Schellhaus formell bis 1945 tätig, obschon er seit 1939 durch permanenten Kriegseinsatz die Bürgermeistertätigkeit nicht mehr ausübte.[130]

Sozialer Aufstieg prägte auch die Lebenserfahrung von *Otto Ulitz*, der 1885 im bayerischen Kempten/Allgäu geboren wurde. Ulitz' Mutter stammte aus der württembergischen Region Ravensburg, „wo ihr Vater Bauer und Müller war", sein Vater hingegen aus einer Handwerkerfamilie (Färber) der schlesischen Provinzhauptstadt Breslau. Als wandernder Handwerker nach Bayern gelangt, hatte Ulitz' Vater dort eine Karriere als Berufssoldat begonnen und es zum Zeitpunkt seiner Heirat 1882 zum Feldwebel gebracht. Da die Karriereaussichten in der zivilen Bürokratie für ehemalige Berufssoldaten in Preußen günstiger waren als in Bayern, kehrte der Vater mit seiner Familie 1888 in seine Heimatstadt Breslau zurück, um 1895 in die oberschlesische Industriestadt Kattowitz zu wechseln. Denn dort fand

---

[127] BAB, R 3001/71744, RJM, Rechtsanwalts-Personalakte Reinhold Rehs, S. 2.
[128] NHStA-H, Nds. 171 Lüneburg VE/CEL/1590, Erich Schellhaus, Entnazifizierungs-Fragebogen v. 9.8.1948, S. 1–3.
[129] Ebenda, Erich Schellhaus, „Politischer Lebenslauf", o. D. [1948], S. 1.
[130] Ebenda, Erich Schellhaus, Entnazifizierungs-Fragebogen v. 9.8.1948, S. 2f.

er „nach der bestandenen Prüfung eine günstige Aufstiegsgelegenheit" als Eisenbahnsekretär in der eben erst errichteten Reichsbahndirektion.[131]

Kattowitz blieb über Jahrzehnte bis 1945 der Lebensschwerpunkt von Otto Ulitz. Dieser Sohn eines zum Bahnbeamten aufgestiegenen Handwerkers, der es in der Reichsbahn bis zum Rechnungsrat brachte, besuchte dort die Oberrealschule, die er mit der Mittleren Reife verließ – da er nicht jener Sohn war, dem der Vater als einzigem ein Studium finanzieren konnte.[132] Zwar begann auch Otto Ulitz nach 1902 ein „Studium der Rechte", brach dieses jedoch – vermutlich infolge finanzieller Schwierigkeiten – alsbald „ohne Abschluß" ab, um stattdessen eine Ausbildung im kommunalen Verwaltungsdienst seiner Heimatstadt zu beginnen.[133] Ulitz absolvierte 1904/05 seinen Militärdienst und trat dann in den „Polizeidienst der Stadt Kattowitz". Dort stieg er bis zum Polizeikommissar auf und wurde im Oktober 1912 „mit der Wahrnehmung der Geschäfte des Polizeiinspektors beauftragt".[134] Damit hatte Ulitz offenbar jene Leitungsfunktion inne, die später zuweilen als Polizeipräsidenten-Amt überinterpretiert wurde.[135] Nach Überführung der Kattowitzer kommunalen Polizei in den preußischen Staatsdienst im April 1916[136] war Ulitz allerdings – nach seiner Rückkehr aus vierjährigem Kriegsdienst im November 1918 – hochrangiger „Leiter der Polizeiexekutive im Polizeipräsidium von Kattowitz"[137], stand also unmittelbar unter dem Präsidenten der Behörde.

Durch die Verstaatlichung der kommunalen Polizei in Kattowitz war Ulitz seit 1916 preußischer Staatsbeamter – eine Rechtsstellung, die ihm sehr wichtig war. Denn als er Mitte 1920 auf eigenen Antrag aus dem Staatsdienst ausschied[138], um für die deutsche Bevölkerungsgruppe in Oberschlesien politisch aktiv zu werden, tat er dies nur „gegen die Zusicherung des jederzeitigen Rücktritts", also eines Rückkehrrechtes in den preußischen Staatsdienst.[139] Dieses Rückkehrrecht wusste Ulitz unter völlig gewandelten politischen Verhältnissen 1940/41 erfolgreich zur Anwendung zu bringen. 1920 aber schied Ulitz aus dem höheren preußischen Polizeidienst aus, um hauptamtlicher deutscher Vertreter im internationalen Plebiszitkommissariat für Oberschlesien zu werden. Da der neu errichtete Staat

---

[131] Webersinn, Otto Ulitz, S. 7–9.
[132] Ebenda, S. 11 und S. 13.
[133] BAB, DO 1/3004, Bl. 24–25, insb. Bl. 24, Abschrift: [MdI DDR, Hauptabteilung Deutsche Volkspolizei], Vernehmungsprotokoll Dr. Otto Ulitz, Lebenslauf, Waldheim, 6.4.1950, S. 1.
[134] BAB, R 1501/211531, Bl. 10f., Reichs- und Preußisches Ministerium des Innern, Dr. h.c. Otto Ulitz, Lebenslauf v. 4.3.1940.
[135] Vgl. Eser, „Volk, Staat, Gott!", S. 229, Anm. 747, wo Ulitz „vor 1920 [als] Polizeipräsident von Kattowitz" firmiert, womit offensichtlich eine Verwechslung der unteren Polizeibehörde „Polizeiinspektion" mit dem höherrangigen Polizeipräsidium vorliegt.
[136] BAB, R 1501/211531, Bl. 10f., Reichs- und Preußisches Ministerium des Innern, Dr. h.c. Otto Ulitz, Lebenslauf v. 4.3.1940.
[137] Webersinn, Otto Ulitz, S. 15f.
[138] BAB, R 1501/211531, Bl. 10f., Reichs- und Preußisches Ministerium des Innern, Dr. h.c. Otto Ulitz, Lebenslauf v. 4.3.1940.
[139] BAB, DO 1/3004, Bl. 24–25, insb. Bl. 24, Abschrift: [MdI DDR, Hauptabteilung Deutsche Volkspolizei], Vernehmungsprotokoll Dr. Otto Ulitz, Lebenslauf, Waldheim, 6.4.1950, S. 1.

die Abtretung ganz Oberschlesiens forderte, hatten die Siegermächte des Ersten Weltkrieges eine Volksabstimmung in der Region anberaumt. Nachdem dieses für Deutschland erfolgreiche Plebiszit die politisch gewollte Teilung Oberschlesiens nicht hatte verhindern können, wurde Ulitz im nunmehr zu Polen gehörigen Katowice nicht nur polnischer Staatsbürger, sondern auch hauptamtlicher geschäftsführender Vorsitzender des „Deutschen Volksbundes" für Ostoberschlesien.[140] Diese hauptberufliche Funktion als Volksgruppenführer trug ihm internationale Prominenz ein, da er sowohl mit dem Völkerbund in Genf zu tun hatte[141] als auch auf internationalen Minderheitenkonferenzen auftrat.[142]

Wie sich zeigte, hatte diese herausgehobene Tätigkeit im Interesse der deutschen Minderheit im polnischen Teil Oberschlesiens, die er von 1922 bis zum deutschen Einmarsch in Polen 1939 kontinuierlich ausübte, nicht nur seine demonstrative Ehrung durch die Universität Breslau zur Folge, die dem Nicht-Abiturienten im Oktober 1932 eine juristische Ehrendoktorwürde „für die rechtsschöpferische und rechtsschützende Tätigkeit auf dem Gebiete des Minoritätenrechts verlieh".[143] Hinzu kam, dass Ulitz von der Berliner Regierung in seiner minderheitenpolitischen Funktion nach wie vor als Beamter betrachtet und dienstaltermäßig befördert wurde.[144] Vordergründig aus dem Staatsdienst ausgeschieden, war Ulitz 1922 „in die Dienste der Deutschen Stiftung übergetreten", einer von der Reichsregierung finanzierten Schaltstelle zur Finanzierung und politischen Anleitung der deutschen Minderheiten in den nach 1918 verlorenen Reichsgebieten.[145] Als 1927 die Auflösung des oberschlesischen Deutschen Volksbundes oder zumindest der erzwungene Rücktritt Ulitz' von dessen Geschäftsführung drohte, äußerte die „Deutsche Stiftung" umgehend die Bitte gegenüber dem (damals sozialdemokratisch geführten) preußischen Innenministerium, Ulitz im Falle seines Ausscheidens die Unterbringung im preußischen Staatsdienst mit weiteren Aufstiegsmöglichkeiten zu gewährleisten.[146] Die Funktionäre derselben Institution teilten 1940 auch dem Reichsministerium des Innern mit (mit dem das preußische Ressort unterdessen 1934 verschmolzen worden war), dass im Jahre 1937 in Verhandlungen zwischen der Stiftung, dem Reichsaußen- und dem Reichsfinanzministerium Ulitz' Führungsposition im Volksbund auf die „Besol-

---

[140] Balling, Von Reval bis Bukarest, Bd. 2, S. 764.
[141] Eser, „Loyalität" als Mittel der Integration oder Restriktion?, S. 37.
[142] Schulthess' Europäischer Geschichtskalender, Bd. 71. 1930, S. 498 f.; demnach nahm Ulitz im September 1930 am 6. Europäischen Nationalitätenkongress in Genf teil.
[143] BAB, DO 1/3004, Bl. 24–25, insb. Bl. 24, Abschrift: [MdI DDR, Hauptabteilung Deutsche Volkspolizei], Vernehmungsprotokoll Dr. Otto Ulitz, Lebenslauf, Waldheim, 6. 4. 1950, S. 2.
[144] PAAA, R 8043/578, Bl. 78–80, Ulitz, Kattowitz, an Deutsche Stiftung, Krahmer-Möllenberg, Berlin, 5. 10. 1922, betreffend die Bestätigung des preußischen Innenministers, dass Ulitz unter Aufrechterhaltung seiner Pensionsansprüche und weiterer Anrechnung seines Dienstalters aus dem preußischen Polizeidienst entlassen worden sei – was den Beleg bietet für seine quasi im verdeckten Staatsauftrag erfüllte Funktion als Minderheitenpolitiker in Polen.
[145] BStU, Archiv der Zentralstelle, MfS-HA IX/11 PA 3556 Bd. II, Bl. 20, [Dt. Stiftung] an RdI, 21. 8. 1940.
[146] PAAA, R 8043/593, Bl. 40 f., Krahmer-Möllenberg an Preußisches Ministerium des Innern, 6. 11. 1927.

dungsgruppe A I a Höchststufe" angehoben worden sei. Aus dieser beamtenrechtlichen Lage ergab sich nach dem gewaltsamen Wiederanschluss Ostoberschlesiens an das mittlerweile Großdeutsche Reich „der Anspruch auf Unterbringung in eine gleichwertige Stellung" im NS-Staatsdienst. Das bedeutete: Entweder musste Ulitz eine Position als Ministerialrat in Berlin erhalten oder es musste zumindest der Gehaltsunterschied zu seiner damaligen Position als Regierungsdirektor in der regionalen Verwaltung Oberschlesiens ausgeglichen werden.[147] Das NS-Regime löste dieses verzwickte Problem auf ungewöhnliche Weise, indem es Ulitz in der ihm im Oktober 1939 zugewiesenen Abteilungsleiter-Position in Oberschlesien beließ[148], ihn aber im März 1941 nach langwierigen internen Abstimmungsprozessen in den Rang eines Ministerialrats erhob.[149] Damit wurde Ulitz zwar keine Position in einem Reichsministerium zugewiesen, das Regime ermöglichte ihm aber den Gehaltsbezug von 12 000 Reichsmark pro Jahr[150], womit er deutlich über dem Einstiegsgehalt von 8400 Reichsmark und beinahe schon beim Endgehalt von 12 600 Reichsmark dieser Gehaltsklasse eingereiht worden war.[151] Zugleich kam Ulitz in den Genuss des hohen Sozialprestiges, der mit dem Titel verbunden war. Damit hatte der Handwerkersohn, der freilich selbst stets nur den Beamtenrang seines verstorbenen Vaters („Staatsbeamter, Rechnungsrat") herausstellte[152], einen gewaltigen sozialen Aufstieg in die damals elitäre, nicht allzu umfangreiche Ministerialbürokratie erzielt.[153] Dieser Aufstieg wurde durch die erwähnte Ehrendoktorwürde der Universität Breslau abgerundet. Damit zählte der einstige Studienabbrecher Ulitz später im BdV-Präsidium zur dort dominierenden Gruppe der promovierten Honoratioren.

Nicht ganz so hoch zielend wie Ulitz, aber ähnlich ausgreifend wie bei Krüger oder Schellhaus war der soziale Aufstieg von *Alfred Gille*. Dieser Sohn eines Berufssoldaten und späteren Kantinenpächters brachte es nach dem Abitur am Realgymnasium in Insterburg, nach Jurastudium an den Universitäten Königsberg und München (zwei damals von einer ausgesprochen „hypernationalistisch[en]" und oft auch antisemitisch-völkischen Studentenschaft geprägten Hochschulen[154]), den 1923 bzw. 1927 erfolgreich bestandenen Examina als Referendar und Assessor sowie der krönenden Promotion zum Doktor der Rechte 1928 zunächst

---

[147] BStU, Archiv der Zentralstelle, MfS-HA IX/11 PA 3556 Bd. II, Bl. 20, [Dt. Stiftung] an RdI, 21.8.1940.

[148] BAB, R 1501/211531, Bl. 10f., Reichs- und Preußisches Ministerium des Innern, Dr. h. c. Otto Ulitz, Lebenslauf v. 4.3.1940.

[149] BAB, DO 1/3004, Bl. 24–25, insb. Bl. 24, Abschrift: [MdI DDR, Hauptabteilung Deutsche Volkspolizei], Vernehmungsprotokoll Dr. Otto Ulitz, Lebenslauf, Waldheim, 6.4.1950, S. 2.

[150] BAB, R 1501/211530, Reichsministerium des Innern, Vermerk v. Juni 1941.

[151] Ämter, Abkürzungen, Aktionen des NS-Staates, S. 22f. und S. 44.

[152] BAB, DO 1/3004, Bl. 24–25, insb. Bl. 24, Abschrift: [MdI DDR, Hauptabteilung Deutsche Volkspolizei], Vernehmungsprotokoll Dr. Otto Ulitz, Lebenslauf, Waldheim, 6.4.1950, S. 1.

[153] Doch erst am 6.4.1943 – und damit nach seinem Beitritt zur NSDAP – wurde Ulitz von Hermann Göring in dessen Eigenschaft als preußischer Ministerpräsident zum Beamten auf Lebenszeit ernannt; vgl. BStU, Archiv der Zentralstelle, MfS-HA IX/11 PA 3556 Bd. 1, Bl. 64, und die diesbezüglichen Originalakten in BAB, R 1501/211531.

[154] Matull, Erlebte Geschichte zwischen Pregel und Rhein, S. 62, S. 67 und S. 69.

in das Richteramt, dann in ein Bürgermeister-Amt.[155] Gille bezeichnete sich später – seine niedere soziale Herkunft ähnlich verschleiernd wie Ulitz – als Sohn eines „Kaufmanns"[156], was nicht falsch, aber bewusst verunklarend war. Dieselbe Vernebelungstaktik sollte Gille später auch auf seine NS-Karriere im Zweiten Weltkrieg anwenden.

Nur kurz arbeitete der erfolgreiche Aufsteiger als Gerichtsassessor in Königsberg, bevor es ihm gelang – wie er noch 1952 voller Stolz konstatierte – „im Alter von 26 Jahren [...] unter 60 Bewerbern zum Bürgermeister der Stadt Lötzen gewählt" zu werden. Formell blieb Gille von 1928 bis 1945 in diesem Amt, das er faktisch jedoch nur bis Kriegsbeginn 1939 ausübte.[157] Auch Gille war insofern – ähnlich wie Schellhaus – einer jener unter den demokratischen Verhältnissen der Weimarer Republik ins Amt gelangten kommunalen Beamten, die sich dem NS-Regime ab 1933 anpassten und daher bleiben durften. Dabei erzielte Gille nach eigenen Nachkriegsangaben ein Jahreseinkommen, das 1933 bei etwa 8000 Reichsmark und 1938 bei etwa 9000 Reichsmark gelegen und sich seither bis zum Jahre 1943 nicht verändert haben soll.[158] Über sein zwischen 1942 und 1944 vermutlich – inklusive „Ostzuschläge" und Steuerfreibeträge – deutlich höheres Einkommen als Gebietskommissar in den besetzten sowjetischen Regionen schwieg Gille sich aus.[159]

Ähnlich wie im Falle Schellhaus, der im „Dritten Reich" seine berufliche Karriere zu fördern verstand (Bürgermeisterwechsel nach Bad Salzbrunn 1935), gelang dies auf viel bedeutsamere Weise auch Gille – freilich erst unter den Bedingungen des Zweiten Weltkrieges. Bis 1939 war Gille Chef der Kommunalverwaltung in Lötzen (heute polnisch: Giżycko), einer ostpreußischen Kreisstadt mit (1939) 14 000 Einwohnern – ein alles in allem „bescheidenes Landstädtchen", landschaftlich schön, aber abgelegen situiert und stark masurisch geprägt.[160] Der Zweite Weltkrieg hob Gille über diese bescheidene Perspektive hinaus: Auf dem Höhepunkt des deutschen Eroberungskrieges in der Sowjetunion machte er Karriere in der deutschen Besatzungsverwaltung in den „besetzten Ostgebieten". Zunächst übernahm Gille zwischen 1941 und 1943 im Reichskommissariat Ukraine, das vom ostpreußischen Gauleiter Erich Koch regiert wurde, die Funktion des Gebietskommissars (Stadtkommissars) im Industriezentrum Saporoschje (russisch: Zaporož'e, ukrainisch: Zaporiźźja, sprich Saporischja), das damals über das größte Wasserkraftwerk Europas verfügte und 1939 289 000 Einwohner gehabt haben soll. Nach der sowjetischen Wiedereroberung Saporoschjes und kurzer Über-

---

[155] BStU, Archiv der Zentralstelle, MfS AP 12596/76, Bl. 7, [MfS DDR], Biographische Angaben zu Dr. Alfred Gille, o. D.; vgl. Gille, Wesen und Folgen der Rechtsabhängigkeit im Strafprozeß.
[156] LASH-S, Abt. 786 Nr. 11044, Bl. 53, Dr. Alfred Gille, Lebenslauf v. 6.2.1952.
[157] Ebenda.
[158] AHL, Bestand Entnazifizierung, Soll-Liste Nr. 1341, Alfred Gille, Dr. Alfred Gille, Lübeck, Entnazifizierungs-Fragebogen v. 11.6.1948.
[159] Vgl. Zellhuber, „Unsere Verwaltung treibt einer Kathastrophe zu", S. 213, wonach die Grundbesoldung der Besatzungsorgane allerdings uneinheitlich geregelt war.
[160] Matull, Erlebte Geschichte zwischen Pregel und Rhein, S. 26 f.

4. Bildungsgänge und beruflich-soziale Positionierungen 115

gangszeit wurde Gille im ersten Halbjahr 1944 wieder als Gebietskommissar aktiv – diesmal im zum Reichskommissariat Ostland gehörigen polnisch-weißrussischen Nowogrodek (so der polnische Name; russisch: Nowogrudok, weißrussisch Nawahradak). Damit übernahm Gille die Leitung einer im Vergleich zu Saporoschje unbedeutenden Kleinstadt und ihrer Umgebung. Die Ernennung zum Gebietskommissar in Saporoschje jedoch – zum örtlichen NS-Zivilgouverneur einer sowjetischen Industriemetropole – bedeutete für den Kleinstadt-Bürgermeister aus Ostpreußen nicht nur einen enormen Karrieresprung, sondern auch eine demonstrative Anerkennung seiner fachlichen Leistungsfähigkeit und politischen Zuverlässigkeit durch das NS-Regime und namentlich den ostpreußischen NS-Machthaber Koch, der in seiner Doppelfunktion als Gauleiter und Oberpräsident der Provinzialverwaltung über Jahre hinweg Gelegenheit gehabt hatte, Gilles Bürgermeistertätigkeit zu beobachten.

Unter den rund 13 000 Mitarbeitern der deutschen Besatzungsverwaltung in den eroberten sowjetischen Gebieten, die das 1941 geschaffene „Reichsministerium für die besetzten Ostgebiete" zum Einsatz brachte[161], gehörte Gille seither für mehrere Jahre zur unteren Führungselite. Das Ost-Ministerium hatte im Juni 1941 veranschlagt, dass man für die Verwaltungshierarchie im Osten vier Reichskommissare, „24 Generalkommissare, rund 80 Hauptkommissare und über 900 Gebietskommissare zu berufen" haben würde.[162] Da die faktisch eingesetzte Zahl unter dieser Planungsgröße blieb, war die Gruppe der kommunalen Besatzungsverwaltungschefs, zu der Gille zählte, quantitativ geringer.[163] So gliederte sich das Reichskommissariat Ukraine in sechs Generalkommissariate (darunter Dnjepropetrowsk, zu dem das Gebietskommissariat Saporoschje-Stadt gehörte) und 107 Gebietskommissariate, deren Chefs die Aufgaben deutscher Landräte oder Oberbürgermeister wahrzunehmen hatten – freilich im Gewaltzusammenhang der menschenverachtenden deutschen Besatzungspolitik im Osten. Das räumlich kleinere Reichskommissariat Ostland, das das Baltikum und große Teile Weißrusslands umfasste, gliederte sich in vier Generalkommissariate (darunter Weißruthenien, zu dem Nowogrodek zählte) und 30 Gebietskommissariate. Gille gehörte folglich mehrere Jahre lang zur mittleren Führungsgruppe der rund 140 Gebietskommissare der NS-Besatzungsverwaltung im Osten. Diese hatten gemäß der Weisung ihrer Berliner Zentrale „als untere Verwaltungsbehörde" zu fungieren und „die landeseigenen Behörden in unterster und in der Kreisinstanz" zu beaufsichtigen.[164]

Im Unterschied zu den höherrangigen Führungspositionen der Reichs- und Generalkommissare wurden die Ämter der Gebietskommissare nicht durch per-

---

[161] Zellhuber, „Unsere Verwaltung treibt einer Katastrophe zu", S. 170.
[162] Ebenda.
[163] So wurde die Ebene der Hauptkommissare völlig fallengelassen, und statt der geplanten vier Reichskommissariate wurden effektiv nur zwei (Ukraine und Ostland) eingerichtet; ebenda, S. 134.
[164] Zitiert nach ebenda, S. 84; vgl. zu den Aufgaben der Gebiets- bzw. Stadtkommissare auch: Dallin, Deutsche Herrschaft in Russland 1941–1945, S. 103–105.

sönliche Entscheidung Hitlers (oder seines Arbeitsstabes um Martin Bormann) besetzt, sondern die Ernennung dieser nachrangigen Funktionsträger blieb der Ministerialbürokratie des Ostministeriums überlassen.[165] Faktisch jedoch zogen die zu Reichskommissaren ernannten NS-Gauleiter – darunter der Ostpreuße Erich Koch – diese Ernennungen an sich und besetzten die Stellen der Gebietskommissare nach „persönliche[n] Gesichtspunkten". Anders als in den höchsten Ebenen der Besatzungshierarchie, in der aktive oder ehemalige Gauleiter der NSDAP sowie hochrangige Führer der SS und SA den Ton angaben, fanden als Gebietskommissare weniger solche prominenten NS-Funktionäre Verwendung als ausgewiesene Verwaltungsexperten. Doch auch in diesem Falle waren – wie ein Blick auf das Reichskommissariat Ostland zeigt – „sämtliche Gebietskommissare Parteimitglieder, fünfzehn schon seit 1932 oder früher, die übrigen seit 1933; sieben hatten zuletzt hauptamtlich Parteiämter verwaltet".[166] Dass diese Funktionsebene der Gebietskommissare quasi ‚unpolitisch' nach rein fachlichen Gesichtspunkten besetzt worden wäre, wird man demnach nicht behaupten. Hinzu kommt das Paradox, dass der relativ niedrigen Position in der deutschen Besatzungshierarchie eine relativ große Machtvollkommenheit gegenüber der unterworfenen Bevölkerung des Besatzungsgebiets gegenüberstand, was zu Amtsmissbrauch und Willkür verleitete.[167]

Wir werden später feststellen, dass verschiedene soziale Aufsteiger aus den unteren Schichten der Gesellschaft, die sich ab 1958 im Präsidium des BdV zusammenfanden, in der dortigen Zusammenarbeit bestens harmonierten – über alle parteipolitischen Gräben hinweg. Der Ex-Nationalsozialist Gille und der Sozialdemokrat und Hitler-Gegner Jaksch waren Duzfreunde[168], und auch zwischen Jaksch und dem eine Generation jüngeren einstigen SS-Führer Rudolf Wollner entwickelte sich in den 1950er Jahren eine gegenseitige Wertschätzung, die ab 1964 in enge Kooperation im BdV-Präsidium mündete[169]. Es kann nicht bewiesen, sondern nur vermutet werden, dass dabei auch der gegenseitige Respekt wegen des gemeinsamen sozialen Aufstiegs aus der Unterschicht eine Rolle spielte.

Ähnlich atemberaubend wie der soziale Aufstieg Gilles, ja womöglich noch bemerkenswerter war jener des Sudetendeutschen *Wenzel Jaksch*. Dessen Vater war Häusler – also ein Landarbeiter mit minimalem Grundbesitz – in einem südböhmischen Dorf (von damals 730 Einwohnern)[170], der zur Aufbesserung des kargen Familieneinkommens mehrere Monate im Jahr als Maurer umherzog und dabei bis nach Wien kam. Von Jakschs zehn Geschwistern starben sechs im Kindesalter, er erlebte alltägliche soziale Not und musste offenbar „früh schon [...] für sich

---

[165] „Führer-Erlasse" 1939–1945, S. 187.
[166] Krausnick / Wilhelm, Die Truppe des Weltanschauungskrieges, S. 328–330.
[167] Lower, Nazi Empire-Building and the Holocaust in Ukraine, S. 110 und S. 114.
[168] Vgl. oben Kap. I.6.
[169] Wollner fungierte unter Jaksch und dessen Nachfolger Rehs als „geschäftsführender Vizepräsident" des BdV; vorangegangen war eine persönliche Annäherung und gegenseitige Wertschätzung von Wollner und Jaksch; vgl. Wollner, Im Dienste der Verständigung, S. 5.
[170] Weiser, Arbeiterführer in der Tschechoslowakei, S. 62.

selbst sorgen". Als Vierzehnjähriger ging Jaksch selbst „als Saisonarbeiter nach Wien, werkte dort auf dem Bau und trat mit siebzehn Jahren der österreichischen SP [i..e. Sozialdemokratischen Partei] bei". Dabei eignete sich der offensichtlich „hochbegabte Junge" als Autodidakt zielstrebig „hervorragendes Wissen an, besonders in Sozialfragen, Geschichte und auf dem Gebiet der Völkerkunde".[171] Dieser bemerkenswerte Erfolg im Selbststudium ließ Jaksch zu einem ebenso profunden wie wortgewandten Journalisten, Zeitungsredakteur und Publizisten werden. Nachdem er während des Ersten Weltkrieges zunächst als Munitionsarbeiter tätig gewesen und dann Soldat geworden war, wurde er 1919 – seine Heimat gehörte nunmehr zur neu geschaffenen Tschechoslowakei – in Budweis für die neu gegründete „Deutsche Sozialdemokratische Arbeiterpartei in der Tschechoslowakischen Republik" (DSAP) tätig. Die sozialdemokratische Partei war fortan nicht nur seine politische Heimat, sondern wurde zu einem allumfassenden Lebensmilieu, in dem Jaksch auch seine intellektuellen und organisatorischen Befähigungen zu leben und zu steigern vermochte. Es war seiner Herkunft und der in der Jugend erfahrenen Not der ländlichen Unterschicht geschuldet, dass Jakschs Engagement sich zunächst auf seine Herkunftsschicht bezog: 1920 wurde er Gründer und Sekretär des dem sozialdemokratischen Milieu angehörigen „Zentralverbandes der Kleinbauern und Häusler" in der ČSR mit Sitz in Teplitz-Schönau (wo zur gleichen Zeit, in entgegengesetztem politischem und sozialem Milieu, auch Lodgman aktiv war). Sehr bald wurde Jaksch jedoch dieses ländlich-gewerkschaftliche Tätigkeitsfeld zu eng. Schon 1924 wurde er Redakteur, später (bis 1938 amtierend) Chefredakteur des DSAP-Zentralorgans „Sozialdemokrat" in Prag, wo er parallel auch eine im engeren Sinne politische Karriere als Parteiführer und Parlamentsabgeordneter machte.[172]

Gegen Ende seines Lebens wurde Wenzel Jaksch für seine politisch-historische Publizistik – namentlich für sein erstmals 1958 erschienenes Werk „Europas Weg nach Potsdam", das in Deutschland seither mehrere Auflagen erlebte und 1963 auch ins Englische übersetzt worden war[173] – durch die Verleihung eines US-amerikanischen Ehrendoktortitels (1963, Park College / Missouri) auch akademisch gewürdigt.[174] Im Vorwort dieses Buches träumte Jaksch nicht allein von einer „Wiedererweckung der übernationalen Traditionen Böhmens und Mährens innerhalb einer freien Völkergemeinschaft im Herzen Europas". Zugleich gab er seiner Hoffnung Ausdruck, „daß der ‚homogene Nationalstaat' nicht das letzte Wort der Geschichte Zentral- und Südosteuropas sein" möge, eine Hoffnung, die

---

[171] Skrehunetz-Hillebrand, Wenzel Jaksch, S. 1.
[172] Balling, Von Reval bis Bukarest. Bd. 1, S. 252.
[173] Jaksch, Europas Weg nach Potsdam; das Buch erlebte 1959 eine zweite und kurz nach Jakschs Tod 1967 eine erweiterte dritte Auflage, bevor es 1990 – mit einem Vorwort des SPD-Ehrenvorsitzenden Willy Brandt – zu einer vierten Auflage kam; die englische Fassung „Europe's Road to Potsdam" erschien unter Mitarbeit Jakschs in London 1963; Jaksch selbst hätte sich vermutlich besonders über die tschechische Version gefreut („Cesta Evropy do Postupimi"), die 2000 in Prag erschien.
[174] Strothmann, Der k.u.k. Sozialdemokrat, S. 2.

in ihm befeuert würde durch die Erinnerung „an die vielfache Berührung mit den einfachen Leuten des tschechischen Volkes", unter denen er viele Freunde gewonnen habe und die er als Abgeordneter im Prager Parlament ebenso vertreten habe wie die Deutschen seines Wahlkreises.[175] Der sukzessive Einmarsch Hitlers erst in die Sudetengebiete 1938, dann auch in die „Rest-Tschechei" 1939 hatte diese Lebensphase Jakschs abrupt beendet, der daraufhin zum Flüchtling und politisch hochaktiven Hitlergegner in der Emigration in London wurde. In seine böhmische Heimat konnte er niemals wieder zurückkehren; und auch nach Westdeutschland konnte er aus Großbritannien erst 1949 übersiedeln.[176]

Durch die Verleihung der Ehrendoktorwürde 1963 konnte der proletarische Aufsteiger Jaksch gerade rechtzeitig vor seinem Amtsantritt als zweiter Präsident des BdV 1964 formal gleichziehen mit den zahlreichen bürgerlichen Doktoren im BdV-Präsidium. Allerdings blieb Jaksch unter den zahlreichen Doktoren der Rechte und den zwei Doktoren der technischen Wissenschaften der einzige geisteswissenschaftliche (philosophische) Doktor. Er war nach Ulitz der zweite Nichtakademiker in der BdV-Führung, der einen Ehrendoktor-Grad erhalten hatte. Im Unterschied zu Ulitz war Jaksch dies jedoch erst im Alter und bereits während seiner BdV-Aktivität widerfahren. Doch im Verbandsmilieu war ein solcher Titel wichtig: Das Organ der sudetendeutschen Landsmannschaft meldete im März 1964 auf der Titelseite, dass „Dr. Wenzel Jaksch" der neue „Präsident des BdV" geworden sei.[177] Während die überregionale Presse und andere Vertriebenen-Zeitungen Jakschs Ehrendoktorwürde zwar ansprachen, aber nicht in den Titel setzten[178], sprach die „Sudetendeutsche Zeitung" ihren führenden Landsmann auch in den Schlagzeilen nur noch als „Dr. Jaksch" an.

Einen weitreichenden sozialen Aufstieg erlebte auch der 1903 in der damals zum habsburgischen Ungarn gehörigen Batschka (Bacska) geborene *Josef Trischler*. Aus einer Familie mit landwirtschaftlichem „Zwergbesitz" und folglich aus ärmlichen Verhältnissen stammend[179], gehörte Trischlers Familie zur breiten ländlichen Unterschicht der kleinbäuerlichen „Zwergbesitzer".[180] Mit dem Tode des Vaters, der durch Auswanderung in die USA versucht hatte, eine bessere Lebensbasis für seine einstweilen in der alten Heimat zurückgelassene Familie zu schaffen, scheiterte ein erster sozialer Ausbruchs- und Aufstiegsversuch. Durch Wiederverheiratung der Mutter scheint sich die soziale Lage der Familie gebessert zu haben, denn der Stiefvater ermöglichte Trischler den Gymnasialbesuch, der zur Basis des sozialen Aufstiegs wurde.[181] Der junge Trischler besuchte erst ein

---

[175] Jaksch, Europas Weg nach Potsdam, S. 14.
[176] Vgl. unten Kap. IV.1.4.
[177] Dr. Wenzel Jaksch – Präsident des BdV, in: Sudetendeutsche Zeitung Nr. 10 v. 6. 3. 1964, S. 1.
[178] Vgl. Jaksch wurde Präsident des BdV, in: Ostpreußenblatt Nr. 10 v. 7. 3. 1964, S. 1; ferner: Strothmann, Der k.u.k. Sozialdemokrat.
[179] Scherer, Trischler.
[180] Vgl. zu dieser sozioökonomischen Struktur der späteren Jugoslawiendeutschen: Dokumentation der Vertreibung der Deutschen, Bd. V, S. 15E.
[181] J. W., Zum Heimgang von Dr. Josef Trischler.

Jesuitengymnasium im ungarischen Kalocsa, dann ein deutsches Privatgymnasium im Banat.[182] Nach seinem 1923 abgelegten Abitur studierte Trischler in München an der Technischen Hochschule, wo er 1929 ein Ingenieur-Diplom für Chemie erhielt und als wissenschaftlicher Assistent in der Landwirtschaftsabteilung tätig wurde. Im Oktober 1930 promovierte Trischler in München zum Dr. tech., leistete dann seine Militärdienstpflicht in der jugoslawischen Armee ab (wo er wegen Unkenntnis der kyrillisch-serbischen Schriftsprache als „Analphabet" eingestuft worden sein soll – ein Indiz für die inferiore Situation der Minderheiten im serbisch dominierten Vielvölkerstaat). Nach einem Aufbau-Studium an der Universität Zagreb machte Trischler 1932 einen zweiten Abschluss als Diplom-Landwirt in München, um dann als Professor an der privaten „Deutschen Lehrerbildungsanstalt" in Gr. Betschkerek (serbisch: Zrenjanin, ungarisch: Nagybecskerek) in der Vojvodina tätig zu werden, die 1933 nach Neuwerbaß (serbisch: Vrbas, ungarisch: Verbász), ebenfalls in der Vojvodina, verlegt wurde.[183] Diese akademische Professionalisierung wurde die Voraussetzung für Trischlers spätere Karriere als Genossenschaftsfunktionär und als Politiker in Jugoslawien und Ungarn.

Der Sudetendeutsche *Rudolf Wollner* zeigte zunächst kaum Neigungen zu engagiertem sozialen Aufstieg, sondern – auf dem Niveau qualifizierter Arbeiterschaft – eher die Tendenz zur Statuskontinuität. Rudolf Wollner war der Sohn eines gelernten Schlossers, der ab 1938 im „Großdeutschen Reich" zum höheren NS-Funktionär und SS-Führer aufsteigen sollte. Der junge Wollner absolvierte ab 1937 ebenfalls eine Maschinenschlosser-Lehre, nachdem sein Vater Georg Wollner den Schlosserberuf seit 1934 bereits mit der Tätigkeit als hauptamtlicher Parteifunktionär der „Sudetendeutschen Heimatfront" in Eger (Cheb) vertauscht hatte und 1935 zum Kreisleiter der nunmehrigen „Sudetendeutschen Partei" (SdP) sowie zum Mitglied des tschechoslowakischen Abgeordnetenhauses aufgestiegen war, dem er bis zum Münchner Abkommen von 1938 angehörte. Georg Wollner zählte zur nationalsozialistischen Fraktion innerhalb der sogenannten Henlein-Partei und setzte seine Funktionärskarriere daher nach der Zäsur des Herbstes 1938 bruchlos fort.[184]

Mit dem Anschluss der Sudetengebiete an Deutschland infolge des Münchner Abkommens stieg Georg Wollner im November 1938 nicht nur zum Mitglied des „Großdeutschen Reichstages" auf, dem er bis Mai 1945 angehörte, sondern wurde zu dieser Zeit auch Kreisleiter der NSDAP in Eger. Bereits 1939 wurde Wollner vom Gauleiter und Reichsstatthalter Konrad Henlein als Gauhauptamtsleiter und Gauinspektor der NSDAP in die Gauhauptstadt Reichenberg (Liberec) berufen, bevor er 1941 als NSDAP-Kreisleiter in das Industriezentrum Pilsen und damit in das „Reichsprotektorat Böhmen und Mähren" versetzt wurde. Der Vater Rudolf

---

[182] Scherer, Trischler.
[183] Balling, Von Reval bis Bukarest, Bd. 2, S. 558; die Informationen zu Zwergbesitz und Analphabeteneinstufung bei Scherer, Trischler; die Dissertation wurde gedruckt; vgl. Trischler, Ernährungsphysiologische Studien an dem Schimmelpilz Aspergillus niger, S. 39–78.
[184] Balling, Von Reval bis Bukarest, Bd. 1, S. 352.

Wollners war seit 1939 auch SS-Führer – zuletzt im Range eines SS-Sturmbannführers, was dem Majorsrang der Wehrmacht entsprach. Georg Wollner agierte im Zweiten Weltkrieg 1940 als „Sonderführer" an der Westfront und stand ab 1942 im Kriegseinsatz der Waffen-SS an der Ostfront. Trotz dieser proletarischen Herkunft galt Georg Wollner während der NS-Zeit „als einer der einflußreichsten Männer im Egerland", der über sehr gute Beziehungen auch zur Industrie verfügte.[185] Der politische Aufstieg bedingte einen materiellen: Lag damals ein Facharbeiter-Jahreseinkommen in der Industrie höchstens bei knapp 3000 Reichsmark[186], dürfte Wollner als hauptamtlicher Kreisleiter der NSDAP ein Jahreseinkommen erzielt haben, das zwischen 6000 und 10 200 Reichsmark geschwankt haben kann.[187] Hinzu kamen Reichstagsdiäten und weitere Nebeneinkünfte.

Rudolf Wollners soziale Ausgangsposition war somit ambivalent. Aus einer Arbeiterfamilie mit rechtsradikalen Tendenzen stammend, wurde er durch das schlichte Ausgangsmilieu seines Elternhauses zweifellos ebenso geprägt wie durch die Jugenderfahrung des rasanten Aufstiegs seines Vaters über eine NS-Parteikarriere, die eine SS-Offizierskarriere nach sich zog. Damit zählte der Vater Georg Wollner zu jener kleinen Gruppe früher NS-Parteiaktivisten („alte Kämpfer", in diesem Falle nicht in Deutschland vor 1933, sondern mit der Zeitverschiebung der „Kampfzeit" im Sudetenland 1934-1938), denen trotz niederer sozialer Herkunft und geringer Bildungsqualifikation der dauerhafte Aufstieg in NS-Spitzenpositionen gelang. Für solche Aufsteiger hatte die NSDAP- und SS-Karriere quasi einen Fahrstuhleffekt, denn in zahlreichen anderen Segmenten der Gesellschaft erwies sich das „Dritte Reich" als sozial weit weniger durchlässig, als die NS-Propaganda glauben machen wollte. Die sogenannte „Arbeiterpartei" NSDAP wies 1933 einen Arbeiteranteil von lediglich 31,5 Prozent auf, die Parteiführung selbst sogar nur von 22 Prozent. Doch in den höheren Rängen der Parteiführer – vom Kreisleiter an aufwärts – dominierten mit 70 Prozent eindeutig die „alten Kämpfer", die frühzeitig zur Partei gestoßenen und in ihr aufgestiegenen Mitglieder mit häufig niedrigem Sozial- und Bildungsprofil. Georg Wollner zählte zu dieser besonders strukturierten Parteielite der (1935) 827 Kreisleiter der NSDAP (deren Zahl durch die Anschlüsse Österreichs, des Sudetenlandes, Westpreußens und des Warthelandes 1938/39 allerdings erheblich zunahm). Diese „buntgemischten Cliquen" im NS-Führerkorps präsentierten „sich selber als leuchtendes Beispiel des Erfolgs in der aufstiegsoffenen ‚Volksgemeinschaft'". Auch im hohen SS-Führerkorps des Jahres 1941 finden sich neben zahlreichen früheren Armeeoffizieren frühere Schlosser und Tagelöhner. In den klassischen Institutionen sah es ganz anders aus: Unter den Mitgliedern der Reichsregierung dominierten akademisierte Vertreter des Bildungs- und Wirtschaftsbürgertums, und auch der Adel war

---

[185] Ebenda.
[186] Wehler, Deutsche Gesellschaftsgeschichte, Bd. 4, S. 300.
[187] Arbogast, Herrschaftsinstanzen der württembergischen NSDAP, S. 41, nennt für die württembergischen Kreisleiter ein Monatsgehalt von 500 Reichsmark 1937, das bis 1945 auf 850 Reichsmark gesteigert worden sei.

überrepräsentiert; Arbeiter waren hingegen im Kabinett nicht vorhanden, und es fanden sich dort nur zwei Abkömmlinge der unteren Mittelschicht – darunter Hitler selbst.[188]

Der sprunghafte politische und damit verbundene soziale Aufstieg des Schlossers und Parteiaktivisten Georg Wollner war folglich an die beiden denkbar regimetypischsten Sonderinstitutionen der NS-Gesellschaft gebunden – NSDAP und SS. Für den Sohn dieses Aufsteigers, Rudolf Wollner, resultierte daraus einerseits eine (vielleicht vom Vater ideologisch überhöhte) Treue zur Arbeiterherkunft der Familie, andererseits aber auch das Vor-Bild zum Aufstieg durch Dienst in Partei und SS. Jedenfalls eröffnete die politische Aufstiegsschiene des Vaters zwangsläufig auch dem Sohne die Möglichkeit einer spezifischen NS-Karriere. Diese kam jedoch durch den Zweiten Weltkrieg auf spezifische Weise zustande, indem sie völlig ins Parteisoldatisch-Militärische (Waffen-SS) transponiert wurde. Als der junge Wollner Mitte 1944 zum SS-Untersturmführer befördert wurde und damit den Leutnantsrang der Waffen-SS einnehmen konnte, war dieser zumindest für Anhänger des Regimes sehr prestigeträchtige SS-Offiziersrang kriegsbedingt allerdings bereits inflationiert. In materieller Hinsicht sah es noch schlechter aus, denn ein Untersturmführer verdiente zumindest im Anfang nicht mehr als ein Facharbeiter – etwa 2800 Reichsmark pro Jahr.[189]

Nach eigenen Angaben war Rudolf Wollner zunächst in seiner sudetendeutschen Heimat während seiner Schlosserlehre außerdem 1939/40 Mitglied der Hitlerjugend (HJ), bevor er sich 1941 „freiwillig zur Waffen SS" gemeldet habe, der er bis zu seiner „Gefangennahme" im Mai 1945 angehört habe. Indem der junge Wollner erklärte, ansonsten keiner weiteren NS-Organisation außer der Deutschen Arbeitsfront (DAF) angehört zu haben, deutete er an, dass er kein Mitglied der NSDAP gewesen sei[190] – in die er altersbedingt ohnehin erst mit 18 Jahren ab Dezember 1941 hätte eintreten können. Nachforschungen im Zuge seines hessischen Entnazifizierungsverfahrens ergaben, dass Wollner seine Lehre als Maschinenschlosser 1937 – also noch vor dem Übergang der Sudetengebiete ins „Großdeutsche Reich" – begonnen und 1940 in seiner Geburtsstadt Asch abgeschlossen hatte, um sodann – der Versetzung des Vaters folgend – in den Jahren 1940/41 als „Volontär" in einer Autoreparaturwerkstatt in Reichenberg tätig zu werden. In diese Zeit fielen auch seine Mitgliedschaften in der HJ (die diesen Angaben zufolge bereits am 1. Januar 1938, also noch unter tschechoslowakischer Herrschaft, begonnen haben soll) und in der DAF (ab 1. September 1938, vermutlich rückwirkend im Oktober 1938 erklärt), die beide mit Wollners freiwilliger Meldung zur Waffen-SS am 20. Januar 1941 geendet hätten. Der Waffen-SS ge-

---

[188] Diese Sozialdaten bei Wehler, Deutsche Gesellschaftsgeschichte, Bd. 4, S. 779f.
[189] Ämter, Abkürzungen, Aktionen des NS-Staates, S. 33 und S. 45.
[190] HStAW, Spruchkammern, Abt. 520, Frankenberg Nr. 15544 (Spruchkammerakt Wollner, Rudolf), Bl. 12, Großhessisches Staatsministerium, Minister für Wiederaufbau und politische Befreiung, Spruchkammer Darmstadt-Lager, Rudolf Wollner, Eidesstattliche Erklärung v. 6.11.1946.

hörte Wollner dann bis zu seiner Gefangennahme durch die Amerikaner am 3. Mai 1945 an.[191] Der mit 17 Jahren erfolgte freiwillige Eintritt in die Waffen-SS hat somit den Beitritt Wollners in die NSDAP verhindert, den dieser Sohn eines NSDAP-Kreisleiters ansonsten zweifellos vollzogen hätte.

Nach seiner Entlassung aus der Internierung (wegen seiner SS-Mitgliedschaft) war Rudolf Wollner 1947 kurzfristig wieder als Mechaniker bzw. Maschinenschlosser erwerbstätig.[192] Diese Rückkehr in den Arbeiterberuf sollte allerdings nicht lange währen: Rudolf Wollner hatte zwar seinen ersten, NS-spezifischen Aufstiegsversuch als SS-Führer mit dem vollständigen Scheitern des von seiner Familie aktiv unterstützten NS-Regimes nicht nur abbrechen müssen, das bisherige Prestige dieses Aufstiegsversuchs wurde für ihn seither auch – zumindest öffentlich – zum Makel. Der frühe Tod des Vaters 1948, mit dem er in dessen letzten Lebensjahr wieder eng zusammenlebte[193], bedeutete für ihn auch den Zwang zur Emanzipation. Seitdem zeigte der Arbeitersohn, auf sich allein gestellt, eine zielstrebige Energie, die ihm einen neuerlichen sozialen Aufstieg über eine jahrzehntelange Karriere als hauptamtlicher Vertriebenenfunktionär ermöglichte.

Insgesamt lässt sich feststellen: Jene Gruppe von Vertriebenenfunktionären, die 1958 das erste Präsidium des BdV bildete, war mit Blick auf ihre beruflichen Qualifizierungen und Werdegänge eindeutig von Akademikern dominiert. Acht von dreizehn Präsidiumsmitgliedern hatten ein Universitätsstudium absolviert[194], ein neunter hatte zumindest ein Studium begonnen, dann aber abgebrochen.[195] Von den acht Universitätsabsolventen hatten sieben ein Jurastudium erfolgreich abgeschlossen[196], zwei ein Studium der technischen Wissenschaften (Agrarwissenschaft)[197], wobei einer der Probanden beide Studiengänge hintereinander absolviert hatte.[198]

Von dreizehn Präsidiumsmitgliedern waren innerhalb der dominierenden Akademiker-Gruppe wiederum sechs ordentlich promovierte Doktoren[199], darunter ein zweifacher Doktor[200]. Unter den Doktoren befanden sich fünf der sieben examinierten Juristen[201] und beide Agrarwissenschaftler.[202] Hinzu traten zwei der

---

[191] Ebenda, Bl. 23, Arbeitsamt Korbach an Spruchkammer Frankenberg-Eder, 26. 4. 1947.
[192] Ebenda, Bl. 23, Arbeitsamt Korbach an Spruchkammer Frankenberg-Eder, 26. 4. 1947.
[193] Ebenda, Bl. 28, Hessisches Staatsministerium, Minister für politische Befreiung, Öffentlicher Kläger der Spruchkammer Frankenberg, Klageschrift gegen Rudolf Wollner, 17. 5. 1947.
[194] Universitätsabsolventen waren Gille, Kather, Krüger, Langguth, Lodgman, Mocker, Rehs und Trischler.
[195] Ulitz.
[196] Ordentlich promovierte Doktoren waren Gille, Kather, Langguth, Lodgman, Mocker und Trischler.
[197] Langguth und Trischler.
[198] Langguth.
[199] Universitätsabsolventen waren Gille, Kather, Krüger, Langguth, Lodgman, Mocker, Rehs und Trischler.
[200] Langguth.
[201] Gille, Kather, Langguth, Lodgman und Mocker.
[202] Langguth und Trischler.

fünf Nichtakademiker des BdV-Präsidiums, die zu späteren Zeitpunkten ihres öffentlichen Wirkens zu Ehrendoktoren promoviert worden waren – davon ein juristischer und ein philosophischer Doktorgrad.[203]

Beruflich waren die ordentlichen acht Akademiker wie folgt positioniert: Drei der sieben Juristen waren als Rechtsanwälte tätig[204], jeweils ein weiterer als Richter[205], als beamteter Bürgermeister[206] oder als Verbandsgeschäftsführer[207], während einer nicht in einem juristischen Beruf tätig geworden war.[208] Die beiden Agrarwissenschaftler waren als Landwirt[209] oder als Genossenschaftsgeschäftsführer und Leiter einer Landwirtschaftsschule[210] tätig.

Das berufliche Profil der fünf Nichtakademiker gliederte sich in zwei gelernte Bankkaufleute[211], einen Polizeibeamten[212], einen gelernten Schlosser[213] und einen gelernten oder angelernten Maurer.[214] Wählt man – mit Rücksicht auf den Jüngsten dieser Gruppe – das Stichjahr 1938, so war jedoch kaum ein Angehöriger dieser Nichtakademiker-Gruppe noch in dem Beruf tätig, für den er einst ausgebildet worden war. Von den Bankkaufleuten arbeitete nur einer tatsächlich als leitender Bankangestellter[215], der andere war unterdessen beamteter Bürgermeister geworden.[216] Der ausgebildete Polizeibeamte war unterdessen als Verbandsgeschäftsführer und Berufspolitiker tätig[217], der Maurer als Chefredakteur einer Parteizeitung und ebenfalls als Berufspolitiker[218], und auch der noch sehr junge Schlosserlehrling ließ seinen Ausbildungsberuf alsbald hinter sich.[219]

Während wir somit in der Gruppe der Akademiker eine überwiegende Pfadabhängigkeit von der eingeschlagenen Studien- und Berufswahl feststellen, die lediglich in einem Falle durch ein Zweitstudium nachträglich korrigiert wurde[220], kann für die Gruppe der Nichtakademiker eher eine Tendenz zu großer beruflicher Flexibilität im weiteren aufstiegsorientierten Werdegang festgestellt werden.[221]

---

[203] Ulitz bzw. Jaksch.
[204] Kather, Mocker und Rehs.
[205] Krüger.
[206] Gille.
[207] Lodgman.
[208] Langguth.
[209] Langguth.
[210] Trischler.
[211] Gossing und Schellhaus.
[212] Ulitz.
[213] Wollner.
[214] Jaksch.
[215] Gossing.
[216] Schellhaus.
[217] Ulitz.
[218] Jaksch.
[219] Wollner.
[220] Langguth.
[221] Gossing.

5. Politische Profilierungen bis 1933

Unter den dreizehn Mitgliedern des ersten BdV-Präsidiums befanden sich drei Personen, die man bereits in der Zeit vor 1933 als politisch Prominente kennzeichnen könnte. Es waren dies zwei Sudetendeutsche – der deutschnationale Politiker Lodgman, der den Höhepunkt seines politischen Wirkens schon zwischen 1911 und 1925 erlebt hatte, und der sozialdemokratische Politiker Jaksch, der damals in die zweite Reihe seiner Parteiführung vorstieß und einer der Wortführer der jungen Generation wurde, um später – im Krisenjahre 1938 – eine herausragende politische Führungsfunktion zu übernehmen. Hinzu trat der bürgerliche Oberschlesier Ulitz, der zwischen 1922 und 1939 der demokratische Volksgruppenführer der deutschen Oberschlesier in Polen gewesen ist. Wenig überraschend zählten alle politisch frühzeitig Aktiven (Lodgman, Ulitz, Jaksch, daneben auch der damals nur lokal-politisch prominente Kather) zur ältesten Generation unserer Untersuchungsgruppe.

5.1. Die bereits politisch profilierte ältere Generation: Lodgman – Ulitz – Kather – Jaksch

Wenn wir uns den Protagonisten im Einzelnen zuwenden, machen es die außergewöhnliche politische Karriere Lodgmans im späten habsburgischen Österreich, in der Krise von 1918/19 und in der Frühphase der ersten Tschechoslowakischen Republik notwendig, Lodgmans politischen Werdegang *vor der NS-Herrschaft* eingehend zu beleuchten – etwas ausführlicher, als dies bei den meisten übrigen Probanden möglich und notwendig ist.

Der Deutschnationale: Rudolf Lodgman im Habsburgerreich und in der Tschechoslowakei 1911–1925

Lodgmans politische Stellung gründete auf seiner beruflichen: Ab 1906 fungierte der promovierte Jurist als Kanzleivorstand bzw. Geschäftsführer der „Zentralstelle der deutschen Verwaltungsbezirke in Böhmen" (ab 1913: „Verband der deutschen Bezirke in Böhmen"). Diese Stellung als einflussreicher Verbandsvertreter, der mit der Problematik gemischtnationaler Kommunalverwaltungen gut vertraut war, wurde zum Sprungbrett für seine Wahl zum Mitglied des Abgeordnetenhauses des kaiserlich österreichischen Reichsrates in Wien, dem er von 1911 bis zum Zusammenbruch der Habsburgermonarchie 1918 angehörte. Seit 1912 war er, ebenfalls bis 1918, außerdem Mitglied des königlich böhmischen Landtages. Unklar ist, ob Lodgman 1911 als Parteiloser gewählt wurde oder als Vertreter der deutsch-

---

[222] Balling, Von Reval bis Bukarest, Bd. 1, S. 328; dabei war die „Deutsche Volkspartei" – nicht zu verwechseln mit der gleichnamigen Partei der Weimarer Republik – eine deutschnationale Gruppierung, die sich mit anderen rechtsgerichteten deutschen Parteien 1909 zum „Deutschen Nationalverband" zusammenschloss und in den letzten österreichischen Reichsrats-

nationalen „Deutschen Volkspartei" bzw. des „Deutschen Nationalverbandes".[220] Letzterem gehörte er jedenfalls im Ersten Weltkrieg an.[223]

Albert Karl Simon zufolge war die politische Haltung Lodgmans die eines „der ausgeprägtesten Vertreter" des „Nationalitätenföderalismus". Ursprünglich Anhänger der „Personalautonomie", einer über herkömmliche territorial organisierte Autonomie-Konzepte hinausgreifenden kulturellen Gruppenautonomie unabhängig vom Wohnort, wie sie die österreichischen Sozialdemokraten Karl Renner und Otto Bauer vorgeschlagen hatten, wandelte sich Lodgman als Abgeordneter demnach zum Befürworter der Territorialautonomie, also des „national-territorialen Föderationsgrundsatzes", wie ihn insbesondere der rumänische Ungar Aurel Popovici in seiner Reform-Version der „Vereinigten Staaten von Groß-Österreich" propagierte.[224] Möglicherweise hatten an dieser Wendung die aussichtsreichen, am Ende aber dennoch gescheiterten letzten deutsch-tschechischen Ausgleichsverhandlungen für Böhmen ihren Anteil, an denen Lodgman 1912 beteiligt war.[225] Dabei gelang es beiden Seiten erstmals, sich über den überwiegenden Teil aller strittigen Fragen zu einigen. Zwar mussten die Deutschböhmen auf ihre Forderung verzichten, Deutsch als zweite Staatssprache für das gesamte Land zu verankern, doch erreichten sie die Zustimmung der Tschechen zu einem geschützten deutschen Sprachraum innerhalb Böhmens. Gemischtsprachige Zonen sollten eingerichtet werden, wo eine Minderheit über 35 Prozent der Bevölkerung ausmachte. Letztlich zerbrach die Einigung an Nebensächlichkeiten: Die Deutschen weigerten sich, die tschechische Sprache auch im Postverkehr zuzulassen (vermutlich, weil die Reichspost eine gesamtösterreichische Institution war) und forderten zudem – im Widerspruch zur 35 Prozent-Klausel – die Anerkennung der Zweisprachigkeit in der Landeshauptstadt Prag, obwohl deren deutsche Einwohner nur 10 Prozent ausmachten. Besonders dieses Zugeständnis lehnte die tschechische Mehrheit ab.[226]

Der Historiker Robert A. Kann, ein 1939 vor Hitler aus Wien in die USA geflohener jüdischer Österreicher, hat Lodgmans Position deutlich von deutschradikalen „Abirrungen" unterschieden. Lodgman habe bis 1918 eine „gemäßigt deutschnationale" Linie vertreten und sich „ernsthaft, aber vergeblich um einen deutsch-tschechischen Ausgleich" bemüht, ohne – wie viele seiner deutsch-österreichischen Zeitgenossen – dabei „auf die kulturelle Überlegenheit der Deutschen

---

wahlen von 1911 zur stärksten Fraktion wurde; laut Simon, Rudolf Lodgman von Auen, S. 7, wurde Lodgman 1911 aber noch als Parteiloser gewählt.
[223] Vgl. Schicksalsjahre Österreichs 1908–1919, Bd. 2, S. 212.
[224] Simon, Rudolf Ritter Lodgman von Auen, S. 14; vgl. Springer, Grundlagen und Entwicklungsziele der Österreichisch-Ungarischen Monarchie; Bauer, Die Nationalitätenfrage und die Sozialdemokratie; Popovici, Die Vereinigten Staaten von Groß-Österreich; zum politischen und rechtlichen Kontext: Höbelt, „Wohltemperierte Unzufriedenheit"; Pernthaler, Das Nationalitätenrecht Österreich-Ungarns.
[225] Simon, Rudolf Lodgman von Auen, S. 7 zu diesen Verhandlungen: Hoensch, Geschichte Böhmens, S. 404f.
[226] Křen, Die Konfliktgemeinschaft, S. 295f.

Anspruch zu erheben".[227] Hatte der liberale Reichsratsabgeordnete und Staatsrechtler Josef Redlich den Ansatz Lodgmans, den Ausgleich notfalls durch autoritär zu verordnende Verkürzung des durch nationalistische Blockaden gelähmten parlamentarischen Verfahrens zu retten, 1912 noch als „Kinderei" abgetan[228], lernte Redlich später die Flexibilität und Kompromissbereitschaft seines jüngeren Kollegen höher schätzen. Gegen Maximalforderungen der „deutsch-radikalen" Abgeordneten Karl Hermann Wolf[229] und Raphael Pacher[230] fanden sich Redlich und Lodgman mit anderen 1917 in einem „Aktionskomitee" der „Deutschen Arbeitsgemeinschaft" zusammen, um über einen Nationalitätenausgleich für die österreichische Hälfte der Doppelmonarchie zu beraten. Dabei fällte Redlich über Lodgman ein herablassend-ambivalentes, letztlich aber günstiges Urteil: Dieser sei „unbedeutend, aber Gentleman und vernünftig."[231]

Seinen Reformansatz präsentierte Lodgman im Juli 1917 in einer Rede vor der Österreichischen Politischen Gesellschaft in Wien. Bei jedem Autonomie-Programm müsse „die Anerkennung der Tatsache" erfolgen, „daß Österreich von mehreren Nationalitäten bewohnt ist". Es sei seines Erachtens ein „Grundfehler" der geltenden Verfassung von 1867, dass diese „keine Nationalitäten kennt", sondern auf der Prämisse eines gemeinsamen Österreichertums basiere, die sich als „Nebel" erwiesen habe. Als Lösung bleibe nur, „das Selbstbestimmungsrecht der Völker" in Österreich zur Geltung zu bringen. Das müsse „auch eine Rückwirkung auf die andere Reichshälfte nach sich ziehen" – auf das von der reformunwilligen magyarischen Aristokratie beherrschte Vielvölker-Königreich Ungarn. Dort war die innenpolitische Entwicklung nach Einschätzung Lodgmans um 40 Jahre zurück; der magyarische Adel begehe dieselben Fehler wie seinerzeit die deutsche (liberale) „Linke" – nicht zu erkennen, dass die Zeit zentralistischer Herrschaft der eigenen Nation vorüber sei. Zu einem Zeitpunkt, als die Deutschen im habsburgischen Österreich zwar noch die Oberhand hatten, sich aber jene nationalistische „Weltrevolution" bereits abzuzeichnen begann, von der Tschechen-

---

[227] Kann, Geschichte des Habsburgerreiches 1526 bis 1918, S. 446.

[228] Redlich notierte über Lodgmans Agieren am 4.7.1912: „Was ich [...] über den böhmischen Ausgleich höre, klingt nicht sehr ermutigend". Hier gebe es offenbar „ganz abenteuerliche Pläne", namentlich den „Vorschlag [...], den der Abgeordnete Lodgman in der Ausgleichskonferenz gestellt hat: das Haus solle geschlossen und für Mitte August zu neuer Session einberufen werden, in welcher auf Dringlichkeitsantrag, ohne Ausschußberatungen, das neue Sprachengesetz für Böhmen durchgeführt werden soll. Welche Kinderei!" Vgl. Schicksalsjahre Österreichs 1908–1919, Bd. 1, S. 139.

[229] Karl Hermann Wolf, 1862–1941, vor 1918 radikaler alldeutscher Politiker in Österreich-Ungarn, 1897–1918 Mitglied des österreichischen Abgeordnetenhauses, wurde für die Deutschnationalen zum Volkshelden durch sein Pistolenduell mit dem österreichischen Ministerpräsidenten Graf Badeni, einem polnischen Aristokraten, gegen den Wolf wegen dessen die Tschechen begünstigende Sprachenverordnung für Böhmen wüst gehetzt hatte.

[230] Raphael Pacher, 1857–1936, deutschnationaler österreichischer Politiker, 1901–1918 Mitglied des Abgeordnetenhauses des kk. Österreichischen Reichsrates, 29.10.1918–5.11.1918 erster Landeshauptmann der „Republik Deutschböhmen", 1918–1919 Staatssekretär für Unterricht der Republik Deutschösterreich.

[231] Schicksalsjahre Österreichs 1908–1919, Bd. 2, S. 7f., S. 204, S. 208 und S. 212.

führer wie Tomáš G. Masaryk[232] und Edvard Beneš[233] die Umkehrung der Machtverhältnisse und die Souveränität ihres Volkes erhofften, vertrat Lodgman die gemäßigte Überzeugung, mit einem politisch „deutschen Österreich" werde sich die Autonomie-Lösung „nicht vertragen können", wohl aber mit einem wahrhaft „österreichischen Österreich", das weder eine deutsche Vorherrschaft kenne noch eine slawische. Diese Entwicklung würde die Deutschen nicht vernichten, wie manche fürchteten, sondern im Gegenteil wirtschaftlich fördern: „[…] Wir müssen nur auf eine Herrschaft verzichten, die wir ja eigentlich gar nicht haben. […] Wenn wir aber auch nicht herrschen können, so werden wir, glaube ich, trotzdem führen, und zwar in einer Art, daß alle mit diesem Staat werden zufrieden sein können."[234]

Durch seine gemäßigte Haltung errang Lodgman die Achtung des späteren Führers der sudetendeutschen Sozialdemokratie, Wenzel Jaksch, der noch Jahrzehnte später bemerkte: „Selten wird vermerkt, daß der Maßlosigkeit der Deutschradikalen in Nordböhmen seit der Wahl von 1911 in dem Abgeordneten Dr. Lodgman von Auen ein neuer Gegenspieler entstanden war. Dieser bürgerliche Vertreter der Industriestadt Aussig lehnte jede deutsche ‚Machtpolitik' in Österreich entschieden ab; während des Krieges trat Lodgman, im Gegensatz zu den ‚Siegfriedlern', ebenfalls mit Vorschlägen zur Föderalisierung Österreich-Ungarns hervor, die er 1917 in einer Denkschrift an Kaiser Karl zusammenfaßte." Allerdings, so Jaksch, habe sich Lodgman 1917 mit seinem gemäßigten Autonomieprojekt nicht gegen den intoleranten Hegemoniestandpunkt Pachers durchsetzen können; zu dieser Zeit habe „der hysterische K. H. Wolf im Wiener Reichsrat noch nach der Peitsche ‚gegen die Renitenz der slawischen Völker'" gerufen".[235] Damit konstatierte Jaksch, was bereits der Wiener Publizist Paul Molisch in den 1920er Jahren festgehalten hat – dass nämlich Lodgman mit seinen Reformprojekten „nur wenig Anhang in deutschnationalen Kreisen fand". Pacher hatte sich „im entscheidenden Augenblick" gegen Lodgman mit dem Argument durchgesetzt, eine kürzlich von ihm geführte Unterredung mit Kaiser Karl I. lasse hoffen, „die Habsburger würden bereit sein, nach dem Kriege ein Österreich unter deutscher Führung aufzurichten".[236] Damit war Lodgman quasi von „allerhöchster" Stelle desavouiert. Doch selbst unter jenen sudetendeutschen Sozialdemokraten, die noch während des Zweiten Weltkrieges (im Unterschied zu Jaksch) an ihrer Loya-

---

[232] Tomáš Garrigue Masaryk, 1850–1937, gemäßigt-nationalistischer tschechischer Politiker, Professor, 1900–1914 Mitglied des Abgeordnetenhauses des kk. Österreichischen Reichsrates, 1914 ins Exil, 1918–1935 erster Präsident der Tschechoslowakischen Republik.
[233] Edvard Beneš, 1884–1948, national-sozialistischer tschechischer Politiker, 1915 ins Exil, 1918–1935 Außenminister und 1921–1922 Ministerpräsident der Tschechoslowakischen Republik, 1935–1938 und 1945–1948 Präsident der Tschechoslowakischen Republik, 1940–1945 Präsident der Exilregierung in London, 1948 Rücktritt.
[234] Lodgman von Auen, Das Nationale Problem in Österreich (Rede vor der Österreichischen Politischen Gesellschaft im Juli 1917 in Wien), in: Simon, Rudolf Lodgman von Auen. Reden und Aufsätze, S. 12 und S. 14–17.
[235] Jaksch, Europas Weg nach Potsdam, S. 173.
[236] Molisch, Geschichte der deutschnationalen Bewegung in Oesterreich, S. 231 und S. 256.

lität zur ersten Tschechoslowakischen Republik festhielten und damit eine „aktivistische" Position vertraten, die Lodgman nach 1918 zeitlebens auf das Schärfste bekämpft hatte, erinnerten sich noch im britischen Exil des Jahres 1943 manche positiv daran, dass Lodgman als gemäßigter Politiker 1917 vergeblich versucht hatte, das nationalistische sudetendeutsche Bürgertum zu einem Kompromiss gleichberechtigter Nationalitätenautonomie im Habsburgerreich zu bewegen. Leider habe diese Bourgeoisie aus der Geschichte nichts gelernt und auch nach dem Zusammenbruch der Doppelmonarchie 1918 ihre undemokratischen Ideale ebenso beibehalten wie ihren Wunsch, weiterhin die Rolle des „Herrenvolk[es]" zu spielen.[237] Lodgman erschien hier als bedeutende Ausnahme.

Die von Jaksch erwähnte Denkschrift Lodgmans an Kaiser Karl, der seit dem Tode seines fast sieben Jahrzehnte herrschenden Großonkels Franz Joseph I. das kriselnde Habsburgerreich ab November 1916 regierte, war nicht die belanglose Programmschrift eines Außenseiters, sondern eines Politikers, der damals ernsthaft für das Amt des österreichischen Ministerpräsidenten gehandelt wurde.[238] Doch zu einer Reform-Ministerpräsidentschaft Lodgmans kam es nicht, da der Kaiser sich – nicht zuletzt wegen der Widerstände der ungarischen Regierung – erst im Herbst 1918 getraute, ein Nationalitätenreformprogramm wirklich umzusetzen. Zu diesem Zeitpunkt waren jedoch die nichtdeutschen Völker Österreichs schon nicht mehr am Erhalt des Reiches interessiert.[239]

Die Kaiser-Denkschrift Lodgmans, die angeblich vom Juli 1917 datiert[240], wurde zu einer größeren Broschüre erweitert und unter dem Titel „Die Autonomie und ihre Bedeutung für Österreich-Ungarn" 1918 publiziert. Darin wandte sich Lodgman gegen das Dogma der deutschen hegemonialen Interessenpolitik in Österreich. In Wirklichkeit verliere die deutsche Politik „eine Stellung nach der andern, hält aber ihre unverjährbaren theoretischen Ansprüche auf den Staat unbeirrt fest". In seinen Augen bot eine tragfähige „Gewähr für den ruhigen Fortbestand des Staates [...] nur eine solche Verfassungsänderung, welche die im Reiche vertretenen Nationen am Bestande des Staates wirtschaftlich und politisch interessiert, so daß sie ohne äußeren Zwang und aus freien Stücken den Staat als Grundlage ihres Bestandes anerkennen". Dies müsse zu einer Staatsreform führen, die zwar die „Aufrechterhaltung des Gesamtwirtschaftgebietes" gewährleiste, ansonsten jedoch „die Volksstämme staatsgrundgesetzlich anerkennt, zu Trägern von Rechten und Pflichten macht und die Verwaltung derart ordnet, daß die jetzt bestehenden Streit- und Machtfragen endgültig nach dem Grundsatze geregelt werden, daß alle Volksstämme bei gleichen Rechten und Pflichten von der politischen Bedrückung [...] durch einen anderen Volksstamm befreit und innerhalb ihres Gebietes zu Trägern der Verwaltung gemacht werden". Zu diesem Zwecke

---

[237] Koegler, Oppressed Minority?, S. 12f.
[238] Simon, Rudolf Ritter Lodgman von Auen, S. 19; Polzer-Hoditz, Kaiser Karl, S. 467f.; Schicksalsjahre Österreichs 1908–1919, Bd. 2, S. 220f. und S. 237; vgl. auch oben S. 100, Anm. 76.
[239] Hoensch, Geschichte Böhmens, S. 417.
[240] Molisch, Geschichte der deutschnationalen Bewegung in Oesterreich, S. 231, und ihm folgend Brügel, Tschechen und Deutsche, Bd. 1, S. 27.

wollte Lodgman Österreich „in national möglichst einheitliche Gebiete" neu einteilen, welchen alle Verwaltungs- und Rechtsprechungsaufgaben übertragen werden sollten. Dabei sollte „dort, wo sich gemischte Gebiete nicht vermeiden lassen, […] für die gleiche Wahrung der Rechte der beteiligten Nationen Vorsorge" getroffen werden. Insofern hoffte Lodgman – im Unterschied zu den Austromarxisten Renner und Bauer, welche dies für unmöglich hielten – auf eine Binnen-Gliederung Österreichs in ethnisch homogene Teil-Territorien, innerhalb derer „jeder Volksstamm die Möglichkeit haben" sollte, „sich national ausleben zu können". Aggressive „völkische Eroberungen" auf Kosten von Nachbarn sollten „verhindert werden, indem die Ausübung der politischen Rechte von der Volkszugehörigkeit abhängig gemacht" würde; dies bedeutete, dass in andere Gebiete wechselnde Migranten – obwohl Bürger desselben Gesamtreiches – dort als „Fremdstämmige" behandelt werden und „lediglich politisches Gastrecht genießen" sollten. Eine solche Status-quo-Politik mochte aus kulturpolitisch-nationalistischer Sicht Sinn machen, stand jedoch diametral zur sozioökonomischen Modernisierung des Reiches und damit zu Lodgmans Beschwörung des gemeinsamen Wirtschaftsgebiets. Nur mit dieser Einschränkung ist Lodgmans Reformparole zu zitieren: „So widerspruchsvoll es klingen mag: Österreich muß zerschlagen werden, um neu zu erstehen!"[241]

Diese Parole war übrigens wenig originell, dergleichen hatte Masaryk im Wiener Reichsrat bereits 1908 gefordert (der österreichische Staat „dürfe nicht erhalten", sondern „müsse prinzipiell und wesentlich geändert werden").[242] Neu war allerdings, dass mit Lodgman ein prominenter Vertreter des bürgerlichen deutschböhmischen Lagers solches formulierte. Dabei ging es Lodgman darum, nicht nur die Gleichberechtigung der Völker der Habsburgermonarchie, sondern zugleich die bröckelnde Hegemonie der Deutschen in Österreich – die in diesem über das heutige Österreich weit hinausgehenden Staat von der Adria bis zur Ukraine keine Mehrheit darstellten – gegenüber den vielen slawischen Nationen im Kern zu sichern. Simon hat darauf hingewiesen, dass im Unterschied zu tschechischen oder anderen slawischen Reformplänen Lodgman „nicht nur den Donauraum", sondern den mitteleuropäischen Raum „und damit das gesamtdeutsche Volksgebiet mit im Auge" gehabt habe.[243] Das reformierte Österreich wurde von ihm nicht isoliert gedacht, sondern in engster Bündniskonstellation mit dem Deutschen Reich.

Dies brachte Lodgmans Pläne in die Nähe der damals viel diskutierten Mitteleuropa-Konzeption des liberalen deutschen Reichstagsabgeordneten Friedrich Naumann. Deutschland und das Habsburgerreich sollten demnach „Kristallisationskern" eines föderalen Imperiums werden, das Slawen und Juden ausdrück-

---

[241] Lodgman von Auen, Rudolf: Die Autonomie und ihre Bedeutung für Österreich-Ungarn (Erweiterte Veröffentlichung von 1918 nach einer Denkschrift vom Jahre 1917 an Kaiser Karl), in: Simon, Rudolf Lodgman von Auen. Reden und Aufsätze, S. 33 f. und S. 37 f.
[242] Czedik, Zur Geschichte der k.k. österreichischen Ministerien 1861–1916, Bd. 4, S. 161 und S. 165 f.
[243] Simon, Rudolf Ritter Lodgman von Auen, S. 18 f.

lich integrieren statt diskriminieren sollte. Naumann brach ein Tabu der nationalistischen Rechten, indem er erklärte, Deutschland könne in der Nationalitätenpolitik von Österreich-Ungarn viel lernen – von jenem Vielvölkerstaat, den Alldeutsche beiderseits der Grenzen (und der ihnen folgende Adolf Hitler) ostentativ verächtlich machten. Naumann betonte, grundsätzlich sei „überall in Mitteleuropa [...] eine freundlichere Denkweise über nationale Minderheiten dringend nötig", wenn man „nicht am Nationalitätenstreit verbluten" wolle.[244] Naumanns Buch wurde – wie der österreichische Minister Baron Spitzmüller vermerkte – „in Deutschland eben wegen seines vornehmen Tones und seines klugen psychologischen Eingehens auf die österreichischen Verhältnisse und Schwierigkeiten kühl behandelt, während es in Österreich wie kein zweites einschlug".[245] Obwohl in Österreich viele wichtige politische Persönlichkeiten als „Anhänger seiner Gedanken" galten, machte das Veto der Magyaren – namentlich des ungarischen Ministerpräsidenten Graf István Tisza – alle an Naumann angelehnten Reformhoffnungen zunichte.[246]

In der von Lodgman geplanten Neuordnung der Nationalitätenverhältnisse sollten dem tschechischen Historiker Jan Křen zufolge die Nationen verfassungsrechtlich als Träger von Machtbefugnissen und Rechten anerkannt werden (womit er sich deutlich von der Tradition der historischen Kronländer distanzierte, die von den Tschechen weiter vertreten wurde). Zugleich aber sah Lodgman auch ein starkes Zentrum vor, in dem die deutsche Sprache weiterhin Vermittlungssprache für das Gesamtreich bleiben würde. Als Gegengewicht zu den Ethno-Territorien wollte er auch die historischen Länder nicht gänzlich beseitigen, sondern mit „eingeschränkten Kompetenzen" weiterexistieren lassen. Lodgmans Konzept der Territorialautonomie hätte „Böhmen in ein tschechisches und ein deutsches Sprachgebiet geteilt", wobei „Sprachinseln (einschließlich Prags)" auf beiden Seiten hätten „geopfert werden" müssen. Křen resümiert: „Auch dieses Programm einer territorialen Autonomie, das [...] wohl das Maximum darstellte, das von deutscher bürgerlicher Seite verlangt wurde, setzte die Hegemonie der Deutschen voraus. Die Deutschen seien berufen, heißt es in Lodgmans Memorandum, im Rat der Nationen die Führungsrolle zu übernehmen."[247] Allerdings sollte man die oben bereits im Original zitierte rest-hegemoniale Tendenz bei Lodgman nicht überbewerten; verglichen mit der damals unter Alldeutschen populären Parole Lagardes, allein die deutsche Rasse sei zur Herrschaft in Österreich berufen und werde den slawischen Völkern bestenfalls kleine Reservate übriglassen[248],

---

[244] Naumann, Mitteleuropa, S. 2, S. 10, S. 70 f., S. 73, S. 75, S. 91 f.; ; vgl. umfassender: Dubitzky, Der „Mitteleuropa-Gedanke" im 19. Jahrhundert; Elvert, Mitteleuropa! Deutsche Pläne zur europäischen Neuordnung (1918–1945).

[245] Spitzmüller, „...Und hat auch Ursach, es zu lieben.", S. 143.

[246] Zu den Unterstützern gehörten neben Spitzmüller vor allem der österreichisch-ungarische Finanzminister und österreichische Ministerpräsident Ernest von Körber und der frühere Außenminister Graf Leopold Berchtold; vgl. Heuss, Friedrich Naumann, S. 495–497; Hantsch, Leopold Graf Berchtold, Bd. 2, S. 761 und S. 763 f.

[247] Křen, Die Konfliktgemeinschaft, S. 347.

[248] Stern, Kulturpessimismus als politische Gefahr, S. 84 und S. 96 f.

war das Konzept Lodgmans zu weitreichenden Konzessionen an die nichtdeutschen Völker bereit. Entsprechend hat Křen die Position Lodgmans auch gewürdigt und ihn „auf deutschböhmischer Seite am ehesten mit den tschechischen Realisten vergleichen" wollen. Lodgman habe zu jenen „national gesonnenen Deutschen" gehört, die gegen die „ausgeprägten Hegemonievorstellungen" der Deutschnationalen von 1916 „Bedenken" geäußert hätten. Schon 1915 habe Lodgman deutschösterreichische Maximalforderungen (die sich wie Lodgman auf eine enge Verbindung zum Deutschen Reich stützten, daraus aber gänzlich andere Schlussfolgerungen für die innere Gestaltung des Habsburgerreiches zogen) durch Kompromissvorschläge abgeschwächt.[249] Damit bewies Lodgman dieselbe, vielleicht sogar eine größere Mäßigung wie eine Generation zuvor der Deutschliberale Ernst von Plener, der ebenfalls die traditionelle Hegemonie der Deutschen in Österreich (und dadurch in Böhmen) zu verteidigen versucht, sich aber vom antislawischen Rassismus dezidiert distanziert hatte.[250]

Neu gegenüber den älteren Plänen für Territorialautonomie, wie sie Plener bereits seit 1885 als „tunlichste Berücksichtigung der nationalen Grenzlinien bei einer neuen Einteilung der Verwaltungsbezirke" in Böhmen vertreten hatte[251], war bei Lodgman die Bestimmung, den „Besitz politischer Rechte [...] jedem Volksstamm grundsätzlich nur innerhalb seines Hoheitsgebietes" zu gestatten, „wodurch er in diesem vor nationaler Bedrohung von anderer Seite gesichert werden sollte". Dadurch sollte die nationalistisch motivierte „Einschmuggelung" von Migranten einer Nation in das Siedlungsgebiet einer anderen zur Veränderung des Kräftegleichgewichts durch dauerhafte „Abgrenzung der nationalen Siedlungsgebiete" ausgeschlossen werden.[252] Diese Bestimmung war neutral formuliert, reagierte jedoch eindeutig auf deutsche Ängste vor tschechischer Migration.[253] Das Beispiel Wiens um 1900 schien zu zeigen, dass einer starken tschechischen Immigration unweigerlich nationalistische Forderungen nach Kulturautonomie folgen mussten.[254] Erst recht war die böhmische Landeshauptstadt Prag im Laufe der zweiten Hälfte des 19. Jahrhunderts von einer deutsch geprägten Staat zum „nationalen Zentrum" der Tschechen umgewandelt worden, „das den Deutschen des Landes zugleich verlorenging und das sie weder durch Wien noch die kleineren, an der Peripherie Böhmens gelegenen Städte zu ersetzen vermochten".[255] Dergleichen sollte in Zukunft verhindert werden.

Allerdings litt Lodgmans Reformprojekt an zwei Schwächen: Es wurde vom radikalen Flügel der Deutschböhmen abgelehnt – und es kam zu spät. Von den deutschen „Gegnern einer allgemeinen nationalen Selbstverwaltung erfuhr Lodgman heftige Bekämpfung"; im Sommer 1917 wurde sogar „die Nachricht verbrei-

---

[249] Křen, Die Konfliktgemeinschaft, S. 274f. und S. 327.
[250] Plener, Reden 1873–1911, S. 301 und S. 321.
[251] Ebenda, S. 339, S. 343 und S. 349f.
[252] Molisch, Geschichte der deutschnationalen Bewegung in Oesterreich, S. 232.
[253] So bereits Plener, Reden 1873–1911, S. 351.
[254] Glettler, Die Wiener Tschechen um 1900, S. 420.
[255] Křen, Die Konfliktgemeinschaft, S. 85.

tet, er würde wegen nationaler Unzuverlässigkeit aus dem Deutschen Nationalverbande [im Reichsrat] ausgeschlossen werden". Zahlreiche deutschböhmische Nationalisten wollten anders als Lodgman allen „versprengten deutschen Minderheiten eine Sonderstellung sichern", unbekümmert darum, dass dies radikalisierend auf kleine tschechische Minderheiten zurückwirken musste.[256] Křen, der das Ausschlussgerücht ernst nimmt, hat gezeigt, dass die von Lodgman vorgesehenen Konzessionen im letzten Kriegsjahre 1918 nicht mehr ausreichten: „Die Zeit würde den Tschechen weit mehr geben als das, was Lodgman ihnen zu bieten habe", erklärte ihm der tschechisch-nationalistische Abgeordnete Tobolka.[257] Die Tschechen wussten, dass Lodgman mit seinen Plänen „nicht einmal im deutschen nationalen Lager reüssieren" konnte.[258] Die Mehrheit der Deutschen im Habsburgerreich setzte bis zum Zusammenbruch 1918 auf eine „entschieden deutsche Verwaltung", während Lodgman mit seiner Auffassung, „es sei besser[,] den Slawen teilweise Zugeständnisse für ihr Siedlungsgebiet zu machen, bevor man ihnen, durch die Ereignisse genötigt, noch mehr einräumen müsse", nur für „eine Minderheit" sprach.[259]

Aus diesem Widerspruch resultierte die zwiespältige Hilflosigkeit Lodgmans in der Staatskrise vom Oktober 1918. Der Reformer Lodgman sah den politischen Boden zerrinnen, auf dem er sich bislang bewegt hatte. Am 22. Oktober 1918, nur sechs Tage vor der revolutionären Machtübernahme der Tschechen in Prag, appellierte Lodgman an alle Völker Österreichs und Ungarns, ohne ihre Regierungen zu einer freien Vereinbarung über die Aufrechterhaltung Groß-Österreichs als Nationalitäten-Bundesstaat zu gelangen. Doch außer den Deutschen zeigte niemand mehr Interesse.[260] Der tschechische Historiker Václav Kural hat kritisch darauf hingewiesen, dass die folgende tschechische „Siegeseuphorie" beim Zusammenbruch der Habsburgermonarchie „keineswegs zum ausgewogenen Suchen eines mitteleuropäischen Optimums" geführt habe, „sondern zur Durchsetzung eines nationalen Maximums in Form eines Nationalstaates". Damit änderte sich die Lage der Deutschböhmen grundlegend: Aus dem bisher führenden Volke Groß-Österreichs wurde teilweise eine „Minderheit" in der slawisch dominierten „Tschechoslowakischen Republik". Allerdings weist Kural treffend darauf hin, dass nicht nur die Tschechen, sondern auch die Deutschen im Oktober 1918 durch Konstituierung einer eigenen Nationalversammlung zum Zerfall des Habsburgerstaates beigetragen hätten.[261] Indem Lodgman am 21. Oktober 1918 dieser provisorischen deutschen Nationalversammlung beitrat, aus der wenig später das erste Parlament der „Republik Deutsch-Österreich" hervorgehen sollte[262], hatte auch er den Über-

---

[256] Molisch, Geschichte der deutschnationalen Bewegung in Oesterreich, S. 233.
[257] Zdeněk Václav Tobolka, 1874–1951, tschechischer Historiker und Politiker, führender Abgeordneter der nationalistischen „Jungtschechen" im Wiener Reichsrat.
[258] Křen, Die Konfliktgemeinschaft, S. 347.
[259] Molisch, Geschichte der deutschnationalen Bewegung in Oesterreich, S. 255.
[260] Simon, Rudolf Ritter Lodgman von Auen, S. 20.
[261] Kural, Konflikt anstatt Gemeinschaft?, S. 18 und S. 24.
[262] Balling, Von Reval bis Bukarest, Bd. 1, S. 328.

gang vom Vielvölkerstaat zum Nationalstaat – wenn auch widerstrebend – vollzogen.

Einen Tag nach der tschechischen Machtübernahme in Prag, am 29. Oktober 1918, versammelten sich in Wien die deutschböhmischen Abgeordneten, darunter Lodgman, zur Konstituierung einer provisorischen Nationalversammlung für „Deutschböhmen" (der noch zwei weitere für das nordmährische „Sudetenland" und „Deutschsüdmähren" folgten). Mit den wechselseitigen tschechischen und deutschböhmischen Separationsakten waren das habsburgische Königreich Böhmen und die benachbarte Markgrafschaft Mähren faktisch zerbrochen. Während die tschechischen Nationalisten in Prag und den Entente-Hauptstädten das gesamte Territorium dieser bisherigen „Kronländer" für den neuen „tschechoslowakischen" Nationalstaat reklamierten, wollten Deutschböhmen und Deutschmährer die von ihnen bewohnten Teile Böhmens und Mährens dem neuen Staat Deutsch-Österreich und mit diesem zusammen möglichst dem Deutschen Reich anschließen. Seither, so Křen, begannen die Deutschen in Böhmen und Mähren sich auch als einheitliche Bevölkerungsgruppe zu definieren: „Die Begriffe ‚sudetisch' (oder ‚sudetendeutsch') bürgerten sich nun rasch ein und sind in einer historischen Arbeit für die Zeit nach 1918 durchaus am Platze."[263] Damit einher ging Lodgmans Wandel vom kompromissbereiten Nationalitätenpolitiker eines Vielvölkerreiches zum kompromisslos nationalistischen Minderheitenpolitiker in einem fremdnationalen Staat – „unter dem Joch volksfremder Herrschaft", wie er 1919 formulierte.[264]

Lodgman wurde am 30. Oktober 1918 vom revolutionären tschechischen „Nationalausschuss" zu Verhandlungen nach Prag eingeladen. Diese scheiterten, wobei der tschechische Historiker Jaroslav Kučera den Grund dafür in der für die Tschechen unannehmbaren Forderung Lodgmans erblickt, bis zum Friedensschluss möge die Tschechoslowakische Republik die Eigenständigkeit der deutschböhmischen Gebiete anerkennen.[265] Die deutsche Seite sah in jener Weigerung der Tschechen die Ursache des Scheiterns.[266] Paul Molisch kolportierte 1929 die Aussage eines Lodgman nahe stehenden Journalisten, Lodgman wäre nach dem Scheitern dieser Verhandlungen „sicher wieder gekommen, wenn er nicht eine glatte Absage erhalten hätte". Namentlich habe sich Tomáš G. Masaryk, der erste Präsident der ČSR, „ablehnend" verhalten.[267] Als Masaryk und Lodgman im Herbst 1919 endlich miteinander verhandelten, gewann letzterer – so Kučera – den Eindruck, die Prager Regierung wolle nur einen „äußeren Modus vivendi mit den Deutschen" finden und ansonsten mit ihren „Tschechisierungsmaßnahmen" ungebremst fortfahren. Lodgman zog den Schluss, die Sudetendeutschen sollten sich an der Verfassunggebenden Nationalversammlung der Tschechoslowakei nicht beteiligen.[268]

---

[263] Křen, Die Konfliktgemeinschaft, S. 392.
[264] Hahn/Hahn, Die sudetendeutsche völkische Tradition, S. 42.
[265] Křen, Die Konfliktgemeinschaft, S. 392.
[266] Zitiert nach Hahn / Hahn, Die sudetendeutsche völkische Tradition, S. 42.
[267] Kučera, Minderheit im Nationalstaat, S. 14.
[268] Glotz, Die Vertreibung, S. 107.

Die „Sudetendeutschen" hatten seit Herbst 1918 versucht, sich dem drastisch verkleinerten Deutsch-Österreich anzuschließen. Zu diesem Zwecke konstituierten deutsch-österreichische und deutschböhmische Abgeordnete des ehemaligen Reichsrates eine provisorische Nationalversammlung, die bald darauf zur verfassunggebenden Versammlung der Republik Deutsch-Österreich wurde. Zugleich übernahm Lodgman – als Nachfolger Raphael Pachers, der in die österreichische Regierung wechselte, einstimmig gewählt – am 4. November 1918 das Amt eines Landeshauptmanns (Ministerpräsidenten) des Landes „Deutschböhmen" mit Sitz in Reichenberg (Liberec). Dieses hatte schon unter Pacher die Aufnahme in Deutsch-Österreich beantragt und war von der österreichischen Nationalversammlung am 30. Oktober 1918 offiziell willkommen geheißen worden. Am 11. Dezember 1918 besetzte jedoch tschechoslowakisches Militär das Gebiet Deutschböhmens, was die Flucht der Landesregierung Lodgmans von Reichenberg über Zittau und Dresden nach Wien zur Folge hatte.[269] Von dort begab sich Lodgman im Januar 1919 vorübergehend in die neutrale Schweiz, um die internationale Öffentlichkeit an das Selbstbestimmungsrecht seines Volkes zu erinnern.[270] Dass er übertriebene Hoffnungen hegte, geht aus seiner im Februar 1919 an den in Deutschland regierenden „Rat der Volksbeauftragten" unter dem Sozialdemokraten Friedrich Ebert[271] gerichteten Bitte um Militärhilfe hervor für den Fall, dass die westlichen Siegermächte die Tschechen zum Abzug aus Deutschböhmen zwingen und dabei Plünderungen durch tschechisches Militär vorkommen sollten.[272]

Im Wiener „Exil" erklärte Lodgman vor der deutschböhmischen Landesversammlung am 28. Dezember 1918 die „Selbstbestimmung Deutschböhmens" zum vorrangigen Ziel. Die Tschechen wollten mit den Deutschen nicht als „Gleichen und Freien" verhandeln, sondern verlangten mit der Anerkennung der Zugehörigkeit zum neuen Staat „die vorherige Unterwerfung und Anerkennung der tschechischen Ansprüche auf urdeutsches Gebiet". Lodgman verwies darauf, er „habe auch zu einer Zeit den Mut gehabt [...], für berechtigte nationale Ansprüche der nichtdeutschen Völker Österreichs einzutreten, als dies noch in den Reihen meines Volkes vielfach Widerspruch gefunden hat". Dies berechtige ihn nun zu der Feststellung, „daß die deutsche Mitarbeit am Aufbaue des tschechischen Staates unter der Voraussetzung des widerspruchslosen Eintretens des deutschen Volkes in den tschechischen Staat ein Ding der Unmöglichkeit ist, weil sich das Rechtsverhältnis der beiden Völker zugunsten des tschechischen Volkes verschiebt, von dessen freiem Entschlusse es schließlich abhinge, welchem Schicksal Deutschböhmen im tschechischen Staate entgegengeht". Wie er in Zeiten der Machtent-

---

[269] Molisch, Vom Kampf der Tschechen um ihren Staat, S. 156.
[270] Kučera, Minderheit im Nationalstaat, S. 63.
[271] Balling, Von Reval bis Bukarest, Bd. I, S. 328; Křen, Die Konfliktgemeinschaft, S. 392; Schulthess' Europäischer Geschichtskalender, Bd. 59,2. 1918, S. 101; zur Aufnahme in Deutsch-Österreich: Heimann, Czechoslovakia, S. 40, die dies irrtümlich der Landeshauptmannschaft Lodgmans zuschreibt.
[272] Molisch, Vom Kampf der Tschechen um ihren Staat, S. 157.

faltung des deutschen Volkes gegen dessen hegemoniale Selbstüberhebung eingetreten sei, wolle er in Zeiten der deutschen Niederlage gegen den Chauvinismus und Imperialismus der Sieger auftreten. Es sei absurd, dass der eben erst gegründete und gegen den Willen der Sudetendeutschen auf deren Gebiet ausgedehnte tschechoslowakische Staat gegen seine deutschen Zwangsbürger den Vorwurf des Hochverrats erhebe: „Soll dieser Krieg wirklich eine Lösung finden, dann kann sie nur in der Anwendung eines allgemeinen, auf alle Beteiligten gleich anwendbaren Grundsatzes gefunden werden, dann muß um jeden Preis verhindert werden, daß es in Zukunft in Europa unterdrückte und freie Völker gibt." Die Gewähr für eine gleichberechtigte Lösung liege nur in einer „Vereinigung der Staaten von Europa".[273] Ein zukunftsweisender Gedanke, der damals nicht verwirklicht wurde und an den Lodgman unter radikal veränderten Bedingungen nach 1945 wieder anknüpfte – dabei allerdings verdrängend, dass er diesen Ansatz zwischenzeitlich zugunsten machtpolitischer Lösungen, zugunsten des NS-Imperialismus Hitlers, selbst verdrängt hatte.

1919 wurde Lodgman Mitglied der deutsch-österreichischen Verhandlungsdelegation für die Friedenskonferenz von St. Germain. Die Versuche der Wiener Regierung, den Anschluss der deutschböhmischen Gebiete an die ČSR zu verhindern, blieben dort jedoch erfolglos..[274] Die Erfahrung von St. Germain blieb für Lodgman zeitlebens ein „Trauma".[275] Das von der österreichischen Delegation entworfene Memorandum warnte die Siegermächte vergebens, dass der „tschechische Staat" nicht den „notwendigen Zusammenhalt" besitzen würde, da er trotz seiner Vielvölkerstruktur „national kompliziert" sei und ihm „ähnlich wie dem alten Österreich" eine „vereinende politische Idee" fehle. Solche Einwände wurden zwar auch von Briten und Amerikanern geltend gemacht, doch letztlich setzten sich die von Frankreich unterstützten tschechischen Maximalpositionen aus militärstrategischen und ökonomischen Motiven durch.[276] Nicht nur wegen dieser Verweigerung des Selbstbestimmungsrechts für die besiegten Deutschen, sondern auch wegen der demütigenden Umstände der Scheinverhandlungen empfanden Lodgman und die übrigen Österreicher St. Germain als traumatisch: Lodgman und sein Stellvertreter als Landeshauptmann Deutschböhmens, der Sozialdemokrat Josef Seliger, hatten „in ihrem Hotel Zwangsaufenthalt und saßen wie Gefangene hinter Stacheldraht". Die Delegation durfte nur zweimal vor den Siegermächten erscheinen, und nur ihr Leiter, der sozialdemokratische österreichische Bundeskanzler Karl Renner, durfte sprechen, während die Österreicher ansonsten alle Argumente schriftlich vortragen mussten.[277] Das Recht der Verhandlung auf „Augenhöhe" und die damit verbundene Möglichkeit einer Suche

---

[273] Lodgman von Auen, Für die Selbstbestimmung Deutschböhmens (Rede als Landeshauptmann vor der deutschböhmischen Landesversammlung am 28. Dezember 1918 in Wien), in: Simon, Rudolf Lodgman von Auen, Reden und Aufsätze, S. 46 f., S. 49–51 und S. 54 f.
[274] Simon, Rudolf Lodgman von Auen, S. 8.
[275] Franzen, Der vierte Stamm Bayerns, S. 201.
[276] Kural, Konflikt anstatt Gemeinschaft?, S. 45; Heimann, Czechoslovakia, S. 42 f.
[277] Jaksch, Europas Weg nach Potsdam, S. 211.

nach Kompromissen wurde den Besiegten 1919 damit demonstrativ vorenthalten.

Durch den Friedensvertrag von St. Germain vom 10. September 1919 wurden die Sudetendeutschen völkerrechtlich in die Tschechoslowakei eingegliedert. In diesem Staat wurde ihnen jedoch zunächst eine gleichberechtigte politische Partizipation versagt, da die Verfassung von der bereits im Herbst 1918 konstituierten, tschechisch dominierten „Revolutionären Nationalversammlung" beraten und verabschiedet wurde. Diese Versammlung war nicht aus freien Wahlen hervorgegangen, sondern stellte ein „erweitertes Nationalkomitee" der tschechischen Revolutionäre dar, die Ende Oktober 1918 in Prag die Macht übernommen hatten. Die „Nationalversammlung" bestand zunächst aus 219 tschechischen Abgeordneten, und auch ihre Erweiterung auf 256 Mitglieder stellte die Dominanz der Tschechen nicht in Frage, denn neben weiteren tschechischen Abgeordneten wurden lediglich die Slowaken einbezogen, während die Deutschen ausgeschlossen blieben.[278] Vergeblich forderte Lodgman im Dezember 1919 vom tschechoslowakischen Ministerpräsidenten Tusár die Auflösung dieser undemokratischen Versammlung und die Wahl einer wirklich repräsentativen Konstituante. Falls dies nicht geschehe, würden die Deutschen die Beschlüsse des Parlaments niemals anerkennen. Tusár lehnte eine Neuwahl dennoch ab und beharrte auf Verfassungsgebung „kraft revolutionären Rechtes".[279] Die Verabschiedung der ČSR-Verfassung von 1920 erfolgte daher ohne Beteiligung und Zustimmung der Sudetendeutschen, obwohl diese mit drei Millionen Menschen 23,4 Prozent der Gesamtbevölkerung und damit die größte Minderheit des Landes stellten.[280] Damit basierte die Tschechoslowakei auf demokratisch fragwürdiger Grundlage. Der deutsche Liberale Theodor Heuss – der spätere erste Bundespräsident der Bundesrepublik Deutschland – stellte 1926 treffend fest, „daß dieser Staat zwar auf demokratischen Lebensformen ruht, sie aber nicht sich frei entfalten lassen kann, sondern gezwungen ist, sie zu einem Herrschaftssystem des einen Volkes gegenüber den anderen Völkern zu gestalten".[281]

Den deutschen und ungarischen Minderheiten nach 1918, die durch die Weltkriegsniederlage einen Rollenwechsel von Herrschern zu Beherrschten verwinden mussten, ist allerdings eine Mitschuld an den Nationalitätenkonflikten nach 1918 attestiert worden. „Manche Minderheiten" hätten sich nur deshalb „unterdrückt" gefühlt, „bloß weil sie nicht mehr die frühere dominierende Stellung innehatten".[282] Masaryk hat auch den Sudetendeutschen solche Herrenvolkmentalität vorgeworfen: Als er ihnen 1928 gleichberechtigte Partizipation anbot, geschah dies unter der Bedingung, dass sie sich „entösterreichern", d. h. „sich der alten Gewohnheit

---

[278] Kural, Konflikt anstatt Gemeinschaft?, S. 45.
[279] Simon, Rudolf Ritter Lodgman von Auen, S. 29f.
[280] Zeman, The Masaryks, S. 145; die anderen Minderheiten waren viel geringer, die Ungarn stellten 1928 etwa 5,6% der Bevölkerung, Ukrainer 3,4%, Juden 1,3% und Polen 0,6%.
[281] Heuss, Staat und Volk, S. 280.
[282] Fejtö, Die Geschichte der Volksdemokratien, Bd. 1, S. 26f.

der Vorherrschaft und der Vorrechte begeben" müssten.[283] Dies sahen Gemäßigte auf deutscher Seite ähnlich: Karl Renner erklärte 1926 vor sudetendeutschen Sozialdemokraten, die Deutschen könnten ihr Miteigentum an der Tschechoslowakei nur dann einfordern, wenn sie anerkannten, dass die „Anderen" die Mehrheit stellten.[284] Allerdings hätten sich nach 1918 auch Tschechen „entösterreichern" dürfen – allen voran Masaryks Außenminister Edvard Beneš, der 1930 dem britischen Gesandten erklärte, vor dem Ersten Weltkrieg seien die Deutschen oben und die Tschechen unten gewesen, seit 1918 sei es eben umgekehrt.[285] Offenbar zu Recht warf Renner 1926 der regierenden tschechischen Bourgeoisie vor, diese habe „nichts anderes gelernt, als die Deutschen in ihren Irrtümern zu kopieren".[286] Stalin diagnostizierte 1925 kühl: „Der tschechoslowakische Staat stellt einen Staat des nationalen Sieges der Tschechen dar."[287] Insofern war es begreiflich, wenn die deutsche Bevölkerungsgruppe befürchtete, der auf sie angewendete „Begriff Minderheit bedeute zugleich, minderberechtigt zu sein", und daher stattdessen „die Anerkennung als drittes Staatsvolk" neben Tschechen und Slowaken anstrebte.[288]

Föderalistische Reform-Debatten haben nicht nur die Habsburgermonarchie bis 1918 geprägt, sie wurden auch zum Thema für eine Reform der Tschechoslowakei. Das Grundmuster war seit der europäischen Völkerrevolution von 1848 stets, dass vorherrschende Nationen Zentralisierung anstrebten, während kleinere Völker „sich entschieden gegen die Herrschaft einer Nationalität im Staate" aussprachen, „wenn es nicht die eigene war", und daher eine Föderativverfassung favorisierten.[289] Tschechische Historiker räumen ein, dass die in Paris völkerrechtlich verbindlich zugesagten Minderheitenrechte von der ČSR weder im Verfassungsrecht noch in der Gesetzgebung umfassend realisiert worden seien.[290] Außenminister Beneš, der 1919 in Versailles von einer Orientierung seines Staates am Vorbild der Schweiz gesprochen hatte, zitierte später am liebsten nur noch seinen einschränkenden Nebensatz von der dabei notwendigen Reduktion deutscher Privilegien.[291] Die Minderheitenpolitik der Tschechoslowakei blieb zwischen 1918 und 1938 weit davon entfernt, das selbst gewählte Schweizer Modell umzusetzen.[292] Karl Renner erklärte 1926, der Prager Vielvölkerstaat habe zwar mit sechs Nationen und sechs Sprachen das Habsburgreich als „das interessanteste Staatswesen Europas" beerbt, doch anders als behauptet sei die Tschechoslowakei keine zweite Schweiz geworden. Dort nämlich sei der Staat „Miteigentum aller Nationen", während die Tschechoslowakei nur zwei Staatsnationen kenne

---

[283] Masaryk, Die Weltrevolution, S. 463f.
[284] Renner, Das nationale und das ökonomische Problem der Tschechoslowakei, S. 14.
[285] Zeman / Klimek, The Life of Edvard Beneš, S. 80.
[286] Renner, Das nationale und das ökonomische Problem, S. 1, S. 9 und S. 13f.
[287] Stalin, Werke, Bd. 7, S. 52.
[288] Scheuermann, Minderheitenschutz contra Konfliktverhütung?, S. 150.
[289] Springer, Geschichte Österreichs seit dem Wiener Frieden 1809, Bd. 2, S. 283.
[290] Kural, Konflikt anstatt Gemeinschaft?, S. 49.
[291] Zeman / Klimek, The Life of Edvard Beneš, S. 51; Masaryk, Die Weltrevolution, S. 70–72.
[292] Ahonen / Corni / Kochanowski / Schulze / Stark / Stelzl-Marx, People on the Move, S. 3.

und die übrigen zu Minderheiten herabdrücke.[293] Umgekehrt hat Václav Kural mit Blick auf das schweizerische Konzept bemerkt, dessen Umsetzung in der Tschechoslowakei hätte den Willen aller Nationen vorausgesetzt, im gemeinsamen Staat zu bleiben. Kural stellt die Frage, ob diese Voraussetzung bei den Sudetendeutschen gegeben gewesen sei.[294]

Diese Frage stellt sich konkret auch für Lodgman, dem Kural vorwirft, erst 1958 formuliert und damit vierzig Jahre zu spät begriffen zu haben, „dass auch das Selbstbestimmungsrecht seine Grenzen hat" – und zwar dort, wo es mit dem Selbstbestimmungsrecht einer anderen Nation kollidiere, mit der die eigene „unabtrennbar verknüpft" sei.[295] In der Zwischenkriegszeit habe Lodgman hingegen den tschechoslowakischen Staat ostentativ negiert und sei rückhaltlos für die großdeutsche Option, also für die Trennung der Sudetendeutschen von der ČSR und deren Anschluss an Deutschland eingetreten. Lodgman habe namens aller bürgerlichen sudetendeutschen Parteien in seiner Wiener Abschiedsrede im deutsch-österreichischen Parlament am 24. September 1919 erklärt, dass die Sudetendeutschen ihren Kampf für Selbstbestimmung niemals aufgeben würden. Karl Hermann Wolf (den Kural hier als Lodgmans Gesinnungsgenossen porträtiert) habe hinzugefügt, Ziel dieses Kampfes sei ein „großes, mächtiges Alldeutschland". Folglich hätten sich die Sudetendeutschen auch nicht um politische Partizipation in der ČSR bemüht[296] – eine Behauptung, die, wie wir am Disput um die Neuwahl der Nationalversammlung gesehen haben, jedoch in dieser Eindeutigkeit nicht aufrechterhalten werden kann.

Lodgman und Wolf, welcher schon 1897 im österreichischen Abgeordnetenhaus die slawischen Völker als „tief minderwertige Nationalitäten" verächtlich gemacht hatte[297], waren bis 1918 Gegner gewesen. Dennoch wird Kurals These von der späteren völkischen Übereinstimmung zwischen beiden stimmig, wenn man jenes ominöse Telegramm heranzieht, das Lodgman nach Vereinigung der Sudetengebiete mit Hitlers Deutschland im Oktober 1938 an den in Wien lebenden Wolf gesandt hat: „Am Tage der Befreiung aus Schmach und Knechtschaft grüsse ich Dich als alten Kämpfer für Alldeutschland in alter Treue Heil Hitler Lodgman."[298] Gleichwohl hat Simon der Zuschreibung einer ausschließlich großdeutsch-separatistischen Ausrichtung Lodgmans entschieden widersprochen. Lodgman habe nicht allein Ende 1919 die Einbeziehung der Sudetendeutschen in eine demokratisch zu wählende Nationalversammlung – und damit indirekt die Beteiligung an der Staatsgründung – gefordert, was die tschechische Seite abgelehnt habe.[299] Lodgman, so Simon, habe auch zur großdeutschen Konzeption

---

[293] Renner, Das nationale und das ökonomische Problem der Tschechoslowakei, S. 1, S. 9 und S. 13.
[294] Kural, Konflikt anstatt Gemeinschaft?, S. 40.
[295] Ebenda, S. 42.
[296] Ebenda, S. 46.
[297] Kolmer, Parlament und Verfassung in Österreich, Bd. 6, S. 236.
[298] SOAL, NL Lodgman, Telegramm Lodgman an K. H. Wolf, Wien, o. D. [Oktober 1938].
[299] Simon, Rudolf Ritter Lodgman von Auen, S. 29f.

eine Alternative vertreten, indem er 1919, sobald er die Unmöglichkeit des zunächst gewünschten Anschlusses an Deutschland erkannt habe, die Umwandlung der Tschechoslowakei in einen echten „Nationalitätenbundesstaat" gefordert habe. Lodgman habe (erneut ein Rückgriff auf habsburgische Reformprojekte) eine Vertretung der Deutschen im Prager Parlament nicht nur proportional zur Bevölkerungszahl gefordert, sondern die deutschen Abgeordneten auch als „besondere Abteilung" mit korporativem Vetorecht in Volksgruppenbelangen institutionalisieren wollen. Ein „Nationalitätenschlüssel" hätte für die Besetzung von Regierung und Verwaltung festgelegt werden sollen, ferner hätte für die Sudetendeutschen ein regionaler Landtag mit Autonomierechten geschaffen werden sollen.[300] Was Lodgman forderte, war die Re-Konstituierung der Tschechoslowakei als föderaler Nationalitätenstaat statt als zentralistischer Nationalstaat der Tschecho-Slowaken, wie sie 1918 gegründet worden war. Sir Nevile Henderson, jener britische Botschafter in Berlin, der 1938 am Münchner Abkommen mitwirkte, betonte noch 1940, auch die Siegermächte des Ersten Weltkrieges seien, als sie 1919 die Errichtung der Tschechoslowakei unter Einschluss der sudetendeutschen Gebiete gebilligt hätten, davon ausgegangen, dass sich der neue Staat zu einem gleichberechtigten „state of nationalities" entwickeln würde. Aber die tschechische Führung habe geglaubt, dass ein solcher Staat nicht lebensfähig sein würde, und im Vertrauen auf die Rückendeckung der Westmächte der deutschen Minderheit Zugeständnisse verweigert.[301] Premierminister Neville Chamberlain meinte vor diesem Hintergrund 1938, „die Sudetendeutschen würden mit der Forderung nach Selbstbestimmung nur das anstreben, was die Tschechen vor 1914 gewollt hatten".[302] Das war nicht nur die Sicht von Appeasement-Politikern. Auch Churchill hielt im Frühjahr 1938 tschechische Zugeständnisse an eine sudetendeutsche Autonomie für angemessen – ganz wie Chamberlain, mit dem er sich erst wegen „München" überwarf.[303]

Bis zum Münchner Abkommen von 1938 verweigerten die in der Tschechoslowakei dominierenden Tschechen jedoch allen nationalen Minderheiten systematisch territoriale Autonomierechte – selbst dort, wo diese völkerrechtlich bindend zugesagt waren wie im Falle der Karpato-Ukraine. Die Prager Regierung entschuldigte ihren Wortbruch lange als vorübergehend, bedingt durch nationale Unreife der Ukrainer und durch die Gefahr pro-ungarischer Politik. Dies akzeptierte der Völkerbund eine Weile, doch 1928 monierte der niederländische Außenminister, die Tschechoslowakei habe offenbar nicht vor, die Autonomie jemals zu verwirklichen. Tatsächlich wurde diese den Karpato-Ukrainern erst im Oktober 1938 gewährt – zusammen mit einer weiteren Autonomieregelung für die Slowakei als Folge des Münchner Abkommens. Ähnlich wie die Reformversuche des letzten Habsburgerkaisers 1918 kam auch dieser tschechoslowakische Reformversuch

---

[300] Ebenda, S. 25f.
[301] Henderson, Failure of a Mission, S. 131.
[302] Mazower, Hitlers Imperium, S. 62.
[303] Addisson, Churchill – The Unexpected Hero, S. 149f.

von 1938 viel zu spät.[304] Zwar hatte bereits der seit 1935 regierende Ministerpräsident Milan Hodža – ein in Minderheitenfragen erfahrener Slowake, an dessen Koalitionsregierung auch Sudetendeutsche beteiligt waren – den Sudetendeutschen entgegenzukommen versucht. Es war tragisch, dass davon nicht mehr die gemäßigt-demokratischen Parteien profitierten, die seit den Wahlen von 1935 stark geschwächt waren, sondern die zunehmend NS-konforme „Sudetendeutsche Partei" (SdP), die seither die große Mehrheit der Sudetendeutschen vertrat. Allerdings war die SdP nicht von vornherein so separatistisch ausgerichtet wie im Krisenjahr 1938. Ursprünglich hatte der SdP-Führer Konrad Henlein 1934 noch einen tschechoslowakischen „Nationalitätenstaat" mit Autonomierechten gefordert.[305] Diesen Postulaten suchte Hodža Ende 1937 im Abgeordnetenhaus die Spitze zu nehmen durch das Eingeständnis, dass die Sudetendeutschen in der Tat ihrem Bevölkerungsanteil entsprechend im öffentlichen Leben beteiligt sein müssten, was noch nicht in allen Bereichen der Fall sei. Von Autonomie war noch keine Rede. Stattdessen markierte der Premier die Grenze, welche die Sudetendeutschen nicht überschreiten dürften – die Loyalität „zu unserer gemeinsamen Staatlichkeit und ihrer Demokratie".[306]

Nicht nur der SdP, sondern auch Lodgman konnte 1938 diese Doppel-Loyalität nicht mehr zugetraut werden. Lodgman sollte zwar in der Septemberkrise 1938, als die Prager Regierung einen Putschversuch der SdP erfolgreich niederschlug, seine „Mitarbeit" an einem vom Sozialdemokraten Jaksch geplanten „demokratischen Friedens- und Aufbaublock der Sudetendeutschen" anbieten – was dem Deutschnationalen die lebenslange Achtung des Hitlergegners Jaksch eintrug.[307] Aber eine demokratische Einheitsfront zugunsten bloßer Autonomie war für Lodgman nur die zweitbeste Lösung. Er erstrebte auch 1938 konsequent den Anschluss an Deutschland – und zwar an das diktatorisch regierte Deutschland Hitlers. Gegenüber dem NS-Regime kritisierte Lodgman sogar den von ihm verachteten SdP-Führer Henlein wegen dessen jahrelanger Bereitschaft zum Autonomie-Kompromiss. Wegen solcher Halbheiten, so Lodgman in einer an Hitler gerichteten Denkschrift vom Frühjahr 1938, habe er nie „den Weg" zu Henlein und dessen SdP gefunden.[308]

In seiner Ablehnung des Verbleibs der Sudetendeutschen in der Tschechoslowakei war Lodgman insofern über Jahrzehnte hinweg konsequent. Nach seiner Rückkehr aus Wien im Herbst 1919 engagierte er sich aktiv in der tschechoslowakischen Politik. Er wurde Mitglied der im September 1919 in Olmütz gegründeten „Deut-

---

[304] Scheuermann, Minderheitenschutz contra Konfliktverhütung?, S. 150f., S. 181f., S. 189 und S. 193.
[305] Schulthess' Europäischer Geschichtskalender 75.1934, S. 320f.
[306] Schulthess' Europäischer Geschichtskalender 78.1937, S. 228f.
[307] Jaksch, Europas Weg nach Potsdam, S. 312.
[308] SOAL, NL Lodgman, Karton 9, Dr. Rudolf Lodgman, Teplitz-Schönau, Denkschrift „Warum ich nicht zu Konrad Henlein fand", „verfasst am Tage des Grossdeutschen Reiches, am 10. April 1938, für den Führer und Kanzler des Deutschen Reiches, Adolf Hitler", S. 2 und S. 5.

schen Nationalpartei" (DNP), die als „extreme deutsche nationalistische Rechtspartei" am demokratischen Rand des sudetendeutschen Parteienspektrums charakterisiert wird. Die DNP gewann bei den ersten Wahlen zum Prager Parlament 1920 5,3 Prozent der Stimmen. Lodgman wurde einer von zwölf DNP-Vertretern im tschechoslowakischen Abgeordnetenhaus und Fraktionsvorsitzender. In Anknüpfung an sein parteiübergreifendes Ansehen, welches 1918 zu seiner Wahl zum Landeshauptmann geführt hatte, fungierte er 1920/21 als Vorsitzender des „Deutschen Parlamentarischen Verbandes", einer interfraktionellen Vereinigung aller sudetendeutschen Parlamentsfraktionen mit Ausnahme der Sozialdemokraten.[309]

Wenn tschechische Historiker nach den Konflikten des Jahres 1919, die sogar zur Erschießung unbewaffneter sudetendeutscher Demonstranten durch tschechoslowakisches Militär geführt hatten, die Einschätzung vertreten, dass „diese Zuspitzung [...] nicht von langer Dauer" gewesen sei und schon ein Jahr später „Anzeichen für eine Wende und die Bereitschaft, sich mit der Tschechoslowakei zu arrangieren", erkennbar gewesen seien[310], traf dieses nicht auf Lodgman und seinen Parteienverband zu. Lodgman wurde 1920 vielmehr zum Wortführer des „Negativismus", der ostentativen Ablehnung der Tschechoslowakei und jeder loyalen Mitarbeit – ungeachtet der widersprüchlichen Tatsache, dass man sich an den Wahlen und parlamentarischen Verhandlungen regelmäßig beteiligte. Mit dieser Haltung wurde Lodgman in der frühen ČSR zum wichtigsten Führer der stärksten nationalen Minderheit und damit zum Gegenspieler der tschechoslowakischen Führer Masaryk und Beneš – des langjährigen Präsidenten und seines Außenministers, der 1935 zum zweiten Präsidenten der Republik aufstieg.

Nach dem Urteil des Historikers Hans Lemberg hatte Lodgman schon seit Anfang 1919 hohen Anteil daran, dass „viel Sensibilität [...] versäumt, manches Porzellan [...] zerbrochen worden" war. Lodgmans „intransigente Haltung" sei „notorisch" gewesen, doch auch die sudetendeutschen Sozialdemokraten mit ihrem „unvergleichlich größeren Rückhalt in der Bevölkerung" hätten sich im Januar 1919 gegen Verhandlungen mit „den Tschechen" ausgesprochen, da es über das Selbstbestimmungsrecht „kein Verhandeln" gebe.[311] Echte Kompromisse aushandeln wollte freilich damals auch die tschechische Seite nicht. Man wird die Ironie nicht verkennen, wenn tschechische Nationalrevolutionäre nach dem Umsturz vom 28. Oktober 1918 den auf ihr Selbstbestimmungsrecht pochenden Sudetendeutschen erklärten: „Mit Rebellen verhandeln wir nicht." Dies wurde dem eigens zu Verhandlungen nach Prag gereisten Sozialdemokraten Josef Seliger vom tschechoslowakischen Minister Alois Rašín am 9. November 1918 erklärt, obschon dieser selbst noch kurz zuvor vom Habsburger-Regime als Hochverräter zum Tode verurteilt (und später begnadigt) worden war.[312] Der Vorwurf der „Illoyalität" gegenüber der ČSR, der häufig an die Sudetendeutschen gerichtet

---

[309] Balling, Von Reval bis Bukarest, Bd. I, S. 261 und S. 328.
[310] Křen, Die Konfliktgemeinschaft, S. 392.
[311] Lemberg, 1918: Die Staatsgründung der Tschechoslowakei und die Deutschen, S. 130.
[312] Bauer, Die österreichische Revolution, S. 108.

wird, greift somit zu kurz, denn letztlich wurde das vorangegangene illoyal-separatistische Verhalten tschechischer Nationalisten im Habsburgerreich zum „Verhaltensmuster für das illoyale Verhalten der Sudetendeutschen in der Tschechoslowakei".[313]

Lodgman wurde zum Wortführer dieser Illoyalität. Er gab im Prager Parlament im Juni 1920 namens des „Parlamentarischen Verbandes" die staatsrechtliche Grundsatzerklärung ab, dass die Deutschen Böhmens gegen ihren erklärten Willen in die revolutionär entstandene ČSR einbezogen worden seien und dass sie sich ihr Selbstbestimmungsrecht vorbehielten. Ähnliches erklärten die sudetendeutschen Sozialdemokraten.[314] Lodgman betonte, der neue Staat basiere auf einem Gewaltzustand, nicht auf einem Rechtszustand, und erklärte feierlich, dass die Sudetendeutschen die widerrechtliche Gesetzgebung und Verfassung der ČSR nicht als „verbindlich anerkennen" würden: „Wir werden niemals die Tschechen als Herren anerkennen, niemals uns als Knechte in diesem Staate fügen."[315] Man werde „niemals aufhören […], das Selbstbestimmungsrecht unseres Volkes zu fordern".[316]

Aufsehen verursachte Lodgman auch mit einer Demonstration, die persönliche Verletzungen ebenso offenbarte wie verursachte. Als die Nationalversammlung am 27. Mai 1920 zur Bestätigung des Präsidenten Masaryk zusammentrat, nahmen auch die sudetendeutschen Abgeordneten teil – auf Seiten der bürgerlichen Abgeordneten allerdings nur, um vor dem Wahlakt demonstrativ den Sitzungssaal zu verlassen, so dass nur die Sozialdemokraten auf ihren Plätzen blieben[317], die wiederum bei der Wahl leere Stimmzettel abgaben.[318] Dieser demonstrative Boykott wurde von Lodgman inszeniert, der als Wortführer des bürgerlich-deutschen Blocks dem eintretenden Präsidenten laut zurief: „Die deutschen Kolonisten und Immigranten verlassen den Saal."[319] Das war eine bittere Anspielung auf die fatale Antrittsbotschaft des Präsidenten vom Dezember 1918, in der Masaryk erklärt hatte, „wir" – Tschechen bzw. Tschechoslowaken – hätten den neuen Staat geschaffen, und daraus leite sich die staatsrechtliche Stellung der Deutschen des Landes ab, die „ursprünglich als Immigranten und Kolonisten ins Land" gekommen seien.[320] Lodgman hatte seinerzeit bis 1914 großen Respekt vor der Mäßigung Masaryks in der gemeinsamen Wiener Abgeordnetenzeit gehabt und daher 1918/19 gehofft, der nunmehrige Präsident werde die Tschechoslowakei zu einem

---

[313] Slapnicka, Die „Illoyalität" der Deutschen und Magyaren in der Tschechoslowakei als Legitimitätsgrundlage für die gegen sie ergriffenen Maßnahmen, S. 247.
[314] Simon, Rudolf Lodgman von Auen, S. 8.
[315] Lodgman von Auen, Rudolf: Die staatsrechtliche Erklärung der Sudetendeutschen 1920 (Erklärung des Parlamentarischen Verbandes und Rede als Abgeordneter der Deutschen Nationalpartei im tschechoslowakischen Abgeordnetenhaus 1920 in Prag), in: Simon, Rudolf Lodgman von Auen. Reden und Aufsätze, S. 64.
[316] Schulthess' Europäischer Geschichtskalender,. Bd. 61.1920, Tbd. 1, S. 405.
[317] Ebenda, S. 404.
[318] Kural, Konflikt anstatt Gemeinschaft?, S. 64.
[319] Simon, Rudolf Ritter Lodgman von Auen, S. 30.
[320] Zitiert nach Hoensch, Geschichte Böhmens, S. 423; ebenso Gebel, „Heim ins Reich!", S. 208, Anm. 291.

Nationalitätenstaat formen.[321] Masaryks „Immigranten"-Äußerung, die den Sudetendeutschen einen minderen Status zuwies, musste Lodgman daher tief enttäuschen. Auch tschechische Historiker kritisieren den „unglückselige[n] Ausspruch" Masaryks, mit dem betont werden sollte, dass der neue Staat notfalls gegen den Widerstand der Deutschen aufgebaut werden würde. Sie verweisen jedoch darauf, dass Masaryk später zu einer gemäßigteren Auffassung zurückgekehrt sei.[322] Wenzel Jaksch würdigte Masaryks 1928 öffentlich formulierte Mahnung an den tschechischen Nationalismus, es sei die „Aufgabe der Majorität, die Minorität für den Staat zu gewinnen" – womit Masaryk jedoch trotz seiner Popularität nicht durchgedrungen sei. Dieses ungelöste Strukturproblem der Tschechoslowakei hatte sich laut Jaksch beim Eklat von 1920 „zu Wort" gemeldet. Bezeichnenderweise sei damals nicht allein der Auszug der bürgerlichen Sudetendeutschen unter Lodgman erfolgt, es habe auch den Ausruf eines slowakischen Abgeordneten gegeben, der an die von Masaryk im Pittsburger Vertrag 1918 zugestandene, aber nie realisierte tschechisch-slowakische Gleichberechtigung gemahnt habe. Bei der Wiederwahl Masaryks 1927 hätten sich lautstarke Erinnerungen der Slowaken an „Pittsburg" wiederholt und seien durch Berufungen von Karpato-Ukrainern auf die Autonomie-Bestimmung im Vertrage von St. Germain ergänzt worden.[323]

Anders als Jaksch scheint Lodgman nicht gewürdigt zu haben, dass Masaryk später auf die Sudetendeutschen wieder zuzugehen versuchte. Sein Auszug aus der Nationalversammlung war zwar „nur eine Demonstration", jedoch getragen von tiefer Enttäuschung.[324] Von tschechischer Seite wird erinnert, dass diese „Provokation Lodgmans" vom deutschen Gesandten in Prag als „unangebracht" kritisiert worden sei. Die verletzende Geste boykottierte nämlich den Versuch Masaryks, bereits damals gemäßigte Sudetendeutsche an der Regierung zu beteiligen – was erst ab 1926 realisiert werden konnte. Lodgmans prinzipielle Ablehnung verhinderte auch 1921 einen Regierungseintritt deutscher Parteien, der ihnen ausgerechnet vom damaligen Ministerpräsidenten Beneš angeboten worden war. Wenn der tschechische Historiker Kural darin einen „Pyrrhussieg" Lodgmans erblickt, beruft er sich auf die Einschätzung des deutschen Gesandten in Prag, Walter Koch[325], für den diese Verweigerungshaltung ein schwerer Fehler war.[326]

---

[321] Simon, Rudolf Ritter Lodgman von Auen, S. 28f.
[322] Kural, Konflikt anstatt Gemeinschaft?, S. 34f.
[323] Jaksch, Europas Weg nach Potsdam, S. 249f.; Simon, Rudolf Ritter Lodgman von Auen, S. 30, erinnerte neben Lodgmans Ruf nur an den Ausruf slowakischer Abgeordneter: „Es lebe der Pittsburger Vertrag!".
[324] Singule, Der Staat Masaryks, S. 118.
[325] Dr. Walter Koch, 1870–1947, 1918 königlich sächsischer Minister des Innern, 1921–1935 Gesandter des Deutschen Reiches in der Tschechoslowakischen Republik.
[326] Kural, Konflikt anstatt Gemeinschaft?, S. 64 und S. 70.

Zwar war Lodgman durchaus zu versöhnlichen Gesten fähig.[327] Prinzipiell aber blieb er intransigent. Er betrachtete den Kernfehler der ČSR in ihrer Selbstdefinition als Nationalstaat der Tschechen und Slowaken, obschon sie faktisch ein Nationalitätenstaat war, dessen Bürger auch viele Deutsche, Ungarn und Ukrainer waren; solange dieser Fehler nicht behoben wurde, stellte sich Lodgman gegen jeden sudetendeutschen „Aktivismus", d. h. gegen jede loyale Mitarbeit in der ČSR.[328] Man kann darauf verweisen, dass Lodgman mit dieser Obstruktionspolitik die bürgerlichen Sudetendeutschen nur das nachvollziehen ließ, was tschechische Nationalisten im habsburgischen Reichsrat vorexerziert hatten.[329] Fruchtlos aber blieb diese Unversöhnlichkeit des „extremen Flügel[s]" der Sudetendeutschen als „Haupthindernis" für einen Nationalitätenausgleich dennoch, wie die deutsche Gesandtschaft in Prag 1921 beobachtete – auch wenn dieser Intransigenz „ein ebenso extremer Flügel auf der tschechischen Seite" entsprach[330], den man in den Nationaldemokraten um Karel Kramář identifizieren kann, dem nationalistischen Spiegelbild von Lodgmans DNP.[331] Lodgman hatte bereits Ende 1918 Kramář, den ersten Ministerpräsidenten der Tschechoslowakei, wegen dessen Erklärung attackiert, dass zur „Bildung der neuen demokratischen Staaten nicht der Wille der Beteiligten, sondern der einseitige Wille der siegreichen Völkerschaften maßgebend sein müsse".[332]

Dass die Beteiligung der Sudetendeutschen an den Wahlen vom April 1920 eine „neue Grundlage" geschaffen hatte[333], ein erster Schritt zum Aktivismus gewesen war, wollte Lodgman nicht wahrhaben. Stattdessen berichtete die deutsche Gesandtschaft in Prag im November 1922 irritiert, dass er „den Hochverrat an der Tschechoslowakei lobpreise".[334] Hierbei bediente sich Lodgman geschickt eines Reziprozitätsarguments, konnte er doch auf den „Hochverrat" tschechischer Politiker gegenüber dem Habsburgerreich verweisen, der in der Tschechoslowakei als patriotische Tat betrachtet würde. Lodgman zitierte Masaryk, der bemerkt habe, dass der Begriff des Hochverrats in neuester Zeit „ein Anachronismus" geworden

---

[327] Als im Juli 1920 nach tschechisch-deutschen Straßenkämpfen in Iglau (Jihlava) Ministerpräsident Tusár im Parlament die Deutschen aufrief, „statt Protesten und Interpellationen sachlich am Staate mitzuarbeiten", zugleich aber auch jede politische Demonstration tschechoslowakischer Soldaten als „verfehlt und gefährlich" verurteilte, erklärte Lodgman, „die Rede des Ministerpräsidenten sei so demokratisch und versöhnlich gewesen, daß sich auch die Deutschen nicht gegen sie wenden wollten"; vgl. Schulthess' Europäischer Geschichtskalender, Bd. 61.1920, Tbd. 1, S. 408.
[328] Simon, Rudolf Lodgman von Auen, S. 9.
[329] Glotz, Die Vertreibung, S. 108; Hoensch, Geschichte Böhmens, S. 426.
[330] Deutsche Gesandtschaftsberichte aus Prag, Teil II: 1921–1926, S. 13.
[331] Kural, Konflikt anstatt Gemeinschaft?, S. 61; Karel Kramář, nationalistischer tschechischer Politiker, Mitglied des Abgeordnetenhauses des kk. Österreichischen Reichsrates, 1915 wegen seiner Kontakte zum Kriegsgegner Russland als Hochverräter zum Tode verurteilt, 1917 begnadigt und aus der Haft entlassen, 1918–1919 erster Ministerpräsident der Tschechoslowakischen Republik.
[332] Lodgman, Für die Selbstbestimmung Deutschböhmens, S. 50.
[333] Kural, Konflikt anstatt Gemeinschaft?, S. 63.
[334] Deutsche Gesandtschaftsberichte aus Prag, Teil II, S. 91.

sei, und erinnerte daran, wie Minister Beneš im Weltkriegsjahr 1915 „bei Nacht und Nebel ins Ausland" gegangen sei, um gegen sein bisheriges Vaterland aufzutreten.[335] Lodgman vergaß nicht, dass in Österreich-Ungarn die tschechischen Politiker Kramář und Rašín als Hochverräter verurteilt worden waren – was den nunmehrigen Finanzminister Rašín zu einer empörten Replik veranlasste.[336] Wer den von Lodgman geführten Sudetendeutschen eine „separatistische großdeutsche Bewegung in den Gründungstagen der Tschechoslowakei 1918/19" vorwirft[337], sollte die sehr viel größere Komplexität der Situation zur Kenntnis nehmen. Der deutschböhmische Sozialdemokrat Josef Seliger hatte schon 1911 vom tschechischen Separatismus gesprochen[338], und aus sudetendeutscher Sicht war dieser Separatismus 1918 erfolgreich geworden. Es ist daher verfehlt, einen „ethnisch begründeten deutschvölkischen Anspruch auf Selbstbestimmung" der tschechoslowakischen „Aufrechterhaltung der multikulturellen Gesellschaft und territorialer Integrität der historisch überlieferten [...] Böhmischen Länder" gegenüberzustellen.[339] Tatsächlich standen auf beiden Seiten nach 1918 ethnisch definierte Nationalismen gegen die historische Multikulturalität.

Alsbald erschöpfte sich der demonstrative Nutzen von Lodgmans Obstruktionspolitik. Im Oktober 1921 bemerkte die deutsche Gesandtschaft, dass nicht nur die Tschechen Lodgman nur noch als „lärmlustigen Scharfmacher" betrachteten, sondern auch der DPV von der „Politik der parlamentarischen Abstinenz" abzurücken begann.[340] Treffend hat Jaroslav Kučera bemerkt, dass der Parlamentarische Verband unter Lodgman „offensichtlich einen radikaleren" Kurs verfochten habe, „als seiner tatsächlichen politischen Zusammensetzung entsprochen hätte".[341] Lodgman vermochte eine Zeit lang von seiner anerkannten Führungsrolle der Jahre 1918/19 zu profitieren; NS-Propagandisten attestierten ihm noch 1938 verehrungsvoll, als einziger „von Rechts wegen" den Titel des Landeshauptmanns von Deutschböhmen tragen zu dürfen.[342] Doch nicht nur die Berliner Regierung kam 1923 zu dem Schluss, dass die Politik Lodgmans „weder den außenpolitischen Interessen des Reiches noch den Interessen der Sudetendeutschen" nütze.[343] Auch im DPV wurde der Negativismus Lodgmans bereits im Herbst 1921 aufgebrochen, indem sich der „Bund der Landwirte" der Prager Regierung gegenüber künftig pragmatisch zu verhalten entschloss und damit denselben Kurs

---

[335] Miksch, ČSR/ČSSR, S. 30.
[336] Klepetař, Seit 1918... Eine Geschichte der Tschechoslowakischen Republik, S. 175; Alois Rašín, 1867–1923, nationalistischer tschechischer Politiker, 1918–1919 und 1922–1923 Finanzminister der Tschechoslowakischen Republik.
[337] Vgl. Hahn / Hahn, Die sudetendeutsche völkische Tradition, S. 49.
[338] Bachstein, Die Sozialdemokratie in den böhmischen Ländern bis zum Jahre 1938, S. 88.
[339] So jedoch Hahn / Hahn, Die sudetendeutsche völkische Tradition, S. 58.
[340] Deutsche Gesandtschaftsberichte aus Prag, Teil II, S. 1.
[341] Kučera, Minderheit im Nationalstaat, S. 66.
[342] Krebs / Lehmann, Wir Sudetendeutsche, S. 139.
[343] Deutsche Gesandtschaftsberichte aus Prag, Teil II, S. 169; Adolf Georg von Maltzan Freiherr zu Wartenberg und Penzlin, 1877–1927, 1922–1925 Staatssekretär im Reichsaußenministerium.

einschlug wie die Sozialdemokraten, die dem DPV nicht angehörten.[344] Folgerichtig trat Lodgman noch 1921 vom Vorsitz des Verbandes zurück, da seine Position nicht mehr mehrheitsfähig war. Stattdessen übernahm er 1924/25 den Vorsitz der DNP, die er weiter auf negativistischem Kurs hielt. Belohnt wurde dies vom Wähler nicht, denn diese Rechtspartei, die 1920 5,3 Prozent der Stimmen erhalten hatte, sank bei den Neuwahlen von 1925 auf 4 Prozent ab.[345]

Die von Gustav Stresemann betriebene deutsche Politik des Ausgleichs mit den Westmächten Frankreich und Großbritannien, die 1925 zum Vertrag von Locarno und zum Beitritt Deutschlands zum Völkerbund führte, scheint Lodgmans Hoffnung auf großdeutschen Rückhalt in Berlin desavouiert zu haben. Obschon Stresemann der Anerkennung der Nachkriegsgrenzen im Westen kein Ost-Locarno hatte folgen lassen, sondern dort auf Grenzrevisionen hoffte und sogar Triumphgefühle erkennen ließ, als die tschechoslowakischen und polnischen Außenminister in Locarno im Vorzimmer hatten warten müssen, während die *wirklichen* Großmächte miteinander verhandelten[346], zeigte sich Lodgman von Berlin tief enttäuscht. Er erklärte im September 1925 trotzig und mit einer unterschwelligen Spitze gegen die Weimarer Demokratie, „daß das jetzige Deutsche *Reich* vielleicht auf die vom deutschen Volkskörper abgetrennten Gebiete verzichten könne, das deutsche *Volk* aber könne dies niemals".[347] Die Neuwahlen vom November 1925 belohnten diese Haltung nicht. Treffend stellten die deutschen Diplomaten in Prag fest, die sudetendeutschen Wähler seien der „rein negativen Politik, wie sie Lodgman vertrat, überdrüssig" geworden.[348] Das Wahldesaster der DNP war so groß, dass nicht einmal Lodgman selbst im ersten Wahlgang wiedergewählt wurde, woraufhin er auf die (gesichert erscheinende) Wahl im zweiten Wahlgang verzichtete und seinen völligen Rückzug aus der Politik erklärte.[349] Die deutsche Gesandtschaft sprach von einer „Flucht aus der Öffentlichkeit".[350] Lodgman zog sich „gekränkt ins Privatleben zurück", weil „seine Auffassung des völkischen Gedankens und des Selbstbestimmungsrechtes nicht von der Mehrzahl des sudetendeutschen Volkes geteilt werde"[351], und brandmarkte im November 1925 in einer Rede in Komotau scharf das „Partei-Deutschtum". Seine Forderung, „in geschlossener Front gegen den tschechischen Nationalstaat zu kämpfen, als der Wurzel allen Übels", war nunmehr nicht allein verneinend gegenüber dem tschechoslowakischen Staat, sondern auch gegenüber der Parteiendemokratie überhaupt.[352] Lodgmans Notstandsdenken – und in seiner Sicht war die Tschechoslowakei der

---

[344] Kural, Konflikt anstatt Gemeinschaft, S. 75.
[345] Balling, Von Reval bis Bukarest, Bd. 1, S. 261.
[346] Zeman / Klimek, The Life of Edvard Beneš, S. 78 f.; Wright, Gustav Stresemann, S. 338 und S. 348.
[347] Deutsche Gesandtschaftsberichte aus Prag, Teil II, S. 373.
[348] Ebenda, S. 550.
[349] Balling, Von Reval bis Bukarest, Bd. 1, S. 328.
[350] Deutsche Gesandtschaftsberichte aus Prag, Teil II, S. 425.
[351] Ebenda.
[352] Simon, Rudolf Ritter Lodgman von Auen, S. 33 f.

Notstand in Permanenz – ließ nur noch eine nationale Einheitsfront als völkische Organisationsform zu. Der langjährige Parlamentarier mutierte zum Parlamentsverächter.

Nachdem in den Parlamentswahlen von 1925 die kompromissbereiten sudetendeutschen Aktivisten gesiegt hatten, während die Rechtsparteien DNP und DNSAP (Deutsche Nationalsozialistische Arbeiterpartei) abgeschlagen rangierten, sah sich Lodgman Ende 1925 auch zum Rücktritt vom Parteivorsitz der DNP veranlasst. Nach Gründung eines parteiübergreifenden „Deutschen Verbandes" (DV) statt des bisherigen DPV schloss sich selbst die DNSAP den aktivistischen Parteien an, so dass allein die DNP (der Lodgman weiter angehörte) und auf der Linken die Sozialdemokraten dieser aktivistischen Blockbildung fernblieben. Die 1925 ins Parlament gewählten zehn Abgeordneten der DNP waren mit ihrer prinzipiellen Ablehnung der ČSR im Sinne Lodgmans politisch völlig isoliert.[353] Dieser Kurs wurde von den Wählern ebenfalls nicht honoriert, denn die DNP erzielte 1929 nur noch 2,6 Prozent der Stimmen.[354] Demgegenüber vermochten gemäßigte Bürgerliche und Sozialdemokraten, die seit 1926 bzw. 1929 Minister in der Prager Koalitionsregierung stellten, wirtschaftliche Vorteile für ihre Wähler zu erzielen. Allerdings gelang ihnen keine staatsrechtliche Statusverbesserung für die Sudetendeutschen – trotz der Autonomieversprechen ihrer tschechischen Koalitionspartner, die freilich nach der Regierungsbildung „in Stille ad acta gelegt" und 1927/28 sogar durch Rechtsverschlechterungen konterkariert wurden.[355] Dass Lodgman „der unentwegte und unerbittliche Negativist" der sudetendeutschen Politik war, darüber herrschte ebenso Einigkeit wie über sein Scheitern. Dass dieses Scheitern das „Symptom einer unheilvollen Wende" gewesen sei, behauptete 1937 zwar der prominente sudetendeutsche Nationalsozialist Hans Krebs[356], der Lodgman politisch seit dem Wahlbündnis von 1920 zwischen dessen DNP und seiner DNSAP eng verbunden war[357], doch im Jahre 1925 hätten nur sehr wenige Sudetendeutsche dieser Wertung zugestimmt.

Nach seinem Rückzug aus der Politik wurde Lodgman nicht völlig unpolitisch. Schon sein Amt als Geschäftsführer des Verbandes der deutschen Selbstverwaltungskörper in der ČSR, das er 1925 wieder übernahm und bis zu seiner Pensionierung Ende 1938 – nach dem Anschluss des Sudetengebiets an Deutschland – kontinuierlich ausübte, war in seiner Vermittlungsfunktion zwischen Prager Regierung und sudetendeutscher Kommunalpolitik politischer Natur. Ferner blieb Lodgman bis 1938 ein gefragter „politischer Ratgeber" in sudetendeutschen Kreisen und ein geachteter Experte für kommunale Verwaltungsfragen in Deutsch-

---

[353] Kural, Konflikt anstatt Gemeinschaft?, S. 83f.
[354] Balling, Von Reval bis Bukarest, Bd. 1, S. 261.
[355] Kural, Konflikt anstatt Gemeinschaft?, S. 95 und S. 99; zu denken ist hier etwa an eine neue, die Rechte der Minderheit noch verschlechternde Sprachenverordnung von 1928.
[356] Klee, Ernst: Das Personenlexikon zum Dritten Reich, S. 337.
[357] Krebs, Kampf in Böhmen, S. 148; zum Bündnis DNP/DNSAP das Zitat aus Krebs, Kampf in Böhmen, bei Wolfram, Prag und das Reich, S. 449.

land und Österreich.[358] In die sudetendeutsche Parteipolitik, die sich mit der einem Parteiverbot zuvorkommenden Selbstauflösung von DNP und DNSAP und mit der Bildung der „Sudetendeutschen Heimatfront" 1933 (bzw. ab 1935: „Sudetendeutsche Partei", SdP) unter Konrad Henlein gravierend verändert hatte, schaltete sich Lodgman jedoch nicht wieder ein. Als Henleins SdP bei den Wahlen vom Mai 1935 rund zwei Drittel aller sudetendeutschen Wähler (ca. 1,25 Millionen Stimmen) für sich gewinnen konnte und mit 15,2 Prozent auch zur stärksten Fraktion im Prager Abgeordnetenhaus aufstieg[359], wurde Lodgman kein Anhänger dieser rechten Sammelbewegung, obwohl diese auf den ersten Blick vielen seiner politischen Ansichten entgegenzukommen schien. Die Ursachen für diese Distanz waren komplex und werden im Zusammenhang mit Lodgmans Stellung zum NS-Regime eingehender erörtert.

Der liberale Nationalist: Otto Ulitz in Ost-Oberschlesien 1919–1933

Otto Ulitz befand sich seit 1916 im preußischen Polizeidienst in Kattowitz, aus dem er – zwecks politischer Aktivität – im Mai 1920 ausschied, ohne dadurch seine beamtenrechtliche Stellung einzubüßen. Zwischenzeitlich hatte Ulitz seit August 1914 ununterbrochen als Soldat im Ersten Weltkrieg gekämpft und war erst Anfang 1919 – „als Oberleutnant der Reserve entlassen" – in seine Heimat zurückgekehrt. Dort schloss er sich nach eigenen Angaben bald der linksliberalen, überzeugt zur neuen republikanischen Staatsordnung von 1918 stehenden „Deutschen Demokratischen Partei" (DDP) an. Diese war auf Reichsebene wie im Lande Preußen ein stabilisierender Faktor als Regierungspartei der gefährdeten Republik in der sogenannten „Weimarer Koalition" zusammen mit Zentrum und SPD. Die DDP galt 1918/19 als bürgerliche „Verfassungspartei" schlechthin und wurde zum Sammelbecken „für die neue Mittelschicht der Angestellten und kleineren Beamten" (und damit auch für Ulitz als typischen Angehörigen dieser Schicht). Dadurch kurzfristig zu einer Massenpartei geworden, nahm jedoch die politische Bedeutung der DDP schon seit 1919/20 rapide ab.[360] Ulitz demonstrierte durch sein Engagement in dieser Partei seine Akzeptanz des revolutionären Übergangs von der Monarchie zur Republik. Zugleich war die damals noch starke DDP das Sprungbrett für seine politische Karriere: Ulitz wurde durch die ab 1919 vertretenen Ansprüche des neuen polnischen Staates auf ganz Oberschlesien nationalpolitisch mobilisiert und beteiligte sich „an den Vorbereitungen für die im Vertrag von Versailles für Oberschlesien vorgesehene Volksabstimmung", um seine Heimat durch einen überzeugenden Abstimmungserfolg für Deutschland zu retten. Im Mai 1920 „ersuchte" ihn die DDP, „in das damals von allen deutschen Parteien

---

[358] Simon, Rudolf Lodgman von Auen, S. 9.
[359] Alte, Die Außenpolitik der Tschechoslowakei und die Entwicklung der internationalen Beziehungen 1946–1947, S. 29 f.; Balling, Von Reval bis Bukarest, Bd. 1, S. 279.
[360] Wirsching, Die Weimarer Republik, S. 64.

5. Politische Profilierungen bis 1933   149

und Gewerkschaften" gebildete „Plebiszitkommissariat" (eine Überwachungsinstitution für die ordnungsgemäße Durchführung der Volksabstimmung) „als ihr Vertreter einzutreten". Nach Austritt aus dem Staatsdienst fungierte Ulitz von Juni 1920 bis November 1921 als „hauptamtliches Mitglied des Plebiszitkommissariats".[361] Obwohl die Volksabstimmung zugunsten Deutschlands ausfiel, beschlossen die Entente-Siegermächte im Oktober 1921 eine Teilung der Region, um die polnischen Ansprüche, die unterdessen auch mit Waffengewalt vertreten worden waren, zumindest zum Teil zu befriedigen. Dadurch fiel der Osten Oberschlesiens mit Ulitz' Heimatstadt Kattowitz an Polen, Ulitz wurde im Juli 1922 polnischer Staatsbürger.[362] Allerdings waren die deutschen Minderheiten dieses Staates durch den Minderheitenschutzvertrag, den Polen auf Druck der Siegermächte 1919 in Versailles hatte unterzeichnen müssen, mit besonderen Rechten ausgestattet und völkerrechtlich geschützt. Für die deutsche Bevölkerung im polnischen Teil Oberschlesiens wurde durch ein gesondertes deutsch-polnisches Abkommen von 1922 dieser Rechtsschutz sogar noch ausgebaut.[363]

Vor diesem Hintergrund stieg Ulitz 1921/22 zu einem führenden Interessenvertreter der deutschen Bevölkerung Ostoberschlesiens auf. Gegenüber den DDR-Behörden, in deren Haft er sich damals befand, schilderte er 1950, dass „für das an Polen abzutretende Gebiet [...] alle deutschen Parteien und Gewerkschaften" nach einem von ihm „ausgearbeiteten Vorschlag Anfang November 1921 den Deutschen Volksbund zur Wahrung der Minderheitsrechte e.V." gegründet und ihm „die Geschäftsführung dieses Verbandes" angeboten hätten. Daraufhin sei er „einstimmig in geheimer Wahl als geschäftsführender Vorsitzender gewählt" und seither „in dreijährigem Abstand in jedesmal geheimer Wahl, zuletzt 1938, wiedergewählt worden".[364] Der von Ulitz von 1922 bis 1939 geleitete „Deutsche Volksbund für Polnisch-Schlesien" (DVB)[365] war die vom Völkerbund anerkannte „Kollektivvertretung der deutschen Bevölkerung von Polnisch-Oberschlesien", wodurch er selbst „zum Sprecher der deutschen Bevölkerung gegenüber dem Völkerbundsrat, dem Kommissar des Völkerbundsrats für das ehemalige Abstimmungsgebiet Oberschlesien, dem Präsidenten der Gemischten Kommission für Oberschlesien und gegenüber der polnischen Staatsregierung und ihren Behörden in allen Fragen des Minderheitsrechts" wurde.[366] Laut Ulitz hatte der DVB die Aufgabe, auf der Basis der von den Versailler Siegermächten verordneten Neu-

---

[361] BAB, DO 1/3004, Bl. 24–25, Abschrift: [MdI DDR, DVP], Vernehmungsprotokoll zum Lebenslauf Dr. Otto Ulitz, Waldheim, 6.4.1950.
[362] Ebenda, Bl. 29–30, Landesbehörde der Volkspolizei Sachsen, Abt. K, Vernehmungsprotokoll Dr. Otto Ulitz, Waldheim 20.4.1950.
[363] Wintgens, Der völkerrechtliche Schutz, S. 132.
[364] BAB, DO 1/3004, Bl. 24–25, Abschrift: [MdI DDR, DVP], Vernehmungsprotokoll zum Lebenslauf Dr. Otto Ulitz, Waldheim, 6.4.1950.
[365] Dem Verwaltungsrat des DVB standen zwar zunächst oberschlesische Hocharistokraten – ein Graf Henckel von Donnersmarck, dann ein Prinz von Pleß – vor (vgl. Ulitz, Oberschlesien, S. 86), doch Ulitz war als Geschäftsführer die politische Schlüsselfigur des Verbandes.
[366] BStU, Archiv der Zentralstelle, MfS-HA XII RF 144, Bl. 3–6, insb. Bl. 4, Landesbehörde der Volkspolizei Sachsen, Abt. K, Vernehmungsprotokoll Dr. Otto Ulitz, Waldheim 20.4.1950.

ordnung – zu der die Gebietsabtretung an Polen ebenso gehörte wie die polnische Verpflichtung zur Respektierung der deutschen Minderheitenrechte – „die Wahrung der den Deutschen zugesicherten Rechte und die Erhaltung ihrer nationalen Eigentümlichkeiten" durchzusetzen.[367]

Infolge dieser Zielsetzung, so Ulitz 1950, sei der DVB „überparteilich" gewesen, denn es hätten daneben separate „deutsche politische Parteien" bestanden.[368] Auch er selbst, so Ulitz, sei neben seiner DVB-Tätigkeit Mitglied einer politischen Partei gewesen – nicht mehr der nur im Reichsgebiet agierenden DDP (der er bis 1921 angehört hatte), sondern der „Deutschen Partei", die Ulitz als „Zusammenschluß" all jener Deutscher charakterisierte, „die nicht der Zentrums- oder der Sozialdemokratischen Partei angehörten", aber ebenfalls eine Politik „auf demokratischer Grundlage" verfolgten. Diese DP habe bis zum Beginn des Zweiten Weltkrieges 1939 bestanden und „den Führungsanspruch der seit 1933 sehr aktiven nationalsozialistischen Jungdeutschen Partei" in Polnisch-Oberschlesien „ebenso entschieden abgelehnt" wie der von Ulitz geleitete DVB. Letzterer habe in klarer Abgrenzung von allen Parteien gar keine Einzelmitglieder gehabt, sondern sei ein Dachverband für deutsche Vereine und Organisationen gewesen – für „a) die Bezirksvereinigungen, b) den deutschen Schulverein, c) den Deutschen Kulturbund, d) den deutschen Wohlfahrtsbund". Folglich war der „Deutsche Volksbund" nicht als politische Partei, sondern als „Zusammenschluß der Deutschen" – oder zumindest aller organisierten Deutschen – „ohne Rücksicht auf Geschlecht, Religion und Partei zur Wahrnehmung ihrer Rechte als nationale Minderheit" zu verstehen.[369]

In seiner Geschäftsführer-Funktion im DVB – 1938 übernahm er zusätzlich die Präsidentschaft des Volksbundes – war Ulitz nicht zuletzt deshalb einflussreich, weil er zum „Verwalter" jener beträchtlichen „Geheimsubventionen" wurde, die der DVB von der Berliner Reichsregierung erhielt.[370] Da das Deutsche Reich sich nicht den Vorwurf einhandeln wollte, sich in innere Angelegenheiten von Nachbarstaaten einzumischen, erfolgte die großzügige Subventionierung aller deutschen Minderheiten im Ausland durch „verschiedene ‚Tarnorganisationen' bzw. ‚verschleierte Dienststellen', durch die das Reich im Verborgenen operieren konnte". Diese standen sämtlich unter Aufsicht eines Beirates aus Reichstagsparlamentariern (bis 1933) und unter Federführung des Berliner Auswärtigen Amtes. Die bedeutendste Tarnorganisation war die 1920 geschaffene „Deutsche Stiftung" unter ihrem Geschäftsführer Erich Krahmer-Möllenberg (der wie Ulitz ein ehemaliger preußischer Beamter war, allerdings aus der Führungsetage der Ministerialbeamten). Die Stiftung kümmerte sich um Finanzierung und Anleitung der

---

[367] BAB, DO 1/3004, Bl. 29–30, Landesbehörde der Volkspolizei Sachsen, Abt. K, Vernehmungsprotokoll Dr. Otto Ulitz, Waldheim 20. 4. 1950.
[368] Ebenda.
[369] Ebenda, Bl. 24–25, Abschrift: [MdI DDR, DVP], Vernehmungsprotokoll zum Lebenslauf Dr. Otto Ulitz, Waldheim, 6. 4. 1950.
[370] Balling, Von Reval bis Bukarest, Bd. 2, S. 764.

Vereins-, Bildungs- und Wohlfahrtseinrichtungen der Minderheitenverbände.[371] Auch der DVB und Ulitz unterstanden der Stiftung und Krahmer-Möllenberg. Letzterer regelte nicht nur ab 1922 Ulitz' beamtenrechtliche Stellung gegenüber dem preußischen Staat, sondern auch die verdeckte laufende Subventionierung des DVB.[372]

Die von kommunistischer Seite – von der Volksrepublik Polen ebenso wie von der DDR – später erhobenen Anwürfe, Ulitz sei als Leiter des DVB nicht nur ein „berüchtigte[r] Polenfeind", sondern auch der Chef einer „hitlerfaschistischen" Organisation[373] und Führer einer auf die Zerschlagung Polens abzielenden „fünften Kolonne" in Oberschlesien gewesen[374], wies Ulitz 1950 mit der Beteuerung zurück, weder die von ihm geleitete Organisation noch die deutschen Parteien seiner Heimatregion hätten jemals „die Revision des Teilungsbeschlusses" für Oberschlesien gefordert oder „Revisionsbestrebungen unterstützt".[375] Ulitz' Biograph Gerhard Webersinn hat 1974 hervorgehoben, was die heutige Forschung als Konzept reziproker Loyalität bezeichnen würde[376]: Demnach hat Ulitz die Achtung der deutschen Minderheitsrechte vom polnischen Staate erwartet und sei „im gleichen Maße", wie das geschah, bereit gewesen, seinerseits dem Staate Polen staatsbürgerliche Loyalität entgegenzubringen.[377] Freilich hat Ingo Eser zu Recht darauf hingewiesen, dass das deutsch-polnische Zusammenleben in der Zwischenkriegszeit durch die frühere „restriktive Politik des preußischen Staates gegenüber seiner polnischen Bevölkerung vor 1914" nachhaltig belastet gewesen sei. Insbesondere ehemalige Vertreter der preußischen Staatsmacht, zu denen der frühere höhere Polizeibeamte Ulitz gehörte, hätten „ein ernstes Glaubwürdigkeitsproblem" gehabt, wenn sie ihre Loyalität zu Polen bekundeten.[378] Ein Hauptgrund für das polnische Misstrauen sei die massive Subventionierung der Minderheitenorganisationen durch Berlin gewesen.[379] Doch hätten führende Minderheitenvertreter, darunter Ulitz, stets zwischen Loyalität zum eigenen (deutschen) Volk und zum (fremdnationalen) Staat unterschieden.[380]

---

371 Jaguttis / Oeter, Volkstumspolitik und Volkstumsarbeit im nationalsozialistischen Staat, S. 219.
372 PAAA, R 8043/578, Bl. 78–80, DVB, Ulitz, Kattowitz, an Deutsche Stiftung, Krahmer-Möllenberg, Berlin, 5.10.1922; ebenda, R 8043/593, Bl. 40–41, Deutsche Stiftung, Krahmer-Möllenberg, an PrMdI, 6.11.1927; ebenda, R 8043/584, Bl. 383, Deutsches Generalkonsulat Kattowitz an Reichsminister des Auswärtigen, 29.5.1928.
373 BStU, Archiv der Zentralstelle, MfS ZAIG Nr. 9708 Teil 1, Bl. 122, „Kriegsverbrecher leiten revanchistische Landsmannschaften", in: Presse der Sowjetunion A/81 v. 17.7.1970, mit einem Zitat aus dem polnischen Parteiorgan Trybuna Ludu vom 23.6.1970.
374 BStU, Archiv der Zentralstelle, MfS ZAIG Nr. 9715, Bl. 218, N.R., „Wer ist Ulitz?", in: Berliner Zeitung v. 6.1.1965.
375 BStU, Archiv der Zentralstelle, MfS-HA XII RF 144, Bl. 3–6, insb. Bl. 4, Landesbehörde der Volkspolizei Sachsen, Abt. K, Vernehmungsprotokoll Dr. Otto Ulitz, Waldheim 20.4.1950.
376 Eser, „Loyalität" als Mittel der Integration oder Restriktion?, S. 21.
377 Webersinn, Otto Ulitz, S. 35.
378 Eser, „Loyalität" als Mittel der Integration oder Restriktion?, S. 26.
379 Ebenda, S. 30.
380 Ebenda, S. 32.

Als führender Vertreter der deutschen Oberschlesier in Polen wurde Ulitz zum Minderheiten-Anwalt auf internationaler Bühne. 1927 publizierte er einen Fachaufsatz über den „Rechtsgang bei Minderheitenbeschwerden".[381] Dass er in dieser Materie profunde praktische Kenntnisse besaß, geht schon daraus hervor, dass von 45 Beschwerden wegen Verletzung der Minderheitenrechte, die bis 1930 beim Völkerbundrat eingingen, 34 von der deutschen Minderheit Ostoberschlesiens ausgingen.[382] Noch 1950 teilte Ulitz den DDR-Behörden voller Stolz mit, „für die rechtsschöpferische und rechtsschützende Tätigkeit auf dem Gebiete des Minoritätenrechts" habe ihm „die juristische Fakultät der Universität Breslau im Oktober 1932 die Würde eines Doktors der Rechte" verliehen.[383] Noch bei Ulitz' Tode im Jahre 1972 erinnerte die westdeutsche Presse daran, dass „die in der Bundesrepublik diskutierten Ideen eines europäischen Volksgruppenrechts [...] auf ihn zurück" gingen.[384] Zur Ehrendoktorwürde von 1932 dürfte beigetragen haben, dass Ulitz für seine „bemerkenswert[e]" Stellungnahme „über Paneuropa und die Nationalitätenfrage" und seinen diesbezüglichen Disput mit dem französischen Außenminister und Nobelpreisträger Aristide Briand 1930 hohe Anerkennung bei deutschen Juristen fand – etwa beim aus Prag gebürtigen Sozialdemokraten und minderheitenpolitisch aktiven Hamburger Ordinarius Rudolf von Laun.[385]

Im September 1930 hatte Ulitz auf dem 6. Europäischen Nationalitätenkongress in Genf „die grundsätzliche Zustimmung der Minderheiten zu dem Gedanken eines europäischen Staatenbundes" betont, aber an den Ideen Briands scharfe Kritik geäußert: „Der Plan Briands enthalte eine große Lücke, da er nur Staaten kenne und nicht die Völker als Völker, sondern als Bewohner von territorialen Einheiten. Die 35 Millionen, die als Volksgruppen in fremden Staaten lebten, wollten [jedoch] auch ihren Anteil an der jetzt beginnenden Aussprache haben." Besonders wichtig erschien Ulitz, den vom 1929 verstorbenen Minister Stresemann geführten Kampf gegen die „Assimilationstheorie" weiterzuführen, wonach der ab 1919 völkerrechtlich verbriefte Minderheitenschutz nicht von Dauer sein, sondern nur einen zeitweiligen weichen Übergang zur letztendlich anzustrebenden Assimilation der Minderheiten im jeweiligen Staatsvolk darstelle. „Dem würden die Minderheiten ihren unbeugsamen Überlebenswillen gegenüberstellen", betonte Ulitz. Zwar befürwortete er eine europäische „Solidarität der Völker", forderte jedoch als deren „Voraussetzung" unmissverständlich „die Herstellung nationaler und kultureller Freiheit". „Sei diese gegeben, dann könnte man Brücken zwischen den Völkern schlagen, dann würden die Volksgemeinschaften in fremde Staaten übergreifen und damit ein gemeinschaftliches Interesse am Frieden herstellen. Dann sei auch der Weg zu Paneuropa frei. Deshalb müsse der Kongreß der

---

[381] Webersinn, Otto Ulitz, S. 37.
[382] Ebenda, S. 43.
[383] BAB, DO 1/3004, Bl. 24–25, Abschrift: [MdI DDR, DVP], Vernehmungsprotokoll zum Lebenslauf Dr. Otto Ulitz, Waldheim, 6. 4. 1950.
[384] BStU, Archiv der Zentralstelle, MfS-HA IX/11 PA 3556 Bd. 1, Bl. 132, „Otto Ulitz gestorben", in: Die Welt Nr. 253 v. 30. 10. 1972.
[385] Laun, Staat und Volk, S. 320.

europäischen Nationalitäten Herrn Briand zurufen, nicht nur französisch zu denken, indem er Staat und Volk gleichsetze, sondern europäisch. Die Staatsmänner müsse man daran erinnern, daß die Staaten im Gegensatz zu den Volksgemeinschaften von Menschen geschaffene Begriffe seien und nicht ewig dauerten."[386] Begeistert kommentierte der Staatsrechtler Laun 1933 (nicht in einer NS-Veröffentlichung, sondern in einer im republikanischen Spanien publizierten Schrift): „Der Kampf der Volksidee gegen die Staatsidee tritt in dieser Rede ganz besonders deutlich in Erscheinung."[387]

Ulitz bezog sich in seiner Genfer Darlegung auch auf polnische Proteste gegen eine Rede, die der Reichsminister für das besetzte Gebiet (dem soeben von den Franzosen geräumten Rheinland), der Konservative Reinhold Treviranus, im August 1930 auf einer Kundgebung der „heimattreuen Ostverbände" gehalten hatte. Dieser hatte erklärt, nach der weitgehenden Befreiung des Westens fordere nun „der Osten Einheit und Einsatz des ganzen deutschen Volkes"; die Zukunft Polens könne nur dann als gesichert gelten, „wenn Deutschland und Polen nicht durch ungerechte Grenzziehung in ewiger Unruhe gehalten" würden. Wenig später konkretisierte Treviranus seinen Ansatz „einer aktiven Revisionspolitik ohne kriegerische Drohungen": Ihm gehe es um Beseitigung der „falschen Diktate" bei der deutsch-polnischen Grenzziehung, „freilich ohne Waffengewalt". Der polnische Außenminister August Zaleski erwiderte, derartige Äußerungen machten „jede positive Entwicklung der gegenseitigen Beziehungen unmöglich". Ulitz konstatierte in Genf: „Wenn die Rede eines Ministers, der auf die Revisionsmöglichkeiten des Versailler Vertrages aufmerksam machte, so laute Proteste auslöse, so spreche das nicht dafür, daß die Achtung der Verträge, von der so oft gesprochen werde, unparteiisch gepflegt werde."[388] Diese Unterstützung einer gegen die Versailler Grenzen gerichteten friedlichen Revisionspolitik blieb zwar nur kurz gestreifte Theorie, widerlegt jedoch Ulitz' spätere Behauptung (eine Schutzbehauptung in kommunistischer Haft), er habe die Versailler Grenzen stets loyal akzeptiert und niemals zu deren Revision aufgerufen. Vielmehr ergibt sich schon für 1930 jene Bejahung eines friedlichen Revisionismus, wie sie auch für Ulitz spätere BdV-Tätigkeit charakteristisch war.

Da Ulitz zum Hauptkläger gegen polnische Rechtsverstöße beim Völkerbund wurde und dadurch das internationale Ansehen Warschaus schädigte, ist es begreiflich, weshalb Ulitz persönlich das Etikett des „Polenfeindes" angeheftet wurde. Er wurde noch stärker dazu abgestempelt, weil er als Befürworter einer engen Kooperation mit anderen nationalen Minderheiten in Polen hervortrat und beispielsweise 1926 – gegen den Widerstand der deutschen Parlamentarier im Warschauer Sejm – Kontakte zu Vertretern der ukrainischen Minderheit herstellte, der zweifellos im polnischen Staat am härtesten unterdrückten Minorität. Infolge dieses Engagements, das ihn 1930 auch zum Delegierten der europäischen

---

[386] Schulthess' Europäischer Geschichtskalender. 71.1930, S. 498 f.
[387] Laun, Staat und Volk, S. 321.
[388] Schulthess' Europäischer Geschichtskalender. 71.1930, S. 188 f., S. 191, S. 369 f. und S. 499.

Minderheiten beim Völkerbund aufsteigen ließ, wurde Ulitz von den polnischen Behörden mehrfach juristisch verfolgt. Dass die deutsche Minderheit in Polen im europäischen Vergleich am häufigsten den Beschwerdeweg beim Völkerbund nutzte, betrachtete die polnische Regierung als illoyales Verhalten – obschon Minderheitenvertreter wie Ulitz durchaus auf Klagen verzichteten, wenn direkte Verhandlungen mit Warschau größeren Nutzen zu versprechen schienen.[389] Ulitz wurde in einem internationales Aufsehen erregenden Prozess 1929 wegen Beihilfe zur Fahnenflucht angeklagt und zu fünf Monaten Gefängnis verurteilt. 1938 wurde er erneut zweimal wegen Beleidigung angeklagt, jedoch freigesprochen; ebenfalls 1938 wurde er wegen widerrechtlicher Arbeitsvermittlung zu einer Geld- und Haftstrafe verurteilt, aber in nächster Instanz freigesprochen.[390] Dieses Vorgehen der polnischen Justiz diente offenkundig der Einschüchterung eines profilierten Minderheitenpolitikers. In Deutschland machten die polnischen Repressalien Ulitz zeitweilig zu einem bekannten ‚Märtyrer' für missachtete Minderheitsrechte.[391] Man wird die Breslauer Ehrendoktor-Verleihung von 1932 vor diesem Hintergrund auch als politische Demonstration verstehen dürfen.

Der Ulitz-Prozess von 1929 wird auch von der heutigen Forschung als ernstes Krisensymptom im deutsch-polnischen Verhältnis eingestuft.[392] Schon im Februar 1926 wurden 28 Führer der deutschen Minderheit in Polen verhaftet, darunter die meisten Funktionäre des DVB, während Ulitz durch seine Immunität als regionaler Abgeordneter des schlesischen Sejm geschützt war. Die Regierung stellte zwar einen Antrag auf Aufhebung dieser Immunität, doch der Sejm lehnte dies ab mit der für die Behörden peinlichen Begründung, die angeblich belastenden Dokumente seien offensichtlich gefälscht. Daraufhin verlagerte Warschau den Konflikt zunächst auf die internationale Ebene: Außenminister Zaleski erhob Ende 1928 vor dem Völkerbund „schwere Vorwürfe" gegen den DVB und Ulitz, was einen demonstrativen Wutausbruch des deutschen Außenministers Stresemann provozierte.[393] Als Zaleski Ulitz des Hochverrats bezichtigte, machte Stresemann Zwischenrufe und schlug am Ende mit der Faust auf den Tisch, um zu kontern: „Sie wagen es, den Minderheiten nicht zu gestatten, von den durch den Völkerbund verbrieften Rechten Gebrauch zu machen und sich an den Völkerbundsrat zu wenden? [...] Ich kann in keiner Weise zugeben, daß dieser Standpunkt in der Auffassung der Minderheitenrechte im Völkerbund Platz greift. Wenn der Völkerbundsrat sich auf diesen Standpunkt [...] stellt, so ist die Säule

---

[389] Eser, „Loyalität" als Mittel der Integration oder Restriktion?, S. 36–38; zur schlechten Lage der Ukrainer im Polen der Zwischenkriegszeit: Mazower, Der dunkle Kontinent, S. 88f.; Zeman, Pursued by a Bear, S. 99; ähnlich Borodziej, Geschichte Polens im 20. Jahrhundert, S. 158 und S. 168.
[390] Balling, Von Reval bis Bukarest, Bd. 2, S. 764.
[391] Vgl. Wintgens, Der völkerrechtliche Schutz, S. 133, Anm. 67, und S. 134.
[392] Mazower, Hitlers Imperium, S. 48, stellt als Krisensymptome des Jahres 1929 fest, in Deutschland seien polnische Künstler von jungen NSDAP-Mitgliedern tätlich angegriffen worden und in Polen sei „der Vorsitzende des Deutschen Volksbundes, Dr. Ulitz [sic!], [...] vor Gericht gestellt" worden.
[393] Webersinn, Otto Ulitz, S. 48–50.

erschüttert, auf der der Völkerbund steht." Stresemann warf seinem polnischen Gegner einen „Geist des Hasses" vor und bemerkte in Anspielung auf den polnischen Regierungschef Jozef Piłsudski, der vor der Wiedererrichtung Polens sowohl in Russland als auch in Deutschland als Hochverräter betrachtet worden war, „Liebe zum alten Vaterlande und Hochverrat" seien bekanntlich Empfindungen, die sich häufig eng berührten. Daraufhin erklärte der französische Außenminister Aristide Briand, der zusammen mit Stresemann 1926 den Friedensnobelpreis erhalten hatte, er wolle „ausdrücklich feststellen, daß nichts zu der Vermutung berechtige, daß der Völkerbund die geheiligten Rechte der Minderheiten verletzen werde". Das Minderheitenrecht sei eine unantastbare Säule des Völkerbundes und dürfe keinesfalls „irgendeine Einschränkung erfahren".[394]

Dieser Punktsieg für Deutschland war jedoch von kurzer Dauer. Auf der folgenden Völkerbundratssitzung in Genf im März 1929 beteuerte Stresemann, sein Eintreten für verbesserte Völkerbundkontrolle der Minderheitenrechte ziele keineswegs auf die Sprengung von Staaten; im Gegenteil werde durch wirksame Minderheitenrechte der Frieden erst wirklich gesichert. Wenn man die historische Erkenntnis bedenke, dass im Verhältnis der Völker Dominanz und Unterordnung stets wechselten, müssten alle „Völker vor wechselndem Schicksal [ge]warnt" sein.[395] Davon ließ sich Zaleski, dessen Regierung kurz zuvor Ulitz hatte verhaften lassen, nicht beeindrucken. Auch Briand modifizierte seine Äußerung „von den geheiligten Minderheitenrechten (‚Droits sacrés')" durch den Hinweis: „Der Zweck der Minderheitenrechte sei, die Minderheiten mit ihren Mehrheitsvölkern in gute Harmonie zu bringen. Der Völkerbund dürfe aber beim Minderheitenschutz nicht der Souveränität der Staaten Abbruch tun."[396]

Dieser Dissens zwischen den osteuropäischen Gewinnern der Ordnung von Versailles und den von Deutschland angeführten Verlierern wurde niemals behoben. Letztlich blieb der Minderheitenschutz des Völkerbundes kein gleichberechtigtes Rechtsverfahren, sondern ein „karitatives System", das allenfalls Linderungen für Rechtsbrüche bot und sich als assimilatorische „Integrationshilfe" verstand. Die von deutschen, magyarischen und ukrainischen Minderheiten unternommenen Versuche, die Minderheitenschutzpolitik des Völkerbundes grundlegend zu reformieren und auf eine verbesserte völkerrechtliche Grundlage zu stellen, waren schon im Ansatz gescheitert.[397] Diese Pläne lösten heftige Gegenreaktionen aus – wie die im Januar 1933 geäußerte Drohung des polnischen Kultusministers Jedrzejewicz, „diejenigen Minderheiten", die sich zur Warschauer Politik „nicht positiv

---

[394] Schulthess' Europäischer Geschichtskalender 69.1928, S. 461–464; Wright, Gustav Stresemann, S. 467f.; Stresemann, Vermächtnis, Bd. 3, S. 412–415; Fink, Defending the Rights of Others, S. 308f.
[395] Stresemann, Vermächtnis, Bd. 3, S. 418f.
[396] Schulthess' Europäischer Geschichtskalender 70.1929, S. 529f.; vgl. auch Fink, Defending the Rights of Others, S. 309–316.
[397] Bamberger-Stemmann, Staatsbürgerliche Loyalität und Minderheiten als transnationale Rechtsparadigmen im Europa der Zwischenkriegszeit, S. 231–233.

einstellten, würden die Folgen ihres Verhaltens zu spüren bekommen".[398] Die polnische Aggressivität war wenig verwunderlich, reagierte sie doch auf eine deutsche Außenpolitik, die Polen nicht als Macht gleichen Ranges behandelte, sondern auf den Zerfall des vermeintlichen „Saisonstaates" setzte.[399] Namentlich für Oberschlesien in der „Zwischenkriegszeit" gilt die Feststellung des Historikers Piotr Madajczyk, es seien auf beiden Seiten „keine vertrauensbildenden Mechanismen entwickelt" worden, „die in den dreißiger Jahren dem wachsenden Einfluss radikaler nationaler Ideologien hätten entgegenwirken können".[400]

Vor diesem Hintergrund war der Ulitz-Prozess eine erstklassige Maßnahme zur Vertrauensvernichtung. Nach den Völkerbund-Angriffen Zaleskis von 1928 hatte die DVB-Führung – Präsident Graf Henckel-Donnersmarck und Geschäftsführer Ulitz – einen offenen Brief an den polnischen Minister gerichtet, worin die Hochverrats-Vorwürfe bestritten und die Aufrechterhaltung der Minderheitenrechte bekräftigt wurden. Die Regierung wartete jedoch nur auf die turnusgemäße Auflösung des oberschlesischen Sejms im Jahre 1929, um den daraufhin nicht mehr von der Abgeordnetenimmunität geschützten Ulitz unverzüglich zu verhaften. Der ursprünglich angestrengte Strafprozess wegen „staatsfeindlicher Betätigung" wurde ausgeweitet zu einem Hochverratsprozess, dann wieder abgeändert in ein Verfahren wegen „Beihilfe zur Entziehung von der Wehrpflicht". Außenminister Zaleski sekundierte dem Strafverfahren mit Erklärungen, wonach Ulitz Deserteuren Fluchthilfe geleistet habe und der DVB überhaupt „notorisch Staatsverrat" begehe. Ulitz wurde im Juli 1929 zu fünf Monaten Gefängnis auf Bewährung verurteilt, in seinem Berufungsverfahren im April 1930 jedoch freigesprochen – gerade rechtzeitig, um im Mai 1930 erneut in den Schlesischen Sejm gewählt zu werden.[401]

Dieses Regionalparlament hatte den Deutschen im polnischen Oberschlesien seit 1922 demokratische Partizipation und begrenzte Autonomie gesichert. Das 1926 durch einen Putsch in Warschau zur Macht gelangte Piłsudski-Regime betrachtete dieses demokratische Relikt inmitten einer nur noch schein-demokratischen Diktatur zunehmend feindselig. Dass der vermeintliche „Hochverräter" Ulitz diesem Gremium seit 1922 angehörte, dürfte Warschau noch mehr gereizt haben. Bei der Neuwahl zum schlesischen Sejm im Frühjahr 1930 wurde nicht nur Ulitz wiedergewählt, überhaupt erzielte die „Deutsche Partei" (der Ulitz bis 1939 angehörte) einen großen Erfolg, indem sie ihren Wähleranteil von 21,6 Prozent (1922) auf 30 Prozent (1930) zu steigern vermochte.[402] Insgesamt stieg der Mandatsanteil der deutschen Parteien von 26 Prozent auf 34 Prozent. Das war eine Ohrfeige für das Regime, dessen oberschlesischer Wojewode Michal Grazynski bereits seit 1926 die polnische und auch die deutsche Opposition systematisch bekämpft hatte. Der Wojewode schikanierte nicht nur deutsche Großgrundbesit-

---

[398] Schulthess' Europäischer Geschichtskalender 74.1933, S. 389.
[399] Fink, Between the Second and Third Reichs, S. 272.
[400] Madajczyk, Oberschlesien zwischen Gewalt und Frieden, S. 158.
[401] Webersinn, Otto Ulitz, S. 50–52, S. 57f. und S. 64.
[402] Balling, Von Reval bis Bukarest, Bd. 2, S. 749.

zer und Industrielle, sondern attackierte auch das – von Ulitz beim Völkerbund verteidigte – Schulwesen der deutschen Minderheit. Grazynski löste den neugewählten schlesischen Sejm umgehend auf und sorgte dafür, dass die Neuwahlen im Herbst 1930 mit systematischen Schikanen durch Verwaltung und Polizei einhergingen.[403] Diese antidemokratische Politik erfolgte damals auch als offene Durchsetzung der Piłsudski-Diktatur im ganzen Land durch die Ausschaltung der Opposition in den manipulierten nationalen Sejm-Wahlen vom November 1930.[404]

Dadurch wurde auch in Oberschlesien das vom Regime gewünschte Ergebnis erzielt. Die „Deutsche Partei" stürzte von den 30 Prozent der freien Wahlen vom Mai 1930 in den staatlich manipulierten Wahlen vom November 1930 auf 13,4 Prozent ab.[405] Ulitz klagte die von der polnischen Regierung angewandte Einschüchterungsstrategie im Januar 1931 vor dem Völkerbundrat an.[406] Noch Jahrzehnte später sprach er von „schwerstem Terror" des Warschauer Regimes.[407] Dieses änderte in der Folge zwar nicht seine antidemokratische Haltung, zeigte sich aber lernfähig hinsichtlich der Strategie: Im Vorfeld der Neuwahlen zum schlesischen Sejm im Jahre 1935 änderte die Regierung einfach das Wahlrecht dergestalt, dass „die Wahl von deutschen Vertretern in die gesetzgebenden Körperschaften unmöglich" gemacht wurde. Auch Ulitz verlor dadurch sein Abgeordnetenmandat.[408] Diese repressive Haltung des polnischen Staates zeigte sich auch im Verfassungsrecht: Denn die ursprüngliche Verfassung von 1921, die von jedem Bürger die „Treue zur Republik Polen" lediglich im Sinne der Achtung der Verfassung und der Gesetze sowie der Leistung von Militärdienst- und Steuerpflicht forderte und damit die Loyalitätspflichten zum Staat „nicht über die pluralen Lebensentwürfe der Bürger" und deren zum Teil abweichende nationale Identitäten stellte, wurde 1935 von einer neuen Verfassung abgelöst, die von allen Bürgern eine „absolute Loyalitätspflicht gegenüber dem Staat" einforderte.[409] Diese Verfassung intendierte zugleich eine (über Verfassungsbruch zustande gebrachte) „Legalisierung der autoritären Herrschaftsform" in Polen.[410]

Der politische Katholik: Linus Kather in Ostpreußen 1921–1933

Linus Kather war, anders als zuweilen vermerkt, kein protestantischer Anwalt aus Ostpreußen.[411] Er war zwar Ostpreuße, aber Katholik, denn seine engere Heimat,

---

[403] Borodziej, Geschichte Polens im 20. Jahrhundert, S. 169.
[404] Ebenda, S. 171–174.
[405] Balling, Von Reval bis Bukarest, Bd. 2, S. 749; Webersinn, Otto Ulitz, S. 64.
[406] Webersinn, Otto Ulitz, S. 67.
[407] Ulitz, Oberschlesien, S. 81.
[408] BAB, DO 1/3004, Bl. 24–25, Abschrift: [MdI DDR, DVP], Vernehmungsprotokoll zum Lebenslauf Dr. Otto Ulitz, Waldheim, 6. 4. 1950.
[409] Haslinger / Puttkamer, Staatsmacht, Minderheit, Loyalität – konzeptionelle Grundlagen am Beispiel Ostmittel- und Südosteuropas in der Zwischenkriegszeit, S. 6–8.
[410] Borodziej, Geschichte Polens im 20. Jahrhundert, S. 182.
[411] Diese falsche Angabe bei Connor, Refugees and Expellees in Post-War Germany, S. 110.

das Ermland, war als erst 1772 an Preußen gelangtes ehemaliges Fürstbistum eine kontinuierlich katholisch geprägte Enklave in protestantischer Umgebung. Die zweite Besonderheit, die diese Region vom übrigen Ostpreußen unterschied, war ihre Sozialstruktur: Dort gab es keinen Großgrundbesitz, sondern eine bäuerlich geprägte Gesellschaft.[412] Anders als Otto Ulitz, der ebenfalls Katholik war, aber ein ausgeprägtes preußisch-deutsches Beamtenethos entwickelte, stand Linus Kather als engagierter Katholik und Zentrumsanhänger dem preußisch-protestantischen Staat distanzierter, wenngleich in staatstragender Loyalität gegenüber. Damit repräsentierte er mustergültig das ambivalente Verhältnis der katholischen Zentrumspartei zum Bismarck-Reich, dessen antikatholischer „Kulturkampf" in den 1870er Jahren zunächst eine tiefe Kluft geschaffen hatte, bevor das Zentrum in der Folgezeit „bis zum Ende der [18]90er Jahre reichs- und systemloyal" wurde – „zur tragenden Stütze der Regierung, ja zur regierenden Partei" im vordergründig weiter protestantisch geprägten Kaiserreich Wilhelms II.[413] Mit der durch die Kriegsniederlage ausgelösten Novemberrevolution von 1918 wurde die Zentrumspartei eine tragende Säule der „Weimarer Koalition" – jenes Parteienbündnisses mit SPD und linksliberaler DDP, welches sich auf der Ebene der Reichsregierungen nur anfänglich als stark erwies, im Lande Preußen jedoch fast ununterbrochen bis 1932 den Ton angeben sollte. Den Wechsel von der Monarchie zur Republik nahm der Großteil des Zentrums gleichmütig hin; entscheidend war und blieb bis 1933 das Ziel, nie wieder in eine diskriminierte Minderheitenposition wie in der „Kulturkampf"-Zeit zu geraten und stattdessen als allseits gefragter Koalitionspartner möglichst aller Regierungen die „kultur- und personalpolitischen Interessen" des katholischen Milieus in Deutschland effektiv abzusichern. Bei alledem war die Zentrumspartei – jenseits ihrer konfessionellen Begrenzung – die erste schichten- und klassenübergreifende Volkspartei in Deutschland.[414]

Insofern dürfte es kein Zufall gewesen sein, dass Kathers Lebensweg nicht wie in Ulitz' Fall in den preußischen Staatsdienst führte, sondern über freiberufliche Anwaltstätigkeit und kommunalpolitisches Engagement nicht nur eine gewisse Distanz zum Staatsapparat, sondern erst recht ein ausgeprägtes bürgerliches Selbst- und Freiheitsbewusstsein erkennen ließ.

Kather war ein typischer Repräsentant des weitgehend autark organisierten katholischen Milieus in Deutschland, das über Kirche, Zentrumspartei und katholische Verbände fast alle Lebenswege eines Katholiken institutionell einhegte – mit Ausnahme des Kriegsdienstes, den Kather im Ersten Weltkrieg abzuleisten hatte. Als der junge Kather zuvor seine Heimat erstmals verließ, um sein Jurastudium in Berlin, Königsberg und Breslau zu absolvieren, wurde er selbstverständlich „Mit-

---

[412] Kather, Die Entmachtung der Vertriebenen,. Bd. 1, S. 10; das Ermland hatte als Fürstbistum im Gegensatz zum 1525 säkularisierten Ordensland (Ost-)Preußen seine Katholizität dauerhaft bewahrt, auch nach dessen 1772 erfolgten Übergang von polnischer Oberhoheit unter direkte preußische Herrschaft; vgl. Röhrich, Geschichte des Fürstbistums Ermland, S. 15; Hackmann, Ostpreußen und Westpreußen in deutscher und polnischer Sicht, S. 200.
[413] Nipperdey, Deutsche Geschichte 1866–1918, Bd. 2, S. 545.
[414] Schulze, Weimar, S. 71f., S. 75–77 und S. 224f.

glied des CV, des Cartellverbandes der farbentragenden katholischen deutschen Studentenverbindungen" – ein wichtiges katholisches Akademiker-Netzwerk, das auch für Kathers spätere politische Aktivität nach eigener Aussage „eine gewisse Rolle gespielt" hat, wenn auch „keine ausschlaggebende". In die katholische Zentrumspartei ist er – wiederum nach einem Selbstzeugnis – „praktisch hineingeboren worden", hat sich ihr jedenfalls „frühzeitig [...] angeschlossen", wenn auch „zunächst kaum in ihr betätigt". Kather trat der Zentrumspartei 1921 bei und gehörte ihr bis zur Auflösung 1933 an, wobei er im Laufe der Zeit auch Funktionen als Vorstandsmitglied der Partei in Königsberg und als „Provinzialdelegierter" übernahm. Vor allem aber wurde er 1930 „als einziger Vertreter" des Zentrums in das Königsberger „Stadtparlament" (Stadtverordnetenversammlung) gewählt, um im März 1933 – in einer vom eben an die Macht gelangten NS-Regime manipulierten Wahl – noch einmal „wiedergewählt" zu werden. Kather hatte, wie er später bemerkte, „nach wenigen Sitzungen" im Frühjahr 1933 „von dem neuen politischen Stil genug und verzichtete" auf sein Mandat. Damit war seine Stellung zum „Dritten Reich" von Anfang an vorgezeichnet, denn Kathers streng katholische Milieubindung verhinderte, dass er Anhänger oder gar Mitglied der NSDAP werden konnte. Kather führte seine distanzierte „Einstellung zum Nationalsozialismus" auf seine „streng religiöse Erziehung" zurück, denn nicht nur er, sondern auch seine drei Brüder seien nach 1933 sämtlich „mit der Partei in Konflikt gekommen". Eine besondere Rolle spielte Kathers „ältester Bruder Arthur, der spätere Kapitularvikar von Ermland, damals Probst und Dekan in Elbing", über den Linus Kather – ohnehin gut eingeführt als alter „CVer" – „selbstverständlich sehr enge Beziehungen zum ermländischen Klerus" unterhielt.[415]

In diesem aus Kirchen-, Verbindungs- und Zentrums-Netzwerken geprägten katholischen Minderheiten-Milieu Ostpreußens ging Kather politisch, sozial und beruflich offenbar vollkommen auf. Jedenfalls gab er später gegenüber den Entnazifizierungsbehörden in Hamburg an, seine Hauptklienten als Rechtsanwalt und Notar seien seinerzeit seit 1930 „die Katholiken aus Königsberg und Ostpreußen" gewesen, während er „Mandate von der Partei [i. e. NSDAP], dem Staat und öffentlichen Stellen [...] nie gehabt" habe.[416] Kather stammte nicht nur aus einem relativ NS-resistenten katholischen Minderheitsmilieu in protestantisch-nationalistischer Umgebung, er wurde durch sein politisches Engagement in der Entphase der Weimarer Republik auch einer von dessen führenden Repräsentanten in Ostpreußen. Als die NSDAP dort bei den Reichstagswahlen vom Juli 1932 ein triumphales Regionalergebnis von 47,1 Prozent erreichte (das fast um zehn Prozentpunkte über dem Reichsdurchschnitt lag), fiel ihr Ergebnis in der Stadt Königsberg mit 41,2 Prozent etwas magerer aus. Im katholischen Ermland jedoch,

---

[415] Kather, Die Entmachtung der Vertriebenen, Bd. 1, S. 11–14; StAHH, 221-11, Ad 10925 (Entnazifizierungsakte Kather), Dr. Linus Kather, Hamburg, Besonderer Entnazifizierungs-Fragebogen für Rechtsanwälte und Notare v. 27.5.1945, S. 4.
[416] StAHH, 221-11, Ad 10925 (Entnazifizierungsakte Kather), Dr. Linus Kather, Hamburg, Besonderer Entnazifizierungs-Fragebogen für Rechtsanwälte und Notare v. 27.5.1945, S. 3.

obwohl auch dort die NSDAP ihre Stimmengewinne hatte verdoppeln können, erreichte sie damals lediglich zwischen 17,4 Prozent und 24,4 Prozent der Wählerstimmen.[417] Nicht überall blieb das katholische Milieu in Deutschland auf diesem Höhepunkt der Weltwirtschaftskrise derart NS-resistent.

Der „k. u. k. Sozialdemokrat": Wenzel Jaksch in der Tschechoslowakei 1919–1933

Dieser Gegensatz zum Nationalsozialismus war bei Wenzel Jaksch noch stärker ausgeprägt. Jaksch hatte sich aus kleinsten Verhältnissen – er war bekanntlich der Sohn eines südböhmischen „Häuslers und Wanderarbeiters" – autodidaktisch in die Politik- und Bildungselite der österreichischen und dann der tschechoslowakisch-sudetendeutschen Sozialdemokratie hochgearbeitet. Nachdem er – nach anfänglichen Lebensstationen als Maurerlehrling, Munitionsarbeiter und Weltkriegs-Soldat – 1919 in Budweis für die sudetendeutsche Sozialdemokratie tätig geworden war, machte er eine bemerkenswerte Karriere als Gründer und geschäftsführender Sekretär des „Zentralverbandes der Kleinbauern und Häusler" seit 1920 (worin sich sein ursprüngliches Motiv der sozialpolitischen Verbesserung der Notlagen seines Herkunftsmilieus spiegelt), als frühzeitig aufgestiegenes Mitglied der Parteiführung der „Deutschen Sozialdemokratischen Arbeiterpartei in der Tschechoslowakischen Republik" (DSAP) ab 1921 und als Redakteur der führenden Parteizeitung „Sozialdemokrat" in Prag ab 1924.[418]

Namentlich auf diesen durch zielstrebige Selbst-Bildung erreichten Aufstieg zum versierten und politisch-historisch gebildeten Journalisten war Jaksch zeitlebens stolz. Dieser Stolz konnte sich in heftigen Zorn verwandeln, wenn er seine Integrität in Frage gestellt sah. Kurz vor seinem Unfalltod im Jahre 1966 schrieb er eine heftige Replik an die „Münchner Abendzeitung", die die Bündnispolitik des damaligen BdV-Präsidenten mit rechtsgerichteten französischen Politikern angegriffen hatte. Die Redaktion der „Abendzeitung" hatte behauptet, Jaksch sei „fast handgreiflich geworden, als sich ein Fernsehreporter darüber wunderte, daß er, ein Mann der Linken, sich hier so ostentativ mit einem französischen Rechtsradikalen verbrüderte". Jaksch bestritt dies und geriet in verbale Rage: Er stellte in Abrede, dass besagter Franzose ein Rechtsradikaler sei und warf der Münchner Redaktion „publizistische Lumperei" und „Brunnenvergiftung" vor, die ihn an frühere Verleumdungen durch die NS-Presse des Joseph Goebbels erinnere. Jaksch schloss seine Attacke mit der selbstbewussten Bemerkung, er sei bereits im Alter von 24 Jahren Chefredakteur eines sozialdemokratischen Blattes in Komotau gewesen, als Hitler im November 1923 in München geputscht habe. Unter Berufung auf diese makellose antifaschistische Lebensleistung nahm er sich das Recht zu der zweifellos ungerechten Feststellung, ihm sei in allen Jahrzehnten

---

[417] Rohrer, Nationalsozialistische Macht in Ostpreußen, S. 214, Anm. 88.
[418] Balling, Von Reval bis Bukarest, Bd. 1, S. 355.

seines Lebens „noch keine größere Lumperei begegnet" als dieser Bericht der „Abendzeitung".[419]

Jaksch hat im Laufe der 1920er Jahre die politische Entwicklung der DSAP im Verhältnis zur Einbeziehung der Sudetengebiete in die Tschechoslowakei linientreu mit vollzogen. Die sudetendeutschen Sozialdemokraten hatten anfänglich – im engen Schulterschluss ihres Vorsitzenden Seliger mit dem Deutschnationalen Lodgman, dessen Stellvertreter als Landeshauptmann von „Deutschböhmen" der sozialdemokratische Führer 1918/19 war – für den Anschluss der Sudetengebiete an Deutsch-Österreich und für dessen Anschluss an Deutschland votiert. Als Ende 1918 die deutschböhmische Hauptstadt Reichenberg von tschechoslowakischem Militär besetzt wurde und die sudetendeutsche Landesregierung nach Wien flüchten musste, waren Lodgman und Seliger zunächst entschlossen, bewaffneten Widerstand zu organisieren, mussten jedoch rasch feststellen, dass sie weder beim Deutschen Reich Unterstützung dafür fanden noch bei der Mehrheit der kriegsmüden Sudetendeutschen selbst.[420] Seliger war neben Lodgman daraufhin 1919 Mitglied der österreichischen Verhandlungsdelegation auf der Friedenskonferenz von St. Germain, deren Vorsitz seinem Genossen Karl Renner als damaligen Wiener Bundeskanzler zufiel. Der Versuch, die Entente-Siegermächte davon zu überzeugen, das von ihnen proklamierte Selbstbestimmungsrecht der Völker auch auf die Sudetendeutschen anzuwenden, scheiterte jedoch.[421] Doch auch danach sträubten sich nicht nur Deutschnationale wie Lodgman gegen das Unvermeidliche, der im Prager Parlament 1920 namens aller sudetendeutschen Parteien mit Ausnahme der Sozialdemokraten eine staatsrechtliche Grundsatzerklärung abgab, dass die Deutschen Böhmens gegen ihren Willen in die Tschechoslowakei einbezogen worden seien und sich ihr Selbstbestimmungsrecht daher weiter vorbehielten; Ähnliches erklärten separat auch die sudetendeutschen Sozialdemokraten.[422] Erst im Herbst 1924, unter dem Seliger-Nachfolger Ludwig Czech, änderte die DSAP ihren Kurs und scherte als erste sudetendeutsche Partei aus der negativistischen „Einheitsfront" aus, um durch aktive Mitarbeit im Prager Staat nach Kompromissen zu suchen.[423] Waren die sudetendeutschen Sozialdemokraten unter Seliger, der 1920 starb, selbst von gemäßigten tschechischen Politikern beschuldigt worden, in ihrer Ablehnung der Neuordnung von 1918/19 mit dem Nationalismus Lodgmans zu konkurrieren[424], so hatte die DSAP unter ihrem neuen Führer Czech bereits im Herbst 1921 signalisiert, dass sie sich – ähnlich wie damals die sudetendeutsche Agrarpartei – ungeachtet der weiterhin aufrechtzuerhaltenden Rechtsstandpunkte im parlamentarischen Abstimmungsverhalten pragma-

---

[419] BAK, B 234/738, Dr. Wenzel Jaksch, Entgegnung auf den Artikel „Hoch klingt das Lied auf der Heimaterde" in der Münchner Abendzeitung vom 5.10.1966, o.D., S.1 und S.7.
[420] Simon, Rudolf Ritter Lodgman von Auen, S.24.
[421] Jaksch, Europas Weg nach Potsdam, S.211; Franckenstein, Facts and Features of my Life, S.213f.
[422] Simon, Rudolf Lodgman von Auen, S.8.
[423] Simon, Rudolf Ritter Lodgman von Auen, S.33.
[424] Kural, Konflikt anstatt Gemeinschaft?, S.47.

tisch zur Regierung verhalten wollte.[425] Als sich 1924/25 auch im bürgerlichen Lager der Sudetendeutschen die „Aktivisten" gegen die intransigente Rechte um Lodgman durchsetzten und der neue bürgerliche Wortführer, der Agrarier Franz Spina, durch konstruktive Zusammenarbeit mit der Prager Regierung auf verstärkte nationale Autonomie zielte, beginnend 1925 mit der Forderung nach Schulautonomie, verlangten die Sozialdemokraten im selben Jahr schon eine sehr viel weitergehende Nationalautonomie für alle Völker der Tschechoslowakei auf der Basis nationaler Kataster.[426] Als 1926 sudetendeutsche bürgerliche Politiker wie Spina als Minister in die Regierung eingetreten waren[427], da unterdessen die lange anhaltenden „Widerstände der tschechischen Politiker gegen eine Regierungsbeteiligung der kooperationswilligen deutschen Parteien" hatten beseitigt werden können, wurde den sudetendeutschen Sozialdemokraten die Beteiligung an dieser übernationalen Bürger-und-Bauern-Koalition noch versperrt.[428] Diese hielten, wie Jaksch sich später erinnerte, der als Redakteur und dann als Chefredakteur des DSAP-Zentralorgans in Prag an dieser Entwicklung regen Anteil nahm[429], „zunächst ihre grundsätzliche Opposition gegen den [tschechisch dominierten] Nationalstaat aufrecht", näherten sich jedoch gegen Ende der 1920er Jahre „im Kampfe gegen das deutsch-tschechische Bürgerblock-Regime [...] wieder den tschechischen Sozialdemokraten" an. Als beide 1929 aus den Neuwahlen zur Nationalversammlung gestärkt hervorgingen, kam es zu ihrer Einbeziehung in die Regierung in Form einer Großen Koalition.[430] Diese hatte bis April 1938 Bestand, der DSAP-Vorsitzende Czech wurde für fast ein Jahrzehnt amtierender tschechoslowakischer Minister – zuerst für Soziale Fürsorge (1929–1934), dann für Öffentliche Arbeiten (1934–1935), schließlich für Gesundheit (1935–1938).[431]

Jaksch war ein aktiver Träger dieser Koalitionspolitik, war er doch just 1929 in das tschechoslowakische Abgeordnetenhaus (die zweite Kammer der Nationalversammlung) gewählt worden, dem er fortan bis zur Errichtung von Hitlers „Reichsprotektorat" im März 1939 angehören sollte.[432] Er war somit ein dezidierter sudetendeutscher Aktivist, der die Regierungspolitik der letzten neun Jahre der ersten Tschechoslowakischen Republik aktiv mitgestaltete. Das hinderte ihn jedoch nicht daran, die strukturelle Benachteiligung der Minderheiten in diesem Staate zu kritisieren und den Umbau in einen echten föderalen Nationalitätenstaat zu verlangen. In diesem Punkte traf sich ein Sozialdemokrat wie Jaksch mit seinen kommunistischen Erzfeinden – hatten doch tschechoslowakische Kommunisten die deutsche Minderheiten-Frage noch kritisch-polemischer thematisiert als die staatsloyale DSAP, indem sie die Tschechoslowakei als ebensolchen „Völkerker-

---

[425] Ebenda, S. 75.
[426] Ebenda, S. 84.
[427] Ebenda, S. 95.
[428] Hoensch, Geschichte Böhmens, S. 426.
[429] Balling, Von Reval bis Bukarest, Bd. 1, S. 355.
[430] Jaksch, Europas Weg nach Potsdam, S. 258.
[431] Ebenda, S. 263; Minister-Ploetz, Bd. 2, S. 513–518.
[432] Balling, Von Reval bis Bukarest, Bd. 1, S. 355.

ker" attackierten, wie dies tschechische Nationalisten bis 1918 vom Habsburgerreich gesagt hatten.[433] Heutige Historiker konstatieren in vertriebenen-kritischer Absicht eine sudetendeutsch-sozialdemokratische Deutungstradition von Renner über Seliger und Jaksch bis hin zu Peter Glotz, die die Friedensschlüsse des Jahres 1919 als Grundübel der Zwischenkriegszeit betrachtet habe.[434] Doch nicht nur die Feststellung dieser Deutungstradition ist völlig korrekt, auch deren inhaltlicher Ansatz ist mit Blick auf jenes strukturelle Gerechtigkeitsproblem, von dem Hitler stark zu profitieren wusste, kaum von der Hand zu weisen. Wenzel Jaksch war bereit, loyal und konstruktiv in der Tschechoslowakei mitzuarbeiten. Er verlangte jedoch als Gegenleistung von tschechischer Seite, ebenso loyal und konstruktiv eine Reform der Staatsordnung in Richtung der Gleichberechtigung aller Nationalitäten voranzubringen.

1944, im Londoner Exil mit den Vertreibungsplänen der Alliierten gegen die gesamte sudetendeutsche Bevölkerung konfrontiert, wandte er sich gegen das Argument, die Deutschen hätten ihre Vertreibung verdient, da sie sich gegenüber der Tschechoslowakei als illoyal erwiesen hätten. Jaksch rief in Erinnerung, dass man die Sudetendeutschen nicht einfach kollektiv als Nazis abstempeln dürfe, sondern dass bis 1935 – dem Jahr des kometenhaften Wahlerfolges der „Sudetendeutschen Partei" Konrad Henleins – nachweislich 80 Prozent der Sudetendeutschen stets für eine friedliche Lösung des tschechisch-sudetendeutschen Problems eingetreten seien. Selbst in den schwierigeren Jahren zwischen 1935 bis 1938 hätten die demokratischen Parteien immer noch ein Drittel der sudetendeutschen Wähler repräsentiert. Die einzige „Illoyalität" der sudetendeutschen Sozialdemokraten habe darin bestanden, für eine Lösung der mitteleuropäischen Nationalitätenprobleme nach kantonalen oder föderalen Prinzipien einzutreten.[435]

Unverkennbar hatte Jaksch – ähnlich und doch ganz anders als Lodgman – darin seine Prägung durch die Habsburgermonarchie bis 1918 erhalten, einen kriselnden Vielvölkerstaat, in dem nicht zuletzt führende Sozialdemokraten wie Karl Renner die nationalen Gegensätze durch Reformvorschläge zugunsten eines Nationalitätenföderalismus zu versöhnen getrachtet hatten. Wenn Jaksch noch gegen Ende seines Lebens an die altösterreichischen Traditionen seines sozialdemokratischen Milieus erinnerte[436], wird diese nachhaltige Einwirkung deutlich. Somit darf er durchaus, wie dies die „Zeit" anlässlich seiner Wahl zum BdV-Präsidenten 1964 tat, als „k.u.k. Sozialdemokrat" bezeichnet werden.[437] Folgerichtig musste der ehemalige tschechoslowakische Präsident Edvard Beneš, der 1940 in London Präsident der Exilregierung wurde, bei seiner ersten Begegnung mit dem ebenfalls nach London gelangten Jaksch überrascht feststellen, dass dieser sudetendeutsche Sozialist – anders als reichsdeutsche Sozialdemokraten – den Status Quo der

---

[433] Kural, Konflikt anstatt Gemeinschaft?, S. 105
[434] Hahn / Hahn, Die Vertreibung im deutschen Erinnern, S. 623f.
[435] Jaksch, Mass Transfer of Minorities, S. 3.
[436] Jaksch, Europas Weg nach Potsdam, S. 14.
[437] Strothmann, Der k.u.k. Sozialdemokrat, S. 2.

Tschechoslowakei vor dem Münchner Abkommen von 1938 nicht umstandslos akzeptierte, sondern weiterhin deren Föderalisierung als beste Lösung ihrer ethnischen Strukturprobleme forderte. Diese Föderalisierung hatte Beneš unter dem Druck der Krise von 1938 selbst angeboten, doch im Zweiten Weltkrieg gegen Hitler betrachtete er immer mehr die Vertreibung einer möglichst großen Zahl von Sudetendeutschen als die allein angemessene Lösung.[438] Dies führte zum unheilbaren Bruch zwischen dem Föderalisten Jaksch und dem Nationalisten Beneš.

Jaksch war auch insofern ein „k.u.k. Sozialdemokrat"[439], als er nie ein marxistischer Revolutionär, sondern stets ein gemäßigter Reformist und dadurch von Anbeginn ein ausgeprägter parlamentarisch orientierter Demokrat und Antikommunist gewesen ist. Von kommunistischer Seite wurde er deshalb zeitlebens heftig attackiert und verunglimpft. In internen Materialien des DDR-Apparates wurde Jaksch nach 1945 sogar vorgeworfen, ein „naz.[istisches] Konkurrenzprogramm gegen die Henlein-Partei" mitentworfen[440] und „als Vorsitzender der Sudetendeutschen Sozialdemokraten [...]deren rechten Flügel den Henlein-Faschisten zu[geführt]" zu haben.[441] Öffentlich mäßigte der Propaganda-Apparat der SED diese Tonlage nur dahin, dass Jaksch als führender Funktionär der „Deutschen Sozialdemokratischen Arbeiterpartei" und Abgeordneter in der Tschechoslowakei „eine nationalistische und extrem antikommunistische Linie" vertreten habe, die zur Zerstörung der ČSR 1938 beigetragen habe. Jaksch habe Henlein „rechts überholen" wollen und 1938 durch Verhandlungen sogar versucht, „innerhalb der Henleinpartei" eine Rolle zu spielen. Im Londoner Exil habe Jaksch diese „seine nationalistische antikommunistische Europa-Konzeption [...] weiterentwickelt".[442]

In dieser Mixtur aus Lügen und Halbwahrheiten war nur der Vorwurf des Antikommunismus stimmig – und letzterer war aus Jakschs Sicht alles andere als ein Makel. Der Vorwurf eines deutschen Nationalismus war hingegen abwegig, da Jakschs durchaus vorhandenes Nationalbewusstsein nicht auf Intoleranz, sondern auf Völkerverständigung und Zusammenarbeit zielte und sich damit vom Nationalsozialismus grundlegend unterschied. Zu Recht wies der Publizist Wolfgang Bretholz – ein gebürtiger Brünner aus jüdischer Familie und demokratischer Journalist, der 1939 aus der Tschechoslowakei vor Hitler ins Exil flüchten musste,

---

[438] Heimann, Czechoslovakia, S. 122.
[439] Strothmann, Der k.u.k. Sozialdemokrat, S. 2.
[440] BStU, Archiv der Zentralstelle, MfS-HA XX Nr. 5433, Bl. 83–88, insb. Bl. 84, MfS DDR, „Abschrift: Angaben über führende Personen der Sudetendeutschen", o. D.
[441] BStU, Archiv der Zentralstelle, MfS ZAIG Nr. 10601, Bl. 138, „Bonner Revanchisten-Allianz gegen Entspannung und Abrüstung. Das Zusammenspiel der Bundesregierung mit den Landsmannschaften zur Durchsetzung ihrer aggressiven Ziele. Dokumentation des Ausschusses für deutsche Einheit", o. D. [ca. 1963/64], S. 29.
[442] BStU, Archiv der Zentralstelle, MfS-HA IX/11 FV 13/71 Bd. 4, Bl. 8ff., insb. Bl. 14, MdI DDR, Dokumentationszentrum der Staatlichen Archivverwaltung: Martin Seckendorf, „Analyse zur Durchsetzung der Führungsorgane des Bundes der Vertriebenen (BdV) mit Nazis (Stand: September 1969)", Berlin Dezember 1969.

während seine greise Mutter 1942 im KZ Theresienstadt zu Tode kam[443] – 1966 in der „Welt am Sonntag" auf jene „perfide Verleumdungskampagne" hin, die aus Jaksch einen Nationalisten, Faschisten und Revanchisten konstruieren wolle. Jaksch aber sei kein Nationalist, sondern „ein typischer Vertreter jener föderalistischen Schule der österreichischen Sozialdemokratie, der jeder Nationalismus wesensfremd ist". Er sei auch kein „Faschist", sondern habe im Gegenteil „bis zuletzt und unter Lebensgefahr gegen Hitlers Unmenschlichkeit gekämpft". Er sei schließlich auch kein Revanchist, sondern ein Anwalt der „Verständigung [...] besonders zwischen den Deutschen und ihren östlichen Nachbarn".[444] Folgerichtig wies Jaksch im Jahre 1957, im Vorwort seines historisch-politischen Hauptwerks über „Europas Weg nach Potsdam" darauf hin, er sei bis 1938/39 in „vielfache Berührung mit den einfachen Leuten des tschechischen Volkes" gekommen und habe unter diesen viele Freunde gewonnen; mit seinem ländlichen Wahlkreis bei Pilsen habe er zehn Jahre lang als Abgeordneter im Prager Parlament eine industrielle Region vertreten, die traditionell mehr nach Wien als nach Prag orientiert gewesen sei, in welcher die soziale Frage wichtiger genommen worden sei als der nationale Gegensatz und in der es daher „bis 1938 [...] noch mehr Berührungspunkte zwischen Deutschen und Tschechen" gegeben habe „als sonstwo im Lande". Noch im Hochsommer 1938 sei er zusammen mit einem führenden tschechischen Sozialdemokraten, dem damaligen tschechoslowakischen Fürsorgeminister Jaromir Nečas, auf dem Pilsener Marktplatz auf einer gemeinsamen Großkundgebung deutscher und tschechischer Sozialdemokraten „gegen Hitlers Kriegspläne" aufgetreten: „Die ganze Stadt jubelte uns zu. Es ist wohl die letzte gemeinsame Kundgebung von Deutschen und Tschechen auf dem heißumkämpften Boden Böhmens gewesen."[445]

5.2. Beginnende politische Profilierung der mittleren Generation bis 1933: Gille – Rehs – Schellhaus – Krüger – Trischler

Wie orientierten sich demgegenüber die Angehörigen der mittleren Generation der Jahrgänge um 1900, der Generation eines Ludwig Erhard, aber auch eines Heinrich Himmler, politisch in den Jahren bis 1933? Jene fünf Probanden, die wir dieser Altersgruppe zuordnen – Gille, Rehs, Schellhaus, Krüger und Trischler – wurden sämtlich bereits vor dem Machtantritt des NS-Regimes politisch aktiv. Zwei dieser fünf – bezeichnenderweise die beiden kommunalen Wahlbeamten in Bürgermeisterämtern, Gille und Schellhaus – neigten dem rechten Flügel der bürgerlich-demokratischen Parteien und damit dem konservativen oder rechtsliberalen Honoratiorentum ihrer Herkunftsregionen und ihrer konkreten städtischen Eliten zu; eine Orientierung an der NSDAP verbot sich für solche Karrierebeam-

---

[443] Albrecht, Die „sudetendeutsche Geschichtsschreibung" 1918–1960, S. 41.
[444] BStU, Archiv der Zentralstelle, MfS-HA IX/11 FV 13/71 Bd. 4, Bl. 8ff., insb. Bl. 503, Dr. W.[olfgang] Bretholz, „Sind Vertriebene Scharfmacher?", in: Welt am Sonntag v. 15.5.1966.
[445] Jaksch, Europas Weg nach Potsdam, S. 14f.

ten sowohl aus sozialer Reserve als auch aus politischer Rücksichtnahme auf die preußische Regierung, deren sozialdemokratischer Innenminister Carl Severing NSDAP-Mitglieder bis Mitte 1932 konsequent aus dem Staatsdienst entfernte.[446] In den übrigen drei Fällen hingegen finden wir ein politisches Engagement der damaligen Studenten, das stets auf eine völkisch-nationalistische Richtung hinauslief und dadurch ideologisch-politische Berührungspunkte zur NSDAP schuf, die die späteren Beitritte vorstrukturierten. Zumindest in den Fällen Rehs und Trischler ist dieses völkische Engagement sehr gut nachweisbar. Im Falle Krüger wurde – allerdings erst nach der NS-Machtübernahme – sogar eine Teilnahme am Hitlerputsch von 1923 behauptet und karriereförderd genutzt, die jedoch offensichtlich nicht der Wahrheit entsprach. Doch auch hier findet sich rechtsgerichtet-militantes antikommunistisches Engagement.

Konservativer Kommunalbeamter mit NS-Distanz: Alfred Gille 1928–1933

Alfred Gille hatte im Alter von knapp 26 Jahren sein Jurastudium durch die Promotion an der Universität Königsberg erfolgreich gekrönt und war soeben in den Ausbildungsdienst als Gerichtsassessor eingetreten, als sich ihm die Chance bot, sich um die ausgeschriebene Stelle des Bürgermeisters der ostpreußischen Stadt Lötzen zu bewerben. Dieser kühne Griff zeitigte tatsächlich Erfolg: Voller Stolz resümierte Gille noch Jahrzehnte später: „Im Alter von 26 Jahren wurde ich unter 60 Bewerbern zum Bürgermeister der Stadt Lötzen gewählt".[447] Dieses Amt des leitenden kommunalen Beamten in Lötzen hat Gille seither – zunächst durch Wahl, ab 1933 infolge Bestätigung durch die NS-Regierung – formell „bis zur Räumung der Stadt im Januar 1945" innegehabt, allerdings seit dem 20. September 1939 „infolge Einziehung zur Wehrmacht" und seiner folgenden, anders gearteten Verwendungen im Zweiten Weltkriege (namentlich in der Besatzungsverwaltung auf dem besetzten Territorium der UdSSR) faktisch nicht mehr ausgeübt.[448]

Als Wahlbeamter und Stadtoberhaupt zählte der soziale Aufsteiger Gille seitdem zur gesellschaftlichen Elite der Kleinstadt, was auch in repräsentativen Pflichten seinen Ausdruck fand. Als beispielsweise der 1911 gegründete Lötzener Sportverein im Juli 1931 ein groß angekündigtes „VIII. Nationales Jubiläums-Sportfest" veranstaltete, gehörten dem „Ehrenausschuss" dieser Veranstaltung auch Gille und seine Ehefrau an – neben einem Bankdirektor, dem Reichswehrkommandanten der Lötzener Garnison, dem Lötzener Landrat Ludwig von Herrmann, dem

---

[446] Schmahl, Disziplinarrecht und politische Betätigung der Beamten in der Weimarer Republik, S. 144.
[447] LASH-S, Abt. 786 Nr. 11044, Personalakte Dr. Alfred Gille, Bl. 53, Dr. Alfred Gille, Lebenslauf vom 6.2.1952.
[448] Ebenda, Bl. 16, Dr. Gille, Lübeck, an Justizminister Schleswig-Holstein, 11.8.1948.

Kreisjugendpfleger sowie einem städtischen Beigeordneten, der im Hauptberuf Rechtsanwalt war.[449]

Als Bürgermeister der Stadt Lötzen kümmerte sich Gille nicht nur um die Förderung des Fremdenverkehrs[450], sondern auch um eine „Vaterländische Gedenkhalle" auf dem nahe gelegenen Gelände der im 19. Jahrhundert errichteten Festung Boyen. Diese verdankte ihren Namen dem früheren preußischen Generalfeldmarschall und Kriegsminister Hermann von Boyen, der ihren Bau (sowohl gegen einen russischen Angriff von außen als auch gegen einen polnischen Aufstand im Innern) im 19. Jahrhundert einst geplant hatte.[451] Zu Beginn des Ersten Weltkrieges im Sommer 1914 war die Festung Boyen tatsächlich von den Russen belagert worden, hatte sich aber halten können und auf diese Weise eine Rolle bei der deutschen Verteidigung Ostpreußens gespielt.[452] Die schon während des Ersten Weltkrieges 1916 gestiftete „Vaterländische Gedenkhalle", die primär an diese Verteidigung erinnern sollte, aber diese „Kriegsgeschichtliche Sammlung" mit Ausstellungsstücken aus der Stein- und Bronzezeit, zur Heimatkunde und mit den in einer „Ehrenhalle" versammelten „Bildern und Aussprüchen der [preußischen] Fürsten und großen Heerführer" kombinierte, wurde nach Kriegsende in die fortan unter Denkmalschutz gestellte Festung überführt.[453] Mit diesem Engagement demonstrierte Gille sein national-konservatives, unter den damaligen Umständen primär gegen polnische Gebietsansprüche gerichtetes „Grenzland"-Bewusstsein. Wie stark dieses Bewusstsein in Lötzen ausgeprägt war, zeigte sich anlässlich eines politischen Mordes in dieser Stadt im Sommer 1932, als die Lokalpresse die aufgewühlte Bevölkerung mit der Begründung zu Ruhe und Eintracht aufrief: „Gerade wir in Lötzen, im Festungsgebiet und als Ort in ständig bedrohtem deutschen Grenzland, wir haben die Verpflichtung[,] aus allgemeinen politischen Gründen besonnen und ruhig zu sein."[454]

Es ist wenig überraschend, dass sich der durch deutschnationale Denkmalpflege profilierte Bürgermeister Gille „keines guten Rufes bei den Lötzener Kommunisten erfreute", die er seinerseits 1933 auch nicht gegen die brutal einsetzende NS-Verfolgung geschützt zu haben scheint – anders als etwa jüdische Mitbürger oder Sozialdemokraten. Doch nicht nur gegenüber Kommunisten, auch gegenüber den seit 1930 immer herausfordernder auftretenden Nationalsozialisten ver-

---

[449] Lötzen Stadt und Kreis, S. 195.
[450] „Dr. Alfred Gille – 60 Jahre", in: Ostpreußenblatt Nr. 37 v. 16.9.1961, S. 3; vgl. denselben Artikel auch in BStU, Archiv der Zentralstelle, MfS Allg. P. Nr. 12596/76, Bl. 23: „Der junge Bürgermeister setzte sich tatkräftig für das Gedeihen seiner Stadt ein, die in seiner Amtszeit zu einem vielbesuchten Zentrum des Fremdenverkehrs wurde."
[451] Hermann von Boyen und die polnische Frage. Denkschriften 1794 bis 1846, S. 19–22.
[452] Busse, Die Feste Boyen.
[453] Brunner, Die Vaterländische Gedenkhalle der Feste Boyen, S. 288f.; Lötzen Stadt und Kreis, S. 163–165; demnach trug die Halle ab 1936 den Namen „Vaterländische Gedenkhalle Lötzen – Ostpreußisches Weltkriegsmuseum".
[454] Geheimes Staatsarchiv Preußischer Kulturbesitz Berlin (GStA PK), XX. HA Historisches Staatsarchiv Königsberg, Rep. 240 D, Gauarchiv Ostpreußen, 95 d, Bl. 135–137, insb. Bl. 137, „Reichsbannerführer Kotzahn erschossen", in: Lötzener Zeitung Nr. 184 v. 8.8.1932.

suchte der bürgerliche Bürokrat die Staatsautorität zu wahren. Die Lötzener NSDAP, am vierzigsten Geburtstag Hitlers am 20. April 1929 überhaupt erst gegründet, hatte bei den Kommunalwahlen Ende 1929 nicht einen einzigen Sitz in der Stadtverordnetenversammlung zu erringen vermocht, war jedoch bereits mit der Reichstagswahl vom September 1930 in Kreis und Stadt Lötzen erdrutschartig zur stärksten politischen Partei aufgestiegen.[455] Wenn der Lötzener Kreisleiter der NSDAP gegenüber Gille am 1. März 1933 feststellte, „dass die Polizei bei früheren Gelegenheiten, wenn es galt[,] gegen die Nationalsozialisten vorzugehen, mit außerordentlicher Fixigkeit und Gründlichkeit gearbeitet" habe, dann traf dieser Vorwurf nicht nur die (zum Teil sozialdemokratischen) Polizeioffiziere vor Ort, sondern auch Gille selbst als Chef der Ortspolizeibehörde. Dieser nahm diese Herausforderung offenbar an, indem er sich nach der NS-Machtübernahme 1933 vor seine untergebenen Beamten gestellt und politisch motivierte „Reinigungsaktionen" in seiner Behörde abgewehrt haben soll.[456]

Im Reichstagswahlkampf vom Juli 1932 wiederholte Hitler seine Serie von Wahlkampfauftritten in Ostpreußen, mit der er bereits während des Reichspräsidentenwahlkampfes vom April desselben Jahres hervorgetreten war. Hitler besuchte im Juli 1932 eine ganze Reihe ostpreußischer Orte und veranstaltete dort zusammen mit Gauleiter Koch Großkundgebungen, auf denen die Stimmung stets systematisch auch durch „antipolnische Äußerungen" angeheizt wurde. Gleichzeitig kam es zu Auseinandersetzungen zwischen NS-Anhängern und der preußischen Polizei, was Hitler für eine Beschwerde beim Reichspräsidenten nutzte und Gauleiter Koch zu der bemerkenswerten Drohung veranlasste, er werde in Zukunft seine Parteimiliz SA gegen die berittene Polizei einsetzen.[457]

Im Zuge dieser Kampagne trat Hitler am 16. Juli 1932 auch in einer NSDAP-Wahlversammlung in Lötzen auf, wo er sein Ziel der Zerstörung der Parteiendemokratie bekräftigte, *„um dem Parteigezänk einen einzigen nationalen Willen entgegenzusetzen"*. Der auf einen demokratischen Wahlsieg hinarbeitende „Führer" der NSDAP verkündete, *„die Zeit der Halbheiten in Deutschland sei jetzt zu Ende"*.[458] Zu diesem Zeitpunkt war die politische Atmosphäre in Ostpreußen bereits extrem spannungsgeladen. Der für Lötzen zuständige NSDAP-Gaukommissar Albert Martini, ein ehemaliger Hauptmann der preußischen Polizei, der 1930 wegen seiner rechtsextremen Haltung aus dem Staatsdienst entlassen und daraufhin offen der NSDAP beigetreten war[459], hatte im Juni 1931 anlässlich eines großen SA-Aufmarsches auf dem Lötzener Marktplatz der Weimarer Republik öffentlich den Tod gewünscht und erklärt, die NSDAP werde die Gesetze dieser Republik nur solange beachten, bis sie selbst die Macht übernommen habe, um

---

[455] GStA PK, XX. HA Historisches Staatsarchiv Königsberg, Rep. 240, Gauarchiv Ostpreußen, C 59 b, Bl. 59–61, Pg. Liedtke, Lötzen, „Die Entstehung der NSDAP-Ortsgruppe Lötzen", o. D., beglaubigte Abschrift vom 26. 2. 1942.
[456] Zitiert nach Lempart, Arbeitsbericht, S. 2, gemäß Staatsarchiv Olsztyn, Landratsamt Lötzen.
[457] Rohrer, Nationalsozialistische Macht in Ostpreußen, S. 214, auch Anm. 87.
[458] Hitler. Reden, Schriften, Anordnungen, Bd V, Teilbd. 1, , S. 231.
[459] Rohrer, Nationalsozialistische Macht in Ostpreußen, S. 589.

dann die Demokratie vollständig zu zerstören. Martini hatte insbesondere die SPD und den von dieser Partei gestellten preußischen Ministerpräsidenten Otto Braun attackiert.[460] Im Rückblick betrachtete auch die Lötzener NSDAP-Kreisleitung 1938 vor allem die SPD und deren örtliche Repräsentanten als Hauptgegner ihrer ‚Kampfzeit' bis 1933.[461] Allerdings kam es im Jahre 1932 mehrfach auch zu gewaltsamen Zusammenstößen zwischen Kommunisten und Nationalsozialisten – etwa im April und erneut im Juni 1932 auch in der Stadt Lötzen.[462] Bei alledem verschoben sich die Gewichte vor Ort immer stärker zugunsten der Nationalsozialisten: In der Reichstagswahl vom 31. Juli 1932 erzielte die NSDAP einen Anteil von 37,4 Prozent und damit einen Stimmenzuwachs von 19 Prozentpunkten gegenüber den Wahlen von 1930. Bei alledem waren der Norden und der Osten Deutschlands noch „sehr viel stärker ‚braun' eingefärbt".[463] In der Provinz Ostpreußen hatte die Hitler-Partei volle 47,1 Prozent erreicht, in den masurischen Kreisen, zu denen Lötzen gehörte, schwankten die NS-Resultate zwischen 63,7 Prozent und 70,6 Prozent.[464]

Die ostpreußische NSDAP unter dem rabiaten Gauleiter Erich Koch entfachte im Sommer 1932 in Ostpreußen einen „zermürbende[n] Bürgerkrieg", wie Harry Graf Kessler diese äußerst gewalttätige Entwicklung zusammenfasste.[465] SA-Kommandos verübten in verschiedenen Regionen Deutschlands gezielte Morde an Angehörigen der Arbeiterbewegung: Im schlesischen Potempa wurde ein kommunistischer Bergarbeiter von einer SA-Rotte zu Tode getreten[466], in Ostpreußen unternahmen „wilde Kräfte" der ostpreußischen SA im August 1932 einen regelrechten „Putschversuch", um Hitlers Legalitätskurs zu brechen und diesen ihren „Führer" zum gewaltsamen Staatsstreich zu drängen. In Königsberg wurde ein kommunistischer Stadtverordneter ermordet, andere der SA verhasste Personen – darunter sogar der zur DVP gehörende adlige Regierungspräsident – schwer verletzt. Ein sozialdemokratischer Zeitzeuge aus Königsberg beschrieb die Situation als geradezu „bürgerkriegsähnliches Dasein", wo man „seines Lebens nicht mehr sicher" gewesen sei. Einer dieser politischen Morde erfolgte in der Nacht vom 6. auf den 7. August 1932 in Lötzen, wo der sozialdemokratische Reichsbannerführer Kurt Kotzahn ermordet wurde.[467] Zugleich kam es zu Ausschreitungen

---

[460] GStA PK, XX. HA Historisches Staatsarchiv Königsberg, Rep. 240, Gauarchiv Ostpreußen, C 37 d, Bl. 197 f., Protokoll der Rede Martinis auf dem Lötzener Marktplatz vom 28.6.1931.
[461] GStA PK, XX. HA Historisches Staatsarchiv Königsberg, Rep. 240, Gauarchiv Ostpreußen, C 58 a, Bl. 11-13, NSDAP-Kreisleitung Lötzen, Bericht über „Die Entwicklung des Nationalsozialismus im Kreise Lötzen", 20.7.1938.
[462] GStA PK, XX. HA Historisches Staatsarchiv Königsberg, Rep. 240 D, Gauarchiv Ostpreußen, 95 d, Lötzener Zeitung Nr. 81 v. 7.4.1932 und Nr. 142 v. 20.6.1932.
[463] Winkler, Der lange Weg nach Westen, Bd. 1, S. 515 f.
[464] Rohrer, Nationalsozialistische Macht in Ostpreußen, S. 214, Anm. 88.
[465] Graf Kessler, Tagebuch, Bd. 9, S. 486.
[466] Wirsching, Die Weimarer Republik, S. 41.
[467] Graf Kessler, Tagebuch, Bd. 9, S. 486; Matull, Erlebte Geschichte zwischen Pregel und Rhein, S. 77; Matull, Damals in Königsberg 1919-1939, S. 43 und S. 121.

und Zerstörungen der SA gegen jüdische Geschäfte in Lötzen.[468] Mit Kotzahn wählten dessen mutmaßliche SA-Mörder gezielt einen Gegner als Opfer, der ihrer Miliz als Führer einer verfassungstreuen Gegenmiliz – des sozialdemokratisch geprägten „Reichsbanners Schwarz-Rot-Gold" – zu trotzen gewagt hatte.[469] Die Lokalpresse würdigte den Ermordeten, dieser sei jedermann, selbst seinen Gegnern, „als ein ruhiger und besonnerer [sic!] Mann bekannt" gewesen, habe „sachlich und mannhaft seine Überzeugung" vertreten und sei unvermittelt zum „bedauerliche[n] Opfer einer Terrorseuche" geworden. Nur wenige Tage zuvor war die Bevölkerung der Stadt bereits durch einen Bombenanschlag auf die dortige Nebenstelle der Reichsbank in Angst und Aufregung versetzt worden.[470] Die Führung der örtlichen NSDAP – Gaukommissar Martini sowie Ortsgruppenleiter Schreiber – verurteilte nach dem Mord in einer öffentlichen Stellungnahme „Angriffe auf Leib und Leben politischer Gegner", verwahrte sich aber auf das „allerschärfste" dagegen, „daß, ehe das Strafverfahren Aufklärung gebracht hat, die Tat in Lötzen ohne weiteres Angehörigen der SA zur Last gelegt wird".[471]

Der Monteur Kurt Kotzahn, der auf offener Straße erschossen wurde, war nicht nur der lokale Reichsbannerführer und damit einer der wichtigsten Gegner von NSDAP und SA im Ort, er war auch sozialdemokratischer Stadtverordneter[472] und dadurch Bürgermeister Gille gut bekannt. Gemeinsam mit dem Lötzener Landrat Ludwig von Herrmann, der im Unterschied zu Gille im Juli 1933 nach zehnjähriger Amtszeit vom NS-Regime „aus politischen Gründen" abgelöst werden sollte[473], veröffentlichte Gille im amtlichen „Lötzener Kreisblatt" einen „Aufruf an die Bürgerschaft Lötzens", in dem von „schärfster Verurteilung der verabscheuungswürdigen Tat" die Rede war, von „feiger Mörderhand" und „irregeleitetem politischem Frevlermut", auf den die entrüsteten Bürger jedoch mit Ruhe und Besonnenheit reagieren müssten:

„Die Verfolgung des Verbrechens geht ihren Gang. Die [...] Maßnahmen zur Aufrechterhaltung von Ruhe und Ordnung sind getroffen. Zahlreiche Polizeistreifen sind im Stadtgebiet eingesetzt. Der uniformierte Beamte wird gemeinsam mit Hilfspolizeikräften patrou[i]llieren, die durch weiße Armbinde und Ausweis

---

468 „Gyzicko – Geschichte. Die jüdische Gemeinde vor 1989", in: http://www.sztetl.org.pl/de/article/gizycko/5,geschichte/?print=1 (6.10.2011).
469 Matull, Erlebte Geschichte zwischen Pregel und Rhein, S. 75–S. 77.
470 GStA PK, XX. HA Historisches Staatsarchiv Königsberg, Rep. 240 D, Gauarchiv Ostpreußen, 95 d, Bl. 135–137, „Reichsbannerführer Kotzahn erschossen", in: Lötzener Zeitung Nr. 184 v. 8.8.1932.
471 GStA PK, XX. HA Historisches Staatsarchiv Königsberg, Rep. 240 D, Gauarchiv Ostpreußen, 95 d, Bl. Bl. 133–134, „Ein Blutopfer in Lötzen", in: Lötzener Tageblatt Nr. 184 v. 8.8.1932, und Bl. 135–137, „Reichsbannerführer Kotzahn erschossen", in: Lötzener Zeitung Nr. 184 v. 8.8.1932.
472 AHL, Bestand Entnazifizierung, Soll-Liste Nr. 1341, Alfred Gille, Dr. med. H. Schierk, Lübeck, Entlastungszeugnis für Dr. Gille, 23.6.1948.
473 Vgl. "Lötzen: Landrat von Herrmann +", in: Ostpreußenblatt 7.1956, Nr. 50 v. 15.12.1956, S. 6, zit. nach: http://archiv.preussische-allgemeine.de/1956/1956_12_15_50.pdf (25.01.2012).

kenntlich sind. Die Kommandantur [der Reichswehr] hat im militärischen Interesse entsprechende Maßnahmen getroffen.

Den Anweisungen des Polizeistreifendienstes ist Folge zu leisten, Die [sic!] Straßen von Ansammlungen frei zu halten. Unbefugtes Führen von Waffen wird geahndet. Wir verweisen auf die Anmeldefrist von Waffen aller Art.

Der Bevölkerung wird Zurückhaltung im Verkehr mit Andersdenkenden und geeignete Unterstützung der polizeilichen Maßnahmen zur Pflicht gemacht."[474]

Vor allem aber tat Gille in seiner Eigenschaft als Ortspolizeiverwalter seine Pflicht. Nach dem Mord hatte sich der allgemeine Verdacht sofort gegen SA-Angehörige gerichtet. Während das „Lötzener Tageblatt" die NSDAP mitfühlend gegen derartige Vorverurteilungen in Schutz nahm[475], rühmte die „Lötzener Zeitung" die unter Gilles Leitung stehende Polizei, die „mit außergewöhnlicher Schnelligkeit [...] sofort nach der Tat" gehandelt habe: „Gegen 20 Festnahmen erfolgten und eine noch weit größere Zahl der Vernehmungen wurden die ganze Nacht und den Sonntag über durchgeführt." Schließlich seien zehn Verdächtige „vorläufig festgenommen und [...] in das Gerichtsgefängnis überführt" worden.[476] Nach anderen Angaben waren im August insgesamt *elf* des Mordes an Kotzahn Verdächtige „Nationalsozialisten in Untersuchungshaft" genommen worden. Sechs der Verdächtigen wurden Mitte September 1932 wieder freigelassen, ein weiterer – ein in Lötzen offensichtlich bekannter NSDAP-Aktivist – wurde Ende November 1932 aus Gesundheitsgründen aus der Untersuchungshaft entlassen. Bis dahin war es Polizei und Justiz „infolge der kollossalen [sic] Schwierigkeiten und Unklarheiten, die sich im Verlaufe der Verhandlungen ergeben haben, nicht gelungen, den feigen Mörder endgültig aufzufinden und ihm die verdiente Strafe zuteil werden zu lassen".[477] Die wenig später erfolgte Machtübernahme Hitlers dürfte zur sofortigen Einstellung der ergebnislosen Ermittlungen geführt haben.

Dass Gille im August 1932 unverzüglich des Mordes an Kotzahn verdächtige NSDAP-Mitglieder und SA-Leute hatte festnehmen lassen, soll – wie ein Gille wohlgesonnener Mediziner aus Lötzen nach 1945 zu Protokoll gab – die Ursache seines Konflikts mit der örtlichen NSDAP-Führung gewesen sein, der sich „in den folgenden Monaten" bis ins Jahr 1933 hinein noch zugespitzt habe. So habe die

---

[474] GStA PK, XX. HA Historisches Staatsarchiv Königsberg, Rep. 240 D, Gauarchiv Ostpreußen, 95 d, Bl. 135–137, „Reichsbannerführer Kotzahn erschossen", in: Lötzener Zeitung Nr. 184 v. 8.8.1932, insb. Bl. 136, Landrat Lötzen, v. Herrmann / Bürgermeister Lötzen, Dr. Gille, „Aufruf an die Bürgerschaft Lötzens", 7.8.1932; vgl. Letzteren auch in: Lötzen Stadt und Kreis, S. 123.

[475] GStA PK, XX. HA Historisches Staatsarchiv Königsberg, Rep. 240 D, Gauarchiv Ostpreußen, 95 d, Bl. Bl. 133–134, „Ein Blutopfer in Lötzen", in: Lötzener Tageblatt Nr. 184 v. 8.8.1932.

[476] GStA PK, XX. HA Historisches Staatsarchiv Königsberg, Rep. 240 D, Gauarchiv Ostpreußen, 95 d, Bl. 135–137, insb. Bl. 135, „Reichsbannerführer Kotzahn erschossen", in: Lötzener Zeitung Nr. 184 v. 8.8.1932.

[477] GStA PK, XX. HA Historisches Staatsarchiv Königsberg, Rep. 240 D, Gauarchiv Ostpreußen, 95 d, Bl. 146, „Suck aus der Untersuchungshaft freigelassen", in: Lötzener Tageblatt v. 30.11.1932.

örtliche SS vor den Wahlen vom 5. März 1933 an die 200 Personen – darunter viele Juden oder SPD-Mitglieder – verhaftet und deren Inhaftierung auf der Lötzener Polizeiwache verlangt. Gille habe daraufhin dafür gesorgt, dass fast alle Inhaftierten noch am selben Tage wieder freigelassen worden seien.[478] Während SA und SS (die damals noch eine Unterformation der SA war) die ihr vom neuen preußischen Innenminister Hermann Göring am 22. Februar 1933 verliehenen Befugnisse als „Hilfspolizei" nutzten, um „meist noch radikaler" aufzutreten als zuvor[479] und ihre neue Macht auch in Lötzen zur terroristischen Einschüchterung politischer Gegner einsetzten, versuchte Gille als Bürgermeister offenbar gegenzusteuern und die öffentliche Ordnung wiederherzustellen. Ob dies lediglich auf die rechtsstaatlich-etatistische Grundhaltung des Juristen und preußischen Kommunalbeamten zurückzuführen war oder ob auch ein anti-nationalsozialistischer Affekt hineinspielte, der nach den Ereignissen des Jahres 1932 vorstellbar wäre, lässt sich nicht entscheiden. Jedenfalls scheint – beglaubigt auch durch den erst 1937 vollzogenen NSDAP-Beitritt Gilles – zu Beginn der NS-Herrschaft 1933 zwischen dem konservativen Stadtoberhaupt und der örtlichen NSDAP erhebliche Distanz vorgeherrscht zu haben.

So behauptete 1948 ein früherer NSDAP-Ortsgruppenleiter von Lötzen, der Lehrer Otto Wittke (der allerdings erst um 1935 in dieser Funktion tätig gewesen war[480]), nach seinem Eindruck habe sich Gille „vor und nach 1933 innerlich wie äußerlich deutlich ablehnend zur NSDAP verhalten", sich jedoch dem NS-Regime im Laufe des Jahres 1933 „anscheinend äußerlich angepasst".[481] Gille selbst gab in seinem Lübecker Entnazifizierungsverfahren an, er sei „nach der Machtübernahme" Hitlers 1933 in seinem Amte als Bürgermeister der 20 000-Einwohner-Stadt Lötzen „verblieben", habe sich jedoch bei den Wahlen im März 1933 „noch als Kandidat der Volkspartei" – also entweder der deutschnationalen DNVP oder der rechtsliberalen DVP – aufstellen lassen. Vermutlich bezog sich diese Kandidatur Gilles auf den Lötzener Kreistag, dem er bereits seit 1929 angehörte. Gille will „aus diesem Grunde" mit seiner „Entlassung gerechnet" haben (die zumindest bei einem DNVP-Politiker alles andere als zwingend gewesen wäre), um im Laufe des Jahres 1933 zu seiner Überraschung festzustellen: „Es geschah aber nichts."[482]

---

[478] AHL, Bestand Entnazifizierung, Soll-Liste Nr. 1341, Alfred Gille, Dr. med. H. Schierk, Lübeck, Entlastungszeugnis für Dr. Gille, 23.6.1948.
[479] Gruchmann, Justiz im Dritten Reich 1933–1940, S. 321.
[480] GStA PK, XX. HA Historisches Staatsarchiv Königsberg, Rep. 240 Gauarchiv Ostpreußen, C 59 c.
[481] AHL, Bestand Entnazifizierung, Soll-Liste Nr. 1341, Alfred Gille, Otto Wittke, Bremen, Eidesstattliche Erklärung vom 4.5.1948; Mitte 1933 hieß der NSDAP-Ortsgruppenleiter von Lötzen-Stadt Erich Hornemann; vgl. Lötzener Tageblatt und Rheiner Zeitung Nr. 166 v. 19.7.1933, Zweites Blatt.
[482] AHL, Bestand Entnazifizierung, Soll-Liste Nr. 1341, Alfred Gille, Der öffentliche Kläger beim Entnazifizierungs-Hauptausschuß für den Kreis Lübeck, Vernehmungsprotokoll Dr. Gille v. 21.6.1948.

Konservativer Kommunalbeamter: Erich Schellhaus 1931–1933

Über Erich Schellhaus war den DDR-Organen wenig bekannt, und das Wenige war primär westdeutschen Presseveröffentlichungen geschuldet. Bereits 1955 registrierte die DDR-Staatssicherheit Biographisches über Schellhaus – hinsichtlich seiner ursprünglichen Bankentätigkeit, seines Übertritts zum Kommunaldienst in Schweidnitz und seines Amtsantritts als Bürgermeister von Fiddichow in Pommern 1931 und seines 1935 stattfindenden Wechsels in das schlesische Bad Salzbrunn. Bei alledem handelte es sich im DDR-Dossier offenbar um die Abschrift eines westdeutschen Presseberichts, denn die Vertreibung der Deutschen ab 1945 wurde im Text mit sichtlicher Empathie behandelt. Auch in der Folgezeit blieben die Informationen zu Schellhaus' politischer Biographie vor 1945 – und erst recht vor 1933 – äußerst dürftig.[483]

Dass Schellhaus – ähnlich wie sein Bürgermeisterkollege Gille – bis 1933 eher rechtskonservativ orientiert war, aber keineswegs nationalsozialistisch, machte er 1948 in seinem westdeutschen Entnazifizierungsverfahren geltend. Schellhaus betonte, er sei Ende 1931 von den demokratischen Parteien der Stadt Fiddichow zum Bürgermeister gewählt worden und habe im Juni 1932 das Amt angetreten. In seiner Amtsführung habe er sich nicht als Exponent einer bestimmten politischen Gruppe gefühlt, sondern alle Kräfte im Interesse der Kommune zur Zusammenarbeit bringen wollen.[484] Außerdem machte er geltend, vor 1933 der Deutschnationalen Volkspartei (DNVP) zugehört zu haben[485] und Mitglied des rechtskonservativen (mit der DNVP damals verbündeten) Frontkämpfer-Bundes für Veteranen des Ersten Weltkrieges, des „Stahlhelm", gewesen zu sein.[486] Zwar hatte sich diese Frontsoldaten-Organisation 1919 im Hinblick auf eine damals noch drohende kommunistische Machtübernahme offiziell „auf den Boden der neuen Regierung" und damit der Weimarer Republik gestellt, doch wurde im Laufe der 1920er Jahre der antidemokratische Grundzug dieser Organisation immer deutlicher. Höhepunkt dieser Entwicklung war die „Fürstenwalder Haß-Botschaft des brandenburgischen Landesführers v. Morozowicz vom 2. September 1928: ‚Wir lieben mit ganzer Seele unser Volk und unser Vaterland, darum hassen wir das System'".[487]

Wenn wir voraussetzen, dass die kommunalpolitische Landschaft der pommerschen Kleinstadt Fiddichow nicht allzu sehr von jener in ganz Pommern abwich, so hatte der frischgebackene Bürgermeister Schellhaus – gemessen an den Reichstagswahlergebnissen der Region von 1930 – kommunalpolitisch primär mit

---

[483] BStU, Archiv der Zentralstelle, MfS ZKG Nr. 1285, Bl. 1ff., insb. Bl. 1, [MfS DDR], „Die neuen Bundesvorsitzenden der Landsmannschaft ‚Schlesien'", Berlin, 10.12.1955; ebenda, Bl. 5, Artikel des westdeutschen „Munzinger-Archiv" zu Schellhaus 1958; ebenda, Bl. 15, „Schellhaus, Erich", in: dokumentation der zeit 1968/404, S. 62–64.
[484] NHStA-H, Nds. 171 Lüneburg VE/CEL/1590, Entnazifizierungs-Akte Schellhaus, Erich Schellhaus, „Politischer Lebenslauf", o. D. [ca. 1948].
[485] Ebenda, Erich Schellhaus, Entnazifizierungs-Fragebogen v. 17.10.1948, S. 4.
[486] Ebenda, Erich Schellhaus, „Politischer Lebenslauf", o. D. [ca. 1948].
[487] Medem, Seldte – Duesterberg, S. 102.

Deutschnationalen (24,8 Prozent), Sozialdemokraten (24,7 Prozent) und Nationalsozialisten (24,3 Prozent) zu tun, während Kommunisten (8,8 Prozent) und Liberale (DVP 3,3 Prozent, DDP/DStP 2,5 Prozent) nur geringe Bedeutung besaßen. In den Juliwahlen von 1932 änderte sich das Bild insofern, als NSDAP und DNVP die Rollen als stärkste und drittstärkste Kraft vertauschten, während die SPD ihren zweiten Platz halten konnte. In den nicht mehr freien Märzwahlen von 1933 erreichte die NSDAP mit über 56 Prozent die absolute Mehrheit, während die DNVP mit 17 Prozent knapp den zweiten Platz vor der SPD (16,2 Prozent) errang.[488] Die politischen Verhältnisse in Pommern brachten es folglich mit sich, dass der Bürgermeister von Fiddichow schon bei seiner Wahl 1931 und erst recht bei seinem Amtsantritt Mitte 1932 die NSDAP nicht ignorieren konnte. Dasselbe galt allerdings für die SPD. Daraus ergab sich ein „überparteilich"-preußenpatriotisch gefärbter Vermittlungskurs, bis die NSDAP ab März 1933 klar dominierte und nicht nur die linke Opposition, sondern auch ihren deutschnationalen Bündnispartner eliminierte. Entsprechend schleunig passte sich der bisher deutschnational – und damit keineswegs demokratisch – orientierte Schellhaus 1933 den neuen Verhältnissen an, weshalb er zu Recht als „Märzgefallener" bezeichnet worden ist.[489]

Der völkische Rechtsradikale: Reinhold Rehs 1921–1933

Der Lehrersohn *Reinhold Rehs* war als Achtzehnjähriger – um die Zeit seiner Abiturprüfung – durch die Weltkriegsniederlage Deutschlands und die Gebietsansprüche des neuen polnischen Staates, die auch Teile seiner Heimat Ostpreußen betrafen, offenbar nationalistisch politisiert worden. Rehs meldete sich im Februar 1919 freiwillig zum Dienst in einem „Freikorps" oder freikorps-ähnlichen militärischen Verband, dem er bis Juni 1919 angehörte.[490] Danach begann Rehs sein Jurastudium, das er im Juli 1923 mit der Note „ausreichend" in der Ersten Staatsprüfung abschloss. Während des Studiums war Rehs einem nationalistischen Studentenverband, dem sogenannten „Hochschulring Deutscher Art" beigetreten, dem er auch als Rechtsreferendar bis zur Zweiten Staatsprüfung 1928 angehörte. Dieser Hochschulring war nach heutiger Einschätzung „die erfolgreichste und langfristig bei weitem einflußreichste hochschulpolitische Neugründung der Nachkriegsjahre" nach 1918 – ein organisierter „Ausdruck der programmatisch noch unfertigen [...], in ihrer generellen antiaufklärerischen und nationalistischen Haltung aber bereits gefestigten Sammlungsbewegung der durch Kriegs-

---

[488] http://www.wahlen-in-deutschland.de/wrtwpommern.htm (7.9.2011).
[489] Amos, Vertriebenenverbände im Fadenkreuz, S. 166, die Schellhaus irrtümlich für die Jahre 1935–1939 zum „Bürgermeister eines kleinen pommerschen Städtchens" macht, der er nur bis 1935 war.
[490] BAB, R 3001/71744, RJM, Rechtsanwalts-Personalakte Reinhold Rehs, S. 2; bei diesem Wehrverband handelte es sich um das „Grenadierregiment 3, Freiw.[illigen-]Komp.[anie] Fischhausen".

ausgang und Revolution politisch destabilisierten jungen und radikalisierten Rechten".[491]

Ebenso bedeutsam war die vermutlich unmittelbar nach dem Ersten Staatsexamen erfolgte Aktivität von Rehs im „Bund Oberland im Jahre 1923".[492] Die damalige politische Lage musste ein nationalistischer Deutscher wie Rehs als gefährliche Bedrohung des deutschen Staates und Volkes empfinden: Das Deutsche Reich wurde nicht nur von galoppierender Inflation und den damit verbundenen Totalverlusten der Spareinlagen des Mittelstandes getroffen, im Westen Deutschlands eskalierte auch der sogenannte „Ruhrkampf", der schließlich zur zeitweiligen militärischen Besetzung des Ruhrgebietes durch Frankreich führte. Hinzu kamen kommunistische Aufstände in Mitteldeutschland – namentlich in Thüringen und Sachsen, wo die KPD damals auch an den SPD-geführten Landesregierungen beteiligt war, bis die bürgerliche Reichsregierung unter dem Liberalen Gustav Stresemann eine militärische „Reichsexekution" anordnete und die linke Regionalmacht in Mitteldeutschland gewaltsam brach. Das „Krisenjahr 1923" schloss bekanntlich mit dem erfolglosen rechtsradikalen Putschversuch des kaiserlichen Ex-Generals Erich Ludendorff und des aufstrebenden NS-„Trommlers" Adolf Hitler in München.[493]

In dieser Situation engagierte sich der Student Rehs in betont rechtsgerichteter Umgebung. Bereits im April 1919 war in Eichstätt/Südfranken das sich aus Alt- und Nordbayern zusammenschließende „Freikorps Oberland" entstanden und nahm an den Kämpfen gegen die Münchener Räteregierung sowie gegen die Rote Ruhrarmee teil. Im Frühjahr 1921 beteiligte sich das Freikorps an den Kämpfen in Oberschlesien und bildete dort den Kern des ‚Oberschlesischen Selbstschutzes'. Nach Auflösung der Freikorps im November 1921 bezeichnete man sich als ‚Bund Oberland e.V.' (ab Dezember 1921 im Vereinsregister eingetragen) und verstand sich nun als „politischer vaterländischer Verband, der sich auch die innere Erneuerung des deutschen Volkes zur Aufgabe gesetzt hatte". Drei Punkte bildeten den Kern der Zielsetzung des Bundes: „Mitarbeit an der Brechung des Versailler Vertrages; Mitarbeit an der Überbrückung der Klassengegensätze in unserem Volke; Mitarbeit an der Schaffung eines Großdeutschland."[494] In der offiziellen Satzung des reichsweit agierenden eingetragenen Vereins hieß es dazu: „Der Bund bezweckt zur Förderung des Wiederaufbaus des Vaterlandes seine Mitglieder mit echtem, deutschem Geist zu durchdringen und sie zu staatlicher, kultureller und sozialer Arbeit zu erziehen."[495] Zumindest im Jahre 1923, wenn nicht schon zuvor, übernahm die Reichswehr die militärische Ausbildung von Mitgliedern des

---

[491] Herbert, Best, S. 52.
[492] BAB, R 3001/71744, Reichsjustizministerium, Rechtsanwaltsakte Reinhold Rehs.
[493] Pyta, Die Weimarer Republik, S. 63–72.
[494] BAB, NS 26/699, Dr. Friedrich Weber, „Oberland", Sonderdruck aus; Deutschlands Erneuerung, Monatsschrift für des deutsche Volk, Heft 4, München 1924, S. 3.
[495] Ebenda, Bund Oberland e.V., Satzung v. 31.10.1921.

Bundes.[496] Seine bayerischen Formationen beteiligten sich im November 1923 am Hitler-Ludendorff-Putsch in München, wie ein Aufruf des Münchner Bataillonführers belegt:

„Soeben ist in München eine neue Reichsregierung errichtet worden, die sich zusammensetzt aus Hitler-Kahr-Pöhner-Ludendorf. [sic!]. General v. Lossow hat das Reichswehrministerium übernommen. Die neue Regierung ruft die ganze legale Staatsmacht und die vaterländischen Verbände zum Kampf um Deutschlands Befreiung auf. Die 10. u. 11. Kp. kommen noch heute Nacht mit Lastwagen nach München unter Mitnahme ihrer sämtlichen Waffen und Munition und melden sich am Ostbahnhof München beim dortigen Führer der Truppen des „deutschen Kampfbundes". Alle Ortsgruppen sind sofort zu verständigen und haben den Befehl spätestens mit dem ersten Morgenzug, soweit sie heute nicht mehr erwartet werden können, an den Ostbahnhof zu kommen. Fahrgeld braucht, wenn nicht vorhanden nicht bezahlt werden, die Fahrt muss unter Umständen erzwungen werden. Die 11. Kp. sorgt für umgehende Verständigung des Kreises Wasserburg, ev. unter Beschlagnahmung eines Personenwagens. Notwendige Lastkraftwagen sind ebenfalls zu beschlagnahmen. Heil Deutschland! Heil Oberland! Batl.Führer: Ritter Müller"[497] Bereits am 10. Oktober 1923 hieß es im Verordnungsblatt der Bundesleitung, der Bund Oberland stehe „im Bedarfsfalle dem Generalstaatskommissar bei Verwicklungen innerhalb wie ausserhalb Bayerns zur Verfügung" und gehöre „nach wie vor zur Notpolizei und erachtet sich durch die seinerzeit gegebene Verpflichtung, Unterstützung einer jeden vaterländischen Regierung, selbstverständlich für gebunden".[498]

Da sich der bayerische Generalstaatskommissar Gustav Ritter von Kahr, auf dessen Mitwirkung die Putschisten gehofft hatten, sich in letzter Minute umentschieden und auf die rechtsgerichteten Marschierer zur Münchner Feldherrnhalle durch die Polizei hatte schießen lassen, zerbrach dieses anvisierte Rechtsbündnis. Durch Verfügung des Generalstaatskommissars vom 9. November 1923 wurde der Bund Oberland e.V. aufgelöst und der Erste Bundesvorsitzende Friedrich Weber am gleichen Tage verhaftet.[499] Weber war beim Marsch auf die Feldherrnhalle an „der Seite Ludendorfs [sic] ... an der Spitze des Zuges" gewesen.[500]

Denn zumindest die bayerischen Formationen des „Bundes Oberland" standen 1923 in engem Konnex zu Hitlers NSDAP, und wegen deren Beteiligung am Hitlerputsch wurde der „Bund Oberland" zunächst in Bayern und Ende 1923 auch

---

[496] Ebenda, Bund Oberland, Rundschreiben an die Kreisleiter, Kreisführer und Kreisleiterstellvertreter des Bundes Oberland vom 6.8.1923.
[497] Ebenda, Schreiben des Führers des Münchener Bataillons an die 10. und 11. Kompanie des Bundes vom 8.11.1923; laut einer ebenfalls in der Akte enthaltenen, undatierten Formationsübersicht gehörten die 10. und 11. Kompanie der Oberländer zum III. Bataillon „Dietrich" mit Standort Landsberg; dieses Bataillon unterstand dem 1. Schützen-Regiment „Der alte Held" des Bundes; in München befand sich der Standort des I. Bataillons „Teja" mit drei aktiven Kompanien, in Rosenheim war das II. Bataillon „Armin" ansässig.
[498] Ebenda, Verordnungsblatt der Bundesleitung Oberland vom 10.10.1923.
[499] Ebenda, „Letztes Verordnungsblatt Nr. 20" vom 12.11.1923.
[500] Ebenda, Verordnungsblatt des Bundes Oberland vom 15.11.1923.

reichsweit verboten.[501] Emil Julius Gumbel schätzte 1924 die Mitgliederstärke des „Bundes Oberland" und „verwandte[r] Bünde" auf „zirka 15 000" Mann.[502] Erst im Februar 1925, nach der Aufhebung des reichsweiten Verbots des Bundes, wurde dieser neu gegründet. Trotz des Verbots waren extremistische Kräfte des „Bundes Oberland" weiterhin genügend gut organisiert, um im Verein mit der rechtsextremen Terror-„Organisation Consul" am 9. Januar 1924 in der damals französisch besetzten Pfalz den Separatistenführer Franz-Josef Heinz-Orbis zu ermorden.[503]

Direkt am Novemberputsch des Jahres 1923 waren anscheinend nur die Kompanien des Münchener Bataillons des Bundes beteiligt. So wirkte eine Kompanie des Sturmbataillons „Teja" unter Waffen an der Besetzung einer Brücke mit, um diese für den Marsch des Demonstrationszuges der Putschisten frei zu halten.[504] Andere Einheiten des Bundes konnten aufgrund des raschen Scheiterns des Putsches nicht mehr in die Münchner Ereignisse eingreifen. So wurde etwa die Oberländer-Einheit in Regensburg zwar schon am 8. November alarmiert, jedoch nicht mehr nach München geführt.[505]

Da sich Reinhold Rehs im November 1923 als hauptamtlicher Schriftleiter (Redakteur) für Politik bei der „Ostpreußischen Zeitung" in Königsberg betätigte und zweifellos einer dortigen Oberländer-Formation angehörte, ist es höchst unwahrscheinlich, dass er sich aktiv am Hitler-Putsch in München beteiligt hat. Worin die Aktivitäten von Rehs im „Bund Oberland" 1923 konkret bestanden, lässt sich nicht klären; dass er an Hitlers Marsch auf die Feldherrnhalle nicht teilgenommen hat, lassen auch seine Personalakten aus der NS-Zeit vermuten, in denen dies ansonsten anerkennend vermerkt worden wäre.

Dem 1925 wiederbegründeten Bund Oberland[506] gehörte Rehs nicht wieder an. Seine Mitgliedschaft im „Hochschulring Deutscher Art" (HdA) war demgegenüber von erheblich längerer Dauer. Diese rechtsgerichtete Studentenorganisation – eigentlich der „Deutsche Hochschulring" (DHR), der als Dachorganisation etliche „Hochschulringe deutscher Art" vereinigte – war 1920 gegründet worden und verstand sich als „geschlossene ‚völkische Gruppe'" innerhalb der Deutschen Studentenschaft (DSt), die tatsächlich bis 1933 „langfristig deren politischen Kurs bestimmen und als ersten Schritt ausländische, vor allem jüdische Studenten von der Mitgliedschaft in der DSt ausschließen" sollte.[507] Damit gehörte der 1921 beigetretene Rehs dieser rechtsgerichteten Studenten-Organisation fast von Anbeginn an. Der HdA war in Rehs' Universitätsstadt Königsberg ein eindeutiges

---

[501] Könnemann, Freikorps Oberland 1919–1930, S. 678 f.; Kittel, Provinz zwischen Reich und Republik, S. 284–286.
[502] Gumbel, Verschwörer, S. 157.
[503] Herbert, Best, S. 83.
[504] BAB, NS 26/699, Denkschrift der 2. Komp./I. Bat. ‚Bund Oberland' über ihre Erlebnisse am 8. u. 9.11.1923 in München, verfasst vom damaligen Kompanieführer Walther Lang.
[505] Ebenda, Lebenslauf des Regensburger Oberländers Georg Rainer vom 14.1.1939.
[506] Könnemann, Freikorps Oberland, S. 679.
[507] Fließ / John, Deutscher Hochschulring (DHR) 1920–1933, S. 119.

Sammelbecken aller „völkischen und antisemitischen Tendenzen" innerhalb der Studentenschaft[508], wobei der „radikale Antisemitismus" auch „als offensiver Ausdruck der radikal-nationalistischen Gesinnung" und „als Symbol der Zugehörigkeit zum ‚völkischen' Lager" fungierte.[509] Außerdem verfügte der HdA über enge Verbindungen zu reichsdeutschen „Grenzlandvereinen" und volksdeutschen Minderheiten im Ausland. Die Studentenorganisation hatte sich den Kampf gegen den in seinen Augen gegen Deutschland gerichteten „Vernichtungswillen" der Entente-Siegermächte auf die Fahnen geschrieben. Das Engagement für das gefährdete „Grenz- und Auslandsdeutschtum", dieses kontinuierliche „Hauptanliegen des HdA", dürfte den jungen Rehs angezogen haben, der zum harten Kern von etwa 1000 studentischen Mitgliedern dieses Verbandes zählte.[510]

Der HdA trat als wesentlicher Träger des Antisemitismus innerhalb der deutschen Studentenschaft der 1920er Jahre hervor. Dabei propagierte der HdA, wie eine programmatische Schrift von 1921 formulierte, zwar eine „besonders scharf[e]" Ablehnung von Juden, betonte jedoch, dass man die Juden nicht hasse, weil diese Juden seien, sondern dass man sie lediglich als „Volksgenossen" innerhalb des deutschen Volkes ablehne, weil sie den Deutschen nun einmal „innerlich fremd" gegenüberstünden: „Man wird uns nie den Vorwurf machen können, daß es auch anständige Juden gäbe, denn das haben wir nie geleugnet, wohl aber leugnen wir, daß je ein Jude seinem inneren Wesen nach Deutscher geworden wäre, und das ist für unser Volkstum das Maßgebende."[511] Seit Herbst 1921 setzte sich im Hochschulring „die radikale, rassenbiologische Richtung" endgültig durch.[512] Aus dieser Ideologie folgte die auch von Eigeninteressen geleitete Forderung nach Einführung eines Numerus clausus für jüdische Studenten, die der Deutsche Studententag in Hannover 1929 vor allem auf Betreiben des HdA erhob.[513] Diese Politik der Reservierung akademischer Berufe für Nichtjuden durch verbindliche (möglichst niedrige) Quoten für Juden sahen die jungen deutschen Nationalisten im ansonsten unter ihnen nicht beliebten Nachbarland Polen bereits realisiert. Dort war ein antijüdischer Numerus clausus, der bis 1917 bereits im untergegangenen Zarenreich und dessen polnischen Teilen praktiziert worden war, 1923 als Gesetzesprojekt in den Sejm eingebracht worden. Diese Politik widersprach jedoch den auch für Juden geltenden Minderheitenschutzverträgen, die Polen 1919 hatte unterzeichnen müssen, und konnte daher mit Rücksicht auf das westliche Ausland nicht offiziell Gesetzeskraft erlangen; „praktisch jedoch beschränkten geheime administrative Anweisungen die Zahl jüdischer Hochschulstudenten bereits während der zwanziger Jahre".[514] Die Zahl jüdischer Studenten an polnischen Hochschulen wurde infolgedessen zwischen 1923 und 1937 um über die

---

[508] Matull, Damals in Königsberg, S. 28.
[509] Herbert, Best, S. 63.
[510] Zum HdA allgemein Levsen, Elite, Männlichkeit und Krieg, S. 315.
[511] Zitiert nach Herbert, Best, S. 63.
[512] Ebenda, S. 67.
[513] Paucker / Mosse, Entscheidungsjahr 1932, S. 195.
[514] Weiss, Deutsche und polnische Juden vor dem Holocaust, S. 112.

Hälfte abgesenkt.[515] Doch erst das Deutschland Hitlers führte 1933 in einem europäischen Land einen „numerus nullus" ein, indem es jüdischen Studenten den Zugang zu deutschen Hochschulen vollständig versperrte.[516] Die antisemitische „Rechtsradikalisierung" der akademischen Jugend in Deutschland war dieser NS-Politik um einige Jahre vorangegangen, und gerade an der Universität Königsberg beherrschte der HdA mit seiner völkisch-antisemitischen Agitation „alle Korps und Burschenschaften sowie die studentische Selbstvertretung".[517] Im Königsberger „Asta" (Allgemeiner Studentenausschuss) gab es 1923 nur einen sozialdemokratischen Studentenvertreter, ansonsten dominierten die „Korporierten […], die damals kaisertreu, vielfach antisemitisch und völkisch waren". Auch 1925 waren außer einem Sozialdemokraten und einem linksliberalen Demokraten (DDP) alle Asta-Mitglieder „deutschnational oder völkisch".[518] Zwischen dem HdA und dem linksliberalen preußischen Kultusminister Carl Heinrich Becker (DDP) eskalierte wegen dieses Antisemitismus ein derart heftiger Konflikt, dass der Hochschulring 1928 demonstrativ seine Beteiligung an der Einweihungsfeier des neuen Universitätsgebäudes in Königsberg verweigerte.[519] Bis in dieses Jahr hinein war Rehs Mitglied des Königsberger HdA. Becker hatte den Vorstand der vom Hochschulring dominierten Deutschen Studentenschaft Ende 1926 ultimativ vor die Wahl gestellt, entweder seine rassistischen Mitgliedschaftsregeln fallenzulassen oder den Verlust der staatlichen Subventionen in Kauf zu nehmen, woraufhin sich 77 Prozent der preußischen Studenten in einer Urabstimmung für die Beibehaltung ihrer antisemitischen Ausschlussbestimmungen entschieden hatten.[520]

Bereits während seines Jurastudiums hatte Rehs als „Volontär" für Zeitungen gearbeitet. Die ursprüngliche Motivation des Zuverdienstes durch Pressearbeit für einen relativ mittellosen Studenten, der gerade im Inflationsjahr 1923 zusätzlich in Not geraten war[521], weitete sich allmählich aus und ging mit Rehs' politischer Ausrichtung Hand in Hand, indem er 1923/24 als hauptberuflicher Politik-Redakteur bzw. „Schriftleiter f. Politik bei der Ostpreußischen Zeitung in Königsberg" fungierte.[522] Diese war ein dezidiert konservativ-deutschnational ausgerichtetes Traditions-Blatt[523], das entsprechend der damaligen DNVP-Politik der Weimarer Republik zumindest latent, wenn nicht offen feindselig gegenüber-

---

[515] Zeman, Pursued by a Bear, S. 99; ähnliche Zahlen bei Borodziej, Geschichte Polens im 20. Jahrhundert, S. 158.
[516] Weiss, Deutsche und polnische Juden vor dem Holocaust, S. 113.
[517] Paucker / Mosse, Entscheidungsjahr 1932, S. 195.
[518] Matull, Erlebte Geschichte zwischen Pregel und Rhein, S. 62 und S. 69; Matull war der besagte Sozialdemokrat im Asta der Universität Königsberg.
[519] Gause, Die Geschichte der Stadt Königsberg in Preußen, Bd. 3, S. 63; laut Matull, Damals in Königsberg, S. 31, war die Einweihung 1927 erfolgt.
[520] Herbert, Best, S. 69.
[521] Auch Matull, Erlebte Geschichte zwischen Pregel und Rhein, S. 63, berichtet von studentisch-journalistischer Zusatzarbeit im Jahre 1923, in diesem Fall bei der sozialdemokratischen „Königsberger Volkszeitung".
[522] Gause, Die Geschichte der Stadt Königsberg in Preußen, Bd. 3, S. 2f.
[523] Von der Goltz, Hindenburg, S. 152; Gause, Die Geschichte der Stadt Königsberg in Preußen, Bd. 3, S. 24.

stand.[524] In seinem Entnazifizierungs-Fragebogen vom Oktober 1945 hat Rehs später diese seine Lebensphase zu verharmlosen versucht. Ohne sein völkisches Engagement und die entsprechende Ausrichtung der Printmedien, für die er tätig gewesen war, zu erwähnen, schilderte er halb ehrlich, halb verschleiernd: „Im Jahre 1923/24 war ich Volontär und Schriftleiter an der Ostpreußischen Zeitung in Königsberg. In dieser Eigenschaft habe ich eine Reihe von Berichten zu Tagesfragen und mehrere Leitartikel allgemeinpolitischen Inhalts geschrieben, die mir infolge Fliegerschadens sämtlich verloren gegangen sind und auf [deren] Titel ich mich infolge des langen Zeitablaufs [sic!] nicht mehr vollständig besinne: u. a. ‚Schlagwortgeist', ‚Staatsnotwendigkeit?', ‚Kant und Demokratie', ‚Um die Zukunft der deutschen Jugend'."[525] Was die Titel dieser damals über zwanzig Jahre alten Zeitungsartikel angeht, war Rehs' Gedächtnis erstaunlich gut; dass er jedoch solche Artikel – beispielsweise jenen „Um Deutschlands Jugend" vom Dezember 1923 – nicht nur als „Beitrag zu Idee, Aufgabe und Arbeit des Hochschulrings Deutscher Art" verstanden, sondern denselben auch in seiner Eigenschaft als „Leiter des Hochschulring-Presseamts Königsberg" verfasst hatte[526], wollte er im besetzten Deutschland des Herbstes 1945 besser nicht erwähnen.

Rehs beschwor – als Autor gekennzeichnet – im Artikel vom Dezember 1923 die deutsche Jugend der antifranzösischen Befreiungskriege, um im Vergleich mit seiner Gegenwart zu konstatieren: *„Die Gefahr des Unterganges war nie so groß, auch nicht vor jenen mehr als hundert Jahren."* Wenn man jedoch die eigene Generation mit den Helden von 1813 vergleiche, „dann will es einen packen wie tiefe Angst um unser Volk". In der Krisensituation von 1923 definierte Rehs seinen „Hochschulring Deutscher Art" als „eine *Not- und Gefahrgemeinschaft*", die in höchster Not und angesichts des Versagens der älteren Generation zur „Selbsthilfe" gegriffen habe. Der Ring dieser studentischen Jugend habe den Kampf aufgenommen „gegen die Gifte, die, ob auch aus östlicher Richtung kommend [wie der Bolschewismus], immer westlichen Ursprungs sind"[527] – womit sich Rehs als gelehriger Schüler der zahllosen antiwestlichen Hetzschriften und intellektuellen Abgrenzungen aus der Zeit des Ersten Weltkrieges erwies.[528] Entsprechend verurteilte er die Novemberrevolution von 1918, in der *„kein fest umrissenes […] kulturell wertvolles Ziel, kein ethisches Wollen* vorhanden" gewesen sei, sondern „nur ein *verschwommener Brei theoretischer Utopien, Ideologien* und *niedrigster animalischer Instinkte".* Darum kämpfe der Hochschulring in zweierlei Richtung – zum einen um die Erhaltung der bedrohten „nationalen Werte" innerhalb des deutschen Volkes, zum anderen „um die *Neugestaltung des deutschen*

---

[524] Ein Beispiel aus dem Jahre 1919 bietet Winkler, Arbeiter und Arbeiterbewegung in der Weimarer Republik, Bd. 1, S. 358.

[525] LASH-S, Abt. 460.19, Entnazifizierungsakte Rehs, Reinhold Rehs, Entnazifzierungs-Fragebogen, 15. 10. 1945.

[526] Rehs, Reinhold: „Um Deutschlands Jugend. Ein Beitrag zu Idee, Aufgabe und Arbeit des Hochschulrings Deutscher Art", in: Ostpreußische Zeitung, Sechste Beilage, Nr. 304 v. 30. 12. 1923.

[527] Ebenda.

[528] Vgl. dazu Sontheimer, Antidemokratisches Denken in der Weimarer Republik.

Menschen auf ein revolutionäres Ziel" mit sittlicher Grundlage.[529] Rehs' rechtsgerichtete Publizistik war nicht besonders originell; sie reihte sich ein in das breite völkisch-nationalistische Raunen von der „Sendung der jungen Generation", die das bedrohte Vaterland aus den Händen der erschlafften älteren nehmen und durch ihren Einsatz erretten müsse.[530]

Dass dieser „Kampf" sich nicht nur in rhetorischen Floskeln erschöpfte, zeigt ein offener Brief, den der „Hochschulring Deutscher Art" im Januar 1924 „an Herrn v. Kahr" in der „Ostpreußischen Zeitung" veröffentlichte und für den unter anderem Reinhold Rehs verantwortlich zeichnete. Gustav Ritter von Kahr war jener konservative bayerische Politiker, der im September 1923 – auf dem Höhepunkt der Ruhrkrise – von der bayerischen Regierung zum „Generalkommissar" mit diktatorischen Vollmachten ernannt worden war, von Hitler im November 1923 zur Unterstützung des geplanten Putsches überredet oder genötigt wurde, um in letzter Minute dessen Niederschlagung durch Polizei und Reichswehr zu befehlen – weswegen er 1934 im NS-Konzentrationslager Dachau ermordet wurde.[531] Der DHR bzw. die meisten ihm angehörenden „Hochschulringe deutscher Art" hatten zwar mit dem Hitler-Ludendorff-Putsch vom 9. November 1923 „nichts zu tun haben" wollen, doch da sich der Münchner HdA unter Führung des späteren österreichischen Austrofaschisten und Ministers Ernst-Rüdiger (Fürst von) Starhemberg am Putschversuch beteiligt hatte, wurde der gesamte rechte Studentenverband diskreditiert. Außerdem kam es nachträglich zu „Sympathieerklärungen des DHR für den HITLER-Putsch und seine Opfer".[532]

Insgesamt jedoch war im Hochschulring das Verhältnis zur NSDAP „zwiespältig". Ein Großteil des Münchner Hochschulrings um den Sudetendeutschen Kleo Pleyer unterstützten diese Partei, doch im gesamten Deutschen Reich waren vermutlich bei einer Mehrheit der Ring-Mitglieder „die Vorbehalte gegen die Hitler-Bewegung beträchtlich". Man störte sich zum einen an ihrem partikularistischen statt übergreifenden Partei-Charakter, aber auch an ihrer programmatischen Unschärfe, die durch Aufmärsche, Führerkult und „unablässigen Aktionismus" zu überspielen versucht wurde.[533]

In diesen zwiespältigen Kontext gehört der offene Brief an Gustav von Kahr, den Reinhold Rehs mitverfasste. Der Hochschulring hatte die gegen die Weimarer Demokratie gerichteten rechten Putsch-Pläne des bayerischen Generalstaatskommissars und des dortigen Reichswehr-Befehlshaber General Otto von Lossow unterstützt, aber – basierend auf den Erfahrungen aus dem 1920 gescheiterten Kapp-Putsch – darauf bestanden, dass ein solcher Putsch nur bei gesicherter

---

[529] Rehs, Reinhold: „Um Deutschlands Jugend. Ein Beitrag zu Idee, Aufgabe und Arbeit des Hochschulrings Deutscher Art", in: Ostpreußische Zeitung, Sechste Beilage, Nr. 304 v. 30. 12. 1923.
[530] Gruendel, Die Sendung der jungen Generation; vgl. auch Fest, Das Gesicht des Dritten Reiches, S. 300–318 (Baldur von Schirach und die „Sendung der jungen Generation").
[531] Evans, Das Dritte Reich, Bd. 1: Aufstieg, S. 281–283.
[532] Fließ / John, Deutscher Hochschulring, S. 122.
[533] Herbert, Best, S. 80.

Unterstützung durch die Reichswehr erfolgen dürfe.[534] Das war beim Novemberputsch Hitlers und Ludendorffs nicht der Fall, der die rechten Kräfte in Bayern vielmehr gespalten und geschwächt hatte. Neben dem Vorsitzenden des Königsberger Hochschulrings, Hans Damrau, der später als „ein besonders aktives Mitglied der NSDAP und Angehöriger der SS" hervortrat[535], unterzeichnete Rehs daraufhin als „Leiter des Presseamtes" dieser Studentenorganisation den offenen Brief an den in letzter Sekunde vom Hitler-Putsch wieder abgesprungenen Gustav von Kahr. Dem rechtsgerichteten bayerischen Diktator, der sich durch sein zweideutiges Verhalten sowohl bei Anhängern der Republik als auch des Putsches diskreditiert hatte und im Februar 1924 zurücktreten musste[536], sprachen die Hochschulring-Funktionäre Rehs und Damrau (in dieser Reihenfolge unterzeichnet, so dass Rehs als Hauptverfasser hervortritt) Ende Januar 1924 ausdrücklich ihr Misstrauen aus. Dabei bezeichneten sich Rehs und Damrau als „Sprachrohr der weitaus überwiegenden Mehrheit der ostpreußischen Volkskreise". Obwohl sie erklärten, „die tieferen Ursachen mancher Ereignisse und die Beweggründe zu dem [...] Vorgehen der bayerischen Staatslenker" – gemeint war deren Wendung gegen die Hitler-Putschisten – nicht voll überblicken zu können, stellten sie „mit tiefstem Schmerz" fest, dass „*seit wenigen Monaten ihr Vertrauen zur bayerischen Staatsführung aufs schwerste erschüttert*" sei. Konkret kritisierten Rehs und Damrau das Verbot der Münchner Zeitung des Hochschulrings und die Ausweisung ihres „Hauptschriftleiters" Kleophanes Pleyer, eines späteren NS-Propagandisten. Da der Sudetendeutsche Pleyer höchstwahrscheinlich wegen seiner Teilnahme am Hitlerputsch ausgewiesen worden war, dürfte mit den „schweren Erschütterungen der letzten Monate" im Rehs-Damrau-Brief verklausuliert die Niederschlagung des Ludendorff-Hitler-Putsches gemeint sein. Allerdings enthielten sich Rehs und Damrau mit ihrer Bemerkung, die Motive der bayerischen Regierung nicht überblicken zu können, einer offenen Parteinahme und beklagten lediglich die Spaltung des rechten Lagers.[537] Zwar war im Kontext dieses Briefes die allgemeine

---

[534] Ebenda, S. 81.
[535] Musial, Deutsche Zivilverwaltung und Judenverfolgung im Generalgouvernement, S. 43; Hans Damrau, 1902–1952, gebürtiger Westpreuße, bis 1923/24 Jurastudent in Königsberg (Promotion), Vorsitzender des rechtsgerichteten HdA, 1933 NSDAP und SA, 1934–1938 Oberbürgermeister von Iserlohn, 1938–1940 Oberbürgermeister von Görlitz, 1940 Parteiverfahren und Absetzung „wegen privater Affären"; 1940 freiwillige Meldung zur Waffen-SS (zuletzt Sturmbannführer); August–November 1940 Amtschef des Distrikts Lublin im Generalgouvernement; vgl. Klee, Das Personenlexikon zum Dritten Reich, S. 101, wo die Verwendung im Generalgouvernement nicht erwähnt wird; diese jedoch bei Musial, Deutsche Zivilverwaltung und Judenverfolgung im Generalgouvernement, S. 43.
[536] Winkler, Weimar 1918–1933, S. 251.
[537] Rehs / Damrau, „An Herrn v. Kahr", Offener Brief vom 31.1.1924, in: Ostpreußische Zeitung Nr. 29 v. 3.2.1924, S. 3; zu Pleyers und des Münchner Hochschulrings Teilnahme am Hitlerputsch: Herbert, Best, S. 81; der Sudetendeutsche „Kleo Pleyer" war laut Klee, Das Personenlexikon zum Dritten Reich, S. 465, bereits 1920 Parteiredner der DNSAP in der Tschechoslowakei, 1923 Teilnehmer am Münchner Hitlerputsch und machte seit 1934 eine Karriere als NS-Historiker in Deutschland, wobei er mit antisemitischen Forschungen auffiel, jedoch erst 1940 der NSDAP beitrat; Pleyer fiel 1943 an der Ostfront in der Sowjetunion und erhielt 1944 posthum den Kant-Preis der Stadt Königsberg.

Parteinahme der Redaktion der „Ostpreußischen Zeitung" für die Angeklagten des Hitler-Ludendorff-Prozesses evident.[538] Im „Offenen Brief" von Rehs und Damrau selbst aber war diese Parteinahme für Hitler nicht offen ausgesprochen, deutlich war jedoch die Stoßrichtung gegen die Weimarer Demokratie.

Folgerichtig wandte sich ein im März 1924 als Kommentar auf der Titelseite der „Ostpreußischen Zeitung" gedruckter Artikel von Rehs über alte und neue deutsche Reichsflaggen eindeutig gegen das „republikanisch-demokratische Marktgeschrei" des Weimarer Staates und dessen „Politiker von Tages und Konjunktur Gnaden" und appellierte stattdessen an den „historische[n] Sinn" des deutschen Volkes.[539] Auch sein nur auf den ersten Blick unverfänglich scheinender Aufsatz über den Königsberger Hausgott Kant und dessen Verhältnis zur Demokratie, den Rehs im April 1924 (und damit im Kontext der damals stattfindenden Feiern zum 200. Geburtstag des Philosophen[540]) publizierte, mündete in ein Verdikt über die demokratische Staatsform, über die nie „ein vernichtenderes Urteil" gesprochen worden sei als eben durch Kant. Umso lauter sang Rehs den Lobpreis der Monarchie, an welcher „der deutsche Mensch" nicht zufällig instinktiv zäher festgehalten habe als andere Völker: *„Die monarchische Staatsform ist nach Kant die sittlichste, weil sie eben die größte Möglichkeit in sich trägt, das Sittengesetz im staatlichen und politischen Leben zu erfüllen.* Nur Schwätzer und Toren konstruieren aus Republikanismus und Monarchie einen Gegensatz, der im reinsten, Kantischen Sinne nicht besteht, genauso wie sie Republik und Demokratie zusammenbringen und durcheinanderwerfen, die nach Kant niemals zu vereinigen sind."[541] Damit lag Rehs ganz auf Linie mit der deutschnationalen Hugenberg-Presse, die ihr nahe stehende Akademiker gelegentlich über „die Ideen Kants im Werke Mussolinis" philosophieren ließ.[542]

Noch im Jahre 1924 beendete Rehs diese Redakteurstätigkeit, um als Rechtsreferendar in den preußischen Staatsdienst einzutreten. Er blieb jedoch als freier Mitarbeiter für die „Ostpreußische Zeitung" tätig und arbeitete zudem in den Folgejahren bis 1928 auch für die „Deutsche Zeitung" in Berlin.[543] Diese war 1896 von Friedrich Lange, dem obskuren Vorsitzenden des antisemitischen „Deutschbundes", gegründet worden, um 1917 vom deutschnationalen Pressemagnaten Alfred Hugenberg und dem ihm nahestehenden „Alldeutschen Verband" unter Führung des Mainzer Rechtsanwalts Heinrich Claß übernommen zu werden. Hugenberg und Claß, zwei spätere (wenn auch rasch kaltgestellte) Bündnispartner Hitlers, machten daraus ein „alldeutsches Kampfblatt" am rechten Rand des

---

[538] Vgl. „Der Beginn des Hitlerprozesses" und „Der Hitler-Prozeß" in: Ostpreußische Zeitung Nr. 49 v. 27.2.1924, S. 1f.; Rehs kann allerdings mit diesem Bericht und Leitartikel nicht nachweislich in Verbindung gebracht werden.
[539] Rehs, Reinhold: „Schwarz-weiß-rot und Schwarz-rot-gold", in: Ostpreußische Zeitung Nr. 74 v. 27.3.1924, S. 1–2.
[540] Matull, Damals in Königsberg, S. 31.
[541] Rehs, Reinhold: „Kant – und Demokratie", in: Ostpreußische Zeitung Nr. 94 v. 20.4.1924, S. 1–2.
[542] Zitiert nach Wernecke / Heller, Der vergessene Führer, S. 132.
[543] BAB, R 3001/71744, RJM, Rechtsanwalts-Personalakte Reinhold Rehs, S. 3.

Pressespektrums.[544] Die „Deutsche Zeitung" gehörte während der Weimarer Zeit „zu den schärfsten Regierungs- und Republikgegnern".[545] Erst mit seiner Zulassung zum Rechtsanwalt gab Rehs im Herbst 1928 diese rechtsgerichtete journalistische Tätigkeit auf, die sich nicht mehr nur auf die Provinzpresse Königsbergs, sondern auf ein wichtiges überregionales Organ des Hugenberg-Konzerns erstreckte.[546] Nicht nur in der Staatskrise von 1923, sondern auch in der folgenden Stabilitätsphase Weimars bis 1929, in der sich viele mit der neuen Staatsordnung zu arrangieren begannen, hat Rehs folglich die Weimarer Republik ebenso überzeugt wie kontinuierlich bekämpft.

Wurde er durch das juristische Berufsleben politisch gemäßigt? Auch der „Stahlhelm", der so genannte „Bund der Frontsoldaten", dem Rehs „von 1932 bis 1933" angehörte[547], ohne im Ersten Weltkrieg je Frontsoldat gewesen zu sein, kann nicht als republiktreue Formation betrachtet werden. Im Gegenteil: Eberhard Freiherr von Medem, Chefredakteur der Hugenberg-Zeitung „Der Tag", konnte 1932 feststellen, gerade ihr „Bekenntnis der Idee von Staat und Nation" bringe „die Stahlhelmbewegung zu geistigen Berührungspunkten mit der faschistischen Bewegung Mussolinis, in der sie die Haltung des Preußentums Friedrich[s] des Großen und Hegels wiederfindet".[548] Bei alledem hatte Medem – ein späterer Gebietskommissar Hitlers im besetzten lettischen Jelgava (Mitau)[549] – im Wahlkampfjahr 1932 die richtungsweisende „Fürstenwalder Haßbotschaft" des „Stahlhelm" nur unvollständig zitiert, denn darin war auch das Ziel bezeichnet, „unser geknechtetes Vaterland zu befreien…, den notwendigen Lebensraum im Osten zu gewinnen, das deutsche Volk wieder wehrhaft zu machen". Anstelle der parlamentarischen Demokratie forderte der paramilitärische Verband einen „organischen Ständestaat" mit autoritärer Führung. Dabei war der „Zweite Bundesführer", der ehemalige Oberstleutnant Theodor Duesterberg, noch radikaler als der ursprünglich alleinige Bundesführer Franz Seldte, ein ehemaliger Hauptmann und im Hauptberuf Fabrikant; Duesterberg, der 1932 als Kandidat des Stahlhelm und der DNVP in der Reichspräsidentenwahl sowohl gegen den Amtsinhaber Hindenburg als auch gegen dessen stärksten Herausforderer Hitler kandidierte, „befürwortete mit seinen Anhängern ganz unverhohlen einen völkisch-antisemitisch-radikalnationalistischen Kurs".[550] Das passte recht gut zur politischen Orientierung des jüngeren Rehs Mitte der 1920er Jahre.

1932 stand der „Stahlhelm" im Bündnis mit Hugenbergs DNVP und Pressemacht nicht nur gegen den Reichspräsidenten von Hindenburg, dem man seine

---

[544] Stegmann, Die „Deutsche Zeitung" 1917–1918, S. 272; Streubel, Radikale Nationalistinnen, S. 69f.
[545] Streubel, Radikale Nationalistinnen, S. 69.
[546] Vgl. Wernecke / Heller, Der vergessene Führer, S. 103.
[547] BAB, R 3001/71744, RJM, Rechtsanwalts-Personalakte Reinhold Rehs, S. 3.
[548] Medem, Seldte – Duesterberg, S. 99 und S. 102; zur Stellung des „Tages" im Hugenberg-Konzern: Wernecke / Heller, Der vergessene Führer, S. 103 und S. 108.
[549] Vgl. Krausnick / Wilhelm, Die Truppe des Weltanschauungskrieges, S. 328 und S. 411.
[550] Wehler, Deutsche Gesellschaftsgeschichte, Bd. 4, S. 391f.

seit 1925 geübte Verfassungstreue gegen die Weimarer Republik und die Hinnahme sozialdemokratischer Wahlunterstützung zum Vorwurf machte, sondern auch gegen Hitler, dessen Führungsanspruch man sich noch nicht unterwerfen wollte. Stahlhelm-Präsidentenkandidat Duesterberg landete jedoch im ersten Wahlgang 1932 abgeschlagen nur bei 6,8 Prozent.[551] Daraufhin rief der Stahlhelm-Kandidat seine Wähler zur Unterstützung Hindenburgs gegen Hitler im zweiten Wahlgang auf[552], doch der Stahlhelm als Organisation empfahl stattdessen Stimmenthaltung.[553] Erst im Januar 1933 ließen sich sowohl „Stahlhelm" als auch Deutschnationale auf ein Bündnis unter Führung Hitlers ein. Die Führer beider Organisationen, Seldte und Hugenberg, wurden Minister im Kabinett Hitler, den sie erfolgreich „einzurahmen" glaubten, um binnen kurzer Zeit entweder ausgebootet zu werden (Hugenberg) oder sich opportunistisch vollkommen zu unterwerfen (Seldte). Duesterberg, der noch am 29. Januar 1933 vergeblich vor dem Deal mit Hitler gewarnt hatte, schied aus der Politik aus.[554] Seldte hingegen trieb im Frühjahr 1933 ein „Gesetz gegen die jüdischen Ärzte" voran, obwohl Hitler dies noch gar nicht gewollt hatte.[555] Der Antisemitismus des „Stahlhelm" trug das Seine zur antijüdischen Politik der Berufsverbote in Hitlers Deutschland des Jahres 1933 bei. Man wird angesichts der Vorgeschichte kaum fehlgehen, dass der „Stahlhelmer" und Rechtsanwalt Rehs nichts gegen das Verbot der Zulassung jüdischer Rechtsanwälte einzuwenden gehabt hatte, das vom NS-Regime im April 1933 verhängt wurde.[556] Für den Oberlandesgerichtsbezirk Königsberg bedeutete dies, dass im Mai 1933 die Zulassung von 75 jüdischen Anwälten (und weiteren fünf „Ariern", die als „Kommunistenverteidiger" eingestuft wurden) überprüft wurde: „Ergebnis dieser ‚Säuberung' der Anwaltschaft war, daß von insgesamt 90 jüdischen Anwälten im OLG-Bezirk ein Jahr später noch 43 zugelassen waren." Auch deren Berufstätigkeit wurde immer weiter eingeschränkt und im Oktober 1938 vollständig beendet, mit der Ausnahme einer abnehmenden Zahl weniger „Konsulenten" allein für jüdische Klienten bis 1941.[557] Im Februar 1938 soll es noch 23 jüdische Anwälte in Königsberg gegeben haben.[558]

Der deutsche Frontkämpferbund war schon vor 1933 nicht nur klar antidemokratisch, sondern auch antisemitisch ausgerichtet. Rehs war nicht das einzige frühere Mitglied des „Hochschulrings deutscher Art", das den Weg in den „Stahlhelm" gefunden hatte.[559] Die zahlreichen deutschen Frontsoldaten jüdischen Glaubens aus dem Ersten Weltkrieg wurden als Mitglieder des Stahlhelm nicht

---

[551] Winkler, Der lange Weg nach Westen, Bd. 1, S. 502–504.
[552] Schulze, Weimar, S. 367.
[553] Winkler, Der lange Weg nach Westen, Bd. 1, S. 504.
[554] Kershaw, Hitler, Bd. 1: 1889–1936, S. 520f.
[555] Ebenda, S. 601.
[556] Zu diesem Verbot: ebenda.
[557] Tilitzki, Alltag in Ostpreußen, S. 36f.
[558] Matull, Damals in Königsberg, S. 100.
[559] Dasselbe galt etwa für den 1929/30 amtierenden Vorsitzenden des DHR, Hans Schwartz; vgl. Fließ / John, Deutscher Hochschulring, S. 116 und S. 124.

zugelassen[560], weshalb sie eine eigene Organisation gründen mussten. Dass Reichspräsident Paul von Hindenburg Ehrenmitglied des „Stahlhelm" war und dessen Mitgliederprofil auch ins demokratische Spektrum etwa der rechtsliberalen DVP hineinreichte, bewirkte jedoch, dass der Verband von den Weimarer Regierungen nicht als staatsfeindlich eingestuft und verfolgt wurde.[561] Dabei rückte der „Stahlhelm" namentlich in jenen Jahren 1932/33, in denen Rehs ihm angehörte, im Bündnis mit der DNVP nicht nur immer mehr nach rechts[562], er gewann auch immer mehr Mitglieder: Hatte der Frontsoldaten-Bund 1919 gerade einmal 2000 Mitglieder gehabt, so waren es 1924 bereits 100 000, 1930 sogar 500 000, um bis Mai 1933 750 000 zu erreichen.[563] Welche politischen Positionen Rehs im „Stahlhelm" in den Jahren 1932/33 eingenommen hat, ist nicht zu klären. Doch dürfte er am 30. Januar 1933 nicht zu den Entsetzten oder Verfolgten, sondern eher zu den jubelnden Anhängern der von Hindenburg neu ernannten Regierung Hitler gezählt haben, der auch seine damaligen politischen Vorbilder Hugenberg und Seldte angehörten. Im Januar 1933 wurden der DNVP-Vorsitzende Hugenberg Reichswirtschafts- und Reichslandwirtschaftsminister sowie der Stahlhelm-Führer Franz Seldte Reichsarbeitsminister im Kabinett Adolf Hitlers. Hugenberg wurde bereits im Juni 1933 zum Rücktritt genötigt, blieb aber Reichstagsabgeordneter als Gast der NSDAP-Fraktion bis zum Ende. Seldte hingegen trat schon im April 1933 zur NSDAP über und opferte seinen Stahlhelm-Verband, der organisatorisch im Juni 1933 der SA einverleibt wurde, um infolge dieser Willfährigkeit der Reichsregierung bis zum Mai 1945 angehören zu können.[564]

Vom rechtsgerichteten Engagement des jungen Reinhold Rehs in der Weimarer Zeit wurde in späteren Jahrzehnten, als er in der Bundesrepublik Karriere als SPD-Bundestagsabgeordneter und dann als Präsident des BdV (1967–1970) machte, kaum etwas bekannt. Selbst die DDR-Organe, ansonsten eifrig bemüht, unter den westdeutschen Eliten frühere Nationalsozialisten anzuprangern, wussten in ihrem Dossier über Rehs neben seinem Königsberger Anwaltsberuf lediglich zu berichten, dass er im Zweiten Weltkrieg „Offizier (Oberleutnant) der faschistischen Wehrmacht" gewesen sei.[565] Daher ist es zu SED-Kampagnen wegen einer rechten Vergangenheit im Falle von Rehs nie gekommen; doch zugleich „fehlten bei Rehs Angriffspunkte aus seinem politischen Leben vor 1945" keineswegs völlig.[566] Immerhin archivierte die DDR-Staatssicherheit jenen Bericht der „Frankfurter Rundschau", in der die Journalistin Lore Lorenzen im Herbst 1968 den innerparteilichen Konflikt zwischen dem linksgerichteten schleswig-holsteinischen

---

[560] Klee, Das Personenlexikon zum Dritten Reich, S. 578.
[561] Schulz, Zwischen Demokratie und Diktatur, S. 333.
[562] Kluge, Die Weimarer Republik, S. 226 f.
[563] Wehler, Deutsche Gesellschaftsgeschichte, Bd. 4, S. 391.
[564] Klee, Das Personenlexikon zum Dritten Reich, S. 274 und S. 578; Thamer, Verführung und Gewalt, S. 288 f.
[565] BStU, Archiv der Zentralstelle, MfS-HA IX/11 PA 1155, Bl. 19, Anlage 3 zu Reinhold Rehs, o. D. [ca. 1969/70].
[566] So jedoch Amos, Vertriebenenverbände im Fadenkreuz, S. 143.

SPD-Landesvorsitzenden Jochen Steffen und dem zu diesem SPD-Landesverband zählenden, aber rechts-sozialdemokratischen Reinhold Rehs aufgegriffen hatte. Lorenzen berichtete beiläufig, dass Rehs in seiner ostpreußischen Jugend „1923 bis 1924 Schriftleiter der deutsch-nationalen ‚Ostpreußischen Zeitung' in Königsberg" gewesen sei – aber „ohne der Partei anzugehören, wenn er auch im konservativen Gedankenkreis des ostpreußischen Deutschtums aufwuchs". Erst nach seiner Flucht 1945 habe er zur SPD gefunden.567 Damit war Rehs' späterer, nach 1933 erfolgter Eintritt in die NSDAP immer noch nicht bekannt, doch erstmals wurde in der westdeutschen Öffentlichkeit die deutschnationale antidemokratische Vergangenheit des bislang nur als SPD-Politiker bekannten Ostpreußen und damaligen BdV-Präsidenten angesprochen. Offensichtlich infolge des zur selben Zeit einsetzenden raschen politischen Machtverlustes von Rehs erlangte dieses Wissen weder in der Bundesrepublik noch im SED-Apparat eine agitatorische Bedeutung.

Rechtsgerichteter Milizionär und falscher „alter Kämpfer": Hans Krüger 1923–1933

In der Propagandabroschüre „Stoßtrupp von rechts", in der es um den „Bund der Vertriebenen (BdV) und die neue Ostpolitik der Bundesregierung" ging, machte die DDR-Propaganda dem früheren Bundesminister für Vertriebene und ehemaligen BdV-Präsidenten Hans Krüger nicht nur eine schwer belastete Vergangenheit als Richter während der NS-Zeit zum Vorwurf, sondern auch eine frühzeitige, schon vor 1933 beginnende NS-Orientierung: Krüger sei „seit 1923 Anhänger der Hitlerbewegung" und „nach eigenen Angaben" sogar „Teilnehmer am Hitlerputsch" von 1923 gewesen.568 Schon 1963, zu Beginn jener DDR-Angriffe auf den damaligen Bundesminister, die wenig später das Ende von Krügers politischer Karriere herbeiführten, hatte der prominenteste ‚Nazi-Jäger' der DDR, SED-Politbüromitglied Albert Norden, Krüger auf einer internationalen Pressekonferenz in Ost-Berlin auch als „Hitlerputschist" und späteren „Naziortsgruppenleiter und grausame[n] Sonderrichter Hitlers" attackiert. Krüger habe all diese belastenden Fakten verschwiegen. Die DDR verfüge jedoch über seine Personalakte und stelle jedermann frei, „sich mit den Tatsachen bekannt zu machen, die den Stab über den Politiker Krüger brechen."569 Die DDR verfügte tatsächlich über die Personalakte des Richters Krüger aus dem Reichsjustizministerium und machte deren

---

567 BStU, Archiv der Zentralstelle, MfS ZAIG Nr. 9708 Teil 2, Bl. 343, Lorenzen, Lore: „Nach dem Tag der Heimat brach offener Kampf aus. ‚Fingerhakeln' auf Kieler Art zwischen SPD-Chef Steffen und Vertriebenen-Präsident Rehs", in: Frankfurter Rundschau v. 10.10.1968.
568 BStU, Archiv der Zentralstelle, MfS-HA IX/11 FV 13/71 Bd. 4, Bl. 31 ff., insb. Bl. 46, „Stoßtrupp von rechts. Der Bund der Vertriebenen (BdV) und die neue Ostpolitik der Bundesregierung", o. D. [ca. 1970],
569 BStU, Archiv der Zentralstelle, MfS ZAIG Nr. 10601, Bl. 84 ff., insb. Bl. 88, Nationalrat der Nationalen Front des Demokratischen Deutschlands, „Rede von Prof. Albert Norden, Mitglied des Politbüros des ZK der SED und des Präsidiums des Nationalrates, auf der Pressekonferenz am 6. Dezember 1963 in Berlin".

wichtigste Passagen über Faksimile-Abdrucke allgemein zugänglich.[570] Darunter befand sich auch die Angabe über seine „Teilnahme am Erhebungsversuch 1923".[571] Diese Faksimiles präsentierten keine geschickte Fälschung der DDR-Propaganda, sondern den Beweis einer offensichtlich falschen Angabe Krügers aus der NS-Zeit, die er zum Zwecke der Förderung seiner Richterkarriere als „Märchen vom ‚alten Kämpfer'" den NS-Personalbehörden aufgetischt hatte.[572] Im Dezember 1963 wurde der DDR-Vorwurf seiner einstigen Teilnahme am Hitlerputsch 1923 von Krüger „scharf zurückgewiesen"[573]; er habe am Münchner Hitlerputsch gar nicht teilnehmen können, da er sich zu jener Zeit im thüringischen Jena befunden habe.[574] Er sei im Gegensatz zur DDR-Behauptung „kein Teilnehmer am Hitlerputsch von 1923 gewesen", sondern erst 1933 „einfaches NSDAP- Mitglied" geworden und habe dann 1943 für drei Monate auch als NSDAP-Ortsgruppenleiter fungiert.[575]

Nach seinem Rücktritt als Bundesminister wurde Krüger von der Staatsanwaltschaft in Bonn vernommen. Dabei erkannte er nicht nur die Echtheit der DDR-Kopien seiner NS-Personalunterlagen an, sondern gab auch zu Protokoll, im Krisenjahre 1923 als Angehöriger der Burschenschaft Teutonia in der Universitätsstadt Jena Mitglied der „Schwarzen Reichswehr" gewesen zu sein, die damals illegal, aber mit Wissen und geheimer Anleitung der Reichsregierung und der regulären Reichswehrführung sowohl zur Grenzverteidigung nach außen als auch zur Bekämpfung der Kommunisten im Innern Deutschlands genutzt worden sei. Er selbst habe im Herbst 1923 die von der Regierung Stresemann befohlene „Reichsintervention" der Reichswehr im (damals SPD/KPD-regierten und von kommunistischen Aufstandsversuchen bedrohten) Lande Thüringen unterstützt: „Diese Tätigkeit bei der Reichswehr hatte nichts mit dem damaligen Hitlerputsch in München zu tun."[576] Inhaltlich ist an Krügers Erläuterung so viel richtig, dass die „Schwarze Reichswehr" im Jahre 1923 eine heterogene Formation gewesen ist, zu der die bewaffneten SA-Milizen der NSDAP in Süddeutschland ebenso zählten wie der „Bund Oberland" und etliche „sonstige Formationen". Nicht die gesamte „Schwarze Reichswehr" hat den Hitlerputsch aktiv unterstützt. Dennoch hat Emil

---

[570] Ebenda, Bl. 138 ff., „Bonner Revanchisten-Allianz gegen Entspannung und Abrüstung. Das Zusammenspiel der Bundesregierung mit den Landsmannschaften zur Durchsetzung ihrer aggressiven Ziele. Dokumentation des Ausschusses für deutsche Einheit", o. D., insb. S. 17–23.
[571] BStU, Archiv der Zentralstelle, MfS-HA IX Nr. 22926, Bl. 18, „Wann geht Krüger?", in: Neue Bild-Zeitung Nr. 3 v. Januar 1964.
[572] Ebenda, Bl. 123–124, Gründler, Gerhard E.: „Der ‚alte Kämpfer' von Bonn", in: stern Nr. v. 13.1.1964.
[573] Ebenda, „Minister Krüger protestiert", in: Kurier v. 7.12.1963.
[574] Ebenda, Bl. 234, „Krüger widerlegt SED-Propaganda", in: Der Tagesspiegel v. 7.12.1963.
[575] BAB, B 136/3813, Presse- und Informationsamt, v. Hase, an BK Prof. Dr. Erhard, 23.1.1964, Anlage: „Der zeitliche Ablauf der Angriffe gegen Bundesminister Krüger", 23.1.1964.
[576] LANRW-W, Q 234/5733, Bl. 11–31, insb. Bl. 11 und Bl. 13 f., Lt. OStA beim LG Bonn, Vernehmungsprotokoll Bundesminister a. D. Hans Krüger vom 12.10.1964.

Julius Gumbel 1924 diese 70–80 000 Mann starke „Schwarze Reichswehr" mit guten Gründen unter die Rubrik „Rechtsradikalismus" eingestuft.[577]

Krüger hatte während der NS-Zeit behauptet, als Mitglied der „Schwarzen Reichswehr" am Hitlerputsch teilgenommen zu haben. Vor der Bonner Staatsanwaltschaft erklärte er hingegen 1964: „Wie es zu der Aufnahme der Bemerkung ,Teilnahme am Erhebungsversuch 1923' in meiner Personal- und Befähigungsnachweisung […] gekommen ist, kann ich heute nicht mehr mit Sicherheit sagen." Dies war eine wenig überzeugende Ausflucht für seine während der NS-Zeit offenbar aus Karriereorientierung gemachte Falschangabe. Nach 1945 behauptete Krüger wiederum, während der Weimarer Republik keineswegs ein früher Anhänger Hitlers gewesen zu sein, sondern der rechtsliberalen DVP nahe gestanden zu haben. Er sei ein „Anhänger der Stresemann'schen Politik" gewesen.[578] Diese Mitteilung ist – bezogen auf die „Stabilitätsphase" der Weimarer Demokratie zwischen 1924 und 1929 (dem Todesjahr Stresemanns) – zwar nicht undenkbar, doch wird man angesichts der erschütterten Glaubwürdigkeit Krügers diese unüberprüfbare Behauptung mit Zurückhaltung aufnehmen.

Krügers Amtsvorgänger als Bundesvertriebenenminister, der 1953 ins Amt gelangte und 1960 zurückgetretene Theodor Oberländer, war tatsächlich ein Teilnehmer des Hitlerputsches von 1923 und insofern ein „alter Kämpfer" der NSDAP gewesen, der er ebenfalls erst viel später, 1933, auch formell beitrat.[579] Krüger wiederum wurde 1963/64 nicht nur die durch den Fall Oberländer gesteigerte anti-nazistische Sensibilität in Westdeutschland zum Verhängnis[580]; zum Schaden seiner nachweislichen NS-Vergangenheit – mochte diese nun 1923 oder erst 1933 begonnen haben – kamen in seinem Falle auch Verachtung und Spott wegen seiner offenbar falschen Behauptung, am Hitlerputsch teilgenommen zu haben, hinzu. Seit der „Spiegel" im Januar 1964 auf die „unrichtigen Personalvermerke" Krügers zum Hitlerputsch hingewiesen hatte[581], ergoss sich Häme über den bis dahin geachteten CDU-Bundesminister und BdV-Präsidenten. Den Höhepunkt dieser Attacken bildete der 1964 publizierte erste Band der Erinnerungen des in den 1950er Jahren einflussreichen Vertriebenenpolitikers Linus Kather, der einst ein Förderer Krügers gewesen war. Kather hatte 1958/59 kurzfristig dem ersten Präsidium des BdV angehört – und zähneknirschend beobachten müssen, dass der von ihm nur als mittelmäßig eingeschätzte Krüger als erster BdV-Präsident jene Führungsposition erklomm, für die Kather nur sich selbst als geeignet betrachtete. Als Krüger 1964 stürzte, sparte Kather nicht mit rhetorischem Feuer-

---

[577] Gumbel, Verschwörer, S. 157.
[578] LANRW-W, Q 234/5733, Bl. 11–31, insb. Bl. 11 und Bl. 13f., Lt. OStA beim LG Bonn, Vernehmungsprotokoll Bundesminister a. D. Hans Krüger vom 12.10.1964.
[579] Wachs, Der Fall Theodor Oberländer, S. 38 und S. 496f.; Klee, Das Personenlexikon zum Dritten Reich, S. 441.
[580] Vgl. Schwartz, Vertriebene und „Umsiedlerpolitik", S. 235–237.
[581] BAB, B 136/3813, Presse- und Informationsamt, v. Hase, an BK Prof. Dr. Erhard, 23.1.1964, Anlage: Aufzeichnung „Der zeitliche Ablauf der Angriffe gegen Bundesminister Krüger", 23.1.1964, S. 2.

werk: Jahrelang habe man über Krüger geurteilt, er sei zwar „schwach, aber ehrenhaft und anständig". Selbst das aber habe nicht zugetroffen, wie nun offenbar geworden sei. Wesentliche Vorwürfe seien erst durch die DDR-Kampagne 1963/64 öffentlich geworden und zuvor auch ihm unbekannt gewesen – darunter die Tatsache, dass Krüger während der NS-Zeit „als Richter seiner Behörde […] die falsche Angabe gemacht hat, er habe am Novembermarsch 1923 teilgenommen". Diese Falschaussage, so der versierte Jurist Kather, sei „nicht nur ein Dienstvergehen, sondern auch ein krimineller Sachverhalt", bei dem „die Tatbestandsmerkmale des Betruges […] vollzählig erfüllt" seien.[582] Offensichtlich scheiterte Krügers politische Nachkriegs-Karriere 1964 nicht nur an tatsächlich belastenden Sachverhalten seiner NS-Vergangenheit, sondern auch an dem Umstand, dass er sich während der NS-Herrschaft fälschlich gebrüstet hatte, ein Nationalsozialist der ersten Stunde gewesen zu sein, um damit „potentiell karrierefördernde" Effekte zu erzielen.[583] Zur realen NS-Karriere mit ihren Belastungsmomenten, auf die noch einzugehen sein wird, trat die Blamage des opportunistischen Lügners.

Nationalsozialistischer „Erneuerer" unter den Jugoslawiendeutschen: Josef Trischler 1923–1933

Josef Trischler zählte zu jenen Deutschen, die aus Sicht der „Reichsdeutschen" – der Bürger des 1871 gegründeten Deutschen Reiches, das bekanntlich längst nicht alle Angehörigen des deutschen Volkes in seinen Grenzen zusammenfasste – als „Volksdeutsche" oder „Auslandsdeutsche" außerhalb des Deutschen Reiches lebten. Der Großteil dieser Volksdeutschen wohnte bis 1918 in den Grenzen der Habsburgermonarchie Österreich-Ungarn. In der österreichischen Reichshälfte stellten die Deutschen damals noch – wenngleich längst nicht mehr unangefochten – das traditionelle Hegemonialvolk. In der ungarischen Reichshälfte waren dies hingegen seit 1867 die Magyaren, die im Innern dieses Groß-Ungarn eine vehemente Assimilationspolitik betrieben. Zumindest wer in der Budapester Elite aufsteigen, wer dazugehören wollte, musste sich zum Magyaren umformen – das galt auch für die unterschiedlichen deutschen Siedlungsgruppen in diesem habsburgischen Ungarn. Der Donauschwabe Sándor (Alexander) Wekerle, zwischen 1892 und 1918 als erster Nichtadeliger dreimal ungarischer Ministerpräsident, war der Prototyp eines assimilierten Magyaren, der als Regierungschef den nationalen Minderheiten Ungarns strikt jedwede Autonomie verweigerte.[584] Die Deutschen in der damals ungarischen Provinz Bácska (Batschka) beispielsweise, zu denen der 1903 – im 55. Regierungsjahr des österreichischen Kaisers und ungarischen Königs Franz Joseph I. in Oberndorf (ungarisch: Boroc; serbisch: Obrovac) geborene Josef Trischler gehörte, sahen sich der seltsam „gemischten" Erfahrung ausgesetzt, einerseits eine halb geduldete, halb kulturell bedrängte Minderheit im

---

[582] Kather, Die Entmachtung der Vertriebenen, Bd. 1, S. 216.
[583] Kittel, Vertreibung der Vertriebenen?, S. 16.
[584] Geyr, Sándor Wekerle 1848–1921, passim.

magyarisch dominierten Ungarn zu sein, andererseits ein fragiler „Außenposten" eines deutschen Gesamtvolkes, dessen eigentlicher Schwerpunkt damals immer weniger in Wien und immer stärker in Berlin gesehen wurde.[585]

Als Deutschland 1918 den Ersten Weltkrieg verlor und sein Bundesgenosse Österreich-Ungarn infolgedessen völlig zerfiel, wurden alle deutschen Bewohner der früheren Habsburgermonarchie (mit Ausnahme derer im verkleinerten Deutsch-Österreich) zu Angehörigen von Minderheiten in neu geschaffenen Vielvölkerstaaten, die sich jedoch als Nationalstaaten definierten. Auf diese Weise wurden die Deutschen in der Bacska zur Teilgruppe der deutschen Minderheit im 1918 geschaffenen „Königreich der Serben, Kroaten und Slowenen" (SHS), das 1929 zwar den Namen „Jugoslawien" annahm, aber primär von der einseitig „privilegierte[n] Stellung der Serben in Regierung, Militär, Bürokratie, Polizei und vielen wichtigen gesellschaftlichen Bereichen" geprägt war.[586]

Eine einheitliche „jugoslawiendeutsche" Minderheit gab es in der Zwischenkriegszeit nicht – oder allenfalls bei oberflächlicher Betrachtung. Die deutsche Minderheit in Jugoslawien war nicht weniger heterogen als dieser Vielvölkerstaat selbst, sie bestand aus verschiedenen Gruppen mit historischen Sonderidentitäten, die bis 1918 wenig Verbindung zueinander gehabt hatten. Im Grunde schuf erst der allen gemeinsam spürbare Druck der Belgrader Zentralregierung die gemeinsame Gruppenidentität.[587] In ähnlicher Weise wirkte auch die minderheitenrechtliche Gruppenprivilegierung durch die Schutzverträge der Friedenskonferenzen von 1919/20. Unter den rund 16 Prozent der jugoslawischen Bevölkerung, welche die nicht-slawischen Minderheiten stellten, waren die Deutschen mit 513000 Personen (4,3 Prozent) die stärkste Gruppe, gefolgt von Magyaren und Albanern.[588] In der Batschka stellten die Deutschen mit 146000 Menschen nicht nur die regional größte, sondern wohl auch innerhalb der deutschen Minderheit Jugoslawiens kompakteste und am besten organisierte Siedlungsgruppe. Dadurch wurde die Heimat Josef Trischlers „zum unumstrittenen geistigen Zentrum der Deutschen in Jugoslawien".[589] Die relativ kleine deutsche Bevölkerungsgruppe spielte in der jugoslawischen Innenpolitik aber nur eine untergeordnete Rolle, jedenfalls so lange, bis das Deutsche bzw. „Großdeutsche Reich" Hitlers die Gewichte veränderte.

Der in Versailles von den Siegermächten des Ersten Weltkrieges den osteuropäischen Staaten auferlegte Minderheitenschutz wurde zweifellos restriktiv und re-

---

[585] Es wäre deshalb eine unzulässige Vereinfachung, Magyaren und Deutsche im habsburgischen Ungarn einfach gleichzusetzen und aus deren Minderheitenposition in Jugoslawien nach 1918 zu schließen, sie hätten umstandslos denselben „schmerzhaften Rollentausch von Herrschern zu Beherrschten" erlebt, mit dem sie sich nicht hätten „abfinden" können; vgl. diese Sicht bei Calic, Geschichte Jugoslawiens im 20. Jahrhundert, S. 85.
[586] Ebenda, S. 92.
[587] Spannenberger, Jugoslawien, S. 867.
[588] Ebenda, S. 877.
[589] Ebenda, S. 872f.

gierungsfreundlich gehandhabt.⁵⁹⁰ Die Wirksamkeit des Minderheitenschutzes wurde zudem durch „ein deutliches Nord-Süd-Gefälle" geprägt: In Finnland oder Estland war die Lage der Minderheiten am besten, in den Balkanländern und der Türkei am schwierigsten.⁵⁹¹ Laut Mark Mazower gab es „überall" in Südosteuropa „systematische Unterdrückung" von Minderheiten.⁵⁹² Der deutsch-slowenische Kommunist Walter Markov, in der Zwischenkriegszeit jugoslawischer Staatsbürger, urteilte 1947: „Der Balkan identifizierte jede Minderheit bis zum Erweis des Gegenteils als Staatsfeind. Die nationale Minderheit traf dies am unmittelbarsten. Die Grade der Unterdrückung wechselten, wo es sich um unbedeutende Splitter wie die Slowaken, Juden, Zigeuner und teilweise die Deutschen handelte. Dort, wo kompakte Minderheiten wohnten, beschnitt man ihnen nicht nur, wie den Ungarn in Jugoslawien und Rumänien[,] das Recht auf Eigenleben, sondern leugnete gerade bei den größten Gruppen das Vorhandensein einer Minderheit."⁵⁹³ Der frühere britische Premierminister Lloyd George, einer der Schöpfer der Versailler Nachkriegsordnung, kritisierte bereits 1938 die „schlechte[...] Behandlung der magyarischen und deutschen Minderheit in Jugoslawien", denen „nur das absolute Minimum an Schulerziehung in der Muttersprache zugestanden worden" und deren landwirtschaftliches Vermögen einer massiven Umverteilung zugunsten des serbischen Staatsvolkes ausgesetzt sei.⁵⁹⁴

Damit spielte Lloyd George nicht zuletzt auf die jugoslawische Bodenreform von 1919 an, die neben der sozialen Frage notwendiger Landumverteilung von Großgrundbesitzern zu Landlosen und Kleinbauern auch die „nationale Frage" zugunsten der Serben zu lösen versucht hatte. Namentlich in der Vojvodina, in Mazedonien und in Bosnien-Herzegovina waren nicht-serbische Landbesitzer überproportional enteignet worden, um serbische Neusiedler zu begünstigen.⁵⁹⁵ Diese für osteuropäische Verhältnisse ziemlich radikale Bodenreform hatte zur strukturellen Angleichung der nichtserbischen Gebiete an das in Serbien vorherrschende Kleinbauerntum geführt, indem der Großgrundbesitz (über 300 ha) „vollkommen liquidiert" wurde, aber auch alle übrigen Betriebe höchstens noch Größen von 50 ha erreichen durften. Indem meist kroatische oder nichtslawische Grundbesitzer enteignet wurden, wurde eine „Stärkung des slawischen Elementes" in der Landwirtschaft Jugoslawiens erreicht.⁵⁹⁶ Die Bodenreform dürfte primär kroatische, magyarische und bosnisch-muslimische Großgrundbesitzer getroffen haben; doch auch die 1922 gegründete „Partei der Deutschen" erhob die kritische Forderung nach „gerechte[r] Durchführung der Agrarreform, ohne die Nationalitäten zu benachteiligen".⁵⁹⁷ Auch durch die „Liegenschaftsver-

---

⁵⁹⁰ Fink, Between the Second and Third Reichs, S. 271.
⁵⁹¹ Lemberg, Sind nationale Minderheiten Ursachen für Konflikte?, S. 40f.
⁵⁹² Mazower, Der Balkan, S. 193f.
⁵⁹³ Markov, Grundzüge der Balkandiplomatie, S. 226.
⁵⁹⁴ Zitiert nach Jaksch, Europas Weg nach Potsdam, S. 255.
⁵⁹⁵ Calic, Geschichte Jugoslawiens im 20. Jahrhundert, S. 103.
⁵⁹⁶ Teichova, Kleinstaaten im Spannungsfeld der Großmächte, S. 41 und S. 43.
⁵⁹⁷ Spannenberger, Jugoslawien, S. 891f.

kehrsbestimmung" von 1936 sahen sich deutsche Grundbesitzer bei Kauf, Verkauf oder Vererbung ihrer Grundstücke diskriminiert – beispielsweise durch das nationalistische Ziel der Belgrader Regierung, innerhalb einer „50-Kilometer-Zone an der Staatsgrenze für Nichtsüdslawen jeden Grundbesitzerwerb zu verhindern".[598]

Diese Diskriminierung in der Agrarpolitik berührte Josef Trischler unmittelbar, denn die Landwirtschaft wurde zu seinem beruflichen und dann auch politischen Tätigkeitsfeld. Trischler hat noch gegen Ende seines Lebens 1975 betont, wie sehr ihm seine landwirtschaftliche Genossenschaftsarbeit in Jugoslawien am Herzen lag, und sich mit Stolz an das einstige Lob einer Kommission des Belgrader Unterrichtsministeriums über die von ihm mitgeprägte agrarwissenschaftliche Lehrerbildungsanstalt in Werbass erinnert.[599] Im Kontext der geschilderten Nationalitätenkonflikte nach 1918 war diese Genossenschaftsarbeit alles andere als unpolitisch: Sie wurde zum einen von der Belgrader Regierung misstrauisch betrachtet und dadurch politisiert, zum andern auch von ihren volksdeutschen Trägern mit politischen Zielen und Inhalten gefüllt – namentlich nach dem Verbot der „Partei der Deutschen" (und aller anderen national organisierten Parteien) im Zuge des Staatsstreiches von 1929, was die Minderheiten dazu zwang, sich verstärkt auf ihre kulturellen und wirtschaftlichen Organisationen zu stützen und auf dieser Basis zu reorganisieren.[600]

Während die serbischen Eliten im südslawischen Vielvölkerstaat namentlich gegen Albaner und mazedonische Bulgaren mit brachialer Gewalt vorgingen, war die Belgrader Politik gegenüber der deutschen Minderheit nicht nur regional uneinheitlich (und dabei in der Batschka günstiger als anderswo), sondern auch von Ambivalenz gekennzeichnet. Infolge dessen wurde den Deutschen in der Batschka ein relativ hohes Maß an Kulturautonomie gewährt, um sie – in Abgrenzung vom magyarischen Assimilationsnationalismus – für den neuen Staat zu gewinnen. Zugleich aber wurde die anfänglich geduldete regionale deutsche Selbstverwaltung rasch wieder abgestellt. Bei den Wahlen zum Belgrader Zentralparlament verwehrte die Regierung ihren nichtslawischen Bürgern sogar jahrelang die Ausübung des Wahlrechts. Erst 1923 vermochte die „Partei der Deutschen" unter Stefan Kraft acht Abgeordnete ins Belgrader Parlament zu entsenden; bis dahin waren jedoch wesentliche politische Weichenstellungen – von der Verfassungsgebung bis zum Bodenreformgesetz – längst ohne deutsche Partizipation getroffen worden. Auch nach dem späten Partizipationserfolg blieb die Lage bedrohlich: Die Neuwahlen von 1925 führten zu gewalttätigen Auseinandersetzungen zwischen nationalistischen Parteien, bei denen Kraft und andere deutsche Abgeordnete schwer verletzt wurden. Diese Vorgänge konnte ein politisch interessierter junger Volksdeutscher wie Trischler sein Leben lang nicht vergessen.[601]

---

[598] Ebenda, S. 917f.
[599] IDGL, NL Franz Hamm, HA 0021/2, Dr. Trischler an Hamm, 6.8.1975.
[600] Spannenberger, Jugoslawien, S. 896.
[601] IDGL, NL Franz Hamm, HA 1024-2, Hamm an Dr. Trischler, 10.3.1975.

Nach dem königlichen Staatsstreich von 1929, der Verfassung und Parlament aufhob und Parteien auf nationaler Grundlage verbot, war parlamentarische Partizipation über eine eigene Partei bis 1941 dauerhaft unmöglich. An die Stelle der verbotenen Minderheits-Partei traten der „Schwäbisch-Deutsche Kulturbund" und die unter dessen Ägide ausgebauten Agrargenossenschaften, namentlich die Landwirtschaftliche Zentral-Darlehenskasse und die 1931 geschaffene „Private Deutsche Lehrerbildungsanstalt" in Groß-Betschkerek.[602] Hier wurde auch Trischler nach seinem Studium beruflich und verbandspolitisch aktiv.

Nach seinem 1923 erfolgten Abitur studierte Trischler nicht in Jugoslawien, sondern in München an der Technischen Hochschule, wo er 1929 ein Ingenieur-Diplom für Chemie erhielt und als wissenschaftlicher Assistent in der Landwirtschaftsabteilung der TH tätig wurde. 1930 promovierte Trischler in München zum Doktor der technischen Wissenschaften (Dr. tech.). Sodann leistete er seine Militärdienstpflicht in der königlich jugoslawischen Armee ab, wo er wegen Unkenntnis der kyrillischen serbischen Schriftsprache als „Analphabet" eingestuft worden sein soll – ein Indiz für die demütigende Situation der Minderheiten in Jugoslawien. Nach einem Aufbau-Studium an der Universität Agram/Zagreb machte Trischler 1932 einen zusätzlichen Abschluss als Diplom-Landwirt in München, um sodann als Professor an der oben erwähnten privaten, von der deutschen Minderheit getragenen „Deutschen Lehrerbildungsanstalt" in Groß Betschkerek tätig zu werden.[603] Dieses Institut wurde 1933 nach Neuwerbaß verlegt.[604]

Während seiner Studienzeit in München dürfte sich Trischlers Identität als Volks- oder „Auslandsdeutscher" in diesem damaligen Zentrum des völkischen intellektuellen Milieus in Deutschland geschärft haben. Jedenfalls war er in München bereits führend in studentischen und „völkischen" Organisationen aktiv geworden. Er hatte zeitweilig auch als Vorsitzender der „Landsmannschaft Südostschwäbischer Hochschüler" agiert. Nach seiner Rückkehr nach Jugoslawien entfaltete er in den dortigen volksdeutschen Organisationen Aktivität, namentlich im Genossenschaftswesen, wo er zum Vorstand oder Aufsichtsrat mehrerer Genossenschaften aufstieg. Den Höhepunkt dieser Karriere erreichte er 1939/40 als Vorsitzender der Landwirtschaftlichen Zentral-Darlehenskasse und des Verbandes Deutscher Wirtschafts- und Kreditgenossenschaften.[605] Dabei gingen agrarwissenschaftlicher Sachverstand und völkische Orientierung Hand in Hand.

In vielen osteuropäischen Ländern, auch in Jugoslawien, litten die landwirtschaftlichen Genossenschaften an der „Rückständigkeit des Kredit- und Bank-

---

[602] Ebenda, S. 890–899; zur langfristigen Erinnerung an die Ausschreitungen von 1925 vgl. IDGL, NL Franz Hamm, HA 1024-2, Hamm an Dr. Trischler, 10.3.1975.
[603] Serbisch Zrenjanin, ungarisch Nagybecskerek, eine Stadt in der Provinz Vojvodina (heute Serbien).
[604] Serbisch Vrbas, ungarisch Verbász, ebenfalls Stadt in der Provinz Vojvodina; vgl. insgesamt: Balling, Von Reval bis Bukarest, Bd. 2, S. 558; Scherer, Trischler.
[605] Balling, Von Reval bis Bukarest, Bd. 2, S. 558.

wesens".⁶⁰⁶ Trischler war die Führungsfigur beim Umbau dieses deutschen Genossenschaftswesens in Jugoslawien. Die genossenschaftliche Rechtsform war von den Volksdeutschen nach 1918 auch deshalb favorisiert worden, „um polizeiliche Einmischung des südslawischen Staates in die Wirtschaftsführung abzuwehren"⁶⁰⁷ – was vor dem Hintergrund der nationalistischen „Bodenreform"-Enteignungen nicht verwundert. Da die Kapitalbasis der kleinen bäuerlichen Genossenschaften aber schwach war und ihre Kreditfinanzierung seit der Weltwirtschaftskrise gefährdet schien, versuchte sich Trischler an einer Strukturreform, die insbesondere die bisher abseits stehenden deutschen Arbeiter in die Genossenschaften zu integrieren bemüht war.⁶⁰⁸ Bei seiner „Umorganisation", die ihm nicht nur Freunde geschaffen haben dürfte, setzte Trischler auf neue Rechtsformen (Aktiengesellschaft, GmbH), gründete eine Handelsgenossenschaft und eine „Deutsche Kreditanstalt". Höhepunkt dieser Aktivitäten war für ihn jedoch die 1940 erfolgte „Gründung der Privaten Deutschen Landwirtschaftsschule in Futak", deren Auf- und Ausbau er nach eigenem Bekunden „als Lebensaufgabe angesehen" hat. Seine 1939 erfolgte Wahl zum Präsidenten des Verbandes der deutschen Kredit- und Wirtschaftsgenossenschaften erschien vor diesem Hintergrund vielfältigen Engagements nur folgerichtig. Doch zeigte sich bald, dass Trischler keineswegs unumstritten war: Bereits 1940 war er, wie er später bemerkte, „auf Druck radikaler Kreise als Präsident des Verbandes zurückgetreten" und lediglich noch „im Aufsichtsrat verblieben". Erst unter gewandelten politischen Umständen – als volksdeutscher Politiker im durch Hitler um seine Heimat, die Batschka, vergrößerten Ungarn – wurde er 1942 zum Vorsitzenden dieses Gremiums bestimmt und dadurch gewissermaßen rehabilitiert. Er sollte in dieser Funktion „bis Ende" – gemeint war das Kriegsende 1945 – amtieren.⁶⁰⁹

Jene „radikalen Kreise", die Trischler 1940 als Genossenschaftspräsidenten stürzten, waren „radikale Vertreter nationalsozialistischer Politik" – volksdeutsche Extremisten wie Jakob Awender, die bis 1940/41 „von offiziellen Ämtern ausgeschlossen" blieben, während diese von offensichtlich als gemäßigter einzuschätzenden Politikern wie Trischler eingenommen wurden.⁶¹⁰ Awender war der führende Kopf der sogenannten „Erneuerer", welche die Politik der volksdeutschen Minderheit Jugoslawiens am „Dritten Reich" Hitlers auszurichten trachteten. Von dieser Gruppe unterschied sich Trischler jedoch nur graduell – er genoss jedenfalls um 1938/39 „die Unterstützung der ‚Erneuerer', ohne dieser Gruppierung anzugehören".⁶¹¹ Wenn er innerhalb der deutschen Volksgruppe als „sehr kompetent" gegolten hat, so hatte dies auch mit seiner großen Nähe „zur Erneuerungs-

---

⁶⁰⁶ Teichova, Kleinstaaten im Spannungsfeld der Großmächte, S. 51.
⁶⁰⁷ Scherer, Trischler.
⁶⁰⁸ Ebenda.
⁶⁰⁹ IDGL, NL Franz Hamm, HA 0778-4, Abschrift: Dipl. Ing. Dr. Josef Trischler, „Lebenslauf", o. D. [vor Herbst 1953, da noch als MdB vermerkt], S. 1.
⁶¹⁰ Casagrande, Die volksdeutsche SS-Division „Prinz Eugen", S. 139.
⁶¹¹ Spannenberger, Jugoslawien, S. 901f.

bewegung" zu tun.⁶¹² Johann Böhm wertet diese „Erneuerungsbewegung" als „nazistisch" und zählt Trischler zum frühen Kern derselben.⁶¹³ Thomas Casagrande formuliert eine ähnliche Einschätzung: Demnach zählte der frisch promovierte Trischler schon um 1932 – zu Beginn seiner Tätigkeit in Groß Betschkerek – zu jenen Angehörigen der jüngeren Generation unter den Volksdeutschen Jugoslawiens, die sich als „radikale Opposition innerhalb der ‚Deutschen Bewegung' […] zunehmend am Nationalsozialismus orientierte[n]" und die ältere Generation bis 1939 schrittweise aus den Führungspositionen verdrängen sollten. Den Kern dieser NS-Opposition hätten die jüngeren Akademiker in der „Privaten Deutschen Lehrerfortbildungsanstalt in Groß-Betschkerek" gebildet⁶¹⁴ – also auch Trischler. Es war diese „nationalsozialistisch ‚angehauchte' Gruppe", zu der Trischler von Anfang an zählte, die sich mit dem Rückenwind der NS-Machtübernahme in Deutschland ab 1933 als „Erneuerungsbewegung" organisierte: „Ihr Ziel war, eine Volksgruppe zu schaffen, die sich als Vorposten Hitlerdeutschlands fühlen sowie die Rückgermanisierung assimilierter Deutscher betreiben sollte."⁶¹⁵

5.3. Politische Sozialisation der jungen Generation: Gossing – Langguth – Mocker – Wollner

Die politischen Biographen der jüngsten vier Probanden bieten – abgesehen von einem Fall – vor Beginn der NS-Herrschaft vergleichsweise wenig. Zur Generation der in den 1920er Jahren Sozialisierten zählen wir drei von dreizehn späteren BdV-Funktionären: Gossing (1905), Mocker (1905) und Langguth (1908), während zur jüngsten Generation der erst in den 1930er Jahren Sozialisierten allein Wollner (1923) zu rechnen ist. Die meisten – Gossing, Langguth und Wollner – erscheinen bis 1933 als kaum politisch profiliert, lediglich Mocker weist bereits ein politisches Profil auf.

Vom Liberalen zum NSDAP-Mitglied: Hellmut Gossing 1932/33

Hellmut Gossing war im Alter von knapp 26 Jahren als Revisor bei der Kreissparkasse im pommerschen Bütow eingestellt worden, wo er bis 1934 tätig blieb. Er vollzog im Mai 1933 seinen Eintritt in die NSDAP, dessen Motivation aus zeitnahen Quellen nicht zu ermitteln ist. In seinem Entnazifizierungsverfahren von 1948 machte Gossing später geltend, bei den letzten völlig demokratischen Reichstagswahlen vom November 1932 nicht etwa für seine spätere Partei NSDAP, son-

---

⁶¹² Balling, Von Reval bis Bukarest, Bd. 2, S. 558.
⁶¹³ Böhm, Die deutsche Volksgruppe in Jugoslawien 1918–1941, S. 12–25, S. 200, Anm. 419, und S. 203, Anm. 429.
⁶¹⁴ Casagrande, Die volksdeutsche SS-Division „Prinz Eugen", S. 136.
⁶¹⁵ Böhm, Die deutsche Volksgruppe in Jugoslawien 1918–1941, S. 203, auch Anm. 429.

dern für die rechtsliberale DVP gestimmt zu haben.[616] Sollte dies zutreffen, so wäre Gossing in der Endphase der Weimarer Republik einer der wenigen liberalen Demokraten in Pommern gewesen, wo die DVP in besagter Novemberwahl 1932 nur ganze 1,1 Prozent der Wählerstimmen erhielt, während auf die NSDAP 43,1 Prozent und auf die DNVP 20,7 Prozent entfielen.[617] Interessanterweise berief sich Gossing nach 1945 auf sein Abstimmungsverhalten von 1932, nicht – was eigentlich nahe gelegen hätte – auf das vom März 1933. Hatte er schon damals den Wechsel hin zur NSDAP vollzogen, die in dieser schon nicht mehr freien letzten Reichstagswahl mit mehreren Parteien in Pommern von 43 Prozent auf über 56 Prozent emporschnellte?

Zugleich antwortete Gossing auf die Frage, ob er „auf Grund aktiven oder passiven Widerstandes gegen die Nazis oder ihre Weltanschauung" im Laufe seines Lebens aus einer beruflichen Stellung „entlassen worden" sei, dies sei zwar nicht erfolgt, doch sei seine „Entlassung 1934 geplant" gewesen – wofür er seinen damaligen Vorgesetzten, den Bütower Sparkassendirektor Walter Lehwald als Zeugen benannte.[618] Dieser hatte Gossing bereits 1947 in einer eidesstattlichen Erklärung bescheinigt, er sei zwar im Frühjahr 1933 „fast einstimmig" zum Betriebsvertrauensmann seiner Sparkasse gewählt worden, „jedoch seitens des NSBO [NS-Betriebsorganisation] abgelehnt" worden, „da er nicht Pg war und für unzuverlässig galt". Vermutlich, so mutmaßte der ehemalige Direktor, sei seinem damaligen Mitarbeiter von NS-Aktivisten eine „reaktionäre Einstellung nachgesagt" worden.[619]

Gossing scheint somit den Weg in die NSDAP erst 1933, und zwar aus opportunistischer Anpassung, gefunden zu haben. Er gehörte zu den vielen Angehörigen bürgerlicher Schichten, die als „Märzgefallene" die in Ostdeutschland auffallend un- und zuweilen antibürgerliche Gruppe der alten NS-Aktivisten verstärkten, gleichzeitig jedoch nach 1933 in den lokalen Lebenswelten auch zu entmachten tendierten. Gossings politische Haltung vor 1933 ist nicht eindeutig zu klären: Möglicherweise war er tatsächlich bis Ende 1932 ein Anhänger der rechtsliberalen DVP; in jedem Falle dürfte er wie die Mehrheit der pommerschen Bevölkerung „überwiegend konservativ" orientiert gewesen sein.[620] Daraus ergaben sich gewisse Berührungspunkte zur NSDAP, aber auch Unvereinbarkeiten, die möglicherweise mit deren rechts-proletarischem Erscheinungsbild in seiner Heimatregion zu tun hatten. Dort war namentlich der zwischen 1931 und 1934 amtierende Gauleiter Wilhelm Karpenstein, ein zum Juristen aufgestiegener früherer Bergarbeiter, wegen seiner Korruption, vor allem aber wegen seiner zum Teil mit terroristischen Mitteln ausgetragenen Konflikte mit den etablierten Provinz-Eliten

---

[616] NHStA-H, Nds. 171 Lüneburg Nr. 36297, Hellmut Gossing, Entnazifizierungs-Fragebogen v. 26.6.1948, S. 3, S. 6 und S. 9.
[617] http://www.wahlen-in-deutschland.de/wrtwpommern.htm (12.9.2011).
[618] NHStA-H, Nds. 171 Lüneburg Nr. 36297, Hellmut Gossing, Entnazifizierungs-Fragebogen v. 26.6.1948, S. 9.
[619] Ebenda, Walter Lehwald, Eidesstattliche Erklärung vom 11.6.1947.
[620] Vgl. diese Einschätzung der Pommern bei Schlögl, Provinz Pommern, S. 278.

heftig umstritten, bis er im Juli 1934 – im Gefolge der Machtverschiebungen des „Röhm-Putsches" – abgesetzt und inhaftiert wurde.[621]

Vom Liberalen zum NSDAP-Mitglied: Heinz Langguth 1928–1933

Ähnlich ambivalent scheint sich, wenn man den spärlichen Indizien Glauben schenken will, der junge Heinz Langguth in der Freien Stadt Danzig gegenüber der dort ab Mitte 1933 regierenden NSDAP verhalten zu haben. Einerseits trat Langguth dieser Partei zum 1. Mai 1933 bei[622] (was er nach 1945 kontinuierlich verschwieg). Dieser Beitritt war mitten im damaligen Danziger Wahlkampf erfolgt, der von der Euphorie der NS-„Machtergreifung" im „Reich" ab Januar 1933 und der seitherigen Festigung der NS-Diktatur („Ermächtigungsgesetz", „Gleichschaltung") getragen wurde[623] und von erheblicher Gewaltbereitschaft der Danziger NSDAP und SA zur Einschüchterung politischer Gegner gekennzeichnet war. Diese konnten in Danzig gleichwohl – gedeckt von der Völkerbund-Überwachung der Freien Stadt – noch einige Jahre in wenn auch zunehmend bedrängter Lage aktiv bleiben. Langguths Beitritt zur NSDAP war noch vor deren Wahlsieg vom 28. Mai 1933 erfolgt, als sie gegenüber einem Stimmenanteil von 16,4 Prozent 1930 mit 50 Prozent die absolute Mehrheit im Danziger Volkstag und damit ein besseres Ergebnis als die Reichs-NSDAP in den Reichstagswahlen vom 5. März 1933 erreichte.[624]

Für die Jahre vor 1933 machte Langguth später geltend, als Student in einer „liberale[n] Hochschulgr.[uppe]" aktiv gewesen zu sein. Dabei sei er in den Jahren 1928 bis 1932 sogar als studentischer liberaler Redner gegen die NSDAP aufgetreten.[625] Nähere Angaben finden sich dazu nicht. Jedenfalls hatte der junge Jurist, der sich 1933 im Vorbereitungsdienst des Danziger Staates befand, nicht erst nach der dortigen NSDAP-Machtübernahme von dieser möglichen liberalen Orientierung gelöst, sondern sich bereits im unmittelbaren Vorfeld derselben in die NSDAP begeben. Ob dies aus Opportunismus oder aus innerer Überzeugung geschah, lässt sich nicht entscheiden.

NS-Aktivist in der Tschechoslowakei: Karl Mocker 1930–1933

Über die frühe politische Orientierung des Sudetendeutschen Karl Mocker wissen wir deshalb relativ gut Bescheid, weil seine Rechtsanwalts-Personalakte, die ab

---

[621] Inachin, Der Gau Pommern – eine preußische Provinz als NS-Gau, S. 280–283; vgl. auch Deutschland-Berichte, Bd. 1.1934, S. 215 und S. 312.
[622] BAB, BDC, NSDAP-Karteikarte Heinz Langguth.
[623] Vgl. die luzide Analyse des Prozesses der NS-„Machtergreifung" und des folgenden „Machtausbau[s]" 1933/34 bei Thamer, Verführung und Gewalt, S. 231–335.
[624] Loew, Danzig. Biographie einer Stadt, S. 191 und S. 204.
[625] StAHH, 221-11, L 1689, Dr. Dr. Heinz Langguth, Entnazifizierungs-Fragebogen v. 7. 8. 1947, S. 1 und S. 4; Archiv der KZ-Gedenkstätte Neuengamme, VVN-Archiv Hamburg, Komiteeakte Heinz Langguth, Dr. Dr. Heinz Langguth, Erklärung v. 20. 9. 1945.

5. Politische Profilierungen bis 1933   199

1938/39 beim neu errichteten Oberlandesgericht Leitmeritz angelegt worden war, dort den Weltkrieg und den Zusammenbruch der NS-Herrschaft unversehrt überstanden hat. In dieser Akte ist festgehalten, dass Mocker als junger Mann sudetendeutschen Verbänden wie dem „Deutschen Turnverband", dem „Bund der Deutschen" und dem „Deutschen Kulturverband seit 1931" angehört hat[626], die als stark nationalistisch geprägt betrachtet werden können. Bekanntlich war der spätere Führer der „Sudetendeutschen Partei" (SdP) und nachmalige NSDAP-Gauleiter und Reichsstatthalter Konrad Henlein vor seinem aktiven Einstieg in die Politik 1933 der Leiter eben dieses so harmlos klingenden „Deutschen Turnverbandes", der seine nationalistische Entsprechung auf tschechischer Seite im Sokol-Verband hatte. Es waren diese nationalistischen Sport- und Kulturverbände, aus denen 1933 die von Henlein geführte „Sudetendeutsche Heimatfront", die spätere SdP, hervorging.[627] Nicht zufällig wurde Karl Mocker, allerdings erst nach 1933, Mitglied der SdP.

Eine weitere in Leitmeritz aufbewahrte Personal-Karte Mockers gibt Aufschluss über sein frühes politisches Engagement bis 1933. Demnach hat Mocker zunächst der Deutschen Nationalpartei angehört[628] – der Partei Rudolf Lodgmans mit ihrem dezidiert negativistischen, d. h. auf Ablehnung der Tschechoslowakei und auf Anschluss der Sudetengebiete an Deutschland gerichteten Kurs, der Ende der 1920er Jahre nur noch eine kleine Minderheit von 189 000 sudetendeutschen Wählern angesprochen hat. Offensichtlich zählte der junge Mocker just zu dieser Zeit zum harten Kern deutschnationaler Negativisten.[629] Anschließend war Mocker nach eigenen, während der NS-Herrschaft um 1938/39 gemachten Angaben 1933 zur „Deutschen Nationalsozialistischen Arbeiterpartei" (DNSAP) gestoßen. Jedenfalls behauptete er, sich bei dieser Partei – dem Pendant der reichsdeutschen NSDAP in der Tschechoslowakei – angemeldet, infolge ihrer Auflösung im Oktober 1933 aber keine Mitgliedskarte mehr erhalten zu haben.[630] Die DNSAP war damals die „extreme nationalistische Rechtspartei der Sudetendeutschen", die in der Nachfolge der 1903/04 gegründeten „Deutschen Arbeiterpartei" im habsburgischen Österreich stand und im Oktober 1933 – ebenso wie die DNP – durch Selbstauflösung einem Verbot in der Tschechoslowakei zuvorkam.[631]

---

[626] SOAL, Fond Vrchní zemský soud (risský) Litomerice (NAD 724, karton 108, spis 2-M-34), OLG Leitmeritz, Akten über Dienstverhältnisse des Rechtsanwalts Dr. Karl Mocker, Komotau, Personal- und Befähigungsnachweis Dr. Karl Mocker.

[627] Heimann, Czechoslovakia, S. 75.

[628] SOAL, Fond Vrchní zemský soud (risský) Litomerice (NAD 724, karton 108, spis 2-M-34), OLG Leitmeritz, Akten über Dienstverhältnisse des Rechtsanwalts Dr. Karl Mocker, Komotau, Personalkarte Dr. Karl Mocker.

[629] Diese 1924/25 von Lodgman geleitete Rechtspartei (DNP) erzielte bei den Wahlen von 1925 280 000 Stimmen, bei denen von 1929 nur noch 189 000 Stimmen und kam im Oktober 1933 durch Selbstauflösung einem staatlichen Verbot zuvor; vgl. Balling, Von Reval bis Bukarest, Bd. 1, S. 261.

[630] SOAL, Fond Vrchní zemský soud (risský) Litomerice (NAD 724, karton 108, spis 2-M-34), OLG Leitmeritz, Akten über Dienstverhältnisse des Rechtsanwalts Dr. Karl Mocker, Komotau, Personalkarte Dr. Karl Mocker.

[631] Balling, Von Reval bis Bukarest, Bd. 1, S. 261.

Die DNSAP war damals die Schwesterpartei der NSDAP in der Tschechoslowakei. Der DNSAP-Vorsitzende Hans Knirsch hatte als Führer der „Deutschen Arbeiterpartei" im Habsburgreich dieselbe im Mai 1918 in „Deutsche Nationalsozialistische Arbeiterpartei" (DNSAP) umbenennen lassen ; unter diesem Namen hatte die Partei seither in allen tschechoslowakischen Parlamentswahlen ab 1920 kandidiert.[632] Knirsch hatte zu Hitler schon in dessen Frühzeit persönlichen Kontakt gehabt – nicht nur nach dem gescheiterten Münchner Putsch von 1923[633], sondern schon ab 1921, als er mit Gesinnungsfreunden wie Hans Krebs – dem Geschäftsführer der DNSAP bis 1933 – seine Partei am Parteiprogramm der NSDAP ausrichtete.[634] Oder war es umgekehrt? Ein sudetendeutscher Sozialdemokrat, der DSAP-Abgeordnete im tschechoslowakischen Parlament Franz Koegler, behauptete im Zweiten Weltkrieg unter Berufung auf den Ex-Nationalsozialisten Otto Strasser, Hitler habe sein Parteiprogramm an dem der böhmischen Nationalsozialisten orientiert.[635] Selbst wenn es zuträfe, dass der Name DNSAP von den tschechischen National-Sozialisten des Edvard Beneš 1918 übernommen worden sein sollte[636], wird man inhaltlich den „radikalen völkischen Kurs" der deutschböhmischen Nationalsozialisten[637] schon ab 1921/23[638] nicht nur an den Vorläufern der Habsburgerzeit[639], sondern auch an der NSDAP orientiert sehen. Zwar soll sich die DNSAP erst 1932 „klar zu Hitler bekannt" haben[640], doch auch dann hätte sich die angeblich im Vergleich zur NSDAP anfangs „stark demokratische Linie" der DNSAP[641] im Laufe der 1920er Jahre verflüchtigt.[642] Als der Berliner NSDAP-Gauleiter Joseph Goebbels im Februar 1930 von nationalsozialistischen Studenten zu einer Rede in Prag eingeladen wurde, befand sich demonstrativ auch Knirsch unter den Zuhörern.[643] Zum Zeitpunkt, als Karl Mocker 1933 der DNSAP beizutreten versuchte, war diese Partei folglich bereits weitgehend nazifiziert. Nicht zufällig ging deren führender Funktionär Hans Krebs, nachdem er im Herbst 1933 nach Aufhebung seiner Abgeordnetenimmunität von der Prager Regierung inhaftiert worden war[644], wegen der ihm in der ČSR drohenden strafrechtlichen Verfolgung nach Deutschland. Dort übernahm ihn das

---

[632] Wolfram, Prag und das Reich, S. 449, Anm. 1.
[633] Plöckinger, Geschichte eines Buches, S. 32.
[634] Osterloh, Nationalsozialistische Judenverfolgung im Reichsgau Sudetenland, S. 71.
[635] Koegler, Oppressed Minority?, S. 75 f.; Balling, Von Reval bis Bukarest, Bd. 1, S. 319 f., wonach Koegler von 1935–1938 Abgeordneter war.
[636] Ziegler, Tschechoslowakei, S. 540.
[637] Ebenda.
[638] Osterloh, Nationalsozialistische Judenverfolgung im Reichsgau Sudetenland, S. 71.
[639] Ziegler, Tschechoslowakei, S. 540; Wehler, Deutsche Gesellschaftsgeschichte, Bd. 4, S. 542; Knirsch hatte vor 1914 dem Alldeutschen Verband angehört; vgl. Kruck, Geschichte des Alldeutschen Verbandes, S. 17 und S. 108.
[640] Ziegler, Tschechoslowakei, S. 543.
[641] Smelser, Das Sudetenproblem und das Dritte Reich, S. 49.
[642] Balling, Von Reval bis Bukarest, Bd. 1, S. 263.
[643] Wolfram, Prag und das Reich, S. 524 f.
[644] Ebenda, S. 542 f. und S. 549.

NS-Regime nicht nur in die NSDAP, wobei er mit dem Gauleiter-Titel geehrt wurde, sondern auch als Pressereferent des Reichsinnenministeriums, der danach mehrere NS-Propagandawerke verfasste und 1936 (bis 1945) Mitglied des Reichstages wurde.[645]

Nach eigener Aussage war Mocker nach dem zufällig gescheiterten Versuch, dieser DNSAP beizutreten, zwischen Herbst 1933 und „Jänner 1935" parteilos geblieben, bevor er schließlich Henleins SdP beitrat.[646] Vorausgesetzt, dass all diese 1938/39 im Lichte einer angestrebten Partei- und Berufskarriere im NS-Staat gemachten Angaben der Wahrheit entsprechen[647], muss man Mocker als überzeugten „negativistischen" Gegner der Tschechoslowakischen Republik und als frühzeitig pro-nationalsozialistischen Partei-Aktivisten am rechten Rand des politischen Spektrums der Sudetendeutschen einstufen. Denn auch seine erste politische Heimat, die deutschnationale DNP (die bekanntlich zeitweilig von Lodgman geführt worden war), hatte um 1920 mit der proto-nazistischen DNSAP ein Wahlbündnis geschlossen. Als Mocker nach eigenen Angaben 1933 der DNSAP beizutreten versuchte, hatte diese „extreme nationalistische Rechtspartei der Sudetendeutschen" unter Führung des einstigen Hitler-Rivalen und späteren NSDAP-Reichstagsabgeordneten und SS-Gruppenführers Rudolf Jung in den tschechoslowakischen Wahlen von 1929 nur ganze 204 000 Wähler gewinnen können.[648] Allerdings hatte die DNSAP sich 1932 nicht nur „klar zu Hitler bekannt"[649], sondern – nicht zuletzt infolge der zunehmenden Arbeitslosigkeit infolge der Weltwirtschaftskrise – auch „Tausende radikalisierter Sudetendeutscher" als Neumitglieder gewinnen können.[650] Furcht vor Arbeitslosigkeit war allerdings für den sich bis 1935 erfolgreich etablierenden Rechtsanwalt Mocker offenbar nicht das Motiv seines politischen Engagements am äußersten rechten Rand des sudetendeutschen Parteienspektrums.

Unpolitische Kindheit: Rudolf Wollner bis 1933

Rudolf Wollner, 1923 im zur Tschechoslowakischen Republik gehörigen Sudetenland in der Stadt Asch geboren, war als deutlich jüngster Angehöriger unserer Untersuchungsgruppe bis 1933 zwangsläufig noch nicht politisch profiliert. Auch im Falle seines Vaters Georg Wollner, dem man einen prägenden Einfluss auf die politische Entwicklung des Sohnes bis 1945 unterstellen darf, stand die rechtsextreme politische Karriere in SdP, NSDAP und SS erst noch bevor. Georg Wollner,

---

[645] Balling, Von Reval bis Bukarest, Bd. 1, S. 313.
[646] SOAL, Fond Vrchní zemský soud (rissky) Litomerice (NAD 724, karton 108, spis 2-M-34), OLG Leitmeritz, Akten über Dienstverhältnisse des Rechtsanwalts Dr. Karl Mocker, Komotau, Personalkarte Dr. Karl Mocker.
[647] Den angeblich versuchten Beitritt zur DNSAP von 1933 konnte Mocker im NS-Staat ebensowenig belegen wie nach 1945 den angeblich 1942 vollzogenen Austritt aus der NSDAP.
[648] Balling, Von Reval bis Bukarest, Bd. 1, S. 263; zur NS-Karriere Jungs: ebenda, S. 418.
[649] Ziegler, Tschechoslowakei, S. 543.
[650] Smelser, Das Sudetenproblem und das Dritte Reich, S. 52.

1903 ebenfalls in Asch geboren und gelernter Schlosser, wurde erst 1934 hauptamtlicher Parteifunktionär der „Sudetendeutschen Heimatfront" und damit der späteren „Sudetendeutschen Partei" (SdP), in der er zum stark an Hitlers Nationalsozialismus orientierten Flügel zählen sollte.[651] Bis 1933 dürfte Rudolf Wollner jedoch eine ziemlich unpolitische Kindheit verbracht haben.

5.4. Zusammenfassung: Politische Profile vor der NS-Herrschaft

Unsere Analyse der Lebensläufe unserer dreizehn Protagonisten ergibt für deren politische Profilierung bis 1933 ein sehr unterschiedliches Bild.

Lodgman: Ein Deutschnationaler in politischer Führungsfunktion unter den bürgerlichen Sudetendeutschen mit dem Höhepunkt in den Jahren 1918–1921, der – herkommend von föderalistischen Modellen der Zeit bis 1918 – den autoritär von den Siegermächten des Ersten Weltkrieges verfügten Anschluss der sudetendeutschen Gebiete Böhmens an die neu geschaffene Tschechoslowakei strikt ablehnte und stattdessen deren Anschluss an Deutschland (nach dem Prinzip der nationalen Selbstbestimmung) favorisierte. Seine Politik strikter Verweigerung politischer Mitarbeit im Prager Staat, bei der er ein Wahlbündnis mit den sudetendeutschen Proto-Nationalsozialisten (DNSAP) 1920 nicht verschmähte, spaltete jedoch allmählich das bürgerliche Lager und scheiterte mit seiner Wahlniederlage von 1925. Seither zog sich Lodgman aus der Politik bis 1938 weitestgehend zurück.

Ulitz: Ein ursprünglich linksliberaler (DDP), auch später – als Angehöriger der deutschen Minderheitspartei im polnischen Teil Oberschlesiens – als Demokrat anzusprechender und auf der Linie des deutschen Außenministers Stresemann agierender gemäßigter Nationalist. Als Geschäftsführer der Dachorganisation der deutschen Bevölkerung im polnischen Teil Oberschlesiens hatte er eine herausragende Führungsfunktion in seiner Volksgruppe bis 1939 inne und genoss auch internationale Beachtung (Vertreter beim Völkerbund). Bis 1933 war er ein klarer Gegner nationalsozialistischer Bestrebungen innerhalb seiner Volksgruppe.

Kather: Ein typischer bürgerlicher Zentrums-Katholik in herausgehobener kommunalpolitischer Funktion in der Provinzhauptstadt Ostpreußens. Als Angehöriger des katholischen Milieus mit starker Kirchenbindung stand er dem Nationalsozialismus schon vor 1933 klar distanziert gegenüber. Folgerichtig übte er in der Königsberger Stadtverordnetenversammlung Mitte 1933 Mandatsverzicht und schied aus der Politik aus, statt Anpassungsversuche zu unternehmen.

Jaksch: Ein typischer sozialdemokratischer Parteifunktionär und sudetendeutscher „Aktivist", der trotz grundsätzlicher Vorbehalte gegen die strukturellen Defizite dieses Staates in der Nationalitätenpolitik die Tschechoslowakei akzeptierte und als Abgeordneter zwischen 1929 und 1938 jede tschechoslowakische Koaliti-

---

[651] Balling, Von Reval bis Bukarest, Bd. 1, S. 352.

onsregierung mittrug. Als entschiedener Gegner Hitlers musste er 1939 aus Prag ins westeuropäische Exil flüchten.

Gille: Ein konservativer leitender Kommunalbeamter (Bürgermeister einer Kleinstadt), der sich primär auf das deutschnationale und rechtsliberale Lager (DNVP und DVP) stützte und wahrscheinlich deutschnational orientiert war. Gegenüber der in seiner Stadt und Region gewalttätig-proletarisch auftretenden NSDAP verhielt er sich deutlich distanziert und führte 1932 sogar ostentativ Verhaftungen von des Mordes verdächtigten SA-Männern durch.

Schellhaus: Ein konservativer leitender Kommunalbeamter (Bürgermeister einer Kleinstadt), der sich primär auf das konservative und rechtsliberale Lager (DNVP und DVP) gestützt haben dürfte, aber der NSDAP gegenüber, anders als sein Amtskollege Gille, nicht konfrontativ auftrat und sich 1933 dem NS-Regime rasch anpasste – ebenso wie das ihn bisher tragende bürgerliche Milieu seiner Stadt.

Rehs: Ein als Student 1921–1923 eindeutig deutschnational-völkisch orientierter und in entsprechenden Hochschul- und Miliz-Verbänden aktiver Rechtsradikaler, der sich zwischen 1923 und 1928 auch als Journalist der deutschnationalen Presse (Hugenberg-Konzern) zur Verfügung stellte und in der Endphase der Weimarer Republik im Frontsoldaten-Bund „Stahlhelm" aktiv war. Vor 1933 folglich ein rechtsradikaler Antidemokrat, vermutlich auch Antisemit (denn die Verbände, denen er angehörte, waren dezidiert antisemitisch), aber kein Nationalsozialist.

Krüger: Als Student 1923 Mitglied der „Schwarzen Reichswehr" und als solcher militanter rechtsgerichteter Nationalist im Kampfeinsatz gegen kommunistische Aufständische in Thüringen. Die während der NS-Zeit von ihm behauptete Teilnahme am Hitlerputsch 1923 war offensichtlich aus Karrieregründen erlogen, Nationalsozialist war Krüger bis 1933 im formalen Sinne einer Parteimitgliedschaft jedenfalls nicht. Krüger behauptete nach 1945, in der Weimarer Zeit liberaler Demokrat (Stresemann-Anhänger) gewesen zu sein. Das wäre für die Stabilitätsphase Weimars (1924–1929) zwar denkbar, lässt sich aber nicht belegen und ist angesichts der durch anderweitige Falschaussagen zur eigenen Biographie erschütterten Glaubwürdigkeit Krügers nicht zwingend anzunehmen.

Trischler: Bereits als Student in München in völkischen Organisationen aktiv, dann in seiner zu Jugoslawien gehörenden Heimat ein völkisch-nationalistischer Genossenschaftsfunktionär und Minderheitenpolitiker der jungen Generation. Es gibt Indizien, dass er sich bereits um 1932 einer heterogenen, aber grundsätzlich NS-orientierten Gruppe junger „Erneuerer" innerhalb der volksdeutschen Minderheit Jugoslawiens angeschlossen hat.

Gossing: Vor 1933 nicht politisch aktiv und keiner Partei angehörend. Nach eigenen (Nachkriegs-)Angaben Ende 1932 Wähler der rechtsliberalen DVP und damit bürgerlicher Demokrat, 1933 jedoch rasche Anpassung an die NSDAP.

Langguth: Vor 1933 nicht politisch aktiv und keiner Partei angehörend. Nach eigenen (Nachkriegs-)Angaben Angehöriger einer liberalen Studentengruppe und als solcher angeblich NS-Gegner in der Freien Stadt Danzig, wo er sich jedoch im Mai 1933 – kurz vor der NS-Machtübernahme im Senat – der NSDAP anschloss.

Mocker: Um 1930 deutschnational (Mitglied der sudetendeutschen DNP, der Partei Lodgmans), dann eine weitere Rechtsradikalisierung durch Beitrittsversuch bei den sudetendeutschen Nationalsozialisten (DNSAP) im Jahre 1933.

Wollner: Infolge seiner Jugend nicht eigenständig politisch profiliert.

Damit bleibt für die Zeit bis 1933 mit Blick auf die drei in unserer Gruppe vertretenen politischen Generationen festzuhalten: Alle vier Angehörigen der älteren Generation waren bereits vor der NS-Herrschaft ausgesprochen profiliert. Drei dieser vier – Lodgman, Jaksch und Ulitz – können sogar als politisch Prominente bezeichnet werden, der vierte – Kather – hingegen nur als kommunalpolitische Größe. Politisch war das Profil denkbar unterschiedlich: Ein großdeutsch orientierter deutschnationaler Minderheitenpolitiker mit Bündnisneigung gegenüber dem Proto-Nationalsozialismus, der jede konstruktive Mitarbeit in der parlamentarischen Demokratie der Tschechoslowakei strikt ablehnte (Lodgman), steht neben einem „antifaschistisch" orientierten und auf reformorientierte Kooperation mit den Tschechen setzenden Sozialdemokraten (Jaksch), ein NS-distanzierter katholischer Zentrumspolitiker (Kather) steht neben einem liberal-demokratisch orientierten und bis 1933 NS-distanzierten Minderheitenpolitiker im Kontext des seit 1926 autoritär regierten Staates Polen (Ulitz).

Die fünf Angehörigen der mittleren Generation zeigten vor der NS-Herrschaft sämtlich zumindest Ansätze politischer Profilierung. Dabei waren die beiden leitenden Kommunalbeamten, Gille und Schellhaus, eher preußisch-konservativ (vermutlich deutschnational) orientiert; Gille profilierte sich auch als ordnungshütender Verteidiger der Staatsautorität gegen die NSDAP. Die drei übrigen (Rehs, Krüger, Trischler) hatten sich alle während ihrer Studentenzeit als völkisch-nationalistische Aktivisten hervorgetan – in entsprechenden Studentenorganisationen, Rehs und Krüger auch in militanten Wehrverbänden (1923), Rehs überdies als Journalist. Zumindest in zwei Fällen (Rehs und Trischler) scheint dieses rechtsradikale Engagement kontinuierlich gewesen zu sein, in einem Falle (Trischler) scheint es bereits vor 1933 in eine NS-Orientierung geführt zu haben.

Die vier Angehörigen der jungen Generation (Gossing, Langguth, Mocker, Wollner) zeichnen sich vor ihrer Lebensphase unter NS-Herrschaft nur partiell durch Ansätze politischer Profilierung aus. Gossing war vor 1933 nicht politisch aktiv, gehörte keiner Partei an, will nach eigenen Angaben aber rechtsliberal orientiert und damit Weimarer Demokrat gewesen sein. Letzteres lässt sich von den übrigen Jugendlichen nicht behaupten: Langguth begann zwar nach eigener Aussage im Studium als Mitglied einer liberalen Studentengruppe, schloss sich jedoch 1933 in der Freien Stadt Danzig der NSDAP an, ohne dass dies zwingend gewesen wäre. Mocker war seit seinem Studium eindeutig rechtsnationalistisch profiliert und nahm den Weg über die deutschnationale DNP, die proto-nationalsozialistische DNSAP in die Henlein-SdP. Wollner wiederum war zu jung für eine eigenständige politische Profilierung, wuchs jedoch in einem politisch rechtsgerichteten, völkisch-nationalistischen Elternhaus auf.

Damit ergibt sich folgendes politisches Profil unserer Gruppe zum Stichjahr 1933: NSDAP-Mitglied war vor 1933 niemand unter unseren dreizehn Probanden. Als völkische Nationalisten mit mehr oder weniger deutlicher NS-Orientierung gelten können jedoch zwei spätere BdV-Präsidiumsmitglieder: Eindeutig Mocker, wahrscheinlich auch Trischler. Als deutschnationale Feinde ihrer demokratisch-parlamentarischen Republiken ohne spezifische NS-Orientierung können zwei weitere eingestuft werden: Lodgman und Rehs. Als deutschnationale „Vernunftrepublikaner" eingestuft werden können wiederum zwei: Schellhaus und Gille, die Inhaber von Wahlbeamten-Ämtern (Bürgermeister) in der späten Weimarer Republik.

Unklar bleibt der Fall Krüger, der 1923 rechtsgerichtet agierte, danach aber der DVP-Politik Stresemanns angehangen haben will, um dann 1933 der NSDAP beizutreten. Berücksichtigt man Krügers schleppende, lange Zeit ungesicherte Justizkarriere nach 1933, so dürfte er in der Tat vom NS-Regime kaum als zuverlässiger Anhänger aus der Zeit vor 1933 betrachtet worden sein. Aus diesem Grunde versuchte Krüger gegen Mitte der 1930er Jahre, seine Zugehörigkeit zur „Schwarzen Reichswehr" und die Beteiligung an der „Reichsexekution" der Reichswehr gegen das damals links regierte Thüringen im Krisenjahr 1923 in eine unmittelbare Mitwirkung am Hitlerputsch in München umzustilisieren.

Als liberale Demokraten können bis zu drei definiert werden: neben Ulitz wahrscheinlich Gossing, möglicherweise zeitweilig Langguth. Als Zentrums-Katholik und Weimarer Demokrat ist lediglich einer – Kather – zu vermerken, als Sozialdemokrat und tschechoslowakischer Demokrat wiederum einer – Jaksch. Ein weiterer – Wollner – hatte infolge seines Kindesalters bis 1933 keine politische Profilierung.

Vor dem jeweiligen biographischen Übergang unserer Probanden unter deutsche NS-Herrschaft zählte folglich eine starke Minderheit unserer Untersuchungsgruppe (5 von 13) zu rechtsradikal orientierten Gegnern der parlamentarischen Demokratie. Die Mehrheit jedoch (7 von 13) waren hingegen verfassungstreue Demokraten, sei es aus „vernunftrepublikanischer" Staatsloyalität, sei es aus innerer demokratischer Überzeugung. Letztere darf man insbesondere den aktiven Parlamentariern dieser Gruppe unterstellen: Ulitz, Jaksch und Kather.

Bedenkt man, dass im letzten demokratisch gewählten deutschen Reichstag vom November 1932 die rechtsradikalen Demokratiegegner auf rund 41 Prozent kamen (NSDAP 33,1 Prozent; DNVP 8,3 Prozent), ist der Anteil der rechtsgerichteten Republikgegner um die Jahreswende 1932/33 in unserer Untersuchungsgruppe etwas niedriger (38,5 Prozent) und damit unterdurchschnittlich. Da in der Gruppe der späteren BdV-Führung kommunistische Demokratiegegner fehlten, die im Reichstag Ende 1932 immerhin 16,9 Prozent der Wähler repräsentierten, erreicht die in sich sehr heterogene Gruppe der verfassungstreuen Demokraten in unserer Untersuchungsgruppe (53,8 Prozent) im Vergleich zum letzten demokratisch gewählten Weimarer Reichstag sogar einen deutlich überdurchschnittlichen Anteil.[652]

---

[652] Vgl. hierzu http://www.gonschior.de/weimar/Deutschland/RT7.html (14.9.2011).

Allerdings verhinderte diese bis 1933 gegebene mehrheitlich demokratische oder demokratieloyale Orientierung der späteren Mitglieder des ersten BdV-Präsidiums von 1958 nicht, dass sich die meisten dieser Demokraten nach 1933 ebenso in den NS-Staat politisch integrierten wie die von jeher rechtsgerichteten und antidemokratisch Gesinnten. Nur wenige hielten sich zwischen 1933 und 1945 möglichst abseits oder leisteten gar politischen Widerstand gegen das NS-Regime.

III. Die Angehörigen des ersten BdV-Präsidiums: Politisches Verhalten 1933–1939

Rufen wir uns zu Beginn dieser Analyse des politischen Verhaltens unserer Untersuchungsgruppe in einem Zeitraum, der vom Regierungsantritt Hitlers am 30. Januar 1933 bis zum Beginn des Zweiten Weltkrieges am 1. September 1939 reicht, noch einmal die politische Generationen-Statik im späteren BdV-Präsidium von 1958 in Erinnerung. Demnach umfasste die bereits in der Zeit bis 1918 sozialisierte ältere Generation insgesamt neun der dreizehn Probanden: Neben der ältesten Kohorte der Lodgman (Jahrgang 1877), Ulitz (1885), Kather (1893) und Jaksch (1896) eine jüngere Kohorte der Gille (1901), Rehs (1901), Schellhaus (1901), Krüger (1902) und Trischler (1903). Demgegenüber machte die Generation der in der demokratischen Phase der 1920er Jahre Sozialisierten nur drei von dreizehn Probanden aus: Gossing (1905), Mocker (1905) und Langguth (1908). Zur jüngsten Generation der erst nach 1933 Sozialisierten ist allein Wollner (1923) zu zählen.

Wir werden in der Reihenfolge dieser Altersgruppen das politische Verhalten unserer Probanden zwischen 1933 und 1939 betrachten.

Der formelle Indikator einer Mitwirkung am und Unterstützung des NS-Regimes ist der Beitritt zur NSDAP. Von den dreizehn hier untersuchten Personen gehörten acht der NSDAP an (61,6 Prozent), fünf waren nicht Mitglied der NS-Partei (38,4 Prozent). Sämtliche NSDAP-Beitritte wurden erst nach der Ernennung Hitlers zum deutschen Reichskanzler am 30. Januar 1933 vollzogen.

Von den fünf Nicht-Mitgliedern der NSDAP können nur zwei als dezidierte Nicht-Nationalsozialisten eingestuft werden: Wenzel Jaksch und Linus Kather. Der eine, der sudetendeutsche Sozialdemokrat Jaksch, bekämpfte den Nationalsozialismus aktiv als demokratischer Abgeordneter in der Tschechoslowakei und dann im britischen Exil. Der andere, der ermländische Katholik Kather, war kein vollgültiger Gegner des NS-Regimes und politischer Widerständler wie Jaksch, aber gegenüber dem Nationalsozialismus zunächst stark distanziert, um binnen weniger Jahre ein regionaler Repräsentant ausgeprägter katholischer „Resistenz" zu werden, die das NS-Regime zumindest in einigen Teilbereichen ablehnte und im Rahmen systemimmanenter Möglichkeiten auch zu begrenzen suchte.

Die anderen drei der fünf NSDAP-Nichtmitglieder hingegen wiesen trotz dieser formellen Nicht-Zugehörigkeit starke Bezüge zum Nationalsozialismus auf. Im Falle des Jugoslawien- bzw. Ungarndeutschen Josef Trischler basierte die Nichtmitgliedschaft lediglich auf dessen staatsbürgerlicher Nichtzugehörigkeit zum Deutschen Reich. Trischler war eindeutig NS-Sympathisant und stützte seine politische Karriere ab 1938 auf die Förderung durch die NS-Diplomatie und NS-Auslandsorganisationen; er gehörte folgerichtig gegen Ende seiner politischen Laufbahn 1944/45 zu einer offen als nationalsozialistisch deklarierten volksdeutschen Abgeordnetengruppe im ungarischen Reichstag. Trischler wäre somit ohne weiteres der NSDAP beigetreten, wenn ihm dies in seinen Heimatstaaten Jugoslawien bzw. Ungarn möglich gewesen wäre. Dasselbe wird man angesichts der familiären Sozialisation und des biographischen Werdeganges auch dem jungen Sudetendeutschen Rudolf Wollner unterstellen dürfen. Dieser Sohn eines NSDAP-Kreisleiters wäre zweifellos selbst der NSDAP als ideologisch überzeugtes Mitglied beigetreten, wenn er sich zum möglichen Parteieintrittsdatum 1941 nicht bereits im Kriegsdienst der SS-Leibstandarte Adolf Hitler befunden hätte, zu der er sich freiwillig gemeldet hatte. Ambivalenter stellt sich lediglich der Fall Lodgman dar: Dieser klassische Vertreter der großdeutsch orientierten deutschnationalen Auslandsdeutschen lehnte bestimmte SdP- und NSDAP-Politikinhalte eindeutig ab, doch die erfolgreiche großdeutsche Vereinigungspolitik Hitlers 1938 vertiefte in seinem Falle ein bereits früher gegebenes, auf anderweitige inhaltliche Schnittmengen gegründetes weitreichendes NS-Sympathisantentum – eine Sympathie, die vom NS-Regime in den 1930er und 1940er Jahren demonstrativ erwidert wurde, ohne dass Lodgman auf dieser Basis noch eine späte politische Karriere im NS-Regime begründet hätte.

Betrachten wir demgegenüber die acht der NSDAP formell Beigetretenen, so ist zunächst festzustellen: Während gegen Kriegsende 1945 im Durchschnitt etwa zehn Prozent der deutschen Bevölkerung der NSDAP angehörten[1], waren es beim zufällig zusammengesetzten Kreis des späteren BdV-Präsidiums von 1958 nahezu zwei Drittel.

Das Durchschnittsalter dieser acht späteren BdV-Funktionäre lag bei ihrem Eintritt in die NSDAP bei 32,8 Jahren; erheblich jünger waren nur Heinz Langguth (24) und Hellmut Gossing (28), deutlich älter war allein Otto Ulitz (56), der auch als Letzter (erst 1941) beigetreten ist. Wenn man in Rechnung stellt, dass unter der NSDAP-Mitgliedschaft des Jahres 1933 rund 70 Prozent und auch 1935 immer noch rund 65 Prozent jünger als 40 Jahre waren, repräsentieren die 1933 Beigetretenen unserer Untersuchungsgruppe durchaus den altersmäßigen Trend zu einer jungen Partei. Die stärkste Alterskohorte der NSDAP stellten damals sogar die 21–30jährigen, so dass unsere früh Beitretenden sogar eine leichte ‚Überalterung' aufwiesen, allerdings damit immer noch zur zweitstärksten Kohorte der 31–40jährigen zählten.[2]

Wichtig erscheint, dass vor der sogenannten „Machtergreifung" der Nationalsozialisten (Ernennung Hitlers zum deutschen Reichskanzler am 30. Januar 1933) keine einzige der hier untersuchten Personen in die NSDAP eingetreten war. Ein „Alter Kämpfer" (Definition: Parteieintritt bis Mai 1928 bzw. Mitgliedsnummer bis 100 000) ist im ersten BdV-Präsidium somit nicht vertreten. Vier der acht späteren BdV-Funktionäre mit NS-Parteibuch waren im Mai 1933, zwei weitere im

---

[1] In den 1940er Jahren erreichten die vergebenen Mitgliedsnummern der NSDAP Ziffern bis um 10 200 000; da keine Mitgliedsnummer mehrfach vergeben wurde, andererseits unterdessen verstorbene Parteimitglieder in Abzug gebracht werden müssen, geht die neuere Forschung von rund acht bis neun Millionen NSDAP-Mitgliedern für die Jahre 1943/44 (bei rund 90 Millionen Einwohnern des „Großdeutschen Reiches" aus.
[2] Zur Statistik Wehler, Deutsche Gesellschaftsgeschichte, Bd. 4, S. 778 f.

Mai 1937 der NSDAP beigetreten, jeweils ein weiterer folgte im November 1938 bzw. im Oktober 1941. Die Hälfte der Beigetretenen gehört damit zur Massenbeitrittswelle der sogenannten „Märzgefallenen", als nach den letzten Reichstagswahlen vom 5. März 1933 bis zum Aufnahmestopp nach dem 1. Mai 1933 insgesamt 1,6 Millionen Menschen ihren Beitritt zur NSDAP beantragten – „ein Massenschub, der vielleicht klarer als alles andere das Ausmaß des Opportunismus und der Panikstimmung deutlich macht, von der die deutsche Bevölkerung erfaßt worden war".[3] Allerdings wird man diese Beitrittswelle nicht ausschließlich auf Opportunismus reduzieren dürfen, hinzu traten inhaltliche Übereinstimmungen mit der NS-Ideologie und NS-Politik, wie man sie 1933 interpretierte, und die daraus folgende „Schlußfolgerung [...], daß eine große Mehrheit der gebildeten Eliten in der deutschen Gesellschaft unabhängig von ihrer bisherigen politischen Orientierung bereits prädisponiert war, viele der Prinzipien zu übernehmen, auf die der Nationalsozialismus sich gründete".[4] Es wird im Folgenden darum gehen müssen, für unsere Probanden diese Dialektik von karriereorientiertem Opportunismus und inhaltlicher Prädisposition für jeden Einzelfall möglichst genau zu untersuchen.

Zur Korrelation von Parteieintritt, Alter und beruflicher Position ist feszuhalten:[5]

Dr. Alfred Gille
geb. am 15.9.1901 in Insterburg/Ostpr.;
NSDAP 1.5.1937, Mitgliedsnummer 6.019.687 – Eintritt mit 35 Jahren
Beruf: Bürgermeister (Beamter auf Zeit), Lötzen (preuß. Pr. Ostpreußen)

Hellmut Gossing
geb. am 16.4.1905 in Taulensee/Ostpr.;
NSDAP 1.5.1933, Mitgliedsnummer 2.179.901 – Eintritt mit 28 Jahren
Beruf: Kreissparkassen-Angestellter, Bütow (preuß. Pr. Pommern)

Hans Krüger
geb. am 6.7.1902 in Neustettin/Pommern;
NSDAP 1.5.1933, Mitgliedsnummer 1.853.978; – Eintritt mit 30 Jahren
Beruf: Gerichtsassessor (Beamter auf Zeit), Neustettin bzw. Labes (preuß. Pr. Pommern)

Dr. Dr. Heinz Langguth
geb. am 24.6.1908 in Danzig;
NSDAP 1.5.1933, Mitgliedsnummer 2.232.006 – Eintritt mit 24 Jahren
Beruf: Gerichtsreferendar (Beamter auf Zeit), Zoppot bzw. Danzig (Freie Stadt)

Dr. Karl Mocker
geb. am 22.11.1905 in Horatitz/Böhmen;
NSDAP 1.11.1938, Mitgliedsnummer 6.727.790 – Eintritt mit 33 Jahren
Beruf: Rechtsanwalt, Komotau (Reichsgau Sudetenland)

Reinhold Rehs
geb. am 12.10.1901 in Klinthenen/Ostpr.;
NSDAP 1.5.1937, Mitgliedsnummer 4.861.193 – Eintritt mit 35 Jahren
Beruf: Rechtsanwalt, Königsberg (preuß. Pr. Ostpreußen)

[3] Evans, Das Dritte Reich, Bd. 1, S. 500f.
[4] Ebenda, S. 589.
[5] Die folgenden Angaben gemäß BAB, BDC, NSDAP-Mitgliederkartei.

Erich Schellhaus
geb. am 4.11.1901 in Bösdorf/Schlesien;
NSDAP 1.5.1933, Mitgliedsnummer 2.263.025 – Eintritt mit 31 Jahren
Beruf: Bürgermeister (Beamter auf Zeit), Fiddichow (preuß. Pr. Pommern)

Dr. Otto Ulitz
geb. am 28.9.1885 in Kempten/Allgäu;
NSDAP 1.10.1941, Mitgliedsnummer 8.712.129 – Eintritt mit 56 Jahren
Beruf: Abteilungsleiter im Regierungspräsidium (Beamter auf Zeit) im Range eines Ministerialrates, Kattowitz (preuß. Pr. Schlesien)

Vier der acht NSDAP-Mitglieder unserer Untersuchungsgruppe waren dieser Partei mit Wirkung vom 1. Mai 1933 beigetreten – dem letztmöglichen Beitrittsdatum der „Machtergreifungs"-Phase, da seither auf Befehl Hitlers für längere Zeit ein weitgehender Aufnahmestopp verhängt wurde. Dieser wurde regional ab 1935 gelockert, aber erst zum Mai 1937 insoweit aufgehoben, als die NS-Führung generell wieder Aufnahmeanträge zuließ, positiv bewertete Bewerber jedoch zunächst nur als „Parteianwärter" aufnahm, bevor man im Mai 1939 zur Aufnahme vollwertiger Mitglieder zurückkehrte.[6]

Bei den vier zum 1. Mai 1933 in die NSDAP aufgenommenen Mitgliedern handelte es sich um einen 24jährigen Gerichtsreferendar (Langguth), einen 28jährigen Sparkassenangestellten (Gossing), einen 30jährigen Gerichtsassessor (Krüger) und einen 31jährigen, seit knapp einem Jahr im Amt befindlichen Kleinstadt-Bürgermeister (Schellhaus). Unsere Probanden waren also Beamte auf Zeit und ein Angestellter; sie gehörten damit jenen Berufsgruppen an, die in der NSDAP 1935 im Vergleich zur Gesamtbevölkerung erheblich überrepräsentiert waren. Die Beamten stellten in der Bevölkerung 1935 nur 4,5 Prozent, in der NSDAP-Mitgliederschaft hingegen 12,4 Prozent. Während damals nur 5 Prozent der Arbeiterschaft in der NSDAP organisiert waren, traf dies auf 20,7 Prozent der Beamten, auf 15 Prozent der Selbständigen und auf 12 Prozent der Angestellten sowie der selbständigen Bauern zu.[7] Besonders auffällig war die Verdoppelung des Beamten-Anteils unter den NSDAP-Mitgliedern zwischen 1933 und 1935 von 6,7 Prozent auf 12,4 Prozent, während der Selbständigen-Anteil sich nur leicht erhöhte (von 17,6 Prozent auf 19,0 Prozent) und jener der Angestellten sogar zurückging (von 21,1 Prozent auf 19,4 Prozent). Zu Recht hat Hans-Ulrich Wehler das erhebliche Anwachsen des Beamtenanteils unmittelbar nach der NS-Machtübernahme als „verräterisches Anzeichen des vorherrschenden Opportunismus" gewertet.[8] Auch in den vier Beitrittsfällen des Jahres 1933 wird man eine politische Anpassungsleistung junger, am Beginn ihres Berufslebens stehender Menschen unterstellen, deren noch unsichere staatliche oder staatsnahe Karrieren dadurch stabilisiert oder beschleunigt werden sollten. Doch bedarf es näherer Analyse, um eventuelle weitere politische Motive abschätzen zu können.

---

[6] Wagner, Entwicklung, Herrschaft und Untergang der nationalsozialistischen Bewegung in Passau, S. 139f., S. 147, S. 151 und S. 177f.
[7] Klemp, „Richtige Nazis hat es hier nicht gegeben...", S. 198f.
[8] Wehler, Deutsche Gesellschaftsgeschichte, Bd. 4, S. 778f.

Zwei weitere Probanden traten der NSDAP zum 1. Mai 1937 bei, nachdem der erwähnte Aufnahmestopp von 1933 wieder aufgehoben worden war. Dabei handelte es sich um einen 35jährigen Bürgermeister einer Kleinstadt (Gille), also wiederum um einen Beamten, sowie um einen 35jährigen selbständigen Rechtsanwalt (Rehs).

Ein weiterer Proband wurde am 1. November 1938 in die NSDAP aufgenommen bzw. übernommen, da er zuvor seit 1935 bereits der NS-nahen „Sudetendeutschen Partei" (SdP) in der Tschechoslowakei angehört hatte. Die Übernahme dieses 33jährigen selbständigen Rechtsanwalts (Mocker) wurde erst durch die kurz zuvor erfolgte Annexion der Sudetengebiete durch das Deutsche Reich möglich, erfolgte jedoch in privilegierter Form, durch Einstufung des Betreffenden als NS-verlässlicher SdP-Parteiaktivist.[9] Mocker trat der NSDAP somit zum für ihn frühestmöglichen Zeitpunkt bei.

Dies verhält sich in jenem Falle anders, wo der NSDAP-Beitritt erst mit Wirkung vom 1. Oktober 1941 vollzogen wurde. Auch bei diesem damals 56jährigen höheren Staatsbeamten (Ulitz) spielte eine Rolle, dass derselbe erst durch die deutsche Annexion seiner Heimat Ostoberschlesien (wieder) deutscher Staatsbürger geworden war und folglich frühestens im Herbst 1939 der NSDAP hätte beitreten können. Dass Ulitz diesen Schritt zwei volle Jahre unterließ, deutet auf das Fehlen überzeugten NS-Engagements hin. Vielmehr scheint es beim späten NSDAP-Eintritt um den Versuch der Absicherung seiner 1939 erzielten hochrangigen Beamtenposition durch formelle parteipolitische Anpassung gegangen zu sein.

1. Die ältere Generation und das NS-Regime: Lodgman – Ulitz – Kather – Jaksch

Die politisch schon vor 1933 profilierte ältere Generation bietet in ihrem Verhältnis zum NS-Regime ein denkbar unterschiedliches Bild: Von der erfolgreichen Anpassung und NS-Integration (Ulitz) über grundsätzliche NS-Sympathie bei partiellem Dissens (Lodgman) über eine rechtspolitisch motivierte Distanz und religiös motivierte Resistenz (Kather) bis hin zum politischen Widerstand im Exil (Jaksch).

Der deutschnationale NS-Sympathisant: Rudolf Lodgman 1938–1939

Nach dem 1925 erfolgten Scheitern seiner negativistischen Politik gegenüber der Tschechoslowakei, in der er lebte, und dem darauf erfolgten Rückzug aus der Politik wurde Lodgman nicht gänzlich unpolitisch. Schon sein Amt als Geschäftsführer des Verbandes der deutschen Selbstverwaltungskörper in der ČSR, das er

---

[9] Siehe unten Kap. III.3.3.

1925 übernahm und bis zu seiner Pensionierung 1938 – nach dem Anschluss des Sudetengebiets an Deutschland – ausübte, war in seiner Vermittlungsfunktion zwischen der Prager Zentralregierung und der sudetendeutschen Kommunalpolitik zweifellos politischer Natur. Außerdem blieb Lodgman bis 1938 ein gefragter „politischer Ratgeber" in sudetendeutschen Kreisen, ferner ein geachteter Experte für kommunale Verwaltungsfragen auch in Deutschland und Österreich.[10] In die sudetendeutsche Parteipolitik, die sich mit der einem Parteiverbot zuvorkommenden Selbstauflösung seiner „Deutschen Nationalpartei" (DNP) und der „Deutschen Nationalsozialistischen Arbeiterpartei" (DNSAP) und parallel dazu mit der Bildung der „Sudetendeutschen Heimatfront" 1933 bzw. „Sudetendeutschen Partei" (SdP) unter Konrad Henlein 1935 gravierend verändert hatte, schaltete sich Lodgman jedoch für lange Zeit nicht wieder ein. Als Henleins SdP bei den Wahlen vom Mai 1935 rund zwei Drittel aller sudetendeutschen Wähler (ca. 1,25 Millionen Stimmen) für sich gewinnen konnte und mit 15,2 Prozent zur stärksten Fraktion im Prager Abgeordnetenhaus überhaupt aufstieg[11], war Lodgman keineswegs ein Anhänger dieser neuen Sammelbewegung, obwohl diese auf den ersten Blick vielen seiner politischen Ansichten entgegenzukommen schien.

Kurz nach dem Erdrutschsieg der SdP im Jahre 1935 skizzierte ein Bericht des deutschen Gesandten in Prag, Walter Koch[12], der dort bereits seit 1921 amtierte und die politische Lage gut überblickte, die seit 1918 eingeschlagenen „drei Wege sudetendeutscher Politik". Zunächst sei unter Führung Lodgmans versucht worden, alle Sudetendeutschen „in der Negation und starren Verneinung des Staates zu erhalten", um die ČSR zu destabilisieren und einen „günstigen Augenblick" für Veränderungen abzuwarten. Dieser Versuch sei gescheitert, „weil die entgegenstehenden Verhältnisse zu stark und die auf deutscher Seite mithandelnden Personen zu schwach waren". Laut Koch war daraufhin seit 1926 eine zweite Strategie versucht worden – kein vollkommener Aktivismus (im Sinne von konstruktiver Mitarbeit im tschechoslowakischen Staat), sondern eine Art „Doppelgleisigkeit": Ein Teil der deutschen Parteien habe aktiv in der Regierung mitgearbeitet und dabei möglichst Vorteile für ihre Volksgruppe herauszuholen versucht, ein anderer Teil habe in der Opposition den stets mehr fordernden „bösen Buben" gespielt. Dieses antagonistische Zusammenwirken sei jedoch ebenfalls gescheitert – nicht zuletzt „daran, daß die ‚Aktivisten' nicht aktiv und die Oppositionellen keine wirklichen ‚bösen Buben' waren". Dass trotz der Regierungsbeteiligung deutscher Parteien das Verbot anderer deutscher Parteien – DNP und DNSAP – im Oktober 1933 möglich gewesen sei, habe das Scheitern dieser Strategie unter Beweis gestellt. Die dritte Strategie einer „Synthese aus Ablehnung und Mitarbeit" werde seit Henleins Grundsatzerklärung im Prager Parlament vom Juni 1935 von

---

[10] Simon, Rudolf Lodgman von Auen. Reden und Aufsätze, S. 9.
[11] Alte, Die Außenpolitik der Tschechoslowakei, S. 29 f.; Balling, Von Reval bis Bukarest, Bd. 1, S. 279.
[12] Dr. Walter Koch, 1870–1947, 1918 königlich sächsischer Minister des Innern, 1921–1935 Gesandter des Deutschen Reiches in der Tschechoslowakischen Republik.

der SdP verfolgt. Diesen Kurs hielt Koch ebenfalls für problematisch, da die Tschechen eine Regierungsbeteiligung der SdP nicht zulassen wollten, während deren Anhänger wiederum Taten erwarteten. Einerseits habe die SdP die offizielle Anerkennung der Verfassung und damit der Legitimität der ČSR ausgesprochen, was alle deutschen Parteien bisher vermieden hätten; andererseits habe sie Selbstbestimmungsrecht und „nationale Selbstverwaltung" für ihre Volksgruppe gefordert, was zwangsläufig einen grundlegenden Umbau der ČSR zur Folge haben müsse.[13]

Die SdP und ihr Führer Konrad Henlein repräsentierten die Politisierung einer jüngeren sudetendeutschen Generation – mit starkem antibürgerlichen Affekt und Antitraditionalismus.[14] Der Generationenunterschied zwischen dem 1898 geborenen Henlein und dem 1877 geborenen Lodgman trägt zur Erklärung des politischen Gegensatzes zwischen diesen beiden Politikern zweifellos bei. Dabei wurde der Konflikt zwischen Lodgman und Henlein inhaltlich jedoch nicht durch des Letzteren zunehmende Unterordnung unter Hitler ausgelöst. Im Gegenteil: Lodgman hatte, wie er 1939 rückblickend erklärte, in der Tschechoslowakischen Republik bis 1938 vielmehr „die SdP wegen ihrer loyal-aktivistischen Einstellung zwar nicht [gerade] öffentlich bekämpft", aber doch heftig verurteilt. Lodgman betrachtete Henleins Partei zumindest bis 1936 als eine „loyale Partei", die sich auf den Boden der ČSR stellte, statt diesen Staat abzulehnen und zu bekämpfen[15] – und damit als Nachfolgerin der übrigen aktivistischen Parteien, die 1925 sein politisches Scheitern herbeigeführt hatten. Lodgman warf Henlein und dessen SdP letztlich vor, nicht separatistisch genug, nicht großdeutsch genug und auch nicht nationalsozialistisch genug zu sein.

Letzteres ergibt sich daraus, dass Lodgman sich im April 1938 – unmittelbar nach dem Anschluss Österreichs an Hitlers nunmehr „Großdeutsches Reich" – in einer Denkschrift an den „Führer und Kanzler des Deutschen Reiches, Adolf Hitler", wandte, um diesem zu erläutern, „warum ich nicht zu Konrad Henlein fand". Lodgman kritisierte gegenüber dem deutschen Diktator scharf Henleins langjähriges Festhalten am sudetendeutschen Aktivismus.[16] In der Tat hatte sich der Führer der „Sudetendeutschen Partei" keineswegs kontinuierlich als Unterführer Hitlers in einer auf Zerstörung der Tschechoslowakei und Anschluss an Deutschland zielenden ‚Fünften Kolonne' verstanden. Stattdessen hatte sich Henlein 1933/34 „wiederholt ausdrücklich vom Nationalsozialismus distanziert" und darauf hingewiesen, dass seine „Sudetendeutsche Heimatfront" auch „keine Fortsetzung der Krebs-Partei" DNSAP sei, deren Führer man als Deserteure verachte.[17] Dies bezog sich darauf, dass Hans Krebs und andere Funktionäre der

---

[13] Politisches Archiv des Auswärtigen Amtes der Bundesrepublik Deutschland, Berlin (PAAA), R 73812, E642941–E642943, Deutsche Gesandtschaft Prag, Dr. Koch, Bericht v. 21.6.1935.
[14] Kural, Konflikt anstatt Gemeinschaft?, S. 164.
[15] SOAL, NL Lodgman, Lodgman, Rundschreiben an „Gesinnungsfreund[e]", 14.7.1939, S. 9.
[16] Küpper, Karl Hermann Frank, S. 59f.; Zimmermann, Die Sudetendeutschen im NS-Staat, S. 87.
[17] Küpper, Karl Hermann Frank, S. 55.

vor dem Verbot stehenden „Deutschen Nationalsozialistischen Arbeiterpartei" (DNSAP) in der Tschechoslowakei 1933 nach Deutschland geflüchtet waren, wo sie mit ihren engen Verbindungen zur NS-Führung eine nicht zu unterschätzende Konkurrenz für die Henlein-Bewegung darstellten. Krebs entwickelte sich „zum entschiedensten und gefährlichsten Widersacher der von Henlein vertretenen Linie innerhalb des Deutschen Reiches".[18] Noch 1943 sah sich Henlein veranlasst, in einer vertraulichen Besprechung mit DNSAP-Veteranen wie Krebs seine frühere Distanz zu Hitler und zum Nationalsozialismus zu rechtfertigen.[19]

Lodgmans gegen Henlein gerichteter Vorwurf des „Aktivismus" war insofern keineswegs unbegründet. In einer Aufsehen erregenden Rede in Böhmisch Leipa hatte Henlein im Oktober 1934 ein Bekenntnis seiner Bewegung zur „Staatstreue" gegenüber der Tschechoslowakei und deren demokratisch-republikanischer Verfassung abgelegt, erneut den Nationalsozialismus kritisiert und für die Verhältnisse in Mitteleuropa jede Orientierung an „Pangermanismus" und „Panslawismus" gleichermaßen verurteilt.[20] Diese Distanzierung vom Alldeutschtum und vom Nationalsozialismus hatte in Lodgmans Augen der Entwicklung eines spezifisch sudetendeutschen Stammesbewusstseins und der damit verbundenen Gefahr einer „Verschweizerung" Vorschub geleistet. Erst seit Mitte 1936 habe Henlein allmählich „eine klarere oppositionelle Linie im Verhältnisse zum Tschechenstaat" erkennen lassen.[21] In einer weiteren Denkschrift, die Lodgman am 1. November 1938 für das Reichsinnenministerium erarbeitete, betonte er nochmals, der sogenannte „Kameradschaftsbund", aus dem der spätere SdP-Führer Henlein hervorgegangen sei, habe „niemals im Dienste der alldeutschen Idee gestanden; daß er schließlich, von der Dynamik des Nationalsozialismus überrannt, im Alldeutschland und dem Nationalsozialismus landete, war seine Tragik oder sein Glück, ist aber keinesfalls sein Verdienst".[22]

Eine Unterredung, die Lodgman mit Henlein unmittelbar vor Erstellung seiner Denkschrift für Hitler am 7. April 1938 gehabt hatte, deutete Lodgman zwar als Indiz, dass Henlein dieses ursprüngliche aktivistische Programm der SdP mittlerweile als „überholt" betrachtete. Lodgman schätzte jedoch Henlein als zu wenig durchsetzungsstark ein, um diesen Kurswechsel innerhalb der heterogenen SdP verbindlich machen zu können: „Hier müsste also [von Berlin aus] eingegriffen werden, um die Vergangenheit klar und unzweideutig abzutun." Lodgman erläuterte dem „Führer", zu dem er mit dieser Denkschrift erstmals Kontakt gesucht zu haben scheint, er sei der SdP bisher konsequent nicht beigetreten, weil er es mit seinem „sittlichen Empfinden nicht [habe] vereinbaren" können, „zu einer Partei zu stoßen, die sich in den grundlegenden Fragen deutscher Volksgemeinschaft von meinen Anschauungen schied, weil sie mit ihrer Politik in Wirklichkeit ande-

---

[18] Gebel, „Heim ins Reich!", S. 34 und S. 52.
[19] Ebenda, S. 55.
[20] Ebenda, S. 38f.
[21] Zitiert nach: Küpper, Karl Hermann Frank, S. 59f.
[22] Zitiert nach: Gebel, „Heim ins Reich!", S. 59; vgl. auch Zimmermann, Die Sudetendeutschen im NS-Staat, S. 88.

re und zwar geheime Ziele verfolgt hatte und die Kraft ihrer Bewegung nicht im Bekenntnis, sondern in der Tarnung suchte und noch heute sucht". Dabei berief sich Lodgman auf das politische Vermächtnis des ihm angeblich gleich gesinnten Hans Knirsch, des 1933 verstorbenen Gründers der deutschvölkischen Arbeiterbewegung im habsburgischen Österreich[23], der wie Lodgman zwischen 1911 und 1918 dem österreichischen Reichsrat angehört hatte.[24]

Mit seiner Berufung auf Knirsch, der seit 1918 als Führer der DNSAP zunächst noch im habsburgischen Kaisertum Österreich, sodann unter deutlich gewandelten politischen Umständen ab 1919 in der Tschechoslowakei gewirkt hatte[25], berief sich Lodgman gegenüber Hitler auf einen gemeinsamen früheren politischen Weggefährten. Hans Knirsch hatte zu Hitler in dessen Frühzeit persönlich Kontakt gehabt – nicht nur nach dessen Münchner Putschversuch vom November 1923[26], sondern schon ab 1921, als er (zusammen mit Gesinnungsfreunden wie seinem Partei-Geschäftsführer Hans Krebs) die sudetendeutsche DNSAP am Programm der reichsdeutschen NSDAP ausrichtete.[27] Oder war es umgekehrt? Die bisherige „Deutsche Arbeiterpartei" der Habsburgermonarchie hatte sich bereits auf ihrem letzten „Reichsparteitag in Wien" im Mai 1918 auf Antrag dreier Politiker, zu denen Rudolf Jung und Hans Krebs gehörten, in „Deutsche Nationalsozialistische Arbeiterpartei" (DNSAP) umbenannt.[28] Rudolf Jung hatte mit seiner 1919 verfassten Programmschrift „Der nationale Sozialismus" Hitler zu Beginn von dessen politischer Karriere nachweislich beeindruckt und möglicherweise sowohl das NSDAP-Parteiprogramm von 1921 als auch Hitlers spätere Bekenntnis-Schrift „Mein Kampf" beeinflusst. DNSAP-Führer wie Jung und Krebs waren jedenfalls von „dieser Vorgänger- und Vordenkerschaft der DNSAP" selbstbewusst überzeugt, und Jung wagte es deshalb sogar, Hitlers Rolle als erster Ideologe des Nationalsozialismus in Frage zu stellen.[29] Hitler sollte sich nach dem ‚Anschluss' der Sudetengebiete 1938 damit revanchieren, dass er sich – entgegen aller Bemühungen namentlich von Krebs – strikt weigerte, DNSAP und SdP als „Vorläuferorganisationen der NSDAP" anzuerkennen und deren Mitglieder daher kollektiv als ‚alte Kämpfer' in seine eigene Partei aufzunehmen. Dies wurde zwar ausgesuchten DNSAP-Funktionären wie Krebs und Jung durchaus gewährt, doch prin-

---

[23] SOAL, NL Lodgman, Karton 9, Dr. Rudolf Lodgman, Teplitz-Schönau, Denkschrift „Warum ich nicht zu Konrad Henlein fand", „verfasst am Tage des Grossdeutschen Reiches, am 10. April 1938, für den Führer und Kanzler des Deutschen Reiches, Adolf Hitler", S. 2 und S. 5; mit dem „Tage des Grossdeutschen Reiches" meinte Lodgman den Termin der zur Legitimation des Anschlusses Österreichs am 10.4.1938 durchgeführten Reichstagswahl und Volksabstimmung; Hans Knirsch, 1877–1933, Vorsitzender der von ihm 1903 mitbegründeten Deutschen Arbeiterpartei, 1911–1918 Mitglied im österreichischen Abgeordnetenhaus, 1919–1928 als Vorsitzender der DNSAP Mitglied des tschechoslowakischen Abgeordnetenhauses.
[24] Wolfram von Wolmar, Prag und das Reich, S. 414.
[25] Ebenda, S. 449, Anm. 1.
[26] Plöckinger, Geschichte eines Buches, S. 32.
[27] Osterloh, Nationalsozialistische Judenverfolgung im Reichsgau Sudetenland, S. 71.
[28] Schnee, Georg Ritter von Schönerer, S. 89.
[29] Gebel, „Heim ins Reich!", S. 28.

zipiell stellte sich Hitler auf den Standpunkt, die Mitglieder der beiden sudetendeutschen Rechtsparteien seien zwar gute, national gesinnte Deutsche gewesen, aber keinesfalls durchweg „überzeugte Nationalsozialisten", sie seien vielmehr mit der reichsdeutschen DNVP und dem „Stahlhelm"-Frontkämpferbund vergleichbar.[30] Das schmerzte alte DNSAP-Funktionäre, die auf alle Funktionäre der Henlein-Partei SdP, die bis 1933 nicht bereits DNSAP-Mitglieder gewesen waren, als „Konjunktur-Nazis" herabblickten.[31]

Was Lodgman angeht, so hatte seine deutschnationale DNP bei den ersten tschechoslowakischen Parlamentswahlen von 1920 mit Knirschs DNSAP eine „Deutsche Wahlgemeinschaft" gebildet.[32] Was damals noch nicht völlig Hitlerkonform gewesen sein muss, wurde 1938 von Lodgman jedenfalls in diesem Sinne interpretiert: Indem er Hitler den verstorbenen Knirsch als NS-Gesinnungsgenossen ins Gedächtnis rief, suchte er sich selbst als Nationalsozialisten der ersten Stunde zu legitimieren und vom als unzuverlässig charakterisierten SdP-Führer Henlein abzugrenzen. Lodgmans Denkschrift schloss folgerichtig mit: „Heil dem Führer!"[33] Dieser jedoch dürfte auch Lodgman allen Falls als wohlgesinnten deutschnationalen Sympathisanten betrachtet haben, nicht aber – wie Lodgman suggerierte – als echten Nationalsozialisten.

Die Frontstellung Lodgmans gegen Henlein wurde in der Krise des Sommers 1938 durch die kommunistische Presse in der Tschechoslowakei öffentlich gemacht. Dies nötigte Lodgman, wie die deutsche Gesandtschaft am 6. September 1938 nach Berlin berichtete, zu einer öffentlichen „Auseinandersetzung mit den Kommunisten".[34] Unter der Prämisse, „Recht müsse Recht bleiben, also auch das Selbstbestimmungsrecht der Völker", welches „mit dem Kampfe zwischen Demokratie und Faschismus […] überhaupt nichts zu tun" habe, erklärte Lodgman in einem bürgerlichen Presseorgan, er habe die unterdessen zwei Jahre alten Entwürfe der SdP zur Schulgesetzgebung der Tschechoslowakei tatsächlich scharf kritisiert, weil sie das Nationalitätenproblem systemimmanent zu lösen versucht hätten, was seines Erachtens unmöglich sei. Denn entweder bleibe „die jetzige Verfassung" der ČSR erhalten, „dann bleibt der Staat ein tschechischer oder tschechoslowakischer *Nationalstaat*, dann bleiben auch die Minderheiten oder, wie es jetzt heißt, die ‚Nationalitäten' unbefriedet und Objekte der Staatspolitik, oder aber die Nationalitäten werden als gleichberechtigt anerkannt, dann muß sich

---

[30] Ebenda, S. 132.
[31] Ebenda, S. 147; noch in seiner Aussage im Prager Kriegsverbrecherprozess gab Krebs auf die Frage nach den Gründen für seine Konflikte mit Henlein die für ihn selbst keineswegs günstige, aber subjektiv ehrliche Antwort, im Unterschied zu Henlein sei er selbst ein Nationalsozialist gewesen; ebenda, S. 200.
[32] Balling, Von Reval bis Bukarest, Bd. 1, S. 261–263.
[33] SOAL, NL Lodgman, Karton 9, Dr. Rudolf Lodgman, Teplitz-Schönau, Denkschrift „Warum ich nicht zu Konrad Henlein fand", „verfasst am Tage des Grossdeutschen Reiches, am 10. April 1938, für den Führer und Kanzler des Deutschen Reiches, Adolf Hitler", S. 5.
[34] PAAA R 10/3666, Bl. 291, Deutsche Gesandtschaft Prag, Bericht v. 6. 9. 1938.

zwangsläufig die Umwandlung des Nationalstaates in einen *Nationalitätenstaat* mit allen daraus erfließenden Folgerungen ergeben".[35]

Nichtöffentlich hatte Lodgman bereits im April 1938 gegenüber dem neuen deutschen Gesandten in Prag, Ernst Eisenlohr[36] (offenbar nach Geheimverhandlungen mit dem tschechoslowakischen Regierungschef Milan Hodža, zu denen dieser Lodgman eingeladen hatte[37]) seine Überzeugung ausgesprochen, dass die ČSR nicht mehr haltbar sei: „Der Staat ist überhaupt nur als tschechischer Nationalstaat denkbar, der von Prag aus durch Armee, Polizei und Bürokratie zusammengehalten wird, ähnlich dem früheren Österreich und Ungarn [bis 1918]; als Nationalitätenstaat hat er keine Daseinsberechtigung, weil keine alles überragende gemeinsame sittliche Idee." Die von Lodgman zu Beginn der 1920er Jahre geforderte Gleichberechtigung der Minderheiten und die damit verbundene Transformation der Tschechoslowakei in einen Nationalitätenstaat waren für ihn niemals Selbstzweck gewesen, sondern allenfalls die zweitbeste Lösung gegenüber der stets vorzuziehenden großdeutschen Anschlusspolitik. Da Lodgman die sofortige Abtrennung der Sudetengebiete und ihren Anschluss an Deutschland international ohne Kriegsgefahr jedoch für unmöglich hielt, plädierte er – da er offensichtlich einen Weltkrieg nicht dafür in Kauf zu nehmen bereit war – für die Durchsetzung der vollen Autonomie-Lösung innerhalb der ČSR in Zusammenarbeit Deutschlands mit den Westmächten Großbritannien und Frankreich. Aus dieser inneren Kräfteverschiebung würde dann eine automatische Anlehnung der Sudetendeutschen, aber auch der Slowaken an Deutschland resultieren, die letztlich auch die Tschechen zu einer prodeutschen Umorientierung nötigen würde. Habe Deutschland erst einmal eine Reform der ČSR in Richtung sudetendeutscher Autonomie durchgesetzt, so werde sich „die weitere Entwicklung von selbst im Interesse des Deutschtums vollziehen". Lodgman prognostizierte die friedliche Entstehung eines deutschen Quasi-Protektorats über die reformierte Tschechoslowakei: Denn der Prager Staat werde, ebenso „wie Österreich-Ungarn im Jahre 1918, von selbst in seine Bestandteile zerfallen, ohne daß es aber hiezu eines Weltkrieges bedürfte" wie damals, „und die früheren Jahrhunderte des alten deutschen Kurfürstentums Böhmen werden, in anderer Form freilich, wiederum erstehen".[38] Lodgman spielte hier darauf an, dass das frühere Königreich Böhmen jahrhundertelang dem Heiligen Römischen Reich Deutscher Nation eng verbunden gewesen war, indem der König von Böhmen zwischen 1356 und 1806 die Rechte eines

---

[35] Ebenda, Bl. 292, Dr. Rudolf Lodgman-Auen, „Die Rechtspersönlichkeit der Nationalitäten. Meine Kritik an den sechs Volksschulgesetzen der SdP", in: Bohemia v. 6.9.1938.

[36] Ernst Eisenlohr, 1882–1958, 1935–1938 Gesandter des Deutschen bzw. (ab April 1938) Großdeutschen Reiches in der Tschechoslowakischen Republik, mitten in der Sudetenkrise am 14.9.1938 abberufen.

[37] Simon, Rudolf Ritter Lodgman von Auen, S. 36.

[38] Rudolf Lodgman von Auen an den Gesandten des Großdeutschen Reiches, Ernst Eisenlohr, April 1938; zitiert nach: Emil Hruška, Sudetendeutsche Kapitel. Studie zu Ursprung und Entwicklung der sudetendeutschen Anschlussbewegung, S. 93–95; vgl. http://www.deutsch-tschechische-nachrichten.de/dtn_dossiers/dtn_dossier_02%20030526_ef.pdf (19.5.2011); vgl. auch die Paraphrase bei Simon, Rudolf Ritter Lodgman von Auen, S. 36f.

Kurfürsten – d. h. eines privilegierten Wählers des deutschen Königs – ausgeübt hatte.

Öffentlich hatte Lodgman im selben Monat April 1938 unter dem Titel „Wie sichern wir Europa den Frieden" in der sudetendeutschen Zeitschrift „Die junge Front" mit Blick auf die Tschechoslowakei erklärt: „In einem Nationalstaate können nicht zwei, drei oder mehr Völker ‚gleichberechtigt' sein, weil er sonst aufhörte, ein Nationalstaat, das Instrument einer bestimmten Nation zu sein; man ist entweder Staatsvolk oder man ist es nicht [...], ein Nationalstaat kann unter Umständen theoretisch gleichberechtigte Staatsbürger kennen, niemals aber gleichberechtigte Nationen". Deutlicher als in seinem nichtöffentlichen Schreiben an Eisenlohr bekundete Lodgman hiermit seine Hoffnung auf ein regelrechtes Neuordnungsdiktat der vier Großmächte Großbritannien, Frankreich, Deutschland und Italien, um nicht nur in der Tschechoslowakei, sondern in ganz Europa die Friedensdiktate von 1919/20 zu korrigieren und nach Möglichkeit echte homogene Nationalstaaten zu schaffen. Damit hatte Lodgman, auf eine zumindest unter den Großmächten einvernehmlich friedliche Regelung setzend, die spätere Gruppierung des Münchner Abkommens zwar vorausgeahnt, wobei er freilich Hitlers Bereitschaft zu friedlichen Übereinkünften vollkommen missverstand. Lodgmans gesamteuropäische Revision von Versailles sollte nicht primär durch gerechtere Grenzziehungen erfolgen; vielmehr war Lodgman überzeugt, dass die erforderliche nationale Abgrenzung vermischt lebender Völker nur durch zielgerichtete „Umsiedlungen" möglich werden würde. Es ging somit um international vereinbarte Zwangsaussiedlungen von Minderheiten, wie sie seit dem griechisch-türkischen Bevölkerungsaustausch von Lausanne 1923, bei dem die Großmächte Großbritannien, Frankreich und Italien bereits Pate gestanden hatten, zum Repertoire europäischer Neuordnungspolitiken gehörten, wenn diese Methode ethnischer „Säuberung" bislang auch im Schatten der von den Westmächten favorisierten und über den Völkerbund kontrollierten Minderheitenschutzverträge gestanden hatte. Lodgman schlug 1938 – in modernisierender Ergänzung seiner habsburgischen Reformkonzeption ethnischer Territorialautonomie durch den Umsiedlungsgedanken – nichts Geringeres vor, als diese komplizierte und schwer durchzusetzende Minderheitenschutzpolitik nötigen Falls durch eine Politik der Umsiedlung von ethnischen Minderheiten zu ersetzen: Bei der staatlichen Neuordnung Europas müsse „ein gleicher Grundsatz für alle zur Anwendung gelangen und er kann nur im Nationalitätenprinzip bestehen, wobei auch vor Umsiedlungen nicht zurückgeschreckt werden darf". Das Instrument des zwischen Regierungen friedlich vereinbarten, für die Betroffenen allerdings sehr wohl mit Zwang verbundenen Bevölkerungstransfers wollte Lodgman nicht nur zur Bereinigung von Minderheitenproblemen zwischen benachbarten Staaten nutzen, sondern auch zur gesamteuropäischen Lösung der von ihm so bezeichneten „Judenfrage", die als aktuelle „internationale Nationalitätenfrage" auf anderem Wege gar nicht zu lösen sei. Diese Zwangsaussiedlung der europäischen Juden stellte sich Lodgman „freilich nicht so" vor, „daß man den Juden einfach einen fremden Staat verspricht" (wie dies damals nicht nur durch die Schaffung eines jüdischen Teilstaates in Palästina, sondern auch durch den seit 1937 international ernsthaft diskutierten „Madagaskarplan" auf der Tagesordnung war), „sondern so, daß eine Umsiedlung dieses zur Unruhe gewordenen Elementes unter Mitwirkung ganz Europas, besonders aber der vier Großstaaten, in die Wege geleitet wird". All diese Umsiedlungen sollten der Schaffung ethnisch homogener Nationalstaaten in Europa und damit der Friedenssicherung durch vorausschauende Vermeidung aller inneren ethnischen Konflikte dienen.[39] Auf individuelle Menschenrechte nahm ein solches Konzept freilich ebenso wenig Rücksicht wie auf ein volksgruppenbezogenes Heimatrecht.

In der Sudetenkrise des September 1938 arbeitete Lodgman – nach einem gescheiterten regionalen Putschversuch der SdP und der anschließenden Flucht der SdP-Führung ins Deutsche Reich – kurzfristig mit dem sozialdemokratischen Parteichef Wenzel Jaksch an der „Bildung eines demokrat.[ischen] Blocks für das Selbstbestimmungsrecht". Mit dieser Bereitschaft zur ‚Einheitsfront' knüpfte Lodgman an sein früheres Bündnis mit dem Sozialdemokraten Seliger von 1918/19 an und erwarb sich die lebenslange Hochachtung Jakschs. Allerdings muss man vermuten, dass hinter dieser Wendung primär die zeitweilige Befürchtung steckte, nach dem von der Prager Regierung erfolgreich niedergeschlagenen SdP-Putschversuch würde die Repressionspolitik möglicherweise alle Sudetendeutschen treffen. Die auf dieser Furcht gründende Bereitschaft zum demokratischen Allparteienbündnis hielt bei Lodgman nicht lange vor: Denn als bereits Ende September 1938 in München die vier Großmächte die Abtretung der Sudetengebiete an Deutschland dekretierten, hat Lodgman diese Wendung als Erfüllung seiner jahrzehntelangen großdeutschen Bestrebungen ausdrücklich „begrüßt".[40] Statt zum Bündnis mit Jaksch kam es bei Lodgman zur Unterordnung unter Hitler. Allerdings litt diese sehr bald darunter, dass Lodgman seinen national orientierten sudetendeutschen Bündnispartnern auf der Linken auch im „Dritten Reich" eine gewisse Anerkennung zuteil werden lassen wollte.

Die Unterordnung unter Hitler fand ihren beredtesten Ausdruck in Lodgmans Glückwunsch-Telegramm vom Oktober 1938, welches Lodgmans späterer Mitarbeiter und nachmaliger erster Biograph Albert Karl Simon folgendermaßen zu erklären sucht: „Für Lodgman und die Mehrheit der Sudetendeutschen war die Hitler'sche Anschlußpolitik nichts anderes als die Vollendung des deutschen Nationalreiches. Wie viele deutsch-bürgerliche Politiker hat Lodgman Hitler zwar immer mit Verachtung betrachtet, aber in diesem Augenblick hat er ihm doch seine Bewunderung gezollt." Die imperialen Pläne Hitlers für Osteuropa seien ihm nicht klar gewesen. Lodgman selbst habe ihm dazu 1961 erklärt, es sei ihm „dabei nicht um die Person und den Nationalsozialisten Adolf Hitler, sondern um den Repräsentanten des Deutschen Reiches" gegangen, den er habe ehren wollen. In Lodgmans Rechtfertigungsversuch hatten die Sudetendeutschen „1938 nur die Wahl zwischen Hitler und Beneš, also zwischen dem Führer und Kanzler des

---

[39] Lodgman, Wie sichern wir Europa den Frieden?, S. 109–111.
[40] Balling, Von Reval bis Bukarest, Bd. 1, S. 328.

Deutschen Reiches, der damals einen politischen Akt vollzog, der dem echten Selbstbestimmungsrecht und damit den Wünschen unserer Volksgruppe entsprach, und dem tschechoslowakischen Präsidenten Beneš, der durch seine Assimilations- und Entrechtungspolitik dasjenige auf langsamem Wege erreichen wollte, was ihm dann unter der Mithilfe der westlichen Alliierten und der Sowjetunion 1945 auf brutale Weise binnen kürzester Zeit gelungen" sei.[41] In solcher Sicht, die Hitler und dessen Diktatur ebenso verharmloste wie den tschechoslowakischen Präsidenten perhorreszierte, wurden die Sudetendeutschen zu bloßen Opfern übergreifender Machtkonstellationen stilisiert, obschon Lodgman zugab, dass Hitlers damalige großdeutsche Expansionspolitik den Wünschen der Mehrheit der Sudetendeutschen vollauf entsprochen hatte. Unterschlagen wurden dabei vor allem die Alternativen, die es im Jahre 1938 gab – namentlich die sich unter Druck steigernden Autonomie-Angebote der tschechoslowakischen Regierung und die kurzfristige Einheitsfront von Lodgman bis Jaksch, die beide erst durch das Vier-Mächte-Diktat von München Makulatur wurden.[42]

Lodgmans Huldigungstelegramm an Hitler feierte den deutschen Diktator als Rächer für die zwanzigjährige Verweigerung des Selbstbestimmungsrechts durch die Sieger des Ersten Weltkrieges: „Am Tage des Einmarsches der deutschen Truppen in Teplitz-Schönau begrüße ich Sie mein Führer als den Vertreter des Reiches aus übervollem Herzen. Ich danke der Vorsehung dass es mir vergönnt ist diesen Tag zu erleben auf dessen Kommen ich seit meiner Jugend gehofft und an den ich in den letzten zwanzig Jahren trotz der um sich greifenden Verzagtheit geglaubt habe. Der Verrat am Selbstbestimmungsrechte des deutschen Volkes konnte nur von diesem selbst gerächt werden und nur aus der Mitte Europas konnte die Neugestaltung in Angriff genommen werden deren Umrisse wir bereits sich abzeichnen sehen."[43]

Damit drückte Lodgman die Erwartung aus, dass das Münchner Abkommen nur der Beginn einer weit größeren Umwälzung in Mittel- und Osteuropa zu Gunsten Deutschlands sein würde. Berücksichtigt man seine Äußerungen vom Frühjahr 1938, bezog sich Lodgman damit weniger auf eine kriegerische Änderung der Machtverhältnisse als auf die friedliche (bzw. durch Kriegsdrohungen wie in München erzielte) Etablierung eines große Teile Europas in Abhängigkeit nehmenden großdeutschen NS-Imperiums. In der kurzen Phase zwischen München (Herbst 1938) und Prag (deutscher Einmarsch März 1939) schien ein solcher formell friedlicher Imperialismus nicht unmöglich. Lodgman gehörte offenbar zu dessen begeisterten Anhängern, hatten doch in München die Westmächte, namentlich das Britische Empire, dem Deutschen Reich nach jahrzehntelanger

---

[41] Simon, Rudolf Ritter Lodgman von Auen, S. 37–39.
[42] Im übrigen sind im Hinblick auf Lodgmans lebenslanges Feindbild Beneš dessen Assimilationspolitik vor 1938 und dessen Vertreibungspolitik ab 1945 nicht einfach gleichzusetzen.
[43] SOAL, NL Lodgman, Karton 9, Lodgman, Telegramm „an den Führer und Reichskanzler Adolf Hitler", Oktober 1938; auch zitiert in Franzen, Der vierte Stamm Bayerns, S. 27; die Interpunktionsfehler sind dem Telegrammstil geschuldet.

1. Die ältere Generation und das NS-Regime   221

Blockade endlich gestattet, „großdeutsche Konturen zu gewinnen, sogar die Rolle der Vormacht in Mitteleuropa zu beanspruchen". Was Lodgman ebenso wenig begriff wie andere begeisterte Großdeutsche, die 1938/39 einen Lebenstraum in Erfüllung zu gehen glaubten, war die grundlegende Tatsache, dass Hitlers Politik – anders als jene Bismarcks nach dessen kleindeutscher Reichsgründung 1871 – keineswegs saturiert war: „Sein ‚Großdeutsches Reich' war nicht mehr als eine bald schon folgenreich überschrittene Etappe auf der mörderischen Jagd zum ‚Großgermanischen Reich' der arischen Rasse." Damit war die Tendenz zur Selbstzerstörung des soeben Erreichten dem aggressiven NS-Imperialismus inhärent.[44]

Lodgman hatte sich im Herbst 1938 deutlich den großdeutschen, in den „Anschlüssen" Österreichs und der Sudetengebiete ihren Ausdruck findenden Zielen der damaligen Politik Hitlers untergeordnet. Zugleich scheint er diese Politik Hitlers als nationalstaatlich organisierte friedliche Hegemonie begriffen und damit gründlich missverstanden zu haben. Ohne die menschenverachtende rassenimperialistische Qualität dieser Politik und deren Präferenz für einen rücksichtslosen Eroberungskrieg zu durchschauen, den Lodgman in seinen an die Berliner Regierung gerichteten Plädoyers für ein abgestimmtes Handeln Deutschlands mit den übrigen europäischen Großmächten 1938 ausdrücklich zu vermeiden getrachtet hatte[45], begriff Lodgman lediglich die geostrategische Konsequenz der Etablierung eines „Großdeutschen Reiches", die in der zwangsläufigen Entstehung einer deutschen Hegemonialmacht in Mittel- und Osteuropa bestand. Dass Lodgman, wie Simon dessen 1961 gemachte Mitteilung wiedergibt, nach dem Einmarsch Hitlers in die durch München verkleinerte und bereits in deutscher Abhängigkeit stehende „Tschecho-Slowakische Republik" im März 1939 hellsichtig den dadurch unvermeidlich gewordenen Zweiten Weltkrieg und die deutsche Niederlage befürchtet haben will, weil Hitler mit diesem Bruch des Münchner Abkommens die friedliche Hegemonialstrategie aufgegeben habe[46], ist durchaus denkbar, auch wenn sich der Eindruck retrospektiven Besser-Wissens aufdrängt. Denkbar wäre nämlich auch, dass sich Hitlers im März 1939 zwar mit Kriegsdrohungen, aber letztlich noch ohne Krieg erfolgte Etablierung des „Reichsprotektorats Böhmen und Mähren" und einer formell unabhängigen Slowakei mit der geostrategischen Prognose Lodgmans vom Frühjahr 1938 nach wie vor vertrug, dass es zu einer modernen Umständen angepassten deutschen Rückgewinnung des „Kurfürstentums Böhmen" kommen müsse. Entsprechend haben andere großdeutsche NS-Unterstützer wie der österreichische Minister Edmund Glaise-Horstenau nicht nur in München 1938, sondern auch noch im Prager Einmarsch vom März 1939 die letzte Chance für eine friedliche Hegemonialentwicklung gesehen, die Hitler

---

[44] Hildebrand, Das vergangene Reich, S. 703.
[45] Darauf verweist Balling, Von Reval bis Bukarest, Bd. 1, S. 328, wenn er den Lodgman des Jahres 1938 als „Gegner der Lösung der dt. Frage durch einen 2. Weltkrieg" qualifiziert.
[46] Simon, Rudolf Ritter Lodgman von Auen, S. 39.

erst mit seinem Angriff auf Polen im September 1939 verspielt habe.[47] Lodgmans Sicht der Dinge könnte im Frühjahr 1939 zumindest ambivalent gewesen sein – die Errichtung deutscher Oberherrschaft über die ihm verhasste Tschechoslowakei begrüßend, den damit verbundenen Bruch mit den Westmächten hingegen mit Besorgnis betrachtend. Der Weltkrieg jedoch war, anders als Lodgman retrospektiv suggerierte, nach dem Einmarsch in Prag noch nicht unvermeidlich, wenngleich er sich abzuzeichnen begann. Alles hing davon ab, ob Hitler auf seinem Aggressionskurs beharren würde oder nicht.

Lodgman befand sich 1938/39 in der Lage eines großdeutschen bürgerlichen Nationalisten der älteren Generation, der seine seit Ende 1918 verfolgten politischen Ideale – Vereinigung der wichtigsten deutschen Siedlungsgebiete in einem einheitlichen Nationalstaat und Verdrängung des Parteienpluralismus im Innern – durch eine radikale jüngere Generation realisiert sah. Er spürte und folgte dem inneren Drang, sich in deren politische „Bewegung" einzuordnen. Dass er Hitler vor München „immer mit Verachtung betrachtet" habe, wie Simon später kolportierte, könnte auf eine gewisse habituelle Distanz des adligen Juristen gegenüber dem Parvenü an der Staatsspitze hindeuten – und ist doch im Kern unzutreffend, wie Lodgmans von Anbiederung nicht freie Denkschrift an Hitler vom Frühjahr 1938 beweist. Allerdings sind nach München, nach seiner Ankunft im lange ersehnten „Großdeutschen Reich", bei Lodgman die Anpassungsprobleme vieler deutscher Konservativer angesichts der in ihren Augen allzu proletarischen und gewalttätigen NSDAP spürbar. Dies zeigte sich vor allem im Hinblick auf die Verfolgung der Juden und mancher bisheriger politischer NS-Gegner. Entscheidend für sein letztlich ambivalent bleibendes Verhältnis zum NS-Regime wurde bei Lodgman jedoch der Umstand, dass die in seinen Augen unzuverlässige, da gegenüber den Tschechen allzu lang zu kompromissbereite Henlein-Partei SdP als sudetendeutscher Zweig der NSDAP anerkannt wurde, während prinzipienfeste Nationalisten der ersten Stunde (wie er selbst) politisch an den Rand gedrängt wurden.

Einige Biographen Lodgmans haben für die NS-Zeit ein Bild völliger politischer Abstinenz entworfen. Demnach habe Lodgman zwischen 1939 und 1945 „völlig vereinsamt in Teplitz-Schönau" gelebt.[48] Er habe sich 1939 ganz aus der Politik zurückgezogen und isoliert gelebt. Immerhin wird eingeräumt, dass es mehrere erfolglose Versöhnungsversuche des regionalen NS-Machthabers Henlein, der im Herbst 1938 zum Gauleiter und Reichsstatthalter des Sudetenlandes aufstieg, bei Lodgman gegeben habe. Umworben worden sei Lodgman auch von Wenzel Jaksch, der seinen kurzzeitigen Bündnispartner vom September 1938 vergeblich zu überreden versucht habe, ebenfalls ins Londoner Exil zu gehen, um dort eine für die Briten überzeugende nichtnazistische Exilregierung der Sudetendeutschen zu bilden. Ferner sei Lodgman, allerdings ohne sein Wissen, in den 1940er Jahren in Personalplanungen des konservativen Widerstands gegen Hitler

---

[47] Vgl. Ein General im Zwielicht, Bd. 3, S. 245 und S. 566–570.
[48] Balling, Von Reval bis Bukarest, Bd. 1, S. 328.

einbezogen worden; die Widerständler hätten erwogen, Lodgman an der Leitung der Zivilverwaltung des Sudetenlandes nach einem erfolgreichen Sturz des Hitler-Regimes zu beteiligen.[49]

Lodgman lebte im „Dritten Reich" in der Tat politisch zurückgezogen, aber keineswegs unpolitisch. Sein Rückzug war zunächst beruflich bedingt: Seit 1925 Geschäftsführer des Verbandes der deutschen Selbstverwaltungskörper in der Tschechoslowakei, wurde der von ihm geleitete Kommunalverband im Oktober 1938 nach Anschluss des Sudetenlandes an Deutschland in den 1933 ‚gleichgeschalteten' Deutschen Gemeindetag eingegliedert, er selbst mit 61 Jahren in den Ruhestand versetzt. Nach 1945 behauptete Simon, „die von den damaligen politischen Persönlichkeiten des Sudetenlandes angeregten hohen Staatsämter" für Lodgman habe dieser „aus Gegnerschaft zum Nationalsozialismus ab[gelehnt]".[50] Dass Lodgman eine Reaktivierung in NS-Ämtern ablehnte, ist zwar zutreffend, dass dies aus Gegnerschaft zum Nationalsozialismus geschehen wäre, lässt sich jedoch kaum behaupten. Denn Lodgman war, soweit sich dies erkennen lässt, bis 1945 kein grundsätzlicher Gegner des Nationalsozialismus, er war vielmehr im Laufe des Jahres 1938 sukzessive auf dessen großdeutsche Politik eingeschwenkt und hatte sich im Oktober 1938 öffentlich zu Hitler bekannt. Dass er danach dennoch keine Ämter erhielt oder übernehmen wollte, hatte Gründe, die jenseits dieser grundlegenden Nähe zum Regime lagen; sie hatten teilweise in einem eigensinnigen Teil-Dissens über bestimmte politische Fragen ihre Ursache, resultierten jedoch vorwiegend aus persönlichen Animositäten gegenüber sudetendeutschen NS-Größen.

Mit einem nichtöffentlichen Rundschreiben an ausgewählte „Gesinnungsfreund[e]", welches Lodgman im Juli 1939 verfasste, reagierte er auf deren Verwunderung, dass er nach Gründung des „Großdeutschen Reiches", für das sie doch alle „ein Leben lang gearbeitet" hätten, „von der öffentlichen Bildfläche verschwunden" sei und „nicht zu einem Amt berufen", ja nicht einmal repräsentativ in den Großdeutschen Reichstag entsandt worden sei (für den im Dezember 1938 eine sudetendeutsche „Ergänzungswahl" durchgeführt worden war). Lodgman erklärte, all diese „Tatsachen" seien „richtig", und fügte hinzu, er „habe sie zur Kenntnis genommen" – womit er andeutete, dass er ursprünglich anderes erhofft hatte. Mit seinem Schreiben wollte er Mitte 1939 nachträglich irrtümlichen „Mutmaßungen" über die Ursachen seiner politischen Nichtaktivierung durch das NS-Regime entgegentreten.[51]

Besonders wichtig war Lodgman eine „wahrheitsgemäße Darstellung der Angelegenheit Pölzl/Krebs/Lodgman", die gerüchteweise im Sudetengebiet weithin bekannt zu sein schien. Dieser Konflikt markiert Lodgmans eigenwillige Position zwischen dem NS-Regime und dessen bisherigen Gegnern. Der Vertreter des Re-

---

[49] Simon, Rudolf Ritter Lodgman von Auen, S. 39 f.
[50] Simon, Rudolf Lodgman von Auen. Reden und Aufsätze, S. 9.
[51] SOAL, NL Lodgman, Karton 9, Lodgman, Rundschreiben an „Gesinnungsfreund[e]", 14. 7. 1939, S. 1.

gimes war in diesem Konflikt Hans Krebs, 1888 in Iglau geboren und 1947 als NS-Kriegsverbrecher in Prag hingerichtet. Krebs war nicht nur „eine der Schlüsselfiguren im radikalen NS-Lager"[52], sondern – wie oben bemerkt – auch ein guter Bekannter Lodgmans, mit dem er als Hauptgeschäftsführer der DNSAP 1920 deren Wahlbündnis mit Lodgmans DNP organisiert hatte – ein Bündnis, das (wie Krebs später erklärte) seine Partei „niemals bereut" hatte.[53] Ähnlich wie Lodgman propagierte der DNSAP-Führer Hans Knirsch eine völkisch-großdeutsche Ausrichtung der Sudetendeutschen, wobei er mit seiner Prophezeiung, die Weltgeschichte sei 1918/19 „nicht am Ende", daher müsse irgendwann auch „für die ganze deutsche Nation der Tag ihrer *Freiheit* und *Einheit* kommen", eine klare Negation des tschechoslowakischen Staates verband.[54] Während Knirsch die von der Prager Regierung erzwungene Selbstauflösung seiner Partei nicht lange überlebte[55], war Krebs im Herbst 1933 nach Aufhebung seiner Abgeordnetenimmunität kurzfristig inhaftiert worden[56] und dann nach Deutschland geflüchtet. Dort hatte das NS-Regime ihn nicht nur sofort in die NSDAP übernommen und mit dem Gauleiter-Titel geehrt, sondern Krebs auch zum Pressereferenten des Reichsinnenministeriums aufsteigen lassen – wofür seine gute alte Bekanntschaft mit Reichsminister Wilhelm Frick die beste Voraussetzung bot. Krebs verfasste in dieser Zeit mehrere Propagandawerke über die Lage der Sudetendeutschen. Ferner avancierte er im SS-Offizierskorps und wurde 1936 (bis 1945) Mitglied des Reichstages. Nach dem Münchner Abkommen kehrte er – wiederum wohl infolge seiner guten Verbindungen zu Reichsinnenminister Frick, dem späteren (ab 1943 amtierenden) letzten Reichsprotektor von Böhmen und Mähren – als Regierungspräsident von Aussig in den nunmehrigen Sudetengau zurück.[57] Krebs, der seinen Gauleiter-Ehrentitel behielt und damit ranggleich mit dem eigentlichen Gauleiter des Sudetenlandes war, war alles andere als ein Freund Henleins und wurde von diesem als gefährlicher Konkurrent empfunden.[58] Im Unterschied zu Henlein, der sämtliche deutschböhmischen Gebiete zu einem einheitlichen Gau Sudetenland zusammenfassen wollte (und sich damit zumindest im Falle der nördlichen Gebiete auch durchsetzte), forderte Krebs ebenso wie sein DNSAP-Weggefährte Jung die Aufteilung der Sudetengebiete in drei gleichberechtigte Gaue.[59] Das wurde den DNSAP-Altvorderen verwehrt, doch im Unterschied zu Jung, der völlig leer ausging, gelang es Krebs mit Unterstützung Fricks, Henlein zumindest die Zu-

---

[52] Smelser, Das Sudetenproblem und das Dritte Reich, S. 82.
[53] Krebs, Kampf in Böhmen, zit. nach Wolfram, Prag und das Reich, S. 449.
[54] Der NS-Autor Wolfram, Prag und das Reich, S. 473, auch Anm. 1, der diese Knirsch-Rede zitiert, betrachtete 1943 nicht das Münchner Abkommen von 1939, sondern die von Hitler im März 1939 erzwungene völlige „Auflösung der ,Tschecho-Slowakei'" als die Erfüllung dieser Prophezeiung.
[55] Ebenda, S. 550.
[56] Ebenda, S. 542f. und S. 549.
[57] Balling, Von Reval bis Bukarest, Bd. 1, S. 313; Gebel, „Heim ins Reich!", S. 52; Küpper, Karl Hermann Frank, S. 87, Anm. 191.
[58] Küpper, Karl Hermann Frank, S. 117.
[59] Gebel, „Heim ins Reich!", S. 93.

stimmung zu seiner Ernennung als Regierungspräsident von Aussig abzutrotzen – unter der bemerkenswerten Bedingung, dass er dort nicht von seinem Gauleiter-Ehrentitel Gebrauch machen würde.[60] Trotz dieser mustergültigen NS-Karriere wurde, als die sozialdemokratische Exilpolitik um Wenzel Jaksch 1943/44 versuchte, zur Verhinderung der Vertreibung der Sudetendeutschen in London einen „sudetendeutschen Nationalausschuß auf breiter Grundlage zu organisieren", und dabei auch an die „Einbeziehung von ‚gemäßigten' Nationalsozialisten" dachte, ausgerechnet ein „Seitenwechsel" von Krebs in Erwägung gezogen. Jedenfalls soll Jaksch im Juni 1943 darauf gehofft haben[61], ohne dass dergleichen je erfolgte. Offensichtlich war die Exil-Sozialdemokratie nicht gut informiert: Just damals hatte sich eine Aussöhnung der verfeindeten SdP- und DNSAP-Netzwerke angebahnt, die so weit ging, dass Henlein seinem Dauerkonkurrenten Krebs im Mai 1943 die Position als Stellvertretender Gauleiter des Sudetenlandes anbot – was dann freilich von Hitlers mächtigem Sekretär Martin Bormann verhindert wurde.[62]

Der aus Österreich stammende Sozialdemokrat Leopold Pölzl, dezidierter NS-Gegner, war 1920 zum Bürgermeister der sudetendeutschen Industriestadt Aussig (Ustí n. L.) gewählt worden. 1923 abgewählt, hatte Pölzl seinen bürgerlichen Nachfolger 1931 dadurch besiegen können, dass er auch viele tschechische Stimmen auf sich vereinigen konnte.[63] Pölzl amtierte bis zum Münchner Abkommen, flüchtete (wie viele andere sudetendeutsche NS-Gegner) in die verkleinerte Tschechoslowakei, kehrte jedoch unter der Protektion eines Großindustriellen im Herbst 1938 nach Aussig zurück. Dort war er jedoch nur solange sicher, wie „das Militär die Gewalt in Händen hatte". Nach dem Abzug der Wehrmacht wurde Pölzl von SdP-Leuten verhaftet und „auf das Gröbste beschimpft, bespuckt, mißhandelt und verhöhnt". Angeblich hat Pölzl versucht, sich in der Haft das Leben zu nehmen.[64] Er überlebte, wurde später freigelassen und war während des Zweiten Weltkrieges Kopf der „wichtigsten illegalen sozialdemokratischen Organisation" im Sudetenland.[65]

Lodgman hatte als Politiker, dem stets an einer sudetendeutschen Einheitsfront im Konflikt mit den Tschechen gelegen gewesen war, nie Berührungsängste gegenüber Sozialdemokraten gehabt – wie sein enges Bündnis mit Seliger 1918/19 und sein kurzfristiger Bündnisversuch mit Jaksch 1938 beweisen. Kurz nach dem Anschluss der Sudetengebiete im Oktober 1938 warfen die soeben etablierten NS-Behörden Lodgman vor, dem sozialdemokratischen NS-Gegner Pölzl Hilfe geleistet – konkret: Unterschlupf gewährt – zu haben. Am 13. Oktober 1938 hatte Gauleiter Krebs, der neue Regierungspräsident von Aussig, Lodgman brieflich mit

---

[60] Ebenda, S. 148.
[61] Brandes, Der Weg zur Vertreibung 1938–1945, S. 236, auch Anm. 145.
[62] Gebel, „Heim ins Reich!", S. 192 und S. 194 f.
[63] Böttcher, Gefallen für Volk und Heimat, S. 179.
[64] Deutschland-Berichte, Bd. 5.1938, S. 1067.
[65] Macek, Zur Problematik der Geschichte der abgetrennten Grenzgebiete, besonders des sogenannten Sudetenlandes in den Jahren 1938–1945, S. 69.

Gerüchten konfrontiert, dass sich Pölzl bei Lodgman verborgen halten solle. Krebs bemerkte, er würde dergleichen sehr bedauern, denn wer „Verrätern" Unterschlupf biete, mache sich „im Reiche Adolf Hitlers unmöglich". Tadelnd deutete Krebs an, dass Lodgman damit auch ihn selbst in eine schwierige Lage gebracht habe, denn er fügte hinzu, er habe Lodgman bereits für wichtige „Aufbauarbeit" dem Reichsminister des Innern vorgeschlagen, „weil Ihre nationale Überzeugung mir unzweifelhaft war und weil ich Ihre Kenntnisse der politischen Verwaltung hoch einschätze". Auf Krebs' Bitte um Klarstellung teilte Lodgman – so dessen Schilderung im Rundschreiben von 1939 – dem NS-Machthaber mit, dass er Pölzl nicht Unterschlupf gewährt, sondern lediglich Pölzls Verhaftung auf offener Straße miterlebt und dabei auf dessen Bitte hin zugesagt habe, sich um die Angehörigen des Verhafteten zu kümmern. Dies war immerhin ein öffentlich gegebenes Zeichen menschlicher Solidarität und wurde Lodgman in sudetendeutschen NS-Kreisen offensichtlich verübelt. Lodgman ließ sich nicht davon abhalten, dem verhafteten Sozialdemokraten auch in seiner Antwort an Krebs ein positives persönliches Zeugnis auszustellen und daran die grundsätzliche Forderung zu knüpfen, im Umgang mit früheren politischen Gegnern dürfe das neue Deutschland nicht „kleinlicher Rachsucht Raum geben". Zugleich erteilte Lodgman der von Krebs angedeuteten Einstellung in den Reichsdienst eine klare Absage: Er könne dieses Angebot „auf keinen Fall annehmen", nach Krebs' Vorgehen in der Sache Pölzl sei ihm dies „aus begreiflichen Gründen unmöglich".[66] Damit hatte Lodgman, der sich offenbar durch Krebs' Unterstellung politischer Unzuverlässigkeit tief getroffen fühlte, einen wichtigen sudetendeutschen NS-Machthaber vor den Kopf gestoßen, denn Krebs hatte es 1938/39 – zusammen mit Henleins Gauleiter-Stellvertreter Karl Hermann Frank – in der Hand, frühere Nationalisten und Nationalsozialisten, die sich bis 1938 nicht der SdP angeschlossen hatten, dennoch als NSDAP-Mitglieder aufzunehmen.[67]

Diese Absage Lodgmans an seine politische Mitwirkung im NS-Regime erklärt sich auch durch vorangegangene Enttäuschungen, die er als Demütigungen empfand. In seinem Rundschreiben vom Juli 1939 berührte Lodgman die Frage, „warum ich mich nicht entschließen konnte, die Geschäftsführung des Sudetendeutschen Gemeindetages zu übernehmen". Er sei im Oktober 1938 von Funktionären des Deutschen Gemeindetages dazu aufgefordert worden, habe jedoch gegenüber dessen Präsidenten Karl Fiehler (dem NS-Oberbürgermeister von München) und Reichsinnenminister Frick letztlich abgelehnt. Er sei insbesondere darüber erzürnt gewesen, dass ein ihm nicht genehmer Konkurrent mit der kommissarischen Leitung des Verbands der deutschen Selbstverwaltungskörper im Sudetengebiet betraut worden sei, obwohl er – Lodgman – der langjährige Leiter gewesen sei. Dieser Konkurrent hätte ihm als Stellvertreter auch in seiner neuen Funktion

---

[66] SOAL, NL Lodgman, Karton 9, Lodgman, Rundschreiben an „Gesinnungsfreund[e]", 14.7. 1939, S. 2–4.
[67] Küpper, Karl Hermann Frank, S. 118; außerdem war Krebs Mitorganisator der SS im Sudetengau.

aufgedrängt werden sollen, wozu er nicht bereit gewesen sei. Hinzu komme, dass er – Lodgman – ein prinzipieller „Gegner des sudetendeutschen Gaues" sei, dessen Errichtung nach dem Münchner Abkommen nicht nur verwaltungstechnisch, sondern erst recht auch „psychologisch-politisch verfehlt" sei. Man hätte die sudetendeutschen Gebiete jeweils jenen deutschen Nachbargebieten anschließen sollen, zu denen sie seit langem gravitierten, statt eine von vielen nicht gewünschte Sonderexistenz eines künstlichen Sudetenlandes zu begründen.[68] Bereits im November 1938 hatte sich Lodgman in einer Denkschrift an Reichsinnenminister Frick über die künstliche Erzeugung eines „sudetendeutschen Stamm[es]" durch die territoriale Konstituierung eines eigenständigen Reichsgaues Sudetenland beschwert und Henlein, dem wichtigsten Profiteur dieser Neugliederung, „schlimmsten Separatismus" vorgeworfen. Eben dies habe ihm schon vor dem Münchner Abkommen eine Unterstützung der SdP unmöglich gemacht.[69] Lodgman verdeutlichte dem Reichsinnenminister, dass er „wegen einer aus seiner Sicht anmaßenden Personalpolitik nach der Besetzung gekränkt war", womit er wiederum die SdP-Führung attackierte und nicht eine etwaige „reichsdeutsche Dominanz" kritisierte. Lodgman erklärte wörtlich, anfangs hätten zwar die regionalen Führer des Sudetengaus sich seiner Mitwirkung versichert, „solange man glaubte, sie nicht entbehren zu können", um dann jedoch sehr rasch Entscheidungen über seinen „Kopf hinweg" zu verfügen.[70] Diese Anwürfe dürften Henlein kaum verborgen geblieben sein und konnten nicht dazu beitragen, Lodgman den Weg in politische Funktionen im „Reichsgau Sudetenland" zu ebnen.

Als weiteren Grund für die Verweigerung seiner Mitarbeit im „Dritten Reich" nannte Lodgman sowohl gegenüber Frick[71] als auch wenig später gegenüber seinen deutschnationalen „Gesinnungsfreunden" seine bekannte langjährige Distanziertheit gegenüber der SdP, die er früher „wegen ihrer loyal-aktivistischen Einstellung [zur ČSR] zwar nicht öffentlich bekämpft", aber doch intern deutlich abgelehnt habe. Nach dem Anschluss des Sudetenlandes an Deutschland müsse man leider feststellen, so Lodgman im Juli 1939, dass ausgerechnet die SdP-Mitglieder der ersten Stunde, die jahrelang einen ČSR-loyalen „Separatismus" vertreten und damit einen „nationalen Verrat" am Deutschtum verübt hätten, wegen ihrer langen Parteizugehörigkeit nun als „alte Kämpfer" der NSDAP anerkannt würden, während Deutschnationale und Nationalsozialisten, die gleich ihm den früheren Kurs der SdP kritisiert hätten und deswegen dieser Partei ferngeblieben

---

[68] Ebenda, S. 6 und S. 8; tatsächlich waren an Deutschland abgetretene Teile Südböhmens und Südmährens nicht dem neu etablierten „Reichsgau Sudetenland", sondern verschiedenen österreichischen „Reichsgauen" angegliedert worden; vgl. Zimmermann, Die Sudetendeutschen im NS-Staat, S. 137 f.; nach 1945 sollte Lodgman in der Frage einer einheitlichen sudetendeutschen Landsmannschaft die gegenteilige Haltung einnehmen, worauf Gebel, „Heim ins Reich!", S. 234, als „Produkt der Nachkriegszeit" verweist; allerdings könnte man dies zusätzlich mit der bereits durch NS-Herrschaft und Vertreibung erfolgten Kollektivprägung begründen.
[69] Franzen, Der vierte Stamm Bayerns, S. 311; Gebel, „Heim ins Reich!", S. 36 f. und S. 155 f.
[70] Zimmermann, Die Sudetendeutschen im NS-Staat, S. 87.
[71] Vgl. ebenda.

oder aus ihr ausgetreten seien, allenfalls als „Mitläufer" anerkannt würden.[72] Gegenüber seinen „Gesinnungsfreunden" erwähnte Lodgman übrigens nicht, was er im November 1938 dem Reichsinnminister mitgeteilt hatte, dass er nach der Wende der SdP vom kompromissbereiten Aktivismus zum großdeutschen Separatismus im April 1938 doch noch einen Aufnahmeantrag bei der Henlein-Partei gestellt hatte, über den diese jedoch bis zum Zeitpunkt seiner Denkschrift an Frick (1. November 1938) noch immer nicht entschieden hatte.[73] Die SdP-Führung um Henlein wollte Lodgman sichtlich nicht politisch revitalisieren, scheute jedoch auch vor einer offenen Ablehnung zurück.

1938/39 wehrte sich Lodgman somit vehement dagegen, als bloßer „Mitläufer" der NSDAP betrachtet zu werden. Nach 1945 nutzte er hingegen den Verweis auf seine Distanz zur SdP, um auch seine „grundlegende[n] Übereinstimmungen mit Elementen des Nationalsozialismus", die Marco Zimmermann jüngst herausgearbeitet hat, zu negieren und sich zum bloßen „Mitläufer" des NS-Regimes zu stilisieren. So einfach und so harmlos lagen die Dinge allerdings nicht. Verbindungslinien zur NS-Ideologie gab es laut Zimmermann nicht nur bei Lodgmans korporativ-ethnischem statt individuellen Demokratieverständnis, sondern auch bei seiner Befürwortung der Aussiedlung von Tschechen aus den Sudetengebieten, die er erstmals schon 1925 kundgetan haben soll. Zimmermann kommt daher zu dem Urteil, dass Lodgman 1938/39 ein NS-Engagement nicht aus prinzipiellen Gründen, sondern primär wegen „persönliche[r] Differenzen und Eitelkeiten" abgelehnt habe. Einerseits habe sich Lodgman von den neuen Machthabern nicht genügend umworben gefühlt, andererseits habe er in Krebs' Vorwurf, einem NS-Gegner Unterstützung gewährt zu haben, eine tiefe Beleidigung erblickt. Dieser Ehrenstandpunkt „verhinderte" letztlich, „dass er im Dritten Reich Karriere machte".[74] Man kann dieser Sicht folgen und muss dennoch ergänzen, dass es in der Sache Pölzl auch einen inhaltlichen Dissens zum NS-Regime gab. Lodgman bezog gegen die Verfolgung politisch andersdenkender, aber in seiner Sicht national ‚anständiger' Sudetendeutscher durch das NS-Regime Stellung und forderte mehr Großzügigkeit in der Behandlung politischer Gegner. Allerdings hatte sein politischer Rückzug nach 1938 keineswegs einen Bruch mit dem NS-Regime zur Folge. Es blieb bei der grundsätzlichen Anpassung des eigensinnigen Deutschnationalen an das NS-Regime, das auch seinerseits den alten Vorkämpfer eines „Großdeutschen Reiches" ehrenvoll behandelte. Wenn Lodgman in seinem Entnazifizierungsverfahren nach 1945 Zeugen aufbot, die ihn während der NS-Herrschaft „stark im Gegensatz" zum Nationalsozialismus verorteten, so mag damit sein partieller Dissens gemeint, aber deutlich übertrieben worden sein. Seine grundsätzliche Übereinstimmung zum NS-Regime wurde vernebelt durch pau-

---

[72] SOAL, NL Lodgman, Karton 9, Lodgman, Rundschreiben an „Gesinnungsfreund[e]", 14. 7. 1939, S. 9f.
[73] Zimmermann, Die Sudetendeutschen im NS-Staat, S. 87.
[74] Zimmermann, Rudolf Lodgman von Auen, S. 275f.

schal entlastende Feststellungen der Art: „Mir ist nicht bekannt, daß Dr. Lodgman ein Nazi war."[75]

In seinem Entnazifizierungs-Fragebogen von 1947 erklärte Lodgman wahrheitsgemäß, niemals Mitglied der NSDAP gewesen zu sein. In einer späteren Vernehmung fügte er hinzu, er habe „es abgelehnt", der NSDAP beizutreten (wozu er folglich aufgefordert worden sein müsste) und habe einen Beitritt nur mit Mühe vermeiden können: „Bald nach 1944 wäre ich zwangsweise P.G. geworden." Allerdings war er ehrlich genug, die zusätzliche Frage nach seiner Zugehörigkeit zur SS nicht auch zu verneinen, sondern ein Fragezeichen zu setzen. Lodgman war nämlich Förderndes Mitglied der SS gewesen und musste befürchten, als solches in den Alliierten zur Verfügung stehenden NS-Akten registriert worden zu sein. Dazu erklärte Lodgman, er sei „im Oktober 1938 von einem ehemaligen Parteigenossen", womit in seinem Falle kein NSDAP-Mitglied gemeint sein konnte, sondern ein Mitglied seiner früheren (1933 selbst aufgelösten) „Deutschen Nationalpartei" (DNP), ohne sein Zutun „als FM" (Förderndes Mitglied der SS) „angemeldet worden". Dieser Bekannte habe dies als „eine Art Anerkennung für meine einstige politische Tätigkeit" verstanden. Lodgman behauptete: „Da mir schon damals einige Zweifel an der Vertretbarkeit des herrschenden Systems gekommen waren, so hatte ich die Absicht, diese Anmeldung zu widerrufen, doch wurde die Angelegenheit dadurch gegenstandslos, dass die Organisation der FM bald darnach [sic!] ‚stillgelegt' worden ist." Es sei ihm jedenfalls „niemals ein Mitgliedsbeitrag abverlangt worden", und „irgendeine Tätigkeit" sei für ihn ohnehin „überhaupt nicht in Betracht" gekommen.[76]

Die seit 1925 aufgebaute Struktur der „Fördernden Mitglieder der SS" war vor 1933 eine wichtige Finanzierungsquelle dieser NS-Organisation. Die Fördernden Mitglieder taten keinen aktiven SS-Dienst, aber gehörten formell der SS an[77] und unterstützten diese keineswegs nur symbolisch. Auch wenn der monatliche Förderbeitrag von höchstens 2 Reichsmark pro Person im Jahre 1933 überschaubar blieb[78], brachten im Jahre 1934 die damals über 342 000 Fördernden SS-Mitglieder ihrer Organisation Einnahmen in Höhe von 581 000 Reichsmark.[79] Offensichtlich waren vor allem etablierte Akademiker höherer Altersränge an dieser Form der SS-Mitgliedschaft interessiert. Ein Förderndes Mitglied der SS war nicht gezwungen, ebenfalls der NSDAP beizutreten, so dass die Mitgliedschaft in der von vielen als Elite betrachteten NS-Unterorganisation für manche auch ein „ausreichend[er] Schutz" vor anderweitigen „NS-Belästigungen" gewesen sein

---

[75] BStAM, SpkA, K 1068 Lodgman von Auen, Zeugenaussagen zum Protokoll Dr. Lodgman von Auen am 30.3.1949, Aussage Zeuge Dr. Körting.
[76] BStAM, SpkA, K 1068 Lodgman von Auen, Entnazifizierungs-Meldebogen Lodgman von Auen, Freising, Flüchtlings-Lager Kindergarten, 23.9.1947; ebenda, Spruch-Hauptkammer München, Protokoll der öffentlichen Sitzung vom 30.3.1949, S. 1 (Rückseite).
[77] Rösch, Die Münchner NSDAP 1925–1933, S. 497, Anm. 262.
[78] Schulte, Zwangsarbeit und Vernichtung, S. 77.
[79] Zimmermann / Zimmermann, Die medizinische Fakultät der Universität Jena im „Dritten Reich", S. 424.

mag.⁸⁰ Auf jeden Fall aber war diese Form der SS-Mitgliedschaft regimekonform und –unterstützend; sie sollte daher nicht, wie in der älteren Forschung geschehen, „als eine der harmlosen" Anpassungsformen exkulpiert werden, auch wenn eine Verfügung der bayerischen Staatsregierung von 1946, welche die Fördernden SS-Mitglieder den übrigen SS-Angehörigen gleichstellte, bald wieder aufgehoben worden war.⁸¹ Diese rechtliche Wende reichte allerdings dem Verteidiger Lodgmans im erst 1948/49 stattfindenden bayerischen Entnazifizierungsverfahren, um dessen einstige fördernde SS-Mitgliedschaft als rechtlich unerheblich abzutun.⁸² Der Wahrheitsgehalt von Lodgmans Behauptung, er habe nie SS-Beiträge bezahlt, lässt sich nicht klären. Fragwürdig ist seine Behauptung, die Struktur der „Fördernden Mitglieder der SS" sei schon bald nach seinem Beitritt abgeschafft worden, so dass er nur kurzfristig SS-Angehöriger gewesen sei. Offenbar wurde die fördernde SS-Mitgliedschaft keineswegs abgeschafft, es „ruhte" vielmehr lediglich die Förder-Beitragszahlung seit Beginn des Zweiten Weltkrieges, so dass „die FM-Beiträge auch nicht zur Finanzierung der der SS im Nürnberger Prozeß nachgewiesenen Verbrechen" beigetragen hätten.⁸³ Doch veröffentlichte Himmlers SS-Personalhauptamt noch 1939 Durchführungsbestimmungen über das korrekte Tragen des „Armwinkels für Alte Kämpfer" unter den Fördernden Mitgliedern der SS⁸⁴, was nicht auf eine völlige Auflösung dieser Gruppe hindeutet.

Weitere Mitgliedschaften gab Lodgman lediglich für das Deutsche Rote Kreuz ab 1938 und für den „Reichskriegerbund" ab 1939 an; in den Letzteren sei er kollektiv mit der Organisation „Heimatsöhne im Weltkrieg", der er angehört habe, „angegliedert" worden.⁸⁵ Dabei handelte es sich offensichtlich um eine „deutschnationale Veteranenvereinigung", den „Verband der Unterstützungsvereine ‚der Heimat Söhne im Weltkrieg'", in dem die sudetendeutschen Kriegsveteranen der österreichisch-ungarischen Armee von 1914 bis 1918 sich in der Tschechoslowakei organisierten.⁸⁶

Deutschnationale Hintergründe dürfte auch der von Lodgman 1949 zu Protokoll gegebene Austritt aus der katholischen Kirche gehabt haben.⁸⁷ Dieser Kirchenaustritt hatte nämlich nicht zu jener völlig konfessionslosen und inhaltlich diffusen „Gottgläubigkeit" im Sinne der NS-Ideologie geführt⁸⁸, wie wir dies spä-

---

[80] Höhne, Der Orden unter dem Totenkopf, S. 125 und S. 132f.
[81] Gutachten des Instituts für Zeitgeschichte 1958, S. 350f.
[82] BStAM, SpkA, K 1068 Lodgman von Auen, Bl. 51, Rechtsanwalt Dr. Baierle, München, an Hauptkammer München-Land, 15.3.1949, demzufolge Lodgmans frühere „fördernde Mitgliedschaft der allg. SS seit Oktober 1938" nicht bestritten werde, diese jedoch rechtlich „keine formelle Belastung" bilde und daher für das Verfahren unerheblich sei.
[83] Gutachten des Instituts für Zeitgeschichte 1958, S. 350.
[84] Vgl. BAB, NS 34/76.
[85] BStAM, SpkA, K 1068 Lodgman von Auen, Spruch-Hauptkammer München, Protokoll der öffentlichen Sitzung vom 30.3.1949, S. 1 (Rückseite).
[86] Stegmann, Kriegsdeutungen – Staatsgründungen – Sozialpolitik, S. 172.
[87] BStAM, SpkA, K 1068 Lodgman von Auen, Spruch-Hauptkammer München, Protokoll der öffentlichen Sitzung vom 30.3.1949, S. 1 (Rückseite).
[88] Besier, Kirche, Politik und Gesellschaft im 20. Jahrhundert, S. 115f.

ter im Falle von Hans Krüger beobachten können[89], vielmehr war der bisherige Katholik „Protestant geworden" und seither auch „aus dieser Kirche [...] nicht ausgetreten".[90] Lodgman hat den Zeitpunkt dieses Konfessionswechsels nicht datiert, doch sein ganzer Lebenslauf spricht dafür, dass er denselben nicht erst unter NS-Herrschaft, sondern deutlich früher vollzogen hatte. 1896 hatten die Alldeutschen in Österreich-Ungarn eine „Los-von-Rom"-Bewegung initiiert, die sich aus deutsch-nationalistischer Motivation vordergründig gegen die katholische Kirche, hintergründig jedoch auch gegen die mit dieser aufs Engste verbundenen Habsburger-Dynastie richtete. Der Erfolg dieser Bewegung, die von Georg von Schönerer und K. H. Wolf angeführt wurde und ihren Höhepunkt zwischen 1897 und 1901 erreichte, blieb mit Blick auf die Gesamtbevölkerung zwar sehr begrenzt, erzielte jedoch bis 1913 75 000 Übertritte zum Protestantismus und weitere 25 000 zur altkatholischen Kirche.[91] Damit wurden dem Protestantismus – der von den übertretenden Nationalisten als Chiffre für ihre Identifikation mit dem Bismarckreich verstanden wurde – „viele Anhänger" zugeführt[92], jedenfalls in der einflussreichen Gesellschaftsschicht des deutsch-österreichischen Bildungsbürgertum, dem auch Lodgman zuzurechnen ist – denn „,Los von Rom' wandte sich hauptsächlich an die gebildeten Kreise".[93]

An ihm verliehenen Auszeichnungen des NS-Regimes vermerkte Lodgman nicht nur die „sudetendeutsche Befreiungsmedaille", sondern auch das „Goldene Gauehrenschild" der sudetendeutschen NSDAP. Dazu erklärte Lodgman 1947, diese Auszeichnungen seien lediglich „eine Anerkennung für meine politische Tätigkeit in den Jahren 1911 bis 1925" gewesen; denn da es in Österreich-Ungarn bzw. in der Tschechoslowakei noch keine NSDAP gegeben habe, habe er logischerweise auch nicht für NS-Aktivitäten ausgezeichnet werden können. Der Jurist Lodgman argumentierte hier formal richtig, unterschlug jedoch sowohl seine engen Kontakte zu alldeutsch-völkischen Vorläufern der NSDAP wie K. H. Wolf als auch zu Proto- und Parallelorganisationen der NSDAP wie der tschechoslowakischen DNSAP bis 1933. Ebenso blieben seine Kontaktaufnahmen mit der NS-Regierung im Vorfeld der Sudetenkrise des Jahres 1938 unerwähnt. Stattdessen attestierte sich Lodgman exkulpierend, in seinem Falle liege „der sonderbare Tatbestand vor, dass ich sozusagen ‚retrospectiv' für eine politische Haltung geehrt wurde, die bei genauer Betrachtung das Gegenteil der nationalsozialistischen Auffassung war, nämlich das auf dem Begriffe der Demokratie fußende Selbstbestimmungsrecht der Völker". Dass es dennoch zu seiner Ehrung durch das NS-Regime

---

[89] Siehe unten Kap. III.2.4.
[90] BStAM, SpkA, K 1068 Lodgman von Auen, Spruch-Hauptkammer München, Protokoll der öffentlichen Sitzung vom 30. 3. 1949, S. 1 (Rückseite).
[91] Philippoff, Die Doppelmonarchie Österreich-Ungarn, S. 130; Schnee, Georg Ritter von Schönerer, S. 70, schätzt zwischen 1898 und 1914 rund 100 000 Ausgetretene aus der katholischen Kirche Österreichs, von denen sich bis 1913 75 222 der protestantischen Kirche und bis 1907 weitere 12 814 der altkatholischen Kirche angeschlossen hätten.
[92] Schnee, Heinrich: Georg Ritter von Schönerer, S. 271.
[93] Ebenda, S. 71.

gekommen sei, habe allein damit zu tun, dass sein Name ein „Symbol" für die sudetendeutsche Selbstbehauptung gewesen sei. Henlein habe ihn durch diese Ehrung für den Nationalsozialismus reklamieren wollen. Lodgman musste damit zumindest zugeben, sich diese Instrumentalisierung gefallen lassen zu haben. Umso nachdrücklicher beharrte er darauf, einen Beitritt zur NSDAP „wiederholt abgelehnt" zu haben.[94]

Die „Sudetenbefreiungsmedaille" war in Erinnerung an den Anschluss der Sudetengebiete an das Großdeutsche Reich Mitte Oktober 1938 von Hitler gestiftet und im Wesentlichen an Personen verliehen worden, „die in den Sudeten oder auf dem Reichsgebiet an den Vorbereitungen [dieses Anschlusses] teilnahmen und sich aktiv für die ‚Heimkehr des Sudetenlandes' in das Reich eingesetzt hatten". Die Ausgezeichneten waren „besonders frühere Funktionäre der SdP [...], Personen, die von den Tschechen verfolgt oder eingesperrt worden waren, oder auch Leute, die mehr oder weniger aktiv im Hinterland des ‚Befreiungskampfes' waren". Insgesamt sollen bis Ende 1940 über 1,1 Millionen Personen diese Medaille erhalten haben, die somit ziemlich inflationär verliehen wurde.[95] Lodgman dürfte der dritten Gruppe der im Hintergrund arbeitenden großdeutschen Aktivisten zugerechnet worden sein – nicht nur für die ehrende Erinnerung an sein führendes politisches Engagement zwischen 1918 und 1925, sondern eben auch für seine verdeckten Beratungsversuche gegenüber der Reichsregierung im Jahre 1938. Möglicherweise erklärt dies auch die exklusivere zweite Auszeichnung Lodgmans mit dem Gauehrenschild der sudetendeutschen NSDAP. Dass deren Gauleiter Henlein sich damit auch selbst legitimierte, wie Lodgman nach 1945 hervorhob, mag zutreffend sein, doch wurde eben auch Lodgman damit ehrend in eine NS-Kontinuität hineingestellt, die er selbst – wie wir aus seiner Denkschrift für Hitler vom April 1938 wissen – ebenfalls für sich reklamierte. Nicht die Ehrung durch das NS-Regime an sich, nur die Ehrung durch dessen ungeliebten Repräsentanten Henlein dürfte ihm unangenehm gewesen sein.

In der Angelegenheit des NS-verfolgten Sozialdemokraten Pölzl hatte Lodgman im Herbst 1938 gegen die Verfolgung politisch andersdenkender, aber in seiner Sicht national ‚anständiger' Sudetendeutscher durch das NS-Regime Stellung bezogen, ja sogar grundsätzlich mehr Großzügigkeit in der Behandlung früherer politischer Gegner durch Hitlers Regierung anstelle „kleinlicher Rachsucht" gefordert. Das war durchaus ehrenhaft und vermutlich mutiger, als der altösterreichisch geprägte Neubürger des „Dritten Reiches" wissen konnte. Allerdings hat Lodgman diese Großzügigkeit selbst keineswegs jedem politischen Gegner gewährt, sondern im Gegenteil zuweilen rachsüchtig und sogar denunziatorisch gehandelt. Hintergrund war Lodgmans Jahrzehnte lang währender politischer Konflikt mit einem prominenten sudetendeutschen Vertreter des „aktivistischen",

---

[94] BStAM, SpkA, K 1068 Lodgman von Auen, Entnazifizierungs-Meldebogen Lodgman von Auen, Freising, Flüchtlings-Lager Kindergarten, 23.9.1947.
[95] Hradilova, Heim ins Reich!, zitiert nach: http://www.archives.cz/zao/jesenik/home/publikace/assets/Heim%20ins%20Reich!.pdf (23.9.2011).

ČSR-staatsloyalen Kurses im gemeinsamen Wohnort Teplitz-Schönau. Dieser Konflikt zwischen dem Politiker und Verbands-Juristen Lodgman und dem großbürgerlichen Rechtsanwalt Karl Heinrich Stradal hatte offenbar auf beiden Seiten eine tiefe persönliche Feindschaft hervorgerufen. Als Stradal 1948 seine Entnazifizierungs-Anzeige gegen Lodgman stellte, schien er seinen schlechten Ruf als streitsüchtiger „Querulant und Prozesshansl" – den ihm Lodgman daraufhin anhängte und den die Münchner Spruchkammer 1949 in Übernahme der Argumente Lodgmans bescheinigte[96] – von vornherein zu bestätigen, indem er ungefragt darauf verwies, Lodgman habe in den Jahrzehnten bis 1938 fünfzehn Ehrenbeleidigungsprozesse gegen ihn angestrengt, aber alle verloren.[97] Der Ruf als „Prozesshansl" konnte folglich ebenso seinen Dauer-Kontrahenten Lodgman treffen, der diese Prozesse ja angeblich begonnen hatte. Dieser war nicht weniger nachtragend und sogar bösartiger gewesen, als er 1940 gegenüber einer unbeteiligten Institution ungefragt konstatierte, Stradal habe bis 1938 Personen, die ihm hinderlich erschienen, „mit einem schon krankhaften Haß verfolgt" und „verleumdet" und zwischen 1915 und 1929 volle dreiundvierzig Prozesse wegen „Ehrenbeleidigung" geführt, „teils als Kläger, teils als Beklagter".[98] Wie es scheint, hatten sich die beiden Kontrahenten – die auch im Oktober 1938 in einen solchen Prozess verwickelt waren[99] – in einer Mischung aus politischer Gegnerschaft und persönlicher tiefer Abneigung hoffnungslos ineinander verbissen.

So war es 1948 eine Anzeige des unterdessen in Österreich lebenden Stradal, die den Anstoß für die Eröffnung eines Entnazifizierungsverfahrens gegen Lodgman gab, den man als notorisches Nicht-Mitglied der NSDAP bis dahin unbehelligt gelassen hatte. Stradal legte Dokumente vor, die darauf hindeuteten, dass Lodgman nach dem Anschluss der Sudetengebiete an das „Dritte Reich" im Herbst 1938 Stradal gegenüber nicht jene ritterliche Großmut gezeigt hatte, die er im Falle Pölzl zur gleichen Zeit den NS-Machthabern anempfahl. Stradal warf Lodgman vor, durch seine negative Stellungnahme dazu beigetragen zu haben, dass das NS-Regime 1939 über ihn ein Berufsverbot als Rechtsanwalt verhängt hatte, und ihn 1940 auch in seiner neuen österreichischen Wahlheimat, in die er danach ausgewichen war, mit einer zweiten Denunziation verfolgt und geschädigt zu haben.[100]

Stradal war seit 1918 als juristischer Fachautor hervorgetreten[101], während der NS-Zeit zwangsläufig verstummt, aber nach 1945 in juristischen Fachpublikationen wieder aktiv geworden: Seine 1946 und 1948 publizierten Abhandlungen

---

[96] BStAM, SpkA, K 1068 Lodgman von Auen, Bl. 101, Berufungskammer München, Spruch v. 20.10.1949, S. 1–4.
[97] Ebenda, Dr. Karl Heinrich Stradal, Rechtsanwalt in Irdning/Öst., an Spruchkammer LG München II, Anzeige gegen Lodgman, 14.8.1948, S. 7.
[98] Ebenda, Abschrift: Dr. Lodgman an NSDAP, Dr. David, 15.11.1938, und Abschrift: Lodgman an Sparkasse Irdning/Steiermark, 14.6.1940.
[99] Ebenda, Abschrift: Dr. Lodgman an NSDAP, Dr. David, 15.11.1938.
[100] Vgl. die Vorgänge in BStAM, SpkA, K 1068 Lodgman von Auen.
[101] Stradal, Wertzuwachssteuer und Bergbau.

über „Demokratie und Begründungszwang" oder über „Das Recht auf gesetzmäßige Verwaltung" werden in deutschen und österreichischen juristischen Abhandlungen bis heute zitiert.[102] 1951 wurde der unterdessen Verstorbene in ein Personenlexikon über „Österreicher der Gegenwart" aufgenommen; demnach war Karl Heinrich Stradal, geboren 1885 und verstorben 1949, ein promovierter Jurist, Rechtsanwalt und Landwirt und – anders als der dorthin zugewanderte Lodgman – ein gebürtiger Teplitz-Schönauer[103], wo seine Familie bereits über Generationen zur großbürgerlichen Elite zählte. Die Familie stellte in der Habsburgerzeit mehrere Rechtsanwälte, war stets im Stadtrat und zuweilen im böhmischen Landtag vertreten, verfügte über ausgedehnten Immobilienbesitz und trieb auf dieser Basis zielstrebig die Industrialisierung voran, indem sie über Jahrzehnte hinweg Eigentümerin des Teplitzer Gaswerkes war und Familienmitglieder in Vorständen von Eisenbahnunternehmen platzierte. Aus dieser „Kombination des Besitzes von Großkapital mit juristischen Kenntnissen" erwuchs den Stradals „eine fast unschlagbare Machtposition".[104] Jedenfalls bis zum Beginn der NS-Herrschaft in ihrer Heimat im Herbst 1938.

Dass der Lodgman-Kontrahent Karl Heinrich Stradal Angehöriger dieser Teplitzer Patrizierfamilie gewesen sein dürfte, geht aus seinen eigenen biographischen Angaben ebenso hervor wie aus jenen, die Lodgman über ihn machte. Nach eigenen Angaben war Stradal „Inhaber einer 1811 von seinem Urgroßvater gegründeten Advokatenkanzlei", die seither im Besitz seiner ursprünglich tschechischen, jedoch im Laufe der Zeit „völlig germanisiert[en]" Familie gewesen sei. Sein Großvater sei böhmischer Landtagsabgeordneter in Prag und ein Großonkel Mitglied des österreichischen Reichstages von 1848/49 gewesen. Er selbst sei langjähriges Mitglied des Teplitzer Kommunalparlaments als Repräsentant „einer deutschen wirtschaftlichen Liste" gewesen. Seine Kanzlei, in der er zehn Angestellte gehabt habe, sei meistens in schwierigen Rechtsfragen engagiert worden, vor allem in Rechtsstreitigkeiten mit dem tschechoslowakischen Finanzministerium. Stradal legte Wert darauf, den Ersten Weltkrieg als „Reserveoffizier" mitgemacht zu haben und darin ausgezeichnet und „ehrenvoll verwundet" worden zu sein. Nur durch den Zusammenbruch der Habsburgermonarchie habe er nicht mehr „den Maria-Theresienritterorden" als besondere „Ehrung" erhalten können, dessen „Anwärter" er damals gewesen sei.[105] Das schmerzte offensichtlich doppelt, denn dieser hohe Orden war in der Doppelmonarchie nicht nur sehr exklusiv, mit ihm war außerdem die automatische Erhebung in den adligen Ritterstand

---

[102] Stradal, Demokratie und Begründungszwang, S. 340–343, zitiert bei: Lücke, Begründungszwang und Verfassung; Stradal, Das Recht auf gesetzmäßige Verwaltung, S. 418, zitiert bei: Wessely, Eckpunkte der Parteistellung, sowie bei Schulev-Steindl, Subjektive Rechte.
[103] Österreicher der Gegenwart, S. 383.
[104] Walter, Teplitz-Schönau – Kur- und Industriestadt?, S. 9.
[105] BStAM, SpkA, K 1068 Lodgman von Auen, Dr. Stradal, Irdning, an Spruchkammer des Landgerichts München II, 14. 8. 1948.

verbunden.¹⁰⁶ Lodgman bestätigte all diese Fakten über Herkunft und Werdegang Stradals, wenn auch mit dem spöttischen Ton des Altadligen über den „verhinderten Maria-Theresienritter". Stradals „Bedeutung als Koryphäe auf dem Gebiete der Jurisprudenz" stellte er nicht in Abrede, fügte jedoch hinzu, „sie beweise ja nichts für seinen Charakter".¹⁰⁷ Immerhin hatte 1936 der sudetendeutsche Senator Emil Enhuber in einer offiziellen Interpellation an die tschechoslowakische Regierung erklärt, „ein bedeutender Jurist, Herr Dr. Karl Heinrich Stradal", habe mit einem regierungskritischen Zeitungsartikel „in der gesamten deutschen Öffentlichkeit bedeutendes Aufsehen und lebhafte Zustimmung ausgelöst". Diese Hochschätzung Stradals war bemerkenswert, kam sie doch von einem Repräsentanten der Henlein-Partei SdP im tschechoslowakischen Oberhaus, der 1939 problemlos in die NSDAP von Teplitz-Schönau aufgenommen werden sollte.¹⁰⁸ Nicht alle NS-orientierten Sudetendeutschen standen Stradal derart feindselig gegenüber wie Lodgman.

Mit Lodgman und Stradal trafen nicht nur zwei politische Antipoden, sondern auch zwei völlig gegensätzliche Sozialfiguren aufeinander. Lodgman, der Bildungsbürger und angestellte Verbandsjurist mit altadliger Familientradition, lebte in einer Tradition des (nur begrenzt materiell orientierten) Dienens, die sich von der Dynastie und vom Staat allmählich entfernt und auf die Nation übertragen hatte. Stradal hingegen, der großbürgerliche Jurist und Kapitalist, der 1939 genügend Mittel für den Kauf eines Schlossgutes in der Steiermark besaß, während solcher aristokratische Grundbesitz der Adelsfamilie Lodgman längst fehlte, ordnete seinen Idealen freier Marktwirtschaft und damit korrespondierender Rechtsstaatlichkeit alle nationalen Konflikte unter und leistete sich einen deutlich opulenteren Lebensstil als sein Gegner. Lodgman hatte dem entsprechend während des NS-Regimes Stradal „nach allem, was ich über seine Lebensführung in Teplitz-Schönau weiß, für wohlhabend" erklärt. Schon von seinem verstorbenen Vater dürfte Stradal „Vermögen geerbt" haben, insbesondere aber sei er, als er bis 1938/39 „noch die Advokatie ausüben konnte, bei Industrieunternehmen beteiligt" gewesen – „vor allem [als] Vertreter der Millionenfirma der jüdischen Wein-

---

¹⁰⁶ Siegert, Adel in Österreich, S. 33; dadurch hätte der Großbürger Stradal mit seinem späteren Gegner Lodgman in sozialer Hinsicht gleichgezogen, wenn die Revolution nicht dazwischengekommen wäre; allerdings hätte der Altadlige immer noch auf den frisch Nobilitierten herabsehen können.
¹⁰⁷ BStAM, SpkA, K 1068 Lodgman von Auen, Dr. Lodgman von Auen, Freising, an Spruchkammer Freising-Stadt, 14. 9. 1948, S. 3.
¹⁰⁸ Interpellation des Senators Emil Enhuber an den Herrn Justizminister, den Herrn Minister für öffentliche Arbeiten und den Herrn Eisenbahnminister wegen Vergebung der Arbeiten beim Hauptbahnhofe in Teplitz-Schonau an ortsfremde Arbeiter vom 6.11.1936, zitiert nach: http://www.psp.cz/cgi-bin/ascii/eknih/1935ns/se/tisky/t0325_01.htm (27.5.2011); Emil Enhuber, bis 1919 Edler von Enhuber, 1878–1947, bis 1921 Berufsoffizier, zunächst christlich-sozialer Parteifunktionär, nach 1933 SHF/SdP, 1935–1938 Mitglied des Senats der tschechoslowakischen Nationalversammlung (SdP), ab 1939 NSDAP, 1945 von den tschechoslowakischen Behörden inhaftiert; vgl. Balling, Von Reval bis Bukarest, Bd. 1, S. 387.

mannwerke, an denen er sicherlich ein Vermögen verdient" habe.[109] Lodgman bezog sich damit auf eines der bedeutendsten jüdischen Großunternehmen der Tschechoslowakei, dessen sudetendeutsches Eigentum auf Basis der NS-Verordnung über den Einzug jüdischen Vermögens vom 3. Dezember 1938 zunächst unter „Zwangsverwaltung" gestellt, wenig später offiziell enteignet und schließlich den staatlichen „Reichswerken Hermann Göring" überantwortet worden war.[110] Diese Mitteilung von 1940 wiederholte Lodgman 1949 vor der Münchner Spruchkammer, allerdings in denkbar herabsetzender Weise: „Was die betonte ‚Judenfreundlichkeit' des Anzeigers [Stradal] anbelangt, hing sie mit seinen Geschäften als Vertreter des jüdischen ‚Weinmann-Konzerns' zusammen, die im alten Österreich und später in der Tschechei zu den reichsten Unternehmungen gehörte, an der der Anzeiger ein Vermögen verdient hat." Stradals „Judenfreundlichkeit" habe sich nicht auch auf mittellose Juden erstreckt und sei daher „keineswegs idealen Motiven" entsprungen.[111]

Stradal selbst erwiderte dazu: „Es stimmt, ich habe durch die Juden sehr viel Geld verdient, denn ich hatte sehr viele jüdische Klienten." Dass er selbst nach dem Anschluss der Sudetengebiete an Deutschland „noch Juden vertreten habe", sei ihm vom NS-Regime 1938 denn auch zum Vorwurf gemacht worden und habe zu seinem Berufsverbot beigetragen.[112] Stradal legte Wert darauf, sich auch unter NS-Herrschaft gegenüber seinen jüdischen Mitbürgern und Geschäftspartnern anständig verhalten zu haben. Er hätte, so behauptete er, als „Vollarier" durchaus versuchen können, sich dem NS-Regime anzupassen: „Das wäre nur eine Frage des Geldes gewesen, sich entsprechende Beziehungen zu erschmieren." Er habe dies jedoch ebenso wenig versucht wie eine Bereicherung im Zuge der damaligen Enteignung jüdischer Betriebe, wobei er als Anwalt mit Blick auf die ihm bestens vertrauten „jüdischen Bergwerks- und Industrievermögen" sich problemlos „hätte betätigen können".[113] In der Tat waren im Herbst 1938 die jüdischen Großkonzerne im Sudetenland, darunter auch der Besitz der Familie Weinmann, die zu den zwei mächtigsten jüdischen „Kohlenbaronen" der Tschechoslowakei gehörte, beschlagnahmt und enteignet worden. Während sich die deutschen „Hermann-Göring-Werke" nach und nach den industriellen Besitz der Weinmanns aneigneten, hielt in der Teplitzer Villa der Industriellenfamilie die Gestapo Einzug.[114] Stradal kommentierte diese antisemitische ‚Goldgräber'-Phase des NS-Regimes 1938/39 mit der Bemerkung, er habe es „vorgezogen, nicht das Opfer meiner Gesinnung zu bringen und lieber als Landwirt" einen Neuanfang zu ma-

---

[109] BStAM, SpkA, K 1068 Lodgman von Auen, Dr. Lodgman von Auen, Freising, an Sparkasse des Marktes Irdning / Steiermark, 14. 6. 1940.
[110] Zimmermann, Die Sudetendeutschen im NS-Staat, S. 199 und S. 206.
[111] BStAM, SpkA, K 1068 Lodgman von Auen, Dr. Lodgman von Auen, Freising, an Hauptkammer München-Land, 6. 3. 1949, S. 10.
[112] BStAM, SpkA, K 1068 Lodgman von Auen, Spruch-Hauptkammer München, Protokoll der öffentlichen Sitzung vom 30. 3. 1949, Anlage Zeugenaussage Dr. Stradal.
[113] Ebenda, Dr. Stradal, Irdning, an Öffentlichen Ankläger Freising-Stadt, 4. 9. 1948.
[114] Osterloh, Nationalsozialistische Judenverfolgung im Reichsgau Sudetenland, S. 350 und S. 444.

chen, statt „als Rechtsanwalt auf räuberische Weise zu verdienen". Stradal verwies überdies darauf, als „Gutsbesitzer" des steirischen Schlosses Gumpenstein NS-Verfolgten Hilfe geleistet zu haben und konnte Zeugenaussagen von Kriegsgefangenen beibringen, die er gut behandelt und denen er vereinzelt sogar zur Flucht verholfen hatte.[115] Lodgman konnte all dies nicht bestreiten, deutete aber Stradals Fluchthilfe für Kriegsgefangene und einen deutschen Deserteur nur als neuerlichen Opportunismus im Angesicht der Kriegsniederlage: Stradals „Nazifeindlichkeit" in der Endphase des Krieges sei ähnlich zu werten wie sein früherer Anpassungsversuch an das NS-Regime.[116]

Das Verfahren gegen Stradal 1938, das zu dessen Berufsverbot geführt habe, sei – so behauptete Lodgman ein Jahrzehnt später – „keineswegs wegen dessen Gegnerschaft gegen den Nationalsozialismus, sondern wegen seiner friedensstörenden und in nationaler Beziehung unzuverlässigen Haltung eingeleitet worden". Stradal sei lange, bevor der Nationalsozialismus im Sudetenland eine Rolle gespielt habe, ein profilierter Gegner der Sozialdemokratie gewesen, da er in dieser „eine Gefahr für *seine* materialistische Auffassung" erblickt habe. Ansonsten sei Stradal politisch „weder national, noch international, weder liberal, noch sozial" gewesen, „er war weder […] ‚Nationalsozialist', noch ‚Antinationalsozialist', sondern ein ‚Advokat netto Kassa' und als solcher stets auf seinen Vorteil bedacht, wobei er es meisterhaft verstand, sich mit dem jeweils am Ruder befindlichen Regime auf guten Fuß zu stellen". Er habe in seinem Leben keine einzige wirkliche Überzeugung gehabt, „war ursprünglich katholisch, wurde dann evangelisch und ist dann wiederum in der katholischen Kirche gelandet". Stradals Gott sei nur „der Erwerb" gewesen – und es habe dann ja auch für ein Schlossgut gereicht, bemerkte der damals mittellos in einem bayerischen Flüchtlingslager lebende Lodgman verbittert.[117]

Lodgman skizzierte seinen Kontrahenten somit als anpassungsfähigen Kapitalisten, der sich zwischen 1918 und 1938 nur deshalb als „tschechoslowakischen Patrioten aus Opportunismus'" inszeniert habe, weil damals die Tschechen die Macht gehabt hätten.[118] Stradal selbst machte andere Gesichtspunkte geltend. Er hatte 1946 in seinem österreichischen Wohnort Irdning, wohin er nach seinem Berufsverbot aus Teplitz-Schönau 1939 verzogen war, im Selbstverlag eine Broschüre mit dem Titel „Demokratie und Rechtsstaat" veröffentlicht.[119] Bewusst druckte er dabei, um seine „Legitimation" zur Behandlung dieser Fragen darzutun, von seinen „vielen Anti-Hitler-Artikeln – erschienen 1933 bis 1938 in nordböhmischen Tageszeitungen – zwei besonders markante" ab. Stradal verwies da-

---

[115] BStAM, SpkA, K 1068 Lodgman von Auen, Dr. Stradal, Irdning, an Öffentlichen Ankläger Freising-Stadt, 4.9.1948.
[116] Ebenda, Dr. Lodgman von Auen, Freising, an Hauptkammer München-Land, 6.3.1949, S. 11.
[117] Ebenda, Dr. Lodgman von Auen, Freising, an Spruchkammer Freising-Stadt, 14.9.1948, S. 2.
[118] Ebenda, Dr. Lodgman von Auen, Freising, an Spruchkammer Freising-Stadt, 10.10.1948, S. 2.
[119] Stradal, Demokratie und Rechtsstaat.

rauf, dass er dieser langjährigen NS-feindlichen Publizistik den Verlust seiner „Advokatenkanzlei in Teplitz-Schönau" zu verdanken habe, „die mir 1939 von der NSDAP, über intensives Betreiben des ehemaligen deutschnationalen Abgeordneten Dr. Lodgmann [sic!] geschlossen wurde, dessen irredentistische Politik ich seit 1923 auf das schärfste bekämpft habe". Mit seiner Zulassung als Anwalt habe er „naturgemäß" auch alle „Aufsichtsratsstellen in verschiedenen Aktiengesellschaften" verloren. Die weiteren „Ereignisse" ab 1938 hätten jedoch vollauf seiner seit 1918 vertretenen Ansicht recht gegeben, „daß jede irredentistische Politik, sei es die des Doktor Lodgmann [sic!], sei es die Fortsetzung durch Henlein, das Sudetendeutschtum zugrunde richten" musste. Für die Sudetendeutschen habe es „nur eine mögliche Politik" gegeben, nämlich „die liberale demokratische Verfassung der ČSR, nicht bloß zum Schein und unter Zwang, sondern aus freien Stücken und aus ganzem Herzen zu bejahen". Das war das klassische Credo der sudetendeutschen Aktivisten, für die Stradal ebenso exemplarisch stand wie Lodgman für deren negativistische Gegner. Zwar räumte Stradal ein, dass die politische Praxis der Tschechoslowakei bis 1938 nicht deren Verfassungsidealen entsprochen habe, er glaubte jedoch, die Sudetendeutschen hätten auf dem Boden der Verfassung von 1920 „langsam, aber sicher" Verbesserungen erreichen können. Leider habe jedoch „die irrsinnige Phrase ‚Hochverrat zu üben ist jedes deutschen Abgeordneten Pflicht'" – womit Stradal Lodgman zitierte, ohne diesen zu nennen – „in Form der Henlein-Politik schließlich den Sieg über den sudetendeutschen Aktivismus davongetragen". Infolgedessen seien die Sudetendeutschen nach Kriegsende „heimatlos geworden", und es sei „eine tausendjährige deutsche Kulturarbeit in Böhmen, Mähren und Schlesien vernichtet".[120]

Stradal stellte 1946 die Frage, wie alles so weit habe kommen können. Eine der wichtigsten Ursachen war für ihn die bereits seit 1914 erfolgte „Vernichtung der freien Persönlichkeit" und des Rechtsbewusstseins – durch jahrelange Kriegserfahrung, durch inflationsbedingte Vernichtung der Sparvermögen, durch Rechtlosigkeit der Hausbesitzer, durch Schutzlosigkeit der Arbeiter, Bauern und Selbstständigen in der Weltwirtschaftskrise und am Ende durch das Aufkommen politischer Tyrannei: „So verlor der Einzelne Mut und Kraft, für sein Recht zu kämpfen. Ohne Kampf für sein Recht gibt es kein Recht. Ohne Recht keine Persönlichkeit, ohne diese keine dauerhafte Demokratie."[121] Seit 1933 hatte Stradal publizistisch gegen den deutschen Nationalsozialismus und dessen immer bedrohlicheres Ausgreifen auf die Deutschen in Österreich und der Tschechoslowakei gewirkt. Im April 1933 hatte er in einer Teplitzer Tageszeitung mit Blick auf die NS-Gleichschaltung und Judenverfolgung in Deutschland gegen die dortige „asiatisch-orientalische Despotie" den rechtsstaatlichen *„Grundsatz der Gleichheit vor dem Gesetz, der Achtung vor der Freiheit der Gesinnung, der Person und des Vermögens"* verteidigt. Auch von außen müsse man sich aktiv einmischen: „Der Sudetendeutsche, der laut und deutlich zu erkennen gibt, daß ihm der Faschismus nicht zu-

---

[120] Ebenda, S. 2f.
[121] Ebenda, S. 4.

sagt, der laut den Wunsch ausspricht, daß die Erneuerung des deutschen Volkes im Deutschen Reich sich im Rahmen der Gesetze und des geschriebenen Rechtes deutscher Tradition hält, der nützt dem deutschen Volke mehr als der, der kritiklos – und teilweise vielleicht aus bloßer Feigheit – dem vielen Unrechte zustimmt, das sich daraus ereignet."[122]

Vor diesem Hintergrund entfaltete sich der Dissens zwischen Lodgman und Stradal heftig genug. Stradal kritisierte 1930 in der sudetendeutschen Presse, dass Lodgman während seiner politisch aktiven Zeit bis 1925 keinen Kompromiss mit Präsident Masaryk gefunden habe, ja dass er nicht einmal die Kraft zu einem Treffen aufgebracht habe, welches ihm angeboten worden sei. Lodgman habe immer nur negative Politik getrieben und im Prager Parlament den fatalen Satz geprägt, Hochverrat zu treiben sei die Pflicht jedes deutschen Abgeordneten.[123] Als Stradal 1948 seine Entnazifizierungs-Anzeige gegen Lodgman stellte, fehlte dieses nachhaltig in Erinnerung gebliebene Hochverrats-Zitat nicht. Giftig kommentierte Stradal Lodgmans Versuch, im Oktober 1938 nach langer Abstinenz wieder „eine politische Rolle" zu spielen: „Er sandte nach der Besetzung Nordböhmens durch die Nazi ein überschwengliches, langes Telegramm an Adolf Hitler, bekam aber keine Antwort, da er immer bei den Nazis als das bekannt war, was er war, ein Schwätzer ohne Kraft und Mut." Zwar habe man ihm „die Befreiungsmedaille für seine Verdienste um das Sudetendeutschtum" verliehen, doch habe man Lodgmans Antrag auf NSDAP-Mitgliedschaft, den er „sicherlich" gestellt habe, „bestimmt abgelehnt". Trotz solcher Mutmaßungen, die er gesicherten Fakten beimischte, gelangte Stradal 1948 zu der treffenden Zusammenfassung, Lodgman habe trotz eifriger Bemühungen in Hitlers Reich „keine Rolle spielen" können und sei infolgedessen „nur ein sozusagen ‚verhinderter' Anhänger Hitlers" gewesen, was ihm nach 1945 „in gewissem Sinne zugute" gekommen sei.[124]

Die Lodgman von Stradal zur Last gelegte Denunziation bezog sich auf zwei Schreiben Lodgmans aus den Jahren 1938 und 1940. Demnach hatte Lodgman am 15. November 1938 gegenüber dem Leiter des Rechtsamtes der NSDAP in Leitmeritz, Herbert David[125], auf dessen Anfrage eine Einschätzung über Stradal

---

[122] Ebenda, S. 81; im Juli 1934 hatte Stradal überdies im Teplitzer Tageblatt einen scharfen Angriff auf das Unrecht der Morde während des sogenannten „Röhmputsches" geführt, die Hitler nachträglich für rechtens hatte erklären lassen; dabei traten allerdings auch die Grenzen von Stradals Rechtsbewusstsein zutage, denn er kritisierte nicht die Ermordung zahlreicher SA-Führer, sondern lediglich, „daß durch bedauerliche Mißverständnisse" auch „vollkommen unschuldige Personen" ermordet worden seien; vgl. ebenda, S. 82–83.

[123] BStAM, SpkA, K 1068 Lodgman von Auen, Zeitungsausschnitt von 1930.

[124] Ebenda, Dr. Karl Heinrich Stradal, Rechtsanwalt in Irdning/Öst., an Spruchkammer LG München II, Anzeige gegen Lodgman, 14. 8. 1948, S. 4f. und S. 7f.

[125] Dr. Herbert David, 1900–1985, Rechtsanwalt in Leitmeritz, bis 1933 Ortsleiter der DNSAP, 1936–1938 Leiter des Rechtsamts der SdP, 1937/38 Mitglied der SdP-Hauptleitung; Oktober 1938 von Henlein mit der Neuordnung der Justiz im Sudetengau beauftragt, 1938–1945 Mitglied des Reichstages (NSDAP); SS-Offizier (zuletzt Oberführer); 1939–1945 Präsident des Oberlandesgerichtes Leitmeritz, daneben Leitungsfunktionen im Gaurechtsamt für das Reichsprotektorat und dem NSRB; 1945–1947 interniert; 1946 in Entnazifizierung als Hauptbeschuldigter eingestuft, durch Berufungskammer München zum Minderbelasteten herabgestuft.

geäußert, der damals – wie alle sudetendeutschen Anwälte – seine Weiterzulassung als Rechtsanwalt im Großdeutschen Reich hatte beantragen müssen. David war als hoher SdP- und nunmehriger NSDAP-Funktionär der im Oktober 1938 von Gauleiter Henlein beauftragte Kommissar für die Neuordnung des Justizwesens im Sudetengebiet.[126] Die berufliche Zukunft Stradals hing somit von der Entscheidung Davids ab, auf die Lodgman mit seinem Schreiben Einfluss nehmen konnte. Dass ihn David um diese Stellungnahme gebeten hatte, verweist auf sein Ansehen und das seinem Urteil beigelegte Gewicht. Zugleich war Lodgmans Schreiben, da es auf Anforderung des zuständigen NS-Gaufunktionärs erfolgte, keine aus eigenem Antrieb gemachte Denunziation. In Inhalt und Wirkung kam es dennoch einer Denunziation gleich, denn Lodgman hat die erbetene Auskunft weder verweigert noch ins Unverfängliche abgebogen noch ihre Konsequenzen zu mildern versucht.

In seinem Schreiben an den NSDAP-Rechtsamtsleiter vom 15. November 1938 – nur wenige Tage nach dem antisemitischen November-Pogrom, der auch im Sudetenland vehement getobt hatte – hatte Lodgman seinen Kontrahenten, mit dem er damals soeben in einen Zivilprozess verwickelt war, folgendermaßen charakterisiert: „Nachdem Herr Stradal 20 Jahre tschechoslowakischer Patriot, Judenknecht und jeder alldeutschen Gesinnung abhold gewesen" sei, sei er „jetzt 150 Prozent Nationalsozialist". Lodgman stellte Stradal auch in diesem Schreiben somit als ausgesprochenen politischen Opportunisten dar, der neuerdings beflissen den Hitlergruß verwende, während er früher vom NS-Regime „nur mit Abscheu" gesprochen oder öffentlich geschrieben habe – wie etwa im ominösen (oben zitierten) Artikel im Teplitz-Schönauer Anzeiger vom 9. April 1933. Außerdem habe sich Stradal unter tschechischer Herrschaft „durch schamlose Angeberei bei den tschechoslowakischen Justizbehörden" – also durch Denunziantentum gegen nationalistische Sudetendeutsche – hervorgetan. Lodgman schloss mit einem regelrechten Plädoyer in der Pose des Staatsanwalts: „Ich stelle den Antrag: Der Rechtsstaat wolle […] prüfen, ob es für die deutsche Volksgemeinschaft tragbar ist, ob sich Herr Stradal einen ‚deutschen Rechtswahrer' nenne". Damit motivierte Lodgman in seinem Gutachten den NS-Funktionär David nicht nur verklausuliert zum Entzug der Anwaltszulassung Stradals, sondern er hatte diesen Schritt ausdrücklich gewollt und beantragt.[127]

Stradal betonte nach Kriegsende, dass man ihm Ende 1938 seine anti-nazistischen Zeitungsartikel zur Last gelegt habe, die er in früheren Jahren veröffentlicht hatte. Als belastend habe das NS-Regime aber auch seine wiederholten politischen Konflikte mit Lodgman gewertet und darüber hinaus die Tatsache gegen ihn ausgelegt, dass er auch nach dem Anschluss der Sudetengebiete an Deutschland als Anwalt noch jüdische Klienten vertreten habe. Das Angebot, seine Weiterzulassung mit einer öffentlichen Distanzierung von einem früheren „Artikel gegen

---

[126] Gebel, „Heim ins Reich!", S. 212.
[127] BStAM, SpkA, K 1068 Lodgman von Auen, Abschrift: Lodgman an NSDAP, Dr. David, 15.11.1938.

Hitler" zu erkaufen, habe er abgelehnt. Der denunzierende Brief Lodgmans an die NSDAP sei ihm damals zugänglich gemacht worden – entweder irrtümlich oder absichtlich durch einen Sympathisanten in den NS-Instanzen, „damit ich wußte, woran ich bin".[128]

Die schiefe Ebene zur NS-Konformität: Otto Ulitz 1933–1939

Otto Ulitz hatte seit 1930 eine fortschreitende Erosion des demokratischen Systemkontextes erlebt, in dem er sich als polnisch-oberschlesischer Minderheitenpolitiker bislang bewegt hatte. Das zunächst semi-autoritäre Piłsudski-Regime in Polen ging ab 1930 zur offenen Diktatur über und vernichtete bis 1935 alle parlamentarischen Mitwirkungsmöglichkeiten, die Ulitz als prominenter Vertreter seiner Volksgruppe bis dahin genutzt hatte. In Deutschland wurde eine parlamentarische Regierung ebenfalls 1930 durch auf den Reichspräsidenten und dessen Notverordnungsrecht gestützte „Präsidialkabinette" abgelöst, die im Januar 1933 einer von Hitlers NSDAP geführten rechtsgerichteten Regierungskoalition Platz machten, welche binnen weniger Monate in eine offene Diktatur umgewandelt wurde. Seither hing Ulitz' Position als Geschäftsführer des deutschen Minderheitenverbandes in Polnisch-Oberschlesien von den Weisungen und Subventionen einer nationalsozialistischen Reichsregierung ab. Diese wies zwar anfangs – jedenfalls im Auswärtigen Amt und in der von diesem abhängigen Vermittlungsinstanz der Deutschen Stiftung mit ihrem nach 1933 im Amt bleibenden Geschäftsführer Erich Krahmer-Möllenberg – eher konservative Kontinuitäten auf, wurde jedoch ab Mitte der 1930er Jahre zunehmend durch den NS-Radikalismus neuer Führungsschichten geprägt. Der Wechsel im Amt des Reichsaußenministers vom konservativen Berufsdiplomaten Konstantin von Neurath zum NS-Karrieristen Joachim von Ribbentrop im Februar 1938 markierte diesen Wandel auch äußerlich[129], doch schon zuvor hatten von NS-Rasseideologen geführte Institutionen – namentlich die zur Koordinierung der „Auslandsdeutschen" agierende und seit 1937 vom SS-Obergruppenführer Werner Lorenz geführte „Volksdeutsche Mittelstelle" – wachsenden Einfluss gewonnen.[130] Allerdings darf man nicht verkennen, dass ein deutschnational orientierter Konservativer wie Baron Neurath einer Verständigungspolitik gegenüber Polen „ganz und gar ablehnend gegenüberstand", während dieselbe zwischen 1934 und Anfang 1939 von Hitler selbst gewünscht und aktiv betrieben wurde.[131]

Es war somit ausgerechnet Hitler, der Polen im September 1939 durch einen „Blitzkrieg" besiegen und besetzen und mit seinem Bündnispartner Stalin aufteilen würde, der ab 1934 den polnischen Staat im deutlichen Unterschied zu den

---

[128] Ebenda, Hauptkammer München-Land, Protokoll der Entnazifizierungs-Verhandlung v. 30. 3. 1949.
[129] Schmidt, Die Außenpolitik des Dritten Reiches 1933–1939, S. 49.
[130] Luther, Volkstumspolitik des Deutschen Reiches 1933–1938, S. 148 f.
[131] Hildebrand, Das vergangene Reich, S. 579.

Regierungen der Weimarer Republik „plötzlich mit unübersehbarer Gleichberechtigung behandelt[e]". Ein „Ostlocarno", eine Anerkennung der deutsch-polnischen Grenze, die Stresemann und dessen demokratische Nachfolger den Polen stets verweigert hatten, vollzog allerdings auch der neue deutsche Diktator nicht. Hitlers polnischer Diktatorenkollege Piłsudski, der 1934 mit jenem einen deutschpolnischen Nichtangriffspakt schloss, ahnte kurz vor seinem Tode 1935, dass „die ungesunden Romanzen mit den Deutschen" trotz dieser Entspannung „kein gutes Ende finden könnten". Hitlers Honeymoon mit Polen dauerte länger. Immerhin unterbreitete er im Oktober 1938 Polen, das damals in Deutschlands Windschatten auf Kosten der Tschechoslowakei „zu den Beutemachern von München gehört" hatte, das Angebot einer „großen Regelung": Polen sollte der Rückkehr der Freien Stadt Danzig zu Deutschland zustimmen und dem Reich exterritoriale Verkehrsverbindungen durch Westpreußen zugestehen; im Gegenzug würde Deutschland die restliche deutsch-polnische Grenze von 1919 – und damit auch die Abtretung Ost-Oberschlesiens – anerkennen. Was auf den ersten Blick nach einem fairen Kompromiss klang, verband sich bei näherem Hinsehen mit dem fatalen Ansinnen, Polen solle dem Antikominternpakt beitreten, also als Deutschlands Verbündeter (und faktischer Vasall) neben Italien und Japan einen Konflikt mit der Sowjetunion ins Auge fassen. Polen stand somit 1938/39 vor der Wahl zwischen Pest und Cholera: Entweder es akzeptierte eine zutiefst ungleiche „Partnerschaft" mit Hitler-Deutschland, die es an die „Kette des Reiches" gelegt hätte, oder es musste Hitlers „Feindschaft in Kauf nehmen". Kurz nachdem der polnische Außenminister Jozef Beck – mit der bezeichnenden Bemerkung: „Wir sind doch keine Tschechen" – Hitlers Angebot abgelehnt hatte, befahl der deutsche Diktator im April 1939, den Krieg gegen Polen vorzubereiten.[132] Wenn Polen nicht Mittäter werden wollte bei Hitlers Krieg im Osten, sollte es sein erstes Opfer werden.

Die zwischenzeitliche deutsch-polnische Annäherung trug erheblich zum Verfall der Minderheitenschutzgarantien des Völkerbundes bei. Den Anfang machte Deutschland, das 1933 wegen seiner NS-Judenverfolgung in die Position eines auf internationaler Bühne angeklagten „Schurkenstaates" geriet und nicht zuletzt deshalb im Herbst 1933 aus dem Völkerbund austrat. Die deutsche Judenverfolgung wurde im Völkerbundrat in Genf bereits im Mai 1933 diskutiert. Anlass bot eine Petition des deutschen Staatsbürgers Franz Bernheim aus dem oberschlesischen Gleiwitz, der wegen jüdischer „Rassezugehörigkeit" seinen Arbeitsplatz verloren hatte. Diese Petition zeitigte im Völkerbundrat keine Ergebnisse, denn dieser gab sich mit der Erklärung aus Berlin zufrieden, man habe es mit Eigenmächtigkeiten nachgeordneter Organe zu tun.[133] Allerdings hatten einige Ratsmitglieder die Gelegenheit genutzt, Deutschland wegen seiner antijüdischen Politik generell anzuprangern – allen voran Frankreich, das sich auf seine lange Tradition des

---

[132] Ebenda, S. 589, S. 667f. und S. 678f.; Borodziej, Geschichte Polens im 20. Jahrhundert, S. 187.
[133] Haddad, The Refugee in International Society, S. 109; Swatek-Evenstein, Geschichte der „Humanitären Intervention", S. 215.

Schutzes jüdischer Rechte in allen Ländern der Welt berief. Der deutsche Botschafter August Freiherr von Keller wurde zwar aktiv nur vom faschistischen Italien unterstützt, spottete jedoch über den plötzlichen Eifer seiner Kollegen in Minderheitenfragen, die ihnen früher ziemlich gleichgültig gewesen seien.[134] Auf der nächsten Genfer Völkerbundversammlung vom 30. September 1933 forderte der Vertreter der Republik Haiti „die Verallgemeinerung des Minderheitenschutzes sowie eine Formulierung der Menschen- und Bürgerrechte [...], die jedem Bewohner eines Staates das volle Anrecht auf den Schutz seines Lebens und seiner Freiheit sowie die Gleichheit vor dem Gesetz ohne Unterschied der Rasse, Sprache und Religion sichern soll". Frankreich unterstützte dies mit dem Hinweis, dass gerade Deutschland stets besonderes Gewicht auf Minderheitenschutz gelegt habe und „daher auch ohne formelle Verpflichtungen gehalten" sei, „seine eigenen Minderheiten der Rasse, der Religion und Sprache gerecht und duldsam zu behandeln". Hitlers Gesandter August von Keller verwahrte sich dagegen, die „Judenfrage" mit der „Minderheitenfrage" gleichzusetzen. Die Juden seien keine nationale Minderheit, es handle sich vielmehr um „ein besonders gelagertes Rassenproblem" und um eine soziale Frage. Am folgenden Tag griff der konservative britische Arbeitsminister Sir William Ormsby-Gore die NS-Regierung scharf an: Es gebe kein völkisches Recht, das Deutschland ermächtige, sich zum Verteidiger von Minderheiten in anderen Staaten aufzuschwingen. Außerdem setzte Ormsby-Gore dem Antisemitismus der Hitler-Regierung das Prinzip toleranter Integration in einer freiheitlichen Gesellschaft entgegen, wie sie im Britischen Empire mustergültig erreicht sei. Im Einklang mit Haiti forderte Orsmby-Gore, dass eine „Entschließung aus dem Jahre 1922, die die Anwendung der Grundsätze des Minderheitenvertrages auch in den nicht durch solche Verträge gebundenen Staaten fordere, von neuem verkündet werde."[135] Der NS-Gesandte von Keller bestritt erneut, dass der Völkerbund das Recht zur Kritik der deutschen Judenpolitik besitze, doch war Hitlers Regime bereits international ins Abseits geraten. Wenige Tage nach dieser diplomatischen Katastrophe trat Deutschland aus dem Völkerbund aus.[136]

Die Hitler-Regierung saß daher nicht mehr am Völkerbund-Tisch, als im April 1934 der polnische Delegierte Graf Edward Raczyński – der spätere Außenminister der polnischen Exilregierung in London – ein „allgemeines Minderheitenschutzabkommen" beantragte, da der bisherige selektive Minderheitenschutz den Grundsätzen der Gleichheit und Gerechtigkeit widerspreche. Raczyński begründete den Vorstoß mit dem Vorhandensein ungeschützter Minderheiten der Rasse, Sprache oder Religion in jedem europäischen Land – und spielte damit zweifellos auf Deutschland an. Das Argument war richtig, aber chancenlos und angesichts der repressiven Minderheitenpolitik in Polen selbst nicht ohne Pikanterie. Bereits

---

[134] Fink, Defending the Rights of Others, S. 328 und S. 331f.
[135] Ebenda; Schulthess' Europäischer Geschichtskalender 74.1933, S. 456–459; Macartney, National States and National Minorities, S. 467.
[136] Schulthess' Europäischer Geschichtskalender 74.1933, S. 456–459.

im September 1934 änderte Polens Außenminister Beck den Kurs und ließ erklären, „Polen sei der Verpflichtungen aus dem Vertrag zum Schutze der Minderheiten enthoben". Seither setzte Polen auf bilaterale Verträge statt auf internationale Garantien, die stets eine lästige Einschränkung bedeutet hatten.[137] Nach Berlin hatte sich auch Warschau entschlossen, den Versailler Minderheitenschutz faktisch zu sprengen.[138]

Rückblickend hatte das Minderheitenschutzsystem des Völkerbundes seinen Höhepunkt 1929 – zum Zeitpunkt der Debatten zwischen Stresemann, Briand und Zaleski. Seither begann der Niedergang, der sich als unaufhaltsam erwies. Wesentliche Ursache war die Entdemokratisierung vieler Mitgliedsstaaten. Denn angesichts der inneren Blockaden des Völkerbundes bestand das einzige Druckmittel bei Verletzung der Minderheitenschutzverträge in der öffentlichen Meinung und der Furcht der Regierungen vor internationalem Prestigeverlust. Dieses Druckmittel wurde desto unwirksamer, je mehr Staaten sich in Diktaturen verwandelten. 1934 war in Mittel- und Osteuropa nur noch die Tschechoslowakei eine Demokratie.[139] Und selbst diese wurde nicht von all ihren Kennern günstig beurteilt.[140] Sabine Bamberger-Stemmann hat das Kernproblem des Minderheitenschutzsystems im Fehlen zwingender Sanktionsmöglichkeiten gegenüber vertragsverletzenden Staaten gesehen. Insofern sei der Minderheitenschutz des Völkerbundes nie wirklich rechtsförmig geworden, sondern stets politisch geblieben. Es habe kein umfassendes „Minderheitenrecht" gegeben, sondern lediglich einen begrenzten „Minderheitenschutz" als „karitatives System", als leidliches „peace-keeping" in den ethnischen Konfliktzonen Osteuropas.[141] Der Brite Carlile Macartney hat bereits 1934 geurteilt, das Minderheitenschutzsystem des Völkerbundes habe bestenfalls als lokale Anästhesie gewirkt, nicht aber als grundlegendes Heilmittel. Zwar hätte man mehr erreichen können, wenn die Kontrollprozeduren verbessert worden wären. Doch die eigentliche Ursache des Problems liege in der Philosophie des Nationalstaates, wie sie in Zentral- und Osteuropa praktiziert worden sei. So lange die dominierenden Nationen den Staat nur für ihre Interessen nutzten, sei die Lage der Minderheiten durch kein Schutzsystem erträglich zu gestalten.[142]

Die sich etablierende NS-Diktatur in Deutschland, die Erosion des Minderheitenschutzsystems des Genfer Völkerbundes und das bilaterale deutsch-polnische Verhältnis, das zwischen 1934 und Anfang 1939 trotz aller weiterbestehenden Konfliktzonen in eine ausgesprochene Entspannungsphase eintrat, um dann in

---

[137] Weiss, Deutsche und polnische Juden vor dem Holocaust, S. 109.
[138] Polen hatte die Kündigung des Minderheitenschutzabkommens zur Bedingung für seine Zustimmung zum Beitritt der UdSSR zum Völkerbund gemacht; Raczyński, In Allied London, S. 2.
[139] Scheuermann, Minderheitenschutz contra Konfliktverhütung?, S. 408.
[140] Kennan, Memoiren eines Diplomaten, S. 102.
[141] Bamberger-Stemmann, Staatsbürgerliche Loyalität und Minderheiten als transnationale Rechtsparadigmen im Europa der Zwischenkriegszeit, S. 225f., S. 233 und S. 235f.
[142] Macartney, National States and National Minorities, S. 420f.

eine von Hitler gewollte mörderische Konfrontation umzuschlagen – das war der Handlungskontext, in dem sich Otto Ulitz zu bewegen und zu bewähren hatte.

Zwei Jahrzehnte später, im Jahre 1955, sollte in der Bundesrepublik Deutschland die Verleihung des Großen Bundesverdienstkreuzes an Otto Ulitz erfolgen. Dieses Vorhaben löste in Vertriebenenkreisen der regierenden CDU(CSU ein mittleres Erdbeben aus. Verursacht wurde dasselbe durch den Protestbrief, den ein ehemaliger Bergdirektor aus Oberschlesien, Johannes Labryga, an den nordrhein-westfälischen CDU-Ministerpräsidenten Karl Arnold gerichtet hatte, welcher die Ordensverleihung vornehmen sollte. Labryga, selbst Kreisfunktionär in der Landsmannschaft Oberschlesien, hatte sich zuvor demonstrativ geweigert, an der festlichen Zeremonie für Ulitz teilzunehmen, der ihm seit den 1920er Jahren bestens bekannt war. Labryga erklärte dem Düsseldorfer Regierungschef, er habe Ulitz durchaus geschätzt, als dieser nach dem Ersten Weltkrieg in die Politik gegangen sei, um sich, „wie wir alle deutschgesinnten Oberschlesier, für das Verbleiben Oberschlesiens bei Deutschland" einzusetzen. „Dann aber trat er beim Auftauchen Hitlers auf dessen Seite, wurde ‚Träger des Goldenen Parteiabzeichens' und Ministerialrat sowie Leiter der gesamten Schulämter Oberschlesiens in Kattowitz."[143] Ulitz wurde zum Vorwurf gemacht, sich seit 1933 dem NS-Regime angepasst und 1939 vollends zur Verfügung gestellt zu haben. Hinzu traten weitere Vorwürfe, welche die 1940er Jahre betrafen und daher an anderer Stelle zu erörtern sind.

Dieser Protest löste heftige Diskussionen vertriebener CDU-Politiker über die Person von Otto Ulitz aus. Der ehemalige Bundesvertriebenenminister Hans Lukaschek, der Ulitz seit langem kannte, da er in den 1920er Jahren als Zentrumspolitiker Mitglied der deutsch-polnischen „Gemischten Kommission für Oberschlesien" in Kattowitz zur Regelung der wechselseitigen Minderheitenprobleme und daraufhin bis zu seiner Entlassung durch das NS-Regime 1933 Oberpräsident der preußischen Provinz Oberschlesien gewesen war[144], äußerte sich gegenüber dem Bundespräsidialamt relativ günstig über den früheren Minderheitenpolitiker. Lukaschek, der dem Widerstand gegen Hitler angehört hatte, nach dem Attentat vom 20. Juli 1944 verhaftet und gefoltert, aber im April 1945 vom nationalsozialistischen „Volksgerichtshof" freigesprochen worden war[145], warf seine große politisch-moralische Autorität in die Waagschale, als er erklärte, er könne die Ordensangelegenheit nicht abschließend bewerten, da ihm die den Vorwürfen Labrygas zugrunde liegenden Sachverhalte nicht bekannt seien, doch habe er insgesamt „die Verdienste Ulitzs stets hochgewertet". Er habe Otto Ulitz aus der gemeinsamen Arbeit bis 1933 gut gekannt: „Er war Demokrat und eher links orientiert, auch Juden gehörten zu seinen vertrautesten Freunden." Ulitz sei innerlich „ein entschiedener Gegner Hitlers" gewesen, „auch nach 1933". Dann folgte die

---

[143] LANRW-R, NWO Nr. 3683, Bergdirektor a. D. Labryga, Dortmund-Derne, an MP NRW, Arnold, 8.11.1955.
[144] Karpen / Schott, Der Kreisauer Kreis, S. 100–103.
[145] Morsey, Gründung und Gründer der christlichen Demokratie aus dem Widerstand, S. 49f.

wichtige Einschränkung: „Aber der Volksbund war seine Lebensaufgabe. [...] Nach 1933 wurde seine Stellung sehr schwierig." Angriffe der NS-orientierten „Jungdeutschen" Partei hätten seine Stellung gefährdet, der von ihm geleitete Volksbund sei finanziell abhängig von der NS-Reichsregierung und daher ihrem Druck ausgesetzt gewesen, und schließlich sei ein politischer Bruch zwischen Ulitz und Dr. Paul, „dem Führer der deutschen Katholiken in Polen", erfolgt, der anders als Ulitz „den richtigen Weg" (der Nichtanpassung an das NS-Regime) gegangen sei: „Aus dieser Tatsache ergab sich die scharfe Gegnerschaft der Leute, die hinter Paul standen, gegen Ulitz", dessen „Zwangslage" sie wohl nicht gesehen hätten – ebenso wenig wie die Sogwirkung des Vereinigungswunsches fast aller Auslandsdeutschen mit dem Deutschen Reich. Lukaschek resümierte verständnisvoll: „Es waren viele der Klagen über Ulitz an mich herangekommen, niemals aber habe ich feststellen können, daß ein wirklicher Vorwurf begründet gewesen wäre, wenn man seine schwere Lage um die Erhaltung seiner Lebensarbeit kannte."[146]

Wenig Verständnis für Ulitz brachte hingegen der ebenfalls aus Kattowitz stammende CSU-Bundestagsabgeordnete Walter Rinke auf, der als Zentrumsmitglied Direktor einer halbstaatlichen Versicherung in Oberschlesien gewesen war, bevor ihn das NS-Regime 1934 zwangspensioniert hatte.[147] Rinke, der in den frühen 1950er Jahren auch Bundesvorsitzender der Landsmannschaft Schlesien gewesen war[148], teilte Ministerpräsident Arnold im November 1955 mit, er habe mittlerweile von weiteren Oberschlesiern „Urteile" über Ulitz eingeholt, die seine frühere bereits ablehnende Stellungnahme vollauf rechtfertigen. So habe ihm ein früherer Kattowitzer Stadtrat erklärt, dass Ulitz nach 1939 selbst in persönlichen Unterredungen und auf „internen Sitzungen" sich „immer positiv – nationalsozialistisch" geäußert habe. Schon vor 1939 hätten die überzeugten NS-Anhänger von den für das Auslandsdeutschtum zuständigen deutschen Dienststellen immer wieder zu hören bekommen, „daß Dr. U. ein Bejaher und kein Gegner des Nationalsozialismus sei". Das sei der Grund, weshalb diese Nazis Ulitz nie aus seiner Führungsposition im Deutschen Volksbund hätten verdrängen können. Sein Machterhalt sei mit fortschreitender Anpassung an das NS-Regime einhergegangen. So habe Ulitz lange seine Zugehörigkeit zu einer Freimaurerloge in Kattowitz zur Förderung seiner Karriere genutzt, diesen „Freundeskreis" aber nach 1933 mit Rücksicht auf das NS-Regime dann ebenso karriereorientiert „verlassen".[149]

Ein weiterer CDU-Bundestagsabgeordneter, der aus dem oberschlesischen Beuthen stammende und ebenfalls 1933 als Zentrums-Beamter vom NS-Regime entlassene Georg Schneider, lobte hingegen Ulitz' tapfere Haltung in Polen vor 1939

---

[146] LANRW-R, NWO Nr. 3683, BM a. D. Dr. Lukaschek an Bundespräsidialamt, Ordensabteilung, Gesandter Kiewitz, 10.9.1956.
[147] Stickler, „Ostdeutsch heißt gesamtdeutsch", S. 44, Anm. 53.
[148] Amos, Vertriebenenverbände im Fadenkreuz, S. 12.
[149] LANRW-R, NWO Nr. 3683, Dr. Walter Rinke MdB an MP NRW, Arnold, 30.11.1955.

1. Die ältere Generation und das NS-Regime   247

und erklärte, dessen Verhalten während der NS-Herrschaft nicht beurteilen zu können, aber auf eine intensive, in jeder Hinsicht gerechte Prüfung zu hoffen.[150]

Die Korrespondenzen zwischen Ulitz und der ihm übergeordneten „Deutschen Stiftung" werfen unterschiedliche Schlaglichter auf Ulitz' schwankende, um seinen Machterhalt bemühte Politik. Einerseits versuchte Ulitz offenbar die sehr viel stärker als er selbst NS-orientierte „Jungdeutsche Partei" im Zusammenwirken mit anderen Minderheitenpolitikern der älteren Generation möglichst einzudämmen.[151] Andererseits konnte er sich in seiner Führungsposition im Volksbund längerfristig nur dann halten, wenn er selbst dem NS-Regime immer mehr Zugeständnisse machte. Das brachte Ulitz zwangsläufig zwischen 1933 und 1939 auf eine abschüssige Bahn. Balling skizzierte ihn als anfänglich dem Nationalsozialismus gegenüber zurückhaltend und dem NS-Antisemitismus gegenüber klar abweisend eingestellt (er habe bis 1936 eine jüdische Sekretärin beschäftigt), weshalb er scharfe, auch generationenspezifisch grundierte Konflikte mit der NS-nahen „Jungdeutschen Partei" auszufechten gehabt habe, die selbst dann nicht nachgelassen hätten, als Ulitz „ganz auf die NS-Linie überschwenkte".[152]

Der von Ulitz verfasste Geschäftsbericht des DVB von 1934 demonstriert den Versuch, eher die nationale als die nationalsozialistische Karte als Legitimationsformel zu nutzen: „Ein Deutscher, der sein Kind in eine polnische Schule schickt, wenn am Orte eine deutsche besteht, kann nicht Mitglied des D.V.B. bleiben oder werden."[153] Entsprechend veranlasste Ulitz im Mai 1936 die Abberufung einer polnischen Lehrerin aus einer deutschen Minderheitsschule, weil diese die deutsche Sprache nur mangelhaft beherrscht habe.[154] Zu dieser Zeit machten dem DVB-Geschäftsführer „überaus gehässige, persönliche Angriffe" der „Jungdeutschen Partei" zu schaffen.[155] Es half wenig, dass Ulitz seit 1933 öffentliche Bekenntnisse seiner Sympathie für den Nationalsozialismus abgegeben hatte, die später DDR-Instanzen zu der (taktisches Kalkül nicht in Rechnung stellenden) Einschätzung brachten, er sei „ein aktiver Anhänger und Propagandist der Nationalsozialistischen Ideologie" gewesen. Auf einer Versammlung des Deutschen Volksbundes in Kattowitz im Mai 1933 hatte Ulitz sowohl als Demonstration seiner Anpassungsbereitschaft als auch seiner Selbstbehauptung gegenüber radi-

---

[150] Ebenda, Georg Schneider MdB an MP NRW, Arnold, 9.12.1955.
[151] BStU, Archiv der Zentralstelle, MfS-HA XII RF 144, Bl. 3–6, insb. Bl. 4, Landesbehörde der Volkspolizei Sachsen, Abt. K, Vernehmungsprotokoll Dr. Otto Ulitz, Waldheim, 20.4.1950; Ulitz sagte aus, ab etwa 1930 habe sich unter den Deutschen Oberschlesiens eine Gruppe namens „Jung-Deutsche Partei" gebildet, die sich offen zum Nationalsozialismus bekannt habe und ab 1933 gegenüber den alten Parteien und Organisationen ihren „Anspruch auf Führung" angemeldet habe; diesem Machtanspruch (im Text fälschlich „Einspruch") habe sich vor allem der von ihm geleitete DVB widersetzt – in Abstimmung mit ähnlichen Organisationen in Posen und Pommerellen, zu deren Leitern er enge Verbindungen gehabt habe.
[152] Balling, Von Reval bis Bukarest, Bd. 2, S. 764.
[153] PAAA, R 8043/590, Bl. 15–17, DVB, Dr. Ulitz, Geschäftsbericht für 1934.
[154] Ebenda, R 8043/591, Bl. 495f., Deutsches Generalkonsulat Kattowitz an AA, 13.5.1936; darauf soll besagte Lehrerin mit einer Beleidigungsklage gegen Ulitz reagiert haben.
[155] Ebenda, R 8043/590, Bl. 133f., Deutsche Stiftung, Krahmer-Möllenberg, an RMWEV, MR Prof. Dr. von Kursell, 8.4.1936.

kaleren NS-Kräften erklärt: „Wir wissen, daß eine so große Idee wie der Nationalsozialismus nicht an den politischen Grenzen Halt macht und wir wissen, wie tief diese Idee auch in unserer deutschen Bevölkerung Wurzel schlägt."[156] Das SED-Regime warf Ulitz später vor, er habe als Vorsitzender des DVB nach 1933 „geheime" NS-Jugendorganisationen „unterstützt", die „einen Teil der fünften Kolonne in Oberschlesien" gebildet hätten. Dieser Vorwurf betraf nicht nur die Volksbundjugend (VBJ), die offizielle Jugendorganisation des DVB, sondern auch Vereine außerhalb des Jugendbundes. Es wäre näher zu untersuchen, ob diese Jugendorganisationen tatsächlich sämtlich NS-nah gewesen sind. Zutreffend war hingegen die DDR-Feststellung, die Finanzierung des DVB sei aus Reichsmitteln erfolgt, und zwar hauptsächlich über die „Deutsche Stiftung", doch habe der DVB über diese auch bedeutende Zuschüsse des „Volksbundes für das Deutschtum im Ausland" (korrekt: Verein, VDA), der „Volksdeutschen Mittelstelle" der SS und des „Bundes Deutscher Osten" erhalten.[157]

Doch auch hier muss man genauer hinsehen. Der „Bund Deutscher Osten" (BDO) war eine 1933 vom NS-Regime gegründete Dachorganisation deutschnationaler Ostvereine, darunter des im Kaiserreich einst mächtigen, 1933 aber längst heruntergekommenen rechtsgerichteten Ostmarkenvereins. Man darf nicht verkennen, dass die Hauptfunktion des BDO – so der NS-Ideologe und damalige Nebenaußenpolitiker Alfred Rosenberg 1933 – darin bestand, durch organisatorische Zusammenfassung „den alten liberalen und Zentrumsvereinigungen eine Sabotage an der Grenze unmöglich" zu machen.[158] Der VDA wiederum war ursprünglich – zur Weimarer Zeit – selbst ein Hilfsverein der gesellschaftlichen „Mitte", bevor er ab 1933 gleichgeschaltet und 1937 der SS unterstellt wurde, um seither als NS-konforme Kontrollinstanz der oft eigenwilligen Führungen deutscher Minderheiten im Ausland zu fungieren.[159] Erst 1936 trat als neue Institution die „Volksdeutsche Mittelstelle" (Vomi) hinzu, die im Auftrag des Reichsführers SS Heinrich Himmler einerseits ebenfalls die deutsche Politik gegenüber den Minderheiten im Ausland kontrollieren und koordinieren sollte, andererseits aber diese Minderheiten auch direkt beeinflussen, durchdringen und dadurch wiederum deren vielfältiges Organisationswesen gleichschalten sollte.[160] Es war diese SS-Institution der „Vomi", von Himmlers Vertrauten Werner Lorenz geführt und administrativ überwiegend vom Lorenz-Stellvertreter Hermann Behrends, einem Protegé Heydrichs, geleitet, die in den Jahren 1937/38 die traditionell seit 1919 von Berlin versuchte „Disziplinierung der deutschen Volksgruppen im Ausland" mit ganz neuen Methoden im NS-Sinne optimierte: „Die VoMi entwickelte sich rasch in Richtung einer Befehlsstelle, die mit weitreichenden Vollmachten,

---

[156] BStU, Archiv der Zentralstelle, MfS-HA IX/11 PA 3556 Bd. 1, Bl. 31 f., DZA Potsdam an MdI DDR, Staatl. Archivverwaltung, 6.7.1966, mit Quellenangabe von 1933.
[157] BStU, Archiv der Zentralstelle, MfS-HA IX/11 PA 3556 Bd. 1, Bl. 99–109, insb. Bl. 101 und Bl. 103, „Dr. h. c. Otto Ulitz – ein Revanchist der ersten Stunde", o. D.
[158] Zitiert nach Bollmus, Das Amt Rosenberg und seine Gegner, S. 50.
[159] Mazower, Hitlers Imperium, S. 49 und S. 52.
[160] Schulze, „Der Führer ruft", S. 185; Lumans, Himmler's Auxiliaries, S. 62–72.

der Verfügungsgewalt über Mittel, deren Höhe bereits 1938 dem Etat des Auswärtigen Amtes entsprach, sowie einem wachsenden Mitarbeiterstab und Ansätzen eines eigenen Verwaltungsunterbaus ausgestattet war." Im Juli 1938 wurde die VoMi von Hitler offiziell zur zentralen Koordinationsinstanz der deutschen Volkstumspolitik im Ausland bestellt, der sich alle anderen Instanzen unterzuordnen hatten – auch die staatlichen.[161]

Mit dieser Durchschlagskraft der neuen NS-Leitzentrale bekam es auch Ulitz in den letzten Vorkriegsjahren immer intensiver zu tun. Er scheint sich auch hier angepasst zu haben, denn der Leiter der „Vomi", SS-Obergruppenführer Lorenz, bestätigte wenige Wochen nach Beginn des Zweiten Weltkrieges am 19. September 1939 unter anderem auch dem DVB unter der Leitung von Ulitz, in den vergangenen Jahren „die sachliche und politische Arbeit im nationalsozialistischen Sinne […] in meinem Auftrage durchgeführt" zu haben.[162]

Wenig glaubwürdig war die DDR-Insinuation, Ulitz – der Typus des bürgerlich-korrekten Beamten – habe NS-Krawalle in Oberschlesien organisiert. Auch die Feststellung, er sei der „Kopf der nationalsozialistischen Ideologie im Volksbund" gewesen, ging an der realen Konkurrenzsituation dieses Nationalisten der älteren Generation mit nachdrängenden jüngeren NS-Vertretern vollkommen vorbei. Allerdings wusste die DDR-Propaganda Zitate seiner Bekenntnisse zur NS-Ideologie aus einigen Reden zwischen 1933 und 1938 vorzuweisen. So habe Ulitz am 28. Mai 1933 erklärt, es sei nach der Machtübernahme Hitlers in Deutschland „wieder eine Ehre geworden, Deutscher zu sein", und die Oberschlesier in Polen wüssten, „daß eine so große Idee wie der Nationalsozialismus nicht an den politischen Grenzen haltmacht".[163]

Richard Blanke hat geurteilt, dass Ulitz mit solchen eher oberflächlichen NS-Bekenntnissen kein allzu gründliches Eindringen in die NS-Ideologie verraten habe.[164] Solche Bekenntnisse verhinderten in der Tat nicht, dass Ulitz von radikalen Nationalsozialisten misstrauisch betrachtet und Mitte der 1930er Jahre offen attackiert wurde. Anfang 1936 musste sich der Geschäftsführer der „Deutschen Stiftung", Erich Krahmer-Möllenberg, gegenüber dem NS-Reichsjugendführer Baldur von Schirach schützend vor Ulitz stellen, der vom NSDAP-Zentralorgan „Völkischer Beobachter" scharf angegriffen worden war. Die NS-Parteipresse hatte dem von Ulitz geleiteten Volksbund vorgeworfen, nach wie vor auch Juden als Funktionäre oder Angestellte zu beschäftigen. Krahmer-Möllenberg verwies demgegenüber darauf, dass zwei Funktionäre jüdischer Herkunft ihre Ämter in einem Bezirksvorstand des DVB bereits niedergelegt hätten. Zwar sei es zutreffend, dass es noch eine jüdische Bürokraft in der Geschäftsstelle des DVB gebe, doch habe

---

[161] Jaguttis / Oeter, Volkstumspolitik und Volkstumsarbeit im nationalsozialistischen Staat, S. 233f.
[162] BStU, Archiv der Zentralstelle, MfS-HA IX/11 PA 3556 Bd. 1, Bl. 84, Der Leiter der Volksdeutschen Mittelstelle, [Lorenz], Bescheinigung vom 19.9.1939.
[163] BStU, Archiv der Zentralstelle, MfS-HA IX/11 PA 3556 Bd. 1, Bl. 99–109, insb. Bl. 103 105, „Dr. h.c. Otto Ulitz – ein Revanchist der ersten Stunde", o. D.
[164] Blanke, Orphans of Versailles, S. 166.

derselben infolge des polnischen Rechts nur langfristig gekündigt werden können, weshalb sie einstweilen noch beschäftigt werden müsse. Richtig sei ferner, dass der DVB-Bezirksvorstand in Tarnowitz unter Leitung des dortigen Bürgermeisters Miechatz „unverständlicherweise" noch im Jahre 1935 einen getauften Juden eingestellt habe und auch vorher schon durch ähnliche „Ungeschicklichkeiten" aufgefallen sei.[165] Im Juli 1936 wurde Ulitz' Volksbund von der antisemitischen NS-Hetzschrift „Der Stürmer" wegen derselben Sachverhalte schärfstens attackiert und als „jüdische Schwindelfirma" stigmatisiert, woraufhin sogar das seinerseits mit antisemitischer Gesetzgebung beschäftigte Reichsinnenministerium die Verteidigung von Ulitz übernahm: Es seien bereits keine Juden mehr im Vorstand des DVB, und im Falle der Sekretärin hätten schlicht die Kündigungsfristen eingehalten werden müssen, die überdies sogar völkerrechtlich durch das Genfer Abkommen über Oberschlesien geschützt seien.[166] Diese Genfer Konvention verlor erst im Juli 1937 ihre Gültigkeit.[167]

Der Konflikt demonstriert, dass Ulitz 1936 von radikalen NS-Antisemiten vom Typus des Julius Streicher massiv angegriffen wurde, zugleich aber von der NS-Reichsbürokratie – die im Falle des Innenministeriums selbst federführend für eine formal rechtsstaatlich organisierte Form der Judendiskriminierung (z. B. Nürnberger Gesetze 1935) war – ebenso deutlich in Schutz genommen wurde. Während der Leiter der NSDAP-Auslandsorganisation, Gauleiter Ernst Wilhelm Bohle, in den minderheitsinternen Machtkämpfen in Polen für die Jungdeutschen Partei ergriffen zu haben scheint, warnte SS-Obergruppenführer Lorenz alle Konfliktbeteiligten (darunter auch Ulitz) auf einem Treffen in Berlin im April 1937, es drohe ein Zusammenbruch der Minderheitsarbeit, wenn die Fehde unter den Deutschen in Polen nicht rasch beigelegt werde.[168]

Ob die bis ins Jahr 1936 verbürgte Weiterbeschäftigung weniger jüdischer Mitarbeiter – zumindest der besagten Sekretärin – auf einen inhaltlichen Dissens von Ulitz zum NS-Rassenantisemitismus zurückging, lässt sich nicht klären, aber immerhin vermuten, da ansonsten eine Kündigung auch schon 1933 hätte versucht werden können. Dass Ulitz kein Antisemit aus eigenem Antrieb war, dürfte das oben zitierte Zeugnis des NS-Gegners Lukaschek verbürgen, wonach „Juden […] zu seinen vertrautesten Freunden" gezählt hätten.[169] Dass Ulitz auch während der Zeit seiner NS-Anpassung kein Freund der antisemitischen Rassenpolitik des Regimes, dem er bis 1939 indirekt und dann bis 1945 direkt in hoher Beamtenposition diente, gewesen sein dürfte, lassen nicht nur die insbesondere im Jahre 1936 von NS-Seite gegen ihn immer wieder erhobenen Vorwürfe der „Judenfreundlich-

---

[165] PAAA, R 8043/590, Bl. 461, Deutsche Stiftung, Krahmer-Möllenberg, an RJF NSDAP, 29.1. 1936.
[166] Ebenda, R 8043/591, Bl. 383, RuPrMdI an Deutsche Stiftung, 6.7.1936.
[167] Luther, Volkstumspolitik des Deutschen Reiches 1933–1938, S. 161.
[168] Blanke, Orphans of Versailles, S. 175 und S. 181.
[169] LANRW-R, NWO Nr. 3683, BM a. D. Dr. Lukaschek an Bundespräsidialamt, Ordensabteilung, Gesandter Kiewitz, 10.9.1956.

keit" vermuten.[170] Auch die Tatsache, dass Ulitz in einem von ihm zuerst 1957, dann erneut 1962 und 1971 veröffentlichten Abriss zur Geschichte Oberschlesiens, der insbesondere in Kreisen der Vertriebenenorganisationen Verbreitung gefunden haben dürfte, die NS-Rassenpolitik gegenüber Slawen (namentlich Polen) und Juden auf das Schärfste verurteilte und die deutschen Leser zum Gedenken an diese NS-Verbrechen aufrief, womit sich der Oberschlesier von vielen anderen Vertriebenenpublikationen jener Zeit positiv abhebt[171], deutet in diese Richtung. Dennoch diente er vor wie nach 1939 jenem Regime, das diese Rassenpolitik durchführte und immer mehr verschärfte. Bereits 1936 hat Ulitz seinen bis dahin als wahrscheinlich zu unterstellenden Widerstand – oder besser: hinhaltenden Widerwillen – gegen die Durchsetzung der Judendiskriminierung auch im „Deutschen Volksbund" aufgegeben. Damit erfolgte jenseits der Reichsgrenzen und trotz der bis 1937 bestehenden formellen Gleichberechtigung jüdischer Mitbürger in Polnisch-Oberschlesien in der von Ulitz verantwortlich geleiteten Minderheiten-Organisation eine schrittweise Anpassung an den antisemitischen Rassismus des NS-Regimes.

Es wurde schon erwähnt, dass die autoritäre Diktatur des Marschalls Piłsudski im Jahre 1935 eine neue Verfassung für Polen oktroyiert hatte, die im Unterschied zur vorherigen von allen Bürgern eine „absolute Loyalitätspflicht gegenüber dem Staat" einforderte.[172] Am 5. November 1937 hatten Deutschland und Polen eine „Gemeinsame Erklärung [...] über die Behandlung der beiderseitigen Minderheiten" verkündet. Damit wurde nach der polnischen Kündigung des Versailler Minderheitenschutzvertrages, die bereits 1934 erfolgt war, und nach dem Auslaufen der Genfer Konvention über Minderheitenrechte in Oberschlesien im Juli 1937 ein abgeschwächter, aber immerhin bilateral garantierter Minderheitsschutz vereinbart, der zumindest Zwangsassimilation verbieten und den freien Gebrauch der jeweiligen Minderheitssprache für Deutsche in Polen und Polen in Deutschland garantieren sollte.[173] Dieses Minderheiten-Abkommen wurde ironischerweise am selben Tage verkündet, an dem Hitler in einer Geheimbesprechung seine kriegerischen Expansionspläne für Mittel- und Osteuropa skizzierte, die sich damals allerdings noch nicht gegen Polen richteten.[174]

Ulitz nahm die neue polnische Verfassung und die deutsch-polnischen Minderheiten-„Grundsätze vom 5. November 1937" zum Anlass, um im Januar 1938

---

[170] BStU, Archiv der Zentralstelle, MfS-HA IX/11 PA 3556 Bd. 1, Bl. 93, DZA Potsdam, Deutsche Stiftung 61/Sti/1 Nr. 591, Bl. 566–568: „Schr. an Herrn Generalkonsul Dr. Noldeke v. 10.6.36. Betr.: Vorwurf an Dr. Ulitz wegen Judenfreundlichkeit"; vgl. die Originalakte BAB, R 1501/211531.

[171] Ulitz, Oberschlesien, S. 104–106.

[172] Haslinger / Puttkamer, Staatsmacht, Minderheit, Loyalität – konzeptionelle Grundlagen am Beispiel Ostmittel- und Südosteuropas in der Zwischenkriegszeit, S. 6–8.

[173] Kotowski, Polens Politik gegenüber seiner deutschen Minderheit 1919–1939, S. 280; Luther, Volkstumspolitik des Deutschen Reiches 1933–1938, S. 161.

[174] Diese Pläne Hitlers auf der Besprechung vom 5.11.1937 wurden wenige Tage später vom Hitler-Adjutanten Oberst Friedrich Hoßbach als Erinnerungsprotokoll festgehalten; vgl. Luther, Volkstumspolitik, S. 161.

seine Grundgedanken „für den Aufbau des Rechts der deutschen Volksgruppe in Polen" niederzulegen. Dabei ging es um den Versuch eines Ausbaus der korporativen Minderheitenrechte für die Deutschen in Polen bei gleichzeitiger Wahrung der volksdeutschen Loyalität zum polnischen Staat.[175] Damit blieb Ulitz nicht nur jener Minderheitenpolitik treu, die er im Kern bereits seit 1922 vertreten hatte, er befand sich damit auch auf einem Kurs, der mit der damaligen NS-Politik hinsichtlich Polens durchaus konform ging. Ob dies auch für jene Vorstellung gilt, die Ulitz am 1. Oktober 1938 seinen Vorgesetzten in der „Deutschen Stiftung" zum Zeitpunkt des Münchner Abkommens mitteilte, darf man freilich bezweifeln. Ulitz war der Meinung, die Ereignisse in der Tschechoslowakei böten die Chance zu einer umfassenden „europäischen Lösung zur Sicherung des europäischen und damit des Weltfriedens". Dem Deutschen Reiche komme bei dieser völkerrechtlichen Neuschöpfung der europäischen Verhältnisse eine Schlüsselrolle zu. Es gehe um die „Schaffung eines in ganz Europa verbindlichen Volksgruppenrechts" als „gewaltiger Schritt vorwärts in der Befestigung der Beziehungen zwischen den Völkern und damit der Staaten Europas".[176] Dieser Wunsch, eine europäische Friedensordnung durch eine vertraglich-rechtsstaatliche allgemeine Regelung der Minderheitenrechte in sämtlichen Staaten des Kontinents zu erreichen, verkannte vollkommen Hitlers aggressiven Rassismus und seinen damals längst gegebenen, in München nur verschobenen Entschluss zum Eroberungskrieg. Insofern war Ulitz, der seiner internationalen Minderheitenrechts-Option der Stresemann-Zeit sichtlich treu blieb, vom menschenverachtenden NS-Rassenimperialismus weit entfernt. Sein folgenschwerer Irrtum war, dass er die Reichsregierung auf einem ähnlichen Kurse wähnte. Jedenfalls aber propagierte Ulitz an den ihm zugänglichen Berliner Stellen ein reziprokes europäisches Volksgruppenrecht noch zu einem Zeitpunkt – im Herbst 1938 –, als jemand wie Lodgman solche Gesichtspunkte längst zugunsten einer Vision einer deutschen Hegemonie über Osteuropa (die zwar Krieg vermeiden, Zwangsumsiedlungen jedoch durchaus ins Auge fassen sollte) aufgegeben hatte.[177]

Deutsche Minderheitenpolitiker in Polen wie Ulitz unterschieden stets zwischen einer überstaatlichen Loyalität zum eigenen Volk und der einem Staat gebührenden Loyalität, die auch einem fremdnationalen Staat gewährt werden konnte. Voraussetzung für Letzteres war allerdings, dass dieser Staat seinerseits die Rechte der Minderheit und damit den „reziproken Charakter" von Loyalität achtete.[178] Ulitz erwartete demnach die Achtung der deutschen Minderheitsrechte vom polnischen Staate und war „im gleichen Maße", wie das geschähe, seiner-

---

[175] PAAA, R 8043/593, Bl. 506–516, Dr. Ulitz, „Grundgedanken über die Auswertung der Verfassung [Polens von 1935] und der Grundsätze vom 5. November 1937 für den Aufbau des Rechts der deutschen Volksgruppe in Polen", 15.1.1938.
[176] Ebenda, R 8043/593, Bl. 393, Dr. Ulitz, Schreiben vom 1.10.1938.
[177] Siehe oben Kap III.1.1.
[178] Eser, „Loyalität" als Mittel der Integration oder Restriktion?, S. 21 und S. 32.

seits bereit, diesem Staat staatsbürgerliche Loyalität entgegenzubringen.[179] Selbst im Falle einer funktionierenden Reziprozität (von der im Falle Polens keine Rede sein kann) muss man allerdings sehen, dass dieses Konzept der „staatsbejahenden Loyalität" stets ein bedingtes blieb: Einerseits begründete es ein loyales Alltagsleben der Minderheit im polnischen Staat, andererseits ermöglichte es die Aufrechterhaltung einer prinzipiellen Illoyalität, da man weiterhin grundsätzlich von der Berechtigung einer Grenzrevision überzeugt blieb.[180] Bei alledem blieb Ulitz im Umgang mit der polnischen Regierung geschmeidig. Der in Warschau längst notorische Kläger für Minderheitenrechte beim Völkerbund war flexibel genug, um auf den (durch die Genfer Konvention über Oberschlesien bis 1937 möglichen) Beschwerdeweg nach Genf auch einmal zu verzichten, wenn direkte Verhandlungen größeren Nutzen versprachen. So verweigerte sich Ulitz 1935 dem Plan der ihm vorgesetzten „Deutschen Stiftung" in Berlin, wegen neuer Schullehrpläne der polnischen Regierung für Ost-Oberschlesien zu klagen, um seine bereits laufenden Verhandlungen mit dem schlesischen Wojewoden nicht zu gefährden.[181]

Die DDR-Propaganda hat diese Zwickmühlensituation einer deutschen Minderheit vor 1939 nie begriffen. Als sie Ulitz in den 1960er Jahren vorwarf, er habe mit dem DVB eine Organisation geleitet, die in den 1930er Jahren eine faschistisch (recte: nationalsozialistisch) angeleitete „Agenten- und Spionagetätigkeit gegen den polnischen Staat und ideologische Kriegsvorbereitung betrieb[en]" habe[182], griff sie (bewusst oder unbewusst) nicht nur die gegen Ulitz gerichteten Hochverratsvorwürfe des polnischen Staates der Zwischenkriegszeit auf, sondern verkannte auch vollkommen die bis Anfang 1939 eher auf Ausgleich denn auf Angriffskrieg abzielende deutsche NS-Außenpolitik gegenüber Polen, der Ulitz sich bereitwillig unterordnete. Der Vorwurf, Ulitz sei bereits „seit Anfang der zwanziger Jahre" ein „Hauptverantwortlicher für den Aufbau einer 5. Kolonne in Polen, insbesondere in Oberschlesien" gewesen, und er habe mit dem „berüchtigten" Deutschen Volksbund eine Organisation geführt, „die unter Ausnutzung ihrer Minderheitsrechte vor allem in den dreißiger Jahren auf Anweisung der Nazis die Aushöhlung des polnischen Staates von innen her betrieb und die Voraussetzungen für den faschistischen Überfall schuf"[183], war angesichts dieser Faktenlage für den langen Zeitraum von 1933 bis mindestens Frühjahr 1939 absurd.[184]

Entsprechend undifferenziert wusste die SED-Propaganda den Quellenfund eines aus der Feder von Ulitz stammenden Presseartikels vom 20. Mai 1938 zu ge-

---

[179] Webersinn, Otto Ulitz, S. 35; diese Ulitz-Biographie geht bemerkenswerterweise auf dessen Tätigkeit in den Jahren 1933–1939 nicht ein und lässt auch Ulitz' Verhältnis zum Nationalsozialismus zu jener Zeit im Unklaren.
[180] Eser, „Loyalität" als Mittel der Integration oder Restriktion?, S. 31.
[181] Ebenda, S. 37f.
[182] BStU, Archiv der Zentralstelle, MfS-HA IX/11 PA 3556 Bd. 1, Bl. 41, „Ulitz, Otto", in: dokumentation der zeit 1968/404, S. 62–64, insb. S. 64.
[183] BStU, Archiv der Zentralstelle, MfS ZAIG Nr. 9715, Bl. 218, N.R., „Wer ist Ulitz?", in: Berliner Zeitung v. 6.1.1965.
[184] Ulitz' Rolle in den letzten Monaten vor Hitlers Angriff auf Polen wird weiter unten diskutiert.

wichten. Wo die DDR-Funktionäre lediglich das Bekenntnis zum Nationalsozialismus zu erkennen vermochten und entsprechend anklagend herausstellten, ging es in Wahrheit um die Justierung zwischen politischem NS-Bekenntnis einer deutschen Minderheit bei gleichzeitigem Loyalitätsbekenntnis zum polnischen Staat. Ulitz legte Wert auf „das Recht und die Pflicht der Deutschen, sich zum Nationalsozialismus zu bekennen", und auf „die Unterscheidung zwischen Volk und Staat". Letztere war die Grundlage seiner These, dass die deutsche Minderheit Oberschlesiens trotz ihres NS-Bekenntnisses „nicht in einen wie immer gearteten Widerspruch zum Staate" Polen gerate: „ Wir haben das natürliche Recht, unsere eigenen völkischen Aufgaben auf der nationalsozialistischen Idee aufzubauen, zu ordnen und zu entwickeln. Zum Schöpfer dieser Idee treten wir nicht an das bewußt falsch-gedeutete Gehorsams- und Gefolgschaftsverhältnis in seiner Eigenschaft als Führer und Reichskanzler Deutschlands, sondern wir sind dem Deutschen Adolf Hitler, dem Schöpfer und Träger des deutschen Sittengesetzes[,] verbunden, das wir in der deutschen Volksgruppe in Polen bis ins Tiefste verwurzeln werden, weil aus ihm die Kräfte unserer Selbstbehauptung erwachsen."[185] Ulitz versuchte darzutun, dass das Bekenntnis seiner Volksgruppe zur NS-Ideologie und zu Hitler nicht zwangsläufig in eine politische Anschlussbewegung an Deutschland nach dem Muster Österreichs (und wenig später auch des Sudetenlandes) münden musste. Diese seltsam säkularisierte „Zwei-Reiche-Lehre" des deutschen Minderheitenführers wird die Warschauer Regierung zwar nicht übermäßig beeindruckt und schon gar nicht beruhigt haben; doch spiegelt die damals von Ulitz vertretene Position erkennbar die damals noch leidlich funktionierende deutsch-polnische Entente wider. Hitlers Aggressionskrieg vom September 1939 war im Mai 1938 noch nicht absehbar; statt der kriegerischen „Heimholung" Ost-Oberschlesiens im Herbst 1939 hätte aus dieser Region unter anderen Rahmenbedingungen ein zweites Südtirol werden können, wo Hitler 1939 eine deutsche Minderheit übergeordneten Bündnisinteressen mit Italien opferte. Erst als die polnische Regierung sein Bündnisangebot zurückwies, stilisierte Hitler ab Anfang 1939 die Lage der deutschen Minderheit in Polen zum unerträglichen Problem und nahm sie zum Vorwand für seinen Angriffskrieg.

Auch Ulitz geriet persönlich in den Wandel der Großwetterlage. Die „Deutschland-Berichte" der Exil-SPD (Sopade) berichteten im Januar 1939 über gegenseitige deutsch-polnische Repressalien gegen Minderheitenpolitiker. Nachdem die deutsche Regierung dem Führer der Polen in Deutschland, „Boschek" (Arkadiusz Bozek), grenzüberschreitende Reisen durch Entzug seines Reisepasses unmöglich gemacht hatte, veranlasste die polnische Regierung, dass auch „dem Geschäftsführer des Deutschen Volksbundes in Kattowitz, Dr. h. c. Otto Ulitz, der Paß entzogen wurde". Die „Nazipresse im Reich" sei „gegen diese Maßnahme der polnischen Be-

---

[185] BStU, Archiv der Zentralstelle, MfS-HA IX/11 PA 3556 Bd. 1, Bl. 99–109, insb. Bl. 105f., „Dr. h. c. Otto Ulitz – ein Revanchist der ersten Stunde", o. D.

hörden Sturm" gelaufen, worauf die „Naziparteistellen" dem polnischen Minderheitenführer auch noch den „Aufenthalt im Grenzgebiet verboten" hätten.[186]

Die „Hauptkommission für Untersuchung von Naziverbrechen" der Volksrepublik Polen hat Ulitz im Jahre 1970 vorgeworfen, ab 1933 bereits den oberschlesischen DVB „nach den Anweisungen der Auslandsorganisation der NSDAP" geführt zu haben. Das stimmte zwar so eindeutig nicht, denn die ursprüngliche Anleitung lief bekanntlich über das Auswärtige Amt und dessen Tarn-Stiftung, um erst ab 1936/37 ernsthafte Konkurrenz durch die SS-Institution der „Volksdeutschen Mittelstelle" zu erhalten. Der Sinn dieser grob gestrickten Einleitung war es allerdings, den eigentlichen Vorwurf vorzubereiten. Denn angesichts der angeblich seit 1933 engen Kontakte sei Ulitz höchstpersönlich am 23. August 1939 – dem Tage des Hitler-Stalin-Paktes – anlässlich eines Aufenthalts in Berlin durch Gauleiter Ernst Wilhelm Bohle – den Leiter der NSDAP-Auslandsorganisation im Stabe des „Stellvertreters des Führers" und seit 1937 auch Staatssekretär im Auswärtigen Amt – in die „Überfallpläne auf Polen" eingeweiht worden. Dabei seien Ulitz auch die im Zuge des Angriffskrieges den von ihm geleiteten Volksbund betreffenden „Aufgaben" bezeichnet worden.[187] Ob es ein solches Treffen am 23. August 1939 gegeben hat, ist unklar. Allerdings hat Bohle als Zeuge im Nürnberger Hauptkriegsverbrecherprozess 1946 ausgesagt, dass Hitler ihm niemals seine außenpolitischen Ziele dargelegt habe.[188] Bedenkt man, dass Bohle in früheren Jahren ein aktiver Förderer der gegen Ulitz kämpfenden „Jungdeutschen" gewesen war[189], will es umso unwahrscheinlicher erscheinen, dass er vertrauliches Wissen von solcher Wichtigkeit – falls er selbst überhaupt darüber verfügte – ausgerechnet Ulitz hätte mitteilen sollen.

Diese polnischen Vorwürfe von 1970 waren vergleichsweise gemäßigt gegenüber jenen, die die SED-Propaganda 1962 in einer Broschüre mit dem heute mehr als bizarr anmutenden Titel „Brandt und Strauß mobilisieren die SS" in die Öffentlichkeit transportierte. Herausgegeben immerhin vom „Nationalrat der Nationalen Front des demokratischen Deutschland", dem Führungsgremium des Zusammenschlusses aller Parteien und „Massenorganisationen" der DDR, verwies diese Propaganda-Kampfschrift auf personelle Kontinuitäten zwischen den Eliten des NS-Staates und der Bundesrepublik und benannte neben prominenteren Figuren wie Bundesminister Oberländer oder Hans Krüger auch Otto Ulitz, um daran die schlichte Schlussfolgerung zu knüpfen: „Die gleiche Struktur – die gleichen Leute – die gleichen Ziele".[190] Ulitz wurde konkret vorgeworfen, im Sommer

---

[186] Deutschland-Berichte Bd. 6.1939, S. 27.
[187] BStU, Archiv der Zentralstelle, MfS-HA IX/11 PA 3556 Bd. 1, Bl. 74f., Hauptkommission für Untersuchung von Naziverbrechen in Polen, Die Führer der Landsmannschaften in der Bundesrepublik Deutschland. Ihre nazistische und verbrecherische Vergangenheit, Heft 1, Warszawa 1970; ein Beleg für dieses Gespräch zwischen Bohle und Ulitz sei enthalten in: HKUNP, Der Nürnberger Prozeß, Nr. 11, Bd. 22, Verteidigungsdokumente S. 202f.
[188] http://avalon.law.yale.edu/imt/03-25-46.asp (28.9.2011), Aussage Bohles vom 25.3.1946.
[189] Blanke, Orphans of Versailles, S. 175.
[190] Strauß und Brandt mobilisieren die SS, S. 14f.

1939 ein „faschistischer Mordkomplice in geheimer Mission" gewesen zu sein. Nach anfänglicher Erwähnung seiner DVB-Tätigkeit wurde mit der großen Geste des Enthüllungsjournalisten verkündet:

„Neue sensationelle Dokumente beweisen eindeutig:
– Ulitz arbeitete im Auftrag der SS als bezahlter Verschwörer, Agent und Spion, als einer der Führer der Fünften Kolonne.
– Ulitz bereitete systematisch den faschistischen Überfall auf Polen ideologisch und direkt vor.
– Ulitz war beteiligt an den [sic!] verbrecherischen Überfall der SS auf den Gleiwitzer Sender.

Die Dokumente beweisen:

Ulitz gehört zu den Kriegsverbrechern, die mit geheimen Mitteln den faschistischen Krieg vorbereiteten und schürten und gerade darum heute zu den engsten Vertrauten von Strauß und Brandt gehören."[191]

Ulitz sollte demnach an den Vorbereitungen für den Überfall der SS auf den deutschen Rundfunksender im oberschlesischen Gleiwitz beteiligt gewesen sein, der einen polnischen Überfall fingierte, um Hitler den offiziellen Vorwand für seinen Angriff auf Polen am 1. September 1939 zu geben.[192] Die angeblichen Belege für diese Tatbeteiligung waren zwei – für sich genommen echte – Schreiben des Geschäftsführers der Deutschen Stiftung, Krahmer-Möllenberg. Eines war an Ulitz gerichtet und enthielt die Bitte, möglichst unauffällig sofort nach Berlin zu kommen; es datierte vom 16. August 1939, enthielt aber zum Gegenstand der hastig anberaumten Besprechung nur die Mitteilung: „Die Angelegenheit ist wichtig und dringend." Das zweite Schreiben ging an eine dritte Person, betraf aber einen Kredit in Höhe von 10 000 Zloty für Ulitz in seiner Eigenschaft als DVB-Geschäftsführer und datierte vom 21. August 1939. Ein sachlicher Zusammenhang mit der Vorbereitung des Gleiwitzer Überfalls ist im Wortlaut dieser Dokumente nicht ersichtlich. Die SED-Broschüre behauptete jedoch ohne weitere Belege, Ulitz sei infolge der Weisung Krahmer-Möllenbergs nach dem 16. August zu „einer Reihe von Geheimkonferenzen" mit dem Gestapo-Chef SS-Gruppenführer Heinrich Müller nach Berlin angereist. Dort habe der oberschlesische Minderheitenverbands-Führer vom Gestapo-Chef den Auftrag erhalten, das für Gleiwitz bestimmte SD-Kommando „in jeder Hinsicht zu beraten" und ihm insbesondere „genaue Ortskenntnisse zu vermitteln". Ferner habe Ulitz einen polnisch-sprachigen Volksdeutschen vermittelt, der nach dem Überfall die vermeintliche Hetzrede der polnischen Aggressoren im Gleiwitzer Sender gehalten habe. Außerdem habe Ulitz seine „Fünfte Kolonne" – also seinen Minderheitenverband DVB – für den bevorstehenden Krieg gegen Polen gerüstet. Für diese Rüstungen – binnen 14 Tagen! – habe Berlin mit den besagten 10 000 Zloty die „Sabotage wichtiger Versorgungsbetriebe der polnischen Armee" durch die von Ulitz angeführten Deutsch-Oberschlesier finanziert. Ulitz sei damit persönlich

---

[191] Ebenda, S. 17.
[192] Stickler, Ostdeutsch, S. 322.

„mitverantwortlich und mitschuldig" für den Zweiten Weltkrieg. Seine Belohnung habe in der Verleihung des „Goldenen Parteiabzeichens" der NSDAP und in seiner Übernahme in ein „hohes Staatsamt" im Reiche Hitlers bestanden.[193] Belohnt worden sei er dann auch im „Adenauer-Staat" – nicht nur mit der Mitgliedschaft im Präsidium des BdV, sondern auch mit dem ihm 1955 verliehenen Bundesverdienstkreuz. Dabei sei er stets „der alte Revanchist geblieben". Ja mehr noch – es wurde behauptet, der unterdessen schon im Rentenalter stehende Ulitz plane zum Zeitpunkt der Veröffentlichung dieser DDR-Broschüre weiterhin Morde, Sprengstoffattentate und andere „Untergrundarbeit" an der deutsch-deutschen Mauer-Grenze: „Wie 1939 in Oberschlesien will Ulitz heute Westberlin benutzen, die Atmosphäre für Verhandlungen zu vergiften und die Lage zu verschärfen."[194]

Kurz nach Ulitz' Tod hat eine Publikation des französischen Historikers und Journalisten André Brissaud 1972 die Behauptung der Verwicklung von Ulitz in den Gleiwitzer Überfall nochmals wiederholt. Demnach hatte Heydrich Alfred Naujocks, dem Führer des SS-Überfallkommandos, „einen seltsamen Kauz namens Otto Ulitz" geschickt, der – wie sich herausstellte – der führende deutsche Minderheitsfunktionär im polnischen Teil Oberschlesiens gewesen sei: „Dieser Mann behauptet, die Umgebung von Gleiwitz wie seine Hosentasche zu kennen und auch über den Sender genauestens Bescheid zu wissen. Deshalb hat ihn Heydrich beauftragt, Naujocks zu beraten und mit dem künftigen Schauplatz vertraut zu machen." Brissaud erklärte (im Gegensatz zur Datierung der DDR), dieses Kommando sei bereits am 10. August 1939 nach Gleiwitz gereist und habe dort zwei Tage lang „Erkundungsgänge" in Begleitung von Ulitz durchgeführt. Als Gewährsmann wurde Walter Schellenberg namhaft gemacht, der 1952 verstorbene frühere Leiter des SS-Sicherheitsdienstes im Reichssicherheitshauptamt. Eindeutige Belege für die angebliche Beteiligung von Ulitz an der Vorbereitung des Gleiwitzer Überfalls hatte jedoch auch Brissaud nicht zu bieten.[195]

Angesichts dieses Mangels an Beweisen[196] wird man die gegen Ulitz gerichteten Gleiwitz-Vorwürfe im Falle der DDR als krude Propaganda, im Falle Brissauds als unbewiesene Kolportage bewerten müssen. Freilich wurde diese Propaganda gegen Ulitz jahrelang wiederholt und fand 1965 – inklusive der angeblichen Gleiwitzer Tatbeteiligung und der Kollaboration mit dem RSHA und der SS – in das ominöse „Braunbuch" der DDR über NS-belastete Angehörige der westdeutschen Führungseliten, in dem oft Wahres und Falsches auf brisante Weise vermischt

---

[193] Strauß und Brandt mobilisieren die SS, S. 22 und S. 25.
[194] Ebenda, S. 26–28 und S. 32.
[195] Brissaud, Die SD-Story, S. 210f. und S. 232; das französische Original war 1972, eine englischsprachige Ausgabe 1974 erschienen.
[196] Ein neuer polnischer Forschungsüberblick über die Aktivitäten der NS-Geheimdienste im Vorfeld des deutschen Überfalls auf Polen 1939, der im Umfeld der SED-Nachfolgepartei „Die Linke" 2009 publiziert wurde, thematisiert den Namen Ulitz nicht; vgl. Chincinski, Hitlers Vorposten, passim.

wurde.[197] Die in Ost-Berlin erscheinende „Berliner Zeitung" proklamierte im Januar 1965: „Wer ist Ulitz? Er war Führer der 5. Kolonne in Polen und nachweislich mitschuldig an der Auslösung des Hitler-Krieges. Wie der Nationalrat schon 1962 in einer Dokumentation bewies [!], gehörte Ulitz zu den Organisatoren des Überfalls auf den Gleiwitzer Sender, bekanntlich der Anlaß für Hitlers Überfall auf Polen. Ulitz nahm als Führer der 5. Kolonne in Polen an Geheimkonferenzen im Reichssicherheitshauptamt teil und erhielt von SS-Gruppenführer Müller wichtige Aufträge für den Überfall sowie zur Finanzierung dieser ‚Aktion' einen Kredit von 10 000 Zloty."[198] Unveröffentlichtes Material des MfS enthielt noch weiter gehende Behauptungen: Demnach war Ulitz nicht nur ein herbeizitierter Helfer, sondern „ein Initiator des Überfalls auf den Sender Gleichwitz [sic!]" gewesen. Denn auf jener Besprechung, zu der Ulitz am 16. August 1939 durch Krahmer-Möllenberg „nach Berlin zitiert" worden sei, sei es um die Planung des Überfalls auf den „Sender Gleichwitz" gegangen, der dann am Abend des 31. August inszeniert worden sei.[199] Folgerichtig wurde Ulitz 1968 in einer weiteren DDR-Publikation „zu den von der SS bezahlten geistigen Urhebern und Organisatoren des Überfalls auf den Sender Gleiwitz" gerechnet.[200]

In einer 72 Seiten starken Ausarbeitung der DDR über die „Bonner Revanchisten-Allianz gegen Entspannung und Abrüstung", die sich namentlich im „Zusammenspiel der Bundesregierung mit den Landsmannschaften zur Durchsetzung ihrer aggressiven Ziele" gebildet habe, wurde all dem noch die Anklage hinzugefügt, ein „Provokateur blutiger Zusammenstöße mit der polnischen Bevölkerung" gewesen zu sein.[201] Dagegen steht allerdings die von Ulitz in DDR-Haft 1950 gemachte Aussage, er habe sich „bei Kriegsausbruch" im September 1939 in seiner „Wohnung in Kattowitz" befunden, womit er sagen wollte, dass er damals von Seiten „der polnischen Bevölkerung nichts zu befürchten hatte".[202] Militante Aktionen sind aufgrund der ganzen bisherigen Biographie von Ulitz schwer vorstellbar. Oder bezogen sich die angeblichen „blutigen Zusammenstöße", die – anders als für Westpreußen – im Falle Ostoberschlesiens nicht ohne Weiteres zu erkennen sind, auf die ominösen 10 000 Zloty, mit denen Ulitz angeblich die Aufrüstung der „5. Kolonne" betreiben sollte? Doch auch für diese Summe gibt es ande-

---

[197] Braunbuch 1965, S. 254 und S. 268f.
[198] BStU, Archiv der Zentralstelle, MfS ZAIG Nr. 9715, Bl. 218, N.R., „Wer ist Ulitz?", in: Berliner Zeitung v. 6.1.1965.
[199] BStU, Archiv der Zentralstelle, MfS-HA IX/11 PA 3556 Bd. 1, Bl. 107; auch der angebliche „Spionagefachmann und Ostexperte Oberländer" sei an diesen Beratungen beteiligt gewesen.
[200] BStU, Archiv der Zentralstelle, MfS-HA IX/11 PA 3556 Bd. 1, Bl. 41, „Ulitz, Otto", in: dokumentation der zeit 1968/404, S. 62–64, insb. S. 64.
[201] BStU, Archiv der Zentralstelle, MfS ZAIG Nr. 10601, Bl. 138, „Bonner Revanchisten-Allianz gegen Entspannung und Abrüstung. Das Zusammenspiel der Bundesregierung mit den Landsmannschaften zur Durchsetzung ihrer aggressiven Ziele. Dokumentation des Ausschusses für deutsche Einheit", o. D. [ca. 1963/64], S. 36.
[202] BAB, DO 1/3004, Bl. 29–30, insb. Bl. 30, Landesbehörde der Volkspolizei Sachsen, Abt. K, Vernehmungsprotokoll Dr. Otto Ulitz, Waldheim 20.4.1950, S. 2.

re Erklärungen. Am 12. August 1939 hatten sich Ulitz und Krahmer-Möllenberg in Danzig zu einer Besprechung getroffen, bei der es zum einen um die anhaltende Abwanderung von Deutschen aus Oberschlesien ging. Ulitz teilte mit, es habe zwar weniger polnische Überfälle auf Deutsche in seiner Region gegeben als etwa in Westpreußen, doch seien diese Überfälle brutaler als dort gewesen. Für unseren Zusammenhang ist wichtig, dass Ulitz angesichts der hochexplosiven Lage im deutsch-polnischen Verhältnis den deutschen Pressedienst in Oberschlesien für nicht überlebensfähig hielt. Krahmer war anderer Meinung und erklärte sich bereit, zur Stützung dieser Presseagentur der deutschen Minderheit notfalls zusätzliche Finanzsubventionen bereitzustellen. Ulitz drängte auch auf einen finanziellen Ausgleich für bereits erfolgte diesbezügliche Aufwendungen des Volksbundes.[203] Dies könnte der Hintergrund für jenen ominösen Kredit gewesen sein, den die SED-Propaganda später als Beweis für den von Ulitz organisierten bewaffneten Kampf einer „5. Kolonne" in Polen interpretieren wollte.

Man muss versuchen, Ulitz' politische Rolle bis 1939 fair zu bewerten. Seine politische ‚Schuld' bestand nicht darin, dass er die Belange der deutsch-oberschlesischen Minderheit im autoritär regierten Polen aktiv vertreten hat – als führender Verbandsvertreter und, solange Warschau dies zuließ, auch als Abgeordneter eines Regionalparlaments. Dabei war Ulitz fraglos Nationalist, aber eben bis 1933 auch Demokrat und vor allem ein zunehmend versierter Anwalt der Minderheitenrechte und damit einer rechtsstaatlichen Ordnung, die er nicht nur für Polen, sondern für eine gesamteuropäische Regelung der Nationalitätenkonflikte wünschte. Diese rechtsstaatliche Orientierung behielt er auch noch lange nach 1933 bei, wie seine Stellungnahme vom Jahre 1938 belegt.

Das kann allerdings für seine demokratische Gesinnung nicht behauptet werden. Nachdem im Polen Piłsudskis und seiner Obristen-Nachfolger eine parlamentarisch-demokratische Mitwirkung seit 1930 erheblich erschwert und seit 1935 unmöglich gemacht wurde, sah sich Ulitz ab 1933 auch im Deutschen Reich einem Diktatur-Kontext gegenüber, der in diesem Falle sogar totalitärer Natur war. Seine Rolle als Führer der deutsch-oberschlesischen Minderheit vermochte er ab 1933 daher nur zu behaupten, indem er sich der nationalsozialistischen Reichsregierung (von deren Subventionen sein Verband abhängig war) in wichtigen Fragen fügte und auch deren NS-Ideologie Schritt für Schritt immer mehr Tribut zollte. Man darf nicht verkennen, dass Ulitz die NS-typische Polykratie, die es auch im Bereich des Auslandsdeutschtums gab, nicht nur für seine Karriere-Absicherung, sondern auch für eine möglichst gemäßigte NS-loyale Politik in Abgrenzung zu radikaleren „jungdeutschen" Kräften zu nutzen verstand. Dennoch zeigt sich, dass er spätestens 1936 der antisemitischen Diskriminierungspolitik des NS-Regimes auch in seinem Verband keinen Widerstand mehr entgegensetzen konnte, wollte er seine eigene – stark von NS-Antisemiten attackierte – Führungsposition nicht aufs Spiel setzen. Zwischen 1937 und 1939 scheint er sich

---

[203] Ebenda, R 8043/593, Bl. 210f., Krahmer-Möllenberg, Vermerk über Besprechung mit Ulitz in Danzig, 12. 8. 1939.

schließlich auch dem Einfluss der SS-gesteuerten „Volksdeutschen Mittelstelle" untergeordnet zu haben. Allerdings wurde ihm diese NS-Anpassung durch die auf Ausgleich mit Polen bedachte NS-Außenpolitik der Jahre 1934 bis Winter 1938/39 wesentlich erleichtert.

Dass Ulitz zwischen 1933 und 1939 immer stärker auf die NS-Politik einschwenkte, ist ihm vorzuhalten. Dazu gehörte freilich nicht die ihm später – namentlich von der DDR-Propaganda – unterstellte Kriegsvorbereitung. Ulitz war bis Kriegsbeginn 1939 ein Regionalakteur vor Ort, spielte aber keine herausgehobene politische Rolle mehr, wie er dies zeitweilig um 1930 hatte tun können. Seine Verantwortung liegt nicht in der Bildung einer kriegsbereiten „5. Kolonne" oder in seiner (angesichts seiner regionalen Prominenz absurden, da kontraproduktiven) ortskundigen Unterstützung für das Gleiwitzer SS-Überfallkommando, sondern vielmehr in den vielen schrittweisen Konzessionen im Zuge seiner allmählichen Anpassung an das NS-Regime. Dass diese Anpassung 1939 bereits sehr weit gediehen war, zeigte sich, als dieses Regime Ulitz unmittelbar nach Beginn des Zweiten Weltkrieges – nach dem militärischen Sieg Deutschlands über Polen und der Annexion Ost-Oberschlesiens – in eine hochrangige Beamtenfunktion übernahm, obschon er damals immer noch kein NSDAP-Mitglied war. Ulitz war offenbar in den Jahren seit 1933 regimekonform genug geworden, um fortan als ein aktiver Träger und Repräsentant des Hitler-Regimes in seiner Heimatprovinz eingesetzt zu werden.

Der resistente Katholik: Linus Kather 1933–1939

Linus Kather war in den 1950er Jahren in der Vertriebenenpolitik der Bundesrepublik Deutschland ein mächtiger Mann. Das war lange vorbei, als sich der von seiner früheren Partei CDU schwer enttäuschte Kather bereit fand, für die neonazistische NPD als Kandidat für die Bundestagswahlen 1969 anzutreten.[204] Dies veranlasste die DDR, nach NS-Belastungsmomenten in der Biographie Kathers zu fahnden, die es jedoch – aus SED-Sicht: dummerweise – so gut wie nicht gab. Das Einzige, was man dem Königsberger Rechtsanwalt und Notar, der zwischen 1930 und 1933 auch Stadtverordneter seiner Heimatstadt für die katholische Zentrumspartei gewesen war, als Belastungsmoment vorwerfen zu können glaubte, war die von Kather nie bestrittene Tatsache, dass er unter dem NS-Regime „Mitglied des ‚Nationalsozialistischen Rechtswahrerbundes e.V.'" (NSRB) geworden sei.[205] Das klang irgendwie belastend, wobei die DDR-Propaganda jedoch verschwieg, dass führende Juristen des SED-Staates ebenfalls während der NS-Zeit dem NSRB angehört hatten, was sich auf ihre späteren KPD/SED-Beitritte und

---

[204] Später, Kein Frieden mit Tschechien, S. 104.
[205] BStU, Archiv der Zentralstelle, MfS-HA IX/11, PA Nr. 611, Bl. 24 f., „Kather, Linus", in: dokumentation der zeit, 2. Augustheft 1969.

DDR-Karrieren aber keineswegs hemmend ausgewirkt hatte.[206] Intern wurde eine NSRB-Zugehörigkeit vom SED-Regime offensichtlich nicht als übermäßig belastend bewertet. Auch für die Ernennung des Ost-CDU-Politikers Helmut Brandt zum Staatssekretär im DDR-Justizministerium spielte 1949 dessen frühere NSRB-Mitgliedschaft keine Rolle – ebenso wenig wie für seine spektakuläre Verhaftung durch das MfS im September 1950 und seine Verurteilung zu langjähriger Zuchthausstrafe wegen angeblicher Zugehörigkeit zu einer antisozialistischen „Verschwörergruppe". Hintergrund von Brandts Absetzung war dessen nachdrückliches Engagement, die sogenannten „Waldheimer Prozesse", die das SED-Regime 1950 gegen tatsächliche oder vermeintliche NS-Verbrecher (darunter auch Otto Ulitz) hatte durchführen lassen, einer nachträglichen Überprüfung unterziehen zu wollen. Darüber stürzte das ehemalige NSRB-Mitglied Brandt, während das ehemalige NSRB-Mitglied Hildegard Heinze durch ihre führende Rolle bei der Organisation dieser Schauprozesse ihre SED-Karriere befördern konnte.[207]

Der „Nationalsozialistische Rechtswahrerbund" (NSRB) war eine NS-Juristenorganisation, die zum Zeitpunkt von Kathers Beitritt noch „Bund Nationalsozialistischer Deutscher Juristen" hieß und erst 1936 ihren neuen Namen erhielt. Der BNSDJ und spätere NSRB war 1928 unter Leitung des Anwalts und NS-Politikers Hans Frank gegründet worden, der es 1933/34 zum bayerischen Justizminister brachte, um seither als Reichsminister ohne Geschäftsbereich zu fungieren, bevor er 1939 zusätzlich das Amt des „Generalgouverneurs" im besetzten Polen übernahm. Der BNSDJ hatte bis zur Machtübernahme Hitlers ein Schattendasein gefristet und zählte noch im April 1933 nur knapp über 1600 Mitglieder. Erst durch den korporativen Beitritt der bisherigen Juristen-Berufsverbände, darunter auch des Deutschen Anwaltsvereins, wurde er zu einer bedeutenden Organisation. Als die bisherigen Berufsverbände völlig aufgelöst wurden, empfahlen sie ihren Mitgliedern für die Zukunft deren individuelle Mitgliedschaft im BNSDJ als der einzigen verbleibenden Standesorganisation für Juristen. Ende 1934 umfasste der BNSDJ aufgrund dieser Entwicklung bereits rund 80 000 Mitglieder, um im Mai 1939 – mittlerweile unter dem Namen NSRB und nach den unterdessen erfolgten Anschlüssen Österreichs, des Sudeten- und des Memellandes – schließlich auf 104 000 Mitglieder zu kommen. Laut Lothar Gruchmann traten viele Juristen – namentlich Justizbeamte – dem BNSDJ/NSRB bei, um einen Eintritt in die NSDAP zu vermeiden. Dass die NS-Führung selbst die Zugehörigkeit zu ihrem Juristenverband nicht allzu hoch einschätzte, ergibt sich aus der Tatsache, dass „bei Ernennungen oder Beförderungen" von Beamten deren „bloße Zugehörigkeit zum BNSDJ/NSRB […] wenig" genutzt haben soll, „da sie von der Parteiführung nicht als ausreichend angesehen wurde, um das rückhaltlose Eintreten des Justizbeamten für den nationalsozialistischen Staat zu gewährleisten".[208] Eine formelle

---

[206] Wentker, Justiz in der SBZ/DDR, S. 55, S. 66–68 und S. 252f., darunter der DDR-Generalstaatsanwalt Dr. Ernst Melsheimer und die SED-Spitzenjuristin Dr. Hildegard Heinze.
[207] Ebenda, S. 265, S. 276f. und S. 448.
[208] Gruchmann, Justiz im Dritten Reich, S. 221; zur Karriere Franks: Schenk, Hans Frank.

Pflichtmitgliedschaft scheint es hinsichtlich der NS-Juristenorganisation jedoch nicht gegeben zu haben, auch wenn man einen wachsenden Konformitätsdruck nicht unterschätzen wird. 1935 waren von den damals etwa 81 000 Mitgliedern des BNSDJ 9886 als Rechtsanwälte tätig.[209] Bei damals insgesamt 18 780 Rechtsanwälten im Deutschen Reich[210] war somit fast jeder zweite Anwalt (52,6 Prozent) 1935 NS-konform organisiert.

In seinem Entnazifizierungs-Fragebogen dazu befragt, ob er während des „Dritten Reiches" Mitglied der NSDAP oder anderer NS-Organisationen gewesen sei, bejahte Kather im November 1946 nur zweimal: Dies betraf insbesondere seine Mitgliedschaft im späteren NS-Rechtswahrerbund (der damals noch BNSDJ hieß), dem er 1934 beigetreten sei, und zwar mit einer Mitgliedsnummer „über 70 000". Er sei nur einfaches Mitglied dieser Organisation gewesen, ohne ein Amt zu übernehmen oder einen Rang zu erhalten. Dasselbe gab Kather für seine Mitgliedschaft in der „Deutschen Jägerschaft" (unter Führung des „Reichsjägermeisters" Hermann Göring) an, der er ebenfalls 1934 beigetreten sei.[211] Kather war zu diesem Zeitpunkt längst ein passionierter Jäger – noch Jahrzehnte später veröffentlichte er entsprechende jagdzentrierte Erinnerungen unter dem Titel „Halali in Ostpreußen" – und versuchte durch diesen Beitritt offensichtlich, seine Jagdleidenschaft unbehelligt weiter ausüben zu können. Dies gelang ihm freilich nicht uneingeschränkt, denn trotz seiner (politisch belanglosen) Anpassungsgeste erlitt er nach 1933 (ebenso belanglose) Nachteile durch Entzug bisheriger Jagdpachten zugunsten von NSDAP-Mitgliedern.[212] Immerhin bewahrte er noch nach Jahrzehnten eine kritische Erinnerung daran, dass „die Staatsmänner der Welt" nicht nur aus Anlass der Berliner Olympiade 1936 das NS-Regime hofierten, sondern auch „im Jahr darauf zur Internationalen Jagdausstellung" nach Berlin reisten, „um Adolf Hitler und Hermann Göring ihre Aufwartung zu machen".[213] Zur von Göring organisierten Jagdausstellung im November 1937 reisten in der Tat hochrangige internationale Persönlichkeiten – der Zar von Bulgarien, die Außenminister Ungarns und Österreichs und der stellvertretende Außenminister Polens, allen voran aber der bereits zum britischen Außenminister designierte Lord Halifax. Hitler und Göring bemühten sich zu diesem Zeitpunkt um die Duldung Großbritanniens für einen künftigen Anschluss Österreichs an Deutschland.[214]

Der Publizist Erich Später hat im Jahre 2005 die früheren Angriffe der DDR-Propaganda auf Kathers BNSDJ/NSRB-Mitgliedschaft wieder aufgegriffen, indem er Kather als Zentrumspolitiker skizzierte, der sich nach 1933 mit den NS-Machthabern arrangiert habe und 1934 Mitglied des NSRB geworden sei.[215] Kathers NSRB-Beitritt als Indiz dafür zu nehmen, dass er sich mit dem NS-Regime bis zu

---

[209] Stadler, „...juristisch bin ich nicht zu fassen", S. 30.
[210] Wehler, Deutsche Gesellschaftsgeschichte, Bd. 4, S. 726.
[211] StAHH, 221-11, Ad 10925, Dr. Kather, Entnazifizierungs-Fragebogen v. 11.11.1946, S. 6f.
[212] Kather, Halali in Ostpreußen, S. 121 f.
[213] Kather, Von Rechts wegen?, S. 24.
[214] Knopf / Martens, Görings Reich, S. 87.
[215] Später, Kein Frieden mit Tschechien, S. 102.

einem gewissen Grade „arrangierte", ist naheliegend; die entscheidende Frage ist jedoch eben dieser Grad des Arrangements. Die DDR-„dokumentation der zeit" hatte Kather 1969 nur die NSRB-Mitgliedschaft vorgehalten und ansonsten neutral verzeichnet, dass Kather während des NS-Regimes „Rechtsanwalt und Notar beim Landgericht Königsberg" gewesen sei.[216] Bei Später wurde aus dieser normalen juristischen Berufstätigkeit etwas anderes – quasi eine Art furchtbarer NS-Jurist. Denn Später behauptete, Kather habe bis 1945 „als Rechtsanwalt [...] unter anderem für das Königsberger NS-Sondergericht" gearbeitet, „das Hunderte von Menschen zum Tode verurteilte". Diese Formulierung ist eine haarsträubende Umkehrung des wahren Sachverhaltes, denn Kather hatte nicht etwa *für* das Sondergericht (etwa als Richter oder als Staatsanwalt) gearbeitet, sondern als Rechtsanwalt viele Angeklagte vor diesem Sondergericht – einer vom NS-Regime 1933 geschaffenen Sonderinstitution zur Aburteilung politischer Delikte – gerade *verteidigt und folglich vor einer Verurteilung zu bewahren versucht*. Das konnte man nicht nur den zahlreichen Erinnerungsbänden Kathers entnehmen, sondern auch der bundesrepublikanischen Vertriebenenpresse, die beispielsweise anlässlich des 65. Geburtstages von Kather 1958 daran erinnerte, dass dieser Ostpreuße nicht nur keine belastende NS-Vergangenheit aufzuweisen habe, sondern im Gegenteil als Anwalt dezidiert gegen die „Willkürjustiz" des NS-Regimes vorgegangen sei, was ihm sogar eine kurzzeitige Gestapo-Haft eingetragen habe: „Während der Hitlerzeit verteidigte er fast alle ermländischen Priester, die vor das Sondergericht gestellt wurden."[217]

Später hatte in gewisser Weise Glück, dass Kather nicht mehr lebte, als er diese verzerrenden Vorwürfe publizierte. Denn der kantige Königsberger war mit Gegenattacken zeitlebens nie zimperlich gewesen. So hatte sich Kather, unterdessen fast 75 Jahre alt, Ende 1967 an den Intendanten des Bayerischen Rundfunks gewandt, um die ARD-Sendung „Die Vertriebenenorganisationen" eines Autors namens Bernt Engelmann scharf zu kritisieren. Dieser Journalist habe es fertiggebracht, zu behaupten, dass sich unter den sogenannten Vertriebenenfunktionären „mehr alte Nationalsozialisten" befänden als in der neonazistischen NPD. Bei dieser Gelegenheit verwies Kather bissig auf seine lupenreine Vergangenheit unter der Herrschaft Hitlers: „Ich habe keine nationalsozialistische Vergangenheit zu bewältigen. Ich galt in Königsberg/Pr. in den Jahren 1933-45 offiziell als politisch unzuverlässig. Ich habe nicht mit der Partei paktiert und machte wegen der ständigen und aufrechten Verteidigung katholischer Priester Bekanntschaft mit dem Gefängnis und der Gestapo."[218]

---

[216] BStU, Archiv der Zentralstelle, MfS-HA IX/11, PA Nr. 611, Bl. 24f., „Kather, Linus", in: dokumentation der zeit, 2. Augustheft 1969.

[217] BAK, B 234/1416, „Dr. Linus Kather – 65 Jahre", in Schlesische Rundschau v. 25.9.1958, und „Dr. Linus Kather 65 Jahre", in: Der Schlesier vom 24.9.1958.

[218] ACDP, I-377-28/5, Dr. Kather an Intendant des Bayerischen Rundfunks, Wallenreiter, 19.12.1967, S. 2–4; von dieser makellosen Vergangenheit aus attackierte Kather umso vehementer seinen Kritiker: „Ich weiß nicht, ob Herr Engelmann Gelegenheit gehabt hat, sich im Dritten Reich zu bewähren, aber nach seinem gestrigen Vortrag ist mir klar, daß er das Zeug

Man wird folglich Kathers tiefe Verankerung im katholischen Milieu des Ermlandes weit ernster nehmen müssen, als die DDR-Propagandisten oder Erich Später dies taten, um seine Haltung zum NS-Regime angemessen zu beschreiben. 1946 gab Kather auf die Standardfrage, ob er „mit Personen verwandt oder verschwägert" sei, „die jemals Amt, Rang oder maßgebende Stellungen" in der NSDAP oder einer anderen NS-Organisation innegehabt hätten, ein schlichtes „Nein" zu Protokoll. Er sei bis 1933 Mitglied der katholischen Zentrumspartei gewesen, für die er auch in den letzten beiden Reichstagswahlen vom November 1932 und März 1933 gestimmt habe. „Mitglied einer verbotenen Oppositionspartei oder -gruppe" sei er jedoch seit 1933 nicht gewesen.[219] Seine folglich nicht in Widerstandshandlungen mündende, aber distanzierte und zunehmend „resistente" Haltung gegenüber dem NS-Regime hatte Kather bereits im Mai 1945 dargelegt, als er darauf hinwies: „Ich war die letzten Jahre vor der Machtübernahme und auch noch kurze Zeit nachher der einzige Stadtverordnete der Zentrumspartei in Königsberg Pr. Mein ältester Bruder war katholischer Propst von Elbing und stellvertretender Vorsitzender der Zentrumspartei Ostpreußens. Er wurde im Sept. 1940 von der Gestapo für die Kriegsdauer aus Ost- und Westpreußen ausgewiesen, weil er sich gegen die Polen nicht richtig verhalten hätte. Ich bin in zahlreichen politischen Prozessen als Verteidiger aufgetreten und habe insbesondere häufig katholische Geistliche vor dem Sondergericht in Königsberg Pr. vertreten."[220] Seine auf das katholische Einwohner-Milieu konzentrierte Lebenswelt prägte offensichtlich auch sein Berufsleben völlig, denn – so Kather 1945 – seine Hauptklienten als Anwalt und Notar seien seit 1930 die Katholiken aus Königsberg und Ostpreußen gewesen, während er „Mandate von der Partei, dem Staat und öffentlichen Stellen […] nie gehabt" habe.[221]

1964 erläuterte er im Rahmen seiner politischen Erinnerungen erstmals seine politische Haltung seit 1933 im größeren Rahmen. Demnach sei er 1930 „als einziger Vertreter" des Zentrums ins Königsberger „Stadtparlament" gewählt und im März 1933 „wiedergewählt" worden. Schon damals sei er auf Distanz zum NS-Regime gegangen: „Nach wenigen Sitzungen [der nun gleichgeschalteten Stadtverordnetenversammlung] hatte ich von dem neuen politischen Stil genug und verzichtete auf mein Mandat." Der NSDAP und sonstigen NS-Organisationen sei er nie beigetreten. Eine Ausnahme habe er nur beim NS-Rechtswahrerbund gemacht, in dem er „nach einjährigem Zögern aus wirtschaftlichen Gründen Mitglied" geworden sei. Dieser NSRB sei jedoch „in Königsberg ein harmloser Klub"

zu einem großen Nationalsozialisten hat." Unter der (wahrscheinlichen) Voraussetzung, dass es sich beim Autor des kritisierten Fernsehbeitrags um den nachmals bekannten Publizisten Bernt Engelmann gehandelt hat, lag Kather allerdings mit diesen Anwürfen reichlich daneben, denn bei Engelmann handelte es sich um das Mitglied einer antinationalsozialistischen Widerstandsgruppe, das mehrfach von der Gestapo verhaftet worden war und 1945 aus KZ-Haft befreit wurde; vgl. Engelmann, Wir Untertanen, S. 2.

[219] StAHH, 221-11, Ad 10925, Dr. Kather, Entnazifizierungs-Fragebogen v. 11.11.1946, S. 8.
[220] Ebenda, Dr. Kather, Anlage zum Antrag („Entnazifizierungs-Fragebogen') v. 27.5.1945, S. 1.
[221] Ebenda, Dr. Kather, Besonderer Fragebogen für Rechtsanwälte und Notare v. 27.5.1945, S. 2.

gewesen, „ich habe nie eine Veranstaltung besuchen müssen, bin auch nie am 1. Mai mitmarschiert".[222]

In diesem Zusammenhang betonte Kather, durchaus glaubwürdig, wie sehr seine „Einstellung zum Nationalsozialismus [...] vorausbestimmt" gewesen sei durch seine „streng religiöse Erziehung". Nicht nur er selbst, sondern auch alle drei Brüder seien nach 1933 „mit der Partei in Konflikt gekommen", von denen sein ältester Bruder Arthur, nach 1945 Kapitularvikar (Bischofs-Stellvertreter) von Ermland in der Bundesrepublik und damals „Probst und Dekan in Elbing", der prominenteste Fall (bis hin zu seiner Ausweisung aus dem Ermland durch die Gestapo 1940) gewesen sei. Ein anderer Bruder sei „als Lehrer vorzeitig wegen politischer Unzuverlässigkeit in den Ruhestand versetzt" worden, der dritte habe zeitlebens „den Gruß ‚Heil Hitler' zu vermeiden gewußt". Zu seiner eigenen Entwicklung führte Kather aus: „Mich hat insbesondere auch die Mißachtung des Rechtes zum unversöhnlichen Gegner des Regimes gemacht. [...] In meiner Einstellung zur Partei wurde ich außerordentlich bestärkt durch die Ereignisse des 30. Juni 1934 im Zusammenhang mit der sogenannten Röhmrevolte. Von da ab wußte ich, daß wir von Psychopathen und Gangstern regiert wurden. Es ist mir heute noch unverständlich, wie große Teile des deutschen Volkes diese Vorgänge an sich vorüberziehen ließen, ohne daraus Erkenntnisse oder Nutzen zu ziehen." Trotz aller „Vorsicht und Zurückhaltung" bei politischen Meinungsbekundungen sei seine „Einstellung kein Geheimnis" geblieben, er habe daher bald auch „offiziell als politisch unzuverlässig" gegolten. Der Präsident der Königsberger Anwaltskammer habe ihm wiederholt erklärt, er würde ihn gern in seinen Vorstand berufen, doch leider sei Kather ja „politisch unzuverlässig". Diese politische Unzuverlässigkeit habe ihm im Dezember 1944 noch der überzeugt nationalsozialistische Oberlandesgerichtspräsident von Königsberg attestiert.[223]

Linus Kather wurde durch seine soziale, religiöse und politische Vorprägung, aber auch durch seine seit 1933 gemachten Erfahrungen als Anwalt zum „unzuverlässigen" juristischen Widerpart des NS-Regimes. Über eine „Resistenz" in Teilfragen – namentlich Homosexuellenverfolgung und Kirchenkampf – und mit den rechtsstaatlich möglichen Mitteln innerhalb des NS-Systems ging seine Gegnerschaft allerdings nicht hinaus. Kather verdeutlichte später treffend, dass die vom NS-Regime organisierte offene Mordaktion des sogenannten „Röhmputsches" Mitte 1934 auch insofern „nachhaltige Wirkungen" gezeigt hatte, als seither „in der Strafjustiz [...] die Verfehlungen gegen den § 175 des Reichsstrafgesetzbuches in den Vordergrund" traten und „streng und unnachsichtig verfolgt" wurden. Diese Strenge habe man insbesondere dann an den Tag gelegt, wenn man katholischen Geistlichen solche Verfehlungen gegen das Verbot homosexueller

---

[222] Kather, Die Entmachtung der Vertriebenen, Bd. 1, S. 12.
[223] Ebenda, S. 13 f.; seinem Anwaltskammer-Präsidenten bewahrte Kather stets eine positive Erinnerung: „Es sei mir die Bemerkung gestattet, daß ich zwar politisch schlecht beleumundet war, aber nicht beruflich und charakterlich. Es hat in 24 Jahren nie eine ernst zunehmende [sic!] Beschwerde über mich bei der Anwaltskammer gegeben [...]." Vgl. Kather, Halali in Ostpreußen, S. 163 f.

Handlungen unter Männern hätte anlasten können: „In Ostpreußen hat es meines Wissens in jener Zeit nur einen einschlägigen Prozeß gegen einen katholischen Geistlichen gegeben. Dabei habe ich als Verteidiger mitgewirkt." Dieser Prozess sei gegen einen – ausgerechnet NS- und SS-nahen – Domvikar eingeleitet worden, dessen pedantisch geführtes Tagebuch zahlreiche junge Männer in die Fänge der Ermittlungen und zum Teil der Anklage habe geraten lassen. Er, Kather, habe einen jungen Gerichtsreferendar verteidigt, für den der Anklagevertreter – der Oberstaatsanwalt Adolf Kühn, der ihm als „übler Karrieremacher" erschien – wegen einer länger zurückliegenden Duldung einer unzüchtigen Berührung ein Jahr Gefängnis beantragt habe. Diese Strafe hätte die bürgerliche Existenz des jungen Mannes zerstört, wenn nicht die Strafkammer auf seinen, Kathers, Antrag hin das Verfahren eingestellt hätte.[224]

Seit etwa Mitte der 1930er Jahre wurde Kather – im Kontext des sich verschärfenden Konfliktes des NS-Regimes mit der katholischen Kirche – in Ostpreußen zu einer Art Kronjurist angeklagter Kirchenvertreter. Dazu bemerkte er 1964: „Als CVer [i.e. Mitglied des katholischen Studentenverbandes] und auch durch meinen Bruder Arthur hatte ich selbstverständlich sehr enge Beziehungen zum ermländischen Klerus. Dazu war ich Strafverteidiger am Sitz des einzigen Sondergerichts in Ostpreußen. So war es zwangsläufig, daß ein großer Prozentsatz der katholischen Geistlichen, die vor das Sondergericht oder auch vor eine Strafkammer kamen, mich mit ihrer Vertretung beauftragten. Diese Tätigkeit rückte mich natürlich in das Blickfeld der Gestapo und auch mancher Herren von der Staatsanwaltschaft. Über die Grenzen Ostpreußens hinaus hat Aufmerksamkeit erregt der Heilsberger Fronleichnamsprozeß im Jahre 1937, bei dem ich zusammen mit Dr. Sack aus Berlin, bekannt als Verteidiger Torglers [eines früheren KPD-Reichstagsabgeordneten] im Reichstagsbrandprozeß, den Hauptangeklagten, den Domherrn Buchholz, verteidigte."[225]

Eine Fronleichnamsprozession in Heilsberg hatte im Mai 1937 zu einem demonstrationsartigen Auflauf der katholischen Bevölkerung vor dem Rathaus geführt. Als vermeintliche Rädelsführer wurden daraufhin mehrere katholische Geistliche angeklagt – allen voran der Domherr Alfons Buchholz.[226] Kather scheint der kämpferischste unter den Strafverteidigern gewesen zu sein: Er habe, so berichtete er später, als einziger unter den Verteidigern auf Freispruch plädieren wollen, während andere eine Strafmilderung durch das Eingeständnis einfachen Aufruhrs erreichen wollten. Leider, so Kather, habe er hierin nachgeben müssen: „Das große Pech für die Angeklagten war der Vorsitzende des Sonder-

---

[224] Kather, Von Rechts wegen?, S. 25–28; zur Nachkriegskarriere dieses NS-Anklägers bemerkte Kather bissig: „Dr. Kühn ist inzwischen, nachdem er zeitweilig als Staatsanwalt fungiert hat, wieder zum Oberstaatsanwalt befördert worden. Das Ministerium [des Landes Baden-Württemberg] hat jede Reaktion auf meine Vorstellungen abgelehnt, es gab keinen Strafprozeß, kein Disziplinarverfahren, keine Pensionierung und nicht einmal eine anderweitige Verwendung. Herr Oberstaatsanwalt Dr. Kühn amtiert wieder und weiter." Ebenda, S. 31 f.
[225] Kather, Die Entmachtung der Vertriebenen, Bd. 1, S. 14.
[226] Kather, Von Rechts wegen?, S. 49 ff.

gerichts, Landgerichtsdirektor Dr. Funk", ein Kriegsbeschädigter des Ersten Weltkriegs, der sich nach 1933 zum fanatischen NS-Juristen entwickelt hatte und in den 1940er Jahren als Vertreter der deutschen Besatzungsmacht in Rowno (Ukraine) ermordet wurde. Hingegen habe der Staatsanwalt dieses Verfahrens Mäßigung gezeigt.[227]

Der stets NS-distanzierte und trotz seiner Anpassungsleistung des NSRB-Beitritts von 1934 spätestens um 1936/37 nicht nur zum „resistenten" Katholiken, sondern auch zum prononcierten Strafverteidiger von NS-Verfolgten gewordene Königsberger Anwalt Linus Kather hatte somit früh ein differenziertes Urteil über das Verhalten von Juristen – selbst von solchen mit NSDAP-Parteibuch, das er selbst nie beantragt hatte – zu entwickeln vermocht. Gegen Ende seines Lebens bemerkte er dazu, ausweislich der formellen NSDAP-Mitgliedschaft sei die deutsche Anwaltschaft stark nazifiziert gewesen – ab 1937 zu rund 50 Prozent, vorher nur zu über 20 Prozent. Im Alltag sei jedoch die „Haltung" der Anwälte „weit besser" gewesen als die der Richter und Staatsanwälte, wie er anlässlich seiner Verfolgung durch Gestapo und NS-Justiz 1941/42 am eigenen Leibe erfahren habe.[228]

NS-Gegner und „Volkssozialist": Wenzel Jaksch 1933–1939

Als Hitler 1933 in Deutschland zur Macht kam, war Wenzel Jaksch in der Tschechoslowakei nicht nur Chefredakteur des Partei-Zentralorgans „Sozialdemokrat" in Prag, sondern auch Mitglied des Parteivorstands der sudetendeutschen Sozialdemokraten (DSAP) und außerdem seit 1929 Mitglied des tschechoslowakischen Abgeordnetenhauses, als welches er bis ins Jahr 1938 hinein sämtliche demokratischen Regierungen der Tschechoslowakischen Republik als Angehöriger einer Koalitionsfraktion mittrug. Nach dem erdrutschartigen Wahlsieg der nationalistischen und zunehmend NS-orientierten „Sudetendeutschen Partei" (SdP) im Jahre 1935, der für alle demokratischen Parteien der Sudetendeutschen und damit auch für Jakschs Sozialdemokraten eine herbe Niederlage bedeutete, stieg Jaksch 1935 zunächst zum stellvertretenden Parteichef der DSAP und im März 1938 schließlich zu deren letztem Parteivorsitzenden auf. Als solcher amtierte er in den Krisenjahren 1938/39, welche die NS-Verfolgung und Zerschlagung seiner Partei zuerst im Sudetenland (Herbst 1938), dann auch im restlichen böhmisch-mährischen Gebiet (März 1939) mit sich brachten und ihn selbst ins Exil trieben.[229]

Jaksch wollte eine genuin sozial-demokratische Versöhnung der Gegensätze Nationalismus und Sozialismus – „Volk und Arbeiter" – und sah darin nicht nur eine Grundvoraussetzung für „Deutschlands europäische Sendung", sondern auch das

---

[227] Ebenda, S. 62f. und S. 65–68; laut Majer, „Fremdvölkische" im Dritten Reich, S. 789, hatte dieser Dr. Alfred Funk als Vorsitzender des Sondergerichtes Zichenau im Verhältnis zur Einwohnerzahl die höchste Rate an Todesurteilen zu verantworten.
[228] Kather, Von Rechts wegen?, S. 107.
[229] Balling, Von Reval bis Bukarest, Bd. 1, S. 355.

wirksamste Mittel zur Bekämpfung der aggressiven Politik des Nationalsozialismus Hitler'scher Prägung. Fest davon überzeugt, dass die „Grenzziehungen von Versailles, insbesondere dort, wo sie aus dem Reichsboden deutsche Volksteile herausschnitten, nicht das letzte Wort der Geschichte sein" könnten, wollte Jaksch den NS-Machthabern in Deutschland deren „unerhörte[n] taktische[n] Vorteil" entwinden, „daß sie ihre innere Versklavungspolitik und ihre verrückten Eroberungspläne [...] als Kampf gegen die Versailler Diktate volkstümlich zu tarnen" vermochten. Gerade deswegen müsse, so forderte er 1936, die „antihitlerische Opposition" selbst klare Positionen zur „Anschlußfrage" Österreichs, zum „Korridorproblem" (Danzig-Westpreußen) und zur „Frage der deutschen Minderheiten" in Europa erarbeiten, um diese wichtigen Probleme nicht der NS-Propaganda kampflos zu überlassen. In diesem Gesamtzusammenhang müsse „auch das tschechisch-deutsche Zusammenleben" neu geordnet werden, das seit 1918 unverändert „noch einer positiven Sinngebung und organischen Gestaltung" harre.[230]

Jaksch sollte später lernen, dass der von ihm propagierte Begriff des „Volkssozialismus", der eine populäre Öffnung des marxistischen Sozialismus für breitere Bevölkerungsschichten indizieren und folglich die bisherige sozialdemokratische Arbeiterpartei zu einer echten Volkspartei machen sollte, für Außenstehende missverständlich war und namentlich während seines Exils in England oft benutzt wurde, um ihn „als Halbnazi hinzustellen".[231] In ähnlicher Weise wurde nach 1945 von tschechoslowakischer Seite vorgebracht, der SdP-Politiker und spätere NSDAP-Vizebürgermeister von Prag Josef Pfitzner (der 1946 als Kriegsverbrecher hingerichtet wurde) habe 1937 „eine gewisse politische Verwandtschaft" zwischen seiner Henlein-Partei und Jakschs DSAP konstatiert. Jaksch wurde von tschechischer Seite vorgeworfen, auf solche SdP-Bündnisangebote nicht eingegangen zu sein, sondern weiterhin als Demokrat posiert zu haben, um sich für eine eventuelle Nachfolge Henleins als Sudeten-Gauleiter bereitzuhalten. Vorgeworfen wurde ihm auch, seine Freundschaft mit dem Ex-Nationalsozialisten Otto Straßer – der von der SPD in die NSDAP gegangen, aber 1930 als Sprecher des linken Flügels wieder ausgetreten war und seither Hitler bekämpfte – noch im Londoner Exil fortgesetzt und sogar ein Vorwort für ein alldeutsches Buch Straßers geschrieben zu haben, das sich von Hitlers Anschauungen nur geringfügig unterscheide.[232] Tatsächlich waren Jaksch und Otto Straßer jahrzehntelang befreundet, aber politisch keineswegs einer Meinung gewesen. Statt eines großdeutschen Pamphlets hatte Strasser 1939 ein Buch über die Europapläne des verstorbenen tschechoslowakischen Präsidenten Masaryk geschrieben, zu dem Jaksch die Anregung gegeben und ein Vorwort beigesteuert hatte. Letzteres sollte Jaksch seither immer wieder – auch innerhalb der SPD – kritisch vorgehalten werden.[233] Strasser hatte sich eingehend mit dem philosophischen, politischen und ökono-

---

[230] Jaksch, Volk und Arbeiter, S. 33 f. und S. 44.
[231] Wenzel Jaksch. Patriot und Europäer, S. 79.
[232] Martin, „...nicht spurlos aus der Geschichte verschwinden", S. 252 f.
[233] Ebenda, S. 253, Anm. 108.

mischen Denken Masaryks beschäftigt, den er namentlich der deutschen Jugend als „großen Lehrer und Führer" präsentierte und den „falschen Propheten" der Gewalt und Staatsvergötzung entgegenstellte. Für dieses 1939 in Zürich publizierte Buch hatte Wenzel Jaksch am 19. September 1938 in Prag ein Vorwort verfasst, in dem er die „langjährige Freundschaft" mit Strasser ausdrücklich auf die gemeinsame „Überzeugung" bezog, „daß die Aera Hitler nur ein trauriges Zwischenspiel" sei und dass für das „neue Europa" nach Hitler Masaryks „kämpferischer Humanismus" und „demokratischer Realismus" ein wichtiger „Wegweiser" sein werde. Gerade die Deutschen müssten sich mit Hilfe Masaryks aus ihrer aktuell im Sudetenland kulminierenden geistigen „Verkrampfung" befreien: „Man muß Masaryk lesen, um dem Angsttraum zu entrinnen, daß die heutigen Diktaturen nur von neuen Schreckensherrschaften abgelöst werden könnten."[234]

Letzten Endes versuchte Jaksch damals eine „Einheitsfront"-Politik gegen Hitler zu erreichen, in die er ganz bewusst auch ‚linke' Nationalsozialisten einbeziehen wollte. Der tschechische Historiker Václav Kural hat diesen politischen Ansatz fair geschildert: Nach der „Wahlkatastrophe von 1935", durch die alle demokratischen Parteien zugunsten der SdP Henleins erdrutschartig abgestürzt waren, sei in der DSAP eine Neuorientierung unter Jaksch erfolgt, der – im Unterschied zur alten Führungsriege um Ludwig Czech – den „Faschismus" mit einem sowohl in der nationalen wie sozialen Frage „radikaleren Programm" bekämpfen wollte: „Darin, ob es den Deutschen gelingt, sich auf diesem Weg von Henlein zu trennen, erblickte Jaksch […] eine Schicksalsfrage der tschechoslowakischen Republik." Analog zu jüngeren tschechischen Sozialisten, mit denen er in Kontakt gestanden habe, habe Jaksch seine Theorie vom „Volkssozialismus" als bewusste Antithese zum Nationalsozialismus Hitlers entwickelt. Dieser „Volkssozialismus" basierte auf der Prämisse, „daß für die Losreißung der Volksmassen aus dem Einfluß von Hitlers Nazismus die Kraft der Arbeiterschaft allein nicht ausreicht, sondern daß eine breite nichtnazistische, ja sozialistische Vereinigung angestrebt werden muß – eigentlich auch eine Volksgemeinschaft, aber eine dem Nazismus entgegengesetzte". Aus diesem Ansatz erklären sich die Berührungspunkte Jakschs mit der im Exil entstandenen „Volkssozialistischen Bewegung Deutschlands", zu der auch der ehemalige linke Nationalsozialist Otto Strasser gehörte. Dabei setzte Jaksch laut Kural durchaus starke nationale Akzente, etwa in der zur Verbindung zwischen Arbeiterklasse und bürgerlichen Schichten dienenden Formel vom „deutschen Sozialismus" oder von der „neuen deutschen sozialistischen Nation".[235]

Bei alledem war das Konzept des „Volkssozialismus" keine Neuschöpfung Jakschs, sondern vielmehr die Übertragung paralleler Politikkonzepte, die ein sudetendeutscher Sozialdemokrat wie Jaksch nicht nur bei den in Prag mitregierenden tschechischen National-Sozialisten des Präsidenten Beneš beobachten konnte,

---

[234] Strasser, Europa von morgen, S. 280f.; Jakschs Vorwort: Ebenda, S. 7–9; zur lebenslangen Freundschaft vgl. auch Strasser, Mein Kampf, S. 109 und S. 137f.
[235] Kural, Konflikt anstatt Gemeinschaft?, S. 189; Kural mutmaßt, dass in diesem Ansatz möglicherweise schon „ein Keim von Jakschs künftiger Zuneigung zur Idee des Großdeutschtums verborgen" gewesen sei; ebenda, S. 190.

welche bereits seit 1897 unter diesem (nicht mit der NSDAP zu verwechselnden) Namen moderaten Reform-Sozialismus mit tschechischem Nationalismus gebündelt hatten.[236] Ähnliches versuchte auch die 1906 in Palästina gegründete zionistisch-volkssozialistische Partei „Hapoel Hazair" (Der junge Arbeiter), die großen Einfluss auf den deutschen Zionismus ausübte.[237] Der Widerspruch zwischen Ähnlichkeit im klassenübergreifenden Konzept und denkbar größter Differenz in dessen politischer Funktionalisierung, wie er das Verhältnis von NS-Volksgemeinschaft und Jakschs „Volkssozialismus" kennzeichnet, trifft ebenso auf das „Volksheim"-Konzept zu, das die schwedischen Sozialdemokraten unter der Führung des späteren Premiers Per Albin Hanson seit den 1920er Jahren entwickelten und in den 1930er Jahren als Regierungspartei international beachtet umsetzten. Hanson hatte den Volksheim-Begriff der Rhetorik der nationalistischen Rechten entnommen und gewissermaßen entwendet, indem er es – unter Verzicht auf sozialistisches Klassenkampf-Denken – mit Demokratie und Solidarität verknüpfte.[238]

Wenzel Jakschs „k.u.k."-Prägung im Habsburgerreich war eine spezifisch sozialdemokratische. Das unterschied ihn nicht nur von der ganz anders gearteten k.u.k.-Prägung des rabiaten Alldeutschen-Anhängers Adolf Hitler, sondern auch von der des Deutschnationalen Rudolf Lodgman. Wenn Jaksch sich noch lange nach 1945 als „Teil vom Kraftstrom des gesamtösterreichischen Sozialismus" begriff, „der schon um die Jahrhundertwende eine Großmacht des europäischen Humanismus" gewesen sei, so meinte er damit die schon um 1900 entwickelten Reformvorstellungen der Sozialdemokraten, das keineswegs gerecht strukturierte Österreich-Ungarn „in einen demokratischen Nationalitäten-Bundesstaat" umzuwandeln. Diese wichtige österreichische Tradition war etwas ganz anderes als der deutsche Reichs-Nationalismus.[239] Aus dieser Tradition des Nationalitäten-Föderalismus seiner Partei nahm Jaksch die Berechtigung für seinen Vorwurf an Masaryk, dieser habe seine eigenen tschechischen Gleichberechtigungsforderungen nach dem Umschwung von 1918 der Sicherung tschechischer Vorherrschaft geopfert. Aus dieser Tradition leitete Jaksch, hierin dem Agieren seines früheren Parteivorsitzenden Seliger aus dem Jahre 1919 folgend, das Recht ab, sich „mit aller Kraft [dagegen zu] wehren, […] daß unser Volk, unsere Nation" in der Tschechoslowakei nur „die Stellung einer Minderheitsnation haben" solle, und stattdessen einzufordern, dass die Sudetendeutschen „in diesem Staate, da man uns in ihm haben will, nicht nur ein freies, sondern auch ein gleichberechtigtes Volk mit anderen Völkern sein" sollten.[240] Wenn Jaksch 1936 namens des von ihm vertretenen Teils der Sudetendeutschen erklärte, diese betrachteten sich „nicht als bloße Minderheit" und wollten folglich „nicht als solche angesehen werden", so lag darin – anders als von manchen Historikern nachträglich insinuiert – nichts Verwerfliches, sondern es drückte sich darin lediglich der Wunsch aus, die Sudeten-

---

[236] Fawn / Hochman, Historical Dictionary of the Czech State, S. 65f.
[237] Reinharz, Dokumente zur Geschichte des deutschen Zionismus 1882–1933, S. 274, Anm. 2.
[238] Tuchtenhagen, Kleine Geschichte Schwedens, S. 121f.; ferner Götz, Ungleiche Geschwister.
[239] Jaksch, Unser geschichtlicher Auftrag, S. 5 und S. 9.
[240] Ebenda, S. 15f.

deutschen sollten „auch eine Staatsnation" der Tschechoslowakei sein, gleichberechtigt mit den Tschechen. Denn, so Jaksch: „Wer uns Minderheit nennt, verweist uns gewissermaßen jenseits der Grenzen, sagt uns, dass wir Teile eines anderen Volkes sind, das in diesem Staate nicht zu Hause ist."[241] Der Vorwurf, Jaksch sei „schon vor dem Krieg der ethnonationalistischen großdeutschen Ideologie verpflichtet gewesen"[242], ignoriert Jakschs nationalitätenföderalistischen Ansatz vollkommen. Auf dem Boden eben dieses alles andere als großdeutschen Ansatzes erzielte Jaksch im Februar 1937 den Erfolg eines tschechisch-deutschen Abkommens mit dem „Jung-Aktivismus" der anderen Seite – nach seiner Einschätzung „die erste Bresche in das Nationalstaatsprinzip" der Tschechoslowakei durch die tschechische „Zusage der sprachlich-kulturellen *Gleichberechtigung* und der *Proportionalität* im öffentlichen Dienst und bei öffentlichen Arbeiten". Darüber hinaus fanden die sudetendeutschen – auch von Jaksch erhobenen – Forderungen nach „Änderung der Rechtsposition der Sudetendeutschen von einer sogenannten Minderheit zum ‚*Zweiten Staatsvolk*'" unter jungen Tschechen vermehrte Zustimmung. Insofern seien, so Jaksch später, durch Hitler und das Münchner Abkommen „einmalige geschichtliche Möglichkeiten im Jahre 1938 verschüttet worden". Noch im Hochsommer 1938 habe die Chance bestanden, unter Einbeziehung des gemäßigten autonomistischen Flügels der Henleinpartei SdP „zu einem demokratischen Gegenstoß" gegen Hitlers Politik zu kommen und einen breiten sudetendeutschen Block unter sozialdemokratischer Führung zu bilden, dem sich viele enttäuschte SdP-Anhänger, aber auch Konservative wie Lodgman angeschlossen hätten. Jedenfalls hätten die sudetendeutschen Sozialdemokraten „die Hitler-Gefahr nicht allein mit Worten bekämpft".[243]

Es ist dieser (sozial-)demokratische Grundzug, der nicht nur die spezifische „k.u.k."-Prägung bei Wenzel Jaksch ausmacht, sondern ihn über eine bloße „k.u.k."-Prägung zugleich deutlich hinaus hebt. Denn anders als der ältere und bürgerlich-deutschnational orientierte Lodgman war der Sozialdemokrat Jaksch nach 1918 für eine positive Zweit-Prägung empfänglich, die er durch die nationalitätenpolitisch zwar fragwürdige, jedoch im Kern demokratische Staatsordnung der Tschechoslowakei empfing. Jakschs Partei war zwischen 1929 und 1938 an allen tschechoslowakischen Regierungen beteiligt, und Jakschs Vorgänger als Parteichef – der böhmische Jude, Rechtsanwalt und profilierte Sozialpolitiker Ludwig Czech, der 1942 in Theresienstadt umkam – war langjähriger Minister dieser Koalitionskabinette.[244] Dass Czech im März 1938 als Parteichef der DSAP von Jaksch „verdrängt" wurde[245], war nicht nur die Folge jenes fälligen Generationswechsel,

---

[241] Vgl. Hahn / Hahn, Die Vertreibung im deutschen Erinnern, S. 142f.
[242] Ebenda, S. 417.
[243] Jaksch, Unser geschichtlicher Auftrag, S. 25f. und S. 32.
[244] Weiser, Arbeiterführer in der Tschechoslowakei, S. 195; Hahn / Hahn, Die Vertreibung im deutschen Erinnern, S. 510.
[245] Wenn Hahn / Hahn, Die Vertreibung im deutschen Erinnern, S. 510, konstatieren, Czech sei „im März 1938 [...] durch den späteren Vertriebenenpolitiker Wenzel Jaksch aus seinem Amt [...] verdrängt" worden und daraufhin „1942 als Jude in Theresienstadt umgekommen", so ist das bei aller Korrektheit der Einzelfakten eine seltsam anmutende Reihung von

der sich auf der rechten Seite des politischen Spektrums in den 1930er Jahren ebenso zwischen Figuren wie Lodgman und Henlein vollzog[246], sondern vor allem die als notwendig erachtete Reaktion auf den „Eindruck der nationalsozialistischen Bedrohung, der Wahlniederlage von 1935 und der Erfolge der Henleinbewegung".[247] Bei den Wahlen von 1935 hatte die SdP einen Erdrutschsieg errungen, während die demokratischen sudetendeutschen Parteien abgestürzt waren; die „Deutsche Sozialdemokratische Arbeiterpartei in der Tschechoslowakischen Republik" (DSAP), die 1920 noch 11 Prozent der Stimmen gewonnen hatte, war 1935 auf ganze 3,6 Prozent gekommen.[248]

Dem tschechoslowakischen Parlament – genauer: dessen Abgeordnetenhaus – gehörte Jaksch seit 1929 an und blieb bis zu Hitlers Einmarsch in Prag im März 1939 Abgeordneter.[249] Allein diese Mitgliedschaft war in ihren letzten Monaten – nach München 1938 – ein mehrfaches Bekenntnis: Ein Bekenntnis zum tschechoslowakischen Staat, zur parlamentarischen Demokratie, zur aktiven Mitgestaltung der tschechoslowakischen Demokratie durch demokratisch orientierte Sudetendeutsche. Es war in allen Punkten ein Bekenntnis gegen Hitler und alle, die diesem folgten.

Als dezidierter Gegner des Nationalsozialismus und dessen sudetendeutschen Annexes, der SdP Henleins, führte Jaksch seinen Kampf gegen Hitler konsequent: Zuerst im Sudetenland, dabei Arm in Arm mit tschechischen Sozialisten und auch Kontakt mit Präsident Beneš[250], dann – nach dem Münchner Abkommen – im

Formulierungen, die Jaksch und dessen Ablösung Czechs völlig unangemessen in die Nähe von Antisemitismus rückt.

[246] Vgl. den Hinweis bei Kural, Konflikt anstatt Gemeinschaft?, S. 164, wonach Henlein eine jüngere deutsche Generation mit antibürgerlichem Affekt und Antitraditionalismus repräsentiert habe.

[247] Weiser, Arbeiterführer in der Tschechoslowakei, S. 195, der als sekundäres Motiv auch den Wunsch nach größerer innerparteilicher Demokratisierung erwähnt.

[248] Balling, Von Reval bis Bukarest, Bd. 1, S. 252.

[249] Im Oktober 1938 verloren jene 7 von 11 DSAP-Abgeordneten, die in den abgetretenen Sudetengebieten lebten, ihre Mandate, doch die vier übrigen – darunter der in Prag lebende Jaksch – blieben in der verkleinerten Tschecho-Slowakischen Republik bis zum 21. März 1939 – und damit sogar noch eine Woche nach Errichtung der Protektoratsregierung – weiterhin Mitglieder des Prager Parlaments; vgl. Balling, Von Reval bis Bukarest, Bd. 1, S. 253 und S. 283; in den Geheimdienst-Informationen der DDR zu Jaksch finden sich diesbezüglich grobe biographische Fehler; so wurde in einer Auflistung des Ministeriums für Staatssicherheit der DDR aus den 1960er Jahren fälschlicherweise behauptet, Jaksch sei nur bis 1938 „Mitglied des Prager Parlaments" geblieben, obwohl er als Prager von der Abtretung der Sudetengebiete nicht direkt betroffen war; auch soll er dieser Quelle zufolge bereits „ab 1935 Vorsitzender der Sozialdemokratie" in der Tschechoslowakischen Republik gewesen sein, was jedoch erst ab März 1938 der Fall war; vgl. BStU, Archiv der Zentralstelle, MfS-HA XX Nr. 5433, Bl. 83–88, insb. Bl. 84, MfS DDR, „Abschrift: Angaben über führende Personen der Sudetendeutschen", o. D.

[250] Noch im Hochsommer 1938 hatte Jaksch in Pilsen (Škoda-Werke) eine deutsch-tschechische Demonstration gegen Hitler organisiert und sich dabei die Tribüne mit dem tschechischen Sozialisten und damaligen Sozialminister der Tschechoslowakei Jaromir Nečas geteilt, „der stets eine ehrliche Verständigung mit den Sudetendeutschen wollte"; vgl. Jaksch, Europas Weg nach Potsdam, S. 15; zu Jakschs Kontakt mit Beneš im Krisenjahr 1938; Strasser, Mein Kampf, S. 137.

bedrohten und bald von Hitler besetzten Prag, schließlich im Exil in London, in das er sich nach dem März 1939 – aus Prag auf abenteuerliche Weise über das winterliche Gebirge nach Polen geflüchtet[251] – begab. In London wurde Wenzel Jaksch (der am Tage des deutschen Einmarsches in Prag im März 1939 Asyl in der britischen Gesandtschaft gefunden hatte, um von dort dann weiter zu fliehen) zum prominentesten Sprecher der sudetendeutschen Antifaschisten im Exil.[252] Dabei war er nicht nur ein Gegner des deutschen Rassenimperialismus, sondern auch des ebenfalls im Londoner Exil etablierten tschechischen Nationalismus und der von diesem angestoßenen, von den Alliierten unterstützten Pläne zur ethnischen „Säuberung" der Nachkriegs-Tschechoslowakei durch Zwangsausbürgerung, Enteignung und Vertreibung von drei Millionen Sudetendeutschen. Wegen dieses Grundsatzkonflikts mutierte Jaksch aus einem Bündnispartner des tschechoslowakischen Exil-Präsidenten Edvard Beneš im Laufe des Zweiten Weltkrieges zu dessen schärfstem Kritiker.

Manche Historiker haben Jaksch zum Vorwurf gemacht, dass dieser spätere wortmächtige Gegner der Vertreibung der Deutschen seinerseits 1939 im Londoner Exil „Umsiedlungen" von nationalen Minderheiten befürwortet habe.[253] Das trifft zu, muss jedoch in Zusammenhänge eingebettet werden – sowohl in einen größeren politischen als auch in einen konkreten argumentativen. Der politische Zusammenhang ist die 1938/39 unter Intellektuellen ebenso wie unter Politikern erfolgende Wiederbelebung des 1923 im griechisch-türkischen Transferabkommen von Lausanne praktizierten, dann aber nicht weiter verfolgten Gedankens, dass durch nationale Homogenisierung umstrittener Gebiete mittels Zwangsumsiedlung effektive Friedenssicherung zu gewährleisten sei. 1938/39 diskutierten Politiker verschiedenster Länder und politischer Couleur solche Transfer-Lösungen – nicht nur Sudetendeutsche wie Jaksch oder Lodgman[254], sondern auch verschiedene europäische Regierungen. So ließ der tschechoslowakische Präsident Beneš, der den Westmächten bereits 1919 einen Transfer der magyarischen Minderheit seines Landes vorgeschlagen hatte, über den sozialistischen Minister Jaromir Nečas im September 1938 in London und Paris sondieren, ob nicht auch das sudetendeutsche Problem durch eine Kombination aus Gebietsabtretungen an Deutschland und Aussiedlung eines (möglichst pro-nationalsozialistischen) großen Teiles der Sudetendeutschen aus der verkleinerten Tschechoslowakei gelöst werden könnte. Insbesondere linksgerichtet-demokratische und jüdische Sudetendeutsche – also auch Jaksch – hätten diesem Plan zufolge in der Tschechoslowakei bleiben dürfen.[255]

Das Münchner Abkommen, das ergänzend zu den Gebietsabtretungen an Deutschland auch ein (nie durchgeführtes) Projekt eines deutsch-tschechoslowa-

---

[251] Strothmann, Der k.u.k. Sozialdemokrat, S. 2.
[252] Brown, Dealing with Democrats, S. 84–86.
[253] Hahn / Hahn,: Die Vertreibung im deutschen Erinnern, S. 176.
[254] Ebenda.
[255] Brandes, Der Weg zur Vertreibung, S. 14f. und S. 80f.

kischen Bevölkerungsaustauschs als zusätzliche Option thematisierte[256], verstärkte diese Diskussion wesentlich. Als Hitler ein knappes Jahr später erneut Grenz- und Minderheitenfragen zum Anlass für Kriegsdrohungen (diesmal gegen Polen) nahm, brachte die britische Diplomatie eine bilaterale Umsiedlung ins Spiel – diesmal als *Alternative* und nicht nur als *Ergänzung* von Grenzrevisionen. Der britische Botschafter in Berlin, Sir Nevile Henderson, schlug im August 1939 vor, in den von Hitler bezeichneten Krisengebieten Danzig und Oberschlesien die Konfliktursachen „durch einen exchange of populations etwa nach Südtiroler Muster zu beseitigen".[257] Damit wurden die von Hitler und Mussolini 1939 geführten Verhandlungen über eine Umsiedlung deutscher (bzw. österreichischer) Einwohner Südtirols, die sich in ihrer 1919 von Italien annektierten Heimat der Zwangsassimilation nicht fügen wollten, zum Vorbild erklärt.[258] Wenig später, im Oktober 1939, sandte der tschechoslowakische Verfassungsjurist Zdeněk Peška eine Denkschrift über „Bevölkerungsaustausch" an seinen mittlerweile ehemaligen Präsidenten Beneš in dessen westeuropäisches Exil. Darin pries Peška den Transfer von Lausanne als Vorbild und forderte die entsprechende Entfernung aller illoyalen Deutschen aus der Tschechoslowakei.[259] „Vor allem in Frankreich" diskutierte man 1939/40 dieses „Prinzip des Bevölkerungsaustauschs" sehr intensiv. Der Soziologieprofessor Bernard Lavergne warb dafür, das Transfer-Prinzip „in ganz Europa in großem Maßstab" anzuwenden.[260] Für Lavergne hatte Hitler in München 1938 dieses halb vergessene Vorbild von Lausanne aktualisiert. Seither pries dieser französische Demokrat den Präzedenzfall des Bevölkerungsaustauschs von 1923 als erfolgreiches Vorbild für eine Neuordnung Europas.[261]

Jakschs Transfer-Vorschlag vom Frühjahr 1939 war in der damaligen Situation somit keineswegs außergewöhnlich. Außerdem verschweigt der isolierte Hinweis auf Jakschs Vorschlag, dass dieser diese Umsiedlungsmethode mit Minderheitenschutz-Vereinbarungen kombinieren, also keineswegs flächendeckend alle Minderheiten Europas transferieren wollte. Diese Kombination aus Transfers und Schutzrechten sollte wiederum Bestandteil einer europäischen Völker-Konföderation sein. Im Frühjahr 1939 – soeben vor Hitler aus Prag geflüchtet – skizzierte Jaksch in seiner Denkschrift mit dem Titel „Was kommt nach Hitler?" unter den

---

[256] Das Münchner Abkommen vom September 1938, das die mehrheitlich von Deutschen bewohnten Sudetengebiete von der ČSR abtrennte und dem Deutschen Reich übergab, hatte dem „Muster der Gebietsabtretung die bisher in Mitteleuropa nicht praktizierte Methode" des Transfers hinzugefügt, denn es sah vor, „verbleibende Reste tschechischer Bevölkerung aus dem jetzt zum Reich gehörenden Sudetenland oder deutscher aus der Tschechoslowakei ins jeweilige ‚Mutterland' umzusiedeln"; vgl. Lemberg, Einleitung, S. 34f.; Haas, Ethnische Homogenisierung unter Zwang, S. 149.
[257] Lemberg, Einleitung, S. 34f.; ähnlich Bloxham, The Great Unweaving, S. 203.
[258] Zur italienischen Politik der Zwangsassimilation gegen Slowenen in Triest oder deutsch-österreichische Südtiroler: Haas, Ethnische Homogenisierung unter Zwang, S. 145f.; zum deutsch-italienischen Umsiedlungsabkommen 1939: Fisch, Das Selbstbestimmungsrecht der Völker, S. 195f.
[259] Glassheim, National Mythologies and Ethnic Cleansing, S. 471.
[260] Brandes, Der Weg zur Vertreibung, S. 68.
[261] Lavergne, Munich – Défaite des Démocraties, S. 13–15.

Hauptaufgaben einer nach der Überwindung des nationalsozialistischen Deutschland anzustrebenden „innereuropäischen Föderation" an erster Stelle eine „*Definitive Bereinigung der offenen Grenzfragen* durch Ausbalancierung der Konsequenzen des Selbstbestimmungsrechts mit verkehrspolitischen Bedürfnissen und wirtschaftlichen Notwendigkeiten". Dabei konnten laut Jaksch „als technische Hilfsmittel [...] ein organisierter Bevölkerungsaustausch und reziproke Minderheitenschutzabkommen in Betracht gezogen werden", Umsiedlungen waren folglich nicht mehr als eine zur Disposition gestellte Option einer europäischen Neuordnung.[262]

Václav Kural hat gezeigt, dass Jaksch bereits im Sommer 1938 „eine nicht ganz klare These" – die möglicherweise schon der Kern seiner Vorschläge von 1939 war – von der Notwendigkeit einer „neuen Regelung der mitteleuropäischen Probleme" im Gegensatz zu Versailles vertrat. Jaksch, der bekanntlich die damalige Staatsordnung der Tschechoslowakei in nationalitätenpolitischer Hinsicht durchaus für reformbedürftig hielt, wollte offenbar, dass im Zuge einer solchen international vereinbarten Neuordnung allen betroffenen Völkern und Minderheiten die „weitreichendste Sicherung ihrer nationalen Existenz und ihres wirtschaftlich-sozialen Aufstiegs" angeboten werden sollte.[263] Das aber hinderte die von Jaksch geführten sudetendeutschen Sozialdemokraten nicht, in der Septemberkrise von 1938 – als radikale Kräfte innerhalb der SdP in den Sudetengebieten die Macht zu übernehmen versuchten – ebenso wie die sudetendeutschen Kommunisten volle Solidarität mit den Tschechen bei der Unterdrückung des SdP-Putschversuchs zu beweisen und dabei auch ihre paramilitärischen Partei-Formationen zum Einsatz zu bringen.[264] Unmittelbar nach seiner Wahl zum Präsidenten des BdV im Jahre 1964 erinnerte sich Jaksch in einer Mischung aus Stolz und Trauer, vor 1938 „eine der Säulen des Widerstandes" gegen Hitler „auf der Seite der Tschechen" gewesen zu sein.[265]

Mit Blick auf das internationale Münchner Abkommen, das Hitler im Herbst 1938 die Sudetengebiete auslieferte, hatte Jaksch bereits 1941 gegenüber dem indischen Nationalistenführer Nehru davon gesprochen, die sudetendeutschen Sozialdemokraten seien „die ersten Opfer der Politik von München" geworden.[266] Das war keine billige Rhetorik. Jaksch dürfte an jene 15 000 sudetendeutschen Sozialdemokraten gedacht haben, die im Herbst 1938 vor Gestapo und SS in die verkleinerte Tschechoslowakei geflohen, von dieser jedoch umgehend an Hitler ausgeliefert worden waren. Hier war das Wort vom „Opfergang" nicht zu klein.[267] Jaksch selbst, der Vorsitzende der durch die Ereignisse zerstörten sozialdemokratischen Partei, erhielt durch seinen Prager Wohnsitz noch ein halbes Jahr Aufschub: „Dann aber kam Hitler, und der Mann, der gegen Henlein gefochten hatte,

---

[262] Prinz, Jaksch – Edvard Beneš, S. 76–78.
[263] Kural, Konflikt statt Gemeinschaft?, S. 251.
[264] Ebenda, S. 260 und S. 270.
[265] Strothmann, Der k.u.k. Sozialdemokrat, S. 2.
[266] Ruhm und Tragik der sudetendeutschen Sozialdemokratie, S. 46f.
[267] Jaksch, Unser geschichtlicher Auftrag, S. 28.

mußte nachts auf Skiern über die Grenze nach Polen fliehen. Als Emigrant stieß Jaksch, der schon in Prag mit den aus Deutschland geflohenen sozialdemokratischen Politikern zusammengearbeitet hatte, zu den Männern um Erich Ollenhauer", den späteren langjährigen Parteivorsitzenden der SPD in der Bundesrepublik. Jaksch wurde wegen dieser Widerstands-, Flucht- und Exils-Biographie nach 1945 mit „Vorwürfe[n]" konfrontiert, „daß er ja kein ‚echter' Vertriebener sei", weil er die Vertreibung von 1945/46 gar nicht miterlebt habe. Darauf antwortete der Vertriebenen-Präsident im Jahre 1964 mit voller Berechtigung, aber „in der typischen Art, die manche hochfahrend finden" mochten: „‚Ich habe die Vertreibung erlebt wie kein anderer. Ich fühlte mich wie geschlagen. Damals war ich der einzige Pol in der freien Welt, an den man sich wandte, wenn man etwas von den Sudetendeutschen wissen wollte.'"[268]

Zwischenbilanz

Die vier Probanden der älteren Generation mit ihren jeweils vier sehr unterschiedlichen Profilierungen der Zeit vor 1933 hatten sich im Zeitraum 1933–1939 wiederum auf sehr unterschiedliche Weise zum Nationalsozialismus positioniert. Im Grunde spiegeln diese vier Positionen die kollektiven Haltungen der jeweiligen Weimarer sozial-moralischen Milieus wider. Das deutschnationale Milieu, repräsentiert durch Lodgman, agierte als weitgehend angepasster konservativer Verbündeter des NS-Regimes zwischen prinzipieller Zustimmung (und Anbiederung) und gelegentlichem partiellen Dissens, sah sich aber als politischer Akteur rasch ins Abseits gedrängt. Das liberale Beamten-Bürgertum, repräsentiert durch Ulitz, passte sich oberflächlich ab 1933 rasch an, um seine soziale (und in diesem Falle auch politische) Position zu wahren, distanzierte sich jedoch von radikalen Vertretern des Nationalsozialismus und übte einige Zeit partiellen Dissens (etwa im Bereich des Antisemitismus); dennoch vollzog sich im Laufe der Jahre 1936 bis 1939 ein Anpassungsprozess, der nicht nur äußerlich blieb, und in Ulitz' Fall dazu führte, dass er um 1939 als Stütze des Regimes betrachtet werden kann.

Demgegenüber blieben die beiden Repräsentanten der katholischen und sozialdemokratischen Milieus nicht nur NS-distanziert, sondern wurden entweder zunehmend „resistent" infolge des NS-Kirchenkampfes und der damit verbundenen repressiven NS-Strafverfolgungspolitik (Kather) oder behielten ihre schon vor 1933/38 geübte grundsätzliche Gegnerschaft zum Nationalsozialismus in Form aktiven politischen Widerstandes – zunächst in der Tschechoslowakei, sodann im Exil – konsequent bei (Jaksch).

Damit erweisen sich diese vier Probanden der älteren Generation als typische Vertreter ihrer jeweiligen Milieus im Verhalten gegenüber dem Nationalsozialismus. Ihre politische Haltung zum NS-Regime ab 1933 weist eine starke Pfadabhängigkeit zu ihren bereits lange vor 1933 eingeübten soziopolitischen Profilierungen auf.

---

[268] Vgl. Strothmann, Der k.u.k. Sozialdemokrat, S. 2.

2. Mitläufer und NS-Aktivisten in der mittleren Generation: Gille – Rehs – Schellhaus – Krüger – Trischler

Wie orientierten sich demgegenüber die Angehörigen der mittleren Generation politisch zwischen 1933 und 1939? Jene fünf Probanden, die wir dieser Altersgruppe zuordnen – Gille, Rehs, Schellhaus, Krüger und Trischler – hatten sich vor 1933 entweder konservativ-deutschnational (Gille, Schellhaus) oder rechtsradikal-völkisch (die übrigen drei) profiliert. Altersmäßig hatten sie um 1933 ihre beruflichen Karrieren soeben erst begonnen. Drei der fünf agierten in Beamtenpositionen, was eine rasche Anpassung an das NS-Regime beförderte. Die beiden anderen – ein selbständiger Anwalt in Deutschland und ein Auslandsdeutscher – haben diese Anpassung aus freien Stücken ohne unmittelbaren äußeren Druck vollzogen. Alle fünf haben sich dem NS-Regime relativ problemlos und meistens frühzeitig angeschlossen. Zwei der fünf (Schellhaus und Krüger) traten der NSDAP bereits im Mai 1933 bei, ein dritter (der Auslandsdeutsche Trischler) agierte seit 1933 zunehmend NS-konform, ohne dass ihm ein Partei-Beitritt möglich gewesen wäre. Zwei weitere (Gille und Rehs) stießen erst 1937 – nach Aufhebung eines vierjährigen Aufnahmestopps – zur NSDAP. Beide, sowohl der Kommunalbeamte (Gille) als auch der selbständige Rechtsanwalt (Rehs), scheinen – trotz rechtsgerichteter Prädispositionen namentlich bei Rehs – nach 1933 zunächst noch eine konservativ motivierte Distanz zur NSDAP bewahrt zu haben, die sie bereits vor Hitlers Machtübernahme an den Tag gelegt hatten, bevor sie sich 1937 zur Anpassungs- und Unterwerfungsgeste des Parteibeitritts entschlossen.

Vom distanzierten zum loyalen NS-Bürgermeister: Alfred Gille 1933–1939

Der promovierte Jurist Alfred Gille hatte das Bürgermeisteramt der ostpreußischen Stadt Lötzen als demokratisch gewählter Kommunalbeamter 1928 übernommen. Er blieb formell „bis zur Räumung der Stadt im Januar 1945" Stadtoberhaupt, auch wenn er seit Beginn des Zweiten Weltkrieges dieses Amt „seit dem 20. 9. 1939 infolge Einziehung zur Wehrmacht" faktisch nicht mehr ausgeübt hatte.[269]

Wir haben bereits gesehen, dass Gille als Vertreter der polizeilichen Staatsgewalt in Lötzen in Konflikt mit NSDAP und SA infolge eines höchstwahrscheinlich von SA-Leuten verübten Mordes an einem SPD-Politiker geraten war. 1948 gab Gille zu Protokoll, er sei auch nach der Machtübernahme Hitlers im Januar 1933 im Amt geblieben und bei den Wahlen vom März 1933 als Kandidat der „Volkspartei" – vermutlich eher der DNVP als der DVP – hervorgetreten. Eine Anpassung durch NSDAP-Beitritt habe er verweigert und infolgedessen mit seiner Entlassung als Bürgermeister gerechnet: Es geschah aber nichts. Ich wurde vom

---

[269] LASH-S, Abt. 786 Nr. 11044, Bl. 16, Dr. Gille, Lübeck, an Justizminister Schleswig-Holstein, 11. 8. 1948.

Kreisleiter mehr als einmal gefragt, ob ich nicht der Partei beitreten wolle. Ich hatte nicht die Absicht einzutreten, denn ich wollte erst abwarten, ob man mich nicht aus dem Dienst entlassen würde. Im Monat August bekam ich dann von der Kreisleitung den Bescheid, dass keine Bedenken bestünden, mich weiter im Amte zu belassen. (Nur 3 Nichtparteigenossen wurden damals [als Bürgermeister innerhalb Ostpreußens] im Amte belassen.) Später erfuhr ich dann, dass für mich kein Nachfolger dagewesen wäre; denn der Kreisleiter, der den Posten übernehmen sollte[,] bekam einen anderen Arbeitsbereich."[270]

Die von Gille suggerierte Konsequenz seiner Entlassung als Bürgermeister infolge seiner Verweigerung des Beitritts zur NSDAP war 1933 jedoch für einen deutschnational profilierten Beamten alles andere als zwingend. Gille machte selbst deutlich, dass er einer der wenigen – aber damit eben weiterhin vorhandenen – nicht-nationalsozialistischen Kommunalbeamten gewesen ist, die der „Gleichschaltung" in der Provinz Ostpreußen nicht zum Opfer fielen. Ob dies lediglich mit Personalmangel seitens der NSDAP zu tun hatte, wie Gille nach 1945 andeutete, oder auch mit einer sukzessiven Anpassung Gilles, die dieser nach 1945 nicht zuzugeben bereit war, muss offenbleiben. Immerhin räumte Gille ein, bereits lange vor seinem NSDAP-Beitritt Anpassungsleistungen erbracht zu haben. Während er erst seit dem 1. Mai 1937 Mitglied der NSDAP geworden sei, sei er bereits ab Oktober 1933 Mitglied der nationalsozialistischen „Sturmabteilung" (SA) gewesen, zuletzt im Unteroffiziersrang eines Scharführers, und außerdem der sozialpolitischen Organisation „Nationalsozialistische Volkswohlfahrt" (NSV) 1934 beigetreten.[271]

Anders als im Falle der NSDAP, die auf Weisung Hitlers im April 1933 einen Aufnahmestopp verhängt hatte, um die damalige „Überschwemmung" mit anpassungswilligen Opportunisten nicht noch größer werden zu lassen, hatte die militante Kampforganisation der NSDAP, die SA, keine derartigen Aufnahmebeschränkungen erlassen. Ein Beitritt zur SA kann somit – weit eher als im Falle der politisch belanglosen NSV – als „Indiz für eine partielle politische Anpassung" gewertet werden.[272] Von der 1933 verhängten Mitgliedersperre der NSDAP nicht betroffen, steigerte die SA ihr Gewicht als Machtfaktor im NS-Staat durch die massenhafte Aufnahme von Neu-Mitgliedern und nahm dabei eine politische Diversifizierung durch Beitritte von „konservativen Rechten" (wie Gille), aber auch von früheren Kommunisten in Kauf. Auf diese Weise erreichte die SA Anfang 1934 einen Umfang von fast drei Millionen Mitgliedern. Die für Ostpreußen relevante SA-Gruppe Ostland hatte damals eine Mitgliederstärke von 105 000 Mann.[273]

---

[270] AHL, Bestand Entnazifizierung, Soll-Liste Nr. 1341, Alfred Gille, Der öffentliche Kläger beim Entnazifizierungs-Hauptausschuß für den Kreis Lübeck, Vernehmungsprotokoll Dr. Gille v. 21.6.1948.
[271] LASH-S, Abt. 786 Nr. 11044, Bl. 11, Dr. Gille, Census-Fragebogen v. 7.9.1948.
[272] Mertens, „Nur politisch Würdige...", S. 201.
[273] Rohrer, Nationalsozialistische Macht in Ostpreußen, S. 238 f.

Dass der SA-Beitritt auch im Falle Gilles ein politisches Anpassungssignal gewesen sein und der politischen Absicherung seiner Bürgermeisterposition gedient haben dürfte, zeigt sein (erfolgreiches) Bemühen, einen gegen ihn gerichteten Ausschluss aus der SA wieder rückgängig zu machen: „Ich trat dann im Herbst 1933 in die SA und wurde im Jahre 1936 herausgeworfen. Ich habe dagegen mich verwahrt und der Herauswurf wurde von der SA rückgängig gemacht."[274] Der vermutlich von der regionalen SA-Führung betriebene Ausschluss Gilles steht im Kontext umfassender „‚Säuberungsmaßnahmen'" in der SA nach deren Entmachtung durch den sogenannten „Röhmputsch" vom Juni 1934, der in Wahrheit ein Regime-interner Putsch gegen den zu eigenwilligen SA-Stabschef Ernst Röhm und dessen Netzwerk gewesen war und der zur weitgehenden Ermordung der damaligen SA-Spitze geführt hatte.[275] Nach dem „Röhmputsch" war die entmachtete und eingeschüchterte SA systematisch „gesäubert" worden: In Ostpreußen schrumpfte sie von 118 000 Mitgliedern gegen Jahresende 1934 auf rund 56 700 Mitglieder im Herbst 1937.[276]

Wenn Gille daher nach 1945 geltend machte, er sei Mitglied der NSDAP geworden, indem „im Jahre 1937 [...] die SA dann geschlossen in die Partei überführt" worden sei[277], so ist diese kollektive Übernahme zwar als möglich anzunehmen[278], doch demonstriert Gilles vorangegangenes Engagement zur Verteidigung seiner SA-Mitgliedschaft im Jahre 1936 eben auch, dass ihm die (angeblich nicht individuell beantragte) Aufnahme in die NSDAP 1937 keineswegs mehr derart unwillkommen gewesen sein dürfte wie noch vier Jahre zuvor. Gilles SA-Beitritt vom Herbst 1933 war insofern die logische Vorbereitung des nächsten Anpassungsschrittes – des NSDAP-Beitritts vom Frühjahr 1937.

Was diese NS-Anpassung im Falle von Gille konkret bedeutete, lässt sich allenfalls schemenhaft konturieren. Im Wesentlichen diente die NS-Anpassung der Verteidigung seiner Bürgermeister-Position. Dabei war Gille der konservativen Bürokratie zuzurechnen, die sich nach 1933 in den Dienst des NS-Staates nehmen ließ, dessen radikale „Krawall"-Aspekte jedoch verurteilte oder zumindest in „ordentliche" Formen zu bringen bestrebt war. Während Gille somit dem NS-Regime als Regierung seit 1933 problemlos und zunehmend willig diente und in seiner Eigenschaft als leitender Kommunalbeamter der Stadt Lötzen alle Maßnahmen des Regimes pflichtgetreu umsetzte, war er in den Jahren 1932/33 gleichzeitig in Konflikte mit den „alten Kämpfern" der örtlichen NSDAP und SA geraten, die offenbar auch nach 1933 noch längere Zeit nachwirkten.

---

[274] AHL, Bestand Entnazifizierung, Soll-Liste Nr. 1341, Alfred Gille, Der öffentliche Kläger beim Entnazifizierungs-Hauptausschuß für den Kreis Lübeck, Vernehmungsprotokoll Dr. Gille v. 21. 6. 1948.
[275] Vgl. dazu Thamer, Verführung und Gewalt, S. 320–333.
[276] Rohrer, Nationalsozialistische Macht in Ostpreußen, S. 474.
[277] AHL, Bestand Entnazifizierung, Soll-Liste Nr. 1341, Alfred Gille, Der öffentliche Kläger beim Entnazifizierungs-Hauptausschuß für den Kreis Lübeck, Vernehmungsprotokoll Dr. Gille v. 21. 6. 1948.
[278] Hinweise auf ein solches Verfahren finden sich bei Hausmann, Anglistik und Amerikanistik, S. 44; Walther, Verlage und Buchhandlungen, S. 18.

Ein aus Lötzen stammender Mediziner, der Nicht-Nationalsozialist Dr. Hellmuth Schierk[279], sagte als Entlastungszeuge für Gille in dessen Entnazifizierungsverfahren aus, Gilles polizeiliches Einschreiten nach dem Mord am sozialdemokratischen Stadtverordneten Kotzahn im August 1932, nach dem er als Ortspolizeiverwalter sofort mit den Ermittlungen begonnen und die verdächtigen SA-Leute sowie deren mutmaßliche „Hintermänner" hatte festnehmen lassen, sei die Ursache seines Konflikts mit der örtlichen NS-Führung gewesen, der sich „in den folgenden Monaten" noch gesteigert habe. So habe die örtliche SS unmittelbar vor den Wahlen vom März 1933 in Lötzen rund 200 Menschen – darunter Juden und SPD-Mitglieder – verhaftet und deren Inhaftierung auf der Polizeiwache verlangt. Gille habe jedoch dafür gesorgt, dass fast alle Inhaftierten noch am selben Tage wieder freigelassen worden seien. Er habe sich außerdem 1933 vor seine untergebenen Beamten gestellt und politisch motivierte „Reinigungsaktionen" der örtlichen NSDAP in der Kommunalverwaltung abgewehrt.[280] Diese Angaben erscheinen glaubwürdig. Stimmig ist allerdings auch die ergänzende, inhaltlich jedoch damit kontrastierende Anschuldigung von Ermittlern der Volksrepublik Polen (auf der Grundlage von in Ostpreußen 1945 zurückgebliebenen Akten der Lötzener Verwaltung), Gille habe als Bürgermeister „besondere Aktivität bei der Bekämpfung linksorientierter Organisationen an den Tag" gelegt: „Auf schriftlichen Antrag Gilles wurden 1933 Fritz Hausmann und Fritz Ponika, Mitglieder der KPD, verhaftet."[281] Der deutschnationale Verwaltungschef schützte demnach von ihm als „ordentlich" betrachtete Deutsche, darunter jüdische Kaufleute und sozialdemokratische Beamte, nach Möglichkeit vor Racheaktionen der von ihm nicht als „ordentlich" bewerteten NSDAP und SA, während er gegen Kommunisten derart hart vorging, wie es das neue Regime von ihm nur wünschen konnte.

Mitte 1933 wurde ein Lötzener Bürger namens Ewald Tantzky in einem Hochverratsprozess vor dem Oberlandesgericht Königsberg freigesprochen. Auf Tantzkys Grundstück hatten sich offenbar Kommunisten getroffen, um dort Munition sowie eine Schreibmaschine zu verbergen. Ewald Tantzky wusste – wie die Verhandlung vor dem OLG erbrachte – offensichtlich nichts von diesen Vorgängen, wohl aber sein Sohn, der zusammen mit mehreren „Mitverschwörern" deshalb zu Festungshaft verurteilt wurde. Als Verteidiger Tantzkys fungierte der Königsberger Rechtsanwalt Reinhold Rehs – ein weiterer Angehöriger unserer Untersuchungs-

---

[279] Gemäß Eintrag in der Kartei der Reichsärztekammer gehörte der Lötzener Mediziner Dr. Hellmuth Schierk weder der NSDAP noch anderen NS-Organisationen an; da Schierk erst im Juni 1941 zur Luftwaffe einberufen wurde, dürfte er bis dahin in Lötzen praktiziert haben; vgl. IfZ, Abt. Berlin, Kartei der Reichsärztekammer, Karteikarte Dr. Hellmuth Schierk.

[280] AHL, Bestand Entnazifizierung, Soll-Liste Nr. 1341, Akte Alfred Gille, Dr. med. H. Schierk, Lübeck, Entlastungszeugnis für Gille vom 23.6.1948.

[281] BStU, Archiv der Zentralstelle, MfS-HA IX/11 PA Nr. 2642, Bl. 30f., Hauptkommission für Untersuchung von Naziverbrechen in Polen, Die Führer der Landsmannschaften in der Bundesrepublik Deutschland. Ihre nazistische und verbrecherische Vergangenheit, Heft 1, Warszawa 1970, S. 44f.; der Beleg wurde mit „WAP Olsztyn, Landesamt Lötzen, Sig. VIII-A-243" angegeben.

gruppe. Trotz des erfolgten Freispruchs ordnete der Reichsminister der Finanzen beim Regierungspräsidenten in Allenstein gegen dessen Einspruch die Beschlagnahmung von Tantzkys Grundstück an. Diese erfolgte tatsächlich im August 1934, indem der Regierungspräsident dem Bürgermeister von Lötzen (also Gille) den Auftrag erteilte, das Grundstück von einem Sachverständigen schätzen zu lassen und den Verkauf vorzunehmen. Tantzkys Grundstück war beträchtlich – es umfasste ein Wohnhaus, einen gut gehenden Gartenbaubetrieb mit Wirtschaftsgebäuden sowie etliche Morgen hochkultivierten Ackerlandes, weshalb sich der Gesamtwert auf 100 000 Reichsmark belief. Zu diesem Preis gelang es der Stadt Lötzen nicht, das Grundstück zu verkaufen; letztendlich wurde die Liegenschaft 1937 an eine Tochter Tantzkys veräußert, die den Kaufpreis (abzüglich ihres Erbanteiles) aufzubringen vermochte. Die Angelegenheit war inzwischen zu einem Verlustgeschäft für die Kommune geworden, die einstweilen für Verwaltung und Unterhalt des Grundstückes zu sorgen hatte. Bürgermeister Gille setzte sich beim Regierungspräsidenten in Allenstein dafür ein, dem enteigneten Tantzky eine kleine lebenslange Rente zu gewähren, damit dieser in einem Altersheim untergebracht werden könne und nicht der (von der Stadt zu tragenden) Wohlfahrt zur Last falle. Eine persönliche Schuld Gilles an der widerrechtlich erfolgten Enteignung ist bei alledem nicht festzustellen; seine Mitverantwortung ist struktureller Natur und ergibt sich aus den Funktionen seines Amtes. Gille handelte auf dienstliche Weisung, die letztlich vom Reichsministerium der Finanzen ausging. Auch ist ersichtlich, dass Gille dem Verkauf des Grundstückes innerhalb der Familie Tantzky sofort zustimmte; diese Lösung wäre früher zustande gekommen, wenn das Reichsfinanzministerium sie nicht zunächst blockiert hätte. Gilles Mitverantwortung besteht daher – nicht nur in dieser Angelegenheit, sondern generell – in seinem korrekten dienstlichen Funktionieren im Bürgermeisteramt, das ihn nolens volens immer wieder und immer mehr zum Assistenten der NS-Diktatur werden ließ.[282]

Repressive Amtshilfe hatte Gille bei alledem nicht nur gegen Kommunisten zu leisten, sondern auch innerhalb des eigenen konservativ-deutschnationalen bürgerlichen Milieus. Im August 1933 – etwa zum Zeitpunkt seines SA-Beitritts, der dadurch eine symbolische Qualität demonstrativer Anpassung gewinnt – erhielt Gille als Ortspolizeiverwalter auch den Befehl, alle nach dem 30. Januar 1933 neu gegründeten Formationen des rechtsgerichteten, aber nicht nationalsozialistischen Frontkämpferbundes „Stahlhelm" aufzulösen, „da sie Elemente enthielten, deren Einstellung zum heutigen Staat feindselig, zumindest zweifelhaft waren".[283] Gille führte diese Repression gegen die ihm geistig-politisch durchaus nahe stehende rechte Organisation ebenso pflichtgemäß aus wie die 1935 auf Weisung der

---

282 GStA PK, Berlin, HA I, Rep. 151 I A, Nr. 8065, Vorgänge zum Enteignungsfall Ewald Tantzky, Lötzen, 1933–1937.
283 GStA PK, XX. HA, Rep. 18, Landratsamt Lötzen, Nr. 10, Bl. 84, Landrat Lötzen an die Herren Bürgermeister als Ortspolizeibehörde Lötzen, Rhein und an die Herren Amtsleiter der Landjägerei des Kreises, 1. 8. 1933.

Geheimen Staatspolizei erfolgende gänzliche Auflösung des „Stahlhelms". Dabei wurden im Juli 1935 in Lötzen polizeiliche Haussuchungen bei drei örtlichen Funktionären dieser Organisation vorgenommen, allen voran beim Ortsgruppenführer des „Stahlhelm" Bruno von Borzestowski[284], der von früheren Einwohnern seiner Stadt noch Jahrzehnte später als ehemaliger „Meisterschaftsruderer" des Königsberger Ruderklubs „bei der Kaiserregatta in Grünau 1906" in Ehren gehalten wurde.[285]

Polizeirat Max Zygenda, der Gille nach eigenen Angaben von 1936 bis 1942 als Leiter der Polizei der Stadt Lötzen unmittelbar unterstellt gewesen war (und der zwischen 1942 bis 1945 seine Karriere im annektierten Teil Polens, im Warthegau, fortsetzte)[286], wusste als Gilles Entlastungszeuge im Entnazifizierungsverfahren weitere Details aus der Zeit bis 1939 zu berichten. Demnach hatte die NSDAP seit 1933 versucht, Gille als Lötzener Bürgermeister zu entfernen – über Jahre hinweg, „bis in den Krieg hinein". Doch sowohl gemäßigte Nationalsozialisten als auch die Bürgerschaft der Stadt hätten Gille halten können, da man sein fachliches Können und seine guten Kontakte zur Wehrmachtgarnison geschätzt habe. Laut Zygenda verkörperte Gille „den Typ eines Juristen und Verwaltungsbeamten aus der alten Schule", der sich „von seinem ausgesprochen klaren Rechtsempfinden [...] auch in der Nationalsozialistischen Zeit nicht [habe] abbringen lassen". Er habe großen Wert auf „Sauberkeit in der Verwaltung" gelegt, Korruptionserscheinungen bekämpft und dabei auch prominente Nationalsozialisten nicht geschont. So habe Gille einen in der NSDAP-Kreisleitung hochrangig tätigen Mediziner 1938/39 wegen betrügerischer falscher Rechnungen an das Wohlfahrtsamt zur Rechenschaft gezogen, woraufhin der Arzt zu einer längeren Gefängnisstrafe verurteilt worden sei. Auch „die Gestapo und ihre unheilvolle Tätigkeit" habe Gille „immer in schärfster Weise abgelehnt" und sei „in zahlreichen Fällen gegen deren Maßnahmen vorgegangen". Als beispielsweise ein angesehener Bürger Lötzens wegen angeblichen Betruges von der Gestapo verhaftet worden sei, ohne dass der Fall den Strafverfolgungsbehörden übergeben worden wäre, habe sich Gille hartnäckig für den Verhafteten eingesetzt, bis dieser wieder freigelassen worden sei. Außerdem habe er bewirkt, dass der Denunziant dieses Verhafteten, ein NS-„Parteimann", deswegen zur Rechenschaft gezogen und verurteilt worden sei. „Dieses tat er nur, weil er in den Maßnahmen der Gestapo ein Unrecht sah und er

---

[284] Ebenda, Bl. 96a–99, Bürgermeister Lötzen als Ortspolizeibehörde, Dr. Gille, an Landrat Lötzen, 26.7.1935; darin wird Borzestowski fälschlich als „Borczestowski" bezeichnet; weitere Haussuchungen fanden beim Kassierer der Stahlhelm-Ortsgruppe, Arnold Lawrenz, und bei deren Schriftführer Robert Janzareck statt.

[285] Meyhöfer, Der Kreis Lötzen, S. 299; weitere Angaben zur sozialen oder beruflichen Situation von Borzestowski finden sich leider nicht.

[286] Zygenda war zum selben Zeitpunkt wie Gille mit Wirkung vom 1.5.1937 der NSDAP beigetreten und hatte sich Ende 1942 aus Lötzen zur Ortsgruppe Hohensalza im Warthegau abgemeldet; vgl. BAB, BDC, NSDAP-Mitgliedskarte Max Zygenda; (Nr. 5286773) der Hinweis von Rogall, Die Räumung des „Reichsgaus Wartheland", S. 87, Anfang 1945 sei ein „Major Zygenda" als „Führer der Schutzpolizei Hohensalza" (Inowroclaw) im Warthegau tätig gewesen, dürfte sich somit auf diese Person beziehen.

sich daher aus seinem ausgeprägten Rechtsempfinden hinaus [sic!] gegen diese Ungerechtigkeit wendete."[287]

Laut Zygenda blieb das Verhältnis des NS-Bürgermeisters Gille zur NS-Parteischiene dauerhaft schlecht. Dass etwa der ostpreußische Gauleiter Erich Koch „die Stadt Lötzen in den ganzen Jahren gemieden" habe und nicht ein einziges Mal zu einem offiziellen Besuch dort erschienen sei, sei „zweifellos nur auf die dauernden Spannungen zwischen Herrn Dr. Gille, der Gauleitung und anderen Parteidienststellen zurückzuführen". Selbst der Gauleiter aber habe Gille, „der als Jurist und Verwaltungsfachmann" einen über die Provinz hinausreichenden „hervorragenden Ruf" gehabt habe, „nicht so einfach" entfernen können. Die NSDAP habe zwar „zahlreiche Beschwerden und Verfahren" gegen Gille eingeleitet, die „häufig von den Zentralstellen in Berlin entschieden" worden seien, doch hätten diese stets höchstens „mit einer Verwarnung, aber immerhin zu Gunsten von Herrn Dr. Gille" geendet.[288]

Ob das Verhältnis Gilles zum ostpreußischen Partei- und Staatsverwaltungschef Erich Koch wirklich derart ungünstig war oder blieb, ist angesichts der späteren Zusammenarbeit im Zweiten Weltkrieg stark zu bezweifeln. Dass hingegen das Verhältnis zwischen dem Staatsfunktionär Gille und der lokalen NSDAP dauerhaft getrübt bzw. bei allem äußerlichen Arrangement von Distanz und Misstrauen geprägt worden sein dürfte, scheint auch die Einlassung eines ehemaligen NSDAP-Ortsgruppenleiters von Lötzen, des Lehrers Otto Wittke, von 1948 zu belegen. Wittke gab unter Eid als Entlastungszeugnis zu Protokoll, nach seinem Eindruck habe sich Gille „vor und nach 1933 innerlich wie äußerlich deutlich ablehnend zur NSDAP verhalten". Zwar habe sich der Bürgermeister im Laufe des Jahres 1933 „anscheinend äußerlich angepasst", sei in die SA und 1937 auch in die Partei eingetreten, doch an einen inneren „Gesinnungswechsel" Gilles glaube er nicht. Seinerzeit hätten auch die Kreis- und die Gauleitung der NSDAP ihr „Misstrauen" aufrechterhalten. Sein Verhältnis zu Gille sei infolgedessen „nicht immer reibungslos" gewesen, er habe jedoch allmählich den Verwaltungsfachmann „mit überragenden wirtschaftlich-technischen und juristischen Fähigkeiten" zu achten gelernt.[289]

Als entlastendes Moment für Gille wurde dessen Haltung zum NS-Antisemitismus angeführt. Dieser wurde von der Lötzener NSDAP-Ortsgruppe offensichtlich sehr ernst genommen und entsprechend geschürt: Im September 1935 erstellten lokale NS-Funktionäre eine schwarze „Liste der jüdischen Geschäfte und deren Gefolgschaft in Lötzen" und machten dabei auch einen nach ihren rassistischen Kategorien „arischen" Arzt, Dr. Robert Luft, namhaft, dem man seine „jüdische Frau" zum Vorwurf machte.[290] Luft hatte 1930 als Kreisleiter der „Völkischen

---

[287] AHL, Bestand Entnazifizierung, Soll-Liste Nr. 1341, Akte Alfred Gille, Zygenda, Burgsteinfurt, Entlastungszeugnis für Gille, 12.4.1948, S. 1–2.
[288] Ebenda.
[289] Ebenda, Otto Wittke, Bremen, Eidesstattliche Erklärung vom 4.5.1948.
[290] GStA PK, XX. HA Historisches Staatsarchiv Königsberg, Rep. 240, Gauarchiv Ostpreußen, C 59 c, Bl. 235, NSDAP-Ortsgruppenleitung Lötzen, „Liste der jüdischen Geschäfte und deren Gefolgschaft in Lötzen", 6.9.1935.

Freiheitsbewegung" in Lötzen agiert und als solcher scharf, aber erfolglos mit der NSDAP konkurriert.[291] 1934 erhielt er vom NS-Regime Publikationsverbot, wogegen er vergeblich protestierte, und wurde seither – besonders seit Erlass der Nürnberger Rassengesetze 1935 – wegen seiner als „halbjüdisch" eingestuften Ehefrau unter Druck gesetzt. Der rechtsgerichtete Mediziner sprach zwar mit Blick auf die Herkunft seiner Frau gegenüber der Lötzener NSDAP von der „Tragik meines Lebens", war jedoch nicht bereit, sich von seiner Gattin zu trennen.[292]

Das war die antisemitische Atmosphäre, von der Gille sich abzuheben versuchte. Jedenfalls betonte der frühere Lötzener Mediziner Dr. Hellmuth Schierk, der Bürgermeister habe ab 1933 auch jüdische Bürger zu schützen versucht und dadurch deren Anerkennung erfahren. Schierks jüdische Patienten hätten ihm erklärt, sehr froh über den Bürgermeister zu sein, „sonst wäre es uns Juden wohl schon öfter schlecht gegangen". Der jüdische Kaufmann Jacoby habe sich „wiederholt [...] anerkennend über den Bürgermeister ausgesprochen".[293] Es dürfte sich hierbei um den in Lötzen prominenten Unternehmer Daniel Jacoby gehandelt haben, dessen Miets- und Warenhaus „eine der prächtigsten Bauten" der Stadt gewesen sein soll. Jacoby war bis 1918 königlich preußischer Hoflieferant (für Pelze) gewesen, führte dieses angesehene Versandgeschäft für „Pelzwaren" und „Lederkleidung" („Jagd-, Sport- und Reisebekleidung") bis in die NS-Zeit weiter und hatte in der Weimarer Republik der Lötzener Stadtverordnetenversammlung angehört.[294] Jacoby war somit dem seit 1928 amtierenden Bürgermeister Gille bestens bekannt. Dr. Schierk berichtete, dass Gille, als das Ehepaar Jacoby wegen des wachsenden antisemitischen Drucks seine Auswanderung beantragt habe, als Bürgermeister bei den „vielen amtlichen Formalitäten [...] stets korrekt, zuvorkommend und hilfsbereit" gehandelt habe. Jacoby habe gegenüber Bekannten und Freunden lobend erklärt, er werde das Gille nie vergessen. Ähnliches habe auch der jüdische Kaufmann Levin geäußert.[295] Auch dieser – vermutlich der Inhaber des Lötzener Textil-Geschäftshauses Alfred Levin[296] – gehörte zur jüdischen Oberschicht der Stadt. Der Polizeibeamte Zygenda erklärte in diesem Zusammenhang, einmal habe die NSDAP-Gauleitung Rechenschaft von Gille gefordert, weil dieser es gewagt habe, auf der Straße eine Jüdin namens Jakobi – offenbar die Ehefrau des erwähnten Kaufmanns Jacoby – demonstrativ zu grüßen. Gille soll der Gauleitung kühl erklärt haben, dass die Familie dieser Dame zu den angesehensten der Stadt zähle, dass er sie schon immer gegrüßt habe und keine Veran-

---

[291] GStA PK, XX. HA Historisches Staatsarchiv Königsberg, Rep. 240, Gauarchiv Ostpreußen, C 95 b, Bl. 107.
[292] GStA PK, XX. HA Historisches Staatsarchiv Königsberg, Rep. 240, Gauarchiv Ostpreußen, C 59 c, Bl. 149–154, NSDAP-Ortsgruppenleitung Lötzen, Vorgänge zum Fall Dr. Luft.
[293] AHL, Bestand Entnazifizierung, Soll-Liste Nr. 1341, Akte Alfred Gille, Zygenda, Burgsteinfurt, Entlastungszeugnis für Gille, 12.4.1948, S. 2.
[294] „Gyzicko – Geschichte. Die jüdische Gemeinde vor 1989", in: http://www.sztetl.org.pl/de/article/gizycko/5,geschichte/?print=1 (6.10.2011); Lötzen Stadt und Kreis, S. 115.
[295] AHL, Bestand Entnazifizierung, Soll-Liste Nr. 1341, Akte Alfred Gille, Dr. med. H. Schierk, Lübeck, Entlastungszeugnis für Gille, 23.6.1948.
[296] Lötzen Stadt und Kreis, S. 115.

lassung sehe, dieses Verhalten zu ändern. „Er bemerkte noch etwa wörtlich: ‚Ich will in den Augen dieser Familie kein Flegel sein.'"[297]

Weitere Zeugnisse zugunsten Gilles erbrachte das Entnazifizierungsverfahren von 1948 hinsichtlich seines Verhaltens im NS-Kirchenkampf, etwa beim Eintreten für den in Lötzen tätigen Präses der ostpreußischen Bekenntnissynode.[298] Deren Richtigkeit vorausgesetzt, sind all diese Zeugnisse Belege für das subjektiv „anständige" Verhalten eines qua Amt zum Unterstützer des NS-Regimes gewordenen konservativ-bürgerlichen Stadtoberhauptes. Zugleich aber demonstriert Gilles Verhalten gegenüber den Jacobys nicht allein den Versuch, persönlich Anstand und Mitmenschlichkeit zu wahren, sondern auch die parallel dazu stattfindende Mitwirkung an der antisemitischen NS-Politik. Gille konnte 1938 den November-Pogrom und die wirtschaftlichen Enteignungsmaßnahmen gegen jüdische Mitbürger nicht verhindern, im Gegenteil, als nachgeordneter Teil der Staatsmaschinerie hatte er Letztere sogar mit umzusetzen. Er half einigen verfolgten Juden bei der Vorbereitung ihrer fluchtartigen Auswanderung, bei der sie wiederum wirtschaftlich ausgeplündert wurden, und exekutierte gerade damit das damalige politische Ziel des NS-Regimes der Juden-Vertreibung durch massive Diskriminierung. Diesem Zwiespalt konnte ein lokaler Träger des NS-Regimes wie Gille niemals entkommen – es sei denn durch Amtsverzicht. Der Bürgermeister von Lötzen suchte sich selbst zumindest darin treu zu bleiben, dass er jüdische Mitbürger (vor allem Bürger auch im sozialen Sinne, Angehörige der lokalen Oberschicht) weiterhin „höflich" behandelte – auch demonstrativ in der Öffentlichkeit.

In diesem weitgehend reibungslosen Funktionieren besteht bis 1939 die Hauptverantwortung des NS-Bürgermeisters Gille. Weitere, von der DDR nach 1949 aufgelistete Vorwürfe scheinen hingegen haltlos zu sein. So gibt es keine Anhaltspunkte für die Richtigkeit jener Behauptung der Ost-„Berliner Zeitung", Gille sei nicht nur Bürgermeister, sondern auch „führender Funktionär der Nazipartei in Ostpreußen" gewesen.[299] Gleichwohl fand dies Eingang in die Dossiers der DDR-Staatssicherheit[300], und in einem MfS-Bericht über „die revanchistischen Führer der westdeutschen Landsmannschaften" vom August 1960 firmierte Gille sogar als „Mitarbeiter der NSDAP-Gauleitung Ost-Preußen".[301] Das traf offensichtlich nicht zu.

Zur selben Zeit, als die DDR-Propaganda das nicht unkritische, aber systemloyale NS-Engagement des Lötzener Bürgermeisters zwischen 1933 und 1939 zu übertreiben versuchte, wurde es in westdeutschen Vertriebenenkreisen ausgeblendet. Als Alfred Gille 1961 seinen 60. Geburtstag beging und das „Ostpreußen-

---

[297] Ebenda, Zygenda, Burgsteinfurt, Entlastungszeugnis für Gille, 12.4.1948, S. 2.
[298] Vgl. die Vorgänge in derselben Akte, ebenda.
[299] BStU, Archiv der Zentralstelle, MfS ZAIG Nr. 9708 Teil 3, Bl. 783, „Räuber sehen Dich an", in: Berliner Zeitung v. 3.9.1960.
[300] BStU, Archiv der Zentralstelle, MfS-HA XX Nr. 5436, Bl. 1ff., insb. Bl. 1, MfS DDR, HA V/3, „Übersicht über die Landsmannschaft Ostpreußen", 25.10.1960: „Gille [...] war während der Nazizeit ein führender Vertreter der NSDAP im damaligen Ostpreußen."
[301] BStU, Archiv der Zentralstelle, MfS-HA XX Nr. 5433, Bl. 52-68, insb. Bl. 61, „Die revanchistischen Führer der westdeutschen Landsmannschaften", 30.8.1960, S. 10.

blatt" einen ehrenden Artikel veröffentlichte, wurde mit Blick auf die NS-Zeit zwar Gilles Bürgermeister-Funktion in Lötzen erwähnt. Dies geschah jedoch nicht in kritischer, sondern geradezu idyllisierender Weise: „Der junge Bürgermeister setzte sich tatkräftig für das Gedeihen seiner Stadt ein, die in seiner Amtszeit zu einem vielbesuchten Zentrum des Fremdenverkehrs wurde." Mehr erfuhren die Leser über die NS-Herrschaft nicht. Stattdessen kam man sofort auf „das Ende des Zweiten Weltkrieges", denn auch der Krieg und Gilles Rolle darin wurden in keiner Weise angesprochen.[302]

„Einwandfreier" Nationalsozialist und Anwalt von NS-Verfolgten: Reinhold Rehs 1933–1939

Wir haben gesehen, dass der junge Reinhold Rehs in rechtsradikal-antisemitischen Studentenorganisationen und Milizen aktiv gewesen ist, bevor er sich einem völkisch-deutschnationalen Journalismus verschrieb. Auch nach Beginn seiner Rechtsanwaltstätigkeit 1928 indiziert seine Mitgliedschaft im Stahlhelm 1932/33 die Kontinuität rechtsradikalen, aber eben nicht genuin nationalsozialistischen Engagements. Rehs konnte sich folglich 1933 auf der Seite der Sieger fühlen, waren doch der DNVP-Führer Alfred Hugenberg (dessen Pressekonzern er als Journalist gedient hatte) und der Stahlhelm-Führer Franz Seldte Mitglieder der Regierung Hitler geworden.

Aus seiner Rechtsanwaltsakte beim Reichsjustizministerium geht der schrittweise Prozess der Anpassung des längst rechtsgerichteten Anwalts an das NS-Regime deutlich hervor. Ähnlich wie Gille wurde Rehs zwar erst zum 1. Mai 1937 Mitglied der NSDAP, doch – wiederum ähnlich wie Gille – war er bereits am 15. August 1933 Mitglied der NS-Miliz SA geworden, in der er seit November 1937 den Unteroffiziersrang eines Oberscharführers bekleidete. Ob dieser SA-Beitritt von 1933 der korporativen Überführung des „Stahlhelms" in diese NS-Miliz geschuldet war, die 1933/34 erfolgte, oder individuellen Antrieben folgte, bleibt unklar. Jedenfalls markierte er den Beginn einer fortschreitenden Integration in NS-Organisationen: Rehs trat im Februar 1934 dem NS-Rechtswahrerbund (bzw. damals noch BNSDJ; Mitgliedsnummer 44.924) bei, 1935 dem „Reichsluftschutzbund" (Mitgliedsnummer 80.014), bei dem er spätestens 1937 im Luftschutz-Warndienst auch aktiv tätig wurde, schließlich noch 1940 der NSV. Dass diese schrittweise Anpassung, die von der Aufnahme in die NSDAP 1937 gekrönt wurde, nicht nur opportunistische, sondern auch ideologische Hintergründe gehabt haben dürfte, macht nicht nur die ganze rechtsradikale Vorgeschichte von Rehs wahrscheinlich, sondern auch die Tatsache, dass er aus der evangelischen Kirche austrat, um sich fortan als „gottgläubig" im Sinne des NS-Regimes registrieren zu lassen.[303] Das Reichsinnenministerium hatte im November 1936 den

---

[302] BStU, Archiv der Zentralstelle, MfS Allg. P. Nr. 12596/76, Bl. 23, „Dr. Alfred Gille – 60 Jahre", in: Ostpreußenblatt Nr. 37/1961.
[303] BAB, R 3001/71744, Reichsjustizministerium, Rechtsanwalts-Personalakte Rehs.

Begriff der „Konfessionslosigkeit" abgeschafft und stattdessen eine Unterscheidung zwischen keiner Kirche angehörigen „Gottgläubigen" und „Gottlosen" eingeführt.[304] Diese Sprachpolitik sollte der „Politik der Entkonfessionalisierung" Vorschub leisten, welche das NS-Regime gegen die christlichen Kirchen führte[305], und die neue Kategorie der „Gottgläubigkeit" wurde zum ideologischen Bekenntnis namentlich einer starken Minderheit unter den Mitgliedern der NSDAP (27 Prozent) und mehr noch im Führungskorps von NSDAP und SS.[306]

Nach dem Ende des NS-Regimes hat Rehs seine Anpassungsleistungen der 1930er Jahre herunterzuspielen versucht. Er sei, so gab er im Entnazifizierungs-Fragebogen im Oktober 1945 zu Protokoll, innerhalb der NSDAP im Mai 1937 nur „Parteianwärter ohne Mitgliedsaufnahme" gewesen. Das war bestenfalls eine Halbwahrheit, da – wie wir schon oben gesehen haben – spätestens im Mai 1939 die Umwandlung einer Anwärterschaft in eine Vollmitgliedschaft erfolgte. Entsprechend wurde auch Rehs später in seiner NS-Personalakte als Mitglied der NSDAP geführt. Im Herbst 1945 behauptete Rehs jedoch, gegen seine „Aufnahme als Mitglied der NSDAP" sei wegen seines „intensiven und erfolgreichen Einsatzes [als Anwalt] für missliebig gewordene Klienten von den örtlichen höheren Parteistellen Einspruch erhoben" worden, „so dass eine Mitgl.-Aufnahme, Aushändigung eines Parteibuches und Beeidigung nicht erfolgt ist". Rehs ging sogar noch weiter und nahm für sich in Anspruch, Nachteile durch das NS-Regime erlitten zu haben. Darunter verstand er die „Beeinträchtigung der Anwaltsfreiheit", die er „insbesondere als Strafverteidiger vor den Sondergerichten" habe erleben müssen. Zum Beweis berief er sich auf das Zeugnis eines Dr. med. „Schienagel", der sieben Jahre Häftling im KZ Sachsenhausen gewesen sei „und dort mit mehreren von mir vertretenen Schutzhäftlingen zusammen" gekommen sei. Dieser NS-Verfolgte könne Rehs' „Einsatz als Anwalt für diese bestätigen" und „nähere Angaben" über ihn machen.[307]

Diese Angaben lassen sich nicht vollständig überprüfen. Doch abgesehen davon, dass sich ein NS-verfolgter kommunistischer Mediziner namens Schinnagel (nicht „Schienagel") nachweisen lässt, der mit dem von Rehs benannten Leumundszeugen identisch sein könnte[308], sind Rehs' Aussagen in einem weiteren konkreten Fall verifizierbar. Gemeint ist der bereits im Zusammenhang mit Alfred Gille erwähnte Königsberger Hochverratsprozess gegen einen wegen Hilfeleistung für die KPD angeklagten Lötzener Bürger gegen Mitte des Jahres 1933. Auf

---

[304] Schmitz-Berning, Vokabular des Nationalsozialismus, S. 281f.
[305] Schreiber, Elite im Verborgenen, S. 119.
[306] Gailus, „Nationalsozialistische Christen" und „christliche Nationalsozialisten", S. 242.
[307] LASH-S, Abt. 460.19, Entnazifizierungs-Akte Rehs, Reinhold Rehs, Entnazifzierungs-Fragebogen v. 15.10.1945.
[308] Dr. med. Artur Schinnagel, Berlin, wurde vom NS-Regime die Zulassung als Kassenarzt entzogen und die daraufhin erfolgte Beschwerde Schinnagels vom Reichsarbeitsministerium im Januar 1934 mit der Begründung abgelehnt, dass Schinnagel „Kommunist" gewesen sei; vgl. IfZ, Abt. Berlin, Reichsärztekammer, Karteikarte Artur Schinnagel; dieser NS-Verfolgte überlebte, wie handschriftliche Einträge auf der Karteikarte belegen, das NS-Regime und bemühte sich um Wiederzulassung als Arzt.

dem Grundstück dieses angeklagten vermeintlichen Hochverräters Tantzky waren unter Mithilfe von dessen Sohn, aber offenbar ohne Tantzkys Wissen von Lötzener Kommunisten Munition sowie eine Schreibmaschine versteckt worden. Während Tantzkys Sohn mit mehreren „Mitverschwörern" tatsächlich zu Festungshaft verurteilt wurde, sprach das Oberlandesgericht Königsberg Tantzky selbst frei – ein großer Erfolg für dessen Strafverteidiger, den Königsberger Rechtsanwalt Reinhold Rehs.[309] Rehs hat sich somit nachweislich nicht gescheut, trotz seiner eigenen rechtsradikalen Sozialisation vermeintliche Kommunisten, die in die Mühlen der politischen Justiz des NS-Regimes geraten waren, zu verteidigen. Seine Verteidigung war zudem im konkreten Fall Tantzky nachweislich erfolgreich, so dass Rehs mehr gewesen sein dürfte als ein dem Regime gegenüber willfähriger „Pflichtverteidiger".

Zugleich bleibt allerdings festzuhalten, dass Rehs durch die Verteidigung von tatsächlichen oder vermeintlichen NS-Gegnern vor dem für Hochverratsfälle zuständigen Oberlandesgericht bzw. vor dem für sonstige politische Delikte eigens neu geschaffenen Sondergericht keine nachweisbaren Nachteile erlitt – anders als etwa sein Königsberger Anwaltskollege Linus Kather, dem solche Tätigkeit nicht nur zur negativen Erwähnung in den Lageberichten des Königsberger OLG-Präsidenten an den Reichsjustizminister verhalf, sondern kurzfristig auch in Gestapohaft brachte.[310] Im Gegensatz zu Kather wurde Rehs 1944 von den Spitzen der Königsberger NS-Justiz nicht als politisch unzuverlässig eingeschätzt, sondern erhielt das exakte Gegenteil bescheinigt: Seine „politische Haltung" sei „einwandfrei".[311] Zwar ist nicht auszuschließen, dass lokale NS-Funkionäre gegen seine Aufnahme in die NSDAP Bedenken geäußert haben könnten, wie Rehs nach Kriegsende geltend machte. Doch ist gewiss, dass solche etwaigen Widerstände Rehs' Aufnahme in die NS-Partei nicht verhindert haben.

Nach 1945 fand Rehs zur Sozialdemokratie, wurde langjähriger SPD-Bundestagsabgeordneter und am Ende auch Präsident des BdV. Während über seinen früheren „deutsch-nationalen" Journalismus der 1920er Jahre 1968 immerhin Andeutungen in der bundesrepublikanischen Presse laut wurden, wurde ihm zugleich bescheinigt, niemals der NSDAP angehört zu haben, „wenn er auch im konservativen Gedankenkreis des ostpreußischen Deutschtums aufwuchs". Diesen unverdienten Mythos des Nicht-Nationalsozialisten vermochte Rehs trotz seiner zwischen 1937 und 1945 gegebenen NSDAP-Mitgliedschaft zeit seines Lebens aufrecht zu erhalten.[312] Selbst die DDR-Propaganda stellte dies niemals in Frage.[313]

---

[309] GStA PK, HA I, Rep. 151 I A, Nr. 8065, Vorgänge zum Landesverratsprozess gegen Ewald Tantzky, Lötzen, 1933.
[310] Vgl. unten Kap. IV.1.3.; ferner Tilitzky, Alltag in Ostpreußen, S. 179f.
[311] BAB, R 3001/71744, RJM, Rechtsanwalts-Personalakte Rehs, LGP Königsberg, Vermerk v. 25.1.1944.
[312] BStU, Archiv der Zentralstelle, MfS ZAIG Nr. 9708 Teil 2, Bl. 343, Lore Lorenzen, „Nach dem Tag der Heimat brach offener Kampf aus. ‚Fingerhakeln' auf Kieler Art zwischen SPD-Chef Steffen und Vertriebenen-Präsident Rehs", in: Frankfurter Rundschau v. 10.10.1968.
[313] Amos, Vertriebenenverbände im Fadenkreuz, S. 142f.

Der konservative Mitläufer als NS-Bürgermeister: Erich Schellhaus 1933–1939

Als das DDR-Ministerium für Staatssicherheit um 1960 systematisch nach etwaiger NS-Belastung von „revanchistischen Führer[n] der westdeutschen Landsmannschaften" suchte, konnte es Erich Schellhaus, dem damaligen Vorsitzenden der Landsmannschaft Schlesien, lediglich anlasten, „NS-Bürgermeister in Bad Salzbrunn" gewesen zu sein.[314]

Erich Schellhaus hatte – nach seiner grundlegenden Entscheidung zum Wechsel von der Tätigkeit als Bankangestellter in den kommunalen Verwaltungsdienst – 1931 und 1935 zwei Karrieresprünge an die Spitze preußischer Kommunalverwaltungen erreicht. Seine Wahl zum Bürgermeister der pommerschen Kleinstadt Fiddichow im Jahre 1931 hatte noch unter demokratischen Umständen stattgefunden. Der damals der „Deutschnationalen Volkspartei" (DNVP) angehörige Schellhaus, der damit einer der Weimarer Republik alles andere als positiv gegenüberstehenden rechten Oppositionspartei zuzurechnen ist, die im regionalen Milieu der Provinz Pommern vor allem eine rechtskonservative Honoratiorenpartei gewesen ist – war von den „bürgerlichen Parteien" Fiddichows zum Bürgermeister gewählt worden und hatte dort Mitte 1932 sein Amt angetreten. Neben der DNVP haben wir unter Schellhaus' Wählern wohl vor allem die liberalen Parteien (DVP und DDP bzw. Deutsche Staatspartei) zu verstehen. Schellhaus' spätere Beteuerung, er habe sich „nicht als Exponent einer politischen Gruppe" gefühlt, sondern sich allen Kräften gegenüber „als Gemeindeleiter gleich verpflichtet" betrachtet und daher stets versucht, „auftretende politische Spannungen innerhalb des Stadtparlaments zu überbrücken und alle Fraktionen zu verständnisvoller kommunaler Zusammenarbeit zu gewinnen"[315], verweist nicht nur auf ein unparteiisches Amtsverständnis, sondern auf jene Form der betonten Überparteilichkeit, die an einem dem Weimarer ‚Parteienstaat' gegenüber formell zwar loyalen, im Kern aber altpreußisch-obrigkeitsstaatlichen Beamtenideal orientiert war. Dieses war mit Schellhaus' politischer Bindung an die DNVP aufs Beste kompatibel.[316] Mit dieser Grundausrichtung hatte Schellhaus 1933 die NS-„Machtergreifung" vermutlich unterstützt, war doch seine Partei mit dem DNVP-Vorsitzenden Alfred Hugenberg als Wirtschafts- und Landwirtschaftsminister zunächst in dieser rechten Koalitionsregierung unter Hitler prominent vertreten. Im raschen Wandel der realen Machtverhältnisse hat sich Schellhaus dann jedoch ebenso rasch zum Parteiwechsel entschlossen, um bereits zum 1. Mai 1933 der NSDAP beizutreten. Durch diese demonstrative Anpassung gelang dem jungen Bürger-

---

[314] BStU, Archiv der Zentralstelle, MfS-HA XX Nr. 5433, Bl. 52–68, insb. Bl. 63, „Die revanchistischen Führer der westdeutschen Landsmannschaften", 30. 8. 1960.
[315] NHStA-H, Nds. 171 Lüneburg VE/CEL/1590, Erich Schellhaus, „Politischer Lebenslauf", o. D. [1948], S. 1.
[316] Vgl. zum Beamtenideal Weber, Wirtschaft und Gesellschaft, S. 833; zum Fehlen republikanischer Gesinnung in der preußischen Bürokratie nach 1919: Clark, Iron kingdom, S. 631.

meister problemlos – und jedenfalls problemloser als seinem ostpreußischen Kollegen Gille – der Amtserhalt.

Mit seiner zweiten erfolgreichen Bürgermeister-Bewerbung von 1935 gelangte Erich Schellhaus aus der 2500-Einwohner-Stadt Fiddichow in Pommern in die 16 000 Einwohner zählende schlesische Stadt Salzbrunn. Das Sozialprestige des Bürgermeister-Amtes dieser Bade-Stadt war unvergleichlich höher, denn Salzbrunn – den Namenszusatz „Bad Salzbrunn" erhielt die Stadt offiziell erst 1935, im Jahr von Schellhaus' dortigem Amtsantritt – hatte sich seit dem frühen 19. Jahrhundert zu einem gefragten Kurort entwickelt[317], der von russischen Zaren, preußischen Königen und deutschen Kaisern mit ihrer Anwesenheit beehrt wurde.[318] So hielt sich im September 1913 Kaiser Wilhelm II. anlässlich der in Schlesien – „nächst Breslau" – abgehaltenen letzten Kaisermanöver vor dem Ersten Weltkrieg in „Bad Salzbrunn" auf[319], und zwar auf einem „Besitz des Fürsten von Pleß". Auch der österreichisch-ungarische Thronfolger Franz Ferdinand sowie die Könige von Griechenland und Sachsen waren damals in Salzbrunn zu Gast.[320] Diese glanzvolle Epoche der Geburtsstadt des Dichters Gerhart Hauptmann – der dort 1862 als Sohn eines Hotelbesitzers zur Welt gekommen war[321] – ging seit 1914 und insbesondere nach der Kriegsniederlage und Revolution von 1918 unwiederbringlich verloren. Umso stärker wurde unter den Einwohnern ein antisemitisches Abgrenzungsverhalten gegen „Ostjuden" virulent; so verbot die Salzbrunner Kurverwaltung für ihre Anstalten und Promenaden das Tragen von Kaftanen, da diese von der „landesüblichen Tracht" zu stark abwichen. Salzbrunn war – im Gegensatz zu Kurorten, die sich in der Weimarer Zeit toleranter gaben – für die „Diskriminierung von armen ‚Ostjuden'" bekannt und warb sogar damit.[322] In den frühen 1920er Jahren kam es in Salzbrunn zu tätlichen „Ausschreitungen" gegen jüdische Kurgäste.[323]

Diese antisemitische Aggressivität war Folge- und Begleiterscheinung des ökonomischen Abstiegs. Infolge der Weltwirtschaftskrise wurde Salzbrunn 1935 zur Notstandsgemeinde erklärt, was der Stadtverwaltung (und ihrem neuen Bürgermeister Schellhaus) das Recht gab, die Kosten für öffentliche Fürsorge auf ein Minimum zu kürzen.[324] 1937 wurde Salzbrunn als „preußisches Staatsbad" in gouvernementale Regie übernommen – was den Ort wirtschaftlich von der Gnade des NS-Regimes abhängig machte, welches die prunkvollen Hotelanlagen der einst fashionablen Badestadt seither für repräsentative Funktionärstagungen nutzte. Zwar hatte Anfang 1935 auch noch ein jüdischer Kursus für Erwachsenen-

---

[317] Vgl. zu den Anfängen des Heilbads Salzbrunn in der ersten Hälfte des 19. Jahrhunderts: Wolfgang Menzels Denkwürdigkeiten, S. 4 und S. 35.
[318] Vgl. Koch, Schloss Fürstenstein, S. 72.
[319] Die Große Politik der europäischen Kabinette 1871–1914, Bd. 39, S. 325 f.; Conrad, Aus meiner Dienstzeit 1906–1918, Bd. 3, S. 427.
[320] Conrad, Aus meiner Dienstzeit 1906–1918, Bd. 3, S. 430.
[321] Améry, Gerhart Hauptmann, S. 11.
[322] Bajohr, „Unser Hotel ist judenfrei", S. 40, S. 43 und S. 191.
[323] Hecht, Deutsche Juden und Antisemitismus in der Weimarer Republik, S. 114.
[324] Deutschland-Berichte Bd 2.1935, S. 158.

bildung Raum in Salzbrunn[325], doch in der Folgezeit dominierten Veranstaltungen wie die im September 1938 stattfindende „Reichstagung der Deutschen Landwirtschaftlichen Chemie".[326] Auf der Salzbrunner Tagung der preußischen Ober- und Regierungspräsidenten im Juni 1938 war zahlreiche NS-Prominenz versammelt[327], denn fast alle Oberpräsidentenämter waren damals bereits in den Händen von Gauleitern der NSDAP. Im März 1944 veranstaltete das Arbeitswissenschaftliche Institut der „Deutschen Arbeitsfront" in Bad Salzbrunn eine internationale Konferenz von Sozialwissenschaftlern und Sozialpolitikern aus dem gesamten NS-Machtbereich Europas, die in den palastartigen Hotels der Stadt über eine „soziale Neuordnung Europas" durch „völkischen Sozialismus" sowie den „Kampf gegen Plutokratie und Bolschewismus" debattierten.[328] Die Veranstalter riefen sogar eine arbeitswissenschaftliche Zeitschrift ins Leben, die sogenannten „Salzbrunner Blätter", die aber bereits nach zwei Nummern im Jahre 1944 nicht weiter erschien. Bereits im Sommer 1943 war die Kriegsakademie der Wehrmacht aus dem bombenkriegsgefährdeten Berlin nach Bad Salzbrunn verlegt worden, musste allerdings nach zwei Monaten in den Nachbarort Hirschberg umziehen, weil – wie ein beteiligter Offizier notierte – „der Gauleiter von Schlesien nicht länger auf sein Kurhotel Salzbrunn verzichten wollte".[329]

Es ist (mit vorwurfsvollem Ton) gesagt worden, Schellhaus habe sich „1935 von den Nationalsozialisten auf den Posten des Bürgermeisters von Bad Salzbrunn [...] heben lassen".[330] Der Aufstieg von Schellhaus zum Bürgermeister der schlesischen Badestadt muss in der Tat – und auch ganz unabhängig von seiner subjektiven Stellung zum NS-Regime – im objektiven Kontext der vorangegangenen personellen „Säuberungen" des NS-Regimes gesehen werden. Schellhaus' Karrieresprung von 1935 fand im Kontext einer Diktatur statt, die mit dem „Gesetz zur Wiederherstellung des Berufsbeamtentums" vom April 1933 nicht nur 2000 Beamte jüdischer Herkunft, sondern auch viele dem NS-Regime politisch unliebsame Beamte entlassen hatte. Diese „Säuberung" richtete sich kaum gegen die traditionell-konservative, noch aus der Monarchie überkommene Beamtenschaft mit ihrem ‚überparteilich'-ständischen Selbstverständnis, wie es auch Schellhaus geprägt haben dürfte, sondern primär gegen die nach 1918 eingestellten republiktreuen Beamten[331], die in der Regel den staatstragenden Weimarer Parteien (Zentrum, SPD oder linksliberaler DDP) angehörten und 1933 von ihren Nachrückern mit NSDAP-Parteibuch als „Parteibuchbeamte" diffamiert und verdrängt wurden.[332] Durch diese ebenso politisch wie rassistisch motivierte „scharfe Säube-

---

[325] Cohn, „Kein Recht, nirgends", Bd. 1, S. 183, verweist im November 1934 auf die für Januar 1935 geplante Veranstaltung; der Kurs fand um die Jahreswende 1934/35 tatsächlich statt; vgl. Sechzig Jahre gegen den Strom, S. 81, Anm. 14.
[326] Uekötter, Die Wahrheit ist auf dem Feld, S. 255, Anm. 368.
[327] Stelbrink, Der preußische Landrat im Nationalsozialismus, S. 244, Anm. 25.
[328] Raehlmann, Arbeitswissenschaft im Nationalsozialismus, S. 148.
[329] Wege eines Soldaten. Heinz Gaedcke, S. 180–183.
[330] Lotz, Die Deutung des Verlusts, S. 139.
[331] Thamer, Verführung und Gewalt, S. 293 f.
[332] Wehler, Deutsche Gesellschaftsgeschichte, Bd. 4, S. 367 f.

rungsaktion" wurden bis Sommer 1934 allein im größten deutschen Lande Preußen sämtliche Oberpräsidenten und Polizeipräsidenten sowie fast alle Regierungspräsidenten ausgetauscht. Von 1663 höheren Beamten in Preußen wurden 468 und damit 28 Prozent entlassen.[333] Diese Entlassungswelle brach nicht nur das traditionelle Selbstbewusstsein der Bürokratie auch für jene, die ihre Ämter behielten und weiterhin behalten wollten[334], sie bewirkte auch einen massenhaften Einstiegs- bzw. Aufstiegsschub für das bisher nicht zum Zuge gekommene oder im Aufstieg blockierte „Reservoir des Juristennachwuchses".[335] Gehörte Schellhaus (ebenso wie Gille) zunächst zu jenen Bürgermeistern, die noch unter demokratischen Prozeduren installiert worden waren und die nach dem Machtantritt Hitlers durch politische Anpassung im Amt bleiben konnten, so muss doch sein 1935 erfolgter Wechsel in die schlesische Bürgermeisterstelle in den Kontext dieses politisch-rassistischen partiellen „Elitenwechsel[s[" im Deutschland Hitlers gestellt werden.[336] Ja mehr noch: Da Schellhaus' Ernennung zum Bürgermeister von (Bad) Salzbrunn mit hoher Wahrscheinlichkeit erst nach dem Erlass der „Deutschen Gemeindeordnung" (DGO) vom 30. Januar 1935 erfolgte, lief dieser Amtswechsel nicht allein über die üblichen Verwaltungsstellen in Innenministerium und Provinzialverwaltung, sondern war nur noch mit aktiver Billigung der NSDAP möglich. Denn „zur Sicherung des Einklangs der Gemeindeverwaltung mit der Partei" wirkte seit Ende Januar 1935 bei jeder Ernennung oder Abberufung eines Bürgermeisters ein „Beauftragter der NSDAP" mit. Dieser war in der Regel der jeweilige Kreisleiter der NSDAP, der fortan an der Kandidatenauswahl für jedes öffentlich ausgeschriebene Bürgermeisteramt „mitzuwirken" hatte. Somit muss auch Schellhaus die Überprüfung durch den zuständigen NSDAP-Kreisleiter (und Landrat) von Waldenburg, Karl Willinger, positiv bestanden haben, um Bürgermeister von Salzbrunn werden zu können. Denn mit der DGO von 1935 war nicht weniger als „der totale Einfluß der NSDAP auf die Kommunalpolitik für alle Ebenen festgeschrieben und bis 1945 zementiert worden".[337]

Im Sommer 1966 reichte das „Deutsche Zentralarchiv" in Merseburg, wo die DDR die ihr zugefallenen preußischen Aktenbestände verwaltete, den Quellenfund eines Schreibens des Bürgermeisters von „Fiddicho" an die Ost-Berliner Stellen weiter, worin Schellhaus am 15. Mai 1933 – also in der „Machtergreifungsphase" des NS-Regimes und kurz nach seinem zum 1. Mai 1933 erfolgten Beitritt in die NSDAP – dem Landrat in Greifenhagen einen Juristen für den Staatsdienst empfahl und dabei ausdrücklich dessen „streng nationale Einstellung" hervorhob.

---

[333] Ebenda, S. 636.
[334] Ebenda.
[335] Ebenda, S. 725.
[336] Wehler, Der Nationalsozialismus, S. 56; allerdings ist Wehlers Hinweis darauf, dass bis 1935 70% aller Bürgermeister der NSDAP angehört hätten (was auch für Schellhaus zutraf), kein klares Indiz für 70% Elitenwechsel, sondern für eine Mischung aus Wechsel oder Anpassung.
[337] Buddrus / Fritzlar, Die Städte Mecklenburgs im Dritten Reich, S. 20–22; zu Willinger: Braunbuch 1965, S. 283.

Dazu bemerkten die Merseburger Archivare treffend: „Das Material ist wenig aussagekräftig."³³⁸

Das SED-Regime wusste aus in seinem Machtbereich überlieferten preußischen Regierungsakten, dass Schellhaus als damaliger Bürgermeister von Fiddichow nicht nur Mitglied der NSDAP, sondern auch der SA geworden war.³³⁹ Schellhaus selbst hatte im Zuge seines Entnazifizierungsverfahrens seinen NSDAP-Beitritt vom Mai 1933 im Jahre 1948 in den Kontext der allgemeinen interessengeleiteten Anpassung des zuvor nicht-nationalsozialistischen Teiles des Bürgertums gestellt: „Als im März 1933 durch die politische Umschichtung innerhalb der Stadtverordnetenversammlung die Frage meines Ausscheidens als Bürgermeister akut wurde, baten mich die bisherigen bürgerlichen Stadtvertreter[,] meine Bedenken gegen einen Eintritt in die Partei – ich hatte bereits einmal ein Eintrittsersuchen abgelehnt – zu Gunsten einer notwendigen Stetigkeit in der Weiterführung der städt.[ischen] Belange zurückzustellen, um radikale Veränderungen in der Verwaltung zu vermeiden." ³⁴⁰

Diese nicht seltene Version einer auf bürgerliche Bitten erfolgten NS-Anpassung, um das sprichwörtliche Schlimmere zu verhüten, wurde im Falle von Schellhaus durch den früheren Fiddichower Beigeordneten Albert Zimmermann bestätigt. Bürgermeister Schellhaus, so dessen einstiger hochrangiger Mitarbeiter, sei der NSDAP „erst" beigetreten, „als seine Parteifreunde der bürgerlichen Parteien in der Stadtverordneten-Versammlung ihn darum baten". Dass Schellhaus dadurch tatsächlich Schlimmeres habe verhüten können, suchte Zimmermann durch die Aussage zu belegen, der Bürgermeister sei 1933 der Aufforderung der NSDAP, einen unliebsamen SPD-Polizeiwachtmeister zu entlassen, nicht nachgekommen.³⁴¹ Diese Aussage wurde 1948 vom betroffenen Polizeibeamten bestätigt.³⁴² Sollte dies alles zutreffend gewesen sein, zeigte sich bei Schellhaus nicht nur dessen etatistisch-überparteiliches Amtsverständnis, sondern auch das konservativ-autoritäre Selbstbewusstsein eines preußischen Kommunalbeamten der Weimarer Zeit, das dieser zunächst auch gegenüber der lokalen NSDAP trotz deren „Machtergreifung" weiterhin an den Tag legte.

Freilich gingen mit der Weigerung, sich von örtlichen NS-Funktionären in die eigenen Amtsgeschäfte hineinregieren zu lassen, fortwährende symbolische Anpassungsleistungen an das Regime und auch an die NSDAP einher. Schellhaus trat nach eigenem Bekunden „am 1.5.1933 der Partei bei mit dem festen Entschluss, weiterhin […] auf dem Boden christlicher Lebensauffassung und mit den

---

³³⁸ BStU, Archiv der Zentralstelle, MfS-HA IX/11 PA Nr. 3728, Bl. 17, DZA Merseburg an MdI DDR, Staatliche Archivverwaltung, 1.8.1966.
³³⁹ Ebenda, Bl. 13, MfS DDR, Anlage 6 zu Schellhaus, 25.11.1964.
³⁴⁰ NHStA-H, Nds. 171 Lüneburg VE/CEL/1590, Entnazifizierungs-Akte Schellhaus, Erich Schellhaus, „Politischer Lebenslauf", o.D. [ca. 1948].
³⁴¹ Ebenda, Entnazifizierungs-Akte Schellhaus, Der öffentliche Kläger bei dem Entnazifizierungs-Hauptausschuss des Kreises Celle, Abschrift vom 7.10.1948, Anlage Aussage Albert Zimmermanns.
³⁴² Ebenda, Bescheinigung des früheren Fiddichower Stadtinspektors Ewald Stüttgen, 7.2.1948.

Grundsätzen eines Beamten, Diener der Allgemeinheit zu sein, mein Amt zum Besten der mir anvertrauten Gemeinde zu verwalten." Er machte geltend – und griff damit die Aussage von Dritten auf –, wenig später zwei bewährten Beamte, die wegen ihrer SPD-Zugehörigkeit hätten entlassen werden sollen, „nach harten Kämpfen" ihre berufliche Existenz gesichert zu haben. Außerdem, so Schellhaus, sei er als Mitglied des rechtskonservativen Frontkämpferbundes „Stahlhelm" mit dieser Organisation kollektiv in die SA überführt worden. Er habe jedoch das dort herrschende „Rabaukentum" abgelehnt und ab 1934 den Dienst in der SA verweigert, wofür er zweimal mit Verweisen bestraft worden sei. Nach seinem beruflichen Wechsel ins schlesische Bad Salzbrunn sei keine Ummeldung zur dortigen SA-Formation erfolgt, und er habe seither auch keine Beitragszahlung mehr geleistet, so dass man ihn ab 1935 als wieder ausgetreten betrachten könne.[343] Schellhaus Ausführungen über seine SA-Mitgliedschaft – sowohl im Hinblick auf deren Ursache durch Überführung des „Stahlhelm" als auch hinsichtlich zweier Verweise – wurden durch einen der von ihm geretteten ehemals sozialdemokratischen Beamten aus Fiddichow bestätigt.[344]

Neben seiner NSDAP-Mitgliedschaft und seiner zeitweiligen Zugehörigkeit zur SA, innerhalb derer er nie eine Funktion innegehabt habe, teilte Schellhaus 1948 mit, dass er außerdem „noch dem NSFK angehört" habe, dem paramilitärischen, Hermann Göring in dessen Eigenschaft als Reichsluftfahrtminister unterstellten „Nationalsozialistischen Fliegerkorps". Darüber hinaus sei „er Mitglied im Reichsbund deutscher Beamten, in der NSV, im NS-Kriegerbund und Reichsluftschutzbund" gewesen.[345]

Schellhaus machte nach 1945 geltend, in seiner Amtszeit als Bürgermeister von Salzbrunn habe sich seit 1935 seine „innere Abwehrstellung" gegen die NSDAP durch deren Kirchenkampf-Politik verstärkt. Er habe mehrere Aufforderungen des zuständigen NSDAP-Kreisleiters, er möge aus der Kirche austreten, abgelehnt und auch die Übernahme einer Funktion in der NSV verweigert.[346] Im Unterschied zu seinem Bürgermeister-Kollegen Gille, der auch wegen des NS-Antisemitismus in Konflikte mit der lokalen und regionalen NSDAP geraten sein soll, erscheint bemerkenswert, dass Schellhaus für seine angebliche partielle Distanzierung lediglich die NS-Kirchenpolitik als Motiv angab. Im Übrigen beeinträchtigte dieser mutmaßliche Dissens allenfalls sein Verhältnis zur Partei, nicht aber zu den staatlichen übergeordneten Instanzen des NS-Regimes, denen er als kommunaler Verwaltungschef offenbar ohne Vorbehalt diente.

Dieses reibungslose Funktionieren als kommunaler Amtsträger des NS-Regimes scheint sich – ähnlich wie im Falle Gilles – mit der Wahrung persönlicher „Anständigkeit" gemischt zu haben. Zumindest zeichneten die Sicherheitsorgane der Volksrepublik Polen im Jahre 1956 gegenüber der DDR-Staatssicherheit auf deren An-

---

[343] Ebenda, Erich Schellhaus, „Politischer Lebenslauf", o. D. [ca. 1948].
[344] Ebenda, Bescheinigung des früheren Fiddichower Stadtinspektors Ewald Stüttgen, 7. 2. 1948.
[345] Ebenda, Entnazifizierungs-Hauptausschuss des Landkreises Celle, 14. 10. 1948, S. 1.
[346] Ebenda. Erich Schellhaus, „Politischer Lebenslauf", o. D. [ca. 1948].

frage ein ambivalentes Bild des Salzbrunner Bürgermeisters Schellhaus: Dieser habe als NSDAP-Mitglied bis 1939 als Bürgermeister in Szczawno-Zdroj (Salzbrunn) in Schlesien amtiert. „Seinen Pflichten als Bürgermeister ist er ohne Bedenken nachgegangen. Den Einwohnern gegenüber ist er menschlich vorgetreten [sic!]."[347]

Schleppende Richter-Karriere und NS-Aktivismus: Hans Krüger 1933–1939

Im Winter 1963/64 erlebte die Bundesrepublik Deutschland ihren „Fall Krüger". Hans Krüger, der seit 1958 amtierende erste Präsident des Bundes der Vertriebenen (BdV) und zugleich CDU-Bundestagsabgeordneter, war vom neuen Bundeskanzler Ludwig Erhard im Oktober 1963 zum Bundesvertriebenenminister berufen worden. Nur wenige Wochen später startete die DDR eine öffentliche Kampagne, die Krüger wegen seiner NS-Vergangenheit massiv angriff. Zentrale Vorwürfe dieser Kampagne bezogen sich auf die Kriegszeit ab 1939 und werden an anderer Stelle behandelt. Krüger wurde durch die zum Teil mit Dokumenten belegten Attacken der SED-Propaganda und seine ungeschickten Verteidigungsversuche binnen kurzem derart diskreditiert, dass ihm im Februar 1964 nur noch der Rücktritt als Bundesminister übrig blieb. Auch als BdV-Präsident schied er aus dem Amt, das er freilich seit seiner Ernennung zum Mitglied der Bundesregierung ohnehin faktisch hatte ruhen lassen.

Für Krügers Lebensphase in den Jahren 1933 bis 1939 wurde damals öffentlich, dass Krüger seit 1933 NSDAP-Mitglied gewesen war und kurzfristig 1943 sogar als Ortsgruppenleiter fungiert hatte. Außerdem hatte er – wie sein mittelbarer Vorgänger im Amt des Vertriebenenministers, der 1960 ebenfalls über DDR-Vorwürfe zu seiner NS-Vergangenheit gestürzte Theodor Oberländer – „dem antislawisch gesinnten ‚Bund Deutscher Osten' angehört". Außerdem stellte sich im Zuge der öffentlichen Debatten von 1963/64 „peinlicherweise heraus, daß Krüger für die – falsche – Behauptung Pankows, er sei 1923 am Hitlerputsch beteiligt gewesen, indirekt selbst verantwortlich zeichnete; denn er hatte während des Dritten Reiches in einem Personalbogen eine solche, potentiell karriereförderne Angabe gemacht".[348] In Wahrheit war Krüger 1923 als rechtsgerichteter Burschenschafter lediglich in der „Schwarzen Reichswehr" in Mitteldeutschland zur Abwehr eines dort drohenden kommunistischen Aufstandes aktiv geworden.[349] Die 1963/64 von der DDR zu Tage geförderte unwahrhaftige karrieristische Überhöhung dieser Aktivität zur „Teilnahme am nationalen Erhebungsversuch 1923"[350] erschütterte Krügers Glaubwürdigkeit innerhalb der konservativen Öffentlichkeit

---

[347] BStU, Archiv der Zentralstelle, MfS, AP 6545/76 Bd. 1, Bl. 65, „Ermittlung betr. Schellhaus, Erich", Warszawa Oktober 1956.
[348] Kittel, Vertreibung der Vertriebenen?, S. 16f.
[349] Vgl. oben Kap. II.5.2.4.
[350] BStU, Archiv der Zentralstelle, MfS-HA IX Nr. 22926, Bl. 18, „Wann geht Krüger?", in: Neue Bild-Zeitung [DDR-Publikation] Nr. 3 v. Januar 1964, unter anderem mit dem Faksimile seiner Personalakte und der Angabe zu seiner vorgeblichen „Teilnahme am Erhebungsversuch 1923".

in Westdeutschland. Ebenso wurde öffentlich, was zuvor nur wenige gewusst hatten, dass nämlich Krüger vor 1945 aus der evangelischen Kirche ausgetreten war, um nach 1945 flugs wieder einzutreten und sogar die Würde eines Presbyters zu übernehmen. Damit war Krüger für gestandene Christen, die ihren Glauben auch gegen Zumutungen der NS-Herrschaft behauptet hatten, „eindeutig als Opportunist" gebrandmarkt.[351]

Krügers Werdegang im „Dritten Reich" hatte das SED-Regime in der DDR nur scheibchenweise ermittelt. Um 1959 wusste das Ministerium für Staatssicherheit lediglich, dass Krüger „bis zu seiner Umsiedlung Oberamtsrichter in Chojnice (Konitz)" in Westpreußen gewesen war" – was auf seine Tätigkeit nach Beginn des Zweiten Weltkrieges verweist –, während er vor 1938 „als Landgerichtsrat in Stargard tätig" gewesen sei.[352] 1960 hatte das MfS herausgefunden, dass Krüger „Mitglied der NSDAP" gewesen war, und mit dem Fund seiner Richter-Personalakte traten auch Details über Krügers angebliche Teilnahme am Hitler-Putsch oder zu seinem Kirchenaustritt zutage.[353]

Ihr Wissen über Krügers NS-Karriere machte die SED Ende 1963 in einer großen internationalen Pressekonferenz öffentlich. Der damalige Bundesminister bestritt diese „SED-Propaganda" in einer Sechs-Punkte-Erklärung. Darin hieß es mit Bezug auf die ersten sechs Jahre des NS-Regimes, er sei seit 1933 lediglich „einfaches Mitglied der NSDAP" und keineswegs ein „Funktionär der Nazipartei" gewesen, wie die SED behaupte; erst im Jahre 1943 habe er – freilich nur für etwa drei Monate – als Ortsgruppenleiter der NSDAP fungiert. Auch der SED-Vorwurf, er habe 1923 am Hitlerputsch in München teilgenommen, wurde von Krüger „scharf zurückgewiesen".[354] Die Hoffnung der Bundesregierung, über diese Vorwürfe rasch hinweggehen zu können, da Krüger nur ein „nominelles Mitglied der NSDAP" gewesen sei und „nie verschwiegen" habe, „daß er während des Krieges etwa drei Monate lang Ortsgruppenleiter in Konitz gewesen sei"[355], erfüllte sich nicht. Vielmehr konnte die DDR durch Faksimile-Abdrucke von Krügers Richter-Personalakte belegen, dass derselbe die (falsche) Angabe der Teilnahme am Hitler-Putsch von 1923 nach 1933 offensichtlich selbst gemacht hatte und dass er überdies schon vor der zugegebenen Tätigkeit als Ortsgruppenleiter im Jahre 1943 nicht nur nominelles NSDAP-Mitglied gewesen war, sondern sich schon vor

---

[351] Kather, Die Entmachtung der Vertriebenen, Bd. 1, S. 216.
[352] BStU, Archiv der Zentralstelle, MfS ZAIG Nr. 9705, Bl. 417–431, insb. Bl. 422, Ausschuss für deutsche Einheit, Die Landsmannschaften in Westdeutschland. Eine Übersicht über die revanchistische Tätigkeit einiger Landsmannschaften in der Bundesrepublik, o. D. [hdschr.: 1959], S. 6.
[353] BStU, Archiv der Zentralstelle, MfS-HA XX Nr. 5433, Bl. 52–68, insb. Bl. 62, „Die revanchistischen Führer der westdeutschen Landsmannschaften", 30. 8. 1960; BStU, Archiv der Zentralstelle, MfS-HA IX/11 FV 13/71 Bd. 4, Bl. 31 ff., insb. Bl. 46, „Stoßtrupp von rechts. Der Bund der Vertriebenen (BdV) und die neue Ostpolitik der Bundesregierung", o. D. (ca. 1970).
[354] BStU, Archiv der Zentralstelle, MfS-HA IX Nr. 22926, Bl. 234, „Krüger widerlegt SED-Propaganda", in: Der Tagesspiegel v. 7. 12. 1963, und „Minister Krüger protestiert", in: Kurier v. 7. 12. 1963.
[355] Ebenda, Bl. 187, „Keine Folgerungen aus Krügers NSDAP-Mitgliedschaft geplant", in: Der Tagesspiegel v. 14. 1. 1964.

2. Mitläufer und NS-Aktivisten in der mittleren Generation 297

1939 ins Partei-Engagement mit kleineren Funktionärsaufgaben gedrängt hatte. Dass Bundesvertriebenenminister Krüger Anfang 1964 „amtsvertrieben" wurde, wie der „Spiegel" süffisant titelte, war nicht zuletzt auf diese nachweisliche Unwahrhaftigkeit seiner Verteidigung zurückzuführen, die das Hamburger Nachrichtenmagazin als „Krügers unverständliche Salami-Taktik bei der Preisgabe der Wahrheit" beinahe noch entschuldigte. Dass er 1943 Ortsgruppenleiter gewesen war – ein Angebot, das er nach eigener Aussage gar nicht hätte ablehnen können –, war „der CDU-Zentrale schon vorher bekannt" gewesen und für seinen Sturz folglich viel weniger ausschlaggebend als Sachverhalte, die Krüger wahrheitswidrig behauptet oder geleugnet hatte, bis die DDR seine Original-Personalakte präsentierte, deren Richtigkeit er nicht länger leugnen konnte. So hatte Krüger seinen eifrigen Einsatz als NS-Zellenleiter im Altreich vor 1939 ebenso möglichst lange verschwiegen wie die Tatsache, dass er sich schon bald nach seiner Ankunft in Konitz dem dortigen NS-Kreisleiter freiwillig zur Mitarbeit angeboten hatte – und folglich wohl auch 1943 nicht nur zur Übernahme des höheren Leitungsamtes hatte genötigt werden müssen. Als besonders „peinlich" wurde in der CDU vor allem sein von der DDR nachgewiesener Kirchenaustritt während der NS-Zeit empfunden.[356]

Aus Krügers Personalakte, die zwischen 1933 und 1945 im Reichsjustizministerium geführt worden war, ging nicht nur seine anfangs stockende und erst ab 1938 Fahrt aufnehmende Richterkarriere hervor. Dort fand sich auch sein damaliges „Glaubensbekenntnis: gottgläubig", der Verweis auf seine NSDAP-Mitgliedschaft seit 1. Mai 1933 und – unter der Rubrik etwaiger Mitgliedschaft „in Freikorps oder ähnlichen Verbänden" – die behauptete „Teilnahme am Erhebungsversuch 1923". Diese Angabe wurde in Krügers 1943/44 ausgefüllter „Personal- und Befähigungsnachweisung" noch einmal ausdrücklich wiederholt.[357]

Als Krüger – unterdessen Bundesminister a. D. und mit einem Ermittlungsverfahren wegen Kriegsverbrechen konfrontiert – im Oktober 1964 von der Bonner Staatsanwaltschaft vernommen wurde, erkannte er die Echtheit der DDR-Kopien seiner NS-Personalunterlagen an.[358] Hinsichtlich der darin enthaltenen Angabe, er habe 1923 am „Erhebungsversuch" Hitlers teilgenommen, bestritt er zunächst den Wahrheitsgehalt des Akteneintrags, konnte jedoch dessen Vorhandensein in seiner Personalakte nicht erklären: „Wie es zu der Aufnahme der Bemerkung ‚Teilnahme am Erhebungsversuch 1923' in meiner Personal- und Befähigungsnachweisung […] gekommen ist, kann ich heute nicht mehr mit Sicherheit sagen."[359]

Zu seinem NSDAP-Beitritt zum 1. Mai 1933 führte Krüger aus, zu Beginn des Jahres 1933 habe kein einziger Richter am pommerschen Amtsgericht Neustettin,

---

[356] Ebenda, Bl. 119f., „Krüger: Amtsvertrieben", in: Der Spiegel Nr. 5 v. 29.1.1964.
[357] LANRW W, Q 234/5970.
[358] LANRW-W, Q 234/5733, Bl. 11–31, insb. Bl. 11, Leitender Oberstaatsanwalt beim LG Bonn, Vernehmungsprotokoll Bundesminister a. D. Hans Krüger vom 12.10.1964.
[359] Ebenda, Bl. 13f.

wo er damals tätig gewesen sei, der NSDAP angehört oder auch nur nahegestanden. Es habe unter den Kollegen „lange Diskussionen" über das Für und Wider eines NSDAP-Beitritts gegeben. Nachdem einer diesen Schritt schon zuvor vollzogen habe, seien alle Übrigen, darunter auch er, am 30. April 1933 (und damit am letztmöglichen Tag vor dem von der Parteiführung verfügten Beitrittsstopp) ebenfalls der NSDAP beigetreten. Wenn Krüger bemerkte, es sei für ihn eine „Frage der Existenz" – also der beruflichen Absicherung im Justizdienst – gewesen, die diesen Beitritt veranlasst habe, dürfte er durchaus ehrlich gewesen sein. Ob dies auch für die Behauptung gelten kann, er sei – obwohl zeitweilig arbeitslos gewesen – durch diese Notlage nicht politisch radikalisiert worden, muss dahingestellt bleiben.[360]

Erst im August 1934 hat Krüger, der zuvor jahrelang in unsicheren Zeitvertrags-Verhältnissen gelebt hatte, einen Dauerbeschäftigungsauftrag beim Amtsgericht Lauenburg erhalten. Seine NSDAP-Mitgliedschaft wird ihm dabei nicht geschadet haben und war insofern eine gelungene Karriere-Investition. Allerdings machte Krüger geltend, weder in Lauenburg noch in Stargard (Frühjahr 1937) oder in seiner Heimatstadt Neustettin (an deren Amtsgericht er von Juni 1937 bis Mai 1938 tätig war) in der NSDAP wirklich aktiv gewesen zu sein – abgesehen davon, dass er in Lauenburg beim Einziehen der Mitgliedsbeiträge beteiligt gewesen sei. Erst Ende 1938 sei er als Blockleiter und später als Zellenleiter der NSDAP eingesetzt worden und habe diese Funktion dann bis zu seiner dienstlichen Abordnung nach Westpreußen im Oktober 1939 ausgefüllt.[361]

Zu diesem Zeitpunkt hatte Krüger nach fast siebenjähriger untergeordneter Assessorentätigkeit an verschiedenen Gerichten zum 1. Juni 1938 endlich die lang ersehnte Ernennung zum beamteten Landgerichtsrat in Stargard / Pommern erhalten.[362] Wollte er durch sein wenig später einsetzendes NSDAP-Engagement 1938/39 der Partei, der er diese Ernennung womöglich mitzuverdanken glaubte, etwas zurückgeben? Oder hoffte Krüger, durch aktive Mitarbeit in der NSDAP seine endlich in Gang gekommene Richterkarriere weiter zu fördern?

Möglicherweise hatte das „musterhafte" Parteiengagement des spät verbeamteten Richters Krüger auch mit den Hemmnissen zu tun, die sich auf dem langen Weg bis zu seiner Verbeamtung ergeben hatten. Zunächst standen ihm dabei „seine nicht hervorragenden Prüfungsergebnisse" im Weg.[363] Sodann bekam er 1936/37 mit einer privaten Vorgeschichte zu tun, die von seinen Vorgesetzten in der NS-Justiz als wenig musterhaft bewertet wurde. Krüger erhielt einen dienstlichen „Verweis", und zwar „wegen unzulässige[r] Beziehungen" zu einer verheirateten Frau.[364] Der Ehebruch war durch ein Scheidungsverfahren, das zwischen den betroffenen Eheleuten im Januar 1937 vor dem Landgericht Stolp geführt

---

[360] Ebenda, Bl. 14.
[361] Ebenda, Bl. 14f.
[362] Ebenda, Bl. 11f.
[363] BAB, ZA I 5484/A 18, OLG-Präsident Stettin, Personal- und Befähigungsnachweisung Hans Krüger, 7.4.1936, S. 3.
[364] BAB, R 3001/64956, Personalakte Hans Krüger.

wurde, justiznotorisch geworden. Zwar hatte Krüger im Prozess von seinem Zeugnisverweigerungsrecht Gebrauch gemacht, doch im Urteil wurde der von ihm vollzogene Ehebruch als erwiesen festgestellt. Daraufhin beschloss der Oberlandesgerichtspräsident in Stettin, Krügers Gesuch um Übernahme in den Richterdienst „bis zur Aufklärung der für die dienststrafrechtliche Beurteilung seines Verhaltens in Betracht kommenden Einzelheiten und Begleitumstände" dem Reichsjustizministerium einstweilen nicht vorzulegen. Da ansonsten Krügers außerdienstliche Führung und Charakter sehr günstig eingeschätzt wurden und da Krüger zudem jene Frau, um deren Ehebruch es ging, nach ihrer Scheidung sofort geehelicht hatte, beschlossen seine Vorgesetzten in der pommerschen Justiz, ihm im September 1937 „lediglich einen Verweis wegen seines Verhaltens" zu erteilen und seine Verbeamtung gleichwohl zu befürworten. Ansonsten hätte Krüger unehrenhaft aus dem Justizdienst „ausscheiden" müssen.[365] Daraufhin wurde Krüger zum November 1937 als Beamtenanwärter übernommen[366] und Mitte 1938, wie bekannt, zum Landgerichtsrat ernannt. Er wusste jedoch, dass er sich wegen seiner vergleichsweise schlechten fachlichen Qualifikation und wegen des Makels des bekanntgewordenen Ehebruchs in anderer Weise bewähren und möglichst unangreifbar machen musste. Dazu diente vermutlich sein plötzliches Engagement in der NSDAP. In der Tat wetzte er in der Folgezeit die Scharte aus. 1943/44 bewertete der für den unterdessen im westpreußischen Konitz zum Oberamtsrichter aufgestiegenen Krüger der vorgesetzte Danziger Oberlandesgerichtspräsident in Krügers aktualisierter „Personal- und Befähigungsnachweisung" diesen als „charakterlich einwandfrei", ohne auf den Verweis von 1937 zurückzukommen. Auch „in Bezug auf die politische Haltung" konnten dieser dienstlichen Beurteilung zufolge „irgendwelche Zweifel nicht bestehen" – denn Krüger hatte unterdessen sein NSDAP-Engagement zielstrebig fortgesetzt und es im Jahre 1943 zum Ortsgruppenleiter der NSDAP in Konitz gebracht.[367]

Nach eigenen Angaben war Krüger kurz vor der Beförderung zum Landgerichtsrat im Mai 1938 aus der evangelischen Kirche ausgetreten. Selbst wenn es richtig gewesen sein sollte, was dieser nicht unbedingt zuverlässige Zeuge in eigener Sache 1964 behauptete, dass dieser Kirchenaustritt nämlich keinen Zusammenhang mit seinem NS-Engagement aufgewiesen habe (welches angeblich ja erst Ende 1938 begann), sondern von „einer gewissen Kirchenferne" veranlasst worden sei, wie sie damals im Protestantismus weit verbreitet gewesen sei[368], hat Krüger vom 1938 naheliegenden Eindruck eines NS-konformen Austrittsmotivs seinerzeit zweifellos profitiert. Um so wichtiger war dem damaligen CDU-Politi-

---

[365] Ebenda, OLG-Präsident Stettin, Stellungnahme zum Übernahmegesuch des Gerichtsassessors Hans Krüger, 11.9.1937
[366] Ebenda, Reichsminister der Justiz, i.A. Dr. Nadler, an Gerichtsassessor Hans Krüger, Neustettin, 18.10.1937.
[367] Vgl. LANRW-W, Q 234/5970. OLG-Präsident Danzig, Personal- und Befähigungsnachweisung Hans Krüger, o.D. [ca. 1943/44].
[368] LANRW-W, Q 234/5733, Bl. 11-31, insb. Bl. 16, Leitender Oberstaatsanwalt beim LG Bonn, Vernehmungsprotokoll Bundesminister a.D. Hans Krüger vom 12.10.1964.

ker des Jahres 1964, den damit zusammenhängenden Vorwurf zu zerstreuen, aus ebenfalls karriereorientiertem Opportunismus nach 1945 in die Kirche wieder eingetreten zu sein. Dieser Wiedereintritt nach dem Krieg hänge vielmehr mit seinem damaligen Leben in einem evangelischen Pfarrhaus zusammen, was ihn zur Beschäftigung mit Theologie und Philosophie gebracht und dann bis zum Engagement als Presbyter geführt habe.[369] Es fällt schwer, solche inneren Motivlagen zu gewichten. Freilich wäre die christliche „Umkehr" Krügers womöglich glaubwürdiger gewesen, wenn sie nicht zugleich eine günstige Ausgangsbasis für seine Nachkriegs-Politikkarriere auf dem Ticket der CDU gewesen wäre, angesichts derer sein kirchliches Engagement mehr war als bloße Privatsache.

Volksdeutscher Abgeordneter mit Hilfe des NS-Regimes: Josef Trischler 1933–1939

Josef Trischlers politisches Engagement fiel gegen Ende der 1930er Jahre in eine Zeit, in der die 1929 errichtete „Königsdiktatur" in Jugoslawien einen moderateren Kurs einzuschlagen versuchte. Diese Königsdiktatur, die mit autoritär-zentralistischen und undemokratischen Mitteln die nationalen Gegensätze im Vielvölkerstaat Jugoslawien (erfolglos) zu bekämpfen und durch eine „integrale jugoslawische Nationalidentität" zu ersetzen versuchte, hatte 1934 durch ein Attentat kroatischer und mazedonisch-bulgarischer Terroristen ihren königlichen Diktator Alexander I. verloren. Der für dessen unmündigen Nachfolger bis 1941 als Regent fungierende Prinz Paul berief 1935 Milan Stojadinović zum Regierungschef, der das autoritäre System grundsätzlich beibehielt, aber den Nationalitäten in Selbstverwaltungsfragen wieder etwas größeren Spielraum einzuräumen bereit war. Trotz Gründung der „Jugoslawischen Radikalen Union" als Regierungspartei wurde auch ein begrenzter Parteienpluralismus gestattet. Zugleich adaptierte dieses „semi-autoritäre Regime" Symbole und Rituale der faschistischen Regimes in Italien und Deutschland. Damit einher ging eine außenpolitische Annäherung Belgrads an Rom und Berlin.[370]

Vor diesem Hintergrund kandidierte Trischler Ende 1938 für die Wahlen zum jugoslawischen Parlament (dem Unterhaus der Nationalversammlung / Narodna Skupština), bei denen er jedoch scheiterte. Erst im Februar 1939 gelangte er als Nachrücker doch noch ins Parlament, dem er dann bis zur Zerschlagung Jugoslawiens durch den deutschen Überfall im April 1941 angehörte.[371] Sein Abgeordnetenmandat verdankte Trischler „indirekt einer Intervention des deutschen Gesandten" in Belgrad und damit der Berliner NS-Regierung.[372] Trischler hat später in einem Lebenslauf, den er während seiner Zugehörigkeit zum deutschen Bundestag um 1950 erstellte, darauf hingewiesen, dass er im Dezember 1938 als

---

[369] Ebenda, Bl. 17.
[370] Calic, Geschichte Jugoslawiens im 20. Jahrhundert, S. 117–119, S. 122 f. und S. 132 f.
[371] Balling, Von Reval bis Bukarest, Bd. 2, S. 558.
[372] Scherer, Trischler.

Stellvertreter (Nachrücker) des Abgeordneten und damaligen jugoslawischen Unterrichtsministers Dimitrije Magarašević gewählt worden sei, weshalb er nach dessen „Rücktritt" vom Mandat Einzug ins Belgrader Parlament habe halten können.[373] Was Trischler dabei nicht erwähnte, war der massive Druck des deutschen Gesandten Viktor von Heeren, welcher der Belgrader Regierung Wahlmanipulation zu Lasten der deutschen Minderheit vorwarf, da von deren bisher zwei Abgeordneten nur noch einer ins neu gewählte Parlament gelangt war. Angesichts der geopolitischen Lage nach dem Münchner Abkommen hatte eine solche „großdeutsche" Intervention erhebliches Gewicht. Die von Berlin verlangte Wiederholung der Wahl lehnte Stojadinović zwar ab, doch gelang es, durch den von ihm veranlassten Mandatsverzicht seines Unterrichtsministers eine elegante Lösung zu finden, die den Volksdeutschen ganz ohne Neuwahl einen zweiten Abgeordneten bescherte.[374]

Gemäß der undemokratischen, nach dem Staatsstreich von 1929 eingeführten jugoslawischen Verfassung von 1931 und dem Vereinsgesetz gleichen Jahres war die Bildung von Parteien auf nationaler Grundlage verboten. Die Volksdeutschen hatten sich daher größtenteils 1936 der serbisch dominierten Regierungspartei des Premiers Stojadinović angeschlossen und mit diesem ausgehandelt, dass die Partei in bestimmten Wahlkreisen deutsche Kandidaten aufstellen würde. Auch Trischler war von 1939 bis 1941 Abgeordneter der jugoslawischen Regierungspartei.[375] Damit demonstrierte er wie alle volksdeutschen Spitzenpolitiker Loyalität zum jugoslawischen Staat, der in der Tat – verglichen mit seinen Problemen mit anderen Nationalitäten – „an der Loyalität und Kompromißbereitschaft der Deutschen nicht zu zweifeln brauchte", wie Norbert Spannenberger feststellt. Dies galt allerdings für gemäßigte ältere Politiker wie Stefan Kraft, der 1936 in den Hauptausschuss der Regierungspartei berufen worden war, stärker als für die junge Politikergeneration Trischlers, die NS-orientierten „Erneuerer". Als Kraft die diskriminierenden Folgen des jugoslawischen Liegenschaftsgesetzes für die Volksdeutschen bei Stojadinović ansprach, sagte ihm der Premier zwar Entgegenkommen zu, „erwähnte jedoch die wachsende Einflussnahme der ‚Erneuerer' als Hindernis für eine solche Politik".[376]

In den Wahlen von 1938 hatte die Partei des Regierungschefs nur 54 Prozent der Stimmen gewinnen können, während die kroatisch dominierte „Vereinigte

---

[373] IDGL, NL Franz Hamm, HA 0778-4, Abschrift: Dipl. Ing. Dr. Josef Trischler, „Lebenslauf", o. D., S. 1; Dimitrije Magarašević war von Oktober 1937 bis Februar 1939 jugoslawischer Unterrichtsminister.

[374] Scherer, Trischler; der „Rücktritt" fiel zwar mit der Entlassung des Ministers (mit der gesamten Regierung Stojadinović) im Februar 1939 zusammen, war aber offenbar als Verzicht auf das Abgeordnetenmandat ein besonderer Schritt, um den Volksdeutschen durch das Nachrücken Trischlers einen zweiten Vertreter im Belgrader Parlament zu ermöglichen – ein Schritt, der „nach diplomatischen Interventionen" des NS-Regimes erfolgte; vgl. Bethke, Deutsche und ungarische Minderheiten in Kroatien und der Vojvodina 1918–1941, S. 561; zu den zwei Abgeordneten von 1935: Spannenberger, Jugoslawien, S. 900.

[375] Das Schicksal der Deutschen in Jugoslawien. S. 36E.

[376] Spannenberger, Jugoslawien, S. 900.

Opposition" 45 Prozent auf sich vereinigt hatte – was zu Recht als Zeichen mangelnden Rückhalts für Stojadinović interpretiert wurde. Die Entlassung des Premiers durch den Prinzregenten und der im Mai 1939 inaugurierte serbisch-kroatische Ausgleich, der zu einem regionalen Autonomie-Versprechen für die bislang schikanierten Kroaten und zu deren Belgrader Regierungsbeteiligung führte, bereinigte zwar das wichtigste innenpolitische Problem des jugoslawischen Staates, löste jedoch „einen Dominoeffekt vergleichbarer Forderungen der anderen Völker" aus.[377] Quasi als Kollateralschaden bewirkte dieser Ausgleich in der deutschen Minderheit die endgültige Entmachtung der älteren, gemäßigten Volksgruppenpolitiker; namentlich Stefan Kraft zog sich aus der Politik zurück, während NS-orientierte jüngere Politiker wie Franz Hamm und Josef Trischler die deutsche Bevölkerung im Belgrader Parlament vertraten.[378]

3. Die junge Generation und das NS-Regime 1933–1939: Gossing – Langguth – Mocker – Wollner

Sämtliche vier Angehörigen der jungen und jüngsten Generation unserer BdV-Untersuchungsgruppe haben sich nach 1933 dem NS-Regime aktiv angepasst: Gossing und Langguth traten schon 1933 der NSDAP und in Gossings Fall auch der SA bei; Mocker war seit 1935 engagierter SdP-Aktivist im Sudetenland und wurde als solcher 1938 in die NSDAP aufgenommen; Wollner war der politisch gefügige Sohn eines NS-orientierten SdP-Funktionärs und nachmaligen NSDAP-Kreisleiters im „Großdeutschen Reich".

Jenseits der ähnlichen formalen Anpassungsleistungen schwankt jedoch innerhalb dieser Gruppe das inhaltliche NS-Engagement beträchtlich: Gossing dürfte eher als typischer NS-„Mitläufer" anzusprechen sein, als einer der zahlreichen karriereorientierten bürgerlichen Anpasser und Mitmacher. Langguths inneres Verhältnis zum NS-Regime lässt sich nicht eindeutig bestimmen. Mocker wiederum war ein überzeugter rechtsnationalistischer Parteiaktivist der „Sudetendeutschen Partei". Wollner stammte aus einem NS-aktivistischen prominenten SdP-Elternhaus und wurde durch seinen Vater, einen hochrangigen NS-Funktionär ab 1938, zweifellos stark beeinflusst. Allerdings war Wollner bis 1939 zu jung, um ein eigenständiges politisches Profil zu entwickeln.

Karriere eines NS-„Mitläufers": Hellmut Gossing 1933–1939

Hellmut Gossing hatte 1931 eine Tätigkeit als Revisor bei der Kreissparkasse Bütow in Pommern begonnen und dadurch zweifellos die Auswirkungen der tiefen Beeinträchtigung des deutschen Sparkassenwesens durch die Weltwirtschafts-

---

[377] Calic, Geschichte Jugoslawiens im 20. Jahrhundert, S. 133f.
[378] Spannenberger, Jugoslawien, S. 902, der als Wahldatum irrtümlich „Dezember 1939" statt 1938 angibt.

krise miterlebt. Notleidende Kommunalkredite und der Rückgang der privaten Spareinlagen in wirtschaftlichen Notzeiten machten diesem stark mit den deutschen Städten und Gemeinden verflochtenen Sektor des deutschen Bankenwesens schwer zu schaffen. Die Spareinlagen stabilisierten sich erst im Jahre 1933 und stiegen seither bis zum Beginn des Zweiten Weltkrieges stetig an.[379]

Es waren diese Jahre zwischen 1933 und 1939, die vermeintlichen „Friedensjahre" des NS-Regimes, in denen Gossings beruflicher Aufstieg zum Sparkassendirektor gelang. 1934 wechselte er als Rendant und kommissarischer Leiter an die Stadtsparkasse von Bütow, zu deren ordentlichem Direktor er allerdings erst 1937 ernannt wurde. Im Juni 1939 konnte Gossing als Direktor an die bedeutendere Stadtsparkasse des pommersch-westpreußischen Verwaltungszentrums Schneidemühl wechseln.[380]

Gossing behauptete nach 1945, vor der NS-Machtübernahme 1933 der rechtsliberal-demokratischen „Deutschen Volkspartei" (DVP) des 1929 verstorbenen langjährigen Außenministers Gustav Stresemann zugeneigt und diese Partei in der Reichstagswahl vom November 1932 gewählt zu haben. Auch wenn dies zutreffend gewesen sein sollte, stellte sich der junge Bankangestellte im Laufe des Jahres der NS-„Machtergreifung" sehr rasch auf die neuen politischen Verhältnisse um. Gossing trat mit Wirkung vom 1. Mai 1933 der NSDAP in Bütow bei und wurde im Sommer 1933 auch Mitglied der örtlichen SA.[381]

Die Sparkassen in Deutschland waren traditionell eng mit den Kommunen verflochten, deren Bürgermeister oft eine starke Stellung in den Aufsichtsräten innehatten. Insofern wundert es nicht, dass die Sparkassenvorstände ab 1933 „zunehmend unter den Einfluß der nationalsozialistischen Partei" gerieten, „zumal auch die Aufsichtsräte mit nationalsozialistischen Bürgermeistern und Landräten besetzt waren".[382] Hatte dieser politische Druck die rasche NS-Anpassung von Gossing bewirkt – oder war es der Wunsch, seine berufliche Karriere zu beschleunigen?

Im Entnazifizierungsverfahren nach 1945 machte Gossing geltend, in der Frühphase des NS-Regimes 1933/34 aus politischen Gründen beinahe seine berufliche Position verloren zu haben. Dem steht der allmähliche, 1934 einsetzende Aufstieg in Führungspositionen des pommerschen Sparkassenwesens entgegen. Gossing behauptete, wegen seiner regimekritischen Einstellung sei seine „Entlassung 1934 geplant" gewesen. Außerdem sei er „aus Anlaß der Röhmrevolte 1934 des Mitputsches verdächtigt und verhaftet" worden. Als Zeugen benannte er seinen früheren Vorgesetzten, den ehemaligen Bütower Sparkassendirektor Lehwald, und dessen Ehefrau.[383] Direktor a. D. Walter Lehwald gab denn auch 1947 in einer eidesstatt-

---

[379] Wandel, Banken und Versicherungen im 19. und 20. Jahrhundert, S. 30f.
[380] NHStA-H, Nds. 171 Lüneburg Nr. 36297, Hellmut Gossing, Entnazifizierungs-Fragebogen v. 26.6.1948, S. 3.
[381] Ebenda, S. 6 und S. 9.
[382] Wandel, Banken und Versicherungen im 19. und 20. Jahrhundert, S. 30f.
[383] NHStA-H, Nds. 171 Lüneburg Nr. 36297, Hellmut Gossing, Entnazifizierungs-Fragebogen v. 26.6.1948, S. 9.

lichen Erklärung zu Protokoll, Gossing sei im Frühjahr 1933 „fast einstimmig" zum Betriebsvertrauensmann seiner Sparkasse gewählt worden, „jedoch seitens des NSBO [i.e. Nationalsozialistische Betriebszellenorganisation] abgelehnt" worden, „da er nicht Pg war und für unzuverlässig galt". Lehwald mutmaßte, dass die NSBO Gossing wegen seiner bürgerlichen Sozialisation und politischen Vergangenheit ablehnte, weshalb ihm eine „reaktionäre Einstellung nachgesagt" worden sei. Ferner bestätigte Lehwald, dass für das Frühjahr 1934 aus besagten Konflikthintergründen mit der NSBO Gossings Entlassung als Mitarbeiter der Kreissparkasse vorgesehen gewesen sei. Er, Lehwald, habe dies jedoch als Direktor im Zusammenwirken mit dem damaligen Landrat von Bütow, der ein früherer „Zentrumsanhänger" gewesen sei, verhindert und im Gegenteil Gossings Ernennung zum kommissarischen Leiter der Stadtsparkasse durchgesetzt – und zwar gegen den Widerstand der NSDAP, die einen „Altparteigenossen" gewünscht habe. Erst später habe die Partei Gossing infolge seiner fachlichen Leistung anerkannt. Lehwald bestätigte außerdem, dass Gossing am Tage des sogenannten „Röhmputsches" (30. Juni 1934), der in Wahrheit eine illegale Mordaktion der NS-Regierung gegen die ihr unliebsam gewordene SA-Führung und gegen konservative politische Gegner war, verhaftet worden sei, „weil man in ihm, als altem Grenzschutzmann und Besitzer von Waffen, wahrscheinlich einen Mitwisser des Putsches vermutete".[384]

Lehwalds Aussage bestätigt einerseits, dass Gossing in der Frühphase des NS-Regimes politisch-berufliche Probleme bekam, dass diese Konflikte jedoch nur mit Teilorganisationen des Regimes – insbesondere mit der NS-proletarischen NSBO, der sein bürgerlicher Habitus missfallen haben dürfte, und infolgedessen womöglich auch mit „alten Kämpfern" in der Führung der örtlichen NSDAP – ausgetragen wurden. Andererseits zeigt Lehwalds Aussage, dass Gossing von dem bürgerlichen Spektrum zuzurechnenden Funktions- und Amtsträgern in dieser Krise entscheidend unterstützt wurde. Anders als Gossings früherer Förderer Lehwald nach 1945 glauben machen wollte, handelte es sich hierbei nicht nur um NS-ferne, z.B. einstmals zentrumsorientierte Kräfte. Der von Lehwald als wichtiger Helfer bei der Ernennung Gossings zum kommissarischen Leiter der Bütower Stadtsparkasse im Frühjahr 1934 und als ehemaliger Zentrumsanhänger angesprochene Landrat von Bütow war Walter Springorum, ein Mitglied der gleichnamigen rheinisch-westfälischen Industriellenfamilie, die damals den Hoesch-Stahlkonzern führte; dessen Generaldirektor Fritz Springorum jr. war seit 1933 Reichstagsmitglied als Gast der NSDAP-Fraktion, bevor er 1937 auch formell der NSDAP beitrat. Walter Springorum wiederum hatte seine Beamtenkarriere 1931 als Landrat von Bütow in Pommern als „Zentrumsanhänger" des damaligen Reichskanzlers Heinrich Brüning begonnen, doch setzte er sie nach 1933 – wie andere Familienmitglieder – auf dem NSDAP-Ticket fort. 1939 wurde Walter Springorum sogar zum Ministerialrat im Reichs- und Preußischen Ministerium des Innern ernannt, und schon 1940 wechselte er als Regierungspräsident ins oberschlesische

---

[384] Ebenda, Walter Lehwald, Eidesstattliche Erklärung vom 11.6.1947.

Kattowitz[385], wo wir ihm bei der Betrachtung der Kriegskarriere von Otto Ulitz wiederbegegnen werden. Jedenfalls stellt sich damit der 1934 ausgetragene Konflikt um die Entlassung oder Beförderung Hellmut Gossings, der mit dessen Ernennung zum kommissarischen Direktor der Bütower Stadtsparkasse zu Gunsten des NSDAP-Mitglieds Gossing endete, nicht als politischer Kampf zwischen lokalen Vertretern des NS-Regimes und einem NS-fernen Protagonisten dar, sondern eher als systemimmanenter Elitenkonflikt innerhalb des sozial und politisch heterogenen NS-Regimes.

In den Folgejahren ab 1934 sind selbst solche nachgeordneten Konflikte, die eher auf Reibungen zwischen unterschiedlichen sozialen Gruppen innerhalb der NSDAP denn auf grundlegenden politischen Unstimmigkeiten beruhten, im Falle Gossings nicht mehr zu bemerken. Zwar attestierte 1947 ein „Ausschuß der Antifaschisten" aus Bütow dem früheren Sparkassendirektor, Gossing sei ihnen „bestens bekannt", er sei NSDAP-Mitglied gewesen, habe sich aber „besonders für die Ziele der NSDAP nicht eingesetzt".[386] Umgekehrt scheint Gossing aber auch nicht mehr angeeckt zu sein, so dass er seine berufliche Karriere bis 1939 erfolgreich ausbauen konnte.

Nach 1945 suchte sich Gossing vollends zum unpolitischen NS-„Mitläufer" zu stilisieren. Er behauptete 1948: „In die SA gelangte ich durch die geschlossene Überführung des unpolitischen Grenzschutzes, aus der Mitgliedschaft zur SA ergab sich wiederum die fast automatische Aufnahme in die NSDAP."[387] Der hier behauptete Automatismus einer unpolitischen Politikkarriere von Weimarer Grenzschutz-Formation in die SA und von dort wieder in die NSDAP widerspricht jedoch älteren Angaben Gossings, wonach er der NSDAP bereits zum 1. Mai 1933, der SA jedoch erst im Sommer 1933 beigetreten sei.[388] Auch sein Austritt aus der SA im Frühjahr 1939, in der er es bis dahin immerhin bis zum Sturmführer (Leutnantsrang) gebracht hatte und folglich nicht nur nominelles einfaches Mitglied gewesen sein dürfte, hatte nichts mit politischer Distanzierung von dieser NS-Organisation zu tun, sondern war – wie Gossing selbst zugab – aus gesundheitlichen Gründen („wegen Meniskusschaden") von ihm beantragt worden. Er legte jedoch 1948 Wert auf die Feststellung, dass er sich „weder politisch noch sonst irgendwie vergangen" habe, man könne ihm daher höchstens die Tatsache der „bloßen Mitgliedschaft zur NSDAP und SA" vorwerfen.[389]

Auch Gossings einstiger Förderer Lehwald sagte nach 1945 aus, Gossing habe nie jemanden aus politischen Gründen geschädigt oder benachteiligt, er habe mit allen – auch politisch der NSDAP fernstehenden – Menschen verkehrt und sei „auch gegen Juden, anders Gesinnte usw. korrekt und gerecht" geblieben.[390] Das

---

[385] Vgl. Landkreis Bütow, in: http://www.territorial.de/index.htm, Anm. 19 (28.10.2011).
[386] NHStA-H, Nds. 171 Lüneburg Nr. 36297, Ausschuss der Antifaschisten ehem. Bütow-Ostpommern, Bescheinigung v. 29.9.1947.
[387] Ebenda, Gossing an Entnazifizierungskammer Walsrode, 26.6.1948.
[388] Ebenda, Hellmut Gossing, Entnazifizierungs-Fragebogen v. 26.6.1948, S.6.
[389] Ebenda, Gossing an Entnazifizierungskammer Walsrode, 26.6.1948.
[390] Ebenda, Walter Lehwald, Eidesstattliche Erklärung vom 11.6.1947.

mag stimmen, und doch entband – ähnlich wie im oben diskutierten Fall des Bürgermeisters Alfred Gille – eine solche persönliche „Anständigkeit" den aufstrebenden Sparkassendirektor nicht von der Pflicht, sämtliches NS-Unrecht innerhalb seines Fachbereichs beamtenhaft korrekt umzusetzen – nicht zuletzt alle antijüdischen Maßnahmen im Finanzwesen, die insbesondere nach dem Novemberpogrom von 1938 schlimme Folgen (etwa für die fluchtartigen Auswanderungsmöglichkeiten aus Hitlers Deutschland) gehabt haben.

Gossing wurde als Reserveoffizier der Wehrmacht nach eigenen Angaben am 24. August 1939 als Kompanieführer eines Grenadierregiments zum Kriegsdienst einberufen. Damit endete nicht nur seine zivile berufliche Laufbahn als Sparkassendirektor, Gossing wollte nach 1945 mit dieser Einberufung zur Wehrmacht auch seine NSDAP-Mitgliedschaft enden lassen, die „am 23.8.1939 durch meine Einberufung zum aktiven Wehrdienst unterbrochen" worden sei.[391] Davon kann selbstverständlich keine Rede sein. Gossings NSDAP-Mitgliedschaft blieb vielmehr bis zum Verbot dieser Partei durch die siegreichen Alliierten im Mai 1945 vollauf gültig. Dieser nachträgliche „Entnazifizierungs"-Versuch für die zweite Phase der NS-Herrschaft ist jedoch in mehrfacher Hinsicht aufschlussreich – nicht nur mit Blick auf die Legende von der politisch-moralisch vergleichsweise „sauberen" Wehrmacht, sondern vor allem auf das Selbstverständnis eines NSDAP-Mitläufers wie Gossing, der seine Parteimitgliedschaft und die damit verbundenen Anpassungsleistungen an das NS-Regime von seiner beruflichen Tätigkeit als Sparkassenleiter ebenso feinsäuberlich zu trennen versuchte wie seine späteren Kampfeinsätze im Zweiten Weltkrieg.

Zwischen NS-Engagement und Rückzug: Heinz Langguth 1933–1939

Heinz Langguth wies bereits unmittelbar nach dem Zusammenbruch des NS-Regimes im Juli 1945 darauf hin, dass er von 1932 bis Ende 1934 als Justiz-Referendar im Danziger Staatsdienst tätig gewesen sei, gleichzeitig jedoch mit der „Erlernung d.[er] Landwirtschaft" begonnen habe, „um einer Entlassung aus politischen Gründen zuvorzukommen". Damit stilisierte sich Langguth 1945 zum NS-Gegner und potentiellen NS-Verfolgten – eine Strategie, die ihn damals bis zur Mitgliedschaft in der „Vereinigung der Verfolgten des Naziregimes" brachte. Auf die obligatorische Frage im Entnazifizierungs-Fragebogen, ob er jemals wegen irgend einer Form von Widerstand gegen das NS-Regime entlassen worden sei, antwortete Langguth, er sei „der Entlassung aus dem Justizdienst zuvor[gekommen]" – also formell freiwillig ausgeschieden – und habe „praktische Landwirtschaft" erlernt.[392]

---

[391] Ebenda, Hellmut Gossing, Entnazifizierungs-Fragebogen v. 26.6.1948, S. 3, S. 6 und S. 12.
[392] NHStA-H, Nds. 171 Hildesheim Nr. 12990, Dr. Dr. Heinz Langguth, Entnazifizierungsfragebogen v. 31.7.1945, S. 2f.

Dass Langguth im Jahre 1934 tatsächlich den seit ihrem Wahlsieg vom Mai 1933 von der Danziger NSDAP beherrschten Justizdienst der Freien Stadt Danzig verließ, um Landwirt zu werden, ist aus Quellen der Zeit vor 1945 verbürgt. Dass er jedoch bereits während seines Referendariats in Absehung seiner politisch motivierten Entlassung eine alternative berufliche Absicherung durch zusätzliche landwirtschaftliche Ausbildung erarbeitet habe, wie er 1945 erklärte, erscheint angesichts dieser Vorkriegsquellen nicht als stimmig. 1941 gab er in einem Lebenslauf an, bis Frühjahr 1934 Justiz-Referendar gewesen und dann Landwirt geworden zu sein, aber erst ab Herbst 1934 neben der betrieblichen Leitung seines Gutes ein Studium der Landwirtschaft an der TH Danzig-Langfuhr begonnen zu haben.[393]

Diese Unstimmigkeit weckt – zusammen mit seiner Leugnung der NSDAP-Mitgliedschaft nach Kriegsende – Zweifel an der ab 1945 behaupteten politischen Motivation seines Berufswechsels von 1934. Das ehemalige NSDAP-Mitglied Langguth ging nach Kriegsende daran, sich zum Widerstandskämpfer zu stilisieren. Langguth erklärte im September 1945 der Hamburger VVN, die ihn aufgrund dieser Angaben als NS-Verfolgten anerkannte, er sei von 1928 bis 1932 Mitglied der liberalen Hochschulbewegung in Danzig gewesen und dabei auch öffentlich als Redner gegen die NSDAP aufgetreten. Diese Behauptung war ebenso schwer nachprüfbar wie jene, er sei im Herbst 1935 [sic!] aus dem Danziger Justizdienst ausgeschieden, „da das nationalsozialistische Recht meiner Auffassung vom Wesen des Rechts nicht entsprach".[394] Es ist interessant, dass beide gegenüber der VVN erhobenen Behauptungen von Langguth in seinem späteren Entnazifizierungsverfahren nicht mehr geltend gemacht wurden. Dort war nur noch von Studentenaktivitäten in einer „Liberale[n] Hochschulgr.[uppe]" die Rede, während Widerstandsaktivitäten erst ab dem Weltkriegsjahr 1943 geltend gemacht wurden.[395]

Insofern kann neben seinem nachweislichen NSDAP-Eintritt zum 1. Mai 1933 allein Langguths 1934 erfolgter Wechsel aus einer staatlichen in eine staatsferne berufliche Position – vom Justizbeamten auf Zeit zur landwirtschaftlichen Selbstständigkeit – als gesichert gelten. Die von ihm nach 1945 geltend gemachte antinationalsozialistische Aktivität als Student ist ebenso wenig belegbar wie die angeblichen politischen Hintergründe für seinen Berufswechsel von 1934. Auch die Motive seines NSDAP-Beitritts vom Frühjahr 1933 bleiben unklar, obschon das ominöse Beitrittsdatum des 1. Mai 1933 für die damals massenhaft übliche opportunistische Anpassung spricht. Man fragt sich jedoch, ob die NSDAP ihn aufgenommen haben würde, wenn er wirklich – wie 1945 behauptet – vor 1933 ein profilierter studentischer NS-Gegner gewesen wäre. Diese Aussage erscheint nicht glaubwürdig. Wahrscheinlicher erscheint ein opportunistischer politischer

---

[393] Langguth, Betriebswirtschaftlicher Aufbau und zweckmäßige Organisation der landwirtschaftlichen Betriebe im eingegliederten Ostgebiet, S. 104.
[394] AKZGN, VVN-Archiv Hamburg, Komiteeakte Heinz Langguth, Dr. Dr. Heinz Langguth, Hamburg, Erklärung v. 20. 9. 1945.
[395] StAHH, 221-11, L 1689, Dr. Dr. Heinz Langguth, Entnazifizierungs-Fragebogen v. 7.8.1947, S. 4.

Anpassungsversuch im Jahre 1933, dem dann eine mögliche Desillusionierung durch die NS-Justizpolitik als Ursache seines Berufswechsels im Jahre 1934 gefolgt sein könnte, doch ist dieses Motiv ebenso wenig belegbar wie zwingend. Angesichts der väterlichen Landwirtschafts-Sozialisation könnte auch die schlichte Hoffnung auf eine besser abgesicherte ökonomische Lebensperspektive ausschlaggebend gewesen sein, um den nicht gerade üppig besoldeten Justizdienst zu verlassen. Letztlich ist diese Frage nicht zu klären.

Jedenfalls scheint sich Langguth zwischen 1933 bis zum Anschluss Danzigs an Deutschland 1939 weder durch Dissens oder Widerstand noch durch auffälligen NS-Aktivismus hervorgetan zu haben. Freilich war seine Regime-Konformität, wenn nicht Regime-Nähe 1939 groß genug, dass er unmittelbar nach Beginn des Zweiten Weltkrieges in eine leitende agrarpolitische Verwaltungsfunktion in der neu geschaffenen Behörde des Reichsstatthalters im Warthegau berufen wurde. Dafür dürfte seine damals laufende Zweit-Promotion beim Danziger Agrarwissenschaftler Georg Blohm ausschlaggebend gewesen sein.[396] Dieser Agrarexperte war zwar kein NSDAP-Mitglied, aber zeitweiliges förderndes Mitglied der SS und wissenschaftspolitisch gut genug vernetzt, um am berüchtigten „Generalplan Ost" der rassistischen „Umvolkung" Polens und weiter Teile Osteuropas mitzuarbeiten. Kurz nach seinem Doktoranden Langguth ging auch Blohm nach Posen, indem er von der TH Danzig an die dortige „Reichsuniversität" wechselte.[397] Es stellt sich daher die Frage, ob Langguth nicht zumindest in den NS-„Erfolgsjahren" 1938/39 nicht sehr viel mehr gewesen ist als ein bloßer NSDAP-Mitläufer mit formaler, unter den Bedingungen des Jahres 1933 zustande gekommener und seither gewissermaßen innerlich „erkalteter" Parteimitgliedschaft. Wollte man eine Distanzierungsphase ab 1934 annehmen, so könnte dieselbe bis 1939 in ein neuerliches Interesse und Engagement umgeschlagen sein. Insgesamt erscheint Langguths politische Karriere in den Jahren 1933 bis 1939 ebenso widersprüchlich wie sein von Berufswechseln geprägter bürgerlicher Lebensweg.

Sudetendeutscher NS-Aktivist: Karl Mocker 1933–1939

Als Karl Mocker – damals Staatssekretär für Vertriebene im Innenministerium Baden-Württembergs und stimmberechtigtes Mitglied der CDU-Landesregierung unter Ministerpräsident Hans Karl Filbinger – 1975 seinen 70. Geburtstag feierte, schrieb Mockers langjähriger politischer Weggefährte Sepp Schwarz in den „BdV-Nachrichten" die Laudatio, die ausführlich die politische Karriere des BdV-Landesvorsitzenden Mocker seit 1945 beleuchtete, die Vorzeit hingegen kaum in den Blick nahm. Dabei war Josef (Sepp) Schwarz ein sudetendeutscher Politiker, der mit Mocker seit den 1950er Jahren eng zusammengearbeitet hatte; Schwarz war dessen Vorgänger im Amte des Staatssekretärs für Vertriebene, das er 1972 an ihn

---

[396] Langguth, Betriebswirtschaftlicher Aufbau und zweckmäßige Organisation der landwirtschaftlichen Betriebe im eingegliederten Ostgebiet, S. 104.
[397] http://www.catalogus-professorum-halensis.de/blohmgeorg.html (12.9.2011).

abtrat, und er war zugleich Stellvertreter Mockers im Vorsitz des Landes-BdV.[398] Als dieser enge Wegbegleiter Mockers 1970 seinen eigenen 60. Geburtstag vollendete, wusste der biographische Abriss in den „BdV-Nachrichten" über dessen Leben im NS-Staat ebenfalls nur sehr knapp zu berichten: Schwarz sei nach anfänglichem Kriegsdienst von 1942 bis 1945 Mitarbeiter des „Bodenamtes" beim Reichsprotektor für Böhmen und Mähren – also der deutschen Besatzungsregierung im Großteil der heutigen Tschechischen Republik – gewesen und habe sich „mit der Betreuung der Umsiedler und ab 1944 der Flüchtlinge aus dem Osten befaßt".[399] Das 1965 vom SED-Regime zusammengestellte und gezielt auch in Westdeutschland verbreitete sogenannte „Braunbuch" über in der Bundesrepublik in hohen Ämtern tätige „Kriegs- und Naziverbrecher" hatte hingegen mit Blick auf Schwarz betont, dieser sei vor 1945 „NS-Gauschrifttumsbeauftragter im Sudetenland" gewesen.[400] 1968 hatte auch der „Spiegel" die NS-Vergangenheit von Schwarz aufgegriffen, der „ein Amts- und Sachwalter der Nazis" gewesen sei, zuerst „dem vornazistischen ‚Bund der Deutschen'" gedient habe und dann, „nach eigenem Bekunden ‚wie andere Leute auch', nach dem Münchner Abkommen 1938 in die NS-Gauleitung Reichenberg ‚übernommen' worden" sei. Dort habe es „der zielstrebige Auslandsdeutsche […] bis zum ‚Gauschrifttumsbeauftragten' und kommissarischen ‚Hauptstellenleiter' im NS-Gauschulungsamt" gebracht, was er nach 1945 „in allen Lebensläufen und biographischen Darstellungen" sorgsam verschwiegen habe.[401] Als Laudator Karl Mockers war Sepp Schwarz nicht weniger verschwiegen. Man erfuhr alles über Mockers beeindruckende politische Nachkriegskarriere, doch dünnten die Informationen zur Zeit vor 1945 merklich aus. Lediglich Geburtsort, Bildungsgang und Rechtsanwaltstätigkeit wurden referiert. Zum politischen Profil bis 1938 bemerkte Schwarz lediglich, Mocker sei „aktiv in der sudetendeutschen Volkstums- und Sammlungsbewegung" gewesen. Zu den Jahren 1938 bis 1945 erfuhr man in dieser Geburtstagseloge gar nichts.[402]

Mit ähnlich dünnen Angaben begnügte sich auch die Landesregierung, als sie 1975 ihren Vorschlag zur Verleihung des Großen Verdienstkreuzes der Bundesrepublik Deutschland mit Stern an ihren Staatssekretär anlässlich seines 70. Geburtstags erarbeitete. Zu Mockers Wirken vor 1945 hieß es lediglich, er „engagierte […] sich in der Volkstumsbewegung seiner Heimat". Auch in Mockers Personalbogen, der nach seiner Ernennung zum Staatssekretär angelegt worden war,

---

[398] LABW-HStAS, J 121/536 Nr. 1, „Ein großer Erfolg für den BdV", in: BdV-Nachrichten 18.1968, Nr. 7, S. 1.
[399] Ebenda, J 121/536 Nr. 1, „Staatssekretär Sepp Schwarz 60 Jahre", in: BdV-N 20.1970, Nr. 4, S. 1.
[400] Vgl. Braunbuch 1965, S. 282.
[401] Ein ähnliches Kaliber wie Schwarz sei Frank Seiboth, 1942 kommissarischer Gauschulungsleiter im Sudetenland und nach 1949 wie Schwarz BHE-Politiker und Staatssekretär einer Landesregierung (Hessen); vgl. „Nur heiter", in: Der Spiegel Nr. 38 v. 16.9.1968, S. 86–88.
[402] LABW-HStAS, J 121/536 Nr. 1, Sepp Schwarz, „StS Dr. Karl Mocker – ein Siebziger", in: BdV-N 25.1975, Nr. 11, S. 1.

war einzig vermerkt, er sei von Februar 1935 bis Mai 1945 „Rechtsanwalt in Komotau" gewesen; über Parteizugehörigkeiten vor 1945 erfuhr man nichts.[403]

War hier ein Kartell des Verschweigens am Werk – oder gab es im Falle Mockers gar nichts zu verschweigen? Als der „Spiegel" 1972 den Amtswechsel vom früheren „NS-Schulungsredner" Schwarz zu Mocker im Stuttgarter Vertriebenen-Staatssekretariat vermerkte, wusste das Polit-Magazin gegen Letzteren wenig vorzubringen – außer der Tatsache, dass man dem damals schon 66jährigen „Vertriebenenfunktionär" als „Staatssekretär de Luxe" üppige Monatsbezüge und Pensionsansprüche verschafft habe, die „dem rechtsgewirkten früheren BHE-Abgeordneten" nach Meinung der „Spiegel"-Redaktion schon deswegen nicht zustanden, weil Mocker „erst seit August 1971 CDU-Mitglied" war. Von belastender NS-Vergangenheit war jedoch, anders als im Fall von Schwarz, keine Rede.[404]

In einem Meldebogen für sein Entnazifizierungs-Verfahren hatte Karl Mocker im September 1946 noch Angaben gemacht, die in späteren Lebensläufen nicht wiederkehrten. So gab er zu, von „Dez. 1938–Jän. 1942" Mitglied der NSDAP gewesen, behauptete jedoch, auf dem Höhepunkt von Hitlers imperialer Macht über Europa – in Januar (Jänner) 1942 – aus dieser Partei wieder ausgetreten zu sein.[405] Da sein Verfahren schleppend verlief, beantragte der Jurist Mocker im Juli 1947 ein Eilverfahren, um möglichst bald wieder im Anwaltsberuf tätig werden zu können. Hierbei ging er erstmals ausführlich auf seine frühere Mitgliedschaft in der SdP ein, welche die Voraussetzung für seine bereits eingestandene Übernahme in die NSDAP 1938 gewesen war. Mocker erklärte: „Bekanntlich war der weitaus überwiegende Teil der Sudetendeutschen in der Sudetendeutschen Partei vereint, dies umso mehr, als fast alle sonstigen deutschen Parteien den korporativen Eintritt in die Sudetendeutsche Partei [...] durchgeführt hatten. Diese politische Sammlung aller Deutschen im Sudetenland war nicht eine nationalsozialistische Aktion, sondern eine Folgeerscheinung des Volkstums- und Existenzkampfes der Deutschen gegen die Tschechen."[406]

In der Tat war die SdP seit ihrem Wahlerfolg von 1935 zu einer Massenpartei geworden, die bis Frühjahr 1938 alle bürgerlichen Parteien der Sudetendeutschen verdrängte. Auch bisherige bürgerliche Demokraten und SdP-Gegner – darunter der langjährige christlich-soziale Abgeordnete und frühere tschechoslowakische Justizminister Robert Mayr-Harting – schlossen sich im März 1938 dem Abgeordnetenklub (Fraktion) der SdP an.[407] Die SdP zählte 1938 über 1,3 Millionen Mitglieder[408] – was bei einem Gesamtumfang der deutschen Bevölkerungsgruppe

---

[403] Ebenda, EA 2/150 Bü 1155, Personalakte Dr. Karl Mocker.
[404] „Brav gekuscht", in: Der Spiegel Nr. 24 v. 5. 6. 1972, S. 42.
[405] LABW-StAL EL 902/7, Bü 10084, Entnazifizierungs-Akte Dr. Karl Mocker, Dr. Karl Mocker, Schwäbisch-Gmünd, Entnazifizierungs-Meldebogen v. 3. 9. 1946.
[406] Ebenda, Dr. Karl Mocker, Schwäbisch-Gmünd, an die Spruchkammer Schwäbisch-Gmünd, 11. 7. 1947.
[407] Balling, Von Reval bis Bukarest, Bd. 1, S. 372.
[408] Gebel, „Heim ins Reich!", S. 131.

von 3,2 Millionen Menschen[409] ein enorm hoher Organisationsgrad war. Allerdings vernebelte Mockers zutreffender Hinweis auf den korporativen Eintritt der bürgerlichen Parteien von 1938 sein eigenes, bereits sehr viel früher einsetzendes und ganz anders geartetes SdP-Engagement. Außerdem behauptete Mocker 1947, nach Anschluss des Sudetenlandes an Deutschland im Herbst 1938 sei allgemein die „provisorische Überführung" aller SdP-Mitglieder in die NSDAP als „Anwärter" angeordnet worden. Dadurch sei auch er Ende 1938 oder Anfang 1939 „ohne jede persönliche Initiative oder Einflussnahme" NSDAP-Mitglied geworden. Eine endgültige Aufnahme der früheren SdP-Mitglieder in die NSDAP hätte erst nach Kriegsende geprüft werden sollen. Infolge dessen sei die kollektive Übernahme der SdP-Mitglieder nicht als „politische Wertung dieser Menschen" zu verstehen, sondern als „rein parteifiskalische Angelegenheit zur Auffüllung des Parteisäckels". Seine Verbindung zur NSDAP habe sich folglich auf die Zahlung der Mitgliedsbeiträge beschränkt.[410]

Mockers Behauptung von der provisorischen kollektiven Übernahme aller SdP-Mitglieder in die NSDAP im Winter 1938/39 war eindeutig wahrheitswidrig. Sie setzte auf die Unvertrautheit der württembergisch-badischen Entnazifizierungsorgane mit der tatsächlichen Entwicklung im damaligen Sudetengau. Dort hatte es eine automatische Kollektivübernahme aller SdP-Mitglieder in die NSDAP gerade *nicht* gegeben, weil die NS-Führung – allen voran Hitler persönlich – über die politisch-weltanschauliche Heterogenität der sudetendeutschen Massenpartei gut unterrichtet war und vielen SdP-Mitgliedern misstraute. Im Februar 1939 wurde daher verfügt, dass eine „pauschale Übernahme der Mitglieder" der SdP in die NSDAP nicht in Betracht komme, dass vielmehr individuelle Aufnahmeanträge zu stellen und eingehend zu prüfen seien. Bevorzugt aufgenommen werden sollten frühere „Amtswalter" (Funktionäre) der SdP, des weiteren solche Mitglieder, die der SdP bereits bis Mitte März 1938 beigetreten waren (also vor der großen Eintrittswelle bürgerlicher Politiker), ferner frühere Mitglieder der 1933 aufgelösten DNSAP und sonstige durch bestimmte Aktivismen ausgezeichnete Personen; erst an dritter Stelle kamen jene SdP-Mitglieder in Betracht, die zwischen Mitte März und Mitte April 1938 – in der Begeisterungswelle nach dem Anschluss Österreichs an Hitlers Deutschland – beigetreten waren. Für die beiden ersten Gruppen, die der NS-Führung folglich als besonders zuverlässig galten, wurde der 1. November 1938 als Aufnahmedatum festgelegt, für die dritte Gruppe der 1. Dezember.[411] In seinem Entnazifizierungs-Meldebogen hatte Mocker 1946 angeben, im Dezember 1938 in die NSDAP aufgenommen worden zu sein.[412] Aus seiner 1945 in Leitmeritz zurückgebliebenen Personalakte geht jedoch hervor, dass Mockers NSDAP-Aufnahmedatum in Wahrheit der 1. November 1938 gewe-

---

[409] Balling, Von Reval bis Bukarest, Bd. 1, S. 247
[410] LABW-StAL EL 902/7, Bü 10084, Dr. Karl Mocker, Schwäbisch-Gmünd, an die Spruchkammer Schwäbisch-Gmünd, 11.7.1947.
[411] Gebel, „Heim ins Reich!", S. 132–134.
[412] LABW-StAL, EL 902/7, Bü 10084, Entnazifizierungs-Akte Dr. Karl Mocker, Dr. Karl Mocker, Schwäbisch-Gmünd, Entnazifizierungs-Meldebogen v. 3.9.1946.

sen ist.[413] Mocker wurde somit von der NS-Führung als bevorzugt aufzunehmendes, im NS-Sinne als zuverlässig geltendes SdP-Mitglied eingestuft. Er gehörte damit zu jener (großen) Minderheit der SdP-Mitglieder, die vom NS-Regime 1938/39 als aufnahmewürdig herausgefiltert wurde: Doch nur rund 520 000 der über 1,3 Millionen SdP-Mitglieder durften der NSDAP beitreten.[414] Besonders interessant waren für das NS-Regime jene 200 000 Mitglieder, die der SdP bereits 1935 angehört hatten.[415] Mocker war einer dieser „alten Kämpfer" der SdP.

Die Schwäbisch Gmünder Spruchkammer verfügte im September 1947 die Einstellung des Verfahrens. Bei Mocker könne „eine Verantwortlichkeit, die den Betroffenen zum Hauptschuldigen oder Belasteten macht, [...] nicht kraft Gesetzes vermutet werden". Die Kammer verwies insbesondere auf die ihn entlastende angeblich generelle Parteiübernahme aller SdP-Mitglieder 1938 und auf seinen (angeblichen) Austritt aus der NSDAP 1942. Als entlastet könne Mocker jedoch nicht eingestuft werden, da er nicht nachweisen könne, dass er unter dem NS-Regime Nachteile erlitten habe. Er sei jedoch auch nicht als Mitläufer zu betrachten. Daher entschied die Kammer in seltsam salomonischer Weisheit auf Einstellung, „weil er [gestrichen: überhaupt] nicht belastet" sei.[416]

Gegen diesen Beschluss machte das von einem Sozialdemokraten und ehemaligen KZ-Häftling[417] geleitete Ministerium für politische Befreiung in Württemberg-Baden Front. Das Ministerium wies die Spruchkammer an, ihren Einstellungsbeschluss im Fall Mocker wieder aufzuheben, denn da dieser jahrelang NSDAP-Mitglied gewesen sei, sei seine Einstufung als „nicht belastet" schlicht „unrichtig". Mocker müsse vielmehr als „Mitläufer" eingestuft werden. Auch könne im Hinblick auf seine Mitgliedschaft in der NSDAP „von einer [bloßen] Anwärterschaft [...] keine Rede sein".[418] Daraufhin wurde Mocker als Mitläufer eingestuft, da er nicht Parteianwärter, sondern vollgültiges Mitglied der NSDAP gewesen sei. Auch habe es, wie die Spruchkammer in Schwäbisch Gmünd plötzlich wusste, anders als von Mocker behauptet keine „korporative Mitgliedschaft" von SdP-Angehörigen in der NSDAP gegeben, vielmehr habe „in jedem Fall ein Aufnahmeantrag persönlich gestellt werden" müssen.[419]

Mocker hätte womöglich mit noch ernsteren Konsequenzen zu rechnen gehabt, wäre der Spruchkammer seine Rechtsanwalts-Personalakte bekannt gewesen, die ab 1938/39 beim neu errichteten Oberlandesgericht Leitmeritz angelegt worden

---

[413] SOAL, Fond Vrchní zemský soud (risský) Litomerice (NAD 724, karton 108, spis 2-M-34), OLG Leitmeritz, Akten über Dienstverhältnisse des Rechtsanwalts Dr. Karl Mocker, Komotau, Personal- und Befähigungsnachweis Dr. Karl Mocker.
[414] Gebel, „Heim ins Reich!", S. 135.
[415] Hoensch, Geschichte Böhmens, S. 427.
[416] LABW-StAL, EL 902/7, Bü 10084, Spruchkammer Schwäbisch-Gmünd, Beschluss v. 12. 9. 1947.
[417] Gottlob Kamm, SPD, ehem. KZ-Häftling, 1946–1948 Staatsminister für politische Befreiung Württemberg-Baden.
[418] LABW-StAL, EL 902/7, Bü 10084, Ministerium für politische Befreiung Württemberg-Baden, i.A. Dr. Mattes, an Spruchkammer Schwäbisch-Gmünd, 12. 1. 1948.
[419] Ebenda, Spruchkammer Schwäbisch-Gmünd, Änderungsbescheid v. 20. 1. 1948.

war und dort 1945 den Zusammenbruch der NS-Herrschaft unversehrt überstanden hatte. In dieser Akte war festgehalten, dass Mocker bereits ab Januar 1935 Mitglied der SdP gewesen war. Mehr noch: Mocker war demnach von Anfang an auch *Funktionär* dieser Partei gewesen – „zuerst Mitglied der Ortsleitung, später Mitglied der Bezirksleitung der S.d.P." Er war folglich 1938 als Angehöriger der vom NS-Regime bevorzugt akzeptierten Gruppe früherer SdP-„Amtswalter" in die NSDAP überführt worden.[420]

Eine weitere beim OLG Leitmeritz aufbewahrte Personalkarte Mockers gibt Aufschluss über seinen politischen Werdegang. Demnach hat Mocker zunächst der Deutschen Nationalpartei angehört – der Partei Rudolf Lodgmans mit ihrem dezidiert negativistischen, d. h. auf Ablehnung der Tschechoslowakei und auf Anschluss der Sudetengebiete an Deutschland gerichteten Kurs, der Ende der 1920er Jahre nur noch eine kleine Minderheit von 189 000 sudetendeutschen Wählern angesprochen hatte. Offensichtlich zählte der junge Mocker um 1930 zu diesem kleinen Kern deutschnationaler Negativisten.[421] Anschließend war Mocker nach eigenen (während der NS-Herrschaft gemachten) Angaben 1933 zur „Deutschen Nationalsozialistischen Arbeiterpartei" (DNSAP) gestoßen; jedenfalls *behauptete* er, sich bei dieser Partei – dem Pendant der reichsdeutschen NSDAP in der Tschechoslowakei – knapp vor deren Selbstauflösung[422] angemeldet, dann aber infolge besagter Auflösung keine Mitgliedskarte mehr erhalten zu haben. Danach sei er bis „Jänner 1935" parteilos gewesen, um dann der SdP beizutreten.[423] Vorausgesetzt, dass die 1938/39 im Lichte einer angestrebten Partei- und Berufskarriere im NS-Staat gemachten Angaben Mockers der Wahrheit entsprechen[424], muss man Mocker als überzeugten „negativistischen" Gegner der Tschechoslowakischen Republik und als frühzeitig pro-nationalsozialistischen Partei-Aktivisten am rechten Rand des politischen Spektrums der Sudetendeutschen einstufen. Auch seine erste politische Heimat, die deutschnationale DNP, hatte bereits um 1920 mit der

---

[420] Mocker hatte ferner dem „Deutschen Turnverband", dem „Bund der Deutschen" und dem „Deutschen Kulturverband seit 1931" angehört; vgl. SOAL, Fond Vrchní zemský soud (rísský) Litomerice (NAD 724, karton 108, spis 2-M-34), OLG Leitmeritz, Akten über Dienstverhältnisse des Rechtsanwalts Dr. Karl Mocker, Komotau, Personal- und Befähigungsnachweis Dr. Karl Mocker.

[421] Diese zeitweilig von Lodgman geleitete Rechtspartei (DNP) erzielte bei den Wahlen von 1925 280 000 Stimmen, bei denen von 1929 nur noch 189 000 Stimmen und kam im Oktober 1933 durch Selbstauflösung einem staatlichen Verbot zuvor; vgl. Balling, Von Reval bis Bukarest, Bd. 1, S. 261.

[422] Die DNSAP, eine „extreme nationalistische Rechtspartei der Sudetendeutschen", die in der Nachfolge der 1903/04 gegründeten „Deutschen Arbeiterpartei" im habsburgischen Österreich stand, kam ebenfalls im Oktober 1933 durch Selbstauflösung einem staatlichen Verbot in der Tschechoslowakischen Republik zuvor; Vgl. Balling, Von Reval bis Bukarest, Bd. 1, S. 261.

[423] SOAL, Fond Vrchní zemský soud (rísský) Litomerice (NAD 724, karton 108, spis 2-M-34), OLG Leitmeritz, Akten über Dienstverhältnisse des Rechtsanwalts Dr. Karl Mocker, Komotau, Personalkarte Dr. Karl Mocker.

[424] Den angeblich versuchten Beitritt zur DNSAP von 1933 konnte er im NS-Staat ebensowenig belegen wie den angeblich 1942 erfolgten Austritt aus der NSDAP nach dem Zusammenbruch des NS-Staates.

proto-nazistischen DNSAP kooperiert und ein Wahlbündnis geschlossen. Als Mocker 1933 angeblich dieser Partei beizutreten versuchte, hatte diese „extreme nationalistische Rechtspartei der Sudetendeutschen" unter Führung des einstigen Hitler-Rivalen, späteren NSDAP-Reichstagsabgeordneten und SS-Gruppenführers Rudolf Jung in den Wahlen von 1929 lediglich 204 000 Wähler für sich gewinnen können.[425] 1932, kurz vor Mockers angegebenem Beitrittsversuch, hatte sich die DNSAP „klar zu Hitler bekannt"[426]. Damals ließ die zunehmende Arbeitslosigkeit infolge der Weltwirtschaftskrise „Tausende radikalisierter Sudetendeutscher" in die DNSAP eintreten[427], doch Arbeitslosigkeit war für den promovierten Juristen und sich erfolgreich etablierenden jungen Rechtsanwalt Mocker nicht das Motiv seines politischen Engagements am rechten Rand.

Nicht nur in seiner ab 1935 nachweisbaren Eigenschaft als SdP-Regionalfunktionär, sondern auch in seiner – behaupteten – Eigenschaft als Beinahe-Mitglied der DNSAP war Karl Mocker 1938/39 eine privilegierte Aufnahme in die NSDAP sicher. Nach den Aufnahmekriterien des NS-Regime galt er als politisch und weltanschaulich zuverlässiger NS-Aktivist. Dass dieses frühe rechtsradikale Engagement Mockers, welches erst mit dem Wahlerfolg der SdP von 1935 zum Mainstream unter den Sudetendeutschen wurde, wesentlich durch seine Ablehnung der Einbeziehung der Sudetendeutschen in die Tschechoslowakei veranlasst worden sei, wie er 1947 geltend machte, kann man als glaubwürdig betrachten. Weniger glaubwürdig ist Mockers im Entnazifizierungsverfahren gemachte Behauptung, die Entstehung der SdP sei „nicht [als] eine nationalsozialistische Aktion", sondern als „Folgeerscheinung" des deutsch-tschechischen Konflikts zu werten.[428] Was für das Gros der spät eintretenden SdP-Mitglieder durchaus zutreffen mag, weckt bei einem frühzeitig NS-nahen Aktivisten wie Mocker Zweifel und lässt fragen, ob in seinem Falle nicht auch ideologische Übereinstimmungen mit der NS-Ideologie vorlagen, die sein sukzessives Engagement für DNSAP, SdP und NSDAP beeinflussten. Gewiss schwankte die SdP zwischen einer „österreichischen Orientierung" und der „Orientierung auf Deutschland".[429] Henleins neue Organisation hatte zunächst eine klassenübergreifende „Volksgemeinschaft" auf dem Boden der „christlichen Weltanschauung" propagiert, ebenso das Eintreten für eine „deutsche Kultur- und Schicksalsgemeinschaft", die „Sicherung des Heimatbodens", die Bekämpfung der unter den Sudetendeutschen grassierenden Arbeitslosigkeit und der sozialen Probleme.[430] Auch dass Henlein die Durchsetzung der jüngeren deutschen Generation in der Politik repräsentierte und dies mit antibürgerlichen und antitraditionalistischen Signalen verband[431], könnte für dessen

---

[425] Balling, Von Reval bis Bukarest, Bd. 1, S. 263; zur NS-Karriere Jungs: ebenda, S. 418.
[426] Ziegler, Tschechoslowakei, S. 543.
[427] Smelser, Das Sudetenproblem und das Dritte Reich, S. 52.
[428] LABW-StAL, EL 902/7, Bü 10084, Dr. Karl Mocker, Schwäbisch-Gmünd, an die Spruchkammer Schwäbisch-Gmünd, 11. 7. 1947.
[429] Kural, Konflikt anstatt Gemeinschaft?, S. 79.
[430] Hoensch, Geschichte Böhmens, S. 427.
[431] Kural, Konflikt anstatt Gemeinschaft?, S. 164.

Generations- und Parteigenossen Mocker attraktiv gewesen sein – zumal dessen eigene berufliche Existenzgründung als Rechtsanwalt mit der Übernahme von Partei-Funktionen in der SdP 1935 parallel lief. Es entbehrt nicht der Ironie, dass Mocker nach 1945 gelegentlich bei Stellenbesetzungen in baden-württembergischen Rundfunkgremien seine Zugehörigkeit zur jungen Generation (der nach 1900 Geborenen) zugute gehalten wurde – mit der kontrafaktischen Begründung, diese Generation habe sich „im NS-Staat nicht diskreditiert".[432] Dabei waren SdP wie NSDAP Bewegungen, in denen die junge Generation stärker vertreten war als in den zuvor etablierten Parteien. Die NS-Bewegung war eine Jugend-Bewegung.

Jedenfalls war Mocker eindeutig ein überzeugt NS-konformer SdP-Aktivist – vorgeprägt durch sein Jugendengagement in DNP und DNSAP, vollends geprägt durch sein SdP-Engagement ab 1935. So bescheinigte der frühere tschechoslowakische SdP-Abgeordnete und frischgebackene „Kreisbeauftragte der NSDAP" für Komotau, Franz Nemetz, Ende 1938 den NS-Justizbehörden im Zuge der politischen Überprüfung der sudetendeutschen Rechtsanwälte, dass der „Pg. Dr. Karl Mocker" und drei erst nach Mocker genannte weitere Anwälte in der SdP von Komotau seine „engsten Mitarbeiter" gewesen seien und „sich in der Bewegung hervorragend betätigt" hätten.[433] Schon Mitte November 1938 hatte Nemetz, der damals zum NSDAP-Kreisleiter von Komotau aufstieg, aber bald in „Ungnade" fiel und stürzte[434], Mocker das politische Zeugnis ausgestellt, dieser sei „seit Gründung der SdP in der Bewegung aktiv tätig", habe sich „seit jeher nur im nationalsozialistischen Sinne betätigt", sei bereits „jahrelang Amtswalter der Partei und zählt auch jetzt noch zu meinen engsten Mitarbeitern". Mocker habe überdies als Rechtsanwalt und „Bezirksrechtswahrer der Partei [...] in selbstloser Weise unzählige Strafsachen der Kameraden" gegen die Justiz der Tschechoslowakei „geführt".[435]

Familiäre NS-Sozialisation: Rudolf Wollner 1933–1939

Rudolf Wollner, 1923 im zur Tschechoslowakischen Republik gehörigen Sudetenland (in Asch) geboren, war der deutlich jüngste Angehörige der Gründungsmannschaft des deutschen Vertriebenenverbandes. Aus seinen Entnazifizierungsakten geht hervor, dass der damals erst 23jährige von Februar bis November 1946 „in einem Lager für polit.[ische] Häftlinge" im amerikanisch besetzten Hessen „interniert" worden war. Als Grund dafür („Reason for arrest") vermerkte die

---

[432] Vgl. Dussel / Lersch / Müller, Rundfunk in Stuttgart 1950–1959, S. 49.
[433] SOAL, Fond Vrchní zemský soud (risský) Litomerice (NAD 724, karton 108, spis 2-M-34), OLG Leitmeritz, Akten über Dienstverhältnisse des Rechtsanwalts Dr. Karl Mocker, Komotau, Der Kreisbeauftragte der NSDAP Komotau an den kommissarischen Leiter des Amtsgerichts Komotau, 4.12.1938.
[434] Balling, Von Reval bis Bukarest, Bd. 1, S. 334.
[435] SOAL, Fond Vrchní zemský soud (risský) Litomerice (NAD 724, karton 108, spis 2-M-34), OLG Leitmeritz, Akten über Dienstverhältnisse des Rechtsanwalts Dr. Karl Mocker, Komotau, Der Kreisbeauftragte der NSDAP Komotau, Nemetz, Erklärung zu Dr. Karl Mocker, 18.11.1938.

Besatzungsmacht lapidar: „Waffen SS Untersturmführer".[436] In einer eidesstattlichen Erklärung gab Wollner vor der Entnazifizierungs-Spruchkammer des Darmstädter Internierungslagers zu Protokoll, er habe in seiner sudetendeutschen Heimat zunächst eine Schlosserlehre absolviert und sei zugleich 1939/40 Mitglied der Hitlerjugend (HJ) gewesen. 1941 habe er sich dann „freiwillig zur Waffen SS" gemeldet, der er bis zu seiner „Gefangennahme" im Mai 1945 angehört habe. Ansonsten habe er keiner weiteren NS-Organisation außer der Deutschen Arbeitsfront (DAF) angehört – womit er nicht nur deren Pflichtmitgliedschaft für sich sprechen ließ, sondern vor allem andeutete, dass er kein Mitglied der NSDAP gewesen sei.[437]

Rudolf Wollner verschwieg den hessischen Entnazifizierungs-Instanzen wohlweislich, dass er der Sohn von Georg Wollner war, mit dem er damals in Hessen wieder unter einem Dach zusammenlebte.[438] Sein Vater, 1903 ebenfalls im damals noch habsburgisch-böhmischen Asch geboren und wenige Monate nach dem Entnazifizierungsverfahren des Sohnes im Sommer 1948 in Marburg verstorben, war im „Dritten Reich" kein Unbekannter. Der gelernte Schlosser war seit 1934 hauptamtlicher Funktionär der Henlein-Partei SHF bzw. SdP in Eger (Cheb) gewesen und 1935 zum SdP-Kreisleiter sowie zum Mitglied des tschechoslowakischen Abgeordnetenhauses aufgestiegen, dem er bis 1938 angehörte. Wollner senior zählte zur NS-Fraktion innerhalb der damals noch heterogenen SdP und damit im Krisenjahr 1938 zu jenen Scharfmachern, die auf eine völlige Abtrennung der Sudetengebiete von der Tschechoslowakei statt auf Kompromisse abzielten.[439] Diese Gruppe schreckte auch vor einem regionalen Putschversuch nicht zurück. Ein solcher wurde vom NS-Flügel unter Karl Hermann Frank am 12. September 1938 zur Entmachtung der tschechoslowakischen Staatsorgane im Sudetenland unternommen, jedoch trotz des Einsatzes paramilitärischer Formationen von der Prager Regierung erfolgreich unterdrückt – wobei sudetendeutsche Sozialdemokraten und Kommunisten die Tschechen aktiv unterstützten.[440] Die SdP-Führung um Henlein flüchtete daraufhin nach Deutschland. Nur wenig später jedoch, am 21. September 1938, proklamierte Georg Wollner als SdP-Kreisleiter in Eger unter Androhung des Einmarsches deutscher Truppen den Anschluss der Stadt an das Deutsche Reich und verfügte die Entwaffnung der tschechoslowakischen Polizei. Nach Informationen der deutschen Gesandtschaft in Prag hatten Wollners Milizen „alle Behörden besetzt", doch auch dort konnte die tschecho-

---

[436] HStAW, Spruchkammern, Abt. 520, Frankenberg Nr. 15544 (Spruchkammerakt Wollner, Rudolf), Bl. 33 ff., insb. Bl. 35, Spruchkammer Frankenberg/Eder, Protokoll der öffentlichen Sitzung am 5.9.1947, sowie Bl. 8, [US Military Government for Greater Hesse], Arrest Report, Auszug vom 26.2.1946.
[437] Ebenda, Bl. 12, Großhessisches Staatsministerium, Minister für Wiederaufbau und politische Befreiung, Spruchkammer Darmstadt-Lager, Eidesstattliche Erklärung des Internierten Rudolf Wollner, 6.11.1946.
[438] Ebenda, Bl. 28, Hessisches Staatsministerium, Minister für politische Befreiung, Öffentlicher Kläger der Spruchkammer Frankenberg, Klageschrift gegen Rudolf Wollner, 17.5.1947.
[439] Balling, Von Reval bis Bukarest, Bd. 1, S. 352.
[440] Kural, Konflikt anstatt Gemeinschaft?, S. 252, S. 260 und S. 270.

slowakische Staatsgewalt „ohne Blutvergießen" die Ordnung wiederherstellen. Gleichwohl hatte Wollners Putschversuch eine kriegerische Eskalation riskiert und wahrscheinlich sogar bewusst provozieren wollen. Der deutsche Gesandte in Prag, Andor Hencke, vermerkte in seinem Bericht an das Auswärtige Amt, die „örtliche sudetendeutsche Bevölkerung" habe Wollners „eigenmächtig[es]" Vorgehen „mißbilligt" und „unnützes Blutvergießen" befürchtet.[441]

Infolge des Münchner Abkommens durfte sich der Scharfmacher aus Eger dennoch alsbald als Sieger fühlen. Georg Wollner stieg Ende 1938 nicht nur zum Mitglied des „Großdeutschen Reichstages" auf, dem er bis Mai 1945 angehörte, sondern auch zum ersten Kreisleiter der NSDAP in Eger. Allerdings wurde er bereits 1939 von Gauleiter Konrad Henlein als Gauhauptamtsleiter und Gauinspektor in die Gauhauptstadt Reichenberg (Liberec) berufen (und damit in gewisser Weise hinwegbefördert). 1941 ging Wollner senior dann als Kreisleiter der NSDAP in das wichtige Industriezentrum Pilsen und wechselte damit ins „Reichsprotektorat Böhmen und Mähren" über. Der Vater des angeblich politisch unbedarft zu HJ und SS gelangten Rudolf Wollner war seit 1939 auch SS-Offizier – zuletzt im Range eines SS-Sturmbannführers, was dem Majorsrang der Wehrmacht entsprach. Georg Wollner agierte 1940 als „Sonderführer" an der Westfront und stand ab 1942 mit der Waffen-SS an der Ostfront.[442]

Obwohl Georg Wollner somit im „Dritten Reich" ein aktiver NSDAP-Funktionär und höherer SS-Offizier gewesen war, kam niemand – auch nicht unter den sudetendeutschen NS-Gegnern – im Hessen des Jahres 1947 auf die Idee, die unpolitische Entlastungsgeschichte des Sohnes mit der hochpolitischen Belastungsgeschichte des Vaters in Verbindung zu bringen. Dabei geht es – auch rückblickend – nicht um Sippenhaftung, denn selbstverständlich trägt Rudolf Wollner für das Denken und die Taten seines Vaters keine Verantwortung. Doch als Sohn eines überzeugten und erfolgreich aufsteigenden Nationalsozialisten aufgewachsen, dürfte der junge Wollner eine ganz andere politische Prägung erfahren haben als jene, die er nach 1945 behauptete und die im Entnazifizierungsverfahren als glaubwürdig betrachtet wurde. Der Sohn eines NSDAP-Gauinspektors ging nicht deshalb zur HJ, weil es Pflicht war, der Sohn eines SS-Offiziers meldete sich nicht deshalb freiwillig zur Waffen-SS, weil er politisch unbedarft auf eine Werbekampagne hereingefallen war. Zugute zu halten ist Rudolf Wollner sein jugendliches Lebensalter; doch muss man vermuten, dass er vielmehr als überzeugter junger Anhänger des NS-Regimes statt als unbedarfter Verführter in die Waffen-SS als Elitetruppe eben dieses Regimes eingetreten ist. Infolge seiner familiären Sozialisation dürfte Wollner mit höchster Wahrscheinlichkeit ein Selbstverständnis als „politischer Soldat" im Sinne der NS-Ideologie entwickelt haben. Folgerichtig wurde Rudolf Wollner in seiner (leider unvollständigen, da kriegsbeschädigten) SS-Personalakte im April 1944 seitens der SS-Führerschule Fallingbostel zwar in seiner militärischen Qualität zurückhaltend beurteilt, nicht aber in politisch-

---

[441] PAAA R 10/3668, Deutsche Gesandtschaft Prag, Hencke, an RMA, 22.9.1938.
[442] Balling, Von Reval bis Bukarest, Bd. 1, S. 352.

ideologischer Hinsicht. Hier wurde ihm ein „klares weltanschauliches Wissen" bescheinigt, und im Hinblick auf die in der SS besonders menschenverachtend vertretene NS-Ideologie attestierte man Rudolf Wollner ausdrücklich, „sehr interessiert und willig" zu sein.[443]

Der biographische Kontext von Wollners Jugend wurde erst lange nach dem Entnazifizierungsverfahren thematisiert, als die westdeutsche „Vereinigung der Verfolgten des Nazi-Regimes" – eine kommunistisch geprägte NS-Opferorganisation – 1981 die DDR-Justizbehörden auf Wollners Vater und dessen NS-Vergangenheit aufmerksam machte[444] – übrigens ohne Folgen.[445] Einige Zeit später verwechselte ein sudetendeutscher Publizist im Hinblick auf NS-Aktivitäten von 1938 Vater und Sohn, aber auch dies blieb ein Einzelfall.[446] Im Übrigen wurde Rudolf Wollners NS-Elternhaus nach 1945 lange Zeit völlig ausgeblendet. Eine Ausnahme stellte der „Ascher Rundbrief" von 1977 dar, wo Rudolf Wollner vage als „Sohn des verstorbenen Politikers Georg Wollner aus Asch" vorgestellt wurde – ein Fingerzeig, der den engeren Landsleuten zweifellos ausreichte.[447] Erst im Nekrolog des BdV-Zentralorgans „Deutscher Ostdienst" zum Tode Rudolf Wollners im Jahre 2002 wurde Wollners Vater ausdrücklich wieder erwähnt – und zwar mit der würdigenden Bemerkung, Rudolf Wollners „Engagement, sich für andere einzusetzen", sei ihm bereits „im Elternhaus mitgegeben" worden: „Sein Vater, Georg Wollner, ein bekannter sudetendeutscher Politiker, führte vor 1938 einen politischen Kampf für die sudetendeutsche Volksgruppe". Dass dieses „Engagement", dieser „politische Kampf" die Karriere eines NSDAP-Kreisleiters begründet hatte, die wiederum nicht nur den Vater, sondern auch den Sohn zum SS-Offizier gemacht hatte, ließen diese gezielten Halbwahrheiten der Vertriebenenverbandspresse nicht erkennen.[448]

---

[443] BAB, BDC, SSO Rudolf Wollner.
[444] BStU, Archiv der Zentralstelle, MfS-HA IX/11 RHE 41/81 BRD, Bl. 4, VVN Bund der Antifaschisten, Präsidium, Helmut Stein, an Generalstaatsanwaltschaft der DDR, 28. 9. 1981.
[445] Ebenda, Bl. 5, [MfS DDR], Winkler, Aktennotiz vom 3. 3. 1982.
[446] Theisinger, Die Sudetendeutschen, S. 97, stellte fest, im Mai 1938 habe „der SdP-Abgeordnete Rudolf Wollner" erklärt, nur „aus taktischen Gründen" habe sich Henlein nicht schon „früher zum Nationalsozialismus bekennen" können; diese Äußerung kann allenfalls von Georg Wollner stammen.
[447] „Menschenrechte auch für uns", in: Ascher Rundbrief Nr. 11, November 1977, S. 1–2.
[448] Wolf, Zum Tod von Rudolf Wollner, S. 2.

IV. Die Angehörigen des ersten BdV-Präsidiums: Politisches und militärisches Verhalten im Zweiten Weltkrieg 1939–1945

Der Zweite Weltkrieg bedeutete für unzählige Millionen Menschen eine scharfe Zäsur. Etliche Millionen auf allen Seiten der Kriegführenden kamen bei Kampfhandlungen um, wurden als Zivilisten Opfer einer totalen Kriegführung oder fielen der gezielten Massenmord-Politik des NS-Regimes zum Opfer. Auch für die Personen unserer Untersuchungsgruppe war der Zweite Weltkrieg ein massiver biographischer Einschnitt. Eines aber war ihnen dabei gemeinsam und unterscheidet sie von vielen Millionen Opfern dieser Zeit: Die dreizehn späteren Mitglieder der späteren BdV-Führung haben die Gewalt des Zweiten Weltkrieges sämtlich überlebt.

Gleichwohl wurden die Lebensläufe dieser dreizehn Deutschen durch den Zweiten Weltkrieg ganz erheblich beeinflusst. Mit Ausnahme der vier Angehörigen der ältesten Generation machten alle mehr oder weniger nachhaltige Kriegserfahrungen als Angehörige der Wehrmacht, der Waffen-SS oder anderer Kampfverbände. Einige scheinen dabei eher „normale" oder aus heutiger Sicht „unverfängliche" Erfahrungen mit Kampfhandlungen gesammelt zu haben – als Militärbürokraten im Hinterland wie Karl Mocker oder als Luftschutzoffizier an der Heimatfront wie Reinhold Rehs. Andere gerieten durch den Zufall ihrer militärischen Einsätze in Kampfzonen, die namentlich durch die Eskalation eines rücksichtslosen Partisanenkrieges bzw. der deutschen Art der Partisanenbekämpfung, die Massenmord an Juden systematisch einschloss, nur noch als „Bloodlands" (Timothy Snyder), als ausgeprägte Zonen des Massenmordes, bezeichnet werden können.[1] Ohne dass wir persönliche Untaten zuordnen oder konkrete Schuldzuweisungen erheben könnten, prägte ein solcher Gewaltkontext des Partisanenkrieges beispielsweise nachweislich den Wehrmachtseinsatz von Erich Schellhaus in Weißrussland und mutmaßlich auch jenen von Hellmuth Gossing in Kroatien. Wieder andere, wie Rudolf Wollner, gerieten nicht durch Zufall, sondern durch bewusste Entscheidung (freiwillige Meldung) in elitäre Kampfverbände der Waffen-SS, die sich durch eine besondere ideologisierte Rücksichtslosigkeit im Ostkrieg und durch eine brutalisierte Form der Partisanenbekämpfung – im Falle Wollners namentlich in Griechenland und Jugoslawien 1944 – auszeichneten. Doch in allen Fällen – Schellhaus, Gossing, Wollner – können wir nur mehr oder minder wahrscheinliche Beteiligungen unterstellen, ein individueller Schuldnachweis ist hingegen nicht zu erbringen.

Für unsere Untersuchungsgruppe bedeutete der Zweite Weltkrieg jedoch nicht nur die Auslösung kriegerischer Gewalterfahrungen – mit allen Begleiterscheinungen, von Verwundungen bis hin zu Ordensauszeichnungen. Der Krieg eröffnete für manche unserer Probanden auch bislang undenkbare Karrierechancen

---

[1] Vgl. Snyder, Bloodlands.

als zivile Funktionäre des NS-Regimes. So stieg der oberschlesische Minderheitenpolitiker Otto Ulitz zum Titular-Ministerialrat und zum Leiter einer regionalen Schulverwaltung auf. So avancierte der Landwirt Heinz Langguth zum Leiter einer Agrarverwaltung im von Hitler eroberten, bislang polnischen „Reichsgau Wartheland", die primär mit der Bewirtschaftung enteigneten polnischen und jüdischen Grundbesitzes befasst war. So nutzte der erst 1938 nach langen Schwierigkeiten verbeamtete Richter Hans Krüger die sich ihm bietenden Aufstiegschancen im neu eroberten Westpreußen, wo er es beruflich zum Oberamtsrichter und Sonderrichter sowie in der NSDAP zum Ortsgruppenleiter von Konitz brachte. So wusste der bis 1941 in Jugoslawien als NS-orientierter volksdeutscher Minderheitenpolitiker tätige Josef Trischler seine politisch-parlamentarische Karriere in Ungarn, das seine Heimat – die Batschka – als Bundesgenosse des deutschen Überfalls auf Jugoslawien zurückerobert hatte, bis 1945 fortzusetzen. Den ostpreußischen Bürgermeister Alfred Gille riss der Zweite Weltkrieg aus dieser relativen, allenfalls durch die NS-Judenverfolgung getrübten Beschaulichkeit; über eine militärisch-administrative Tätigkeit in einer Feldkommandantur avancierte Gille 1942 zum hochrangigen Mitarbeiter der zivilen deutschen Besatzungsverwaltung in den eroberten Gebieten der UdSSR – zunächst als Gebietskommissar (Stadtkommissar/Oberbürgermeister) im ukrainischen Saporoschje, sodann als Gebietskommissar (Landrat) im weißrussischen Nowogrodek. Alle diese Tätigkeiten unterstützten auf unterschiedliche Weise das Funktionieren des kriegführenden NS-Regimes; ihre Funktionsträger waren sämtlich Akteure der strukturellen Gewalt des NS-Imperiums, einige von ihnen haben sich in unterschiedlichen Graden – häufig allein durch ihr subjektiv „korrektes" Verhalten – schuldig gemacht. Ein Gebietskommissar in Erich Kochs „Kolonialverwaltung" der Ukraine konnte 1942/43 gar nicht „sauber" bleiben, selbst wenn er es subjektiv versuchte; und selbst ein kleiner NS-Karrierist wie der Richter Krüger in Konitz geriet 1939 in die westpreußischen Mordzonen von Massenmorden an Polen, Juden und Geisteskranken und erntete schwere Nachkriegsvorwürfe, an dortigen in Morden kulminierenden Selektionen oder Sondergerichts-Todesurteilen beteiligt gewesen zu sein.

Für alle Beteiligten hielt der Zweite Weltkrieg auch die Schlusserfahrung der deutschen Niederlage und des totalen Zusammenbruchs bereit. Nur dezidierte NS-Gegner wie Wenzel Jaksch hatten auf diese Niederlage hingearbeitet, nur regimeferne resistente Katholiken wie Linus Kather weinten dem untergehenden NS-Regime gewiss keine Träne nach. Für alle anderen brach ein Regime zusammen, dem sie mehr oder weniger treu gedient hatten. Für alle dreizehn aber brach jenes Deutschland zusammen, das sie bisher kannten – indem Grenzen im Osten massiv verschoben und Millionen besiegter Deutscher ins verkleinerte Deutschland vertrieben wurden. Zwar haben nur einige unserer Probanden diese Erfahrung von Flucht oder Vertreibung am eigenen Leibe erlebt – Otto Ulitz als behördliche Evakuierung, Linus Kather als Flucht, Rudolf Lodgman als Vertreibung, Karl Mocker als Zwangsaussiedlung –, während die meisten als Soldaten in Kriegsgefangenschaft gerieten und die Vertreibungspolitik der Alliierten nur indirekt dadurch erfuhren, dass ihnen die Rückkehr in ihre Heimat dauerhaft verwehrt blieb. Fast alle gelangten nach Westdeutschland – zuweilen, in den Fällen Lodgman und Ulitz, mit Umwegen über die SBZ/DDR, die im Falle von Ulitz mit sowjetischer Lagerinternierung, DDR-Schauprozess und DDR-Zuchthaushaft einhergingen. Ironischerweise wurde der entschiedenste NS-Gegner unserer Untersuchungsgruppe, Wenzel Jaksch, der sich seit Frühjahr 1939 im britischen Exil befand, am längsten auch aus Westdeutschland ferngehalten, in das er erst 1949 übersiedeln durfte.

1. Die ältere Generation und der Zweite Weltkrieg: Lodgman – Ulitz – Kather – Jaksch

Was die Entwicklung der vier Angehörigen der älteren Generation unserer Untersuchungsgruppe im Zweiten Weltkrieg angeht, die im Jahre 1939 zwischen 62 (Lodgman) und 43 (Jaksch) Jahre alt waren, kann in allen vier Fällen eine Folgerichtigkeit ihres politischen Handels im Verhältnis zum NS-Regime konstatiert werden, die auf frühere Prägungen und Entscheidungen zurückgeht und insofern beinahe als politische „Pfadabhängigkeit" erscheinen könnte. Jeder dieser vier ging jenen politischen Weg konsequent weiter, den er bereits zwischen 1933 und 1939 und in einigen Fällen schon lange vor 1933 beschritten hatte. Vom deutschnationalen Sympathisanten des NS-Regimes (Rudolf Lodgman) über den sich schrittweise anpassenden liberal-bürgerlichen NS-Funktionär (Otto Ulitz) und den „resistenten" Katholiken und Nicht-Nationalsozialisten, der auch zum geringfügig NS-Verfolgten wurde (Linus Kather), bis hin zum kämpferischen sozialdemokratischen NS-Gegner im Exil (Wenzel Jaksch) sind denkbar konträre politische Verhaltenstypen auch in der zweiten Phase der NS-Herrschaft zwischen 1939 und 1945 in dieser Gruppe auf ausgeprägte Weise präsent.

Eigensinniger NS-Sympathisant und Denunziant: Rudolf Lodgman von Auen

Den Zweiten Weltkrieg erlebte Rudolf Lodgman, der zu Kriegsbeginn knapp 62 Jahre alt war, als Pensionär und politischer Privatier. Dennoch kann aus der Tatsache, dass Lodgman keine politischen Ämter im NS-Staat annahm, nicht gefolgert werden, dass er diese „aus Gegnerschaft zum Nationalsozialismus ab[gelehnt]" habe, wie sein Biograph Simon in den 1950er Jahren behauptete.[2] Lodgman war weder vor noch nach 1938/39 ein grundsätzlicher Gegner des Nationalsozialismus, er war vielmehr der typische Fall eines großdeutsch orientierten Deutschnationalen, der sich in vielem – wenngleich nicht in allem – als legitimer Vorläufer des Nationalsozialismus begriff. Die oben geschilderten Konflikte vom Jahresende 1938, Lodgmans gegenüber Reichsinnenminister Frick geäußerte Kri-

---

[2] Simon, Rudolf Lodgman von Auen, S. 9.

tik am neu ernannten sudetendeutschen Gauleiter und Reichsstatthalter Konrad Henlein sowie Lodgmans gleichzeitiger Disput mit dem ihm seit langem bekannten Aussiger NS-Regierungspräsidenten Gauleiter Hans Krebs, bei dem es um eine Hilfeleistung Lodgmans für die Familie des NS-verfolgten sozialdemokratischen Ex-Bürgermeisters von Aussig ging, mündeten in Lodgmans grollend getroffene Entscheidung, sich politisch nicht reaktivieren zu lassen bzw. wieder aktiv zu werden. Dies dürfte vorübergehende Verstimmungen erzeugt haben, schadete jedoch seinem hohen Ansehen als Vorkämpfer Großdeutschlands beim NS-Regime langfristig in keiner Weise.

Im Gegenteil stand Lodgman während der gesamten NS-Herrschaft in seiner sudetenländischen Heimat zwischen 1938 und 1945 bei der NS-Führung in hoher Gunst. Als er im Dezember 1942 seinen 65. Geburtstag feierte, ging nicht nur ein Glückwunschtelegramm von Gauleiter Krebs ein; der Jubilar erhielt auch offizielle Gratulationen von Reichspropagandaminister Joseph Goebbels und vom früheren Henlein-Stellvertreter in der SdP, dem mittlerweile im „Reichsprotektorat Böhmen und Mähren" zum Staatssekretär und Höheren SS- und Polizeiführer aufgestiegenen Karl Hermann Frank.[3] Als 1943 eine Monographie über die 600jährige Geschichte der deutschen Studentenschaft in Prag erschien, die ostentativ dem Andenken des Mitte 1942 von eingeschleusten Exil-Tschechen ermordeten stellvertretenden Reichsprotektors und SS-Obergruppenführers Reinhard Heydrich gewidmet worden war[4], wurde darin auch dem „überaus verdienten und von allen nationalen Kreisen geschätzten deutschnationalen Abgeordneten und einstigen Landeshauptmann von ‚Deutschböhmen' Dr. Lodgman von Auen" die Reverenz erwiesen. Der Autor dieses NS-Geschichtswerkes war Wolfgang Wolfram von Wolmar – ein gebürtiger Wiener, der mit neunzehn Jahren 1929 der DNSAP beigetreten und 1933 als deren „Gaustudentenführer" in der Tschechoslowakei inhaftiert und dann nach Deutschland ausgewiesen worden war. Dort hatte der dorthin geflüchtete bisherige DNSAP-Führer Krebs Wolfram unter seine Fittiche genommen und zu seinem Adjutanten gemacht. Wie Krebs wurde Wolfram Beamter im Reichsinnenministerium, bis er im März 1939 nach Prag zurückkehrte, um als Pressereferent der Protektoratsverwaltung die Zensur der tschechischen Medien zu übernehmen. Zugleich wurde Wolfram SS-Hauptsturmführer.[5]

---

[3] Vgl. sämtlich in SOAL, NL Lodgman, Karton 9; die Biographie von Küpper, Karl Hermann Frank, gibt keinen Aufschluss über die Beziehungen zwischen Frank und Lodgman, sondern erwähnt nur dessen Denkschrift an Hitler von 1938; ebd., S. 59f.; Frank und Krebs kannten sich demnach jedenfalls nur „flüchtig", ebenda. S. 62.

[4] „Gewidmet dem im Kampf um die Sicherung der historischen Reichslande Böhmen und Mähren gefallenen SS-Obergruppenführer Reinhard Heydrich"; vgl. Wolfram, Prag und das Reich, S. VII.

[5] Fauth, Deutsche Kulturpolitik im Protektorat Böhmen und Mähren 1939 bis 1941, S. 34f.; Wolfram wurde offensichtlich 1942/43 von Heydrich gegen den Willen des Reichspressechefs in seiner Stellung gehalten, aber bald nach Heydrichs Tod zur Waffen-SS einberufen; nach 1945 arbeitete er als Journalist für „eine Verbandszeitschrift" und wurde 1971 in Düsseldorf, wo er 1987 starb, wegen seiner Mitwirkung an der Hinrichtung dreier Tschechen im November 1939 angeklagt, aber freigesprochen; vgl. ebenda, S. 86 und S. 90.

Als Autor des Buches „Prag und das Reich" bescheinigte dieser Nationalsozialist 1943 Lodgman, der sich 1925 „für immer aus dem politischen Leben zurück[gezogen]" habe, mit seiner 1919 gemachten Prophezeiung Recht behalten zu haben, für das deutsche Volk werde, wenn es seine „unüberwindlichen Anlagen und Kräfte" nur „zur einheitlichen Zusammenfassung" bringe, nach „einer Zeit tiefster Not eine Zeit der Erhebung und Größe wieder folgen". Lodgman wurde zu den Siegern der Geschichte gerechnet, als dieser NS-Propagandist mit Blick auf die Zerschlagung der Tschechoslowakei 1938/39 in den Jubelruf ausbrach: „Jetzt war es so weit!"[6]

Diese Ehrenposition ließ Lodgman in einigen Belangen weiterhin eine einflussreiche Rolle spielen. Diesen seinen Einfluss nutzte Lodgman im Jahre 1940, um seinem alten Teplitzer Intimfeind, dem früheren Rechtsanwalt und tschechenfreundlichen Aktivisten Karl Heinrich Stradal, auch nach dessen Wegzug in die Steiermark weiterhin zu schaden. Auf eine Anfrage der Sparkasse des steirischen Wohnortes von Stradal hinsichtlich der Vertrauenswürdigkeit ihres Neukunden erteilte Lodgman im Juni 1940 eine denkbar gehässige Negativauskunft. Von der Sparkasse in Irdning um Auskunft über die Vermögensverhältnisse des ihr unbekannten Stradal gebeten, der dort ein landwirtschaftliches Gut erworben hatte, teilte Lodgman lediglich mit, darüber keine exakten Angaben machen zu können, Stradal aber für wohlhabend zu halten. Statt es damit bewenden zu lassen, fügte Lodgman aus eigenem Antrieb eine negative Gesamtwürdigung seines Kontrahenten an: „An Charakter" sei Stradal „das Ebenbild des jüdisch-liberalen Individualisten, dem das Erraffen von Geld Lebenszweck ist, wobei er von Hemmungen irgendwelcher Art verschont bleibt. Nach meinen Erfahrungen kann ich ihn nur als scham-, charakter- und gewissenlos bezeichnen." Stradal habe bis 1938 Personen, die ihm hinderlich erschienen seien, „mit einem schon krankhaften Haß verfolgt" und „verleumdet". Politisch sei er absolut unzuverlässig, habe sich „während der tschechoslowakischen Zeit [...] mit Vorliebe als loyalen Patrioten gegeben" und den Nationalsozialismus 1933/34 in der Presse attackiert, „als er noch nicht von dem Bestande des nationalsozialistischen Staates überzeugt war".[7] Stradal betonte nach Kriegsende, Lodgmans Brief an die Irdninger Sparkasse habe ihm „das Leben in der Steiermark ungemein erschwert".[8]

Laut Lodgmans Biograph Simon hat es während des Zweiten Weltkrieges nicht nur mehrere erfolglose Versöhnungsversuche des regionalen NS-Machthabers Konrad Henlein mit Lodgman gegeben. Umworben worden sei Lodgman auch von unterschiedlichen Gruppen des anti-nationalsozialistischen Widerstandes. So habe Wenzel Jaksch, im Londoner Exil weiterhin der führende sudetendeutsche Sozialdemokrat, seinen kurzzeitigen Bündnispartner der Einheitsfront vom September 1938 vergeblich zu überreden versucht, ebenfalls ins Exil zu gehen, um

---

[6] Wolfram, Prag und das Reich, S. 508, auch Anm. 2, und S. 579.
[7] BStAM, SpkA, K 1068 Lodgman von Auen, Abschrift: Lodgman an NSDAP, Dr. David, 15.11. 1938, und Abschrift: Lodgman an Sparkasse Irdning/Steiermark, 14.6.1940.
[8] Ebenda, Hauptkammer München-Land, Protokoll der Entnazifizierungs-Verhandlung v. 30.3. 1949.

sich dort an einer für die Briten überzeugenden nichtnationalsozialistischen Exilregierung der Sudetendeutschen zu beteiligen. Außerdem sei Lodgman, allerdings ohne sein Wissen, in den 1940er Jahren in Personalplanungen des konservativen Widerstands gegen Hitler einbezogen worden. Nach Darstellung des früheren sudetendeutschen christlich-sozialen Abgeordneten im Prager Parlament Hans Schütz, der 1938 den Weg in die SdP und dann in die NSDAP gefunden hatte, um nach der Vertreibung CSU-Bundestagsabgeordneter und Staatssekretär in der bayerischen Staatsregierung zu werden, hatte auf Schütz' Vorschlag hin die zur Verschwörung des 20. Juli 1944 zählende Widerstandsgruppe um den früheren Zentrumspolitiker und späteren CDU-Bundesminister Jakob Kaiser und den nach dem Stauffenberg-Attentat auf Hitler hingerichteten sozialdemokratischen Gewerkschafter und früheren hessischen Innenminister Wilhelm Leuschner erwogen, nicht nur Schütz und Jaksch, sondern auch Lodgman nach dem erhofften Sturz des NS-Regimes in die Führung einer neuen Zivilverwaltung des Sudetenlandes aufzunehmen.[9] Volker Zimmermann, der diese geplante Einbindung Lodgmans als Teilnahme an „eine[r] Art sudetendeutscher Exilregierung" missversteht, hat dazu skeptisch bemerkt, „da Lodgman nicht gerade als Gegner des Nationalsozialismus aufgefallen war, hätte ein solches Vorhaben, wenn es tatsächlich durchgeführt worden wäre, wenig Aussicht auf Erfolg gehabt".[10] Zimmermanns Einschätzung Lodgmans als Nicht-Gegner des Nationalsozialismus ist völlig richtig. Doch vielleicht bestand der beabsichtigte „Erfolg" einer Einbeziehung Lodgmans weniger in dessen nicht vorhandenen Widerstandsqualitäten, sondern in der symbolischen Integration jenes deutschnationalen, stark NS-angepassten sudetendeutschen Bürgertums, das Lodgman repräsentierte. Gerade die von Zimmermann angesprochene Tatsache, dass ein bürgerlicher Widerstand gegen das NS-Regime im Sudetenland „– von wenigen Fällen abgesehen – außerordentlich gering" gewesen sei[11], würde diese Einbeziehung Lodgmans als Integrationsfigur der bürgerlichen NS-Mitläufer plausibel machen. Doch zu alldem kam es bekanntlich nicht.

Nachdem der nunmehr 67 Jahre alte Lodgman im Juni 1945 zusammen mit seiner Familie aus seiner böhmischen Heimat für immer vertrieben worden war, konnte er in der sowjetischen Besatzungszone Deutschlands im Oktober desselben Jahres in der tschechoslowakischen kommunistischen Parteizeitung „Rudé Právo" (Rotes Recht) nicht nur lesen, dass er in der Tschechoslowakei in Abwesenheit zu Kerkerhaft verurteilt worden sei. Lodgman erfuhr auch, dass „zur Feier des Hus-Tages" – des für tschechische Nationalisten wichtigen Todestages des auf dem Konstanzer Konzil am 6. Juli 1415 verbrannten Kirchenreformators Jan Hus, der seit 1925 in der Tschechoslowakischen Republik als Staatsfeiertag begangen worden war – eine weitere Verbrennung stattgefunden hatte. In Teplitz-Schönau (Teplice) hatten die tschechoslowakischen Machthaber demonstrativ die Bestän-

---

[9] Simon, Rudolf Ritter Lodgman von Auen, S. 39 f.
[10] Zimmermann, Die Sudetendeutschen im NS-Staat, S. 415 f.
[11] Ebenda, S. 416.

de von Lodgmans Privatbibliothek verbrannt.[12] Dieses symbolische Autodafé richtete sich gegen das deutschnationale Denken, für das Lodgman als prominente politische Figur jahrzehntelang gestanden hatte und für das er vom „Dritten Reich" demonstrativ geehrt worden war. Nicht nur die ihn auszeichnenden NS-Größen, auch Lodgman selbst hatte sich – bei allem partiellen Dissens – selbstbewusst als Vorläufer und Wegbereiter von Hitlers „Großdeutschem Reich" begriffen. Die tschechischen Nationalisten, die 1945 seine Bücher verbrannten, sahen dies genauso und machten den abwesenden Lodgman zum Objekt ihres symbolisch zelebrierten Hasses.

Leitender NS-Beamter und regionale Germanisierungspolitik: Otto Ulitz

Laut DDR-Propaganda des Jahres 1962 gehörte Otto Ulitz „zu den Kriegsverbrechern, die mit geheimen Mitteln den faschistischen Krieg vorbereiteten und schürten und gerade darum heute zu den engsten Vertrauten von Strauß und Brandt gehören".[13] Durch seine Mitwirkung an geheimdienstlichen Aktivitäten der SS, die den Gleiwitzer Überfall vorbereitet hätten, sei Ulitz „mitverantwortlich und mitschuldig" für den Zweiten Weltkrieg. Als Belohnung des Hitler-Regimes habe er 1939 ein „Goldenes Parteiabzeichen und [ein] hohes Staatsamt" erhalten. Ulitz sei als Regierungsdirektor der oberschlesischen Provinzialverwaltung in Kattowitz „bald zur rechten Hand des faschistischen Gauleiters Wagner bei den weiteren Verbrechen am polnischen Volk" geworden.[14] Die DDR-Propagandisten schlossen mit der Insinuierung, dass Ulitz diese rechtsextreme Gesinnung nie abgelegt habe und ganz im Stile seiner angeblichen Zuarbeit beim Gleiwitzer Überfall auch im Jahre 1962 Morde, Sprengstoffattentate und andere „Untergrundarbeit" an der deutsch-deutschen Grenze plane: „Wie 1939 in Oberschlesien will Ulitz heute Westberlin benutzen, die Atmosphäre für Verhandlungen zu vergiften und die Lage zu verschärfen."[15]

Diese nach SED-Lesart „bewies[enen]" Anschuldigungen wurden im Zuge der umfassenderen „Braunbuch"-Kampagne der DDR über NS-belastete Angehörige der bundesrepublikanischen Führungseliten 1965 öffentlichkeitswirksam wiederholt – namentlich der Vorwurf an den von Ulitz bis September 1939 geleiteten DVB, eine „5. Kolonne" Hitlers gewesen zu sein, und die Anschuldigung, Ulitz habe „zu den Organisatoren des Überfalls auf den Gleiwitzer Sender" gehört, „an Geheimkonferenzen im Reichssicherheitshauptamt teil"genommen und vom Gestapo-Chef „SS-Gruppenführer Müller wichtige Aufträge für den Überfall sowie zur Finanzierung dieser ‚Aktion'" durch „einen Kredit von 10 000 Zloty" erhalten.

---

[12] BStAM, SpkA, K 1068 Lodgman von Auen, Dr. Lodgman von Auen, Freising, an Hauptkammer München-Land, 6. 3. 1949, S. 15.
[13] Strauß und Brandt mobilisieren die SS, S. 17.
[14] Ebenda, S. 25f.
[15] Ebenda, S. 32.

Die im Osten der geteilten Stadt erscheinende „Berliner Zeitung" behauptete zudem, Ulitz habe „als Lohn" für diese NS-Aktivitäten nicht nur „das ‚Goldene Parteiabzeichen der NSDAP' im November 1939 im ausdrücklichen Auftrage Hitlers verliehen" erhalten (in Wahrheit handelte es sich um das „Goldene Ehrenzeichen der NSDAP"), sondern auch „seine Beförderung zum Ministerialrat in der faschistischen Krakauer Regierung".[16]

In der in Krakau residierenden Regierung des „Generalgouvernements" im deutsch besetzten Polen war Ulitz zwar nie tätig gewesen – doch offensichtlich reichte seine reale Weltkriegs-Funktion als Regierungsdirektor im oberschlesischen Kattowitz, die 1962 noch korrekt wiedergegeben worden war, 1965 für die erwünschten Propagandazwecke schon nicht mehr aus. Das in der DDR herausgegebene „Braunbuch" vermied im selben Jahr zwar diesen Schnitzer, erhob jedoch gleichfalls den fragwürdigen Gleiwitz-Vorwurf gegen Ulitz und außerdem die Anschuldigung der Kollaboration mit RSHA und SS gegenüber dem von Ulitz geführten „Deutschen Volksbund" insgesamt.[17] Auch hier steigerten sich die Propaganda-Vorwürfe im Laufe der Jahre: So behauptete das Zentralorgan der polnischen kommunistischen Partei, „Trybuna Ludu" (Volkstribüne), im Jahre 1970 nicht mehr, dass Ulitz 1939 mit der SS kollaboriert habe, sondern dass dieser „berüchtigte Polenfeind und einstige Chef des hitlerfaschistischen ‚Deutschen Volksbundes' in Oberschlesien" ein „spätere[r] Experte des Reichssicherheitshauptamtes für polnische Angelegenheiten" gewesen sei.[18] Die kommunistische Regierung Polens soll Ulitz außerdem vorgeworfen haben, für den Tod von Tausenden polnischer „Aufständischer" und anderer Nationalisten verantwortlich zu sein, indem er diese gegenüber dem NS-Repressionsapparat denunziert habe.[19] Schon vor 1965 war in einer DDR-Dokumentation die Kampagne gegen Ulitz durch den Vorwurf verschärft worden, dieser sei als „SS- und SD-Agent" nicht nur „Beteiligter am verbrecherischen Überfall auf den Sender Gleiwitz" gewesen, sondern auch ein „Provokateur blutiger Zusammenstöße mit der polnischen Bevölkerung" – wobei diese „Dokumentation" offen ließ, um welche Zusammenstöße es sich dabei konkret gehandelt haben soll.[20] Wir finden hier offenbar die typische Vorgehensweise der SED-Propaganda, gesicherte Fakten über NS-Vergangenheiten mit frei erfundenen Vorwürfen zu vermischen.[21] Das von der DDR-Propaganda ge-

---

[16] BStU, Archiv der Zentralstelle, MfS ZAIG Nr. 9715, Bl. 218, N.R., „Wer ist Ulitz?", in: Berliner Zeitung v. 6.1.1965.

[17] Braunbuch 1965, S. 254 und S. 268f.

[18] BStU, Archiv der Zentralstelle, MfS ZAIG Nr. 9708 Teil 1, Bl. 122, „Kriegsverbrecher leiten revanchistische Landsmannschaften", in: Presse der Sowjetunion A/81 v. 17.7.1970, mit diesem Zitat aus Trybuna Ludu vom 23.6.1970.

[19] Blanke, Orphans of Versailles, S. 238.

[20] BStU, Archiv der Zentralstelle, MfS ZAIG Nr. 10601, Bl. 138, „Bonner Revanchisten-Allianz gegen Entspannung und Abrüstung. Das Zusammenspiel der Bundesregierung mit den Landsmannschaften zur Durchsetzung ihrer aggressiven Ziele. Dokumentation des Ausschusses für deutsche Einheit", o. D. [ca. 1963/64], S. 36.

[21] Demgegenüber fand ein Vorwurf, den eine 1969 erstellte DDR-Materialsammlung enthielt, offenbar keine öffentliche Verwendung, da er vergleichsweise harmlos wirkte – dass nämlich

zeichnete Negativbild von Ulitz zeitigte in der Bundesrepublik Wirkung – selbst unter einigen Mitarbeitern der Geschäftsstelle des „Bundes der Vertriebenen" und deren Angehörigen, die Ulitz dessen Goldenes Ehrenzeichen der NSDAP zum Vorwurf machten und sich darüber mokierten, dass er von den Polen „nicht gerade ‚sanft' belastet" worden sei. Ulitz, so hieß es im Zuge BdV-interner Auseinandersetzungen 1965, sei „kein Aushängeschild" für den Vertriebenenverband.[22]

Versucht man, zwischen propagandistischer Dichtung und historisch gesicherter Wahrheit zu unterscheiden, können mit Blick auf die NS-Vergangenheit von Otto Ulitz im Zweiten Weltkrieg folgende Fakten als gesichert gelten: Ulitz war bis September 1939 langjähriger Geschäftsführer und ab Dezember 1938 auch Präsident des „Deutschen Volksbundes" (DVB), der die deutsche Bevölkerung im nach dem Ersten Weltkrieg an Polen gelangten Teil Oberschlesiens organisatorisch zusammenfasste und repräsentierte. Dabei hatte sich der einstige liberale Demokrat Ulitz zwischen 1933 und 1939 immer stärker und schließlich voll und „ganz auf die NS-Linie" eingelassen.[23] Kurz nach Beendigung des erfolgreichen deutschen Angriffskrieges gegen Polen, am 18. Oktober 1939, wurde Ulitz „trotz seiner früheren Ablehnung" des Nationalsozialismus zusammen mit zwei anderen volksdeutschen Politikern in Polen (Erwin Hasbach und Rudolf Wiesner) von Hitler mit dem Goldenen Ehrenzeichen der NSDAP ausgezeichnet. Von den drei Geehrten kam Ulitz in der NS-Machthierarchie in der Folgezeit am weitesten; Hasbach wurde 1940 NSDAP-Mitglied, doch nur Wiesner stieg außerdem zum Mitglied des Großdeutschen Reichstages und zum SS-Oberführer auf, ohne jedoch wirklich politischen Einfluss zu gewinnen.[24] Hingegen wurde Ulitz bereits im September 1939 zum Leiter der Schulabteilung der preußischen Provinz Oberschlesien bestellt. Dabei erhielt er später sogar – höchst außergewöhnlich für seine nichtministerielle Funktion – den Rang eines Ministerialrates, und übte sein regionalpolitisch bedeutsames Amt unter der Ägide zweier Gauleiter und Oberpräsidenten (Josef Wagner und Fritz Bracht) bis Kriegsende 1945 aus. Seine Aufnahme in die NSDAP soll Ulitz gleichwohl laut Balling erst am 11. Juli 1941 beantragt haben, woraufhin seine Aufnahme (Mitgliedsnummer 8 712 129) rückwirkend zum 1. Oktober 1940 erfolgt sei.[25] Ulitz' NSDAP-Mitgliedsnummer wird von Balling

---

Ulitz nach 1939 auch „als NS-Journalist" aktiv und unter anderem für die Vorzeige-Zeitschrift der Goebbels-Propaganda „Das Reich" tätig gewesen sei; vgl. BStU, Archiv der Zentralstelle, MfS-HA IX/11 FV 13/71 Bd. 4, Bl. 8 ff., insb. Bl. 19, MdI DDR, Dokumentationszentrum der Staatlichen Archivverwaltung: Martin Seckendorf, „Analyse zur Durchsetzung der Führungsorgane des Bundes der Vertriebenen (BdV) mit Nazis (Stand: September 1969)", Berlin Dezember 1969.

[22] BAK, B 234/1496, Inka Brennecke an [Hertha] Pech, 25.1.1965; Inka Brennecke an Dr. Domes, 28.4.1965; Jochen Brennecke an Dr. Jaksch, 6.4.1965; Jochen Brennecke hatte als Kulturreferent des BdV dem Vizepräsidenten Ulitz unterstanden, mit diesem aber nur konfliktreich zusammengearbeitet, bevor er 1965 amtsenthoben wurde.

[23] Balling, Von Reval bis Bukarest, Bd. 2, S. 764; vgl. auch die Zurechnung Ulitz' zur „alte[n]' Riege deutscher Minderheitsfunktionäre", die sich dem NS-Regime anzupassen bemüht war, bei Eser, „Volk, Staat, Gott", S. 201.

[24] Vgl. Balling, Von Reval bis Bukarest, Bd. 1, S. 217 und S. 200 f.

[25] Ebenda, Bd. 2, S. 764.

korrekt wiedergegeben, doch erfolgte nach unseren Recherchen Ulitz' Aufnahme in die NSDAP erst zum 1. Oktober 1941.[26] Dieses Beitrittsdatum wurde auch von Ulitz' Ehefrau in dessen Entnazifizierungsverfahren – als Ulitz selbst noch in einem sowjetischen Internierungslager in der SBZ gefangengehalten wurde und in Westdeutschland als verschollen galt – 1949 angegeben.[27] Die Unklarheiten wurden jedoch dadurch vergrößert, dass Ulitz bei seiner 1950 erfolgten Vernehmung als Angeklagter der sogenannten „Waldheimer Prozesse" in der DDR ein späteres Beitrittsdatum angab. Dabei legte er großen Wert darauf, diesen Beitritt zur NSDAP nicht aus eigenem Antrieb, sondern auf Aufforderung des Gauleiters Bracht – seines vorgesetzten Oberpräsidenten und Verwaltungschefs – vollzogen zu haben: „Trotzdem ich bereits im Jahre 1939 das Goldene Ehrenzeichen verliehen bekommen hatte, wurde ich nicht in die ehemalige NSDAP aufgenommen. Ich habe auch niemals von mir aus einen Aufnahmeantrag gestellt. Anfang des Jahres 1943 wurde ich vom Gauleiter des Gaues Oberschlesien aufgefordert, einen Aufnahmeantrag zu stellen, was ich dann auch tat. Aufgrund dieses Antrages wurde ich dann rückwirkend ab 1.10.1942 in die Partei aufgenommen." Zugleich erklärte Ulitz jedoch, bei alledem sei „irgendein Druck zum Erwerb der Mitgliedschaft" auf ihn „nicht ausgeübt worden".[28] Seit Herbst 1942 sei er bis Kriegsende Mitglied der NSDAP gewesen, habe jedoch „in der Partei keine Amtstätigkeit und keine Funktionen ausgeübt".[29]

Ulitz' Schilderung seines zwar auf Aufforderung, aber ohne direkten Zwang erfolgten NSDAP-Beitritts darf als glaubwürdig betrachtet werden. Schon im Jahre 1937 gehörten 86 Prozent aller preußischen und 63 Prozent aller Reichsbeamten der NSDAP an. Laut Hans-Ulrich Wehler hat insbesondere die „Mitgliedschaft für höhere Beamte" (zu denen Ulitz seit 1939 zählte) im NS-Staat „als erwünscht" gegolten, „so daß die erdrückende Mehrheit diesem Wunsch beflissen nachgab". Doch selbst in diesen Fällen sei eine NSDAP-Mitgliedschaft „nach Hitlers eigenem Diktum nicht als obligatorisch" betrachtet worden.[30] Ulitz kann man vor diesem Hintergrund attestieren, einen NSDAP-Beitritt bemerkenswert lange vermieden zu haben, bevor auch er der Erwartungshaltung seiner Vorgesetzten in einer Mischung aus Unterwerfung, Absicherung und Karriereorientierung „beflissen" nachgegeben hat. 1950 erklärte Ulitz diese Anpassungsleistung gegenüber seinen DDR-Vernehmern ausschließlich mit dem Ziel der Absicherung der von ihm angeblich betriebenen gemäßigten Schulpolitik in Oberschlesien. Den Vorhalt, er hätte 1943 als intelligenter Mensch erkennen müssen, dass der Nationalsozialismus bereits „zum Sterben verurteilt war", erklärte Ulitz für berechtigt; er

---

[26] BAB, BDC, NSDAP-Mitgliedskarte Dr. h. c. Otto Ulitz.
[27] LANRW-R, NWO Nr. 3683, Entnazifizierungs-Fragebogen für Dr. Otto Ulitz, stellvertretend unterzeichnet von seiner Ehefrau Johanna Ulitz, Essen, 6.2.1949.
[28] BAB, DO 1/3004, Bl. 29–30, insb. Bl. 30, Landesbehörde der Volkspolizei Sachsen, Abt. K, Vernehmungsprotokoll Dr. Otto Ulitz, Waldheim, 20.4.1950, S. 2.
[29] Ebenda, Bl. 24–25, insb. Bl. 25, Abschrift: [MdI DDR], Vernehmungsprotokoll Dr. Otto Ulitz, Waldheim, 6.4.1950, S. 2.
[30] Wehler, Deutsche Gesellschaftsgeschichte, Bd. 4, S. 780.

habe jedoch in seinem NSDAP-Beitritt eine „Möglichkeit der Stärkung meiner dienstlichen Stellung gegenüber der Partei" gesehen. Sein Parteibeitritt, so wollte es Ulitz gedeutet wissen, sei nicht aus Eigeninteresse, sondern im Interesse der Lehrerschaft seiner Provinz erfolgt.[31] Das war freilich eine gezielte Verkürzung einer ganzen Gemengelage von Motiven.

In seinen Waldheimer Vernehmungen gab Ulitz 1950 auch zu Protokoll, bei „Kriegsausbruch" sei er in seinem Wohnort Kattowitz gewesen, der am 4. September 1939 „als letzter Ort des ehemaligen preußischen Oberschlesien" von deutschen Truppen „besetzt" worden sei.[32] Dabei wies Ulitz – vor dem Hintergrund des Vorwurfs, er sei der NS-Führer einer volksdeutschen „Fünften Kolonne" gewesen – ausdrücklich darauf hin, er habe sich bei „Kriegsausbruch" in seiner Wohnung in Kattowitz befunden, was beweise, dass er „vonseiten [sic!] der polnischen Bevölkerung nichts zu befürchten" gehabt habe.[33] Mit der „Rückgliederung des Gebietes" an Deutschland im Oktober 1939 habe er seine „deutsche Staatsangehörigkeit wieder zugesprochen" bekommen. Ebenfalls im Oktober 1939 sei ihm dann zusammen mit „5 anderen führenden Männern der ehemaligen deutschen Minderheit in Polen das kleine Goldene Ehrenzeichen der NSDAP verliehen" worden, das „vom Stellvertreter Hitlers, Rudolf Hess, ueberreicht" worden sei.[34] Offensichtlich ging es dem NS-Regime bei dieser ungewöhnlichen Auszeichnung eines Nicht-Parteimitgliedes, die wir in ähnlicher Weise bereits nach dem „Anschluss" des Sudetengebiets 1938 im Falle Lodgmans haben beobachten können, um eine größtmögliche Verankerung des NS-Regimes in den neu gewonnenen Gebieten durch die Demonstration einer bruchlosen NS-Integration bisheriger volksdeutscher Politikeliten. 1950 war Ulitz – damals in DDR-Haft – begreiflicherweise bestrebt, diesen Gesichtspunkt herunterzuspielen. Er hatte seine NS-Auszeichnung zunächst sogar zu verschweigen gesucht. Auf die Vorhaltung, dass er die Verleihung des NS-Ehrenzeichens nicht in seinem DDR-„Fragebogen" angegeben habe, suchte sich Ulitz damit herauszureden, er habe die geforderten Angaben auf die Zeit nach der Rückkehr Oberschlesiens zu Deutschland bezogen, das NSDAP-Ehrenzeichen sei ihm aber wegen Verdiensten verliehen worden, die sich auf die „Zeit vor 1939" bezogen hätten.[35] Ulitz machte folglich geltend, das

---

[31] BStU, Archiv der Zentralstelle, MfS-HA XII RF 144, Bl. 3–6, insb. Bl. 4, Landesbehörde der Volkspolizei Sachsen, Abt. K, Vernehmungsprotokoll Dr. Otto Ulitz, Waldheim 20. 4. 1950.

[32] BAB, DO 1/3004, Bl. 24–25, insb. Bl. 24, Abschrift: [MdI DDR], Vernehmungsprotokoll zum Lebenslauf Dr. Otto Ulitz, Waldheim, 6. 4. 1950, S. 1.

[33] BStU, Archiv der Zentralstelle, MfS-HA XII RF 144, Bl. 3–6, insb. Bl. 4, Landesbehörde der Volkspolizei Sachsen, Abt. K, Vernehmungsprotokoll Dr. Otto Ulitz, Waldheim 20. 4. 1950.

[34] BAB, DO 1/3004, Bl. 29–30, insb. Bl. 30, Landesbehörde der Volkspolizei Sachsen, Abt. K, Vernehmungsprotokoll Dr. Otto Ulitz, Waldheim 20. 4. 1950, S. 2.

[35] Dass er diese Verleihung nicht habe verschweigen wollen, gehe schon daraus hervor, dass er sie in seinem Lebenslauf angegeben habe; hinzufügen müsse er dem unvollständig ausgefüllten Fragebogen noch, dass er während der NS-Zeit auch das Kriegsverdienstkreuz 1. und 2. Klasse erhalten habe; BStU, Archiv der Zentralstelle, MfS-HA XII RF 144, Bl. 3–6, insb. Bl. 4, Landesbehörde der Volkspolizei Sachsen, Abt. K, Vernehmungsprotokoll Dr. Otto Ulitz, Waldheim 20. 4. 1950.

NSDAP-Ehrenzeichen lediglich „für die Verdienste um die Erhaltung des Deutschtums unter polnischer Herrschaft" erhalten zu haben. Dass die von Hitler angeordnete Auszeichnung nichts mit seiner Unterordnung und Integration in das NS-Regime zu tun gehabt habe, suchte Ulitz durch den Hinweis zu erhärten, er sei nach dieser Ehrung „weder in die Partei aufgenommen, noch in den Reichstag berufen" worden, obgleich er zuvor „jahrelang dem polnischen Parlament" in Oberschlesien angehört habe.[36]

In Wahrheit war Ulitz' ostentative Ehrung durch Hitler von seiner Integration in das NS-Regime nicht zu trennen. Seinem Lebenslauf zufolge, der sich in Ulitz' Personalakte des Reichsministeriums des Innern findet, war Ulitz – der bisherige Führer des obsolet gewordenen Verbandes der deutschen Bevölkerung Ostoberschlesiens – bereits am 28. September 1939 von den neuen Herren seiner Heimat „mit dem Aufbau des Schulwesens im befreiten schlesischen Raum beauftragt" worden – eine Berufung in ein politisch sensibles Amt, die am 26. Oktober 1939 darin ihre Fortsetzung fand, dass Ulitz „mit der Leitung der Abteilung für Kirchen und Schulen bei der Regierung in Kattowitz beauftragt" und somit zum kommissarischen Leiter der Kultusabteilung des neuen Regierungspräsidiums berufen wurde.[37] Jedenfalls war der Nicht-Nationalsozialist Ulitz Mitte Oktober 1939 längst in herausgehobener Stellung für das NS-Regime tätig, als er von Hitler das Goldene Ehrenzeichen der NSDAP erhielt.

Ulitz wurde offensichtlich von den neuen Machthabern politisch und fachlich geschätzt und entsprechend genutzt. Dass Ulitz als Regierungsdirektor in Kattowitz „bald zur rechten Hand des faschistischen Gauleiters Wagner bei den weiteren Verbrechen am polnischen Volk" geworden sei, wie die DDR-Propaganda seit 1962 unverdrossen behauptete[38], lässt sich allerdings nicht verifizieren und ist nur bedingt wahrscheinlich. Der NS-Multifunktionär Josef Wagner – in den 1930er Jahren als Hitlers „Reichskommissar für Preisbildung" in der Wirtschaftspolitik auch auf Reichsebene aktiv, vor allem aber langjähriger Leiter zweier räumlich weit voneinander entfernter NSDAP-Gaue (Westfalen-Süd und Schlesien) sowie zugleich als Oberpräsident Chef der Zivilverwaltung der preußischen Provinz Schlesien[39], der der polnische Teil Oberschlesiens 1939 ebenso angeschlossen wurde wie angrenzende Teile Polens und der ehemaligen Tschechoslowakei, die vor der Versailler Grenzziehung nie zu Deutschland gehört hatten[40] – dürfte mit seinem nachgeordneten Beamten Ulitz schon aus Zeitgründen nur begrenzt in direkte Berührung gekommen sein. Immerhin ist ein – vermutlich von SS-Obergruppenführer Lorenz, der als Leiter der „Volksdeutschen Mittelstelle" daran teilnahm, arrangiertes – Zusammentreffen mit dem Gauleiter im größeren Kreise im

---

[36] BAB, DO 1/3004, Bl. 24–25, insb. Bl. 24, Abschrift: [MdI DDR], Vernehmungsprotokoll zum Lebenslauf Dr. Otto Ulitz, Waldheim, 6. 4. 1950, S. 1.
[37] BStU, Archiv der Zentralstelle, MfS-HA IX/11 PA 3556 Bd. 1, Bl. 14–16, Kopie: RdI, Lebenslauf Dr. Ulitz, o. D. [ca. 1941]; vgl. das Original in BAB, R 1501/211531.
[38] Brandt und Strauß mobilisieren die SS, S. 26.
[39] Kaczmarek, Zwischen Altreich und Besatzungsgebiet, S. 351 f.
[40] Rehm, Provinz Schlesien, S. 361 f.

September 1939 photographisch dokumentiert, wobei Ulitz tatsächlich zur Rechten Wagners postiert war.[41] Jedoch hat sich Wagner, soweit erkennbar, nie direkt für die Berufung und Festanstellung von Ulitz eingesetzt, sondern dies stets nachgeordneten Mitarbeitern überlassen, die sehr viel eher als seine „rechten Hände" bezeichnet werden könnten als der von der Gauhauptstadt Breslau weit entfernt agierende Abteilungsleiter in Kattowitz.

Zu denken ist hier insbesondere an den neuen Regierungspräsidenten von Kattowitz, den Karrierebeamten Walter Springorum, der aus einer rheinisch-westfälischen Industriellenfamilie (Hoesch-Konzern) stammte[42], die über beste Kontakte zum als wirtschaftsfreundlich geltend Ruhrgebiets-Gauleiter Wagner verfügt haben dürfte. Dieser galt infolge seiner „Bekanntschaften in den Wirtschaftskreisen Westfalens" in den 1930er Jahren als Wirtschaftsexperte unter den NS-Gauleitern und wurde 1937/38 als ernster Kandidat für das Amt des Reichswirtschaftsministers gehandelt.[43] Ein Verwandter Walter Springorums, der Generaldirektor und nachmalige Aufsichtsratsvorsitzende der Hoesch AG Fritz Springorum jr., gehörte ebenso wie Wagner zwischen 1933 und seinem Tode 1942 dem gleichgeschalteten NS-Reichstag an – zunächst als parteiloser Hospitant der NSDAP-Fraktion, seit 1937 dann als Mitglied der NSDAP.[44]

Es war also Regierungspräsident Walter Springorum, der sich besonders nachdrücklich für den Verbleib von Ulitz in seiner zunächst kommissarischen Leiterstellung in Kattowitz einsetzte und dabei offensichtlich die Rückendeckung Wagners genoss. Im Februar 1940 setzte ein Ministerialdirigent des Reichserziehungsministeriums den Personalreferenten des Reichsinnenministeriums davon in Kenntnis, dass Regierungspräsident Springorum demnächst im Reichsinnenministerium „persönlich vorsprechen" wolle, um in der schwebenden Ernennungsfrage von Ulitz zum Regierungsdirektor und Leiter der Schulabteilung in Kattowitz eine positive Entscheidung herbeizuführen. Die schlesische Gauleitung habe, so das Erziehungsministerium, „offenbar dem Vorschlage Ulitz bereits zugestimmt, es scheinen aber sonst Schwierigkeiten vorhanden zu sein". Der leitende Beamte des Erziehungsressorts betonte, auch er halte Ulitz für „besonders geeignet", da er sich „bei allen Verhandlungen gerade für den neuen Bezirk Kattowitz als außerordentlich sachkundig und gewandt" erwiesen habe.[45] Im März 1940 legte Springorum sein Votum für Ulitz, der für die Leitung des oberschlesischen Schulwesens „ganz besondere Kenntnisse und Fähigkeiten" mitbringe, ausführlich schriftlich nieder: „Neben dem Aufbau eines deutschen Schulwesens wird auch ein Schulwesen für die polnische Bevölkerung des Ostraumes, möglicher-

---

[41] Vgl. http://www.audiovis.nac.gov.pl/obraz/5930 (16.11.11); Narodowe Archiwum Cyfrowe, sygn. 2-5721.
[42] Vgl. Reckendrees, Das „Stahltrust"-Projekt, S. 149, auch Anm. 1.
[43] Kaczmarek, Zwischen Altreich und Besatzungsgebiet, S. 352.
[44] Hubert, Reichstag im Dritten Reich, S. 78.
[45] BStU, Archiv der Zentralstelle, MfS-HA IX/11 PA 3556 Bd. 1, Bl. 59, Kopie: Reichsministerium für Wissenschaft, Erziehung und Volksbildung, Dr. Frank, an Reichsministerium des Innern, Dr. Dellbrügge, 22.2.1940; vgl. die Originalüberlieferung in BAB, R 1501/211531.

weise auch für die 50 000 Köpfe zählende tschechische Bevölkerung des Olsalandes einzurichten sein. Daß bei Verbleiben der jüdischen Bevölkerung im Bezirk späterhin auch noch ein jüdisches Schulwesen auf gefährliche Ausstrahlungen überwacht werden müßte, darf nebenbei erwähnt werden." Hinzu träten komplizierte Kirchenfragen. Für all das benötige die neue deutsche Verwaltung eine Persönlichkeit mit viel Erfahrung in allen „kulturellen Verschiedenheiten" des Gebiets, um die ebenfalls zum Teil neuen deutschen Lehrkräfte richtig einzusetzen. Ulitz sei der „beste Kenner" auf dem Gebiet der „Volkstumsfragen". Daher bitte er, Springorum, um dessen Ernennung zum Regierungsdirektor durch Wiederberufung in das preußische Beamtenverhältnis, in dem er bis 1920 bereits gestanden habe.[46]

Aus diesem Schreiben Springorums geht das Bemühen der regionalen NS-Verantwortlichen hervor, einen mit der Situation vor Ort vertrauten Leiter der Schulverwaltung einzusetzen, obwohl Ulitz nicht der NSDAP angehörte und auch nicht als zuverlässiger Vertreter der NS-Rassenideologie betrachtet werden konnte. Außerdem belegt die ausführliche Begründung Springorums, dass es nicht angemessen sein dürfte, wie die Warschauer „Hauptkommission für Untersuchung von Naziverbrechen in Polen" Springorums Votum für Ulitz vor allem damit in Verbindung zu bringen, dass Ulitz „das deutsche Schulwesen am besten vor den Einflüssen des jüdischen Schulwesens schützen" zu können schien.[47] Das jüdische Schulwesen war, wie wir gesehen haben, allenfalls ein untergeordneter Gesichtspunkt für Springorum – ganz abgesehen davon, dass sich Ulitz vor 1939 nicht als rabiater Antisemit profiliert hat, sondern wegen seines zu wenig antisemitischen Verhaltens vielmehr ins Visier der radikalen NS-„Jungdeutschen" und des reichsdeutschen Hetzblattes „Der Stürmer" geraten war.[48]

Während die DDR-Propaganda später Ulitz' Kontakte zu ihm vorgesetzten NS-Machthabern nach Möglichkeit aufbauschte, hat Ulitz nach 1945 seine Beziehungen zu den Gauleitern und Oberpräsidenten Schlesiens bzw. Oberschlesiens, Josef Wagner und Fritz Bracht, möglichst heruntergespielt. Dennoch erscheint es glaubwürdig, dass der letzten Endes nachgeordnete Abteilungsleiter Ulitz weniger mit den NS-Potentaten selbst als mit deren engsten Mitarbeitern in den Provinzialbehörden kooperiert haben dürfte. So erwähnte Ulitz in einem historischen Rückblick, den er erstmals 1957 und zuletzt 1971 herausgab, neben Josef Wagner ausdrücklich dessen Stellvertreter als Chef der 1939 installierten Zivilverwaltung für die bisherige polnische Wojwodschaft Schlesien, den gebürtigen Oberschlesier Otto Fitzner, der als Präsident der Wirtschaftskammer und der Industrie- und

---

[46] BStU, Archiv der Zentralstelle, MfS-HA IX/11 PA 3556 Bd. 1, Bl. 60f., Regierungspräsident Kattowitz, Springorum, an Reichsministerium des Innern, 14.3.1940; vgl. Originalüberlieferung in BAB, R 1501/211531.

[47] BStU, Archiv der Zentralstelle, MfS-HA IX/11 PA 3556 Bd. 1, Bl. 74f., Hauptkommission für Untersuchung von Naziverbrechen in Polen, Die Führer der Landsmannschaften in der Bundesrepublik Deutschland. Ihre nazistische und verbrecherische Vergangenheit, Heft 1, Warszawa 1970.

[48] Vgl. Kap. III.1.2.

Handelskammer Breslau auch als Wagners Gauwirtschaftsberater fungiert habe. Nicht unmittelbar für Wagner, sondern für dessen Stellvertreter Fitzner habe er – Ulitz – eine Denkschrift über die Besonderheiten des Schulwesens in Oberschlesien erstellt.[49] Diese Expertise war Gerhard Webersinn zufolge ursächlich für Ulitz' Berufung an die Spitze dieser Schulverwaltung: Nachdem Ulitz nach dem deutschen Einmarsch in den bisher polnischen Teil Oberschlesiens von der deutschen Zivilverwaltung „beauftragt" worden sei, „eine Denkschrift über das ostoberschlesische Schulwesen auszuarbeiten", und diese Ende September 1939 vorgelegt habe, sei ihm „der Aufbau des Schulwesens" übertragen und „auf Grund seiner Personalkenntnisse freie Hand gelassen" worden, „seinen Mitarbeiterstab nach eigenem Ermessen zu formen".[50] Diese (übrigens nur kommissarische) Ernennung des Nicht-Parteimitglieds Ulitz dürfte dadurch erleichtert worden sein, dass der Leiter der „Volksdeutschen Mittelstelle" (Vomi), SS-Obergruppenführer Lorenz, Mitte September 1939 verschiedenen volksdeutschen Minderheitsverbänden im bisherigen Polen und deren Führern, unter anderem dem ostoberschlesischen DVB und dessen Präsidenten Ulitz, offiziell bescheinigte, „die sachliche und politische Arbeit im nationalsozialistischen Sinne [...] in meinem Auftrage durchgeführt" zu haben.[51] Es ist wahrscheinlich, dass Lorenz als Bürge für die Zuverlässigkeit und Brauchbarkeit des Nichtnationalsozialisten Ulitz beim schlesischen Gauleiter und Oberpräsidenten Josef Wagner gewirkt hat, dem Ulitz in Anwesenheit von Lorenz im September 1939 persönlich vorgestellt wurde.

Dieser Josef Wagner wurde am 9. November 1941 von Hitler – infolge einer länger vorbereiteten Intrige[52] – in einem Eklat vor den versammelten Gauleitern der NSDAP in München „wegen seiner religiösen [katholischen] Einstellung und seiner politischen Eigenständigkeit" heftig attackiert und aus allen Ämtern entlassen. Wagner wurde seither von der Gestapo überwacht, nach dem 20. Juli 1944 vom NS-Regime, dessen hoher Repräsentant er lange gewesen war, inhaftiert und am Ende ohne Prozess erschossen.[53] Es gab einen Konnex zwischen der Katholizität des NS-Gauleiters Wagner und seiner relativen „Polenfreundlichkeit" in Oberschlesien. In Zusammenarbeit mit seinem engsten Mitarbeiter im Oberpräsidium, Fritz-Dietlof Graf von der Schulenburg, hatte Wagner „ein originelles Wirtschafts- und Nationalitätenprogramm" entwickelt, „das sich zum Ziel setzte, die [polnischen] Schlesier an Deutschland heranzuziehen", um Oberschlesien in ein modernes „neues Ruhrgebiet" zu verwandeln.[54] Damit setzte der schlesische Gauleiter auf eine größtmögliche Integration polnischer Bevölkerungskreise statt auf deren zielgerichtete Vertreibung, wie sie 1939/40 die Gauleiter benachbarter Grenzgebiete (z. B. im Warthegau) in Zusammenarbeit mit Himmlers SS erbar-

---

[49] Ulitz, Oberschlesien, S. 98 f.
[50] Webersinn, Otto Ulitz, S. 79 f.
[51] BStU, Archiv der Zentralstelle, MfS-HA IX/11 PA 3556 Bd. 1, Bl. 84, Leiter der Volksdeutschen Mittelstelle, Lorenz, Bescheinigung vom 19.9.1939.
[52] Kaczmarek, Zwischen Altreich und Besatzungsgebiet, S. 353.
[53] Ziegler, Gaue und Gauleiter im Dritten Reich, S. 147; Kershaw, Hitler, Bd. 2, S. 587.
[54] Kaczmarek, Zwischen Altreich und Besatzungsgebiet, S. 352.

mungslos umsetzten. Der oberschlesische Gauleiter wollte hingegen – ähnlich wie sein Kollege in Pommern – eine weitreichende Germanisierungspolitik, während die Gauleiter in Westpreußen und Ostpreußen auf antipolnische Ausgrenzung und Vertreibung abzielten. Infolgedessen wurden in die für eine „Eindeutschung" von Polen entscheidende „Schlüsselgruppe 3" der DVL in Oberschlesien 64 Prozent der Bevölkerung eingetragen, während dies im von Erich Koch beherrschten Ostpreußen nur ganze 1,4 Prozent waren.[55] So gesehen relativiert sich der DDR-Vorwurf gegen Ulitz, ein enger Mitarbeiter des Gauleiters Josef Wagner gewesen zu sein. Allerdings bleibt festzuhalten, dass auch Wagner in Schlesien weder der schon vor 1939 zunehmenden Germanisierungspolitik noch der fortschreitenden Diskriminierung und Verfolgung der jüdischen Mitbürger und der damit zusammenhängenden Enteignungspolitik („Arisierung") Widerstand entgegengesetzt hat. Immerhin soll Wagner versucht haben, den Einfluss von SS und Gestapo einzuschränken, was zu den Ursachen seines Sturzes zu zählen ist.[56]

Neben Wagners katholikenfreundlicher Politik war auch seine von den Zielen Hitlers abweichende Haltung in „volkstumspolitischen Fragen" Mitursache seines Sturzes und der neuerlichen Teilung Schlesiens im Jahre 1941.[57] Gleichwohl griff sein Nachfolger und früherer Stellvertreter Fritz Bracht, der Wagner schon im Frühjahr 1940 als Gauleiter abgelöst hatte und Anfang 1941 – nach der von Hitler verfügten Teilung von Gau und Provinz – als neuer Gauleiter und Oberpräsident des wieder selbständig gewordenen Oberschlesien installiert wurde[58], auf die „Modernisierungspläne seines Vorgängers" zurück. Dazu gehörte Brachts im März 1941 gegenüber Himmler verkündeter Entschluss, eine „Zwangsaussiedlung der polnischen Bevölkerung aus Oberschlesien", die Bracht im Unterschied zu Wagner prinzipiell durchaus ins Auge fasste, auf die Zeit nach dem siegreichen Kriegsende zu verschieben.[59] Insgesamt jedoch stellte die Amtszeit Brachts zwischen 1941 und 1945 „einen deutlichen Einschnitt gegenüber der Epoche des gemäßigten Wagner" dar, denn seither soll „bei der Verfolgung von Andersgesinnten, Widerstandskämpfern und Juden […] rücksichtslos durchgegriffen" worden sein.[60]

Jedenfalls scheint Ulitz 1939 nicht zuletzt deshalb in die Position des Kultus-Abteilungsleiters des für Oberschlesien zuständigen Regierungspräsidiums Kattowitz berufen worden zu sein, weil man sich von ihm im Umfeld des Gauleiters Wagner eine Mitwirkung an dessen auf Integration und Assimilation des polnischen Bevölkerungsteiles gerichteten Kurs versprach. Als Förderer traten weniger Wagner selbst als dessen Mitarbeiter, namentlich Regierungspräsident Walter

---

[55] Ebenda, S. 357.
[56] Rehm, Provinz Schlesien, S. 359–361; laut Kershaw, Hitler, Bd. 2, S. 587, war der unmittelbare Anlass des Sturzes ein Brief der ebenfalls streng katholischen Ehefrau Wagners, in dem diese ihrer Tochter die Heirat mit einem nicht-christlichen SS-Mann verboten hatte.
[57] Rebentisch, Führerstaat und Verwaltung im Zweiten Weltkrieg, S. 197.
[58] Rehm, Provinz Schlesien, S. 361 und S. 363.
[59] Kacmarek, Zwischen Altreich und Besatzungsgebiet, S. 353.
[60] Rehm, Provinz Schlesien, S. 363.

Springorum, in Erscheinung. Ulitz legte nach 1945 seinerseits Wert darauf, diesen leitenden „Beamtenstab" als gemäßigt und gegenüber der NS-Rassenpolitik distanziert darzustellen: „Wenn der Regierungsbezirk Kattowitz und später die Provinz Oberschlesien im ‚Großdeutschen Reiche' den Charakter einer Art Oase gewannen, ist das nicht zuletzt der Zusammensetzung des Beamtenstabes zu danken." Dass dieser „Beamtenstab für die innere Verwaltung" vom Regierungspräsidenten im Oberpräsidium der Provinz Schlesien, Fritz-Dietlof Graf von der Schulenburg, „zusammengestellt" worden war, der später zu den Hitler-Attentätern und „Opfern des 20. Juli 1944" gehörte, adelte in dieser Retrospektive auch den Kattowitzer Beamtenkreis fast als widerständig. Eigenständigkeit und Distanz gegenüber bestimmten Inhalten der NS-Ideologie wollte Ulitz insbesondere für Regierungspräsident Springorum und dessen Stellvertreter Erich Keßler gelten lassen.[61] Vizepräsident Keßler stammte wie Schulenburg aus Ostpreußen, wo beide bereits vor 1933 zunächst zum Umfeld des NSDAP-Gauleiters Erich Koch gehört und folgerichtig in der dortigen Provinzialverwaltung nach 1933 Karriere gemacht hatten: Schulenburg wurde Politischer Referent im Oberpräsidium, also ein direkter Mitarbeiter des Gauleiters, bevor er zum Landrat avancierte, während Keßler zum Vizepräsidenten der Regierung Gumbinnen aufstieg. Erst als sich beide 1936 gegen Koch stellten, ohne dass dessen Sturz gelungen wäre, wurde Keßler auf Drängen des Gauleiters abberufen, und auch Schulenburg verließ 1937 den Machtbereich Erich Kochs.[62]

Springorum haben wir bereits im Falle Gossing 1934 als Landrat von Bütow in Pommern kennengelernt[63]; er war zwischenzeitlich „Ministerialdirigent im Reichsministerium des Innern", bevor er nach Oberschlesien kam, wo er zunächst als Regierungspräsident von Kattowitz und später – nach der 1941 erfolgten Verselbständigung der Provinz Oberschlesien – 1943 zum Vizepräsidenten (d.h. Stellvertreter des Oberpräsidenten) dieser preußischen Provinz aufstieg.[64] Springorum war laut Ulitz „mit der Nationalitätenfrage gründlich vertraut"[65], was günstig, d.h. im Sinne einer pragmatischen Haltung gegenüber slawischen Bevölkerungsgruppen gemeint war. Jedoch wird man Springorums Politik mindestens als ambivalent betrachten müssen: So ordnete der Regierungspräsident im Februar 1940 die Zurückdrängung der polnischen Sprache zumindest in den bis 1921/22 reichsdeutschen Teilen seines Bezirks an, was Ulitz als Schuldezernent unmittelbar betraf. Andererseits teilte Springorum im März 1940 der katholischen Kirche mit, dass kein Verbot der polnischen Sprache in ihren Gottesdiensten beabsichtigt sei.[66] Ähnlich wie Springorum lobte Ulitz auch den Karriere-

---

[61] Ulitz, Oberschlesien, S. 101.
[62] Rohrer, Nationalsozialistische Macht in Ostpreußen, S. 212, auch Anm. 81, S. 353, S. 363 und S. 603.
[63] Vgl. Kap. III.3.1.
[64] Ulitz, Oberschlesien, S. 101 und S. 103f.
[65] Ebenda, S. 101.
[66] Kneip, Die deutsche Sprache in Oberschlesien, S. 151 und S. 154, Anm. 514.

beamten Keßler[67], der „als gebürtiger Ostpreuße mit der Eigenart eines Grenzlandes" gut vertraut gewesen sei.[68] Auch im Falle dieses späteren Ministerialbeamten, der sowohl im Reichsinnenministerium als auch im Bundesinnenministerium diente, war dies in günstigem, auf Distanz zum NS-Rassismus hindeutenden Sinn gemeint.

Dass die „Provinz Oberschlesien im ‚Großdeutschen Reiche' den Charakter einer Art Oase" gewonnen habe, in der es weniger schlimm zugegangen sein sollte als andernorts, hielt Ulitz dieser „Zusammensetzung des Beamtenstabes" zugute: „Der beste Beweis für die Achtung, die die Beamtenschaft der inneren Verwaltung in der polnischen Bevölkerung sich erworben hatte, ist die Tatsache, daß selbst in den letzten Wochen des Krieges gegen keinen dieser Beamten sich eine polnische Hand erhoben hat."[69] Man würde diese Behauptung gern mit polnischen Quellen kontrastieren. Deutsche Historiker haben im Gegensatz zu dieser idyllischen Retrospektive darauf hingewiesen, dass die überwiegend aus anderen Teilen Deutschlands nach Schlesien und Oberschlesien versetzten NS-Funktionäre über „keine polnischen Sprachkenntnisse" und entsprechend geringes „Einfühlungsvermögen in die Probleme der Grenzbevölkerung" verfügten, so dass sich „der Umgang mit der fast ausschließlich polnischen Bevölkerung in den annektierten Gebieten ausgesprochen schwierig, ja negativ" entwickelt habe.[70] Im Übrigen taten in Oberschlesien auch ganz anders profilierte Beamte Dienst als die von Ulitz so positiv Geschilderten. Zu denken wäre hier an SS-Oberführer Dr. Herbert Mehlhorn, der einer der SD-Organisatoren des Überfalls auf den Gleiwitzer Sender 1939 war, jedoch im Verlauf dieser Operation bei seinem Chef Heydrich in Ungnade gefallen[71] und in den Warthegau abgeschoben worden war, wo er 1941 zum Abteilungsleiter beim Reichsstatthalter, Gauleiter Arthur Greiser, und außerdem „zum zentralen Sachbearbeiter für sämtliche ‚Judenfragen' im Warthegau" aufstieg. Diese Schlüsselfigur für die „Verfolgung und Vernichtung der Juden im Warthegau" wurde Ende 1943 als kommissarischer Regierungspräsident ins oberschlesische Oppeln versetzt.[72]

Selbst wenn man der NS-Beamtenschaft in Oberschlesien mit Ulitz eine gewisse Mäßigung attestieren wollte, wird man festhalten müssen, dass sie im Kern die wesentlichen Ziele der in sich selbst bereits widersprüchlichen NS-Rassenpolitik gehorsam exekutierte – in diesem Falle eben Zwangsassimilation anstelle rassistisch motivierter Vertreibung. Auch die von Ulitz geleitete Kultus- und Schulpolitik konnte jedoch dieser grundlegenden, rassistisch gefärbten Germanisierungs-

---

[67] Dr. Erich Keßler, 1899–1989, nach 1933 u. a. Referent für Polizeiwesen beim OP Ostpreußen, 1934–36 RVP Gumbinnen, 1937–40 Landrat Stormarn, 1940–44 RVP Kattowitz, 1944–45 Ministerialbeamter im RdI, 1949–64 Ministerialbeamter im BMI.
[68] Ulitz, Oberschlesien, S. 101.
[69] Ebenda, S. 101 f.
[70] Rehm, Provinz Schlesien, S. 363, unter Berufung auf Arbeiten von Helmut Neubach.
[71] Höhne, Der Orden unter dem Totenkopf, S. 241–244; von Ulitz ist in Höhnes akribischer Recherche zur Vorbereitung des Überfalls in Gleiwitz keine Rede.
[72] Alberti, Die Verfolgung und Vernichtung der Juden im Reichsgau Wartheland 1939–1945, S. 59.

politik nicht entkommen – falls sie es denn überhaupt wollte. Hätte Ulitz an dieser Politik persönlich nicht mitwirken wollen, hätte er seine Funktion in der Provinzialbürokratie nicht annehmen dürfen oder möglichst rasch wieder niederlegen müssen. Auch in der vermeintlichen „Oase" Oberschlesien konnte man als NS-Regierungsfunktionär – um im Bilde zu bleiben – keine sauberen Hände behalten.

Es kam Ulitz jedoch in den Jahren ab 1939 wesentlich darauf an, sein aus den 1920er Jahren stammendes Anrecht zur Rückkehr in die preußische Staatsbürokratie einzulösen – und zwar möglichst in einer dienstrechtlichen Position, die seiner bisherigen hochrangigen Führungsfunktion im ostoberschlesischen Minderheits-Verband gehalts- und rangmäßig entsprach. Konkret kämpfte Ulitz um seine Wiederverbeamtung auf Lebenszeit und um seine Eingruppierung als Ministerialrat, da er als Leiter des DVB bis September 1939 eine vergleichbare (verdeckte) Besoldung erhalten hatte. Die Position in Kattowitz war als Regierungsdirektoren-Stelle zumindest dienstrechtlich und finanziell unbefriedigend.[73] Der später erreichte Ministerialrats-Rang gab Anlass für die irrige Behauptung, Ulitz sei aus der Schulverwaltung Oberschlesiens ins Reichsministerium des Innern gewechselt.[74] Auch die Volkspolizei der DDR, in deren Hände Ulitz – aus sowjetischer Internierung kommend – geraten sollte, hielt ihm 1950 vor, „Rat des Ministeriums für Innere Angelegenheiten" gewesen zu sein, so dass Ulitz den in der Tat komplizierten Sachverhalt erläutern musste, einerseits zwar Ministerialrat im Reichsinnenministerium gewesen, andererseits aber als solcher dort niemals tätig geworden zu sein.[75]

Aus dieser Situation ergab sich eine doppelte Unsicherheit in der NS-Beamtenposition von Otto Ulitz: Zum einen waren – wie der Sturz Josef Wagners 1941 demonstrierte – die Machtverhältnisse im NS-Regime in Schlesien volatil, so dass auch die Position des lediglich kommissarisch amtierenden Abteilungsleiters und NSDAP-Nichtmitglieds Ulitz kaum als gesichert angesehen werden konnte. Zum anderen wurde Ulitz als Späteinsteiger in die NS-Bürokratie von deren Spitzen jahrelang in beamtenrechtlicher Unsicherheit gehalten – gewissermaßen „zur Bewährung" im nationalsozialistischen Sinne. Man darf vermuten, dass diese Unsicherheit nicht unerheblich dazu beitrug, dass sich Ulitz 1941 mit erheblicher Verspätung zur Unterwerfungsgeste seines NSDAP-Beitritts bereitfand. Nach 1945

---

[73] BStU, Archiv der Zentralstelle, MfS-HA IX/11 PA 3556 Bd. II, Bl. 20, [Deutsche Stiftung] an RdI, 21.8.1940, wonach Dr. Ulitz 1922 aus dem deutschen Plebiszitkommissariat für Oberschlesien „in die Dienste der Deutschen Stiftung übergetreten" sei, und zwar unter Beibehaltung seines Rückkehrrechtes in den Staatsdienst; 1937 sei seine Führungsposition im Deutschen Volksbund in Verhandlungen zwischen Stiftung, Reichsaußen- und Reichsfinanzministerium auf „Besoldungsgruppe A I a Höchststufe" eingestuft worden; aus dieser Rechtslage ergebe sich nun „der Anspruch auf Unterbringung in eine gleichwertige Stellung"; falls eine solche nicht zur Verfügung stehe, bitte man um Ausgleich des Gehaltsunterschieds zur derzeitigen Regierungsdirektorenstelle.
[74] Blanke, Orphans of Versailles, S. 238.
[75] BStU, Archiv der Zentralstelle, MfS-HA XII RF 144, Bl. 3–6, insb. Bl. 4, Landesbehörde der Volkspolizei Sachsen, Abt. K, Vernehmungsprotokoll Dr. Otto Ulitz, Waldheim 20.4.1950.

gestand er, wie oben zitiert, dafür nur das Motiv der Absicherung seiner politischen Funktion im Interesse der Sache zu, d. h. einer gemäßigten Kultuspolitik in Oberschlesien. Ebenfalls ausschlaggebend war seinerzeit zweifellos das Motiv der persönlichen Absicherung durch vollständige Integration in die NS-Beamtenschaft. Diese Integration erfuhr zwar bereits im März 1941 – und damit vor dem NSDAP-Beitritt – mit Ulitz' Ernennung zum Ministerialrat ihren Höhepunkt[76], konnte jedoch erst mit seiner Ernennung zum Beamten auf Lebenszeit durch den preußischen Ministerpräsidenten Hermann Göring im April 1943 als abgeschlossen betrachtet werden.[77]

Ulitz gab diese langanhaltende Ungewissheit seiner persönlichen Lage später beiläufig zu, als er 1950 gegenüber seinen DDR-Vernehmern bemerkte, sein „Rücktritt in den Staatsdienst", den er „auf Grund der 1920 mir gegebenen Sicherung" beantragt habe, habe sich „bis März 1941 hinaus[gezögert]". Erst dann nämlich sei er „zum Ministerialrat ernannt und mit der Leitung der Abteilung II (Schulen) bei dem Oberpräsidium und beim Regierungspräsidenten Kattowitz beauftragt" worden, um dieses Amt kontinuierlich „bis zum 24. I. 1945" auszuüben – jenem Tage, an dem „die Regierungsbehörde aus Kattowitz evakuiert" worden sei.[78] In einer zweiten Vernehmung wurde Ulitz sogar noch exakter, als er bemerkte, dass er im Herbst 1939 in der „Regierung Kattowitz" als „Leiter der Abteilung II (Schulen) . eingesetzt" worden sei, „ohne in das Beamtenverhältnis übernommen worden zu sein". Dies sei erst im März 1941 erfolgt und mit seiner Ernennung zum Ministerialrat verbunden worden.[79] Dieser Titel – dessen Verleihung mitsamt Besoldung an einen Beamten ohne Funktion in einem Regierungsressort eine bemerkenswerte Ausnahme in der NS-Bürokratie gewesen war, die denn auch einen mehrjährigen regierungsinternen Abstimmungsprozess zur Voraussetzung gehabt hatte – wurde Ulitz nach 1945 zwangsläufig zum Verhängnis, als er in die Fänge des

---

[76] Webersinn, Otto Ulitz, S. 80; die vom MfS der DDR später aufgelistete angebliche Beförderung zum Ministerialrat durch Bormann im Auftrage Hitlers im Januar 1941 war demgegenüber nicht der entscheidende dienstrechtliche Ernennungsakt, sondern nur eine notwendige Zwischenstufe in der Entscheidungsfindung aller beteiligten Dienststellen; vgl. BStU, Archiv der Zentralstelle, MfS-HA IX/11 PA 3556 Bd. 1, Bl. 45 f., MfS DDR, „Ulitz, Otto", o. D.; vgl. hierzu BStU, Archiv der Zentralstelle, MfS-HA IX/11 PA 3556 Bd. 1, Bl. 13, Der preußische Ministerpräsident an den Staatsminister und Chef der Präsidialkanzlei des Führers und Reichskanzlers, Vorschlag zur Ernennung des Dr. jur. h. c. Otto Ulitz zum Ministerialrat in der Besoldungsgruppe A1a, 28. 2. 1941, mit der Mitteilung, dass „der Stellvertreter des Führers […] Einwendungen gegen die Ernennung nicht erhoben" und auch der Reichsminister und Chef der Reichskanzlei unterdessen zugestimmt habe.

[77] BStU, Archiv der Zentralstelle, MfS-HA IX/11 PA 3556 Bd. 1, Bl. 64, PrMP, Göring, Erlass vom 6. 4. 1943; vgl. die Originalüberlieferung in BAB, R 1501/211531.

[78] Auch danach habe er bis zur „Kapitulation" im Mai 1945 einer ausgelagerten „Restverwaltung" angehört, so dass er während des Zweiten Weltkrieges nie Soldat der Wehrmacht gewesen sei; allerdings waren seine zwei Söhne als Soldaten der Wehrmacht umgekommen (gefallen bzw. vermisst); BAB, DO 1/3004, Bl. 24–25, insb. Bl. 24, Abschrift: [MdI DDR, Hauptabteilung Deutsche Volkspolizei], Vernehmungsprotokoll Dr. Otto Ulitz, Waldheim, 6. 4. 1950, S. 1.

[79] BAB, DO 1/3004, Bl. 29–30, insb. Bl. 30, Landesbehörde der Volkspolizei Sachsen, Abt. K, Vernehmungsprotokoll Dr. Otto Ulitz, Waldheim 20. 4. 1950, S. 2.

sowjetischen Geheimdienstes und der DDR-Justiz geriet. Als deren Angeklagter legte Ulitz 1950 korrekt dar, der Vorwurf, er sei „Rat des Ministeriums für Innere Angelegenheiten" des NS-Regimes gewesen, sei nur partiell zutreffend. Seine Planstelle als Ministerialrat sei 1941 zwar in der Tat im Innenministerium angesiedelt worden, doch habe er nie in diesem Ressort gearbeitet und sei auch in seiner Funktion in der Provinzialverwaltung Oberschlesiens nie dem Innenressort unterstellt gewesen, sondern stets dem Reichserziehungsministerium.[80]

Was aber hatte Ulitz in der zwar mit einem Ministerialratstitel geschmückten, jedoch nur regional bedeutsamen Stellung als Schul-Abteilungsleiter der Provinz Oberschlesien zu verantworten? Nach Angaben, die das DDR-Ministerium für Staatssicherheit von der Volksrepublik Polen erhalten hatte, waren dessen Kompetenzen so weitreichend, dass die Warschauer Regierung Ulitz nach Kriegsende „wegen seiner Tätigkeit gegen das polnische Volk auf die Internationale Kriegsverbrecherliste gesetzt" und 1947 „bei den amerikanischen Besatzungsbehörden in Westdeutschland die Auslieferung von Ulitz" beantragt hatte, um ihn in Polen vor Gericht zu stellen. Der polnische Vorwurf lautete, einige Zeit nach seiner 1941 erfolgten Beförderung zum Ministerialrat sei Ulitz als „Sachverständiger für Verfahren mit der polnischen Bevölkerung, besonders mit der Jugend[,] des Reichssicherheitshauptamtes" aktiv geworden.[81] In den Unterlagen der DDR-Staatssicherheit wurde dieser vage Vorwurf, der allerdings durch die Erwähnung des RSHA hohe Brisanz besaß, allenfalls insofern konkretisiert, als man Ulitz anlastete, „bei der ‚Säuberung' des Schulwesens von ‚Gefährlichen Elementen' eng mit der Sicherheitspolizei zusammen" gearbeitet zu haben. Außerdem habe er für den „Reichskommissar zur Festigung des Deutschtums als Gutachter" gearbeitet[82], womit die rassistische Einstufungstätigkeit in die oben erwähnte „Deutsche Volksliste" (DVL) gemeint gewesen sein dürfte, deren reichsweite Durchführung seit 1940 dem Reichsführer SS Heinrich Himmler in seiner Eigenschaft als „Reichskommissar für die Festigung deutschen Volkstums" (RKFDV) oblag.[83]

Ansonsten vermochten die DDR-Ermittler erst im April 1971 – kurz vor Ulitz' Tod – einen Beleg zu erbringen, wonach Ulitz im Mai 1941 als Sachverständiger vor den Volksgerichtshof geladen worden sei, um dort in einem Landesverrats-Prozess gegen einen Angeklagten aus Gleiwitz auszusagen. Wie Ulitz sich dabei verhielt, geht aus den MfS-Akten allerdings nicht hervor. Man erfährt lediglich, dass die NS-Ankläger eine siebenjährige Zuchthausstrafe forderten, das Urteil jedoch auf „Freispruch mangels an Beweisen" lautete.[84] Auch die überlieferte Akte

---

[80] BStU, Archiv der Zentralstelle, MfS-HA XII RF 144, Bl. 3–6, insb. Bl. 4, Landesbehörde der Volkspolizei Sachsen, Abt. K, Vernehmungsprotokoll Dr. Otto Ulitz, Waldheim 20.4.1950.
[81] BStU, Archiv der Zentralstelle, MfS-HA IX/11 PA 3556 Bd. 1, Bl. 45f., MfS DDR, „Ulitz, Otto", o. D.
[82] Ebenda, Bl. 51, MfS DDR, „Ulitz", o. D.,[ca. 1965], S. 2.
[83] Heinemann, „Rasse, Siedlung, deutsches Blut", S. 261f.
[84] BStU, Archiv der Zentralstelle, MfS-HA IX/11 PA 3556 Bd. 1, Bl. 65–67, [Deutsches Zentralarchiv Potsdam?], Quellennachweis v. 27.4.1971, mit Kopien aus der „Akte Volksgerichtshof Bd. 266 Bl. 241".

des Volksgerichtshofes sagt nichts über den Inhalt von Ulitz' Zeugenaussage aus, da lediglich die Urteilsschrift überliefert ist. Demnach verhandelte am 12. Mai 1941 der 4. Senat des Volksgerichtshofes gegen den Angeklagten Paul Wilhelm Solinski wegen Landesverrats, wobei der Angeklagte freigesprochen wurde. Solinski war zwischen 1924 und 1931 Schriftleiter der „Kattowitzer Zeitung" gewesen, einem Organ der deutschen Minderheit in Oberschlesien, und als solcher dem bereits damals führend aktiven Minderheitenpolitiker Ulitz zweifellos persönlich bekannt. Ähnlich wie seinerzeit Ulitz als DVB-Geschäftsführer war Solinski „von polnischen Gerichten wiederholt wegen Beleidigung und Verächtlichmachung staatlicher Organe verfolgt und bestraft" und schließlich 1931 „als lästiger Ausländer aus Polen ausgewiesen" worden. Danach wurde er durch einen anderen in Rybnik/Polen tätigen Zeitungsredakteur namens Artur Trunkhardt angeworben, Meldungen deutscher Zeitungen über deutsche Wehrverbände (Stahlhelm, Kyffhäuser, Reichsbanner, Rotfrontkämpferbund) zu sammeln und Trunkhardt zur Verfügung zu stellen. Da Trunkhardt laut VGH-Urteil „mindestens seit 1931 Vertrauensmann des polnischen militärischen Nachrichtendienstes" war, hatte dieser die von Solinski erstellten Presseausschnitte an den polnischen Nachrichtendienst weitergegeben. In der Urteilsschrift des Volksgerichtshofes wird Ulitz zweimal als Zeuge erwähnt: offensichtlich haben sämtliche vernommenen Zeugen (der Anteil von Ulitz daran ist nicht rekonstruierbar) Trunkhardt als „Renegat schlimmster Sorte" eingeschätzt, „dem man jede Schlechtigkeit zutrauen müsse". Solinski wurde freigesprochen, weil er keine Ahnung von den nachrichtendienstlichen Verbindungen Trunkhardts gehabt habe und ohnehin nur öffentlich zugängliche Informationen zur Verfügung gestellt habe.[85] Wir dürfen vermuten, dass auch Ulitz zugunsten des Angeklagten Solinski ausgesagt hat. Für Trunkhardt hingegen wären diese Zeugenaussagen potentiell lebensbedrohlich gewesen, wenn sich derselbe in den Händen des NS-Regimes befunden hätte. Trunkhardt war nämlich schon 1935 wegen Diffamierung Hitlers zu zehn Monaten Gefängnis verurteilt und 1936 in zweiter Instanz nur deshalb freigesprochen worden, weil das Delikt bereits verjährt war.[86] Dieser aus Westfalen nach Oberschlesien zugewanderte deutsche Katholik hatte sich offenbar schon in den Jahren 1918 bis 1921 – während des bürgerkriegsähnlichen deutsch-polnischen Konflikts um Oberschlesien – auf die polnische Seite gestellt. Er war somit als „Renegat" und NS-Gegner öffentlich längst bekannt. Da Trunkhardt erst 1965 verstarb, hat er das NS-Regime, das nach ihm fahnden ließ, glücklicherweise zu überleben vermocht.[87]

Laut MfS wurde Ulitz aus Polen außerdem vorgeworfen, „entscheidend mitverantwortlich für die Vernichtung des polnischen Kulturlebens, für die Liquidierung des polnischen Schulwesens und für das Verbot des Gebrauchs der polni-

---

[85] BAB, R3017/VGH/Z – Solinski, Paul, insb. Bl. 2, Bl. 4, Bl. 9 und Bl. 13.
[86] Eser, „Volk, Staat, Gott!", S. 203, Anm. 585.
[87] Deutsch-polnische Beziehungen in Geschichte und Gegenwart, Bd 3, S. 1374; http://romaquil.blog.onet.pl/Artur-Trunkhardt-1887-1965-wes,2,ID301938805,n (2.12.2011); Towarzystwo Przyjaciól Slaska W Warszawie, Biuletyn nr 5, Warszawa 2007, S. 29f.; http://wiki-de.genealogy.net/Landkreis_Rybnik/Sonderfahndungsbuch_Polen_1937-1939 (2.12.2011).

schen Sprache in der Schule zu sein".[88] Solchen Anwürfen stellte Gerhard Webersinn 1974 als „Verdienst von Ulitz" entgegen, „daß in den zum Regierungsbezirk Kattowitz eingegliederten Kreisen aus den Woiwodschaften Kielce und Krakau Volksschulen auch für die polnische Jugend errichtet wurden".[89] Das galt folglich nicht für Ulitz' gesamten Amtsbezirk Oberschlesien, sondern lediglich für jene altpolnischen Territorien, die vom NS-Staat 1939 mitannektiert worden waren, ohne dass sie zuvor schon zu Schlesien oder Oberschlesien gehört hätten – übrigens gegen den erklärten Willen des schlesischen Gauleiters Wagner, der im Unterschied zu Hitler weder rein polnische noch ebenfalls annektierte überwiegend tschechische Sprachgebiete als deutsche Neuerwerbungen gewollt hatte.[90] Webersinn hielt Ulitz zugute, dafür gesorgt zu haben, dass in diesen polnischen Teilgebieten Oberschlesiens während des Zweiten Weltkrieges weiterhin polnische Lehrer rund 100 000 Kinder hätten unterrichten können, wobei die Schulaufsicht stets von des Polnischen mächtigen deutschen Beamten ausgeübt worden sei.[91] Dies ermögliche eine der polnischen Sprache gegenüber tolerante Schulpolitik, zugleich aber auch Kontrolle.

Damit stand die Schwierigkeit in Zusammenhang, überhaupt genügend deutsche Lehrkräfte für die ‚Germanisierung' des oberschlesischen Schulwesens finden zu können. 1940 hat sich Ulitz um die Abordnung solcher Lehrkräfte, namentlich von Volksschullehrern, aus anderen Provinzen Preußens in den unterversorgten Regierungsbezirk Kattowitz bemüht.[92] So sollten aus dem Regierungsbezirk Potsdam zum Schuljahr 1940/41 35 Lehrer abgeordnet werden, wobei von Ulitz „besonders betont wurde, daß diese Lehrkräfte politisch zuverlässig sein müssen und daß die Zahl der weiblichen Kräfte nicht mehr als 50 v.H. betragen soll". Die Zuweisung deutscher Lehrer sei dringlich für die Gewährleistung des Schulbetriebs „auf breiterer Grundlage".[93] Doch noch 1944 äußerte sich Ulitz, der sich um Zuweisung verlässlicher Lehrkräfte aus dem Altreich für die oberschlesischen Lehrerbildungsanstalten bemühte, sehr kritisch über die damals in Ausbildung stehenden rund 1700 Lehranwärter, die generell sehr leistungsschwach seien und oftmals als Volksdeutsche die polnische Sprache besser beherrschten als die deutsche.[94] Wenn Ulitz in einem Bericht an das Reichserziehungsministerium über die Errichtung der neuen Lehrerbildungsanstalt in Sucha durch den Oberpräsidenten von Oberschlesien, Gauleiter Bracht, berichtete, der „in wirkungsvoller Form […] die Bedeutung der Anstalt für das völkische Le-

---

[88] BStU, Archiv der Zentralstelle, MfS-HA IX/11 PA 3556 Bd. 1, Bl. 51, MfS DDR, „Ulitz", o. D.,[ca. 1965], S. 2.
[89] Webersinn, Otto Ulitz, S. 80.
[90] Irgang / Bein / Neubach, Schlesien, S. 235.
[91] Webersinn, Otto Ulitz, S. 80.
[92] BStU, Archiv der Zentralstelle, MfS-HA IX/11 PA 3556 Bd. 1, Bl. 33, Deutsches Zentralarchiv Potsdam, Bericht zum Rechercheauftrag über Ulitz, 20. 9. 1968.
[93] Ebenda, Bl. 36, [Deutsches Zentralarchiv Potsdam], Bericht o. D.[ca. 1966].
[94] BAB, R 4901/11180.

ben" besonders herausgestellt habe[95], war er sich der schwachen Basis der Eindeutschungspolitik in Oberschlesien sehr wohl bewusst. Trotzdem betrieb Ulitz bis zuletzt seine regionale Schulpolitik ausdrücklich aus „volkstumspolitischen Gründen".[96]

Laut Webersinn war Otto Ulitz als Leiter der oberschlesischen Schulverwaltung trotz des NS-Regimes, dem er diente, stets „der allzeit korrekte, von Gerechtigkeit in jedem Augenblick seiner amtlichen Tätigkeit erfüllte Typ des deutschen Beamten altpreußischer Prägung" geblieben.[97] Für die Ankläger in den Waldheimer Schau-Prozessen der DDR, in denen auch Ulitz 1950 verurteilt wurde, stand hingegen fest, dass Ulitz „in einer führenden Stellung" in der Verwaltung besetzter Gebiete gearbeitet habe, die nur „von führenden Nationalsozialisten oder bedeutenden Anhängern der nationalsozialistischen Gewaltherrschaft bekleidet werden" konnte; dass Ulitz ferner schon in seiner minderheitenpolitischen Tätigkeit bis 1939 der NS-Gewaltherrschaft „außerordentliche politische, wirtschaftliche und propagandistische Unterstützung gewährt" habe; und dass er – neben diesen beiden „Hauptverbrechen" – als Leiter des NS-Schulwesens Oberschlesiens „durch nationalsozialistische Lehren und Erziehung die Jugend an Geist und Seele vergiftet zu haben" schuldig sei.[98] Ulitz, der seit 1946 in den sowjetischen Internierungslagern Naumburg, Schönberg und Buchenwald gefangengehalten worden war, wurde Mitte 1950 im Zuge der „Waldheimer Prozesse" zu zehn Jahren Gefängnis verurteilt. Im Herbst 1952 wurde er allerdings aus dem Zuchthaus „vorzeitig entlassen" und durfte in die Bundesrepublik ausreisen.[99]

Dort bereits 1953 zum führenden Funktionär der Landsmannschaft der Oberschlesier avanciert[100], sollte Ulitz Ende 1955 das Große Bundesverdienstkreuz verliehen werden. Dagegen erhob der aus Oberschlesien stammende und nun in Dortmund lebende pensionierte Bergwerksdirektor Johannes Labryga beim nordrhein-westfälischen CDU-Ministerpräsidenten Karl Arnold schärfsten Protest. Dieser Kreisfunktionär der Landsmannschaft Oberschlesien erklärte dem nordrhein-westfälischen Ministerpräsidenten, der die Auszeichnung vornehmen sollte, Ulitz sei ihm als altem Oberschlesier bestens bekannt: Nach dem Ersten Weltkrieg in die Politik gegangen, „indem er sich, wie wir alle deutschgesinnten Oberschlesier, für das Verbleiben Oberschlesiens bei Deutschland" eingesetzt habe, sei Ulitz jedoch „beim Auftauchen Hitlers auf dessen Seite" getreten, „wurde ‚Träger des

---

[95] BAB, R 4901/11193, Regierungspräsident Oberschlesien, Schulabteilung, Dr. Ulitz, an Reichsministerium für Wissenschaft, Erziehung und Volksbildung, Bodenstedt, 7.6.1944.
[96] Ebenda, Regierungspräsident Oberschlesien, Schulabteilung, Dr. Ulitz, an Reichsministerium für Wissenschaft, Erziehung und Volksbildung, 24.11.1944.
[97] Webersinn, Otto Ulitz, S. 81.
[98] BStU, Archiv der Zentralstelle, MfS-HA XII RF 144, Bl. 14–16, Hauptverwaltung Deutsche Volkspolizei, Untersuchungsorgan Waldheim, an Große Strafkammer (201) beim Landgericht Chemnitz, Anklageschrift gegen Dr. Otto Ulitz, 25.4.1950.
[99] Webersinn, Otto Ulitz, S. 84f.
[100] Stickler, „Ostdeutsch heißt gesamtdeutsch", S. 323.

Goldenen Parteiabzeichens' und Ministerialrat sowie Leiter der gesamten Schulämter Oberschlesiens in Kattowitz".[101]

Neben diesen allgemeinen Vorwürfen wegen Ulitz' NS-Vergangenheit hatte Labryga jedoch auch ganz persönliche Gründe für seinen Protest. Im Januar 1944, so schilderte er knapp zehn Jahre später dem Düsseldorfer Regierungschef, sei nämlich seine siebzehnjährige Tochter, die damals die Abschlussklasse der Frauen-Fachschule in Gleiwitz besucht habe, aufgrund der Anzeige einer Mitschülerin unter dem Vorwurf von „üble Nachrede über das deutsche Heer" von der Gestapo „von der Schulbank weg verhaftet und in das Gestapo-Gefängnis überführt" worden. Dabei habe seine Tochter lediglich geäußert, „daß die Partisanen ebenso tapfer kämpfen" würden wie die Wehrmacht. Nach drei Wochen Gestapo-Haft sei sie ins Gerichtsgefängnis überstellt und vom Untersuchungsrichter „alsbald" entlassen worden mit dem Bemerken, dass gegen ihren weiteren Schulbesuch keinerlei Bedenken bestünden.[102]

Hier sei dann Ulitz als Chef der Provinzialschulverwaltung ins Spiel gekommen. Dieser habe entgegen der richterlichen Einschätzung jeden weiteren Schulbesuch für die Labryga-Tochter ausdrücklich verboten: „Er ordnete an, daß meine Tochter überhaupt keine höhere Schule in Oberschlesien mehr besuchen dürfe." Die „wiederholten Bitten" des Vaters bei Ulitz und dessen Sachbearbeiter, einem Oberregierungsrat Käselau, um Rücknahme dieses Verbots seien stets „abgewiesen" worden. Käselau habe seine Tochter, für deren Wiederaufnahme in die Schule fast alle Mitschülerinnen „demonstriert" hätten, als „Pestbeule" beschimpft, die am besten „in Auschwitz zertreten" worden wäre. Das in Käselaus Augen viel zu gute Schulzeugnis seiner Tochter habe er von diesem Beamten nur nach heftiger Auseinandersetzung wieder zurückerhalten. Als er sich zwei Wochen später bei Ulitz über diese Behandlung beschwert habe, habe dieser seinen Untergebenen „unter Hinweis auf sein Goldenes Parteiabzeichen" gedeckt und lediglich bemängelt, dass dieser das Zeugnis überhaupt wieder ausgehändigt habe. Ulitz habe erklärt: „Von mir als ehemaligem Polizeibeamten hätten Sie es nie zurückerhalten."[103]

Labryga führte aus, seine solcherart von Ulitz gemaßregelte Tochter sei erst „nach zweimaligen Sondergerichtsverfahren im Januar 1945, zehn Tage vor dem Einzug der Russen in Oberschlesien, auf Staatskosten freigesprochen" worden. Sie habe 1952 im Westen ihr zweites Lehrerinnen-Examen mit Auszeichnung bestanden. Der für ihre Relegation von der Kattowitzer Schule verantwortliche Beamte Käselau sei nach 1945 „Oberregierungsrat im Kultur-Ministerium in Hannover geworden". Und wenn nun auch noch der frühere hohe NS-Beamte Ulitz die „hohe Auszeichnung" der Bundesrepublik erhalten würde, verlöre das Bundesverdienstkreuz völlig seinen Wert: Wäre dann „nicht erneut der Vorwurf berechtigt,

---

[101] LANRW-R, NWO Nr. 3683, Bergdirektor a. D. Joh. Labryga, Dortmund-Derne, an Ministerpräsident Nordrhein-Westfalen, Arnold, 8.11.1955, S. 1.
[102] Ebenda, S. 1 f.
[103] Ebenda, S. 2.

daß diese verwünschten Vertreter des Hitler-Regimes wieder in Deutschland ans Ruder kommen? Verdient ein solcher, nur nach der Konjunktur sich richtender Politiker das Große Verdienstkreuz der Bundesrepublik?"[104]

Labryga war offenbar in der westdeutschen Politik bestens vernetzt. Er wandte sich mit seinem Protest gegen den neuesten Orden für Ulitz nicht nur an den nordrhein-westfälischen Regierungschef und an Bundespräsident Theodor Heuss, sondern auch an den Vertriebenenpolitiker und Bundesminister Hans Christoph Seebohm, „mit dem mich seit Jahrzehnten geschätzte Freundschaft verbindet und der mir in der edelsten Weise nach meiner Flucht aus polnischer Gefangenschaft geholfen hat", sowie an zwei weitere ihm persönlich bekannte CDU-Bundestagsabgeordnete aus Oberschlesien, Hermann Ehren[105] und Hugo Wiedeck[106]. Infolge dieses Schreibens veranlasste Ministerpräsident Arnold, den Orden an Ulitz zunächst nicht auszuhändigen, sondern diesen – falls Labryga einverstanden sei – über dessen Vorwürfe zu informieren und damit Gelegenheit zur Stellungnahme zu geben.[107]

Labrygas Protest zog jedoch – allerdings nichtöffentlich, wie es scheint – sehr viel weitere Kreise und forderte zahlreiche Vertriebenenpolitiker zu einer Stellungnahme zum Fall Ulitz heraus. Dabei machte sich der ehemalige Bundesvertriebenenminister Hans Lukaschek – der 1933 vom NS-Regime als der Zentrumspartei angehöriger Oberpräsident der Provinz Oberschlesien sofort entlassen und im Zusammenhang mit dem Attentat auf Hitler am 20. Juli 1944 auch inhaftiert worden war – gegenüber dem Bundespräsidialamt 1956 zum Fürsprecher von Ulitz. Er könne, so Lukaschek, die Ordensangelegenheit nicht abschließend bewerten, da ihm die den Vorwürfen Labrygas zugrunde liegenden Sachverhalte nicht bekannt seien, doch habe er insgesamt „die Verdienste Ulitzs stets hochgewertet". Er habe Ulitz schon aus der gemeinsamen Arbeit in Oberschlesien vor 1933 gut gekannt: „Er war Demokrat und eher links orientiert, auch Juden gehörten zu seinen vertrautesten Freunden." Ulitz sei innerlich gewiß „ein entschiedener Gegner Hitlers" gewesen, „auch nach 1933". „Aber der Volksbund", den er geleitet habe, sei „seine Lebensaufgabe" gewesen, der er nach 1933, als „seine Stellung sehr schwierig" wurde, einiges an Geradlinigkeit geopfert habe. Ulitz sei den Angriffen der NS-orientierten „Jungdeutschen" ausgesetzt gewesen, sein Volksbund sei finanziell abhängig von der NS-Reichsregierung und daher auch ihrem Druck ausgesetzt gewesen, und schließlich sei auch ein politischer Bruch zwischen Ulitz und Dr. Paul, „dem Führer der deutschen Katholiken in Polen", erfolgt, der anders als Ulitz „den richtigen Weg" gegangen sei. Daraus resultiere „die scharfe

---

[104] Ebenda, S. 2 f.
[105] Hermann Ehren, 1894–1964, geboren in Essen, 1925–1945 in Oberschlesien, bis 1933 Gewerkschafter und Zentrumspolitiker, in der NS-Zeit Angestellter in der Großindustrie, 1946/47 MdL NRW, 1949–61 und 1962–64 MdB CDU.
[106] Hugo Wiedeck, 1953–1957 MdB CDU.
[107] LANRW-R, NWO Nr. 3683, Bergdirektor a. D. Joh. Labryga, Dortmund-Derne, an Ministerpräsident Nordrhein-Westfalen, Arnold, 8.11.1955, S. 3, nebst Vermerk der Düsseldorfer Staatskanzlei.

Gegnerschaft" der streng katholischen Anhänger Pauls gegen Ulitz, dessen „Zwangslage" sie wohl nicht gesehen hätten – ebenso wenig wie die Sogwirkung des damaligen Vereinigungswunsches fast aller Auslandsdeutschen mit dem Deutschen Reich. Lukaschek resümierte: „Es waren viele der Klagen über Ulitz an mich herangekommen, niemals aber habe ich feststellen können, daß ein wirklicher Vorwurf begründet gewesen wäre, wenn man seine schwere Lage um die Erhaltung seiner Lebensarbeit kannte."[108]

Zu Ulitz' offizieller Rolle als hochrangiger NS-Beamter im Zweiten Weltkrieg äußerte sich Lukaschek nur vage, aber ebenfalls bemerkenswert verständnisvoll. Dass Ulitz 1939 eine NS-Auszeichnung erhalten hatte, erklärte Lukaschek für unvermeidlich, da eine Ablehnung dieser Ehrung seine persönliche Existenz vernichtet hätte. „Auch in seiner Arbeit beim Regierungspräsidenten in Kattowitz stand er unter stärkstem politischem Druck[,] und ein Außenstehender wird kaum beurteilen können, ob er anders handeln konnte." Da sich Ulitz nach seiner Rückkehr aus sowjetischer Haft unbestreitbar große Verdienste erworben habe, wolle er die Auszeichnung mit dem Großen Bundesverdienstkreuz befürworten. Diese könne allerdings ohne Festakt erfolgen, da „sonst wieder unerfreuliche Ergüsse" die Folge sein würden.[109]

Ganz anders beurteilte die Angelegenheit der CSU-Bundestagsabgeordnete Walter Rinke[110], ein gebürtiger Kattowitzer und als ehemaliger Bundesvorsitzender der Landsmannschaft Schlesien auch ein hochrangiger Vertriebenenpolitiker. Nur zwei Tage nach dem Protestschreiben Labrygas an Ministerpräsident Arnold bat auch Rinke denselben, „dringend", von einer Auszeichnung für Otto Ulitz abzusehen. Ihm seien als altem Oberschlesier keine Verdienste bekannt, die derart belohnt werden müssten. Seinen Einspruch könne er auch im Namen seines oberschlesischen Fraktionskollegen, des CDU-Bundestagsabgeordneten Georg Schneider[111] erheben. Rinke verwies auf das Ulitz 1939 verliehene „goldene Parteiabzeichen für ‚Verdienste' im Sinne des Dritten Reiches" und betonte zudem, dass Ulitz „während seiner Beamtentätigkeit beim Oberpräsidium in Kattowitz nichts tat, was dahin gedeutet werden könnte, daß er dem Hitler-Regime ablehnend gegenüberstand". Ganz „im Gegenteil" lägen „Zeugnisse dafür vor, daß er die Absichten der damaligen Machthaber förderte".[112]

Dieser bemerkenswerten Attacke des schlesischen Landsmannschafts-Funktionärs Rinke auf den Leiter der oberschlesischen Konkurrenz-Landsmannschaft lagen zweifelsohne auch aktuelle Rivalitäten zugrunde, die seit der Gründung beider Vertriebenenorganisationen seit den frühen 1950er Jahren schwelten und noch

---

[108] LANRW-R, NWO Nr. 3683, Bundesminister a. D. Lukaschek an Bundespräsidialamt, Ordensabt., 10.9.1956.
[109] Ebenda, S. 2.
[110] Walter Rinke, gebürtiger Kattowitzer, 1950 bis 1952 sowie 1953–1954 Bundesvorsitzender der LM Schlesien, 1953–57 MdB CSU.
[111] Georg Schneider, 1953–1961 sowie 1962–1965 MdB CDU.
[112] LANRW-R, NWO Nr. 3683, Dr. Walter Rinke MdB an Ministerpräsident Nordrhein-Westfalen, Arnold, 10.11.1955.

die Zusammenarbeit im Präsidium des 1957/58 gegründeten „Bundes der Vertriebenen" jahrelang beeinträchtigen sollten.[113] Dabei legte Rinke nur wenig später mit weiteren Argumenten nach: Er habe mittlerweile, so teilte er Arnold mit, von weiteren Oberschlesiern „Urteile" über Ulitz eingeholt, die seine frühere ablehnende Stellungnahme vollauf rechtfertigten. So habe ihm ein früherer Kattowitzer Stadtrat erklärt, dass Ulitz nach 1939 auch in persönlichen Unterredungen und auf „internen Sitzungen" sich „immer positiv – nationalsozialistisch" geäußert habe. Schon vor 1939 hätten überzeugte NS-Anhänger von den für das Auslandsdeutschtum zuständigen deutschen Dienststellen immer wieder zu hören bekommen, „daß Dr. U. ein Bejaher und kein Gegner des Nationalsozialismus sei". Das sei der Grund, weshalb diese Nazis Ulitz nie aus seiner Führungsposition im Deutschen Volksbund hätten verdrängen können. Sein Machterhalt sei mit fortschreitender Anpassung an das NS-Regime einhergegangen: So habe er lange seine Zugehörigkeit zu einer Freimaurerloge in Kattowitz karrieremäßig genutzt, diesen „Freundeskreis" dann aber mit Rücksicht auf das NS-Regime „verlassen". Dass Rinkes Attacken auf Ulitz, die sich auch auf dessen Privatleben bzw. die angebliche NS-Vergangenheit seiner damaligen Lebenspartnerin bezogen, durchaus auch aktuelle verbandspolitische Motive besaßen, machte seine abschließende Bemerkung deutlich, dass Ulitz später Einstieg in die Vertriebenenpolitik der 1950er Jahre „durchaus keinen Fortschritt" gebracht, sondern vielmehr nur „die LS Oberschlesien und LS Schlesien auseinandermanövriert" habe.[114]

Wenig später wandte sich auch der von Rinke angeführte CDU-Bundestagsabgeordnete Georg Schneider persönlich an Arnold, äußerte sich jedoch sehr viel zurückhaltender als in Rinkes Darstellung. Schneider lobte Ulitz' tapfere Haltung in Polen vor 1939 und erklärte, sein Verhalten während der NS-Zeit nicht beurteilen zu können. Er hoffe auf eine intensive, aber in jeder Hinsicht gerechte Prüfung.[115] Auch der von Labryga alarmierte CDU-Bundestagsabgeordnete Hugo Wiedeck, zugleich nordrhein-westfälischer Landesvorsitzender der oberschlesischen Landsmannschaft, bezog sich vor allem auf Ulitz' Werdegang vor 1933, namentlich auf den aufsehenerregenden Prozess von 1929 und die Ehrendoktorwürde von 1932, und richtete Ulitz' Bitte aus, infolge der Vorwürfe Labrygas die Ordensaushändigung „zurückzustellen".[116] Obwohl die DDR-Propaganda später behauptete, dass „Ulitz vom Staate der Militaristen und Revanchisten zum ‚Gol-

---

[113] Stickler, „Ostdeutsch heißt gesamtdeutsch", S. 45 und S. 49; die Rivalitäten zwischen beiden schlesischen Landsmannschaften belasteten die Arbeit im BdV-Präsidium bis in die sechziger Jahre hinein; vgl. BAK, B 234/1388, BdV, Krüger / Schwarzer, Arbeitsbericht für das Jahr 1962, o. D. [Juli 1963], S. 3; im Jahre 1960 hatte der Oberschlesier-Vertreter Ulitz im BdV-Präsidium offen beanstandet, dass er nur als „Gast" firmiere, und damit eine Grundsatzdebatte über die BdV-Satzung ausgelöst; vgl. BAK, B 234/1386, BdV, Präsidium, Niederschrift der Präsidiumssitzung am 2.5.1960, o. D., S. 2.

[114] LANRW-R, NWO Nr. 3683, Dr. Walter Rinke MdB an Ministerpräsident Nordrhein-Westfalen, Arnold, 30.11.1955.

[115] Ebenda, Georg Schneider MdB an Ministerpräsident Nordrhein-Westfalen, Arnold, 9.12.1955.

[116] Ebenda, Hugo Wiedeck MdB an Ministerpräsident Nordrhein-Westfalen, Arnold, 11.11.1955.

denen Parteiabzeichen' des Jahres 1939 im Jahre 1955 das Bundes‚verdienst'kreuz verliehen" worden sei[117], wurde Ulitz in Wahrheit – wie der „Spiegel" im März 1956 vermeldete – doch „nicht mit dem Bundesverdienstkreuz ausgezeichnet, wie es der frühere nordrhein-westfälische Ministerpräsident Karl Arnold vorgeschlagen und der Bundespräsident bereits genehmigt hatte". Ausschlaggebend für diese eklatante Kehrtwende der Bonner und Düsseldorfer Politik war Ulitz' NS-Vergangenheit, wie sie neben Labryga vor allem der CSU-Abgeordnete und schlesische Landsmannschaftspolitiker Walter Rinke kritisch thematisiert hatte. In der „Spiegel"-Version hieß es dazu leicht verzerrt, aber im Ergebnis korrekt: „Von Bundestagsabgeordneten der CDU [sic!] darauf aufmerksam gemacht, daß Dr. h. c. Ulitz im Dritten Reich ‚für Verdienste um das Deutschtum' das Goldene Parteiabzeichen der NSDAP erhalten hatte, vermochte Karl Arnold seinen Vorschlag gerade noch rechtzeitig zurückzuziehen."[118]

Bei alledem kann Otto Ulitz – im Gegensatz zu manchen anderen Vertriebenenpolitikern der frühen Bundesrepublik – übrigens nicht vorgeworfen werden, einer kritischen öffentlichen Auseinandersetzung mit den NS-Verbrechen aus dem Wege gegangen zu sein. Ulitz hat diese Verbrechen vielmehr wiederholt öffentlich benannt, allerdings das deutsche Volk im allgemeinen dabei ebenso exkulpiert wie sein oberschlesisches Beamten-Netzwerk und damit letztlich sich selbst.[119] Umso heftiger hat Ulitz infolge seiner eigenen NS-Vergangenheit in den 1960er Jahren Kritik innerhalb der bundesrepublikanischen Öffentlichkeit herausgefordert. So wandte sich im März 1964 ein junger Mann – selbst Mitglied jener Landsmannschaft der Oberschlesier, welcher Ulitz damals vorstand – an BdV-Präsident Wenzel Jaksch mit der Frage, ob ein Mann wie Ulitz nach den NS-Skandalen um die Vertriebenenminister Oberländer und Krüger noch „tragbar" sei. Ulitz habe unter der Herrschaft Hitlers seine, des Fragenden Familie, die das NS-Regime abgelehnt habe, aus Loyalität zu Hitler nicht vor Verfolgung bewahrt. Der selbst als NS-Gegner profilierte Sozialdemokrat Jaksch wies diese Vorwürfe gegen Ulitz mit dem Argument zurück, dass selbst die kommunistischen Machthaber Polens Ulitz keine verbrecherische Verfehlung hätten nachweisen können. Jaksch sprach von „Verstrickungen" von „Grenzlanddeutschen" wie Ulitz, über die sich eine jüngere Generation „nur schwer ein Urteil bilden" könne. Die deutschen Volksgruppen außerhalb Deutschlands, so Jaksch mit sehr weitgehendem Verständnis, seien seit 1918 sämtlich „Marionetten des Schicksals" gewesen, um 1945 unter die Räder zu kommen. Etwas kritischer, aber letztlich ebenfalls positiv hat im Rückblick Herbert Hupka geurteilt, „daß Ulitz sich zwar von den Nationalsozialisten habe benutzen lassen, selbst aber kein Nationalsozialist gewesen sei".[120] Gleichwohl war die Frage berechtigt, weshalb jemand wie Ulitz nach 1945 unbedingt erneut in führender politischer Position hatte tätig werden müssen.

---

[117] Strauß und Brandt mobilisieren die SS, S. 28.
[118] „Otto Ulitz", in: Der Spiegel Nr. 11/56 v. 14. 3. 1956, S. 48.
[119] Ulitz, Oberschlesien, S. 104f; vgl. Kap. I.3.
[120] Stickler, „Ostdeutsch heißt gesamtdeutsch", S. 323.

Resistenter Strafverteidiger und Gestapo-Häftling: Linus Kather

Der Publizist Erich Später hat behauptet, dass sich Linus Kather ab 1933 mit den NS-Machthabern „arrangierte", wusste jedoch als Beleg lediglich Kathers Mitgliedschaft im NS-Rechtswahrerbund anzuführen. Darüber hinaus äußerte Später, Kather habe zwischen 1933 und 1945 als Rechtsanwalt „unter anderem für das Königsberger NS-Sondergericht" gearbeitet, „das Hunderte von Menschen zum Tode verurteilte".[121] Während Kathers NSRB-Mitgliedschaft tatsächlich gegeben war (ohne dass man daraus freilich die weitreichende Schlussfolgerung Erich Späters ziehen dürfte), ging der letztere schwer wiegende Vorwurf Späters völlig in die Irre. Nicht einmal die in Wahrheitsfragen bekanntlich wenig zimperliche DDR-Propaganda hat Kather dergleichen vorgeworfen. In Wahrheit lag der Sachverhalt diametral anders: Kather war tatsächlich als Anwalt an Sondergerichts-Verfahren des ‚Dritten Reiches' beteiligt gewesen, jedoch stets als *Strafverteidiger* von Angeklagten, so dass er zwar häufig *am*, aber niemals *für* das Sondergericht gearbeitet hat. Späters Formulierung bedeutet eine eklatante Verdrehung der Tatsachen.

Ein um Fairness bemühter Kritiker würde leicht herausgefunden haben, dass Kather bereits in seinem Entnazifizierungsverfahren angegeben hatte, eben wegen dieses „Auftretens in politischen Prozessen" vor dem Königsberger Sondergericht von der Gestapo mit „Haussuchungen" behelligt und „vom 19.12.1941 bis 21.1.1942 in Haft" gehalten worden zu sein.[122] Dieser Zusammenhang zwischen den Verteidiger-Aktivitäten vor dem Sondergericht und den gegen ihn gerichteten Gestapo-Repressalien war schon in den 1950er Jahren Gegenstand der Presseberichterstattung über Kather.[123] Kather selbst hat diese Episoden nicht nur ausführlich in seinen 1964/65 erschienenen Memoiren behandelt[124], sondern kam auch in der Folgezeit immer wieder darauf zurück – nicht zuletzt, um seine scharfe Kritik an der Vertriebenenpolitik der Bundesrepublik und am Ende auch sein NPD-Engagement gegen den Vorwurf einer rechtsextremistischen Haltung zu legitimieren. So teilte Kather 1967 dem Intendanten des Bayerischen Rundfunks mit: „Ich habe keine nationalsozialistische Vergangenheit zu bewältigen. Ich galt in Königsberg/Pr. in den Jahren 1933-45 offiziell als politisch unzuverlässig. Ich habe nicht mit der Partei paktiert und machte wegen der ständigen und aufrechten Verteidigung katholischer Priester Bekanntschaft mit dem Gefängnis und der

---

[121] Später, Kein Frieden mit Tschechien, S. 102.
[122] StAHH, 221-11, Ad 10925, Dr. Linus Kather, Entnazifizierungs-Fragebogen v. 11.11.1946, S. 8.
[123] So verwies anlässlich von Kathers 65. Geburtstag die Vertriebenenzeitung „Der Schlesier" 1958 darauf, dass Kather „während der Hitlerzeit [...] fast alle ermländischen Priester" verteidigt habe, „die vor das Sondergericht gestellt" worden seien. Die „Schlesische Rundschau" ging damals nicht nur ausführlicher als andere Blätter auf seine frühere Distanz zum Nationalsozialismus und seine Anwaltstätigkeit gegen „Willkürjustiz" ein, sondern auch auf Kathers Gestapo-Haft; vgl. BAK, B 234/1416, „Dr. Linus Kather 65 Jahre", in: Der Schlesier vom 24.9.1958 und „Dr. Linus Kather – 65 Jahre" , in Schlesische Rundschau v. 25.9.1958.
[124] Vgl. Kather, Die Entmachtung der Vertriebenen, passim.

Gestapo."¹²⁵ Während seines umstrittenen Wahlkampfengagements für die NPD 1969 warf er in einem Leserbrief an die Zeitung „Die Welt", in der er zuvor als „Neo-Nazi" bezeichnet worden war, dieser Kritik „viel Phantasie, Unverstand und Unwissen" vor. Denn er habe „nie mit dem Nationalsozialismus paktiert", sondern im Gegenteil „wegen der ständigen und aufrechten Verteidigung katholischer Geistlicher vor dem Sondergericht mit dem Gefängnis Bekanntschaft gemacht und Haussuchungen durch die Gestapo hinnehmen müssen". Daher sei er als „politisch Verfolgter" des NS-Regimes zu betrachten. Infolgedessen sei nach 1945, als er mehrere Jahre Stellvertreter Adenauers im Parteivorsitz der CDU gewesen sei und jahrelang dem Bundestag angehört habe, seine „demokratische Gesinnung nie angezweifelt worden". Er werde daher jeden, der ihn künftig einen Neonazi nenne, „auf Unterlassung verklagen".¹²⁶

Schon 1964 hatte Linus Kather darauf hingewiesen, dass seine distanziert-kritische „Einstellung zum Nationalsozialismus" nicht nur durch seine „streng religiöse" Sozialisation „vorausbestimmt" gewesen sei, sondern dass ihn „insbesondere auch die Mißachtung des Rechtes zum unversöhnlichen Gegner des Regimes gemacht" habe. Trotz all seiner „Vorsicht und Zurückhaltung" sei in Königsberger Justizkreisen seine „Einstellung kein Geheimnis" geblieben, er habe daher „offiziell als politisch unzuverlässig" gegolten. So habe ihm der Präsident der Königsberger Anwaltskammer „wiederholt" offen gesagt, er würde ihn gerne in den Vorstand der Kammer berufen, doch sei Kather „leider [...] ja politisch unzuverlässig". Allerdings fügte Kather mit unverhohlener Hochachtung für den Kammerpräsidenten Dr. Fritz Rudat hinzu, „für das politische Klima in der Königsberger Anwaltschaft" sei es „kennzeichnend" gewesen, dass er – Kather – „es nicht nötig hatte, gegenüber dieser schweren Anschuldigung auch nur einen formellen Protest vorzubringen".¹²⁷ Im Gegenteil habe sich „1942, also nach meiner Verhaftung, [...] der Präsident der Anwaltskammer während seines Urlaubs in der Praxis durch mich vertreten" lassen – eine „eindeutige Geste von Dr. Fritz Rudat".¹²⁸

Im Jahre 1941 fand ein Prozess vor dem Sondergericht Königsberg gegen einige katholische Geistliche um den ermländischen Domherren Josef Steinki statt, denen infolge einer Denunziation regimekritische Äußerungen und Beleidigungen Hitlers vorgeworfen wurden.¹²⁹ Die Königsberger Generalstaatsanwaltschaft skizzierte den Kontext dieses politischen Strafverfahrens im Februar 1941 mit einem Bericht über die „rege Tätigkeit des politischen Katholizismus im Ermland" und die dortigen „Eingriffe der Gestapo", um einen ihr offenbar genehmen ranghohen Geistlichen „gegen den Willen Bischof Kallers im Amt zu halten". Vor diesem

---

125 ACDP, I-377-28/5, Dr. Kather an Intendant des Bayerischen Rundfunks, Wallenreiter, 19.12.1967, S. 3; ähnlich auch ACDP I-377-28/2, Dr. Kather an Erzbischof von München und Freising, Kardinal Döpfner, 22.2.1968.
126 BStU, Archiv der Zentrastelle, MfS-HA IX/11, PA Nr. 611, Bl. 26, Dr. Linus Kather, Leserbrief „Wieder ‚trouble' mit den Deutschen?", in: Die Welt v. 16.9.1969.
127 Kather, Die Entmachtung der Vertriebenen,. Bd. 1, S. 13.
128 Kather, Halali in Ostpreußen, S. 163 f.
129 Hehl, Priester unter Hitlers Terror, S. 572, S. 590 und S. 592.

Hintergrund sei nunmehr „Schutzhaft gegen fünf Geistliche aus Frauenburg und Braunsberg verhängt" worden, „die ‚Greuelmärchen' über Verhalten der Gestapo und SS in den eingegliederten Gebieten erzählt und den Führer beleidigt haben".[130]

Es war dieser Prozess, der Kather nach eigenen Angaben später „die Bekanntschaft mit dem Gefängnis und Haussuchungen durch die Gestapo einbrachte". Angeklagt waren wegen regierungskritischer Äußerungen neben dem Domherren Josef Steinki aus Frauenburg (dem Sitz des katholischen Bischofs von Ermland) vier weitere Geistliche aus Frauenburg und Braunsberg.[131] Die Anklage lautete auf „Heimtücke" und „Wehrkraftzersetzung".[132] Ein Gestapo-Spitzel hatte angezeigt, während einer privaten Zusammenkunft habe einer der Geistlichen von der Ermordung polnischer Domkapitulare durch die SS im Herbst 1939 berichtet, woraufhin der über siebzigjährige Domkapitular Steinki aufgebracht ausgerufen habe: „Adolf Hitler ist ein Schwein!" Im Prozess bestritt Steinki diesen Vorwurf nicht, sondern führte seine Äußerung offenherzig auf die ihn empörenden Mordnachrichten zurück. Steinki erhielt das höchste Strafmaß von drei Jahren Gefängnis, während die anderen Angeklagten zu etwas geringeren Haftstrafen verurteilt wurden.[133]

Kather verteidigte in diesem namentlich unter der katholischen Bevölkerung des Ermlandes Aufsehen erregenden Strafverfahren den Geistlichen Direktor Otto Schlüsener aus Braunsberg. Nach seiner Erinnerung wurde Oberinspektor Berner, Abteilungsleiter der Gestapo-Stelle Königsberg für den „Politischen Katholizismus", als Zeuge vernommen. Kather mutmaßte rückblickend, dass er sich als Verteidiger bei dessen Vernehmung und im weiteren Prozessverlauf „nicht gerade" das Wohlwollen des Gestapo-Mannes erworben habe: „Ich war ihm sicherlich auch dadurch unangenehm geworden, daß ich nach dem Prozeß im Auftrage des Bischofs für alle fünf Verurteilten das Wiederaufnahmeverfahren betrieb."[134] Durch diesen Revisionsantrag habe er sich „natürlich bei der Staatsanwaltschaft und der Gestapo in gleicher Weise unbeliebt" gemacht. Jedenfalls begriff es Kather nicht als Zufall, dass er Mitte Dezember 1941 zunächst den ablehnenden Bescheid über die Revision zugestellt erhielt, um „zwei oder drei Tage danach" am 19. Dezember 1941 selbst von der Gestapo verhaftet zu werden.[135] Der Königsberger Oberlandesgerichtspräsident Max Draeger, ein strammer Nationalsozialist, hielt diesen Vorgang für wichtig genug, um darüber Anfang Januar 1942 an das Reichsjustizministerium zu berichten[136]

Ende Mai 1945, kurz nach dem Zusammenbruch des NS-Regimes, hatte Kather sich noch dahingehend erinnert, dass seine Gestapo-Verhaftung *vor* Abschluss des

---

[130] Tilitzky, Alltag in Ostpreußen 1940–1945, S. 136 (Bericht des Generalstaatsanwalts, i.V. OStA Capeller, v. 10.2.1941).
[131] Kather, Die Entmachtung der Vertriebenen, Bd. 1, S. 14.
[132] Kather, Von Rechts wegen?, S. 69.
[133] Kather, Halali in Ostpreußen, S. 46–48.
[134] Kather, Die Entmachtung der Vertriebenen, Bd. 1, S. 14.
[135] Kather, Von Rechts wegen?, S. 86.
[136] Tilitzky, Alltag in Ostpreußen, S. 179f. (Bericht des OLG-Präsidenten v. 5.1.1942).

Revisionsverfahrens erfolgt sei: „Ich bin in zahlreichen politischen Prozessen als Verteidiger aufgetreten und habe insbesondere häufig katholische Geistliche vor dem Sondergericht in Königsberg Pr. vertreten. Im Jahre 1941 trat ich vor dem genannten Gericht als Verteidiger auf in einem Prozeß gegen den Domherrn Steinki und 4 andere angesehene kath. Geistliche aus Frauenburg, denen in der Hauptsache vorgeworfen wurde, geäußert zu haben, Deutschland dürfe den Krieg nicht gewinnen, sonst sei die kath. Kirche verloren. [...] Für alle Angeklagten bearbeitete ich das Wiederaufnahmeverfahren. Während dieses Verfahrens wurde am 19.12.1941 in meinem Büro und in der Wohnung eine Haussuchung vorgenommen von 4 Beamten unter Leitung des Oberinspektors Berner von der Gestapo, Sachbearbeiter für politischen Katholizismus und auch Sachbearbeiter im Prozeß gegen Domherrn Steinki. Man suchte offensichtlich belastendes politisches Material. Im Schreibtisch und Bücherschrank wurde jedes Blatt Papier umgewendet. Die sehr starken Akten gegen Steinki wurden mitgenommen. Ich selbst wurde unvernommen verhaftet und blieb in Haft v. 19.12.1941 bis 21.1. 1942."[137]

Bei der Haussuchung der Gestapo im Dezember 1941, so berichtete Kather später, sei es gerade noch rechtzeitig gelungen, belastende Papiere gut zu verbergen – namentlich die geheimen Gestapo-Richtlinien „zur Bekämpfung der Hirtenbrief-Propaganda" (die sich damals insbesondere gegen die Gestapo-Willkür und die NS-„Euthanasie" gerichtet hatte), die ihm von einem hohen Geistlichen des Ermlandes zugespielt worden waren.[138] Offiziell wurde Kather bei alledem von Seiten der NS-Justiz eine eigene, völlig unpolitische Straftat – die Verleitung eines von ihm verteidigten Angeklagten und eines Zeugen zur Falschaussage unter Eid – zur Last gelegt. Kather vermutete als Hintermann dieses Manövers jenen Staatsanwalt, der die Anklage beim Amtsgericht Memel erhoben hatte – den Memeler Oberstaatsanwalt Wilhelm Rode[139], den Kather später irrtümlich als „Rohde" und in dessen früherer Tätigkeit als Erster Staatsanwalt in Königsberg erinnerte. Rode hatte sich laut Kather, der sich dabei auf die Mitteilung eines Ohrenzeugen berief, feindlich gegen ihn geäußert, als allen jüdischen Anwälten

---

[137] StAHH, 221-11, Ad 10925, Dr. Kather, Anlage zum Antrag (,Entnazifizierungs-Fragebogen') v. 27.5.1945, S.1f.; als Zeugen für die Richtigkeit seiner Darlegungen benannte Kather neben einem befreundeten Kaufmann auch einen Staatsanwalt.

[138] Kather, Halali in Ostpreußen, S.37f.

[139] Dr. Wilhelm Rode, 1900–1963, 1930 Staatsanwalt Altona, 1934 EStA Königsberg, 1937 EStA Halle, 1939 OStA Memel, 1942 OStA Nordhausen; dort nach 1945 offenbar von den Sowjets interniert, 1950 in den Waldheimer Prozessen wegen „außerordentlicher Unterstützung der Nazi-Gewaltherrschaft" und Verbrechen gegen die Menschlichkeit zu 20 Jahren Zuchthaus verurteilt, 1957 entlassen und in die Bundesrepublik übergesiedelt, wo er erneut als Staatsanwalt tätig war; vgl. Tilitzky, Alltag in Ostpreußen, S.114, Anm.2; BAB, R 3001/62690, RMJ an OStA Dr. Wilhelm Rode, Memel, 10.6.1942; Fricke, Der Wahrheit verpflichtet, S.287 und S.289; Fricke bemerkt zur DDR-Verurteilung Rodes als NS-Verbrecher in Waldheim, dass dieser „niemals mit politischen Strafsachen befaßt" gewesen sei; vgl. ebenda, S.289; die geheimen Lageberichte der Königsberger Justiz während des Zweiten Weltkrieges weisen Rode immerhin als beflissen und regimeloyal aus; vgl. Tilitzky, Alltag in Ostpreußen, S.101 und S.260.

die Zulassung entzogen worden sei:„Schade, daß wir den Kather nicht auch gleich mit abschieben können." Der inoffizielle Grund für Haussuchung, Verhaftung und Anklage war für Kather jedenfalls eindeutig seine engagierte Verteidigung im Sondergerichts-Prozess gegen Steinki und die anderen vier angeklagten katholischen Kleriker.[140]

Der Königsberger OLG-Präsident Draeger war Kather nach dessen Darstellung ebenfalls alles andere als wohlgesinnt, er soll Kather vielmehr offen als „politisch unzuverlässig" bezeichnet haben.[141] Dies würde erklären, weshalb der OLG-Präsident in seinem politischen Lagebericht für den Reichsjustizminister im Januar 1942 den Vorgängen um einen einfachen ostpreußischen Rechtsanwalt außergewöhnlich breiten Raum widmete und darlegte: „Gegen den Rechtsanwalt Dr. Kather in Königsberg ist ein Verfahren wegen Verleitung zum Meineid anhängig geworden. Auf Grund eines Haftbefehls des Amtsgerichts Memel ist Kather in Haft genommen worden; nach seiner Vernehmung hob das Amtsgericht den Haftbefehl wieder auf. Die Beschwerde des Oberstaatsanwalts führte zur Wiederherstellung des Haftbefehls durch die Strafkammer des Landgerichts Memel; die von Kather eingelegte Beschwerde ist vom Strafsenat verworfen worden."[142] Dass Kather wegen der offensichtlichen Unzulänglichkeit der vom Memeler Oberstaatsanwalt gegen ihn erhobenen Anklage nach knapp vierwöchiger Haft aus dem Gerichtsgefängnis Memel am 21. Januar 1942 wieder entlassen werden musste und das Strafverfahren wegen Verleitung zur eidlichen Falschaussage später ergebnislos eingestellt wurde[143], berichtete Draeger hingegen nicht nach Berlin.

Kathers spätere Behauptung, mit einer unpolitischen Anklage aus durchaus politischen Gründen von seinen NS-Gegnern in der ostpreußischen Justiz verfolgt worden zu sein, lässt sich aus zeitgenössischen Quellen zumindest insofern verifizieren, als infolge des Steinki-Prozesses eine scharfe Konfrontation zwischen dem Verteidiger Kather und dem damaligen Sondergerichts-Ankläger Rode belegt werden kann. Im April 1941, noch während des Steinki-Verfahrens, hatte Kather eine Dienstaufsichtsbeschwerde gegen Rode in die Wege geleitet. In seiner Stellungnahme gegenüber dem Reichsjustizminister nahm daraufhin Rode zu seinen Konflikten mit Kather während des Sondergerichtsprozesses Stellung. Rode behauptete, sich „mit der Konfession der Verteidiger [...] ausgenommen die Zeit in Braunsberg niemals befasst" zu haben. Zur Person Kathers erinnere er sich „nur ganz allgemein, dass Kollegen vorbrachten, dass er dem Republikanischen Richterbund entweder angehört oder nahegestanden habe". Damit gab Rode zu, sich für die politische Vergangenheit Kathers durchaus interessiert zu haben. Erst durch Kathers Eingabe vom 18. Mai 1941, so Rode, sei ihm noch während des Steinki-Prozesses klar geworden, „dass Herr Rechtsanwalt Dr. Kather sich persönlich getroffen fühlte; denn er verband mit einem Antrag auf Strafurlaub für

---

[140] Kather, Von Rechts wegen?, S. 87–90.
[141] Kather, Halali in Ostpreußen, S. 165.
[142] Tilitzky, Alltag in Ostpreußen, S. 179f. (Bericht des OLG-Präsidenten v. 5.1.1942).
[143] Kather, Von Rechts wegen?, S. 95, S. 98 und S. 105.

seinen Mandanten eine Androhung, gegen mich vorzugehen". Dergleichen, so der Memeler NS-Oberstaatsanwalt mit spürbarer Verblüffung, habe er „eigentlich seit 1933 in der Praxis nicht mehr gesehen". Da dieses kämpferische, einen Ankläger anklagende Verhalten des Anwalts Kather „ungewöhnlich" gewesen sei, habe er – Rode – darüber mit einem Staatsanwalts-Kollegen aus Königsberg gesprochen. Von diesem habe er dann erfahren, dass Kather „Ermländer sei und als Führer der katholischen Aktion gelte", also als Anführer des politischen Katholizismus in Ostpreußen. Rode hatte offenbar daraufhin im Prozess eine herabsetzende Bemerkung gegen Kather gemacht, die auf dessen katholische Konfession Bezug genommen hatte. Dabei gab der Staatsanwalt zu, ursprünglich sogar beabsichtigt zu haben, „den Ausdruck ‚jüdischer Kniff' " zu gebrauchen, dies aber unterlassen zu haben, „weil die Anspielung auf eine minderwertige Rasse […] beleidigend gewesen wäre". Allzu zartfühlend aber glaubte Rode als Ankläger im NS-Staat dann doch nicht auftreten zu dürfen. Daher verkündete er gegenüber dem Reichsjustizministerium als sein berufliches Credo: „Ich würde mein Amt als Staatsanwalt nachlässig führen, wenn ich hinter einem Verteidiger abfallen würde. Die besonders intensive Tätigkeit, die der Verteidiger in dieser Sache entwickelt hat, mußte ich m.E. mit ebenso intensiver Vertretung meines Standpunktes erwidern."[144]

Es war demnach im Steinki-Prozess zwischen Rode und Kather hart zur Sache gegangen. Ein unbefangener Ankläger in der wenig später eröffneten angeblichen Falscheid-Strafsache gegen Kather konnte Rode folglich nicht genannt werden. Der Königsberger Generalstaatsanwalt lavierte in beiden Konflikten. Zur Dienstaufsichtsbeschwerde Kathers gegen Rode äußerte er sich im Mai 1941 ausgesprochen unklar. Er sei „nach wie vor der Überzeugung, daß dem Oberstaatsanwalt eine persönliche Verunglimpfung des Rechtsanwalts Dr. Kather ferngelegen hat, halte aber allgemein die Ausführungen des Oberstaatsanwalts für zu schroff, wobei ich allerdings nicht verkenne, daß eine energische Ausdrucksweise in der Sachbehandlung durchaus am Platze war".[145] Im November 1941, nach Auswertung der Ermittlungsakten der gegen Kather gerichteten Anklage der Verleitung zum Falscheid, attestierte der Königsberger Chefankläger dem beschuldigten Kather sodann „ein für einen Rechtsanwalt überaus bedenkliches Verhalten". Kather habe als Strafverteidiger einen Entlastungszeugen vor dessen Vernehmung in einem Strafprozess „2 Tage lang in Memel im Hotel Baltischer Hof bei reichlichem Alkoholgenuß ‚vorvernommen', ihn späterhin in seiner Wohnung in Königsberg Pr. bewirtet und für ihn die Führung eines Erbschaftsprozesses kostenfrei übernommen". Infolgedessen habe der Zeuge nach eigenem Geständnis „bei seiner eidlichen Vernehmung im Wiederaufnahmeverfahren unrichtige Angaben" zugunsten des von Kather verteidigten Angeklagten gemacht. Gleichwohl kam der Generalstaatsanwalt zur abschließenden Beurteilung, dass Kather zwar „in nicht einwandfreier Weise gearbeitet" habe, dass sich jedoch „vor Abschluß dieses Er-

---

[144] BAB, R 3001/62690, OStA Memel, Dr. Rode, an RMJ, 27.4.1941, betr. Beschwerde Dr. Kathers gegen Dr. Rode vom 5.4.1941, S. 3f. und S. 7.
[145] Ebenda, GStA Königsberg [an RMJ], 6.5.1941.

mittlungsverfahrens nicht übersehen" lasse, „ob und inwieweit Dr. Kather sich strafbar gemacht" habe. Immerhin sollten diese Umstände mildernd „bei der Beurteilung der Stellungnahme des Oberstaatsanwalts Dr. Rode zu dem Wiederaufnahmeantrag zu berücksichtigen sein".[146]

Nach dieser konfliktreichen Vorgeschichte reagierte das Reichsjustizministerium auf die durch Rode veranlasste Inhaftierung Kathers im Dezember 1941 ganz anders, als der eifrige NS-Staatsanwalt vermutet haben dürfte. Der zuständige Ministerialbeamte ordnete eine „Rückfrage" bei den Königsberger Justizspitzen, dem OLG-Präsidenten und dem Generalstaatsanwalt, „über den dem Haftbefehl" gegen Kather „zugrunde liegenden Sachverhalt" an, und zwar ausdrücklich „angesichts der zwischen dem Oberstaatsanwalt Dr. Rode in Memel und dem Rechtsanwalt Dr. Kather bestehenden Spannungen".[147] Nur wenige Monate nach Kathers Haftentlassung im Januar 1942 wurde Oberstaatsanwalt Rode gegen Jahresmitte vom Justizministerium „aus dienstlichen Gründen" mit sofortiger Wirkung an die Staatsanwaltschaft Nordhausen in Thüringen versetzt.[148] Sollte mit diesem Schritt die Hoffnung verbunden gewesen sein, durch weiträumige Trennung der Kontrahenten den Konflikt zwischen Rode und Kather zum Abschluss zu bringen, sah man sich in Berlin jedoch alsbald enttäuscht. Bereits im April 1942 hatte sich der Präsident der Reichsrechtsanwaltskammer ans Ministerium mit der Frage gewandt, ob die nunmehr bereits ein knappes Jahr zurückliegende Dienstaufsichtsbeschwerde Kathers gegen Rode unterdessen abschließend bearbeitet worden sei. Im Juli 1942 wurde diese Anfrage erneuert und mit dem Hinweis verknüpft, „die Anwaltschaft in Königsberg" habe laut Mitteilung des Präsidenten der dortigen Rechtsanwaltskammer „ein dringendes Interesse daran, die Sache nunmehr baldigst geklärt zu wissen".[149] Der Reichsjustizminister antwortete daraufhin im September 1942 einigermaßen gereizt, er erachte „die Entscheidung unter den gegenwärtigen Zeitverhältnissen nicht für besonders vordringlich, zumal Oberstaatsanwalt Dr. Rode aus anderem Anlass in den Bezirk des Generalstaatsanwalts Naumburg abgeordnet" worden sei.[150] Nach einiger Zeit durfte der unliebsam aufgefallene NS-Ankläger dann auch wieder an seinen Arbeitsplatz zurückkehren: Im September 1943 amtierte Rode jedenfalls wieder als Oberstaatsanwalt in Memel und wurde vom Königsberger Generalstaatsanwalt in dessen Berichterstattung für den Reichsjustizminister sogar wohlwollend mit seiner Warnung über das allzu unbeaufsichtigte Alltagsleben von Kriegsgefangenen in Ostpreußen zitiert.[151]

Der juristische Kampf zwischen Rode und Kather zog sich beinahe bis gegen Kriegsende hin. Er wurde jedoch erschwert und schließlich faktisch beendet durch

---

[146] Ebenda, GStA Königsberg an RMJ, 24.11.1941, S.2f.
[147] Ebenda, RMJ, Vermerk v. 20.12.1941, und RMJ, Dr. Nadler, an OLG-Präsident Königsberg und GStA Königsberg, 20.12.1941.
[148] Ebenda, RMJ an OStA Dr. Rode, Memel, 10.6.1942.
[149] Ebenda, Präsident der Reichsrechtsanwaltskammer an RMJ, 22.4.1942 und 17.7.1942.
[150] Ebenda, RMJ an Präsident der Reichsrechtsanwaltskammer, 3.9.1942.
[151] Vgl. Tilitzky, Alltag in Ostpreußen, S. 260.

die Zerstörungen, die der alliierte Bombenkrieg im Jahre 1944 in Berlin und in Königsberg und damit auch in den Aktenbeständen der beteiligten Instanzen der NS-Justiz hervorrief. Im Juni 1944 hatte das Reichsjustizministerium solche Aktenverluste durch den Bombenkrieg erlitten, denen unter anderen auch der Bericht des Königsberger Generalstaatsanwalts vom 20. Oktober 1943 über das „ehrengerichtliche Verfahren gegen RA. Dr. Kather und dessen Dienstaufsichtsbeschwerde gegen den OStA. Rode (früher in Memel)" zum Opfer gefallen war. Daher bat das Ministerium diese Königsberger Dienststelle Mitte 1944 um die Übersendung aller dortigen Unterlagen zu diesen beiden Verfahren.[152] Von dort erhielt Berlin zur Antwort, dass sich die Akten zur Dienstaufsichtsbeschwerde gegen Rode unterdessen beim „Reichs[s]tatthalter-Generalstaatsanwalt in Posen" befänden, da Oberstaatsanwalt Rode mittlerweile nach Litzmannstadt (Lodz) versetzt worden sei. Die Verfahrensunterlagen gegen Kather wurden hingegen dem Ministerium in Abschrift übersandt. Auch hatte der Generalstaatsanwalt die Oberstaatsanwälte in Tilsit und Memel angewiesen, deren Unterlagen über Königsberg nach Berlin einzureichen.[153] Als das Justizministerium im Oktober 1944 die Übersendung weiterer Unterlagen anmahnte, erhielt es jedoch vom Königsberger Generalstaatsanwalt die Antwort, dass diese mit der gesamten Dienststelle beim letzten „Terrorangriff der englischen Luftwaffe [...] völlig vernichtet" worden und nicht mehr zu rekonstruieren seien.[154] Das Reichsjustizministerium wandte sich gleichwohl unverdrossen noch Mitte Januar 1945 – nur wenige Tage vor dem großen Durchbruch der Roten Armee an der Ostfront – an die erwähnte Anklagebehörde in Posen, um zumindest in der Dienstaufsichtsbeschwerde Kathers gegen Rode weiter zu kommen.[155]

Es scheint, dass Kather durch diese Bombenangriffe auf Königsberg und die damit verbundenen Zerstörungen von NS-Akten vor einer neuerlichen Verhaftung durch die Gestapo bewahrt blieb. Er habe sich, so berichtete er später, im Sommer 1944 gerade auf Reisen befunden, als er die Aufforderung erhalten habe, sich nach seiner Rückkehr nach Königsberg umgehend bei der Gestapo zu melden. Kather vermutete (wahrscheinlich zutreffend), man habe ihn als ehemaligen Zentrumspolitiker nach dem Attentat auf Hitler am 20. Juli 1944 vorsorglich in Haft nehmen wollen (wie dies vielen anderen Weimarer Politikern damals widerfuhr). Er habe sein Erscheinen bei der Gestapo jedoch verzögert und sei dann durch den alliierten Bombenangriff auf Königsberg Ende August 1944 gerettet worden, der auch das Gestapo-Hauptquartier mitsamt allen Akten vernichtet habe.[156] Zeitnah hatte Kather dieses Geschehen im Mai 1945 bereits ganz ähnlich geschildert:

---

[152] BAB, R 3001/62689, RMJ an GStA Königsberg, 21.6.1944.
[153] Ebenda, GStA Königsberg an RMJ, 12.7.1944.
[154] Ebenda, RMJ an GStA Königsberg, 2.10.1944, und GStA Königsberg an RMJ, 17.10.1944; vgl. auch den Bericht des Königsberger OLG-Präsidenten vom 9.9.1944 über die fast vollständigen Aktenverluste seiner Behörde durch den britischen Bombenangriff vom 27. August 1944 in Tilitzky, Alltag in Ostpreußen, S. 280.
[155] BAB, R 3001/62689, RJM an Reichstatthalter-Generalstaatsanwaltschaft Posen, 13.1.1945.
[156] Kather, Halali in Ostpreußen, S. 169 und S. 172f.; ähnlich Kather, Von Rechts wegen?, S. 100f.

„Ende Aug. 1944 erschienen 2 Beamte der Gestapo in meiner Wohnung und auch im Büro, um mich abzuholen. Es handelte sich damals um Maßnahmen gegen die sog. ‚Systempolitiker' aus Anlaß der Vorgänge v. 20.7.1944. Ich war verreist. Als ich am Morgen des 30. 8. zurückkam, waren in dieser Nacht die Innenstadt von Königsberg und auch die Büros der Gestapo durch einen englischen Luftangriff zerstört worden. Aus diesem Grunde wohl bin ich dann nicht mehr behelligt worden."[157]

In Ruhe gelassen wurde Kather vom NS-Regime deshalb aber nicht, auch wenn die drohende Gestapo-Verhaftung von einer vergleichsweise geringfügigen bürokratischen Schikane abgelöst wurde. Am Heiligabend 1944 hatte der Königsberger Oberlandesgerichtspräsident Max Draeger das Reichsjustizministerium davon in Kenntnis gesetzt, er habe Kather „im Einvernehmen mit den Präsidenten der Rechtsanwaltskammer und der Notarkammer für den Rüstungseinsatz benannt". Kather habe um Freistellung von dieser Maßnahme gebeten und auf seine Anwaltstätigkeit für zahlreiche westeuropäische Kriegsgefangene in Ostpreußen verwiesen, weswegen er unabkömmlich sei. Für Draeger jedoch kam eine derartige Freistellung Kathers „nicht in Frage", da Kather – damals 51 Jahre alt – noch verhältnismäßig jung sei. Er habe Kather informiert, „daß er seine Strafpraxis einem oder mehreren älteren Rechtsanwälten überlassen muß, falls sein Einsatz durch das Arbeitsamt erfolgt".[158] Das Justizministerium reagierte mit der am 10. Januar 1945 übermittelten Bitte um Information, falls Kather tatsächlich zum Arbeitseinsatz eingezogen werden sollte.[159] Unterdessen hatte Kather, wie er im Hamburger Entnazifizierungs-Fragebogen am 27. Mai 1945 schilderte, „Anfang Januar d. Js. [1945] vom Oberlandesgerichtspräsidenten die schriftliche Mitteilung" erhalten, „dass ich für den Rüstungseinsatz freigegeben sei und meine Praxis auf andere Rechtsanwälte verteilt werden müsste". Dagegen habe jedoch der Präsident der Königsberger Anwaltskammer – der mit Kather gut bekannte Fritz Rudat – Widerspruch erhoben. Daraufhin „begründete das Oberlandesgericht diese Maßnahme gegen mich ausdrücklich damit, dass ich politisch unzuverlässig sei".[160] Dem Präsidenten der Anwaltskammer habe Oberlandesgerichtspräsident Draeger ins Gesicht gesagt, er „begreife gar nicht, weshalb Sie sich für Herrn Kather so einsetzen, der ist doch politisch unzuverlässig". Das sei derselbe Mann gewesen, so fügte Kather hinzu, „der am 20. April 1945, also am letzten Geburtstag Hitlers, im Hofe des Justizministeriums in Berlin erschossen wurde, und zwar aufgrund einer Verurteilung durch den Volksgerichtshof, weil er sich zu früh aus Königsberg und Ostpreußen entfernt hatte".[161] Tatsächlich hatte am 28. Januar 1945 der Oberlandesgerichtspräsident gemeinsam mit dem Generalstaatsanwalt das von

---

[157] StAHH, 221-11, Ad 10925, Dr. Kather, Anlage zum Antrag (‚Entnazifizierungs-Fragebogen') v. 27.5.1945, S. 2.
[158] BAB, R 3001/62689, OLG-Präsident Königsberg, Dr. Draeger, an RMJ, 24.12.1944.
[159] Ebenda, RJM an OLG-Präsident Königsberg, 10.1.1945.
[160] StAHH, 221-11, Ad 10925, Dr. Kather, Anlage zum Antrag (‚Entnazifizierungs-Fragebogen') v. 27.5.1945, S. 3.
[161] Kather, Die Entmachtung der Vertriebenen, Bd. 1, S. 13.

den Sowjets bedrohte Königsberg „ohne Fühlungnahme" mit dem Gauleiter Erich Koch „und ohne für ordnungsgemäße Übertragung ihrer Dienstgeschäfte gesorgt zu haben", per Dienstwagen fluchtartig verlassen. Auf Weisung des Gauleiters unterwegs verhaftet, wurden beide Spitzenbeamte am 31. Januar 1945 von Stettin mit einem „Flüchtlingszug" nach Berlin transportiert.[162] Dort beging der Generalstaatsanwalt in der Untersuchungshaft Selbstmord – „ein Mißtrauensvotum für die deutsche Justiz", wie Kather sarkastisch anmerkte. Draeger hingegen wurde vom Volksgerichtshof tatsächlich zum Tode verurteilt und am 20. April 1945 hingerichtet – dem „letzten Geburtstag des ‚Führers' und zehn Tage vor seinem Selbstmord". Nur zwei Tage nach der Hinrichtung Draegers taten, wie Kather als Chronist dieser NS-Juristen vermerkte, die Richter des Volksgerichtshofes „genau das Gleiche", wofür sie Draeger in den Tod geschickt hatten, und setzten sich aus dem bedrohten Berlin fluchtartig nach Westen ab. Ähnlich hatte unterdessen auch der ostpreußische Gauleiter Koch gehandelt.[163]

Kathers von Draeger verfügte „Freigabe" zum Arbeitseinsatz wurde jedenfalls aufrechterhalten, war „jedoch infolge der Kriegsereignisse nicht mehr zur Wirkung" gekommen. Kather wertete gleichwohl dieses Vorgehen des obersten Königsberger Richters als politische Repressalie, die sachlich unberechtigt gewesen sei, da er infolge seiner umfangreichen Anwaltstätigkeit für ausländische Kriegsgefangene „die größte Strafpraxis nicht nur in Königsberg, sondern in ganz Ostpreußen" gehabt habe, was Draegers Behörde „bekannt" gewesen sei.[164] Dieses Anwaltsengagement Kathers war in der Tat kein vorgeschobenes Argument. „In den letzten Kriegsjahren" hatte Kather nach eigener Aussage vielmehr „sämtliche französischen, belgischen und italienischen Kriegsgefangenen aus ganz Ostpreußen" vor dem zuständigen Kriegsgericht verteidigt, und zwar zumeist wegen der Anklage verbotener Beziehungen zu deutschen Frauen. Die NS-Rechtsprechung war in solchen Fällen laut Kather „barbarisch und völkerrechtswidrig", da sie in der Regel die westeuropäischen Soldaten mit bis zu drei Jahren Gefängnis für Geschlechtsverkehr und die beteiligten deutschen Frauen sogar mit Zuchthaus bestrafte.[165] Nach Kathers Angaben wurden in Ostpreußen etwa 15 000 Franzosen gefangengehalten, von denen er bis Anfang 1945 „etwa 2000 verteidigt" habe. Nur 10 Prozent dieser Fälle hätten etwas mit wirklicher Kriminalität zu tun gehabt, zu 80 Prozent seien es „Kavaliersdelikte in des Wortes wahrster Bedeutung" gewesen – „Verkehr mit deutschen Frauen". Jedoch sei in keinem Fall gegen einen angeklagten Kriegsgefangenen, den er verteidigt habe, eine Todesstrafe verhängt worden. Der einzige Fall, wo dies auf persönliche Weisung des OKW-Chefs Generalfeldmarschall Wilhelm Keitel doch noch hätte geschehen können, sei durch die erfolgreiche Flucht des Angeklagten aus dem Kriegsgefangenenlager erledigt wor-

---

162 Tilitzky, Alltag in Ostpreußen, S. 310 und S. 312.
163 Kather, Halali in Ostpreußen, S. 164f; zu Koch: Lass, Die Flucht, S. 316–318.
164 StAHH, 221-11, Ad 10925, Dr. Kather, Anlage zum Antrag (‚Entnazifizierungs-Fragebogen') v. 27. 5. 1945, S. 3.
165 Kather, Halali in Ostpreußen, S. 191 f.

den. Kather machte geltend, dass er seinen Mandaten gewarnt und dadurch zur Flucht veranlasst habe.[166]

Am ausführlichsten hat Kather diesen Aspekt seines Weltkriegslebens bereits 1945 vor der Hamburger Entnazifizierungsbehörde dargelegt. Demnach war er seit 1940 „durch die französische Botschaft in Berlin ständig damit beauftragt worden, alle französischen Kriegsgefangenen, welche sich in Ostpreußen aufhielten, vor dem Kommandanturgericht in Königsberg Pr. zu verteidigen". Später sei derselbe Auftrag auch „für die belgischen Kriegsgefangenen und die italienischen Militärinternierten" hinzugetreten, bis er schließlich „auch die Verteidigung sämtlicher französischen Zivilarbeiter in Ostpreußen übernommen" habe: „Ich habe also sämtliche westlichen Kriegsgefangenen und Zivilarbeiter in Ostpreußen betreut – Engländer und Amerikaner gab es nicht in Ostpreußen. Ich habe mich dieser Aufgabe, die in den letzten Jahren meine Arbeitskraft nahezu ausschließlich in Anspruch nahm, mit großem Eifer unterzogen und bin mit allen Kräften bestrebt gewesen, meinen Schutzbefohlenen nach Möglichkeit zu ihrem Recht zu verhelfen. Es ist mir gelungen, in mehr als 100 Fällen Freisprüche zu erzielen und noch viel häufiger eine Milderung der beantragten Strafe zu erreichen. [...] Immer wieder ist meine Tätigkeit anerkannt worden, und habe ich Danksagungen erhalten." Zum Beweis benannte Kather drei Franzosen oder Belgier mit Namen und Heimatanschrift, „welche in den letzten Jahren meine Auftraggeber und gleichzeitig Helfer waren".[167]

Unmittelbar vor der Flucht aus Ostpreußen Ende Januar 1945, die ihn schließlich nach Hamburg führte, war Kather im November 1944 noch in die vom NS-Regime in letzter Stunde geschaffene Miliz „Volkssturm" einberufen worden. Zuvor hatte er 1943/44 bereits in der Königsberger „Stadtwacht" einen milizähnlichen Dienst versehen. Beim „Volkssturm" wiederum schien es im Januar 1945 ernst zu werden, als Kather zum Dienst aufgefordert und zum Volkssturm-Zahlmeister ernannt wurde. Er hatte jedoch faktisch infolge des einsetzenden Frontzusammenbruchs und Fluchtchaos nach eigenen Angaben „keinen Dienst gemacht".[168] Auch in der für viele Ostpreußen überlebenswichtigen Fluchtetappe Pillau, von wo aus die Ostseetransporte gen Westen starteten, habe man ihn beim dortigen Volkssturm Mitte Februar 1945 glücklicherweise ausgemustert.[169]

NS-Gegner im Exil zwischen allen Stühlen: Wenzel Jaksch

Als Bundespräsident Heinrich Lübke im Juni 1964 das Präsidium des „Bundes der Vertriebenen" offiziell in seiner Bonner Residenz, der Villa Hammerschmidt, empfing, hatte der BdV zuvor einen knappen biographischen Abriss über die Teil-

---

[166] Kather, Von Rechts wegen?, S. 110f. und S. 114f.
[167] StAHH, 221-11, Ad 10925, Dr. Kather, Anlage zum Antrag („Entnazifizierungs-Fragebogen') v. 27.5.1945, S. 2.
[168] Ebenda, Dr. Kather, Entnazifizierungs-Fragebogen v. 11.11.1946, S. 8.
[169] Kather, Halali in Ostpreußen, S. 214.

nehmer an diesem Empfang ans Bundespräsidialamt übermittelt. Durch dieses Dokument wurde der Bundespräsident jedoch nur in einem einzigen Falle über die Vergangenheit eines BdV-Führungsmitglieds während der NS-Zeit informiert. Diese Ausnahme bildete der damalige Präsident des BdV selbst, der SPD-Bundestagsabgeordnete Dr. h. c. Wenzel Jaksch, über den man knapp erfuhr, dass er „1939 nach England emigriert" sei.[170]

Wir haben bereits gesehen, dass Wenzel Jaksch als Mitglied der 1919 gegründeten „Deutschen Sozialdemokratischen Arbeiterpartei" (DASP) der Tschechoslowakischen Republik in den 1930er Jahren eine zunehmend wichtige politische Rolle in der Politik dieses Staates gespielt hat – zunächst als Chefredakteur der in Prag erscheinenden Parteizeitung, seit 1929 auch als Mitglied des Abgeordnetenhauses der tschechoslowakischen Nationalversammlung und seit dem 28. März 1938 schließlich auch als dritter und letzter Parteivorsitzender der DSAP, deren Arbeit er – infolge des Münchner Abkommens, der damit verbundenen Verkleinerung und inneren Umformung der Tschechoslowakei und des NS-angepassten Kurses der neuen Prager Regierung – am 9. November 1938 offiziell einzustellen gezwungen war. Sieben der elf DSAP-Abgeordneten der Nationalversammlung hatten, da sie in den abgetretenen Sudetengebieten lebten, bereits am 30. Oktober 1938 ihre Prager Mandate verloren. Jaksch gehörte zu den vier Übriggebliebenen, die sozialdemokratische deutsche Wähler innerhalb der verkleinerten Tschecho-Slowakei (wie sie nunmehr hieß) repräsentierten und daher formell bis zum 21. März 1939 auch der neu formierten Nationalversammlung der (Zweiten) Tschecho-Slowakischen Republik angehörten.[171] Jaksch allerdings hatte zum Zeitpunkt dieser offiziellen Aberkennung seines Prager Abgeordnetenmandats die Stätte seines Lebens und politischen Wirkens bereits unmittelbar nach dem deutschen Einmarsch in die Tschecho-Slowakei und der Errichtung des NS-beherrschten „Reichsprotektorats Böhmen und Mähren" zwangsweise verlassen, indem er „nachts auf Skiern über die Grenze nach Polen fliehen" musste, um sich dem Zugriff der Gestapo zu entziehen.[172] Über Polen gelangte Jaksch 1939 ins britische Exil nach London, wo er insgesamt ein volles Jahrzehnt seines Lebens bleiben durfte bzw. – wie wir noch sehen werden – auch nach 1945 noch längere Zeit bleiben musste. In London leitete Jaksch die sogenannte „Treuegemeinschaft sudetendeutscher Sozialdemokraten" – ein Sammelbecken für geflüchtete Mitglieder der ehemaligen DSAP – und versuchte über diese neue Vorsitzenden-Funktion zum repräsentativen Sprachrohr der im Kampf gegen den Nationalsozialismus schon lange vor 1938 profilierten und dadurch legitimierten Sudetendeutschen zu werden. Aufgrund dessen verfügte das NS-Regime gegen ihn im April 1941 die Zwangsausbürgerung. Nach der Niederlage Hitler-Deutschlands durfte Jaksch

---

[170] BAK, B 234/1424, BdV, Schwarzer, an [Bundespräsidialamt], Dr. Oettinger, 5.6.1964, Anlage 1: Biographische Information zum BdV-Präsidium für den geplanten Empfang durch den Bundespräsidenten.
[171] Balling, Von Reval bis Bukarest. Bd. 1, S. 252f. und S. 283.
[172] Strothmann, Der k.u.k. Sozialdemokrat, S. 2.

jedoch in seine sudetendeutsche Heimat, die nun erneut zur wiedererrichteten Tschechoslowakei gehörte, nie mehr zurückkehren, und auch ins verkleinerte, besetzte und geteilte Deutschland ließen den unbequem gewordenen Exil-Politiker die Siegermächte lange nicht hinein. Erst 1949 wurde dem sudetendeutschen Sozialdemokraten die dauerhafte Übersiedlung aus London ins hessische Wiesbaden gestattet, wo er dann als prominenter SPD-Politiker sowie ab 1951 als Gründer und Vorsitzender der „Seligergemeinde" genannten „Gesinnungsgemeinschaft sudetendeutscher Sozialdemokraten" seine zweite politische Karriere begann, die erst 1966 durch seinen Unfalltod endete. Von 1953 an vertrat er die SPD im Deutschen Bundestag und war auch Mitglied des Parteivorstands. 1958 wurde er zudem Präsidiumsmitglied und alsbald einer der Vizepräsidenten des neugegründeten „Bundes der Vertriebenen", um schließlich ab 1964 bis zu seinem Tode als Präsident dieser Organisation vorzustehen.[173]

Die bundesrepublikanische Presse beachtete und begrüßte den Aufstieg dieses Sozialdemokraten zum zweiten Präsidenten des BdV. Die „Neue Rheinzeitung" stellte Jaksch als profilierten „NS-Gegner" vor, der in seinem neuen Amt vor allem versuchen müsse, „die braunen Schatten der Vergangenheit, die sein Vorgänger Hans Krüger auf so peinliche Weise beschwor, endgültig zu bannen". Krüger, der erste reguläre Präsident des BdV, hatte bekanntlich Anfang 1964 nach nur wenigen Monaten Amtszeit als Bundesvertriebenenminister wegen schwerwiegender Vorwürfe hinsichtlich seiner NS-Vergangenheit zurücktreten müssen, um dann auch sang- und klanglos aus seinem Amt als BdV-Präsident zu scheiden. Der Nachfolger konnte aus Sicht der rheinischen Presse den lädierten Ruf des BdV wiederherstellen: „Jakschs guter Ruf im westlichen Ausland – er erhielt die Ehrendoktorwürde des amerikanischen Parkville-College – und seine integre Vergangenheit sprechen dafür."[174] Ganz ähnlich sah dies auch der Journalist Dietrich Strothmann, der sich kurz zuvor in seiner Würdigung der Person Hans Krügers mit Blick auf dessen vermeintlich unangreifbare NS-Vergangenheit eklatant verschätzt hatte, in der Hamburger Wochenzeitung „Die Zeit": „Nach den unliebsamen Erfahrungen mit Männern anderer Couleur, mit dem Minister Oberländer und dem Verbandschef Krüger – der unlängst als Kabinettsmitglied abtreten mußte – waren die Vertriebenen ängstlich bedacht, einen dritten Reinfall zu vermeiden. Denn das zumindest verbürgt Wenzel Jaksch: ein ganzer oder auch nur halber Nazi war er nicht. [...] Vor 1938, so erinnert sich Jaksch, war ,ich eine der Säulen des Widerstandes auf der Seite der Tschechen'. [...] Dann aber kam Hitler [auch in die Tschechoslowakei], und der Mann, der gegen Henlein gefochten hatte, mußte [...] fliehen. Als Emigrant stieß Jaksch, der schon in Prag mit den aus Deutschland geflohenen sozialdemokratischen Politikern zusammengearbeitet hatte, [in London] zu den Männern um Erich Ollenhauer [den nachmaligen Bundesvorsitzenden der SPD]. Heute entgegnet er auf die Vorwürfe, daß er ja

---

[173] Balling, Von Reval bis Bukarest, Bd. 1, S. 355 f.
[174] BStU, Archiv der Zentralstelle, MfS ZAIG Nr. 9708 Teil 3, Bl. 759, „Alter NS-Gegner", in: Neue Rheinzeitung v. 2. 3. 1964.

kein ‚echter' Vertriebener sei, in der typischen Art, die manche hochfahrend finden: ‚Ich habe die Vertreibung erlebt wie kein anderer. Ich fühlte mich wie geschlagen. Damals war ich der einzige Pol in der freien Welt, an den man sich wandte, wenn man etwas von den Sudetendeutschen wissen wollte.'"[175]

Jaksch hatte stets den Anspruch sudetendeutscher Sozialdemokraten auf die aktive Mitgestaltung der Nachkriegs-Bundesrepublik durch Hinweise auf die NS-Opfer aus den Reihen seiner Partei untermauert. Er hatte auf die rund 15 000 sudetendeutschen DSAP-Mitglieder hingewiesen, die nach dem Münchner Abkommen im Herbst 1938 vor dem NS-Regime in die verkleinerte Tschechoslowakei geflohen, von dieser jedoch an Hitler ausgeliefert worden waren. Dieser „Opfergang", der vielfach in Konzentrationslagern geendet hatte, gab Jaksch das Recht zur ebenso von Stolz wie von Trauer erfüllten Feststellung: „Wir haben die Hitler-Gefahr nicht allein mit Worten bekämpft."[176] Im Sommer 1938 hatte Jaksch den die Tschechoslowakei bereisenden indischen Unabhängigkeitskämpfer Jawaharlal Nehru kennengelernt. Im August 1941 schrieben Jaksch und andere mittlerweile im Londoner Exil lebende sudetendeutsche Sozialdemokraten an den unterdessen in Britisch-Indien inhaftierten Kongress-Führer und späteren indischen Premierminister einen solidarischen Brief. Darin bezeichneten sie sich als „die ersten Opfer der Politik von München", also des Münchner Abkommens von 1938, und damit eines schweren Fehlers der britischen Politik, anerkannten aber zugleich, dass Großbritannien 1940/41 ein ganzes Jahr lang allein im Kampf gegen Hitler-Deutschland „die Freiheit der Welt auf seinen Schultern getragen" habe. In seiner Antwort verwies Nehru kritisch darauf, dass die britische Appeasementpolitik nicht nur eine Verlegenheitslösung gewesen sei, sondern auf echter Sympathie von Teilen der britischen Führungsschicht für die NS-Politik basiert habe. Zugleich bescheinigte Nehru Jaksch, „welchen Mut und welche Würde Sie und ihre Partei in einer Lage zeigten, die so voll Gefahren für alle war".[177] Dieses Lob des späteren prominenten Führers der „Dritten Welt" und der „Blockfreien" war Jaksch so wichtig, dass er es in zahlreichen Nachkriegspublikationen immer wieder erwähnte.[178]

Es gab freilich noch eine andere Variante des Ruhmes, der Jaksch in der Bundesrepublik allmählich zugebilligt wurde. Es war dies die Verbindung eindeutigen Widerstands gegen das NS-Regime mit einer fortdauernden patriotischen Grundüberzeugung und der daraus resultierenden Beharrung auf dem Recht der Vertriebenen auf Heimat und Selbstbestimmung. Diese Synthese, die für Jaksch zum wichtigen Faktor seiner Integration in den zunächst primär von konservativen und nationalistischen Führungspersönlichkeiten dominierten „Bund der Vertriebenen" werden sollte, sprach der Staatssekretär im Bundesvertriebenenministe-

---

[175] Strothmann, Der k.u.k. Sozialdemokrat, S. 2; zu Strothmanns Krüger-Artikel: vgl. Kap. I.4.
[176] Jaksch, Unser geschichtlicher Auftrag, S. 28 und S. 32.
[177] Ruhm und Tragik der sudetendeutschen Sozialdemokratie, S. 46–48.
[178] Vgl. Jaksch, Unser geschichtlicher Auftrag, S. 12; ders., Europas Weg nach Potsdam, S. 14; kurz nach Jakschs Tod auch: Wenzel Jaksch. Patriot und Europäer, S. 28 f.

rium, der CDU-Politiker Peter Paul Nahm (welcher 1934 als Journalist vom NS-Regime Berufsverbot erhalten hatte und für mehrere Wochen in ein Konzentrationslager gesperrt worden war) 1966 in seiner Grabrede für Jaksch mustergültig an. Demnach hatte Jaksch den Deutschen „echte Demokratie vorgelebt", indem er als Sozialdemokrat in der Tschechoslowakei „allen Anfängen der Radikalisierung gewehrt und das gute Wort von der patriotischen Mitte gefunden" – also sowohl gegen Kommunisten als auch gegen Nationalsozialisten kämpferisch aufgestanden sei. Zugleich aber habe Jaksch dabei seine „Liebe zum eigenen Volk und Vaterland" ganz „ohne Ausartung und ohne Abwertung anderer" selbstverständlich gelebt. Nahm lobte, wie Jaksch sich um 1938/39 dem „Unheil" von rechts „entgegengeworfen" habe, „bis es ihn schließlich überflutete und in das bittere Boot der Emigration trieb". Die fragwürdige Naturkatastrophen-Metapher für den Nationalsozialismus mündete bei Nahm in ein Lob für Jakschs spezifisches Handeln ab 1939. Jakschs „ganze Größe" habe sich erst darin gezeigt, dass er „die Unheilbringer nicht mit seinem Volk" verwechselt habe, dass er vielmehr diesem Volk „die Treue" gehalten und zu retten versucht habe, was noch zu retten gewesen sei. „Als trotz aller seiner Mühen von dem Schiff nur noch Planken übrig blieben, bekannte er sich auch zu diesen und half[,] sie wieder zusammenzufügen."[179]

Nur von kommunistischer Seite, etwa aus der DDR und der ČSSR, wurde diese politische Grundentscheidung Wenzel Jakschs polemisch perhorresziert. Die Jaksch-Gruppe war bereits 1945 von den Sowjets als „stark sowjetfeindlich" (was stimmte) und „reaktionär" (was nicht stimmte) eingestuft worden. Seither machte Jakschs politische Biographie ihn auch für SED-Ideologen zu einem „der größten deutschen Revanchisten". Für die SED war Jaksch ein langjähriger „Arbeiterverräter" und unterstützte nicht nur die in ihren Augen „revanchistischen Forderungen" der Sudetendeutschen Landsmannschaft, sondern legitimierte auch nach wie vor (was stimmte) das Münchner Abkommen. Die SED-Propaganda verstieg sich 1960 sogar zu der Behauptung: „Heute ist Jaksch das, was er 1938 nicht werden konnte, ein Faschist." Diese „absurden Vorwürfe", so die Historikerin Heike Amos, wurden seitens der DDR niemals differenziert. Im Gegenteil: Gerade während seiner BdV-Präsidentschaft zwischen 1964 und 1966 wurde Jaksch als „Heim-ins-Reich-Krieger", „Volk-ohne-Raum-Ideologe" oder „auf Goebbels' Spuren" vehement verunglimpft.[180]

Seinerseits hat Jaksch schon im Londoner Exil aus seiner makellosen „antifaschistischen" Haltung das politische Recht abgeleitet, die Alliierten selbst in ihrer künftigen Behandlung des besiegten Hitler-Deutschland auf die Verbindlichkeit

---

[179] ACDP I-518-016/1, Peter Paul Nahm, Gedenkrede zum Tode Wenzel Jakschs, 1.12.1966.
[180] Amos, Die Vertriebenenpolitik der SED 1949 bis 1990, S. 199–201 und S. 260; freilich gab es auch einige nichtkommunistische Kritiker; so trat Franz Koegler, ein früherer sudetendeutsch-sozialdemokratischer Weggefährte Jakschs und seit 1940 dessen scharfer Kritiker, 1965 als „Mitunterzeichner einer Protesterklärung ehemaliger DSAP-Parteifunktionäre" auf, in der die Zusammenarbeit der von Jaksch geleiteten sozialdemokratischen „Seliger-Gemeinde" mit der Sudetendeutschen Landsmannschaft gerügt wurde; vgl. Balling, Von Reval bis Bukarest, Bd. 1, S. 319f.

des Rechts festzulegen. So schrieb Jaksch unter Pseudonym in der Londoner Exil-Zeitung „Der Sozialdemokrat" im November 1944: „Der Faschismus hat das Faustrecht wieder eingeführt und hat es auf den Gipfelpunkt der Barbarei getrieben. Die erste Antwort auf den Faschismus muß daher die Wiederherstellung eines Rechtszustandes sein. Der freie Mensch kann nur im Schutze des Rechts leben."[181] Für Jaksch bedeutete dieses Beharren auf dem Recht vor allem, keine Kollektivschuld-Thesen und daher auch keine Kollektivbestrafung der Deutschen zu akzeptieren – insbesondere keine Vertreibung der gesamten deutschen Bevölkerung bestimmter Gebiete. Trotz Hitler und trotz aller Ereignisse zwischen 1938 und 1945 beharrte Jaksch auf dem Selbstbestimmungsrecht der Sudetendeutschen in der Tschechoslowakei.

Nicht jedem gefielen diese Positionen. Bereits unter den im Londoner Exil lebenden sudetendeutschen Sozialdemokraten traf Jaksch während des Zweiten Weltkrieges bei einer Minderheit auf heftigen Widerspruch. Der ehemalige DSAP-Politiker Franz Koegler, der ebenso wie Jaksch als Parteiredakteur aufgestiegen war und zwischen 1935 und 1938 auch Mitglied des tschechoslowakischen Abgeordnetenhauses gewesen war, hatte im britischen Exil zunächst in Jakschs „Treuegemeinschaft" mitgearbeitet, von der er sich jedoch bereits 1940 trennte, weil er Jakschs Politik nicht mehr mittragen konnte. Koegler wurde 1942 auch aus der oppositionellen „DSAP-Auslandsgruppe" ausgeschlossen, deren stellvertretender Vorsitzender er bis dahin war, weil er deren enge Zusammenarbeit mit den sudetendeutschen Kommunisten nicht billigte.[182] Dieser eigenwillige sudetendeutsche Sozialdemokrat, der auch nach Kriegsende in Großbritannien blieb und 1951 die britische Staatsbürgerschaft erhielt[183], erblickte im Gegensatz zu Jaksch in der Rückkehr zum System der ersten Tschechoslowakischen Republik, wie es bis zum Münchner Abkommen von 1938 bestanden hatte, nicht nur das Beste, was den Sudetendeutschen angesichts der seitherigen Entwicklung passieren konnte, sondern betrachtete den tschechoslowakischen Staat ganz in der aktivistischen Tradition der demokratischen Sudetendeutschen der Zwischenkriegszeit prinzipiell als Garanten für „Kultur, Zivilisation und politische Freiheit".[184] Koegler wandte sich dezidiert gegen die Position jener Exil-Sudetendeutschen, die ihre drei Millionen Menschen umfassende Bevölkerungsgruppe als größte nationale Minderheit in ganz Europa darstellten und eine bereits vor Kriegsende zu schließende Vereinbarung mit der tschechoslowakischen Exilregierung über die künftigen Rechte dieser Minderheit verlangten. Das hielt Koegler für völlig irreal und auch gar nicht für wünschenswert, denn in seinen Augen lag die Zukunft der Sudetendeutschen nach dem Sieg über Hitler in ihrer völligen Einordnung in eine neue, auch in sozialer Hinsicht demokratische Entwicklung in der wiedererstehenden Tschechoslowakei. An eine kollektive Vertreibung seiner Bevölkerungsgruppe, wie sie ab

---

[181] Ruhm und Tragik der sudetendeutschen Sozialdemokratie, S. 71.
[182] Balling, Von Reval bis Bukarest, Bd. 1, S. 319f.
[183] Ebenda.
[184] Hahn / Hahn, Die sudetendeutsche völkische Tradition, S. 55f.

1945 erfolgte, hat jedoch auch dieser am demokratischen Idealismus Masaryks orientierte sozialdemokratische Jaksch-Kritiker noch 1943 nicht im Entferntesten geglaubt.[185]

Jaksch lag ein solches Bekenntnis zur Tschechoslowakei der Zwischenkriegszeit fern, denn er begriff diesen Staat im Gegensatz zu Koegler nicht als gelungene Demokratie mit gleichen Rechten für alle dort lebenden Völker, sondern als ein auf Ungleichbehandlung gegründetes System der nationalen Vorherrschaft der Tschechen. Anders als Koegler wollte Jaksch daher nicht zur ersten Tschechoslowakischen Republik zurück, sondern knüpfte an das Brünner Nationalitäten-Programm der österreichischen Sozialdemokratie von 1899 an, die das damalige Österreich-Ungarn „in einen demokratischen Nationalitäten-Bundesstaat" umzuwandeln gefordert hatte. Dieses Programm, so Jaksch in den 1950er Jahren, habe „leider im österreichischen Bereich den Siegeszug des Nationalstaatsdenkens nicht aufhalten können", es habe jedoch großen Einfluss auf die späteren sowjetischen Führer (namentlich Stalin) ausgeübt und sollte auch „eine neue sozialistische Jugendgeneration dazu ermutigen [...], aus den geistigen Gefängnissen des Nationalstaatsdenkens auszubrechen". Darum habe sein Vorgänger als DSAP-Vorsitzender in der Tschechoslowakei, Seliger, bereits 1919 gefordert, sich „mit aller Kraft" dagegen zu wehren, „daß unser Volk, unsere Nation in diesem Staate die Stellung einer Minderheitsnation haben soll". Die Sudetendeutschen wollten vielmehr in der Tschechoslowakei – wenn man sie schon zwinge, dazuzugehören – „nicht nur ein freies, sondern auch ein gleichberechtigtes Volk mit anderen Völkern sein". Auf der Basis eben dieser Überzeugung, dass echte Gleichberechtigung in der Tschechoslowakei nicht gegeben sei und erst noch erarbeitet werden müsse, hatte sich Jaksch als führender sudetendeutscher Sozialdemokrat in den Jahren bis 1938 für eine grundlegende *Reform* des Prager Staates eingesetzt, um dessen Demokratiedefizite zu beheben. Rückblickend meinte er, im Februar 1937 mit einem tschechisch-deutschen Abkommen zwischen jüngeren Politikern beider Seiten (den „Jung-Aktivismus") bereits „die erste Bresche in das Nationalstaatsprinzip" der Tschechoslowakei geschlagen zu haben – durch die tschechische „Zusage der sprachlich-kulturellen *Gleichberechtigung* und der *Proportionalität* im öffentlichen Dienst und bei öffentlichen Arbeiten". Darüber hinaus habe man „die Änderung der Rechtsposition der Sudetendeutschen von einer sogenannten Minderheit zum ‚*Zweiten Staatsvolk*' gefordert" und zumindest unter jungen Tschechen damit auch Zustimmung gefunden. Insofern seien „einmalige geschichtliche Möglichkeiten im Jahre 1938 verschüttet worden", als das internationale Münchner Abkommen Hitlers Radikalismus und nicht den gemäßigten Reformern unter Tschechen und Sudetendeutschen zum Siege verholfen habe. Selbst im Hochsommer 1938, so meinte Jaksch, habe noch die Chance bestanden, unter Einbeziehung des gemäßigten Autonomie-Flügels der Henleinpartei SdP „zu einem demokratischen Gegenstoß" gegen Hitlers Politik zu kommen. Noch als im September 1938 – unmittelbar vor dem Münchner Abkommen – Henlein und Konsorten

---

[185] Koegler, Oppressed Minority?, S. 83 f.

nach Deutschland geflüchtet seien, habe die Chance zu einer breiten Blockbildung unter sozialdemokratischer Führung bestanden, der sich viele enttäuschte SdP-Anhänger, aber auch Konservative wie „Dr. von *Lodgman*" damals angeschlossen hätten. All dies sei ebenso wie die Widerstands- und Putschpläne der reichsdeutschen militärisch-konservativen Opposition gegen Hitler durch Chamberlains überstürzte Zugeständnisse in München zunichte gemacht worden.[186]

Wenn die bundesrepublikanische Presse 1964 optimistisch mutmaßte, angesichts eines untadeligen, international geachteten NS-Gegners wie Wenzel Jaksch würden „sich die Pankower Spurensucher vergebens bemühen", auch ihm eine negative NS-Vergangenheit anzulasten, „wenn sie auch sonst nie zögern, ihn einen ‚Revanchisten' oder ‚Kriegshetzer' zu nennen"[187], so war sie im Irrtum. Auch gegen Jaksch setzte das SED-Regime alle Ermittlungshebel in Bewegung, um möglicherweise NS-relevantes Belastungsmaterial aufzulisten. SED-intern billigte man, so Heike Amos, Jaksch zwar durchaus zu, ein NS-Gegner und profilierter „Kämpfer gegen die Henlein-Bewegung" in der Tschechoslowakei der 1930er Jahre gewesen zu sein; öffentlich jedoch warf die DDR-Propaganda Jaksch nicht nur vor, in der Bundesrepublik mit dem „Nazisumpf" innerhalb der Sudetendeutschen Landsmannschaft zu kollaborieren, sondern schrittweise auch selbst zum „Nazi" und zum „Arbeiterverräter" mutiert zu sein.[188] Und zumindest vereinzelt wurde in den Akten der DDR-Staatssicherheit auch der Vorwurf erhoben, Jaksch sei bereits zur Zeit seines vermeintlichen Widerstands gegen den Nationalsozialismus eine Art sozialdemokratischer ‚Nazi' gewesen – ein in der Kontinuität der alten, gegen die SPD gerichteten Sozialfaschismus-These der KPD stehender Angriff. Demnach habe Jaksch zusammen mit dem sudetendeutschen Sozialdemokraten Richard Reitzner und dem (später christdemokratischen) Historiker Emil Franzel (der beim MfS irrtümlich als „Franzl" erscheint) „das naz.[istische] Konkurrenzprogramm gegen die Henlein-Partei" entworfen und später, im britischen Exil, „die Parole der Sudetendeutschen Autonomie" hochgehalten und „gegen die Wiedererrichtung eines tschechischen Staates" gekämpft.[189] In einer DDR-Dokumentation der frühen 1960er Jahre wurde sogar die Behauptung aufgestellt: „Als Vorsitzender der Sudetendeutschen Sozialdemokraten führte er deren rechten Flügel den Henlein-Faschisten zu."[190] Der DDR-Vorwurf eines gegen die Henlein-Partei gerichteten, von Jaksch nach 1935 mitentworfenen nationalen – nicht nazistischen! – Konkurrenzprogramms kam dabei der Wahrheit noch am nächsten. Jaksch selbst konzedierte diesbezüglich nach 1945, der damals von ihm für

---

[186] Jaksch, Unser geschichtlicher Auftrag, S. 9, S. 15f. und S. 25–27.
[187] Vgl. Strothmann, Der k.u.k. Sozialdemokrat, S. 2.
[188] Zitiert nach Amos, Vertriebenenverbände im Fadenkreuz, S. 141f.
[189] BStU, Archiv der Zentralstelle, MfS-HA XX Nr. 5433, Bl. 83–88, insb. Bl. 84, MfS DDR, „Abschrift: Angaben über führende Personen der Sudetendeutschen", o. D., Liste von MdB.
[190] BStU, Archiv der Zentralstelle, MfS ZAIG Nr. 10601, Bl. 138, „Bonner Revanchisten-Allianz gegen Entspannung und Abrüstung. Das Zusammenspiel der Bundesregierung mit den Landsmannschaften zur Durchsetzung ihrer aggressiven Ziele. Dokumentation des Ausschusses für deutsche Einheit", o. D. [ca. 1963/64], S. 29.

dieses Programm geprägte Begriff „Volkssozialismus", der eine populäre Öffnung des marxistischen Sozialismus für breite Volksschichten indizieren sollte (und insofern z.T. als Vorläufer des späteren Godesberger Programms der SPD von 1959 angesehen werden könnte), sei für Außenstehende allzu missverständlich gewesen und in England oft auch von seinen Gegnern zielgerichtet benutzt worden, um ihn „als Halbnazi hinzustellen".[191]

Auch Jakschs Kontaktversuche in die Henlein-Bewegung hinein, die – wie oben dargelegt – auf deren Spaltung durch Gewinnung des gemäßigten SdP-Flügels abzielten, wurden im Kontext des verdächtigten „Volkssozialismus" zielgerichtet genutzt, um Jaksch politisch zu diskreditieren. So hatte im Herbst 1945 ein Londoner Publikationsorgan der tschechoslowakischen Regierung auf eine Veröffentlichung des damaligen SdP-Politikers (und späteren NS-Vizebürgermeisters von Prag), des 1946 in der Tschechoslowakei als NS-Kriegsverbrecher hingerichteten Dr. Josef Pfitzner hingewiesen, der im Jahre 1937 „eine gewisse politische Verwandtschaft" zwischen der Henlein-Partei und Jakschs DSAP herauszuarbeiten versucht hatte. Jaksch, dem hierbei nichts vorzuwerfen war, wurde 1945 von tschechoslowakischer Seite vorgeworfen, auf solche Bündnisangebote aus der SdP lediglich deshalb nicht eingegangen zu sein, weil er es vorgezogen habe, weiter als Demokrat zu posieren, um sich für eine eventuelle Nachfolge Henleins als Sudeten-Gauleiter bereitzuhalten. Noch vehementer griff der tschechoslowakische Kommunist Karl (Karel) Kreibich Jaksch Anfang 1946 an, indem er ihm vorwarf, die Flagge des Pangermanismus von Henlein übernommen und nach London eingeschleppt zu haben. In diesem Kontext fiel auch der Vorwurf, Jaksch habe seine Freundschaft mit dem Ex-Nazi Otto Strasser (der sich schon vor 1933 von Hitler distanziert hatte) in London fortgesetzt und sogar ein Vorwort für ein alldeutsches Buch Straßers geschrieben, das sich von Hitlers Anschauungen nur geringfügig unterschieden habe.[192] Dieser Vorwurf basierte – typisch für kommunistische Propaganda – auf einer Halb- oder Viertelwahrheit. Denn Jaksch war tatsächlich mit Strasser bis zu seinem Unfalltod 1966 befreundet gewesen; doch statt eines alldeutschen Pamphlets hatte Strasser 1939 ein Buch über Masaryks Europapläne publiziert, zu dem Jaksch die Anregung gegeben und ein Vorwort beigesteuert hatte. Es war dieses Vorwort, das Jaksch seither immer wieder – auch innerhalb der SPD – kritisch vorgehalten wurde obwohl es eindeutig anti-nationalsozialistisch und demokratisch argumentiert hatte.[193]

Jaksch zeigte sich zeitlebens davon ziemlich unbeirrt. Er hat nicht nur 1943/44 versucht, zur Verhinderung der sich bereits abzeichnenden Vertreibung aller Sudetendeutschen nach Kriegsende einen „sudetendeutschen Nationalausschuß auf breiter Grundlage zu organisieren" und dabei auch an die „Einbeziehung von ‚gemäßigten' Nationalsozialisten" gedacht, wobei er sogar über einen möglichen „Seitenwechsel" des sudetendeutschen Nationalsozialisten der ersten Stunde und

---

[191] Wenzel Jaksch. Patriot und Europäer, S. 79.
[192] Martin, „…nicht spurlos aus der Geschichte verschwinden", S. 252f.
[193] Ebenda, S. 253, Anm. 108; näheres vgl. Kap. III.1.

damaligen NS-Regierungspräsidenten von Aussig, Hans Krebs, im Juni 1943 Erwägungen anstellte.[194] Noch in seinem Todesjahr 1966 etablierte Jaksch in der Europapolitik des von ihm geleiteten BdV Verbindungen zur französischen Flüchtlingsorganisation ANFANOMA (Association Nationale des Francais d'Afrique du Nord, d'Outre-Mer et de leurs Amis), die primär eine „Organisation der repatriierten Franzosen aus den ehemaligen Kolonien" gewesen ist, und gab im Oktober 1966 mit deren Präsidenten Colonel Pierre Battesti eine „Gemeinsame Erklärung" über weltweit stattfindende Vertreibungen und weltweit geltende Menschenrechte heraus.[195] Als die „Münchner Abendzeitung" diesen Schulterschluss kritisierte, reagierte Jaksch mit Reminiszenzen an gegen ihn gerichtete Verleumdungen der NS-Presse. Anders als von der „Abendzeitung" insinuiert, seien die französischen „Repatriés" keineswegs rechtsradikal, sondern von den Sozialisten bis zur Christdemokratie fest im demokratischen Parteienspektrum verankert. Neben Battesti hatte ein weiterer Gastredner des BdV der „Abendzeitung" missfallen – der frühere Präsidentschaftskandidat und Vorsitzende der „Allianz für Freiheit und Fortschritt" Jean Louis Tixier-Vignancour.[196] Die „Abendzeitung" hatte diesen mit dem „Vichy-Stigma" versehen, indem sie auf Tixiers Amtszeit als Staatssekretär der „Vichy-Regierung" hinwies. Jaksch erblickte gerade darin eine gezielte Verleumdung durch Streuung von „Halbwahrheiten". Man müsse wissen, dass die 1940 durch Bildung der Vichy-Regierung erfolgte „Ausklammerung eines Teiles Frankreichs von der deutschen Okkupation und der Machtausübung der Gestapo es den amerikanischen Gewerkschaften ermöglichte, hunderte von deutschen Nazi-Verfolgten zu retten". Diese Rettungsaktionen, ohne die Hitler-Gegner wie der nunmehrige SPD-Bundesvorsitzende Erich Ollenhauer und seine Frau nicht hätten überleben können, seien nur durch „die anfängliche Tolerierung [...] durch die Vichy-Behörden" möglich gewesen. Zwar sei es richtig, dass das Vichy-Regime auf deutschen Druck hin diese Tolerierung bald beendet habe, um stattdessen deutsche Flüchtlinge wie die Sozialdemokraten Rudolf Breitscheid oder Rudolf Hilferding auszuliefern. Zur ganzen Wahrheit gehöre aber die Tatsache, „daß Tixier-Vignancour ge-

---

[194] Brandes, Der Weg zur Vertreibung, S. 236, auch Anm. 145; Krebs blieb stattdessen bis zum Mai 1945 einer der Statthalter Hitlers im Sudetenland und wurde 1947 als NS-Kriegsverbrecher in Prag hingerichtet; vgl. Hahn/Hahn, Die Vertreibung im deutschen Erinnern, S. 71f; Anfang 1945 zählte Jaksch Krebs jedoch öffentlich zu den NS-Kriegsverbrechern und rief die Sudetendeutschen zum Aufstand gegen diese Satrapen Hitlers auf; vgl. Douglas, Ordnungsmäßige Überführung, S. 55.
[195] BStU, Archiv der Zentralstelle, MfS ZAIG Nr. 9708 Teil 2, Bl. 308, ANFANOMA / BdV, Battesti / Jaksch, „Gemeinsame Erklärung der französischen Repatriierten und der deutschen Vertriebenen", 22. 10. 1966.
[196] Jean Louis Tixier-Vignancour, 1907–1989, 1936–1940 und 1956–1958 Abgeordneter der französischen Nationalversammlung, 1940–1941 Staatssekretär für Information des Vichy-Regimes (Secrétaire général adjoint à l'Information de l'État français), 1962 als Strafverteidiger von Angehörigen der rechtsradikalen Militär-Geheimorganisation OAS bekannt, 1965 erfolgloser Kandidat der äußersten Rechten (Wahlkampfmanager Jean-Marie Le Pen) gegen de Gaulle, rief im zweiten Wahlgang zur Stimmabgabe für den sozialistischen Kandidaten Mitterrand auf.

rade aus Protest gegen diese Auslieferungen als Staatssekretär demissionierte und deshalb nach dem Kriege in Frankreich als Mann von Ehre und Charakter respektiert worden ist".[197]

Jakschs Verbindung zu Otto Straßer sehen tschechische Historiker heute übrigens gelassen. Václav Kural interpretiert Jakschs Volkssozialismus-Konzept als Antwort auf die „Wahlkatastrophe von 1935", die sämtliche demokratischen Parteien der Sudetendeutschen zugunsten der Henlein-Partei SdP hatte abstürzen lassen. Jakschs Versuch einer Neuorientierung der Sozialdemokratie habe, so Kural, den „Faschismus" mit einem sowohl in der nationalen wie der sozialen Frage „radikaleren Programm" bekämpfen wollte: „Darin, ob es den Deutschen gelingt, sich auf diesem Weg von Henlein zu trennen, erblickte Jaksch […] eine Schicksalsfrage der tschechoslowakischen Republik." Analog zu jüngeren tschechischen Sozialisten, mit denen er in Kontakt gestanden habe, habe Jaksch daher seine Theorie vom „Volkssozialismus" als bewusste Antithese zum Nationalsozialismus Hitlers entwickelt – mit der Überzeugung, „daß für die Losreißung der Volksmassen aus dem Einfluß von Hitlers Nazismus die Kraft der Arbeiterschaft allein nicht ausreicht, sondern daß eine breite nichtnazistische, ja sozialistische Vereinigung angestrebt werden muß – eigentlich auch eine Volksgemeinschaft, aber eine dem Nazismus entgegengesetzte". Eben daraus erklärt Kural Jakschs Berührungspunkte mit der im Exil entstandenen „Volkssozialistischen Bewegung Deutschlands", zu der auch der ehemalige linke Nationalsozialist Straßer gehört habe.[198]

Zugleich moniert Kural aber Jakschs „nicht ganz klare These", die möglicherweise schon der Kern seiner Vorschläge von 1939 („Was kommt nach Hitler?") gewesen sei, von der Notwendigkeit einer „neuen Regelung der mitteleuropäischen Probleme" im Gegensatz zu Versailles, wobei allen Völkern und Minderheiten die „weitreichendste Sicherung ihrer nationalen Existenz und ihres wirtschaftlich-sozialen Aufstiegs" angeboten werden sollte.[199] Das deutsch-tschechische Historiker-Ehepaar Hans Henning und Eva Hahn hat Jaksch sehr viel vehementer angelastet, im Frühjahr 1939 in seiner Exil-Programmschrift „Was kommt nach Hitler?" die zielgerichtete „Umsiedlung" von Bevölkerungsgruppen befürwortet zu haben.[200] Das trifft im Sinne des Plädoyers für einen „Bevölkerungstransfer" nach dem international gebilligten Muster des griechisch-türkischen Abkommens von Lausanne 1923 auch durchaus zu, wäre jedoch um den Kontext eines von Jaksch entworfenen breiteren Friedensprojekts zu ergänzen, das die Fortsetzung organisierten Minderheitenschutzes ebenso vorsah wie die Vereinigung der Nationen Europas in einer friedlichen Föderation. Insofern erinnert Jakschs Vorschlag von 1939 an viel ältere Neuordnungspläne aus der späten Habsburgermonarchie (Popovici: ethnische Territorialisierung plus Föderation)[201], aber auch an die

---

[197] BAK, B 234/738, Dr. Jaksch, Entgegnung auf den Artikel „Hoch klingt das Lied auf der Heimaterde" in der Münchner Abendzeitung vom 5.10.1966, o.D., S. 1–3 und S. 5–7.
[198] Kural, Konflikt anstatt Gemeinschaft?, S. 189.
[199] Ebenda, S. 251.
[200] Hahn/Hahn, Die Vertreibung im deutschen Erinnern, S. 176.
[201] Vgl. oben Kap. II.5.1.1.

1. Die ältere Generation und der Zweite Weltkrieg   369

Umsiedlungsvorschläge von Edvard Beneš und Jaromir Nečas aus dem September 1938, die mit Autonomievorschlägen für zurückbleibende demokratische Sudetendeutsche gekoppelt waren. Eben diese Verbindung von „Bevölkerungsaustausch" und Minderheitenschutz zeigt, dass es Jaksch nicht um komplette Aussiedlungen ging (wie sie etwa von alliierter Seite 1945 zu Lasten der Sudetendeutschen praktiziert wurden). Jaksch steht vielmehr dem britischen Labour-Politiker Philip Noel-Baker nahe, der im Zweiten Weltkrieg statt massenhafter Zwangsumsiedlung dieselbe Kombination aus begrenzter Umsiedlung und Minderheitenschutz für Osteuropa empfahl.[202] Auch unter der NS-Herrschaft verbliebene ehemalige Sozialdemokraten, die ihre dissidenten Überzeugungen rückhaltlos nur noch ihrem Tagebuch anvertrauen konnten wie der hessische Justizinspektor Friedrich Kellner, kamen angesichts der vom NS-Regime zum Kriegsgrund aufgebauschten deutsch-polnischen Nationalitätenkonflikte im September 1939 zu dem Lösungsvorschlag, derart friedensgefährdende Probleme durch die Zwangsumsiedlung unzufriedener Bevölkerungsgruppen zu bereinigen. Dieser sozialdemokratische NS-Gegner empfahl als Friedenslösung den griechisch-türkischen Bevölkerungstransfer von Lausanne von 1923: „Wem es in dem betr.[effenden] Lande nicht paßt: Hinaus mit Euch Stänkerern! Und die Ruhe ist hergestellt. Ein geschichtliches Beispiel dafür haben wir in der Türkei, als im Jahre 1922 sämtliche Griechen Kleinasien verlassen mußten. Von da ab war das Kriegsbeil zwischen diesen Staaten begraben. Irgendwo müssen einmal die Grenzen unerbittlich gezogen werden u. damit basta!"[203] Auch Wenzel Jakschs Vorschlag steht – ob man ihn aus heutiger Sicht billigen mag oder nicht – in keiner alldeutsch-nationalsozialistischen Kontinuität, sondern in einer gesamteuropäischen Tradition der Stilisierung von Lausanne zur Friedenslösung, wie sie ab 1939 auch von prononcierten Hitler-Gegnern wie Winston Churchill, Edvard Beneš oder dem französischen Wissenschaftler Bernard Lavergne (auf den Beneš sich berief) vertreten wurde.[204] Jedenfalls rechtfertigt der Hinweis auf Jakschs Umsiedlungsgedanken von 1939 keinesfalls die Schlussfolgerung, Jaksch sei „schon vor dem Krieg der ethnonationalistischen großdeutschen Ideologie verpflichtet gewesen".[205] Allerdings stehen solche Anwürfe in einer alten Anti-Jaksch-Tradition. Schon im Zweiten Weltkrieg hat Exil-Präsident Beneš während einer Besprechung mit dem britischen Außenminister Eden aus Jakschs Schrift „Was kommt nach Hitler?" von 1939 zitiert und damit erreicht, dass Eden Jakschs Position als „ausgesprochenen Pangermanismus" disqualifizierte.[206]

Als Hitler mit dem Gestus des Siegers im Oktober 1939 große ethnische Flurbereinigungen in Osteuropa ankündigte und seiner Rede rasch Taten folgen ließ, entwickelten in der Anti-Hitler-Koalition zuerst „die Tschechen einen Plan zur Aussiedlung der Deutschen". Maßgeblich beteiligt waren der nach dem Münch-

---

[202] Vgl. zu Noel-Baker: Frank, Expelling the Germans, S. 66–68.
[203] Kellner, „Vernebelt, verdunkelt sind alle Hirne", Bd. 1, S. 20.
[204] Brandes, Der Weg zur Vertreibung, S. 68.
[205] Hahn / Hahn, Die Vertreibung im deutschen Erinnern, S. 417.
[206] Brandes, Der Weg zur Vertreibung, S. 168.

ner Abkommen im Oktober 1938 zurückgetretene Präsident Beneš, der ab 1940 wieder als Präsident der in London gebildeten Exilregierung wirkte, und dessen Vertrauter und späterer Informationsminister Hubert Ripka. Beide hatten durch das Münchner Abkommen und durch die im März 1939 erfolgte völlige Vernichtung der Tschechoslowakei die Überzeugung gewonnen, dass ein friedliches Zusammenleben von Tschechen und Slowaken mit den Sudetendeutschen unmöglich geworden sei.[207] Diese Diagnose, die der britische Unterhändler Lord Runciman 1938 noch zugunsten der Sudetendeutschen (im Sinne des Anschlusses ihrer Wohngebiete an Deutschland) ausgelegt hatte, wurde nun gegen diese Volksgruppe gerichtet und zur Hauptbegründung der gegen sie gerichteten alliierten Vertreibungspläne gemacht. Man müsse den Mut haben, schrieb Beneš im Februar 1941, „das Problem der nationalen Minderheiten definitiv und radikal zu lösen, indem man Bevölkerungen ebenso umsetze wie auf dem Balkan nach dem Ersten Weltkrieg". Die Tschechen könnten nicht ständig „mit einem deutschen Revolver vor der Brust" leben, erklärte er gegenüber Wenzel Jaksch im gemeinsamen Londoner Exil.[208]

Das München-Trauma der Tschechen war tiefgreifend, und Jaksch trug nicht zur Linderung bei. Der sudetendeutsche Sozialdemokrat war ein entschiedener Gegner Hitlers, nicht jedoch eines Großdeutschen Reiches, wenn dasselbe denn demokratisch zustande käme – wie von den österreichischen und deutschböhmischen Sozialdemokraten bereits 1918/19 gegen das Diktat der in Versailles und St. Germain versammelten Siegermächte des Ersten Weltkrieges vergeblich gewünscht. Jaksch beharrte denn auch im Londoner Exil als anfänglich geschätzter Verhandlungspartner der britischen Regierung und der tschechoslowakischen Exilregierung auf dem Selbstbestimmungsrecht der Sudetendeutschen, ob sie „im engeren Staatsverband mit den Tschechen" leben oder einer großdeutschen „Föderation" angehören wollten. Der Gegensatz zur tschechischen Exilpolitik wurde dadurch verschärft, dass Jaksch auch „noch nach Kriegsbeginn" die Gültigkeit des „Münchner Abkommens" betonte.[209] Für Beneš war, wie er einem britischen Diplomaten erklärte, der sudetendeutsche Antifaschist bald nur noch ein „Henlein in linker Verkleidung".[210] Zwar verhandelte die Exilregierung mit der sudetendeutschen Sozialdemokratie „unter britischem Druck" noch einige Zeit weiter, doch wurden die Gespräche nur noch fortgesetzt, „um sich für den Fall eines Umsturzes in Deutschland und eines Kompromissfriedens abzusichern". Die Kontakte zu Jaksch hatten Beneš heftige Proteste aus tschechischen Widerstandsgruppen

---

[207] Nitschke, Vertreibung und Aussiedlung, S. 53.
[208] Brandes, 1945: Die Vertreibung, S. 243.
[209] Kural, Tschechen, Deutsche und die sudetendeutsche Frage, S. 87; freilich nahm Jaksch in seinem letzten Schreiben an Beneš vom April 1943 für die sudetendeutschen Sozialdemokraten in Anspruch, bereits vor Beneš und anderen tschechischen Exilpolitikern im März 1940 „zuerst [...] die Bereitschaft zur Wiederherstellung der Republik in den Vor-Münchner Grenzen ausgesprochen" zu haben – allerdings „im Wege freier Vereinbarung"; vgl. Prinz, Wenzel Jaksch – Edvard Beneš, S. 144f.
[210] Zeman / Klimek, The Life of Edvard Beneš, S. 183.

1. Die ältere Generation und der Zweite Weltkrieg 371

und der Auslandsarmee eingetragen. Beneš erwartete daher von Jaksch als Gegenleistung „die Zustimmung zur Vertreibung von mindestens einer Million ‚Schuldiger'", die dieser jedoch verweigerte. Nachdem die Briten im Sommer 1942 erklärten, Hitler habe das Münchener Abkommen vorsätzlich zerstört und nichtöffentlich dem „allgemeinen Grundsatz des Transfers von deutschen Minderheiten" zustimmten, brach Beneš die Verhandlungen mit Jaksch endgültig ab.[211] Vorangegangen waren Mitte 1942 das von Beneš befohlene Attentat auf Heydrich und das SS-Vergeltungsmassaker an der Zivilbevölkerung von Lidice, das internationales Aufsehen und Abscheu erregte. Beneš nutzte die Empörung über das von ihm provozierte NS-Verbrechen, um der britischen Regierung im Juli 1942 zu erklären, ein künftiges Zusammenleben von Tschechen und Sudetendeutschen sei angesichts der jüngsten Geschehnisse äußerst zweifelhaft. Auch Jaksch musste nach Lidice eingestehen, dass zumindest jedwede Form der Autonomie für die Sudetendeutschen in der nach Kriegsende neu erstehenden Tschechoslowakei in weite Ferne gerückt war.[212] Jaksch hielt zwar weiterhin bis 1944 Kontakte zur britischen Regierung, doch die von seinen tschechoslowakischen Gegenspielern sukzessive verschärften Vertreibungspläne gewannen in London immer mehr an Boden, und zwischen Jaksch einerseits, Beneš und dessen Mitarbeiter Ripka andererseits entwickelte sich ein zunehmend bitterer Krieg der Worte, der zunächst in britischen und US-Medien ausgetragen wurde und sich später in den Propagandakampagnen des Kalten Krieges fortsetzte.[213]

Seither waren die antifaschistischen Bündnispartner klare Gegner. Zwar hatte Beneš gegenüber Jaksch am 3. September 1939 noch für Grenzkorrekturen plädiert und damit „eine wörtliche Absage an jedwede Austreibungspläne" verbunden[214], doch im Laufe des Krieges wurde immer deutlicher, dass die Entfernung der Deutschen aus der Tschechoslowakei für Beneš ein Herzensanliegen war.[215] Wenn heute daher sowohl dem Sozialdemokraten Jaksch als auch seinem deutschnationalen Widerpart (und späteren BdV-Partner) Lodgman von einigen Historikern mit vorwurfsvollem Unterton attestiert wird, als Erste das erinnerungspolitisch hochwirksame Bild von Beneš „als des für die Vertreibung verantwortlichen Staatsmanns" propagiert zu haben[216], wird man zwar feststellen, dass der damalige tschechoslowakische Präsident keineswegs der Haupt- oder gar der Alleinverantwortliche für die Planung und Durchführung der Vertreibung der Sudetendeutschen (und, nebenbei bemerkt, zahlreicher Ungarn) gewesen ist; einer von mehreren Hauptakteuren war Beneš als unmittelbarer Anreger dieser Pläne bei seinen Verhandlungspartnern Churchill, Eden, Roosevelt, Stalin und Molotow jedoch zweifellos. Der sowjetisch-tschechoslowakische Vertrag, den Beneš mit Stalin am 12. Dezember 1943 in Moskau unterzeichnete, knüpfte überdies die

---

[211] Brandes, Die Vertreibung und Aussiedlung, S. 82.
[212] Brown, Dealing with Democrats, S. 293f.
[213] Ebenda, S. 303f.
[214] Jaksch, Europas Weg nach Potsdam, S. 363.
[215] Zeman / Klimek, The Life of Edvard Beneš, S. 186.
[216] Hahn, Hahn, Die Vertreibung im deutschen Erinnern, S. 92.

offizielle Zustimmung der Sowjets zur Vertreibung aller Sudetendeutschen aus der Tschechoslowakei an die gewichtige Gegenleistung, dass Beneš seinerseits „zum eifrigen Fürsprecher einer polnischen Westverschiebung zugunsten der UdSSR und auf Kosten Deutschlands" werden musste.[217] Damit unterstützte der im Westen sehr angesehene tschechische Exil-Politiker das strategische Projekt Stalins, Polen seine (1939 von der UdSSR geraubten) Ostgebiete zu nehmen und dies durch Zuweisung deutscher Ostprovinzen zu kompensieren – was auf die Vertreibung der meisten deutschen Einwohner dieser Gebiete hinauslief.

Zu Recht ist darauf hingewiesen worden, dass die westlichen Siegermächte USA und Großbritannien den im Londoner Exil aktiven Wenzel Jaksch nach dem Ende des Zweiten Weltkrieges wegen seines „Anti-Potsdam-Revisionismus" bis Januar 1949 die Übersiedlung von London nach Deutschland verweigert hätten. Dazu habe der Einfluss der Prager Regierung wegen Jakschs angeblicher „antitschechoslowakischer Tendenzen" beigetragen.[218] Der tschechoslowakische Einfluss war sogar entscheidend: Jakschs Übersiedlung ins besetzte West-Deutschland – die SBZ/DDR kam weder für den prononcierten Antikommunisten noch für seine Widersacher in der dortigen KPD/SED jemals in Frage – wurde von den anglo-amerikanischen Regierungen aus Rücksicht auf die Tschechoslowakei verhindert, da man in Prag nicht „durch einen unfreundlichen Akt wie die Rückkehr Jakschs nach Deutschland" ins diplomatische Abseits geraten wollte.[219] Hubert Ripka, der schon erwähnte Vertrauensmann des tschechoslowakischen Präsidenten Beneš, hatte bereits 1944 Jaksch und dessen Demokratisches Sudeten-Komitee in London zum Sicherheitsrisiko für die Tschechoslowakei erklärt.[220] Es war folglich kein Zufall, dass die britische Regierung im Februar 1945 Jakschs dringende Bitte ablehnte, in der BBC seine sudetendeutschen Landsleute zum Aufstand gegen das NS-Regime aufrufen zu dürfen – womit Jaksch über eine Demonstration des sudetendeutschen Antifaschismus auch die Vertreibungspläne der Beneš-Regierung zu konterkarieren hoffte.[221] Im Dezember 1947 übergab dann der stellvertretende Außenminister der Tschechosloswakei, der Kommunist Vladimir Clementis (der 1952 als Mitangeklagter des Slansky-Prozesses verurteilt und hingerichtet wurde), „der US-Botschaft eine Note, in der angeblich alle Beweise für einen sudetendeutschen Irredentismus sowie die politischen Ambitionen Wenzel Jakschs dargelegt" wurden, die jedoch bei näherem Hinsehen keine Beweise, sondern nur die Wiederholung älterer Anschuldigungen von Jakschs angeblichem „Pan-Germanismus", angeblicher „Nazi-Nähe" oder angeblich antitschechischer Einstellung enthielt.[222]

---

[217] Hoensch, Geschichte Böhmens, S. 435.
[218] Hahn / Hahn, Die Vertreibung im deutschen Erinnern, S. 422.
[219] Martin, „…nicht spurlos aus der Geschichte verschwinden", S. 250; „Rückkehr" ist freilich nicht der adäquate Begriff, da Deutschland nicht Jakschs Heimat gewesen ist.
[220] Ebenda, S. 251.
[221] Brown, Dealing with Democrats, S. 305.
[222] Martin, „…nicht spurlos aus der Geschichte verschwinden", S. 276f.

Es war Jakschs alter Bekannter aus dem Londoner Exil, der deutsche Sozialdemokrat Erich Ollenhauer, der im September 1948 schließlich die Unterstützung des ehemaligen Skandinavien-Emigranten Willy Brandt mobilisierte, um Jaksch endlich aus der unfreiwillig verlängerten Emigration zu holen: Es sei „doch ein unmöglicher Zustand, daß einem so einwandfreien Antinazi, wie es Jaksch ist, aus irgendwelchen undurchsichtigen Gründen die Möglichkeit genommen wird, in Deutschland für eine demokratische und sozialistische Politik zu wirken".[223] Unterdessen hatten die nach 1945 stark zugenommenen Angriffe der Tschechoslowaken und der sowjetzonalen Kommunisten (bzw. der SED) den unerwünschten Nebeneffekt gehabt, Jaksch unter den Vertriebenen in beiden entstehenden deutschen Nachkriegsstaaten immer populärer werden zu lassen.[224]

Jaksch wusste Ende 1944, „daß nach den entsetzlichen Schreckenstaten in den besetzten Ländern [...] kein alliierter Staatsmann dem deutschen Volke eine glänzende Zukunft versprechen kann". Dennoch hoffte er, dass die Alliierten – nicht zuletzt mit dem Ziel, den auf allen Seiten so verlustreichen Krieg „abzukürzen" – durch eine kluge Politik gegenüber dem fast schon besiegten deutschen Volke den Selbstbehauptungswillen des NS-Regimes vom „Lebenswillen des deutschen Volkes" trennen würden. Jaksch schlug vor, den „Naziführern" einige wirksame Propagandawaffen dadurch zu entwinden, dass man „die Angst des kleinen Mannes vor persönlicher Vergeltung, vor dem Vertriebenwerden von Haus und Hof, vor Deportierung und Kastrierung und nicht zuletzt vor der Ausrottung seiner Familie" wirksam beschwichtigen würde.[225] Zu diesem Zeitpunkt kämpfte Jaksch, dem im Frühjahr 1939 im Londoner Exil zur „*definitive[n] Bereinigung der offenen Grenzfragen*" im Rahmen einer künftigen „innereuropäischen Föderation" als „technische Hilfsmittel" selbst noch „ein organisierter Bevölkerungsaustausch und reziproke Minderheitenschutzabkommen" vorgeschwebt hatten[226], längst gegen die in seinen Augen „barbarischen Pläne" der tschechoslowakischen „Vertreibungspropaganda", die sich des Arguments bediente, „daß der griechisch-türkische Bevölkerungstransfer [...] einen nachahmenswerten Erfolg darstelle". Schützenhilfe erhielt Jaksch durch die Londoner „Times" und ihren Leitartikler Edward H. Carr[227], doch unter den britischen Politikberatern war die Mehrheit 1944 längst für eine Transferlösung[228], und auch im britischen Außenministerium hatte sich die ursprünglich günstige Haltung gegenüber dem sudetendeutschen Antifaschisten Jaksch und seinen Autonomieplänen mittlerweile zugunsten der tschechoslowakischen Seite und ihrer Vertreibungspläne grundlegend verändert.[229] Jaksch versuchte die Vertreibung von Millionen Deutschen durch die

---

[223] Ebenda, S. 287.
[224] Ebenda, S. 254.
[225] Ruhm und Tragik der sudetendeutschen Sozialdemokratie, S. 79, mit einem Zitat von Jaksch in: „Der Sozialdemokrat" v. Dezember 1944.
[226] Zitiert nach Prinz, Wenzel Jaksch – Edvard Beneš, S. 76.
[227] Jaksch, Europas Weg nach Potsdam, S. 408.
[228] Frank, Expelling the Germans, S. 46–56; Ther, Die dunkle Seite der Nationalstaaten, S. 127.
[229] Brown, Dealing with Democrats, S. 358.

Warnung zu verhindern, das zunächst gegen Deutsche gerichtete Instrumentarium ethnischer „Säuberung" könnte sich sehr bald auch gegen andere unerwünschte Bevölkerungsgruppen wenden. Auch wandte sich Jaksch gegen die Annahme, ein „Massentransfer von Minderheiten" könne ohne Nazi-Methoden durchgeführt werden. Dass dergleichen mit nur geringen Härten möglich sei, werde häufig durch den griechisch-türkischen Austausch von 1923 zu beweisen versucht. Ein Blick auf die Fakten zeige jedoch das Gegenteil. Im Übrigen sei nicht einmal Hitler und seinen SS-Methoden ein vollständiger Transfer gelungen – weder in Südtirol, wo viele Deutschösterreicher die Umsiedlung verweigert hätten, noch im Warthegau, wo viele polnische Bauern aus ökonomischen Gründen nicht hätten vertrieben werden können, obwohl das NS-Regime dies eigentlich gewollt habe. Folglich müsse, wer einen vollständigen Transfer nach dem Sieg über Hitler wünsche, noch drastischere Methoden anwenden als die Nazis. Doch selbst wenn ein solcher Transfer effektiv wäre, bleibe er gefährlich. Als 1944 weiße „Reaktionäre" die Lösung des „Negerproblems" in den USA durch Massendeportationen nach Afrika gefordert hätten, habe die Präsidentengattin Eleanor Roosevelt mit der treffenden Begründung abgelehnt, wenn man eine bestimmte Minderheit aussiedele, könne dasselbe bald jeder beliebigen geschehen. Jaksch ergänzte: „Warum dann nicht auch die Juden, und nach der Entfernung der Juden die Katholiken, die Freimaurer und alle übrigen, bis man das fantastische Bild eines rassisch reinen, politisch einförmigen Staates erreichen würde, hermetisch abgeschlossen gegen alle Ausländerzuwanderung, jede Einreise von Ausländern, und – in logischer Konsequenz – gegen das gefährlichste Reiseobjekt von allen, gegen alles fremde Denken."[230]

Jaksch erhob nicht nur politische und ökonomische Bedenken gegen die Folgen einer millionenfachen Massenvertreibung, sondern argumentierte auch gegen die weit verbreitete These, „all diese Kosten müssten gleichwohl akzeptiert werden, da solche Minderheiten sich nun einmal als illoyal erwiesen und sowohl vor dem Krieg als auch während des Krieges mit den Nazis kooperiert hätten". Hier sei er ohne weiteres bereit, „alle Nazis [...] als Nazis" zu behandeln, alle Verräter als Verräter, übrigens „ungeachtet ihrer Rasse oder Nationalität". Doch müsse man klar sehen, dass „die Sudetendeutschen [...] nicht einfach alle als Nazis abgestempelt werden" könnten. Bis 1935 seien nachweislich 80 Prozent der Sudetendeutschen stets für eine friedliche Lösung des tschechisch-sudetendeutschen Problems eingetreten, und auch zwischen 1935 bis 1938 hätten die demokratischen Parteien immer noch ein Drittel der sudetendeutschen Wähler repräsentiert. So habe die einzige „Illoyalität" der sudetendeutschen Sozialdemokraten gegenüber der Tschechoslowakei darin bestanden, für eine Lösung der gesamten mitteleuropäischen Nationalitätenprobleme nach kantonalen oder föderalen Prinzipien einzutreten – ähnlich wie dies die Alliierten derzeit bei der Neuordnung Jugoslawiens versuchten.

---

[230] Jaksch, Mass Transfer of Minorities, S. 2.

Jaksch mahnte die alliierten Siegermächte und insbesondere die britische Öffentlichkeit, nicht zu vergessen, dass die zur Vertreibung freigegebenen deutschen Minderheiten seit Jahrhunderten in ihren Heimatgebieten ansässig seien – und zwar als friedliche, von den damaligen Herrschern ins Land gerufene Einwanderer. Die Sudetendeutschen lebten beispielsweise bereits seit dem 12. Jahrhundert in ihrer Heimat. Sie könnten daher mit weit größerer Legitimität die Tschechoslowakei als ihr Heimatland reklamieren als etwa viele „Ulstermen", britisch-protestantische Einwanderer in Nordirland, ihre irische Heimat, wo sie erst seit dem 17. Jahrhundert als Eroberer Fuß gefasst hätten. Dennoch würde keine britische Regierung je die massenhafte Vertreibung dieser 1,2 Millionen Nordiren britischen Ursprungs akzeptieren. Darauf gründete Jaksch als Schlussfolgerung seine Kernüberzeugung: „Wahre Demokratie kennt nicht den Begriff dauerhafter Minderheiten. Und dauerhafte Lösungen können nur auf dem Prinzip der Gleichheit beruhen."[231]

2. NS-Mitläufer und NS-Belastete in der mittleren Generation: Gille – Rehs – Schellhaus – Krüger – Trischler

Die fünf Angehörigen der mittleren Generation waren 1939 zwischen 36 und 38 Jahre alt. Sie hatten zu Kriegsbeginn überwiegend berufliche Positionen erreicht, die sie als untergeordnete Stützen des NS-Regimes und seiner Politik auswiesen: Neben zwei Bürgermeistern in mittleren Städten der Provinzen Ostpreußen und Schlesien (Gille, Schellhaus) gab es einen volksdeutschen Abgeordneten im jugoslawischen Parlament und Genossenschaftsfunktionär (Trischler) und einen der NSDAP angehörenden und in dieser Partei aktiven Landgerichtsrat in Pommern (Krüger). Auch der Einzige, der nicht als funktionelle Stütze des Systems bezeichnet werden kann (Rehs), war als ostpreußischer Rechtsanwalt zumindest Mitglied der NSDAP.

Diese Ausrichtungen änderten sich im Laufe des Zweiten Weltkrieges nicht. Rehs kann außer formalem Mitläufertum in seiner Eigenschaft als NSDAP-Mitglied auch in den Jahren zwischen 1939 und 1945 nichts Belastendes vorgeworfen werden. Dies verhält sich in den übrigen vier Fällen dieser Generationsgruppe wiederum – in Kontinuität zur vorherigen biographischen Entwicklung ab 1933 – ganz anders. Nicht nur Trischler setzte seine politische Karriere – zunächst in Jugoslawien, dann in Ungarn – auf dem NS-Ticket ungebrochen fort, was ihn immer stärker in die belastenden Aspekte der NS-Politik verstrickte, auch Gille und Krüger beschritten nach 1939 höchst fragwürdige NS-Karrierewege, die Gille zweifellos und Krüger möglicherweise auch individuell schuldig werden ließen. Schellhaus hingegen diente den Zweiten Weltkrieg hindurch als Wehrmachtsoffizier und verfolgte keine berufliche oder politische NS-Karriere. Indem er jedoch durch den Zufall seines militärischen Einsatzes mitten in die Partisanenbekämp-

---

[231] Ebenda, S. 3f.

fung und den beginnenden Holocaust in der besetzten Sowjetunion hineingeriet, fand er sich – um das Mindeste zu sagen – inmitten der organisierten deutschen Mordpolitik wieder. Ob er auch individuell schuldig geworden ist, wird im Folgenden diskutiert.

NS-Besatzungsgouverneur in Osteuropa: Alfred Gille

Alfred Gille hat im Laufe des Zweiten Weltkrieges und auch in der Nachkriegszeit mehrfach großes persönliches Glück gehabt. So wurde der damalige Bürgermeister der ostpreußischen Stadt Lötzen am 11. November 1939 zur Wehrmacht eingezogen (und zwar zur 5. Batterie des Artillerie-Regiments 11, in dessen Stab II er seit Juli 1940 Dienst tat) und hatte – seit Februar 1941 im Stab des Artillerie-Regiments 126 tätig – Teil am im Juni desselben Jahres beginnenden „Feldzug" Deutschlands gegen die Sowjetunion. Doch bereits nach wenigen Monaten Kampfeinsatz wurde Gille am 12. Oktober 1941 in die militärische Besatzungsverwaltung überführt: Nachdem er im November 1941 zur Frontleitstelle Krakau bzw. im Juli 1942 zur Feldkommandantur 774 versetzt worden war, schied Gille gegen Ende 1942 formell aus der Wehrmacht aus[232], um stattdessen in eine Leitungsfunktion in die neu etablierte Zivilverwaltung unter der Ägide des „Reichsministeriums für die besetzten Ostgebiete" (RMbO) zu wechseln. Dieser Wechsel ersparte es Gille, die schweren Kriegsjahre zwischen Herbst 1941 und Herbst 1944 als Soldat mitmachen zu müssen. Was ihm das Leben gerettet haben könnte und ihm auf jeden Fall die gute Alltagsversorgung eines NS-Besatzungsgouverneurs sicherte, verstrickte Gille gleichzeitig jedoch tief in das rassistische Gewaltregime des NS-Imperiums in den besetzten Teilen der Sowjetunion.

Ein weiterer Glücksfall für Gille war, dass er aus dieser Funktion eines Besatzungsgouverneurs im Winter 1944/45 wieder herausgenommen wurde, um als Offizier in die Wehrmacht zurückzukehren. Als Gille 1945 in sowjetische Kriegsgefangenschaft geriet, wurde er daher von den Sowjets als Soldat registriert und 1948 nach Westdeutschland entlassen, ohne dass die sowjetischen Behörden in ihm den früheren Mitarbeiter der NS-Besatzungsverwaltung erkannt hätten, der unter notorischen Massenmördern vom Schlage eines Erich Koch in der Ukraine oder eines Curt von Gottberg in Weißrussland gearbeitet hatte. Koch – Hitlers Gauleiter in Ostpreußen und zwischen 1941 und 1944 zudem Reichskommissar für die Ukraine – wurde nach 1945 in Polen als Kriegsverbrecher zum Tode verurteilt, zu lebenslänglicher Haft begnadigt und starb erst 1986 im Staatsgefängnis von Barczewo, dem früheren ostpreußischen Wartenburg. Gottberg, SS- und Polizeiführer in Weißruthenien, ab 1943 in Personalunion auch Generalkommissar der dortigen Besatzungsverwaltung und als solcher 1944 der direkte Vorgesetzte Gilles, nahm sich hingegen im Mai 1945 das Leben.[233]

---

[232] Vgl. die Vorgänge im Bundesarchiv-Militärarchiv Freiburg (BA-MA), ZNS, LT.SB – H 6 511 II/367.
[233] Vgl. zu Koch und Gottberg: Klee, Personenlexikon des Dritten Reiches, S. 193 und S. 322f.

Gille nutzte den Glücksumstand, dass er sowohl bei Kriegsbeginn 1939 als auch gegen Kriegsende als Wehrmachtsoffizier gedient hatte, um durch geschickte Formulierungen in seinen Nachkriegs-Lebensläufen den Anschein zu erwecken, als habe er volle fünfeinhalb Kriegsjahre stets im Felde gestanden. Nachdem Gille aus der sowjetischen Kriegsgefangenschaft im März 1948 nach Schleswig-Holstein entlassen worden war, hatte er sich in Lübeck seiner Entnazifizierung zu stellen. Dabei gab er korrekt seine frühere NSDAP-Mitgliedschaft und seine Bürgermeisterfunktion im ostpreußischen Lötzen zu Protokoll, nicht aber seine Tätigkeit als NS-Gebietskommissar in der besetzten Sowjetunion, in der er die längste Zeit des Zweiten Weltkrieges zugebracht hatte. Stattdessen gab er lediglich an, „vor der Kapitulation" im Mai 1945 zuletzt dem Artillerieregiment Nr. 1711 im Range eines Leutnants angehört zu haben.[234] Dem öffentlichen Kläger beim Entnazifizierungs-Hauptausschuß für den Kreis Lübeck erklärte Gille bei seiner Vernehmung im Juni 1948 wörtlich: „Von 1939 an wurde ich Soldat und habe auch mit an der Front gestanden. Ich kam im März 1948 aus der Gefangenschaft zurück."[235] Da Gille mit dieser Mischung aus Verschweigen und Teilwahrheiten im Entnazifizierungsverfahren Erfolg hatte, wandte er sie seither in allen Darstellungen über seine NS-Vergangenheit konsequent an. Als er im August 1948 beim Justizministerium Schleswig-Holsteins seine Zulassung als Rechtsanwalt beantragte, erklärte er, sein seit 1928 versehenes Amt als Bürgermeister von Lötzen „bis zur Räumung der Stadt im Januar 1945 innegehabt" zu haben (was formal korrekt war), dasselbe allerdings seit dem 20. September 1939 „infolge Einziehung zur Wehrmacht" faktisch nicht mehr ausgeübt zu haben. Auch sein Lebenslauf enthielt nichts über Funktionen im NS-Besatzungsregime.[236] Alle später eingereichten offiziellen Lebensläufe verfuhren in gleicher Weise und erweckten gezielt den Eindruck fortlaufenden Wehrmachtsdienstes, ohne sich jedoch einer expliziten Falschaussage schuldig zu machen.[237] Als Gille im Februar 1952 beim Kieler Justizministerium seine Zulassung als Notar in Lübeck beantragte, gab er im biographischen Abriss an, ab 1939 Kriegsdienst geleistet zu haben, und nannte Einsätze im Polenfeldzug, im Westfeldzug und im Russlandfeldzug, ohne zu spezifizieren, wie lange sein Wehrmachtseinsatz in Russland gedauert hatte. Gille gab lediglich an, sein letzter Dienstgrad sei der eines Oberleutnants der Reserve gewesen (womit seine Angaben von 1948 leicht korrigiert wurden). „Bei der Kapitulation" sei er 1945 „im ungarischen Kampfraum in russische Kriegsgefangenschaft" geraten, aus der er erst „im März 1948 zurückgekehrt" sei.[238]

---

[234] AHL, Bestand Entnazifizierung, Soll-Liste Nr. 1341, Alfred Gille, Dr. Gille, Lübeck, Entnazifizierungs-Fragebogen v. 11.6.1948.
[235] Ebenda, Der öffentliche Kläger beim Entnazifizierungs-Hauptausschuß für den Kreis Lübeck, Vernehmungsprotokoll Dr. Gille v. 21.6.1948.
[236] LASH-S, Abt. 786 Nr. 11044, Bl. 16, Dr. Gille, Lübeck, an Justizminister Schleswig-Holstein, 11.8.1948, sowie Bl. 17, Anhang: Dr. Gille, Lebenslauf vom 11.8.1948.
[237] Ebenda, Bl. 28, Dr. Gille, Lebenslauf v. 4.1.1951.
[238] Ebenda, Bl. 52, Dr. Gille an Justizminister Schleswig-Holstein, 6.2.1952, und Bl. 53, Anlage: Dr. Gille, Lebenslauf vom 6.2.1952.

Gilles durch Weglassen geschönte NS-Lebensgeschichte streifte im Jahre 1961 das „Ostpreußenblatt", als es dem Sprecher seiner Landsmannschaft – Gille hatte dieses Amt von 1952 bis 1966 inne – zum 60. Geburtstag gratulierte: „Das Ende des Zweiten Weltkrieges erlebte Dr. Gille als Artillerieoffizier im ungarischen Kampfraum. Er kehrte erst […] 1948 aus sowjetischer Gefangenschaft zurück und stellte sich sofort zur Sammlung und Organisation der ostpreußischen Landsleute zur Verfügung."[239] Auch als BdV-Präsident Rehs im Frühjahr 1968 für Gille, der sich unterdessen „aus gesundheitlichen Gründen" völlig aus der Politik hatte zurückziehen müssen, beim schleswig-holsteinischen Ministerpräsidenten das „Große Bundesverdienstkreuz (Halsorden)" beantragte, gab er nur einen kurzen Hinweis auf dessen Bürgermeisteramt in Lötzen, um sich ansonsten Gilles Nachkriegsverdiensten zu widmen.[240] Auch das für Vertriebenenfragen zuständige Landesministerium unterstützte die Ordensverleihung, wobei allein auf die Nachkriegskarriere Gilles seit 1948 abgehoben wurde: Lastenausgleichs- und Vertriebenengesetze seien „von Dr. Gille wesentlich mitgestaltet worden", ebenso habe dieser 1950 die Charta der Heimatvertriebenen „mitunterzeichnet". Allerdings hielt man in der Kieler Landesregierung das Verdienstkreuz I. Klasse für hinreichend, welches Gille im August 1968 erhielt.[241]

Dennoch wäre beinahe etwas schiefgegangen. Denn im Rahmen der Regelanfrage, die bei Verleihungen des Bundesverdienstkreuzes wegen etwaiger belastender NS-Vergangenheiten künftiger Ordensträger beim Justizministerium und Bundesamt für Verfassungsschutz durchgeführt wurde, hatte Letzteres in der Tat Bedenken gegen Gille erhoben. Der Verfassungsschutz wies im April 1968 auf ein Ermittlungsverfahren gegen den früheren stellvertretenden Gebietskommissar im weißrussischen Nowogrodek, Wilhelm Reuter, und weitere einstige Mitarbeiter der dortigen NS-Besatzungsverwaltung hin, gegen die ab 1962 wegen des Verdachts der Mitwirkung an Massenerschießungen von Juden ermittelt wurde.[242] Das Verfahren gegen Reuter wurde erst 1966 eingestellt, da man unterdessen durch eine 1951 ausgestellte Sterbeurkunde einer DDR-Gemeinde davon in Kenntnis gesetzt worden war, dass Reuter im April 1945 gefallen sein sollte.[243] In diese Ermittlungen gegen Mitarbeiter des Gebietskommissariats Nowogrodek war auch Gille einbezogen und im Januar 1963 „durch Beamte des

---

[239] BStU, Archiv der Zentralstelle, MfS Allg. P. Nr. 12596/76, Bl. 23, „Dr. Alfred Gille – 60 Jahre", in: Ostpreußenblatt Nr. 37/1961.

[240] LASH-S, Abt. 605 Nr. 14687, BdV, Rehs, an Ministerpräsident Schleswig-Holstein, Dr. Lemke, 30.4.1968.

[241] Ebenda, Minister für Arbeit, Soziales und Vertriebene des Landes Schleswig-Holstein, i.V. Dr. Schmidt, an Chef der Staatskanzlei Schleswig-Holstein, 30.4.1968, sowie die weiteren Vorgänge zur Verleihung des Verdienstkreuzes I. Klasse durch den Bundespräsidenten an Gille, August 1968.

[242] Bundesarchiv, Abt. Ludwigsburg (BAL), B 162/3455, Bl. 617 Minister des Innern Schleswig-Holstein an Zentrale Stelle der Landesjustizverwaltungen, Dr. Rückerl, Ludwigsburg. 3.4.1968; zur Mitwirkung Reuters an Massenmorden in Nowogrodek 1943: Gerlach, Kalkulierte Morde, S. 734.

[243] BAL, B 162/3454, Bl. 446, Staatsanwaltschaft Traunstein, Verfügung v. 3.3.1966.

Bayerischen Landeskriminalamts als Zeuge vernommen" worden. Dabei hatte Gille ausgesagt, „daß er nach Beginn des Rußlandkrieges in Saporoschje (Ukraine) eingesetzt gewesen sei, und zwar zunächst als Angehöriger der Ortskommandantur [der Wehrmacht], später als Leiter der Stadtverwaltung von Saporoschje". Nach dem deutschen Rückzug aus der Ukraine sei er dann „im Frühjahr 1944 als Gebietskommissar in Nowogrodek eingesetzt" worden, wo er zwischen „Ostern 1944 bis zur Räumung im Juli 1944" amtiert habe.[244]

Im Chaos zwischen dem sowjetischen Rückzug und dem deutschen Einmarsch im Sommer 1941 war es auch in Nowogrodek zu Juden-Pogromen bestimmter einheimischer Bevölkerungsgruppen gekommen, die mit Morden und Plünderungen einhergegangen waren.[245] Daraufhin systematisierten die deutschen Besatzer den Massenmord: Zwischen 1941 und 1943 wurden in Nowogrodek Mordaktionen an Tausenden von Juden auf Befehl des damaligen Gebietskommissars, des SS-Sturmbannführers Wilhelm Traub, durchgeführt, wobei sich Traub und sein Stellvertreter Reuter persönlich an Erschießungen beteiligt haben sollen.[246] Die damit befasste Münchner Staatsanwaltschaft wusste zu Beginn ihrer Ermittlungen 1962 lediglich, dass sich der an „Judenerschießungen im Raume Nowogrodek/Weißruthenien [...] beteiligte Personenkreis [...] aus Angehörigen des Gebietskommissariats und der Polizei" zusammensetzte, gegen die daher „zunächst [...] zu ermitteln" war. Auf diese Weise waren die der Staatsanwaltschaft namentlich bekannten „Gebietskommissariatsangehörigen Dr. Gille und Axel de Vries" in das Verfahren einbezogen worden.[247] Allerdings hatte es für Gille – den mittelbaren Nachfolger des 1943 versetzten Gebietskommissars Traub – mit besagter Vernehmung im Januar 1963 sein Bewenden, da er glaubhaft zu machen wusste, dass während seiner Amtszeit so gut wie keine Juden mehr in Nowogrodek anwesend gewesen seien, da die Massenmorde bereits zuvor stattgefunden hätten.[248] Zuvor war er vom Kieler Landeskriminalamt bereits im September 1962 vernommen worden, da die Münchner Staatsanwaltschaft auch ein Ermittlungsverfahren gegen den früheren SS-Hauptsturmführer (bzw. späteren SS-Sturmbannführer) Alfred Renndorfer und weitere SS- und Polizei-Angehörige wegen der Beteiligung an Judenerschießungen in Weißrussland durchführte. Dazu hatte Gille nicht viel beitragen können, da er – unter Hinweis auf seine erst 1944 einsetzende kurze Amtszeit in Nowogrodek – angab, sich an keine Namen dieser beschuldigten früheren SS-Leute erinnern zu können.[249] Das Verfahren gegen Renndorfer, der

---

[244] BAL, B 162/3455, Bl. 618–619, Zentrale Stelle der Landesjustizverwaltungen, Dr. Rückerl, Ludwigsburg, an Minister des Innern Schleswig-Holstein v. 10.4.1968.
[245] Rein, The Kings and the Pawns, S. 75.
[246] Gerlach, Kalkulierte Morde, S. 624 und S. 734.
[247] BAL, B 162/3452, Bl. 142–142R, Staatsanwaltschaft beim Landgericht München I, Dr. Kotsch, an Bayerisches Landeskriminalamt, Abt. IIIa/SK, 14.11.1962.
[248] Ebenda, Bl. 137–139, Landeskriminalpolizeiamt Schleswig-Holstein, Kiel, Vernehmungsprotokoll Dr. Gille, Lübeck, 17.9.1962, und Bl. 155–164, Bayerisches Landeskriminalamt, Vernehmungsprotokoll Dr. Gille, 19.1.1963.
[249] Ebenda, Bl. 137–139, insb. Bl. 137, Landeskriminalpolizeiamt Schleswig-Holstein, Kiel, Vernehmungsprotokoll Dr. Gille, Lübeck, 17.9.1962.

1943/44 (und damit in zeitlicher Nähe zu Gilles Amtstätigkeit in Nowogrodek) Leiter der Außenstelle des „Kommandeurs der Sicherheitspolizei" (KdS) in Baranowitschi und als solcher „Anführer des Tötungskommandos" bei dortigen Judenerschießungen gewesen war[250], endete jedoch auch ohne Aussage Gilles mit einer Verurteilung: 1966 wurden Renndorfer und ein weiterer früherer SS-Führer in München wegen Beihilfe zum gemeinsamen Mord in 446 bzw. 160 Fällen zu fünf Jahren bzw. zu drei Jahren und einem Monat Zuchthaus verurteilt, da beide Täter nachweislich zwischen 1942 und 1943 an der Ermordung von Juden in Weißruthenien beteiligt gewesen seien.[251]

Im parallelen Ermittlungsverfahren gegen Reuter u. a. hatte Gille im Januar 1963 ausgesagt, zum Zeitpunkt seines Amtsantritts als Gebietskommissar von Nowogrodek im Frühjahr 1944 seien in seinem Amtsbezirk „praktisch keine Juden mehr vorhanden gewesen". Die einzige Ausnahme habe eine im „Küchendienst" des Gefängnisses verwendete „Frau eines poln. jüdischen Hochschullehrers aus Warschau" gebildet, die vom verantwortlichen Aufseher des Gefängnisses, einem längere Zeit dort tätigen SS-Sturmführer, geschützt worden sei. Dieser SS-Führer habe als Gefängnisleiter ihm als Generalkommissar direkt unterstanden. In seiner, Gilles, Amtszeit habe dieses Gefängnis lediglich fünf bis sechs Häftlinge enthalten, „Juden waren keinesfalls inhaftiert". Da ansonsten jüdische Bevölkerung in Nowogrodek 1944 nicht mehr vorhanden gewesen sei, „fanden während der Zeit meines Einsatzes in Nowogrodek keine Judenaktionen statt". Dergleichen sei allerdings während seiner Amtszeit als Gebietskommissar in Saporoschje vorgekommen, wo „im Sept. 42 von einem SD-Sonderkommando die dort angetroffenen etwa 3000 Juden, Männer, Frauen, Kinder, in geschlossenen Aktionen erschossen worden" seien. Gille machte geltend, sich zum Zeitpunkt dieses Massenmords nicht in Saporoschje, sondern „auf Urlaub in Lötzen befunden" zu haben. Seine Darlegung, später erfahren zu haben, „daß die Bemühungen der Orts- und Feldkommandanten", die sich „gegen diese Aktionen" hätten stellen wollen, sich „sehr bald als hoffnungslos" erwiesen hätten, sollte suggerieren, dass auch er als Gebietskommissar – wäre er anwesend gewesen – nichts gegen die SS-Mordkommandos hätte ausrichten können. Gille distanzierte sich vor den bundesrepublikanischen Ermittlern vom NS-Massenmord etwas gewunden: „Bezüglich der menschlichen Seite dieses Problems möchte ich mich gar nicht äußern, denn für einen anständigen Menschen gibt es hier nur eine Stellungnahme."[252]

Die 1968 vom schleswig-holsteinischen Innenministerium in der Ordenssache Gille kontaktierte „Zentrale Stelle der Landesjustizverwaltungen" in Ludwigsburg hielt Gilles Darlegungen, wonach in seiner Amtszeit in Nowogrodek „keine Judenaktionen mehr stattgefunden hätten", „nach den hiesigen Erfahrungen" für

---

[250] Gerlach, Kalkulierte Morde, S. 224, Anm. 572, und S. 702, Anm. 1075.
[251] http://www.chroniknet.de/daly_de.0.html?year=1966&month=1&day=21 (25.11.2011).
[252] BAL, B 162/3452, Bl. 155–164, insb. Bl. 161–163, Bayerisches Landeskriminalamt, Vernehmungsprotokoll Dr. Gille, 19.1.1963, S. 7–9.

„glaubhaft". Die Zentralstelle referierte auch Gilles Angaben über die Massenmorde in Saporoschje von 1942 und seine angebliche Abwesenheit und bemerkte dazu, dass ihr „über eine irgendwie geartete Beteiligung Dr. Gilles an Judenaktionen [...] keine Erkenntnisse" vorlägen.[253] Das reichte aus – Gille konnte sein Bundesverdienstkreuz erhalten.

Solange er lebte – Gille starb 1971 –, wurde seine Mitarbeit in der NS-Besatzungsverwaltung zwar verschiedenen bürokratischen Institutionen der Bundesrepublik, aber niemals der westdeutschen Öffentlichkeit bekannt. Die meisten Menschen, mit denen er nach 1948 politisch zu tun hatte, wussten davon nichts, und jene, die es wussten, machten es nicht öffentlich. Der wichtigste Mitwisser war der erwähnte Axel de Vries, der zusammen mit Gille 1962/63 in die oben erwähnten Ermittlungen der Münchner Staatsanwaltschaft geraten war. Der Baltendeutsche de Vries hatte Gille 1944 als damaligen NS-Gebietskommissar im weißrussischen Nowogrodek kennengelernt, wo de Vries als Verbindungsoffizier die Anleitung von Kosaken- und Kaukasier-Militärverbänden übernommen hatte. Diese Umstände ihres Kennenlernens mussten Gille und de Vries zwar 1962/63 als Zeugen in einem Ermittlungsverfahren der bundesrepublikanischen Justiz wegen der in Nowogrodek verübten Massenmorde an Juden (die allerdings von anderen Verantwortlichen vor 1944 begangen worden waren) thematisieren, doch gelangte dergleichen offenbar nicht in die Öffentlichkeit. Dabei benannte Gille in seiner Aussage vor dem Landeskriminalpolizeiamt Kiel im September 1962 de Vries als ihm persönlich bekannten damaligen „Landwirtschaftsführer", der ihm als einer von wenigen „Dienststellenangehörigen des Gebietskommissariats" noch namentlich in Erinnerung sei.[254] De Vries wiederum erklärte im Januar 1963 bei seiner Vernehmung im Renndorfer-Ermittlungsverfahren, im Januar 1944 nach Nowogrodek delegiert worden zu sein, um sich der dorthin verlegten Kosaken- und sonstigen „fremdvölkischen" Hilfswilligen-Verbände anzunehmen, dabei aber „dem Gebietskommissar [...] keineswegs dienstaufsichtlich unterstellt" gewesen zu sein, sondern „nach wie vor zum Stab des Heeresgruppen-Wirtschaftsführers Rußland-Mitte" gehört zu haben. Allerdings sei er faktisch von der Unterstützung des Gebietskommissars Gille abhängig gewesen. Zur Person Gilles erklärte de Vries, dass er diesen „als einen anständigen, sauberen und tapferen Mann kennengelernt habe, der sowohl für die Kosaken und Angehörigen der anderen Völker, wie für die weißruth.[enische] Bevölkerung Verständnis und Anteilnahme zeigte".[255] De Vries bestätigte auch Gilles Aussage, dass in der ersten Jahreshälfte 1944 „in Nowogrodek keine Juden mehr" vorhanden oder „jedenfalls [...] im Ortsbild von N. keine solchen mehr zu sehen" gewesen seien. Weder habe dort ein Ghetto bestanden noch habe er etwas von „jüdischen Arbeitskommandos [...]

---

[253] BAL, B 162/3455, Bl. 618–619, Zentrale Stelle der Landesjustizverwaltungen, Dr. Rückerl, Ludwigsburg, an Minister des Innern Schleswig-Holstein v. 10. 4. 1968.

[254] BAL, B 162/3452, Bl. 137–139, insb. Bl. 137, Landeskriminalpolizeiamt Schleswig-Holstein, Kiel, Vernehmungsprotokoll Dr. Gille, Lübeck, 17. 9. 1962.

[255] Ebenda, Bl. 145–154, insb. Bl. 146 und Bl. 154, Bayerisches Landeskriminalamt, Vernehmungsprotokoll Axel de Vries, Bonn, 17. 1. 1963.

gesehen oder gehört". Die von ihm „betreuten Kosakenverbände" hätten ebenfalls gemeldet, „daß sich keine Juden mehr in Dörfern" des Bezirks Nowogrodek befunden hätten. Ähnlich wie Gille wusste de Vries freilich einen Ausnahmefall zu berichten: In diesem Falle habe eine ihm unterstellte Kosakenabteilung „einen jungen Juden in einem Keller eines weißruthenischen Bauernhauses" entdeckt und zu verhaften versucht. Da sich der Jude zur Wehr gesetzt habe, sei er bei einem Schusswechsel schwer verwundet worden und an dieser Verwundung verstorben. De Vries fügte hinzu, dass dieser getötete Jude „jahrelang nachrichtenmäßig in der Partisanenbewegung tätig gewesen" sei.[256] Wollte de Vries damit andeuten, dass dieser Jude seinen Tod verdient hatte?

De Vries, ein früherer volksdeutscher Abgeordneter des estnischen Reichstages der Zwischenkriegszeit[257], hatte als baltendeutscher Umsiedler 1940 zunächst einen (von polnischen Vorbesitzern zwangsgeräumten) Bauernhof im Warthegau übernommen, wurde dann zur Wehrmacht eingezogen und agierte zwischen 1941 und 1944 vor allem als „landwirtschaftlicher Sonderführer". Was harmlos klingt, mündete jedoch nicht zuletzt in planerische Beteiligung an der brutalen „Partisanenbekämpfung" des NS-Besatzungsregimes. Dabei verbanden sich – bedingt durch eigene Erfahrungen mit den Bolschewiki im Baltikum nach dem Ersten Weltkrieg – bei de Vries Antibolschewismus und Antisemitismus auf das Engste. Als dieser „durch und durch antikommunistisch eingestellte Baltendeutsche" ab 1941 in Weißrussland „gezielt bei der Partisanenbekämpfung mit[wirkte]", riet er den weißrussischen Polizeiverbänden zur Verbindung von „Judenvernichtungsaktionen" mit der Liquidierung „der sogenannten kommunistischen Stadt- und Dorfintelligenz". Dadurch war de Vries „direkt an Kriegsverbrechen beteiligt".[258] Konkret hatte de Vries – der damals eine Rolle als „Vordenker" in der „Wirtschaftsinspektion Mitte" im besetzten Lojew spielte – Ende 1941 den für „Partisanenbekämpfung" zuständigen SS-Stellen den Ratschlag erteilt, „alle noch lebenden Juden" in die Verfolgung einzubeziehen, da diese erfahrungsgemäß oft das „Rückgrat", die „Führungen" und einen Großteil des „Bestandes" der Partisanenabteilungen bildeten.[259]

Andreas Kossert hat Axel de Vries treffend als Prototyp eines nationalsozialistisch belasteten Vertriebenenpolitikers in der frühen Bundesrepublik gewertet.[260] In der Tat war de Vries, der zwischen 1949 und 1953 für die FDP dem deutschen Bundestag angehörte (und damit ein Fraktionskollege von Josef Trischler war)[261], während der 1950er und frühen 1960er Jahre eine der einflussreichsten Persönlichkeiten in der westdeutschen Vertriebenenpolitik. De Vries zählte nicht nur – neben Alfred Gille und einigen anderen – zu den wichtigsten Mitautoren der

---

[256] Ebenda, Bl. 151.
[257] Balling, Von Reval bis Bukarest, Bd. 1, S. 126.
[258] Amos, Vertriebenenverbände im Fadenkreuz, S. 14.
[259] Zitiert nach Gerlach, Christian: Kalkulierte Morde, S. 686.
[260] Kossert, Kalte Heimat, S. 184.
[261] Amos, Vertriebenenverbände im Fadenkreuz, S. 14.

„Charta der Heimatvertriebenen" von 1950[262], sondern war auch entscheidend an der allmählichen Entmachtung des Vertriebenenfunktionärs Linus Kather beteiligt – von Kathers Sturz als Landesvorsitzender des „Bundes vertriebener Deutscher" (BvD) in Hamburg 1952 (wo Langguth zum Kather-Nachfolger avancierte)[263] bis zur Ausmanövrierung Kathers im neu gegründeten „Bund der Vertriebenen" (BdV) 1958.[264] Als Kather – der Ende 1958 der Führung dieses Einheitsverbandes nur als einfaches Präsidiumsmitglied und nicht, wie erhofft, als dessen Präsident hatte beitreten können – dieses Amt Ende Januar 1959 entnervt niederlegte, begründete er dies nicht nur mit der anhaltenden Feindseligkeit der Landsmannschaften gegen seine Person. Als Gipfel der Provokation empfand der bedrängte Kather, dass auf der BdV-Präsidiumssitzung vom 16. Januar 1959 einem Mann, „der seit Jahren systematisch gegen die Einheit der Vertriebenen gearbeitet hat", nämlich de Vries, die Teilnahme an der Sitzung und sogar fortwährendes Diskussionsrecht zugestanden worden war, ohne dass dieser dazu eine demokratische Legitimation gehabt hätte. Denn de Vries gehörte der BdV-Führung formell nicht an.[265]

In der Vertriebenenpolitik hatten der 1963 verstorbene de Vries und Alfred Gille seit Beginn der 1950er Jahre als führende Landsmannschaftsfunktionäre (der Baltendeutschen bzw. der Ostpreußen) ein enges Bündnis gebildet. Im Kontext des schon damals tobenden „Kampf[es] Kather-de Vries" kannten Vertriebenenpolitiker die Bedeutung „der nahen persönlichen Beziehung zwischen Herrn Gille und Herrn de Vries".[266] Folgerichtig agierte de Vries nach Gründung des BdV als Förderer von Gille, der der Verbandsführung von Anfang an angehörte. So diskutierte im April 1961 der Bundesgeschäftsführer der Landsmannschaft Ostpreußen, Egbert Otto, mit de Vries über die Chancen Gilles bei einer Gegenkandidatur gegen BdV-Präsident Hans Krüger.[267] Als all das nicht gelang, schlug Otto ungerührt Krüger die Delegierung seines Landsmannes Gille in den Fernsehrat des ZDF vor.[268] De Vries war auch nicht unbeteiligt an der Bildung der Achse zwischen konservativ-deutschnationalen Führern der Landsmannschaften, angeführt vom früheren VdL-Vorsitzenden Baron Manteuffel-Szoege und ihm selbst, mit den sozialdemokratischen Vertriebenenpolitikern Wenzel Jaksch und Reinhold

---

[262] Der spätere BdV-Präsident Herbert Czaja hielt de Vries neben dem damaligen Staatssekretär im Bundesvertriebenenministerium, Ottomar Schreiber, für den entscheidenden Mitverfasser des Entwurfs, an dem aber auch weitere Personen – darunter Gille – Anteil gehabt hätten; vgl. Czaja, Herbert: Unterwegs zum kleinsten Deutschland? Marginalien zu 50 Jahren Ostpolitik, Frankfurt/M. 1996, S. 551–553; hingegen spielte Linus Kather, dessen Intimfeind de Vries gewesen war, dessen Anteil an der Charta gezielt herunter; vgl. Kather, Die Entmachtung der Vertriebenen, Bd. 1, S. 169.
[263] LABW-GLAK, N Bartunek/20, Dr. Bartunek an Dr. Kather, 26. 5. 1952.
[264] BAK, N 1412/17, De Vries an Dr. Turnwald, 21. 7. 1958.
[265] ACDP I-377-11/3, BdV, Landesverband NRW, Dr. Kather, an BdV, Krüger, 29. 1. 1959, S. 1–2.
[266] BAK, NL 1267/38, Reichsminister a. D. Dr. v. Keudell an Minister Kraft, 6. 7. 1951.
[267] BAK, N 1412/17, Otto an de Vries, 17. 4. 1961.
[268] Ebenda, B 234/1152, Landsmannschaft Ostpreußen, Otto, an BdV, Krüger, 29. 11. 1961.

Rehs in der BdV-Führung.[269] Gegenüber Manteuffel plädierte de Vries schon Mitte 1959 für die Heranziehung der beiden SPD-Vertreter zur Koordinierung der bislang katastrophalen Öffentlichkeitsarbeit.[270] Bereits im März 1959 hatte de Vries an Jaksch ein betont herzliches Schreiben gerichtet, aus dem die neue Allianz dieser beiden BdV-Gruppierungen deutlich hervorgeht.[271] Auch der ostpreußische Landsmannschafts-Geschäftsführer Egbert Otto wollte im Frühjahr 1961 an der Position von Jaksch im BdV „unter keinen Umständen rühren lassen" und warnte seinen Verbündeten de Vries, dieser müsse „sehr aufpassen, weil es Kräfte gibt, die aus irgendwelchen Motiven" Jaksch „nicht grün" seien.[272] Auch Gille war in diese Bündniskonstellation einbezogen. In seinem Falle verlief die Zusammenarbeit mit dem Sozialdemokraten Jaksch derart gut, dass beide zu Duzfreunden wurden.[273]

Gille zählte folglich nach 1950 zu einem im Sinne der Beobachtungen Kosserts deutlich NS-belasteten Funktionärsnetzwerk – denn nicht nur Gille und sein enger Verbündeter de Vries gehörten (in unterschiedlicher Weise) in diese Kategorie, sondern auch de Vries' Gesprächspartner Egbert Otto.[274] Von diesem ostpreußisch-baltendeutschen NS-Netzwerk massiv unterstützt und getragen worden zu sein, war – karrieremäßig betrachtet – der dritte Glücksumstand für Alfred Gille.

Ein vierter Glücksumstand trat hinzu: Denn ähnlich wie die Sowjets den in ihren Kriegsgefangenenlagern inhaftierten Gille zwischen 1945 und 1948 nicht als früheren NS-Besatzungsfunktionär erkannten, waren die kommunistischen Ostblock-Ermittler nach 1948 zwei Jahrzehnte lang nicht in der Lage, die wichtigste Stufe von Gilles NS-Karriere aufzudecken und propagandistisch auszuschlachten. Man wusste in Ost-Berlin zwar um seine NSDAP-Mitgliedschaft und seine NS-Bürgermeisterfunktion, doch erst 1968 scheint die DDR-Staatssicherheit erfahren zu haben, dass Gille 1941 für die Funktion eines Gebietskommissars (Zivilgouverneur auf Kreisebene) in der besetzten Ukraine vorgesehen war, ohne jedoch seine Amtstätigkeit und seinen konkreten Einsatzort treffend rekonstruieren zu können. Der Beinahe-Treffer der DDR-Ermittler wurde für eine Propaganda-Aktion gegen Gille, der sich damals bereits aus der Politik zurückgezogen hatte, nicht mehr ausgeschlachtet. Auch eine in den 1970er Jahren als Geschenk der DDR-Führung an Leonid Breshnev organisierte akribische Neuermittlung von NS-Kriegsverbrechen in der ukrainischen Region, in der Gille einst tätig gewesen war, führte nicht zur Einbeziehung der Tätigkeit des einstigen NS-Besatzungsfunktionärs und brachte auch beiläufig über Gille nichts zu Tage.[275]

Anfangs hatte das Ost-Berliner „Deutsche Institut für Zeitgeschichte" bei der Erstellung der NS-Biographie Alfred Gilles 1956 lediglich zu vermerken gewusst,

---

[269] Ebenda, N 1412/17, De Vries an Dr. Turnwald, 17. 2. 1960.
[270] Ebenda, De Vries an Baron Manteuffel-Szoege MdB, 18. 6. 1959.
[271] Ebenda, De Vries an Jaksch MdB, 14. 3. 1959.
[272] Ebenda, Otto an de Vries, 17. 4. 1961.
[273] Ebenda, B 234/1496, Dr. Gille an Dr. Jaksch MdB, 30. 4. 1965.
[274] Stickler, „Ostdeutsch heißt gesamtdeutsch", S. 333 f., auch S. 334, Anm. 670.
[275] Siehe unten.

dass dieser von „1928-1945 Bürgermeister in Lötzen/Ostpr." gewesen sei.[276] Ein Jahr später erhoben die DDR-Zeithistoriker hingegen schwere Vorwürfe, indem sie behaupteten, das „Mitglied des Bundestages in Bonn, Dr. Gille", sei ein „ehemalige[r] Generalleutnant der Waffen-SS".[277] Das war jedoch eine Vermischung zweier Personenidentitäten – sei es aus Verwechslung oder aus Berechnung. Denn die Biographie des BHE-Bundestagsabgeordneten Dr. Alfred Gille wurde vermischt mit jener des nicht verwandten, sondern 1897 als Sohn eines Fabrikbesitzers in Gandersheim geborenen (und 1966 verstorbenen) Herbert Otto Gille. Dieser war ein früherer SS-Obergruppenführer und General der Waffen-SS[278], der sich nach 1945 unverhohlen – etwa auf Veranstaltungen der SS-Veteranenorganisation HIAG – „in der Sprache des Nationalsozialismus" zu Wort meldete.[279]

Möglicherweise resultierte dieser Ermittlungsfehler, der sich in den MfS-Dossiers über Alfred Gille nicht wiederholte und daher rasch erkannt worden zu sein scheint, aus missverständlichen Angaben, die das MfS 1956 aus der Volksrepublik Polen erhalten hatte. Denn aus Warschau war im Oktober 1956 nicht nur gemeldet worden, dass Gille ein „Aktivist der Hitlerpartei" gewesen sei und zwischen 1928 und 1944 als Bürgermeister in Gizyck, Wojwodschaft Olsztyn amtiert habe (womit das seit 1945 in „Gizycko" umbenannte Lötzen gemeint war). Die polnischen Ermittler wollten auch herausgefunden haben, dass Gille „während der Kriegsereignisse [...] 1944 [...] ein Stadtkommandant" gewesen sei.[280] Diese Angabe war missverständlich. Sollte sie auf die militärische Funktion eines Stadtkommandanten bezogen gewesen sein, könnte sie die kurz darauf erfolgte Vermischung der Identitäten Alfred und Herbert Gilles bewirkt haben; sollte der polnische Hinweis auf die Funktion eines zivilen Stadtkommissars gemünzt gewesen sein, bewirkte sie in Ost-Berlin keine vertieften Ermittlungen. Und das, obwohl die polnischen Informationen Bestandteil einer größeren Nachforschungsaktion über NS-Belastungen von Bonner Politikern waren, die auf direkte Anweisung des Ministers Erich Mielke von dessen Stellvertreter Markus Wolf initiiert worden war.[281] Es half auch nichts, dass Gille von Spitzeln des MfS gezielt ausspioniert wurde – in einem Fall vermutlich durch eine als „IM Sitha" tätige Sekretärin in

---

[276] BStU, Archiv der Zentralstelle, MfS Allg. P. Nr. 12596/76, Bl. 14, DIZ, Biographie Dr. Gille v. 17. 2, 1956.
[277] BStU, Archiv der Zentralstelle, MfS Allg. P. Nr. 12596/76, Bl. 19, DIZ, Biographien Deutschland: „In Hitlers Spuren", mit Quellenangabe: Der Widerstandskämpfer, Wien, Nr. 3 v. März 1957, S. 21.
[278] Preradovich, Die Generale der Waffen-SS, 1985, S. 32 f.
[279] Vgl. Manig, Die Politik der Ehre, S. 398, S. 431, S. 535 f. und S. 560.
[280] BStU, Archiv der Zentralstelle, MfS, AP 6545/76 Bd. 1, Bl. 58, „Ermittlung betr. Gille Alfred", Warszawa, Oktober 1956.
[281] BStU, Archiv der Zentralstelle, MfS, AP 6545/76 Bd. 1, Bl. 7, MfS, Stellvertreter des Ministers Generalmajor Wolf, an Abt. X, 2.7.1956, mit der Mitteilung, Minister Mielke habe „die Möglichkeit" vorgesehen, „Angaben über operativ interessante Personen in polnischen Archiven überprüfen zu lassen", wobei man „insbesondere auf kompromittierende Umstände zu achten" habe; ebenda, Bl. 58, „Ermittlung betr. Gille Alfred", Warszawa, Oktober 1956.

der Bundesgeschäftsstelle der Landsmannschaft Ostpreußen[282], im andern Fall durch eine als „GI Held" 1956 angeworbene 55jährige Ostpreußin, die als Abteilungsleiterin beim Rat des Kreises Gera tätig war und Gille nach eigenen Angaben aus der Zeit in Lötzen vor 1945 kannte: „Gille war damals Bürgermeister und verkehrte öfters mit ihrem Onkel".[283] Was immer diese DDR-Informanten herausgefunden haben mögen, Details über Gilles wichtigstes Amt während der NS-Zeit gehörten nicht dazu. Die „Bearbeitung des Objektes ‚Revanchismus'", wie das MfS die Beobachtung Alfred Gilles nannte, wurde gleichwohl erst 1976 mit der Begründung eingestellt: „An der Person besteht kein operatives Interesse."[284] Zu diesem Zeitpunkt war Gille bereits fünf Jahre tot.

Nach dem Schnitzer der Verwechslung mit Herbert Gille hielten sich die DDR-Rechercheure im Falle Alfred Gilles bemerkenswert zurück. Zwar wurde dieser als hochrangiger Vertriebenenfunktionär der Bundesrepublik gewissermaßen zwangsläufig zum Gegenstand der auf NS-Belastungen abhebenden DDR-Propaganda, doch der am schwersten wiegende Vorwurf, der den Tatsachen entsprochen hätte, wurde gegen Gille nie ins Feld geführt. Als die Ost-„Berliner Zeitung" unter der Schlagzeile „Räuber sehen Dich an" 1960 einen Angriff auf NS-belastete Vertriebenenfunktionäre startete, wusste sie zu Gilles „Steckbrief" lediglich beizutragen: „1928 Bürgermeister der Stadt Lötzen. Führender Funktionär der Nazipartei in Ostpreußen. Während des Krieges Artillerieoffizier und SS-Häuptling."[285] Bürgermeister und Artillerieoffizier war Gille tatsächlich gewesen, während seine führende Funktion in der ostpreußischen NSDAP ebenso frei erfunden war wie seine Zeit als „SS-Häuptling", die vermutlich eine Spätfolge der Verwechslung mit Herbert Gille gewesen sein dürfte. Die angeblich hohe NSDAP-Funktion wird man auf eine Fehlinformation in einer DDR-internen Auflistung über NS-Belastungen der „revanchistischen Führer der westdeutschen Landsmannschaften" zurückführen können, in der Gille nicht nur eine (zutreffende) Mitgliedschaft in der NSDAP attestiert, sondern auch der Vorwurf gemacht wurde, „Mitarbeiter der NSDAP-Gauleitung Ost-Preußen" gewesen zu sein.[286] Diese Anschuldigung hielt das MfS offenbar für glaubhaft und erklärte daraufhin, Gille sei „während der Nazizeit ein führender Vertreter der NSDAP im damaligen Ostpreußen" gewesen.[287] Soweit feststellbar, hat Gille zwar zu keinem Zeitpunkt ein Parteiamt in

---

[282] Amos, Vertriebenenverbände im Fadenkreuz, S. 86 f.
[283] BStU, Archiv der Zentralstelle, MfS Allg. P. Nr. 12596/76, Bl. 10 f., MfS DDR, Bezirksverwaltung Gera, Abt. V, an MfS DDR, HA V/3, 22.3.1956; bei einem Verwandtenbesuch in Hamburg zwei Jahre zuvor hatte diese Frau die Räume der Landsmannschaft aufgesucht und erklärte sich gegenüber dem MfS bereit, bei ihrem nächsten Westbesuch eine Kontaktaufnahme mit Gille zu versuchen.
[284] Ebenda, Bl. 25, MfS DDR, HVA, Abverfügung zur Archivierung, 26.7.1976.
[285] BStU, Archiv der Zentralstelle, MfS ZAIG Nr. 9708 Teil 3, Bl. 783, „Räuber sehen Dich an", in: Berliner Zeitung v. 3.9.1960.
[286] BStU, Archiv der Zentralstelle, MfS-HA XX Nr. 5433, Bl. 52–68, insb. Bl. 61, „Die revanchistischen Führer der westdeutschen Landsmannschaften", 30.8.1960, S. 10.
[287] BStU, Archiv der Zentralstelle, MfS-HA XX Nr. 5436, Bl. 1 ff., insb. Bl. 1, MfS, HA V/3, „Übersicht über die Landsmannschaft Ostpreußen", 25.10.1960.

der NSDAP ausgefüllt. Das hinderte jedoch die DDR-Propaganda nicht, in ihrem erstmals 1965 veröffentlichten „Braunbuch" über „Kriegs- und Naziverbrecher in der Bundesrepublik" unter der Rubrik „Hitlers 5. Kolonne – Bonner Revanchistenführer" dem immer noch als Sprecher der Landsmannschaft Ostpreußen, als Landesvorsitzender des BdV in Schleswig-Holstein und als stellvertretender Vorsitzender der unterdessen bedeutungslos gewordenen, von der SED-Propaganda jedoch als neonazistisch eingestuften „Gesamtdeutschen Partei" vorzuwerfen, nicht nur „NS-Bürgermeister in Lötzen", sondern auch „Mitglied der NSDAP-Gauleitung Ostpreußen" und außerdem noch „Beisitzer am Volksgerichtshof" gewesen zu sein.[288] Auch für die Stichhaltigkeit dieser letztgenannten Anschuldigung, die sonst in den DDR-Akten nirgendwo auftaucht, gibt es jedoch keine Anhaltspunkte.[289]

Erst im Jahre 1968, kurz nachdem Gille das Bundesverdienstkreuz erhalten hatte, stieß das „Deutsche Zentralarchiv" (DZA) in Potsdam auf Belege für Gilles Tätigkeit in der NS-Besatzungsverwaltung. Im September 1968 teilte das DZA dem MfS mit, einem Aktenfund zufolge sei Gille am 6. Oktober 1941 für die Militärverwaltung in den „besetzten Gebieten" vom Kriegsdienst freigestellt worden.[290] Im November 1968 meldete das Zentralarchiv, dass Gille in den Jahren „1941–1943 Stadtkommissar von Krementschuk (Generalbezirk Kiew)" gewesen sei und nannte als Beleg eine diesbezügliche Erwähnung im Fall XI der Nürnberger Kriegsverbrecherprozesse, der als sogenannter „Wilhelmstraßenprozess" insbesondere gegen Vertreter des früheren Reichsaußenministeriums und anderer Reichsbehörden 1948/49 geführt worden war. Demnach war Gille, dessen Amtszeit als Lötzener Bürgermeister nun (recht ungenau) auf die Jahre 1930 bis 1941 terminiert wurde und der immer noch als „Mitarbeiter der NSDAP-Gauleitung Ostpreußen" firmierte, im Oktober 1941 für die Militärverwaltung in den „besetzten Gebieten" der Sowjetunion „freigestellt" worden, um dort als „Kriegsverwaltungsrat" tätig zu werden, bevor er ab November 1941 bis 1943 regulärer Stadtkommissar der Besatzungsverwaltung im ukrainischen Krementschuk geworden sei. Als „belastende Gesichtspunkte" wurde dabei hervorhoben, dass Gille „in seiner Eigenschaft als Stadtkommissar von Krementschuk [...] an der faschistischen Okkupationspolitik in der Sowjetunion" beteiligt gewesen sei und beispielsweise „Kenntnis" erhalten habe „von der Zerstörung (Sprengung) eines Stahlwerkes der Braunschweig GmbH in Saporoschje am 22. September 1943". Er sei als Stadtkommissar untergebener „Mitarbeiter des Reichskommissars für die Ukraine, Gauleiter Koch, und somit mitverantwortlich für die von den Faschisten in diesem Gebiet begangenen Verbrechen" gewesen. Allerdings nannte der Bericht

---

[288] Braunbuch 1965, S. 278.
[289] Die Forschung zur Geschichte des Volksgerichtshofes verzeichnet Gille bisher nicht; vgl. Wagner, Der Volksgerichtshof im nationalsozialistischen Staat; Koch, Volksgerichtshof; Müller, Furchtbare Juristen; Marxen, Das Volk und sein Gerichtshof.
[290] BStU, Archiv der Zentralstelle, MfS-HA IX/11 PA Nr. 2642, Bl. 23, DZA Potsdam, Bericht über den Recherche-Auftrag zu Dr. Alfred Gille, 26. 9. 1968.

keine Belege für von Gille persönlich zu verantwortende NS-Verbrechen.[291] Auch die angeführte Sprengung des Stahlwerks in Saporoschje – einer wie Krementschuk am Dnjepr gelegenen Großstadt der Ukraine (heute: Saporischja) – wurde Gille bezeichnenderweise nicht unmittelbar angelastet, sonst hätte man ihn beschuldigt, dieselbe angeordnet zu haben.

Vermutlich ebenfalls aus dem DZA Potsdam stammte auch jene Kopie einer undatierten, aber wohl aus dem Herbst 1941 stammenden Liste über den „Generalbezirk Kiev", die das MfS in derselben Akte ablegte wie die genannten Berichte des Potsdamer Zentralarchivs. Auf dieser Liste wurde das vom NS-Regime geplante Generalkommissariat Kiev (das wiederum dem Reichskommissariat Ukraine unter dem ostpreußischen Gauleiter Koch unterstehen sollte) in drei Stadtgebiete und 26 Kreisgebiete unterteilt. Als Generalkommissar vorgesehen war demnach „Reg.-Präs. Graf v.d. Schulenburg".[292] Dabei handelte es sich um jenen Fritz-Dietlof Graf von der Schulenburg, der uns bereits als Mitarbeiter des Gauleiters Koch bis Mitte der 1930er Jahre und als nachmaliger Regierungspräsident beim schlesischen Oberpräsidium in Breslau, mit dem Otto Ulitz ab 1939 zu tun bekam, bekannt geworden ist. Graf Schulenburg, ein späterer Widerstandskämpfer gegen Hitler, der nach dem 20. Juli 1944 hingerichtet wurde, hatte am 5. November 1941 Befehl erhalten, sich in Berlin zu melden, da er als Generalkommissar für Kiev vorgesehen sei.[293] Möglicherweise wurde er am Ende doch nicht berufen, weil er sich Mitte der 1930er Jahre vom engen Mitarbeiter zum Gegner des ostpreußischen Gauleiters Erich Koch gewandelt hatte, der fortan als Reichskommissar der Ukraine fungieren sollte.[294]

Jedenfalls wurde nicht der konservative Bürokrat Schulenburg zum Generalkommissar der ukrainischen Hauptstadtregion berufen, sondern der einstige SA-Führer Helmut Quitzrau, der an den Attentaten in Königsberg vom August 1932 beteiligt gewesen und deshalb zeitweilig nach Italien geflüchtet war, die seinerzeit den Kontext des den Lötzener Bürgermeister Gille als Ortspolizeichef betreffenden SA-Mordes an einem Reichsbannerführer in seiner Stadt gebildet hatten.[295] Der ab Mitte der 1930er Jahre als SA-Führer kaltgestellte und nun reaktivierte Quitzrau amtierte im Winter 1941/42 zumindest als geschäftsführender Generalkommissar.[296] Sehr bald scheint der SA-Brigadeführer in eine Abteilungsleiter-Funktion herabgestuft worden zu sein[297], denn bereits ab Februar 1942 amtierte Waldemar Magunia als regulärer Generalkommissar. Dieser – ebenfalls ein „alter

---

[291] Ebenda, Bl. 14–16, DZA Potsdam, Recherche-Bericht zu Dr. Alfred Gille, 19.11.1968, mit Belegstelle: DZA Potsdam, NP, Fall XI, Bd. 455. S. 48.
[292] Ebenda, Bl. 12, Kopie: Liste „Generalbezirk Kiev", o.D. [ca. Okt. / Nov. 1941].
[293] Krebs, Fritz-Dietlof Graf von der Schulenburg, S. 218.
[294] Vgl. dazu Rohrer, Nationalsozialistische Macht in Ostpreußen, S. 212, S. 353 und S. 363.
[295] Helmut Quitzrau, geb. 1899, seit 1928 NSDAP, beteiligt an Attentaten in Königsberg am 1.8.1932, deshalb Flucht nach Italien bis März 1933, 1933–34 SA-Brigadeführer Masuren, 1934–35 SA-Brigadeführer Stettin, dann kaltgestellt, ab 1937 Wehrmachtsoffizier, MdR; vgl. Rohrer, Nationalsozialistische Macht in Ostpreußen, S. 596f; vgl. auch Kap. II.5.2.
[296] Berkhoff, Harvest of Despair, S. 159, S. 317 und S. 339, Anm. 84.
[297] Hartung, Verschleppt und verschollen, S. 133.

Kämpfer" der NSDAP und SA-Führer – war als ostpreußischer Gauwirtschaftsberater und Landeshandwerksmeister ein Gefolgsmann Gauleiter Kochs, dem er 1941/42 bereits als Leiter der Zivilverwaltung des Gebiets Bialystok zugearbeitet hatte.[298] Gleichwohl wird Magunia attestiert, als Generalkommissar von Kiev sich nicht nur den Direktiven der zuständigen Spitzenbehörde, des Reichsministeriums für die besetzten Ostgebiete (RMbO), widersetzt, sondern auch versucht zu haben, „die Anordnungen" des prinzipiell brutal agierenden Reichskommissars Koch „abzumildern".[299]

Erich Koch war zwischen 1941 und 1944 zu einer rücksichtslosen Willkürherrschaft in der Ukraine übergegangen, deren Bewohner – sofern sie nicht massenhaft umgebracht wurden wie die jüdische Bevölkerung – als kolonialimperialistisch diskriminierte „Neger" behandelt werden sollten. „Die Nazis planten Europa so zu beherrschen wie die Briten Asien oder Afrika – so glaubten sie zumindest", konstatiert Mark Mazower und verweist auf das Schwadronieren von Hitler-Satrapen wie Erich Koch über slawische „Neger" in der Ukraine[300] – „dem ukrainischen Kolonialland" des „großdeutsch-germanische[n] Reich[es]", von dem Himmler so gern phantasierte.[301] In der SS-Junkerschule Bad Tölz erklärte der Reichsführer SS im Jahre 1942 den „Osten" zur „Hauptkolonie unseres Reiches" und gab die Parole aus: „Heute Kolonie, morgen Siedlungsgebiet, übermorgen Reich."[302] Für die Nationalsozialisten verengte sich der alte imperialistische Widerstreit zwischen der „zivilisatorischen Mission" und einer am „Interesse des kolonisierenden Staates" orientierten Ausbeutung[303] auf einen rücksichtslosen „Herrenmenschen"-Standpunkt, demgegenüber die NS-Publizistik über eine europäische „Neue Ordnung" zur surrealen Propaganda verkam: „Zwar erzwangen Hitlers Eroberungen ein ‚mehr oder minder vereinigtes Europa', in dem eine Art Konformität militärisch durchgesetzt wurde, aber sein dauerhafter Bestand hätte den Krieg als Normalzustand vorausgesetzt."[304]

Hinzu kam das rassistische West-Ost-Gefälle in der Behandlung unterworfener Völker (von dem nur Juden in tödlicher Weise ausgenommen waren). Für diese Völkerhierarchie des NS-Imperiums, dessen europäische „Völkerfamilie" neben dem deutschen „Herrenmenschen" nur abgestufte Satelliten- und Heloten-Völker kannte[305], lieferte der SS-Stratege Werner Best, zeitweilig Heydrichs Stellvertreter im Reichssicherheitshauptamt und später „Generalbevollmächtigter" Hitler-

---

[298] Waldemar Magunia, geb. 1902, Bäckermeister, 1921 NSDAP, MdR, Gauwirtschaftsberater, Landeshandwerksmeister Ostpreußen, 1941–42 Beauftragter des CdZ Bialystok, ab Februar 1942 Generalkommissar von Kiev; vgl. Rohrer, Nationalsozialistische Macht in Ostpreußen, S. 588; Zellhuber, „Unsere Verwaltung treibt einer Katastrophe zu…", S. 137, Anm. 602.
[299] Zellhuber, „Unsere Verwaltung treibt einer Katastrophe zu…", S. 206.
[300] Mazower, Hitlers Imperium, S. 16; Baranowski, Nazi Empire, S. 289.
[301] Broucek, Ein General im Zwielicht, Bd. 3, S. 137.
[302] Zitiert nach Dieckmann, Plan und Praxis, S. 95.
[303] Diese wilhelminische Sicht bei Roloff, Geschichte der europäischen Kolonisation, S. 239.
[304] Kletzin, Europa aus Rasse und Raum, S. 215f.
[305] Ebenda, S. 137.

Deutschlands im besetzten Dänemark, den theoretischen Rahmen.[306] In einer Festschrift für Himmler entwickelte Best 1940 eine „Typologie der Besatzungsregime" im NS-Imperium, die von der nur locker überwachten „Bündnis-Verwaltung" wie in Dänemark, das seine Eigenstaatlichkeit behalten hatte, über die „Aufsichts-Verwaltung" wie im besetzten Frankreich, wo deutsche Spitzen die einheimische Bürokratie benutzten, über eine sehr viel tiefer eingreifende „Regierungs-Verwaltung" wie im „Reichsprotektorat" bis zur vollständig von den Deutschen getragenen „Kolonialverwaltung" im polnischen „Generalgouvernement" ausdifferenzierte. Im kolonialen Osteuropa mussten die Deutschen laut Best wegen des niedrigen Kulturniveaus die Last des Regierens selbst tragen, sollten dieselbe jedoch zugleich auf ein Minimum der Sicherung von „Ordnung und Gesundheit" reduzieren. Bei alledem vertrat der SS-Vordenker, wie Mark Mazower gezeigt hat, ein für NS-Verhältnisse gemäßigtes Konzept, denn Best „unterschied koloniale Herrschaft von Versklavung", da Letztere nur zum Untergang der Sklaven oder zu deren massenhaftem Widerstand führe.[307]

Was den Osten Europas angeht, so erklärte Hitler 1942, man müsse die „unterworfenen Völker auf einem möglichst niedrigen Kulturniveau" halten, „wie bei den Negern und Indianern" – von deren Entwicklung in Afrika oder den USA er offenbar nichts mitbekommen hatte. Der deutsche Diktator betonte, im Schulwesen müsse man „in den besetzten Ostgebieten dieselben Methoden anwenden" wie „in Kolonien". Scharf grenzte sich Hitler vom „Aufklärungsrummel" der Missions- und Bildungspolitik des deutschen Kolonialismus vor 1914 ab. Solchen „Unsinn" dürfe man nicht wiederholen: „General Jodl habe ganz recht, wenn er ein Plakat beanstande, durch das in ukrainischer Sprache das Betreten eines Bahnkörpers verboten werde. Ob ein Einheimischer mehr oder weniger überfahren werde, könne uns doch gleich sein."[308] Zugleich forderte der deutsche Diktator seine Gefolgsleute auf, „die Ureinwohner" Osteuropas „als Indianer zu betrachten", und verglich 1942 die Partisanenbekämpfung in der Sowjetunion mit den „Indianerkämpfen in Nordamerika". Wenn Erich Koch, Hitlers „Reichskommissar für die Ukraine" und zugleich ostpreußischer Gauleiter, damit prahlte, „einen Kolonialkrieg wie ‚unter Negern' geführt" zu haben, hatte dies sehr reale Hintergründe.[309] Shelley Baranowski konstatiert, mit Ausnahme der Ausrottung der Indianer durch Gewalt und Seuchen im Zuge der spanischen Eroberung Amerikas habe es niemals in der Geschichte schlimmere Grausamkeiten gegen unterworfene Völker gegeben als jene des deutschen Eroberungskrieges in der Sowjetunion. Und diese NS-Verbrechen seien – im Unterschied zu den überwiegend an Seuchen gestorbenen Indianern des 16. Jahrhunderts – in voller Absicht verübt

---

[306] Baranowski, Nazi Empire, S. 259.
[307] Mazower, Hitlers Imperium, S. 219f.
[308] Picker, Hitlers Tischgespräche, S. 270f. und S. 470.
[309] Traverso, Moderne und Gewalt, S. 75f., unter Berufung auf Nolte, Der europäische Bürgerkrieg, S. 506.

worden, indem das „Dritte Reich" gezielte Bedingungen für massenhafte Menschenverluste im Osten geschaffen habe.[310]

Das war der brutale rassenimperialistische Kontext, in dem Gille seine Arbeit als einer von drei Stadtkommissaren im Generalkommissariat Kiev antreten sollte. Denn neben zwei weiteren Stadtkommissariaten in Kiev selbst und in Poltava war der vom DDR-Zentralarchiv entdeckten Planungs-Liste des Jahres 1941 zufolge als „Stadtkommissar Krementschuk: Bürgermeister Dr. Gille" vorgesehen.[311] Er wurde auch tatsächlich als solcher eingesetzt, wobei sein Dienstsitz allerdings nicht – wie in dieser Liste bezeichnet – die Großstadt Krementschuk wurde, sondern die nahe gelegene und schon erwähnte Großstadt Saporoschje.

Gille war – wie die Generalkommissare Quitzrau und Magunia zeigen – beileibe nicht der einzige NS-Funktionär aus Ostpreußen, der vom ostpreußischen Gauleiter Koch in Führungsfunktionen des neuen, Koch unterstellten Reichskommissariats Ukraine übernommen wurde. „Zwar reichten", wie Christian Tilitzky feststellt, „die personellen Reserven nicht zu ähnlich dichten Stellenbesetzungen wie in Zichenau und Bialystok", jenen beiden besetzten polnischen Regionen, die bereits ab 1939 in die expandierende Herrschaftszone des Erich Koch eingefügt worden waren. Dennoch kamen „immerhin drei der zehn Generalkommissare" der Ukraine aus Ostpreußen, und auch unter den Stadtkommissaren waren neben Gille mindestens vier weitere Ostpreußen zu finden.[312] Auch auf der Besetzungs-Liste von 1941, die noch ein Planungsstadium und nicht den wenig später entschiedenen Personalstand beschreibt, finden sich neben Gille zwei weitere Bürgermeister aus Ostpreußen für die Besetzung der beiden weiteren Stadtkommissariate und noch einmal vier Bürgermeister unter den vorgesehenen 26 Gebietskommissaren für die ländlichen Bezirke. Dabei fällt auf, dass Gille unter den drei Stadtkommissaren der einzige Bürgermeister neben zwei Oberbürgermeistern war; die beiden als Stadtkommissare für Kiev und Poltava vorgesehenen NS-Funktionäre waren der Königsberger Oberbürgermeister Hellmuth Will und der Oberbürgermeister von Memel Friedrich Rogausch.[313]

---

310 Baranowski, Nazi Empire, S. 294.
311 BStU, Archiv der Zentralstelle, MfS-HA IX/11 PA Nr. 2642, Bl. 12, Kopie: Liste „Generalbezirk Kiev", o. D. [ca. Okt. / Nov. 1941]; das Original dieser Besetzungsliste, die Gille in den Planungen des Reichsministeriums für die besetzten Ostgebiete Ende 1941 als Stadtkommissar für Krementschuk im Generalbezirk Kiew vorgesehen hat, ohne dass dieser Plan verwirklicht worden wäre, findet sich in: BAB, R 6/15, Bl. 6.
312 Tilitzky, Alltag in Ostpreußen, S. 51.
313 BStU, Archiv der Zentralstelle, MfS-HA IX/11 PA Nr. 2642, Bl. 12, Kopie Liste „Generalbezirk Kiev", o. D. [ca. Okt. / Nov. 1941]; Dr. Hellmuth Will, 1900–1982, 1930–33 Beamter im Preußischen Ministerium des Innern, 1933–45 OB Königsberg, 1941 „Stadtkommissar" von Kiev; vgl. http://www.bundesarchiv.de/aktenreichskanzlei/1919-1933/0010/adr/adrsz/kap1_5/para2_143.html (4.2.2011); Friedrich Rogausch, NSDAP, SS-Sturmbannführer, 1934–1939 Bürgermeister Neustettin in Pommern, 1939–40 OB Schneidemühl, wo er sich an den Judendeportationen beteiligte, 1941 kommissarischer OB Hohensalza (poln. Inowraclaw / Posen); November 1941 Stadtkommissar von Poltava, vgl. territorial.de, Einträge Schneidemühl und Hohensalza; http://www.territorial.de/pommern/schneidm/stadtkrs.htm und http://territorial.de/wart/hohensal/hohensst.htm (24.11.2011); Die Verfolgung und Er-

Von insgesamt 227 Angehörigen jenes „Führerkorps Ost", die auf Personallisten der Reichskommissariate Ostland (Baltikum und Weißrussland) und Ukraine um die Jahreswende 1941/42 für die Leitungsfunktionen der Reichs-, General-, Haupt-, Stadt- und Gebietskommissare sowie der Hauptabteilungsleiter vorgesehen waren, kamen 45 Prozent oder 107 Personen aus dem staatlichen Bereich, nur 42 Prozent oder 102 Personen aus Parteiorganisationen der NSDAP. Gille gehörte damit zur Großgruppe der Staatsbeamten, innerhalb derselben jedoch zur relativ schmalen Untergruppe von 22 Oberbürgermeistern und Bürgermeistern. Auch als promovierter Akademiker gehörte Gille zu einer Minderheit von 25 NS-Funktionären, die 11 Prozent der Gesamtgruppe ausmachten.[314]

Bei seiner Vernehmung im Ermittlungsverfahren gegen Renndorfer u. a. hatte Gille 1962 „zu seiner Tätigkeit während des Krieges" angegeben, „daß er trotz seines Kriegseinsatzes im Osten seine Planstelle als Bürgermeister der Stadt Lötzen/Ostpreußen beibehalten" habe. „Er sei vor seiner Tätigkeit in Nowogrodeck [sic!] als Kriegsverwaltungsrat bei der Feldkommandantur in Saporoschje/Ukraine bedienstet gewesen. Von der Feldkommandantur sei er dann zur Zivilverwaltung in Saporoschje übernommen worden. Hinsichtlich seiner längeren Tätigkeit in Saporoschje könne er mit Namen und Auskünften dienen."[315]

Tatsächlich war Gille ab dem 6. Oktober 1941 nach „Freigabe durch die Truppe" als Kriegsverwaltungsrat beim „Befehlshaber des Rückwärtigen Heeresgebietes Süd" eingesetzt worden.[316] In dieser Stellung als höherer Beamter im Dienst der deutschen Militärverwaltung der besetzten Ukraine agierte Gille von Oktober 1941 bis Juli 1942 zunächst in der Feldkommandantur (V) 679 und dann von Juli 1942 bis September 1942 in der Feldkommandantur 774 in Saporoschje. Seine Position als Kriegsverwaltungsrat in Saporoschje ist durch ein überliefertes Telefonverzeichnis des Wirtschaftskommandos Saporoschje vom Februar 1942 belegt.[317]

Im Jahre 1942 wurde Alfred Gille im Generalkommissariat Dnjepropetrowsk mit dem Stadtkommissariat der Industriestadt Saporoschje betraut, in der er bereits seit Herbst 1941 als Mitarbeiter der militärischen Besatzungsverwaltung tätig geworden war. Vorgesetzter Gilles als Generalkommissar wurde kein Ostpreuße, sondern ein alter Kämpfer aus der Pfalz – der gelernte Schlosser, frühere NSDAP-Ortsgruppenleiter von Ludwigshafen und rheinpfälzische DAF-Gauorganisationsleiter Claus Selzner, der 1938 zum Mitarbeiterstab des rheinpfälzischen Gauleiters Josef Bürckel in dessen Eigenschaft als Gauleiter von Wien und Reichs-

---

mordung der europäischen Juden, Bd. 7„ S. 305, Anm. 7, nennt Rogausch irrtümlich als Stadtkommissar von Kiev.

[314] Vgl. zu diesen Daten: Zellhuber, „Unsere Verwaltung treibt einer Katastrophe zu...", S. 172-174.

[315] BAL, B 162/3452, Bl. 137–139, insb. Bl. 138, Landeskriminalpolizeiamt Schleswig-Holstein, Kiel, Vernehmungsprotokoll Dr. Gille, Lübeck, 17. 9. 1962.

[316] BAB, R 1501, Nr. 141776, OKH, Generalstab des Heeres, Generalquartiermeister, an Reichsministerium des Innern, Abt. Personal, 19. 10. 1941.

[317] BA-MA, RH 36/375, Wirtschaftskommando „Saporoschje", „Verzeichnis der wichtigsten Fernspruchanschlüsse am zivilen Fernsprechnetz in Saporoschje", 5. 2. 1942.

statthalter der „Ostmark" gehört und folglich die dortigen brutalen Repressionsmaßnahmen gegen österreichische Juden und NS-Gegner mitzuverantworten hatte.[318] Selzner hatte 1941 den hohen Rang eines SS-Oberführers inne und gehörte – anders als sein erwähnter Kollege in Kiev, Magunia – offensichtlich nicht zu jenen NS-Besatzungsfunktionären in der Ukraine, die sich um eine Abmilderung der rabiaten Besatzungspolitik ihres Reichskommissars Erich Koch bemüht hätten. Selzner galt als gefügiger Gefolgsmann Kochs.[319]

War Gille – wie er 1962/63 schilderte – eher durch den Zufall zum Gebietskommissar von Saporoschje avanciert, dass er dort bereits als Kriegsverwaltungsrat der bisherigen Wehrmachtskommandantur vor Ort war? Oder war seine Berufung gezielt durch das ostpreußische Netzwerk um den Gauleiter und neuen Reichskommissar Erich Koch erfolgt? Zu Koch muss Gille als dem Gauleiter in dessen Eigenschaft als Oberpräsident unterstehender Lötzener Bürgermeister zwischen 1933 und 1939 bereits mehr oder weniger Kontakt gehabt haben. Doch lässt sich die Frage nicht klar beantworten. Es fällt auf, dass in Gilles Lübecker Entnazifizierungsverfahren ein Entlastungszeuge, der ehemalige Lötzener Polizeibeamte Zygenda, 1948 aussagte, dass der ostpreußische Gauleiter Koch „die Stadt Lötzen in den ganzen Jahren gemieden" habe und nicht ein einziges Mal zu einem offiziellen Besuch erschienen sei, was „zweifellos nur auf die dauernden Spannungen zwischen Herrn Dr. Gille, der Gauleitung und anderen Parteidienststellen zurückzuführen" gewesen sei. Zygenda hatte hinzugefügt, trotzdem habe selbst der Gauleiter den Bürgermeister Gille, „der als Jurist und Verwaltungsfachmann" einen über die Provinz hinausreichenden „hervorragenden Ruf" gehabt habe, bis 1939 „nicht so einfach" entfernen können.[320] Was mochte Erich Koch 1941/42 bewogen haben, seine Zustimmung zur Ernennung Gilles als ihm unterstellter Stadtkommissar in der Ukraine zu geben? Erfolgte diese Ernennung eingedenk angeblicher früherer Konflikte eher widerstrebend, womöglich aus Personalmangel? Überwog die Anerkennung der Verwaltungsqualitäten des Lötzener Bürgermeisters? Hatte Gille möglicherweise seinen Gauleiter von seiner Anpassung an das NS-Regime überzeugt? Eine dienstliche Beurteilung für das Reichsinnenministerium soll Gille am 8. Mai 1942 allgemein bescheinigt haben, dass er „jederzeit rückhaltlos für den nationalsozialistischen Staat eintritt".[321] Der DDR-Journalist Jesco von Walden berichtete 1959, dass Gille in Lübeck angeblich beste Beziehungen zur dort lebenden Ehefrau des in Polen lebenslänglich inhaftierten Ex-Gauleiters unterhielt und „ein alter Freund der Familie Koch" gewesen sei.[322] Letztlich lassen sich die Hintergründe von Gilles Ernennung nicht klären.

---

[318] Wettstein, Josef Bürckel, S. 583, Anm. 109; demnach kam der 1899 geborene Selzner 1944 zu Tode.
[319] Zellhuber, „Unsere Verwaltung treibt einer Katastrophe zu", S. 137, Anm. 604, und S. 206.
[320] AHL, Bestand Entnazifizierung, Soll-Liste Nr. 1341, Alfred Gille, Zygenda, Burgsteinfurt, Entlastungszeugnis für Dr. Gille, 12.4.1948, S. 2.
[321] Später, Kein Frieden mit Tschechien, S. 98.
[322] Fuhrer / Schön, Erich Koch – Hitlers brauner Zar, S. 195 f.; die Glaubwürdigkeit dieser Behauptung wird jedoch dadurch nicht erhöht, dass die bekannte, aber großenteils unzutref-

War Gille als Stadtkommissar in der Ukraine ein brutaler Satrap der verbrecherischen NS-Besatzungspolitik? Die polnische Hauptkommission für Untersuchung von Naziverbrechen war jedenfalls davon überzeugt, als sie – kurz vor Gilles Tod – im Jahre 1970 eine Broschüre über die „nazistische und verbrecherische Vergangenheit" der „Führer der Landsmannschaften in der Bundesrepublik Deutschland" veröffentlichte. Darin wurde Gille vorgeworfen, ab 1943 als Stadtkommissar in Kremenczuk „verantwortlich für die Exterminierung der Bevölkerung dieser Stadt" gewesen zu sein.[323] Abgesehen davon, dass dieser Vorwurf nicht konkret belegt wurde, enthielt er offensichtliche Fehler. Denn erstens war Gille nicht erst ab 1943 Stadtkommissar, zweitens war er nicht in Krementschuk, sondern in Saporoschje und später in Nowogrodek eingesetzt worden.

Gilles Kommissartätigkeit in Saporoschje hätte zum Thema werden können, als das DDR-Ministerium für Staatssicherheit in den Jahren 1975 bis 1977 – also bereits nach Gilles Tod – intensive Nachforschungen über Verbrechen der deutschen Gendarmerie im Raum Dnjepropetrowsk in den Jahren 1942/43 durchführte, da die SED-Führung beabsichtigte, die erhofften Ermittlungsergebnisse als ein offizielles Geschenk für die Sowjetunion zum 60. Jahrestag der Oktoberevolution in Moskau zu überreichen. Der Tatort Dnjepropetrowsk war im Zweiten Weltkrieg auf der anderen Seite der Front eine Wirkungsstätte des nachmaligen sowjetischen Staats- und Parteichefs Leonid Breschnew gewesen. Besonders interessierte die MfS-Ermittler die Ermordung von 500 Menschen in einer Schule der Stadt Dnjepropetrowsk am 24. November 1943. Man versuchte den Nachweis zu erbringen, dass diese Schule damals Sitz des besagten Gendarmerie-Zuges gewesen sei. Doch auch weitere NS-Verbrechen, etwa die „Ermordung der Insassen des Ghettos von Kobryn", gerieten in den Fokus der DDR-Ermittlungen.[324]

Das MfS hatte zu diesem Zwecke von sowjetischer Seite Vernehmungsprotokolle aus der Sowjetunion erhalten, in denen deutsche Kriegsgefangene, die von den stalinistischen Ermittlungsbehörden wegen Kriegsverbrechen angeklagt werden sollten, 1948 Aussagen über die NS-Besatzungspolitik im Raume Dnjepropetrowsk gemacht hatten. An der Spitze der Angeklagten stand der frühere SS-Gruppenführer und SS- und Polizeiführer der Region Dnjepropetrowsk, Georg Henning Adolf Graf von Bassewitz-Behr. Es war jedoch ein nachgeordneter Jurist der deutschen Besatzungsverwaltung namens Fritz Ernst, dessen Aussage vom 15. März 1948 zwar nichts zur Person von Alfred Gille enthielt, jedoch einiges zur Erhellung der Situation in dessen damaligem Tätigkeitsbereich beitrug. Laut Ernst hatten „zum Dienstbereich der Gendarmerie des Gebietes Dnjepropetrovsk" das gesamte Gebiet Dnjepropetrowsk, aber auch „ein Teil des Gebietes" Saporoschje

---

fende DDR-Insinuation wiederkehrt, Gille sei „SA-Führer und Parteifunktionär im Stabe des Gauleiters" gewesen.

[323] BStU, Archiv der Zentralstelle, MfS-HA IX/11 PA Nr. 2642, Bl. 30f., insb, Bl. 31, Hauptkommission für Untersuchung von Naziverbrechen in Polen, Die Führer der Landsmannschaften in der Bundesrepublik Deutschland. Ihre nazistische und verbrecherische Vergangenheit, Heft 1, Warszawa 1970.

[324] BStU, Archiv der Zentralstelle, MfS-HA XX Nr. 4328, Bl. 1-3 und Bl. 5.

2. NS-Mitläufer und NS-Belastete in der mittleren Generation 395

("mehrere Rayons") gehört, allerdings mit Ausnahme der Stadt Saporoschje. Diese habe, ebenso wie andere Städte der Region, "zum Dienstbereich der deutschen Polizei ,SD' und der Gestapo" gehört. Ernst hatte 1948 ausgesagt, dass die sowjetischen Bürger, die zwischen 1941 und 1943 der deutschen Besatzungsverwaltung im Raum Dnjepropetrowsk-Saporoschje unterstanden, "für die geringste Verletzung der Besatzungsordnung [...] oder der Gesetze der deutschen Besatzungsorgane [...] strafrechtlich verfolgt" worden seien, und zwar "mit Geldstrafen, Freiheitsentzug und Tod durch Erschießen". Untersuchungen seien von den Postenführern der Gendarmerie vorgenommen worden, deren Berichte mit einem Strafantrag "an den Gebietskommissar oder an das deutsche Gericht geschickt" worden seien, das sich in Dnjepropetrowsk, Krivoj Rog und Saporoschje befunden habe. "Der Gebietskommissar konnte ohne Gerichtsverhandlung und nur auf der Grundlage der ihm übersandten Unterlagen [der Gendarmerie] gegen sowjetische Bürger Geldstrafen oder kurzzeitige Gefängnisstrafen verhängen." Längere Haftstrafen und die Todesstrafe seien hingegen vom deutschen Gericht verhängt worden, das auf diese Weise "die Verwahrung von Waffen" oder "das Wegtreiben von Vieh durch die Bevölkerung" geahndet habe.[325]

Dieser Aussage zufolge war es im Gebiet Dnjepropetrowsk bis Februar 1943 "zu keinen Massenaktionen der Partisanen gegen die deutsche Besatzungsmacht" gekommen. Nach dem sowjetischen Durchbruch an der Front im Raum Charkov sei jedoch "die Partisanentätigkeit im Gebiet Dnepropetrovsk aktiviert" worden. "Fast in allen Rayons des Gebietes" sei es seither zu "Partisanenaktionen" gekommen, "besonders in den Rayons Pavlograd, Novomoskovsk und Petrikovka". Im Februar 1943 sei deshalb eine größere Gendarmerieaktion gegen die Partisanen im Raum Jurjevka bei Pavlograd durchgeführt worden. Zwei gefangengenommene Partisanen seien vom Kommandeur Hauptmann Pirkner sofort und gegen die geltenden Bestimmungen erschossen worden, die anderen 15 bis 20 Gefangenen seien hingegen ordnungsgemäß "an den SD in Zaporoz'e übergeben" worden.[326]

Vier Tage nach der deutschen Eroberung der ostukrainischen Stadt Saporoschje am 4. Oktober 1941 trat Dr. Alfred Gille als Kriegsverwaltungsrat in den Dienst der dortigen Feldkommandantur (V) 679.[327] Soweit ermittelbar, erstreckte sich Gilles Verwaltungstätigkeit auf die Ausarbeitung von Kommandanturbefehlen, die er im Auftrag zeichnete, sowie statistische Erfassungen über Einwohnerzahlen, Zusammensetzungen von Gemeinden, geographische Gegebenheiten, aber auch Straflisten für Ordnungsvergehen, die er von der ukrainischen Hilfsverwaltung einforderte.[328] Eine nennenswerte Partisanenbewegung gab es im Raum Sapo-

---

[325] Ebenda, Bl. 29, "Auszug aus dem Vernehmungsprotokoll des Angeklagten von Bassewitz-Behr, Georg Henning Adolf", 7.2.1948, und Bl. 44 und Bl. 47, Vernehmungsprotokoll des Festgenommenen Fritz Ernst, 15.3.1948.
[326] Ebenda, Bl. 48 f, Vernehmungsprotokoll des Festgenommenen Fritz Ernst, 15.3.1948.
[327] Vgl. die WASt-Akte zu Dr. Alfred Gille.
[328] Vgl. die Korrespondenz der ukrainischen Hilfsverwaltung mit Dr. Gille über statistische Auswertungen von 1942 in: Staatliches Archiv des Gebietes (Oblast') Zaporož'e (DAZO), f. R-1433, op. 1, d. 251, ll. 13, 19–19ob, Bl. 21–22 und Bl. 27; Staatliches Archiv des

roschje bis Mitte 1943 nicht, so dass die Sicherheitslage für die deutschen Besatzer hier relativ entspannt blieb.[329] Immerhin gehörte nach den Weisungen der vorgesetzten Sicherungs-Division 444 vom Sommer 1941 zu den „Sofortaufgaben der Ortskommandanturen" nicht nur die vielfältige Wiederbelebung der öffentlichen Verwaltungsaufgaben nach dem Zusammenbruch der sowjetischen Herrschaft, sondern auch die „scharfe Fahndung" nach „Banden" und „Partisanenabteilungen" und die Ahndung jedweder Hilfeleistung der Zivilbevölkerung „für Partisanen, Versprengte, Fallschirmjäger etc. [...] als Freischärlerei". Immerhin erteilte der Divisionskommandeur Generalleutnant Wilhelm Russwurm zugleich den unmissverständlichen Befehl, „Lynchjustiz gegenüber Juden und andere Terrorakte" seien „mit allen Mitteln zu verhindern", denn „die Wehrmacht duldet nicht die Ablösung des einen Terrors durch einen anderen".[330]

Trotzdem fällt in die Zeit der Militärverwaltung die Ermordung der jüdischen Bevölkerung der Stadt Saporoschje, die mit der Massenerschießung von 3700 Juden am 24. März 1942 ihren tragischen Abschluss erreichte.[331] In den sowjetischen Ermittlungsakten wird Gille nicht unter den am Judenmord beteiligten Kriegsverbrechern genannt, durch seine leitende Verwaltungsfunktion dürfte er aber über den Ablauf des von der SS organisierten Massenmordes gut informiert gewesen sein.[332] Anders als Gille in seiner bereits zitierten Nachkriegs-Vernehmung von 1963 angegeben hat, fand das SS-Massaker an den rund 3000 jüdischen Einwohnern von Saporoschje nicht erst im September 1942, sondern bereits im Frühjahr des Jahres statt. Hatte sich Gille nach zwanzig Jahren schlicht um ein halbes Jahr geirrt? Oder hatte er den späteren Termin angeben, weil er zu diesem Zeitpunkt tatsächlich auf „Urlaub" in Ostpreußen gewesen war?[333]

Gebietes (Oblast') Dnepropetrovsk (DADO), f. R-2311, op. 2, d. 12, ll. Bl. 41–42, FK (V) 679; Feldkommandanturbefehl Nr. 7 [in ukrainischer Übersetzung], i.A. Dr. Gille, 1.1.1942.

[329] Die Einschätzung der deutschen Zivilverwaltungsstellen, wonach sich der einheimische Widerstand auf einige kleinere Untergrundgruppen beschränkt habe, wird mittlerweile auch von der ukrainischen Forschung geteilt; vgl. Deržavnij archiv Zaporiz'koï oblasti: Zaporiz'kij archiv. Narodna Vijna 1941–1944. Antifašists'kij ruch oporu na teritorii Zaporiz'koï oblasti. Zbirnik dokumentiv i Materialiv. Zaporižžja 2005.

[330] BA-MA, RH 36/375, Sicherungs-Division 444, Abt Ia und VII, „Sofortaufgaben der Ortskommandanturen", 1.8.1941, S. 1–5, insb. S. 1.

[331] Zur Judenvernichtung in Saporoschje vgl. u. a. Gosudarstvennyj archiv Zaporožskoj oblasti u. a.: Zaporožskij archiv. Studii po istorii evreev Zaporožskogo kraja (XIX-I polovina XX ct.). Sbornik dokumentov i materialov. Melitopol' 2010, S. 101–108; Orljanskij, S. F.: Cholokost na Zaporož'e. Zaporož'e 2003, S. 32–36; Al'tman, Il'ja: Žertvy nenavisti. Cholokost v SSSR 1941–1945gg. Moskau 2002, S. 86.

[332] DAZO, f. R-1683, op. 1, d. 1, ll. Bl. 9–18, Акт о зверствах, грабежах и убийствах немецко-фашистскими захватчиками в г. Запорожье в период его временной оккупации, 20. 4. 1944; DAZO, f. R-1662, op. 1, d. 9, ll. Bl. 3–27, Май 1944, Секретно. В Чрезвычайную Государственную Комиссию, г. Москва. Доклад о злодеяниях немецко-фашистских захватчиков и их сообщников, совершенных на территории Запорожской области. Май 1944г (Mai 1944).

[333] BAL, B 162/3452, Bl. 155–164, insb. Bl. 163, Bayerisches Landeskriminalamt, Vernehmungsprotokoll Dr. Alfred Gille in Lübeck, 19.1.1963.

Die Ermordung der Juden in den deutsch besetzten Gebieten der Sowjetunion wurde im Wesentlichen von deutschen SS- und Polizeiverbänden und deren Hilfstruppen durchgeführt. Gleichwohl war die deutsche Zivilverwaltung der besetzten Ostgebiete – anders als Gille in seinen Vernehmungen der 1960er Jahre glauben machen wollte – daran nicht unbeteiligt. Bekanntlich hat der stellvertretende Reichsminister für die besetzten Ostgebiete, Gauleiter Alfred Meyer, im Januar 1942 persönlich an der von Heydrich geleiteten „Wannsee-Konferenz" teilgenommen und an der dortigen Beratung der Methoden der „Endlösung" aktiv mitgewirkt.[334] Unmittelbar danach war das RMbO, die Spitzenbehörde jener zivilen Besatzungsverwaltung im Osten, der Gille zwischen Herbst 1942 und Mitte 1944 diente, an einer möglichst breiten Definition des „Juden"-Begriffs und damit der künftigen Opfer der Massenmorde federführend beteiligt.[335] Das war nicht die Aufgabe eines Stadtkommissars auf lokaler Ebene, doch dieselbe grundlegende Komplizenschaft bei der bürokratischen Vorbereitung des Holocaust demonstrierten zahlreiche Vertreter der Besatzungsverwaltung auch vor Ort. Zwar gab es eine starke Rivalität zwischen Gebietskommissaren und örtlichen SS-Kommandeuren, wobei Letztere die Entscheidungskompetenz der Kommissare tendenziell ignorierten und möglichst eigenmächtig agierten.[336] Bei den Massenmorden an Juden demonstrierten jedoch einige Chefs der Zivilverwaltung ihren Schulterschluss mit den SS-Mördern, indem sie die SD-Kommandos an die Massengräber begleiteten und dort Erschießungen beiwohnten – wie dies vom stellvertretenden Gebietskommissar in Lityn oder vom Gebietskommissar in Samhorodok bezeugt ist.[337] Gegenüber der slawischen Bevölkerung verhielt sich die Mehrzahl der Gebietskommissare so brutal, wie ihnen dies von ihrem Vorgesetzten, Reichskommissar Erich Koch, vorgelebt wurde. Ukrainer wurden von lokalen deutschen Kommissaren im betrunkenen Zustand verprügelt, andere Zivilgouverneure fällten willkürlich Todesurteile. Zwar gab es Ausnahmefälle, in denen ein Gebietskommissar milde und gerecht zu regieren versuchte, wie dies für den Bezirk Novohrad-Volynskyj überliefert ist, doch in der Mehrzahl der Fälle hat nach Einschätzung von Wendy Lower die Beteiligung am radikalen Überbietungswettstreit der NS-Bürokraten obsiegt.[338] Reichskommissar Koch gab auf einer Tagung seiner Besatzungsverwaltung in Rowno im August 1942 die Parole aus, jedwede Sentimentalität gegenüber den Menschen in der Ukraine müsse unterbleiben: „Mit eiserner Gewalt muss dieses Volk regiert werden". Im März 1943 erklärte Koch in einer weiteren Rede, die er vor NS-Funktionären in Kiev hielt: „Wir sind ein Herrenvolk, das bedenken muss, dass der geringste deutsche Arbeiter rassisch und biologisch tausendmal wertvoller ist als die hiesige Bevölkerung."[339] Ob Gille als

---

[334] Priamus, Meyer, S. 377.
[335] Ebenda, S. 386.
[336] Lower, Nazi Empire-Building and the Holocaust in Ukraine, S. 108f.
[337] Ebenda, S. 141.
[338] Ebenda, S. 110 und S. 114.
[339] Zitiert nach: Priamus, Meyer, S. 411.

Zuhörer bei diesen Anlässen anwesend war, ist zwar möglich, lässt sich aber nicht klären.

Trotz dieses Hintergrundes rassistischer Besatzungstyrannei, vor dem Alfred Gille zwischen 1941/42 und 1944 seine tägliche Arbeit verrichtet hatte, nahm er nach 1945 für sich in Anspruch, ein „anständiger Mensch" geblieben zu sein.[340] Gehörte Gille zur Ausnahmeerscheinung der wenigen „milden" Kommissare? Oder war dies eine bloße Schutzbehauptung? Gille knüpfte die Selbsteinschätzung seiner „Anständigkeit" an seine postulierte Nichtbeteiligung an den Judenmorden des NS-Regimes, dem er zwar diente, dessen Mordpolitik er aber moralisch verurteilt haben wollte. Selbst wenn man diese Darstellung akzeptiert und zudem in Rechnung stellt, dass aus der Besatzungstätigkeit Gilles keine Zeugnisse für seine persönliche Brutalität oder gar seine Anwesenheit bei oder Beteiligung an Massenmorden überliefert sind, so stellt sich dennoch die grundsätzliche Frage, ob und inwiefern ein Stadtkommissar der NS-Besatzungsverwaltung angesichts der Alltagsaufgaben, die er bürokratisch zu erfüllen hatte, „anständig" hat bleiben können. Das NS-Regime veralltäglichte in jenen besetzten Ostgebieten, in denen Gille mehrere Jahre lang in führender administrativer Stellung tätig war, nicht nur jene exzessive Gewalt, wie sie an den Massengräbern erschossener Juden oder bei der sogenannten „Partisanenbekämpfung" sichtbar wurde, sondern zugleich eine strukturelle Gewalt, ein rassistisches Unrecht, dem jeder NS-Bürokrat im Osten in seiner Alltagspraxis zwangsläufig Vorschub leistete. Beispiele dafür bieten die Zwangsarbeiter-Rekrutierungspraxis oder die (nach rassistischen Kriterien differenzierte) Ernährungspolitik. Nach allem, was wir wissen, war Gille kein Vertreter exzessiver persönlicher Gewaltausübung, aber sehr wohl ein typischer Repräsentant der bürokratisch organisierten strukturellen Gewalt des NS-Besatzungsregimes in Osteuropa.

Auf Befehl Hitlers wurde zum 1. September 1942 ein Teil der östlich des Dnepr gelegenen Gebiete, darunter Saporoschje, in die Zivilverwaltung des Reichskommissariats Ukraine eingegliedert.[341] Der Stadtkommissar in Saporoschje wurde damit zum höchsten Repräsentanten des Reiches vor Ort. Gille trat sein Amt am 7. November 1942 an.[342] Mit dem Übergang der Militär- auf die Zivilverwaltung spitzte sich die ohnehin schwierige Lage der einheimischen Bevölkerung noch weiter zu. Abgaben und Steuern wurden erhöht und verschärft eingetrieben. Der Generalkommissar von Dnjepropetrowsk resümierte zufrieden: „Die Finanzlage der am 1.9.42 neu in die Zivilverwaltung übernommenen Gebiete ostwärts des Dnjepr, hat sich gegenüber früher erheblich verbessert. In einzelnen Gebieten wurden bis zu 200 Prozent mehr Steuern eingenommen als vor der Übernahme

---

[340] BAL, B 162/3452, Bl. 155–164, insb. Bl. 163, Bayerisches Landeskriminalamt, Vernehmungsprotokoll Dr. Gille, 19.1.1963, S. 9.
[341] BAB, R 2/4483, Bl. 287, Führerbefehl vom 12.8.1942.
[342] Vgl. DAZO, f. R-1435, op. 1, d. 146, l. 34, Liste der reichsdeutschen Angestellten der Dienststelle des Stadtkommissars Saporoschje, 5.6.1943.

der Gebiete durch die Zivilverwaltung."[343] Die daraus resultierende Belastung für die einheimische Bevölkerung wurde durch die schwierige Versorgungs- und Ernährungslage verschärft.[344] Erschwerend kam hinzu, dass sämtliche Lebensbereiche nach „rassischen" Kriterien geregelt wurden. Wohnungszuweisung, Verpflegung, Abgabenhöhe, Veranstaltungsbesuche – alles hing davon ab, ob man als „Reichsdeutscher", „Volksdeutscher" oder Slawe eingestuft wurde. Wohnungsräumungen zugunsten von deutschen Dienststellen oder reichs- und volksdeutschen Privatpersonen kennzeichnen die gesamte Besatzungszeit. Sobald eine deutsche Dienststelle einen Antrag auf Zuweisung eines Gebäudes für Dienst- und Wohnräume stellte, mussten die slawischen Bewohner dieses räumen. Im Falle einer Weigerung wurde die Wohnung zwangsgeräumt. Im besten Falle wurden sie mit einer Ersatzwohnmöglichkeit ausgestattet; hierfür war die ukrainische Stadtverwaltung zuständig, die als Hilfsverwaltung für die deutschen Besatzungsbehörden agierte.[345]

Vor diesem Hintergrund blieben die wenigen sozialen Maßnahmen, die der Stadtkommissar zum Wohle der einheimischen Bevölkerung durchführte, deutlich zurück. Einige Anträge der ukrainischen Hilfsverwaltung wurden von Gille jedoch in dieser Hinsicht genehmigt. So musste die Schule für taubstumme Waisenkinder Ende April 1943 zwar einige Räumlichkeiten an ein lettisches Bataillon abtreten, blieb aber ansonsten unangetastet.[346] Und noch im Mai/Juni 1943 wurde ein ukrainisches Altenpflegeheim eingerichtet.[347]

Eine zusätzliche Belastung stellte die erzwungene Aufnahme von Flüchtlingen dar, wovon der Generalbezirk Dnjepropetrowsk und damit auch Saporoschje in besonderem Maße betroffen war.[348] Im November 1942 musste das Stadtkommissariat Saporoschje 3500 Flüchtlinge aus Sewastopol unterbringen, wofür in

---

[343] BAB, R 6/3056, Bl. 40, Generalkommissar Dnjepropetrowsk, Lagebericht für November und Dezember 1942 betreffend Finanzwesen, 6.1.1943.

[344] Erschwert wurde die Versorgung der Stadt durch einen dramatischen Kohlenmangel, wodurch zahlreiche Versorgungsbetriebe still standen; vgl. DAZO, f. R-1435, op. 1, d. 130, l. 40. [Generalkommissar Dnjepropetrowsk, Hauptabteilung E, Dienststelle Saporoschje, Abt.] III, Kontingentstelle an den Generalkommissar Dnjepropetrowsk, Hauptabteilung E. und L., Kontingentstelle. Betr.: Fernschreiben Worn 921 vom 15.1.1943, 22.1.1943.

[345] Anträge auf Wohnungen und Zwangsräumungen sind Legion und nehmen ganze Akten ein. Vgl. DAZO, f. R-1433, op. 1, d. 347; DAZO, f. R-1433, op. 3, d. 58; DAZO, f. R-1435, op. 1, dd. 60, 113, 138, 143. Angefangen hatte dieser Prozess mit Wohnungen von Juden und Kommunisten. Vgl. Orljanskij: Cholokost na Zaporož'e, S. 35. Anträge auf Wohnungszuteilungen in den Monaten Oktober bis Dezember 1941 finden sich in DAZO, f. R-1433, op. 1, dd. 284, 285, 287, 288 und 295.

[346] DAZO, f. R-1435, op. 1, d. 60, ll. 257–257ob, Ausschuss des Selbsthilfewerkes „Nächstenhilfe" an Stadtkommissar Saporoschje, 30.4.1943.

[347] Doch wurden auch in diesem Falle andere slawische Einwohner gezwungen, ihre Wohnungen zu räumen, um Platz für das neue Heim zu schaffen. DAZO, f. R-1435, op. 1, d. 138, ll. 61–62, [Ukrainische] Selbsthilfe, Durdukowskij, an Stadtkommissar Saporoschje, 15.6.1943.

[348] Dies wird auch im Lagebericht des Reichskommissars für die Ukraine vom 15. Januar 1943 hervorgehoben; vgl. BAB, R 94/18, Bl. 6–16.

aller Eile ein Auffanglager eingerichtet wurde.[349] Aus Angst vor der Verbreitung von Seuchen sollten die Neuankömmlinge zunächst unter Quarantäne gestellt werden, wofür jedoch das Wachpersonal fehlte.[350] Während und nach der Winterschlacht von Stalingrad 1942/43 mussten weitere 30 000 Flüchtlinge aus Stalingrad im Generalbezirk Dnjepropetrowsk aufgenommen werden, davon entfielen 7000 auf Saporoschje. In diesem Falle hoffte man, zumindest einige zusätzliche Arbeitskräfte erhalten zu können.[351] Im Januar 1943 kamen außerdem noch „6 G-Wagen" mit „Umsiedlern" von der Krim in Saporoschje an.[352]

Zu den ersten Amtshandlungen Gilles als Stadtkommissar gehörte die Einrichtung eines Arbeitserziehungslagers. Hierfür wurde eine Baracke im Süden der Stadt mit Stacheldraht umgeben; sie sollte 30 bis 50 „arbeitsscheue Elemente" aufnehmen.[353] Dieses Arbeitserziehungslager unterstand dem Arbeitsamt beim Stadtkommissar unmittelbar. Gille beobachtete das Geschehen aufmerksam und ließ sich einmal pro Woche das Wachbuch des Lagers vorlegen.[354] Einweisungen in dieses Arbeitserziehungslager waren eine arbeitsdisziplinarische Maßnahme, die der Stadtkommissar unabhängig vom Deutschen Gericht Dnjepropetrowsk treffen konnte. Verhängt wurden derartige Strafen für Delikte wie unerlaubtes Fehlen am Arbeitsplatz, geringfügige Fälle von Arbeitsverweigerung und unbefugten Lebensmittelverzehrs. Der Stadtkommissar konnte die Arbeitskräfte aus dem Arbeitserziehungslager gegen Bezahlung an Wehrmachtsbetriebe ausleihen.[355]

Für alle anderen Delikte hatte sich Stadtkommissar Gille jedoch an das Deutsche Gericht in Dnjepropetrowsk zu wenden, das die Urteile sprach. Der Strafvollzug fiel dann wieder in den Kompetenzbereich des Stadtkommissars. Sofern es sich um Gefängnis- und Zuchthausstrafen handelte, wurden die Verurteilten an die Strafanstalt Saporoschje, die dem Stadtkommissar unmittelbar unterstand,

---

[349] DAZO, f. R-1433 (Ukrainische Hilfsverwaltung), op. 3, d. 58, l. 60, Stadtkommissar, I Qu, i.A. Levin, an ukrainische Hilfsverwaltung Alt-Saporoschje, 2.11.1942; DAZO, f. R-1435 (Stadtkommissar Saporoschje), op. 1, d. 64, l. 12, Stadtkommissar Saporoschje, Arbeitsamt, Dr. Planetorz, Vorlage an Stadtkommissar über Obdachlose aus Sewastopol, 2.11.1942.

[350] DAZO, f. R-1435 (Stadtkommissar Saporoschje), op. 1, d. 64, l. 4, Aktenvermerk des Stadtkommissars, Arbeitsamt, Herrn Lewin z. K. und Veranlassung, 12.12.1942.

[351] DAZO, f. R-1435 (Stadtkommissar Saporoschje), op. 1, d. 64, l. 7, Stadtkommissar Saporoschje an Generalkommissariat Dnjepropetrowsk, 21.11.1942.

[352] DAZO, f. R-1435 (Stadtkommissar Saporoschje), op. 1, d. 64, l. 1, Generalkommissar, Abt. Arbeitspolitik und Sozialverwaltung, Rundschreiben an die Stadtkommissare – Arbeitsamt – Dnjepropetrowsk, Kamenskoje, Kriwoj-Rog, Saporoschje und an Gebietskommissar – Arbeitsamt – Nikopol zum „Transport von Umsiedlern", 16.1.1943.

[353] 16. November 1942. DAZO, f. R-1433 (Ukrainische Hilfsverwaltung), op. 3, d. 58, l. 62, Stadtkommissar Saporoschje, Arbeitsamt, Dr. Planetorz, an Ukrainische Hilfsverwaltung – Abt. Wohnung – Saporoschje, 16.11.1942; vgl. auch DAZO, f. R-1435 (Stadtkommissar Saporoschje), op. 1, d. 112, l. 43.

[354] 1. Februar 1943. DAZO, f. R-1435 (Stadtkommissar Saporoschje), op. 1, d. 112, ll. 147–147ob, Stadtkommissar Saporoschje, Arbeitsamt, Dr. Planetorz, Dienstanweisung v. 1.2.1943.

[355] DAZO, f. R-1435 (Stadtkommissar Saporoschje), op. 1, d. 134, ll. 99–99ob, Heeresunterkunftsverwaltung 226, Protokoll über Besprechung v. 24.7.43 im Dienstraum des Herrn Stadtkommissars Saporoschje, 26.7.1943.

überstellt.³⁵⁶ Für Hinrichtungen waren hingegen Sicherheitspolizei und SD zuständig, die in Saporoschje einen Einsatzstab unterhielten. Bezahlt wurde der SD-Henker anschließend von der Abteilung I des Stadtkommissars.³⁵⁷

In die Kompetenzen eines Gebiets- oder Stadtkommissars fiel auch die Zwangsrekrutierung von Arbeitskräften für das Reich. Es ist bekannt, dass sich das den Besatzungsbehörden im Osten vorgesetzte Reichsministerium (RMbO) 1941/42 zunächst erfolgreich dafür eingesetzt hat, die Rekrutierung von Arbeitskräften nicht unter Zwang durchzuführen. Sobald sich allerdings zeigte, dass freiwillige Anwerbung quantitativ nicht mehr ausreiche und andere NS-Behörden – namentlich Göring als Beauftragter für den Vierjahresplan und Gauleiter Fritz Sauckel als im März 1942 neu berufener „Generalbevollmächtigter für den Arbeitseinsatz" – auf härteres Durchgreifen drängten, ließ dies auch das RMbO ab März 1942 „einknicken". Seither wurden die Weisungen der Berliner Zentrale an die Besatzungsverwaltung vor Ort zweideutig – einerseits wurde das Gestellungsziel an Arbeitskräften als vorrangig bezeichnet, andererseits sollte aus „politischen" Gründen die „Freiwilligkeit" gewahrt bleiben. Im Mai 1942 wies Gauleiter Alfred Meyer, der Stellvertreter des Reichsministers für die besetzten Ostgebiete, die Reichskommissariate im Osten an, überall dort, wo Freiwilligkeit nicht zum Erfolg führe, auf die „Arbeitspflicht" der Bevölkerung zu rekurrieren, da die „Monatskontingente unbedingt erstellt werden" müssten.³⁵⁸ Es hing letztlich vom Ermessen der Gebiets- und Stadtkommissare ab, wie die Arbeitskräftegewinnung erfolgte. Zwangsmaßnahmen wurden im Laufe der Zeit immer wahrscheinlicher.

Erste größere Transporte von Zwangsarbeitern waren in Gilles Amtsbezirk Saporoschje im März 1942 durchgeführt worden, also noch in der Zeit der Militärverwaltung (zu deren Behörde Gille ebenfalls zählte). Während in der Frühphase noch freiwillige Arbeitsdienstleistende angeworben werden konnten, ging man auf Seiten der deutschen Besatzer schon bald mit Gewalt vor, um die hohen Auflagen Sauckels zu erfüllen.³⁵⁹ Den Höhepunkt erreichte die Zwangsverschickung von Stadtbewohnern allerdings erst unter der Zivilverwaltung im Jahre 1943, als ganze Geburtsjahrgänge davon betroffen waren. Die größte Aktion war die komplette Verschickung der Jahrgänge 1922 bis 1926 ins Reich, die am 21. April und 11. Mai 1943 durchgeführt wurde. Am 7. April 1943 informierte Gille die Einwohner von Saporoschje per Bekanntmachung über die vom Reichskommissar

---

³⁵⁶ Die Einlieferung ins Gefängnis geschah zumeist auf Weisung der Rechtsabteilung (II) des Stadtkommissars, während sich Abteilung III (Ernährungsamt) um die Versorgung der Inhaftierten kümmerte; vgl. DAZO, f. R-1435, op. 1, d. 113, l. 155, Stadtkommissar Saporoschje, Dr. Gille, an die Abteilung II im Hause, 7.4.1943.

³⁵⁷ Für die Hinrichtung eines Raubmörders wurden im März 1943 etwa 300 Karbonzen ausgezahlt, vgl. DAZO, f. R-1435, op. 1, d. 113, l. 140, Stadtkommissar Saporoschje– II – an das Deutsche Gericht Dnjepropetrowsk, Zweigstelle Kriwoi-Rog, 29.3.1943.

³⁵⁸ Priamus, Meyer, S. 397–399.

³⁵⁹ Vgl. etwa DAZO, f. R-1435, op. 1, d. 93, ll. 1–77, „Namentliche Liste der männlichen Arbeitskräfte, die mit dem 1. Transport nach Deutschland gefahren sind", 24.3.1943; zu den Forderungen des Generalbevollmächtigten Sauckel vgl. die Besprechungen während dessen Ukraine-Besuche von 1942 und 1943, in BAB, R 70-SOWJETUNION/17, ohne Pag.

für die Ukraine (RKU) angeordnete Arbeitsdienstpflicht für die Gesamtukraine. Die „augenblicklichen Umstände" erforderten es, dass tausende jugendliche Ukrainer „vorübergehend Heimat und Arbeitsplatz verlassen müssen, um in der deutschen Landwirtschaft und den Industriebetrieben des Reiches Arbeit aufzunehmen". Die individuelle Arbeitsdienstpflicht solle jedoch auf zwei Jahre begrenzt sein, woraufhin nachrückende Jahrgänge die vorherigen ablösen sollten. Da die Maßnahme unverzüglich durchgeführt werden müsse, ordnete der Stadtkommissar an: „Sämtliche Jahrgänge von 1922-1926, also die 17-21 jährigen haben sich daher sofort in den Meldestellen einzufinden, registrieren und dienstverpflichten zu lassen, gleich ob Mann oder Frau. Auch Kranke und in ärztlicher Behandlung befindliche müssen sich dort einfinden." Die Arbeitsdienstpflicht betreffe „alle *ausnahmslos*, und es gibt keine Zurückstellungen". Wer der Arbeitsdienstpflicht nicht nachkomme, habe mit schweren Strafen zu rechnen.[360]

Die Ankündigung, auch Minderjährige ins Reich zu verschicken, hatte unter der Bevölkerung zu großer Unruhe geführt, weshalb der Stadtkommissar zu einem Täuschungsmanöver griff. Am 13. April 1943 gab das Arbeitsamt beim Stadtkommissar per Eilmeldung über Drahtfunk und Presse bekannt, dass der Jahrgang 1926 – also minderjährige Siebzehnjährige – nicht ins Reich abzufahren brauche. Dennoch solle er sich bei den Meldestellen registrieren lassen, um einen Dienstverpflichtungsbescheid für die Stadt Saporoschje zu erhalten.[361] Dass es sich hierbei um eine Täuschung der Bevölkerung handelte, wird aus den darauffolgenden Ereignissen klar. Mit Bekanntmachung des Stadtkommissars vom 28. April 1943, in welchem nähere Anweisungen für den zweiten Transport am 11. Mai 1943 gegeben wurden, wurde die Ausnahme für den Jahrgang 1926 wieder rückgängig gemacht, so dass auch die Siebzehnjährigen ins Reich deportiert werden konnten. Allerdings ist zu erwähnen, dass die drakonische Ankündigung vom 7. April 1943, es werde „keine Zurückstellungen" geben, in der Praxis nicht derart streng gehandhabt wurde. Vielen Industriebetrieben, Militärdienststellen und anderen Organisationen gelang es, einen Teil der von ihnen abzustellenden Fachkräfte und Arbeiter als unabkömmlich zu behalten.[362] In den Akten des Arbeitsamtes beim Stadtkommissariat Saporoschje finden sich zahlreiche Sondergenehmigungen und Ausweise über Zurückstellungen. Zumeist wird als Grund „Unabkömmlichkeit" angegeben, aber auch Begründungen „wegen Krankheit" und sogar „aus sozialen Gründen" sind anzutreffen.[363] Diese Ausnahmen waren allerdings nicht immer von Dauer. Nach sowjetischen Angaben soll es im August

---

[360] DAZO, f. R-1435, op. 1, d. 113, ll. 154–154ob: Stadtkommissar Saporoschje, Aufruf an die Einwohner der Stadt Saporoschje, 7. 4. 1943; in einer weiteren Verordnung Gilles vom gleichen Tag wurden konkrete Angaben zum Registrierungsablauf in den einzelnen Polizeirevieren gegeben; vgl. DAZO, f. R-1435, op. 1, d. 126, l. 99, Stadtkommissar Saproshje, Verordnung v. 7. 4. 1943.
[361] DAZO, f. R-1435, op. 1, d. 113, l. 159: Stadtkommissar Saporoschje, Eilige Mitteilung des Arbeitsamts beim Stadtkommissar an Herrn Töws im Hause, 13. 4. 1943.
[362] Beispiele finden sich in DAZO, f. R-1435, op. 1, dd. 53, 56, 104.
[363] Vgl. die großenteils genehmigten Anträge auf Rückstellung in DAZO, f. R-1435 (Stadtkommissar Saporoschje), op. 1, d. 100, ll. 1–29 sowie die Rückstellungsausweise vom April und

1943 zwei größere Transporte mit Jugendlichen in das Reich gegeben haben. Neben verbliebenen Jugendlichen des Jahrgangs 1926 seien sogar die Sechzehnjährigen des Jahrgangs 1927 betroffen gewesen.[364]

In der zusammenfassenden Beurteilung der Außerordentlichen Staatskommission wird Stadtkommissar Alfred Gille 1944 als Hauptverantwortlicher für diese „Verschleppung der Bevölkerung in die deutsche Sklaverei" bezeichnet. Auf seine direkten Anordnungen hin seien die deutschen Zwangsrekrutierungen bekanntgegeben und durchgeführt worden.[365] Diesem Gesamturteil der sowjetischen Ermittlungsbehörden kann man sich nach Auswertung der überlieferten deutschen Quellen des Stadtkommissars Saporoschje nur anschließen.

Infolge der Zwangsaushebungen herrschte ein horrender Arbeitskräftemangel in der Stadt Saporoschje selbst, obwohl dieser wichtige Industriestandort eine zentrale Rolle für das wirtschaftliche Aufbauprogramm in der Ukraine spielte. So hielt Reichspropagandaminister Joseph Goebbels am 29. September 1942 für „ausschlaggebend [...], daß es uns gelingt, die Elektrizität wieder in Bewegung zu bringen". Hitler wolle „bis zum Anfang des nächsten Jahres das große Werk von Saporoschje", das von den Sowjets im Herbst 1941 bei ihrem Rückzug erheblich zerstört worden war, „erneut in Tätigkeit bringen" lassen. Erst bei „Ausschöpfung des dortigen Potentials" sei es möglich, „die Kohlen- und Eisengruben wieder in Ordnung zu bringen". Laufe deren Produktion erst einmal wieder an, so sei Deutschland „aus den gröbsten Schwierigkeiten heraus".[366] Bereits Alexander Dallin hat in seiner klassischen Studie über die deutsche Besatzungspolitik in der Sowjetunion darauf verwiesen, „in den deutschen Wirtschaftsplänen" habe „die Wiederherstellung von Eisen- und Stahlwerken im Osten eine erste Stelle" eingenommen. Namentlich die Eisen- und Stahlwerke in Stalino und Saporoschje hätten ab Herbst 1941 „wegen der Zerstörung und des Mangels an Strom und Betriebsmitteln still" gelegen. Ab Mitte 1942 hätten die Deutschen „diesen Wer-

---

Mai 1943 in DAZO, f. R-1435, op. 1, d. 148, ll. 1–104. Ferner in DAZO, f. R-1435, op. 1, d. 104.

[364] Сообщения ЧГК о разрушении г. Запорожье и уводе населения в немецкое рабство, совершенных немецко-фашистскими захватчиками. 1944. [= Mitteilungen der Außerordentlichen Staatskommission über die Zerstörung der Stadt Saporoschje und die Verschleppung (uvod) der Bevölkerung in die deutsche Sklaverei, durchgeführt von den deutsch-faschistischen Eindringlingen. 1944.]. DAZO, f. R-1662, op. 1, d. 2, ll. 1–12; 10. 1946. Управление НКВД по Запорожской области, отдел государственных архивов. Хронологический справочник: Временная оккупация немецко-фашистскими захватчиками населенных пунктов Запорожской области и освобождение их Красной армией. [=NKWD der Ukrainischen SSR. Verwaltung des NKWD des Saporoschjer Gebietes, Abteilung Staatsarchive. Chronologisches Handbuch.] In: DAZO, f. R-849, op. 2, d. 77a, ll. 1–18, 8.

[365] Сообщения ЧГК о разрушении г. Запорожье и уводе населения в немецкое рабство, совершенных немецко-фашистскими захватчиками. 1944. [= Mitteilungen der Außerordentlichen Staatskommission über die Zerstörung der Stadt Saporoschje und die Verschleppung (uvod) der Bevölkerung in die deutsche Sklaverei, durchgeführt von den deutsch-faschistischen Eindringlingen. 1944.]. DAZO, f. R-1662, op. 1, d. 2, ll. 1–12; 12. Als Mitschuldige wurden unter anderem der Militärkommandant Generalmajor Kittel und die leitenden Mitarbeiter des Arbeitsamtes beim Stadtkommissar Saporoschje genannt.

[366] Die Tagebücher von Joseph Goebbels, Teil II, Bd. 5, S. 596.

ken größere Aufmerksamkeit geschenkt", so dass Anfang 1943 deren „Rohstahlproduktion in Höhe von 3000-6000 Tonnen monatlich" wieder aufgenommen werden sei. Das reichte allerdings nicht im Entferntesten „an die von Hitler befohlene Produktion für das Donezbecken heran, nämlich 1 Million Tonnen für 1943 und 2 Millionen Tonnen für 1944", ganz abgesehen davon, dass die Sowjets in der Region bis 1941 „mehr als 5 Millionen erzeugt" hatten. Die „Wiederbelebung der gesamten Rüstungsindustrie" sei letzten Endes „erst kurz vor der sowjetischen Gegenoffensive im Jahre 1943" erfolgreich und insofern für die deutschen Besatzer kaum noch von Nutzen gewesen.[367]

Stadtkommissar Gille war an der Umsetzung dieser Wirtschaftspolitik vor Ort unmittelbar beteiligt. 1963 gab er an, neben der „Herstellung einer Ordnung für die etwa 100 000 Einwohner" von Saporoschje sei das wesentliche Ziel seiner „Verwaltungsarbeit" „soweit möglich die Ingangsetzung beträchtlicher Industriebetriebe" gewesen. Tatsächlich sei ihm „in wenigen Monaten" die Wiederherstellung des „Staudammes Dnjeprostoj" und der damit verbundenen „Energiebasis für erhebliche Produktionsstätten" gelungen. Doch sei „bis zur Räumung des Gebiets" im „letzten Septemberdrittel 1943" trotz aller Bemühungen „keine erhebliche Produktion in Gang gekommen".[368] Gleichwohl hatte Gille sich bemüht, für die Stahlwerke in Saporoschje, die von den „Reichswerken Hermann Göring" oder deren Tochterfirmen übernommen worden waren[369], hinreichend neue Arbeitskräfte zu organisieren. Da die laufende Zwangsarbeiterrekrutierung für das Reich den Raum Saporoschje erschöpft hatte, musste die Zivilverwaltung sich um Ersatz aus anderen Regionen bemühen. Es ist sehr wahrscheinlich, dass jener von Alexander Dallin zitierte vertrauliche Bericht eines deutschen Journalisten vom Juni 1943, „der Stadtkommandant von Saporosche sei der Meinung, aus den Fabriken ließe sich durchaus etwas machen, wenn Sauckel nicht immer mehr Arbeitskräfte abziehen würde"[370], das Zitat einer Äußerung des Stadtkommissars Gille darstellt. Dieser hatte bereits Ende 1942 die ersten 5500 Zwangsarbeiter nach Saporoschje dirigiert.[371] Saporoschje entwickelte sich seither regelrecht zu einem Zwangsarbeiter-Umschlagplatz unter Leitung des Stadtkommissariats. Um die großen Verluste an jungen Arbeitskräften vom April und Mai 1943 zu kompensieren, die die Zwangstransporte ins Reich ausgelöst hatten, wurden regelmäßig Arbeitskräfte aus anderen Gebieten nach Saporoschje überstellt. Im August 1943 schrieb das Stadtkommissariat deswegen sogar die Ortskommandantur Taganrog an.[372] Im April 1943 ließ der Dnjepropetrowsker Generalkommissar Selzner 1000

---

[367] Dallin, Deutsche Herrschaft in Rußland 1941-1945, S. 392f.
[368] BAL, B 162/3452, Bl. 155-164, insb. Bl. 156, Bayerisches Landeskriminalamt, Vernehmungsprotokoll Dr. Gille, 19.1.1963, S. 2.
[369] Dallin, Deutsche Herrschaft in Russland, S. 398.
[370] Ebenda, S. 410.
[371] BAB, R 94/17, Generalkommissar Dnjepropetrowsk, Allgemeiner Lagebericht für die Monate November und Dezember 1942 betreffend Wirtschaft, 7.1.1943, o. einheitliche Pag. [S. 1-4].
[372] DAZO, f. R-1435, op. 1, d. 134, l. 90, Stadtkommissar Saporoschje, W II, an Arbeitsamt und Ortskommandantur Taganrog, 14.8.1943.

Arbeiterfamilien aus den Gebieten Chortiza, Orechow und Pologi nach Saporoschje verbringen.[373] Noch im August 1943 wurden für die Stahlwerke Braunschweig in Saporoschje Arbeitskräfte aus Nachbargebieten ausgehoben, doch erwiesen sich diese größtenteils als „für den Einsatz im Stahlwerk völlig untauglich" oder arbeitsunfähig.[374]

Am 8. September 1943 befahl der Kampfkommandant von Saporoschje infolge der näher rückenden Front die sogenannte Auflockerung des Stadtgebietes.[375] Fortan liefen Vorbereitungen zur Evakuierung der Stadt. Wichtige Industriebetriebe wurden mit Inventar und Facharbeiterschaft in die westlichen Teile des Reichskommissariats Ukraine verlegt, während zurückbleibende Zivilisten zum Ausbau von Verteidigungsstellungen herangezogen wurden. Die Wagenfabrik Saporoschje wurde in den Generalbezirk Wolhynien und Podolien im Westen des Reichskommissariats verlegt.[376] Am 9. September 1943 kam Hitler nach Saporoschje, um „im Osten an der Südfront etwas Ordnung zu schaffen". Laut Goebbels hatte der deutsche Diktator in Saporoschje „einen verhältnismäßig guten Eindruck gewonnen, wenn auch die Lage dort außerordentlich kritisch ist und unsere Truppen enorm schwer zu kämpfen hatten". Hitler war aber noch am selben Tag in sein „Führerhauptquartier" zurückgeflogen, wo ihn die Nachricht vom Frontwechsel seines bisherigen Verbündeten Italien erwartete.[377] Ob Gille als Zivilgouverneur seinen „Führer" hat persönlich begrüßen können, ist daher unklar. Die von Hitler in der Frontstadt Saporoschje angeblich etablierte „Ordnung" hielt jedenfalls nicht lange vor. Schon am 23. September 1943 musste Goebbels verzeichnen: „Unsere gegenwärtigen Rückzugsbewegungen bedeuten nichts anderes, als daß wir die Linie hinter dem Dnjepr einnehmen wollen. Der Führer hat zwar die Absicht, vor Saporoschje noch einen Brückenkopf zu halten, ist im übrigen aber von der Idee, eine ganze Reihe von Brückenköpfen zu halten, abgekommen. […] Sehr beruhigend wirkt für mich [sic!] die Mitteilung des Führers, daß wir bei unserem Rückzug, der zwar sehr schnell vonstatten geht, nicht

---

[373] DAZO, f. R-1435, op. 1, d. 60, ll. 236–237, Stadtkommissar Saporoschje, gez. G.[ille], Verfügung an Abteilung III, Arbeitsamt, Stahlwerke Braunschweig (Werk Saporoschje), Dnjepr Metall-Union, Abteilung II Qd, 9.4.1943; vgl. zum Kontext dieser Erfassungsaktion, des sogenannten „Iwan-Programms" für die von Rüstungsminister Albert Speer initiierte umfangreiche Munitionsproduktion in den ukrainischen Werken: Priemel, Flick. Eine Konzerngeschichte vom Kaiserreich bis zur Bundesrepublik, S. 465–467.

[374] DAZO, f. R-1435 (Stadtkommissar Saporoschje), op. 1, d. 150, ll. 91–91ob, Stahlwerke Braunschweig GmbH, Werk Saporoschje, Aufstellung über mit den Transporten aus Sinelnikowo und Berdjansk am 15. und 16.8.1943 eingetroffenen arbeitsunfähigen Kräfte, welche umgehend wieder entlassen werden müssen, 20.8.1943.

[375] Erwähnt in DAZO, f. R-1435, op. 1, d. 143, l. 107, Stadtkommissar Saporoschje an die Holzfabrik Saporoschje, Betr.: Auflockerung, 18.9.1943.

[376] Vgl. die Bescheinigungen des Stadtkommissars für ukrainische Fachkräfte, die mit der Materialabfuhr aus der Wagenfabrik Saporoschje betraut wurden; DAZO, f. R-1435 (Stadtkommissar Saporoschje), op. 1, d. 143, l. 110: 19. September 1943.

[377] Die Tagebücher von Joseph Goebbels, Teil II, Bd. 9, S. 457.

allzuviel an Material verlieren. Allerdings müssen wir wesentliche Vorräte, vor allem an Lebensmitteln und an Munition, zurücklassen."[378]

Wegen des Anrückens der Roten Armee war die einheimische Bevölkerung in den letzten Monaten der Besatzung vermehrt zu Schanzarbeiten zwangsverpflichtet worden.[379] Am 30. September 1943 wurde dann eine Bekanntmachung in russischer Sprache an sämtliche Einwohner der Stadt Saporoschje ausgegeben, in welcher der Stadtkommissar auf Befehl des Militärkommandanten die vollständige Evakuierung des Stadtgebietes zum 4. Oktober 1943, 12 Uhr mittags, anordnete. Ausnahmen wurden nur für bewegungsunfähige Bewohner, Alte und Frauen mit Neugeborenen sowie diejenigen Personen eingeräumt, die sich als unabkömmliche Fachkräfte in lebenswichtigen Betrieben ausweisen konnten. Die Evakuierung über den Dnjepr sollte in Gruppen stattfinden, wofür zwei Sammelpunkte festgelegt wurden. Offiziell wurde der Befehl des Stadtkommissars als Schutzmaßnahme für die Bevölkerung bezeichnet, doch tritt der repressive Charakter in der Formulierung Gilles deutlich zu Tage, wer den Befehl missachte, werde „als Feind betrachtet" und entweder in ein „Kriegsgefangenenlager eingewiesen oder erschossen".[380] Mit Beginn der Kämpfe wurden auch die Freiheiten der uk-gestellten Einheimischen aufgehoben. In seinem Standortkommandantur-Befehl Nr. 79 vom 7. Oktober 1943 wies Generalmajor Heinrich Kittel alle Einheiten und Dienststellen auf dem Ostufer an, die zivilen Arbeitskräfte bis zum 10. Oktober 1943 zu kasernieren und unter Bewachung zu stellen. Außerdem sollten Vorbereitung zur raschen Evakuierung der Arbeitskräfte getroffen werden.[381]

Spätere Berichte der Außerordentlichen Staatskommission geben einen Eindruck von den dramatischen Ereignissen im Zuge der Räumung von Saporoschje: „Genau um 12 Uhr am 4. Oktober ging eine Polizeieinheit durch die Stadt und riegelte die Wohnhäuser ab. Eine große Menge Gendarmen und deutsche Soldaten erschienen. Sie gingen in die Wohnungen und forderten (predlagali) [die Bewohner auf], die Stadt innerhalb einer Stunde zu verlassen, andernfalls werden sie erschossen. Wer versuchte, sich zu widersetzen, wurde mit Riemenpeitschen (nagajkami) getrieben und mit Stöcken geschlagen; heraus getrieben wurden auch die Kinder und alten Leute. Sachen mitzunehmen wurde nicht erlaubt. Die

---

[378] Ebenda, S. 565.

[379] DAZO, f. R-1435 (Stadtkommissar Saporoschje), op. 1, d. 59, ll. 232–232ob, Stadtkommissar Saporoschje, Arbeitsamt, Verfügung über „Einbehaltung der Bezahlung für an die Schanzarbeiter gelieferten Essen", 24. 3. 1943; DAZO, f. R-1435 (Stadtkommissar Saporoschje), op. 1, d. 59, l. 231, Stadtkommissar Saporoschje, Arbeitsamt, Vorlage über „Erhöhte Gestellung von Schanzarbeitern", 27. 4. 1943.

[380] ZOKM (Ausstellungssaal), ohne Paginierung: 30. September 1943. Объявление Штадткомиссара согласно приказа военного командования: Все население обязано покинуть город Запорожье к 12-ти часам дня 4-го октября 1943 г. [= Bekanntmachung des Stadtkommissars gemäß Befehl der Militärkommandantur: Die gesamte Bevölkerung ist verpflichtet, die Stadt Saporoshj zum 4. Oktober 1943 12 Uhr zu verlassen.]

[381] DAZO, f. R-1435 (Stadtkommissar Saporoschje), op. 1, d. 143, ll. 147–147ob: Standortkommandantur-Befehl Nr. 79 vom 7. Oktober 1943, Ziffer 1 und 2.

2. NS-Mitläufer und NS-Belastete in der mittleren Generation   407

Sachen und das Vieh nahmen die Deutschen an sich, während sie die Häuser anzündeten. [...] Die auf die Straße getriebene Bevölkerung wurde wie eine Herde in Richtung Staudamm getrieben, um überzusetzen. Die Kolonnen ‚evakuierter' Bevölkerung wurden von Polizeieinheiten begleitet. Zurückbleibende wurden mit Stöcken geschlagen."[382] In einem anderen Bericht heißt es: „Nach diesem Befehl begannen für die Bewohner von Saporoschje die allerschwersten Tage. [...] Diese so genannte ‚Evakuierung' wurde von blutigen Strafgerichten, Erschießungen und Mord[en] an der Bevölkerung begleitet. Zur gleichen Zeit plünderten die deutschen Eindringlinge ohne Unterlass den Besitz der Bürger, sie sprengten und verbrannten Wohnhäuser, zerstörten Fabriken, Werke, Schulen, Institute, Krankenhäuser und Bibliotheken." Für die Zerstörung der Industrieanlagen seien Spreng- und Brandkommandos eingesetzt worden.[383]

Die Stadt Saporoschje wurde am 14. Oktober 1943 von der Roten Armee zurückerobert. Damit war Gilles Amtstätigkeit als Stadtkommissar in der Ukraine durch den Kriegsverlauf beendet worden. Gille meldete sich nach eigenen Nachkriegs-Angaben bei der Zentralverwaltung des RKU – also bei Reichskommissar Koch – im westukrainischen Rowno. Seinen angeblichen Versuch, zur Wehrmacht abkommandiert zu werden, schilderte Gille als misslungen, denn Koch habe ihn „zunächst mit der Leitung eines Büros[,] dessen Sitz in Südostpreußen war, betraut", um die Personalabwicklung des Reichskommissariats Ukraine zu bearbeiten. Diese Tätigkeit habe er bis März oder April 1944 ausgeübt, als er vom Reichsministerium für die besetzten Ostgebiete zum Gebietskommissar für Nowogrodek ernannt worden sei. Gille behauptete, von dieser Ernennung überrascht worden zu sein und später herausgefunden zu haben, dass diese „insbesondere darauf zurückzuführen war, daß ich durch meine Arbeit in S.[aporoshje] gute Verbindung zu kosakischen Einheiten erhalten hatte". Da diese Hilfstruppen in Nowogrodek hätten „angesiedelt" werden sollen, sei er als geeignet für „die Betreuung dieser Einheiten" angesehen worden. Er habe seinen Dienst rund acht Tage vor Ostern 1944 angetreten und bis zur Räumung der Stadt Mitte Juli 1944 ausgeübt.[384]

---

[382] Сообщения ЧГК о разрушении г. Запорожье и уводе населения в немецкое рабство, совершенных немецко-фашистскими захватчиками. 1944. [= Mitteilungen der Außerordentlichen Staatskommission über die Zerstörung der Stadt Saporoschje und die Verschleppung (uvod) der Bevölkerung in die deutsche Sklaverei, durchgeführt von den deutsch-faschistischen Eindringlingen. 1944.]. DAZO, f. R-1662 (Außerordentliche Staatskommission), op. 1, d. 2, ll. 1–12; 11–12.

[383] 1946. Управление НКВД по Запорожской области, отдел государственных архивов. Хронологический справочник: Временная оккупация немецко-фашистскими захватчиками населенных пунктов Запорожской области и освобождение их Красной армией. [=NKWD der Ukrainischen SSR. Verwaltung des NKWD des Saporoschjer Gebietes, Abteilung Staatsarchive. Chronologisches Handbuch.] In: DAZO, f. R-849 (Verwaltung NKWD), op. 2, d. 77a, ll. 1–18; 9–10.

[384] BAL, B 162/3452, Bl. 155–164, insb. Bl. 156f., Bayerisches Landeskriminalamt, Vernehmungsprotokoll Dr. Gille, 19.1.1963, S. 2f; der Ostersonntag fiel 1944 auf den 9. April.

Gilles neues Gebietskommissariat Nowogrodek gehörte zum am 1. April 1944 für eigenständig erklärten Generalbezirk Weißruthenien[385], der seit September 1943 in Personalunion vom Höheren SS- und Polizeiführer SS-Gruppenführer von Gottberg geführt wurde. Gottberg hatte unter dem Vorwand der „Partisanenbekämpfung" 1942 die Bevölkerung eines ganzen Stadtteiles der weißrussischen Hauptstadt Minsk ausgerottet.[386] Als Gille im Frühjahr 1944 seinen Dienst in Nowogrodek antrat, war diese Region ein ausgesprochenes Partisanengebiet, das die deutschen Besatzer nur noch in Teilen zu kontrollieren vermochten. Parallel zum deutsch-sowjetischen Krieg tobte dort bereits ein Nebenkrieg um die Zukunft Weißrusslands zwischen polnischen und sowjetischen Partisanenverbänden.[387] Darüber hinaus mutierte der Raum Nowogrodek, der im Zuge der großen „Partisanenaktionen" von 1943 und den Zwangsverschickungen ins Reich einen Großteil seiner ursprünglichen Bevölkerung verloren hatte, durch die Rückzugsbewegungen der Wehrmacht zu einem unfreiwilligen Auffangbecken für Kampfverbände und Flüchtlinge. Neben regulären Militäreinheiten wirkten im Raum Nowogrodek die Kaminski-Brigade (RONA), ein kaukasischer Kampfverband sowie tausende ukrainische Kosaken. Anders als die RONA, die Curt von Gottberg in seiner Eigenschaft als HSSPF angegliedert waren, unterstanden die von Gille angesprochenen und von dem bereits erwähnten Verbindungsmann Axel de Vries betreuten Kosaken- und Kaukasierverbände nicht der SS, sondern unmittelbar dem RMbO und damit vor Ort dem Gebietskommissar.[388] Im Jahre 1944, gegen Ende der deutschen Besatzungszeit in Weißrussland, soll sich schließlich die gesamte mit Deutschland kooperierende Kosakenarmee unter dem Ataman Sergej Pavlov im Raum Nowogrodek befunden haben.[389] Wenn Gille in seinem Abschlussbericht an den Generalkommissar von Weißruthenien den Beitrag dieser Kosakenverbände an der „Bandenbekämpfung" lobend hervorhebt, lässt dies Böses ahnen.[390] Für einen konkreten Schuldnachweis fehlt es jedoch bislang an

---

[385] Der Generalbezirk Weißruthenien war zu diesem Zeitpunkt aus dem Reichskommissariat für das Ostland ausgeschieden und direkt dem Reichsministerium für die besetzten Ostgebiete unterstellt worden. BAB, R 6/492, Bl. 65–65Rs: Erlass des Führers vom 1. April 1944 über die Ausgliederung des Generalbezirks Weißruthenien aus dem Reichskommissariat Ostland.

[386] Priamus, Meyer, S. 372 und S. 423.

[387] Vgl. Chiari, Alltag hinter der Front, S. 293.

[388] Gerlach, Kalkulierte Morde, S. 1053–1054; die Kosaken wurden vom „Landwirtschaftsführer" de Vries betreut und sollten im Gebiet Nowogrodek in Wehrdörfern angesiedelt werden; ebenda, S. 687.

[389] Rein, The Kings and the Pawns, S. 294.

[390] Vgl. BAB, R 93/13, Bl. 145–148Rs, insb. Bl. 145. Gebietskommissar Nowogrodek, Dr. Gille, Tätigkeits-, Räumungs- und Erfahrungsbericht, 3. 8. 1944; im Zuge der Partisanenbekämpfung und der Politik der verbrannten Erde wurden zahlreiche weißrussische Dörfer niedergebrannt, darunter vier in der unmittelbaren Endphase der Okkupation; vgl. Spiski naselennych punktov Grodnenskoj oblasti, uničtožennych vo vremja Velikoj Otečestvennoj vojny nemecko-fašistskimi zachvatčikami, 1969. GAGO, f. 1029, op. 2, d. 1, ll. 6–9, 87–88; allerdings geben die Materialien der Außerordentlichen Staatskommission wenig Aufschluss über konkrete Täter, da nur verallgemeinernd von „deutsch-faschistischen Eindringlingen" die Rede ist.

Quellen.³⁹¹ Doch hat Gille auch in seiner Vernehmung von 1963 die „Kosaken und andere Einheiten" ausdrücklich lobend wegen ihres Mutes in den „Abwehrkämpfe[n]" Mitte 1944 erwähnt, um dann kryptisch zu bemerken: „Dabei will ich nicht ihr Verhalten zur einheimischen Bevölkerung erwähnen, für das sie besondere Grundsätze hatten. Sie ergriffen, wo sich Partisanen zeigten, harte Maßnahmen, so daß in Kürze jede Partisanentätigkeit aufhörte."³⁹² Gille behauptete nicht, dass er gegen diese Form brutalster Kriegführung gegen Zivilisten Einwände erhoben oder diese gar unterbunden hätte.

Im März und April 1944, also etwa in jener Zeit, zu der Gille sein Amt als Gebietskommissar von Nowogrodek antrat, waren die deutschen Besatzungsbehörden unter Generalkommissar von Gottberg damit beschäftigt, den weißrussischen Nationalismus gegen die anrückende sowjetische Armee aufzustacheln und eine „weißrussische Heimatgarde" zwangsweise zu rekrutieren. Ab dem 15. April 1944 wurde jeder männliche Einwohner, der nicht zur Musterung erschienen war, automatisch als „Feind des Vaterlandes und Deserteur" eingestuft und – sofern man seiner habhaft wurde – behandelt.³⁹³ Im Unterschied zu benachbarten Gebietskommissariaten wertete Gille die Mobilisierungsaktion in Nowogrodek als Fehlschlag, was möglicherweise mit dem relativ starken polnischen Bevölkerungsanteil dieser Region zu tun hatte.³⁹⁴ Wie wurde seitens der Deutschen und ihrer Hilfsverbände auf diese Verweigerungshaltung reagiert? Dass wir allerdings nicht nur mit brutaler Repression rechnen dürfen, zeigt der Umstand, dass Gottberg ab März 1944 auch zu einer Zusammenarbeit mit der bislang feindlich agierenden polnischen Untergrundarmee (AK) gegen die Sowjets zu gelangen versuchte. Ausgerechnet das Gebiet von Nowogrodek wurde im Frühjahr 1944 von der AK selbst als „eine kleine Insel" der wiedererstehenden Polnischen Republik eingestuft, wo die deutschen Besatzungsbehörden – also auch Gebietskommissar Gille – angeblich ein Höchstmaß an Toleranz und Verständnis gegenüber einer organisiert-bewaffneten polnischen Öffentlichkeit gezeigt hätten. Gottberg gestattete damals sogar vereinzelte polnische Massenmobilisierungen, und im Juni 1944 soll die polnische Heimatarmee im Raum Nowogrodek 7700 Mitglieder umfasst haben.³⁹⁵

Unter den von der sowjetischen Außerordentlichen Staatskommission ermittelten Kriegsverbrechen ragt die Verbrennung der Insassen des Stadtgefängnisses Nowogrodek am 6. Mai und 3. Juli 1944 an Grausamkeit heraus. Man könnte vermuten, dass die Verantwortlichkeit für diese Verbrechen bei der militärischen

---

³⁹¹ Dies könnte auch damit zusammenhängen, dass Gille „ordnungsgemäß" sämtliche Geheimdokumente des Gebietskommissariats vor Abzug aus Nowogrodek vernichten ließ; vgl. BAB, R 93/13, Bl. 138–144Rs, insb. Bl. 144Rs, Gebietskommissar Nowogrodek, Dr. Gille, Abschlussbericht, 18.7.1944; die im Staatsarchiv zu Grodno lagernden Beuteakten geben keine Auskunft über repressive Maßnahmen.
³⁹² BAL, B 162/3452, Bl. 155–164, insb. Bl. 157, Bayerisches Landeskriminalamt, Vernehmungsprotokoll Dr. Gille, 19.1.1963, S. 3.
³⁹³ Rein, The Kings and the Pawns, S. 355.
³⁹⁴ Ebenda, S. 357.
³⁹⁵ Ebenda, S. 362.

Ortskommandantur gelegen habe, welcher das Gefängnis unterstellt gewesen sei.[396] Andererseits hat Gille 1963 selbst ausgesagt, das Gefängnis in Nowogrodek sei „eine Einrichtung des Gebietskommissariats" gewesen und der dort leitende „SS-Führer" habe daher ihm – Gille – als Gebietskommissar unterstanden.[397] Allerdings besagt dies nichts darüber, welche Stelle beim Rückzug das besagte Kriegsverbrechen an den Insassen des Gefängnisses angeordnet hat.

Im Hinblick auf die prekäre Sicherheitslage überrascht das Festhalten am verwaltungstechnischen Alltag im Gebietskommissariat Nowogrodek. Gille sorgte sich um die Vorbereitung des Staatsfeiertages 1. Mai, der mit einer feierlichen Parade an der Burgruine Nowogrodek begangen wurde.[398] Noch Ende Juni 1944, als die Räumung des Gebietes bereits abzusehen war, beschäftigte sich die Finanzabteilung des Gebietskommissars mit Fragen der Erbschaftssteuer sowie mit Krankenstatistiken des Vorjahres.[399] Die Räumung des Gebietes verlief augenscheinlich unkoordiniert. Gille beklagte in seinem Abschlussbericht, dass sich ein Teil der deutschen Dienststellen, insbesondere Wehrmacht- und Polizeidienststellen, vorzeitig in Richtung Westen abgesetzt habe, ohne dem Gebietskommissar Nachricht zu geben. Er selbst habe seinen Posten erst am Morgen des 8. Juli 1944 geräumt.[400] Das entspräche genau dem Tag, an welchem die Rote Armee die Stadt Nowogrodek zurückeroberte. Etwa 5000 bis 6000 Einwohner der Stadt flüchteten damals gemeinsam mit den Deutschen, wie Gille wenig später in seinem „Abschlussbericht" vom 18. Juli 1944 mitteilte.[401] 1963 erklärte Axel de Vries, dass er den damaligen Gebietskommissar Gille als „tapferen Mann" kennengelernt habe, der „aus dem Gebiet Nowogrodek als letzter deutscher Hoheitsträger weggefahren" sei.[402] Damit hob sich Gille von etlichen NS-Funktionären ab; so war seinem frü-

---

[396] Vgl. Veršickaja, Tamara: Logistika èkspluatacii i uničtoženija naselenija v gebitskomissariate Novogrudok (GK Belarus') v period okkupacii nacistskoj Germaniej (1941–1944gg.). In: Vojna na uničtoženie. Nacistskaja politika genocida na territorii Vostočnoj Evropy. Materialy meždunarodnoj naučnoj konferencii, Moskva, 26–28 aprelja 2010 goda. Moskau: Fond „Istoričeskaja pamjat'", 2010, S. 287–298, hier 297–298; Handbuch der Haftstätten für Zivilbevölkerung auf dem besetzten Territorium von Belarus 1941–1944. Herausgegeben vom Staatskomitee für Archive und Aktenführung der Republik Belarus u. a. Minsk 2001, S. 121.

[397] BAL, B 162/3452, Bl. 155–164, insb. Bl. 162, Bayerisches Landeskriminalamt, Vernehmungsprotokoll Dr. Gille, 19.1.1963, S. 8.

[398] GAGO, f. R-642, op. 1, d. 1, l. 113, Gebietskommissar Nowogrodek an das Deutsche Dienstpostamt Nowogrodek, 29.4.1944.

[399] GAGO, f. R-642, op. 1, d. 1, l. 117, Gebietskommissar Nowogrodek, Abt. III Fin., an die Kreisältesten Nowogrodek, Korelitsche, Lubtsch. Betr.: Erbschaftssteuer, 26.6. 1944; ebenda, l. 118, Gebietskommissar Nowogrodek, Abt. III Fin., an Kreisverwaltung Nowogrodek, 30.6.1944; die Anordnung zur sofortigen Auflockerung des Gebietes erreichte Gille am 2. Juli 1944 per Funkspruch aus dem Generalkommissariat Weißruthenien, das bereits nach Lida ausgewichen war; vgl. BAB, R 6/361, Bl. 7.

[400] Vgl. den Abschlussbericht des Gebietskommissars Nowogrodek vom 18. Juli 1944 in BAB, R 93/13, Bl. 138–144Rs, und den Tätigkeits-, Räumungs- und Erfahrungsbericht des Gebietskommissars Nowogrodek vom 3. August 1944, ebenda, Bl. 145–148Rs.

[401] Rein, The Kings and the Pawns, S. 366 und S. 388.

[402] BAL, B 162/3452, Bl. 145–154, insb. Bl. 154, Bayerisches Landeskriminalamt, Vernehmungsprotokoll Axel de Vries, Bonn, 17.1.1963, S. 10.

heren Vorgesetzten in der Ukraine, Generalkommissar Selzner, im Februar 1943 nachgesagt worden, seinen Bezirk beim Nahen der Roten Armee „fluchtartig verlassen" zu haben.[403] Gilles später Abgang bedeutet allerdings auch, dass ihm bis zuletzt eine dienstliche Verantwortung für die Geschehnisse in Nowogrodek zuzurechnen ist.

Aus Sicht des ihm 1944 vorgesetzten Generalkommissars für Weißruthenien, SS-Gruppenführer von Gottberg, scheint Gille die in ihn gesetzten Erwartungen als Gebietskommissar von Nowogrodek zufriedenstellend erfüllt zu haben. Jedenfalls wurde in den (realitätsfernen) Planungen für eine künftige Wiederbesetzung Weißrusslands Gille noch im Februar 1945 für die Position des Gebietskommissars für Minsk-Stadt vorgesehen, was einer Beförderung (zum Besatzungsgouverneur der weißrussischen Hauptstadt) gleichgekommen wäre.[404] Dazu kam es nicht mehr. Statt dessen war Gille nach eigenen Angaben im Sommer 1944 vom Ost-Ministerium „für die Wehrmacht freigegeben" worden und zunächst zum „Ersatzregiment" jener Formation eingerückt, der er bis 1941/42 zugeordnet gewesen war. Gille tat nach eigenen Angaben zunächst Kriegsdienst an der Westfront, wurde jedoch im Dezember 1944 „nach Ungarn zum Entsatz Budapests" verlegt. Seine letzten militärischen Funktionen waren nach eigener Bekundung die eines Batterieführers der Artillerie, eines Regimentsadjutanten und eines Ordonanzoffiziers „bei der Division". Nach der deutschen Kapitulation geriet Gille 1945 zunächst in US-amerikanische Gefangenschaft, wurde jedoch „von den Amerikanern den Russen überstellt".[405] Nach Aktenüberlieferung der Wehrmacht wurde Gille hingegen erst zum 23. Januar 1945 wieder zur Wehrmacht einberufen und zur Stabs-Batterie des Artillerie-Regiments 1711 versetzt, als deren Angehöriger er am 8. Mai 1945 nördlich der mährischen Hauptstadt Brünn in sowjetische Kriegsgefangenschaft geriet.[406]

Die Gefangennahme als Wehrmachtsoffizier kaschierte – wie sich zeigen sollte: lebenslang erfolgreich – Gilles bemerkenswerte NS-Karriere in der Besatzungsverwaltung in der Ukraine und in Weißrussland. Diese war eine mit den dortigen NS-Kriegsverbrechen strukturell untrennbar verflochtene administrative Aktivität, die Gille aus dem Kreis der sonstigen späteren Mitglieder des ersten Präsidiums des „Bundes der Vertriebenen" deutlich als durch seinen Tätigkeitsbereich schwer belasteten hochrangigen NS-Funktionär im besetzten Osteuropa heraushebt.

---

[403] Zellhuber, „Unsere Verwaltung treibt einer Katastrophe zu…", S. 352, Anm. 1579.
[404] BAB, R 93/17, Bl. 18–25, insb. Bl. 24, Generalkommissar Weißruthenien, Personalabt., z. Z. Berlin, „Verzeichnis über das bei einer Wiederübernahme Weißrutheniens für die ersten Maßnahmen vorgesehene Personal", 5. 2. 1945.
[405] BAL, B 162/3452, Bl. 155–164, insb. Bl. 164, Bayerisches Landeskriminalamt, Vernehmungsprotokoll Dr. Gille v. 19. 1. 1963, S. 10.
[406] Vgl. die Vorgänge in BA-MA, ZNS, LT.SB – H 6 511 II/367.

NS-Mitläufer im Luftschutz: Reinhold Rehs

Die auf NS-Belastungen spezialisierten Ermittler des SED-Regimes hatten Reinhold Rehs trotz seiner prominenten Position als SPD-Bundestagsabgeordneter und als zwischen 1967 und 1970 amtierender BdV-Präsident kaum etwas vorzuwerfen. Der einzige belastende Punkt seiner Biographie war demnach, dass Rehs vor 1945 „Offizier (Oberleutnant) der faschistischen Wehrmacht" gewesen sei.[407]

Wir haben im Fall Gille gesehen, dass sich hinter dem unscheinbaren Rang eines Oberleutnants der Wehrmacht eine ganze NS-Funktionärskarriere verbergen konnte. Das war im Falle des Königsberger Rechtsanwaltes Reinhold Rehs offenbar anders. Rehs, der mit seiner ursprünglich deutschnational-rechtsradikalen Gesinnung im Laufe der 1930er Jahre seinen Frieden mit dem NS-Regime gemacht hatte und 1937 der NSDAP beigetreten war, blieb auch im Zweiten Weltkrieg ein angepasster Mitläufer. In seinem zivilen Beruf wurde dem Rechtsanwalt im Januar 1944 von den NS-Spitzen der Königsberger Justiz attestiert, als Anwalt zwar nur „schwach befähigt" zu sein, da er zu Weitschweifigkeit und mangelnder Konzentration neige, außerdem persönlich empfindlich sei und aufgrund dessen zu unbegründeten Beschwerden tendiere. Die „politische Haltung von Rehs wurde jedoch als „einwandfrei" und seine „Führung" als „gut" bewertet.[408]

Aus Rehs' Anwaltspersonalakte geht auch hervor, dass seine konkrete Verwendung im Kriegsdienst ab 1939 mit Entscheidungen der Vorjahre zusammenhing. Rehs war bereits 1935 dem neu gegründeten „Reichsluftschutzbund" (Mitgliedsnummer 80.014) beigetreten und in dieser paramilitärischen NS-Organisation spätestens 1937 im Luftschutz-Warndienst tätig geworden. Aufgrund dieser Vorausbildung wurde Rehs am 1. September 1939 „als Auswerter und Zugführer" in diese Formation „einberufen". Am 6. April 1941 wurde er zum „Oberzugführer im Luftschutzwarndienst" befördert, um später auch das „Luftschutzehrenzeichen II. Stufe" zu erhalten. Diese Form des Kriegseinsatzes blieb für Rehs fast über die gesamte Kriegsdauer hinweg Heimatdienst, denn abgesehen von einem „Einsatz in Holland" (den besetzten Niederlanden) zwischen Februar und April 1943 verbrachte Rehs den Zweiten Weltkrieg fast ausschließlich in seiner Heimatstadt Königsberg.[409] Dabei dürfte Rehs jenen Dienstgrad als Oberleutnant erreicht haben, den ihm die DDR-Propaganda später anlastete.[410] 1944 wurde Rehs nach Danzig versetzt, wo er als „Leiter des Luftschutzwarnkommandos" im Februar 1945

---

[407] BStU, Archiv der Zentralstelle, MfS-HA IX/11 PA 1155, Bl. 19, MfS DDR, Anlage 3 zu Reinhold Rehs, o. D. [ca. 1969/70], unter Hinweis auf die westdeutsche Belegstelle in der „Frankfurter Rundschau" v. 13.3.1967; vgl. auch BStU, Archiv der Zentralstelle, MfS-HA IX/11 FV 13/71 Bd. 4, Bl. 8ff., insb. Bl. 15, MdI DDR, Dokumentationszentrum der Staatlichen Archivverwaltung: Martin Seckendorf, „Analyse zur Durchsetzung der Führungsorgane des Bundes der Vertriebenen (BdV) mit Nazis (Stand: September 1969)", Berlin Dezember 1969, wo Rehs nüchterner als einstiger „Oberleutnant der Wehrmacht" firmiert.
[408] BAB, R 3001/71744, RJM-Rechtsanwalts-Personalakte Rehs, Landgerichtspräsident Königsberg, Vermerk v. 25.1.1944.
[409] BAB, R 3001/71744, RJM-Rechtsanwalts-Personalakte Rehs.
[410] Amos, Vertriebenenverbände im Fadenkreuz, S. 143.

„schwer verwundet" und dann „mit dem Lazarettzug nach Schleswig-Holstein transportiert" wurde.[411]

Rehs war als Offizier des Luftschutzwarndienstes Mitglied einer „Sonderformation der Luftwaffe".[412] Gleichwohl antwortete Rehs im Oktober 1945 in seinem Entnazifizierungs-Fragebogen auf die Frage, ob er „vom Militärdienste zurückgestellt worden" sei, für den Zeitraum „1939–1945" mit „Ja" und begründete dies mit seiner „Einberufung zum Luftschutzwarndienst".[413] War in den Lebensläufen der NS-Zeit sein Dienst in dieser Luftschutzformation eindeutig unter „Dienst […] in der Wehrmacht" rubriziert worden[414], um möglichst ‚soldatisch' zu erscheinen, spielte nach Kriegsende plötzlich eine Rolle, dass „der Luftschutzwarndienst […] eine zivile Einrichtung" gewesen sein sollte, „obwohl er der Luftwaffe unterstand und seine Mitglieder Uniformen trugen".[415] Infolgedessen wurden in den Luftschutzwarndienst nicht nur „männliches Personal", sondern auch „Luftschutzwarndiensthelferinnen" einbezogen.[416] Gleichwohl war diese 1935 als „ziviler Luftschutz" gegründete und dem neuen Reichsluftfahrtministerium unterstellte Organisation seit September 1939 systematisch in die NS-Kriegführung integriert und daher folgerichtig im November 1940 auch in „Luftschutz" umbenannt worden, da seine Aufgaben seither „überwiegend militärischer Art" waren.[417] Auch Rehs' Aufgaben im Zweiten Weltkrieg waren infolgedessen primär militärischer Natur – allerdings, im Gegensatz zu manchen späteren Kollegen im BdV-Präsidium, unverfänglicher militärischer Art, die höchstwahrscheinlich eine Beteiligung an Kriegsverbrechen nicht implizierte.

Wehrmachtsoffizier im NS-Partisanenkrieg: Erich Schellhaus

Über Erich Schellhaus wussten die Ermittler des Ostblocks nach 1945 nicht viel mehr, als dass der damalige Bürgermeister der schlesischen Stadt Bad Salzbrunn im Zweiten Weltkrieg in der Wehrmacht seinen Kriegsdienst absolviert und dabei den Rang eines Hauptmanns erreicht habe. Dabei griff das DDR-Ministerium für Staatssicherheit zunächst offenbar auf westdeutsche öffentlich zugängliche Angaben zurück.[418] Im Zuge einer von Minister Erich Mielke 1956 persönlich ange-

---

[411] Vgl. die Akten der WASt; ferner: Art. „Reinhold Rehs" in: Munzinger Archiv 51/1971 v. 13.12.1971; vgl. http://www.munzinger.de/search/portrait/Reinhold+Rehs/0/10287.html (28.11.2011).

[412] Art. „Reinhold Rehs" in: Munzinger Archiv 51/1971 v. 13.12.1971; vgl. http://www.munzinger.de/search/portrait/Reinhold+Rehs/0/10287.html (28.11.2011).

[413] LASH-S, Abt. 460.19, Entnazifizierungs-Akte Rehs, Reinhold Rehs, Kiel, Entnazifizierungs-Fragebogen v. 15.10.1945.

[414] BAB, R 3001/71744, RJM-Rechtsanwalts-Personalakte Rehs.

[415] Rüther, Köln im Zweiten Weltkrieg, S. 79.

[416] Absolon, Die Wehrmacht im Dritten Reich, S. 50.

[417] Ebenda, S. 1, Anm. 2.

[418] BStU, Archiv der Zentralstelle, MfS ZKG Nr. 1285, Bl. 1ff., insb. Bl. 1, MfS DDR, „Die neuen Bundesvorsitzenden der Landsmannschaft ‚Schlesien'", 10.12.1955, und Bl. 5, Art. „Erich Schellhaus", in: Munzinger-Archiv v. 1958.

ordneten Anfrage an den polnischen Nachrichtendienst erhielt Ost-Berlin die Information, Schellhaus sei im August 1939 als Offizier zur Wehrmacht einberufen worden und habe dann Kriegseinsätze in Polen und Frankreich mitgemacht. „Nach der Beendigung der Kriegsereignisse ist er nach Szczawno-Zdroj [i. e. Bad Salzbrunn] nicht zurückgekehrt."[419] Auch das war recht dürftig und reichte für eine Kampagne gegen Schellhaus nicht aus. Infolgedessen konnte das DDR-„Braunbuch" 1965 den damaligen Sprecher der Landsmannschaft Schlesien und langjährigen Vertriebenenminister des Landes Niedersachsen lediglich als einstigen „NS-Bürgermeister von Salzbrunn" anprangern.[420]

Schellhaus selbst, der bereits 1946 aus der Kriegsgefangenschaft entlassen worden war und sich seither im britisch besetzten Niedersachsen zunächst als Torf- und Waldarbeiter verdingte, gab in seinem Entnazifizierungs-Frageboden vom Oktober 1948 an, seinen Kriegsdienst von 1939 bis 1943 im Grenadierregiment 350 als Leutnant bzw. Oberleutnant der Reserve abgeleistet zu haben, und zwar in der Funktion eines Ordonanzoffiziers. Im Dezember 1943 sei er in den Stab des Militärbefehlshabers von Frankreich – also in die militärische Besatzungsverwaltung dieses Landes – in die Abteilung 2b (Adjutantur) versetzt worden, wo er bis August 1944 eingesetzt worden sei. 1945 habe er als Hauptmann der Reserve in der „Heeresgr.[uppe] Weichsel" die „Abt. 2b" geführt. Wo er zwischenzeitlich eingesetzt gewesen war, erklärte Schellhaus nicht. Stattdessen gab er an, im Laufe des Zweiten Weltkrieges diverse militärische Orden erhalten zu haben – das „EK 2" (Eiserne Kreuz 2. Klasse) im Oktober 1940, die „Ostmedaille" im August 1942 und das „KVK2" (Kriegsverdienstkreuz 2. Klasse) am 20. April 1943 (einem sogenannten „Führergeburtstag").[421]

Was vergleichsweise detailliert und offen klang, verschleierte in Wahrheit Schellhaus' militärische Vergangenheit erheblich. Wie vom polnischen Nachrichtendienst 1956 korrekt ermittelt, ist der damals fast 38jährige Erich Schellhaus tatsächlich kurz vor Kriegsbeginn am 26. August 1939 zur Wehrmacht einberufen worden. Schellhaus diente zunächst im Stab des III. Bataillons, dann in der 9. sowie in der 11. Kompanie des Infanterie-Regiments 350.[422] Im Februar 1940 wurde Leutnant Schellhaus zum Infanterie-Feldrekruten-Bataillon 350 versetzt, kam abschließend kurzzeitig zum Stab des II. Bataillons des Feldrekruten-Infanterie-Regiments 210 nach Budzyn – einem Dorf in Großpolen (damals Reichsgau Wartheland) und musste sich im Mai 1940 im Reserve-Lazarett Waldenburg/Schlesien einer Blinddarmoperation unterziehen. Nach deren erfolgreichem Verlauf erholte sich Schellhaus zunächst beim Infanterie-Ersatz-Bataillon in Striegau.

---

[419] BStU, Archiv der Zentralstelle, MfS, AP 6545/76 Bd. 1, Bl. 7, MfS DDR, Stellvertreter des Ministers Generalmajor Wolf, an Abt. X, 2.7.1956, und Bl. 65, „Ermittlung betr. Schellhaus, Erich", Warszawa, Oktober 1956.
[420] Braunbuch 1965, S. 281.
[421] NHStA-H, Nds. 171 Lüneburg, VE/CEL/1590, Erich Schellhaus, Entnazifizierungs-Fragebogen v. 17.10.1948, S. 2f.
[422] Die Angaben zu den einzelnen Militäreinsätzen von Schellhaus entstammen Unterlagen der WASt.

2. NS-Mitläufer und NS-Belastete in der mittleren Generation   415

Schellhaus' Infanterie-Regiment 350 (das spätere Grenadier-Regiment 350)[423] war sowohl am Überfall auf Polen im September/Oktober 1939 als auch am Westfeldzug im Frühjahr 1940 beteiligt. Als diese Formation am 22. Juni 1941 die sowjetische Grenze in Richtung Bialystok überschritt, war der im selben Monat zum Oberleutnant beförderte Schellhaus in der Stabskompanie des Infanterie-Regiments 350 wieder dabei. Mehrere Gefechtsberichte schildern das Vorrücken von Schellhaus' Einheit zwischen dem 22. Juni und der Einnahme der Stadt Bialystok am 27. Juni 1941. Demnach wurde bei der „Säuberung der Stadt" die 9. und 11. Kompanie des IR 350 „in schwere Häuserkämpfe verwickelt, wobei mit Handgranaten, Gewehrkolben und Pistolen etwa 30 russ.[ische] Soldaten und Juden (dabei ein russ. Hauptmann), die sich zähe verteidigten, im Nahkampf erledigt wurden".[424]

An besagtem 27. Juni 1941, an dem die 9. Kompanie des IR 350 als Vorausabteilung bereits gegen 10 Uhr und „wenige Minuten darauf" auch der Regimentskommandeur den Marktplatz von Bialystok erreicht hatten[425], wurden im Zuge der daraufhin erfolgten „Säuberung der Stadt von russ.[ischen] Versprengten und deutschfeindlicher Bevölkerung" vom ebenfalls anwesenden Polizeibataillon 309 „Hunderte von Juden" ermordet; „die meisten der Opfer verbrannten bei lebendigem Leib in der Synagoge, die man angezündet hatte". Das an der Eroberung von Bialystok beteiligte und ebenfalls dort kämpfende IR 350 machte „weitere Juden und versprengte russische Soldaten" zu Opfern.[426] Insgesamt sollen, wie die deutsche Nachkriegsjustiz in einem Strafverfahren gegen Angehörige der hauptverantwortlichen deutschen Polizeieinheiten feststellte, an jenem Tage in Bialystok rund 2000 Juden ermordet worden sein, von denen „über 500 Menschen, darunter Frauen und Kinder", in die Synagoge getrieben und verbrannt worden seien. Wer zu fliehen versucht habe, sei sofort erschossen worden. Dabei zeigten die deutschen Täter die Umsicht, das Übergreifen der Flammen der brennenden Synagoge dadurch zu verhindern, dass Nachbarhäuser systematisch von „Wehrmachtseinheiten" gesprengt wurden. Das Massaker von Bialystok ist neben anderen exemplarisch für die „Frühphase des Genozids in der Sowjetunion".[427] Und jenes Wehrmachtsregiment, in dem Schellhaus als Offizier diente, war nicht nur Zeuge dieses SS-Massakers, sondern agierte am Rande des Mordgeschehens als unterstützender Mittäter. Die persönliche Rolle von Schellhaus im Laufe dieses Massenmordes kann allerdings nicht geklärt werden.

Ab dem 3. Juli 1941 war das IR 350 mit der „Säuberung und Befriedung" der Wälder von Bialowieza beauftragt, in denen sich versprengte sowjetische Einhei-

---

[423] Das Kriegstagebuch des IR 350 ist, mit Ausnahme einiger Anlagen, nicht überliefert; diese Anlagen enthalten Lagekarten, Tagesbefehle, Funksprüche sowie eine Reihe von Einsatzberichten bis zum Oktober 1941. Zumindest in dieser Zeit war das IR 350 Bestandteil der Sicherungs-Division 221 und mit der Besetzung, Sicherung und Säuberung des rückwärtigen Heeresgebietes beauftragt; vgl. BA-MA, RH 26-221/12 a, b, Anlagen zum KTB, 20.6.–31.7.1941.
[424] BA-MA, RH 26-221/24, Gefechtsberichte des Infanterie-Regiments 350, 22.6.–28.6.1941.
[425] Ebenda.
[426] Pohl, Die Herrschaft der Wehrmacht, S. 149f.
[427] Browning, Die Entfesselung der „Endlösung", S. 374f.

ten befanden. Nach dem 18. Juli 1941 wurden alle im Bialowecza'er Forst gelegenen Ortschaften geräumt, da das Gebiet auf Befehl Hermann Görings in seiner Eigenschaft als Reichsforstmeister zum Naturschutzgebiet erklärt werden sollte. Mit der Räumung wurde der HSSPF Erich von dem Bach-Zelewski und damit die SS beauftragt. Teile des IR 350 waren jedoch „bei dem Unternehmen behilflich" und wurden beauftragt, „die notwendigen Absperrmaßnahmen durchzuführen".[428]

Das I. Bataillon des IR 350 stellte ab dem 26. Juli 1941 die Besatzung eines Panzerzuges, der zur „Bandenbekämpfung" eingesetzt wurde. Im Einsatzbefehl hieß es, an der Eisenbahnstrecke Kobryn-Pinsk würden sich „noch stärkere Abteilungen russischer Soldaten herumtreiben, die in den dortigen Dörfern plündern"; auch beiderseits der Straße Pinsk – Luniniec – Lachwa würden „bolschewistische Banden ihr Unwesen treiben" und „die Bevölkerung terrrorisieren". Der von dem I. Bataillon besetzte Panzerzug hatte den Auftrag, die genannten Strecken zu sichern „und das Gelände an und beiderseits der Eisenbahnlinie zu befrieden". Dabei erfordere „die Feindlage schärfstes und rücksichtsloses Durchgreifen bzw. Kampfeinsatz der Panzerzugbesatzung". Dazu gehöre auch die „Durchführung von Razzien und Befriedungsaufgaben". So sollten „mit kampfkräftigen Stoßtrupps – auch besonders nachts – die Ortschaften, die [...] besonders bedroht oder verdächtig erscheinen", durchsucht werden. Bei geringstem Widerstand sei „von der Waffe rücksichtslos Gebrauch zu machen". Die Bevölkerung müsse „die Gewißheit haben, daß [...] mit dem Panzerzug eine sehr bewegliche Einheit vorhanden ist, die bei Aufsässigkeit und Unruhe hart zuschlägt". Die Bürgermeister der anliegenden Ortschaften seien „bei Androhung der Todesstrafe dazu anzuhalten, Sabotagemaßnahmen an Bahnhöfen, Brücken und allen technischen Betriebsanlagen zu verhindern".[429]

Schon Ende Juli 1941 erhielt der sowjetische Kriegsgegner Nachricht, dass die Juden im Raume Lachwa / Pinsk von den Deutschen „zu Tausenden ermordet" würden, was „zur Vermehrung der Partisanen und Flüchtlingsbewegungen" geführt habe, statt diese einzudämmen.[430] Die Haupttäter kamen auch hier offenbar aus der SS, die in Pinsk im August 1941 zwischen 7000 und 10 000 Juden ermordete.[431] Himmler persönlich hatte als Reichsführer SS die im Raum Pinsk eingesetzte 2. SS-Kavalleriebrigade Anfang August angewiesen, sämtliche Juden ab 14 Jahren zu erschießen und „die jüdischen Frauen und Kinder [...] in die Sümpfe zu treiben".[432]

---

[428] BA-MA, RH 26-221/12 a, Bl. 387, Befehlshaber des rückwärtigen Heeresgebietes Mitte an Sicherungs-Division 221, 17.7.1941.
[429] BA-MA, RH 26-221/12 a, Abteilung Ia der Sicherungs-Division 221 an Panzerzug des IR 350, 26.7.1941.
[430] Pohl, Die Herrschaft der Wehrmacht, S. 157.
[431] Browning, Die Entfesselung der „Endlösung", S. 411.
[432] Friedländer, Das Dritte Reich und die Juden, S. 590; die Sümpfe waren allerdings seicht, so dass etliche dorthin Vertriebene eine Zeit lang noch zu überleben vermochten.

2. NS-Mitläufer und NS-Belastete in der mittleren Generation   417

Wehrmachtseinheiten waren zwar am Pinsker SS-Massaker nicht direkt beteiligt[433], sie bildeten jedoch den unterstützenden Hintergrund für diese „Säuberung". Schon am 29. Juli 1941 erfolgte die Übergabe des auch von Schellhaus' Verband „befriedeten" Sicherungsraumes der Sicherungs-Division 221 an die deutsche Zivilverwaltung für Weißrussland.[434] Daraufhin wurde am 17. und 18. August 1941 vom I. Bataillon des IR 350 eine „Säuberungsaktion" südlich von Sluzk durchgeführt, wobei „sämtliche Waldstücke und Ortschaften eingehend untersucht" wurden. Dabei wurde festgestellt, dass einige der von den Deutschen eingesetzten Bürgermeister „von Bolschewisten tätlich angegriffen" worden waren. In Ihrajewo konnte „der Täter ergriffen werden und ist als Saboteur erschossen worden".[435]

Zur gleichen Zeit meldete auch das II. Bataillon des IR 350 seine Erfahrungen „bei den Befriedungs- und Durchsuchungsaktionen" und regte an, kleine Trupps deutscher Soldaten in den Ortschaften zu stationieren und „mit vertrauenswürdigen Ortseinwohnern [...] eine sogenannte Ortswehr zu bilden, um dann mit dieser [...] die Gemeinde und deren nähere Umgebung planmäßig zu durchsuchen und vor allen Dingen nachts herumstreifende Banden – als etwas anderes können die versprengten russischen Soldaten mit ihren Offizieren nicht mehr bezeichnet werden – gefangenzusetzen". Man ging davon aus, dabei „auf die Mitarbeit und Unterstützung der Bevölkerung, die zum weitaus größten Teil der deutschen Wehrmacht freundlich, ja sogar hilfsbereit gegenübertritt", rechnen zu können. Dieser Bevölkerung fehle „lediglich die Führung und das Bewußtsein, im Falle ihres Einsatzes nicht im Stich gelassen und wieder der Willkür ihrer eigenen versprengten Landsleute ausgeliefert zu werden". Jedoch sei es „von größter Wichtigkeit", „den Einfluß der Juden, der in manchen Orten noch heute bestimmend und keineswegs gebrochen ist, zu beseitigen und diese Elemente mit den radikalsten Mitteln auszuschalten, da gerade sie es sind, [...] die die Verbindung zur roten Armee und dem bekämpften Bandentum aufrecht erhalten und ihnen die erforderlichen Unterlagen für das Vorgehen gegen die deutsche Wehrmacht an die Hand geben".[436]

Das IR 350 war mit einer Reihe von Partisanenüberfällen konfrontiert, bei denen deutsche Soldaten massakriert und ausgeraubt wurden.[437] Das daraufhin bei der IR 350 gebildete „Partisanen-Bekämpfungs-Bataillon" berichtete seither laufend über die Zusammenarbeit mit der einheimischen Bevölkerung, die Gefangennahme und Erschießung von sowjetischen Soldaten, Partisanen und Zivilisten. Dabei wurde voller Stolz gemeldet, dass das von der SS-Kavallerie-Brigade praktizierte Verfahren der Bandenbekämpfung im eigenen Bataillon „bereits seit Juli

---

[433] Pohl, Die Herrschaft der Wehrmacht, S. 257.
[434] Vgl. BA-MA, RH 26-221/12 a, Bl. 446, Abteilung Ia der Sicherungs-Division 221 an Panzerzug des IR 350, 26.7.1941.
[435] Ebenda, Bl. 291, Ereignis-Meldung IR 350 an Sicherungs-Division 221, 19.8.1941.
[436] Ebenda, Bl. 294ff., Erfahrungsbericht II/350, 18.8.1941.
[437] Vgl. BA-MA, RH 26-221/21, Bl. 315ff., Bericht der Feldkommandantur V 194 an Sicherungs-Division 221, 12.9.1941.

gehandhabt", also praktisch von dieser Wehrmachtseinheit erfunden worden sei.[438]

Für die Zeit vom 3. Oktober bis 28. November 1941 liegen eine Reihe von – gelegentlich sogar täglich erstatteten – Meldungen des Stabes des IR 350 an die Sicherungs-Division 221 vor. Diese waren zumeist mit den Praktiken und Erfolgen der „Bandenbekämpfung" befasst. Berichtet wurde stets über erschossene und gefangengenommene Partisanen und Juden, erbeutete Waffen, „befriedete" Ortschaften.[439]

Die neueste Forschung hat gezeigt, dass im Sommer und Herbst 1941 „neben der Ermordung kommunistischer Funktionsträger" – allen voran solcher, denen auch noch eine jüdische Herkunft attestiert wurde – „zusehends die Unterdrückung unkontrollierter Wanderungen in den Mittelpunkt der frühen Partisanenbekämpfung" gerückt wurde. Als Partisanen verdächtigt und behandelt – also entweder gefangengenommen oder an Ort und Stelle erschossen – wurden daher nicht nur die zahlreichen versprengten sowjetischen Soldaten, die auf dem fluchtartigen Rückzug den Kontakt zu ihren Einheiten verloren hatten, sondern auch Massen an Zivilisten, die vor den Kriegshandlungen geflüchtet waren.[440] Zwar gab es durchaus „Widerstandsgruppen", die jedoch häufig infolge der wachsenden Versorgungsprobleme zerfielen; doch muss man davon ausgehen, dass die „deutsche Partisanenbekämpfung" weniger wirkliche Partisanen, sondern „vor allem andere Opfer" traf – „die Masse der Bevölkerung". Hunderttausende wurden, wie Dieter Pohl in seinem Standardwerk über die „Herrschaft der Wehrmacht" im europäischen Osten gezeigt hat, „kurzfristig unter entsetzlichen Bedingungen interniert, zehntausende ‚Verdächtige' ermordet". Pohl kommt mit Blick auf das Ausmaß der Willkürherrschaft des deutschen Militärs zu dem bedrückenden Schluss: „In den sogenannten Partisanengebieten konnte es jeden treffen. Wie nur wenige andere operative Bereiche handelte es sich hier eindeutig um eine verbrecherische Kriegführung, die auf der Annahme basierte, dass das Leben eines Einwohners im Osten weniger wert sei als anderswo in Europa."[441]

Oberleutnant Erich Schellhaus, der im Februar 1942 vom Stab des III. Bataillons des IR 350 zum Regimentsstab 350 versetzt wurde und wenig später dort zum Führer der gepanzerten Truppen der Stabskompanie des Infanterie-Regiments 350 avancierte[442], dürfte wahrscheinlich an einer Reihe dieser „Säuberungsaktionen" beteiligt gewesen sein. In den Berichten über den Einsatz des III. Bataillons heißt es am 3. Oktober 1941, die von Teilen dieser Einheit „durchgeführte Säuberungsaktion" bei Roslawl habe „zur Festnahme von 16 russischen Soldaten" geführt, die „dem Dulag [Durchgangslager] in Roslawl über-

---

[438] Ebenda, Gefechts- und Erfahrungsbericht des Partisanen-Bekämpfungs-Bataillons 350, 19.9.1941.
[439] Vgl. BA-MA, RH 26-221/22 a, b, Bl. 477–614, Meldungen des Stabes des IR 350 über Partisanenbekämpfung.
[440] Pohl, Die Herrschaft der Wehrmacht, S. 164.
[441] Ebenda, S. 170.
[442] Vgl. BA-MA, RH 35/6467, Offiziersstellenbesetzung IR 350, 15.4.1942.

geben" worden seien. Bei einer „Säuberung des Raumes unmittelbar südlich Schesterowka" habe man außerdem „2 Partisanen festgenommen", die dann „erschossen worden" seien.⁴⁴³ Am 6. Oktober 1941 waren wiederum „Teile des III. Bataillons zur Säuberung der Ortschaften und Waldstücke im Raum um Tscherebomirka-Podsely angesetzt"; dabei sollten „die einzelnen Ortschaften [...] am 7.10. besetzt und durchsucht werden".⁴⁴⁴

Nach „Abmarsch in den neuen Sicherungsraum" kam das III. Bataillon des IR 350, dem Schellhaus damals angehörte, Ende Oktober 1941 bei Erschitschi zum Einsatz und wurde dort „zu einer eingehenden Säuberung angesetzt", in deren Verlauf „insgesamt 16 Partisanen festgenommen und erschossen" wurden. Außerdem konnte diese Einheit „in der Nähe von Pupowka ein im Walde verstecktes Partisanenlager" ausheben. „In der Nähe dieses Partisanenlagers wurden 2 Partisanen auf der Flucht erschossen. Das Lager wurde zerstört".⁴⁴⁵ Einen Tag später konnten Angehörige des III. Bataillons „3 russische Offiziere, 183 russ. Soldaten und 7 Zivilisten ohne Ausweis" aufgreifen, die „dem Dulag in Roslawl zugeführt" wurden.⁴⁴⁶⁾ Und einen Tag später befanden sich Teile des III. Bataillons auf der Jagd nach einer Partisaneneinheit, die einen deutschen Nachrichtenstörungstrupp angegriffen hatte. Da die Partisanen bereits geflüchtet waren, wurden „in Worga eine Frau und deren Sohn, die den Partisanen [vermeintliche] Spitzeldienste geleistet hatten, erschossen".⁴⁴⁷ Am 6. November 1941 veranstaltete das III. Bataillon „im Raum südwestlich Erschitschi" einen „Tag der Kommissare", in dessen Rahmen mindestens „5 Partisanen und 2 Partisanenhelfer erschossen" und weitere „24 verdächtige Personen aufgegriffen" wurden.⁴⁴⁸ Über das endgültige Ergebnis dieser Aktion liegen bislang keine Informationen vor. Doch am 18. November 1941 „säuberte das III. Bataillon eingehend den Ort Krasny Rog", wobei „2 Partisanen aufgegriffen und erschossen" wurden.⁴⁴⁹ Eine Woche später hatten „Teile des III. Bataillons den Raum unmittelbar nordwestlich Potschep bis zu einer Tiefe von ungefähr 12 km befriedet. 4 Partisanen wurden festgenommen und erschossen".⁴⁵⁰

Auch als Angehöriger der Stabskompanie des IR 350 könnte Schellhaus an solchen „Säuberungsaktionen" später noch beteiligt gewesen sein. Glaubt man dem Einsatzbericht des IR 350 vom 6. Oktober 1941, so „säuberten die Stabskompanie und Teile des II. Bataillons (350) in den Morgenstunden des 6.10. Tscherikow. 18 verdächtige Personen sind festgenommen und der GFP [Geheimen Feldpolizei] übergeben worden".⁴⁵¹ Am 31. Oktober 1941 hatte die Stabskompanie – wiederum

---

⁴⁴³ BA-MA, RH 26-221/22 a, b, Bl. 540, Bericht vom 3.10.1941.
⁴⁴⁴ Ebenda,, Bl. 455, Bericht vom 6.10.1941.
⁴⁴⁵ Ebenda, Bl. 527f., Bericht vom 30.10.1941.
⁴⁴⁶ Ebenda, Bl. 530, Bericht vom 31.10.1941.
⁴⁴⁷ Ebenda, Bl. 533, Bericht vom 1.11.1941.
⁴⁴⁸ Ebenda, Bl. 549 und Bl. 553, Bericht vom 7.11. und 8.11.1941.
⁴⁴⁹ Ebenda, Bl. 584, Bericht vom 19.11.1941.
⁴⁵⁰ Ebenda, Bl. 613, Bericht vom 24.11.1941.
⁴⁵¹ Ebenda, Bl. 455.

mit Teilen des II. Bataillons – „den Raum um Batwinowka gesäubert". Dabei wurden laut Wehrmachtsberichterstattung „12 russ. Soldaten und 3 ehemalige russ. Wehrmachtsarbeiter aufgegriffen".[452]

Angesichts dieser Überlieferung ist davon auszugehen, dass Erich Schellhaus als Offizier des IR 350 im zweiten Halbjahr 1941 systematisch an der sogenannten „Partisanenbekämpfung" in den besetzten Ostgebieten, namentlich im östlichen Polen (Bialystok) und in Weißrussland, beteiligt gewesen ist. Eine unmittelbare Beteiligung von Schellhaus an Erschießungen von „Partisanen" oder gar an antisemitischen Massenmorden ist nicht nachweisbar, aber angesichts der vergleichsweise detaillierten Zuordnung von Abteilungseinsätzen ist zumindest das Erstere wahrscheinlich.

Über die weiteren Aktivitäten des IR 350 in den Jahren 1942/43 sind wir leider nicht in gleicher Weise unterrichtet. Was Schellhaus angeht, wissen wir lediglich, dass er am 15. Mai 1943 vom Regimentsstab 350 zur Ortskommandantur I/624 versetzt wurde, die zum Stab der 9. Armee gehörte und am 8. Januar 1944 zum Kommandostab beim Militärbefehlshaber Frankreich nach Paris abkommandiert wurde. Das Kriegsende erlebte der inzwischen zum Hauptmann avancierte Schellhaus beim Oberkommando der Heeresgruppe „Weichsel", zu der er am 10. März 1945 abkommandiert worden ist.[453] Formell leitete Schellhaus damit für einige Tage die Adjutantur Heinrich Himmlers, der jedoch am 21. März 1945 von Hitler als Oberbefehlshaber dieser Wehrmachtsformation wieder abberufen wurde.

NS-Karrierist in Westpreußen – und Kriegsverbrecher? Hans Krüger

1969 kam eine für das DDR-Ministerium des Innern erstellte „Analyse zur Durchsetzung der Führungsorgane des Bundes der Vertriebenen (BdV) mit Nazis" zu dem Schluss: „Von den bisherigen drei Präsidenten ist Krüger wohl am stärksten belastet." Das war eine hochpolemische Formulierung, denn von den drei ersten Präsidenten des BdV, welche die SED-Funktionäre damals bewerten konnten, war der zweite, Wenzel Jaksch, im Hinblick auf sein Verhalten gegenüber dem NS-Regime *überhaupt nicht* belastet, während das SED-Regime von der rechtsradikalen Jugend und der NSDAP-Mitgliedschaft des damals amtierenden dritten Präsidenten Reinhold Rehs gar nichts wusste. Es blieb somit Hans Krüger, der von 1958 bis 1964 als erster regulärer BdV-Präsident amtiert hatte. Krüger wurde in der DDR-Analyse angelastet, nicht nur ein Amtsträger des NS-Regimes als Ortsgruppenleiter der NSDAP im westpreußischen Konitz, sondern als Richter auch „an Todesurteilen des [dortigen] Sondergerichts beteiligt" gewesen zu sein.[454] Der erstgenannte Vorwurf war ein unbestreitbares Faktum, der

---

[452] Ebenda, Bl. 530.
[453] Vgl. die entsprechenden Unterlagen der WASt.
[454] BStU, Archiv der Zentralstelle, MfS-HA IX/11 FV 13/71 Bd. 4, Bl. 8 ff., insb. Bl. 13, MdI DDR, Dokumentationszentrum der Staatlichen Archivverwaltung: Martin Seckendorf, „Analyse

zweite eine schwer wiegende, allerdings nicht eindeutig bewiesene Anschuldigung. Denn Krüger war zwar nachweislich zum (stellvertretenden) Sonderrichter im „Dritten Reich" ernannt und damit unzweifelhaft vom NS-Regime als politisch besonders zuverlässiger Jurist bewertet worden[455]; eine Beteiligung an Todesurteilen eines Sondergerichts hat ihm jedoch bis heute nicht nachgewiesen werden können.

Knapp zehn Jahre vor diesen DDR-Vorwürfen waren die auf der Suche nach NS-Belastungen westdeutscher Vertriebenenpolitiker auch damals schon aktiven Sicherheits- und Propaganda-Apparate der DDR in Bezug auf Krüger noch völlig ahnungslos gewesen. Ein Dossier des „Ausschusses für deutsche Einheit" konstatierte 1959 mit Blick auf den frischgebackenen BdV-Präsidenten und CDU-Bundestagsabgeordneten, Krüger sei „bis zu seiner Umsiedlung" – mit diesem Terminus bezeichnete das SED-Regime verharmlosend die Flucht und Vertreibung der Deutschen ab 1944/45 – „Oberamtsrichter in Chojnice (Konitz)" im 1939 von Hitler-Deutschland annektierten Westpreußen und „vor 1938 [...] als Landgerichtsrat in Stargard tätig" gewesen. Das war alles, was die SED-Organe über Krügers NS-Vergangenheit damals hatten entdecken können.[456] Im August 1960 wusste die DDR-Staatssicherheit erst, dass Krüger „Mitglied der NSDAP" und „Nazi-Oberamtsrichter in Chojnice" gewesen sei – was beides zutreffend war.[457] Noch der DDR-Bericht von 1969 bemerkte fast entschuldigend, vor seiner Wahl zum BdV-Präsidenten sei Krüger „ein relativ unbekannter Funktionär" gewesen.[458]

Wenn damit der geringe Bekanntheitsgrad Krügers entschuldigen sollte, dass lange niemand von den belastenden Aspekten seiner NS-Vergangenheit gewusst hatte, so galt das auch für die Öffentlichkeit der Bundesrepublik. Linus Kather – der ambitionierte Vorsitzende des „Bundes vertriebener Deutscher" (BvD), der von den konkurrierenden Landsmannschaften als Präsident des neuen BdV 1958 verhindert wurde und stattdessen den Aufstieg seines Untergebenen Krüger ertragen musste, bestätigte 1965 diese Einschätzung, indem er sich ausdrücklich auf das langanhaltende Desinteresse des SED-Regimes an Krüger berief: „Es fällt auf, daß Krüger fünf Jahre lang Präsident des BdV war, ohne daß die Propagandisten Ulbrichts ihr Material gegen ihn vorbrachten. Das nötigt zu dem Schluß, daß

---

zur Durchsetzung der Führungsorgane des Bundes der Vertriebenen (BdV) mit Nazis (Stand: September 1969)", Dezember 1969.

[455] Vgl. zu den politischen Auswahlkriterien bei der Besetzung der ab 1933 geschaffenen Sondergerichte: Gruchmann, Justiz im Dritten Reich, S. 948.

[456] BStU, Archiv der Zentralstelle, MfS ZAIG Nr. 9705, Bl. 417–431, insb. Bl. 422, Ausschuss für deutsche Einheit, „Die Landsmannschaften in Westdeutschland. Eine Übersicht über die revanchistische Tätigkeit einiger Landsmannschaften in der Bundesrepublik", o. D. [hdschr.: 1959], S. 6.

[457] BStU, Archiv der Zentralstelle, MfS-HA XX Nr. 5433, Bl. 52–68, insb. Bl. 62, [MfS DDR], „Die revanchistischen Führer der westdeutschen Landsmannschaften", 30. 8. 1960.

[458] BStU, Archiv der Zentralstelle, MfS-HA IX/11 FV 13/71 Bd. 4, Bl. 8 ff., insb. Bl. 14, MdI DDR, Dokumentationszentrum der Staatlichen Archivverwaltung: Martin Seckendorf, „Analyse zur Durchsetzung der Führungsorgane des Bundes der Vertriebenen (BdV) mit Nazis (Stand: September 1969)", Dezember 1969.

man dort den Verband nicht als wichtigen Faktor ansah, jedenfalls nicht unter dieser Führung. Krüger war dem weiteren Publikum – die Vertriebenen nicht ausgenommen – unbekannt geblieben. Als er nach fünf Jahren Minister wurde, brachte die ‚Süddeutsche Zeitung' als sein Photo ein Bild von Schellhaus!"[459] Allerdings – das hätte der missgünstige Kather hinzufügen müssen – hatte Krügers Aufstieg zum Bundesminister im Jahre 1963 endlich auch die feindliche SED-Propaganda geweckt.

Im Oktober 1964 wurde Hans Krüger – mittlerweile ehemaliger Bundesminister, aber noch Bundestagsabgeordneter der CDU – von der Bonner Staatsanwaltschaft vernommen. Krüger schilderte, wie er nach langer beruflicher Unsicherheit im Juni 1938 endlich zum beamteten Landgerichtsrat in Stargard/Pommern ernannt worden sei. Nach Kriegsbeginn 1939 sei er zum OLG-Bezirk Danzig und von diesem an das Land- und Amtsgericht im westpreußischen Konitz abgeordnet worden. Krüger gab zu, dass dies keineswegs gegen seinen Willen geschehen sei, er habe vielmehr die feste Absicht gehabt, sich dauerhaft dorthin versetzen zu lassen. Am 1. Oktober 1940 sei er tatsächlich zum aufsichtsführenden Richter am Amtsgericht Konitz im Range eines Oberamtsrichters ernannt worden. Dort habe er bis Juni 1943 Dienst getan, als er zur Wehrmacht einberufen worden sei – zuerst als Landesschütze, dann als Marine-Artillerist. Im Range eines Gefreiten sei er am 13. April 1945 im Samlandkessel verwundet und nach Dänemark abtransportiert worden, wo er zwischen Mai und August 1945 in Kriegsgefangenschaft gewesen sei.[460]

Mit Blick auf sein NS-Engagement gab Krüger zu, was er ohnehin nicht leugnen konnte – nämlich bereits 1933 in die NSDAP eingetreten zu sein. Er beharrte jedoch darauf, während seiner gesamten unsicheren Berufsphase zwischen 1933 und 1938 weder in Lauenburg, wo er zwischen 1934 bis 1937 tätig gewesen sei, noch in Stargard oder seiner Heimatstadt Neustettin in der NSDAP aktiv geworden zu sein – abgesehen davon, dass er in Lauenburg beim Einziehen der Mitgliedsbeiträge geholfen habe. Erst Ende 1938 sei er in Stargard als Blockleiter und später als Zellenleiter eingesetzt worden, doch habe er diese Parteifunktionen nur bis zu seiner Abordnung nach Westpreußen im Oktober 1939 wahrgenommen. Zwar musste Krüger einräumen, im Mai 1938 außerdem aus der evangelischen Kirche ausgetreten zu sein, doch machte er geltend, dass dies keineswegs mit seinem NS-Engagement zu tun gehabt habe, sondern vielmehr aus Anlass „einer

---

[459] Kather, Die Entmachtung der Vertriebenen, Bd. 1, S. 215f.
[460] LANRW-W, Q 234/5733, Bl. 11–31, insb. Bl. 11f., Leitender Oberstaatsanwalt beim LG Bonn, Vernehmungsprotokoll Bundesminister a. D. Hans Krüger vom 12.10.1964; diese Auskünfte Krügers zu seiner militärischen Verwendung werden durch Akten der WASt bestätigt; demnach wurde er nach kurzem Dienst beim Landesschützen-Ersatz-und-Ausbildungsbataillon 11 in Hildesheim im August 1943 zur Schiffs-Stamm-Abteilung Nordsee und von dort sofort an die Batterie „Lyngen" im norwegischen Hela abkommandiert, wo er bis Februar 1944 Dienst tat; es folgte ein Artillerie-Lehrgang in Swinemünde im Februar/März 1944, ein Einsatz als Angehöriger der Marine-Einsatz-Kompanie „Junker" im Bereich der Feldkommandantur 669 in Dijon / Frankreich und von Oktober 1944 bis April 1945 der Dienst in der 3. Kompanie des Marine-Schützen-Bataillons 120.

gewissen Kirchenferne" erfolgt sei. Was seine NSDAP-Aktivitäten in Konitz anging, erklärte Krüger, dort zwar am 18. Oktober 1939 eingetroffen zu sein, seine NSDAP-Ummeldung jedoch erst mit seiner dauerhaften Versetzung zum 1. Oktober 1940 vorgenommen zu haben. Allerdings räumte er ein, sich schon vorher „natürlich zur Mitarbeit zur Verfügung gestellt" zu haben (was er infolge einer in den DDR-Akten aufgefundenen Beurteilung des Konitzer Landgerichtspräsidenten vom Juni 1940 ohnehin nicht mehr abstreiten konnte). Zum 20. April 1943 sei er dann nach dem Rücktritt seines Vorgängers zum Ortsgruppenleiter im Range eines „Gemeinschaftsleiters" der NSDAP ernannt worden. Krüger erklärte seine schon Mitte 1940 erfolgte positive politische Beurteilung durch den Landgerichtspräsidenten für nicht außergewöhnlich. Da eine negative Beurteilung Entlassung oder zumindest Nichtbeförderung zur Folge gehabt hätte, finde man „in allen Personalakten hinsichtlich der politischen Zuverlässigkeit positive Bemerkungen".[461]

Diese Behauptung war in Krügers Fall zweifellos eine erhebliche Verharmlosung. Der Landgerichtspräsident von Konitz hatte seinem vorgesetzten Oberlandesgerichtspräsidenten in Danzig gegenüber am 28. Juni 1940 die Bewerbung Krügers auf die Dauerstelle eines Oberamtsrichters in Konitz mit der Wertung befürwortet, Krüger sei nicht nur dienstlich fähig, sondern habe überdies in seiner Heimat Pommern bereits als Zellenleiter der NSDAP gearbeitet und „sich auch hier in Konitz dem Kreisleiter zur Mitarbeit zur Verfügung gestellt".[462] Insofern scheint sein NS-Aktivismus ein wesentliches Kriterium für die Bevorzugung vor anderen qualifizierten Bewerbern gewesen zu sein. Krüger beeilte sich im April 1943, nur wenige Tage nach seiner Ernennung zum Ortsgruppenleiter der NSDAP, diese Beförderung in seine Richter-Personalakte eintragen zu lassen, was indiziert, dass er um den Konnex zwischen Partei- und Justizkarriere wusste und sich denselben zunutze machen wollte.[463] Tatsächlich stellte der Danziger Oberlandesgerichtspräsident Walter Wohler – seit 1932 Mitglied der NSDAP, ab 1934 auch der SS und neben seiner hohen richterlichen Funktion Gauführer des NS-Rechtswahrerbundes[464] – in Krügers 1943/44 aktualisierter „Personal- und Befähigungsnachweisung" als politische Beurteilung anerkennend fest: „In Bezug auf die politische Haltung können – Krüger ist Ortsgruppenleiter der NSDAP – irgendwelche Zweifel nicht bestehen."[465] Das war weit mehr als eine Gefälligkeitsbegutachtung.

Ziemlich gefällig hingegen fiel die Beurteilung von Krügers NS-Engagement in seinem Entnazifizierungsverfahren von 1947 aus. Damals betonte Krüger, dass er im westpreußischen Konitz zwischen 1940 bis 1943 „kommissarisch" (also nur vorübergehend und ohne reguläre Ernennung) mit der Wahrnehmung der Ge-

---

[461] Ebenda. Bl. 14 17.
[462] LANRW-W, Q 234/5970, LG-Präsident Konitz an OLG-Präsident Danzig, 28. 6. 1940.
[463] Ebenda, Oberamtsrichter Krüger, Konitz, an OLG-Präsident Danzig, 29. 4. 1943.
[464] Klee, Personenlexikon zum Dritten Reich, S. 684.
[465] Vgl. LANRW-W, Q 234/5970.

schäfte des Ortsgruppenorganisationsleiters betraut gewesen sei und dass er wiederum nur „kommissarisch" zwischen März und Juni 1943 als Ortsgruppenleiter fungiert habe.[466] Krüger erläuterte, seine „Hauptaufgabe" als Ortsgruppenorganisationsleiter in Konitz habe „in der Vorbereitung der Verteilung der Lebensmittelkarten" und deren späterer „Abrechnung mit dem Ernährungsamt" bestanden. (Dass selbst diese scheinbar unpolitische Aufgabe einer rassistischen Ungleichbehandlung durch die entsprechend abgestuften Zugangsrechte zu Lebensmitteln Vorschub leisten musste, sagte er nicht.) Ferner habe er – so Krüger kryptisch – „die in regelmäßigen Zeitabständen vorzunehmende Zusammenstellung statistischer Erhebungen" durchführen müssen. War damit die später von Zeugen erwähnte rassistische Einstufung von Konitzer Bürgern in die „Deutsche Volksliste" angedeutet? Krüger sprach 1947 davon, „bei der Ausfüllung politischer Fragebogen die Unterlagen" beschafft „und die Entscheidung des Ortsgruppenleiters" abgefasst zu haben, ohne zu erläutern, worum es dabei gegangen war. Die stattdessen erwähnte „Woll- und Holzsammlung 1941/42" sollte dem Tätigkeitsbereich eines lokalen NSDAP-Funktionärs endgültig eine völlig unpolitische Färbung geben.[467]

Zu seiner Tätigkeit als Ortsgruppenleiter im Jahre 1943 sagte Krüger bei allem Wortreichtum gar nichts.[468] Dabei war dieselbe für diesen lokalen „Hoheitsträger" der Partei vielfältig gewesen: Jeder Ortsgruppenleiter war – so das für Krüger maßgebliche, 1943 vom Reichsorganisationsleiter der NSDAP herausgegebene „Organisationsbuch der NSDAP" – nicht nur für die „Betreuung" und Führung der Parteimitglieder seines Amtsbereichs zuständig, sondern auch für „alle Willensäußerungen der Partei" und „für die politische und weltanschauliche Führung und Ausrichtung". Er hatte den „Führernachwuchs" zu fördern und zu bewerten, die „Mitarbeiterüberwachung" wahrzunehmen, auf monatlichen „Führerbesprechungen" den ihm unterstellten Parteifunktionären „richtunggebende Weisungen zu erteilen". Er hatte insbesondere das Recht, „mit Rücksicht auf ein geschlossenes politisches Auftreten in der Öffentlichkeit gegen alle Maßnahmen, die dem Gesamtinteresse der Partei zuwiderlaufen, Einspruch beim Kreisleiter zu erheben" und dadurch andere lokale Behörden oder Organisationen in Schwierigkeiten zu bringen. Darüber hinaus war er „berechtigt und verpflichtet, öffentliche und nicht öffentliche Veranstaltungen und Handlungen, die gegen die Zielsetzung der Partei verstoßen, zu unterbinden".[469] Niemand befragte Krüger, wie er vor diesem Hintergrund seine Befugnisse als Ortsgruppenleiter verstanden und ausgeübt hatte.

Dafür gebrach es Krüger nicht an Entlastungszeugen. Der aus Konitz stammende Landgerichtsrat Rudolf Skrodzki, der nach eigenen Angaben nie der NSDAP angehört hatte und nach erfolgreicher Überprüfung durch die britische

---

[466] LANRW-R, NW 1109/1886, Hans Krüger, Entnazifizierungs-Fragebogen v. 20.3.1947.
[467] Ebenda, Hans Krüger, Lebenslauf, o. D. [1947].
[468] Ebenda.
[469] Organisationsbuch der NSDAP, S. 120f.

2. NS-Mitläufer und NS-Belastete in der mittleren Generation   425

Militärregierung schon wieder als Richter in Lüneburg tätig war, sagte aus, Krüger sei zwar NSDAP-Mitglied und kurzfristig auch Ortsgruppenleiter gewesen, habe aber „diese Stellung nicht mißbraucht, sondern die Bevölkerung gleichmäßig gerecht und menschlich behandelt". Auch als Behördenchef habe er nie zwischen Partei- und Nichtparteimitgliedern unterschieden, habe stets „ausgleichend gewirkt und sich tolerant gezeigt". Krüger sei seines Wissens „im nationalsozialistischen Kreisgericht" – es bleibt unklar, ob damit ein Kreisparteigericht oder eine staatliche Gerichtsinstitution gemeint gewesen sein könnte – nie tätig gewesen und habe sich nur beim Amtsgericht mit Strafsachen befasst.[470] Ein weiterer Jurist, der als Anwalt in Neustettin Krüger bis 1938 gekannt hatte, bekundete ebenfalls, dieser habe in seiner dienstlichen Tätigkeit sein Handeln nicht „nach der Nazilehre hin geändert"; sein Umgang mit ihm, der Krüger als „Gegner der NSDAP" bekannt gewesen sei, sei völlig gleich geblieben, was auch ein weiterer „Nichtnazi" bezeugen könne. Der unterdessen als Amtsgerichtsrat tätige Zeuge betonte, er „würde Herrn Krüger für die Zeit meiner Beobachtung als Mitläufer ansprechen", wobei er sich jedoch für den Zeitraum ab 1938/39 nicht äußern könne. Als anerkannter „Verfolgter des Nazi-Regimes" gebe er jedoch solche Erklärungen „nur in wirklich verdienten Ausnahmefällen ab". Er tue dies, weil Krüger „nicht zu den für unser Unglück verantwortlichen Nazis" gehöre.[471]

Gerade für den Zeitraum des Zweiten Weltkrieges jedoch wurde Krüger seitens der Volksrepublik Polen ein deutlich antipolnischer Rassismus unterstellt. Angeblich hatte ein polnischer Jurist aus Czersk nahe Chojnice nach Kriegsende 1945 bei der Rückkehr in sein Haus, das zwischen 1939 und 1945 von den Deutschen konfisziert und von einem NS-Richter namens Adolf Freuer bewohnt worden war, das Konzept eines Briefes dieses Freuer vorgefunden, worin auf die Ausrottung der Polen zielende Äußerungen Krügers zitiert wurden.[472] Dieser Briefentwurf vom 12. April 1943 – also kurz vor der Ernennung Krügers zum NSDAP-Ortsgruppenleiter in Konitz – wurde in einer polnischen Abschrift den Bonner Ermittlern überreicht. Im letzten Absatz des Briefes standen Ausführungen über die „Fortschritte" der seit 1939/40 betriebenen Zwangs-Eindeutschung der zu 98 Prozent von Polen bewohnten Stadt Czersk – damals umbenannt in „Heiderode". Diese Zwangsassimilation wurde besonders mit Hilfe der Einstufung in die „Deutsche Volksliste" (DVL) vorangetrieben (innerhalb derer zwischen rassisch „wertvollen" und unerwünschten Slawen mittels dreier Kategorien unterschieden wurde); laut eigener Aussage hatte sich der Briefschreiber im Auftrage des NSDAP-Kreisleiters in den Jahren 1940/41 an der Erstellung dieser DVL beteiligt. Der Verfasser – angeblich Krügers Richterkollege Freuer – bemerkte, „auf der letzten Versammlung der NSDAP in Konitz" habe sein „Berufskollege Herr Hans Krüger in einer Rede unterstrichen, dass Polen gegenüber das Drei-A-System Arthur

---

[470] LANRW-R, NW 1109/1886, Rudolf Skrodzki, Lüneburg, Entlastungszeugnis v. 5. 2. 1947.
[471] Ebenda, Dr. Hollenbach, Rotenburg, Bescheinigung v. 21. 12. 1946.
[472] BAK, B 136/3813, Presse- und Informationsamt der Bundesregierung, Nachrichten-Abt., SBZ-Auswertung v. 3. 6. 1964.

Greisers", des Gauleiters und Reichsstatthalters im benachbarten Warthegau, angewendet werden solle. Der Briefschreiber übersetzte dies mit „Aussiedeln, Ausbeuten, Ausrotten" und fuhr fort: „Herr Krüger liefert bei sich in Konitz gute Arbeit, indem er, mit Hilfe der Ortsvolksdeutschen[,] die sich verbergenden Polen herausfängt und mit ihnen kurzen Prozess macht. Du verstehst wohl gut, was ich damit meine."[473]

Krüger ging diesbezüglich in seiner Vernehmung von 1964 jedes Verständnis ab: Den vorgelegten Briefentwurf des Amtsgerichtsrats Freuer mit Äußerungen zu seiner Person konnte er nicht nachvollziehen. Weder habe er sich jemals in einer Rede für das „Drei-A-System" gegenüber den Polen eingesetzt noch sich verbergende Polen eingefangen, um mit ihnen „kurzen Prozeß" zu machen.[474]

Die Ermittler hatten den angeblichen Verfasser des Czersker Briefes, den pensionierten Oberamtsrichter Adolf Freuer, ausfindig gemacht. Dieser kannte Krüger aus gemeinsamer Vorkriegstätigkeit im pommerschen Stargard. Wie Krüger war Freuer im Oktober 1939 „zur Verwendung in dem wieder eroberten Westpreußen abgeordnet" worden. Laut Freuer war Krüger damals „ein national-gesinnter Mann [...], was auch daraus hervorgeht, daß er Burschenschafter war und sich zeitweilig auch in der Schwarzen Reichswehr betätigt hat". Freuer wusste folglich über Krügers rechtsradikale Aktivitäten der 1920er Jahre recht gut Bescheid. Über Krügers „Tätigkeit in der NSDAP in Konitz" wollte er hingegen weit weniger gut informiert sein, er könne dazu „aus eigenem Wissen keine näheren Angaben machen". Er habe allerdings „von Herrn Landgerichtspräsidenten Wersche [...] 1943 erfahren, daß Krüger Ortsgruppenleiter in Konitz geworden sei" und dabei „den Eindruck" gewonnen, „daß Wersche hiermit nicht einverstanden war". Erst als er nach dem Kriege erfahren habe, daß „Wersche der Widerstandsbewegung Dr. Goerdeler angehört hatte" (20. Juli 1944), sei ihm diese Missbilligung verständlich geworden. Freuer selbst war – anders als Krüger – erst 1937 zur NSDAP gestoßen, hatte dann aber ebenso wie dieser untergeordnete Parteifunktionen übernommen (Rechtswahrer der Ortsgruppenleitung Czersk/Heiderode, gegen Kriegsende auch noch Kulturstellenleiter). Außerdem gab Freuer zu, in der NSDAP-Kreisleitung bei der Erstellung der Volkstumsliste mitgearbeitet zu haben, was auch sein Kollege Krüger in Konitz getan habe. Schließlich gab Freuer an, dass die Richter „in den wiedergewonnenen Ostgebieten" – also auch in Westpreußen – nicht nur den staatlichen Justizbehörden, sondern auch „der Kreisleitung der NSDAP unterstanden" hätten, und zwar insofern, als die Kreisleiter „Einfluß auf die Personalpolitik nehmen und die richterliche Tätigkeit beanstanden konnten".[475]

Diese Information spiegelt die in der Tat wesentlich einflussreichere Stellung der NSDAP in den erst 1939 errichteten „Reichsgauen" Danzig-Westpreußen und

---

[473] LANRW-W, Q 234/5967, Bl. 39–40, insb. Bl. 40, Polnische Abschrift des angeblichen Briefes von Adolf Freuer an seinen Vetter Franz, 12.4.1943.

[474] LANRW-W, Q 234/5733, Bl. 11–31, insb. Bl. 29, Leitender Oberstaatsanwalt beim LG Bonn, Vernehmungsprotokoll Bundesminister a. D. Hans Krüger vom 12.10.1964.

[475] LANRW-W, Q 234/5733, Bl. 1–8 und Bl. 10, Leitender Oberstaatsanwalt beim LG Bonn, Vernehmungsprotokoll Oberamtsrichter a. D. Adolf Freuer vom 24.9.1964.

Wartheland wider, wo die Gauleiter-Reichsstatthalter „nahezu vollen Zugriff auf die Justizverwaltung" besaßen.[476] Dies legt den Schluss nahe, dass Krügers NS-Parteiengagement bis hin zur Funktion des Ortsgruppenleiters, die er 1943 erreichte, im Justizbereich seines westpreußischen „Reichsgaues" sehr viel unmittelbarer karrierefördernd gewirkt haben dürfte als normalerweise im „Altreich". Zudem bildete der um 1940 aufgebaute Parteiapparat der NSDAP in Westpreußen „für die extremere Herrschaft im Osten", in einer Region mit polnischer Bevölkerungsmehrheit, „quasi das ideologische Rückgrat". Krüger zählte nicht nur zu den 100 000 Parteimitgliedern im Gau Danzig-Westpreußen, sondern auch zur Gruppe der meist nebenamtlich tätigen 14 000 NSDAP-Funktionäre, die für den dort praktizierten Rassismus des NS-Regimes unentbehrlich waren.[477] Ob der auch Krüger zu unterstellende Antipolonismus jener NS-Funktionärsgruppe jedoch in ideologische oder gar praktische Unterstützung von „Ausrottungs"-Plänen mündete, ist eine andere Frage. Die DVL, an der Krüger ebenso wie Freuer mitarbeiteten, zielte jedenfalls bei ihrer relativ großzügigen Inklusionspolitik ähnlich wie in Oberschlesien, aber im Unterschied zur sehr viel stärker ausgrenzenden Politik im benachbarten Warthegau primär auf eine Zwangsassimilation großer polnischer Bevölkerungsteile.[478] Freuer bestritt jedenfalls gegenüber der bundesrepublikanischen Justiz, die im von polnischer Seite vorgelegten Briefentwurf enthaltenen, Krüger belastenden Sätze verfasst zu haben, die in seinen Augen gefälscht und „hinzugesetzt" worden waren. Als Freuer erfuhr, dass sich weder eine Kopie noch das Original des Briefes unter den Akten befanden, wirkte er auf seinen Vernehmer „sichtlich erleichtert".[479]

Was die Teilnahme an Sondergerichtsverfahren anging, gab Freuer zu, als Beisitzer an einem Schwarzschlachtungs-Prozess teilgenommen zu haben, der mit Todesurteilen geendet habe. Seiner Erinnerung nach sei nicht Krüger – dem von polnischer Seite eine Teilnahme an solchen Todesurteilen vorgeworfen wurde –, sondern ein Amtsgerichtsrat namens Dogs der zweite Beisitzer gewesen. Er selbst, so Freuer, sei im Sommer 1943 als Beisitzer zum Sondergericht Konitz abgeordnet worden und später sogar dessen stellvertretender Vorsitzender geworden, weil alle jüngeren Richter zur Wehrmacht eingezogen worden seien. Er könne sich aber nicht erinnern, jemals mit Krüger im Sondergericht zusammengearbeitet zu haben.[480]

Die den westdeutschen Ermittlern seitens der DDR-Justiz zugänglich gemachten NS-Akten Krügers ergaben, dass erst am 21. Januar 1942 ein eigenständiges Sondergericht für politisch relevante Strafverfahren in Krügers Dienstort Konitz gebildet worden war. In dessen Besetzungsliste für das Geschäftsjahr 1942 tauchte

---

[476] Vgl. Pohl, Die Reichsgaue Danzig-Westpreußen und Wartheland, S. 401.
[477] Vgl. ohne Bezug auf Krüger: Ebenda, S. 399.
[478] Dlugoborski, Die deutsche Besatzungspolitik und die Veränderungen der sozialen Struktur Polens 1939–1945, S. 335.
[479] LANRW-W, Q 234/5733, Bl. 1-8 und Bl. 10, Leitender Oberstaatsanwalt beim LG Bonn, Vernehmungsprotokoll Oberamtsrichter a. D. Adolf Freuer vom 24. 9. 1964.
[480] Ebenda.

Freuer nicht auf, sehr wohl aber als „Stellvertreter in erster Linie: Oberamtsrichter Krüger, Konitz", der also im Falle der Verhinderung eines ordentlichen Gerichtsmitglieds nachrücken musste. Im Juni 1943 musste das Sondergericht Konitz mit Wirkung ab 26.6.1943 für den Rest des laufenden Geschäftsjahres umbesetzt werden, da zwei Richter – darunter Krüger – zum Wehrdienst einberufen waren und ein weiterer versetzt worden war. Zwar taucht der Name Freuers auch zu diesem Zeitpunkt noch nicht auf, doch der von Freuer als Beisitzer erinnerte Gerichtsassessor Dogs aus Zempelburg wird hier als neues Mitglied namhaft. Dadurch, dass ein reguläres Mitglied des Sondergerichts, Scharner, bereits am 21. April 1943 zum Wehrdienst eingezogen worden war, hatte Krüger zwischen dem 21. April und seiner eigenen Wehrdienst-Einziehung am 26. Juni 1943 nicht nur als stellvertretendes, sondern als nachgerücktes dauerhaftes Mitglied des Sondergerichts fungiert. Er hätte folglich zumindest an allen in diesem Zeitraum verhandelten Fällen beteiligt gewesen sein müssen.[481]

Hans Krüger hat 1964 ausgesagt, seit dem 18. Oktober 1939 in Konitz anwesend und diensttuend gewesen zu sein.[482] Das war aus der langen Zeitdistanz heraus bemerkenswert richtig erinnert, denn Krügers NS-Personalakte verzeichnete, dass er als Landgerichtsrat ab dem 17. Oktober 1939 beim Land- und Amtsgericht Konitz tätig geworden sei.[483] Zu den gegen ihn als Mitglied des Sondergerichts gerichteten polnischen Beschuldigungen führte Krüger aus, er habe lediglich ab 1942 dem Sondergericht Konitz angehört, nicht aber dem zuvor für Konitz zuständigen Sondergericht Danzig, und habe folglich auch nicht 1941 an einer Sitzung dieses Danziger Sondergerichts in Konitz teilgenommen. Ein weiteres Mitglied des Konitzer Sondergerichts, der „Ende April 1943" zur Wehrmacht einberufene Verwaltungsgerichtsdirektor Scharner, könne bezeugen, dass er bis zu diesem Zeitpunkt „nicht im Sondergericht tätig gewesen" sei. Er selbst sei „Ende Juli 1943" zur Wehrmacht eingezogen worden (in Wahrheit: Ende Juni), weshalb seine Zugehörigkeit zum Sondergericht Konitz nur „zwei Monate" gedauert habe. Eben deshalb könne er sich an eine diesbezügliche Tätigkeit „nicht erinnern", obwohl „nicht ausgeschlossen" sei, dass er „an einer Sondergerichtssitzung teilgenommen habe". Zu den beiden konkreten Fällen (Schwarzschlachtung und Jeka), an deren Aburteilung er laut polnischer Zeugen teilgenommen haben sollte, bemerkte Krüger zunächst, „daß die in Rede stehenden Straftaten [...] auch nach den im Reich geltenden Gesetzen mit der Todesstrafe damals bedroht waren und auch entsprechend geahndet worden seien", dass also beide Urteile „auch nach heute geltender Auffassung zu Recht ergangen" wären. Zugleich erklärte Krüger seine Mitwirkung an diesen Urteilen für „ausgeschlossen". Es sei ihm „in keiner Weise erinnerlich", dass er in einem Schwarzschlachtungsprozess vier Todesurteile

---

[481] LANRW-W, Q 234/5970, OLG-Präsident Danzig an LG-Präsident Konitz, 26.1.1942, und OLG-Präsident Danzig an LG-Präsident Konitz, 23.6.1943.
[482] LANRW-W, Q 234/5733, Bl. 11–31, insb. Bl. 19f., Leitender Oberstaatsanwalt beim LG Bonn, Vernehmungsprotokoll Bundesminister a. D. Hans Krüger vom 12.10.1964.
[483] LANRW-W, Q 234/5970, Personalakte Hans Krüger, 2.11.1939.

gefällt hätte. Und der Fall Jeka sei in einem anderen Verfahren der bundesdeutschen Justiz bereits dem Sondergericht Danzig zugeordnet worden, so dass hier wohl „ein Irrtum der Zeugen" vorliege.[484]

Tatsächlich bestätigte der frühere Danziger Senatspräsident Arno Beurmann, den Prozess gegen Jeka als Vorsitzender des Danziger Sondergerichts etwa gegen Jahresende 1940 geleitet zu haben. Dabei betonte Beurmann, „mit Sicherheit" sei Krüger nicht Mitglied dieses Gerichts gewesen, und machte zwei andere Richter als Beisitzer des Jeka-Prozesses namhaft.[485] Insofern scheint Krüger am Todesurteil gegen Jeka tatsächlich nicht beteiligt gewesen zu sein. Im andern Fall des Schwarzschlachtungsprozesses mit mehreren Todesurteilen muss die Beurteilung offenbleiben; hier hat Krüger die Behauptung seiner Nichtbeteiligung derart elegant formuliert, dass ihm der Vorwurf der Falschaussage für den Fall später auftauchender Prozessakten erspart geblieben wäre.

Zwei polnische Zeugen behaupteten das Gegenteil: Marian Bakowski erklärte, er habe als Dolmetscher ab 1942 Krüger „in zwei Verhandlungen" als Mitglied des Sondergerichts erlebt. Im ersten Fall sei es um Schwarzschlachtung durch fünf polnische Angeklagte gegangen, wobei „vier Todesurteile" gefällt worden seien; im anderen Fall sei der polnische Fähnrich Jeka wegen Erschießung eines Volksdeutschen namens Dogs angeklagt, zum Tode verurteilt und hingerichtet worden.[486] Auch der Zeuge Franciszek Huzarek hatte im Januar 1964 ausgesagt, Krüger sei Mitglied des Sondergerichts gewesen und habe am Todesurteil gegen den Fähnrich Jeka mitgewirkt.[487] Die daraufhin von den Bonner Ermittlern 1964/65 durchgeführten Vernehmungen etlicher deutscher Zeugen, die seinerzeit in der Justiz des Reichsgaus Danzig-Westpreußen tätig gewesen waren, erbrachten allerdings kein klares Bild. Der volksdeutsche Richter Skrodzki aus Konitz konnte sich an drei wesentliche polnische Belastungszeugen Krügers – Bakowski, Huzarek und Pabich – gut erinnern und erklärte diese für glaubwürdig. Hingegen hatte der frühere Danziger Senatspräsident Beurmann Krüger vom Vorwurf der Mitwirkung am Todesurteil gegen Jeka entlastet. Die meisten übrigen deutschen Zeugen hatten „bezüglich der Mitwirkung des Beschuldigten an Verhandlungen des Sondergerichts [...] nichts aussagen können", lediglich der früher als Staatsanwalt in Konitz tätig gewesene Zeuge Brunsch hatte erklärt, „er glaube sich an eine Sondergerichtsverhandlung erinnern zu können, bei der der Beschuldigte als Beisitzer mitgewirkt habe und in der gegen einen Polen die Todesstrafe verhängt worden sei".[488]

Der damalige Amtsgerichtsrat Horst Brunsch war zwischen 1942 und 1944 als Staatsanwalt in Konitz tätig gewesen. Dabei hatte er nicht nur die offiziellen

---

[484] LANRW-W, Q 234/5733, Bl. 11–31, insb. Bl. 25f. und Bl. 30f., Leitender Oberstaatsanwalt beim LG Bonn, Vernehmungsprotokoll Bundesminister a. D. Hans Krüger vom 12.10.1964.
[485] Ebenda, Bl. 128–129, Leitender Oberstaatsanwalt beim LG Bonn, Vernehmungsprotokoll Dr. Arno Beurmann vom 30.11.1964.
[486] LANRW-W, Q 234/5734, Bl. 5–7, insb. Bl. 7, Vernehmungsprotokoll Marian Bakowski.
[487] Ebenda, Bl. 11–14, insb. Bl. 13, Vernehmungsprotokoll Franciszek Huzarek vom 24.1.1964.
[488] LANRW-W, Q 234/5964, Bl. 137–140, insb. Bl. 138f., Leitender Oberstaatsanwalt beim LG Bonn, Dr. Drügh, an Justizminister Nordrhein-Westfalen, 4.3.1965.

Todeserklärungen für etliche 1939 verschwundene (und vermutlich von deutschen SS- und Selbstschutz-Kommandos ermordete) Polen aufarbeiten müssen. Er erklärte 1964 auch, „mit Sicherheit" zu wissen, „daß Krüger bei dem Konitzer Sondergericht tätig gewesen ist als Beisitzer". Krüger habe einen Ruf als außerordentlich streng urteilender Richter gehabt und sei ebenso wie der Landgerichtspräsident Wersche politisch im nationalsozialistischen Sinne aktiv gewesen. Krüger habe „häufig die braune Uniform" getragen, obwohl es keinen besonderen Anlaß dazu gegeben habe; er habe dann bei Gerichtssitzungen die Richterrobe über der Parteiuniform getragen. Brunsch konnte sich an drei Sondergerichtsverfahren in Konitz erinnern, bei denen es um die Todesstrafe gegangen sei. Im Fall Peplinski sei es um massive Schwarzschlachtungen und damit um einen gravierenden Verstoß gegen die Kriegswirtschaftsverordnung gegangen, weshalb von ihm als Ankläger die Todesstrafe beantragt und durchgesetzt worden sei. An diesem Verfahren sei Krüger jedoch „nicht beteiligt" gewesen. Hingegen sei Krüger in einem der anderen Fälle, „entweder im Falle Warczak oder im Falle Rekowski", seiner Erinnerung nach „Beisitzer des Sondergerichts" gewesen. Im Fall Rekowski sei es um eine hochschwangere Frau gegangen, der ein Verstoß gegen das Spinnstoffsammlungsgesetz vorgeworfen wurde, von deren Schuld er als Ankläger selbst nicht überzeugt gewesen sei, jedoch auf Weisung seines Vorgesetzten die Todesstrafe habe beantragen müssen. Im Fall Warczak sei es um Schüsse auf Polizeibeamte gegangen. Brunsch gab auf Befragen der Ermittler an, sich nicht mit letzter Sicherheit an eine Mitwirkung Krügers in einem dieser Prozesse erinnern zu können, vermutete aber, dass die Sondergerichtsakten noch vorhanden sein könnten.[489] Diese sind jedoch leider bis heute nicht aufgetaucht. Stattdessen ergibt ein Blick auf die derzeit im Bundesarchiv befindlichen Akten der Verfahren des Sondergerichts Konitz ein – freilich lückenhaftes – Bild, bei dem sich keine Prozessbeteiligung Krügers nachweisen lässt.[490]

Stadt und Landkreis Konitz (polnisch: Chojnice) waren in der ersten Hälfte des 20. Jahrhunderts ein typisches Beispiel für ethnonationalistische Konflikte zwischen den dort ansässigen deutschen, polnischen und jüdischen Bevölkerungs-

---

[489] LANRW-W, Q 234/5733, Bl. 38–42, Vernehmungsprotokoll Horst Brunsch, o. D. [darauf hdschr. Vermerk v. 13.11.1964]; auch der Rechtsanwalt Alfred Schulz aus Konitz, der nach eigenen Angaben der Strafverteidiger des Fähnrichs Jeka gewesen war, hatte Krüger zumindest „nach außen hin als Nationalsozialist" erlebt, der bei „offiziellen Veranstaltungen" Parteiuniform getragen habe; „sonst habe ich ihn fast nur in Zivil gesehen"; Schulz wusste, dass Krüger „beigezogenes Mitglied des Sondergerichts" gewesen sei, machte jedoch keine Angaben über dessen Beteiligung an Todesurteilen – auch nicht im Jeka-Prozess, dessen Richter er zweifellos gekannt haben muss; vgl. ebenda, Bl. 118–119, insb. Bl. 118RS, Vernehmungsprotokoll Alfred Schulz vom 25.11.1964.

[490] Vgl. die Vorgänge in BAB, R 3001, Nr. 158760, 158754, 158467, 158710, 157807, 145507, 145509, 158625, 158970, 158741, 158362, 157734, 145577, 145568, 145514, 145499, 145431, 145138; dabei wurden diverse Todesurteile gefällt, zumeist wegen bandenmäßigen Diebstahls, einmal aber auch wegen „Wehrkraftzersetzung"; es findet sich auch ein Sondergerichtsverfahren wegen fortgesetzter, gemeinschaftlich begangener Schwarzschlachtungen, bei dem im Juni 1943 zwei Todesurteile verhängt wurden und eines davon auch vollstreckt wurde, doch war Krüger an diesem Verfahren nach Aktenlage nicht beteiligt; vgl. BAB, R 3001/158362.

gruppen. Konitz war bereits im Jahre 1900 zur Chiffre für deutschen (und im Umland auch polnischen) Antisemitismus geworden, als dort die zerstückelte Leiche eines jugendlichen deutschen Gymnasiasten aufgefunden wurde; große Teile der Bevölkerung warfen daraufhin den ansässigen Juden vor, einen „Ritualmord" verübt zu haben.[491] Der Fall konnte nie aufgeklärt werden, doch kam es zu antisemitischen Ausschreitungen, die erst durch Verlegung preußischen Militärs in den Kreis unterdrückt[492] und zumindest „äußerlich beigelegt" wurden.[493] Nach 1918 kehrten sich dann die Machtverhältnisse zwischen Deutschen und Polen um. Hatten sich bisher die polnischen Einwohner einer nationalistischen Eindeutschungspolitik erwehren müssen, sahen sich nunmehr die Deutschen einer nationalistischen und zudem auf Revanche zielenden Polonisierungspolitik ausgesetzt. Im September 1923 beriet der Politische Ausschuss des polnischen Ministerrates über einen Bericht des Wojewoden von Pommerellen, welcher konstatiert hatte, „daß die bisherige Polonisierungsaktion in Konitz keinen Erfolg mit sich gebracht habe, weil der Einfluß des Deutschtums immer noch sehr stark sei". Zwar habe man das Bürgermeisteramt reorganisiert und den deutschen Einfluss im Gemeinderat reduziert, doch die „weitere Entdeutschung der Stadt Konitz" verlange weitergehende repressive Maßnahmen – insbesondere „die Entlassung deutscher Richter und Rechtsanwälte aus dem Gerichtswesen, die Einengung des deutschen Schulwesens" und die systematische Entfernung deutscher Geistlicher – allen voran des katholischen Bischofs von Kulm.[494] Der massive Druck der polnischen Behörden bewirkte eine massenhafte „Abwanderung" von Deutschen aus Pommerellen und namentlich auch aus Chojnice: Im Kreis Konitz betrug die Abnahme der Deutschen 73,4 Prozent, dort war deren Zahl von 30326 im Jahre 1910 auf 9022 im Jahre 1926 und auf 8070 im Jahre 1934 ganz erheblich zurückgegangen.[495] 1935 veranstaltete der „Polnische Westverband", eine nationalistische Lobby für Polonisierungspolitik, eine Kundgebung in Chojnice, in der nicht nur zum Boykott deutscher Geschäfte und Gewerbebetriebe aufgerufen, sondern auch die weitere Verdrängung deutscher Grundbesitzer gefordert wurde.[496] Unmittelbar nach dem deutschen Angriff auf Polen am 1. September 1939 kam es im Raum Konitz Anfang September 1939 zu einzelnen polnischen Gewalttaten gegen deutsche Zivilisten als „Opfer der Panik, die beim Vorrücken der Wehrmacht beim polnischen Militär ausbrach". Eine Untersuchung des NS-Regimes ergab für den Kreis Zempelburg 21 volksdeutsche Tote oder Vermisste. Der Historiker Mathias Niendorf konstatiert: „In der von Panik und Hysterie bestimmten Atmosphäre lief jeder hinter der Front befindliche Deutsche Gefahr, für einen Agenten des Feindes gehalten zu werden."[497] Insgesamt dürften im September 1939 zwi-

---

[491] Vgl. Smith, Die Geschichte des Schlachters; Nonn, Eine Stadt sucht einen Mörder.
[492] Smith, Die Geschichte des Schlachters, S. 8 und S. 44f.
[493] Niendorf, Minderheiten an der Grenze, 1996, S. 97f.
[494] Kotowski, Polens Politik gegenüber seiner deutschen Minderheit 1919–1939, S. 105f.
[495] Ebenda, S. 55.
[496] Ebenda, S. 238.
[497] Niendorf, Minderheiten an der Grenze, S. 366f.

schen 4500 und 5500 volksdeutsche Zivilisten in Polen von polnischer Seite getötet worden sein.[498]

Kurz nach der deutschen Machtübernahme in den polnischen Westgebieten setzte eine volksdeutsche Basis-Gewalt ungleich größeren Ausmaßes gegen Polen ein, die der Deutschenfeindlichkeit bezichtigt wurden. Für deren Verhaftung genügte die Unterschrift zweier volksdeutscher Zeugen, und in der Regel war die Erschießung der Verhafteten durch SS- oder volksdeutsche „Selbstschutz"-Kommandos die Folge. Laut Mathias Niendorf stellten diese Morde an polnischen Nationalisten für die volksdeutsche Bevölkerung in Pommerellen kein Problem dar; Widerspruch regte sich erst, als die von Hitler befohlene NS-Gewalt ganze gesellschaftliche Gruppen von Polen ohne jede individuelle Schuldzuweisung erreichte. Das NS-Regime suchte daher diese Massenmorde durch den „Mythos des ‚Bromberger Blutsonntags'" zu legitimieren.[499] Dieses polnische Massaker an 700 bis 1000 deutschen Einwohnern der Stadt Bydgoszcz war unmittelbar nach dem Angriff der deutschen Wehrmacht auf Polen zu Anfang September 1939 erfolgt. Die von deutscher Seite propagandistisch als „Bromberger Blutsonntag" bezeichnete Untat war eine Reaktion auf Heckenschützengerüchte, wonach deutsche Zivilisten heimtückisch auf polnische Soldaten geschossen hätten, und erinnert an ähnliche Brutalitäten des deutschen Militärs im Ersten Weltkrieg, die ebenfalls von (meist unbegründeter) Partisanenfurcht ausgelöst worden waren. Sofort nach der deutschen Besetzung Brombergs verübten SS-Verbände im Verein mit volksdeutschen Miliizen ihrerseits Massaker an rund 1000 polnischen Zivilisten in Bromberg und an 5000 Polen in der umliegenden Region.[500] Zuweilen wird die Opferzahl in Bydgoszcz mit 900 oder 700 getöteten Polen sehr viel niedriger angesetzt. Wichtig jedoch ist: Diese deutschen Massenmorde erfolgten nicht aus Partisanenfurcht und nicht primär aus spontaner Rache, sie waren vielmehr Teil eines systematischen, von Hitler schon vor Kriegsbeginn angeordneten Vernichtungsprogramms zur „Ermordung der polnischen Elite". Diesem gegen die polnischen Führungsschichten gerichteten NS-Ausrottungsprojekt fielen im gesamten von Deutschland annektierten Westpreußen im Herbst 1939 etwa 30 000 Polen, im ganzen deutsch besetzten polnischen Territorium 47 500 Polen und 7000 Juden sowie 3000 psychisch Kranke in Heilanstalten zum Opfer. Die Mordaktionen zogen sich ab September 1939 monatelang hin.[501] Sie waren auch blutige Realität in Konitz, als Hans Krüger im Oktober 1939 dort ankam. Trotz der völlig unterschiedlichen Gewalt-Eskalationen sollte die polnische Gewalt gegen Volksdeutsche im September 1939 nicht verschwiegen werden, wie dies leider noch in neuesten Darstellungen zuweilen geschieht.[502]

---

[498] Douglas, Ordnungsgemäße Überführung, S. 66.
[499] Niendorf, Minderheiten an der Grenze, S. 367 und S. 376f.
[500] Mazower, Hitlers Imperium, S. 74.
[501] Snyder, Bloodlands, S. 142; Borodziej, Geschichte Polens im 20. Jahrhundert, S. 193; Douglas, Ordnungsgemäße Überführung, S. 66f.
[502] Vgl. dieses Weglassen bei Snyder, Bloodlands, S. 142, oder bei Borodziej, Geschichte Polens im 20. Jahrhundert, S. 193; vgl. demgegenüber Douglas, Ordnungsgemäße Überführung, S. 66f.

2. NS-Mitläufer und NS-Belastete in der mittleren Generation 433

Auch der Fall des polnischen Fähnrichs Jeka, dessen Verurteilung zum Tode Krüger in seiner Eigenschaft als Mitglied eines Sondergerichts von polnischer Seite angelastet wurde, ist ein gutes Beispiel für diese nach Kriegsbeginn 1939 entfachte wechselseitige deutsch-polnische Gewalt mit ihren zugleich völlig unterschiedlichen Dimensionen. Ein polnischer Zeuge berichtete 1964, dass in einem zivilen Sondergerichts-Prozess der polnische Kriegsgefangene Fähnrich Jeka wegen der Erschießung eines Volksdeutschen namens Dogs angeklagt worden sei, der seinerseits im September 1939 als Zivilist auf polnische Soldaten geschossen haben solle und deshalb standrechtlich hingerichtet worden sei. Jeka sei wegen dieser Hinrichtung des vermeintlichen volksdeutschen Heckenschützen seinerseits 1940 zum Tode verurteilt und hingerichtet worden.[503] Ein nach eigener Aussage 1933 in „Schutzhaft" des NS-Regimes geratener und 1937 wegen „Gegnerschaft gegen den Nationalsozialismus in den Ruhestand versetzt[er]" Staatsanwalt aus Danzig, Alfred Hülff, der während des Zweiten Weltkrieges als Strafrichter reaktiviert worden war, konnte sich infolge der damaligen Gespräche unter Kollegen an den Fall Jeka gut erinnern. Demnach waren kurz nach Kriegsbeginn sogar zwei Volksdeutsche polnischer Staatsangehörigkeit wegen Spionage von einem polnischen Kriegsgericht zum Tode verurteilt worden. Der Fähnrich habe auf Befehl seiner Vorgesetzten das Exekutionskommando kommandiert. Das NS-Regime habe aufgrund darüber existierender polnischer Akten Jeka in einem Kriegsgefangenenlager ausfindig gemacht, ihn „seines militärischen Status' entkleidet" und dem Sondergericht Danzig unter Vorsitz von Senatspräsident Arno Beurmann übergeben, das ihn zum Tode verurteilt habe. Jeka sei hingerichtet worden.[504]

Der volksdeutsche Landgerichtsrat i. R. Rudolf Skrodzki, der selbst aus Konitz stammte, konnte sich an den „Fall Jeka" deshalb besonders gut erinnern, weil der auf Befehl Jekas erschossene Volksdeutsche Dogs der Sohn eines Nachbarn war. Skrodzki wusste, dass der Bruder dieses hingerichteten Volksdeutschen „ – vielleicht aus Rache – bei dem Selbstschutz tätig gewesen" und damit vermutlich an den Massenerschießungen polnischer Zivilisten im Herbst 1939 beteiligt war. Auch der als Mitglied des Konitzer Sondergerichts erwähnte „Assessor Dogs" war laut Skrodzki „ein Vetter des erschossenen Dogs".[505] Laut Aussage des Richters Freuer aus Czersk hatte dieser Amtsgerichtsrat Dogs in den 1940er Jahren an Todesurteilen des Konitzer Sondergerichts gegen einige Polen mitgewirkt.[506] Hans Krüger hatte 1964 zu Protokoll gegeben, einen von polnischen Zeugen als „Kommandant des Selbstschutzes" in Konitz während des mörderischen Herbstes 1939 namhaft gemachten Angehörigen der Familie Dogs persönlich gekannt zu haben. Dies sei aber erst viel später erfolgt, und auch dann habe er von der angeblichen Kommandeurfunktion dieses Dogs nichts gewusst, „da ich mit der Selbstschutz-

---

[503] LANRW-W, Q 234/5734, Bl. 5–7, insb. Bl. 7, Vernehmungsprotokoll Marian Bakowski.
[504] LANRW-W, Q 234/5964, Bl. 141 f., Vernehmungsprotokoll Oberstaatsanwalt i. R. Dr. Alfred Hülff.
[505] LANRW-W, Q 234/5733, Bl. 165–166, Vernehmungsprotokoll Rudolf Skrodzki vom 17.12.1964.
[506] Ebenda, Bl. 1 ff., insb. Bl. 8, Vernehmungsprotokoll Adolf Freuer vom 24.9.1964.

organisation keine Verbindung hatte". Allerdings sei der „Fall Jeka – Dogs [...] in den ganzen Jahren immer wieder erörtert worden". Seine Beteiligung am Todesurteil gegen Jeka stritt Krüger jedoch ab.[507]

Was den zusätzlichen polnischen Vorwurf seiner Beteiligung an Mordselektionen im Konitzer Gerichtsgefängnis im Herbst 1939 anging, betonte Krüger, dass zum Zeitpunkt seiner Ankunft in Konitz Mitte Oktober 1939 „das Gerichtsgefängnis nicht der Verwaltung der Staatsanwaltschaft oder des Gerichts unterlag, sondern [...] daß die Gestapo seit Anfang September das Gericht[sgefängnis] in Besitz genommen" und das Gebäude der neu etablierten Justizverwaltung „nicht sofort [...] herausgegeben" habe. Der damalige Danziger Oberlandesgerichtspräsident Walter Wohler könne bekunden, „daß es Zeit und Schwierigkeiten kostete, um diese Gefängnisse wieder der Justizverwaltung zu übergeben". Davon abgesehen erklärte Krüger, „mit dem Gefängnis überhaupt nichts zu tun gehabt" zu haben, da dieses „ein Landgerichtsgefängnis" gewesen sei und „daher nicht der aufsichtsführende Richter des Amtsgerichts", sondern „der Oberstaatsanwalt in Konitz die Verwaltung" desselben innegehabt habe. Zum Vorwurf seiner Selektionsbeteiligung, die ja auch ohne formelle Amtsgewalt hätte erfolgt sein können, führte Krüger aus, er wisse zwar, dass das Konitzer Gerichtsgefängnis im Oktober 1939 von Gestapo und volksdeutschem Selbstschutz mit polnischen Staatsangehörigen angefüllt worden sei, „die von dort aus dann getötet worden sein sollen". Er habe jedoch „in diese Dinge überhaupt keine Einblicke" gehabt und sich auch – gemäß einer Anordnung des Danziger OLG-Präsidenten – „in diese Dinge nicht hineingemischt". Als Krüger behauptete, das Gefängnis habe ihm nicht nur „zu keiner Zeit unterstanden", er habe es auch „zu keinem Zeitpunkt überhaupt betreten", machte der Vernehmer an diesem Punkt ein Fragezeichen („?"). Krüger bestritt auch, eine „besonders feindselige Haltung gegenüber Polen" gezeigt zu haben; er habe im Gegenteil „immer eine ausgleichende Haltung zum Ausdruck gebracht". So habe er ein gutes Verhältnis zu den in Konitz weiterhin tätigen polnischen Beamten gehabt, auch wenn „eine gewisse Reserve verlangt" worden sei, und er habe niemals antipolnische „Beschimpfungen" geäußert. Eines polnischen Zeugen „Behauptungen über [s]ein brutales Verhalten gegenüber Häftlingen und über Beschimpfungen" im Gefängnis seien völlig „aus der Luft gegriffen" – hier machte der Vernehmer erneut ein Fragezeichen –, da er gar nicht für das Gefängnis zuständig gewesen sei. An den ihm ebenfalls zur Last gelegten Fall Knitter, der wegen deutschfeindlicher Haltung 1939 denunziert und erschossen worden sein sollte, konnte Krüger sich erinnern: Knitter sei Justizbediensteter gewesen und tatsächlich von der Gestapo verhaftet worden. Er habe aber damit nichts zu tun gehabt, auch nicht in Form der Weitergabe einer Denunziation.[508]

---

[507] LANRW-W, Q 234/5733, Bl. 11–31, insb. Bl. 27 und Bl. 31, Leitender Oberstaatsanwalt beim LG Bonn, Vernehmungsprotokoll Bundesminister a. D. Hans Krüger vom 12.10.1964.

[508] LANRW-W, Q 234/5733, Bl. 11–31, insb. Bl. 19f., Bl. 22–24 und Bl. 26–28, Leitender Oberstaatsanwalt beim LG Bonn, Vernehmungsprotokoll Bundesminister a. D. Hans Krüger vom 12.10.1964.

In Bezug auf die Massenerschießungen von Polen im Herbst 1939 hatte der während des Zweiten Weltkrieges im westpreußischen Czersk (Heiderode) in der Nähe von Konitz tätig gewesene Richter Adolf Freuer ausgesagt, in seinem Dienstbezirk habe es bis 1942 ein Gerichtsgefängnis gegeben, für das er „Vorstand" und als solcher dem Generalstaatsanwalt in Danzig unterstellt gewesen sei. Mit Blick auf Konitz führte Freuer aus, er wisse nicht, „ob das Gerichtsgefängnis in Konitz dem aufsichtsführenden Richter des Amtsgerichts [i. e. Krüger], dem Oberstaatsanwalt oder einer anderen Justizbehörde unterstand". Allgemein üblich sei jedoch in der preußischen Justiz die Unterstellung unter die Staatsanwaltschaft gewesen, „weil dieses Gefängnis sich in dem Orte befand[,] wo die Staatsanwaltschaft dieses Landgerichtsbezirks ihren Dienstsitz hatte". Für Czersk beschrieb Freuer für die Anfangszeit der deutschen Herrschaft 1939 eine eigenmächtige Mord-Herrschaft der SS. Er erklärte, „daß die Gestapo die Verfügung über das Gerichtsgefängnis in vollem Umfang für sich beanspruchte", während es „Justizgefangene" mit regelrechtem Haftbefehl damals „nicht" gegeben habe. Er habe als zuständiger Richter das Czersker Gefängnisgebäude monatelang gar nicht betreten. In dieser Frühphase der NS-Herrschaft habe es Gerüchte gegeben, dass Polen von diesem Gefängnis aus in die Wälder gebracht und dort „liquidiert" worden seien. Freuer nahm an, dass dabei „die Volksdeutschen mit der Gestapo zusammenarbeiteten und dieser die Namen der nach ihrer Meinung belasteten Polen mitteilte[n]". Ihm als Richter seien in dieser Zeit weder von der Staatsanwaltschaft noch von der Gestapo Anträge auf den Erlass von Haftbefehlen zugegangen. Freilich sei es möglich, dass ein anderes Gericht des Bezirks damit betraut gewesen sei.[509]

Nach dem deutschen Einmarsch in Polen hatte sich auch in Konitz eine volksdeutsche Miliz unter dem Namen „Selbstschutz" organisiert. Darin hätten sich „die Deutschen in Konitz" – wie Helmut Walser Smith etwas allzu verallgemeinernd feststellt – gegen ihre polnischen und jüdischen Nachbarn gewandt. Offenbar „begann das Töten am 26. September" des Jahres 1939, „als 40 Polen und deutsche Juden erschossen wurden". Einen Tag später wurde ein katholischer Priester aus Konitz ermordet, am 28. September soll der Selbstschutz 208 behinderte Patienten eines nahe gelegenen psychiatrischen Krankenhauses ermordet haben. Insgesamt hätten „einheimische Deutsche" der Region zwischen September 1939 und Januar 1940 – „unterstützt von Einheiten der Gestapo und der Wehrmacht", so Smith – rund „900 Polen und Juden" aus der Region und die erwähnten 200 Behinderten ermordet. Es ging folglich im Raum Konitz 1939 nicht nur um antipolnische Massenerschießungen, sondern auch um antisemitischen Massenmord und um eine frühe Form der später als „Euthanasie" weiter geführten NS-Krankenmorde.[510]

---

[509] Ebenda, Bl. 1–8 und Bl. 10, Leitender Oberstaatsanwalt beim LG Bonn, Vernehmungsprotokoll Oberamtsrichter a. D. Adolf Freuer vom 24. 9. 1964.
[510] Smith, Die Geschichte des Schlachters, S. 246 f.; zu den Krankenmorden in Konitz auch Riess, Die Anfänge der Vernichtung ‚lebensunwerten Lebens' in den Reichsgauen Danzig-Westpreußen und Wartheland 1939/40, S. 150–153.

Wie westdeutsche Ermittler später herausfanden, hatte der Reichsführer SS Himmler spätestens am 10. September 1939 im Auftrage Hitlers die Aufstellung eines volksdeutschen „Selbstschutzes" in den besetzten polnischen Gebieten angeordnet. Diverse SS-Führer aus dem Reich übernahmen dessen Führung. Konitz hatte damals zwischen 10 000 und 15 000 „vorwiegend polnische Einwohner", jedoch mit einer deutschen Minderheit in „nicht unerheblicher" Stärke. Nach Kriegsbeginn soll es den deutschen Ermittlungen zufolge im September 1939 zunächst Ausschreitungen von Polen gegen Volksdeutsche gegeben haben, was bekanntlich kein Einzelfall gewesen ist. Insbesondere nach dem 19. September 1939 kehrte sich die Gewalt um, als ein SS-Führer namens Karl Dietzel im Gefolge des SS-Oberführers Ludolf von Alvensleben – des Adjutanten Himmlers, der damals die Leitung des gesamten „Selbstschutzes" in Westpreußen übernommen hatte – nach Konitz gelangte und dort die Führung dieser Miliz übernahm. Seither fanden Massenerschießungen durch den Selbstschutz bzw. durch die SS im Raum Konitz statt, die Anfang September 1939 begannen und sich bis Ende 1941 fortsetzten. Besonders wichtig erscheint in unserem Zusammenhang eine „Erschießung von ca. 2000 polnischen und mißliebigen deutschen Volkszugehörigen sowie Juden im Herbst 1939, die zuvor von Angehörigen des Selbstschutzes bzw. der Gestapo festgenommen, in das Gerichtsgefängnis Konitz eingeliefert und daselbst durch eine Kommission, der der Beschuldigte Dietzel als Selbstschutzführer angehört haben soll, zur Erschießung bestimmt worden waren". Diese Massenmorde „sollen im sogenannten ,Todestal' nahe einer Besserungsanstalt durchgeführt worden sein". Als mutmaßliche Täter faßte die bundesrepublikanische Justiz „Angehörige des Selbstschutzes Konitz [...], der Gendarmerie, der Gestapo, der 4. Kompanie des Landesschützenbataillons IV/II und eines Teilkommandos eines Einsatzkommandos der SS und des SD" ins Auge. Als Helfer wurde Hans Krüger namhaft gemacht, denn: „Die Haftbefehle soll der damals noch in Konitz als Amtsrichter tätige Krüger [...] erlassen haben. Im Beisein Krügers soll der Beschuldigte Dietzel von Zeit zu Zeit, meistens nachts, Selektionen durchgeführt haben."[511]

Der unter Leitung dieses 1903 geborenen SS-Hauptsturmführers Karl Dietzel gestellte volksdeutsche „Selbstschutz" war in Konitz offenbar am 15. September 1939 gegründet und am 26. November 1939 wieder aufgelöst worden, wobei seine Mitglieder oft in die Allgemeine SS überführt wurden.[512] Gegen Dietzel wurde in den 1960er Jahren ein Ermittlungsverfahren wegen Massenmordes eingeleitet, doch nach einer ersten Vernehmung erwies sich der ehemalige Selbstschutzführer als nur noch bedingt vernehmungsfähig, bevor er 1971 unbestraft verstarb. Die Dortmunder Ermittler gegen NS-Verbrechen hielten in ihrem Abschlußbericht von 1973 fest, polnische Zeugen hätten die Tötungen der Mordkommandos „genau" beschrieben und diese „in erster Linie mit dem Amtsrichter Krüger und

---

[511] LANRW-W, Q 234/5735, Bl. 53-75, insb. Bl. 56-59 und Bl. 62, Leiter Zentralstelle im Lande NRW für die Bearbeitung von nationalsozialistischen Massenverbrechen bei der Staatsanwaltschaft Dortmund, Verfügung vom 4.10.1973.
[512] LANRW-W, Q 234/5741, Ermittlungs-Zwischenbericht v. 28.11.1969.

dem Hauptbeschuldigten Dietzel in Verbindung" gebracht.[513] Auch der volksdeutsche Zeuge Skrodzki, ein Richter aus Konitz, hatte ausgesagt, er habe viele Polen gekannt – darunter den deutschfreundlichen Untersuchungsrichter Gajda und verschiedene andere Akademiker –, die 1939 „durch den Selbstschutz liquidiert" worden seien.[514]

Dass der volksdeutsche „Selbstschutz" in Konitz in Verbindung mit der SS Massenmorde begangen hat, kann nicht zweifelhaft sein. Trotz des gegen Hans Krüger zwischen 1964 und 1971 geführten Ermittlungsverfahrens ließ sich jedoch nie klären, ob die Vorwürfe polnischer Zeugen, Krüger habe sich im Herbst 1939 an den Selektionen für diese Erschießungen aktiv beteiligt, berechtigt waren oder nicht. Von polnischer Seite wurde 1964 nicht nur der auf dem angeblichen Freuer-Brief aus Czersk basierende Vorwurf übermittelt, Krüger habe als NS-Funktionär in Konitz auf die Ausrottung der Polen zielende Äußerungen getan. Er sollte auch „an der Ermordung polnischer Zivilbevölkerung durch den sogenannten ‚Selbstschutz' persönlich beteiligt" gewesen sein, indem er „persönlich die seiner Aufsicht unterstehenden im Gerichtsgefängnis eingekerkerten polnischen Bürger zur Erschießung ausgewählt" habe. Der polnische Staatsanwalt Franciszek Rafalowski hob auf einer Pressekonferenz Mitte 1964 die Verantwortlichkeit Krügers „als Leiter des Amtsgerichts und Aufsichtsrichter in Chojnice" für die Selbstschutz-Morde an Polen im Raum Konitz hervor. Wenn der polnische Zeuge Bernard Narloch schilderte, wie seine drei Brüder von der Gestapo in Konitz verhaftet und auf Weisung Krügers zuerst in das KZ Stutthof, dann in das „Vernichtungslager Auschwitz" verschleppt und dort umgebracht worden seien[515], wurde allerdings eine gegenüber Gestapo und SS kaum glaubhafte Weisungsbefugnis eines untergeordneten Richters konstruiert, und es ist wenig verwunderlich, dass dieser Vorwurf in der Folgezeit keine Rolle mehr spielte. Aufrechterhalten aber blieben die schweren Vorwürfe polnischer Zeugen gegen Krüger,

– als Richter am Amts- und Landgericht Konitz an „der rechtswidrigen Tötung von Angehörigen der polnischen Intelligenzschicht, insbesondere in den Monaten Oktober bis Dezember 1939, beteiligt gewesen" zu sein, und zwar nicht nur in seiner Eigenschaft als aufsichtsführender Richter, sondern auch als Mitglied der die Erschießungen anordnenden Selektionskommission im Gefängnis;

– als Richter „wenige Tage nach der Übernahme seiner Amtsgeschäfte" in Konitz die Inhaftierung dreier namentlich genannter Polen veranlasst zu haben, die kurz darauf im „Todestal" bei Jarcewo ohne Urteil erschossen worden seien;

– in derselben Weise an der Erschießung des Polen Marian Knitter beteiligt gewesen zu sein;

---

[513] LANRW-W, Q 234/5735, Bl. 53–75, insb. Bl. 63, Leiter Zentralstelle im Lande NRW für die Bearbeitung von nationalsozialistischen Massenverbrechen bei der Staatsanwaltschaft Dortmund, Verfügung vom 4.10.1973.
[514] LANRW-W, Q 234/5733, Bl. 165–166, Vernehmungsprotokoll Rudolf Skrodzki vom 17.12.1964.
[515] BAK, B 136/3813, Presse- und Informationsamt der Bundesregierung, Nachrichten-Abt., SBZ-Auswertung v. 3.6.1964.

– als „beisitzender Richter" des Sondergerichts Konitz an zwei Hauptverhandlungen teilgenommen zu haben, einem Schwarzschlachtungs-Prozess mit vier Verurteilungen und dem Todesurteil gegen Fähnrich Jeka.[516]

Bis Frühjahr 1965 hatten die Auswertungen der polnischen Zeugenaussagen und die Vernehmungen deutscher Zeugen ergeben, dass Krüger im Falle des angeblich bei ihm als NS-feindlich denunzierten Gerichtsbeamten Knitter, der daraufhin verhaftet und im „Todestal" erschossen worden sei, jede Mitwirkung bestritt, worin er nach Ansicht der Bonner Staatsanwälte teilweise durch die Aussage des deutschen Zeugen Hans Kosinski bestätigt worden sei.[517] Kosinski, der kurz nach Krüger am 27. Oktober 1939 nach Konitz gekommen, im Januar 1941 aber wieder nach Berlin zurückgekehrt war, da ihm der Ort ebenso wenig zugesagt habe wie die Aufforderung des Danziger Oberlandesgerichtspräsidenten Walter Wohler an seine Richter, aus der Kirche auszutreten, hatte zum Fall Knitter in einer ersten Aussage über eine Beteiligung Krügers gar nichts bemerkt, sondern lediglich Knitters Verhaftung durch Selbstschutzleute geschildert.[518] 1966 hatte er in einer zweiten Aussage allerdings hinzugefügt, dass Krüger bei der Festnahme Knitters nicht anwesend gewesen sei. Auch halte er die Ausstellung eines Haftbefehls durch Krüger im Fall Knitter für unwahrscheinlich, da damals gerichtliche Haftbefehle „in derartigen Sachen" gar nicht erlassen worden seien.[519]

In den Fällen zweier weiterer 1939 im „Todestal" erschossener Polen, Nieborski und Ulandowski, räumte Krüger die Möglichkeit ihrer Vorführung durch einen Selbstschutzführer vor ihn als Richter ein, bestritt jedoch, deren Verhaftung angeordnet zu haben, und behauptete vielmehr, eine solche abgelehnt habe. Was Krügers Beteiligung an Selektionen im Gefängnis anging, lauteten die Angaben der deutschen Zeugen zum formalen Status dieser Institution unterschiedlich: Laut Kurt Bode, der ab 1942 Generalstaatsanwalt von Danzig gewesen war, handelte es sich gegen 1942 um ein selbständiges Gefängnis, laut Oberwachtmeister Johannes Donner, der ab 1941 in Konitz Dienst getan hatte, war es zuerst ein Gerichtsgefängnis, dann erst eine selbständige Haftanstalt. Dies wurde vom Vollzugsbeamten Emil Hoffmann bestätigt, der als Zeitpunkt für die Selbständigkeit des Gefängnisses 1943 angab. Nach Ansicht des Konitzer Richters Skrodzki hatte das Gefängnis dem aufsichtsführenden Richter (und damit Krüger) unterstanden, was ein weiterer Zeuge, der Richter Hans-Günther Bonath, für das ihm damals unterstellte Gericht Labiau bestätigte. Die Ermittler folgerten, falls das Konitzer Gefängnis bis 1942/43 „Gerichtsgefängnis" gewesen sei, „dürfte es dem Beschuldigten als aufsichtsführendem Richter unterstanden haben", als dort 1939 der Selbstschutz Mordselektionen an polnischen Inhaftierten durchführte. Zur Frage,

---

[516] LANRW-W, Q 234/5724, Bl. 57ff., insb. Bl. 57–59, Leitender Oberstaatsanwalt beim LG Bonn an AG Bielefeld, 26.2.1966.
[517] LANRW-W, Q 234/5733, Bl. 251–259, insb. Bl. 252, Leitender Oberstaatsanwalt beim LG Bonn, Verfügung vom 14.4.1965.
[518] Ebenda, Bl. 230–231, Vermerk über Vernehmung Dr. Hans Kosinski am 13.3.1965.
[519] Ebenda, Bl. 185–189, AG Tiergarten, Vernehmungsprotokoll Dr. Hans Kosinski vom 25.8.1966.

ob Krüger persönlich einer Selektionskommission im Gefängnis angehört habe, hätten die Zeugen jedoch allesamt nichts beitragen können.[520]

Auch die polnischen Belastungszeugen vermittelten kein einheitliches Bild. Zwar gab es mehrere Aussagen, die im Wesentlichen übereinstimmten. So hatte der Zeuge Marian Bakowski ausgesagt, „der Aufsicht" von Krüger als „Leiter des Kreisgerichts" habe das „örtliche Gefängnis" unterstanden, von wo aus – wie er persönlich gesehen habe – zwischen Oktober und Dezember 1939 regelmäßig polnische Gefangene abtransportiert und im „sogenannten ‚Tal des Todes'" erschossen worden seien. Krüger habe er im Gericht „in einer gelben Uniform mit dem Hakenkreuz auf dem Ärmel" angetroffen; diese Uniform sei im Vergleich zur üblichen „Parteiuniform" herausgehoben und selten gewesen, sie habe Krüger durch „Schnitt" und „Aufsatz" als „zum leitenden Parteiaktiv der Stadt" gehörig ausgewiesen. Krüger sei gegenüber den Polen „außerordentlich feindlich eingestellt" gewesen.[521] Der Zeuge Franciszek Huzarek, der seit Dezember 1939 beim Amtsgericht Konitz gearbeitet hatte und nach einem Monat zur dortigen Staatsanwaltschaft gewechselt war, wo er bis Mitte 1942 tätig blieb, sagte ebenfalls aus, Krüger sei damals häufig in brauner Uniform mit Hakenkreuz am Ärmel aufgetreten und habe zu jenen NS-Funktionären gehört, die Gauleiter Albert Forster bei dessen Besuch in Konitz offiziell begrüßt hätten. Krüger habe Ende 1939 in seinem Amtszimmer auch Gestapobeamte und den Gefängnisleiter empfangen. Er sei als „Gerichtsleiter" auch „Vorgesetzter" des Gefängnisses gewesen, als die Massenerschießungen polnischer Häftlinge stattfanden, und habe sich stets feindselig und verächtlich gegenüber Polen verhalten. Huzarek belastete Krüger schwer im Falle Knitter, der ein Kollege Huzareks gewesen war.[522] Der Konitzer Volksdeutsche Rudolf Skrodzki, der unter polnischer Herrschaft als Richter entlassen und 1939 reaktiviert worden war, gab zwar an, über Selektionen im Gefängnis und eine Beteiligung Krügers daran nichts zu wissen, fügte jedoch hinzu, die polnischen Belastungszeugen Bakowski, Huzarek und Fabich habe er gut gekannt und als „anständige Beamte" geschätzt; sie seien für ihn „als Zeugen" daher „durchaus glaubwürdig".[523]

Ohne solches deutsche Leumundszeugnis belastete der Zeuge Czesław Fons Krüger als Mitglied der „Besichtigungskommission" des Gefängnisses in Konitz. Das Gefängnis sei 1939 „anfänglich 6–7 Wochen lang von der Wehrmacht und der Gestapo verwaltet worden", bevor es „ungefähr Mitte Oktober 1939" der Leitung des deutschen Gerichts unterstellt worden sei. Krüger habe als Gerichtsleiter daraufhin regelmäßig die das Gefängnis besichtigende Kommission angeführt. Fons selbst war nach eigener Aussage von der Gestapo verhaftet und misshandelt worden, um im November 1941 vor dem Sondergericht Danzig angeklagt zu werden,

---

[520] LANRW-W, Q 234/5733, Bl. 251–259, insb. Bl. 252–254, Leitender Oberstaatsanwalt beim LG Bonn, Verfügung vom 14.4.1965.
[521] LANRW-W, Q 234/5734, Bl. 5–7, insb. Bl. 6, Vernehmungsprotokoll Marian Bakowski, o. D.
[522] Ebenda, Bl. 11–14, Vernehmungsprotokoll Franciszek Huzarek vom 24.1.1964.
[523] LANRW-W, Q 234/5733, Bl. 165–166, Vernehmungsprotokoll Rudolf Skrodzki vom 17.12. 1964.

das in Konitz getagt habe und dem Krüger ebenfalls als Richter angehört habe. Er sei zu einer mehrjährigen Gefängnisstrafe wegen der Verbreitung „von für die Deutschen ungünstigen Nachrichten" (vermutlich nach dem Heimtückegesetz von 1933) verurteilt worden.[524] Die von Fons behauptete Mitwirkung Krügers an Sitzungen des Danziger Sondergerichts konnte nicht nachgewiesen werden.

Wenn in einer in anderem Ermittlungszusammenhang gemachten polnischen Zeugenaussage von 1977 Krüger beiläufig zum „Vorsitzenden des Sondergerichts in Chojnice" befördert wurde[525], zeigen sich die Grenzen präziser Erinnerung nach etlichen Jahrzehnten. Weitere polnische Zeugenaussagen machten auch das Bild einer Tatbeteiligung Krügers an den 1939er Selektionen unklarer. So bekräftigte einerseits Leon Styp-Rekowski, der schon 1964 gegen Krüger ausgesagt hatte, 1970 die Selektionsvorwürfe gegen Krüger, machte andererseits aber die bedeutsame Terminkorrektur: „Das alles, was ich hier beschreibe, fand einen Monat früher statt, d. h. Ende September und nicht Oktober." Zu diesem neu angegebenen Tatzeitpunkt jedoch war Krüger nachweislich noch nicht in Konitz. Styp-Rekowski war im September 1939 zunächst von der Gestapo inhaftiert, aber nach einigen Tagen ins Gefängnis von Chojnice/Konitz verlegt worden. Gegen Krüger wusste er konkret nur vorzubringen, dass dieser als Richter „oft in die Zellen" der polnischen Häftlinge gekommen sei: „Einmal war er auch bei mir in der Zelle. [...] Als er mein Geburtsdatum, d. h. den 19. November, hörte, sagte er, daß ich in diesem Jahr meinen Geburtstag auf eine besondere Weise begehen werde." Den sarkastischen Sinn dieser Bemerkung habe er, Styp-Rekowski, erst begriffen, als er in die Gefängnisanstalt Igly verlegt worden sei, wo er erfahren habe, „daß die Deutschen Erschießungen durchführten". Diesem Häftling gelang jedoch erfolgreich die Flucht. Woher er, der danach untertauchen musste, gewusst haben konnte, dass „Richter Krüger" auch „Mitglied des Sondergerichts in Chojnice" gewesen war, blieb unklar. Hatte er dies erst nach 1945 erfahren?[526]

Die Glaubwürdigkeit der polnischen Zeugen bildete für die westdeutsche Justiz ein unlösbares Problem. Die Verteidiger von Krüger und auch ihm wohlgesinnte Politiker und Ministerialbeamte (z. B. der oben zitierte Staatssekretär Nahm 1966) machten geltend, dass man es im Falle Polens nicht mit einem rechtsstaatlichen System zu tun habe, sondern mit einer kommunistischen Diktatur. Das warf zwangsläufig die Frage auf, inwiefern die Belastungszeugen – polnische Entlastungszeugen gab es nicht – von staatlicher polnischer Seite „gebrieft", „auf Linie gebracht" und zu möglichst einheitlichen Vorwürfen gebracht worden sein könnten. Die polnische Seite war sich dieser Wahrnehmung wohl bewusst. Als sich der bundesrepublikanische Leiter der Arbeitsgruppe der Zentralen Stelle der Landesjustizverwaltungen zur Ermittlung von NS-Verbrechen, Adalbert Rückerl, zwecks

---

[524] LANRW-W, Q 234/5734, Bl. 35–39, Vernehmungsprotokoll Czesław Fons vom 25. 1. 1964.
[525] LANRW-W, Q 234/5746, Bl. 168–172, insb. Bl. 172, Vernehmungsprotokoll Augustyn Bembenek vom 8. 9. 1977.
[526] Ebenda, Bl. 148–154, insb. Bl. 149f. und Bl. 154, Vernehmungsprotokoll Leon Styp-Rekowski vom 19. 5. 1970.

Kooperation mit der Polnischen Hauptkommission zur Untersuchung von NS-Gewaltverbrechen in Warschau aufhielt, erklärte deren Leiter Czesław Pilichowski am 20. April 1966, in Polen sei man der Meinung, dass die Bonner Staatsanwaltschaft das „Problem" Krüger „nur von der politischen Seite her" betrachte, während auf polnischer Seite „nur sachliche Gesichtspunkte eine Rolle" spielten. Es sei „völlig ohne Belang", dass Krüger einmal Bundesvertriebenenminister gewesen sei. Pilichowski fügte auf einer weiteren Besprechung im Mai 1966 hinzu, dass die Bonner Staatsanwaltschaft mit dem Warschauer Vorschlag, Krüger gegen Zusicherung freien Geleits in Polen zu vernehmen, „nicht einverstanden gewesen" sei, betrachte man in Polen als „Mißachtung der polnischen Justiz." Der Gedanke sei naheliegend, „daß Krüger begünstigt werden solle".[527]

Der Vorwurf einer Begünstigung Krügers wurde auch in der Bundesrepublik selbst erhoben. Im Herbst 1964 wandte sich ein W. Wienkoop aus Mülheim/Ruhr an den Justizminister des Landes Nordrhein-Westfalen, um diesem von „Tagebuchaufzeichnungen" seines in Konitz als Richter tätig gewesenen und unterdessen verstorbenen Schwagers Erich Engel zu berichten. Wienkoop erklärte, er habe die Originalpapiere dem Bundesvertriebenenministerium „zu treuen Händen" zur Verfügung gestellt, unterdessen aber erfahren, dass die Unterlagen im Ministerium „verlorengegangen" seien. Wienkoop hatte aus Mitteilungen seiner verwitweten Schwester den Eindruck gewonnen, dass auf sie eingewirkt worden sei, „daß Herr Krüger nicht denunziert würde". Auf Nachfrage habe das Vertriebenenministerium ihm mitgeteilt, „daß Herr Krüger die Intervention bei meiner Schwester selbst unternommen hat". Aus dieser Tatsache schloss Wienkoop, dass Krüger auch die Tagebücher seines verstorbenen Richterkollegen vom Ministerium übergeben worden seien. Daraufhin sprach Wienkoop „eindeutig" von „Verdunkelungsgefahr". Die vom Düsseldorfer Justizministerium unterrichteten Bonner Ermittler baten das Bundesvertriebenenministerium um Stellungnahme, doch das Krüger möglicherweise belastende Tagebuch blieb verschwunden.[528]

Es gab auch in Polen Merkwürdigkeiten. Bei einem dortigen Aufenthalt wurde Staatsanwalt Rückerl, Mitarbeiter der Ludwigsburger Zentralstelle, von einem polnischen Kollegen gefragt, ob er an Krüger betreffenden Vorgängen interessiert sei. Rückerl bejahte dies und konnte daraufhin in drei Aktenordner Einsicht nehmen, von denen zwei NS-Personalunterlagen Krügers (etwa zu dessen Kirchenaustritt) enthielten, der dritte jedoch belastende polnische Zeugenaussagen, dergestalt, dass Krüger seinerzeit „an Sitzungen des Selbstschutzes teilgenommen" habe, bei denen man gefangene Polen zur Erschießung ausgesucht habe. Krüger sollte demnach dabei sogar geäußert haben, „man solle sich nicht diese Mühe

---

[527] LANRW-W, Q 234/5965, Bl. 26–27, Justizminister Baden-Württemberg an Justizminister Nordrhein-Westfalen, 31. 5. 1966, nebst Anlage Bl. 28–30, Vermerk Dr. Rückerl, Zentralstelle Ludwigsburg, 10. 5. 1966.
[528] LANRW-W, Q 234/5964, Bl. 170–171, Leitender Oberstaatsanwalt beim LG Bonn, Dr. Leffer, an Bundesminister für Vertriebene, Flüchtlinge und Kriegsgeschädigte, 23. 6. 1965; LANRW-R, NW 875 Nr. 14324 Bd. 1, Bl. 77, W. Wienkoop, Mülheim, an Justizminister Nordrhein-Westfalen, 30. 10. 1964.

machen, sondern die Inhaftierten alle erschießen". Rückerl bat die polnischen Kollegen um Mikrofilme des Großteils dieser Unterlagen, die jedoch nie in der Bundesrepublik eintrafen.[529]

Krügers Anwälte wiederum monierten, dass in der polnischen Presse „das Bild des Beschuldigten nebst einem sehr ausführlichen Bericht über seine angebliche Tätigkeit in der Besatzungszeit veröffentlicht" worden sei, wobei dies „in polnischen Juristenkreisen erhebliches Aufsehen erregt" habe, „da man hierin eine Verletzung der sonst bei polnischen Gerichten üblichen Objektivität in Ermittlungsverfahren gesehen" habe.[530] In der Tat war die polnische Pressepropaganda im Fall Krüger nicht nur zu Beginn, sondern über Jahre hinweg aktiv[531], so dass auch eine diesbezügliche indirekte Beeinflussung der Zeugen nicht ausgeschlossen werden kann. Das alles musste dennoch nicht bedeuten, dass deren Aussagen zwangsläufig falsch gewesen wären. Nicht nur der deutsche Zeuge Skrodzki hat – wie oben zitiert – die Glaubwürdigkeit ihm persönlich bekannter polnischer Zeugen ausdrücklich betont. Als es im August 1967 tatsächlich gelang, polnische Staatsangehörige in Chojnice von deutschen Juristen – Staatsanwälten und zwei Rechtsanwälten Krügers – vernehmen zu lassen, wobei diese auch das sogenannte „Todestal" besichtigten[532], gewannen zumindest die westdeutschen Anklagevertreter den Eindruck, dass sämtliche polnische Zeugen glaubwürdig seien[533]: „Sie machten in keiner Weise den Eindruck, dass sie aufeinander abgestimmt waren, dies umso weniger, als die Zeugen jeweils über ganz verschiedene Sachverhalte aussagten. Bei keinem der Zeugen hatte man den Eindruck, dass die Aussage ‚einstudiert' sei. [...] Es waren auch insbesondere keinerlei Anhaltspunkte dafür erkennbar, dass die Zeugen etwa aus persönlichem Hass gegenüber Krüger ausgesagt hätten oder dass es ihnen als ‚nationale Pflicht' erscheinen müsse, Krüger zu belasten."[534] Dennoch hatte auch diese bemerkenswerte Vernehmungsreise keine Klärung erbracht.

Insofern ließ sich Krügers etwaige Beteiligung an Selektionen für Massenerschießungen im Konitzer Gerichtsgefängnis während des Herbstes 1939, die dort zweifellos stattgefunden hatten, nicht klären. Schon die formale Unterstellung des Gerichtsgefängnisses innerhalb der Justiz blieb unklar, ebenso der Zeitpunkt der formalen Rückgabe des Gefängnisses durch Gestapo und Selbstschutz

---

[529] BAK, B 136/3813, Zentrale Stelle der Landesjustizverwaltungen Ludwigsburg an Bundesministerium der Justiz, 7.5.1965.
[530] LANRW-W, Q 234/5971, Rechtsanwälte Dr. E. und R. Kubuschok. Bad Honnef, an Leitender Oberstaatsanwalt beim LG Dortmund, Menne, 13.6.1969.
[531] Vgl. etwa LANRW-W, Q 234/5966, „Investigation in Case of Hans Krueger", aus: Daily News (Polish Press Agency) Nr. 246 vom 5.9.1967.
[532] LANRW-W, Q 234/5733, Bl. 200–203, Leitender Oberstaatsanwalt beim LG Bonn, Verfügung vom 11.9.1967.
[533] Ebenda, Bl. 204–210, Staatsanwalt Dr. Potthoff, Bericht über „Vernehmung polnischer Zeugen in dem Ermittlungsverfahren gegen den früheren Bundesminister Rechtsanwalt Krüger", 18.9.1967.
[534] LANRW-W, Q 234/5965, Bl. 195–201, insb. Bl. 195 und Bl. 201, Staatsanwalt Dr. Potthoff, Bonn, Bericht über „Vernehmung polnischer Zeugen in dem Ermittlungsverfahren gegen den früheren Bundesminister Rechtsanwalt Krüger aus Röttgen bei Bonn wegen des Verdachtes der Teilnahme an rechtswidrigen Tötungen", 18.9.1967.

an die Justiz. Nach Aussage des nach Konitz versetzten Richters Hans Kosinski war das Gefängnis „im Oktober 1939 noch von der Gestapo und dem Selbstschutz belegt", obwohl Krüger bereits als „aufsichtsführender Amtsrichter" anwesend war, und habe noch längere Zeit „nicht der Justiz" unterstanden. Kosinski erinnerte sich „vornehmlich" an Bemühungen des Oberstaatsanwalts beim Landgericht Konitz, das Gefängnis für Justizzwecke zurückzuerhalten, die jedoch erst „Ende 1939" Erfolg gehabt hätten. Das Gefängnis habe dann der Staatsanwaltschaft unterstanden.[535] Der ehemalige Danziger Oberlandesgerichtspräsident Walter Wohler sagte aus, dass Krüger jedenfalls „der erste Richter" gewesen sei, der „von Danzig aus zum Amtsgericht nach Konitz geschickt wurde", vermutete jedoch ebenfalls, dass das Gefängnis der Staatsanwaltschaft in Konitz unterstanden haben müsse.[536] Der einstige Senatspräsident am Oberlandesgericht Danzig, Arno Beurmann, wusste zu berichten, Wohler habe ihm in den 1940er Jahren erklärt, „die Gefängnisse seien nach dem Einmarsch der Deutschen von dem Selbstschutz bzw. von der Gestapo beschlagnahmt worden" und gegen diese beiden Instanzen hätten sich die Amtsrichter nur schwer durchsetzen können.[537]

Krüger hatte offenbar allenfalls um die formale Rückgabe des Gefängnisses an die Justiz gekämpft, aber keinen Konflikt mit den NS-Mordmilizen mit dem Ziele des Schutzes der bedrohten polnischen Inhaftierten gewagt. In seiner Vernehmung im Oktober 1964 hatte er ausgeführt, dass das Gerichtsgefängnis im Oktober 1939 nicht ihm, sondern der Staatsanwaltschaft hätte unterstehen müssen, dass jedoch weder das eine noch das andere der Fall gewesen sei, weil „die Gestapo seit Anfang September das Gericht in Besitz genommen hatte" und dieses auch nach allmählicher Etablierung der Justizverwaltung in Konitz ab Mitte Oktober „nicht sofort [...] herausgegeben" habe. Der Zeuge Wohler werde bestätigen können, „daß es Zeit und Schwierigkeiten kostete, um diese Gefängnisse wieder der Justizverwaltung zu übergeben". Dabei gab Krüger zu, gewusst zu haben, dass das Konitzer Gefängnis im Oktober 1939 von Gestapo und Selbstschutz mit polnischen Staatsangehörigen gefüllt worden war, „die von dort aus dann getötet worden sein sollen". Er behauptete zugleich, „in diese Dinge überhaupt keine Einblicke" gehabt und sich außerdem – gemäß einer Anordnung Wohlers als OLG-Präsident – „in diese Dinge nicht hineingemischt" zu haben.[538] Das mindeste, was Krüger vorgeworfen werden kann, ist die von ihm eingeräumte Tatsache, die ihm zumindest allgemein bekannten Massenmorde von Gestapo, SS und volksdeutschem Selbstschutz einfach laufen gelassen zu haben.

---

[535] LANRW-W, Q 234/5733, Bl. 230–231, Vernehmungsprotokoll Dr. Hans Kosinski am 13.3. 1965, und Bl. 185–189, AG Tiergarten, Vernehmungsprotokoll Dr. Hans Kosinski vom 25.8. 1966.
[536] Ebenda, Bl. 120–122, insb. Bl. 121, Leitender Oberstaatsanwalt beim LG Bonn, Vernehmungsprotokoll Walter Wohler vom 27.11.1964.
[537] Ebenda, Bl. 128–129, insb. Bl. 128, Vernehmungsprotokoll Dr. Arno Beurmann vom 30.11. 1964.
[538] Ebenda, Bl. 11–31, insb. Bl. 19 und Bl. 22, Vernehmungsprotokoll Bundesminister a.D. Hans Krüger vom 12.10.1964.

Hatte diese mutmaßliche Passivität damit zu tun, dass Krüger als NS-Karrierist nach Konitz gegangen war und dass ihn dort zumindest zwei Juristenkollegen als „überzeugten Nationalsozialisten" erlebten?[539] Jedenfalls hatten nicht alle Juristen, die 1939 in Westpreußen mit der massenmörderischen Realität dieser „Bloodlands" („Mordzone")[540] konfrontiert wurden, derart stillgehalten, wie dies Krüger von sich behauptete, um sich von der noch schwerer wiegenden aktiven Teilnahme am Massenmord freizusprechen. Dr. Kurt Bode, wie Krüger seit 1933 Mitglied der NSDAP, ab 1940 Vizepräsident des OLG Danzig und ab 1942 dortiger Generalstaatsanwalt, konnte sich an Gefangenen-Abtransporte und Erschießungen in Konitz vom Hörensagen erinnern. Zugleich hatte Bode als neuer Generalstaatsanwalt 1942 aktenmäßig festgestellt, „daß Ähnliches seitens der SS-Heimwehr in größerem Umfange in dem früheren polnischen Zuchthaus in Graudenz geschehen sei". In diesem Falle hatte sich offenbar sein verstorbener Vorgänger Generalstaatsanwalt Curt Graßmann beim Reichsjustizministerium um Hilfe bemüht, und laut Bode war tatsächlich der damalige Staatssekretär Roland Freisler persönlich zu Verhandlungen mit dem Gauleiter oder dem Höheren SS- und Polizeiführer aus Berlin nach Danzig gereist. Über Konitz war Bode jedoch in dieser Hinsicht nichts bekannt.[541]

Der Wehrmachtsoffizier Friedrich von Wilpert stieß gegen Ende des Zweiten Weltkrieges auf Militärakten, die diese Massenmorde belegten, und berichtete darüber später: „Massengräber, in denen erschossene Polen haufenweise bestattet wurden, sollten nicht aufgefunden werden und wurden daher mit jungen Fichten bepflanzt, die schnell heranwuchsen. Die Förster in den [...] Wäldern rings um Neustadt [in Westpreußen] erklärten voller Empörung, sie seien nachgerade zu Totengräbern degradiert. Doch sie waren machtlos und fürchteten die Rache der [nationalsozialistischen] Amtswalter, wenn sie Einzelheiten über den Ablauf solcher Exekutionen erzählten. Ich habe durch Zufall Einblick in solche Berichte erhalten, als ich gegen Ende des Krieges als Offizier den Auftrag erhielt, die Akten im Panzerschrank des Stellv. Generalkommandos zu vernichten, damit sie nicht den Sowjets in die Hände fielen. Es war erschütternd, Berichte zu lesen von Transporten, die die Todgeweihten in die Wälder brachten, wo für sie schon Massengräber ausgehoben waren. Männer, Frauen und Kinder, zusammengepfercht auf Lastwagen, die vielleicht ahnten, aber nicht wußten, was ihnen bevorstand. Ihr Vergehen? Daß sie Polen waren, zur polnischen Intelligenz gehörten, die ja ‚auszumerzen' war." Vergeblich hätten, wie die Berichte zeigten, deutsche Offiziere mit der Begründung, solche Morde wirkten demoralisierend auf die Truppe, Einspruch erhoben, der jedoch in letzter Instanz von Hitler persönlich abgelehnt worden sei.[542]

---

[539] LANRW-W, Q 234/5964, Bl. 137–140, insb. Bl. 138, Leitender Oberstaatsanwalt beim LG Bonn, Dr. Drügh, an Justizminister Nordrhein-Westfalen, 4.3.1965.
[540] Vgl. Snyder, Bloodlands.
[541] LANRW-W, Q 234/5964, Bl. 136–138, Vernehmungsprotokoll Dr. Kurt Bode vom 1.12.1964.
[542] Wilpert, Einer in fünf Zeitaltern, S. 132 f.

Es bedurfte nicht der Amtsautorität eines Generalstaatsanwalts oder eines höheren Wehrmachtsoffiziers, um Widerstand gegen die auch nach NS-Recht rechtswidrigen Massenmorde wenigstens im Ansatz zu leisten. Der Zeuge Emil Hoffmann, der im November 1939 als Vollzugsbeamter nach Westpreußen abgeordnet worden war, hatte im Zuchthaus Krone an der Brahe Dienst getan, bevor er 1942 ans Landgerichtsgefängnis Konitz gekommen war. Hoffmann wusste zu berichten, im November 1939 habe in Krone ein Kammergerichtsrat Schulz die Aufsicht über das dortige Gefängnis ausgeübt. „Wir lieferten keinen Polen, der von den Volksdeutschen eingesperrt worden war, an diese aus. Es kam dabei zu mehrfachen Streitigkeiten zwischen der Gestapo und uns. Herr Schulz und ich wurden häufig beschimpft und bedroht."[543] Es gab folglich Alternativen zum Wegsehen oder Mitmachen in Konitz.

Hatte Krüger nur weggesehen oder aktiv das Morden unterstützt? Auch Letzteres wäre unter Richtern in den „wiedergewonnenen Ostgebieten" (NS-Terminus 1939) kein Einzelfall gewesen. Jedenfalls erfuhren die Bonner Staatsanwälte im November 1964 von einem Hamburger Ermittlungsverfahren wegen „Erschießungen von Polen aus der Intelligenzschicht" in den Jahren 1939/40, an denen „auch ein Richter des Amtsgerichts Schwetz [Świecie, Westpreußen] verwickelt gewesen sein" sollte. Dieser Richter sollte „einer Kommission für die Selektion der Polen" angehört haben – zweifellos ein „Parallelfall des vorliegenden Verfahrens" gegen Krüger.[544]

Krüger hatte allerdings Leumundszeugen – mitunter sogar prominente. So sagte der ehemalige Staatssekretär im niedersächsischen Ministerium für Wirtschaft und Verkehr, der zweifellos mit dem damaligen Hannoveraner Minister und Fraktionskollegen Erich Schellhaus gut bekannte GB/BHE-Politiker Otto Wendt, zu Krügers Gunsten aus. Wendt war bis 1940 Bürgermeister der Stadt Barth in Pommern gewesen und hatte von Januar 1941 bis Januar 1942 als kommissarischer Bürgermeister in Konitz gewirkt.[545] Was Wendt nicht zu Protokoll gab, war seine Karriere im besetzten polnischen „Generalgouvernement", die ihn (ab 1943) zum Kreishauptmann (Landrat) von Zlotschow/Złoczów aufsteigen ließ. Damit hatte Wendt im besetzten Polen eine ähnliche Funktion als lokaler Besatzungsgouverneur ausgeübt wie Alfred Gille in der Ukraine und in Weißrussland. Im Generalgouvernement erwarb sich Wendt einen Ruf als „eifriger Nazi".[546] Er war nicht nur – wie die übrigen Kreishauptleute – vorab über alle gegen die dortigen Juden gerichteten Aktivitäten der SS informiert. Wendt war auch im April 1943 bei der von der SS durchgeführten brutalen Räumung des Ghettos von Złoczów anwesend, bei der es zu „schlimmsten Exzessen" bis hin zu Vergewaltigungen und

---

[543] LANRW-W, Q 234/5964, Bl. 106–108, Vernehmungsprotokoll Emil Hoffmann vom 27.11.1964.

[544] LANRW-W, Q 234/5733, Bl. 33–37, insb. Bl. 34, Leitender Oberstaatsanwalt beim LG Bonn, Verfügung vom 2.11.1964.

[545] LANRW-W, Q 234/5729, Bl. 165–167, insb. Bl. 165, Landeskriminalamt Nordrhein-Westfalen, Vernehmungsprotokoll Staatssekretär i.R. Dr. Otto Wendt.

[546] Musial, Deutsche Zivilverwaltung und Judenverfolgung im Generalgouvernement, S. 362.

Morden kam.⁵⁴⁷ Gegen Wendt lief daher in den 1960er Jahren ein Ermittlungsverfahren wegen Beteiligung an NS-Verbrechen, das jedoch von der Staatsanwaltschaft in Göttingen mit wenig Energie betrieben und 1969 wegen Verjährung eingestellt wurde.⁵⁴⁸ Das war der Mann, der als Zeuge aussagte, er kenne Krüger aus der gemeinsamen Zeit in Konitz gut, schätze ihn hoch und glaube nicht, dass Krüger an Selektionen im Konitzer Gefängnis beteiligt gewesen sei, da er ihm dies bei ihrem engen Kontakt sonst zweifellos erzählt haben würde.⁵⁴⁹

Wendt hatte außerdem berichtet, dass der damalige Landrat des Kreises Konitz, Artur Jäger, zugleich Kreisleiter der NSDAP gewesen war.⁵⁵⁰ Jäger, der zudem höherer SA-Führer und als solcher 1939 in Danzig für den „SA-Grenzschutz" verantwortlich gewesen war, war Ende November 1939 als kommissarischer Landrat nach Konitz gekommen. Dort fand er den uns schon bekannten SS-Obersturmführer Karl Dietzel als „Führer der allgemeinen SS" vor. Von der Ermordung polnischer Bürger in Konitz wollte er nur vom Hörensagen gewusst haben und legte Wert darauf, dass dies vor seiner Amtszeit als Landrat geschehen sei. Die Täter seien offenbar Angehörige des volksdeutschen „Selbstschutzes" gewesen, unter den Opfern hätten sich „Angehörige des polnischen Westmarkenverbandes" oder ganz allgemein Angehörige der polnischen „Intelligenz" befunden. Der ehemalige Landrat und NSDAP-Kreisleiter wusste über seinen zeitweiligen Ortsgruppenleiter Krüger Bemerkenswertes zu sagen: Er könne den ihm gut bekannten Amtsrichter Krüger „mit solchen Selektionen nicht in Verbindung bringen" und traue diesem die ihm vorgeworfenen Handlungen auch nicht zu. „Krüger hielt ich für einen bewusst rechtsempfindenden Juristen; er war auch einfach nicht hart genug, um Menschen für ihre Tötung auszusondern."⁵⁵¹

Auch wenn all diese Details der Ermittlungen gegen Hans Krüger zur Zumessung klarer Straftatbestände niemals ausreichten: Es war das durch diese Details deutlich erhellte NS-Regime der massenmörderischen „Härte" in den westpreußischen „Bloodlands", dem Hans Krüger durch Handlungen oder Unterlassungen in seiner doppelten Eigenschaft als Richter bzw. Sonderrichter und als örtlicher NSDAP-Funktionär im westpreußischen Konitz zwischen 1939 und 1943 nach Kräften gedient hatte. Die zentralen Vorwürfe gegen den vermeintlichen „Kriegsverbrecher" Krüger, sich sowohl an den Selektionen für die Massenmorde der SS und des volksdeutschen „Selbstschutzes" in Konitz im Herbst 1939 beteiligt zu haben als auch als Mitglied eines Sondergerichts an Todesurteilen beteiligt gewesen zu sein, lassen sich jedoch – damals wie heute – nicht klären.

---

547 Pohl, Nationalsozialistische Judenverfolgung in Ostgalizien, S. 255 und S. 285.
548 Roth, Herrenmenschen, S. 372 f., auch Anm. 84; zur Weltkriegs- und Nachkriegskarriere Wendts: ebenda, S. 391 und S. 510.
549 LANRW-W, Q 234/5729, Bl. 165–167, insb. Bl. 165 und Bl. 167, Landeskriminalamt Nordrhein-Westfalen, Vernehmungsprotokoll Staatssekretär i. R. Dr. Otto Wendt.
550 Ebenda, Bl. 166.
551 LANRW-W, Q 234/5730, Bl. 108–118, Landeskriminalamt Nordrhein-Westfalen, Vernehmungsprotokoll Artur Jäger.

NS-Parlamentarier in Jugoslawien und Ungarn: Josef Trischler

Josef Trischler hatte auf der Basis seiner Führungsfunktionen im volksdeutschen landwirtschaftlichen Genossenschaftswesen der Batschka in den späten 1930er Jahren in Jugoslawien eine parlamentarische Karriere begonnen, die er ab 1942 in Ungarn bis Kriegsende fortzusetzen vermochte und die er zwischen 1949 und 1953 sogar mit einer Mitgliedschaft im Bundestag der Bundesrepublik Deutschland beschließen konnte. Es gibt einige Fälle von Parlamentszugehörigkeiten von Vertriebenenpolitikern in zwei Staaten – im Rahmen unserer Untersuchungsgruppe etwa Wenzel Jaksch oder Rudolf Lodgman –, doch Trischlers Zugehörigkeit zu drei verschiedenen nationalen Parlamenten dürfte „ein wohl einzigartiger Fall" geblieben sein.[552] Übermäßig prominente politische Funktionen hat dieser dreifache, zwischen 1939 und 1953 aktive Abgeordnete allerdings nie innegehabt. Doch fiel seine politische Karriere zwischen 1939 und 1945 zeitlich – und, wie wir sehen werden, auch inhaltlich – mit dem außenpolitischen Aufstieg jenes kurzfristigen NS-Imperiums Hitlers zusammen, das die volksdeutschen Minderheiten in Osteuropa für seine rassenimperialistischen Ziele instrumentalisierte und damit die soziopolitische Stellung dieser Minderheiten in ihren Heimatstaaten gravierend veränderte. Trischler gehörte zu jenen volksdeutschen Minderheitenpolitikern, die sich – wenn auch auf zweitrangiger Ebene – ganz bewusst auf diese „großdeutsche" Instrumentalisierung einließen.

Im Jahre 1960, als Josef Trischler nicht mehr dem Bundestag angehörte, jedoch 1958 Mitglied des Präsidiums des neu gegründeten Bundes der Vertriebenen (BdV) geworden war, was er bis 1970 blieb[553], begann sich das DDR-Ministerium für Staatssicherheit für seine Person zu interessieren. Die SED-Sicherheitsorgane hatten eruiert, dass Trischler bis 1945 im Königreich Ungarn „Mitglied des ‚Blocks nationalsozialistischer Reichstagsabgeordneter'" gewesen war und stuften ihn als „führendes Mitglied der Fünften Kolonne Hitlers in Ungarn" ein.[554] 1964 beleuchtete das MfS unter Berufung auf die westdeutsche Linkszeitschrift „Neue Kommentare" die Vorkriegsbiographie des damaligen Sprechers der Jugoslawiendeutschen intensiver: Man wusste seither, dass Trischler bereits Abgeordneter in Jugoslawien gewesen war (wobei die kolportierte Abgeordnetenzeit von 1933–1939 nicht korrekt war), dass er (zutreffend) 1939/40 Präsident des Deutschen Genossenschaftsverbandes in Jugoslawien und 1940 Wirtschaftsführer in der „Führung der deutschen Volksgruppe" Jugoslawiens gewesen war, um sodann von 1942 bis 1945 als „NSDAP-Abgeordneter im ungarischen Reichstag" aktiv zu werden – eine Formulierung, die wenig Sinn für Details verriet (denn in Ungarn gab es keine NSDAP), jedoch die NS-konforme Aktivität Trischlers in Ungarn korrekt benannte. Schließlich wurde behauptet, Trischler werde „von seiten [sic!] der eigenen Landsleute" dafür „mitverantwortlich gemacht, daß Zehntausende von

---

552 Balling, Von Reval bis Bukarest, Bd. 2, S. 827.
553 Stickler, „Ostdeutsch heißt gesamtdeutsch", S. 455–457.
554 BStU, Archiv der Zentralstelle, MfS-HA XX Nr. 5433, Bl. 52–68, insb. Bl. 63, MfS, „Die revanchistischen Führer der westdeutschen Landsmannschaften", 30.8.1960.

jungen ‚Volksdeutschen' in die Waffen-SS gepreßt [sic!]" worden seien – ein Vorwurf, der allerdings nicht näher belegt oder spezifiziert wurde.[555] Immerhin deckt sich derselbe mit einem angeblichen Ereignis von 1943, einem demnach gerade noch „im letzten Moment" verhinderten Handgranatenattentat auf Trischler und zwei weitere deutsche NS-Abgeordnete des ungarischen Reichstages durch einen ungarndeutschen SS-Mann, der sich bei seiner (formal freiwilligen) Einberufung in die Waffen-SS betrogen gefühlt und diese drei Politiker dafür verantwortlich gemacht haben soll.[556]

In der ungarischen Zeit soll Trischler von 1941 bis 1945 auch „Wirtschaftsbeauftragter der deutschen Volksgruppe in [der] Batschka und Aufsichtsratsvorsitzender des Genossenschaftsverbandes" gewesen sein. In den Archiven der DDR eruierte man Belege, dass Trischler „als Leiter der Geschäftsstelle für Volkswirtschaft in der Batschka 1942 über die Volksdeutsche Mittelstelle an Göring in dessen Eigenschaft als Beauftragter für den Vierjahresplan eine Stellungnahme zu einem ‚Plan zur Enteignung von Boden und Neukolonisation in der Batschka' zur Kenntnisnahme überreicht" habe. 1944 dann sei Trischler als „Reichstagsabgeordneter der deutschen Volksgruppe des ungarischen Reichstages und Mitglied des Blocks der Deutschen Nationalsozialistischen Reichstagsmitglieder in Ungarn" in einer NS-Zeitungsmeldung zu jenen bekannten Reichstagsmitgliedern gezählt worden, die „den nationalsozialistischen Standpunkt unserer Volksgruppe seit jeher bekundet und hervorgekehrt" hätten.[557] Das bekanntlich primär propagandistischen Zwecken dienende DDR-„Braunbuch" hat 1965 die am schwersten wiegenden Vorwürfe gegen Trischler erhoben: Dieser sei „Führer der 5. Kolonne in Jugoslawien und Ungarn" gewesen und habe als „Führer eines Sonderkommandos", einer „‚Ordnungsgruppe' zur Terrorisierung und Vernichtung der Bevölkerung" agiert. Der erste Vorwurf war weit übertrieben, denn Trischler war nicht der offizielle Volksgruppenführer, sondern ein Repräsentant der zweiten oder dritten Reihe seiner Volksgruppe gewesen. Der zweite Vorwurf war schwerwiegend, indizierte er doch die Beteiligung an Kriegsverbrechen; doch blieb er vage und unbelegt.[558] Dass er womöglich erfunden gewesen sein dürfte, legt die Tatsache nahe, dass er in späteren Analysen des MfS nicht vertieft wurde. Gleich-

---

[555] BStU, Archiv der Zentralstelle, MfS-HA IX/11 PA Nr. 3729, Bl. 13, Anlage 7 zu Dr. Josef Trischler, hdschr.: „25.11.[19]64", mit Verweis auf Belegstellen in der westdeutschen Zeitschrift „‚Neue Kommentare', a.a.O."; diese Zeitschrift war von SED-gesteuerten Linksjournalisten wie Georg Herde geprägt; vgl. Kittel, Vertreibung der Vertriebenen?, S. 92.

[556] Scherer, Anton: Trischler, Josef, in: Ostdeutsche Biographie. Persönlichkeiten des historischen deutschen Ostens, zit. nach: http://www.ostdeutsche-biographie.de/trisjo00.htm (14.6.2011); Trischler und andere Volksgruppenfunktionäre waren an der SS-Werbung in Ungarn beteiligt gewesen, bei der den interessierten jungen Volksdeutschen verschwiegen wurde, dass sie mit ihrem SS-Beitritt die ungarische Staatsbürgerschaft automatisch verloren.

[557] BStU, Archiv der Zentralstelle, MfS-HA IX/11 PA Nr. 3729, Bl. 15f. und Bl. 18, Anlage 7 zu Dr. Josef Trischler, hdschr.: „25.11.[19]64".

[558] Braunbuch 1965, S. 283.

wohl wurde die Einschätzung, Trischler zähle zu den eindeutig NS-belasteten Mitgliedern der BdV-Führung, bis um 1970 aufrechterhalten.[559]

Nachdem Josef Trischler 1938 bei den Wahlen zum jugoslawischen Parlament (dem Unterhaus der Nationalversammlung / Narodna skupština) noch gescheitert war, hatte er im Februar 1939 in das Belgrader Parlament nachrücken können, dem er fortan bis zur Auflösung Jugoslawiens durch den deutschen Überfall im April 1941 angehörte.[560] Trischler hat später darauf hingewiesen, dass er im Dezember 1938 lediglich als Stellvertreter (Nachrücker) des Abgeordneten und damaligen Unterrichtsministers Magarašević gewählt worden sei, weshalb er erst nach dessen „Rücktritt" Einzug ins Belgrader Abgeordnetenhaus habe halten können.[561] Was Trischler nicht erwähnte, war der massive Druck des deutschen Gesandten in Belgrad, Viktor von Heeren, welcher der autoritären jugoslawischen Regierung nach den Wahlen von 1938 Wahlmanipulation zu Lasten der deutschen Minderheit vorwarf. Die von Berlin verlangte Wahlwiederholung lehnte der jugoslawische Premier Stojadinović zwar ab, doch gelang es, durch den Mandatsverzicht seines Unterrichtsministers eine elegante Lösung zu finden, die den Volksdeutschen ganz ohne Neuwahl mit Trischler einen zweiten Abgeordneten bescherte.[562] Der SD rechnete übrigens dieses „der deutschen Volksgruppe bewilligte 2. Mandat in der Skupschtina" erst einer „Entscheidung der neuen Regierung" zu – dem Kabinett Cvetković und nicht mehr Stojadinović – und wertete „Dr. Trischler" als „besonders guten Kenner landwirtschaftlicher Fragen".[563] Auf jeden Fall verdankte Trischler sein Mandat „indirekt einer Intervention des deutschen Gesandten" und damit dem NS-Regime.[564]

Es waren Politiker wie Trischler, die – um den neuen „Volksgruppenführer" Sepp Janko – 1940/41 mit der auf Ausgleich mit Deutschland bedachten Regierung Cvetković eine stark verbesserte Kultur- und Wirtschaftsautonomie für die

---

[559] BStU, Archiv der Zentralstelle, MfS-HA IX/11 FV 13/71 Bd. 4, Bl. 8 ff., insb. Bl. 16 f., MdI DDR, Dokumentationszentrum der Staatlichen Archivverwaltung: Martin Seckendorf, „Analyse zur Durchsetzung der Führungsorgane des Bundes der Vertriebenen (BdV) mit Nazis (Stand: September 1969)", Berlin Dezember 1969; ebenda, Bl. 31 ff., insb. Bl. 91 f., „Stoßtrupp von rechts. Der Bund der Vertriebenen (BdV) und die neue Ostpolitik der Bundesregierung", o. D. (ca. 1970).

[560] Balling, Von Reval bis Bukarest, Bd. 2, S. 558.

[561] IDGL, NL Franz Hamm, HA 0778-4, Abschrift: Dipl. Ing. Dr. Josef Trischler, „Lebenslauf", o. D., S. 1; Dimitrije Magarašević war von Oktober 1937 bis Februar 1939 jugoslawischer Unterrichtsminister.

[562] Scherer, Trischler; der „Rücktritt" fiel zwar mit der Entlassung des Ministers (mit der gesamten Regierung Stojadinović) im Februar 1939 zusammen, war aber offenbar als Verzicht auf das Abgeordnetenmandat ein besonderer Schritt, um den Volksdeutschen durch das Nachrücken Trischlers einen zweiten Vertreter im Belgrader Parlament zu ermöglichen – ein Schritt, der „nach diplomatischen Interventionen" des NS-Regimes erfolgte; vgl. Bethke, Deutsche und ungarische Minderheiten in Kroatien und der Vojvodina 1918–1941, S. 561; zu den zwei Abgeordneten von 1935: Spannenberger, Jugoslawien, S. 900.

[563] Boberach, Meldungen aus dem Reich, Bd. 2, S. 260, Auszug aus dem „1. Vierteljahreslagebericht" des RSHA für 1939, Kap. „Deutsches Volkstum".

[564] Scherer, Trischler.

Deutschen in Jugoslawien aushandelten.⁵⁶⁵ Im Mai 1940 berief die jugoslawische Regierung als Zeichen des Entgegenkommens neue „Vertreter des Deutschtums" in den Senat, das Oberhaus der Skupstina, doch wurden „politische Parteien der deutschen Volksgruppe" auch weiterhin „vom Staat nicht genehmigt". Wenn der SS-Geheimdienst SD gleichwohl die „innerpolitische Haltung des jugoslawischen Staates bzw. seiner ausführenden Organe gegenüber den Volksdeutschen" kritisierte, da diese „in keiner Weise auf einer Linie mit der außenpolitischen Haltung gegenüber dem Reich" liege, wurden – wie schon anlässlich des Nachrückens Trischlers als Abgeordneter im Frühjahr 1939 – wiederum agrarpolitische Beispiele angeführt, namentlich das diskriminierende jugoslawische „Liegenschaftsgesetz, durch das der Ankauf von Grundbesitz durch Deutsche so gut wie unmöglich gemacht" werde. Man gewinnt den Eindruck, als habe der Agrarexperte Trischler durchaus im Fokus der Jugoslawien-Berichterstattung des RSHA gestanden, vielleicht sogar seine agrarpolitischen Gravamina gezielt in die Berichterstattung des SD eingespeist.⁵⁶⁶

Auf der anderen Seite ist festzuhalten: Dass Trischler 1940 als Vorsitzender der deutschen Genossenschaften auf Druck der „Volksdeutschen Mittelstelle" der SS und anderer Berliner NS-Instanzen einem als zuverlässiger eingeschätzten NS-Anhänger Platz machen musste⁵⁶⁷, zeigt, dass er aus Sicht der NS-Führung nicht als der linientreueste volksdeutsche Politiker der jungen Generation eingeschätzt wurde. Doch indiziert die bis 1945 laufende Fortsetzung seiner politischen Karriere in Jugoslawien und sodann in Ungarn eben auch, dass Trischler damals alles andere als ein NS-Gegner gewesen ist.

Der gegen Cvetković's Bündnis mit Hitler gerichtete Belgrader Militärputsch vom März 1941 und Hitlers daraufhin anberaumter „Blitzkrieg" gegen Jugoslawien im April 1941 schufen auch für die Volksdeutschen in Jugoslawien „eine völlig veränderte Lage".⁵⁶⁸ Da nach dem Willen Hitlers Jugoslawien nicht weiterexistieren, sondern zerteilt werden sollte, geschah dasselbe der eben erst konstituierten deutschen „Volksgruppe". Die Batschka wurde 1941 an Ungarn „wiederangegliedert", das diese Region nach 1918 an Jugoslawien verloren hatte.

Hitlers NS-Imperialismus protegierte und privilegierte die Volksdeutschen in Südosteuropa nicht nur, sondern schürte eben dadurch auch massive Ressentiments gegen alle Deutschen unter den Nationalisten der übrigen dort lebenden Völker – sowohl unter den gegnerischen als auch unter den mit Deutschland verbündeten. Auch in der Batschka nahm die Aggression gegen Volksdeutsche seit Beginn des Zweiten Weltkrieges spürbar zu. Unter den NS-Funktionären der deutschen Volksgruppe in Jugoslawien kursierten 1940 Gerüchte über bereits fer-

---

⁵⁶⁵ Spannenberger, Jugoslawien, S. 904.
⁵⁶⁶ Boberach, Meldungen aus dem Reich, Bd. 4, S. 1120, Auszug aus „Meldungen aus dem Reich" Nr. 86 v. 9.5.1940; vgl. auch ebenda, Bd. 2, S. 260, Auszug aus dem „1. Vierteljahreslagebericht" des RSHA für 1939.
⁵⁶⁷ Spannenberger, Jugoslawien, S. 902.
⁵⁶⁸ Spannenberger, Jugoslawien, S. 904.

tiggestellte Namenslisten der jugoslawischen Polizei zur Verhaftung, Erschießung oder Deportation führender Volksdeutscher. Zugleich aber fürchteten – wie der SD (der Sicherheitsdienst der SS) der NS-Führung berichtete – die Deutschen im Banat und der Batschka auch eine bevorstehende Auflösung Jugoslawiens, da sie von einer Wiederkehr der ungarischen Herrschaft eine noch heftigere Unterdrückung als von den Serben erwarteten.[569] Gleichzeitig soll „in den letzten Jahren" des ersten Jugoslawien die dortige deutsche Volksgruppe „von Agenten des Deutschen Reiches als innere Sprengkraft benutzt worden" sein, indem die Hoffnung genährt wurde, es könne „auf den Trümmern des jugoslawischen Staates [...] unter dem Schutz des Deutschen Reiches entlang der Donau ein autonomes Gebiet entstehen". Diese Gerüchte kamen offenbar auch der ungarischen Regierung zu Ohren und waren vielleicht sogar darauf berechnet; jedenfalls begründete intern Ministerpräsident Graf Pál Teleki die Teilnahme Ungarns am Krieg Deutschlands und Italiens gegen Jugoslawien damit, „daß sich, wenn nicht ungarische Truppen in die Bácska einmarschierten, dort die Deutschen einrichten und einen deutschen Staat bilden würden", der womöglich noch weitere Regionen umfassen könnte.[570] Für den Fall, dass Ungarn sich auf deutscher Seite am Krieg gegen Jugoslawien beteiligte, bot Hitler hingegen auf „unverzügliche, positive Antwort" drängend an, Budapest könne „alle jene magyarischen Gebiete zurücknehmen, die Ungarn 1919 an das ehemalige Königreich der Serben, Kroaten und Slowenen hatte abtreten müssen".[571]

Tatsächlich gerieten mit der 1941 von Hitler bewirkten Zerschlagung Jugoslawiens die 300 000 Volksdeutschen der Batschka und Baranja wieder in den Machtbereich des mit Hitler verbündeten Ungarn. Die Deutschen in der Batschka waren davon wenig begeistert, kannten sie doch die unduldsame ungarische Assimilationspolitik bis 1918 nur zu gut. Als das ungarische Militär in die Batschka einmarschierte, hatten viele Deutsche demonstrativ Hakenkreuzflaggen gehisst und damit ihre Ablehnung der ungarischen Annexion demonstriert. Dass die Ungarn diese Geste sehr wohl verstanden, zeigte ihre gewaltsame Entfernung dieser NS-Flaggen – ohne Rücksicht auf den deutschen Verbündeten.[572] Es war ein böses Omen, dass sich – wie der SD im Mai 1941 empört vermeldete – ungarische und serbische Nationalisten demonstrativ gegen die Deutschen verbrüderten: „Überall habe man die *Hakenkreuzfahnen heruntergerissen* und Flüche gegen das Deutschtum ausgestoßen. Das ungarische Militär habe diesem Treiben nicht nur zugesehen, sondern es sogar weitgehend unterstützt."[573]

Durch die „Rückgliederung" der Batschka an Ungarn wurden die dort lebenden Deutschen aus Jugoslawien- wieder zu Ungarndeutschen. Für die ungarndeutsche Kern-„Volksgruppe" unter ihrem NS-Führer Franz Basch bedeutete

---

[569] Meldungen aus dem Reich 1938–1945, Bd. 5, S. 1394f.
[570] Tilkovszky, Ungarn und die deutsche „Volksgruppenpolitik" 1938–1945, S. 147.
[571] Horthy, Ein Leben für Ungarn, S. 226.
[572] Spannenberger, Jugoslawien, S. 906f.
[573] Meldungen aus dem Reich, Bd. 7, S. 2278f.

dieser plötzliche Zuwachs, den die „Siebenbürger Sachsen" aus dem 1940 ebenfalls „zurückgegliederten" rumänischen Nord-Siebenbürgen noch verstärkten, eine bedrohliche Majorisierung. Basch und sein Umkreis hatten – vergleichbar den „Erneuerern" in Jugoslawien – ab 1938 die gemäßigte ältere Führungsgeneration der Ungarndeutschen um Gustav Gratz entmachtet und die von Berlin gewünschte, von der ungarischen Regierung notgedrungen gebilligte Gründung des „Volksbundes der Deutschen in Ungarn" (VDU) vollzogen.[574] Abgesehen davon, dass die NS-Führung „ganz andere Pläne mit den Ungarndeutschen als deren Volksbundführer hatte"[575], bildeten seit 1941 die im Vergleich „extrem radikalen nationalsozialistischen Volksdeutschen aus Siebenbürgen und der Bácska [...] gemeinsam eine Kraft innerhalb der Volksgruppe, mit der Basch rechnen musste".[576] Erst im Sommer 1940 hatte das Wiener „Volksgruppenabkommen" zwischen Deutschland und Ungarn, welches Budapest als Vorbedingung für die deutsche Unterstützung der Annexion Nordsiebenbürgens akzeptieren musste, den Ungarndeutschen nicht nur weitreichende Autonomierechte eingeräumt, sondern auch „innerstaatliche Befugnisse" an die Volksgruppenführung abgetreten und erstmals in Ungarn das offene Bekenntnis zum Nationalsozialismus gestattet. Es waren neben den Siebenbürgern gerade die erst ab 1941 ins vergrößerte Ungarn integrierten Batschka-Deutschen, die als eine bereits „straff organisierte, von der NS-Ideologie durchtränkte deutsche Bevölkerung" die gesamte ungarndeutsche Volksgruppenpolitik radikalisierten.[577] Die Ungarn befürchteten seither einen „Staat im Staate".[578] Bei einem konfliktreichen Staatsbesuch erklärte der ungarische Reichsverweser Admiral Horthy seinem Verbündeten Hitler im April 1943 „in aller Deutlichkeit, daß während der letzten Jahre das freundschaftliche Verhältnis zwischen Magyaren und dem Deutschtum in Ungarn infolge der Einmischung deutscher Regierungsstellen zugrundegerichtet worden sei".[579]

In der Batschka waren im Herbst 1941 96,5 Prozent der deutschen Bevölkerung im VDU organisiert, dessen Kreisführung somit über großes Eigengewicht gegenüber der Volksgruppenführung in Budapest verfügte. Die Deutschen in der Batschka waren in der Folgezeit in Ungarn jene, die sich im NS-Sinne stets am vorbildlichsten verhielten: Von den Sammlungen für das Winterhilfswerk bis zur überdurchschnittlichen Bereitstellung von Freiwilligen für die Waffen-SS.[580] Infolge dieser NS-konformen „Vorreiterrolle" der Batschka-Deutschen[581] und ihrer quantitativen Dominanz „besetzten" die Führer der Batschka-Deutschen nach Eingliederung in den VDU in dieser Organisation mit den Siebenbürger Sachsen „die meisten Führungspositionen". Auch Josef Trischler vermochte auf dieser

---

[574] Spannenberger, Ungarn, S. 728–731 und S. 735–737.
[575] Ebenda, S. 737.
[576] Tilkovszky, Ungarn und die deutsche „Volksgruppenpolitik" 1938–1945, S. 152.
[577] Spannenberger, Ungarn, S. 739.
[578] Horthy, Ein Leben für Ungarn, S. 223.
[579] Ebenda, S. 254.
[580] Spannenberger, Jugoslawien, S. 907 f.
[581] Ebenda, S. 908.

Basis – der Stärke seiner engeren Volksgruppe und ihrer intensiven NS-Orientierung – seine politische Karriere in Ungarn fortzusetzen. Als einer von drei früheren Abgeordneten der jugoslawischen Skupština aus der Batschka wurde Trischler auf Vorschlag des ungarndeutschen Volksgruppenführers Basch 1942 in das Abgeordnetenhaus des ungarischen Reichstages kooptiert.[582]

Hauptberuflich blieb Trischler der Landwirtschaft und Agrarpolitik verbunden – als Leiter der „Privaten Deutschen Landwirtschaftsschule in Futak", ab 1942 als Aufsichtsratsvorsitzender des deutschen Genossenschaftsverbandes in der Batschka. Auch das „Amt als Landesbauernführer" – also des Chefs der am deutschen Vorbild des „Reichsnährstandes" orientierten volksdeutschen Agrarverwaltung in Ungarn – soll ihm angeboten, aber von ihm „abgelehnt" worden sein.[583] Für seine engere Heimat, die Batschka, leitete Trischler von 1941 bis 1945 jedoch die „VDU-Gebietsgeschäftsstelle für Volkswirtschaft". Am 6. Februar 1942 vom ungarischen Staatsoberhaupt, Reichsverweser Horthy, zum Mitglied des Unterhauses des ungarischen Reichstages berufen, übte Trischler auch dieses Amt als Volksvertreter formell bis Kriegsende im Mai 1945 aus.[584]

Über seine zweite ungarische Lebensperiode zwischen 1941 und 1945, in der er ein halbwegs prominenter Vertreter der ungarndeutschen NS-Politik gewesen ist, hat Trischler später geäußert, er habe sich „während des Krieges" – der für Ungarn erst im Frühjahr 1941 begann – „im politischen Kampf in erster Reihe auf wirtschaftliche Fragen zurückgezogen". Trischler verwies dabei auf seine Funktion als „Wirtschaftsbeauftragter der Deutschen Volksgruppe in der Batschka während des Krieges", in der er „laufend Verhandlungen mit verschiedenen deutschen wirtschaftlichen Dienststellen" zu absolvieren gehabt habe.[585] Darin dürfte der einstige ungarndeutsche Politiker insofern subjektiv aufrichtig gewesen sein, als dass diese Tätigkeit den Hauptteil seiner politischen Aktivitäten gebildet hatte. Doch schimmert in seinen Formulierungen auch eine Tendenz durch, seine politische Arbeit als wirtschaftliche Fachtätigkeit nachträglich zu entpolitisieren. In Wahrheit war die Funktion des volksdeutschen Wirtschaftsbeauftragten der Batschka jedoch stark politisch geprägt. Als Wirtschaftsbeauftragter in Újvidék – der ungarische Name für Neusatz bzw. Novi Sad – erhielt Trischler „seine Anweisungen formal von der Volksgruppenführung, in Wirklichkeit aber von den beratenden Vertrauensleuten des Deutschen Reiches".[586] Im Vordergrund stand die vom NS-Regime gewünschte Integration dieses nicht unbedeutenden Wirtschaftsraumes in die NS-Kriegswirtschaftspolitik.[587] Bereits die Recherchen des SED-Regimes

---

582 Spannenberger, Der Volksbund der Deutschen in Ungarn 1938–1945, S. 289.
583 IDGL, NL Franz Hamm, HA 0778-4, Abschrift: Dipl. Ing. Dr. Josef Trischler, „Lebenslauf", o. D., S. 1.
584 Balling, Von Reval bis Bukarest, Bd. 2, S. 523.
585 IDGL, NL Franz Hamm, IIA 0778-4, Abschrift: Dipl. Ing. Dr. Josef Trischler, „Lebenslauf", o. D., S. 2.
586 Tilkovszky, Ungarn und die deutsche „Volksgruppenpolitik" 1938–1945, S. 211.
587 Vgl. Casagrande, Die volksdeutsche SS-Division „Prinz Eugen", S. 174f.; Tilkovszky, Ungarn und die deutsche „Volksgruppenpolitik" 1938–1945, S. 274f.

haben gezeigt, dass diese Wirtschaftspolitik mit einer Politik ethnischer „Säuberung", Enteignung und Besitzumverteilung verklammert war. Am 28. Oktober 1942 soll Trischler in seiner Eigenschaft „als Leiter der Geschäftsstelle für Volkswirtschaft in der Batschka [...] über die Volksdeutsche Mittelstelle, Berlin", dem Reichsmarschall Hermann Göring in dessen Eigenschaft als Beauftragter für den Vierjahresplan seine Stellungnahme „über einen ‚Plan zur Enteignung von Boden und Neukolonisation in der Batschka'" zugeleitet haben.[588] Man darf vermuten, dass diese mutmaßliche Aktivität in Zusammenhang mit dem soeben im September 1942 in Kraft gesetzten ungarischen Gesetz zur Enteignung aller jüdischen Landbesitzer in Ungarn stand, dem Trischler als Abgeordneter der Regierungspartei bei dessen Verabschiedung durch den Budapester Reichstag im Juni 1942 zweifellos zugestimmt hatte.[589] 1943 beschwerte sich die ungarische Regierung auf dem Umweg über den (als gemäßigt geltenden) deutschen Botschafter in der Türkei, den ehemaligen Reichskanzler Franz von Papen, über einen „Bericht des Deutschen Volksbundes, der Organisation der Volksdeutschen, an den Wirtschaftsbeauftragten Deutschlands für den Südosten", Hermann Neubacher, „der nicht mehr und nicht weniger enthielt als einen mit den [faschistischen ungarischen] Pfeilkreuzlern zusammen ausgeheckten Plan, Ungarn in seine ethnischen Bestandteile zu zerlegen und diesen Föderalstaat als nationalsozialistischen Bundesstaat ins Reich einzugliedern".[590] Möglicherweise stand dahinter der Versuch, die wirtschaftlich prosperierende Batschka aus Ungarn herauszulösen – wie dies die deutsche Regierung schon 1941 mit ihrem Vorschlag versucht hatte, die Provinz zumindest bis Kriegsende in Eigenregie zu verwalten, was zwar am Widerstand Ungarns gescheitert war, aber immerhin zu einer Verteilung der wirtschaftlichen Überschüsse der Batschka auf Ungarns Bündnispartner Deutschland und Italien geführt hatte.[591] Es ist wahrscheinlich, dass Trischler in seiner wichtigen wirtschaftspolitischen Funktion an solchen Aktionen beteiligt war. Auch als er gemeinsam mit anderen volksdeutschen Abgeordneten im Juni und Juli 1944 – also nach der deutschen militärischen Besetzung Ungarns im März 1944 und kurz nach Beginn der Deportationen der ungarischen Juden nach Auschwitz im Mai 1944[592] – mit der deutschfreundlichen Regierung Sztójay über die „Forderung nach Beteiligung der dt. Volksgruppe am jüd.[ischen] Vermögen" verhandelt haben soll[593], dürfte Trischlers wirtschaftliche Koordinierungsfunktion in der Batschka für seine Beteiligung an diesen Besprechungen auf höchster Ebene aus-

---

[588] BStU, Archiv der Zentralstelle, MfS-HA IX/11 PA Nr. 3729, Bl. 15f., Anlage 7 zu Dr. Josef Trischler, hdschr.: „25.11.[19]64".
[589] Zu den beiden Daten dieses Gesetzes: Kallay, Hungarian Premier, S. 71, Anm. 4.
[590] Horthy, Ein Leben für Ungarn, S. 257f.; vgl. dazu Papen, Der Wahrheit eine Gasse, S. 577f.
[591] Kallay, Hungarian Premier, S. 291.
[592] James, Geschichte Europas im 20. Jahrhundert, S. 197 und S. 211.
[593] Balling, Von Reval bis Bukarest, Bd. 2, S. 523, sich stützend auf Tilkovszky, Ungarn und die deutsche „Volksgruppenpolitik" 1938–1945, S. 322.

schlaggebend gewesen sein.[594] Sein wirtschaftspolitisches Amt war folglich nie unpolitisch, sondern in wachsendem Maße hochpolitisch.

An Trischlers Nachkriegs-Darstellung seiner angeblich nur wirtschaftspolitischen Tätigkeit in Ungarn ab 1941 fällt auf, dass sie seine Arbeit als ungarischer Parlamentsabgeordneter ab Anfang 1942 vollständig verschweigt. Im Januar 1942 waren infolge einer Vereinbarung zwischen Ministerpräsident László Bárdossy und Volksgruppenführer Franz Basch von Letzterem drei volksdeutsche Abgeordnete, die bisher dem jugoslawischen Parlament angehört hatten, als Vertreter der Volksdeutschen in den neu angegliederten (bisher jugoslawischen) „Südgebieten" für das ungarische Abgeordnetenhaus und ein weiterer für das Oberhaus benannt worden.[595] Am 9. Februar 1942 wurde Josef Trischler aufgrund dieser NS-Wunschliste ins ungarische Abgeordnetenhaus berufen, wo er die Deutschen der südlichen Batschka und Baranya vertrat. Zusammen mit den übrigen neuen Abgeordneten wurde Trischler Mitglied des Klubs (Fraktion) der „Magyar Èlet Pártja" (MEP, Partei des ungarischen Lebens), der Regierungspartei im 1939 gewählten ungarischen Abgeordnetenhaus. Sie bildeten aber zugleich eine eigene VDU-Gruppe innerhalb der Regierungsfraktion unter Führung des Abgeordneten und engen Trischler-Freundes Franz Hamm und unterstanden als solche den Weisungen des „Volksgruppenführers" Franz Basch bzw. denen Berlins.[596]

Zu dieser Zeit musste der Volksbund zwangsläufig die schwankende und schwierige Strategie einer „doppelten Loyalität zu Ungarn und zu Deutschland" zu vertreten suchen. Darum betonten Volksbund-Vertreter – etwa Hamm und Trischler in ihren Reden im ungarischen Abgeordnetenhaus im Dezember 1942 – die „gemeinsamen Interessen" beider Völker und die daraus resultierende „Waffenbrüderschaft" und „Schicksalsgemeinschaft".[597] Dennoch sah sich Trischler, der im Abgeordnetenhaus zum Mitglied des Landwirtschaftsausschusses avancierte, von den ungarischen Sicherheitsorganen beobachtet und sogar schikaniert. In den Beständen des Ungarischen Nationalarchivs finden sich zwei Verfahren zur Aufhebung seiner Immunität, um Trischler vor Gericht anklagen zu können – das erste wegen Verleumdung, das (wohl irrtümlich) auf August 1941 datiert wurde, als Trischler noch gar nicht Abgeordneter war, das zweite vom August 1943 wegen Verstosses gegen Luftschutz-Bestimmungen. In beiden Fällen verweigerte das Parlament die Aufhebung von Trischlers Abgeordneten-Immunität.[598] Solche Ereignisse waren Indizien eines angespannten Verhältnisses zwischen den mit Deutschland verbündeten magyarischen Nationalisten und „ihren" Volksdeutschen. Trischler ist dabei zu jenen „Volksbundabgeordneten" zu rechnen, die gegen sie erhobene Angriffe im ungarischen Parlament dadurch konterten, dass

---

[594] Möglicherweise ging es um Übertragung jüdischen Pachtbesitzes, der in Ungarn durchaus verbreitet war; vgl. Ein General im Zwielicht, Bd. 3, S. 405.
[595] Tilkovszky, Ungarn und die deutsche „Volksgruppenpolitik" 1938–1945, S. 172f.
[596] Balling, Von Reval bis Bukarest, Bd. 2, S. 462 und S. 465; zur MEP: Bachmann, Ungarn, S. 1385.
[597] Spannenberger, Der Volksbund der Deutschen in Ungarn 1938–1945, S. 354, auch Anm. 1.
[598] Vgl. Ungarisches Nationalarchiv, Lajos Bertók, an Dr. Raimund Paleczek, München, 14.12.2009.

sie „ihre nationalsozialistische Einstellung" besonders demonstrativ hervorhoben und ihre kriegswichtigen Leistungen an Front und Heimatfront betonten.[599]

Die in der wissenschaftlichen Einleitung zum Jugoslawien-Band der offiziösen bundesrepublikanischen „Dokumentation der Vertreibung der Deutschen" 1961 gemachte Behauptung des jungen Historikers Hans-Ulrich Wehler, die neuernannten Vertreter der bisher jugoslawischen Donauschwaben, darunter Trischler, seien im ungarischen Parlament „gegenüber der Politik, die von Basch und seinen Mitarbeitern nach dem ‚Führerprinzip' und gemäß den Direktiven reichsdeutscher Stellen vertreten wurde, ohne Einfluß" geblieben[600], erscheint fragwürdig, da sie den oben dargelegten Erkenntnissen über das große VDU-interne Gewicht der NS-Politiker aus der Batschka deutlich widerspricht. Wenn man weiß, dass sich Trischler in den 1950er Jahren „sehr für die Dokumentation der Geschehnisse in J.[ugoslawien] bei und nach der Vertreibung eingesetzt" hat[601], ist es denkbar, dass er auf diese (entlastende) Deutung der Machtverhältnisse in Ungarn hat Einfluss nehmen können. Ein sehr viel später, noch kurz vor dem Tode Trischlers zusammen mit Franz Hamm geplantes Erinnerungsbuch über die gemeinsame Parlamentsarbeit in Jugoslawien und Ungarn konnte leider nicht mehr realisiert werden.[602] Es wäre interessant zu wissen, was darin enthalten gewesen und was dort möglicherweise verschwiegen worden wäre.

1942 hat Trischler nicht nur Reden über deutsch-ungarische „Waffenbrüderschaft" und „Schicksalsgemeinschaft" gehalten, sondern sich auch aktiv für die damals von der ungarischen Regierung gestattete Werbung von Ungarndeutschen für den Kriegsdienst in der Waffen-SS eingesetzt.[603] Diese Aktivität, die 1943 den Attentatsversuch eines enttäuschten volksdeutschen SS-Mannes auf Trischler und weitere NS-Abgeordnete zur Folge hatte[604], wurde Trischler von manchen Angehörigen seiner Volksgruppe offenbar lange nachgetragen.[605]

Mit Billigung Horthys hatte die ungarische Regierung unter Ministerpräsident Miklos Kállay ab 1943 Verhandlungen mit den westlichen Alliierten über einen Bündniswechsel geführt. Dies veranlasste Hitler im März 1944 zum deutschen Einmarsch in das verbündete Ungarn. Horthy sah sich gezwungen, ein Hitler genehmes Kabinett unter dem bisherigen Gesandten in Berlin, Döme Sztójáy, einzusetzen. Diese Regierung kollaborierte insbesondere bei der Deportation von

---

[599] Tilkovszky, Ungarn und die deutsche „Volksgruppenpolitik" 1938–1945, S. 231, auch Anm. 20.
[600] Das Schicksal der Deutschen in Jugoslawien. S. 58E.
[601] IDGL, NL Franz Hamm, HA 0021/2, Hamm an Frau Hilde-Isolde [Reiter], 2.1.1976.
[602] Ebenda, NL Franz Hamm, HA 1602-2, Dr. Trischler an Hamm, 6.8.1975.
[603] Scherer, Trischler; diese Werbeaktion hatte die Berliner Reichsregierung der ungarischen Regierung abgepresst, doch Trischler und andere Volksgruppenfunktionäre waren an der SS-Werbung in Ungarn beteiligt.
[604] Ebenda.
[605] Jedenfalls bemerkte die DDR-Staatssicherheit noch 1964, Trischler werde „von seiten [sic!] der eigenen Landsleute" dafür „mitverantwortlich gemacht, daß Zehntausende von jungen ‚Volksdeutschen' in die Waffen-SS gepreßt [sic!]" worden seien; vgl. BStU, Archiv der Zentralstelle, MfS-HA IX/11 PA Nr. 3729, Bl. 13, Anlage 7 zu Dr. Josef Trischler, hdschr.: „25.11.[19]64".

500 000 ungarischen Juden in die deutschen Vernichtungslager.[606] Auch die offizielle Rolle der deutschen Volksgruppe veränderte sich – in Richtung demonstrativer Aufwertung und folglich noch gefährlicherer Exponierung. Am 12. Mai 1944 verließen die sieben VDU-Abgeordneten, darunter Trischler, auf höhere Weisung die Fraktion der Regierungspartei MEP und bildeten im ungarischen Reichstag einen eigenen „Block der Deutschen Nationalsozialistischen Gesetzgeber" (Ungarische Abkürzung: NNSTB).[607] Die volksdeutsche Presse dürfte wenig Glauben mit ihrer Behauptung gefunden haben, diese „Bildung eines eigenständigen Blocks" von NS-Abgeordneten sei keineswegs eine Abkehr vom bisherigen Kurs „bedachter Zurückhaltung".[608] Denn dieser Schritt zu einer eigenständigen deutschen NS-Fraktion im Budapester Parlament demonstrierte zusammen mit anderen Einzelmaßnahmen die seit dem deutschen Einmarsch vom März 1944 deutlich eingeschränkte Souveränität Ungarns.

Die solcherart symbolpolitisch gestärkten volksdeutschen NS-Abgeordneten traten gegenüber der neuen ungarischen Regierung unverzüglich mit umfangreichen Forderungskatalogen auf. Am 2. Juni 1944 kam es zu einer Spitzen-Unterredung zwischen dem neuen Ministerpräsidenten Döme Sztójay und Volksgruppenführer Basch. Dieser forderte die Errichtung eines eigenen Staatssekretariats für seine Volksgruppe, gewann jedoch bei der Besprechung den Eindruck, dass der als deutschfreundlich geltende Sztójay die Rechte der Volksdeutschen ebenso wenig erweitern wollte wie seine Vorgänger. Dem Historiker Lorant Tilkovszky zufolge war ein weiteres „wichtiges Thema dieser Unterredung [...] die Beteiligung der deutschen Volksgruppe am jüdischen Vermögen". Dieses wurde just damals – infolge der kurz nach dem deutschen Einmarsch in Ungarn anlaufenden Massendeportationen ungarischer Juden in die NS-Vernichtungslager in Polen, wo Hunderttausende ermordet wurden – vom ungarischen Staat schrittweise enteignet. Für die deutschen Siedlungsgebiete meldete der Volksbund Anspruch auf jüdische Betriebe, Geschäftslokale und Wohnhäuser an, musste jedoch laut Tilkovszky „die Erfahrung machen, daß die Regierung kein Freund des Teilens war und die ungarischen Behörden – bei Übergehung des Volksbundes – in aller Stille bereits mit der Verteilung des jüdischen Eigentums begonnen hatten". Volksgruppenführer Basch wies am 26. Juni 1944 den Wirtschaftsbeauftragten des Deutschen Reiches für Ungarn, Hans Constantin Boden, auf diese in seinen Augen unerfreuliche Entwicklung hin. Für uns ist wichtig, dass Josef Trischler zusammen mit Franz Hamm und zwei weiteren volksdeutschen Abgeordneten des ungarischen Reichstages im Umfeld der Spitzen-Verhandlungen zwischen Sztójay und Basch ebenfalls aktiv geworden ist. Die vier nachgeordneten „Mitglieder des Blocks der deutschen nationalsozialistischen Gesetzgeber" suchten im Juni und

---

[606] James, Geschichte Europas im 20. Jahrhundert, S. 198 und S. 211.
[607] Balling, Von Reval bis Bukarest, Bd. 2, S. 463 und S. 465 f.
[608] BStU, Archiv der Zentralstelle, MfS-HA IX/11 PA Nr. 3729, Bl. 18, Anlage 7 zu Dr. Josef Trischler, hdschr.: „25.11.[19]64".

Juli 1944 mit weiteren „Forderungen den Ministerpräsidenten und zahlreiche Minister" auf.[609]

Für Trischler dürften landwirtschaftliche Fragen im Vordergrund gestanden haben, für die er als Experte profiliert war, doch ist über die inhaltlichen Schwerpunkte seiner Verhandlungen im Kontext des Holocaust nichts Näheres bekannt. Ob es dabei um die volksdeutsche Übernahme enteigneten jüdischen Eigentums im Agrarbereich gegangen sein könnte, lässt sich daher nicht abschließend klären, doch ist dies als wahrscheinlich zu betrachten. Man wird berücksichtigen müssen, dass in der ungarischen Landwirtschaft die Rolle jüdischer Eigentümer – obschon geringfügiger als in den Sektoren Industrie, Handel, Banken und Gewerbe – bis 1944 keineswegs unbedeutend gewesen ist. Nicht zufällig haben die (damals durch eine Parlamentsauflösung unerledigt gebliebenen) Bodenreform-Beratungen des ungarischen Reichstages im Jahre 1939 das Problem, dass 17 Prozent der Bevölkerung zum landlosen Landarbeiter-Proletariat zählten, dadurch zu lösen versucht, dass man einerseits den Großgrundbesitz des magyarischen Adels gezielt verschonte, indem man andererseits neben kirchlichem und institutionellem Landeigentum „vor allem [...] den jüdischen Grundbesitz" zu enteignen beabsichtigte, der damals immerhin 11,5 Prozent der landwirtschaftlichen Fläche umfasste.[610] Erst die im März 1942 ins Amt gelangte Regierung Kállay setzte ein ausschließlich gegen jüdische Landeigentümer gerichtetes Enteignungsgesetz durch, das im Juni 1942 vom Reichstag (unter höchstwahrscheinlicher Zustimmung des Abgeordneten Trischler) angenommen und am 6. September 1942 in Kraft gesetzt wurde.[611] Die Deutschen stießen jedoch noch im Mai 1944 auf eine Reihe „großer aristokratischer und staatlicher Domänen, die bis vor wenigen Wochen durchwegs an Juden verpachtet waren".[612] Gleichwohl ist auch in diesem Wirtschaftssektor eine sich seit 1942 radikalisierende antisemitische Verdrängungspolitik anzunehmen, die von volksdeutscher Seite umso vehementer unterstützt worden sein dürfte, als infolge der langjährigen Benachteiligung durch das jugoslawische Liegenschaftsrecht ein massiver ‚Landhunger' volksdeutscher Landwirte erzeugt worden war.[613]

Der Versuch des VDU, von der Enteignung der (vom Völkermord bedrohten) ungarischen Juden zu profitieren, erfolgte keineswegs improvisiert, sondern hatte eine längere Vorgeschichte. Schon im September 1940 hatte Volksgruppenführer Basch in Berlin als „Ziel der wirtschaftlichen Organisierung" der Ungarn-

---

[609] Tilkovszky, Ungarn und die deutsche „Volksgruppenpolitik" 1938–1945, S. 322.
[610] März, Gestaltwandel des Südostens, S. 182 f.
[611] Kallay, Hungarian Premier, S. 70 f., rechtfertigte dieses Gesetz später als Maßnahme gegen eine winzige Gruppe jüdischer Großgrundbesitzer, welche die nach Kriegsende unvermeidliche allgemeine Bodenreform lediglich vorweggenommen habe; zugleich habe die Enteignung dieser kleinen Minderheit die große Masse der ungarischen Juden verschonen helfen und sei von dieser daher mit Verständnis aufgenommen worden; Kallay räumte ein, dass das antisemitische Enteignungsgesetz Befürchtungen der ungarischen Großgrundbesitzer geweckt habe, dass auch ihre Enteignung näher gerückt sei; ebenda, S. 197.
[612] Ein General im Zwielicht, Bd. 3, S. 405.
[613] Vgl. Kap. II.2.2.

deutschen einerseits einen besseren „Schutz vor der ungarischen Wirtschaftspolitik", andererseits „die Verdrängung der Juden aus dem Handel" bezeichnet. Im Juni 1941 zeigte ein Angriff der „Deutschen Zeitung" auf die „Verjudung der ungarischen Wirtschaft" die antisemitische Richtung der ungarndeutschen Volksgruppe noch deutlicher. In einer Denkschrift für Ministerpräsident Kállay hatte Basch im November 1943 nicht nur die Diskriminierung der Volksdeutschen bei der ab 1941 erfolgten ungarischen Revision der jugoslawischen Bodenreform beklagt, sondern auch moniert, dass aus dem seit Herbst 1942 enteigneten „jüdischen Grundbesitz" in Ungarn „nur verschwindend wenige Volksdeutsche Land erhalten" hätten.[614] Insofern bildete der Vorstoß vom Sommer 1944 nur den radikalen Abschluss einer jahrelangen antisemitischen Enteignungspolitik der deutschen Volksgruppenführung. Trischler war an dieser Politik 1944 nachweislich beteiligt, doch ist auch in früheren Jahren seit 1941/42 eine Partizipation des als Agrarexperte geschätzten Abgeordneten der zweiten Reihe zu vermuten. Denn bereits im September 1942 – und damit unter Mitwirkung des Abgeordneten Trischler – hatte ein ungarisches Gesetz den jüdischen Bürgern des Landes den Erwerb landwirtschaftlichen unbeweglichen Gutes verboten und sie zur Veräußerung des gesamten bereits in ihrem Eigentum befindlichen Landbesitzes gezwungen.[615] Der antisemitische Enteignungsprozess erreichte im Schatten des Holocaust somit 1944 nur seinen Höhepunkt, und die deutsche Volksgruppenführung einschließlich Trischlers war offensichtlich bemüht, dass neben den Magyaren auch die Ungarndeutschen von der Beute dieser Gewaltpolitik profitieren sollten.

Über den Inhalt jener Verhandlungen mit der Regierung Sztojáy, an denen Trischler persönlich teilgenommen hat, geben die uns bekannten Quellen leider keinen Aufschluss. Wir wissen nur, dass Trischler am 15. Juni 1944 mit zwei weiteren volksdeutschen Abgeordneten, Franz Hamm und Eduard Keintzel[616], von Ministerpräsident Sztojay[617] persönlich „zu einer längeren Unterredung" empfangen wurde, bei der „mehrere Fragen der Volksgruppe und wichtige wirtschaftliche Probleme durchgesprochen" wurden, „darunter die Handhabung der Grundverkehrspraxis, sowie Angelegenheiten auf dem Gebiet der Schanklizenzpolitik". Gerade das Stichwort „Grundverkehrspraxis" erscheint in diesem Zusammenhang interessant; zweifellos ging es dabei um die grundsätzliche Ermöglichung von

---

614 Tilkovszky, Ungarn und die deutsche „Volksgruppenpolitik" 1938–1945, S. 105, S. 154 und S. 282.
615 Varga, Schuldige Nation oder Vasall wider Willen?, Bd. 2, S. 158.
616 Dr. Dr. Eduard Keintzel, 1897–1973, Siebenbürger Sachse, konservativer Volksgruppenpolitiker, der sich der NS-Politik anschloss; 1940–1945 Mitglied des ungarischen Reichstages, vor dessen entrüsteter magyarischer Mehrheit er im November 1943 die Assimilierung der Ungarndeutschen unter Berufung auf die NS-Ideologie ablehnte; vgl. Balling, Von Reval bis Bukarest, Bd. 2, S. 517.
617 Döme Sztójay, 1883–1946, als Demeter Stojaković serbischer Herkunft, nach 1927 magyarisiert; Offizier, 1935–1944 ungarischer Gesandter im Deutschen Reich, im Zuge der deutschen Besetzung Ungarns 22.3.–29.8.1944 ungarischer Ministerpräsident und Außenminister; 1946 in Budapest als Kriegsverbrecher hingerichtet.

Landzukäufen für volksdeutsche Landwirte, die in Ungarn ebenso wie zuvor in Jugoslawien administrativ behindert wurde. Stand diese unter Beteiligung Trischlers diskutierte „Handhabung der Grundverkehrspraxis" in Zusammenhang mit der Enteignung jüdischen Besitzes, über dessen Aufteilung kurz zuvor Basch mit Sztojáy verhandelt hatte? Dies steht zu vermuten, wird sich jedoch nur durch Heranziehung weiterer, namentlich ungarischer Quellen vollständig klären lassen. Jedenfalls spielte im selben Bericht der Südosteuropagesellschaft, der über Trischlers Verhandlungen vage Auskunft gibt, der Umgang mit jüdischem Vermögen in Ungarn eine zentrale Rolle. So wurde vermeldet, die ungarische Zeitung „Magyarsag" habe am 13. Juni 1944 die „Sicherstellung des jüdischen Vermögens" thematisiert, wobei „die zuständigen Behörden" aufgefordert worden seien, „endlich mal auch die Strohmänner zu fassen, die durch Verheimlichung des Judenvermögens dieses der Öffentlichkeit entziehen" würden. Auch die „Deutsche Zeitung" habe sich am 10. Juni 1944 des Themas angenommen, namentlich mit Blick auf die „Verjudung der ungarischen Apotheken". Was das Verhältnis der Verhandlungspartner angeht, hielt die Pressestelle der Südosteuropagesellschaft in ihren vertraulichen „Politischen Wochenberichten" für ausgesuchte NS-Instanzen den Hinweis für wichtig: „Die Audienz verlief im Zeichen des Vertrauens. Der Ministerpräsident erkundigte sich nach Einzelheiten der vorgebrachten Fragen und sagte rasche Erledigung zu."[618]

Des weiteren hat Trischler am 6. Juli 1944 zusammen mit seinen Abgeordnetenkollegen Eduard Keintzel und Erich Szegedi[619] „im Auftrag des Volksgruppenführers" auch mit dem ungarischen Ackerbauminister Adalbert Jurcsek Verhandlungen geführt.[620] Jurcsek war einer von zwei „getreue[n] Anhänger[n] Nazideutschlands" in den zwischen März und Oktober 1944 amtierenden ungarischen Regierungen.[621] Wir wissen jedoch nur, dass „mehrere die Volksgruppe berührende Fragen vorgebracht" wurden, bei denen der Minister „Entgegenkommen und Bereitschaft" gezeigt haben soll, „den geäusserten [sic!] Wünschen Rechnung zu tragen".[622] Möglicherweise könnten ungarische Regierungsakten weiteren Aufschluss vermitteln, die für diese Studie nicht herangezogen werden konnten.

---

[618] BAB, R 63/348, Politische Wochenberichte aus Südosteuropa, Bd. 14, 8. Juni 1944 – 16. Juli 1944, Bericht Nr. 268 (11. bis 18. Juni 1944), Bl. 98 und Bl. 100.
[619] Erich Szegedi, 1900-1965, Siebenbürger Sachse, 1940-1944 Leiter der Ackerbauschule in Bistritz, 1942-45 Mitglied des Oberhauses des königlich ungarischen Reichstages, 1942/43 stellvertretender Landesbauernführer der deutschen Volksgruppe in Ungarn, 1943/44 Landesbauernführer, nach 1945 Agrarexperte in der SBZ/DDR; vgl. Balling, Von Reval bis Bukarest, Bd. 2, S. 520.
[620] Béla Jurcsek, 1893-1945, März bis Oktober 1944 ungarischer Minister für Ackerbau, starb in alliierter Haft.
[621] Sakmyster, Miklós Horthy, S. 351.
[622] BAB, R 63/348, Politische Wochenberichte aus Südosteuropa, Bd. 14, 8. Juni 1944–16. Juli 1944, Bericht Nr. 272 (9. bis 16. Juli 1944), Bl. 191R; im selben Bericht finden sich Abschnitte über die „Judenfrage in Ungarn", insbesondere über schweizerische Presseberichte über die „größte Empörung" in der ungarischen Bevölkerung wegen „Durchführung der Judengesetze" und des „unmenschliche[n] Vorgehen[s] in den Ghettos"; ebenda, Bl. 194.

Die von Gestapo und SS in Zusammenarbeit mit der kollaborierenden Sztojay-Regierung im März 1944 begonnenen Massendeportationen ungarischer Juden wurden auf Befehl des ungarischen Reichsverwesers Horthy am 26. Juni 1944 verboten und daraufhin bis zum Sturze Horthys im Oktober 1944 tatsächlich gestoppt.[623] Parallel zu den Massendeportationen von Hunderttausenden ungarischer Juden konfiszierte die neue ungarische Regierung im April und Mai 1944 deren Eigentum.[624] Auch dies dürfte mit Horthys Deportationsstopp Mitte 1944 zum Erliegen gekommen sein, wurde aber ab Mitte Oktober 1944 erneut aufgegriffen: Das gesamte jüdische Eigentum in Ungarn wurde unter der Pfeilkreuzler-Diktatur am 4. November 1944 enteignet – und zwar zugunsten des ungarischen Staates.[625] Der „konfiskatorische Erfolg" dieses massenhaften „Raubmord[es] an den Juden" mit seinen „erheblichen Liquidierungsmöglichkeiten von Judenvermögen'" war allerdings im Herbst 1944 angesichts des zusammenbrechenden NS-Imperiums überaus fraglich.[626] Auch für eine effektive Beteiligung von Volksdeutschen an dieser gigantischen Besitzumverteilung im Kontext eines Völkermordes war es angesichts der Kriegslage schlicht zu spät. Denn im Oktober 1944 – parallel zur von Hitler erzwungenen Abdankung des als unzuverlässig geltenden Horthy und zur Installierung des faschistischen Pfeilkreuzler-Regimes unter Ferenc Szalasi, das sich bis Anfang 1945 in Budapest behauptete[627] – begann für die Batschka-Deutschen bereits die fluchtartige Evakuierung vor der anrückenden sowjetischen Armee. Auch für Trischler setzte im Oktober 1944 eine mehrmonatige Flucht ein, die ihn im April 1945 nach Oberbayern führte.[628] Aus dem Fluchtbericht eines Neusatzers, der später seinen Weg in die „Dokumentation der Vertreibung" fand, wissen wir, dass sich „Abgeordneter Dr. Trischler" im Herbst 1944 in Mohács befand, wo er die offenbar relativ gut organisierte „Betreuung der Flüchtlinge übernommen" hatte.[629]

Seit Kriegsende 1945 lebte Trischler in München (wo er zwei Jahrzehnte zuvor studiert hatte) und wurde dort frühzeitig Vertriebenen-Funktionär, um als langjähriger Sprecher der Landsmannschaft der Deutschen aus Jugoslawien und als Mitglied des BdV-Präsidiums (zwischen 1958 und 1970) gegen Ende seines Lebens das Bundesverdienstkreuz 1. Klasse zu erhalten. Dass Trischler sich seit der Münchner (völkischen) Studienzeit gute Kontakte in Süddeutschland bewahrt hatte, half in mehr als einer Hinsicht beim Neuanfang. Angeblich trugen „seine guten Beziehungen zu Theodor Heuss, bei dem er seinerzeit studiert hatte und

---

[623] Varga, Schuldige Nation oder Vasall wider Willen?, Bd. 2, S. 194 und S. 199 f.
[624] Aly, Hitlers Volksstaat, S. 219.
[625] Horthy, Ein Leben für Ungarn, S. 298.
[626] Aly, Hitlers Volksstaat, S. 220 und S. 311.
[627] Spannenberger, Ungarn, S. 740.
[628] IDGL, NL Franz Hamm, IIA 0778-4, Abschrift: Dipl. Ing. Dr. Josef Trischler, „Lebenslauf", o. D., S. 2.
[629] Das Schicksal der Deutschen in Jugoslawien. S. 112 ff., Erlebnisbericht des Schriftsetzers Franz Grünwald aus Neusatz über seine Evakuierung 1944 (1958), insb. S. 116; der Bericht vermerkt für Mohács eine „gute Lagerunterbringung und Lebensmittelversorgung seit längerer Zeit".

der als Vorsitzender der FDP 1949 zum ersten Bundespräsidenten der Bundesrepublik Deutschland gewählt wurde, erheblich dazu bei, dass Trischler 1949 über die bayerische Landesliste der FDP zum Abgeordneten des ersten Deutschen Bundestages gewählt wurde.[630] Zuvor war es ihm 1948 gelungen, sich durch Beteiligung an einer agrochemischen Fabrik eine neue Existenz zu schaffen.[631]

Als Abgeordneter wirkte Trischler zwischen 1949 und 1953 offenbar primär als Anwalt für die sozialpolitische Gleichstellung der südosteuropäischen Volksdeutschen mit den rechtlich zwangsläufig bessergestellten „reichsdeutschen" Vertriebenen. Nach Trischlers Tod im Jahre 1975 resümierte sein langjähriger Freund Franz Hamm, Trischler habe sich im Bundestag für das „LAG" (Lastenausgleichsgesetz) eingesetzt und sich dabei der „sozial Schlechtergestellten" angenommen, die man deswegen auch „Trischlerleute" genannt habe. Hierbei habe er auf „seine guten Beziehungen zu [Bonner] Regierungsstellen und Bundestagsmitgliedern" zurückgreifen können, wie Trischler überhaupt ein stets maßvoll und mit guten Argumenten auftretender Verhandlungspartner – „dem lauten Getue abhold" – gewesen sei. Auf diese Weise habe er an der Einbeziehung der volksdeutschen Kriegsteilnehmer in das Einbürgerungsgesetz der Bundesrepublik Deutschland mitgewirkt, was inbesondere den Kriegshinterbliebenen (Witwen und Waisen) zugute gekommen sei. Erinnerungspolitisch habe sich Trischler außerdem „sehr für die Dokumentation der Geschehnisse in J.[ugoslawien] bei und nach der Vertreibung eingesetzt", aber auch eine (nicht nur historischen Zwecken dienende) Studie über die deutschen Vermögensverluste infolge der Vertreibung aus Jugoslawien erarbeitet.[632] Auch aus anderen Quellen wissen wir, wie wichtig Trischler die Einbeziehung der „volksdeutschen Minderheiten" in eine Dokumentation der vertreibungsbedingten Vermögensverluste gewesen ist, die angesichts der quantitativen Dominanz der reichsdeutschen Vertriebenen alles andere als selbstverständlich war.[633] Noch 1964, als sich der damalige BdV-Präsident Wenzel Jaksch bei der Bundesregierung – erfolglos – für eine Einbeziehung der „Ansprüche deutscher Inhaber von Bosnisch-Herzegowinischen Anleihen von 1914" in die ein halbes Jahrhundert später stattfindenden deutsch-jugoslawischen Wirtschaftsverhandlungen einsetzte[634], darf man Trischlers Expertise hinter diesem Engagement vermuten. Dieser fungierte damals im BdV-Präsidium nicht nur als Wirtschaftsexperte[635], sondern fand immer wieder auch als Experte für jugoslawische Fragen Gehör.[636]

---

[630] Balling, Von Reval bis Bukarest, Bd. 2, S. 523 f.
[631] IDGL, NL Franz Hamm, HA 0778-4, Abschrift: Dipl. Ing. Dr. Josef Trischler, „Lebenslauf", o. D., S. 2.
[632] IDGL, NL Franz Hamm, HA 0021/2, Hamm an Frau Hilde-Isolde [Reiter], 2.1.1976; mit dem von Hamm angesprochenen „Einbürgerungsgesetz" dürfte die staatsbürgerliche Gleichstellung der „volksdeutschen" Flüchtlinge und Vertriebenen mit ihren „reichsdeutschen" Schicksalsgenossen gemeint sein.
[633] Fischer, Heimat-Politiker?, S. 183.
[634] BAK, B 234/34, BMA, Schröder, an BdV, Jaksch, 31.7.1964, und BMWi an BdV, 11.8.1964.
[635] BAK, B 106/27361, Bl. 36f., BdV, Organisation Stand Ende 1965.
[636] BAK, B 234/1445, BdV, Protokoll der Klausurtagung der Bundesvertretung am 30.11./1.12. 1968, S. 3, wo Trischler über Auswirkungen des sowjetischen Einmarsches in die ČSSR auf

Trischler hatte nur vier Jahre lang dem Bundestag angehört, doch reichte diese dritte parlamentarische Tätigkeit seines Lebens aus, ihm eine kritische internationale Öffentlichkeit zu verschaffen. Im „American Jewish Year Book" des Jahres 1953 wurde Trischler von der Publizistin Lucy Dawidowicz als „Yugoslav-born war criminal" bezeichnet. Außerdem warf Dawidowicz Trischler vor, im Oktober 1952 an der Spitze von 28 weiteren Abgeordneten des Bundestages Bundeskanzler Adenauer gedrängt zu haben, vor der Bundestagsdebatte über die geplanten Wiedergutmachungszahlungen an Israel auch die Forderungen arabischer Regierungen zu diskutieren, diese deutschen Gelder nicht nur für jüdische NS-Opfer, sondern auch zur Versorgung der von Israel im Krieg von 1948 vertriebenen palästinensischen Flüchtlinge zu verwenden.[637]

Schon Ende 1952 hatte ein „rassisch *und* politisch Verfolgter des Nazi-Regimes" die Bonner Staatsanwaltschaft auf einen Artikel der von ihm abonnierten „deutschsprachigen New Yorker Zeitung ,Aufbau'" (Nr. 45 vom 7. November 1952) aufmerksam gemacht, in dem der Bundestagsabgeordnete Josef Trischler schwerer NS-Kriegsverbrechen beschuldigt worden war. Das frühere NS-Opfer forderte von den Bonner Ermittlern eine Klärung dieser Vorwürfe und gegebenenfalls die Einleitung der Strafverfolgung Trischlers.[638] Die New Yorker Zeitschrift wiederum hatte Trischlers angebliche „dunkle Rolle" als „Kriegsverbrecher" während der NS-Zeit offenbar – ähnlich wie bald darauf Dawidowicz – nicht zuletzt deshalb thematisiert, weil ihr der nunmehrige FDP-Bundestagsabgeordnete durch sein aktuelles politisches Handeln als israelfeindlicher „arabischer Agent" missliebig geworden war. Demnach hatte das „American Jewish Committee" – eine in den USA seit 1906 bestehende Interessenorganisation amerikanischer Juden mit weltweitem Tätigkeitsfeld zum Schutze andernorts verfolgter Juden – „soeben" enthüllt, „dass Josef Trischler, der Führer jener 28 Abgeordneten im westdeutschen Bundestag, die gegen die Ratifizierung des Haager Reparationsvertrages mit Israel sind, ein *lang gesuchter Kriegsverbrecher* ist". Das AJC betrachte die gegen Israel gerichtete Abstimmung dieser 28 deutschen Abgeordneten als Teil einer „nazistisch-arabischen Achse". Trischler und dessen Gefolgsleute im Bundestag bildeten demnach „die gefährliche Stimme des Neonazismus in Deutschland". Außerdem wurde der Vorwurf erhoben, Trischler sei ein „in Jugoslawien geborener Nazi" und habe während des Zweiten Weltkrieges „die Volksdeutschen in Jugoslawien und Ungarn vertreten". Er werde von nach 1945 erstellten „jugoslawischen Regierungsberichte[n]" beschuldigt, „für die Tötung von 21 000 Serben aus der Batschka und Baranja sowie *für den Mord an mehreren tausend Juden während der deutschen Besetzung Jugoslawiens verantwortlich*" zu

---

Südosteuropa informierte und die Möglichkeit diskutierte, dass die Sowjets auch in Jugoslawien und Rumänien einmarschierten; ferner BAK, B 234/738, BdV, Protokoll der Präsidiumssitzung am 8./9.7.1966, S.7, wo Trischler über wachsende Nationalitätenkonflikte in Jugoslawien berichtete.

[637] Dawidowicz, Arab Protest, S. 485.
[638] BStAM, Staatsanwaltschaften Nr. 6859, Hermann Atorff, Bergisch-Gladbach, an Leitender Oberstaatsanwalt beim LG Bonn, 22.12.1952.

sein. Somit sei Trischler ein von Jugoslawien offiziell angeklagter und international gesuchter Kriegsverbrecher. Auch habe er dem „Kulturbund" der Deutschen Jugoslawiens angehört, „der ein Zweig der deutschen Gestapo in Jugoslawien gewesen ist".[639]

Dass Trischler ein NS-naher Parlamentarier in Jugoslawien und Ungarn gewesen war, der 1944/45 seine Zugehörigkeit zum Nationalsozialismus als Mitglied einer entsprechenden Budapester Reichstagsfraktion auch offen hatte bekennen dürfen, war zutreffend. Dass der volksdeutsche „Kulturbund" in Jugoslawien eine Zweigstelle der deutschen Gestapo gewesen sei, erscheint hingegen als polemische Verzerrung, da die Berliner Anleitung volksdeutscher Organisationen im Ausland über andere NS-Instanzen lief; doch waren dieselben – etwa die „Volksdeutsche Mittelstelle" – stark mit der SS verflochten, wie wir auch über das Interesse des SS-Geheimdienstes SD an Trischler und der jugoslawischen Agrarpolitik 1939/40 informiert sind. Der SD gehörte ebenso wie die Gestapo seit 1939 zum Reichssicherheitshauptamt im Reichsministerium des Innern. Insofern verfügt dieser zweite Vorwurf der Gestapo-Nähe zumindest über einen annähernd realistischen Kern.

Völlig neu und außerordentlich schwerwiegend war der dritte Vorwurf, Trischler sei für die Ermordung von 21 000 Serben und mehreren tausend Juden in seiner Heimat, der Batschka, und der angrenzenden Provinz Baranja „verantwortlich". Dieser Vorwurf stützte sich auf propagandistische Angaben des kommunistischen Tito-Regimes in Jugoslawien, die gegen Trischler nach Kriegsende erhoben worden waren. Die Münchner Staatsanwaltschaft – offenbar von den Bonner Ermittlern als zuständige Ermittlungsbehörde für den dort wohnhaften Trischler informiert – hielt die Vorwürfe für schwerwiegend genug, um den damaligen Bundestagsabgeordneten im April 1953 um sein persönliches Erscheinen und eine Stellungnahme zu ersuchen, um auf dieser Basis über einen eventuellen Antrag auf Aufhebung seiner Immunität zu entscheiden.[640]

Trischler erschien jedoch nicht persönlich, sondern antwortete schriftlich, er sei – ganz unabhängig von der Frage seiner Immunität als Parlamentarier – jederzeit zu Auskünften bereit. Was die jugoslawischen Kriegsverbrecher-Vorwürfe gegen ihn betraf, tat er diese als lediglich „pauschale Anschuldigungen" gegenüber ganzen „Gruppen" von Deutschen ab, „die gewisse Stellungen während des Krieges in den dortigen Gebieten innehatten". So sei er als damaliger ungarischer Abgeordneter „automatisch mit auf die Kriegsverbrecherliste gesetzt worden". Dabei habe er mit den ihm angelasteten „Vorkommnissen" – den Massenmorden an Serben und Juden – nicht mehr und nicht weniger zu tun als jeder andere Bundestagsabgeordnete. Trischler bat daher um die Präzisierung der gegen ihn gerichteten Anschuldigungen. Zudem betonte er, dass er „in der Nachkriegszeit – vom November 1945 bis Ende März 1947 – durch die amerikanische CIC verhaftet gewesen [...] und im Lager Glasenbach bei Salzburg untergebracht" worden sei

---

[639] Ebenda, „Joseph Trischlers dunkle Rolle. Ein gesuchter Kriegsverbrecher ist jetzt arabischer Agent", in: [Aufbau (New York) Nr. 45 v. 7.11.1952].
[640] Ebenda, Oberstaatsanwaltschaft München I an Dr. Trischler MdB, 23.4.1953.

– einem bekannten österreichischen US-Internierungslager für frühere NS-Funktionäre. „Klare Anschuldigungen" seien ihm jedoch „auch dort nie zur Kenntnis gebracht" worden. Jedoch wäre er „sicherlich an Jugoslavien oder Ungarn ausgeliefert worden", wenn tatsächlich „stichhaltiges Material" gegen ihn vorgelegen hätte.[641] Insofern legte Trischler den Münchner Staatsanwälten nahe, seine letztendliche Entlassung aus der US-Internierung als Freispruch zu werten.

In der Anlage zu diesem Schreiben übersandte der FDP-Politiker nicht nur den oben zitierten Angriff des New Yorker „Aufbau" gegen seine Person, sondern auch die „Abschrift eines Gegenartikels meiner New Yorker Freunde", der ebenfalls im „Aufbau" erschienen sei. Außerdem fügte Trischler eine darauf Bezug nehmende deutsche Zeitungsmeldung, seine Gegendarstellung und die Reaktion dieser Zeitung bei. Besonders interessant war die „beglaubigte Erklärung des Herrn Dr. Paul Balla, Neuenahr, vom 12.3.1953", die ihn entlasten sollte und die Trischler sich folglich bereits vor dem Anschreiben der Münchner Staatsanwaltschaft besorgt hatte.[642] Gab es einen Tipp aus Münchner Justizkreisen, dass er NS-spezifische Ermittlungen zu gewärtigen hatte?

Der von Trischler angeführte Gegenartikel seiner Freunde in den USA, mit dem diese gegen den „Aufbau"-Artikel vom November 1952 Stellung genommen hatten, trug den Titel „Noch immer Hass". Die Autoren verwiesen zunächst auf den demokratischen Charakter der Trischler-Partei FDP[643] – ein zutreffender Hinweis, der jedoch damals durchaus gegebene Unterwanderungstendenzen durch ehemalige Nationalsozialisten völlig ausblendete, wie sie insbesondere durch die Verhaftung des sogenannten „Naumann-Kreises" durch die britische Besatzungsmacht im Januar 1953 zutage treten sollten.[644] Der Pro-Trischler-Artikel aus den USA argumentierte weiter, Trischler sei in Jugoslawien „in erster Linie Wirtschaftspolitiker" gewesen und habe „*keinen* Einfluss auf die bedauerlichen Maßnahmen, die deutschen [sic!] Besatzbehörden gegen die serbischen Partisanen anwandten, gehabt". Er sei vom kommunistischen Tito-Regime nach 1945 wie viele andere frühere NS-Funktionsträger ganz allgemein zum Kriegsverbrecher „gestempelt" worden, um seiner habhaft werden und ihn liquidieren zu können. Die Behauptung der Belgrader Regierung, Trischler sei für die Ermordung von 21 000 Menschen verantwortlich, sei „einfach lächerlich". Auch sei der volksdeutsche Kulturbund in Jugoslawien keine Gestapo-Zweigstelle gewesen, sondern eine bereits nach 1918 gegründete Interessenvertretung der deutschen Minderheit, wie es sie ähnlich auch für die jugoslawischen Juden gegeben habe. Am Ende räumten

---

[641] Ebenda, Dipl.Ing. Dr. Josef Trischler MdB an OStA München I, StA Kölling, 28.4.1953, S. 1f.
[642] Ebenda, S. 2.
[643] Ebenda, Anlage 2, S. 1.
[644] Dieser Kreis prominenter ehemaliger NS-Funktionäre um den früheren Goebbels-Staatssekretär Werner Naumann (den Hitler in seinem Testament vom 29. April 1945 zum Reichspropagandaminister ernannt hatte) und den einstigen Hamburger NSDAP-Gauleiter Karl Kaufmann hatte versucht, über den nordrhein-westfälischen Landesverband der gesamten FDP ein rechtsnationalistisches neues Profil zu geben, war damit allerdings auf dem FDP-Bundesparteitag im November 1952 gescheitert; vgl. Frei, Vergangenheitspolitik, S. 361–372.

die Trischler-Freunde ein, es könne durchaus sein, dass Trischlers aktuelles Abstimmungsverhalten gegen die Israel-Entschädigung im Bundestag auf „Ressentiments" beruhte. Doch selbst wenn das der Fall wäre, hätte das AJC besser eine „sachliche Stellungnahme" gegen Trischlers aktuelle Politik formulieren sollen „als eine Anleihe aus dem bereits vielfach widerlegten kommunistischen Propaganda-Arsenal" zu nehmen.[645]

Erhellender als diese Apologie war Trischlers eigenes Schreiben an die Redaktion der Bonner Zeitschrift „Politik und Wirtschaft – Informationen" vom November 1952, in der er diese um Richtigstellung eines auf den New Yorker „Aufbau" Bezug nehmenden Artikels bat. Zwar sei er zwischen 1939 und 1945 in den jugoslawischen bzw. ungarischen Parlamenten tatsächlich Abgeordneter gewesen. Doch habe er jeweils „der dort regierenden Mehrheitspartei angehört, die man in keiner Weise als extrem oder nationalistisch bezeichnen kann". Dass er nach dem deutschen Einmarsch in Ungarn im Frühjahr 1944 für ein Jahr einer eigenen volksdeutschen NS-Fraktion und bereits zuvor einer NS-Untergruppe der jeweiligen Regierungsfraktion angehört hatte, verschwieg Trischler bei dieser lediglich formal für die Jahre 1939 bis 1944 zutreffenden Behauptung. Laut Trischler „stimmt[e] ferner, dass in der Batschka [...] während der ungarischen Besatzungszeit" – also in den Jahren zwischen April 1941 und Herbst 1944 – „von Seiten des Militärs und der Gendarmerie scharfe Exekutionen durchgeführt wurden, im Verlauf derer mehrere tausend Serben, Juden, aber auch einige Deutsche und Ungarn, ums Leben kamen". Trischler hob hervor, dass „dieses Ereignis [...] im ungarischen Parlament noch während der Kriegszeit schärfstens bekämpft" worden sei „und die Verantwortlichen abgeurteilt" worden seien. An diesen Massakern hätten jedenfalls „*weder* die ungarische Zivilverwaltung, *noch* irgendwelche Abgeordnete [...] auch nur den geringsten Anteil" gehabt. Nach dem „Zusammenbruch" 1945 seien die für die Massenmorde „Verantwortlichen von alliierter Seite an Jugoslawien ausgeliefert und dort in einem Prozeß 1947 abgeurteilt und hingerichtet" worden. Ihm selbst „und vielen anderen, die damit im Zusammenhang auf Kriegsverbrecherlisten kamen, eine Mitverantwortung dabei anzudichten", entspreche jedoch „in keiner Weise der Wahrheit".[646]

Trischlers Zuschrift von 1952 zeigt, dass er die jugoslawischen Vorwürfe nicht nur allgemein auf die deutsche Partisanenbekämpfung bezog, sondern auf ein konkretes „Ereignis" – jenes „Blutbad", das „ungarische Besatzungstruppen" in Novisad (das damals auf Magyarisch Ujvidek hieß) im Januar 1942 zu verantworten hatten und das daraufhin – wie von Trischler geschildert – in Ungarn noch während des Zweiten Weltkrieges zu massiven öffentlichen Protesten geführt hatte, die letzten Endes mitten im Kriegsjahr 1943 eine kriegsgerichtliche Straf-

---

[645] BStAM, Staatsanwaltschaften Nr. 6859, Dipl.Ing. Dr. Josef Trischler MdB an OStA beim LG München I, Kölling, 28.4.1953, Anlage 2, S. 1–3.

[646] Ebenda, Anlage 3, Dr. Josef Trischler an Redaktion „Politik und Wirtschaft – Informationen" Bonn, Alfred Schulze, 20.11.1952.

verfolgung einiger Täter erzwangen.[647] Es war freilich nicht die Regierungspartei, der auch Trischler angehörte, sondern der Abgeordnete der oppositionellen Kleinlandwirte-Partei Endre Bajcsy-Zsilinszky, der die Proteste gegen das Massaker angeführt hatte. Bajcsy war ein exponierter publizistischer Gegner der „pangermanischen Gefahr durch die Einschaltung der deutschen Minderheit in Deutschlands Ostpolitik"[648], der im Sommer 1943 nach dem Abfall Italiens vergeblich versuchte, den ungarischen Regierungschef Kállay zum Bruch mit dem deutschen Bündnispartner zu überreden.[649] Bajcsy wurde nach dem deutschen Einmarsch 1944 zweimal verhaftet und schließlich im Dezember 1944 als Antifaschist hingerichtet. Es war dieser Oppositionspolitiker, der im Dezember 1942 im ungarischen Abgeordnetenhaus in einer Interpellation an den Ministerpräsidenten sowie die Minister des Innern und für die Honved (Armee) eine „mutige Anklagerede" gegen das Massaker von Novi Sad hielt, woraufhin sich weitere ungarische Abgeordnete mit ihm solidarisierten.[650]

Das damalige Staatsoberhaupt Miklos von Horthy bezeichnete später das Massaker von Ujvidek nur als den schlimmsten Einzelfall einer ganzen Reihe „höchst bedauerliche[r] Ausschreitungen" in der von Ungarn besetzten Batschka. Dabei seien in Ujvidek „zahlreiche unschuldige Personen getötet und in die Donau geworfen worden", wobei die Zahl der Opfer „später auf rund 1300 Juden und Serben und einige Magyaren beziffert" worden seien. Der örtliche Korpskommandant General Ferenc Feketehalmy-Czeydner (der magyarisierte Volksdeutsche Franz Zeidner) habe zunächst alle Nachrichten über das Massaker zu unterdrücken versucht, doch „schon die ersten Gerüchte" hätten in Budapest sofort zu „Interpellationen im Parlament" geführt. Die damalige ungarische Regierung Bárdossy sei ebensowenig informiert gewesen wie er selbst als Reichsverweser, doch habe Ministerpräsident Bárdossy eine „Untersuchung" zugesagt. Diese war laut Horthy jedoch „ergebnislos" geblieben, „weil Richter und Angeklagte den Fall zu vertuschen suchten" und „die ganze Schuld [...] auf serbische Partisanen geschoben" worden sei, gegen deren Aktivitäten man eben „exemplarisch' habe vorgehen müssen". Jedoch habe die ungarische Öffentlichkeit sich damit nicht zufrieden gegeben, wobei namentlich der spätere Ministerpräsident Miklos von Kállay „energisch [...] ein neues Militärgerichtsverfahren" eingefordert habe. Dessen Durchführung unter Anwendung der „volle[n] Strenge des Gesetzes" habe er, Horthy, dann dem Generalstabschef Ferenc Szombathelyi (ebenfalls ein magyarisierter Volksdeutscher mit dem ursprünglichen Namen Franz Knaus) anbefohlen.[651] Die Regierung des von Horthy im März 1942 zum Ministerpräsidenten ernannten Barons Miklos Kállay stellte bei ihren Untersuchungen fest, dass es zwar tatsächlich serbische Partisanenangriffe in zwei Dörfern nahe Ujvidek gege-

---

[647] Pohl, Verfolgung und Massenmord in der NS-Zeit, S. 54.
[648] Tilkowszky, Ungarn und die deutsche „Volksgruppenpolitik", S. 17 f.
[649] Ebenda, S. 267; vgl. auch Kallay, Hungarian Premier, S. 241–246.
[650] Varga, Schuldige Nation oder Vasall wider Willen?, Bd. 2, S. 169–171.
[651] Horthy, Ein Leben für Ungarn, S. 240 f.

ben hatte, dass aber die von den Kommandeuren der ungarischen Armee und Gendarmerie befohlenen Vergeltungsmaßnahmen in ein „wildes Massaker" gemündet seien, welches nicht die Partisanen getroffen habe, sondern vor allem unbeteiligte Bürger der Stadt Ujvidek. Neben zahlreichen Serben und Juden seien auch einige Magyaren und Deutsche ermordet worden, die sich zufällig in der Stadt aufgehalten hätten.[652] Die Regierung Kállay ließ daraufhin – nach mühsam erwirkter Zustimmung des Reichsverwesers Horthy, der bis dahin „die beschuldigten Offiziere stets hartnäckig in Schutz genommen hatte"[653] – im Dezember 1943 den für Ujvidek verantwortlichen Ortskommandeur General Ferenc Feketehalmy-Czeydner und weitere Offiziere der Armee oder Gendarmerie, nicht aber den mitverantwortlichen Generalstabschef Szombathelyj, vor ein Kriegsgericht stellen, was nicht nur in Ungarn, sondern europaweit für Aufsehen sorgte. Allerdings konnten die fünf als Hauptschuldige Verurteilten – General Zeidner, General Grassi, Gendarmerieoberst Deák und die Offiziere Zöldi und Korompai, die sämtlich volksdeutscher Abstammung waren – im Januar 1944 nach Deutschland entfliehen[654], was ihnen dadurch erleichtert wurde, dass sie zur Achtung ihrer Offiziersehre während des Prozesses nicht inhaftiert worden waren.[655] Sie wurden in Deutschland als Gäste des Reichsführers SS ehrenvoll aufgenommen[656], geradezu als Helden gefeiert[657] und kehrten wenig später als Kollaborateure der deutschen Besatzungsmacht ab März 1944 nach Ungarn zurück. Dort brachte es General Feketehalmy-Czeydner im Herbst 1944 bis zum stellvertretenden Kriegsminister der faschistischen Pfeilkreuzler-Regierung.[658] Diese Hauptverantwortlichen des Novisader Massakers – und außerdem der frühere Generalstabschef Szombathelyi – wurden 1945 von den Amerikanern gefangen genommen, an Jugoslawien ausgeliefert, dort zum Tode verurteilt und im November 1946 an einem ihrer früheren Tatorte, dem Dorfe Zsablya / Zabalj, hingerichtet.[659] Horthy hingegen rettete möglicherweise der von Ministerpräsident Kállay bewirkte Kurswechsel im Ujvidek-Fall nach 1945 das Leben: Jedenfalls haben die USA „das Auslieferungsbegehren Titos", der Horthy „wegen des Falles Ujvidek auf die ‚Kriegsverbrecher'-Liste gesetzt hatte, abgelehnt".[660]

Insgesamt scheinen bei den Massakern in „Ujvidek und der näheren Umgebung" Anfang 1942 „mehrere tausend unschuldige Serben und Juden, darunter viele Frauen und Kinder", umgebracht worden zu sein. Verantwortlich waren „Einheiten der ungarischen Armee in der südlichen Provinz Bácska" bzw. – so schon 1942 der Abgeordnete Bajcsy-Zsilinsky – „Einheiten der ungarischen Ar-

---

[652] Kallay, Hungarian Premier, S. 108 f.
[653] Sakmyster, Miklos Horthy, S. 282 und S. 310.
[654] Ebenda, S. 109; Ein General im Zwielicht, Bd. 3, S. 367.
[655] Dombrády, Army and Politics in Hungary, 1938–1944, S. 493.
[656] Ebenda.
[657] Sakmyster, Miklos Horthy, S. 310.
[658] Gerlach / Aly, Das letzte Kapitel, S. 75–77.
[659] Horthy, Ein Leben für Ungarn, 241; Kallay, Hungarian Premier, S. 109–111; Sajti, Hungarians in der Vojvodina, S. 409, S. 512, S. 516 und S. 548.
[660] Horthy, Ein Leben für Ungarn, S. 241.

mee und Gendarmerie".[661] Zivilisten hatten in diesem Entscheidungsprozess örtlich kommandierender Militär- und Gendarmerieoffiziere keinen Platz, denn selbst der ungarische Zivilgouverneur, dessen Schwiegermutter dann zufällig zu den Ermordeten gehörte, war nach Darstellung des späteren Ministerpräsidenten Kállay offenbar nicht eingebunden und wurde sogar an einer Kontaktaufnahme mit dem Innenministerium in Budapest von den Militärs zeitweilig gehindert.[662] Umso unwahrscheinlicher erscheint es, dass deutsche Zivilisten – und sei es ein Volksgruppenfunktionär vom Range Trischlers – Einfluss auf die Entscheidungen der ungarischen Militärs in Ujvidek hätten nehmen können. Wenn es deutschen Einfluss gegeben hat, dürfte der von sehr viel relevanterer Seite gekommen sein. Jedenfalls mutmaßte Kállay ein knappes Jahrzehnt nach Kriegsende, dass hinter dem Massaker eine deutsche Intrige steckte; deutsche Agenten hätten die ungarischen Militärführer zum Massenmord in Ujvidek aufgestachelt, um die in ihren Augen allzu freundschaftlichen, in gemeinsamer antideutscher Einstellung gründenden Beziehungen zwischen Magyaren und Serben zu zerstören.[663] Auch der damalige Generalstabschef Szombathelyi glaubte, dass die Deutschen hinter dem Massaker von Ujvidek gestanden hätten, höchstwahrscheinlich als Anstifter.[664]

Der ungarische Emigrant Paul (Pál) Balla, der Trischler im April 1953 bereitwillig ein Entlastungszeugnis ausgestellt hatte, war während des Zweiten Weltkrieges als Ministerialrat in der Nationalitätenabteilung des ungarischen Ministerpräsidiums tätig gewesen und Mitte 1944 unter dem Kollaborationspremier Szotjáy zum Abteilungsleiter aufgestiegen. In dieser Funktion nahm Balla an der erwähnten Unterredung dieses Ministerpräsidenten mit NS-Volksgruppenführer Basch am 13. April 1944 teil.[665] Balla war deutschfreundlich und beging dem Volksbund gegenüber häufiger Indiskretionen.[666] Im Auftrage Sztójays drängte dieser Ministerialbeamte im Frühjahr 1944 „beim Landwirtschaftsministerium […] vor allem auf die Aufhebung der Beschränkung des Immobilienverkehrs" für Volksdeutsche. Landwirtschaftsminister Jurcsek zeigte sich jedoch auf der Ministerratssitzung vom 26. April 1944 nur dazu bereit, den Deutschen in gemischten Gemeinden ihrem Anteil entsprechend entgegenzukommen, in rein magyarischen Gemeinden hingegen auch weiterhin keine deutschen Landankäufe zu genehmigen.[667] Es steht zu vermuten, dass Trischlers späterer Entlastungszeuge Balla im Sommer 1944 zusammen mit Trischler und der NS-Volksgruppenführung auf eine Beteiligung der Volksdeutschen an der Neuverteilung des enteigneten jüdischen Grundeigentums hinzuarbeiten versucht hat.

1953 bekundete dieser ehemalige „Leiter der Minderheitenabteilung beim Ungarisch-Königlichen Ministerpräsidium in Budapest […] zwischen 1941–1945",

---

[661] Sakmyster, Miklós Horthy, S. 282.
[662] Kallay, Hungarian Premier, S. 110.
[663] Ebenda.
[664] Dombrády, Army and Politics in Hungary, 1938–1944, S. 493.
[665] Tilkovszky, Ungarn und die deutsche „Volksgruppenpolitik", S. 189 und S. 306.
[666] Ebenda, S. 189.
[667] Ebenda, S. 309 f. und S. 314.

während dieser Weltkriegsjahre „in laufender amtlicher Verbindung" mit Trischler gewesen zu sein: „Ich kann daher aus eigener Erfahrung bestätigen, daß Herr Dr. Trischler die ihm anvertrauten Volksdeutschen Minderheitenbelange nicht nur mit grösstem [sic!] Verständnis, Gewissenhaftigkeit und Verantwortungsgefühl, sondern gleichzeitig auch mit angemessenem, nüchternem Mass [sic!] vertrat." Der hochrangige Ex-Beamte des Horthy-Regimes äußerte sich auch über „die bedauernswerten Ereignisse im Jahre 1943 in Neusatz und Umgebung", die tatsächlich bereits 1942 stattgefunden hatten. Diese Massaker, „bei denen hauptsächlich Serben und Juden, aber auch Deutsche und Ungarn ums Leben kamen", habe Trischler „seinerzeit entschieden verurteilt und dagegen in seiner Eigenschaft als Abgeordneter auch Einspruch erhoben". Balla berief sich für diese Kenntnisse auf seine Tätigkeit als „Vorsitzender der damaligen interministeriellen Kommission [...], die von der seinerzeitigen Ungarischen Regierung unter der Ministerpräsidentschaft Kallay eingesetzt wurde und die Aufgabe hatte, die Entschädigung für die Hinterbliebenen dieser Opfer zu regeln".[668]

Die Münchner Ermittler hatten bis Mai 1953 mit Blick auf die Auslieferung von NS-Kriegsverbrechern an Jugoslawien herausgefunden, dass der US-Geheimdienst CIC aus seinem österreichischen Internierungslager Glasenbach bei Salzburg „im Zusammenhang mit den angeblichen Verfolgungen in Serbien und in der Batschka an Jugoslawien und an Ungarn" etliche dort internierte Beschuldigte an die Tito-Regierung „ausgeliefert" hatte. Dieses Schicksal, das gleichbedeutend gewesen war mit einem Todesurteil, hatte demnach unter anderem ereilt den ehemaligen „Banus" (Gouverneur oder Regierungspräsident) von Neusatz/Novisad/Ujvidek Peter Fernbach, der an Ungarn ausgeliefert und „im Gef.[ängnis] Budapest hingerichtet" worden war; den ehemaligen Bürgermeister von Ujvidek Nikolaus Horvath, der in Jugoslawien hingerichtet worden war; den ehemaligen Gendarmerie-Obersten in der Batschka „Zoeldig", der unter seinem magyarisierten Namen Márton Zöldy als Gendarmerie-Hauptmann am Massaker von 1942 führend beteiligt gewesen war; ein weiterer „Siebenbürger General, Oberkomm.[andierender] in Szegedin" und schließlich ein nicht näher bezeichneter Häftling namens „Feketeholmy-Zeydner", der niemand anders war als jener Ex-General und ehemalige Vize-Kriegsminister der Pfeilkreuzler, der zur Zeit des Massakers der Oberkommandierende der ungarischen Armee in Ujvidek gewesen war.[669] Unter Verweis auf diese Auslieferungen von Kriegsverbrechern aus dem Lager Glasenbach zu einer Zeit, als auch Trischler dort interniert gewesen war, folgerten die Münchner Ermittler, darin Trischlers Argumentation folgend: „Es muss angenommen werden, dass die jugoslawische Regierung auch die Auslieferung von Dr. Trischler verlangt und durchgesetzt hätte, wenn dieser tatsächlich während der ungarischen Besatzungszeit der Batschka die Rolle gespielt hätte, wie sie ihm in dem Artikel vom 7.11.1952 zugeschrieben worden ist." Aus diesem Grunde und

---

[668] BStAM, Staatsanwaltschaften Nr. 6859, Dipl.Ing. Dr. Josef Trischler MdB an OStA beim LG München I, Kölling, 28.4.1953, Anlage 5: Erklärung Dr. Paul Balla, Neuenahr, 12.3.1953.
[669] Ebenda, Oberstaatsanwalt beim LG München I, Aktennotiz v. 4.5.1953.

mangels sonstiger Beweise beabsichtigten sie nicht, einen Antrag auf Aufhebung der Immunität zu stellen und ein reguläres Ermittlungsverfahren gegen Trischler zu eröffnen.[670] Die Nichtauslieferung Trischlers durch die USA wurde demnach als ebensolche Entlastung für das Massaker in Ujvidek interpretiert wie die gleichzeitige Ablehnung der Auslieferung Horthys an Jugoslawien.[671]

Die vorgesetzte Generalstaatsanwaltschaft in München hatte gegen die geplante Einstellung der Ermittlungen keine Einwände, sofern die von Trischler angeführte Gegendarstellung seiner US-amerikanischen Freunde eine Bestätigung der Rechtfertigung Trischlers ergebe. Dieser sollte daher aufgefordert werden, ein Exemplar der Gegendarstellung im „Aufbau" zu beschaffen.[672] Nachdem Trischler im September 1953 nicht wieder in den Bundestag gewählt worden und seine Immunität daher nicht mehr gegeben war[673], konnte dieser auf Vorladung in München endlich persönlich vernommen werden. Dabei korrigierte Trischler seine frühere Behauptung, dass der Verteidigungsartikel seiner US-amerikanischen Freunde im New Yorker „Aufbau" erschienen sei. Der Artikel habe in einer anderen Zeitung gedruckt werden sollen, was jedoch ebenfalls nicht geschehen sei. Daraufhin wurde Trischler gebeten, seine New Yorker Freunde namentlich zu benennen und deren Beweismaterial für die Widerlegung der Vorwürfe des Aufbau-Artikels genau zu bezeichnen.[674] Dies tat Trischler schriftlich im November 1953, indem er den Verfasser des Gegenartikels und einen donauschwäbischen Mittelsmann in Salzburg benannte, deren Beweismaterial er jedoch schuldig blieb. Stattdessen führte er aus, es sei ihm bekannt geworden, „daß man sich in S.P.D.-Kreisen mit der Angelegenheit befasste und eine Affaire daraus machen wollte", dass die „Nachforschungen" der SPD jedoch „die Haltlosigkeit der Anschuldigungen" gegen ihn ergeben hätten, so dass „jeder weitere Angriff" unterblieben sei. „Eine gerichtliche Klärung", so behauptete Trischler offensiv, könne daher für ihn „nur von Nutzen sein", denn er sei sich „in *keiner* Weise nur der geringsten Schuld bewußt". Daher bitte er die Ermittlungsbehörde, „die Angelegenheit so oder so zu einem Ende bringen zu wollen".[675]

Im Januar 1954 stellte die Münchner Oberstaatsanwaltschaft daraufhin ihr Ermittlungsverfahren gegen Trischler ein, da ein Nachweis für die Verantwortlichkeit Trischlers für die Tötung serbischer und jüdischer Bürger nicht habe erbracht werden können. Die entsprechende Behauptung einer US-Zeitschrift beruhe auf Berichten der jugoslawischen Regierung von 1945, deren summarische „Kriegs-

---

[670] Ebenda, Oberstaatsanwalt beim LG München I an Generalstaatsanwalt beim OLG München, Bericht v. 19. 6. 1953, S. 2f.
[671] Vgl. zu Letzterer: Horthy, Ein Leben für Ungarn, S. 241; dass Ungarn keinen Auslieferungsantrag wegen Horthy stellte, ging auf eine Weisung Stalins zurück; vgl. Sakmyster, Miklos Horthy, S. 372.
[672] BStAM, Staatsanwaltschaften Nr. 6859, Generalstaatsanwalt beim OLG München an Oberstaatsanwalt beim LG München I, 10. 7. 1953.
[673] Ebenda, Generalstaatsanwalt beim OLG München an Oberstaatsanwalt beim LG München I, 18. 9. 1953.
[674] Ebenda, Oberstaatsanwalt beim LG München I, Aktennotiz v. 8. 10. 1953.
[675] Ebenda, Dr.-Ing. Trischler an Oberstaatsanwalt beim LG München I, Kölling, 15. 11. 1953.

verbrecherlisten" jedoch „für die Durchführung eines ordentlichen Strafverfahrens keine ausreichenden Beweisunterlagen" abgäben. „Andere Anhaltspunkte" aber lägen nicht vor, vielmehr habe Trischler mit dem Zeugnis Ballas ein glaubwürdiges Entlastungszeugnis beizubringen vermocht. Man müsse außerdem berücksichtigen, das die US-Veröffentlichung auf eine Stellungnahme des AJC zurückgehe, die „möglicherweise als politische Gegenmaßnahme" zu Trischlers negativem Abstimmungsverhalten bei der Genehmigung des deutsch-israelischen Wiedergutmachungsabkommens zu werten sei. „Unter diesen Umständen kann die Darstellung der erwähnten Zeitungsveröffentlichung allein nicht Grundlage für weitere Ermittlungen in einem Strafverfahren sein."[676]

Trischler dürfte in der Tat für das von ungarischen Truppen- und Gendarmerieverbänden zu verantwortende Massaker von Ujvidek (Novisad) im Jahre 1942 keine Verantwortung getragen haben. Sehr wohl mitverantwortlich war er jedoch als prominenter Volksgruppenpolitiker der Ungarn- bzw. Batschka-Deutschen für die Radikalisierung der ungarischen Politik nach dem deutschen Einmarsch im März 1944. Trischler gehörte zu jenen volksdeutschen NS-Funktionären, die der antinationalsozialistische ungarndeutsche Politiker Gustav Gratz kurz nach Kriegsende mit seiner Bemerkung meinte, dass im Falle einer antideutschen Kursänderung der Horthy-Regierung „Deutschland die zahlreichen Hilfstruppen mobilisieren würde, die es in Ungarn unter den Pfeilkreuzlern und den ‚Volksdeutschen' besaß, um mit ihnen einen Umsturz in Ungarn und die Einsetzung eines neuen Regimes herbeizuführen, das dann [...] die den Deutschen missliebigen Elemente – vor allem die Juden – ausgerottet hätte". Gratz wurde nach dem deutschen Einmarsch – wie zahlreiche andere ungarische Politiker auch – von der Gestapo als „ein Feind der Deutschen" oder zumindest des NS-Regimes, der sich auch „gegen die Vertilgung der Juden" gewandt habe, bis zum Kriegsende im Mai 1945 als „Verräter" im KZ Mauthausen inhaftiert. Seine Wächter in Budapest bestanden aus jungen ungarndeutschen SS-Männern.[677] Trischler stand damals politisch auf der anderen Seite: Er hatte solche junge Volksdeutsche seit 1941 für die deutsche Waffen-SS angeworben, er war Teil jener NS-Volksgruppenführung, die sich die durch den deutschen Einmarsch veränderten Machtverhältnisse interessenpolitisch zunutze zu machen versuchte. Trischler unternahm anders als Gratz nichts gegen die Vernichtung der Juden, sondern förderte sie durch seine Unterstützung der Politik Hitlers im Jahre 1944 und war anscheinend überdies an Versuchen der ungarndeutschen NS-Volksgruppenführung persönlich beteiligt, die volksdeutsche Bevölkerung an der damals laufenden Enteignung der ungarischen Juden, die Mitte 1944 zum überwiegenden Teil in deutsche Vernichtungslager deportiert wurden, partizipieren und davon profitieren zu lassen. Trischler war somit nicht nur mitverantwortlich für die allgemeine Durchsetzung der NS-Politik in Ungarn, die er an nachrangiger (insbesondere wirtschafts- und agrarpolitischer) Stelle zu beeinflussen vermochte. Er war wahrscheinlich auch ein politi-

---

[676] Ebenda, Oberstaatsanwalt beim LG München I, Verfügung vom 21.1.1954, S. 1f.
[677] Gratz, Augenzeuge dreier Epochen, S. 534f. und S. 541.

scher ‚Hehler' beim „konsequenteste[n] Massenraubmord der modernen Geschichte", als welcher der Holocaust eben auch interpretiert werden muss.[678] Damit hat Trischler als Mitglied der NS-Volksgruppenführung der Ungarndeutschen einer politischen Synthese aus Vertreibung und Enteignung Vorschub geleistet, die nur wenig später auf seine eigene Volksgruppe zurückschlug. Allerdings blieb es dieser im Unterschied zu den ungarischen Juden erspart, neben Vertreibung und Enteignung auch noch einem systematischen Völkermord zum Opfer zu fallen, wenngleich die gegen zurückgebliebene Volksdeutsche im 1944/45 wiedererrichteten Jugoslawien seitens der siegreichen kommunistischen Partisanen unter Josip Broz Tito gerichete ethnische „Säuberung" äußerst brutal verlief.

3. Die junge Generation im Zweiten Weltkrieg: Gossing – Langguth – Mocker – Wollner

Drei der vier Angehörigen der jungen Generation unserer Untersuchungsgruppe waren zu Beginn des Zweiten Weltkrieges zwischen 31 und 34 Jahre alt; hinzu kam der jüngste (Wollner), der damals erst 16 Jahre zählte. Entsprechend diesem Altersunterschied hatten die drei Angehörigen der älteren Kohorte sich in den letzten Jahren vor Kriegsbeginn bereits beruflich etabliert – als Sparkassendirektor (Gossing), selbständiger Landwirt (Langguth) oder selbständiger Rechtsanwalt (Mocker). Außerdem gehörten diese drei sämtlich der NSDAP an. Weder das eine noch das andere traf auf den jugendlichen Rudolf Wollner zu: Dieser stand 1939 noch mitten in seiner Schlosserlehre und war noch Mitglied der HJ, was angesichts der hochrangigen NSDAP-Karriere seines Vaters Georg Wollner als Vorbereitung auf einen erst 1941 altersmäßig möglichen Beitritt zur NSDAP verstanden werden darf.

Der Zweite Weltkrieg hat die politische Entwicklung dieser vier jüngeren Mitglieder unserer Untersuchungsgruppe auf unterschiedliche Weise beeinflusst. Der Jüngste – Rudolf Wollner – trat 1941 als Freiwilliger in die Waffen-SS ein, in der er 1944 einen niedrigen Offiziersrang erreichte. Seine politische Sozialisation im Elternhaus und in der HJ weist diesen Schritt in die Waffen-SS als folgerichtig aus; der Kriegsalltag brachte Wollner dann spätestens 1944 mit der dort besonders brutalen Partisanenkriegführung auf dem Balkan und mit SS-Massakern in Berührung, in die zumindest Nachbareinheiten seiner damaligen SS-Polizei-Division nachweislich verstrickt waren; im Falle Wollners kann eine eindeutige individuelle Schuldzuweisung jedoch nicht erfolgen. Letztere fehlt auch im Fall von Hellmut Gossing, der als Wehrmachtsoffizier vermutlich fernab vom „politischen Soldatentum" des jungen Wollner und am Ende womöglich eher NS-distanziert den Weltkrieg mit- oder durchmachte, dabei jedoch zumindest während seines Einsatzes in Kroatien ebenfalls in die blutige Realität des dortigen Partisanen- und Bürgerkrieges geriet.

[678] Aly, Hitlers Volksstaat, S. 318.

Kaum zum Kriegseinsatz gelangten dagegen Heinz Langguth und Karl Mocker. Ersterer wurde jedoch bald nach Kriegsbeginn über mehrere Jahre an leitender Stelle zur Verwaltung enteigneter polnischer und jüdischer Landwirtschaftsbetriebe im Warthegau eingesetzt, bis er aus letztlich nicht einwandfrei zu klärenden Gründen zweimal mit der Gestapo in Konflikt geriet. Obwohl Langguth bis 1945 vom NS-Regime keineswegs als Gegner eingestuft worden zu sein scheint, wie die Genehmigung seines Antrages auf Wiedereintritt in den Justizdienst durch das Reichsjustizministerium 1944 belegt, stilisierte er sich nach 1945 umgehend zum Widerstandskämpfer und trat sogar der „Vereinigung der Verfolgten des Naziregimes" bei.

Ein Widerstandskämpfer war auch Karl Mocker nicht, obschon er nach 1945 behauptete, aus Unzufriedenheit mit dem NS-Regime aus der NSDAP wieder ausgetreten zu sein. Doch war er, möglicherweise von den Herrschenden zunehmend desillusioniert, anders als bis 1938 auch kein NS-Aktivist mehr und scheint sich von politischen Aktivitäten völlig auf seine Berufstätigkeit zurückgezogen zu haben. Allerdings wurde er von der NS-Justiz noch 1944 als zuverlässiger Nationalsozialist eingestuft. Gleichzeitig in der Verwaltung eines kriegswichtigen Rüstungsbetriebes beschäftigt, scheint Mocker sich dort wegen seiner nicht-rassistischen Handlungsweise die Achtung tschechischer Arbeitskräfte erworben zu haben, die ihn deshalb wiederum nach Kriegsende 1945 aus einem tschechischen Internierungslager retteten. Anders als seine Altersgenossen, die freiwillig oder gezwungen dem NS-Regime im Weltkriege in verschiedenen Funktionen dienten und dabei zum Teil wegen ihrer Beteiligung an menschenverachtender Kriegführung auch individuell schuldig geworden sein könnten, scheint Mocker von einem NS-orientierten Nationalismus mitten im Kriege zu einem größeren Maß an völkerübergreifender Mitmenschlichkeit gefunden haben zu können.

Wehrmachtsoffizier im NS-Partisanenkrieg: Hellmut Gossing

Über den Lebensweg Hellmut Gossings im Zweiten Weltkrieg wurde nach 1945 kaum etwas bekannt. Die DDR-Staatssicherheit wusste 1960 lediglich zu berichten, dass „Helmut [sic!] Gossing", dessen Namen sie noch nicht einmal korrekt zu schreiben vermochte, „Oberst der Hitlerwehrmacht" und „Träger des Ritterkreuzes" gewesen sei – was beides nicht stimmte.[679] Korrekt daran war lediglich, dass Gossing ein Offizier der Wehrmacht gewesen war.

In Westdeutschland flossen die Informationen ebenfalls spärlich. Als Hellmut Gossing, ehemaliger Staatssekretär des niedersächsischen Vertriebenenministeriums und immer noch amtierender BdV-Vizepräsident und BdV-Landesvorsitzender in Hannover, von seinem Vertriebenenverband beim für Vertriebenenfragen zuständigen Landesminister, dem SPD-Politiker Herbert Hellmann, aus Anlass seines 65. Geburtstages 1970 für das Große Verdienstkreuz des Verdienstordens

---

[679] BStU, Archiv der Zentralstelle, MfS-HA XX Nr. 5433, Bl. 52–68, insb. Bl. 62, MfS DDR, „Die revanchistischen Führer der westdeutschen Landsmannschaften", 30.8.1960.

der Bundesrepublik Deutschland vorgeschlagen wurde, wusste der stellvertretende BdV-Landesvorsitzende Anton Belda über die Weltkriegserfahrungen des seinerzeitigen „Sparkassendirektor[s] in Ost-Pommern" lediglich mitzuteilen, dass dessen Berufstätigkeit „durch Kriegsteilnahme 1939-1945 unterbrochen" worden sei. Als Wehrmachtsangehöriger sei Gossing viermal verwundet und zuletzt als „Kommandeur einer Offiziers-Nachwuchsschule" eingesetzt worden.[680] Im beigefügten Lebenslauf war noch nicht einmal Gossings NSDAP-Zugehörigkeit erwähnt, doch ein undatierter Einlagebogen dokumentierte diesen Parteibeitritt von 1933.[681]

Etwas mehr Licht in Gossings Weltkriegsjahre hatte sein Entnazifizierungsverfahren gebracht. Denn in seinem „Fragebogen" hatte Gossing 1948 akribisch vermerkt, dass er – der seit Juni 1939 als Direktor der Stadtsparkasse im pommerschen Schneidemühl fungierte – am 24. August 1939 als Leutnant der Reserve als Kompanieführer in die Wehrmacht einberufen worden sei (10/Gr.-Regiment 22). Als solcher habe er vom 1. September bis zum 23. Oktober 1939 den Feldzug in Polen mitgemacht. Dabei legte Gossing Wert auf die – sachlich kaum zutreffende – Feststellung, dass seine „Mitgliedschaft zur NSDAP [...] am 23.8.1939 durch meine Einberufung zum aktiven Wehrdienst unterbrochen" worden sei. Zwischen Januar und Oktober 1940 war er nach eigener Schilderung als Oberleutnant Adjutant beim Infanterie-Ersatzbataillon IX/134 in Feldsberg, dann vom Oktober 1940 bis Oktober 1941 erneut Kompanieführer eines Infanterieregiments (12./III. Infanterieregiment 447). Als solcher nahm Gossing vom 22. Juni 1941 bis zum 1. September 1941 am Angriffskrieg gegen die Sowjetunion teil. Die zeitweiligen Unterbrechungen seiner Wehrmachtseinsätze waren seiner Schilderung zufolge auf Verwundungen zurückzuführen. Von Oktober 1941 an war Gossing, unterdessen zum Hauptmann befördert, nach eigener Darstellung Kompanieführer im Reserve-Infanteriebataillon 462 (8./Reserve-Infanteriebataillon II/462), bevor er im Juli 1942 zum Kommandeur des Reserve-Grenadierbataillons III/462 aufstieg. In dieser Funktion, so Gossing, wurde er vom 1. Oktober 1942 bis zum 13. Januar 1944 in Kroatien eingesetzt – in einem mit Deutschland verbündeten Vasallenstaat, der damals durch den regierungsamtlichen Terror des herrschenden Ustascha-Regimes und eine auf allen Seiten rücksichtslose Partisanenkriegführung geprägt wurde. Von Januar 1944 bis Kriegsende im Mai 1945 war Gossing schließlich im Range eines Majors der Reserve Kommandeur des Wehrkreis-ROB-Lehrgangs für Infanterie XVII.[682] Für diese letzte Verwendung wusste er 1947 die eidesstattliche Erklärung eines damaligen Untergebenen beizubringen, der Gossing

---

[680] NHStA-H, Nds. 380 Acc. 165/97 Nr. 21, BdV, LV Niedersachsen, Belda, an Minister für Bundesangelegenheiten, für Vertriebene und Flüchtlinge des Landes Niedersachsen, Herbert Hellmann, 2.3.1970.
[681] Ebenda, Anlage: „Lebenslauf und beruflicher Werdegang des Staatssekretärs a. D. Hellmut Gossing", o. D. [1970]; ebenda, Einlagebogen, o. D.
[682] Ebenda, Nds. 171 Lüneburg Nr. 36297, Hellmut Gossing, Entnazifizierungs-Fragebogen v. 26.6.1948, S. 3 und S. 11f.

bescheinigte, als Lehrgangs-Kommandeur nationalsozialistisch gesinnte Offiziere eher benachteiligt als bevorzugt zu haben.[683]

Die Angaben Gossings von 1948 erweisen sich als weithin zuverlässig, setzt man sie mit der Wehrmachtsaktenüberlieferung in Bezug. Dieser zufolge wurde Gossing schon Ende August 1939 zum Grenzwacht-Regiment 22 in Deutsch Krone einberufen. Er verfügte bereits über militärische Kenntnisse, war er doch schon in der Weimarer Republik im „Grenzschutz Ost" bzw. der „schwarzen Reichswehr" aktiv gewesen, und hatte zwischen 1936 und 1939 alljährlich an militärischen Übungen und Manövern teilgenommen, in denen er zunächst zum Zug-, dann zum Kompanieführer ausgebildet wurde und zum Leutnant der Reserve ernannt worden war. Die nach dem Ende des Ersten Weltkrieges aufgestellten Grenzwacht-Regimenter fungierten in den deutschen Ostgebieten als von der Reichswehr ausgerüstete und geführte „Selbstschutzverbände", in denen Freiwillige unentgeltlich Dienst taten. Im Laufe der Weimarer Republik wurden diese Einheiten zu festen Verbänden zusammengefasst und den Wehrkreiskommandos unterstellt. Die Aufgabe der so entstandenen Grenzschutz-Abschnitts-Kommandos bestand darin, im Falle von politischen Spannungen oder kriegerischen Auseinandersetzungen mit Polen einen bestimmten Grenzabschnitt zu sichern. Im Sommer 1939 wurden diese Abschnitt-Kommandos zu regulären Grenzwacht-Regimentern umgeformt: Das aus drei Bataillonen bestehende Grenzwacht-Regiment 22, in das Gossing am 31. August 1939 einberufen wurde, ist erst wenige Tage zuvor, am 26. August 1939, aufgestellt worden. Gossing war bereits zu Friedenszeiten im „Grenz- und Volkstumskampf" profiliert. Er wurde in Pommern bzw. der 1938 zu Pommern geschlagenen Stadt Schneidemühl, die bis dahin seit 1920 Hauptstadt der bei Deutschland verbliebenen westlichen Restgebiete der 1919 an Polen abgetretenen preußischen Provinz Posen-Westpreußen, die ausdrücklich unter der Bezeichnung einer „Grenzmark" zusammengefasst worden waren, zweifellos vom dort dominierenden „Grenzmark"-Bewusstsein geprägt. Vor diesem Hintergrund agierte der Reserveoffizier 1939 im „Polenfeldzug" als Leutnant und Kompanieführer der 8. Kompanie des III. Bataillons des Grenzwacht-Regiments 22, bis dieses Ende November 1939 aufgelöst und Gossing als mit dem EK II dekorierter Oberleutnant in die „Führer-Reserve" kommandiert wurde.[684]

Zwischen Juli und Oktober 1940 fungierte Gossing als Bataillons-Adjutant im Stab des Infanterie-Ersatz-Bataillons II/134 in Feldsberg / Südmähren, wurde im Oktober 1940 von der Schützen-Ersatz-Kompanie 5/134 in Malacky / Slowakei zu der auf dem Truppenübungsplatz Döllersheim neu aufgestellten Infanterie-Division 137 versetzt und hier als Führer der 12. Kompanie des III. Bataillons des Infanterie-Regiments 447 eingesetzt, das der ID 137[685] unterstellt war. Diese bis zum „Rußlandfeldzug" im Generalgouvernement stationierte Division – und mit

---

[683] Ebenda, Lothar Gaschae, Eidesstattliche Erklärung vom 28.6.1947.
[684] In den Beständen des BA-MA Freiburg sind keine Bestände zu dieser Einheit überliefert.
[685] In den Beständen des BA-MA Freiburg sind keine Bestände zu dieser Einheit überliefert.

ihr Gossing – war in der Folge an der Eroberung von Bialystok, Smolensk und Wjasma beteiligt und stand ab November 1941 vor Moskau, allerdings ohne Gossing, der zwar im August 1941 „für die Erstürmung einer befestigten Höhe" das EK I erhalten hatte, nach einer Verwundung im September 1941 und anschließender Genesung im Dezember 1941 jedoch als Führer der 8. Kompanie des Infanterie-Ersatz-Bataillons II/462 ins südböhmische, damals zum „Großdeutschen Reich" gehörige Krummau/Moldau versetzt wurde.

Der inzwischen zum Hauptmann beförderte Gossing war ab Oktober 1942 Kommandeur des Reserve-Grenadier-Bataillons II/462, das seinen Stützpunkt in Zagreb hatte. In der Hauptstadt des deutschen Vasallenstaates Kroatien („Unabhängiger Staat Kroatien") waren zahlreiche Fronttruppenteile, Ersatz-Einheiten und Kommandobehörden der Wehrmacht stationiert. Ob und inwieweit Gossing und seine Einheit in den dort damals eskalierenden Partisanenkrieg einbezogen waren und sich möglicherweise an der „Bandenbekämpfung" oder an „Vergeltungsaktionen" und „Sühnemaßnahmen" beteiligt haben, ist wegen des Fehlens der Kriegstagebücher dieser Einheit nicht zu klären.

Nach mehreren weiteren Verwundungen (April 1944 Verwundetenabzeichen in Silber) und Lazarettaufenthalten in Agram und Velden, die Gossings Beteiligung am Partisanenkrieg bekunden, wurde der infolgedessen nicht mehr frontdienstverwendungsfähige, zu 50 Prozent kriegsbeschädigte und zum Major beförderte Gossing im Januar 1944 als Leiter von Lehrgängen für Reserve-Offiziere des Wehrkreises XVII (Wien/Linz) in Klosterbrück-Znaim eingesetzt, wo er am 8. Mai 1945 in Kriegsgefangenschaft geriet.[686]

Gossing hat somit sämtliche Weltkriegsjahre als Wehrmachtsoffizier gedient und dabei hauptsächlich in Osteuropa (Polen, Sowjetunion) und Südosteuropa (Kroatien) gekämpft. Dabei erscheint insbesondere für seinen Einsatz in Kroatien in den Jahren 1942 bis 1944 eine Beteiligung an der dort vorherrschenden Partisanenbekämpfung als gesichert; da Gossing in Kroatien mehrfach verwundet wurde, scheint er durchaus als Kommandeur in Kampfeinsätzen gestanden zu haben. Man weiß außerdem, dass der Bürgerkrieg in Kroatien von feindlichen Partisanen wie verbündeten Kroaten außerordentlich grausam geführt wurde, was die in Kroatien stationierten deutschen Verbände ebenso abstumpfen und verrohen ließ wie die Brutalität Hitlers und der Wehrmachtsführung selbst, die anfängliche humanitäre Interventionen seitens einiger in Kroatien stationierter Verbände (Einschreiten deutscher Truppen gegen den Terror ihrer kroatischen Ustascha-Verbündeten) desavouierten. Der „fortschreitende Erosionsprozeß humanitärer Werte" innerhalb der deutschen Truppen in Kroatien soll nach Einschätzung führender deutscher Militärhistoriker bis 1944 „weitgehend abgeschlossen gewesen sein".[687] Jedenfalls beobachtete Hitlers „Bevollmächtigter General in Kroatien",

---

[686] Zusammengestellt nach Unterlagen der WASt; Gossing selbst spricht von fünf im Kriegsverlauf erlittenen Verwundungen, in den Unterlagen der WASt lassen sich jedoch nur zwei nachweisen.

[687] Schmider, Auf Umwegen zum Vernichtungskrieg?, S. 916.

Edmund Glaise-Horstenau, im Oktober 1943, „daß die Truppe gegenüber der riesigen Aufstandsbewegung nervös geworden" und angesichts der endlosen Kette heimtückischer Partisanenanschläge mittlerweile in eine „Psychose" präventiven Mordens geraten sei: „Unter solchen Verhältnissen schießt sie lieber selbst zuerst – auch als Präventivmaßnahme auf Unschuldige –, statt sich erschießen zu lassen."[688] Sowohl an der deutsch-sowjetischen Ostfront als auch im besetzten Jugoslawien ging die deutsche Wehrmacht bei der Partisanenbekämpfung dazu über, die insbesondere durch Truppenmangel bedingte „eigene Erfolglosigkeit mit Terror wettzumachen": „Hauptziel war, die einheimische Bevölkerung derart zu schikanieren, dass die Partisanentrupps um Nahrung und Schutz gebracht wurden." Das Niederbrennen von Dörfern und „blutige Vergeltungsaktionen" waren dem Weltkriegs-Historiker Norman Davies zufolge „an der Tagesordnung".[689] Davies' Kollege Mark Mazower bestätigt die Tendenz zur „kollektive[n] Bestrafung zur Unterwerfung der Bevölkerung", die angesichts des Soldaten- und Materialmangels der Wehrmacht insbesondere „in der UdSSR und auf dem Balkan" hervorgetreten sei, und weist außerdem darauf hin, dass zwar brutale Partisanenbekämpfung in beiden Weltkriegen vorhanden gewesen und damit „eher das Produkt einer bestimmten Art europäischer Kriegführung […] als des Nationalsozialismus" gewesen sei, dass aber im Falle der Wehrmacht eine besondere Brutalität dadurch herbeigeführt worden sei, dass die Soldaten von den zivilen Regierungsinstanzen des NS-Regimes nicht gezügelt, sondern im Gegenteil stetig angespornt worden seien, „ihre Hemmungen aufzugeben und den Terror zu verschärfen". Infolgedessen habe „besonders die Wehrmacht" einen rücksichtslosen Krieg gegen die Zivilbevölkerung geführt.[690] Zwar weist Dieter Pohl darauf hin, dass die „massenmörderische Repressalquote" der Wehrmacht in Kroatien – das ja ein mit Deutschland verbündeter Staat war – eher bei 1:10 als bei 1:100 (wie an der Ostfront oder im benachbarten Serbien) gelegen habe und dass die dortige Bevölkerung „weniger massakriert als interniert oder vertrieben werden" sollte, so dass „selbst die gigantischen Großoperationen" der Wehrmacht zur Partisanenbekämpfung 1942/43 „weit weniger mörderisch" verlaufen seien „als vergleichbare Unternehmen im Gebiet der Heeresgruppe Mitte". Dennoch, so Pohl, sei „auch in Kroatien-Bosnien die Zahl der Todesopfer in die Tausende gegangen". Pohl spricht vom „Terror" der Wehrmacht, die dabei mit der italienischen Armee und namentlich mit der mörderischen kroatischen Ustascha-Miliz eng kooperiert habe.[691] Da sich in Jugoslawien unterschiedlichste Konflikte vermischten (Ustascha gegen Tito- und Tschetniki-Partisanen, Kroaten gegen Italiener etc.), charakterisiert Norman Davies den dortigen Kriegsalltag als „mörderische[s] Chaos".[692] Auch wenn Gossing eine individuelle Belastung in dieser Mordzone nicht mit

---

[688] Ein General im Zwielicht, Bd. 3, S. 292.
[689] Davies, Die große Katastrophe, S. 524.
[690] Mazower, Hitlers Imperium, S. 328f.
[691] Pohl, Die Herrschaft der Wehrmacht, S. 303.
[692] Davies, Die große Katastrophe, S. 524.

Sicherheit nachgewiesen werden kann, muss man den alltäglichen Kontext der Gewalt, in dem er sich zwangsläufig über eineinhalb Jahre lang bewegte, sehr ernst nehmen.

NS-Agrarfunktionär im Warthegau und Gestapo-Häftling: Heinz Langguth

Der Danziger Heinz Langguth, der 1933 der NSDAP beigetreten war, füllte nach seiner Flucht vor der Roten Armee, die er im letzten Kriegswinter 1944/45 als Landwirt hatte erleben müssen, in der britisch besetzten Region Hildesheim im Juli 1945 seinen Entnazifizierungs-Fragebogen aus. Darin verneinte er dreist seine NSDAP-Mitgliedschaft, gab hinsichtlich seines Wirkens im Zweiten Weltkrieg nur an, dass er vom 28. August 1941 bis zum 28. Mai 1942 Kriegsdienst in der Wehrmacht, und zwar als Kriegsverwaltungsrat, geleistet habe, bevor er aus gesundheitlichen Gründen als untauglich entlassen worden sei. Damit hatte Langguth eine ähnliche administrative Funktion innerhalb einer militärischen Besatzungsverwaltung ausgeübt wie Alfred Gille, bevor dieser – im Unterschied zu Langguth – in die zivile Besatzungsverwaltung des NS-Imperiums in der besetzten Sowjetunion aufgestiegen war. Langguth machte demgegenüber geltend, unter dem NS-Regime nach 1939 Mitglied „einer verbotenen Oppositionspartei oder –gruppe" gewesen zu sein, und zwar „einer antinationalistischen Gruppe in Danzig unter Führung des früheren Abgeordneten Gamm".[693] Der Deutschnationale Rudolf Gamm war von 1935 bis 1939 in der Tat Mitglied des Danziger Volkstages – des bereits NSDAP-dominierten Parlaments der Freien Stadt Danzig – gewesen und war offenbar infolge seiner Erfahrungen mit der NS-Herrschaft zu deren entschiedenem Gegner geworden. Gamm durfte nach 1945 in Danzig bleiben, wo er 1960 auf Polnisch seine Memoiren „Hakenkreuz über Danzig" veröffentlichte.[694] Er muss daher von den 1945 nach Danzig gelangten neuen polnischen Herrschern als herausragender NS-Gegner anerkannt worden sein, denn ansonsten wurden selbst erwiesene Antifaschisten von der Vertreibung der Deutschen aus dem nach Westen verschobenen Polen nicht ausgenommen.[695] Von einer Beteiligung Langguths an den Aktivitäten Gamms ist jedoch aus anderen Quellen nichts bekannt.[696] Immerhin reichte Langguths diesbezügliche Behauptung, um den Göttinger Entnazifizierungs-Kläger 1949 davon zu überzeugen, dass Langguth „vom Entnazifizierungsrecht nicht betroffen" sei.[697]

---

[693] NHStA-H, Nds. 171 Hildesheim Nr. 12990, Dr. Dr. Heinz Langguth, Entnazifizierungs-Fragebogen v. 31.7.1945, S. 1–3.
[694] Brost, Wider den braunen Terror, S. 257, Anm. 4.
[695] Urban, Der Verlust, S. 117.
[696] Gamm selbst berichtet darüber nichts, und auch im neuesten Standardwerk über antinationalsozialistische Opposition in Danzig bis 1939 fällt zwar mehrfach der Name Gamms, nie jedoch derjenige Langguths; vgl. Gamm, Swastyka nad Gdanskiem; Andrzejewski, Opposition und Widerstand in Danzig 1933–1939, insb. S. 144–146.
[697] NHStA-H, Nds. 171 Hildesheim Nr. 12990, Der öffentliche Kläger bei dem Entnazifizierungs-Hauptausschuss Göttingen-Stadt, Bescheid v. 12.4.1949.

Ausführlicher als im Entnazifizierungs-Fragebogen äußerte sich Langguth in einer Erklärung gegenüber der Hamburger „Vereinigung der Verfolgten des Nazi-Regimes" (VVN) im September 1945, bei der er sich um seine Anerkennung als NS-Verfolgter bemühte. Hier führte er seine Widerstandsaktivitäten in der Gamm-Gruppe (deren Namen er hier freilich nicht nannte) ebenso an wie seine andernorts behandelte angebliche Mitgliedschaft in einer liberalen Hochschulbewegung in den Jahren 1928 bis 1932, wobei er öffentlich als Redner gegen die NSDAP aufgetreten sein wollte. Bereits im Herbst 1935, so Langguth, sei er aus dem Danziger Justizdienst ausgeschieden, „da das nationalsozialistische Recht meiner Auffassung vom Wesen des Rechts nicht entsprach". Seither, so behauptete Langguth, sei er „in den folgenden Jahren [...] in einem ständig zunehmenden Maße der systematischen Verfolgung der nationalsozialistischen Organe, insbesondere seitens der Gestapo, ausgesetzt" gewesen, da er „dem Nationalsozialismus Widerstand entgegengesetzt" habe, wo ihm „dies möglich" gewesen sei. Jedenfalls habe er „in kleineren und größeren Gruppen [...] fortgesetzt gegen den Nationalsozialismus Stellung genommen". Auch im Rahmen seiner „Dienstverpflichtung in das eingegliederte Ostgebiet" – also nach Beginn des Zweiten Weltkrieges und der deutschen Annexion bisheriger polnischer Westgebiete (Westpreußen und Posen/Wartheland) im Oktober 1939 – habe er „gegenüber den Mitarbeitern die dortigen nationalsozialistischen Methoden" kritisiert und versucht, die ihm zugewiesene „Tätigkeit, die ich innerlich ablehnte, aufzugeben". Worin diese Tätigkeit im Auftrag des NS-Regimes inhaltlich bestand, ließ Langguth dabei im Unklaren. Stattdessen erklärte er der VVN, „von der Gestapo verhaftet" und auch „verurteilt" worden und „nur durch die Einberufung zur Wehrmacht wieder frei" gekommen zu sein. Nach Feststellung seiner Kriegsdienstuntauglichkeit habe er dann in seinem Danziger Heimatkreis „eine besonders intensive geheime Betätigung gegen den Nationalsozialismus" entfaltet. Darum seien der Ortsgruppenleiter seiner Gemeinde und ein SA-Führer am 30. September 1943 gegen ihn vorgegangen: „Der Kreisleiter und Kreisbauernführer versuchten mich umzubringen." Langguth erklärte, deshalb aus dem Raum Danzig nach München geflohen zu sein und dann „Anzeige wegen versuchten Totschlags" erstattet zu haben; daraufhin habe ihn die Gestapo permanent in wechselnden Aufenthaltsorten gejagt. Nach zwei Monaten sei er verhaftet worden, allerdings „durch eine sehr geschickte Verteidigung" seines Münchner Rechtsanwalts im Frühjahr 1944 für die Bewirtschaftung seines Hofes wieder freigelassen worden. Nach dem 20. Juli 1944 sei er dann nochmals von der Gestapo verhört worden. Langguth behauptete, „in den letzten Jahren" des NS-Regimes „Mitglied einer geheimen Widerstandsbewegung gegen den Nationalsozialismus in Danzig" gewesen zu sein, erläuterte seine angeblichen Widerstandstätigkeiten jedoch nicht näher.[698]

Stattdessen fügte Langguth seinem VVN-Antrag die Erklärung eines mutmaßlichen NS-Verfolgten aus Northeim bei, der als Angehöriger einer ganzen Gruppe

---

[698] AKZGN, VVN-Archiv Hamburg, Komiteeakte Heinz Langguth, Dr. Dr. Langguth, Hamburg, Erklärung v. 20.9.1945.

befreiter KZ-Häftlinge aus Neuengamme bestätigte, auf Einladung Langguths im Frühjahr 1945 auf das von diesem verwaltete Northeimer Klostergut gelangt zu sein. Dort habe er sich persönlich davon überzeugen können, wie intensiv sich Langguth um ein „gutes Verhältnis zur Landarbeiterschaft" bemüht habe: „Persönlich traf er Entscheidungen zur Verbesserung der sozialen Lage seiner Arbeiter, die zur Hauptsache Polen waren." Während polnische Zwangsarbeiter im allgemeinen nach der deutschen Niederlage nicht weitergearbeitet hätten, hätten die in Northeim eingesetzten dies unter Langguths humaner Leitung freiwillig weiterhin getan. Das Gut sei damals in einem „wüsten Zustande" gewesen.[699]

Diese Aussage war für Langguth wichtig, denn später verschränkte sich die Frage, ob er im Zweiten Weltkrieg NS-Funktionär oder NS-Verfolgter (oder beides) gewesen war, mit der seines unmittelbaren Nachkriegs-Verhaltens auf dem Klostergut Northeim. Im Februar 1948 befüwortete der Beratende Ausschuss „Justiz" für die Ausschaltung von Nationalsozialisten in Hamburg Langguths Übernahme in die dortige Anwaltschaft mit der Begründung: „Der 1908 geborene Antragsteller war weder Mitglied der NSDAP noch einer ihrer Gliederungen. Er war nachweislich 5 Monate in Gestapo-Haft aus politischen Gründen und ist Mitglied der VVN Hamburg (Passträger). Auch sind ihm wirtschaftliche Schäden durch Maßnahmen von Parteistellen zugefügt worden." Zugleich stellte der Ausschuss fest, man habe gegen Langguth erhobene „Vorwürfe rein kriminellen Charakters" – die sich auf seine Zeit in Northeim bezogen – bei dieser Entscheidung nicht berücksichtigt, da das diesbezügliche Ermittlungsverfahren gegen Langguth bereits eingestellt worden sei. Die in dieser Sache gegen ihn gerichteten „politischen Vorwürfe" wiederum betrachte man „durch eidesstattliche Erklärungen Dritter und die glaubhaften Angaben des Antragstellers" als „entkräftet". Die diesen Vorwürfen zufolge NS-lastige Dissertation Langguths habe dem Ausschuss allerdings nicht vorgelegen. „Sonstige Belastungen" seien „nicht bekannt".[700]

Tatsächlich hatte die Hamburger Staatsanwaltschaft im Januar 1948 die Einstellung des gegen Langguth geführten Ermittlungsverfahrens wegen Unterschlagung und Untreue als zeitweiliger Verwalter des Klostergutes Northeim im Jahre 1945 verfügt.[701] Dahinter verbarg sich ein jahrelanger Konflikt zwischen Langguth, der vom ersten Nachkriegs-Bürgermeister von Northeim als vermeintlich NS-unbelasteter Flüchtling und Agrarexperte am 17. April 1945 „als Verwalter des verwaisten Klostergutes in Northeim eingesetzt worden" war, mit dem bisherigen Gutspächter und dessen Ehefrau. Der Northeimer Bürgermeister hatte Langguth nach einigen Monaten der Gutsverwaltung ausdrücklich bescheinigt, Langguth habe es „verstanden, gerade in dieser schweren Zeit die nicht arbeitenden Ausländer wieder zur freiwilligen Arbeit heranzuziehen", wodurch er den Betrieb aufrechterhal-

---

[699] Ebenda, Emil Weißig, Northeim, Erklärung v. 7.5.[1947?].
[700] StAHH, 221-11, L 1689, Beratender Ausschuss „Justiz" für die Ausschaltung von Nationalsozialisten Hamburg, Beschluss zur Überprüfungssache Dr. Dr. Heinz Langguth, 5.2.1948.
[701] Ebenda, Oberstaatsanwalt beim LG Hamburg an Dr. Dr. Heinz Langguth, Hamburg, 16.1.1948.

ten und zur Ernährungssicherung der Stadt habe beitragen können. Im Übrigen habe Langguth von Anfang an erklärt, die Verwaltung des Gutes nur so lange führen zu wollen, bis er in den „Justizdienst" zurückkehren könne, in dem er „früher" beschäftigt gewesen sei.[702] Das auf das Klostergut nach Langguths zwischenzeitlicher Verwaltung zurückgekehrte frühere Pächter-Ehepaar sah seine dortige Aktivität sehr viel kritischer und fühlte sich offenbar durch Langguth wirtschaftlich geschädigt. Im Januar 1946 schlossen Langguth und der Northeimer Klostergutspächter Ernst Röver vor dem Göttinger Landgericht einen Vergleich, demzufolge Langguth 2500 Reichsmark an Röver zu zahlen hatte, um damit alle Ansprüche aus mehreren laufenden Verfahren abzugelten. Dieser Vergleich scheiterte jedoch.[703] Stattdessen erstattete die Pächtersgattin Margot Röver bei der Staatsanwaltschaft in Hamburg, wo Langguth mittlerweile lebte, gegen diesen eine Strafanzeige, in der nicht nur die Unterschlagungsvorwürfe gegen Langguth aufgeführt wurden, die uns nicht weiter interessieren müssen, sondern in der Frau Röver auch schwere Vorwürfe wegen Langguths angeblicher NS-Belastung erhob. So behauptete sie, gerade wegen seiner NS-Vergangenheit sei Langguth vom damals noch amtierenden NS-Bürgermeister Girmann im April 1945 zum Verwalter ihres Klostergutes eingesetzt worden.[704] Eine NS-Vergangenheit, wie sie durch NSDAP-Mitgliedschaft beglaubigt wurde, hatten freilich auch der Klostergutspächter ab 1937 und seine Frau bereits ab 1931 aufzuweisen.[705]

Frau Röver suchte auch die von Langguth angestrebte Anwaltstätigkeit in Hamburg zu verhindern, indem sie auch gegenüber dem erwähnten Fachausschuss Justiz den Vorwurf erhob, Langguth sei „an hervorragender Stelle jahrelang als Nazi tätig gewesen" und habe dann auch nach Kriegsende 1945 „als Nazi versucht, sich hier auf unserem Rücken gesund zu machen, indem er mit unwahren Beschuldigungen […] uns aus unserem Klostergute zu verdrängen suchte". Langguth habe „zu diesem Zweck unsere langjährigen polnischen Arbeiter aufgehetzt und veranlasst, gegen uns in einer Akte Vorwürfe wegen menschenunwürdiger Behandlung und dergl. zu erheben". Auch die Erstellung dieser Anklage-Akte sei „charakteristisch für den ehemaligen Nazi". Frau Röver berief sich zur Bekräftigung ihrer Schilderung auf das Zeugnis eines einheimischen Hilfspolizisten.[706] Wie sich wenig später zeigte, hatte sie auch eine in Northeim ansässige Vertriebene als Belastungszeugin gewinnen können, die Langguth aus seiner früheren NS-Funktionärstätigkeit im Zweiten Weltkrieg zu kennen erklärte.

---

[702] Ebenda, Bürgermeister Northeim, Bescheinigung vom 3.7.1945.
[703] Ebenda, LG Göttingen, Vergleich v. 23.1.1946.
[704] Ebenda, Margot Röver, Northeim, an Oberstaatsanwalt beim LG Hamburg, Anzeige gegen Dr. Dr. Langguth, 10.6.1947.
[705] Vgl. BAB, BDC. 32XX/544 (Nr. 7808470) und BDC PK K23; demnach gehörte Ernst Röver der NSDAP seit 1.5.1937, seine Frau Margot Röver (geb. 14.5.1891) bereits seit 1.12.1931 (Nr. 737222) an; vgl. zu deren NS-Belastung auch Kalshoven, Ich denk so viel an Euch, S. 68f. und S. 489.
[706] StAHH, 221-11, L 1689, Margot Röver, Northeim, an Fachausschuss Justiz für die Ausschaltung von Nationalsozialisten beim OLG Hamburg, Anzeige gegen Dr. Dr. Langguth, 17.6.1947.

In einer im August 1947 verfassten „Stellungnahme in der Sache Röver" schilderte Langguth seine Sicht der Dinge. Demnach war der Klosterguts-Pächter Röver beim Einmarsch der US-Truppen am 10. April 1945 inhaftiert worden. Er – Langguth – habe daraufhin im Auftrage der Stadtverwaltung die zeitweilige Verwaltung des Gutes übernommen, die er nach Freilassung Rövers im August 1945 wieder abgegeben habe. Bald darauf habe das Pächterehepaar mehrere Prozesse gegen ihn angestrengt, doch seien die meisten von Frau Röver in ihrer neuesten Anzeige genannten Anklagepunkte bereits von der Staatsanwaltschaft Hamburg geprüft und mit der Einstellung des Verfahrens beantwortet worden. Es habe sich gezeigt, dass er durchaus berechtigt gewesen sei, während der Gutsverwalterzeit in Northeim bestimmte Sachleistungen für sich in Anspruch zu nehmen.

Langguth kehrte nun die gegen ihn gerichteten NS-Vorwürfe um, indem er darauf hinwies, dass die Eheleute Röver während des Zweiten Weltkrieges in rund 30 Fällen ihnen unterstellte Zwangsarbeiter misshandelt haben sollten – die Ehefrau sogar „verschiedentlich mit der Reitpeitsche", dass die Rövers den Arbeitern Nahrungsmittel vorenthalten hätten und sogar die „Hinrichtung eines ausländischen Zwangsarbeiters seitens der Gestapo auf ihrem Hof und vor ihrem Hause" unterstützt hätten. Im Unterschied dazu habe seine von Frau Röver angeprangerte Dissertation keine pro-nationalsozialistischen Inhalte, sondern vielmehr „eine Kritik der in landwirtschaftlicher Hinsicht im Osten angewandten Maßnahmen zum Gegenstande" gehabt. Langguth erläuterte, er sei im Herbst 1939 dienstverpflichtet worden und habe seither in der der Reichsregierung unterstehenden Landwirtschaftsgesellschaft „Ostland" in „verschiedenen" Funktionen dafür zu sorgen versucht, „daß die von den Deutschen übernommenen Betriebe" in den annektierten früheren polnischen Westgebieten – in Langguths Fall konkret im Raum Posen – „zum mindesten nicht schlechter bewirtschaftet wurden als zur polnischen Zeit", was leider vielfach der Fall gewesen sei. Die „Ostland" habe rein fachbezogen agrarwirtschaftlich gearbeitet und „keine politischen Aufgaben" gehabt, was auch die von Frau Röver herangezogene Aussage der vertriebenen früheren Ostland-Angestellten Gertrud Pierang bestätigt habe. Niemals seien auf Versammlungen der „Ostland" von ihm oder anderen „politische Reden geschwungen" worden: „Niemals haben diese Zusammenkünfte in der von Frl. Gertrud Pierang angegebenen Weise geendet." Im Übrigen sei es schlicht „wahrheitswidrig", wenn Frau Röver behaupte, dass er während seiner Tätigkeit im Warthegau (Posen) die „‚rechte und linke Hand' des Gauleiters Greiser" gewesen sei. Hätte er wirklich derart gute Verbindungen zur Gauleitung gehabt, so wäre er wohl kaum wenig später von der Gestapo inhaftiert worden. Die Angestellten der „Ostland" seien auch gar nicht vom Gauleiter und Reichsstatthalter, sondern vom Reichsernährungsministerium in Berlin dienstverpflichtet worden, was ihm selbst aufgrund seiner „besonderen Fachkenntnisse" in Landwirtschafts- und Rechtsfragen widerfahren sei. Nachdem die „Ostland" einige Zeit später in die Verwaltung des Reichsstatthalters einbezogen worden sei, habe er unter Gauleiter Greiser in dessen staatlicher Funktion als Reichsstatthalter lediglich kommissarisch die „Unterabteilung Landbewirtschaftung" für Posen (den Reichsgau Wartheland) geleitet. Greiser habe ihn jedoch in dieser Funktion nicht behalten wollen, woraufhin er zum betriebswirtschaftlichen Referenten heruntergestuft worden sei. Schließlich sei er – anders als von Pierang behauptet – niemals im SS-Bodenamt tätig gewesen.

Langguth wies darauf hin, er habe in jener Zeit „wiederholt versucht, seine Dienstverpflichtung zu lösen, da ihm die Aufgaben im eingegliederten Ostgebiet nicht zusagten". Daher habe er sich 1941 zur Wehrmacht gemeldet, sei jedoch von dieser „wieder an seine frühere Dienststelle im Juni 1942 entlassen" worden. Im April 1943 sei er „von der Geheimen Staatspolizei in Posen wegen Kritiks [sic!] an verschiedenen Maßnahmen der N.S.D.A.P. und ihrer Gliederungen im Ostgebiet inhaftiert und sodann im Juni 1943 zur Wehrmacht abgeschoben" worden. Die Gestapo in Posen habe jedoch die Gestapo in seiner Heimatstadt Danzig von der zeitweiligen Inhaftierung in Kenntnis gesetzt. Infolgedessen sei, als er „von der Wehrmacht wegen einer Kriegsbeschädigung [...] entlassen" worden sei, „auf Grund einer Anzeige des Ortsgruppenleiters und eines S.A.-Führers im Herbst 1943 erneut die Inhaftierung seitens der Geheimen Staatspolizei in Danzig" erfolgt. All dies belegte Langguth mit der unterstützenden Aussage seiner damaligen Rechtsanwälte und erklärte, außerdem über eine Bescheinigung der Oberstaatsanwaltschaft beim Sondergericht Danzig, vor dem er habe angeklagt werden sollen, und über einen Haftentlassungsschein der Gestapo in Danzig zu verfügen.[707]

Die von den Gegnern Langguths herangezogene Belastungszeugin Gertrud Pierang hatte demgegenüber ausgesagt, sie sei von 1939 bis 1945 Angestellte der Landbewirtschaftungsgesellschaft „Ostland" bzw. „Reichsland" in Posen gewesen. Auch Langguth sei dort bis 1941 oder 1942 tätig gewesen – zunächst als stellvertretender Leiter der „Ostland", sodann als deren regionaler Leiter. „Anschließend kam er zu einer SS-Dienststelle nach Posen, welche meines Wissens das sogenannte ‚SS-Bodenamt' war." Möglicherweise sei dies aber auch die ähnlich gelagerte SS-Dienststelle des „Reichskommissars zur Festigung deutschen Volkstums" (RKFDV) gewesen. Beim SS-Bodenamt habe Langguth ihres Wissens die Verfügung über die Neubesetzung der enteigneten polnischen Höfe und damit „eine der bedeutungsvollsten Aufgaben im Osten" gehabt.

Pierang sagte aus, Langguth habe in ihrer Gegenwart nie Uniform getragen, das sei allgemein in der „Ostland" nicht üblich gewesen. Jedoch sei es „selbstverständlich" gewesen, „dass für alle diese Stellen nur ganz hochprozentige Nazis in Frage kamen". Bei Langguth sei quasi jedes zweite Wort die Redewendung „wir Nationalsozialisten" gewesen. Er habe auch Propagandareden zur Schulung der Belegschaft gehalten und erklärt, man müsse seine „Pflicht für unseren Führer und für unsere Partei tun". „Umso auffälliger", so Pierang, sei ihr kurz nach Kriegsende 1945 gewesen, dass Langguth, den sie überraschend als Gutsverwalter in Northeim wiedergetroffen habe, sie „zunächst" überhaupt nicht habe erkennen wollen. Dann habe er ihr erklärt, dass er ja „damals schon gesehen" habe, „dass der Nationalsozialismus niemals für die Ostgebiete etwas Günstiges sein konnte" und

---

[707] Ebenda, Dr. Dr. Langguth, „Stellungnahme in der Sache Röver", 7.8.1947.

dass er deswegen später „im Kz gesessen" habe. Offenbar habe er mit solchen Behauptungen „über sein schlechtes Gewissen hinwegtäuschen" wollen.⁷⁰⁸

Im Rahmen dieser Auseinandersetzungen legte Langguth im Sommer 1947 einen detaillierten Lebenslauf vor. Demnach war er zwischen Januar und August 1941 Referent für Betriebswirtschaft in der Abteilung Landwirtschaft in der Behörde des Reichsstatthalters Warthegau in Posen gewesen, hatte sodann bis Mai 1942 in der Wehrmacht gedient, um zwischen Juni 1942 bis April 1943 erneut in seine Referenten-Funktion beim Reichsstatthalter in Posen zurückzukehren. Dort habe er dann zwischen April und Juni 1943 seine Inhaftierung durch die Gestapo erlitten, sei kurzfristig zwischen Juni und Juli 1943 nochmals in die Wehrmacht eingerückt, dort jedoch als untauglich entlassen worden und seither bis Ende 1943 als selbständiger Landwirt auf sein Gut bei Danzig zurückgekehrt. In Danzig habe er zwischen Dezember 1943 und März 1944 seine zweite Gestapohaft erlebt. Die Folgezeit habe er wieder als selbständiger Landwirt gearbeitet, bis er im Januar 1945 vor der anrückenden Roten Armee per Treck in die Provinz Hannover habe flüchten müssen, wo er im März 1945 angelangt sei. Dort habe er – wie uns schon bekannt – von April bis August 1945 als „Verwalter des Klostergutes Nordheim [sic!] im Auftrag der Militärregierung und der Stadt" bis zur „Rückkehr des früheren Besitzers" gewirkt und sei danach nach Hamburg übergesiedelt, wo er als Assessor am Oberlandesgericht tätig sei.⁷⁰⁹

In einem zweiten Entnazifizierungs-Fragebogen, den Langguth im August 1947 ausfüllen musste, verneinte er erneut wahrheitswidrig, jemals Mitglied der NSDAP gewesen zu sein, und gab lediglich an, der „Deutschen Arbeitsfront" angehört zu haben, und auch das nur seit 1935 durch eine Überführung in Zwangsmitgliedschaft seitens der NS-Agrarorganisation „Reichsnährstand", der er als Landwirt ebenfalls habe angehören müssen. Auch hier gab Langguth an, zweimal vom NS-Regime (konkret von der Gestapo) inhaftiert worden zu sein (April–Juni 1943 und Dezember 1943 bis Februar 1944) und seit 1943 in Danzig – also offenbar nach seiner ersten Gestapohaft in Posen, denn erst nach dieser war er ja nach Danzig zurückgekehrt – Mitglied einer Oppositionsgruppe um Rudolf Gamm („ehem. oppositioneller Abgeordneter des Volkstages, freie Stadt Danzig") gewesen zu sein. Zu seiner vorangegangenen Tätigkeit als NS-Agrarfunktionär im Warthegau erklärte Langguth: „Die Notdienstverpflichtung im eingegliederten Ostgebiet endete durch meine Inhaftierung seitens der Geheimen Staatspolizei im April 1943. In meiner Eigenschaft als betriebswirtschaftlicher Referent und Zweigstellenleiter der Ostdeutschen Landwirtschaftsgesellschaft habe ich bei Zusammenkünften mit den Betrieb[s]leitern die Wirtschaftspläne (Anbau, Düngung, Fruchtfolge, Finanzierung) erörtert, jedoch keine politischen Reden gehalten. Aufgrund von Notdienstverpflichtungen, Abwesenheit von meinem eigenen Be-

---

⁷⁰⁸ Ebenda, Gertrud Pierang, Northeim, Erklärung vom 18.7.1947.
⁷⁰⁹ Ebenda, Dr. Dr. Langguth, Lebenslauf o. D. [1947].

trieb und wiederholte Inhaftierungen seitens der Gestapo bin ich physisch und materiell durch den Nationalsozialismus erheblich geschädigt worden."[710]

Die „Ostland", für die Langguth einige Jahre des Zweiten Weltkrieges im Warthegau tätig gewesen ist, war eine von der deutschen Regierung 1940 geschaffene Zweckgesellschaft zur Verwaltung und agrarpolitischen Steuerung enteigneten polnischen und jüdischen Grundbesitzes im eroberten Osteuropa. Zunächst hatte die NS-Führung nach der deutschen Besetzung Polens im September 1939 in jedem der Stäbe der neu eingesetzten „Chefs der Zivilverwaltung", die den sieben Armeebefehlshabern beigegeben waren, einen besonderen Sachbearbeiter (Sonderbeauftragter) für die Landbewirtschaftung vom Reichsminister für Ernährung und Landwirtschaft (RMEL) einsetzen lassen. Jedem dieser Sonderbeauftragten wurden zwei Wirtschaftsoberleiter für die Landbewirtschaftung in betriebswirtschaftlicher sowie landwirtschaftlich-technischer Hinsicht beigegeben. Auf allen landwirtschaftlichen Betrieben, die sich nicht im Besitz von Volksdeutschen befanden, wurden treuhänderische Verwalter eingesetzt. Grundlage dafür war die „Verordnung über die Einsetzung von kommissarischen Verwaltern für Unternehmungen, Betriebe und Grundstücke in den besetzten ehemals polnischen Gebieten" vom 29. September 1939.[711] Die bisherigen Besitzer hatten zum Teil ihre Betriebe fluchtartig verlassen, andernfalls wurden sie entweder vertrieben oder als Arbeitskräfte zwangsweise dort behalten.

Aus den 1939 annektierten bisherigen polnischen West- und nunmehrigen deutschen Ostgebieten – Danzig-Westpreußen und Warthegau – wurden polnische Einwohner bald massenhaft ins Generalgouvernement vertrieben, um Platz für umgesiedelte Volksdeutsche aus anderen Regionen Osteuropas zu schaffen. Der damals im OKW tätige General Edmund Glaise-Horstenau notierte 1940: „Die Einsiedlung vollzieht sich in folgender Art. Nachdem man in einem polnischen Ort die schönsten Bauernhöfe ausgesucht hatte, werden diese um 9 Uhr abends überraschend von den polnischen Inwohnern geräumt. Kind und Kegel müssen binnen einer Viertelstunde verschwinden, nichts an Hab und Gut darf mitgenommen werden. Am nächsten Morgen dürfen sich die ins Reich heimgekehrten [volksdeutschen Umsiedler] in die warmen Betten legen."[712] Friedrich von Wilpert, ab 1949 Ministerialbeamter im Bundesvertriebenenministerium, erfuhr damals über diese Vertreibungen: „Befehl des Führers war es auch, die Polen aus dem ‚befreiten Westpreußen' zu entfernen und ins Generalgouvernement abzuschieben. Wenn in den Wintermonaten [1939/40] eine Nachricht nach der anderen eintraf von nächtlichen Evakuierungen der von Polen bewohnten Grundstücke, der Bauernhöfe usw., dann wußte man Bescheid über die Methode: Die Unglücklichen wurden aus dem Schlaf geweckt. Man ließ ihnen meist nur zwei Stunden Zeit, um das notwendigste Handgepäck zusammenzusuchen, dann mußten sie fort und wurden irgendwo im Generalgouvernement ausgeladen und sich

---

[710] Ebenda, Dr. Dr. Langguth, Entnazifizierungs-Fragebogen v. 7. 8. 1947, S. 1–2 und S. 4.
[711] Verordnungsblatt für die besetzten Gebiete in Polen, 1939, S. 21.
[712] Broucek, Ein General im Zwielicht, Bd. 2, S. 546.

selbst überlassen. Das lastete auf allen anständigen Deutschen wie ein unerträglicher Druck. Wie konnte man solches verantworten? [...] Und bei vielen meldete sich eine bange Ahnung, ob diese Untaten nicht einmal eine furchtbare Sühne finden würden zu Lasten des deutschen Volkes, in dessen Namen solches geschah."[713]

Durch den Erlass des „Beauftragten für den Vierjahresplan" (Göring) vom 19. Oktober 1939 war die „Haupttreuhandstelle Ost" (HTO) gegründet worden, auf welche die Verwaltung des gesamten beschlagnahmten polnischen Besitzes, auch der Landwirtschaftsbetriebe, überging. Durch Erlass des Reichsführers SS über die Zusammenarbeit der Behörden der SS mit der HTO vom 10. November 1939 wurde bestimmt, dass die Erfassung und Beschlagnahmung von landwirtschaftlichem Vermögen nur durch den „Reichskommissar zur Festigung deutschen Volkstums" (RKFDV), also durch eine weitere Himmler-Behörde, die Verwaltung und Nutzung der enteigneten Betriebe hingegen durch die HTO nach Weisung des Reichsführers SS in Absprache mit dem Reichsernährungsministerium erfolgen solle.[714] Am 24. November 1939 bestimmte Himmler, dass die Einsetzung der Bewirtschafter für allen landwirtschaftlichen Besitz ausschließlich durch den Reichsernährungsminister vorgenommen werden sollte. Bewirtschafter dürften nicht direkt durch Dienststellen des RKFDV eingesetzt werden. Diese Befugnis des Reichsernährungsministeriums ist jedoch anscheinend vor Ort nicht immer beachtet worden. Eine endgültige Klärung der Zuständigkeit für die Landbewirtschaftung erfolgte erst Anfang 1940 mit der Gründung der „Ostdeutschen Landbewirtschaftungsgesellschaft mbH", kurz „Ostland". Diese bestellte der Reichsminister für Ernährung und Landwirtschaft mit Erlass vom 28. Februar 1940 zum Generalverwalter aller land- und forstwirtschaftlichen Betriebe, die am 1. September 1939 nicht im Eigentum von Personen deutscher Volkszugehörigkeit gewesen waren.[715] Die Gesellschaft „Ostland" wurde am 27. April 1940 im Handelsregister des Amtsgerichts Berlin-Mitte eingetragen. Gründer waren das Deutsche Reich, vertreten durch den Reichsminister der Finanzen, und ein bei der Gründung als Treuhänder des Reiches fungierender Beamter des Reichsernährungsministeriums, welcher den von ihm übernommenen Geschäftsanteil unmittelbar danach auf das Reich übertrug. Damit war das Deutsche Reich „von Anfang an alleiniger Gesellschafter".[716] Verwaltungstechnisch gliederte sich die „Ostland" in eine Zentrale mit Sitz in Berlin (bzw. später, bombenkriegsbedingt, in Schneidemühl oder Ratzeburg) sowie in zunächst acht Zweigstellen in den annektierten

---

[713] Wilpert, Einer in fünf Zeitaltern, S. 133.
[714] BAB, R 49/2, Bl. 14 a f.; Reichsführer SS und RKFV, Anordnung v. 10.11.1939: „Die Erfassung und Beschlagnahme von landwirtschaftlichem Vermögen (einschl. landwirtschaftlicher Nebenbetriebe) polnischer oder jüdischer Hand erfolgt ausschließlich durch den Reichsführer SS als Reichskommissar für die Festigung deutschen Volkstums, erforderlichenfalls im Benehmen mit beteiligten Reichsbehörden."
[715] Verordnung über die öffentliche Bewirtschaftung land- und forstwirtschaftlicher Betriebe und Grundstücke in den eingegliederten Ostgebieten vom 12.2.1940, in: RGBl. I, S. 355.
[716] BAB, R 82/39, Bl. 15 f., Reichsland an Finanzamt Ratzeburg 25.4.1947.

polnischen Westprovinzen – in Bromberg, Danzig-Oliva, Graudenz, Hohensalza, Kattowitz, Litzmannstadt, Posen und Schröttersburg.[717] Für den Bereich des Reichsgaues Wartheland wurde eine Hauptgeschäftsstelle in Posen eingerichtet, und eine weitere Hauptgeschäftsstelle bestand 1942/43 in Danzig für den Reichsgau Danzig-Westpreußen. Den Zweigstellen waren Nebenstellen in den Kreisen nachgeordnet, an deren Spitze jeweils ein Kreislandwirt stand. Unter diesem arbeiteten Bezirkslandwirte für Großbetriebe sowie Bezirkslandwirte für Mittel- und Kleinbetriebe, die durch Betriebsleiter und Ortslandwirte unterstützt wurden.[718] Im Mai 1942 wurde die „Ostland" auf Anordnung des Reichsernährungsministers in „Reichsgesellschaft für Landbewirtschaftung mbH (Reichsland)" umbenannt.[719]

Aufgabe der „Ostland" bzw. „Reichsland" war die treuhänderische Verwaltung und die land- bzw. forstwirtschaftliche Betriebsführung der vom Deutschen Reich beschlagnahmten und enteigneten Betriebe. Über die Beschlagnahme verfügte jedoch nicht diese Reichsgesellschaft, sondern ausschließlich der „Reichskommissar für die Festigung deutschen Volkstums" (RKFDV) und damit der SS-Apparat Heinrich Himmlers. Das landwirtschaftliche Vermögen wurde beim jeweiligen Betrieb belassen, Neuanschaffungen mussten vom RKFDV finanziert werden.[720] Vom RKFDV beschlagnahmte Betriebe wurden in der Regel in Abstimmung mit der „Volksdeutschen Mittelstelle" und den Siedlungsgesellschaften volksdeutschen Umsiedlern und auch Kriegsversehrten zur Verfügung gestellt.

Im Allgemeinen gab es in jedem Regierungsbezirk eine Zweigstelle. Die Führung der Geschäfte in den Zweigstellen richtete sich nach den Weisungen der Zentrale. In den Zweigstellen gab es Wirtschaftsoberleiter, deren Aufgabe die einheitliche Ausrichtung der den Zweigstellen nachgeordneten Dienststellen auf dem Gebiet der Landwirtschaft war. Jeder Wirtschaftsoberleiter war für drei bis vier Kreise zuständig. Nebenstellen waren nachgeordnete Dienststellen der Zweigstellen in den Kreisen, an deren Spitze ein Kreislandwirt stand. Unter dem Kreislandwirt arbeiteten Bezirkslandwirte für Großbetriebe, Bezirkslandwirte für Klein- und Mittelbetriebe (zuständig für 100 bis 1000 Betriebe), Betriebsleiter und Ortslandwirte, die die Bezirkslandwirte für Klein- und Mittelbetriebe unterstützten.

Die der Gesellschaft zur Bewirtschaftung übergebenen Betriebe wurden in der Form der Eigenbewirtschaftung durch einen Betriebsleiter (bei Großbetrieben) oder durch polnische Wirte (bei Klein- und Mittelbetrieben) bewirtschaftet. In Ausnahmefällen wurden sogenannte Bewirtschaftungsverträge abgeschlossen.[721]

---

[717] BAB, R 49/32.
[718] Vgl. BAB, R 82/8, Geschäftsordnung der Zentrale und der Zweigstellen sowie Geschäftsanweisung und grundsätzliche Anordnungen für Außenstellen der Ostland, o. D.
[719] BAB, R 82/39, Bl. 15f., Reichsland an Finanzamt Ratzeburg 25. 4.1947; vermutlich wollte man Verwechslungen mit dem unterdessen gegründeten „Reichskommissariat Ostland" vermeiden.
[720] BAK, N1736/3, Aussage Lauenstein vor dem IMT Nürnberg.
[721] Vgl. BAB, R 82/26.

Für solche Verträge kamen in der Regel nur Betriebe bis 100 ha Größe in Frage, wenn sie zur Eigenbewirtschaftung wegen ihres geringen Umfanges ungeeignet waren oder als Einzelbetriebe nicht betriebsfähig waren, aber an bäuerlichen Besitz angrenzten und von diesem mit bewirtschaftet werden konnten. Als Bewirtschafter kamen nur qualifizierte volksdeutsche Bauern in Betracht, die das erforderliche Kapital und Inventar mitbrachten. Die Gesellschaft hat zwischen 1940 und 1945 in den eingegliederten Ostgebieten landwirtschaftliche Betriebe in einer Gesamtgröße von etwa 6 Millionen Hektar für das Deutsche Reich bewirtschaftet. Die Erträge aus der Bewirtschaftung flossen in einen besonderen Bewirtschaftungsfond, aus dem der Reichsminister der Finanzen laufend die für die weitere Bewirtschaftung nicht benötigten Mittel in die Reichskasse abrief.[722]

Was die Aufgaben der Zweigstellen und der Zweigstellenleiter der „Ostland" angeht, wie es Langguth in Posen eine Zeitlang gewesen ist, wurde verfügt: „Die Zweigstellenleitung ist für die [...] ordnungsmäßige Bewirtschaftung der Betriebe und Grundstücke und für sämtliche finanzielle Angelegenheiten des Bezirkes verantwortlich. [...] Regelmäßige Besichtigungen und Dienstbesprechungen mit den Wirtschaftsoberleitern sowie den Kreislandwirten dienen zur Unterrichtung über die Betriebsführung und zur Ausrichtung sowie für den Erfahrungsaustausch der nachgeordneten Dienststellen. [...] Der Zweigstelle obliegt die Überwachung der betriebswirtschaftlich zweckmäßigen Einrichtung und Verwaltung der Groß- und Kleinbetriebe; Voranschläge, die mit einem Verlust abschließen, bedürfen ihrer Genehmigung. Über wichtige Vorgänge hat die Zweigstelle die Zentrale laufend zu unterrichten [...]." Die Inhalte dieser Tätigkeit und Berichterstattung waren vorwiegend agrarpolitischer und agrarwirtschaftlicher Natur und reichten über „Witterungsverhältnisse" bis zur „Futterversorgung"; doch gehörte auch eine „allgemeine Beurteilung der Kreislandwirte, Bezirkslandwirte für Großbetriebe, Bezirkslandwirte für Kleinbetriebe, Betriebsleiter, Ortslandwirte" dazu, die deren politische Zuverlässigkeit eingeschlossen haben dürfte.[723]

Die Realität der landwirtschaftlichen Güterverwaltung in den neuen deutschen „Ostgebieten" war ohnehin niemals nur agrarpolitischer Natur, sondern – wenn auch die SS über das von Himmler zusätzlich ausgeübte Amt des RKFDV die Zuständigkeit zur Enteignung und Vertreibung nichtdeutscher Landwirte polnischer oder jüdischer Herkunft besaß – stets auch durch diesen Kontext rassistisch-imperialistischer Gewaltherrschaft geprägt. Im Rahmen der Ermittlungen gegen Hans Krüger in den 1960er Jahren sagte ein Zeuge namens Hellmut Iffland aus, er sei als Landwirt und langjähriger Gutsinspektor „etwa 2 Wochen nach Beginn des Polenfeldzuges [...] als Verwalter von 4 polnischen Großbetrieben im Kreise Konitz eingesetzt" worden, wobei er den Eindruck gewonnen habe, dass die nicht mehr anwesenden „polnischen Eigentümer" dieser beschlagnahmten westpreußischen Landwirtschaftsbetriebe „geflüchtet waren". Im Januar 1940 sei er dann „zum Kreislandwirt für den Kreis Konitz eingesetzt worden". In dieser Eigenschaft

---

[722] Vgl. BAB, R 82/44.
[723] BAB, R 82/8, Geschäftsanweisung für Außenstellen, Abt. Verwaltung, o. D.

sei er der „Ostland" in Danzig-Oliva, also einer Zweigstelle der „Ostland" und späteren „Reichsgesellschaft für Landbewirtschaftung" unterstellt gewesen – jener NS-Agrarorganisation, für die damals auch Langguth in der Nachbarregion Warthegau in leitender Funktion tätig geworden ist. Iffland skizzierte als Alltagserfahrung eines lokalen NS-Agrarfunktionärs im westpreußischen Konitz und damit in der Nachbarregion des Warthegaus, in dem Langguth als Leiter der „Ostland" an führender Stelle tätig war: „Im Kreise Konitz wurden [...] die polnischen Bauern von ihren Höfen abgeholt. Solche Aktionen erfolgten meistens bei Nacht und Nebel, so daß ich als Kreislandwirt immer nur von solchen Aktionen erfuhr, wenn sie bereits abgeschlossen waren. [...] Zu einem solchen Zeitpunkt war ich dann verpflichtet, diese Höfe [der deportierten Polen] treuhänderisch zu betreuen [...]. Einer der von der Evakuierung bedrohten polnischen Bauern kam eines Tages zu mir und wollte wissen, ob und wann er den Hof verlassen müsse. Er sagte mir, er hätte erfahren, daß er den Hof verlassen müsse. Auf irgendeiner Liste, so erklärte er mir, stünde er an dritter Stelle auf dem 2. Blatt. Ich konnte ihm aber keine Bestätigung dafür geben [...]. Ich gab dem Polen lediglich den Rat, er möge soviel mitnehmen, wie er imstande sei, zu tragen."[724]

Auch für Langguths Wirkungskreis im Warthegau gibt es eine solche Zeugenaussage, die allerdings 1947 zur Entlastung Langguths diente. Damals sagte der Zeuge Paul Otto Andretzki aus, er sei Anfang 1940 als Landwirt dienstverpflichtet worden für die Landbewirtschaftung in Posen, wo er Langguth als „Referent für Betriebswirtschaft" kennengelernt habe. (Langguth war folglich bereits im ersten Quartal 1940 in agrarpolitischer Funktion im annektierten Wartheland tätig, nicht erst – wie von Langguth unter Verweis auf seine Beamtentätigkeit beim Reichsstatthalter erklärt – ab 1941.) Im April 1940 sei Langguth dann zum Leiter der Zweigstelle Posen der in Berlin neu gegründeten „Ostdeutschen Landbewirtschaftungsgesellschaft" (Ostland) ernannt worden. Im Herbst 1940 habe sich der Reichsstatthalter des Warthegaus die Ostland-Zweigstelle unterstellt, und Ende 1940 sei Langguth als deren Leiter abberufen worden.

Laut Andretzki hatte Langguths Tätigkeit in der „Ostland" darin bestanden, „Wirtschaftspläne" für die beschlagnahmten „größeren landwirtschaftlichen Betriebe zu entwerfen" und diese mit den eingesetzten neuen Betriebsleitern abzustimmen. „Politische Bemerkungen" habe Langguth auf diesen Konferenzen nie gemacht, auch habe er nie „auf die Partei und den Führer" hingewiesen, sondern stets „rein fachliche betriebswirtschaftliche Erörterungen" gepflogen. Ebenso wenig habe Langguth damals irgendeine Uniform getragen.

Ende 1940 sei Langguth in eine landwirtschaftliche „Abteilung beim Reichsstatthalter" gewechselt, zwischenzeitlich von der Wehrmacht eingezogen worden, aber wieder in die Posener Verwaltung zurückgekommen. Langguth habe sich ihm gegenüber beklagt, dass er dort nur „einen untergeordneten Posten" erhalten habe und nicht entsprechend seiner fachlichen Qualifikation eingesetzt werde.

---

[724] LA-NRW, StA MS, Q 234/5731, Bl. 68–72, Landeskriminalamt Nordrhein-Westfalen, Vernehmungsprotokoll Hellmut Iffland, S. 1–3.

Gegen die Anschuldigungen der Zeugin Pierang erklärte Andretzki, es sei nicht richtig, dass Langguth eine besonders „verantwortungsvolle Aufgabe" beim Reichsstatthalter ausgeübt habe. Auch sei unrichtig, dass er nach seiner Tätigkeit bei der Ostland „später bei dem SS-Bodenamt in Posen tätig" gewesen sei.[725] In der Tat erscheint die belastende Darstellung der Zeugin Pierang verworren, denn gerade die Aufgabe der Betriebsleiter-Einsetzung, die sie Langguth als Mitarbeiter des SS-Bodenamtes (und damit einer Behörde des RKFDV) attestierte, wurde nicht von der SS, sondern von der „Ostland" ausgeübt. Langguth scheint, soweit wir wissen, kein Mitarbeiter einer SS-Behörde gewesen zu sein. Ebenso wenig zu verifizieren ist der 1970 von der polnischen Parteizeitung „Trybuna Ludu" erhobene spätere Vorwurf, Langguth sei sogar ein „ehemalige[r] SS-Angehörige[r]" gewesen.[726] Im Bundesarchiv findet sich keine SSO-Akte Langguths, bisher aber auch keine Personalakte aus seiner agrarpolitischen Tätigkeit im Warthegau.

Langguth war im Februar 1941 an der Technischen Hochschule Danzig mit einer agrarwissenschaftlichen Dissertation zum Doktor der technischen Wissenschaften promoviert worden und hatte dadurch seinen zweiten Doktorgrad (neben dem älteren juristischen) erworben.[727] Das Thema von Langguths Promotion war ausgesprochen auf seinen Agrar-Einsatz im eroberten Osten bezogen: „Betriebswirtschaftlicher Aufbau und zweckmäßige Organisation der landwirtschaftlichen Betriebe im eingegliederten Ostgebiet". Sein „Referent" und damit vermutlich sein Betreuer und ‚Doktorvater' war Professor Georg Blohm.[728] Blohm war im NS-Staat zunächst Abteilungsleiter der Landwirtschaftskammer bzw. Landesbauernschaft Pommern gewesen, bevor er 1936 als Professor für Landwirtschaftliche Betriebslehre und Agrarpolitik an die TH Danzig berufen wurde. Blohm wechselte 1941 – vermutlich kurz nach Langguths Promotion – an die „Reichsuniversität" Posen. Bereits 1940/41 war Blohm in Danzig Leiter eines DFG-Forschungsprojekts zur Entwicklung von „Richtlinien für die Betriebsförderung und Wirtschaftsberatung der volksdeutschen Umsiedler". Diese Forschungen fanden im Kontext der wissenschaftlichen Erarbeitung des sogenannten „Generalplans Ost" statt, der eine gewaltsame Germanisierung großer Teile Osteuropas durch die Vertreibung der nichtdeutschen Bevölkerung nach einem für Deutschland siegreichen Kriegsende vorsah.[729]

---

[725] StAHH, 221-11, L 1689, Paul Otto Andretzki, beglaubigte Entlastungs-Aussage für Langguth, 4.9.1947.

[726] BStU, Archiv der Zentralstelle, MfS ZAIG Nr. 9708 Teil 1, Bl. 122, „Kriegsverbrecher leiten revanchistische Landsmannschaften", in: Presse der Sowjetunion A/81 v. 17.7.1970, mit diesem Zitat aus Trybuna Ludu vom 23.6.1970.

[727] StAHH, 221-11, L 1689, Promotionsurkunde Heinz Langguth zum Dr. der technischen Wissenschaften, 4.2.1941.

[728] Langguth, Betriebswirtschaftlicher Aufbau und zweckmäßige Organisation der landwirtschaftlichen Betriebe im eingegliederten Ostgebiet, Titelblatt.

[729] Georg Blohm, 1896–1982, geb. Thürkow (Mecklenburg), 1923 agrarwiss. Diss., 1926 Habilitation, Abteilungsleiter LWK bzw. Landesbauernschaft Pommern, 1936 Professor für Landwirtschaftliche Betriebslehre und Agrarpolitik TH Danzig, 1941 Wechsel zur Reichsuniversität Posen, Juni 1945 Wechsel zur Universität Greifswald, 1949 Wechsel zur Universität Halle,

In der Einleitung seiner Doktorarbeit beschrieb Langguth nüchtern die im Warthegau bereits erfolgte Zwangs-Germanisierung der dortigen Landwirtschaft: „Unmittelbar nach dem Einmarsch der deutschen Truppen in das ehemalige Polen wurden in den eingegliederten Ostgebieten [...] auf Veranlassung des Reichsernährungsministeriums alle größeren Betriebe, die sich in polnischer oder jüdischer Hand befanden, in Landbewirtschaftung genommen. In raschem Tempo erfolgte die Besetzung der Betriebe über 100 ha mit Betriebsleitern, in einigen Gebieten, vor allem im Gau Danzig-Westpreußen, wurden auch mittel- und großbäuerliche Betriebe mit kommissarischen Verwaltern versehen." Am 12. Februar 1940 sei dann die „Verordnung über die öffentliche Bewirtschaftung der land- und forstwirtschaftlichen Betriebe und Grundstücke in den eingegliederten Ostgebieten erlassen" worden. Gemäß Paragraph 1 dieser Verordnung würden „von der öffentlichen Bewirtschaftung alle land- und forstwirtschaftlichen Betriebe erfaßt, die in den eingegliederten Ostgebieten gelegen sind und am 1. September 1939 nicht im Eigentum von Personen deutscher Volkszugehörigkeit gestanden" hätten. Das Reichsernährungsministerium habe als „Generalverwalter für die öffentliche Bewirtschaftung" dieser Betriebe die „Ostdeutsche Landbewirtschaftungsgesellschaft m.b.H. (Ostland)" geschaffen, die faktisch im April 1940 „die Betriebe in Bewirtschaftung" genommen habe. Seither gehe es um „die möglichst schnelle Ausrichtung der Betriebe auf die volks- und wehrwirtschaftlichen Bedürfnisse des Großdeutschen Reiches". Dafür Wege aufzuzeigen bezeichnete Langguth als das Ziel seiner Forschungsarbeit. Der Duktus der Dissertation war streng agrarwissenschaftlich, erst gegen Ende reihte sich Langguth in den Kontext der NS-Politik, der er damals in Posen diente, mit der knappen Bemerkung ein, die von ihm aufgezeigten Optimierungsmethoden für Besitzverteilung, Viehhaltung und Anbauflächen seien „für die Schaffung neuen deutschen Bauerntums von Bedeutung".[730] Auch mit diesem nüchtern und relativ unideologisch formulierten Satz machte Langguth deutlich, dass er genau wusste, in welchem Arbeitsfeld er tätig war: Es ging um die Germanisierung osteuropäischen Bodens durch die Vertreibung und Enteignung seiner bisherigen nichtdeutschen Besitzer und um die gezielte Ansiedlung deutscher Neu-Bauern. Nicht nur Langguths Doktorvater, auch der Doktorand selbst wusste sich damit im Dienste der ethnischen „Säuberungs"-Politik des NS-Regimes zu verorten, die in den „Generalplan Ost" münden sollte. Auch wenn Langguths „Ostland" nicht unmittelbar mit der Vertreibung von Menschen befasst war, war deren Funktionären – und damit auch Langguth – der Kontext dieser NS-Politik ethnischer „Säuberung" in den ehemals polnischen Westgebieten bekannt und wurde von ihnen zweifellos gebilligt.

1951 Wechsel zur Universität Kiel, 1965 Emeritus, 1969 Großes Bundesverdienstkreuz; vgl. zu Blohms Lebenslauf; http://de.wikipedia.org/wiki/Georg_Blohm_%28Agrarwissenschaftler%29; zu Blohms DFG-Projekt: http://www.dfg.de/pub/generalplan/wissenschaft_5.html (16.12.2011).

[730] Langguth, Betriebswirtschaftlicher Aufbau und zweckmäßige Organisation der landwirtschaftlichen Betriebe im eingegliederten Ostgebiet, S. 7f. und S. 103.

Langguths Dissertation war ein Lebenslauf angefügt, in welchem der frischgebackene Doppel-Doktor als aktuelle Berufstätigkeit vermerkte: „Ab November 1940 bis zum November 1941 leitete ich die Landbewirtschaftung im Regierungsbezirk Posen in der Eigenschaft als Wirtschaftsoberleiter."[731] Die hier angegebene Funktion als Leiter einer regionalen „Wirtschaftsoberleitung" (WOL) der „Ostland" widersprach eindeutig Langguths Nachkriegsangaben, lediglich ein untergeordneter Referent in der Landwirtschaftsabteilung beim Reichstatthalter gewesen zu sein. Als Langguth im März 1944 – nach unterdessen eingetretenen erheblichen Zäsuren in seiner NS-Biographie – beim Reichsjustizministerium seine Wiederzulassung als Referendar im Justizdienst beantragte (was er ebenfalls in seinen Nachkriegs-Lebensläufen verschwieg), erklärte er außerdem, dass er „auf Vorschlag der Technischen Hochschule in Danzig [...] im Herbst 1939 zur Leitung der Landbewirtschaftung im Regierungsbezirk Posen, Wartheland eingesetzt" worden sei.[732] Auch hier wurde seine Leitungsfunktion betont, deren Beginn zudem schon auf Herbst 1939 terminiert wurde. Zugleich wird ersichtlich, dass Langguth – entgegen dem Eindruck, den er nach 1945 zu erwecken versuchte – keineswegs gegen seinen Willen dienstverpflichtet worden war, sondern von seiner damaligen Hochschule – möglicherweise von seinem Erstgutachter Professor Blohm – als Experte empfohlen worden war. Das macht einen freiwilligen Einsatz des Doktoranden, der dadurch Wissenschaft und Praxis miteinander verbinden konnte und just diese Verbindung 1941 mit seiner darauf fußenden Doktorarbeit denn auch krönte, sehr wahrscheinlich. Dem Reichsjustizprüfungsamt, das sich im Mai 1944 mit seinem beantragten Wiedereintritt in den Justizdienst beschäftigte, aus dem er 1934 freiwillig ausgeschieden war, hatte Langguth zwei Belegdokumente überreicht, wonach er sich während seiner „Verwaltungstätigkeit bei der Behörde des Reichsstatthalters im Warthegau von Dezember 1939 bis Dezember 1940" und sodann – gemäß „Anerkennungsschreiben des Reichsnährstandes v. 15.12.1942" – „als Sonderbeauftragter des Reichsministers für Ernährung und Landwirtschaft für die Landbewirtschaftung im Warthegau sehr verdient gemacht" habe.[733] Langguth hielt es außerdem für hilfreich, das Justizministerium 1944 darauf hinzuweisen, dass er während seines Wehrmachtsdienstes 1941/42 als juristischer Verwaltungsexperte fungiert hatte und nur „aus gesundheitlichen Gründen im Range eines Kriegsverwaltungsrates am 28.5.1942 entlassen" worden war.[734]

Tatsächlich hatte Langguth zwischen November 1941 und Mai 1942 als Mitarbeiter der Feldkommandantur 551 gearbeitet, die seit Januar 1942 im besetzten

---

[731] Ebenda, S. 104.
[732] BAB, R 3012/151, Dr.Dr. Langguth, Antrag an RJM zur Wiederzulassung als Referendar im Justizdienst, 12.3.1944.
[733] Ebenda, Reichsjustizprüfungsamt an RJM, Mai 1944.
[734] Ebenda, Dr.Dr. Langguth, Antrag an RJM zur Wiederzulassung als Referendar im Justizdienst, 12.3.1944.

Gomel (Weißrussland) stationiert gewesen ist.[735] All diese Sachverhalte wogen für die NS-Justiz offensichtlich schwerer als seine beiden Gestapo-Inhaftierungen (falls man im Reichsjustizministerium über dieselben überhaupt informiert worden war); denn im Juli 1944 erhielt Langguth einen positiven Bescheid über seine Rückkehr in den Justizdienst des „Dritten Reiches".[736] Ein als Gegner des NS-Regimes wahrgenommener Gestapo-verfolgter Antragsteller hätte eine solche Wiederzulassung in die damals hochgradig politisierte NS-Justiz nicht erhalten.

Niemand fragte, welche Tätigkeiten Langguth zwischen November 1941 und Mai 1942 als Kriegsverwaltungsrat der Feldkommandantur 551 in Weißrussland zu verantworten hatte. Wir wissen aus den Erörterungen zu Erich Schellhaus, dass Weißrussland damals von einer rücksichtslosen Partisanenbekämpfung seitens der SS und der Wehrmacht überzogen wurde, welche Massaker an dort lebenden Juden systematisch einschloss. Auch die Feldkommandantur 551 hatte am 8. September 1941 – einige Wochen vor Langguths Dienstantritt – in einem „Merkblatt für die Bürgermeister" ihre Kampfpraxis dahingehend festgelegt, dass man ganze Dörfer und deren Zivilbevölkerung dafür verantwortlich machen werde, wenn es nicht gelinge, Saboteure gefangenzunehmen. Wenn kein Schuldiger gefasst werde, so die Drohung der Feldkommandantur 551, werde die Wehrmacht Ordnung und Sicherheit durch Maßnahmen gegen die gesamte Bevölkerung wiederherstellen. Außerdem wurde festgelegt, dass jeder, der sich nicht an Erntearbeiten oder an der vorgeschriebenen Ablieferung von Nahrungsmitteln beteilige, als Saboteur zu behandeln sei. Am 1. November 1941 ordnete dieselbe Feldkommandatur an, nichtsesshafte „Zigeuner" regelmäßig der Sicherheitspolizei zu übergeben – was deren systematische Ermordung zur Folge hatte.[737] Das war der Kontext, in dem Langguth administrativ tätig wurde, ohne dass wir sein konkretes Aufgabengebiet bezeichnen können.

Die Massenmorde an weißrussischen Juden allerdings, denen auch in Gomel fast die gesamte jüdische Bevölkerungsgruppe zum Opfer fiel, waren wesentlich bereits im Spätsommer und Frühherbst 1941 und damit vor der Ankunft Langguths erfolgt.[738] Der letzte größere Massenmord an 2500 Juden fand in der Umgegend von Gomel, verübt von SS-Einsatzgruppen, am 4. November 1941 statt. Ab dem 1. März 1942 wurde der Stab der FK 551 von Gomel nach Lida ins westliche Weißrussland verlegt. Anders als in Gomel, wo die Kriegszerstörungen eine räumlich konzentrierte Ghettoisierung von Juden offenbar nicht gestattet hatten, war dort gegen Ende 1941 ein jüdisches Ghetto mit 7000 Insassen geschaffen worden, in dem die Lebensbedingungen sich jedoch durch ständige Neueinweisungen stetig verschlechterten.[739] Ein deutscher Feldwebel namens Anton Schmid

---

[735] Vgl. http://www.lexikon-der-wehrmacht.de/Gliederungen/Kommandantur/FK551-R.htm (19.12.11).
[736] Vgl. die Vorgänge in BAB, R 3012/151.
[737] Shepherd, War in the Wild East, S. 101f. und S. 168; Hilberg, The Destruction of the European Jewa, Bd. 3, S. 1074, Anm. 65.
[738] Rein, The Kings and the Pawns, S. 262.
[739] Arad, The Holocaust in the Soviet Union, S. 151 und S. 189.

hatte sich angesichts des Elends entschlossen, möglichst vielen Juden zur Flucht aus dem Ghetto von Vilnius zu verhelfen, unter anderem nach Lida, wurde jedoch im Januar 1942 infolge der Errichtung des dortigen Ghettos und der dabei stattfindenden Gestapo-Kontrolle von Juden aus Vilnius gefasst und vor dem Kriegsgericht der Feldkommandantur 814 Ende Februar 1942 zum Tode verurteilt und im April 1942 hingerichtet.[740] Damit hatten Langguth und dessen Feldkommandantur 551 nichts zu tun, aber auch dieser Vorfall skizziert das Umfeld der Gewalt, in dem Langguth zwischen März und Mai 1942 tätig werden musste. Anton Schmid schrieb vor seiner Hinrichtung an seine Frau: „Will Dir noch mitteilen, wie das Ganze kam. Hier waren sehr viele Juden, die vom litauischen Militär zusammengetrieben und auf einer Wiese außerhalb der Stadt erschossen wurden, immer so 2-3000 Menschen. Die Kinder haben sie auf dem Wege gleich an die Bäume geschlagen usw., kannst Dir ja denken. [...] Ich habe nur als Mensch gehandelt [...]."[741]

Wäre Langguth beim NS-Regime als politisch unzuverlässig oder gar als politischer Gegner aufgefallen, hätte er kaum diese Wiederzulassung in den NS-Justizdienst beantragt, die unmittelbar nach seiner Entlassung aus der zweiten Gestapohaft erfolgte. Als grundlegenden Gegner des NS-Regimes wird man Langguth daher trotz der von ihm geltend gemachten zwei Gestapo-Inhaftierungen und trotz seiner angeblichen Zugehörigkeit zu einer Danziger Widerstandsgruppe ab 1943 kaum einstufen dürfen. Er hat nachweislich zwischen Herbst 1939 und Ende 1941 in leitenden Funktionen und erneut nochmals 1942/43 in untergeordneter Position in der Agrarverwaltung des Reichsgaues Wartheland gearbeitet, wo er mit der agrarwirtschaftlichen Verwaltung enteigneter polnischer und jüdischer Landwirtschaftsbetriebe befasst war. Mit der Enteignung solcher Betriebe oder der Vertreibung ihrer Vorbesitzer war Langguth amtlich nicht befasst, doch stellte diese Gewaltpolitik die notwendige Voraussetzung für sein agrarpolitisches Verwaltungshandeln im Dienste des NS-Regimes dar. Noch im Dezember 1942 wurde Langguth für diese Arbeit vom Reichsnährstand offiziell belobigt.

Dennoch muss spätestens mit seiner ersten Inhaftierung durch die Gestapo im Frühjahr 1943 ein gewisser Bruch erfolgt sein. Langguth brachte 1946 ein Entlastungszeugnis jenes Rechtsanwaltes bei, der ihn bei seiner zweiten Gestapohaft im Winter 1943/44 vertreten hatte. Der Anwalt Hellmuth Willers erklärte, er sei als früherer Danziger Rechtsanwalt der Verteidiger Langguths gewesen, „als dieser im Dezember 1943 von der Gestapo inhaftiert" worden sei, nachdem zwei andere Anwälte „wegen der besonderen Schwere der Vorwürfe" seine Verteidigung abgelehnt hätten, da sie „berufliche Nachteile für sich befürchteten". Man habe damals „Herrn Dr. Langguth staatsfeindliche Äußerungen, Abhören feindlicher Rundfunksender, ablehnendes Verhalten gegen die NSDAP und deren Organe sowie Verbindungen mit Persönlichkeiten der Opposition zur Last" gelegt. Als staatsfeindliche Äußerung habe man etwa Langguths angebliche „Zustimmung zu Aus-

---

[740] Bartusevicius, Holocaust in Litauen, S. 196.
[741] Tauber / Tuchtenhagen, Vilnius – kleine Geschichte der Stadt, S. 213.

führungen des früheren Senatspräsidenten von Danzig, Dr. Hermann Rauschning, der 1946 ins Ausland emigrierte" und ein erbitterter NS-Gegner gewesen sei, gewertet. Da Langguth „bereits früher schon einmal von der Gestapo in Posen einige Zeit inhaftiert" worden sei, habe er als „vorbelastet" gegolten. Langguth sei Ende 1943 von dem „Einsatz-Arbeitsführer" einer HJ-Gruppe angezeigt worden, die sich auf Langguths Grundstück in Buschkau aufgehalten habe. Auch der Kreisbauernführer habe sich in das Verfahren eingeschaltet und Langguth persönlich scharfe politische Vorwürfe wegen dessen Verhaltens gemacht. Da der NSDAP-Kreisleiter ähnliche Vorwürfe erhoben habe, sei die Lage für Langguth „äußerst kritisch" geworden. Er habe sich deshalb im Herbst 1943 unter dem Vorwand notwendiger ärztlicher Behandlung nach Berlin und München entfernt, sei jedoch bei seiner Rückkehr nach Danzig im Dezember 1943 sofort verhaftet worden. Langguth sei im „Gestapogefängnis des Polizeipräsidiums in einer menschenunwürdigen Zelle gehalten" worden; dieses Gefängnis „Karrenwall" sei „gefürchteter noch als die K.Z.Lager" gewesen. Der frühere Anwalt Langguths bemerkte, er habe damals kaum Kontakt zu seinem Mandanten halten können, aber immerhin eine Abgabe des Verfahrens an den Volksgerichtshof verhindert. Die Ermittlungen der Oberstaatsanwaltschaft Danzig seien schließlich eingestellt worden, man habe die Sache nach mehreren Monaten Haft im Frühjahr 1944 mit „einer staatspolizeilichen Verwarnung" abgeschlossen.[742]

Langguth war insofern wirklich vom NS-Regime 1943/44 verfolgt worden, war jedoch glimpflich davon gekommen und hatte sich danach keineswegs nur auf sein landwirtschaftliches Gut bei Danzig zurückgezogen, sondern sich auch aktiv um eine Aufnahme in den Justizdienst des NS-Regimes bemüht. Er hatte folglich trotz seiner Maßregelung durch das Regime mit diesem keineswegs gebrochen. Langguth war insofern eindeutig im Zweiten Weltkrieg ein NS-Agrarfunktionär; er war ebenso ein zeitweiliger NS-Verfolgter; er war jedoch höchstwahrscheinlich nie jener entschiedene Gegner des NS-Regimes, zu dem er sich nach 1945 zu stilisieren versuchte.

Vom NS-Aktivismus zur Zurückhaltung: Karl Mocker

Karl Mocker hatte in seinem Entnazifizierungs-Meldebogen im September 1946 Angaben gemacht, die in späteren Lebensläufen nicht wiederkehrten. Anders als Heinz Langguth leugnete Mocker nicht seine NSDAP-Zugehörigkeit. Stattdessen gab er an, von „Dez. 1938 – Jän. 1942" Mitglied der NSDAP gewesen, dann aber – ausgerechnet auf dem Höhepunkt von Hitlers imperialer Macht über weite Teile Europas – aus der Nazipartei wieder ausgetreten zu sein. Der NS-Berufsorganisation für Juristen (NSRB) habe er hingegen von 1939 bis 1945 fortlaufend angehört – allerdings auch angehören *müssen*, denn „im Sudetenland wurde allen Rechtsanwälten der Beitritt zum NSRB als angeblicher Standesorganisation zur

---

[742] StAHH, 221-11, L 1689, Rechtsanwalt Helmuth Willers, Entlastungs-Aussage für Langguth, 7.11.1946.

Pflicht gemacht und notfalls erzwungen". Ferner habe er auch zwei sozial- bzw. gesundheitspolitisch aktiven NS-Massenorganisationen (NSV, DRK) angehört. In der Wehrmacht habe er in einer Artillerie-Abteilung vom März 1942 bis August 1943 gedient und es nur bis zum Gefreiten gebracht. Vor diesem Hintergrund stufte Mocker sich selbst als „Entlastete[n]" ein: „Ich leistete nach Möglichkeit gegen den Nationalsozialismus Widerstand, zeigte immer ein gegensätzliches Verhalten u.[nd] erlitt dadurch Nachteile. Weiters vollzog ich bereits im Jänner 1942 durch Austritt auch die formelle Trennung."[743]

Im Entnazifizierungsverfahren führte Mocker 1947 zu seinen Gunsten an, dass er 1945 zwar in die vom Präsidenten der wiedererrichteten Tschechoslowakischen Republik dekretierte „politische Überprüfung der Deutschen durch Untersuchungskommissionen" einbezogen worden sei, jedoch dokumentarisch belegen könne, dass das Verfahren gegen ihn eingestellt worden sei, womit „ein eklatantes Beweisstück" vorliege, „dass ich selbst nach den tendenziösen Methoden dieser tschechischen Behörden als politisch vollkommen unbelastet befunden wurde". Erneut machte Mocker geltend, er sei nach seiner Aufnahme in die NSDAP sowohl aus „weltanschaulichen" als auch aus „beruflichen" Gründen „bald in Gegensatz zur Partei und ihren Funktionären" geraten. Er habe „offen Kritik" geübt und sich auch abweichend verhalten – vor allem durch sein „jederzeitiges Eintreten für rechtliche Verhältnisse und für die berechtigten Interessen aller Rechtsuchenden ohne Unterschied ihrer Nationalität, Religion oder politische[n] Einstellung". Dies habe zu „wiederholten Maßregelungen seitens der Partei" geführt. Nach seinem Anfang 1942 vollzogenen Parteiaustritt habe der NSDAP-Kreisleiter zur Strafe seine Einberufung zur Wehrmacht trotz „schlechten Tauglichkeitsgrades" in die Wege geleitet.

Als Beispiele für sein widersetzliches Verhalten gegenüber dem NS-Regime führte Mocker nicht nur an, dass er der Kirchenaustritts-Aufforderung der NSDAP nicht nachgekommen sei (was denn doch nur als sehr begrenzte „Resistenz" zu werten wäre), sondern auch, dass er „politisch Verfolgten" jederzeit geholfen habe und dabei auch gegen die NSDAP als Anwalt vor Gericht aufgetreten sei. Mocker berief sich auf das Zeugnis einer städtischen Verwaltungskommission im wieder tschechoslowakischen Komotau aus dem Jahre 1945, wonach gegen ihn „keine politischen Bedenken" bestünden, woraus er die Schlussfolgerung gezogen wissen wollte, dass er „also nicht der NSDAP angehörte" und sich „gegen alle Bewohner loyal verhalten habe". Auch dass er „von einem tschechischen Staatsunternehmen im August 1945 aus einem Arbeitslager [...] herausgeholt und bis zur Evakuierung im August 1946 als Jurist angestellt" worden sei, führte Mocker zu seinen Gunsten an: Denn dieses sei „nur möglich" gewesen, „weil ich der Partei nicht angehört habe". Gleichwohl habe er den „Todesmarsch" der deutschen

---

[743] LABW-StAL EL 902/7, Bü 10084, Entnazifizierungs-Akte Dr. Karl Mocker, Dr. Karl Mocker, Schwäbisch-Gmünd, Entnazifizierungs-Meldebogen v. 3. 9. 1946.

Komotauer mitmachen und zweieinhalb Monate hindurch „das schwere Los eines tschechischen Arbeitslagers" aushalten müssen.[744]

Mocker legte der Spruchkammer in Schwäbisch Gmünd Belegdokumente vor. Darunter befanden sich das tschechische Original und die deutsche Übersetzung eines Schreibens von sieben tschechoslowakischen Bürgern an den damals in Komotau herrschenden Nationalausschuss vom 5. Juli 1945, in dem sie um die Entlassung Mockers aus der „Sicherungshaft" im Lager 27 in Maltheuern baten, da Mocker „in den verflossenen 6 Jahren den Tschechen sehr viel" geholfen habe. Er habe Tschechen als Anwalt vielfach vor Ämtern und Behörden vertreten – auch gegen NS-Führer, weshalb er schließlich zur Wehrmacht eingezogen worden sei. Der NSDAP-Kreisleiter habe im Februar 1944 ein zweites Mal Mockers Einberufung zum Kriegsdienst veranlasst, was jedoch durch das Komotauer Rüstungsunternehmen „Poldihütte" verhindert worden sei, dessen „Rechtsabteilung" Mocker auf Anforderung der Firma seit 1943 geleitet habe. Die Poldihütte Komotau war im Zweiten Weltkrieg ein auf die Herstellung von Panzerungen spezialisierter kriegswichtiger Rüstungsbetrieb[745], der nach der deutschen Annexion des Sudetenlandes Ende 1938 „arisiert" und vom staatlichen deutschen Großkonzern „Reichswerke Hermann Göring" übernommen worden war, welcher allgemein bei der Übernahme sudetendeutscher Firmen laut Volker Zimmermann „den weitaus größten Kapitaleinfluß" unter allen reichsdeutschen Unternehmen erlangte.[746] Was Mocker angeht, so bezeugten seine tschechischen Gewährsleute, er

---

[744] Ebenda, Dr. Karl Mocker, Schwäbisch-Gmünd, an die Spruchkammer Schwäbisch-Gmünd, 11.7.1947; vgl. zur Nachkriegssituation der Sudetendeutschen in Komotau diverse Erlebnisberichte in: Die Vertreibung der deutschen Bevölkerung aus der Tschechoslowakei, Hg. vom Bundesministerium für Vertriebene, Flüchtlinge und Kriegsgeschädigte, Augsburg 1993, Bd. 2, etwa S. 292–294 (Erlebnisbericht des Reichsbahnoberinspektors Eduard Kraus über Internierung der Deutschen durch die Svoboda-Armee und die öffentliche Ermordung diverser Deutscher in Komotau im Juni 1945); ebenda, S. 412–414 (Erlebnisbericht des Facharbeiters Adalbert Ehm über die Austreibung der männlichen deutschen Bevölkerung Komotaus, die Ermordung deutscher Männer auf dem Sammelplatz, die Weigerung der sowjetischen Grenzposten, die Vertriebenen in die SBZ einzulassen und deren schließliche Internierung im tschechischen Sammellager Maltheuern); ebenda, S. 482–484 (Erlebnisbericht der Hausfrau Anna Riedl über die Unterbringung von Ausgewiesenen aus Komotau im Lager Michanitz und deren Abtransport über das „Ausweisungslager Poldihütte" in die US-Besatzungszone Deutschlands Februar/März 1946); ebenda, S. 537–538 (Bericht der Bankangestellten Marie Ihl über die Lage der „Antifaschisten" in Komotau 1945/46), darin auch zur Bildung eines Antifa-Komitees, das Bescheinigungen an Deutsche zu deren Schutz verteilte.

[745] Hahn, Waffen und Geheimwaffen des Deutschen Heeres 1933–1945, S. 317.

[746] Das Stammwerk „Poldihütte" war 1889 in Kladno vom österreichischen Großindustriellen Karl Wittgenstein gegründet und nach dessen Ehefrau Leopoldine benannt worden und hatte sich im Ersten Weltkrieg zu einer wichtigen Rüstungsfabrik entwickelt, bereits 1916 war ein Zweigwerk in Komotau geplant, aber erst 1920 gebaut worden; 1938 wurde der „jüdische" Aktienbesitz der Poldi-Hütte enteignet und sukzessive von den „Reichswerken Hermann Göring" übernommen, wobei das Komotauer Werk 1939 als „Komotauer Edelstahlhütte AG" innerhalb dieses Konzerns verselbständigt wurde; vgl. Rudolf Hemmerle, Sudetenland, S. 186, Die Poldihütte. Auszug aus der Festschrift 50 Jahre Poldihütte 1889–1939, zitiert nach: http://www.komotau.de/poldihuette.htm (27.5.2011); Zimmermann, Die Sudetendeutschen im NS-Staat, S. 186 und S. 224.

habe seinerzeit allen Unterzeichneten stets geholfen, und zwar gegen geringes Entgelt oder gar „umsonst", weshalb es nun – nach dem einschneidenden Machtwechsel vom Mai 1945 – auch für sie selbstverständlich sei, sich für ihn einzusetzen. Mocker sei „immer gut" zu ihnen gewesen.[747]

Diesem Zeugnis ist erhebliches Gewicht zuzusprechen. Demnach war Mocker als NSDAP-Mitglied eher ein Nationalist als ein Rassist gewesen. Er war ein Nationalist, der die 1918 verlorene Hegemonie der Deutschen in den Sudetengebieten durch deren Abspaltung von der Tschechoslowakei und Anschluss an Deutschland wiederherstellen wollte (was 1938 zu den Bedingungen Hitlers gelang), der aber unter dieser Voraussetzung bereit gewesen zu sein scheint, die zahlreichen nach 1938 in den Sudetengebieten weiterhin lebenden Tschechen[748] persönlich anständig zu behandeln und auch von den NS-Autoritäten rechtsstaatliche Korrektheit im Umgang mit Nichtdeutschen (bzw. „Nichtariern") einzufordern. Ob sich diese Forderung bei Mocker auch auf jüdische Mitbürger erstreckte, die vom NS-Regime seit 1938 besonders schlimm verfolgt wurden, ist nicht recht klar. Jedenfalls brüstete sich Mockers Heimatstadt Komotau bereits im September 1938 – also schon kurz vor dem Anschluss der Sudetengebiete an Hitlers Deutschland – damit, als einer von zwei sudetendeutschen Orten zuerst „judenfrei" gemacht worden zu sein; denn die rund 450 jüdischen Einwohner der Stadt waren damals in Panik in die Zentralgebiete der Tschechoslowakei geflüchtet.[749] In der offenbar antisemitisch profilierten SdP-Parteiorganisation dieser Stadt eine führende Funktion eingenommen zu haben, ist somit alles andere als eine Ehre für Karl Mocker. Über seine persönliche Einstellung zum Antisemitismus und zur NS-Judenverfolgung wissen wir jedoch nichts. Es ist unklar, ob er zu den antisemitischen Scharfmachern der örtlichen SdP zählte oder zu der weitaus größeren Gruppe von Sudetendeutschen, die in Komotau im November 1938 eher „gleichgültig" oder gar „empört" auf die Einladung von SA-Mitgliedern reagierten, sich am antisemitischen Pogrom zu beteiligen. Die Pariser Emigrantenzeitung „Die neue Weltbühne" berichtete im Februar 1939, dass in Komotau „selbst bei begeisterten Henleinanhängern Entsetzen oder gar Abscheu festzustellen" gewesen sei und die

---

[747] LABW-StAL, EL 902/7, Bü 10084, Schreiben von sieben tschechoslowakischen Bürgern an Nationalausschuss Komotau, 5.7.1945; aus einem weiteren Dokument dieser Akte geht hervor, dass Mocker unter tschechoslowakischer Herrschaft 1945/46 höchstwahrscheinlich erneut bei der Poldihütte gearbeitet hat; jedenfalls erklärte er später nach seiner Zwangsumsiedlung nach Westdeutschland, dass er „von einem tschechischen Staatsunternehmen im August 1945 aus einem Arbeitslager [...] herausgeholt und bis zur Evakuierung im August 1946 als Jurist angestellt" worden sei; vgl. ebenda, Dr. Karl Mocker, Schwäbisch-Gmünd, an Spruchkammer Schwäbisch-Gmünd, 11.7.1947.

[748] Ab Herbst 1938 flüchteten aus den Sudetengebieten rund 400 000 Personen, davon knapp die Hälfte Tschechen, während 290 000 tschechische Einwohner nach der deutschen Annexion dort verblieben; vgl. Seibt, Deutschland und die Tschechen, S. 341; Arburg, Abschied und Neubeginn, S. 190; Gebhart, Migrationsbewegungen, S. 19 und 21.

[749] Osterloh, Nationalsozialistische Judenverfolgung, S. 182f.

Gewaltmaßnahmen überwiegend von reichsdeutschen Nationalsozialisten ausgegangen seien.[750]

Die Schwäbisch Gmünder Spruchkammer verfügte im September 1947 die Einstellung des Verfahrens. Bei Mocker könne „eine Verantwortlichkeit, die den Betroffenen zum Hauptschuldigen oder Belasteten macht, [...] nicht kraft Gesetzes vermutet werden". Die Kammer verwies auf die Mocker entlastende, vermeintlich korporative Übernahme in die NSDAP gegen Ende 1938 und auf seinen angeblichen Austritt aus der NSDAP Anfang 1942. Besonders würdigte man die ihn entlastenden tschechischen Dokumente des Jahres 1945, namentlich die erwähnte Bescheinigung von „7 Tschechen", dass Mocker „die nationalsozialistische Gewaltherrschaft nicht nur abgelehnt, sondern für sie und andere Gegner des NS. sich aktiv eingesetzt habe". Als entlastet, so die Spruchkammer, könne Mocker gleichwohl nicht eingestuft werden, da er nicht nachweisen könne, unter dem NS-Regime Nachteile erlitten zu haben. Er sei jedoch auch nicht als Mitläufer zu betrachten. Daher entschied die Kammer in seltsam salomonischer Weisheit auf Einstellung, „weil er [gestrichen: überhaupt] nicht belastet" sei.[751]

Gegen diesen Beschluss machte das von einem Sozialdemokraten und ehemaligen KZ-Häftling[752] geleitete Ministerium für politische Befreiung in Württemberg-Baden Front. Das Ministerium wies die Spruchkammer an, ihren Einstellungsbeschluss im Fall Mocker aufzuheben, denn da dieser jahrelang NSDAP-Mitglied gewesen sei, sei seine Einstufung als „nicht belastet" schlichtweg „unrichtig", er müsse vielmehr als „Mitläufer" eingestuft werden. Auch könne im Hinblick auf seine Mitgliedschaft in der NSDAP „von einer [bloßen] Anwärterschaft", wie sie Mocker behauptet habe, „keine Rede sein".[753] Daraufhin wurde Mocker als Mitläufer eingestuft, da er nicht Parteianwärter, sondern vollgültiges Mitglied der NSDAP gewesen sei. Auch habe es, wie die Spruchkammer in Schwäbisch Gmünd plötzlich wusste, gar keine „korporative Mitgliedschaft" von SdP-Angehörigen in der NSDAP gegeben, vielmehr habe „in jedem Fall ein Aufnahmeantrag persönlich gestellt werden" müssen.[754] Mockers Rückkehr in den Anwaltsberuf hinderte jedoch diese Umstufung zum „Mitläufer" nicht.

Mocker hätte wohl mit ernsteren Konsequenzen zu rechnen gehabt, wäre der Spruchkammer seine Rechtsanwalts-Personalakte bekannt gewesen, die ab 1938/39 beim Oberlandesgericht Leitmeritz angelegt worden war und dort 1945 den Zusammenbruch der NS-Herrschaft überstanden hatte. Darin war festgehalten, dass Mocker bereits ab Januar 1935 Mitglied der SdP und von Anfang an auch *Funktionär* dieser Partei gewesen war – „zuerst Mitglied der Ortsleitung,

---

[750] Zimmermann, Die Sudetendeutschen im NS-Staat, S. 106f.
[751] LABW-StAL, EL 902/7, Bü 10084, Spruchkammer Schwäbisch-Gmünd, Beschluss v. 12. 9. 1947.
[752] Gottlob Kamm, SPD, ehem. KZ-Häftling, 1946–1948 Staatsminister für politische Befreiung Württemberg-Baden.
[753] LABW-StAL, EL 902/7, Bü 10084, Ministerium für politische Befreiung Württemberg-Baden, i.A. Dr. Mattes, an Spruchkammer Schwäbisch-Gmünd, 12. 1. 1948.
[754] Ebenda, Spruchkammer Schwäbisch-Gmünd, Änderungsbescheid v. 20. 1. 1948.

später Mitglied der Bezirksleitung der S.d.P." Er war folglich Ende 1938 als Mitglied der vom NS-Regime bevorzugten Gruppe der früheren SdP-„Amtswalter" in die NSDAP überführt worden.[755] Nach den Aufnahmekriterien des NS-Regime galt Mocker 1938/39 folglich als politisch und weltanschaulich zuverlässiger NS-Aktivist. Aus Mockers Leitmeritzer Personalakte geht des Weiteren hervor, dass dieser am 1. November 1938 mit der Mitgliedsnummer 6.727.790 in die NSDAP aufgenommen worden war. Außerdem war Mocker demnach als „Kreiswalter des NSRB" tätig; er war somit – anders als im Entnazifizierungsverfahren behauptet – nicht nur gezwungenermaßen einfaches Pflicht-Mitglied im NS-Rechtswahrerbund, sondern – in Kontinuität zu seiner früheren Funktion als „Bezirksrechtswahrer" der regionalen SdP bis 1938 – zum regionalen NS-Verbandsfunktionär aufgestiegen, nachdem er dem „NSRB seit 1. Juli 1939" angehörte. Da Mockers Personalakte bis 1944 laufend aktualisiert wurde, wäre insbesondere der von Mocker nach 1946 behauptete angebliche Austritt aus der NSDAP, den er Anfang 1942 vollzogen haben wollte, zweifellos (und zwar in höchst negativer Form) darin vermerkt worden. Von einem Parteiaustritt findet sich jedoch in dieser Personalakte keine Spur. Entweder war Mockers angebliche mündliche Austritts-Erklärung niemals erfolgt (was am wahrscheinlichsten sein dürfte) oder vom Blockleiter nicht weitergegeben worden. Nach Aktenlage scheint die NSDAP-Parteizugehörigkeit Mockers jedenfalls bis 1945 ununterbrochen fortbestanden zu haben.[756] Der von Mocker im Spruchkammerverfahren behauptete, von ihm auf Januar 1942 datierte Austritt aus der NSDAP ist weder in den Unterlagen des Bundesarchivs noch in den in Leitmeritz überlieferten Personalakten nachzuweisen.

Die Leitmeritzer Akte enthält auch interessante Angaben zu Mockers beruflichem Werdegang im Kriege. Zwar war Mocker ab 1935 als selbständiger Rechtsanwalt in Komotau tätig gewesen, doch diese Arbeit wurde nicht nur durch seinen Kriegsdienst 1942/43 unterbrochen. Wie der Landgerichtspräsident in Brüx (Most) dem Oberlandesgerichtspräsidenten in Leitmeritz im Januar 1944 berichtete, war Mocker im Juli 1943 von der Wehrmacht „zum [zivilen] Kriegseinsatz freigegeben und beim Arbeitsamt Komotau halbtätig dienstverpflichtet worden". Seit dem 1. Dezember 1943 sei Mocker dann „mit Zustimmung des zuständigen Wehrbezirkskommandos beim Industrieunternehmen Poldihütte in Komotau im Kriegseinsatz dienstverpflichtet", arbeitete also als Jurist in der Verwaltung eines als kriegswichtig eingestuften großen Rüstungsunternehmens.[757]

---

[755] Mocker hatte ferner dem „Deutschen Turnverband", dem „Bund der Deutschen" und dem „Deutschen Kulturverband seit 1931" angehört; vgl. SOAL, Fond Vrchní zemský soud (risský) Litomerice (NAD 724, karton 108, spis 2-M-34), OLG Leitmeritz, Akten über Dienstverhältnisse des Rechtsanwalts Dr. Karl Mocker, Komotau, Personal- und Befähigungsnachweis Dr. Karl Mocker.

[756] Ebenda, OLG Leitmeritz, Akten über Dienstverhältnisse des RA Dr Karl Mocker, Komotau, Personal- und Befähigungsnachweis Dr. Karl Mocker.

[757] Ebenda, OLG Leitmeritz, Akten über Dienstverhältnisse des RA Dr. Karl Mocker, Komotau, Personal- und Befähigungsnachweis Dr. Karl Mocker, sowie LG-Präsident Brüx an OLG-Präsident Leitmeritz, 5.1.1944.

Welche Aufgaben Mocker in der Poldi-Hütte wahrnahm, ließen sich nicht klären; er scheint jedoch unter tschechischen Mitarbeitern geachtet gewesen zu sein, wie die zitierten Leumundszeugnisse von 1945 und seine mutmaßliche kurzfristige Weiterbeschäftigung in diesem Werk nach der Befreiung aus der tschechoslowakischen Lagerhaft 1945/46 indizieren.

Es waren dieselben Juristen des Landgerichts in Brüx, die sich lange nach Mockers angeblichem Austritt aus der NSDAP zweimal lobend über seine politische Haltung aussprachen. Im Oktober 1943 hieß es ausdrücklich: „Er gehört seit dem Anschluss des Sudetenlandes der NSDAP als Mitglied an und ist damit seine politische Einstellung genügend gekennzeichnet." Wer dies als rein formales Argument (im Sinne eines verfehlten Schlusses von Parteizugehörigkeit auf innere Haltung) betrachten wollte, muss immerhin sehen, dass die Justiz des Sudetengaus im Herbst 1943 Mockers „Verwendung als beauftragter Staatsanwalt" in Erwägung zog[758], was kaum geschehen wäre, wenn er politisch-ideologisch als unzuverlässig gegolten hätte oder gar demonstrativ aus der NSDAP ausgetreten wäre. Die zweite Brüxer Beurteilung Mockers stammt vom Mai 1944: „Befähigung: gut, dienstliche Leistungen: befriedigend, Führung: bei Berufsausübung wie im außerberuflichen Verhalten ohne Anlaß zu einer Beanstandung, Charakter: einwandfrei, politische Haltung: verlässlich, namentlich in Bezug auf Einstellung zu Volk und Staat im Sinne nationalsozialistischer Weltanschauung positiv."[759] Bei einem vorangegangenen Parteiaustritt Mockers hätte es eine solche Beurteilung keinesfalls gegeben; statt dessen hätte Mocker in dieser Phase des NS-Regimes sogar der Entzug der Anwaltszulassung gedroht.

Wenn Mocker nach 1945 erklärte, er sei gewissermaßen zur Strafe für seinen Parteiaustritt vom zuständigen NSDAP-Kreisleiter 1942 zur Wehrmacht gemeldet worden, erscheint auch diese Einlassung unwahrscheinlich und unglaubwürdig. Abgesehen davon, dass der Parteiaustritt nicht nachweisbar ist und von den oben zitierten Beurteilungen der NS-Justiz des Jahres 1944 im Grunde widerlegt wird, wäre ein Kreisleiter der sudetenländischen NSDAP kaum in der Lage gewesen, die Einberufung eines ungeliebten oder gar widerständigen Parteigenossen zu forcieren. Die Einziehung des 36 Jahre alten ungedienten Rekruten Mocker zur Fahr-Ersatz-Abteilung 24 im März 1942 dürfte also andere Gründe gehabt haben. Die Fahr-Ersatz-Abteilung 24 ist im April 1940 in Leitmeritz aufgestellt worden; sie unterstand der vor allem für die Ersatztruppen im Wehrkreis IV zuständigen 154. Division in Dresden. Mocker gelangte am 6. April 1942 als Soldat in die 2. Kompanie der bespannten Fahr-Ersatz-Abteilung 24 nach Brüx und wurde nach kurzer militärischer Ausbildung am 14. Mai 1942 der Verfügungs-Schwadron der Fahr-Ersatz-Abteilung 24 zugewiesen, die sich nur im Heimatgebiet aufhielt und

---

[758] Ebenda, OLG Leitmeritz, Akten über Dienstverhältnisse des RA Dr. Karl Mocker, Komotau, LG-Präsident Brüx, Beurteilung Mockers vom 25.10.1943.

[759] Ebenda, OLG Leitmeritz, Akten über Dienstverhältnisse des RA Dr. Karl Mocker, Komotau, Personal- und Befähigungsnachweis Dr. Karl Mocker, sowie LG-Präsident Brüx, „Ergänzende Angaben zum Personalbogen des Rechtsanwalts Dr. Karl Mocker in Komotau", 10.5.1944.

zu keinem Fronteinsatz herangezogen wurde. Ein Straf-Einsatz hätte wohl anders ausgesehen. Noch bevor die Fahr-Ersatz-Abteilung im Februar 1943 wieder aufgelöst wurde, ist Mocker am 7. September 1942 zum Wehrbezirkskommando Teplitz-Schönau nach Teplitz und von dort zum Wehrmeldeamt Komotau, also an seinen Wohnort, versetzt worden, wo er nach Lage der Dinge nur mit Büroarbeiten befasst gewesen sein kann.[760]

Unklar ist bislang, auf wessen Antrag Mocker am 21. Juli 1943 uk. („unabkömmlich") gestellt und daraufhin vom Wehrbezirkskommando Teplitz-Schönau aus der Wehrmacht entlassen wurde. Möglicherweise erfolgte dieser Schritt auf Initiative des Gauarbeitsamtes oder der Gauwirtschaftskammer des Sudetenlandes. Denn nach seinem Ausscheiden aus der Truppe ist Mocker zwar wieder als selbständiger Rechtsanwalt tätig gewesen, daneben aber – und zwar als Halbtagskraft – zwischen Juli und November 1943 zum Heimatkriegseinsatz beim Arbeitsamt Komotau dienstverpflichtet worden. Auch dies war keineswegs eine Strafe, sondern – angesichts der im totalen Krieg eingeschränkten Rechtspflege – ein übliches Verfahren, das vom Landgericht Brüx und vom Oberlandesgericht Leitmeritz unter Bezugnahme auf § 23 der Reichsrechtsanwaltsordnung auch anstandslos als „Nebenbeschäftigung" akzeptiert wurde. Mocker unterstand jedoch weiterhin der Wehrüberwachung, weshalb es der Zustimmung des zuständigen Wehrbezirkskommandos bedurfte, als er ab Dezember 1943 als Vollzeit-Arbeitskraft für die Firmenverwaltung der Poldihütte in Komotau dienstverpflichtet wurde.[761]

Infolge dieser zeitweiligen Verwendungen Mockers innerhalb der Wehrmacht darf es als nahezu ausgeschlossen gelten, dass Mocker infolge seines Kriegseinsatzes in Kriegsverbrechen hätte verwickelt sein können. Ein Widerstandskämpfer oder zumindest ein nachweislich Resistenter gegen das NS-Regime, dessen Herrschaft über seine sudetenländische Heimat er vor 1938 ersehnt und aktiv mit herbeigeführt hatte, ist Mocker jedoch trotz eigener Nachkriegs-Stilisierung ebenfalls nie gewesen. Zwar fällt auf, dass Mocker sein Engagement als SdP-Funktionär auf Kreisebene in der NSDAP ab 1938/39 nicht fortsetzte, sondern sich lediglich noch im stärker berufsbezogenen NS-Rechtswahrerbund als Kreisfunktionär betätigte. Auch wird man vermuten können, dass im Laufe der 1940er Jahre eine wachsende – für viele Sudetendeutsche nicht untypische – Desillusionierung über das NS-Regime erfolgte, die auch zu einer partiellen inneren Distanzierung geführt haben mag. Mockers offenbare Nichtbeteiligung am antitschechischen NS-Rassismus, die ihm von tschechischer Seite nach Kriegsende zugute gehalten wurde, scheint hierfür zu sprechen. Doch ein offener Bruch mit dem NS-Regime ist – anders als von Mocker nach Kriegsende zeitweilig behauptet – bis 1945 nicht erfolgt. Statt-

---

[760] Über die Fahr-Ersatz-Abteilung 24 sowie über das Wehrbezirkskommando Teplitz-Schönau und das Wehrmeldeamt Komotau existieren im BA-MA Freiburg keine Überlieferungen. Die Angaben über den Kriegseinsatz von Mocker sind den einschlägigen Unterlagen der WASt entnommen.
[761] SOAL, Fond Vrchní zemský soud (risský), karton 108, spis 2-M-34, Personalakte Dr. Karl Mocker, LG-Präsident Brüx an OLG-Präsident Leitmeritz, 5. 1. 1944.

dessen galt Mocker in NS-Justizkreisen noch gegen Ende des Weltkrieges als zuverlässiger Nationalsozialist. Eine Entwicklung vom NS-Aktivisten zum NS-Gegner ist ihm daher keinesfalls zu bescheinigen; der Weg vom NS-Aktivisten zum zurückhaltend gewordenen, möglicherweise desillusionierten NS-Mitläufer scheint weitaus wahrscheinlicher.

Freiwilliger in der Waffen-SS – und Kriegsverbrecher? Rudolf Wollner

Einige Zeit nach Rudolf Wollners Tod im Jahre 2002 bemerkte der Publizist Otfried Pustejovsky in einer Abhandlung über den christlich motivierten Widerstand gegen das NS-Regime in den „böhmischen Ländern", es sei „geradezu fatal, dass im sogenannten ‚kollektiven Gedächtnis' der [...] Sudetendeutschen historisch-politisch durchaus belastete Namen wie Lodgman von Auen, Siegfried Zoglmann, Konrad Henlein, Rudolf Wollner" die Hauptrolle spielten, während christliche NS-Gegner kaum vorkämen. Dies führe bedauerlicherweise zu einer sehr „einseitige[n] Gruppenwahrnehmung von außen".[762] Hier fällt auf, dass Wollner – der bei Kriegsende gerade einmal 21 Jahre alt war – neben sehr viel ältere, eindeutig als Träger oder Sympathisanten des NS-Regimes „belastete" Prominente wie Henlein oder Lodgman gestellt wurde. Worin aber bestand Wollners Belastung?

Eine erste Antwort bieten seine Entnazifizierungsakten. Daraus geht hervor, dass der damals 22jährige Rudolf Wollner von Februar bis November 1946 „in einem Lager für polit.[ische] Häftlinge" im US-amerikanisch besetzten Hessen „interniert" worden war. Als Grund dafür vermerkte die Besatzungsmacht: „Waffen SS Untersturmführer".[763] Demnach war Wollner im Leutnantsrang ein Führer der Waffen-SS gewesen.

In einer eidesstattlichen Erklärung hatte Wollner vor der Entnazifizierungs-Spruchkammer seines Darmstädter Internierungslagers zu Protokoll gegeben, er habe in seiner sudetendeutschen Heimat eine Schlosserlehre absolviert und sei von 1939 bis 1940 Mitglied der Hitlerjugend (HJ) gewesen. 1941 habe er sich „freiwillig zur Waffen SS" gemeldet, der er daraufhin bis zu seiner „Gefangennahme" im Mai 1945 angehört habe und in der er „1944 zum Untersturmführer befördert" worden sei. Ansonsten habe er keiner NS-Organisation außer der Deutschen Arbeitsfront (DAF) angehört – womit er (korrekt) andeutete, kein Mitglied der NSDAP gewesen zu sein. Natürlich wusste Wollner, dass seine SS-Zugehörigkeit aus alliierter Sicht kein Kavaliersdelikt war. Er betonte daher, in der Waffen-SS lediglich „als Soldat im Osten eingesetzt" gewesen zu sein. Er habe sich

---

[762] Pustejovsky, Christlicher Widerstand gegen die NS-Herrschaft in den böhmischen Ländern, S. 207.
[763] HStAW, Spruchkammern, Abt. 520, Frankenberg Nr. 15544 (Spruchkammerakt Wollner, Rudolf), Bl. 33 ff., insb. Bl. 35, Spruchkammer Frankenberg/Eder, Protokoll der Sitzung am 5.9.1947, sowie Bl. 8, [US Military Government for Greater Hesse], Arrest Report, Auszug vom 26.2.1946.

„an keinen verbrecherischen Handlungen beteiligt", ebenso wenig habe er in seinen Einheiten „von solchen Dingen gesehen" oder „gehört". Dies erkläre er „an Eidesstatt". Seine Vernehmer scheinen nicht nachgefragt zu haben, in welchen SS-Einheiten er konkret gedient hatte.[764] Stattdessen wurde – übrigens auf Antrag der Anklagebehörde – das Entnazifizierungsverfahren gegen Wollner eingestellt mit der Begründung, dass er infolge seines freiwilligen Eintritts in die Waffen-SS zwar in die Entnazifizierungskategorie 2 (Belastete) falle, jedoch aufgrund seiner Jugend und der Tatsache, dass „ihm keine strafwürdigen Handlungen nachzuweisen" seien, in Anwendung der Amnestieverordnung zum hessischen Entnazifizierungsetz vom 5. März 1946 unter die „Minderbelasteten" einzustufen sei. Daraus resultierte die Einstellung des Verfahrens.[765]

Daraufhin intervenierte das (vom NS-verfolgten Sozialdemokraten Gottlob Binder geführte) hessische Ministerium für politische Befreiung[766], indem es im April 1947 den Öffentlichen Kläger der nach dem Wohnortsprinzip für Wollner zuständig gemachten Spruchkammer Frankenberg in Hessen „auf Anordnung der Landesmilitärregierung" zur beschleunigten Einleitung eines neuen Verfahrens anwies. Wollner sei nur „infolge irrtümlicher Anwendung der Jugendamnestie aus dem Darmstädter Internierungslager entlassen worden" und müsse daher erneut interniert werden, wenn nicht sofort das Verfahren eröffnet würde.[767]

Die Frankenberger Anklagebehörde zog daraufhin weitere Erkundigungen über Wollner ein und erfuhr, dass dieser von Beruf Maschinenschlosser sei, der zwischen 1937 bis 1940 die Lehre in Asch absolviert habe und 1940/41 als „Volontär" in einer Autoreparaturwerkstatt in Reichenberg tätig gewesen sei. In diese Zeit fielen Wollners Mitgliedschaften in der HJ (ab 1. Januar 1938 geführt) und in der DAF (ab 1. September 1938 geführt), die beide mit Wollners Eintritt in die Waffen-SS am 20. Januar 1941 geendet hätten. Nach Entlassung aus der US-Internierung war Wollner 1947 kurzfristig als Mechaniker tätig, dann als Maschinenschlosser.[768] In gewissem Widerspruch dazu stand die Information der Anklagebehörde, dass Wollner „bei seinen Eltern" wohne und kein eigenes Einkommen beziehe.[769]

---

[764] Ebenda, Bl. 12, Großhessisches Staatsministerium, Minister für Wiederaufbau und politische Befreiung, Spruchkammer Darmstadt-Lager, Eidesstattliche Erklärung des Internierten Rudolf Wollner, 6.11.1946.

[765] Ebenda, Bl. 15, [Großhessisches Staatsministerium, Minister für Wiederaufbau und politische Befreiung, Spruchkammer Darmstadt-Lager], Spruchkammer-Entscheid zu Rudolf Wollner, 19.11.1946.

[766] Binder war im November 1945 von der US-Militärregierung zum hessischen „Staatsminister für Wiederaufbau und Politische Bereinigung" ernannt worden; nach den Landtagswahlen setzte er seine Tätigkeit ab August 1946 als „Minister für Wiederaufbau und Politische Befreiung" fort und führte ab Januar 1947 bis zum Ende seiner Amtszeit im November 1949 den Titel „Minister für Politische Befreiung".

[767] HStAW, Spruchkammern, Abt. 520, Frankenberg Nr. 15544 (Spruchkammerakt Wollner, Rudolf), Bl. 16, Hessisches Staatsministerium, Minister für politische Befreiung, i.A. Schleich, an Öffentlichen Kläger der Spruchkammer Frankenberg, „Eilt sehr!", 8.4.1947.

[768] Ebenda, Bl. 23, Arbeitsamt Korbach an Spruchkammer Frankenberg-Eder, 26.4.1947.

[769] Ebenda, Bl. 28, Hessisches Staatsministerium, Minister für politische Befreiung, Öffentlicher Kläger der Spruchkammer Frankenberg, Klageschrift gegen Rudolf Wollner, 17.5.1947.

Mit Wiederaufnahme des Entnazifizierungsverfahrens in Frankenberg im Mai 1947 wurden die Ermittlungen ernsthafter geführt als zuvor. Der Öffentliche Kläger betonte, dass Wollner infolge seiner SS-Zugehörigkeit zu jenem Personenkreis zu rechnen sei, der gemäß dem Nürnberger Urteil des Internationalen Militärtribunals im NS-Hauptkriegsverbrecherprozess von 1946 einer „als verbrecherisch angeklagten" Organisation angehört habe. Allerdings könnten ihm „aktivistische oder völkerrechtswidrige Handlungen [...] nicht nachgewiesen werden". Infolgedessen wurde beantragt, ihn in die Gruppe II („Belastete") einzustufen.[770] Dagegen erhob Rudolf Wollner Einwendungen und folgte dabei der Argumentation der Darmstädter Spruchkammer, wonach er infolge seines Alters, aber auch deshalb, weil ihm „kein brutales noch verwerfliches Verhalten nachgesagt werden" könne, nicht als „belastet, sondern minderbelastet" einzustufen sei. Wollner brachte Zeugen für seine aktuelle „demokratische Haltung und Einstellung" bei, darunter den SPD-Ortsvorsitzenden seines hessischen Wohnortes, jedoch keine „Entlastungszeugen" aus dem Sudetenland, was er damit begründete, deren aktuelle Anschriften infolge der Vertreibung leider nicht zu kennen. Im Hinblick auf seine SS-Vergangenheit argumentierte Wollner, er fühle sich „nicht als Angehöriger einer verbrecherischen Organisation, da laut Nürnberger Urteilsspruch Angehöriger einer Verbrecherorganisation nur der ist, der bei seinem Eintritt von den verbrecherischen Zielen und Umtrieben gewußt" habe. Zwar sei sein Eintritt in die Waffen-SS freiwillig erfolgt, „jedoch mit der Mentalität eines Siebzehnjährigen, der sich mit den politischen Dingen in keinster [sic!] Weise befaßte". Ebenso gut hätte er damals der Wehrmacht beitreten können – wobei er offenließ, weshalb er dies nicht getan hatte. Auch habe er in seiner Zeit bei der Waffen-SS zwischen 1941 und 1945, jedenfalls „in den Einheiten", in denen er gedient habe, „nichts von einem verbrecherischen Charakter dieser Organisation wahrnehmen können". Er habe „immer einer Fronttruppe" angehört, seine „Handlungen als Offizier" seien „korrekt" gewesen und hätten sich „streng nach der Genfer Konvention und den Haager Landkriegsregeln" gerichtet. „Mit den politischen Zielen der NSDAP", so betonte Wollner, sei er „nie vertraut" gewesen, er habe sich „auch nie damit befaßt", sondern seine „Pflicht als Soldat gesehen". Erneut brachte er seine Jugend als Entlastungsargument ins Spiel: „Daß ich meinen jugendlichen Idealismus für Ziele hergegeben habe, die mir in ihrer Tragweite erst nach dem Waffenstillstand bekannt wurden, ist meine einzige Schuld, wenn es überhaupt für solchen Idealismus Schuld gibt." Damit bat Wollner nunmehr sogar um Einstufung in Gruppe 4 (Mitläufer), wobei er auch seine Eigenschaft als „Schwerkriegsbeschädigter" infolge mehrfacher Kriegsverletzungen anführte.[771]

In der öffentlichen Sitzung der Frankenberger Spruchkammer im September 1947 gab Wollner erstmals Details über seinen Einsatz in der Waffen-SS zu Protokoll. Demnach war er „aufgrund einer Werbung in Karlsbad [...] im Jahre 1941

---

[770] Ebenda.
[771] Ebenda, Bl. 31, Rudolf Wollner, Marienhagen, an den Öffentlichen Kläger der Spruchkammer Frankenberg-Eder, 29.5.1947.

im Alter von 17 Jahren zur Waffen SS" gelangt, „nach 3 Wochen Ausbildung in Polen [...] zur Panzer Truppe an die Front" gekommen, und zwar in einer Einheit der „Leibstandarte", der ursprünglich als Leibgarde Hitlers und dann auch als militärische Elitetruppe im Zweiten Weltkrieg verwendeten „Leibstandarte Adolf Hitler". 1944 sei er dann „zur 4. Pol.[izei] Division" der Waffen-SS versetzt worden, in der er zum „Zugführer und spaeter Kompagniechef" aufgestiegen sei. Offensichtlich erstmals hierzu befragt, betonte Wollner: „Gegen Partisanen bin ich nicht eingesetzt [worden], ich habe auch nicht im Hinterlande gekämpft. Zu Sonderkommandos bin ich nicht herangezogen worden. Ich bin zum Untersturmfuehrer am 20.6.1944 befoerdert. Bin 5 mal verwundet, darunter 3 mal schwer, ich besitze die Auszeichnungen des EK I. und II. Klasse."[772]

Tatsächlich war Rudolf Wollner, der sich kurz nach seinem siebzehnten Geburtstag freiwillig zur Waffen-SS gemeldet hatte und mit Wirkung vom 20. Januar 1941 in die SS-Panzerjäger-Abteilung der „Leibstandarte Adolf Hitler" (LAH, die als Leibgarde des „Führers" als Elitetruppe innerhalb der SS galt) aufgenommen worden. In dieser Einheit diente er fast den gesamten restlichen Weltkrieg bis zum 5. April 1944.[773] Er nahm folglich an den ab April 1941 stattfindenden deutschen Eroberungskriegen in Jugoslawien und Griechenland teil und wurde ab Juni 1941 auch im sogenannten „Russlandfeldzug" eingesetzt. Nach einer Ruhepause der LAH in Frankreich folgte ein weiterer Einsatz an der Russlandfront von Januar bis Juli 1943, wobei Wollners SS-Verband an den Schlachten von Charkov und Kursk beteiligt war, bevor die LAH in der zweiten Jahreshälfte 1943 nach Italien versetzt wurde, wo sie erstmals verstärkt mit Partisanenbekämpfung zu tun bekommen haben dürfte. Seine Zeit bei der LAH beschloss Wollner mit einem erneuten Russlandeinsatz von November 1943 bis April 1944.[774] Nach eigenen Angaben hatte Wollner zunächst als SS-Sturmmann (Gefreiter) als Panzerfahrer unter dem Kommando eines Hauptsturmführers Wöst gedient, bis er am 24. November 1941 verwundet wurde und längere Zeit – bis Herbst 1942 – im Reservelazarett in Pilsen gelegen hatte. Ab dem 20. Oktober 1942 tat Wollner demnach wieder Dienst als Panzerfahrer in seiner alten SS-Einheit, nunmehr im Range eines SS-Rottenführers (Obergefreiter), bis er am 28. November 1943 versetzt und ab 6. Dezember 1943 als Panzerkommandant bzw. Panzerzugführer im Range eines SS-Oberjunkers (Offiziersanwärter) in einer LAH-Formation unter dem Kommando eines Hauptmanns Korf eingesetzt worden sei. Dieser Einsatz endete laut Wollner zum 1. Mai 1944.[775] Dann wurde Wollner offenbar zu einem SS-Offizierslehrgang nach Deutschland abkommandiert und am 21. Juni 1944 zum SS-Untersturmführer

---

[772] Ebenda, Bl. 33ff., insb. Bl. 33r, Spruchkammer Frankenberg/Eder, Protokoll der öffentlichen Sitzung am 5.9.1947.
[773] BAB, SSO Rudolf Wollner.
[774] Diese Angaben wurden aus Einzelinformationen diverser Akten im BA-MA zusammengestellt.
[775] HStAW, Spruchkammern, Abt. 520, Frankenberg Nr. 15544 (Spruchkammerakt Wollner, Rudolf), Rudolf Wollner, Entnazifizierungs-Fragebogen v. 20.3.1946.

(Leutnant) befördert.[776] Bereits zum 1. Juni 1944 war Wollner in die Panzerjäger-abteilung der 4. SS-Polizei-Panzergrenadier-Division versetzt worden, wo er unter dem Kommando eines Sturmbannführers Schubert bis zu seiner Gefangennahme am 2. Mai 1945 die Führung einer Panzerkompanie übernahm.[777]

Diese 4. SS-Polizei-Panzergrenadierdivision, in der Wollner das letzte Kriegsjahr als SS-Führer eingesetzt war, stand mit ihrer älteren „Kampfgruppe" bis Juni 1944 „im Nordabschnitt der Ostfront", doch zugleich wurden im März 1944 die im Zuge der „Neu-Aufstellung der Division" zusammengeführten neuen Einheiten – zu denen auch diejenige Wollners gehörte – „im nördlichsten Griechenland" eingesetzt, wo sie sich „an der Partisanenbekämpfung im Pindos- und Wermion-Gebirge" beteiligten.[778] Wir wissen, dass einige Einheiten dieser SS-Division Kriegsverbrechen in Form von Massakern an griechischen Zivilisten begingen. Auch wenn nicht rekonstruiert werden kann, wie die Verantwortung von Wollners Abteilung an dieser Form mörderischer Partisanenbekämpfung ausgesehen hat, so dass erst recht keine individuelle Zurechnung von Verantwortlichkeit erfolgen kann, ist dieser Kontext der SS-Partisanenbekämpfung im besetzten Griechenland 1944 durchaus ein belastendes Moment. Doch niemand scheint im Verlauf der Entnazifizierungs-Verhandlungen von 1947 die Frage gestellt zu haben, wie glaubwürdig Wollners Behauptung einer Nichtbeteiligung seiner Einheiten an der Partisanenkriegführung der Waffen-SS sein konnten. Niemand schien in Frankenberg zu wissen, dass Einheiten der 4. SS-Polizeidivision – kurz nach Wollners Versetzung und kurz vor seiner Beförderung in einen SS-Offiziersrang – im griechischen Distomo am 10. Juni 1944 ein Massaker veranstaltet hatten, bei dem über 200 Zivilisten wegen der vorangegangenen Tötung von deutschen Soldaten durch griechische Partisanen unweit des Dorfes erschossen wurden. Dafür verantwortlich war die 2. Kompanie des SS-Polizei-Panzergrenadierregiments 7 der 4. SS-Polizeidivision unter dem Kommando von SS-Hauptsturmführer Fritz Lautenbach. Dieser berichtete fälschlicherweise, dass es sich bei den Ermordeten um Partisanen gehandelt habe, von denen man in Distomo angegriffen worden sei; doch der Bericht eines Augenzeugen, der zur Geheimen-Feldpolizei-Gruppe 510 gehörte und die Waffen-SS in Distomo begleitet hatte, belegte eindeutig, dass der Partisanenüberfall außerhalb des Ortes, die Erschießungen in Distomo hingegen als „Sühnemaßnahmen" gegen unbeteiligte Zivilisten erfolgt waren.[779] Die Täter zählten somit nicht zu jener Einheit (Polizei-Panzerjäger-Abteilung), der Wollner zugeteilt worden war. Jedoch war dieses Massaker nicht das erste und einzige, das

---

[776] BAB, SSO Rudolf Wollner.
[777] HStAW, Spruchkammern, Abt. 520, Frankenberg Nr. 15544 (Spruchkammerakt Wollner, Rudolf), Rudolf Wollner, Entnazifizierungs-Fragebogen v. 20. 3. 1946.
[778] Vgl. Klietmann, Die Waffen-SS, Bd. 1, S. 124; in Griechenland war die SS-Polizei-Division in Kämpfen mit der kommunistischen Partisanenarmee ELAS engagiert; vgl. die verharmlosend apologetischen Kriegserinnerungen eines SS-Arztes dieser Division: Pichler, Truppenarzt und Zeitzeuge, S. 186–256; zum „Herrschaftsgebiet" der ELAS im „Südpindus": IFZ München, Archiv, ED 35, Bd. 1, OKH, Heeresgruppe E, Lagebericht für November 1943, 5. 12. 1943, S. 6.
[779] Biehler, Gernot, Auswärtige Gewalt, S. 311.

von Einheiten der 4. SS-Polizeidivision im Laufe des Jahres 1944 verübt worden ist.[780] Auf jeden Fall war die deutsche Kriegführung auf dem Balkan eindeutig nicht von jener „sauberen" Trennung zwischen Front- und Partisanenkrieg gekennzeichnet, die Rudolf Wollner nach 1945 für sich und jene SS-Einheiten, in denen er gedient hatte, allgemein in Anspruch nahm.

Nachdem der Öffentliche Kläger die Einstufung Wollners in die Gruppe III der „Minderbelasteten" mit zwei Jahren Bewährung und Geldstrafe beantragt hatte, erklärte Wollner 1947 unter Berufung auf angeblich rein soldatische Pflichterfüllung und „jugendlichen Idealismus", er fühle sich nur „als Mitläufer" des NS-Regimes und beantrage daher die Einstufung in diese Gruppe IV. Dieser Selbstdeutung folgte die Spruchkammer; die einzige Sanktion für den „Mitläufer" war eine Strafe von 300 Reichsmark oder alternativ von 15 Tagen „Sonderarbeit".[781] In ihrer Begründung folgte die Kammer Wollners biographischer Schilderung für die Zeit bis Mai 1945: „Als der Betr. Mitglied der Hitlerjugend wurde, war er erst 16 Jahre alt. Wegen seiner damaligen Unreife in jeder Beziehung, kann ihn [sic!] die Mitgliedschaft bei der HJ, die außerdem nach den damaligen deutschen Gesetzen Pflicht war, nicht als belastend, vor allen Dingen auch nicht in dem Sinne angerechnet werden, dass daraus zu schließen wäre, dass der Betr. schon frühzeitig sich für den NS. begeistert hätte. Nach seinen Schilderungen hatte er am Dienst in der HJ die Lust verloren, nachdem er mit dem Bannführer [i.e. HJ-Führer auf Kreisebene], der nach seinen Behauptungen sich mehrfach gegen den § 175 STGB vergangen hätte, in Differenzen geraten war."[782] Diese Episode – einmal abgesehen von ihrer Unüberprüfbarkeit – wertete die hessische Spruchkammer als unpolitisch und insofern entlastend. Nicht berücksichtigt wurde dabei, dass Homosexualitäts-Vorwürfe gegen NS-Funktionsträger seit dem „Röhmputsch" von 1934 und erst recht seit der von der Gestapo inszenierten Affäre um den Generalobersten Werner von Fritsch 1938 alles andere als unpolitisch waren. Entsprechende Vorwürfe gegen NSDAP- und HJ-Funktionäre im Sudetengau, die von Heydrichs SS-Polizeistellen im Reichsinnenministerium seit 1938 systematisch erhoben wurden und mehr oder minder schwere Folgen für die Beschuldigten hatten, dienten nicht (oder jedenfalls nicht primär) der Bekämpfung homosexueller Vergehen, sondern vor allem der Ausschaltung sudetendeutscher SdP-Netzwerke in der regionalen NSDAP, die der SS-Führung als politisch unzuverlässig galten.[783] Die politische Brisanz der Angelegenheit wird deutlich, als Heydrich diese Ermittlungen im Umfeld zahlreicher enger Gefolgsleute von Henlein – über dessen Sturz da-

---

[780] Vgl. ein Beispiel aus dem Jahre 1941 (Russland) bei Goldsworthy, Valhalla's Warriors, 2010, S. 92; ein Beispiel aus Mazedonien (Klissura) vom 5. Juni 1944, wobei Angehörige des SS-Panzergrenadierregiments 7 dieser Division beteiligt waren, bei: Nessou, Griechenland 1941–1944, S. 225.

[781] HStAW, Spruchkammern, Abt. 520, Frankenberg Nr. 15544, Bl. 33ff., insb. Bl. 34 und Bl. 34r, Spruchkammer Frankenberg/Eder, Protokoll der öffentlichen Sitzung am 5.9.1947.

[782] Ebenda, Bl. 35; der § 175 StGB verbot homosexuelle Handlungen zwischen Männern.

[783] Vgl. Zimmermann, Die Sudetendeutschen im NS-Staat, S. 237–240 und S. 243; Gebel, „Heim ins Reich!", S. 165–172.

mals ebenfalls spekuliert wurde – 1940 dazu nutzte, den sudetendeutschen Gauleiter und Reichsstatthalter zum faktischen Verzicht auf jede Amtstätigkeit zu zwingen; erst nach Heydrichs Ermordung Mitte 1942 wagte der gedemütigte, aber zu Repräsentationszwecken im Amt gehaltene Henlein politisch wieder stärker aktiv zu werden.[784]

Entscheidend aber war der Umgang der Frankenberger Spruchkammer mit Wollners SS-Vergangenheit. Zwar wurde hervorgehoben, dass der Umstand seines freiwilligen Beitritts zur Waffen-SS 1941 und seiner kontinuierlichen Zugehörigkeit zu dieser Organisation bis 1945 dazu führen müsse, Wollner „zu der Personengruppe zu rechnen, die nach dem Nürnberger Urteil als verbrecherische Personengruppe angenommen wird". Daher falle Wollner selbst die „Beweislast dafür" zu, „dass er keine Kenntnis davon gehabt hat, dass die SS zur Begehung von verbrecherischen Handlungen verwendet oder dass er selbst nicht in die Begehung solcher Verbrechen verwickelt wurde". Diese an sich strenge Rechtsauslegung wurde jedoch von der Kammer sofort wieder aufgeweicht, ja ins Gegenteil verkehrt, indem Wollners Vertriebenen-Hintergrund als hinreichender Grund für den Verzicht auf diese Beweispflicht genommen wurde: „An die Beweislast können in diesem Falle nicht die sonst notwendigen strengen Anforderungen gestellt werden. Der Betr. ist nicht in der Lage, wegen seiner Ausweisung aus der Tschechoslowakischen Republik die Nachweise zu erbringen, die erforderlich sein würden, um völlig den Nachweis seiner Unkenntnis von den Aktionen der SS zu erbringen. Ebensowenig vermag er noch den direkten Beweis dafür zu erbringen, dass er in der Waffen-SS sich nicht an verbrecherischen Handlungen beteiligt hat, nachdem seine ehemalige Formation zerschlagen worden ist." Infolgedessen habe die Kammer sich ganz auf Wollners eigene „Schilderungen über seine Betätigung in der Waffen-SS" stützen und das dabei gewonnene Persönlichkeitsbild beurteilen müssen. Dabei sei man zu dem Ergebnis gekommen, dass Wollners Angabe, innerhalb der SS „nur bei motorisierten Truppen der Waffen-SS, nämlich Panzerjägern und Panzerverbänden[,] eingesetzt gewesen zu sein, glaubhaft" sei, da solche Verbände einen gelernten Maschinenschlosser besonders benötigt hätten. „Diese Spezialformationen" der Waffen-SS seien bekanntlich „in der Mehrzahl der Fälle lediglich für den Kampf verwendet worden"; auch die SS-Polizeidivision, „bei deren Aufstellung an andere Aufgaben als an Kampfaufgaben gedacht worden sein mag", sei „in den letzten Kriegsjahren" und damit in der Phase von Wollners Zugehörigkeit 1944/45 „in erster Linie für Kampf herangezogen worden". Daher müsse die Kammer davon ausgehen, dass Wollner als SS-Mann „jeweils nur im Kampfeinsatz Verwendung gefunden" habe, so dass eine als „verbrecherisch" zu qualifizierende „Betätigung" während seiner gesamten Zugehörigkeit zur Waffen-SS „nicht wahrscheinlich erscheint". Für ausschließliche Verwendung im Kampfeinsatz sprächen auch Wollners zahlreiche Verwundungen.

Wollners freiwilliger Beitritt zur Waffen-SS wurde von der Kammer verständnisvoll exkulpiert. Dass Wollner nicht zur Wehrmacht gegangen sei, sondern zur

---

[784] Gebel, „Heim ins Reich!", S. 171 f. und S. 185.

Waffen-SS, sei einfach „darauf zurückzuführen, dass gerade im Sudetenland sehr stark für die Waffen-SS geworben worden" sei. Da dieses Gebiet erst spät ins Deutsche Reich einbezogen worden sei, hätten seine Einwohner nur geringe Kenntnis über die NS-Politik und die Institutionen des NS-Regimes haben können. Bedingt durch den bald nach dem Anschluss ihrer Heimat erfolgten Kriegsbeginn hätten Sudetendeutsche über „den wahren Sinn des NS., der ihnen bis dahin als eine Politik der Befreiung erschien, nicht aufgeklärt sein" können, am allerwenigsten junge Menschen wie Wollner, „bei denen eine bessere Einsicht durch jugendliche Begeisterung gehemmt war". Der damals 17Jährige habe bei seiner freiwilligen Meldung zur Waffen-SS folglich nicht erkennen können, „dass er sich damit einer Organisation anschloss, die unter Umständen nicht nur zum Kampfeinsatz verwendet werden sollte". Da Wollner während seines Einsatzes in der Waffen-SS „nur seine Pflicht wie jeder andere Soldat getan" habe, werde er folgerichtig als Mitläufer eingestuft.[785]

Rudolf Wollner hatte der Frankenberger Entnazifizierungs-Kammer wohlweislich verschwiegen, dass er der Sohn von Georg Wollner war, mit dem er in Hessen wieder unter einem Dach zusammenlebte. Wollners Vater, der wenige Monate nach dem Entnazifizierungsverfahren seines Sohnes im Sommer 1948 in Marburg sterben sollte, war ein prominenter NS-Funktionär des Sudetenlandes, der zuletzt – im Jahre 1944 – die Funktionen des Kreisleiters der NSDAP in Pilsen (Reichsprotektorat Böhmen und Mähren), eines Mitglieds des Reichstages und eines SS-Sturmbannführers ausübte.[786] Georg Wollner wurde von der SS-Führung als „alter Nationalsozialist" geschätzt, der bereits in der DNSAP – der 1933 aufgelösten Nationalsozialistischen Partei der Deutschen in der Tschechoslowakei – und dann in der Henlein-Partei SdP aktiv gewesen war, wobei er in Letzterer das Amt eines Kreisleiters bekleidet hatte. Nach der „Eingliederung des Sudetengaues" in das Großdeutsche Reich, so die SS-Einschätzung, sei Georg Wollner vom nunmehrigen NSDAP-Gauleiter Henlein zum Gauinspekteur – einem hochrangigen Mitglied der Gauleitung – ernannt worden, habe nach Kriegsbeginn 1939 „außerdem vertretungsweise [als] Kreisleiter von Deutsch-Gabel" fungiert und im Auftrage Henleins „Sonderaufgaben verschiedener Art" wahrgenommen. Dass Georg Wollner nach Einschätzung der SS „die Belange der Schutzstaffel in jeder Weise unterstützt und sich als einwandfreier SS-Führer erwiesen" hatte, hob ihn von vielen anderen NSDAP-Funktionären und ihrer Konfliktbereitschaft gegenüber der SS deutlich ab und rechtfertigte seinen raschen Aufstieg in höhere SS-Führerränge.[787]

---

[785] HStAW, Spruchkammern, Abt. 520, Frankenberg Nr. 15544 (Spruchkammerakt Wollner, Rudolf), Bl. 33 ff., insb. Bl. 35 f., Spruchkammer Frankenberg/Eder, Protokoll der Sitzung am 5.9.1947.

[786] BAB, SSO 12 C Georg Wollner, Georg Wollner MdR, Pilsen, an SS-Personalhauptamt, Berlin, 23.3.1944.

[787] Ebenda, SS-Abschnitt XXXVII Reichenberg an SS-Oberabschnitt Elbe, Beförderungsvorschlag für SS-Hauptsturmführer Georg Wollner v. 3.4.1941.

Georg Wollner stieg im Herbst 1938 nicht nur zum Mitglied des „Großdeutschen Reichstages" auf, dem er bis Mai 1945 angehörte, sondern wurde auch erster Kreisleiter der NSDAP in Eger. Bereits 1939 wurde Wollner vom Gauleiter und Reichsstatthalter Konrad Henlein als Gauinspektor der NSDAP und später als Gauhauptamtsleiter in die Gauhauptstadt Reichenberg (Liberec) berufen, bevor er 1941 als Kreisleiter der NSDAP in das wichtige Industriezentrum Pilsen und damit ins benachbarte „Reichsprotektorat Böhmen und Mähren" wechselte. Der Vater des angeblich politisch unbedarft zu HJ und SS gelangten Rudolf Wollner war seit 1939 auch SS-Führer – zuletzt im Range eines SS-Sturmbannführers, was dem Majorsrang der Wehrmacht entsprach. Georg Wollner agierte 1940 als „Sonderführer" der Bau-„Organisation Todt" an der Westfront und hatte ab 1942 im Kriegseinsatz der Waffen-SS an der Ostfront gestanden.[788]

Obwohl Georg Wollner im „Dritten Reich" somit kein Nobody gewesen war, kam niemand – auch nicht unter den antifaschistischen Sudetendeutschen – 1947 in Hessen auf die Idee, die unpolitische Entlastungsgeschichte des Sohnes mit der hochpolitischen Belastungsgeschichte des Vaters in Verbindung zu bringen. Dabei geht es – auch in rückblickender Betrachtung – nicht um Sippenhaftung; selbstverständlich trägt Rudolf Wollner für die Taten seines Vaters keine Verantwortung. Doch als Sohn dieses überzeugten und politisch erfolgreich aufsteigenden Nationalsozialisten aufgewachsen zu sein, dürfte dem jungen Rudolf Wollner eine völlig andere politische Prägung gegeben haben als jene, die er nach 1945 gehabt zu haben behauptete und die in seinem Entnazifizierungsverfahren als glaubwürdig akzeptiert wurde. Der Sohn eines hohen NSDAP-Gaufunktionärs ging zweifellos nicht nur deshalb zur HJ, weil es Pflicht war; der Sohn eines hohen SS-Führers meldete sich nicht deshalb freiwillig zur Waffen-SS, weil er politisch unbedarft auf eine zufällige Werbekampagne hereinfiel. Und war es Rudolf Wollners eigene Entscheidung, dass er – jedenfalls wenn man seiner SS-Personalakte folgt – im September 1938, also im Alter von 14 Jahren, aus der Kirche austrat und sich als „gottgläubig" (einer nicht-gläubigen Kategorie im Sinne der NS-Ideologie) bekannte?[789]

Zugutezuhalten ist Rudolf Wollner bei alledem tatsächlich seine Jugendlichkeit; doch muss man vermuten, dass er eben nicht ein unpolitisch und zufällig in die Waffen-SS gelangter junger Mann gewesen ist, der ebenso gut als Soldat in der Wehrmacht hätte dienen können, sondern dass er als überzeugter junger Anhänger des NS-Regimes bewusst in die Waffen-SS als Elitetruppe dieses Regimes eingetreten ist. Dafür spricht auch der Stolz seines Vaters Georg Wollner, der 1941

---

[788] Balling, Von Reval bis Bukarest, Bd. 1, S. 352; BAB, SSO 12 C Georg Wollner.

[789] BAB, SSO Rudolf Wollner; Wollners SS-Personalakte verzeichnete 1944 unter der Rubrik Religion: „(Ev.) ggl.", was man übersetzen dürfte als: Früher Evangelisch, nunmehr gottgläubig; Wollners „K.A." (Kirchenaustritt) wurde auf den „1.9.38" terminiert; in seinem Entnazifizierungsfragebogen von 1946 gab Wollner demgegenüber an, der evangelisch-lutherischen Kirche anzugehören und diese Verbindung niemals „aufgelöst" zu haben; vgl. HStAW, Spruchkammern, Abt. 520, Frankenberg Nr. 15544 (Spruchkammerakt Wollner, Rudolf), Rudolf Wollner, Entnazifizierungs-Fragebogen v. 20.3.1946.

in seinem eigenen SS-Lebenslauf ausdrücklich vermerkte, dass sein 17jähriger Sohn Rudolf „zurzeit SS Anwärter in der Leibstandarte des Führers" sei.[790] Infolge seiner strikten NS-Sozialisation von Kindesbeinen an dürfte Wollner sehr wahrscheinlich ein Selbstverständnis als „politischer Soldat" im Sinne der NS-Ideologie entwickelt haben. Jedenfalls wurde Rudolf Wollner in seiner (leider kriegsbeschädigten) SS-Personalakte im April 1944 seitens der SS-Führerschule, in der er einen Offizierslehrgang absolvierte, kurz vor seiner Beförderung zum SS-Untersturmführer in seiner militärischen Qualität als „etwas ungewandt", „noch unsicher", wenngleich „entwicklungsfähig" beurteilt; im Unterschied zur zurückhaltenden militärischen Beurteilung wurde ihm jedoch ein „klares weltanschauliches Wissen" bescheinigt und im Hinblick auf die in der SS besonders menschenverachtend vertretene NS-Ideologie attestiert, „sehr interessiert und willig" zu sein.[791] Zu den diesbezüglichen „Grundsätze[n] unseres politischen Denkens" gehörte in den Waffen-SS-Verbänden der „Leibstandarte Adolf Hitler", in denen Wollner zwischen Februar 1941 und April 1944 diente, für diese dezidierten „politische[n] Soldaten" der SS nicht nur „die hohenstaufische Weite des Blickes", „jene Weiträumigkeit des Denkens, die abseits jeglicher kleinbürgerlichen Gedankenwelt steht", sondern auch ein klares antisemitisches Feindbild, den erklärten „Gegensatz zum jüdischen Erbfeind".[792]

Der biographische Kontext wurde erst lange nach dem Entnazifizierungsverfahren thematisiert, und zwar als die westdeutsche „Vereinigung der Verfolgten des Nazi-Regimes" – eine kommunistisch geprägte NS-Opferorganisation – 1981 die DDR-Justizbehörden auf Georg Wollners NS-Vergangenheit aufmerksam machte.[793] Folgen hatte dieser Hinweis auf den Vater im Hinblick auf eine etwaige DDR-Aktion gegen den Sohn jedoch nicht. Einige Zeit später verwechselte dann ein sudetendeutscher Publizist sogar Vater und Sohn, als er 1987 feststellte, im Mai 1938 habe „der SdP-Abgeordnete *Rudolf Wollner*" erklärt, lediglich „aus taktischen Gründen" habe sich Henlein nicht schon „früher zum *Nationalsozialismus* bekennen" können, nun aber müsse er „kein Doppelgesicht mehr zeigen".[794] Falls diese Äußerung authentisch ist, stammte sie nicht von Rudolf, sondern von Georg Wollner.

Von der VVN-Ausnahme von 1981 abgesehen, wurde Rudolf Wollner sein NS-belasteter Vater öffentlich niemals zum Vorwurf gemacht – nicht einmal vom DDR-Ministerium für Staatssicherheit, das den langjährigen Vertriebenenfunktionär bereits seit den 1960er Jahren im Blick hatte. Im November 1965 – Rudolf Wollner war damals schon einige Jahre einer der Vizepräsidenten des BdV – scheint der erste „Suchauftrag" im MfS ergangen zu sein. Nach Durchsicht der zugänglichen SS-Akten erfuhr der DDR-Geheimdienst sachlich korrekt, dass

---

[790] BAB, BDC, SSO Georg Wollner; Georg Wollner, Lebenslauf v. 28.3.1941.
[791] BAB, BDC, SSO Rudolf Wollner.
[792] BA-MA, RS 3-1/97, Bl. 28–31, insb. Bl. 29 und Bl. 31, SS Leibstandarte Adolf Hitler, Abt. VI, Führer für weltanschauliche Erziehung, „Grundsätze unseres politischen Denkens", März 1944.
[793] BStU, Archiv der Zentralstelle, MfS-HA IX/11 RHE 41/81 BRD, Bl. 4, VVN Bund der Antifaschisten, Präsidium, Helmut Stein, an Generalstaatsanwaltschaft der DDR, 28.9.1981.
[794] Theisinger, Die Sudetendeutschen, S. 97.

Wollner den „2. SS-Pz. Junker-Sonderlehrgang" absolviert hatte und daraufhin 1944 zum SS-Untersturmführer befördert worden war.[795] Später – etwa 1968 – glaubte das MfS zu wissen, dass sich Wollner „1941 freiwillig zur Teilnahme am zweiten Weltkrieg in der faschistischen Wehrmacht" gemeldet habe[796] – womit die faktische Freiwilligmeldung zur Waffen-SS verharmlost wurde. War die Stasi einer falschen Angabe in West-Medien aufgesessen, derer sie sich mangels eigener Informanten im BdV-Bereich nicht selten bediente? Auf diese Weise wurde nämlich Rudolf Wollners einstiger freiwilliger Beitritt zur Waffen-SS in offiziellen Lebensläufen von der Vertriebenenpresse der Bundesrepublik unter Halbwahrheiten verschleiert oder sogar verleugnet. Als Wollner 1983 seinen 60. Geburtstag feierte, behauptete das „Ostpreußenblatt", den Egerländer habe es im Zweiten Weltkrieg „als noch nicht 18jährigen zur Wehrmacht" verschlagen.[797] Das BdV-Organ „Deutscher Ostdienst" formulierte verschleiernd, Wollner sei „noch keine 18 Jahre alt" gewesen, als er im Weltkrieg „Soldat" geworden „und als Kriegsteilnehmer mehrere Male verwundet" worden sei.[798] Die nicht falsche, aber verunklarende Chiffre „Soldat" kehrte in Festartikeln zum 70. Geburtstag Wollners 1993 wieder.[799] Im Nekrolog des „Deutschen Ostdienstes" zum Tode Wollners 2002 war schließlich davon die Rede, dieser habe „den Zweiten Weltkrieg [...] als Offizier" erlebt, was ebenfalls bewusst unklar blieb (und überdies nur für das letzte Kriegsjahr zutraf). Gleichzeitig aber wurde nach langem Stillschweigen Wollners Vater plötzlich erwähnt – allerdings nicht in seiner Rolle als hochrangiger NSDAP-Funktionär und SS-Führer, sondern mit der ebenso verschwommenen wie würdigenden Bemerkung, Rudolf Wollners „Engagement, sich für andere einzusetzen", sei ihm schon „im Elternhaus mitgegeben" worden: „Sein Vater, Georg Wollner, ein bekannter sudetendeutscher Politiker, führte vor 1938 einen politischen Kampf für die sudetendeutsche Volksgruppe". Dass dieses „Engagement" eine NS-Karriere gewesen war, welche beide Wollners auch zu SS-Offizieren hatte werden lassen, ließen diese gezielten Halbwahrheiten der BdV-Presse nicht erkennen.[800]

Die Freiwilligenmeldung zur Waffen-SS und der zuletzt eingenommene Führerrang eines Leutnants blieben die einzigen Belastungsmomente, welche die DDR-Staatssicherheit über Rudolf Wollner zu eruieren vermochte.[801] Dies reichte aus

---

[795] BStU, Archiv der Zentralstelle, MfS-HA IX/11 PA Nr. 3157, Bl. 15, [MfS, HA IX/11], „Suchauftrag Nr. 800/65" zu Rudolf Wollner, 11.11.1965; ferner ebenda, Bl. 18, Aktennotiz zu Wollner, 19.11.1969, erneut zum 2. SS-Pz.-Junker-Sonderlehrgang, auf dem Wollner mit Wirkung vom 21.6.1944 zum „Ustuf." ernannt worden sei.
[796] Ebenda, Bl. 17, [MfS, HA IX/11], Aktennotiz zu Wollner, o. D. [ca. 1968].
[797] E. B., Rudolf Wollner 60, S. 2.
[798] Kussl, Vom Egerland bis nach Europa, S. 5.
[799] H. K., Glückwünsche für Rudolf Wollner, S. 3.
[800] Wolf, Zum Tod von Rudolf Wollner, S. 2; eine Ausnahme im langen Verschweigen des Vaters bietet der Artikel „Menschenrechte auch für uns", in: Ascher Rundbrief Nr. 11, November 1977, S. 1–2, wo Wollner als „Sohn des verstorbenen Politikers Georg Wollner aus Asch" vorgestellt wurde.
[801] BStU, Archiv der Zentralstelle, MfS-HA IX/11 PA Nr. 3157, Bl. 19, [MfS, HA IX/11], Anlage 5 zu Wollner, 25.11.1969.

Ost-Berliner Sicht, um Wollner 1969 in einer „Analyse zur Durchsetzung der Führungsorgane des Bundes der Vertriebenen (BdV) mit Nazis" namhaft zu machen – als eines von sieben Mitgliedern des damals insgesamt 14-köpfigen BdV-Präsidiums, die als NS-belastet zu gelten hätten. Neben sechs früheren NSDAP-Mitgliedern war Wollner der einzige einstige SS-Angehörige.[802] Auch in einer „Stoßtrupp von rechts" überschriebenen DDR-Propagandaschrift, die nach Bildung der SPD/FDP-Bundesregierung um 1970 entstanden sein dürfte, wurde als vermeintlicher Beweis für die Behauptung, „daß 25 Jahre nach der Zerschlagung des Nazi-Reiches noch immer NSDAP-Mitglieder und zum Teil stark belastete Naziaktivisten an den Schalthebeln der Macht im zweitgrößten Verband der Bundesrepublik stehen" und dadurch auch die aktuelle politische Stellung des BdV beeinflussen würden, auch Wollners Vergangenheit bemüht. Dieser sei „seit frühester Jugend aktiv in nazistischen Organisationen tätig" gewesen und schließlich SS-Führer geworden.[803] Interessant ist der Umstand, dass man im MfS Angaben zu Wollners Werdegang vor und nach 1945 nach demselben Strukturmuster aufbereitete, wie es sich in den zwischen 1965 und 1968 publizierten Auflagen des DDR-Braunbuchs über „Kriegs- und Naziverbrecher in der Bundesrepublik" findet, dass jedoch im „Braunbuch" selbst Wollner niemals angeprangert wurde. So sehr es die DDR-Organe reizte, diesen rechtskonservativ profilierten Vizepräsidenten des BdV wegen NS-Belastung zu desavouieren (zumal man Wollner irrtümlich noch zum Landtagsabgeordneten der „Gesamtdeutschen Partei" in Hessen ernannte, die dort bis 1966 Koalitionspartner der SPD und Regierungspartei war), so wenig schienen die bekannt gewordenen Fragmente seines NS-Lebenslaufes dafür hinreichend zu sein.[804] Vielleicht spielte dabei eine Rolle, dass es innerhalb der SED selbst nicht wenige Mitglieder und sogar Funktionäre gab, die vor 1945 – ähnlich jungen Jahrgängen angehörend wie Wollner – Mitglieder der NSDAP oder der SS gewesen waren. Frühere SS-Männer waren sogar in das Zentralkomitee der SED gelangt.[805]

---

[802] BStU, Archiv der Zentralstelle, MfS-HA IX/11 FV 13/71 Bd. 4, Bl. 8 ff., insb. Bl. 15–17, MdI DDR, Dokumentationszentrum der Staatlichen Archivverwaltung: Martin Seckendorf, „Analyse zur Durchsetzung der Führungsorgane des Bundes der Vertriebenen (BdV) mit Nazis (Stand: September 1969)", Dezember 1969.

[803] BStU, Archiv der Zentralstelle, MfS-HA IX/11 FV 13/71 Bd. 4, Bl. 31 ff., insb. Bl. 91 f. und Bl. 102 f., „Stoßtrupp von rechts. Der Bund der Vertriebenen (BdV) und die neue Ostpolitik der Bundesregierung", o. D. [ca. 1970].

[804] BStU, Archiv der Zentralstelle, MfS-HA IX/11 FV 13/71 Bd. 5, Bl. 141 ff., insb. Bl. 207, „Bayern – stärkste Bastion der neonazistischen NPD", o. D. [ca. 1970], mit folgenden Informationen zu Rudolf Wollner: „Vor 1945: Seit frühester Jugend politisch tätig; 1941 freiwillige Meldung zur Teilnahme am II. Weltkrieg; 1944 SS-Untersturmführer; „Teilnehmer eines Sonderlehrgangs an einer SS-Junkerschule. – Nach 1945: Seit 1962 Vizepräsident des ‚Bundes der Vertriebenen'; 1965 MdL der Gesamtdeutschen Partei in Hessen; 1967 Landesvorsitzender der Sudetendeutschen Landsmannschaft in Hessen; Vorstandsmitglied im Witikobund".

[805] So hatte es der ehemalige SS-Unterscharführer Ernst Großmann bis ins ZK der SED gebracht; diese Funktion musste das ehemalige Mitglied der Wachmannschaft des KZ Sachsenhausen zwar aufgeben, nachdem er von westdeutscher Seite enttarnt worden war, doch durfte der Vorzeige-Vorsitzende der LPG „Walter Ulbricht" in Merxleben, der ersten Agrar-

Während Wollners jahrzehntelanger verbandspolitischer Karriere behielten die Sicherheits- und Propagandaorgane der SED-Diktatur diese zurückhaltende Linie konsequent bei. Als das SED-Zentralorgan Wollner im Mai 1981 als „BRD-Revanchisten" verunglimpfte, weil dieser öffentlich vom rechtlichen Fortbestand des 1945 keineswegs untergegangenen Deutschen Reiches und der daraus folgenden Offenheit der „deutschen Frage" gesprochen hatte, enthielt sich das mediale Flaggschiff der DDR jeglichen Hinweises auf Wollners SS-Vergangenheit.[806] Noch interessanter erscheint das Verhalten des MfS nach Eingang einer Mitteilung der westdeutschen VVN. Deren Präsidiumsmitglied Helmut Stein hatte sich im September 1981 an die Generalstaatsanwaltschaft der DDR gewandt, da Rudolf Wollner, Sohn des SS-Sturmbannführers und SS-Sonderführers „im Osten" Georg Wollner, „einer uns zugegangenen Information zufolge 1944, also mit 21 Jahren, zum SS-Obersturmführer befördert worden sein und der 1. SS-Panzerdivision ‚Leibstandarte Adolf Hitler' angehört haben" sollte. Der Informant der VVN mutmaßte, dass der im Hinblick auf Wollners Alter relativ hohe SS-Rang der Protektion des Vaters zu verdanken gewesen sei, „der schon unter Henlein als NSDAP-Kreisleiter des Egerland-Kreises und Abgeordneter im sudetendeutschen Parlament in Prag [sic!] fungierte". Da die VVN anhand der vorliegenden SS-Dienstalterslisten diese Angaben „nicht bestätigen" konnte, bat sie „in Anbetracht der bedeutenden Funktion des Genannten (Mitglied des ZDF-Beirates)" den DDR-Generalstaatsanwalt „um Überprüfung in dortigen Archiven und um evtl. Übersendung von fotokopierten Nachweisen".[807]

Die Generalstaatsanwaltschaft übersandte dieses Schreiben im Dezember 1981 dem MfS mit der Bitte um Mitteilung, „ob dort zu dieser Sache Erkenntnisse erschlossen werden können". Dabei wurde der Hinweis, Wollner sei im Alter von 21 Jahren zum SS-Obersturmführer befördert worden, allerdings als „recht fragwürdig" bewertet. Zwar wurde dadurch in der Stasi ein „neuer Vorgang" zu Wollner eröffnet.[808] Doch die Rechercheure beschränkten sich darauf, ihre alten Infor-

---

genossenschaft der DDR zu Beginn der Kollektivierungspolitik 1952, SED-Mitglied und Abgeordneter im Erfurter Bezirkstag bleiben, während ein früherer SS-Kamerad Großmanns aus Sachsenhausen 1963 in der DDR zum Tode verurteilt wurde; 1963 wurde auch der eben erst ernannte Vorsitzende des Landwirtschaftsrates beim Ministerrat der DDR, Professor Karl-Heinz Bartsch, von einer West-Berliner Zeitung als früheres Mitglied der Waffen-SS enttarnt und verlor daraufhin nicht nur diese Funktion, sondern auch seine Mitgliedschaft im ZK der SED; der stellvertretende Staatssekretär für Kirchenfragen der DDR, Max Hartwig (CDU), war 1960 abgelöst worden, nachdem bekannt geworden war, dass er zur SS-Wachmannschaft der KZ Oranienburg und Buchenwald gehört hatte; vgl. Leide, NS-Verbrecher und Staatssicherheit, S. 70 und S. 87; vgl. auch Kappelt, Braunbuch DDR – Nazis in der DDR.

[806] BStU, Archiv der Zentralstelle, MfS-HA IX/11 PA Nr. 3157, Bl. 45, „BRD-Revanchisten fordern Gebiete Polens", in: Neues Deutschland v. 27. 5. 1981.

[807] BStU, Archiv der Zentralstelle, MfS-HA IX/11 RHE 41/81 BRD, Bl. 4, VVN – Bund der Antifaschisten, Präsidium, Helmut Stein, an Generalstaatsanwaltschaft der DDR, 28. 9. 1981; Georg Wollner war nicht Abgeordneter im sudetendeutschen Parlament in Prag, das es nie gab, sondern sudetendeutscher Abgeordneter im tschechoslowakischen Parlament.

[808] Ebenda, Bl. 3, [GStA DDR] an MfS DDR, Winkler, 6. 12. 1981.

mationen zu rekapitulieren und lapidar festzustellen, zur Behauptung der VVN, Wollner sei 1944 zum Obersturmführer befördert worden und Mitglied der 1. SS-Panzerdivision der Leibstandarte Adolf Hitler gewesen, habe man keine bestätigenden Unterlagen finden können. Damit endete im März 1982 die Angelegenheit.[809] Offenbar waren die Organe der DDR nicht mehr daran interessiert, mit Nachdruck nach möglichen Belastungsmomenten gegen Wollner zu suchen.

Wir wissen nicht, ob und inwieweit die SS-Vergangenheit Rudolf Wollners Thema innerhalb der Vertriebenenorganisationen der Bundesrepublik gewesen ist. Nur ein einziges Mal scheint sich dieser Punkt im BdV schriftlich niedergeschlagen zu haben. Hintergrund war der zu Beginn dieser Studie diskutierte Konflikt um den damaligen Kulturreferenten des Vertriebenenverbandes, Jochen Brennecke, der am 31. März 1965 mit sofortiger Wirkung seines Amtes enthoben wurde. Diese Entscheidung hatte das geschäftsführende BdV-Präsidium unter Leitung des Vizepräsidenten Rudolf Wollner getroffen.[810] An dieser Stelle ist von Bedeutung, dass Brennecke BdV-intern bereits vor seiner Entlassung Vorwürfe gegen Wollner wegen dessen SS-Vergangenheit erhob.

Brenneckes Ehefrau, die ihren entlassenen Mann 1965 beherzt verteidigte, hatte in einem Brief an BdV-Pressereferent Alfred Domes, der dem sozialdemokratischen BdV-Präsidenten Jaksch nahestand und den Eheleuten Brennecke als vertrauenswürdig galt, die Entlassung ihres Mannes einer NS- bzw. SS-belasteten Gruppe in der BdV-Führung zugeschrieben. Dabei bezeichnete sie Wollner ironisch als „das beste Pferd im Stall": „Er hat uns, als wir ihn im Wagen nach Lübeck mitnahmen[,] selbst erzählt, dass sie, nachdem man [im Zweiten Weltkrieg] SS-Leute fand, die von den Russen gemordet worden waren, dann auch keine Gefangenen mehr gemacht haben." Frau Brennecke erklärte, dass auch sie „die Russen" nicht liebe, die sie seinerzeit „selbst erlebt" habe, fügte jedoch hinzu, dass man „als Kultur-Mensch, die wir Deutsche ja sein wollen, nicht das Recht" habe, „wehrlose Gefangene, die *keine* Waffen mehr besitzen, totzuschlagen". Domes verhielt sich zurückhaltend gegenüber diesen „Anwürfe[n] [...] ohne Beweiserbringung", informierte jedoch BdV-Präsident Jaksch darüber.[811] Das war umso wichtiger, als Jochen Brennecke selbst in einem vorangegangenen Schreiben an Jaksch Wollner und dessen angebliches Eingeständnis über die Tötung wehrloser Rotarmisten im Zweiten Weltkrieg mit keinem Wort erwähnt hatte.[812]

Wollner wurde auch deshalb zu einer Besprechung der BdV-Führung mit ihrem ehemaligen Referenten im Mai 1965 eingeladen, um „zu der tendenziösen Diffamierung des Herrn Brennecke Stellung" nehmen zu können.[813] Bereits zuvor hatte er, nachdem Jaksch ihn über die Vorwürfe unterrichtet hatte, der BdV-Geschäftsführung einen „Aktenvermerk" vom 3. April 1965 übersandt, in dem er

---

[809] Ebenda, Bl. 5, [MfS DDR], Winkler, Aktennotiz vom 3.3.1982.
[810] BAK, B 234/1496, BdV, Dr. Cramer, an Jochen Brennecke, 31.3.1965.
[811] BAK, B 234/1496, Inka Brennecke an Dr. Domes, 28.4.1965, und Dr. Domes an Inka B., 30.4.1965.
[812] Ebenda, Jochen Brennecke an BdV, Dr. Jaksch, 6.4.1965.
[813] Ebenda, BdV, Dr. Cramer an Schwarzer, 21.4.1965.

erklärte, Brennecke „nicht erzählt" zu haben, „daß ich russische Kriegsgefangene erschossen habe". In dieser Gegendarstellung fällt die juristisch sorgsam formulierte Tatsache auf, dass Wollner nicht etwaige Tötungen an sich bestritt, sondern lediglich eine Äußerung über derartige Vorgänge gegenüber Brennecke. Wollner bestätigte eine gemeinsame Autofahrt mit Brennecke zum Zwecke eines Besuches beim ehemaligen Großadmiral Karl Dönitz (bei der den Eheleuten Brennecke zufolge sein Tötungs-Eingeständnis erfolgt sein sollte).[814]

Anfang April 1965 hatte ein weiterer Referent der BdV-Geschäftsführung einen Vermerk gefertigt, wonach ihm sein damaliger Kollege Brennecke in einem Vier-Augen-Gespräch „Anfang Februar 1965" berichtet habe: „Er sei mit Herrn Vizepräs. Wollner bei Dönitz gewesen [...]. Bei der Rückfahrt habe man u. a. über die Behandlung der Kriegsgefangenen in den letzten Kriegsmonaten gesprochen. Hierbei habe Herr Wollner gesagt, daß bei seiner SS-Panzereinheit keine Gefangenen mehr gemacht worden wären, dieser [sic!] habe man niedergemacht bezw. mit dem Panzer überrollt." Brennecke habe hinzugefügt, dass es ihm „wegen dieser Äußerungen" Wollners „unmöglich" geworden sei, „unter der Leitung von Herrn Wollner als ‚amtierender Vizepräsident' zu arbeiten", als sei nichts geschehen. Brennecke habe allerdings „deshalb kein Aufsehen (‚keinen éclat') erregen" wollen und deshalb ihn als Kollegen um Rat gebeten, wie er sich verhalten solle, ob er „mit Herrn Vizepräsident Rehs deshalb sprechen könne".[815] Dass Wollners angebliche Tötung sich ergebender sowjetischer Soldaten ein Gesprächsthema im BdV-Apparat geworden war, machte ein weiterer Kollege Brenneckes unter den BdV-Referenten deutlich, als er mitteilte, Brennecke habe ihm sinngemäß erklärt, „einer der Herren" in der Verbandsführung habe sich „gerühmt, dass er im Kriege als Panzerjäger Menschen überrollt habe, ein anderer (oder derselbe?), dass er im böhmischen Raum Klöster geplündert habe". Brennecke habe jedoch keine Namen nennen wollen.[816]

Der Skandal endete am 14. Mai 1965 mit einer schriftlichen Erklärung Brenneckes, dass dieser die von ihm „in Umlauf gesetzten Tatsachenbehauptungen" – gestrichen war die Ergänzung: „und Beschuldigungen" – gegen mehrere Angehörige der BdV-Führung, darunter den Vizepräsidenten Rudolf Wollner, „als gegenstandslos betrachtet" wissen wolle.[817] Dies war als Widerrufserklärung zu verstehen, nachdem dem Entlassenen durch einen anderen Betroffenen bereits mit strafrechtlichen Schritten gedroht worden war.[818]

In diesem Fall stand Aussage gegen Aussage. Brennecke konnte Wollners angebliches Eingeständnis nicht beweisen. Dass er jedoch nicht ohne weiteres als unglaubwürdig – etwa als rachsüchtig wegen seiner Entlassung – betrachtet werden kann, macht nicht bloß der Umstand deutlich, dass Brennecke vom angebli-

---

[814] Ebenda, Wollner an Cramer, 3.4.1965 nebst Anlage: Wollner, „Aktenvermerk zum Fall Brennecke", 3.4.1965.
[815] Ebenda, BdV, Dr. Schulz-Vanselow, Vermerk vom 7.4.1965.
[816] Ebenda, BdV, Neumann an Dr. Cramer, 6.4.1965.
[817] Ebenda, Jochen Brennecke, Erklärung vom 14.5.1965.
[818] Vgl. oben Kap. I.5.

chen Eingeständnis Wollners bereits lange vor seiner Entlassung unter Kollegen gesprochen hat. Hinzu kommt, dass er diese (und andere) Vorwürfe auch niemals an die Öffentlichkeit brachte, um dem BdV nach seiner Entlassung zu schaden, und dass auch materielle Erpressungsmotive keine Rolle gespielt haben dürften, da der erst 1967 zustande gekommene Vergleich zwischen Brennecke und dem BdV jenem keinen nennenswerten finanziellen Gewinn einbrachte. Einige Mitglieder der BdV-Führung bewerteten Brennecke ausdrücklich als ehrenhaft und glaubwürdig. So erklärte das BdV-Präsidiumsmitglied Hertha Pech gegenüber dem BdV-Präsidenten Jaksch, Brennecke und dessen Gattin seien „ordentliche Menschen", die dieser „vielleicht doch einmal hören sollte". Jakschs SPD-Genosse und BdV-Vizepräsident Reinhold Rehs setzte sich für Brennecke ein[819], und auch der ostpreußische Landsmannschaftsfunktionär Alfred Gille nahm zugunsten Brenneckes Stellung.[820]

Am Ende überstand Wollner den Sturm um seine SS-Vergangenheit. Das Wissen um den gegen ihn erhobenen Vorwurf, Kriegsverbrechen begangen und eingestanden zu haben, blieb intern und gelangte nie an die Öffentlichkeit – auch nicht zum Nachrichtenmagazin „Der Spiegel", obschon den Eheleuten Brennecke von dritter Seite dazu geraten worden zu sein scheint.[821] Für Wollner zählte, dass sein Beschuldiger aus dem BdV entfernt worden war und dass dieser seine Anwürfe hatte widerrufen müssen. Wollner konnte daher unangefochten in der BdV-Führung verbleiben.

Als Bundespräsident Heinrich Lübke (CDU) kurz vor Ausbruch dieser BdV-internen Konflikte Mitte 1964 einen Empfang des Präsidiums des „Bundes der Vertriebenen" vorbereiten ließ, wurde der Verband um biographische Angaben zu seinen Vorstandsmitgliedern gebeten. Die dem Präsidialamt übersandten Kurzinformationen gingen nur in einem einzigen Fall auf die Vergangenheit vor 1945 ein – beim damaligen BdV-Präsidenten Jaksch, der als tschechoslowakischer Sozialdemokrat sein Leben lang ein Hitler-Gegner gewesen und deshalb „1939 nach England emigriert" war. Die Lebensläufe anderer Mitglieder der BdV-Führung fanden, sofern dies die Jahre 1933 bis 1945 betraf, hingegen keine Erwähnung. Rudolf Wollner wurde dem Bundespräsidenten lediglich als „Angehöriger der jüngeren Generation" präsentiert. Von seiner SS-Vergangenheit verlautete nichts.[822]

---

[819] Ebenda, Hertha Pech an Dr. Jaksch, 15. 2. 1965, sowie Rehs an Dr. Jaksch, 5. 4.([1965].
[820] BAK, B 234/1496,, Dr. Gille an Dr. Jaksch, 13. 4. 1965, sowie Dr. Jaksch an Dr. Gille, 27. 4. 1965, sowie Dr. Gille an Dr. Jaksch, 30. 4. 1965.
[821] Ebenda, Inka Brennecke an „Frau Pech" [i. e. Hertha Pech], 25. 1. 1965.
[822] BAK, B 234/1424, BdV, Schwarzer, an [Bundespräsidialamt], Dr. Oettinger, 5. 6. 1964, Anlage 1.

V. Zusammenfassung der Ergebnisse

Stellt man zum Schluss unserer Untersuchung die Frage, ob und wenn ja, in welchem Ausmaße die dreizehn Mitglieder des 1958 konstituierten Gründungs-Präsidiums des „Bundes der Vertriebenen" Mitglieder der NSDAP oder anderer NS-Organisationen gewesen sind, ob und in welchem Ausmaße sie womöglich als aktive Nationalsozialisten oder als NS-Amtsträger in Staats- oder Partei-Funktionen anzusprechen wären, und schließlich, ob und in welchem Ausmaß sie mit verbrecherischen Handlungen des NS-Regimes in Verbindung gebracht werden könnten, so ergibt sich als Ergebnis unserer Studie folgendes Gesamtbild.

I

Fragt man zunächst nach einer formellen Belastung im Sinne einer Mitgliedschaft in der NSDAP oder sonstigen NS-Organisationen von Belang, so ist festzustellen, dass acht von dreizehn BdV-Präsidiumsmitgliedern in der NS-Zeit Angehörige der „Nationalsozialistischen Deutschen Arbeiterpartei" gewesen sind. Die Beitritte erfolgten sämtlich erst nach dem Herrschaftsantritt Hitlers als deutscher Reichskanzler im Zeitraum zwischen 1933 und 1941. Einstige NSDAP-Mitglieder stellten somit die große Mehrheit im 1958 konstituierten ersten Präsidium des „Bundes der Vertriebenen" (61,6 Prozent), während zugleich eine beträchtliche Minderheit (38,4 Prozent) der NS-Partei nicht angehört hatte.

Ergänzt man diese formale um eine substantielle inhaltliche Analyse, muss hinzugefügt werden: Von den fünf Mitgliedern des ersten BdV-Präsidiums, die bis 1945 der NSDAP nie angehört haben, können lediglich zwei als dezidierte Nicht-Nationalsozialisten eingestuft werden: Wenzel Jaksch und Linus Kather. Der Sudetendeutsche Jaksch bekämpfte den Nationalsozialismus aktiv als sozialdemokratischer Abgeordneter in der Tschechoslowakei und ab 1939 im britischen Exil. Der ermländische Katholik Kather war kein vollgültiger Gegner des NS-Regimes und kein politischer Widerstandskämpfer wie Jaksch, sondern dem Nationalsozialismus gegenüber zunächst distanziert und lediglich eine berufliche Mindestanpassung (NSRB-Mitgliedschaft) praktizierend, um in der Folgezeit immer stärker ein regionaler Repräsentant katholischer „Resistenz" zu werden, die das NS-Regime in Teilbereichen ablehnte und im Rahmen systemimmanenter Möglichkeiten (Nutzung der eingeschränkten Rechtsstaatlichkeit) herrschaftsbegrenzend zu wirken versuchte.

Die anderen drei der fünf Nicht-Parteigenossen im ersten BdV-Präsidium wiesen hingegen trotz fehlender Parteimitgliedschaft starke politische Affinitäten zum Nationalsozialismus auf. Ihre Nichtzugehörigkeit zur NSDAP darf somit nicht mit einer Distanz zum Nationalsozialismus oder gar mit dessen grundsätzlicher Ablehnung verwechselt werden. Im Falle des Jugoslawien- bzw. Ungarndeutschen Josef Trischler ergab sich die Nichtmitgliedschaft schlicht aus dessen staatsbürgerlicher Nichtzugehörigkeit zum Deutschen Reich; ansonsten war Trischler ein eindeutiger NS-Sympathisant, stützte seine politische Karriere auf die Förderung durch das NS-Regime und zählte folgerichtig 1944/45 auch zu einer offen nationalsozialistischen volksdeutschen Abgeordnetengruppe im ungarischen Reichstag, sobald das offene Bekenntnis zum Nationalsozialismus in seinem Heimatland gestattet wurde. Trischler wäre somit zweifellos der NSDAP beigetreten, wenn ihm dies rechtlich möglich gewesen wäre. Dasselbe wird man angesichts der familiären Sozialisation (Sohn eines hochrangigen NSDAP-Funktionärs und SS-Führers) dem jungen Sudetendeutschen Rudolf Wollner attestieren dürfen. Dieser meldete sich denn auch als ideologisch vom Nationalsozialismus überzeugter „Weltanschauungskrieger" mit siebzehn Jahren 1941 freiwillig zur Waffen-SS und wäre zweifellos auch der NSDAP als überzeugtes Mitglied beigetreten – was er jedoch infolge seines Alters erst Ende 1941 hätte tun können und dann infolge seines SS-Kriegseinsatzes nicht getan hat. Ambivalent stellt sich der Fall Rudolf Lodgmans dar, denn dieser klassische Vertreter der großdeutsch orientierten deutschnationalen Auslandsdeutschen ging einerseits nie völlig mit der Politik des NS-Regimes konform, betrachtete sich jedoch andererseits als besserer (und frühzeitiger aktiv gewordener) Nationalsozialist, als es in seiner Einschätzung die offiziellen Repräsentanten des NS-Regimes im Sudetenland waren. Trotz punktueller Konfliktfreudigkeit legte Lodgman ein weitreichendes NS-Sympathisantentum an den Tag. Diese Wertschätzung wurde vom NS-Regime demonstrativ erwidert, ohne dass Lodgman darauf eine politische Karriere im NS-Regime hätte aufbauen können oder wollen.

Während gegen Kriegsende 1945 im Durchschnitt rund zehn Prozent der deutschen Bevölkerung der NSDAP angehört haben dürften[1], betrug der NSDAP-Anteil im ersten BdV-Präsidium von 1958 über sechzig Prozent. Dieser hohe Wert hängt zweifellos mit der überwiegenden Rekrutierung der Vertriebenenfunktionäre des frühen BdV aus akademisch-bürgerlichen Funktionseliten (insbesondere Juristen im Staatsdienst oder Rechtsanwälte) zusammen, in deren Kreisen eine NSDAP-Mitgliedschaft weit stärker verbreitet war als in der Gesamtbevölkerung. Im NS-Schlüsselressort – der Innenverwaltung des Reichsministeriums des Innern (ohne die noch stärker nazifizierte Gesundheitsabteilung) – betrug Anfang 1945 der Anteil der NSDAP-Mitglieder unter der hohen Ministerialbürokratie (ab Ministerialrats-Rang) 86 Prozent, im bayerischen Innenministerium ab 1941 sogar einhundert Prozent. Das bedeutete allerdings im Umkehrschluss, dass selbst im Reichsinnenministerium knapp dreizehn Prozent der Spitzenbeamten eine NSDAP-Mitgliedschaft bis zuletzt vermeiden konnten – was allerdings wie im

---

[1] Im Frühjahr 1945 erreichten die vergebenen Mitgliedsnummern der NSDAP Ziffern bis um 10 200 000; da keine Mitgliedsnummer mehrfach vergeben wurde, andererseits verstorbene Parteimitglieder in Abzug gebracht werden müssen, ist von rund acht bis neun Millionen NSDAP-Mitgliedern für die Jahre 1943/44 (bei rund 90 Millionen Einwohnern des „Großdeutschen Reiches" auszugehen.

Falle der NSDAP-Nichtmitglieder im BdV-Präsidium noch nichts über deren inhaltliche Haltung zum NS-Regime aussagt.[2]

Da es derzeit kaum zuverlässige Vergleichswerte für die Führungsgruppen sonstiger Institutionen in der frühen Bundesrepublik gibt, fällt eine exakte Gewichtung des hohen NSDAP-Anteils innerhalb der ersten BdV-Führung von 1958 schwer. Dass dieser Anteil jedoch als außerordentlich hoch und überdurchschnittlich zu bewerten sein wird, ergibt sich aus einem Vergleich mit entsprechender NSDAP-Belastung im Ende 1958 amtierenden Bundeskabinett, dem dritten Kabinett des Kanzlers Konrad Adenauer, dessen CDU/CSU-Fraktion seit 1957 mit absoluter Mehrheit regierte. Von den achtzehn Mitgliedern der damaligen Bundesregierung hatten lediglich vier – die Minister Gerhard Schröder, Richard Stücklen, Theodor Oberländer und Hermann Lindrath – der NSDAP angehört. Das war eine Quote von 22,2 Prozent, die im Vergleich zum Bevölkerungsanteil der NSDAP-Mitglieder zwar immer noch hoch war, jedoch weit unter dem 60-Prozent-Wert des BdV-Präsidiums angesiedelt war.

Hinzu kommt: Zusätzlich zu den acht früheren NSDAP-Mitgliedern des dreizehnköpfigen BdV-Gründungspräsidiums gehörte das NSDAP-Nichtmitglied Rudolf Wollner zwischen 1941 und 1945 der Waffen-SS an. Damit hatte die SS unter den Mitgliedern des ersten BdV-Präsidiums einen Anteil von 7,7 Prozent, während sie unter den 18,2 Millionen Deutschen, die während des Zweiten Weltkrieges als Soldaten im Kriegseinsatz gestanden hatten, nur einen Anteil von 4,9 Prozent erreicht hatte.[3] Stellt man diese zusätzliche Zugehörigkeit eines weiteren BdV-Präsidiumsmitgliedes zur Waffen-SS in Rechnung, müssen volle zwei Drittel des ersten BdV-Präsidiums infolge ihrer früheren Mitgliedschaften in NSDAP oder SS als politisch belastet eingestuft werden. Freilich sagt das formelle Mitgliedschaftskriterium über den individuellen Grad solcher Belastung noch nicht viel aus.

Alle acht späteren Mitglieder der dreizehnköpfigen BdV-Führung, die der NSDAP angehört hatten, waren dieser Partei erst beigetreten, nachdem sich Hitler seit Ende Januar 1933 bereits an den Hebeln der Macht befand. Aktive Nationalsozialisten der ersten Stunde, sogenannte „alte Kämpfer", finden sich unter unseren Probanden folglich nicht.

Vier der acht NSDAP-Mitglieder unserer Untersuchungsgruppe waren dieser Partei zum 1. Mai 1933 beigetreten – dem letztmöglichen Beitrittsdatum der „Machtergreifungs"-Phase, da seither für längere Zeit ein weitgehender Aufnahmestopp verhängt wurde. Bei den vier zum 1. Mai 1933 in die NSDAP aufgenommenen Mitgliedern handelte es sich um einen 24jährigen Gerichtsreferendar (Langguth), einen 28jährigen Sparkassenangestellten (Gossing), einen 30jährigen Gerichtsassessor (Krüger) und einen 31jährigen, seit etwa einem Jahr im Amt be-

---

[2] Lehnstaedt, Das Reichsministerium des Innern unter Heinrich Himmler, S. 660f. und S. 665.
[3] Im Zweiten Weltkrieg kämpften 17,3 Millionen Deutsche in der Wehrmacht, 900 000 in der Waffen-SS; vgl. Overmans, Deutsche militärische Verluste im Zweiten Weltkrieg, S. 224 und S. 257.

findlichen Kleinstadt-Bürgermeister (Schellhaus). Zu Recht ist das erhebliche Anwachsen des Beamtenanteils an der NSDAP-Mitgliedschaft unmittelbar nach der NS-Machtübernahme als „verräterisches Anzeichen des vorherrschenden Opportunismus" gewertet worden.[4] Auch in unseren vier Beitrittsfällen des Jahres 1933 wird man überwiegend eine opportunistische politische Anpassung junger, am Beginn ihres Berufslebens stehender Menschen unterstellen dürfen, die dadurch ihre noch unsicheren staatlichen oder staatsnahen Karrieren zu stabilisieren versuchten. Lediglich in einem Falle (Krüger) können bereits rechtsgerichtete Aktivitäten während der Weimarer Republik (Schwarze Reichswehr 1923) als mutmaßliche Vorprägung ins Feld geführt werden, die damals allerdings – anders als von Krüger in der NS-Zeit behauptet – in keine direkte Unterstützung der NSDAP gemündet waren. Selbst wenn man Krügers spätere Behauptung außer acht lässt, er habe sich nach 1923 der Politik des Liberalen Gustav Stresemann zugewendet und damit gewissermaßen „demokratisiert", findet man in allen übrigen Fällen zunächst liberale oder deutschnationale Grundorientierungen, die 1933 dann zugunsten einer raschen Anpassung an das NS-System geopfert wurden. Dass auch im Falle Krügers keine gerade Linie zwischen seinem früheren Weimarer rechtsgerichteten Engagement und seinen NS-Aktivitäten zu ziehen ist, zeigt der Umstand, dass der bereits 1933 in die NSDAP Eingetretene erst 1938 mit aktiver Tätigkeit innerhalb der Partei begann. Dieses Engagement hatte durchaus karriereorientierte Gründe und sollte fachliche und private Widrigkeiten ausräumen helfen; in dieser Hinsicht konsequent war Krügers späterer Aufstieg zum NSDAP-Ortsgruppenleiter und damit zum NS-Hoheitsträger.

Zwei weitere Probanden traten der NSDAP zum 1. Mai 1937 bei, nachdem der Aufnahmestopp von 1933 wieder aufgehoben worden war. Dabei handelte es sich um einen damals 35jährigen Bürgermeister (Gille), also wieder um einen Beamten, und um einen 35jährigen selbständigen Rechtsanwalt (Rehs). Im Falle Gilles dürfte ebenfalls die Karrierestabilisierung eine wichtige Rolle gespielt haben, doch lässt sich – trotz einiger erkennbarer Dissensbereiche zur Politik des NS-Regimes – der späte NSDAP-Beitritt auch als Signal einer unterdessen erfolgten Anpassung des früheren Deutschnationalen, der die gewalttätige NSDAP an seinem Heimatort 1932 noch polizeilich bekämpft hatte, an das NS-Regime verstehen. Im Falle von Rehs sollte hingegen der NSDAP-Beitritt nur unter Vorbehalt als Konsequenz seines ausgeprägten rechtsextremistischen Aktivismus während seiner Jugend in der Weimarer Republik gedeutet werden; denn zum einen verlief dieser Aktivismus stets neben der und zuweilen im Gegensatz zur NS-Bewegung, zum anderen lässt sich während seines Lebens im Dritten Reich – vor wie nach dem NSDAP-Beitritt von 1937 – kein nachdrückliches NS-Engagement feststellen.

Ein weiterer Proband (Mocker) wurde erst am 1. November 1938 in die NSDAP aufgenommen. Für Mocker war dies – nach dem „Anschluss" seiner sudetenländischen Heimat an Hitlers „Großdeutsches Reich" infolge des Münchner Abkommens im Herbst 1938 – der frühestmögliche Zeitpunkt, um der NSDAP beitreten

---

[4] Wehler, Deutsche Gesellschaftsgeschichte, Bd. 4, S. 778f.

zu können. Dieser frühe Zeitpunkt indiziert zudem, dass er seitens der NSDAP als zuverlässiger NS-Aktivist anerkannt worden ist, da er zuvor seit 1935 der „Sudetendeutschen Partei" (SdP) in der Tschechoslowakei angehört hatte und dort als Kreisfunktionär tätig geworden war. Die Übernahme des 33jährigen selbständigen Rechtsanwalts erfolgte somit in privilegierter Form. Mocker übernahm außerdem im Jahre 1939 mit der Position eines Kreiswalters des NSRB auch die Funktion eines NS-Amtsträgers in einer (allerdings politisch wenig relevanten) NS-Organisation.

Im letzten Falle wurde der NSDAP-Beitritt erst zum 1. Oktober 1941 vollzogen. Auch beim damals 56jährigen höheren Staatsbeamten (Ulitz), dem Leiter einer Provinzialschulverwaltung im Range eines Ministerialrats und in der Funktion eines Regierungsdirektors, spielte eine Rolle, dass derselbe erst durch die Annexion seiner Heimat Ostoberschlesien (wieder) deutscher Staatsbürger geworden war und folglich frühestens im Herbst 1939 der NSDAP hätte beitreten können. Dass Ulitz diesen Beitritt zwei weitere volle Jahre unterließ, deutet auf das Fehlen eines überzeugten NS-Engagements hin. Vielmehr scheint es bei diesem späten NSDAP-Eintritt um den karriereorientierten Versuch der endgültigen Absicherung seiner 1939 erzielten hochrangigen Beamtenposition gegangen zu sein. Ulitz repräsentierte damit den Typus des NS-angepassten staatsloyalen bürgerlichen Beamten.

II

Fragt man – über die bloße Mitgliedschaft in der NSDAP oder in sonstigen wichtigen NS-Organisationen hinausgehend – in einem zweiten Schritt danach, welche Mitglieder des ersten BdV-Präsidiums zwischen 1933 und 1945 in irgendeiner Form Amtsträger des NS-Regimes gewesen sind, so ergibt sich folgendes Bild.

Staatliche Amtsträger waren sechs von dreizehn Personen und damit 46,2 Prozent des BdV-Präsidiums. Amtsträger der NSDAP bzw. anderer NS-Organisationen waren drei von dreizehn Personen und damit 23,1 Prozent des Präsidiums, wobei einige (Trischler, Krüger) zu beiden Gruppen gerechnet werden müssen.

Betrachten wir zunächst die staatlichen Amtsträger, so stehen neben zwei Leitern einer Abteilung der regionalen Staatsverwaltung (Ulitz und Langguth) zwei Bürgermeister (Gille und Schellhaus), deren ursprünglich kommunale Wahlbeamten-Ämter zwischen 1933 und 1935 zu von staatlicher Ernennung abhängigen Beamtenstellen „verstaatlicht" wurden. Hinzu kommt ein verbeamteter Richter und Sonderrichter (Krüger) und ein NS-affiner Parlamentarier in einem mit dem NS-Regime verbündeten Staat (Trischler). Im Falle des Bürgermeisters Gille kommt für die Jahre 1942 bis 1944 der Aufstieg in die ebenfalls staatliche Funktion eines deutschen Besatzungsgouverneurs (Gebietskommissars) in der besetzten Ukraine und im besetzten Weißrussland hinzu.

Betrachten wir die Amtsträger der NSDAP oder verwandter Organisationen, so findet sich ein Ortsgruppenleiter der NSDAP (Krüger), ein Kreisfunktionär des

NS-Rechtswahrerbundes (Mocker) und ein Funktionär der NS-gesteuerten „Deutschen Volksgruppe in Ungarn" (Trischler).

III

Fragt man umgekehrt danach, ob Angehörige des ersten BdV-Präsidiums vom NS-Regime verfolgt worden seien, so ergibt sich folgendes Bild:

Eindeutig als NS-Gegner stigmatisiert und daher von schärfster Verfolgung bedroht war der Sozialdemokrat Wenzel Jaksch, der deshalb beim Einmarsch der deutschen Wehrmacht (und der SS und Gestapo) in seine Heimatstadt Prag im März 1939 ins polnische und dann ins britische Exil flüchtete, von wo er seinen Kampf gegen das NS-Regime bis 1945 konsequent fortsetzte.

Als vom NS-Regime in geringfügiger Hinsicht verfolgt gelten können auch die späteren Präsidiumsmitglieder Linus Kather und Heinz Langguth, die beide während des Zweiten Weltkrieges kurzfristig in Gestapohaft gerieten. Im Falle Kathers scheint diese Inhaftierung eine Maßregelung wegen allzu freimütiger Strafverteidiger-Aktivitäten in Sondergerichtsprozessen (namentlich gegen vom NS-Regime verfolgte katholische Geistliche) gewesen zu sein. Im Falle Langguths, der sogar zweimal von der Gestapo inhaftiert wurde, lassen sich die Hintergründe für diese Inhaftierungen hingegen nicht klären. Obwohl sich Langguth nach 1945 zeitweilig zum NS-Verfolgten und zum Widerstandskämpfer stilisierte, gibt es keine überzeugenden Anhaltspunkte dafür, dass er tatsächlich – anders als Jaksch oder Kather – als Widerstandskämpfer oder als resistent-distanziert betrachtet werden kann. Vor seiner ersten Gestapo-Inhaftierung hat Langguth als leitender regionaler Funktionär einer Gaulandwirtschaftsverwaltung gearbeitet und damit der NS-Volkstumspolitik im besetzten Polen bewusst gedient; und noch nach beiden Gestapo-Inhaftierungen wurde er vom NS-Regime erneut für die Rückkehr in den staatlichen Justizdienst zugelassen, was kaum erfolgt wäre, wenn man Langguth als Regimegegner eingestuft hätte.

IV

Wenn wir auf der Basis unserer vertieften biographischen Studien eine qualitative Einschätzung der dreizehn Lebensläufe unserer Probanden während der NS-Zeit vornehmen, so ergibt sich – geordnet nach Altersgruppen – folgendes Bild.

Die vier Probanden der älteren Generation mit ihren jeweils sehr unterschiedlichen Profilierungen vor 1933 haben sich im Zeitraum von 1933 bis 1945 auf entsprechend unterschiedliche Weise zum Nationalsozialismus positioniert. Im Grunde spiegeln diese Positionen die kollektiven Haltungen der jeweiligen sozialmoralischen Milieus wider, denen diese vier Personen entstammten.

Das deutschnationale Milieu, repräsentiert durch Rudolf Lodgman, agierte als weithin angepasster konservativer Verbündeter des NS-Regimes zwischen prinzipieller Zustimmung, gelegentlicher Anbiederung und partiellem Dissens, sah sich aber trotz seiner grundlegenden NS-Sympathien politisch rasch ins Abseits gedrängt.

Das liberale Beamten-Bürgertum, repräsentiert durch Otto Ulitz, passte sich ab 1933 zunehmend an, um seine Position zu wahren, distanzierte sich dabei jedoch von radikalen Vertretern des Nationalsozialismus und übte partiellen Dissens (z. B. in Sachen Antisemitismus); dennoch vollzog sich bis 1939 ein Anpassungsprozess, der nicht nur äußerlich blieb und in Ulitz' Fall dazu führte, dass er zwischen 1939 und 1945 als Stütze des Regimes betrachtet werden muss.

Demgegenüber blieben die beiden Repräsentanten des katholischen und des sozialdemokratischen Milieus, Linus Kather und Wenzel Jaksch, nicht nur innerlich NS-distanziert, sondern wurden entweder zunehmend „resistent" infolge des NS-Kirchenkampfes (Kather) oder behielten ihre schon vor 1933/38 geübte grundsätzliche Gegnerschaft zum Nationalsozialismus in Form aktiven politischen Widerstandes konsequent bei (Jaksch). Während sich der Deutschnationale Lodgman und der Liberale Ulitz immer stärker zu Unterstützern und Anhängern des NS-Regimes entwickelten, was bei Ulitz in aktive Mitarbeit im NS-Staatsapparat mündete, blieb im Falle Jakschs die Gegnerschaft gleichmäßig intensiv, während sie im Falle Kathers im Zweiten Weltkrieg sogar zunahm und das Regime seinerseits zu Repressalien herausforderte.

Damit erweisen sich alle vier Vertreter der älteren Generation im ersten BdV-Präsidium als typische Vertreter ihrer jeweiligen Milieus im Verhalten gegenüber dem Nationalsozialismus. Sehr viel einförmiger im Sinne einer Entwicklung grundlegender Loyalität zum NS-Regime präsentieren sich demgegenüber die Vertreter der mittleren und jüngeren Generationen. Dabei zeigt sich, dass in einigen Fällen – bei Mocker und bei Rehs – ein früheres rechtsradikales politisches Engagement offenbar mit der Zeit nachließ, nachdem sie Erfahrungen unter der NS-Herrschaft gesammelt hatten und möglicherweise desillusioniert worden waren. In anderen Fällen bewirkte hingegen insbesondere die Weltkriegsphase ab 1939 eine signifikante Steigerung der „Verstrickung" mit dem NS-Regime – insbesondere in den Fällen Ulitz, Gille und Langguth.

V

Während des Zweiten Weltkrieges waren acht der dreizehn untersuchten Personen zumindest zeitweilig an militärischen Kriegseinsätzen beteiligt – sieben in der Wehrmacht, einer in der Waffen-SS. Diese Einsätze waren höchst unterschiedlicher Natur. Sie konnten lediglich einen geringen Teilzeitraum des Weltkrieges ausmachen (z. B. Gille, Langguth, Krüger, Mocker) oder dessen gesamte fünfeinhalbjährige Dauer umfassen (Schellhaus, Gossing, Rehs). Der Kriegseinsatz konnte den Betreffenden in eine Schreibstube der Wehrmachtsverwaltung an der „Heimatfront" führen (Mocker), in eine Flak-Einheit an der „Heimatfront" (Rehs), in das Büro eines Kriegsverwaltungsrats einer Feldkommandantur in Osteuropa

(Gille, Langguth) oder in härteste Kampf- und Partisanenkampfeinsätze (Schellhaus, Gossing, Wollner). Die Betroffenen konnten als einfache Soldaten dienen (Krüger, zeitweilig Wollner) oder als Offiziere (Schellhaus, Gossing, Rehs, Langguth, Gille, zuletzt auch Wollner als SS-Führer).

Einige dieser im Zweiten Weltkrieg militärisch Eingesetzten gerieten im Zuge der NS-typischen Form von Partisanenbekämpfung in Zonen des Massenmordes, in regelrechte „Bloodlands" (Schellhaus, Gossing, Wollner). Daraus ergibt sich ein mehr oder weniger konkreter Verdacht von Tatbeteiligungen. Dieser ist für seinen Einsatz in Weißrussland 1941 insbesondere im Fall von Schellhaus als vergleichsweise gut fundiert zu betrachten. Derselbe Verdacht kann als Hypothese mit einiger Wahrscheinlichkeit auch im Falle Wollners für dessen SS-Einsatz in Griechenland 1944 geäußert werden, während er im Falle Gossings für seinen Einsatz in Kroatien zwischen 1942-1944 nur als allgemeine Hypothese und damit zurückhaltender zu formulieren ist. Daneben erscheint auch die Feldkommandantur-Verwaltungstätigkeit in Osteuropa 1941/42 (Gille, Langguth) nicht unproblematisch, zumal sie im Falle Gilles in dessen schuldhafte Tätigkeit als ziviler Besatzungsgouverneur im besetzten Osteuropa mündete.

VI

Abschließend ergibt sich daher nach unserer Einschätzung folgendes abgestufte Bild NS-relevanter Belastungen innerhalb des ersten BdV-Präsidiums.

Als schwer belastet einzustufen sind Alfred Gille und Erich Schellhaus wegen ihrer jeweiligen Aktivitäten während des Zweiten Weltkrieges – im einen Falle als Gebietskommissar der deutschen Besatzungsverwaltung in der Ukraine und in Weißrussland (Gille), im anderen Falle wegen der sehr wahrscheinlichen Beteiligung an der NS-spezifischen Partisanenkriegführung in Weißrussland (Schellhaus), die auch in die Beteiligung an Massenmorden an jüdischen Bevölkerungsgruppen gemündet sein kann.

Im Falle Gilles ergibt sich diese Einstufung durch seine Tätigkeit als Gebietskommissar der zivilen deutschen Besatzungsverwaltung in Saporoschje und in Nowogrodek zwischen 1942 und 1944, die ihn strukturell – das heißt infolge seiner alltäglichen Amtstätigkeit – mitschuldig werden ließ an der dort praktizierten rassistischen NS-Besatzungspolitik. Gille hätte diese Tätigkeit ablehnen und weiter innerhalb der Wehrmacht dienen können, hat jedoch stattdessen die Tätigkeit als Besatzungsgouverneur zur vollen Zufriedenheit seiner Vorgesetzten über Jahre hinweg ausgeübt. Demgegenüber erscheint zwar auch Gilles vorangegangene Tätigkeit als Bürgermeister einer ostpreußischen Kreisstadt zwischen 1933 und 1939 als strukturelle NS-Belastung, jedoch als hinsichtlich ihrer Folgen weit weniger problematisch und zudem stärker durch abweichende Eigenwilligkeiten geprägt als Gilles spätere konformistische Tätigkeit als Besatzungsgouverneur. Als begrenzt entlastendes Moment ist Gille allerdings zugute zu halten, dass er sich offenbar – anders als etliche Kollegen in derartigen leitenden Besatzungsfunktionen

– keinerlei persönliche Grausamkeiten oder direkte Beteiligungen an Massenmorden hat zuschulden kommen lassen.

Auch Erich Schellhaus ist durch seine Bürgermeistertätigkeit zwischen 1933 und 1939 strukturell NS-belastet. Doch der Hauptvorwurf ergibt sich aus seinem Wehrmachtseinsatz als Offizier in der Partisanenbekämpfung (und parallelen massenhaften Ermordung von Juden) in Weißrussland im zweiten Halbjahr 1941. Schellhaus' Einheit war an solchen Aktionen nachweislich beteiligt, so dass es sehr wahrscheinlich ist, dass auch Schellhaus selbst individuelle Verantwortung trägt. Anders als im Falle Gilles, der sich freiwillig auf seine Tätigkeit als Gebietskommissar einließ, wurde Schellhaus jedoch gewissermaßen unfreiwillig schuldig – durch den Zufall seines militärischen Einsatzgebietes und der ihm dort anbefohlenen Aufgaben. Das ändert gleichwohl wenig an der mit hoher Wahrscheinlichkeit erfolgten Beteiligung an Mordaktionen gegen die dortige Zivilbevölkerung.

Als möglicherweise schwer belastet einzustufen sind überdies Rudolf Wollner und Hellmut Gossing wegen ihrer jeweiligen militärischen Aktivitäten im Weltkrieg. Diese Feststellung kann nur unter Vorbehalt getroffen werden, da kein eindeutiger Nachweis geführt werden kann, sie sollte gleichwohl bei einer Gesamteinschätzung mit in Rechnung gestellt werden. Jedenfalls erscheinen die Kontexte des Militäreinsatzes des Wehrmachts-Offiziers Hellmut Gossing in Kroatien zwischen 1942 und 1944 und des Militäreinsatzes des SS-Führers Rudolf Wollner in Griechenland 1944 infolge der dort üblichen Form der NS-Partisanenkriegführung außerordentlich problematisch. Hier ist eine individuelle Tatbeteiligung zwar nur zu vermuten, jedoch infolge der Gesamtsituation der dortigen Partisanenbekämpfung durchaus wahrscheinlich. Während die nachweisliche Beteiligung an Kriegsverbrechen durch Nachbareinheiten der SS-Einheit Wollners in diesem Falle den Anfangsverdacht erhärtet, ist er im Falle Gossings nur allgemein und daher vorsichtig zu formulieren. Im Falle Wollners kommt ein (allerdings ebenfalls unbewiesener) Vorwurf des Eingeständnisses der Tötung kapitulierender sowjetischer Soldaten während seiner SS-Kampfeinsätze an der russischen Ostfront hinzu.

Würde man von diesen mehr oder weniger naheliegenden Tatverdachten einer Beteiligung an Kriegsverbrechen absehen, würden sich die Biographien Wollners und Gossings im NS-Staat eher als Mitläufer-Karrieren darstellen – im Falle Gossings durch weitestgehend auf die berufliche, wenig staatsnahe Karriere eines Bankdirektors fokussierte NS-Anpassung, im Falle Wollners als zwiespältiger Lebenslauf eines durch NS-Familie und HJ-Sozialisation ideologisierten jungen „Weltanschauungskriegers", dem dies andererseits auch als entlastendes Moment zugute gehalten werden könnte, sofern man eine Beteiligung an Kriegsverbrechen für unwahrscheinlich hielte.

Als in geringerem Maße, aber dennoch als NS-belastet einzustufen sind ferner Hans Krüger, Otto Ulitz, Josef Trischler und Heinz Langguth. Auch diese Einstufung ergibt sich im Wesentlichen aus den Aktivitäten dieser vier Personen während des Zweiten Weltkrieges.

Hans Krüger hat den Einsatz als Richter im besetzten Westpreußen ab 1939/40 aktiv gewollt und seine dauerhafte Versetzung und Beförderung auch erreicht. Seine NS-Karriereorientierung führte nicht nur zu einem parallelen Karrieresprung zum NSDAP-Ortsgruppenleiter 1943, sondern auch zur Ernennung zum (stellvertretenden) Mitglied eines Sondergerichts 1942/43, in das stets nur als besonders zuverlässig geltende NS-Juristen berufen wurden. In dieser Funktion ist die Mitwirkung an Todesurteilen, die das Konitzer Sondergericht insgesamt nachweislich fällte, zwar möglich, aber konkret anhand der lückenhaften Überlieferung nicht nachweisbar. Die Krüger außerdem angelastete Mitwirkung an antipolnischen SS-Mordselektionen im Herbst 1939 erscheint zwar nicht ausgeschlossen, jedoch angesichts der Eigendynamik der damaligen Mordaktionen, bei denen SS und volksdeutsche Milizen auf richterliche Befugnisse und rechtsstaatliche Regeln grundsätzlich keine Rücksicht nahmen, als eher unwahrscheinlich. Stattdessen ist anzunehmen, dass Krüger die quasi vor seinen Augen stattfindenden Mordaktionen aus Opportunismus untätig hingenommen hat, statt kraft seines Amtes als „Rechtswahrer" dagegen einzuschreiten.

Auch Otto Ulitz hat sich dem NS-Regime zwischen 1939 und 1945 bewusst und aktiv zur Mitarbeit zur Verfügung gestellt. Diese Mitarbeit erfolgte in einer hochrangigen Beamtenfunktion als Leiter der staatlichen Schulverwaltung der Region Oberschlesien, und zwar im Range eines Ministerialrates. In dieser Funktion war Ulitz mitverantwortlich für keine konkreten Verbrechen, sehr wohl aber – durch seine alltägliche Amtstätigkeit – für die Umsetzung jener NS-Bildungspolitik, die zwangsläufig auf eine rassistisch orientierte Germanisierungspolitik hinauslief. Auch politisch motivierte Maßregelungen von Lehrern und Schülern fielen in seinen Aufgabenbereich und scheinen von ihm – wie Beispiele zeigen – streng exekutiert worden zu sein.

Josef Trischlers strukturelle NS-Belastung ergibt sich aus seiner alltäglichen Amtstätigkeit als volksdeutscher NS-Parlamentarier und wirtschaftspolitischer Volksgruppenfunktionär in Ungarn. Als solcher war er als Mitglied der ungarischen Regierungsfraktion mitverantwortlich für die Verabschiedung antisemitischer Gesetze im Budapester Parlament. Er hat sich außerdem Mitte 1944 nachweislich an Verhandlungen mit der damaligen ungarischen Kollaborationsregierung beteiligt, welche mit hoher Wahrscheinlichkeit unter anderem auf die Beteiligung der Ungarndeutschen an der Aufteilung des enteigneten jüdischen Eigentums gezielt haben dürften. Die ihm nach 1945 vorgeworfene aktive Beteiligung an Massenmorden erscheint hingegen unplausibel und unwahrscheinlich.

Heinz Langguth wird durch seine in den ersten Kriegsjahren – mit Unterbrechungen zwischen 1939 und 1943 – ausgeübte Verwaltungstätigkeit als leitender NS-Agrarfunktionär in der Reichsgesellschaft „Ostland" bzw. in der regionalen Staatsverwaltung des Warthegaus strukturell belastet. Diese agrarpolitische Funktion stand im unmittelbaren Kontext der NS-Rassenpolitik im besetzten Polen und basierte auf der Enteignung und Vertreibung polnischer und jüdischer Landeigentümer. Auch wenn diese Maßnahmen nicht unmittelbar von der von Langguth geleiteten Institution oder Verwaltung ausgingen, musste sie Langguth als notwendige Voraussetzung für seine administrative Tätigkeit billigen und unterstützen.

Als lediglich geringfügig belastet betrachtet werden demgegenüber Karl Mocker, Reinhold Rehs und Rudolf Lodgman.

Mocker und Rehs waren zwar als eindeutige rechtsradikale Aktivisten vor Beginn der NS-Herrschaft in ihren jeweiligen Heimatgebieten hervorgetreten. Auch traten beide später der NSDAP bei und waren im Falle Mockers sogar Funktionär einer NS-Organisation (NSRB). Dennoch ergibt sich zwischen 1933 bzw. 1938 und 1945 ein Bild fehlenden – und damit in der Zeitschiene nachlassenden – NS-Engagements, so dass sie für den Zeitraum der NS-Herrschaft als „Mitläufer" bezeichnet werden können. Beiden sind weder im Zivilberuf noch in ihren Kriegseinsätzen belastende Handlungen vorzuwerfen. Stattdessen wirken die gelegentliche Verteidigung von NS-Verfolgten in Strafverfahren (Rehs) oder die von tschechischen Mitbürgern nach 1945 bescheinigte Distanz vom NS-Rassismus (Mocker) zusätzlich entlastend.

Anders verhält es sich bei Lodgman, obschon ihm – mit Ausnahme zweier Auszeichnungen durch das NS-Regime 1938 und einer zeitweiligen Aktivität als Förderndes Mitglied der SS – keine formellen Bindungen an das NS-Regime nachzuweisen sind. Innerlich bekannte sich Lodgman jedoch – sogar direkt gegenüber Hitler – zur NS-Politik und zum NS-Staat und wertete sich selbst als Gesinnungs-Nationalsozialist der ersten Stunde. Seine Einstufung als geringfügig Belasteter ergibt sich aus widersprüchlichen Beobachtungen: Entlastend wirkt, dass Lodgman weder der NSDAP beitrat noch politisch im NS-Staat wieder aktiv wurde und dass er gelegentlich NS-Verfolgte gegen das Regime in Schutz nahm; belastend wirkt, dass er sich als Galionsfigur vom NS-Regime ehren und politisch instrumentalisieren ließ und dass er außerdem aus persönlich-politischer Rachsucht eine mehrfache Denunziation eines politischen Gegners unter der NS-Herrschaft ins Werk setzte, so dass er als mitverantwortlich für ein gegen den Denunzierten erlassenes Berufsverbot betrachtet werden muss.

Als vollkommen unbelastet sind unter den dreizehn Mitgliedern des Gründungspräsidiums des „Bundes der Vertriebenen" lediglich Wenzel Jaksch und – mit der Einschränkung seiner Mitgliedschaft im NSRB – auch Linus Kather zu betrachten. Diese beiden Personen sind zugleich die Einzigen, denen auch gegen das NS-Regime gerichtete politisch motivierte kontinuierliche Widerstandshandlungen (Jaksch) oder auf Herrschaftsbegrenzung zielende resistente Aktivitäten (Kather) attestiert werden können.

VI. Quellen- und Literaturverzeichnis

1. Ungedruckte Quellen

Archiv für Christlich-Demokratische Politik, St. Augustin (ACDP) I-377-04/2
ACDP I-377-04/3
ACDP, I-377-05/2
ACDP, I-377-07/6
ACDP, I-377-09/7
ACDP, I-377-11/3
ACDP, I-377-16/1
ACDP, I-377-27/6
ACDP, I-377-28/1
ACDP, I-377-28/2
ACDP, I-377-28/4
ACDP, I-377-28/5
ACDP I-518-016/1

Archiv der Hansestadt Lübeck (AHL), Bestand Entnazifizierung, Soll-Liste Nr. 1341, Alfred Gille

Archiv der KZ-Gedenkstätte Neuengamme (AKZGN), VVN-Archiv Hamburg, Komiteeakte Heinz Langguth

Bayerisches Staatsarchiv München (BStA-M), Spruchkammern Kart. 1068, SpK Freising

Bayerisches Staatsarchiv München, Staatsanwaltschaften Nr. 6859

BStU, Archiv der Zentralstelle, MfS-HA IX/8
BStU, Archiv der Zentralstelle, MfS-HA IX Nr. 22926
BStU, Archiv der Zentralstelle, MfS-HA IX/11 FV 13/71 Bd. 4
BStU, Archiv der Zentralstelle, MfS-HA IX/11 FV 13/71 Bd. 5
BStU, Archiv der Zentralstelle, MfS-HA IX/11 FV 13/71 Bd. 11
BStU, Archiv der Zentralstelle, MfS-HA IX/11, PA Nr. 611
BStU, Archiv der Zentralstelle, MfS-HA IX/11, PA Nr. 1155
BStU, Archiv der Zentralstelle, MfS-HA IX/11 PA Nr. 2642
BStU, Archiv der Zentralstelle, MfS-HA IX/11 PA Nr. 3157
BStU, Archiv der Zentralstelle, MfS-HA IX/11, PA Nr. 3556 Bd. I
BStU, Archiv der Zentralstelle, MfS-HA IX/11, PA Nr. 3556 Bd. II
BStU, Archiv der Zentralstelle, MfS-HA IX/11, PA Nr. 3728
BStU, Archiv der Zentralstelle, MfS-HA IX/11, PA Nr. 3729
BStU, Archiv der Zentralstelle, MfS-HA IX/11 RHE 41/81 BRD
BStU, Archiv der Zentralstelle, MfS-HA IX Nr. 22926
BStU, Archiv der Zentralstelle, MfS-Abt. X Nr. 746
BStU, Archiv der Zentralstelle, MfS-HA XII RF 144
BStU, Archiv der Zentralstelle, MfS-HA XX Nr. 4328
BStU, Archiv der Zentralstelle, MfS-HA XX Nr. 5433
BStU, Archiv der Zentralstelle, MfS-HA XX Nr. 5436
BStU, Archiv der Zentralstelle, MfS, AP 6545/76 Bd. 1
BStU, Archiv der Zentralstelle, MfS AP 12596/76
BStU, Archiv der Zentralstelle, MfS ZAIG Nr. 4625
BStU, Archiv der Zentralstelle, MfS ZAIG Nr. 9704 Teil 1
BStU, Archiv der Zentralstelle, MfS ZAIG Nr. 9705
BStU, Archiv der Zentralstelle, MfS ZAIG Nr. 9708 Teil 1

BStU, Archiv der Zentralstelle, MfS ZAIG Nr. 9708 Teil 2
BStU, Archiv der Zentralstelle, MfS ZAIG Nr. 9708 Teil 3
BStU, Archiv der Zentralstelle, MfS ZAIG Nr. 9715
BStU, Archiv der Zentralstelle, MfS ZAIG Nr. 10601
BStU, Archiv der Zentralstelle, MfS ZAIG Nr. 10608
BStU, Archiv der Zentralstelle, MfS ZKG Nr. 1285

Bundesarchiv, Abt. Berlin (BAB), B 136/3813
Bundesarchiv, Abt. Berlin, BDC, NSDAP-Mitgliederkartei.
Bundesarchiv, Abt. Berlin, BDC Ernst Röver und Margot Röver
Bundesarchiv, Abt. Berlin, BDC, Akten in MF, SSO, PK, Hans Egon Engell
Bundesarchiv, Abt. Berlin, BDC, NSDAP-Mitgliedskarte Joachim Brennecke; PK Brennecke
Bundesarchiv, Abt. Berlin, BDC, NSDAP-Mitgliedskarte Willy Drescher
Bundesarchiv, Abt. Berlin, BDC, NSDAP-Mitgliedskarte Dr. Bernhard Geisler
Bundesarchiv, Abt. Berlin, BDC, NSDAP-Mitgliedskarte Freda v. Loesch
Bundesarchiv, Abt. Berlin, BDC, NSDAP-Karteikarte Heinz Langguth
Bundesarchiv, Abt. Berlin, BDC, NSDAP-Mitgliedskarte Hans Neuhoff; PK Hans Neuhoff; RK Hans Neuhoff
Bundesarchiv, Abt. Berlin, BDC, NSDAP-Mitgliedskarte Herta Pech
Bundesarchiv, Abt. Berlin, BDC, NSDAP-Mitgliedskarte Herbert Schwarzer
Bundesarchiv, Abt. Berlin, BDC, NSDAP-Mitgliedskarte Dr. h. c. Otto Ulitz
Bundesarchiv, Abt. Berlin, BDC, NSDAP-Mitgliedskarte Friedrich Walter
Bundesarchiv, Abt. Berlin, BDC, NSDAP-Mitgliedskarte Josef Walter
Bundesarchiv, Abt. Berlin, BDC, NSDAP-Mitgliedskarte Max Zygenda
Bundesarchiv, Abt. Berlin, BDC OPG H9
Bundesarchiv, Abt. Berlin, BDC, RS (G 572), Akte Johannes Walter
Bundesarchiv, Abt. Berlin, DO 1/3004
Bundesarchiv, Abt. Berlin, NS 34/76
Bundesarchiv, Abt. Berlin, NS 26/699
Bundesarchiv, Abt. Berlin, R 2/4483
Bundesarchiv, Abt. Berlin, R 6/15
Bundesarchiv, Abt. Berlin, R 6/361
Bundesarchiv, Abt. Berlin, R 6/492
Bundesarchiv, Abt. Berlin, R 6/3056
Bundesarchiv, Abt. Berlin, R 16/I/102
Bundesarchiv, Abt. Berlin, R 16/I/1042
Bundesarchiv, Abt. Berlin, R 49/2
Bundesarchiv, Abt. Berlin, R 49/32
Bundesarchiv, Abt. Berlin, R 63/348
Bundesarchiv, Abt. Berlin, R 70-SOWJETUNION/17
Bundesarchiv, Abt. Berlin, R 82/8
Bundesarchiv, Abt. Berlin, R 82/26
Bundesarchiv, Abt. Berlin, R 82/39
Bundesarchiv, Abt. Berlin, R 82/44
Bundesarchiv, Abt. Berlin, R 93/13
Bundesarchiv, Abt. Berlin, R 93/17
Bundesarchiv, Abt. Berlin, R 94/17
Bundesarchiv, Abt. Berlin, R 94/18
Bundesarchiv, Abt. Berlin, R 1501/211530
Bundesarchiv, Abt. Berlin, R 1501/211531
Bundesarchiv, Abt. Berlin, R 1501/141776
Bundesarchiv, Abt. Berlin, R 3001/62689
Bundesarchiv, Abt. Berlin, R 3001/62690
Bundesarchiv, Abt. Berlin, R 3001/64956
Bundesarchiv, Abt. Berlin, R 3001/71744
Bundesarchiv, Abt. Berlin, R 3001/158760

Bundesarchiv, Abt. Berlin, R 3001/158754
Bundesarchiv, Abt. Berlin, R 3001/158467
Bundesarchiv, Abt. Berlin, R 3001/158710
Bundesarchiv, Abt. Berlin, R 3001/157807
Bundesarchiv, Abt. Berlin, R 3001/145507
Bundesarchiv, Abt. Berlin, R 3001/145509
Bundesarchiv, Abt. Berlin, R 3001/158625
Bundesarchiv, Abt. Berlin, R 3001/158970
Bundesarchiv, Abt. Berlin, R 3001/158741
Bundesarchiv, Abt. Berlin, R 3001/158362
Bundesarchiv, Abt. Berlin, R 3001/157734
Bundesarchiv, Abt. Berlin, R 3001/145577
Bundesarchiv, Abt. Berlin, R 3001/145568
Bundesarchiv, Abt. Berlin, R 3001/145514
Bundesarchiv, Abt. Berlin, R 3001/145499
Bundesarchiv, Abt. Berlin, R 3001/145431
Bundesarchiv, Abt. Berlin, R 3001/145138
Bundesarchiv, Abt. Berlin, R 3012/151, Dr.Dr. Langguth
Bundesarchiv, Abt. Berlin, R 3012/468, Akte Herbert Schwarzer
Bundesarchiv, Abt. Berlin, R3017/VGH/Z – Solinski, Paul
Bundesarchiv, Abt. Berlin, R 4901/11180
Bundesarchiv, Abt. Berlin, R 4901/11193
Bundesarchiv, Abt. Berlin, BDC, SSO 219 B: Johannes Walter
Bundesarchiv, Abt. Berlin, BDC, SSO Georg Wollner
Bundesarchiv, Abt. Berlin, BDC, SSO Rudolf Wollner
Bundesarchiv, Abt. Berlin, BDC, SSO Waldemar Kraft
Bundesarchiv, Abt. Berlin, ZA I 5484/A18

Bundesarchiv, Abt. Koblenz (BAK), B 106/27361
Bundesarchiv, Abt. Koblenz, B 136/2714
Bundesarchiv, Abt. Koblenz, B 136/3813
Bundesarchiv, Abt. Koblenz, B 136/9088
Bundesarchiv, Abt. Koblenz, B 145/3500
Bundesarchiv, Abt. Koblenz, B 150/4331 H. 1
Bundesarchiv, Abt. Koblenz, B 234/34
Bundesarchiv, Abt. Koblenz, B 234/737
Bundesarchiv, Abt. Koblenz, B 234/1123
Bundesarchiv, Abt. Koblenz, B 234/738
Bundesarchiv, Abt. Koblenz, B 234/1152
Bundesarchiv, Abt. Koblenz, B 234/1256
Bundesarchiv, Abt. Koblenz, B 234/1306
Bundesarchiv, Abt. Koblenz, B 234/1386
Bundesarchiv, Abt. Koblenz, B 234/1388
Bundesarchiv, Abt. Koblenz, B 234/1416
Bundesarchiv, Abt. Koblenz, B 234/1424
Bundesarchiv, Abt. Koblenz, B 234/1445
Bundesarchiv, Abt. Koblenz, B 234/1463
Bundesarchiv, Abt. Koblenz, B 234/1496
Bundesarchiv, Abt. Koblenz, B 234/1497
Bundesarchiv, Abt. Koblenz, N 1412/17
Bundesarchiv, Abt. Koblenz, N1736/3
Bundesarchiv, Abt. Koblenz, NL 1267/38

Bundesarchiv, Abt. Ludwigsburg (BAL), B 162/3452
Bundesarchiv, Abt. Ludwigsburg, B 162/3454
Bundesarchiv, Abt. Ludwigsburg, B 162/3455

Bundesarchiv-Militärarchiv Freiburg (BA-MA), RH 26-221/12 a, b
Bundesarchiv-Militärarchiv, RH 26-221/22 a, b
Bundesarchiv-Militärarchiv, RH 26-221/24
Bundesarchiv-Militärarchiv, RH 35/6467
Bundesarchiv-Militärarchiv, RH 36/375
Bundesarchiv-Militärarchiv, RS 3-1/97
Bundesarchiv-Militärarchiv, ZNS, LT.SB – H 6 511 II/367

Staatliches Archiv des Gebietes (Oblast') Dnepropetrovsk (DADO), f. R-2311, op. 2, d. 12

Staatliches Archiv des Gebietes (Oblast') Zaporož'e (DAZO), f. R-1433, op. 1, d. 251
DAZO, f. R-849, op. 2, d. 77a
DAZO, f. R-1435, op. 1, dd. 60, 113, 138, 143
DAZO, f. R-1433, op. 1, dd. 284, 285, 287, 288 und 295
DAZO, f. R-1435, op. 1, dd. 53, 56, 104
DAZO, f. R-1435 (Stadtkommissar Saporoschje), op. 1, d. 59
DAZO, f. R-1435, op. 1, d. 60,
DAZO, f. R-1435 (Stadtkommissar Saporoschje), op. 1, d. 64
DAZO, f. R-1435 (Stadtkommissar Saporoschje), op. 1, d. 93
DAZO, f. R-1435 (Stadtkommissar Saporoschje), op. 1, d. 100
DAZO, f. R-1435 (Stadtkommissar Saporoschje), op. 1, d. 112
DAZO, f. R-1435 (Stadtkommissar Saporoschje), op. 1, d. 113
DAZO, f. R-1435 (Stadtkommissar Saporoschje), op. 1, d. 134
DAZO, f. R-1435, op. 1, d. 104
DAZO, f. R-1435, op. 1, d. 126
DAZO, f. R-1435, op. 1, d. 130
DAZO, f. R-1435, op. 1, d. 138
DAZO, f. R-1435, op. 1, d. 143
DAZO, f. R-1435, op. 1, d. 146
DAZO, f. R-1435, op. 1, d. 148
DAZO, f. R-1435 (Stadtkommissar Saporoschje), op. 1, d. 150
DAZO, f. R-1433 (Ukrainische Hilfsverwaltung), op. 3, d. 58
DAZO, f. R-1433, op. 1, d. 347
DAZO, f. R-1662, op. 1, d. 2
DAZO, f. R-1662, op. 1, d. 9
DAZO, f. R-1683, op. 1, d. 1
GAGO, f. R-642, op. 1, d. 1
GAGO, f. 1029, op. 2, d. 1

GStA PK, HA I, Rep. 151 I A, Nr. 8065
GStA PK, XX. HA Historisches Staatsarchiv Königsberg, Rep. 240, Gauarchiv Ostpreußen, C 37 d
GStA PK, XX. HA Historisches Staatsarchiv Königsberg, Rep. 240, Gauarchiv Ostpreußen, C 58 a
GStA PK, XX. HA Historisches Staatsarchiv Königsberg, Rep. 240, Gauarchiv Ostpreußen, C 59 b
GStA PK, XX. HA Historisches Staatsarchiv Königsberg, Rep. 240 Gauarchiv Ostpreußen, C 59 c
GStA PK, XX. HA Historisches Staatsarchiv Königsberg, Rep. 240 D, Gauarchiv Ostpreußen, 95 d
GStA PK, XX. HA, Rep. 18, Landratsamt Lötzen, Nr. 10

Hessisches Staatsarchiv Wiesbaden (HStA-W), Spruchkammern, Abt. 520, Frankenberg Nr. 15544

IfZ, Abt. München, Archiv, ED 35, Bd. 1
IfZ, Abt. Berlin, Kartei der Reichsärztekammer, Karteikarte Dr. Hellmuth Schierk
IfZ, Abt. Berlin, Reichsärztekammer, Karteikarte Artur Schinnagel

Institut für donauschwäbische Geschichte und Landeskunde (IDGL) Tübingen, Nachlass Franz Hamm, HA 0021/2
IDGL, Nachlass Franz Hamm, HA 0778-4

IDGL, Nachlass Franz Hamm, HA 1024-2
IDGL, Nachlass Franz Hamm, HA 1602-2

Landesarchiv Nordrhein-Westfalen, Abt. Westfalen (LANRW-W), Q 234/5733
Landesarchiv Nordrhein-Westfalen, Abt. Westfalen, Q 234/5724
Landesarchiv Nordrhein-Westfalen, Abt. Westfalen, Q 234/5729
Landesarchiv Nordrhein-Westfalen, Abt. Westfalen, Q 234/5730
Landesarchiv Nordrhein-Westfalen, Abt. Westfalen, Q 234/5731
Landesarchiv Nordrhein-Westfalen, Abt. Westfalen, Q 234/5733
Landesarchiv Nordrhein-Westfalen, Abt. Westfalen, Q 234/5734
Landesarchiv Nordrhein-Westfalen, Abt. Westfalen, Q 234/5735
Landesarchiv Nordrhein-Westfalen, Abt. Westfalen, Q 234/5741
Landesarchiv Nordrhein-Westfalen, Abt. Westfalen, Q 234/5746
Landesarchiv Nordrhein-Westfalen, Abt. Westfalen, Q 234/5963
Landesarchiv Nordrhein-Westfalen, Abt. Westfalen, Q 234/5964
Landesarchiv Nordrhein-Westfalen, Abt. Westfalen, Q 234/5965
Landesarchiv Nordrhein-Westfalen, Abt. Westfalen, Q 234/5966
Landesarchiv Nordrhein-Westfalen, Abt. Westfalen, Q 234/5967
Landesarchiv Nordrhein-Westfalen, Abt. Westfalen, Q 234/5970
Landesarchiv Nordrhein-Westfalen, Abt. Westfalen, Q 234/5971

Landesarchiv Nordrhein-Westfalen, Abt. Rheinland (LANRW-R), NW 1109/1886
LANRW-R, NW 875 Nr. 14324
LANRW-R, NWO Nr. 3683

Landesarchiv Baden-Württemberg, Generallandesarchiv Karlsruhe (LABW-GLAK), N Bartunek/19
Landesarchiv Baden-Württemberg, Generallandesarchiv Karlsruhe, N Bartunek/20
Landesarchiv Baden-Württemberg, Generallandesarchiv Karlsruhe, N Bartunek/25
Landesarchiv Baden-Württemberg, Generallandesarchiv Karlsruhe, N Bartunek/39, SL

Landesarchiv Baden-Württemberg, Hauptstaatsarchiv Stuttgart (LABW-HStAS), EA 1/106 Bü 1319
Landesarchiv Baden-Württemberg, Hauptstaatsarchiv Stuttgart, J 121/536 Nr. 1
Landesarchiv Baden-Württemberg, Hauptstaatsarchiv Stuttgart, Q 3/51 Bü 152
Landesarchiv Baden-Württemberg, Hauptstaatsarchiv Stuttgart, Q 3/51 Bü 160, BdV
Landesarchiv Baden-Württemberg, Hauptstaatsarchiv Stuttgart, EA 2/150 Bü 1155
Landesarchiv Baden-Württemberg, Hauptstaatsarchiv Stuttgart, LA 3/4, Verhandlungen des Landtags von Baden-Württemberg, 1. WP 1952–1956, Protokoll-Band I

Landesarchiv Baden-Württemberg, Staatsarchiv Ludwigsburg (LABW-StAL), EL 902/7, Bü 10084

Landesarchiv Schleswig-Holstein, Schleswig (LASH-S), Abt. 460.19, Entnazifizierungsakte Rehs
Landesarchiv Schleswig Holstein, Schleswig, Abt. 605 Nr. 14687
Landesarchiv Schleswig Holstein, Schleswig, Abt. 786 Nr. 11044

Mecklenburgisches Landeshauptarchiv Schwerin (MLHA-.S), 5.12-3/1 Nr. 442/1, Hans Egon Engell

Niedersächsisches Hauptstaatsarchiv Hannover (NHStA-H), Nds. 380 Acc. 165/97 Nr. 21
Niedersächsisches Hauptstaatsarchiv Hannover, Nds. 171 Hildesheim Nr. 12990
Niedersächsisches Hauptstaatsarchiv Hannover, Nds. 171 Lüneburg Nr. 36297
Niedersächsisches Hauptstaatsarchiv Hannover, Nds. 171 Lüneburg VE/CEL/1590
Niedersächsisches Hauptstaatsarchiv Hannover VVP 48 Acc. 180/84 Nr. 1
Niedersächsisches Hauptstaatsarchiv Hannover VVP 48 Acc. 180/84 Nr. 2

Niedersächsisches Hauptstaatsarchiv Hannover, VVP 48 Acc. 180/84 Nr. 3
Niedersächsisches Hauptstaatsarchiv Hannover, VVP 48 Acc. 180/84 Nr. 4
Niedersächsisches Hauptstaatsarchiv Hannover, VVP 48 Acc. 180/84 Nr. 5

Politisches Archiv des Auswärtigen Amtes, Berlin (PAAA), R 8043/578
Politisches Archiv des Auswärtigen Amtes, Berlin, R 8043/584
Politisches Archiv des Auswärtigen Amtes, Berlin, R 8043/590
Politisches Archiv des Auswärtigen Amtes, Berlin, R 8043/591
Politisches Archiv des Auswärtigen Amtes, Berlin, R 8043/593
Politisches Archiv des Auswärtigen Amtes, Berlin, R 73812
Politisches Archiv des Auswärtigen Amtes, Berlin, R 10/3666
Politisches Archiv des Auswärtigen Amtes, Berlin, R 10/3668

Staatsarchiv der Freien und Hansestadt Hamburg (StAHH), 221-11, Ad 10925
Staatsarchiv der Freien und Hansestadt Hamburg, 221-11, L 1689

Státní Oblastní Archiv v Litomericích (SOAL), Fond Vrchní zemský soud (risský) Litomerice (NAD 724, karton 108, spis 2-M-34)

Státní Oblastní Archiv v Litomericích, NL Lodgman

Ungarisches Nationalarchiv, Lajos Bertók

ZOKM (Ausstellungssaal)

2. Gedruckte Quellen

„Der Beginn des Hitlerprozesses" und „Der Hitler-Prozeß" in: Ostpreußische Zeitung Nr. 49 v. 27. 2. 1924, S. 1 f.
„Brav gekuscht", in: Der Spiegel Nr. 24 v. 5. 6. 1972, S. 42.
„Carl Cramer leistete wertvolle Vertriebenenarbeit", in: Siebenbürgische Zeitung v. 24. 4. 2004.
Dawidowicz, Lucy S.: Arab Protest, in: American Jewish Year Book 54. 1953.
Deutschland-Berichte der Sozialdemokratischen Partei Deutschlands (Sopade) 1934–1940, 7 Bde., 6. Aufl., Nördlingen 1982.
„Dr. Alfred Gille – 60 Jahre", in: Ostpreußenblatt Nr. 37 v. 16. 9. 1961, S. 3.
„Dr. Wenzel Jaksch – Präsident des BdV", in: Sudetendeutsche Zeitung Nr. 10 v. 6. 3. 1964, S. 1.
E.B.: „Rudolf Wollner 60: In Landsmannschaft und BdV aktiv", in: Das Ostpreußenblatt 34. 1983, Nr. 50 v. 10. 12. 1983, S. 2.
„Ein Leben für Oberschlesien. Zum 100. Geburtstag von Dr. Otto Ulitz am 28. September 1985", in: Unser Oberschlesien Nr. 18 v. 27. 9. 1985, S. 3.
„Führer-Erlasse" 1939–1945. Edition sämtlicher überlieferter, nicht im Reichsgesetzblatt abgedruckter, von Hitler während des Zweiten Weltkrieges schriftlich erteilter Direktiven aus den Bereichen Staat, Partei, Wirtschaft, Besatzungspolitik und Militärverwaltung, zsgest. und eingeleitet von Martin Moll, Stuttgart 1997.
„Gestorben: Linus Kather", in: Spiegel Nr. 12/1983 v. 21. 03. 1983.
Gosudarstvennyj archiv Zaporožskoj oblasti u. a.: Zaporožskij archiv. Studii po istorii evreev Zaporožskogo kraja (XIX-I polovina XX ct.). Sbornik dokumentov i materialov. Melitopol' 2010.
Gross, Raphael: „Die Mär von der Versöhnungs-Charta", in: Süddeutsche Zeitung v. 21. 2. 2011.
Die große Politik der europäischen Kabinette 1871–1914. Sammlung der diplomatischen Akten des Auswärtigen Amtes, 40 Bde., hrsg. von Johannes Lepsius u. a., Berlin 1924–1927.

Herwig, Malte: „‚Moralische Katastrophe'. Wie sich die Bundesregierung bemüht, die NS-Vergangenheit vieler Politiker und Beamter zu erforschen", in: Süddeutsche Zeitung Nr. 296 v. 23. 12. 2011, S. 6.

„Historiker kritisieren Bundestagsbeschluss", in: Frankfurter Rundschau v. 14. 2. 2011.

Hitler. Reden, Schriften, Anordnungen. Februar 1925 bis Januar 1933, Bd. V, Teilbd. 1, hrsg. und kommentiert von Klaus A. Lankheit, München u. a. 1996.

H. K.: „Glückwünsche für Rudolf Wollner. BdV-Vizepräsident wird 70 – Fünf Jahrzehnte Arbeit für Deutschland und die deutschen Heimatvertriebenen", in: DOD Nr. 48 v. 3. 12. 1993, S. 3.

HKUNP, Der Nürnberger Prozeß, Nr. 11, Bd. 22, Verteidigungsdokumente.

H. L., Erich Schellhaus +, in: Neisser Heimatblatt Nr. 165/1983, S. 11.

„Hoch klingt das Lied auf der Heimaterde" in: Münchner Abendzeitung vom 5. 10. 1966.

„Ich stelle mich, auch wenn ich falle…", in: Die Zeit Nr. 23 v. 5. 6. 1964.

Impressum der Ostpreußischen Zeitung Nr. 7 vom 9. 1. 1924.

Jaksch, Wenzel: Mass Transfer of Minorities, in: Socialist Commentary Jg. 1944 (London).

Kloth, Hans-Michael / Wiegrefe, Klaus: „Unbequeme Wahrheiten", in: Der Spiegel Nr. 33 v. 14. 8. 2006, S. 46–48.

„Krüger: Amtsvertrieben", in: Der Spiegel Nr. 5 v. 29. 1. 1964.

„Lötzen: Landrat von Herrmann +", in: Ostpreußenblatt 7. 1956, Nr. 50 v. 15. 12. 1956, S. 6.

Lodgman, Rudolf: Wie sichern wir Europa den Frieden?, in: Die Junge Front 9. 1938, Aprilheft, S. 107–111.

Lötzener Tageblatt und Rheiner Zeitung Nr. 166 v. 19. 7. 1933.

Meldungen aus dem Reich 1938–1945. Die geheimen Lageberichte des Sicherheitsdienstes der SS, 17 Bde., hrsg. u. eingel. von Heinz Boberach, Herrsching 1984.

„Menschenrechte auch für uns", in: Ascher Rundbrief Nr. 11, November 1977, S. 1–2.

„Nur heiter", in: Der Spiegel Nr. 38 v. 16. 9. 1968, S. 86–88.

„Oberländer zurückgetreten", in: Neues Deutschland Nr. 123 v. 4. 5. 60, Berliner Ausgabe, S. 1.

Organisationsbuch der NSDAP, hrsg. vom Reichsorganisationsleiter der NSDAP, München 1943.

„Otto Ulitz", in: Der Spiegel Nr. 11/56 v. 14. 3. 1956, S. 48.

Partei-Statistik. Stand 1. Januar 1935. Band I, Parteimitglieder, hrsg. vom Reichsorganisationsleiter der NSDAP, München 1935.

„Reinhold Rehs" in: Munzinger Archiv 51/1971 v. 13. 12. 1971.

Rehs / Damrau, „An Herrn v. Kahr", Offener Brief vom 31. 1. 1924, in: Ostpreußische Zeitung Nr. 29 v. 3. 2. 1924, S. 3.

Rehs, Reinhold: „Kant – und Demokratie", in: Ostpreußische Zeitung Nr. 94 v. 20. 4. 1924, S. 1–2.

Rehs, Reinhold: „Schwarz-weiß-rot und Schwarz-rot-gold", in: Ostpreußische Zeitung Nr. 74 v. 27. 3. 1924, S. 1–2.

Rehs, Reinhold: „Um Deutschlands Jugend. Ein Beitrag zu Idee, Aufgabe und Arbeit des Hochschulrings Deutscher Art", in: Ostpreußische Zeitung, Sechste Beilage, Nr. 304 v. 30. 12. 1923.

Ruchniewicz, Krzysztof: „Rückfall in Zeiten des Kalten Krieges", in: Frankfurter Rundschau v. 8. 2. 2011.

„Siegfried Kottwitz", in: Das Ostpreußenblatt v. 6. 10. 1979.

Stradal, Karl Heinrich: Demokratie und Begründungszwang, in: Juristische Blätter 1946, S. 340–343.

Stradal, Karl Heinrich: Das Recht auf gesetzmäßige Verwaltung, in: Juristische Blätter 1948, S. 418.

Strothmann, Dietrich: „Der k.u.k. Sozialdemokrat. Wenzel Jaksch – neuer Präsident der Vertriebenen", in: Die Zeit Nr. 10 v. 6. 3. 1964, S. 2.

Strothmann, Dietrich: „Sein Prinzip: Besonnenheit. Hans Krüger — der neue Mann im Vertriebenenministerium", in: Zeit Nr. 47 v. 22.11.1963.

Verordnung über die öffentliche Bewirtschaftung land- und forstwirtschaftlicher Betriebe und Grundstücke in den eingegliederten Ostgebieten vom 12.2.1940, in: RGBl. I, S. 355.

Verordnungsblatt für die besetzten Gebiete in Polen, 1939.

Wolf, Adolf: „Zum Tod von Rudolf Wollner. Ein ‚Urgestein' der Heimatvertriebenen", in: Deutscher Ostdienst Nr. 6 v. 8.2.2002, S. 2.

3. Literaturverzeichnis

Absolon, Rudolf: Die Wehrmacht im Dritten Reich (Schriften des Bundesarchivs, Bd. 16), Boppard am Rhein 1995.

Abusch, Alexander: Der Irrweg einer Nation: Ein Beitrag zum Verständnis deutscher Geschichte, 8. Aufl., Berlin 1960.

Addison, Paul: Churchill – The Unexpected Hero, Oxford 2005.

Adel in Österreich. Probleme, Fakten, Analysen, hrsg. von Heinz Siegert, Wien 1971.

Ahonen, Pertti: After the Expulsion: West Germany and Eastern Europe 1945–1990, 1. Aufl., Oxford u. a. 2003.

Ahonen, Pertti / Corni, Gustavo / Kochanowski, Jerzy / Schulze, Rainer / Stark, Tamás / Stelzl-Marx, Barbara: People on the Move. Forced Population Movements in Europe in the Second World War and its Aftermath, Oxford / New York 2008.

Aktion Widerstand, in: Handbuch deutscher Rechtsextremismus, hrsg. v. Jens Mecklenburg, Berlin 1996, S. 149.

Alberti, Michael: Die Verfolgung und Vernichtung der Juden im Reichsgau Wartheland 1939–1945 (Quellen und Schriften des DHI Warschau, Bd. 17), Wiesbaden 2006.

Alte, Rüdiger: Die Außenpolitik der Tschechoslowakei und die Entwicklung der internationalen Beziehungen 1946–1947, München 2003.

Al'tman, Il'ja: Žertvy nenavisti. Cholokost v SSSR 1941–1945gg. Moskau 2002.

Aly, Götz: Hitlers Volksstaat. Raub, Rassenkrieg und nationaler Sozialismus, Frankfurt/M. 2005.

Améry, Jean: Gerhart Hauptmann. Der ewige Deutsche, Mühlacker 1963.

Amos, Heike: Die Vertriebenenpolitik der SED 1949 bis 1990 (Sondernummer der Schriftenreihe der VfZ), München 2009.

Amos, Heike: Vertriebenenverbände im Fadenkreuz: Aktivitäten der DDR-Staatssicherheit 1949 bis 1989 (Sondernummer der Schriftenreihe der VfZ), München 2011.

Ämter, Abkürzungen, Aktionen des NS-Staates. Handbuch für die Benutzung von Quellen der nationalsozialistischen Zeit. Amtsbezeichnungen, Ränge und Verwaltungsgliederungen, Abkürzungen und nicht militärische Tarnbezeichnungen, im Auftrage des Instituts für Zeitgeschichte bearb. von Heinz Boberach, Rolf Thommes und Hermann Weiss, München 1997.

Andrzejewski, Marek: Opposition und Widerstand in Danzig 1933–1939, Bonn 1994.

Arad, Yitzhak: The Holocaust in the Soviet Union (The comprehensive history of the Holocaust), Lincoln u. a. 2009.

Arbogast, Christine: Herrschaftsinstanzen der württembergischen NSDAP. Funktion, Sozialprofil und Lebenswege einer regionalen NS-Elite 1920-1960, München 1998.

Arburg, Adrian von: Abschied und Neubeginn. Der Bevölkerungswechsel in den Sudetengebieten nach 1945, in: Als die Deutschen weg waren. Was nach der Vertreibung geschah: Ostpreußen, Schlesien, Sudetenland, hrsg. von Ulla Lauchauer, Adrian von Arburg, Wlodzimierz Borodziej, Berlin 2005.

Atkins, Stephen E.: Holocaust Denial as an International Movement, Westport u. a. 2009.

Bachmann, Gerhard: Ungarn, in: Dolf Sternberger / Bernhard Vogel (Hg.), Die Wahl der Parlamente und anderer Staatsorgane. Ein Handbuch, Bd. 1.2, Berlin 1969, S. 1365–1405.

Bachstein, Martin K.: Die Sozialdemokratie in den böhmischen Ländern bis zum Jahre 1938, in: Die erste Tschechoslowakische Republik als multinationaler Parteienstaat, hrsg. von Karl Bosl, München / Wien 1979, S. 79–100.

Bajohr, Frank: „Unser Hotel ist judenfrei". Bäder-Antisemitismus im 19. und 20. Jahrhundert, Frankfurt am Main 2003.

Balling, Mads Ole: Von Reval bis Bukarest. Statistisch-biographisches Handbuch der Parlamentarier der deutschen Minderheiten in Ostmittel- und Südosteuropa 1919–1945, 2 Bde., 1. Ausg., 2. Aufl., Kopenhagen 1991.

Bamberger-Stemmann, Sabine: Staatsbürgerliche Loyalität und Minderheiten als transnationale Rechtsparadigmen im Europa der Zwischenkriegszeit, in: Peter Haslinger / Joachim von Puttkamer (Hg.), Staat, Loyalität und Minderheiten in Ostmittel- und Südosteuropa 1918–1941, München 2007, S. 209–236.

Baranowski, Shelley: Nazi Empire: German Colonialism and Imperialism from Bismarck to Hitler, Cambridge 2011.

Bauer, Otto: Die Nationalitätenfrage und die Sozialdemokratie, 2. Aufl., Wien 1924.

Bauer, Otto: Die österreichische Revolution, Wien 1923.

Beller, Steven: Geschichte Österreichs, Wien u. a. 2007.

Benjamin, Hilde: Georg Benjamin. Eine Biographie, 3. Aufl., Leipzig 1987.

Berkhoff, Karel Cornelis: Harvest of Despair. Life and Death in Ukraine under Nazi Rule, Cambridge, Mass. u. a. 2004.

Besier, Gerhard: Kirche, Politik und Gesellschaft im 20. Jahrhundert (Enzyklopädie deutscher Geschichte, Bd. 56), München 2000.

Bethke, Carl: Deutsche und ungarische Minderheiten in Kroatien und der Vojvodina 1918–1941. Identitätsentwürfe und ethnopolitische Mobilisierung (Balkanologische Veröffentlichungen, Bd. 47), Wiesbaden 2009.

Bevers, Jürgen: Der Mann hinter Adenauer: Hans Globkes Aufstieg vom NS-Juristen zur grauen Eminenz der Bonner Republik, 1. Aufl., Berlin 2009.

Biehler, Gernot: Auswärtige Gewalt: Auswirkungen auswärtiger Interessen im innerstaatlichen Recht (Jus publicum, Bd. 128), Tübingen 2005.

Blanke, Richard: Orphans of Versailles: The Germans in Western Poland 1918–1939, Lexington/KY 1993.

Bloxham, Donald: The Great Unweaving: Forced Population Movement in Europe, 1875–1949, in: Removing Peoples: Forced Removal in the Modern World, hrsg. von Richard Bessel und Claudia Haake, Oxford 2009, S. 167–208.

Böhm, Johann: Die deutsche Volksgruppe in Jugoslawien 1918–1941. Innen- und Außenpolitik als Symptome des Verhältnisses zwischen deutscher Minderheit und jugoslawischer Regierung, Frankfurt am Main u. a. 2009.

Bollmus, Reinhard: Das Amt Rosenberg und seine Gegner. Studien zum Machtkampf im nationalsozialistischen Herrschaftssystem, 2. Aufl., München 2006.

Borodziej, Wlodzimierz: Geschichte Polens im 20. Jahrhundert, München 2010.

Böttcher, Bernhard: Gefallen für Volk und Heimat. Kriegerdenkmäler deutscher Minderheiten in Ostmitteleuropa während der Zwischenkriegszeit, Köln u. a. 2009.

Brandes, Detlef: Der Weg zur Vertreibung 1938–1945. Pläne und Entscheidungen zum „Transfer" der Deutschen aus der Tschechoslowakei und aus Polen, 2. Aufl., München 2005.

Brandes, Detlef: 1945: Die Vertreibung und Zwangsaussiedlung der Deutschen aus der Tschechoslowakei, in: Detlef Brandes e.a. (Hg.), Wendepunkte in den Beziehungen zwischen Deutschen, Tschechen und Slowaken 1848–1989, Essen 2007, S. 223–248.

Braunbuch Kriegs- und Naziverbrecher in der Bundesrepublik. Staat, Wirtschaft, Armee, Verwaltung, Justiz, Wissenschaft, hrsg. vom Nationalrat der Nationalen Front des Demokratischen

Deutschland, Dokumentationszentrum der staatlichen Archivverwaltung der DDR, Berlin 1965 und 3. Aufl. 1968.

Brennecke, Jochen: Kreuzerkrieg in zwei Ozeanen. Schwerer Kreuzer „Admiral Scheer" versenkt 152 000 Brutto-Register-Tonnen, hrsg. im Auftr. des Kommandos „Admiral Scheer", Leipzig 1942.

Brissaud, André: Die SD-Story. Hitlers Geheimarmee: Mord auf Bestellung, Herrsching 1980.

Brost, Erich: Wider den braunen Terror: Briefe und Aufsätze aus dem Exil, hrsg. von der Friedrich-Ebert-Stiftung, Bonn 2004.

Broucek, Peter (Hg.): Ein General im Zwielicht. Die Erinnerungen Edmund Glaises von Horstenau, 3 Bde., Wien u. a. 1980–1988.

Brown, Martin David: Dealing with Democrats. The British Foreign Office and the Czechoslovak Émigrés in Great Britain, 1939 to 1945, Frankfurt am Main u. a. 2006.

Browning, Christopher R.: Die Entfesselung der „Endlösung". Nationalsozialistische Judenpolitik 1939–1942, Berlin 2003.

Brügel, Johann Wolfgang: Tschechen und Deutsche, Bd. 1: 1918–1938, München 1967.

Brumlik, Micha: Wer Sturm sät. Die Vertreibung der Deutschen, Berlin 2005.

Brunner, Gottfried: Die Vaterländische Gedenkhalle der Feste Boyen. Ein Führer durch ihre Sammlungen, o. O. 1917.

Buddrus, Michael / Fritzlar, Sigrid: Die Städte Mecklenburgs im Dritten Reich. Ein Handbuch zur Stadtentwicklung im Nationalsozialismus, ergänzt durch ein biographisches Lexikon der Bürgermeister, Stadträte und Ratsherren, Bremen 2011.

Bundesverband der Soldaten der ehemaligen Waffen-SS e. V., Hilfsgemeinschaft auf Gegenseitigkeit (HIAG)", in: Handbuch deutscher Rechtsextremismus, hrsg. von Jens Mecklenburg, Berlin 1996, S. 336–337.

Bürklin, Wilhelm: Demokratische Einstellungen im Wandel: Von der repräsentativen zur plebiszitären Demokratie?, in: Eliten in Deutschland. Rekrutierung und Integration, hrsg. von Wilhelm Bürklin u. Hilke Rebenstorf, Opladen 1997, S. 391–420.

Busse, Hans: Die Feste Boyen, vom 20. August 1914 bis 7. September 1914 (dem Tage des Rückzuges der 8. Armee bis zum Entsatz durch das 17. A.K.), o. O. 1924.

Calic, Marie-Janine: Geschichte Jugoslawiens im 20. Jahrhundert, München 2010.

Casagrande, Thomas: Die volksdeutsche SS-Division „Prinz Eugen". Die Banater Schwaben und die nationalsozialistischen Kriegsverbrechen, Frankfurt am Main / New York 2003.

Charmatz, Richard: Adolf Fischhof. Das Lebensbild eines österreichischen Politikers, Stuttgart / Berlin 1910.

Chiari, Bernhard: Alltag hinter der Front. Besatzung, Kollaboration und Widerstand in Weißrußland 1941–1944. Düsseldorf 1998.

Chincinski, Tomasz: Hitlers Vorposten. Die Aktivitäten des deutschen Geheimdienstes im Jahre 1939, in: 70. Jahrestag des deutschen Überfalls auf Polen (1. September 1939). Vorträge des Symposiums am 28. August 2009 in Berlin, hrsg. v. der Berliner Gesellschaft für Faschismus- und Weltkriegsforschung e. V., Berlin 2009, S. 14–35.

Clark, Christopher M.: Iron Kingdom. The Rise and Downfall of Prussia, 1600–1947, Cambridge/Mass. 2006.

Cohn, Willy: „Kein Recht, nirgends", Tagebuch vom Untergang des Breslauer Judentums 1933–1941 (Neue Forschungen zur schlesischen Geschichte, Bd. 13), 2 Bde., hrsg. von Norbert Conrads, Köln u. a. 2006.

Connor, Ian: Refugees and Expellees in Post-War Germany, Manchester / New York 2007.

Conrad, Franz: Aus meiner Dienstzeit 1906–1918, 5 Bde., Wien 1921–1925.

Conze, Eckart: Die Suche nach Sicherheit: Eine Geschichte der Bundesrepublik Deutschland von 1949 bis in die Gegenwart, 1. Aufl., München 2009.

Czaja, Herbert: Unterwegs zum kleinsten Deutschland? Mangel an Solidarität mit den Vertriebenen. Marginalien zu 50 Jahren Ostpolitik, 1. Aufl., Frankfurt am Main 1996.

Czedik, Alois [Freiherr von]: Zur Geschichte der k.k. österreichischen Ministerien 1861–1916. Nach den Erinnerungen von Alois [Freiherrn von] Czedik, 4 Bde., Teschen / Wien / Leipzig 1917–1920.

Dallin, Alexander: Deutsche Herrschaft in Russland 1941–1945. Eine Studie über Besatzungspolitik, Düsseldorf 1958.

Davies, Norman: Die große Katastrophe. Europa im Krieg 1939–1945, München 2009.

Deržavnij archiv Zaporiz'koï oblasti: Zaporiz'kij archiv. Narodna Vijna 1941–1944. Antifašists'kij ruch oporu na territorii Zaporiz'koï oblasti. Zbirnik dokumentiv i Materialiv. Zaporižžja 2005.

Deutsche Gesandtschaftsberichte aus Prag. Innenpolitik und Minderheitenprobleme in der ersten Tschechoslowakischen Republik, hrsg. v. Collegium Carolinum, Teil 1: 1918–1921, München 1983.

Deutsche Gesandtschaftsberichte aus Prag, Innenpolitik und Minderheitenprobleme in der ersten Tschechoslowakischen Republik, hrsg. v. Collegium Carolinum, Teil II: 1921–1926, München 2004.

Deutsch-polnische Beziehungen in Geschichte und Gegenwart: Bibliographie 1900–1998, Bd. 3: Sprache, Literatur, Kunst, Musik, Theater, Film, Rundfunk, Fernsehen (Veröffentlichungen des Deutschen Polen-Instituts, Bd. 14), hrsg. von Andreas Lawaty und Wiesław Mincer unter Mitwirkung von Anna Domańska, Wiesbaden, 2000.

Dieckmann, Christoph: Plan und Praxis. Deutsche Siedlungspolitik im besetzten Litauen, 1941–1945, in: Isabel Heinemann / Patrick Wagner (Hg.), Wissenschaft – Planung – Vertreibung. Neuordnungskonzepte und Umsiedlungspolitik im 20. Jahrhundert, Stuttgart 2006, S. 93–118.

Dlugoborski, Waclaw: Die deutsche Besatzungspolitik und die Veränderungen der sozialen Struktur Polens 1939–1945, in: Ders. (Hg.): Zweiter Weltkrieg und sozialer Wandel, Göttingen 1981, S. 303–363.

Dokumentation der Vertreibung der Deutschen aus Ost-Mitteleuropa, Band V: Das Schicksal der Deutschen in Jugoslawien, herausgegeben vom ehemaligen Bundesministerium für Vertriebene, Flüchtlinge und Kriegsgeschädigte, Augsburg 1994.

Dokumente zur Geschichte des deutschen Zionismus 1882–1933 (Schriftenreihe wissenschaftlicher Abhandlungen des Leo-Baeck-Instituts, Bd. 37), hrsg. von Jehuda Reinharz, Tübingen 1981.

Dombrády, Lóránd: Army and Politics in Hungary 1938–1944, New York 2005.

Die Doppelmonarchie Österreich-Ungarn. Ein politisches Lesebuch (1867–1918), hrsg. von Eva Philippoff, Villeneuve-d'Ascq 2003.

Douglas, R.[aymond] M.: Ordnungsgemäße Überführung. Die Vertreibung der Deutschen nach dem Zweiten Weltkrieg. München 2012.

Dubitzky, Yves: Der „Mitteleuropa-Gedanke" im 19. Jahrhundert. Vorstellungen einer mitteleuropäischen Großraumwirtschaft nach Friedrich List, München 2007.

Dunk, Hermann W. von der: Kulturgeschichte des 20. Jahrhunderts, Bd. 1, München 2004.

Dussel, Konrad / Lersch, Edgar / Müller, Jürgen K.: Rundfunk in Stuttgart 1950–1959 (Südfunk-Hefte, Nr. 21), Stuttgart 1995.

Elvert, Jürgen: Mitteleuropa! Deutsche Pläne zur europäischen Neuordnung (1918–1945), Stuttgart 1999.

The End of Empire? The Transformation of the USSR in Comparative Perspective, hrsg. von Karen Dawisha u. Bruce Parrot, Armonk / London 1997.

Engelmann, Bernt: Wir Untertanen. Ein deutsches Geschichtsbuch, Göttingen 1993.

Entscheidungsjahr 1932: zur Judenfrage in der Endphase der Weimarer Republik. Ein Sammelband, hrsg. von Werner E. Mosse unter Mitw. von Arnold Paucker, 2. Aufl., Tübingen 1966.

Erzwungene Trennung, Vertreibungen und Aussiedlungen in und aus der Tschechoslowakei 1938–1947 im Vergleich mit Polen, Ungarn und Jugoslawien (Veröffentlichungen der Deutsch-Tschechischen und Deutsch-Slowakischen Historikerkommission, Bd. 8 und zugleich: Veröffentlichungen zur Kultur und Geschichte im östlichen Europa Bd. 15), hrsg. von Detlef Brandes, Edita Ivaničková, und Jiří Pešek, Essen 1999.

Esch, Michael G.: „Gesunde Verhältnisse": Deutsche und polnische Bevölkerungspolitik in Ostmitteleuropa 1939-1950 (Materialien und Studien zur Ostmitteleuropa-Forschung Bd. 2), Marburg 1998 (zugleich Diss. Düsseldorf 1996).

Eser, Ingo: „Loyalität" als Mittel der Integration oder Restriktion? Polen und seine deutsche Minderheit 1918-1939, in: Haslinger, Peter /, Puttkamer, Joachim von (Hg.), Staat, Loyalität und Minderheiten in Ostmittel- und Südosteuropa 1918-1941, München 2007, S. 17-44.

Eser, Ingo: „Volk, Staat, Gott!" Die deutsche Minderheit in Polen und ihr Schulwesen 1918-1939, Wiesbaden 2010.

Evans, Richard J.: Das Dritte Reich. Bd. 1: Aufstieg, München 2004.

Fauth, Tim: Deutsche Kulturpolitik im Protektorat Böhmen und Mähren 1939 bis 1941, Göttingen 2004.

Fawn, Rick / Hochman, Jiri: Historical Dictionary of the Czech State, 2. Aufl., Plymouth 2010.

Fejtö, François [bzw. Ferenc]: Die Geschichte der Volksdemokratien, 3 Bde., Frankfurt am Main 1988.

Fest, Joachim C.: Das Gesicht des Dritten Reiches. Profile einer totalitären Herrschaft, München 7. Aufl. 1980.

Fink, Carole: Between the Second and Third Reichs: The Weimar Republic as „Imperial Interregnum", in: Karen Dawisha / Bruce Parrott (Hg.), The End of Empire? The Transformation of the USSR in Comparative Perspective, Armonk / London 1997, S. 261-285.

Fink, Carole: Defending the Rights of Others. The Great Powers, the Jews, and International Minority Protection 1878-1938, Cambridge u. a. 2004.

Fisch, Jörg: Das Selbstbestimmungsrecht der Völker: Die Domestizierung einer Illusion (Historische Bibliothek der Gerda-Henkel-Stiftung), München 2010.

Fischer, Wolfgang: Heimat-Politiker? Selbstverständnis und politisches Handeln von Vertriebenen als Abgeordnete im Deutschen Bundestag 1949-1974, Düsseldorf 2010.

Fließ, Gerhard / John, Jürgen: Deutscher Hochschulring (DHR) 1920-1933, in: Lexikon zur Parteiengeschichte. Die bürgerlichen und kleinbürgerlichen Parteien und Verbände in Deutschland (1789-1945), 4 Bde., Leipzig 1984, hier Bd. 2, S. 116-127.

Franckenstein, Sir George: Facts and Features of my Life, London 1939.

Frank, Matthew: Expelling the Germans: British Opinion and Post-1945 Population Transfer in Context (Oxford Historical Monographs), Oxford u. a. 2007.

Franzen, Erik K.: Der vierte Stamm Bayerns. Die Schirmherrschaft über die Sudetendeutschen 1954-1974, München 2010.

Frei, Norbert: Vergangenheitspolitik: Die Anfänge der Bundesrepublik und die NS-Vergangenheit, München 1996.

Fricke, Karl Wilhelm: Der Wahrheit verpflichtet: Texte aus fünf Jahrzehnten zur Geschichte der DDR, hrsg. von der Stiftung zur Aufarbeitung der SED-Diktatur und vom Deutschlandfunk, Berlin 2000.

Friedländer, Saul: Das Dritte Reich und die Juden: Die Jahre der Verfolgung 1933-1939, München 2000.

Fuhrer, Armin/Schön, Heinz: Erich Koch – Hitlers brauner Zar. Gauleiter von Ostpreußen und Reichskommissar der Ukraine, München 2010.

Gailus, Manfred: „Nationalsozialistische Christen" und „christliche Nationalsozialisten". Anmerkungen zur Vielfalt synkretistischer Gläubigkeiten im „Dritten Reich", in: Nationalprotestantische Mentalitäten: Konturen, Entwicklungslinien und Umbrüche eines Weltbildes (Veröffentlichungen des Max-Planck-Instituts für Geschichte, Bd. 214), hrsg. von Manfred Gailus und Hartmut Lehmann, Göttingen 2005, S. 223-262.

Gamm, Rudolf: Swastyka nad Gdanskiem, Warszawa 1960.

Gassert, Philipp: Kurt Georg Kiesinger. 1904-1988. Kanzler zwischen den Zeiten, 1. Aufl., München 2006.

Gause, Fritz: Die Geschichte der Stadt Königsberg in Preußen, Bd. 3, Graz 1971.

Gebel, Ralf: „Heim ins Reich!" Konrad Henlein und der Reichsgau Sudetenland (1938–1945), München 1999.

Gebhart, Jan: Migrationsbewegungen der tschechischen Bevölkerung in den Jahren 1938–1939. Forschungsstand und offene Fragen, in: Detlef Brandes e.a. (Hg.), Erzwungene Trennung. Vertreibungen und Aussiedlungen in und aus der Tschechoslowakei 1938–1947 im Vergleich mit Polen, Ungarn und Jugoslawien, Essen 1999, S. 13–24.

Gerlach, Christian: Kalkulierte Morde: Die deutsche Wirtschafts- und Vernichtungspolitik in Weißrußland 1941 bis 1944, 2. Aufl., Hamburg 2000.

Gerlach, Christian / Aly, Götz: Das letzte Kapitel. Der Mord an den ungarischen Juden 1944/45, Stuttgart / München 2002.

Geyr, Géza Andreas von: Sándor Wekerle 1848–1921. Die politische Biographie eines ungarischen Staatsmannes der Donaumonarchie, München 1993.

Gille, Alfred: Wesen und Folgen der Rechtsabhängigkeit im Strafprozeß (zugleich rechts- u. staatswiss. Diss. Königsberg 1928), Breslau 1928.

Giordano, Ralph: Die zweite Schuld oder Von der Last, Deutscher zu sein, 1. Aufl., Hamburg u. a. 1987.

Glassheim, Eagle: National Mythologies and Ethnic Cleansing: The Expulsion of Czechoslovak Germans in 1945, in: Central European History 33.2000, S. 463–486.

Glettler, Monika: Die Wiener Tschechen um 1900. Strukturanalyse einer nationalen Minderheit in der Großstadt, München / Wien 1972.

Glotz, Peter: Die Vertreibung: Böhmen als Lehrstück, München 2003.

Goldsworthy, Terry: Valhalla's Warriors: A History of the Waffen-SS on the Eastern Front 1941–1945, Indianapolis 2007.

Goltz, Anna von der: Hindenburg. Power, Myth, and the Rise of the Nazis, Oxford u. a. 2009.

Götz, Norbert: Ungleiche Geschwister: Die Konstruktion von nationalsozialistischer Volksgemeinschaft und schwedischem Volksheim, Baden-Baden 2001.

Gratz, Guzstáv: Augenzeuge dreier Epochen. Die Memoiren des ungarischen Außenministers Gustav Gratz 1875–1945, hrsg. von Vince Paál und Gerhard Seewann, München 2009.

Gruchmann, Lothar: Justiz im Dritten Reich 1933–1940. Anpassung und Unterwerfung in der Ära Gürtner, 3. Aufl., München 2001.

Gruendel, Ernst Günther: Die Sendung der jungen Generation. Versuch einer umfassenden revolutionären Sinndeutung der Krise, München 1932, 2. Aufl. 1933.

Gumbel, Emil Julius: Verschwörer. Zur Geschichte und Soziologie der deutschen nationalistischen Geheimbünde 1918–1924, Neuausgabe Frankfurt am Main 1984.

Gutachten des Instituts für Zeitgeschichte, München 1958.

Gutschow, Niels: Ordnungswahn: Architekten planen im „eingedeutschten Osten" 1939–1945 (Bauwelt-Fundamente Nr. 115), Gütersloh u. a. 2001.

Haas, Hanns: Ethnische Homogenisierung unter Zwang. Experimente im 20. Jahrhundert, in: Ausweisung, Abschiebung, Vertreibung in Europa. 16.–20. Jahrhundert, hrsg. von Sylvia Hahn, Andrea Komlosy und Ilse Reiter, Innsbruck u. a. 2006, S. 140–171.

Hackmann, Jörg: Ostpreußen und Westpreußen in deutscher und polnischer Sicht. Landeshistorie als beziehungsgeschichtliches Problem (Quellen und Studien, DHI Warschau, Bd. 3), Wiesbaden 1996.

Haddad, Emma: The Refugee in International Society: Between Sovereigns, Cambridge u. a. 2008.

Hahn, Eva / Hahn, Hans Henning: Die sudetendeutsche völkische Tradition. Ein tschechisches Trauma des 20. Jahrhunderts, in: Benz, Wolfgang (Hg.), Wann ziehen wir endlich den Schlußstrich? Von der Notwendigkeit öffentlicher Erinnerung in Deutschland, Polen und Tschechien, Berlin 2004, S. 29–74.

Hahn, Eva / Hahn, Hans Henning: Die Vertreibung im deutschen Erinnern. Legenden, Mythos, Geschichte, Paderborn 2010.

Hahn, Fritz: Waffen und Geheimwaffen des Deutschen Heeres 1933–1945, 2 Bde., Koblenz 1986–1987.

Handbuch der deutschen Bildungsgeschichte, Bd. 4: 1870–1918, hrsg. von Christa Berg, München 1991.

Handbuch der Haftstätten für Zivilbevölkerung auf dem besetzten Territorium von Belarus 1941–1944, hrsg. vom Staatskomitee für Archive und Aktenführung der Republik Belarus u. a., Minsk 2001.

Handbuch deutscher Rechtsextremismus, hrsg. von Jens Mecklenburg, Berlin 1996.

Handbuch zur Geschichte der Festungen des historischen deutschen Ostens, hrsg. von Kurt Burk, o. O. 1995.

Hantsch, Hugo: Leopold Graf Berchtold. Grandseigneur und Staatsmann, 2 Bde., Graz u. a. 1963.

Hartung, Ulrike: Verschleppt und verschollen. Eine Dokumentation deutscher, sowjetischer und amerikanischer Akten zum NS-Kunstraub in der Sowjetunion 1941–1948 (Dokumentationen zur Kultur und Gesellschaft im östlichen Europa, Bd. 9), Bremen 2000.

Haslinger, Peter / Puttkamer, Joachim von: Staatsmacht, Minderheit Loyalität – konzeptionelle Grundlagen am Beispiel Ostmittel- und Südosteuropas in der Zwischenkriegszeit, in: Staat, Loyalität und Minderheiten in Ostmittel- und Südosteuropa 1918–194, hrsg. von Peter Haslinger und Joachim von Puttkamer, München 2007, S. 1–16.

Hausmann, Frank-Rutger: Anglistik und Amerikanistik im „Dritten Reich", Frankfurt am Main 2003.

Hecht, Cornelia: Deutsche Juden und Antisemitismus in der Weimarer Republik, Bonn 2003.

Heimann, Mary: Czechoslovakia. The State that failed, New Haven 2009.

Heinemann, Isabel: „Rasse, Siedlung, deutsches Blut": Das Rasse- und Siedlungshauptamt der SS und die rassenpolitische Neuordnung Europas (Moderne Zeit, Bd. 2), Göttingen 2003.

Hemmerle, Rudolf: Sudetenland – Wegweiser durch ein unvergessenes Land (Wegweiser durch unvergessenes Land, Bd. 4), Würzburg 1993.

Henderson, Nevile: Failure of a Mission. Berlin 1937–1939, London 1940.

Herbert, Ulrich: Best. Biographische Studien über Radikalismus, Weltanschauung und Vernunft. 1903–1989, Bonn 1996.

Herbert, Ulrich: Drei politische Generationen im 20. Jahrhundert, in: Generationalität und Lebensgeschichte im 20. Jahrhundert, hrsg. von Jürgen Reulecke, München 2003, S. 95–114.

Hermann von Boyen und die polnische Frage. Denkschriften 1794 bis 1846, bearbeitet von Heinz Rothe, Köln u. a. 2010.

Heuss, Theodor: Friedrich Naumann. Der Mann, das Werk, die Zeit, Stuttgart / Berlin 1937.

Heuss, Theodor: Staat und Volk. Betrachtungen über Wirtschaft, Politik und Kultur, Berlin 1926.

Hilberg, Raoul: The Destruction of the European Jews, Bd. 3, New Haven/London 3. Aufl. 2003.

Hildebrand, Klaus: Das vergangene Reich. Deutsche Außenpolitik von Bismarck bis Hitler 1871–1945, München 2008.

Höbelt, Lothar, „Wohltemperierte Unzufriedenheit". Österreichische Innenpolitik 1908–1918, in: Die letzten Jahre der Donaumonarchie. Der erste Vielvölkerstaat im Europa des frühen 20. Jahrhunderts, hrsg. von Mark Cornwall, Wegberg 2004, S. 58–84.

Hodža, Milan: Schicksal Donauraum. Erinnerungen, Wien u. a. 1995.

Hoensch, Jörg K.: Geschichte Böhmens. Von der slavischen Landnahme bis zur Gegenwart, München 3. Aufl. 1997.

Höhne, Heinz: Der Orden unter dem Totenkopf. Die Geschichte der SS, München 2. Aufl. 1979.

Holocaust in Litauen: Krieg, Judenmorde und Kollaboration im Jahre 1941, hrsg. von Vicas Bartusevičius, Joachim Tauber und Wolfram Wette, Köln u. a. 2003.

Horthy, Nikolaus von: Ein Leben für Ungarn, Bonn 1953.

Hubert, Peter: Uniformierter Reichstag: Die Geschichte der Pseudo-Volksvertretung 1933–1945 (Beiträge zur Geschichte des Parlamentarismus und der politischen Parteien, Bd. 97 und zugleich Diss. Heidelberg 1989 u.d.T.: Der Reichstag im Dritten Reich), Düsseldorf 1992.

Hupka, Herbert: Unruhiges Gewissen: Ein deutscher Lebenslauf. Erinnerungen, München 1994.

Inachin, Kyra: Der Gau Pommern – eine preußische Provinz als NS-Gau, in: John, Jürgen / Möller, Horst e. a. (Hg.), Die NS-Gaue. Regionale Mittelinstanzen im zentralistischen „Führerstaat", München 2007, S. 280–293.

Irgang, Winfried / Bein, Werner / Neubach, Helmut: Schlesien. Geschichte, Kultur und Wirtschaft. (Historische Landeskunde – Deutsche Geschichte im Osten, Bd. 4), Köln 1995.

J. W.: Zum Heimgang von Dr. Josef Trischler, in: Der Südostdeutsche v. Dezember 1975.

Jaguttis, Malte / Oeter, Stefan: Volkstumspolitik und Volkstumsarbeit im nationalsozialistischen Staat, in: Christoph Pan / Beate Sibylle Pfeil (Hg.), Zur Entstehung des modernen Minderheitenschutzes in Europa (Handbuch der europäischen Volksgruppen Bd. 3), Wien / New York 2006, S. 216–241.

Jaksch, Wenzel: Europas Weg nach Potsdam. Schuld und Schicksal im Donauraum, München 4. Aufl. 1990.

Jaksch, Wenzel: Unser geschichtlicher Auftrag, o. O. u. J. [München 1956].

Jaksch, Wenzel: Volk und Arbeiter. Deutschlands europäische Sendung, Karlsbad 1936.

James, Harold: Geschichte Europas im 20. Jahrhundert. Fall und Aufstieg 1914–2001, München 2004.

Kaczmarek, Ryszard: Zwischen Altreich und Besatzungsgebiet. Der Gau Oberschlesien 1939/41–1945, in: Die NS-Gaue. Regionale Mittelinstanzen im zentralistischen „Führerstaat" (Sondernummer der Schriftenreihe der VfZ), hrsg. von Jürgen John, Horst Möller und Thomas Schaarschmidt, München 2007, S. 348–360.

Kallay, Nicholas: Hungarian Premier. A Personal Account of a Nation's Struggle in the Second World War, New York 1954.

Kalshoven, Hedda: Ich denk so viel an Euch. Ein deutsch-holländischer Briefwechsel 1920–1949, Köln 1995.

Kann, Robert A.: Geschichte des Habsburgerreiches 1526–1918, Wien u. a. 1977.

Kappelt, Olaf: Braunbuch DDR – Nazis in der DDR, 2. Aufl., Berlin 2009.

Karp, Hans-Jürgen: „Zum Stand der historischen Forschung über Maximilian Kaller (1880–1947), in: Bendel, Rainer (Hg.), Vertriebene finden Heimat in der Kirche. Integrationsprozesse im geteilten Deutschland nach 1945, Köln e.a. 2008, S. 107–117.

Kather, Linus: Die Entmachtung der Vertriebenen, 2 Bde., München / Wien 1964/65.

Kather, Linus: Halali in Ostpreußen. Erinnerungen an ein geraubtes Land, Esslingen 1977.

Kather, Linus: Von Rechts wegen? Prozesse, Esslingen 1982.

Kather, Linus: Schenkung und Schenkungsversprechen (§§ 516, 518 B.G.B.), Breslau Rechts- und staatswiss. Diss. 1919.

Kellner, Friedrich: „Vernebelt, verdunkelt sind alle Hirne". Tagebücher 1939–1945, 2 Bde., hrsg. von Sascha Feuchert, Göttingen 2011.

Kennan, George F.: Memoiren eines Diplomaten, 2. Aufl., München 1982.

Kershaw, Ian: Hitler, Bd. 1: 1889–1936, Stuttgart 2. Aufl. 1998.

Kessler, Harry Graf: Das Tagebuch 1880–1937, Bd. 9 (1926–1937), hrsg. von Roland Kamzelak und Ulrich Ott, Stuttgart 2010.

Kindermann, Adolf: Religiöse Wandlungen und Probleme im katholischen Bereich, In: Die Vertriebenen in Westdeutschland und ihr Einfluß auf Gesellschaft, Wirtschaft, Politik und Geistesleben, hrsg. v. Eugen Lemberg und Friedrich Edding, Bd. 3, Kiel 1959, S. 92–156.

Kittel, Manfred: Provinz zwischen Reich und Republik. Politische Mentalitäten in Deutschland und Frankreich 1918 bis 1933/36, München 2000.

Kittel, Manfred: Vertreibung der Vertriebenen? Der historische deutsche Osten in der Erinnerungskultur der Bundesrepublik 1961–1982 (Sondernummer der Schriftenreihe der VfZ), München 2007.

Klausch, Hans-Peter: Braune Wurzeln – Alte Nazis in den niedersächsischen Landtagsfraktionen von CDU, FDP und DP. Zur NS-Vergangenheit von niedersächsischen Landtagsabgeordneten in der Nachkriegszeit, hrsg. von Die Linke – Fraktion im niedersächsischen Landtag, Hannover o. J.

Klee, Ernst: Das Personenlexikon zum Dritten Reich. Wer war was vor und nach 1945, Frankfurt am Main 2003.

Klemp, Stefan: „Richtige Nazis hat es hier nicht gegeben". Eine Stadt, eine Firma, der vergessene mächtigste Wirtschaftsführer und Auschwitz (Geschichte, Bd. 14), 2. Aufl., Münster u. a. 2000.

Klemperer, Victor: „Ich will Zeugnis ablegen bis zum letzten". Tagebücher 1933–1945, 2 Bde., hrsg. von Walter Nowojski, 5. Aufl., Berlin 1996.

Klepetař, Harry: Seit 1918… Eine Geschichte der Tschechoslowakischen Republik, Mährisch Ostrau 1937.

Kletzin, Birgit: Europa aus Rasse und Raum. Die nationalsozialistische Idee der Neuen Ordnung (Region – Nation – Europa, Bd. 2), Münster 2. Aufl. 2002.

Klietmann, Kurt Gerhard: Die Waffen-SS. Eine Dokumentation, Osnabrück 1965.

Kluge, Ulrich: Die Weimarer Republik, Paderborn 2006.

Knabe, Hubertus: Die unterwanderte Republik: Stasi im Westen, 3. Aufl., Berlin 2000.

Kneip, Matthias: Die deutsche Sprache in Oberschlesien: Untersuchungen zur politischen Rolle der deutschen Sprache als Minderheitensprache in den Jahren 1921–1998 (Veröffentlichungen der Forschungsstelle Ostmitteleuropa an der Universität Dortmund, Reihe B, Bd. 62 und zugleich Diss. Regensburg 1999), Dortmund 1999.

Knopf, Volker / Martens, Stefan: Görings Reich: Selbstinszenierungen in Carinhall, Berlin 1999.

Koch, Hannsjoachim W.: Volksgerichtshof. Politische Justiz im 3. Reich, München 1988.

Koch, W. John: Schloß Fürstenstein. Erinnerungen an einen schlesischen Adelssitz, Edmonton 2006.

Koegler, Frank: Oppressed Minority?, London 1943.

Könnemann, Erwin: Freikorps Oberland 1919–1930 (1921–1930 Bund Oberland [BO]), in: Lexikon zur Parteiengeschichte. Die bürgerlichen und kleinbürgerlichen Parteien und Verbände in Deutschland (1789–1945), 4 Bde., Leipzig 1984, hier Bd. 2, S. 677–681.

Kolmer, Gustav: Parlament und Verfassung in Österreich [1848–1904], 8 Bde., Wien / Leipzig 1902–1914, ND Graz 1972–1980.

Kossert, Andreas: Kalte Heimat: Die Geschichte der deutschen Vertriebenen nach 1945, 1. Aufl., München 2008.

Kotowski, Albert S.: Polens Politik gegenüber seiner deutschen Minderheit 1919–1939, Wiesbaden 1998.

Krausnick, Helmut / Wilhelm, Hans-Heinrich: Die Truppe des Weltanschauungskrieges, München 1981.

Krebs, Albert: Fritz-Dietlof Graf von der Schulenburg. Zwischen Staatsräson und Hochverrat (Hamburger Beiträge zur Zeitgeschichte, Bd. 2), 1964.

Krebs, Hans: Kampf in Böhmen, Berlin 1937.

Krebs, Hans / Lehmann, Emil: Wir Sudetendeutsche, Berlin 1938.

Der Kreisauer Kreis: Zu den verfassungspolitischen Vorstellungen von Männern des Widerstandes um Helmuth James Graf von Moltke (Motive – Texte – Materialen, Bd. 71), hrsg. von Ulrich Karpen und Andreas Schott, Heidelberg 1996.

Křen, Jan: Die Konfliktgemeinschaft. Tschechen und Deutsche 1780–1918, München 1996.

Kruck, Alfred: Geschichte des Alldeutschen Verbandes, Wiesbaden 1954.

Kučera, Jaroslav: Minderheit im Nationalstaat. Die Sprachenfrage in den tschechisch-deutschen Beziehungen 1918–1938, München 1999.

Küpper, René: Karl Hermann Frank (1898–1946). Politische Biographie eines sudetendeutschen Nationalsozialisten, München 2010.

Kural, Václav: Konflikt anstatt Gemeinschaft? Tschechen und Deutsche im tschechoslowakischen Staat (1918–1938), Praha 2001.

Kussl, Bruno: „Vom Egerland bis nach Europa. Zum 60. Geburtstag von Rudolf Wollner – 25 Jahre BdV-Vizepräsident", in: Deutscher Ostdienst Nr. 24/1983, S. 5.

Lang, Karolina: „Identität, Heimat und Vernetzung unter dem Schirm Gottes. Die ermländische Glaubensgemeinschaft in den ersten Jahren Nachkriegsdeutschlands", in: Vertriebene finden Heimat in der Kirche. Integrationsprozesse im geteilten Deutschland nach 1945, Köln 2008, S. 163–174.

Langguth, Heinz: Die Bindung des überlebenden Ehegatten in bezug auf letztwillige Verfügungen bei einem gemeinschaftlichen Testament nach § 2269 BGB, jur. Diss. Erlangen, Zeulenroda i. Thür. 1933.

Langguth, Heinz: Betriebswirtschaftlicher Aufbau und zweckmäßige Organisation der landwirtschaftlichen Betriebe im eingegliederten Ostgebiet, TH Danzig technikwissenschaftliche Diss., Berlin 1941.

Lass, Edgar Günther: Die Flucht. Ostpreußen 1944/45, Bad Nauheim 1964.

Laun, Rudolf von: Staat und Volk: Eine völkerrechtliche und staatsrechtliche Untersuchung auf philosophischer Grundlage, Aalen 1971.

Lavergne, Bernard: Munich, défaite des démocraties, Paris 1939.

Lehnstaedt, Stephan: Das Reichsministerium des Innern unter Heinrich Himmler 1943–1945, in: *Vierteljahrshefte* für Zeitgeschichte, 54 (2006), S. 639–672.

Leide, Henry: NS-Verbrecher und Staatssicherheit. Die geheime Vergangenheitspolitik der DDR, Göttingen 2005.

Lemberg, Hans: 1918: Die Staatsgründung der Tschechoslowakei und die Deutschen, in: Wendepunkte in den Beziehungen zwischen Deutschen, Tschechen und Slowaken 1848–1989, hrsg. von Detlef Brandes u. a., Essen 2007, S. 119–136.

Lemberg, Hans: Sind nationale Minderheiten Ursachen für Konflikte? Entstehung des Problems und Lösungskonzepte in der Zwischenweltkriegszeit, in: Definitionsmacht, Utopie, Vergeltung. „Ethnische Säuberungen" im östlichen Europa des 20. Jahrhunderts, hrsg. von Ulf Brunnbauer, Michael G. Esch u. Holm Sundhaussen Berlin 2006, S. 32–48.

Lemke, Michael: Kampagnen gegen Bonn. Die Systemkrise der DDR und die West-Propaganda der SED 1960–1963, in: VfZ 41 (1993), München 1993, S. 153–174.

Lempart, Matthias: Machbarkeitsstudie für ein prosopographisches Projekt über Lebensläufe von Präsidialmitgliedern des Bundes der Vertriebenen, o. O. u. J, [ungedrucktes Manuskript München 2009].

Lempart, Matthias: Arbeitsbericht (Internes Gutachten für das IfZ München–Berlin) über ein Prosopographisches Projekt über Lebensläufe von Präsidialmitgliedern des Bundes der Vertriebenen [Teil II], August–Dezember 2009, ungedrucktes Manuskript, o. O. u. J. [2010].

Levsen, Sonja: Elite, Männlichkeit und Krieg. Tübinger und Cambridger Studenten 1900–1929, Göttingen 2006.

Lexikon zur Parteiengeschichte. Die bürgerlichen und kleinbürgerlichen Parteien und Verbände in Deutschland (1789–1945), 4 Bde., hrsg. von Dieter Fricke u. a., Leipzig 1984.

Loew, Peter Oliver: Danzig. Biographie einer Stadt, München 2011.

Lönnecker, Harald: „… freiwillig nimmer von hier zu weichen …". Die Prager deutsche Studentenschaft 1867–1945, Köln 2008.

Lommatzsch, Erik: Hans Globke (1898–1973): Beamter im Dritten Reich und Staatssekretär Adenauers, Frankfurt/M. 2009.

Lotz, Christian: Die Deutung des Verlusts. Erinnerungspolitische Kontroversen im geteilten Deutschland um Flucht, Vertreibung und die Ostgebiete (1948–1972), Köln u. a. 2007.

Lotz, Christian: Im erinnerungspolitischen Sog. Debatten um die Erinnerung an Flucht, Vertreibung und die Ostgebiete im geteilten Deutschland, in: Zeitschrift für Ostmitteleuropa-Forschung, 59 (2010), S. 323-343.

Lötzen Stadt und Kreis, hrsg. von der Kreisgemeinschaft Lötzen/Ostpreußen e.V., Leer 1989.

Lower, Wendy: Nazi Empire-Building and the Holocaust in Ukraine, Chapel Hill 2005.

Lücke, Jörg: Begründungszwang und Verfassung, Tübingen 1987.

Lumans, Valdis O.: Himmler's auxiliaries: The Volksdeutsche Mittelstelle and the German National Minorities of Europe 1933-1945, Chapel Hill u. a. 1993.

Luther, Tammo: Volkstumspolitik des Deutschen Reiches 1933-1938: Die Auslanddeutschen im Spannungsfeld zwischen Traditionalisten und Nationalsozialisten, Stuttgart 2004.

Macartney, Carlile A.: National States and National Minorities, London 1934.

Macek, Jaroslav: Zur Problematik der Geschichte der abgetrennten Grenzgebiete, besonders des sogenannten Sudetenlandes in den Jahren 1938-1945, in: Weg in die Katastrophe. Deutsch-tschechoslowakische Beziehungen 1938-1947, hrsg. von Detlef Brandes und Václav Kural, Essen 1994, S. 57-75.

Madajczyk, Piotr: Oberschlesien zwischen Gewalt und Frieden, in: Nationalitätenkonflikte im 20. Jahrhundert (Forschungen zur osteuropäischen Geschichte, Bd. 59), hrsg. von Philipp Ther, Wiesbaden 2001, S. 147-162.

Majer, Diemut: „Fremdvölkische" im Dritten Reich: Ein Beitrag zur nationalsozialistischen Rechtsetzung und Rechtspraxis in Verwaltung und Justiz unter besonderer Berücksichtigung der eingegliederten Ostgebiete und des Generalgouvernements (Schriften des Bundesarchivs, Bd. 28), Boppard am Rhein 1981.

Manig, Bert-Oliver: Die Politik der Ehre. Die Rehabilitierung der Berufssoldaten in der frühen Bundesrepublik (Veröffentlichungen des Zeitgeschichtlichen Arbeitskreises Niedersachsen, Bd. 22), Göttingen 2004.

Markov, Walter: Grundzüge der Balkandiplomatie. Ein Beitrag zur Geschichte der Abhängigkeitsverhältnisse, Leipzig 1999.

Martin, Hans-Werner: „…nicht spurlos aus der Geschichte verschwinden". Wenzel Jaksch und die Integration der sudetendeutschen Sozialdemokraten in die SPD nach dem II. Weltkrieg (1945-1949), Frankfurt/M. u. a. 1996.

Marxen, Klaus: Das Volk und sein Gerichtshof. Eine Studie zum nationalsozialistischen Volksgerichtshof (Juristische Abhandlungen, Bd. 25), Frankfurt am Main 1994.

März, Josef: Gestaltwandel des Südostens, Berlin 1942.

Masaryk, T.[omaš] G.: Die Weltrevolution. Erinnerungen und Betrachtungen 1914-1918, Berlin 1925.

Matull, Wilhelm: Damals in Königsberg: Ein Buch der Erinnerung an Ostpreußens Hauptstadt 1919-1939, Rautenberg 1998.

Matull, Wilhelm: Erlebte Geschichte zwischen Pregel und Rhein. Erinnerungen aus drei Generationen 1845-1980, Dortmund 1980.

Mazower, Mark: Der Balkan: Kleine Weltgeschichte, 3. Aufl., Berlin 2002.

Mazower, Mark: Der dunkle Kontinent. Europa im 20. Jahrhundert, Berlin 2000.

Mazower, Mark: Hitlers Imperium. Europa unter der Herrschaft des Nationalsozialismus, München 2009.

Medem, W. Eberhard Freiherr von: Seldte – Duesterberg, Leipzig 1932.

Meindl, Ralf: Ostpreußens Gauleiter: Erich Koch – eine politische Biographie, Osnabrück 2007.

Mertens, Lothar: „Nur politisch Würdige": Die DFG-Forschungsförderung im Dritten Reich 1933-1937, Berlin 2004.

Meyhöfer, Max: Der Kreis Lötzen, o. O. 1960.

Miksch, Leo: ČSR/ČSSR: Das Nationalitätenproblem der Tschechoslowakei, Stuttgart 1975.

Minister-Ploetz. Regenten und Regierungen der Welt, Bd. 2: 1492–1953, bearb. v. Bertold Spuler, Bielefeld 1953.

Molisch, Paul: Geschichte der deutschnationalen Bewegung in Oesterreich von ihren Anfängen bis zum Zerfall der Monarchie, Jena 1926.

Molisch, Paul: Vom Kampf der Tschechen um ihren Staat, Wien 1929.

Morsey, Rudolf: Gründung und Gründer der christlichen Demokratie aus dem Widerstand, in: Die Überlebenden des deutschen Widerstandes und ihre Bedeutung für Nachkriegsdeutschland, hrsg. von Joachim Scholtysek und Steffen Schröder, Münster 2005.

Motsch, Christoph: Grenzgesellschaft und frühmoderner Staat. Die Starostei Draheim zwischen Hinterpommern, der Neumark und Großpolen 1575–1805, Göttingen 2001.

Müller, Ingo: Furchtbare Juristen. Die unbewältigte Vergangenheit unserer Justiz, München 1987.

Musial, Bogdan: Deutsche Zivilverwaltung und Judenverfolgung im Generalgouvernement. Eine Fallstudie zum Distrikt Lublin 1939–1944 (Quellen und Studien, DHI Warschau, Bd. 10 u. zugleich Diss. Hannover 1998 u. d. T.: Die Politik gegenüber den Juden im Distrikt Lublin 1939–1944), Wiesbaden 1999.

Naumann, Friedrich: Mitteleuropa, Berlin 1915.

Nessou, Anestis: Griechenland 1941–1944. Deutsche Besatzungspolitik und Verbrechen gegen die Zivilbevölkerung – Eine Beurteilung nach dem Völkerrecht (Osnabrücker Schriften zur Rechtsgeschichte, Bd. 15 und zugleich Diss. Osnabrück 2008), Göttingen 2009.

Niendorf, Mathias: Minderheiten an der Grenze: Deutsche und Polen in den Kreisen Flatow (Złotów) und Zempelburg (Sępólno Krajeńskie) 1900–1939 (Quellen und Studien des DHI Warschau, Bd. 6), Wiesbaden 1997.

Nipperdey, Thomas: Deutsche Geschichte, 2 Bde., München 2. Aufl. 1991 bzw. München 1992.

Nitschke, Bernadetta: Vertreibung und Aussiedlung der deutschen Bevölkerung aus Polen 1945 bis 1949, 2. Aufl., München 2004.

Nolte, Ernst: Der europäische Bürgerkrieg 1917–1945. Nationalsozialismus und Bolschewismus, Berlin 1987.

Nonn, Christoph: Eine Stadt sucht einen Mörder: Gerücht, Gewalt und Antisemitismus im Kaiserreich, Göttingen 2002.

Norden, Albert: Ereignisse und Erlebtes, Berlin [Ost] 1981.

Die NS-Gaue. Regionale Mittelinstanzen im zentralistischen „Führerstaat", hrsg. von Jürgen John und Horst Möller, München 2007.

Orljanskij, S. F.: Cholokost na Zaporož'e. Zaporož'e 2003.

Osterloh, Jörg: Nationalsozialistische Judenverfolgung im Reichsgau Sudetenland 1938–1945, München 2006.

Österreicher der Gegenwart. Lexikon schöpferischer und schaffender Zeitgenossen, hrsg. vom Österreich-Institut, Wien 1951.

Österreichisches biographisches Lexikon 1815–1950, Bd. 1, hrsg. von der Österreichischen Akademie der Wissenschaften, Wien 1957.

Overmans, Rüdiger: Deutsche militärische Verluste im Zweiten Weltkrieg, München 2004.

Papen, Franz von: Der Wahrheit eine Gasse, Innsbruck 1952.

Pernthaler, Peter: Das Nationalitätenrecht Österreich-Ungarns, in: Pan, Christoph / Pfeil, Beate Sibylle (Hg.), Zur Entstehung des modernen Minderheitenschutzes in Europa (Handbuch der europäischen Volksgruppen Bd. 3, Wissenschaftliche Leitung: Peter Pernthaler), Wien / New York 2006, S. 42–106.

Pichler, Hans: Truppenarzt und Zeitzeuge. Mit der 4. SS-Polizei-Division an der vordersten Front, Dresden 2006.

Picker, Henry: Hitlers Tischgespräche im Führerhauptquartier 1941–1942, hrsg. von Percy Ernst Schramm u. a., 2. Aufl., Stuttgart 1965.

Plener, Ernst Freiherr von: Reden 1873–1911, Stuttgart / Leipzig 1911.

Plöckinger, Othmar: Geschichte eines Buches. Adolf Hitlers „Mein Kampf" 1922–1945, 2. Aufl., München 2011.

Podewin, Norbert: Der Rabbinersohn im Politbüro. Albert Norden – Stationen eines ungewöhnlichen Lebens. Eine Biographie, Berlin 2003.

Pohl, Dieter: Nationalsozialistische Judenverfolgung in Ostgalizien 1941–1944. Organisation und Durchführung eines staatlichen Massenverbrechens, München 1997.

Pohl, Dieter: „Die Reichsgaue Danzig-Westpreußen und Wartheland. Koloniale Verwaltung oder Modell für die zukünftige Gauverwaltung?", in: John, Jürgen / Möller, Horst / Schaarschmidt, Thomas (Hg.)., Die NS-Gaue. Regionale Mittelinstanzen im zentralistischen Führerstaat, München 2007, S. 395–405.

Pohl, Dieter: Die Herrschaft der Wehrmacht. Deutsche Militärbesatzung und einheimische Bevölkerung in der Sowjetunion 1941–1944 (Quellen und Darstellungen zur Zeitgeschichte, Bd. 71), München 2008.

Pohl, Dieter: Verfolgung und Massenmord in der NS-Zeit 1939–1945, 3. Aufl., Darmstadt 2011.

Polzer-Hoditz, Arthur Graf: Kaiser Karl. Aus der Geheimmappe seines Kabinettschefs, hrsg. von Wolfdieter Bihl, 2. Aufl., Wien 1980.

Popovici, Aurel C.: Die Vereinigten Staaten von Groß-Österreich. Politische Studien zur Lösung der nationalen Fragen und staatsrechtlichen Krisen in Österreich-Ungarn, 2. Aufl., Leipzig 1906.

Preradovich, Nikolaus von: Die Generale der Waffen-SS, Berg am See 1985.

Priamus, Heinz-Jürgen: Meyer: Zwischen Kaisertreue und NS-Täterschaft. Biographische Konturen eines deutschen Bürgers, Essen 2011.

Priester unter Hitlers Terror: Eine biographische und statistische Erhebung, 2 Bde., bearb. von Ulrich von Hehl unter Mitwirkung der Diözesanarchive, 3. Aufl., Paderborn u. a. 1996.

Priemel, Kim Christian: Flick. Eine Konzerngeschichte vom Kaiserreich bis zur Bundesrepublik (Moderne Zeit, Bd. 17), Göttingen 2007.

Pusback, Birte: Stadt als Heimat. Die Danziger Denkmalpflege zwischen 1933 bis 1939, Köln 2006.

Pustejovsky, Otfried: Christlicher Widerstand gegen die NS-Herrschaft in den Böhmischen Ländern. Eine Bestandsaufnahme zu den Verhältnissen im Sudetenland und dem Protektorat Böhmen und Mähren (Beiträge zu Theologie, Kirche und Gesellschaft im 20. Jahrhundert 18), Münster 2009, in: Bohemia 50/2 (2010) S. 426–428.

Pyta, Wolfram: Die Weimarer Republik, Opladen 2004.

Raczyński, Edward: In Allied London, London 1962.

Rademacher, Michael: Handbuch der NSDAP-Gaue 1928–1945, o. O. 2000.

Raehlmann, Irene: Arbeitswissenschaft im Nationalsozialismus. Eine wissenschaftssoziologische Analyse, Wiesbaden 2005.

Rebentisch, Dieter: Führerstaat und Verwaltung im Zweiten Weltkrieg: Verfassungsentwicklung und Verwaltungspolitik 1939–1945 (Frankfurter historische Abhandlungen, Bd. 29 und zugleich Habil.-Schrift Frankfurt am Main 1987), Stuttgart 1989.

Reckendrees, Alfred: Das „Stahltrust"-Projekt: Die Gründung der Vereinigte Stahlwerke A.G. und ihre Unternehmensentwicklung 1926–1933/34 (Schriftenreihe zur Zeitschrift für Unternehmensgeschichte, Bd. 5 und zugleich Diss. Bielefeld 1999), München 2000.

Rehm, Sabine: Provinz Schlesien, in: Ziegler, Walter (Hg.): Die Vertriebenen vor der Vertreibung. Die Heimatländer der deutschen Vertriebenen im 19. und 20. Jahrhundert: Strukturen, Entwicklungen, Erfahrung, Bd. 1, München 1999, S. 303–405.

Reichling, Gerhard: Die deutschen Vertriebenen in Zahlen. Teil I: Umsiedler, Verschleppte, Vertriebene, Aussiedler 1940–1985, Bonn 1986.

Rein, Leonid: The Kings and the Pawns. Collaboration in Byelorussia during World War II, New York 2011.

Renner, Karl: Das nationale und das ökonomische Problem der Tschechoslowakei, Prag 1926.

Riess, Volker: Die Anfänge der Vernichtung „lebensunwerten Lebens" in den Reichsgauen Danzig-Westpreußen und Wartheland 1939 (zugleich Diss. Stuttgart 1993), Frankfurt am Main u. a. 1995.

Rogall, Joachim: Die Räumung des „Reichsgaus Wartheland" vom 16. bis 26. Januar 1945 im Spiegel amtlicher Berichte, Sigmaringen 1993.

Rohrer, Christian: Nationalsozialistische Macht in Ostpreußen, München 2006.

Röhrich, Victor: Geschichte des Fürstbistums Ermland, Braunsberg 1925.

Rösch, Mathias: Die Münchner NSDAP 1925-1933: eine Untersuchung zur inneren Struktur der NSDAP in der Weimarer Republik (Studien zur Zeitgeschichte, Bd. 63 u. zugleich Diss. München 1998), München 2002.

Roloff, Gustav: Geschichte der europäischen Kolonisation seit der Entdeckung Amerikas, Heilbronn 1913.

Roth, Markus: Herrenmenschen. Die deutschen Kreishauptleute im besetzten Polen – Karrierewege, Herrschaftspraxis und Nachgeschichte (Beiträge zur Geschichte des 20. Jahrhunderts, Bd. 9), 2. Aufl., Göttingen 2009.

Ruhm und Tragik der sudetendeutschen Sozialdemokratie. Zum 50. Geburtstag von Wenzel Jaksch, hrsg. von der Treuegemeinschaft sudetendeutscher Sozialdemokraten, Malmö 1946.

Rumpler, Helmut: Österreichische Geschichte 1804-1914: Eine Chance für Mitteleuropa. Bürgerliche Emanzipation und Staatsverfall in der Habsburgermonarchie, Wien 1997.

Rüther, Martin: Köln im Zweiten Weltkrieg. Alltag und Erfahrungen zwischen 1939 und 1945. Darstellung, Bilder, Quellen (Schriften des NS-Dokumentationszentrums der Stadt Köln, Bd. 12), Köln 2005.

Sajti, Enikö A.: Hungarians in the Vojvodina 1918-1947, New York 2003.

Sakmyster, Thomas: Miklós Horthy. Ungarn 1918-1944, Wien 2006.

Schenker, Dieter: Hans Frank: Hitlers Kronjurist und Generalgouverneur, Frankfurt am Main 2006.

Scheuermann, Martin, Minderheitenschutz contra Konfliktverhütung? Die Minderheitenpolitik des Völkerbundes in den zwanziger Jahren, Marburg 2000.

Das Schicksal der Deutschen in Jugoslawien, hrsg. vom Bundesministerium für Vertriebene, Flüchtlinge und Kriegsgeschädigte, Augsburg 1994.

Schicksalsjahre Österreichs 1908-1919. Das politische Tagebuch Josef Redlichs, 2 Bde., bearbeitet von Fritz Fellner, Graz / Köln 1953-1954.

Schlögl, Daniel: Provinz Pommern. Landeskunde und politische Entwicklung, in: Ziegler, Walter (Hg.): Die Vertriebenen vor der Vertreibung. Die Heimatländer der deutschen Vertriebenen im 19. und 20. Jahrhundert: Strukturen, Entwicklungen, Erfahrung, Bd. 1, München 1999, S. 273-278.

Schmahl, Hermannjosef: Disziplinarrecht und politische Betätigung der Beamten in der Weimarer Republik (Schriften zur Rechtsgeschichte, Bd. 13), Berlin 1977.

Schmidt, Rainer F.: Die Außenpolitik des Dritten Reiches 1933-1939, Stuttgart 2002.

Schmider, Klaus: Auf Umwegen zum Vernichtungskrieg? Der Partisanenkrieg in Jugoslawien, 1941-1944, in: Die Wehrmacht. Mythos und Realität, hrsg. von Rolf-Dieter Müller und Klaus-Erich Volkmann, München 1999, S. 901-922.

Schmitz-Berning, Cornelia: Vokabular des Nationalsozialismus, Berlin u. a. 1998.

Schnee, Heinrich: Georg Ritter von Schönerer. Ein Kämpfer für Alldeutschland. Mit ausgewählten Zeugnissen aus Schönerers Kampfzeit für deutsche Einheit und deutsche Reinheit, Reichenberg 3. Aufl. 1943.

Schreiber, Carsten: Elite im Verborgenen: Ideologie und regionale Herrschaftspraxis des Sicherheitsdienstes der SS und seines Netzwerks am Beispiel Sachsens (Studien zur Zeitgeschichte, Bd. 77), München 2008.

Schulev-Steindl, Eva: Subjektive Rechte. Eine rechtstheoretische und dogmatische Analyse am Beispiel des Verwaltungsrechts, Wien 2008.

Schulte, Jan Erik: Zwangsarbeit und Vernichtung: Das Wirtschaftsimperium der SS. Oswald Pohl und das SS-Wirtschafts-Verwaltungshauptamt 1933–1945, Paderborn u. a. 2001.

Schulthess' Europäischer Geschichtskalender, 81 Bde., hrsg. v. Heinrich Schulthess u. a., Nördlingen bzw. München 1861–1942.

Schulz, Gerhard: Zwischen Demokratie und Diktatur. Verfassungspolitik und Reichsreform in der Weimarer Republik, Bd. 1: Die Periode der Konsolidierung und der Revision des Bismarckschen Reichsaufbaus 1919–1930, Berlin 1963.

Schulze, Hagen: Weimar. Deutschland 1917–1933, Berlin 1982.

Schulze, Rainer: „Der Führer ruft!" Zur Rückholung der Volksdeutschen aus dem Osten, in: Die ‚Volksdeutschen' in Polen, Frankreich, Ungarn und der Tschechoslowakei. Mythos und Realität (Einzelveröffentlichungen des DHI Warschau, Bd. 12, hrsg. von Jerzy Kochanowski und Maike Sach, Osnabrück 2008, S. 183–204.

Schwartz, Michael: Regionalgeschichte und NS-Forschung. Über Resistenz und darüber hinaus, in: Regionales Prisma der Vergangenheit. Perspektiven der modernen Regionalgeschichte, hrsg. v. Edwin Dillmann, St. Ingbert 1996, S. 197–218 und S. 457–464.

Schwartz, Michael: Vertriebene und „Umsiedlerpolitik": Integrationskonflikte in den deutschen Nachkriegs-Gesellschaften und die Assimilationsstrategien in der SBZ/DDR 1945–1961, München 2004.

Schwarz, Hans-Peter: Adenauer. Der Aufstieg: 1876–1952, 2. Aufl., Stuttgart 1986.

Schwarz, Hans-Peter: Adenauer. Der Staatsmann: 1952–1967, Stuttgart 1991.

Sechzig Jahre gegen den Strom: Ernst A. Simon. Briefe 1917–1984 (Schriftenreihe wissenschaftlicher Abhandlungen des Leo-Baeck-Instituts, Bd. 59), hrsg. vom Leo-Baeck-Institut Jerusalem, Tübingen 1998.

Seibt, Ferdinand: Deutschland und die Tschechen: Geschichte einer Nachbarschaft in der Mitte Europas, München / Zürich 1997.

Shepherd, Ben: War in the Wild East. The German Army and Soviet Partisans, Cambridge 2004.

Simon, Albert Karl: Rudolf Ritter Lodgman von Auen, in: Rudolf Lodgman von Auen. Ein Leben für Recht und Freiheit und die Selbstbestimmung der Sudetendeutschen, red. von Alois Harasko und Heinrich Kuhn, Nürnberg 1984, S. 9–52.

Simon, Albert Karl: Rudolf Lodgman von Auen. Reden und Aufsätze. Festgabe zum 77. Geburtstag des Sprechers der Sudetendeutschen Landsmannschaft, hrsg. von Albert Karl Simon, München o. J. [1954].

Singule, Hans: Der Staat Masaryks, Berlin 1937.

Skrehunetz-Hillebrand, Bruno: Wenzel Jaksch – am 25. September 70 Jahre, in: Der Südostdeutsche 17. 1966 Nr. 18 v. 15. 9. 1966, S. 1.

Helmut Slapnicka: Die „Illoyalität" der Deutschen und Magyaren in der Tschechoslowakei als Legitimitätsgrundlage für die gegen sie ergriffenen Maßnahmen, in: Staat, Loyalität und Minderheiten in Ostmittel- und Südosteuropa 1918–194, hrsg. von Peter Haslinger und Joachim von Puttkamer, München 2007, S. 247–262.

Smelser, Ronald M.: Das Sudetenproblem und das Dritte Reich (1933–1938). Von der Volkstumspolitik zur nationalsozialistischen Außenpolitik, München / Wien 1980.

Smith, Helmut Walser: Die Geschichte des Schlachters. Mord und Antisemitismus in einer deutschen Kleinstadt, Göttingen 2002.

Snyder, Timothy: Bloodlands: Europe between Hitler and Stalin, New York 2010.

Sontheimer, Kurt: Antidemokratisches Denken in der Weimarer Republik. Die politischen Ideen des deutschen Nationalismus zwischen 1918 und 1933, München 2. Aufl. 1983.

Spannenberger, Norbert: Der Volksbund der Deutschen in Ungarn 1938–1945 unter Horthy und Hitler, Oldenburg 2005.

Spannenberger, Norbert: Jugoslawien, in: Ziegler, Walter (Hg.): Die Vertriebenen vor der Vertreibung. Die Heimatländer der deutschen Vertriebenen im 19. und 20. Jahrhundert: Strukturen, Entwicklungen, Erfahrung, Bd. 2, München 1999, S. 865–937.

Später, Erich: Kein Frieden mit Tschechien. Die Sudetendeutschen und ihre Landsmannschaft, Hamburg 2005.

Spitzmüller, Alexander: „...Und hat auch Ursach, es zu lieben.", Wien u. a. 1955.

Springer, Anton: Geschichte Österreichs seit dem Wiener Frieden 1809, 2 Bde., Leipzig 1863.

Springer, Rudolf [i. e. Karl Renner]: Grundlagen und Entwicklungsziele der Österreichisch-Ungarischen Monarchie, Wien 1906.

Staat, Loyalität und Minderheiten in Ostmittel- und Südosteuropa 1918–1941, hrsg. von Peter Haslinger und Joachim von Puttkamer, München 2007.

Stadler, Wolfgang: „... juristisch bin ich nicht zu fassen.": Die Verfahren des Volksgerichts Wien gegen Richter und Staatsanwälte 1945–1955 (Schriftenreihe des Dokumentationsarchivs des Österreichischen Widerstandes zu Widerstand, NS-Verfolgung und Nachkriegsaspekten, Bd. 5), Wien u. a. 2007.

Stalin, J.[ossif] W.: Werke, 13 Bde., hrsg. vom Marx-Engels-Lenin-Institut bzw. Marx-Engels-Lenin-Stalin-Institut beim Parteivorstand bzw. ZK der SED, Berlin [Ost] 1950–1955.

Stegmann, Dirk: Die „Deutsche Zeitung" 1917–1918. Präfaschistische Öffentlichkeit am Ende des Kaiserreiches, in: Kultur, Politik und Öffentlichkeit, hrsg. von Dagmar Bussiek und Simona Göbel, FS Jens Flemming, Kassel 2009.

Stegmann, Natali: Kriegsdeutungen, Staatsgründungen, Sozialpolitik: Der Helden- und Opferdiskurs in der Tschechoslowakei 1918–1948, München 2010.

Stelbrink, Wolfgang: Der preußische Landrat im Nationalsozialismus. Studien zur nationalsozialistischen Personal- und Verwaltungspolitik auf Landkreisebene, Münster u. a. 1998.

Stern, Fritz: Kulturpessimismus als politische Gefahr. Eine Analyse nationaler Ideologie in Deutschland, München 1986.

Sterne und Strand, hrsg. v. Fred J. Domes im Auftr. d. Nordischen Ges., Hamburg 1938.

Stickler, Matthias: „Ostdeutsch heißt gesamtdeutsch": Organisation, Selbstverständnis und heimatpolitische Zielsetzungen der deutschen Vertriebenenverbände 1949–1972, Düsseldorf 2004.

Stickler, Matthias: „Wir Heimatvertriebenen verzichten auf Rache und Vergeltung". Die Stuttgarter Charta vom 5./6. August 1950 als zeithistorisches Dokument, in: „Zeichen der Menschlichkeit und des Willens zur Versöhnung". 60 Jahre Charta der Heimatvertriebenen, hrsg. von Jörg Dieter Gauger u. Hans-Jürgen Küsters, St. Augustin / Berlin 2011.

Stradal, Karl Heinrich: Demokratie und Rechtsstaat. Ein Beitrag zur Reform der österreichischen Verfassung, Irdning 1946.

Stradal, Karl Heinrich: Wertzuwachssteuer und Bergbau, Teplitz-Schönau 1918.

Strasser, Otto: Europa von morgen. Das Ziel Masaryks, Zürich 1939.

Strasser, Otto: Mein Kampf. Eine politische Autobiographie, Frankfurt/M. 1969.

Strauß und Brandt mobilisieren die SS. Drahtzieher der Revanchehetze um Westberlin, hrsg. vom Nationalrat der Nationalen Front des demokratischen Deutschland, o. O. u. J. [Ost-Berlin 1962].

Stresemann, Gustav: Vermächtnis. Der Nachlaß in drei Bänden, Hrsg. von Henry Bernhard, Berlin 1932/33.

Streubel, Christiane: Radikale Nationalistinnen. Agitation und Programmatik rechter Frauen in der Weimarer Republik, Frankfurt am Main u. a. 2006.

Die „sudetendeutsche Geschichtsschreibung" 1918–1960: Zur Vorgeschichte und Gründung der Historischen Kommission der Sudetenländer. Vorträge der Tagung der Historischen Kommission für die Böhmischen Länder (vormals: der Sudetenländer) in Brünn vom 1. bis 2. Oktober 2004 aus Anlaß ihres fünfzigjährigen Bestehens (Veröffentlichungen des Collegium Carolinum, Bd. 114), im Auftr. der Historischen Kommission für die Böhmischen Länder hrsg. von Stefan Albrecht, München 2008.

Swatek-Evenstein, Mark: Geschichte der „Humanitären Intervention", Baden-Baden 2008.

Die Tagebücher von Joseph Goebbels. Im Auftrage des Instituts für Zeitgeschichte und mit Unterstützung des Staatlichen Archivdienstes Russlands hrsg. v. Elke Fröhlich, Teil II, Bd. 5: Juli-September 1942, bearb. von Angela Stüber, München e.a. 1995.

Tauber, Joachim / Tuchtenhagen, Ralph: Vilnius – Kleine Geschichte der Stadt, Köln u. a. 2008.

Teichova, Alice: Kleinstaaten im Spannungsfeld der Großmächte. Wirtschaft und Politik in Mittel- und Südosteuropa in der Zwischenkriegszeit, München 1988.

Thamer, Hans-Ulrich: Verführung und Gewalt: Deutschland 1933-1945 (Die Deutschen und ihre Nation Bd. 5), Berlin 1986.

Theisinger, Hugo: Die Sudetendeutschen. Herkunft – Die Zeit unter Konrad Henlein und Adolf Hitler – Vertreibung. Ein Beitrag zur sudetendeutschen Geschichte, Buchloe 1987.

Ther, Philipp: Die dunkle Seite der Nationalstaaten. „Ethnische Säuberungen" im modernen Europa, Göttingen 2011.

Tilitzki, Christian: Alltag in Ostpreußen 1940-1945: Die geheimen Lageberichte der Königsberger Justiz, 1940-1945, o. O. 1991.

Tilkovszky, Lorant: Ungarn und die deutsche „Volksgruppenpolitik" 1938-1945, Köln/Wien 1981.

Traverso, Enzo: Moderne und Gewalt. Eine europäische Genealogie des Nazi-Terrors, Karlsruhe 2003.

Trischler, Josef: Ernährungsphysiologische Studien an dem Schimmelpilz Aspergillus niger, als Grundlage zur Feststellung des Kalibedürfnisses der Böden, in: Wissenschaftliches Archiv für Landwirtschaft, Abt. A: Pflanzenbau, Bd. 7, Berlin 1931, S. 39-78.

Tuchtenhagen, Ralph: Kleine Geschichte Schwedens, München 2008.

Uekötter, Frank: Die Wahrheit ist auf dem Feld. Eine Wissensgeschichte der deutschen Landwirtschaft, Göttingen 2010.

Ulitz, Otto: Oberschlesien. Aus seiner Geschichte, Bonn 3. Aufl. 1971.

Universitäten in nationaler Konkurrenz. Zur Geschichte der Prager Universitäten im 19. und 20. Jahrhundert, hrsg. von Hans Lemberg, München 2003.

Urban, Thomas: Der Verlust. Die Vertreibung der Deutschen und Polen im 20. Jahrhundert, München 2004.

Varga, József: Schuldige Nation oder Vasall wider Willen? Beiträge zur Zeitgeschichte Ungarns und des Donauraumes, Bd. 2: 1939-1949, Wien 1989.

Vencovsky, F.: Deutsche Mark, Tschechische Krone, Euro, in: Tschechen und Deutsche. Geschichte – Kultur – Politik, hrsg. von Walter Koschmal, 2. Aufl., München 2003, S. 473-488.

Die Verfolgung und Ermordung der europäischen Juden durch das nationalsozialistische Deutschland 1933-1945, Bd. 7.: Sowjetunion mit annektierten Gebieten, Teilband 1: Besetzte sowjetische Gebiete unter deutscher Militärverwaltung, Baltikum und Transnistrien, bearb. von Bert Hoppe und Hildrun Glass, München 2011.

Veršickaja, Tamara: Logistika ėkspluatacii i uničtoženija naselenija v gebitskomissariate Novogrudok (GK Belarus') v period okkupacii nacistskoj Germaniej (1941-1944gg.). In: Vojna na uničtoženie. Nacistskaja politika genocida na territorii Vostočnoj Evropy. Materialy meždunarodnoj naučnoj konferencii, Moskva, 26-28 aprelja 2010 goda, Moskau 2010.

Die Vertreibung der deutschen Bevölkerung aus der Tschechoslowakei, Bd. 2, hrsg. vom Bundesministerium für Vertriebene, Flüchtlinge und Kriegsgeschädigte, Augsburg 1993.

Voßkamp, Sabine: Katholische Kirche und Vertriebene in Westdeutschland. Integration, Identität und ostpolitischer Diskurs 1945-1972, Stuttgart 2007.

Wachs, Philipp-Christian: Der Fall Theodor Oberländer 1905-1998. Ein Lehrstück deutscher Geschichte, Frankfurt u. a. 2000 (zugleich Diss. München 1999).

Wagner, Christoph: Entwicklung, Herrschaft und Untergang der nationalsozialistischen Bewegung in Passau 1920 bis 1945, Berlin 2007.

Wagner, Walter: Die deutsche Justiz und der Nationalsozialismus. Teil 3: Der Volksgerichtshof im nationalsozialistischen Staat (Quellen und Darstellungen zur Zeitgeschichte, Bd. 16, Teil 3), München 2011.

Walle, Heinrich: Die Tragödie des Oberleutnants zur See Oskar Kusch, Stuttgart 1995.

Walter, Ilsemarie: Teplitz-Schönau – Kur- und Industriestadt? Eine nordböhmische Kleinstadt in der zweiten Hälfte des 19. Jahrhunderts, Norderstedt 2002.

Walther, Karl Klaus: Verlage und Buchhandlungen in Bamberg 1918 bis 1950: Kontinuitäten, Konzessionen und Konflikte, Wiesbaden 2007.

Wandel, Eckhard: Banken und Versicherungen im 19. und 20. Jahrhundert (Enzyklopädie deutscher Geschichte, Bd. 45), München 1998.

Wann ziehen wir endlich einen Schlußstrich? Von der Notwendigkeit öffentlicher Erinnerung in Deutschland, Polen und Tschechien, hrsg. von Wolfgang Benz, Berlin 2004.

Weber, Max: Wirtschaft und Gesellschaft, 5. Aufl., Tübingen 1980.

Webersinn, Gerhard: Otto Ulitz. Ein Leben für Oberschlesien, Augsburg 1974.

Wege eines Soldaten – Heinz Gaedcke, hrsg. v. Gerhard Brugmann, Norderstedt 2005.

Wehler, Hans-Ulrich: Deutsche Gesellschaftsgeschichte. Band 3: Von der „Deutschen Doppelrevolution" bis zum Beginn des Ersten Weltkrieges 1849-1914, München 1995.

Wehler, Hans-Ulrich: Deutsche Gesellschaftsgeschichte, Bd. 4: Vom Beginn des Ersten Weltkriegs bis zur Gründung der beiden deutschen Staaten 1914-1949, München 2003.

Wehler, Hans-Ulrich: Der Nationalsozialismus. Bewegung, Führerherrschaft, Verbrechen 1919-1945, München 2009.

Weiser, Thomas: Arbeiterführer in der Tschechoslowakei. Eine Kollektivbiographie sozialdemokratischer und kommunistischer Parteifunktionäre 1918-1938, München 1998.

Weiss, Yfaat: Deutsche und polnische Juden vor dem Holocaust. Jüdische Identität zwischen Staatsbürgerschaft und Ethnizität 1933-1940 (Schriftenreihe der VfZ, Bd. 81), München 2000.

Wentker, Hermann: Justiz in der SBZ/DDR 1945-1953: Transformation und Rolle ihrer zentralen Institutionen (Quellen und Darstellungen zur Zeitgeschichte, Bd. 51), München 2001.

Wenzel Jaksch – Edvard Beneš. Briefe und Dokumente aus dem Londoner Exil 1939-1943, hrsg. von Friedrich Prinz, Köln 1973.

Wenzel Jaksch. Patriot und Europäer, hrsg. von der Seliger-Gemeinde (Gesinnungsgemeinschaft sudetendeutscher Sozialdemokraten), München 1967.

Wernecke, Klaus / Heller, Peter: Der vergessene Führer. Alfred Hugenberg – Pressemacht und Nationalsozialismus, Hamburg 1982.

Wessely, Wolfgang: Eckpunkte der Parteistellung: Wegweiser für Gesetzgebung und Vollziehung, Wien 2008.

Wettstein, Lothar: Josef Bürckel: Gauleiter Reichsstatthalter Krisenmanager Adolf Hitlers, o. O. 2009.

Wilpert, Friedrich von: Einer in fünf Zeitaltern: Meilensteine an einem wechselvollen Lebenswege, Bonn 1977.

Winkler, Heinrich August: Arbeiter und Arbeiterbewegung in der Weimarer Republik, Bd. 1, Bonn 1984.

Winkler, Heinrich August: Der lange Weg nach Westen, 2 Bde., 1. Aufl., München 2000.

Winkler, York R.: Flüchtlingsorganisationen in Hessen 1945-1954: BHE – Flüchtlingsverbände – Landsmannschaften, hrsg. v. Hessischen Hauptstaatsarchiv in Verbindung mit der Historischen Kommission für Nassau, Wiesbaden 1998.

Wintgens, Hugo: Der völkerrechtliche Schutz der nationalen, sprachlichen und religiösen Minderheiten. Unter besonderer Berücksichtigung der deutschen Minderheiten in Polen, Stuttgart 1930.

Wirsching, Andreas: Die Weimarer Republik: Politik und Gesellschaft, München 2008.

Wolfgang Menzels Denkwürdigkeiten, hrsg. von Konrad Menzel, Bielefeld / Leipzig 1877.

Wolfram von Wolmar, Wolfgang: Prag und das Reich. 600 Jahre Kampf deutscher Studenten, Dresden 1943.

Wolfrum, Edgar: Die geglückte Demokratie: Geschichte der Bundesrepublik Deutschland von ihren Anfängen bis zur Gegenwart, 1. Aufl., München 2007.

Wollner, Rudolf: Im Dienste der Verständigung. Wenzel Jaksch zum Gedächtnis, in: Deutscher Ostdienst Nr. 47/1986, S. 5.

Wright, Jonathan: Gustav Stresemann 1878–1929. Weimars größter Staatsmann, München 2006.

Zellhuber, Andreas: „Unsere Verwaltung treibt einer Katastrophe zu…": Das Reichsministerium für die besetzten Ostgebiete und die deutsche Besatzungsherrschaft in der Sowjetunion 1941–1945 (Schriften der Philosophischen Fakultät der Universität Augsburg, Bd. 71), München 2006 (zugleich Diss. Augsburg 2005).

Zeman, Zbyněk: Pursued by a Bear, London 1989.

Zeman, Zbyněk / Klimek, Antonín: The Life of Edvard Beneš, 1884–1948. Czechoslovakia in Peace and War, Oxford u. a. 1997.

Zeman, Zbyněk: The Masaryks. The Making of Czechoslovakia, London 1976.

Ziegler, Walter: Gaue und Gauleiter im Dritten Reich, in: Nationalsozialismus in der Region. Beiträge zur regionalen und lokalen Forschung und im internationalen Vergleich (Sondernummer der Schriftenreihe der VfZ), hrsg. von Horst Möller, Andreas Wirsching und Walter Ziegler, München 1996, S. 139–159.

Ziegler, Walter: Tschechoslowakei. Die Sudetendeutschen. Politische Entwicklungen in der Habsburgermonarchie und in der Tschechoslowakei, in: Ziegler, Walter (Hg.): Die Vertriebenen vor der Vertreibung. Die Heimatländer der deutschen Vertriebenen im 19. und 20. Jahrhundert: Strukturen, Entwicklungen, Erfahrung, Bd. 2, München 1999, S. 526–551.

Zimmermann, Marco: Rudolf Lodgman von Auen. Ein Volkstumspolitiker zwischen Wien, Prag und München, in: Berichte und Forschungen 16. 2008/09, S. 269–276.

Zimmermann, Susanne / Zimmermann, Thomas: Die medizinische Fakultät der Universität Jena im „Dritten Reich". Ein Überblick, in: Hoßfeld, Uwe e. a. (Hg.), „Kämpferische Wissenschaft". Studien zur Universität Jena im Nationalsozialismus, Köln e.a. 2003, S. 401–436.

Zimmermann, Volker: Die Sudetendeutschen im NS-Staat: Politik und Stimmung der Bevölkerung im Reichsgau Sudetenland 1938–1945 (Veröffentlichungen der Deutsch-Tschechischen und Deutsch-Slowakischen Historikerkommission, Bd. 9 sowie Veröffentlichungen des Instituts für Kultur und Geschichte der Deutschen im Östlichen Europa, Bd. 16), Essen 1999.

Zur Entstehung des modernen Minderheitenschutzes in Europa (Handbuch der europäischen Volksgruppen, Bd. 3), hrsg. von Christoph Pan u. Beate Sibylle Pfeil, Wien / New York 2006.

Zurek, Robert: Zwischen Nationalismus und Versöhnung. Die Kirchen und die deutsch-polnischen Beziehungen 1945–1956, Köln u. a. 2005.

VII. Anhang:

Kurzbiographien der dreizehn Mitglieder des ersten BdV-Präsidiums von 1958

Dr. Alfred Gille

15. 9. 1901 in Insterburg/Ostpreußen als Sohn eines Berufssoldaten geboren
Realgymnasium in Insterburg, 1920 Abitur
1920 Studium der Staats- und Rechtswissenschaften in Königsberg und München; 1923 erste, 1927 zweite juristische Staatsprüfung
1927/28 Gerichtsassessor in Königsberg; 1928 Promotion in Königsberg (Wesen und Folgen der Rechtsabhängigkeit im Strafprozeß)
1928–1945 Bürgermeister von Lötzen/Ostpreußen
10/1933 Eintritt in die SA, zuletzt SA-Scharführer
1. 5. 1937 Eintritt in die NSDAP (Mitgliedsnummer 6.019.687)
11/1939 Kriegseinsatz; in der 5. Batterie des Artillerie-Regiments 11
7/1940 zum Stab des II. Bataillons des Artillerie-Regiments 11
2/1941 zum Regiments-Stab des Artillerie-Regiments 126 versetzt
10/1941 als Kriegsverwaltungsrat zur Feldkommandantur (V) 679, 11/1941 zur Frontleitstelle Krakau und 7–9/1942 zur Feldkommandantur 774 nach Saporoschje versetzt, dort Stadtkommissar der Militärverwaltung

11/1942–10/1943 nach Entlassung aus der Wehrmacht Gebietskommissar der Zivilverwaltung von Saporoschje/Ukraine

11/1943–3/1944 leitender Sachbearbeiter für die Abwicklung des Verwaltungsapparates des Reichskommissariats Ukraine

3/1944–7/1944 Gebietskommissar von Nowogrodek/Weißrußland

7/1944 erneuter Kriegseinsatz bei der Stabs-Batterie des Artillerie-Regiments 1711, zuletzt Leutnant, Regimentsadjutant und Ordonnanzoffizier

8.5.1945 bei Brünn in sowjetische Kriegsgefangenschaft; 6/1945 zunächst nach Focsany, dann in die Sowjetunion verbracht, bis 1948 in sowjetischer Kriegsgefangenschaft

2/1948 Entlassung aus der Kriegsgefangenschaft nach Westdeutschland, Verwaltungsrechtsrat in Lübeck

6/1948–9/1948 Entnazifizierungsverfahren: Einstufung in Gruppe V („Entlastete")

1950 Rechtsanwalt, ab 1952 auch Notar in Lübeck

1949 Mitbegründer und bis 1962 Landesvorsitzender Schleswig-Holstein des BHE (ab 1952: GB/BHE, ab 1961: GDP);

daneben Vorsitzender des Landesverbandes Schleswig-Holstein des Zentralverbands vertriebener Deutscher (ZvD, ab 1951: BvD) und 1952–1966 Bundesvorsitzender/Sprecher der Landsmannschaft Ostpreußen

11/1949 Mitbegründer und bis 1971 Vorstandsvorsitzender der Neuen Lübecker Norddeutsche Baugenossenschaft eG

1950–1954 sowie 1958–1962 Mitglied des Landtages von Schleswig-Holstein (BHE / GB/BHE / GDP), in beiden Wahlperioden auch Fraktionsvorsitzender;

1953–1957 Mitglied des Deutschen Bundestages, stellvertretender Vorsitzender der GB/BHE-Fraktion

2/1958–2/1960 sowie 5/1961–2/1964 Mitglied des Präsidiums des Bundes der Vertriebenen

1961 Mitglied des Bundesvorstandes der Gesamtdeutschen Partei (GDP, Zusammenschluss aus GB/BHE und DP)

1968 Bundesverdienstkreuz I. Klasse

18.2.1971 in Rheinbach/Bonn gestorben

Hellmut Gossing

16.4.1905 in Taulensee/Ostpreußen als Sohn eines Volksschullehrers geboren

Besuch der Volksschulen in Cronau und Woldenberg, Gymnasium in Rastenburg, 1922 Abgang mit Obersekundareife

1931 nach Banklehre Bankbeamter für Innenrevision bei der Kreissparkasse Bütow/Pommern

1.5.1933 Eintritt in die NSDAP (Mitgliedsnummer 2.179.901); wenig später auch Beitritt zur SA, zuletzt SA-Sturmführer

2/1934 Rendant und kommissarischer Leiter der Stadtsparkasse Bütow

8/1937 nach Ausbildung an der Sparkassen- und Beamtenschule in Stettin regulärer Leiter der Stadtsparkasse Bütow

6/1939–4/1945 Direktor der Stadtsparkasse Schneidemühl/Pommern

9–10/1939 Kriegseinsatz als Leutnant und Kompanieführer beim Grenzwacht-Regiment 22 in Deutsch Krone

7–10/1940 als Oberleutnant Adjutant beim Stab des II. Regiments des Infanterie-Ersatz-Bataillons 134 in Feldsberg

10/1940–10/1941 Kompanieführer der 12. Kompanie des III. Bataillons im Infanterie-Regiment 447, die zur Infanterie-Division 137 gehörte, mit dieser Einheit bis 9/1941 Teilnahme am Rußlandfeldzug, 10/1941 zum Hauptmann befördert;

12/1941 Führer der 8. und 12. Kompanie im Reserve-Infanterie-Bataillon 462

7/1942 Kommandeur des nunmehrigen Reserve-Grenadier-Bataillons II/462, in dieser Eigenschaft 10/1942–1/1944 Kriegseinsatz in Kroatien

1/1944–5/1945 als zu 50 Prozent kriegsbeschädigter Major Kommandeur im Stab des Reserve-Offiziers-Bataillons XVII in Klosterbrück-Znaim, dort Leiter von Infanterie-ROB-Lehrgängen

5/1945 Kriegsgefangenschaft

Nach 1945 Mitbegründer einer Wohnungsbaugenossenschaft für Vertriebene in Niedersachsen und Mitbegründer des Zentralverbands vertriebener Deutscher (ZvD, später BvD) in Niedersachsen

1949–1953 Leiter des Kreisflüchtlings- und Ausgleichsamtes Fallingbostel

1950–1960 Landesvorsitzender des Zentralverbandes bzw. Bundes vertriebener Deutscher (ZvD/BvD) in Niedersachsen; später auch Mitglied des Bundesvorstands des BvD in Bonn

1950 Mitbegründer des Bundes der Heimatvertriebenen und Entrechteten (BHE), ab 11/1951 Mitglied des Präsidiums des BHE

1953–1959 Referent im Bundesministerium für Vertriebene, Flüchtlinge und Kriegsgeschädigte

1955–1959 Mitglied des Niedersächsischen Landtages (GB/BHE)

1955–1965 Mitglied des Rundfunkrates des NDR

12/1958 Mitglied des Präsidiums des Bundes der Vertriebenen, von 12/1958–6/1962 sowie 5/1966–1974 Vizepräsident des BdV

1959–1963 Staatssekretär im Ministerium für Vertriebene, Flüchtlinge und Kriegssachgeschädigte des Landes Niedersachsen

1962 Großes Verdienstkreuz des Niedersächsischen Verdienstordens

1964 oder 1965 Mitglied der CDU

1970 Großes Verdienstkreuz des Verdienstordens der Bundesrepublik Deutschland

30. 8. 1974 in Bonn gestorben

Dr. h. c. Wenzel Jaksch

25. 9. 1896 in Langstrobnitz/Böhmen (Österreich-Ungarn) als Sohn eines Häuslers und Wanderarbeiters geboren

1910 nach der Volksschule Maurerlehre, Bauhilfsarbeiter

1913 Mitglied der Sozialdemokratischen Arbeiterpartei (Österreichs)

1914–1918 Kriegseinsatz im Ersten Weltkrieg

1919 Mitglied der Deutschen Sozialdemokratischen Arbeiterpartei (DSAP) in der Tschechoslowakischen Republik sowie journalistische Tätigkeit

1920 Gründer und Sekretär des sozialdemokratischen Zentralverbandes der Kleinbauern und Häusler in Teplitz-Schönau

1924 Redakteur des *Sozialdemokrat*, dem in Prag erscheinenden Zentralorgan der DSAP, dort 1933–1938 amtierender Chefredakteur

1924 Mitglied des Parteivorstandes der DSAP

1929–3/1939 Mitglied des tschechoslowakischen Abgeordnetenhauses

1935 stellvertretender Vorsitzender der DSAP

31938–11/1938 Vorsitzender der DSAP

3/1939 Emigration nach Polen, über Skandinavien nach Großbritannien, im dortigen Exil Interessenvertreter der Sudetendeutschen gegenüber der britischen Regierung und der tschechoslowakischen Exilregierung

1949 Übersiedlung nach Westdeutschland, Mitglied der SPD

1950–1956 Mitglied des Parteivorstandes der SPD

1950–1953 als Ministerialdirektor Leiter des Landesamtes für Vertriebene, Flüchtlinge und Evakuierte des Landes Hessen

6/1951 Mitbegründer und bis 1966 Leiter der Seliger-Gemeinde (Gemeinschaft sudetendeutscher Sozialdemokraten)

1953–1966 Mitglied des Deutschen Bundestages (SPD)
12/1958 Mitglied des Präsidiums des Bundes der Vertriebenen, dort 12/1958–2/1964 Vizepräsident
1961 Vizepräsident der Sudetendeutschen Landsmannschaft
1963 Ehrendoktorwürde des Park College/Missouri
3/1964–3/1967 Präsident des BdV
1966 Großkreuz mit Stern des Verdienstordens der Bundesrepublik Deutschland
27.11.1966 an den Folgen eines Verkehrsunfalls in Wiesbaden gestorben

Dr. Linus Kather

22.9.1893 in Prossitten/Ostpreußen als Sohn eines Volksschullehrers geboren
3/1912 Abitur am Gymnasium in Kulm, Beginn des Studiums der Rechtswissenschaften in Berlin, Königsberg und Breslau
1914–1916 Kriegseinsatz im Ersten Weltkrieg
1916 nach Kriegsbeschädigung Weiterführung des Studiums
1918 erste juristische Staatsprüfung (magna cum laude)
9/1919 Promotion in Breslau (Schenkung und Schenkungsversprechen gemäß §§ 516, 518 BGB);
1919 zweite juristische Staatsprüfung (ausreichend), anschließend Hilfsrichter in Bischofsburg
11/1921 Rechtsanwalt, ab 1929 auch Notar in Königsberg
1921–1933 Mitglied der Deutschen Zentrumspartei
1930–1933 Stadtverordneter in Königsberg (Zentrum), Mandatsniederlegung unter NS-Herrschaft
1934 Mitglied des BNSDJ/NSRB
1939–1945 Verteidiger sämtlicher in Ostpreußen internierten französischen und belgischen Kriegsgefangenen und Zivilarbeiter; zugleich Verteidiger von Gegnern des Nationalsozialismus vor dem Sondergericht Königsberg
12/1941–1/1942 in Gestapo-Haft
1/1945 Flucht aus Königsberg nach Hamburg
1945 Mitbegründer der Notgemeinschaft der Ostdeutschen und Mitbegründer der CDU in Hamburg
1946–1949 Mitglied der Hamburger Bürgerschaft (CDU)
1949–1951 Bundesvorsitzender des Zentralverbandes vertriebener Deutscher (ZvD)

1949–1957 Mitglied des Deutschen Bundestages (CDU, ab 1954 GB/BHE), dort 1949–1954 Leiter des Ausschusses für Heimatvertriebene, 7/1954–9/1955 stellvertretender Fraktionsvorsitzender des GB/BHE
1950–1953 Mitglied des Bundesvorstandes der CDU
1951–1957 Bundesvorsitzender des Bundes vertriebener Deutscher (BvD)
6/1954 Übertritt von der CDU in den GB/BHE
1957–1958 provisorischer Ko-Präsident des Bundes der Vertriebenen
12/1958–1/1959 Mitglied des Präsidiums des Bundes der Vertriebenen
1959–1960 Landesvorsitzender Nordrhein-Westfalen des GB/BHE
1969 gescheiterte Bundestagskandidatur für die NPD
1970 führendes Mitglied der NPD-nahen Organisationen „Aktion Deutschland" und „Aktion Widerstand"
10.3.1983 in Stühlingen/Baden-Württemberg gestorben

Hans Paul Ludwig Krüger

6.7.1902 in Neustettin/Pommern als Sohn eines Schulrektors geboren
3/1922 nach Volksschule und humanistischem Gymnasium in Neustettin Abitur
1922 Studium der Rechtswissenschaft in Jena, Köln, Greifswald und Bonn
1923 Angehöriger der „Schwarzen Reichswehr" als Mitglied einer Burschenschaft in Jena; Unterstützung der Reichsintervention der Reichswehr gegen die SPD/KPD-Landesregierung in Thüringen 10/1923
10/1927 erste juristische Staatsprüfung in Köln (ausreichend)
8/1931 zweite juristische Staatsprüfung in Berlin (ausreichend/befriedigend)
8/1931 Gerichtsassessor (am AG Neustettin), dann ungesicherte Beschäftigungsverhältnisse (1932 Beschäftigungsaufträge bei den AG Köslin und Neustettin sowie am LG Köslin, 1933 bei den AG Neustettin, Schlochau und Labes, 1934 beim AG Falkenburg)
1.5.1933 Eintritt in die NSDAP (Mitgliedsnummer 1.853.978), ferner Eintritt in den NSRB 9/1933, in die NSV 10/1935, in den Reichs-Luftschutzbund 5/1936, RDB 1936, Reichskolonialbund 1939
8/1934 Hilfsrichter im Angestelltenverhältnis am AG Lauenburg
10/1936–12/1937 nebenamtlicher Vorsitzender des Arbeitsgerichts Lauenburg
4/1937 Hilfsrichter im Angestelltenverhältnis am LG Stargard
11/1937 Anwärter für das Amt eines Richters bzw. Staatsanwalts
4/1938 Ernennung zum beamteten Landgerichtsrat
1938–1939 Block- bzw. Zellenleiter der NSDAP in Stargard
6/1938–9/1940 Landgerichtsrat und Angehöriger einer Strafkammer am LG Stargard/Pommern
10/1939 zum Aufbau des Justizwesens nach Konitz/Westpreußen abgeordnet

7/1940 Ernennung zum Oberamtsrichter
10/1940–6/1943 aufsichtsführender Richter am AG Konitz/Danzig-Westpreußen, 11/1940 uk-gestellt
10/1940–12/1942 Organisationsleiter der NSDAP-Ortsgruppe Konitz
1/1942–6/1943 stellvertretender Richter am Sondergericht beim LG Konitz
1/1943 kommissarischer, 4/1943–6/1943 regulärer NSDAP-Ortsgruppenleiter Konitz
6/1943 Kriegseinsatz, zunächst Ausbildung in der Stammkompanie des Landesschützen-Ersatz- und Ausbildungs-Bataillons 11
8/1943–2/1944 Marine-Artillerist bei der Batterie Lyngen in Hela
2–3/1944 Lehrgang bei der 4. Lehr-Batterie der Marine-Artillerie-Abteilung Swinemünde in Wustrow/Meck, 4/1944 zum Gefreiten befördert
6/1944–9/1944 Angehöriger der Marine-Einsatz-Kompanie „Junker" im Bereich der Feldkommandantur 551 in Dijon/Frankreich
10/1944–4/1945 Angehöriger des Marine-Schützen-Bataillons 120 in Memel, Kurische Nehrung und Samland, zuletzt Gefreiter
1945 Verwundetenabzeichen in Schwarz
4/1945–8/1945 im Kriegslazarett Fredericia/Dänemark, anschließend Kriegsgefangenschaft in Munsterlager
8/1945 aus der Kriegsgefangenschaft nach Olpe/Westfalen entlassen
1945/46 Hilfsarbeiter bei einer Brennholzbeschaffungsfirma und Nachtwächter in Olpe
3/1947 laut ärztlichem Attest zu 80 Prozent erwerbsunfähig für körperliche Arbeiten
4/1947–11/1946 Entnazifizierungsverfahren: in Gruppe IV („Mitläufer") eingestuft, 5/1951 wird Antrag auf Umstufung in Gruppe V („Entlastete") abgelehnt
1948 Kreisgeschäftsführer, ab 1950 Kreisvorsitzender des ZvD/BvD in Olpe
bis 1951 Rechtsanwaltsvertreter in Altenhundem und Grevenbrück
1952 Rechtsanwalt, ab 1956 auch Notar in Olpe
1952–1960 Mitglied des Kreistages Olpe (CDU), 1958–1960 Stadtrat in Olpe (CDU)
1954 stellvertretender Landesvorsitzender Nordrhein-Westfalen des BvD
1957–1958 Bundesschatzmeister des BvD
1957–1965 Mitglied des Deutschen Bundestages (CDU)
12/1958 Präsident (Bundesvorsitzender) des Bundes der Vertriebenen, nach Wiederwahl 1960 und 1962 bis 2/1964 Präsident des BdV
10/1963 Bundesminister für Vertriebene, Flüchtlinge und Kriegsgeschädigte
1/1964 nach von der DDR inszenierter Pressekampagne (NS-Vorwürfe) zunächst suspendiert, wenig später Rücktritt
2/1964 Entlassung als Bundesminister
6/1964 Aufhebung der Immunität, Ermittlungsverfahren durch die Staatsanwaltschaft Bonn (bis zu seinem Tode 1971)
3.11.1971 in Bonn gestorben

Dr. Dr. Heinz Langguth

24.6.1908 in Danzig als Sohn eines Domänenpächters geboren

1928 nach Privatunterricht und Gymnasien in Zoppot und Rastenburg Abitur

1928 Studium der Rechtswissenschaft in München, Wien, Grenoble, Berlin und Königsberg; angeblich Mitglied einer liberalen Hochschulgruppe

10/1932 erste juristische Staatsprüfung (voll befriedigend), dann Referendar am AG Zoppot und LG Danzig

7/1933 juristische Promotion in Erlangen (Die Bindung des überlebenden Ehegatten in bezug auf letztwillige Verfügungen bei einem gemeinschaftlichen Testament nach § 2269 BGB)

1.5.1933 Eintritt in die NSDAP (Mitgliedsnummer 2.232.006)

1934 auf eigenen Wunsch Ausscheiden aus dem Justizdienst und Bewirtschaftung des Landgutes Buschkau/Danzig; daneben Studium der Landwirtschaft an der TH Danzig

4/1939 Abschluss als Diplomlandwirt an der TH Danzig (sehr gut)

9/1939 Einsatz in der landwirtschaftlichen Verwaltung der besetzten Ostgebiete in Posen/Wartheland;

4/1940–12/1940 Leiter der Zweigstelle Posen der Ostdeutschen Landbewirtschaftungsgesellschaft (Ostland)

1/1941–11/1941 als Wirtschaftsoberleiter Leiter der Unterabteilung Landbewirtschaftung in der Abteilung Landwirtschaft beim Reichsstatthalter des Warthegaus in Posen

2/1941 technikwissenschaftliche Promotion an der TH Danzig (Betriebswirtschaftlicher Aufbau und zweckmäßige Organisation der landwirtschaftlichen Betriebe im eingegliederten Ostgebiet)

11/1941–5/1942 Kriegseinsatz als Kriegsverwaltungsrat bei der Feldkommandantur 551 im besetzten Gomel/Weißrussland
6/1942–4/1943 Referent für Betriebswirtschaft in der Abteilung Landwirtschaft beim Reichsstatthalter des Warthegaus in Posen
4/1943–6/1943 Gestapohaft in Posen
6/1943–7/1943 erneut Kriegseinsatz in der Wehrmacht, als untauglich entlassen
7/1943–1/1945 wieder selbständiger Landwirt in Buschkau
12/1943–3/1944 erneut in Gestapohaft in Danzig
3/1944 Antrag auf Wiedereinstellung als Referendar in den Justizdienst, 7/1944 vom Reichsjustizministerium genehmigt
1/1945–3/1945 Flucht aus Danzig ins heutige Niedersachsen
4/1945–8/1945 kommissarischer Verwalter des Klostergutes in Northeim
7/1945 und 8/1947 mehrere Entnazifizierungsverfahren in Hildesheim, Hamburg und Göttingen; 4/1949 Entscheidung, Langguth sei „vom Entnazifizierungsrecht nicht betroffen"
9/1945 Mitglied der VVN
12/1945 Übersiedlung von Northeim nach Hamburg, Assessor am OLG Hamburg
11/1947 Mitglied der Führung des Rates der Danziger
1948 Rechtsanwalt in Hamburg
Nach 1950 Mitglied des BHE (später GB/BHE bzw. GDP)
1952 Vorsitzender des Landesverbandes Hamburg des BvD
12/1958–6/1962 Mitglied des Präsidiums des Bundes der Vertriebenen
24.6.1983 in Rielasingen-Worblingen/Baden-Württemberg gestorben

Dr. Rudolf Vinzenz Maria (bis 1919: Ritter) Lodgman von Auen

21.12.1877 in Königgrätz/Böhmen (Österreich-Ungarn) als Sohn eines adligen Rechtsanwalts geboren

Volksschule, Gymnasium in Prag, Abitur; Studium der Rechtswissenschaften in Prag und Wien,

1901 juristische Promotion (Titel nicht nachzuweisen)

1905–1918 Geschäftsführer der Zentralstelle der deutschen Bezirke Böhmens in Aussig

1911–1918 Mitglied des Abgeordnetenhauses des österreichischen Reichsrates (Parteilos)

1912–1918 Mitglied des böhmischen Landtages

1914–1917 Kriegseinsatz im Ersten Weltkrieg, zuletzt Leutnant

11/1918–12/1918 (bzw. formell bis 9/1919) Landeshauptmann des neu proklamierten sudetendeutschen Landes Deutschböhmen, nach Einmarsch tschechoslowakischer Truppen 12/1918 Flucht nach Wien

1919 Mitglied der österreichischen Delegation bei den Friedensverhandlungen in St. Germain/Frankreich

9/1919 Mitbegründer der „Deutschen Nationalpartei" (DNP) in der Tschechoslowakei

1920–1925 Mitglied des Abgeordnetenhauses der tschechoslowakischen Nationalversammlung (DNP)

1920–1921 Vorsitzender des „Deutschen Parlamentarischen Verbandes" im tschechoslowakischen Abgeordnetenhaus (interfraktionelle Gemeinschaft der bürgerlichen sudetendeutschen Fraktionen)

1922–1925 Vorsitzender der Deutschen Nationalpartei, 1925 nach schwerer Wahlniederlage Rückzug aus der aktiven Politik

1925–12/1938 Geschäftsführer des Verbandes der deutschen Selbstverwaltungskörper in der Tschechoslowakei, dann Ruhestand

4/1938 Denkschrift an Hitler

10/1938 „Sudetendeutsche Befreiungsmedaille", wenig später „Goldener Gauehrenschild der NSDAP"; Förderndes Mitglied der SS

6/1945 aus Teplitz-Schönau in die Sowjetische Besatzungszone Deutschlands (SBZ) vertrieben; Flurwächter in Sachsen

8/1947 Übersiedlung nach Freising/Bayern

1948/49 Entnazifizierungsverfahren in München: In erster Instanz 3/1949 Verfahrenseinstellung, da Lodgman „überhaupt nicht belastet" sei; im Berufungsverfahren 10/1949 bestätigt

1950–1959 Sprecher (Bundesvorsitzender) der Sudetendeutschen Landsmannschaft

1951–1952 stellvertretender Bundesvorsitzender des BvD

1952–1954 Vorsitzender des Verbandes der Landsmannschaften (VdL)

1952 Großes Bundesverdienstkreuz der Bundesrepublik Deutschland

1958 Dr. jur. h. c. der Universität Würzburg; Bayerischer Verdienstorden

12/1958–2/1960 Mitglied des Präsidiums des Bundes der Vertriebenen

11.12.1962 in München gestorben

Dr. Karl Mocker

22.11.1905 in Horatitz/Böhmen (Österreich-Ungarn) als Sohn eines Oberlehrers geboren

Gymnasium, Abitur, Studium der Rechtswissenschaften und der Nationalökonomie an der Deutschen Universität Prag und an der Handelshochschule Wien

2/1927 erste juristische Staatsprüfung in Prag (gut)

1929 zweite juristische Staatsprüfung (gut)

12/1929 juristische Promotion (Titel nicht nachweisbar)

Um 1930 Mitglied im (nationalistischen) Deutschen Turnverband, im Bund der Deutschen und im Deutschen Kulturverband in der Tschechoslowakei

2/1930 Advokaturskandidat in Komotau/Sudetenland

12/1933 dritte juristische Staatsprüfung (genügend)

1930–1933 Mitglied der Deutschen Nationalpartei (DNP)

1933 angeblich Beitrittsantrag zur Deutschen Nationalsozialistischen Arbeiterpartei (DNSAP) in der Tschechoslowakei, durch deren Selbstauflösung hinfällig

1/1935 Mitglied der Sudetendeutschen Partei, dort zunächst Mitglied der Ortsleitung, dann der Kreisleitung in Komotau („Bezirksrechtswahrer der Partei")

2/1935–5/1945 Rechtsanwalt in Komotau

1.11.1938 Aufnahme in die NSDAP als zuverlässiger NS-Aktivist (Mitgliedsnummer 6.727.790)

1939 Kreiswalter des NSRB

3/1942 Kriegseinsatz im Heimatkriegsgebiet in der Fahr-Ersatz-Abteilung 24 in Brüx, ab 9/1942 beim Wehrbezirkskommando Teplitz-Schönau und bis 7/1943 beim Wehrmeldeamt in Komotau, dann uk gestellt

7/1943–11/1943 Heimatkriegseinsatz beim Arbeitsamt Komotau

12/1943 als Justitiar beim Rüstungsgroßbetrieb „Poldihütte" in Komotau dienstverpflichtet

5/1945–8/1945 Internierung in einem tschechischen Arbeitslager, offenbar durch Leumundsaussagen von Tschechen befreit

8/1945–8/1946 Jurist in einem tschechischen Staatsunternehmen (vermutlich wiederum „Poldihütte" Komotau/Chomutov)

8/1946 aus der Tschechoslowakei ins heutige Baden-Württemberg zwangsausgesiedelt

9/1946 und 7/1947 Entnazifizierungsverfahren in Schwäbisch Gmünd, 9/1947 in erster Instanz als „nicht belastet", im zweiten Verfahren 1/1948 dann in Gruppe IV („Mitläufer") eingestuft

1948 Rechtsanwalt in Schwäbisch Gmünd

1949–1952 Vorsitzender des Landesverbandes Württemberg-Baden des ZvD/BvD

1950–1958 Mitglied des Bundespräsidiums des ZvD/BvD

1950–1952 Mitglied des Landtages von Württemberg-Baden (BHE)

1951–1971 Mitglied des Verwaltungsrats des Süddeutschen Rundfunks (SDR)

1952–1958 Landesvorsitzender des BvD in Baden-Württemberg

1952–1957 Mitglied der Verfassunggebenden Landesversammlung Baden-Württemberg (GB/BHE), auch Vorsitzender der Landtagsfraktion

1953–1957 Mitglied des Deutschen Bundestages (GB/BHE), dort 3/1955–4/1956 auch Vorsitzender der Bundestagsfraktion

1956–1960 und 1963–1964 Mitglied des Landtages von Baden-Württemberg (GB/BHE bzw. GDP), zeitweilig Vorsitzender der Landtagsfraktion

1958–1962 Vizepräsident des Bundes der Vertriebenen

1958–1981 Landesvorsitzender des BdV in Baden-Württemberg

1962–1974 Mitglied des Präsidiums des BdV

1971 Eintritt in die CDU

6/1972–6/1976 Staatssekretär für Vertriebenenfragen (mit Kabinettsrang) im Ministerium des Innern Baden-Württemberg

1975 Großes Bundesverdienstkreuz mit Stern

1977 Verdienstmedaille des Landes Baden-Württemberg

1980 Verfassungsmedaille des Landes Baden-Württemberg

17.7.1996 in Schwäbisch Gmünd gestorben

Reinhold Rehs

12.10.1901 in Klinthenen/Ostpreußen als Sohn eines Hauptlehrers geboren
Gymnasium in Königsberg, Abitur
2–6/1919 zwischenzeitlich Angehöriger eines Wehrverbandes („Freikorps", in Form der „Freiwilligenkompanie Fischhausen")
Studium der Rechtswissenschaften in Königsberg und Heidelberg
1921–1928 Mitglied im „Hochschulring Deutscher Art" (HdA)
7/1923 erste juristische Staatsprüfung (ausreichend)
1923 Mitglied im paramilitärischen rechtsextremen „Bund Oberland" in Königsberg
1923 zeitweilig hauptberuflicher Politik-Redakteur der deutschnational ausgerichteten *Ostpreußischen Zeitung* in Königsberg
1924–1928 freiberuflicher Mitarbeiter für die *Ostpreußische Zeitung* und die völkisch-alldeutsch ausgerichtete *Deutsche Zeitung* in Berlin
1924 Referendar und Hilfsrichter in Königsberg
9/1928 zweite juristische Staatsprüfung (ausreichend)
10/1928–1945 Rechtsanwalt in Königsberg
1932–1933 Mitglied des „Stahlhelm. Bund der Fronsoldaten", ab 8/1933 mit dieser paramilitärischen Vereinigung in die SA überführt, dort ab 1937 SA-Oberscharführer
2/1934 Mitglied des NSRB, 1935 des RLB, ab 1940 der NSV
1.5.1937 Eintritt in die NSDAP (Mitgliedsnummer 4.861.193)
9/1939 Kriegseinsatz als Zugführer beim Luftschutzwarndienst in Königsberg, 4/1941 zum LSW-Oberzugführer befördert

8/1942 Dienst bei der I. Batterie der 5. Kompanie des Luftschutz-Warnkommandos in Danzig

2/1943–4/1943 Luftschutzdienst in den Niederlanden, dann wieder in Königsberg;

1944 als Oberleutnant und Leiter des Luftschutzkommandos nach Danzig versetzt, dort 2/1945 verwundet

2/1945–5/1945 im Reserve-Lazarett Pinneberg, im Tropen-Institut Hamburg, im Luftwaffen-Lazarett Wismar und im Reserve-Lazarett Niendorf/Ostsee

8/1945 Referent und Justitiar beim Landesarbeitsamt in Kiel; dort auch Vorsitzender der Landsmannschaft Ostpreußen;

10/1945–3/1948 Entnazifizierungsverfahren: Einstufung in Gruppe V (entlastet)

1948 Mitglied der SPD; Mitglied des Bezirksvorstandes der SPD in Kiel sowie Vorsitzender der Arbeitsgemeinschaft sozialdemokratischer Juristen in Schleswig-Holstein

1950–1953 Mitglied des Landtages von Schleswig-Holstein (SPD)

1953–1969 Mitglied des Deutschen Bundestages (SPD, ab 5/1969 CDU/CSU)

12/1958–5/1961 Mitglied des Präsidiums des Bundes der Vertriebenen

6/1962–12/1966 Vizepräsident des BdV

3/1967–3/1970 Präsident des BdV

1966 Sprecher der Landsmannschaft Ostpreußen

Großes Bundesverdienstkreuz

5/1969 nach Austritt aus der SPD, Mitglied der CDU

4.12.1971 in Kiel gestorben

Erich Karl Günther Schellhaus

4.11.1901 in Bösdorf/Schlesien als Sohn eines Postbeamten geboren

Volksschule und Realgymnasium in Neiße, Handelshochschule in Berlin, ohne Abschluss; daneben Ausbildung zum Bankkaufmann und zunächst Bankangestellter

1926 Angestellter beim Magistrat der Stadt Schweidnitz

1932 nach Besuch einer Beamtenfachschule Wahl zum Bürgermeister von Fiddichow/Pommern

bis 1933 Mitglied der DNVP und des „Stahlhelm. Bund der Frontsoldaten"

1.5.1933 Eintritt in die NSDAP (Mitgliedsnummer 2.263.025), zugleich Beitritt zur SA; später auch Mitglied des NSFK und des RLB

1935 Bürgermeister von Bad Salzbrunn/Niederschlesien

9/1939 Kriegseinsatz in verschiedenen Stabseinheiten des Infanterie-Regiments 350 im Polen-, West- und Rußlandfeldzug, zuletzt als Oberleutnant

5/1943 zur Ortskommandantur I/624 versetzt

2/1943 zum Kommandostab beim Militärbefehlshaber Frankreich nach Paris kommandiert

3/1945 als Hauptmann zum Oberkommando der Heeresgruppe Weichsel kommandiert

1945/46 Kriegsgefangenschaft, dann Torf- und Waldarbeiter in Eschede

10/1948 Entnazifizierungsverfahren: Einstufung in Gruppe IV („Mitläufer")

1950 nach kurzer Mitgliedschaft in der CDU Mitbegründer des BHE in Niedersachsen

6/1951–11/1957 sowie 5/1959–6/1963 Minister für Vertriebene, Flüchtlinge und Kriegssachgeschädigte des Landes Niedersachsen (BHE bzw. GB/BHE bzw. GDP)

11/1952–1963 Mitglied des Niedersächsischen Landtages (GB/BHE bzw. GDP)

1955–1968 Bundesvorsitzender der Landsmannschaft Schlesien

12/1958–3/1968 Vizepräsident des Bundes der Vertriebenen

1961 Großes Bundesverdienstkreuz mit Stern und Schulterband

5/1964 Wiedereintritt in die CDU

19. 2. 1983 in Hannover gestorben

Dr. Josef Trischler

20.3.1903 in Oberndorf/Batschka (Österreich-Ungarn) als Sohn eines Kleinbauern geboren

Ungarisches Gymnasium in Kalocsa und deutsches Privatgymnasium im Banat, 1923 Abitur, Studium an der TH München

1929 Abschluss als Diplom-Ingenieur für Chemie, wissenschaftlicher Assistent in der Landwirtschaftsabteilung der TH München

10/1930 Promotion (Ernährungsphysiologische Studien an dem Schimmelpilz Aspergillus niger als Grundlage zur Feststellung des Kalibedürfnisses der Böden)

1930/31 Militärdienst in der jugoslawischen Armee

1931/32 Aufbau-Studium an der Universität Zagreb

1932 Abschluss als Diplom-Landwirt an der TH München

1932 Professor an der privaten Deutschen Lehrerbildungsanstalt in Groß Betschkerek/Vojvodina, später in Neuwerbaß/Vojvodina; NS-affines politisches Engagement

Vorstand und Aufsichtsrat in mehreren volksdeutschen landwirtschaftlichen Genossenschaften in der Batschka, Mitbegründer einer Handelsgenossenschaft und der genossenschaftlichen Deutschen Kreditanstalt

1939 Vorsitzender der Landwirtschaftlichen Zentral-Darlehenskasse in Jugoslawien

1939–1940 Präsident, 1942–1945 Aufsichtsratsvorsitzender des Verbandes Deutscher Wirtschafts- und Kreditgenossenschaften

1940 Gründer und Leiter der Privaten Deutschen Landwirtschaftsschule in Futak

2/1939–4/1941 Mitglied des Abgeordnetenhauses der jugoslawischen Nationalversammlung (Fraktion der Regierungspartei Jugoslovenska Radikalna Zajednica, JRZ)

2/1942–5/1945 Mitglied des Abgeordnetenhauses des ungarischen Reichstages (Gruppe des Volksbundes der Deutschen in Ungarn, VDU, innerhalb der Regierungspartei Magyar Elet Pártya, MEP; ab 5/1944 eigenständige Fraktion „Block der Deutschen Nationalsozialistischen Gesetzgeber", NNSTB)

1942–1944/45 Wirtschaftsbeauftragter der Deutschen Volksgruppe in der Batschka

10/1944–4/1945 Flucht aus der Batschka nach Oberbayern; kurzzeitige Internierung in Glasenbach

1948 Mitinhaber einer agrochemischen Fabrik in München

nach 1945 Angehöriger des bayerischen Flüchtlings-Notparlaments, Sprecher der Landsmannschaft der Deutschen aus Jugoslawien bzw. Vorstandsmitglied der Landsmannschaft der Donauschwaben

1949–1953 Mitglied des Deutschen Bundestages (FDP)

1953–1954 Ermittlungsverfahren wegen Beteiligung an NS-Kriegsverbrechen in Jugoslawien; aus Mangel an Beweisen eingestellt

12/1958–3/1970 Mitglied des Präsidiums des Bundes der Vertriebenen

1966 Bundesverdienstkreuz 1. Klasse

18. 12. 1975 in München gestorben

Dr. h.c. Otto Ulitz

28.9.1895 in Kempten/Allgäu als Sohn eines Handwerkers geboren

Oberrealschule in Kattowitz; nach nicht abgeschlossenem Jurastudium Ausbildung im kommunalen Verwaltungsdienst;

1904–1905 Militärdienst, anschließend Übernahme in den Polizeidienst der Stadt Kattowitz, als Polizeikommissar dort 10/1912 mit der Wahrnehmung der Geschäfte des Polizeiinspektors beauftragt

8/1914–1/1919 Kriegseinsatz im Ersten Weltkrieg, zuletzt Oberleutnant

1/1919–5/1920 Leiter der Polizeiexekutive im Polizeipräsidium Kattowitz

1919–1921 Mitglied der linksliberalen „Deutschen Demokratischen Partei" (DDP)

6/1920–11/1921 nach Ausscheiden aus dem preußischen Staatsdienst hauptamtlicher deutscher Vertreter im Internationalen Plebiszitkommissariat für Oberschlesien

1/1922–9/1939 hauptamtlicher Geschäftsführer des „Deutschen Volksbundes für Ostoberschlesien" (DVB), 12/1938–9/1939 auch Präsident des DVB

1922–1939 Mitglied der „Deutschen Partei" (DP)

1922–1935 Abgeordneter des Schlesischen Sejm (DP)

10/1932 Juristische Ehrenpromotion der Universität Breslau („für die rechtsschöpferische und rechtsschützende Tätigkeit auf dem Gebiete des Minoritätenrechts")

10/1939 Goldenes Ehrenzeichen der NSDAP

10/1939 kommissarischer Leiter (Regierungsdirektor) der Abteilung für Kirchen und Schulen (Abteilung Volksbildung) des für das vereinigte und vergrößerte Oberschlesien zuständigen Regierungspräsidiums Kattowitz

3/1941 Ernennung zum Ministerialrat im Reichsministerium des Innern, jedoch weiterhin Tätigkeit in der preußischen Provinzialverwaltung in Oberschlesien

3/1941–1/1945 ordentlicher Leiter der Abteilung II (Schulen) beim Oberpräsidium und Regierungspräsidium Kattowitz

1.10.1941 Eintritt in die NSDAP (Mitgliedsnummer 8.712.129)

1/1945 Evakuierung aus Kattowitz, wenig später Flucht

9/1945 als „Umsiedler" in Seydewitz/Thüringen in der Sowjetischen Besatzungszone Deutschlands (SBZ), Bodenreform-Mitarbeiter der Gemeindeverwaltung

6/1946 Übersiedlung nach Wolfratshausen/Bayern in der US-amerikanischen Besatzungszone Deutschlands

9/1946 Wiedereinreise in die SBZ zur Abholung seiner dort verbliebenen Ehefrau, Verhaftung durch den sowjetischen Geheimdienst NKWD

1946–1950 Häftling der sowjetischen Internierungslager Naumburg, Schönberg und Buchenwald

1949–1950 Entnazifizierungsverfahren (in Abwesenheit und unter Annahme des Verstorbenseins): Einstufung in Kategorie V (Entlasteter)

1950 Überstellung an die DDR-Justiz, im Zuge der sogenannten „Waldheimer Prozesse" 5/1950 als NS-Kriegsverbrecher zu zehn Jahren Zuchthaus verurteilt

1952 begnadigt und in die Bundesrepublik entlassen

1953 Sprecher der Landsmannschaft der Oberschlesier

1956 wird die geplante Auszeichnung mit dem Großen Bundesverdienstkreuz nach Protesten wegen Ulitz' NS-Vergangenheit zurückgenommen

12/1958–3/1968 sowie 3/1970–1972 Mitglied des Präsidiums des Bundes der Vertriebenen

28.10.1972 in Borgholzhausen gestorben

Rudolf Wollner

6.12.1923 in Asch/Tschechoslowakei als Sohn eines Schlossers geboren
Volksschule in Fleissen/Karlsbad, 1937 Bürgerschule in Eger
9/1937 Lehre als Maschinenschlosser in Asch, 8/1940 Gesellenprüfung
10/1938–1/1941 Mitglied der HJ (als Sohn eines hochrangigen NSDAP-Funktionärs)
6/1940–1/1941 Geselle in einer Autoreparaturwerkstatt in Reichenberg
1/1941 freiwillige Meldung zur Waffen-SS;
2/1941–11/1941 Kriegseinsatz als SS-Sturmmann und Panzerfahrer der „SS-Leibstandarte Adolf Hitler" in Jugoslawien und in der Sowjetunion
11/1941–10/1942 nach Verwundung im Reservelazarett in Pilsen
10/1942–11/1943 wieder Einsatz als Panzerfahrer im I. Regiment bzw. der 3. Kompanie der Panzerjäger-Abteilung der „SS-Leibstandarte Adolf Hitler" in Italien und der Sowjetunion
10/1942 Beförderung zum SS-Rottenführer
7/1943 EK II für „Einsatz in Rußland"
12/1943 Beförderung zum SS-Unterscharführer
12/1943–5/1944 Sonderlehrgang für SS-Panzerjunker in Fallingbostel, dort Ausbildung zum Panzerkommandanten (3/1944 SS-Standartenjunker, 4/1944 SS-Standartenoberjunker)
6/1944–5/1945 zunächst Zugführer, zuletzt Kompaniechef in der Panzerjäger-Abteilung der 4. SS-Polizei-Grenadier-Division u. a. in Griechenland, Jugoslawien, Rumänien und Ungarn
6/1944 Beförderung zum SS-Untersturmführer
2/1945 EK I für „tapferes Verhalten vor dem Feind"

5/1945 in US-amerikanischer Kriegsgefangenschaft, dann wegen seiner SS-Zugehörigkeit in den Internierungslagern Darmstadt und Heilbronn
11/1946 aus der Internierung entlassen
1947 Schlosser in Marienhagen/Frankenberg in Hessen
1946–1947 Entnazifizierungsverfahren: Im ersten Verfahren zunächst als „minderbelastet" eingestuft, weshalb Verfahren eingestellt wurde; im Wiederaufnahmeverfahren 9/1947 in Gruppe IV („Mitläufer") eingestuft
Mitglied der „Deutschen Partei" in Hessen, 1961 nach deren Verschmelzung mit dem GB/BHE Mitglied der „Gesamtdeutschen Partei" (GDP, später GPD), 1971 Mitbegründer der „Deutschen Union"
12/1958–2/1960 sowie 5/1961–6/1962 und 1994–2000 Mitglied des Präsidiums des Bundes der Vertriebenen
6/1962–1994 Vizepräsident des BdV
1975–1988 Geschäftsführender Vizepräsident der Paneuropa-Union Deutschland, danach Vizepräsident
Mitglied der Rundfunkräte des Deutschlandfunks, der Deutschen Welle, des BR, des SR, des WDR und des NDR. Mitglied des Fernsehrates des ZDF
1990 Bundesverdienstkreuz 1. Klasse
1999 Hessischer Verdienstorden
26.1.2002 in Wiesbaden gestorben

Abkürzungsverzeichnis

ACDP	Archiv für Christlich-Demokratische Politik
ADN	Allgemeiner Deutscher Nachrichtendienst
AHL	Archiv der Hansestadt Lübeck
AJC	American Jewish Comittee
AKZGN	Archiv der KZ-Gedenkstätte Neuengamme
ANFANOMA	Association Nationale des Français d'Afrique du Nord, d'Outre-Mer et de leurs Amis
ARD	Arbeitsgemeinschaft der öffentlich-rechtlichen Rundfunkanstalten der Bundesrepublik Deutschland
Asta	Allgemeiner Studentenausschuss
BAB	Bundesarchiv Abteilung Berlin
BAK	Bundesarchiv Abteilung Koblenz
BAL	Bundesarchiv Abteilung Ludwigsburg
BA-MA	Bundesarchiv-Militärarchiv Freiburg
BDO	Bund Deutscher Osten
BdV	Bund der Vertriebenen
BHE	Bund der Heimatvertriebenen und Entrechteten
BNSDJ	Bund Nationalsozialistischer Deutscher Juristen
BRD	Bundesrepublik Deutschland
BStA-M	Bayerisches Staatsarchiv München
BStU	Bundesbeauftragter für die Unterlagen des Staatssicherheitsdienstes der ehemaligen Deutschen Demokratischen Republik
BvD	Bund vertriebener Deutscher
BVFG	Gesetz über die Angelegenheiten der Vertriebenen und Flüchtlinge
CDU	Christlich Demokratische Union Deutschlands
CdZ	Chef der Zivilverwaltung
CIC	Counter Intelligence Corps
ČSR	Československá Republika (Tschechoslowakische Republik)
ČSSR	Československá Socialistická Republika (Tschechoslowakische Sozialistische Republik)
CSU	Christlich Soziale Union
DADO	Staatliches Archiv des Gebietes Dnjepropetrowsk
DAF	Deutsche Arbeitsfront
DAZO	Staatliches Archiv des Gebietes Zaporoź'je
DDP	Deutsche Demokratische Partei
DDR	Deutsche Demokratische Republik
DFG	Deutsche Forschungsgemeinschaft

DGO	Deutsche Gemeindeordnung
DHR	Deutscher Hochschulring
DNP	Deutsche Nationalpartei
DNSAP	Deutsche Nationalsozialistische Arbeiterpartei
DNVP	Deutschnationale Volkspartei
DOD	Deutscher Ostdienst
DP	Deutsche Partei
DPV	Deutscher Parlamentarischer Verband (Tschechoslowakei)
DRK	Deutsches Rotes Kreuz
DSAP	Deutsche Sozialdemokratische Arbeiterpartei in der Tschechoslowakischen Republik
DSt	Deutsche Studentenschaft
DStP	Deutsche Staatspartei
DV	Deutscher Verband
DVB	Deutscher Volksbund für Polnisch-Schlesien
DVL	Deutsche Volksliste
DVP	Deutsche Volkspartei
DZA	Deutsches Zentralarchiv
EK	Eisernes Kreuz
EKD	Evangelische Kirche in Deutschland
FAZ	Frankfurter Allgemeine Zeitung
FDP	Freie Demokratische Partei
FM	Förderndes Mitglied der SS
FVP	Fortschrittliche Volkspartei
GAGO	Gosudarstvennyi arkhiv Gomelskoi oblasti (Staatsarchiv des Gebiets Gomel)
GB/BHE	Gesamtdeutscher Block/Bund der Heimatvertriebenen und Entrechteten
GDP	Gesamtdeutsche Partei
Gestapo	Geheime Staatspolizei
GFP	Geheime Feldpolizei
GI	Geheimer Informator
GStA PK	Geheimes Staatsarchiv Preußischer Kulturbesitz
HdA	Hochschulring deutscher Art
HIAG	Hilfsgemeinschaft auf Gegenseitigkeit der Angehörigen der ehemaligen Waffen-SS
HJ	Hitlerjugend
HSSPF	Höherer SS- und Polizeiführer
HStA-W	Hessisches Staatsarchiv Wiesbaden
HTO	Haupttreuhandstelle Ost

IDGL	Institut für donauschwäbische Geschichte und Landeskunde Tübingen
IfZ	Institut für Zeitgeschichte
IM	Inoffizieller Mitarbeiter
IR	Infanterie-Regiment
KdS	Kommandeur der Sicherheitspolizei und des SD
KPD	Kommunistische Partei Deutschlands
KVK	Kriegsverdienstkreuz
KZ	Konzentrationslager
LABW	Landesarchiv Baden-Württemberg
LAG	Lastenausgleichsgesetz
LAH	Leibstandarte Adolf Hitler (SS)
LANRW	Landesarchiv Nordrhein-Westfalen
LS	Landsmannschaft
LVD	Landesverband vertriebener Deutscher
MdR	Mitglied des Reichstages
MÉP	Magyar Élet Pártja (Partei des ungarischen Lebens)
MfS	Ministerium für Staatssicherheit
MLHA	Mecklenburgisches Landeshauptarchiv
NHStA	Niedersächsisches Hauptstaatsarchiv
NPD	Nationaldemokratische Partei Deutschlands
NS	Nationalsozialismus
NSBO	Nationalsozialistische Betriebsorganisation
NSDAP	Nationalsozialistische Deutsche Arbeiterpartei
NSRB	Nationalsozialistischer Rechtswahrerbund
NSV	Nationalsozialistische Volkswohlfahrt
OAS	Organisation de l'Armée Secrète
OKW	Oberkommando der Wehrmacht
OLG	Oberlandesgericht
PAAA	Politisches Archiv des Auswärtigen Amtes
RKFDV	Reichskommissar für die Festigung deutschen Volkstums
RKU	Reichskommissar für die Ukraine
RMEL	Reichsministerium für Ernährung und Landwirtschaft
RMbO	Reichsministerium für die besetzten Ostgebiete
RSHA	Reichssicherheitshauptamt
SA	Sturmabteilung

SBZ	Sowjetische Besatzungszone
SD	Sicherheitsdienst des Reichsführers-SS
SdP	Sudetendeutsche Partei
SED	Sozialistische Einheitspartei Deutschlands
SHS	Država Slovenaca, Hrvata i Srba (Königreich der Serben, Kroaten und Slowenen)
SL	Sudetendeutsche Landsmannschaft
SOAL	Státní Oblastní Archiv v Litomericích (Staatliches Archiv des Gebietes Litoměřice)
SPD	Sozialdemokratische Partei Deutschlands
SRP	Sozialistische Reichspartei
SS	Schutzstaffel
StAHH	Staatsarchiv der Freien und Hansestadt Hamburg
Stasi	Ministerium für Staatssicherheit
TH	Technische Hochschule
UdSSR	Union der Sozialistischen Sowjetrepubliken
US(A)	United States of America
VBJ	Volksbundjugend
VDA	Verein für das Deutschtum im Ausland
VdL	Verband der Landsmannschaften
VDU	Volksbund der Deutschen in Ungarn
VGH	Volksgerichtshof
VoMi	Volksdeutsche Mittelstelle
VOL	Vereinigte Ostdeutsche Landsmannschaften
VVN	Vereinigung der Verfolgten des Naziregimes
WASt	Deutsche Dienststelle für die Benachrichtigung der nächsten Angehörigen von Gefallenen der ehemaligen deutschen Wehrmacht
WDR	Westdeutscher Rundfunk
WOL	Wirtschaftsoberleitung
ZAIG	Zentrale Auswertungs- und Informationsgruppe
ZDF	Zweites Deutsches Fernsehen
ZdL	Zentralverband deutscher Landsmannschaften
ZK	Zentralkomitee
ZvD	Zentralverband vertriebener Deutscher

Personenverzeichnis

Adenauer, Konrad   2, 6, 14, 16, 27, 34 A. 133, 38-41, 43, 48-51, 50 A. 210, 58, 59 A. 255, 60, 65, 83-84, 105, 257, 349, 463, 523
Ahrens, Hermann   42
Alexander I., König von Jugoslawien   300
Alter von Waltrecht, Maria Freiin, verehel. Lodgman von Auen   97-98
Alter von Waltrecht, Rudolf Freiherr   99
Alvensleben, Ludolf von   436
Andretzki, Paul Otto   490-491
App, Austin J.   37
Arnold, Karl   245-247, 342, 344-347

Bach-Zelewski, Erich von dem   416
Bajcsy-Zsilinszky, Endre   467-468
Bakowski, Marian   429, 439
Balla, Paul   465, 469-470, 472
Bárdossy, László   455, 467
Bartsch, Karl-Heinz   516 A. 807
Bartunek, Karl   10
Barzel, Rainer   44
Basch, Franz   451-453, 455-460, 469
Bassewitz-Behr, Georg Graf von   394
Battesti, Pierre   367
Bauer, Otto   125, 129
Becher, Walter   17, 19
Beck, Jozef   242, 244
Beck, Max Wladimir Freiherr von   100 A. 76
Becker, Carl Heinrich   179
Behrends, Hermann   248
Belda, Anton   475
Beneš, Edvard   127, 137, 141, 143, 145, 163-164, 200, 219-220, 269, 272-274, 369-372
Benjamin, Georg   54
Benjamin, Hilde   53-54
Benjamin, Walter   54
Bernheim, Franz   242
Best, Werner   389
Beurmann, Arno   429, 433, 443
Binder, Gottlob   505
Bismarck, Otto Fürst von   158, 221, 231
Blohm, Georg   308, 491, 493
Bode, Kurt   438, 444
Boden, Hans Constantin   457
Bohle, Ernst Wilhelm   250, 255
Böhm, Franz   17
Bonath, Hans-Günther   438
Bormann, Martin   116, 225, 338 A. 76
Borzestowski, Bruno von   282
Boyen, Hermann von   167
Bozek, Arkadiusz   254

Bracht, Fritz   327-328, 332, 334, 341
Brandt, Helmut   261
Brandt, Willy   16, 18, 37, 58-59, 83, 117 A. 173, 255-256, 325, 373
Braun, Otto   169
Breitscheid, Rudolf   367
Brennecke, Jochen (Joachim)   69-75, 77, 79-80, 82, 327 A. 22, 517-519
Brennecke, Inka   69-73, 517-519
Breschnew, Leonid   394
Briand, Aristide   152-153, 155, 244
Brüning, Heinrich   105, 304
Brunsch, Horst   429-430
Bucerius, Gerd   51
Bucher, Ewald   53-55
Buchholz, Alfons   266
Bürckel, Josef   392

Chamberlain, Neville   139, 365
Churchill, Sir Winston   83, 139, 369, 371
Claß, Heinrich   183
Clementis, Vladimir   372
Cramer, Carl   69-72, 77, 80-82
Cvetković, Dragiša   449-450
Czaja, Herbert   19, 25-26, 31, 44, 383 A. 262
Czech, Ludwig   161-162, 269, 271

Damrau, Hans   182-183
David, Herbert   239-240
Dawidowicz, Lucy   463
Dederra, Carl   23-25
Dietzel, Karl   436-437, 446
Domes, Alfred   69, 77, 79, 517
Dönitz, Karl   72, 518
Draeger, Max   350, 352, 356-357
Drescher, Willy (Wilhelm)   23-25
Duesterberg, Theodor   184-185
Dufhues, Josef Hermann   58-59

Ebert, Friedrich   134
Eden, Sir Anthony   369, 371
Ehmke, Horst   2
Ehren, Hermann   51, 65, 344
Eisenlohr, Ernst   217-218
Engel, Erich   441
Engell, Hans Egon   41
Engelmann, Bernt   263
Euhuber, Emil   235
Erhard, Ludwig   16, 43, 46, 48, 52, 58, 60, 83, 165, 295
Ernst, Fritz   394-395

Feketehalmy-Czeidner, Ferenc   467-468, 470
Fernbach, Peter   470
Fiehler, Karl   226
Filbinger, Hans Karl   308
Fitzner, Otto   332-333
Fons, Czeslaw   439-440
Forster, Albert   439
Foth, Carlos   55
Frank, Hans   261
Frank, Karl-Hermann   226, 316, 322
Franz Joseph I., Kaiser von Österreich, König von Ungarn   128, 190
Franzel, Emil   365
Freisler, Roland   444
Freuer, Adolf   425-428, 433, 435, 437
Frey, Gerhard   35
Frick, Wilhelm   224, 226-228, 321
Fritsch, Werner von   509
Funk, Alfred   267

Gamm, Rudolf   479-480, 485
Gaulle, Charles de   83, 367 A. 196
Geisler, Bernhard   26
Genscher, Hans-Dietrich   2
Gille, Alfred   IX-X, 3, 5-6, 12, 14-15, 20, 23-25, 71-72, 83-84, 87, 93, 113-116, 122 A. 194-201, 123 A. 206, 165-168, 170-173, 203-205, 207, 209, 211, 277-287, 290, 292, 294, 306, 320, 375-412, 445, 479, 519, 524-525, 527-529, 559-560
Gille, Herbert   385-386
Giordano, Ralph   23
Glaise-Horstenau, Edmund (bis 1919: Glaise von Horstenau)   221, 478, 486
Globke, Hans   2, 39, 49
Glotz, Peter   163
Goebbels, Joseph   5, 160, 200, 322, 327 A. 21, 362, 403, 405, 475 A. 644,
Goerdeler, Carl   426
Göring, Hermann   113 A. 153, 172, 236, 262, 294, 338, 401, 404, 416, 448, 454, 487, 498
Gomulka, Wladyslaw   49
Gossing, Hellmut   11, 15-17, 23, 25, 72, 75-76, 83-84, 87,92, 101-102, 110, 123 A. 211 und A. 215 und A. 221, 196-197, 203-205, 207-210, 302-306, 319, 335, 473-479, 523, 527-529, 561-562
Gottberg, Curt von   376, 408-409, 411
Gradl, Johann Baptist   50-51
Graebert, Klaus   77
Graßmann, Curt   444
Gratz, Gustav   452, 472
Grazynski, Michal   156-157
Greiser, Arthur   336, 426, 483-484
Großmann, Ernst   515 A. 805

Haischmann, Theodor   97
Halifax, Edward Wood Earl of   262
Hamm, Franz   24 A. 90, 26, 302, 455-457, 459, 462
Hanson, Per Albin   270
Hartwig, Max   516 A. 805
Hasbach, Erwin   327
Hase, Karl Günther von   63-64
Hassel, Kai-Uwe von   58
Hauptmann, Gerhart   290
Hausmann, Fritz   280
Heeren, Viktor von   301, 449.
Heinemann, Gustav   58
Heinze, Hildegard   261
Heinz-Orbis, Franz-Josef   177
Hellmann, Herbert   474
Henderson, Sir Nevile   139, 274
Henkels, Walter   45
Henlein, Konrad   119, 140, 148, 163-164, 199, 201, 212-214, 216, 222, 224-228, 232, 235, 238, 239 A. 125, 240, 268-269, 271-272, 275, 314, 316-317, 318 A. 446, 322-323, 360, 364-366, 368, 370, 499, 504, 509-513, 516
Herrmann, Ludwig von   166, 170
Hess, Rudolf   329
Heuss, Theodor   84, 136, 344, 461
Heydrich, Reinhard   248, 257, 322, 336, 371, 389, 397, 509-510
Hilferding, Rudolf   367
Himmler, Heinrich   6, 32, 83, 165, 230, 248, 333-334, 339, 389-390, 416, 420, 426, 487-489
Hindenburg, Paul von   184-186
Hitler, Adolf   2-5, 7, 20, 28-29, 32, 39, 42, 46-47, 52, 57 A. 249, 59, 61-64, 72, 83, 85, 94, 96 A. 51, 102, 107, 116, 118, 121, 125, 130, 135, 138, 140, 151, 160, 162-166, 168-169, 171-172, 175-177, 179, 181-189, 191, 195-196, 200-203, 205, 207-208, 210, 213-216, 218-226, 232, 237, 239-243, 245, 249, 251-252, 254-258, 260-263, 265, 267-275, 277-278, 286, 289, 292, 295-297, 306, 310-311, 314, 316, 320, 324-330, 333-335, 338 A. 76, 340-342, 344-345, 347, 348 A. 123, 349-350, 355-356, 359-371, 374, 376, 385, 387-390, 393, 398, 403-405, 420, 421, 432, 436, 444, 447, 450-452, 456, 461, 465 A. 644, 472, 474, 477, 496, 499, 504, 507, 509, 513, 516-517, 519, 521, 523-524, 531, 572, 583
Hodža, Milan   140, 217
Hoffmann, Emil   438, 445
Homeier, Willi   17 A. 63, 75-76
Honecker, Erich   83
Horthy, Miklós von   452-453, 456, 461, 467-468, 470-472

Horvath, Nikolaus 470
Hugenberg, Alfred 183-186, 203, 286, 289
Hülff, Alfred 433
Hupka, Herbert 17 A. 63, 19, 42, 347
Huzarek, Franciszek 429, 439

Iffland, Hellmut 489

Jacoby, Daniel 284-285
Jacoby, Frau 284-285
Jäger, Artur 446
Jahn, Hans-Edgar 17, 75-76
Jaksch, Wenzel 3-4, 11-12, 15-17, 19, 30, 65-76, 83-85, 87, 93-94, 116-118, 123 A. 203 und 214 und 218, 124, 127-128, 140, 143, 160-165, 202, 204-205, 207, 211, 219-220, 222, 225, 267-276, 320-321, 323-324, 347, 358-375, 383-384, 420, 447, 462, 517, 519, 521, 526-527, 531, 563-564
Janko, Sepp 449
Jeka (Fähnrich) 55, 428-429, 430 A. 489, 433-434, 438
Jodl, Alfred 390
Jung, Rudolf 201, 215, 314
Jurcsek, Adalbert 460, 469

Kahr, Gustav Ritter von 176, 181-182
Kaiser, Jakob 324
Kállay, Miklos Baron von 456, 458-459, 467-470
Kaller, Maximilian 103, 349
Kamm, Gottlob 312 A. 417, 500 A. 752
Karl I., Kaiser von Österreich, König von Ungarn 127-128
Karpenstein, Wilhelm 197
Kather, Arthur 103, 159, 265-266
Kather, Hans 102
Kather, Linus 2 A. 5, 6-12, 14, 19-20, 22-27, 33-45, 65-67, 83-85, 87, 92, 102-105, 109, 122 A. 194-201, 123 A. 204, 124, 157-160, 189-190, 202-205, 207, 211, 260-267, 276, 288, 320-321, 348-358, 383, 421-422, 521, 526-527, 531, 565-566
Kaufmann, Karl 465 A. 644
Keintzel, Eduard 459-460
Keitel, Wilhelm 357
Keller, August Freiherr von 243
Kellner, Friedrich 33, 369
Kern, Erich (eigtl. Kernmayr) 37
Keßler, Erich 335-336
Kessler, Harry Graf 169
Keudell, Walter von 23
Kiesinger, Kurt Georg 60-61
Kittel, Heinrich 403 A. 365, 406
Kleist, Peter 36-37
Klemperer, Victor 33

Klingbeil, Wilhelm 101
Knaus, Franz, siehe *Szombathelyi, Ferenc*
Knieper, Werner 60-61
Knirsch, Hans 200, 215-216, 224
Knitter, Marian 55, 434, 437-439
Koch, Erich 4, 70, 114-116, 168-169, 283, 320, 334-335, 357, 376, 387-390, 393, 397, 407
Koch, Walter 143, 212-213
Koegler, Franz 200, 362 A. 180, 363-364
Korfanty, Wojtiech 31
Kosinski, Hans 438, 443
Kottwitz, Siegfried 72 A. 308, 77, 79
Kotzahn, Kurt 169-171, 280
Kraft, Stefan 193, 301-302
Kraft, Waldemar 5-7, 38-39, 41, 43
Krahmer-Möllenberg, Erich 150-151, 241, 249, 256, 258-259
Kramář, Karel 144-145
Krebs, Hans 147, 200, 213-215, 216 A. 31, 223-226, 228, 322, 367
Krone, Heinrich 56
Krüger, Hans 3-4, 11, 14-17, 40-41, 43-69, 72, 75, 80, 83-84, 87, 92, 105-108, 113, 122 A. 194 und 199, 123 A. 205, 165-166, 187-190, 203-205, 207, 209-210, 231, 255, 277, 295-300, 320, 347, 360, 375, 383, 420-446, 489, 523-525, 527-530, 567-568
Kühn, Adolf 266

Labryga, Johannes 245, 342-347
Lagarde, Paul de 130
Lange, Friedrich 183
Langguth, Heinz 12-13, 15, 84, 87-88, 90-91, 95-96, 122 A. 194-202, 123 A. 208 und 209 und 220, 196, 198, 203-205, 207-210, 302, 306-308, 320, 383, 473-474, 479-496, 523, 525-530, 569-570
Laun, Rudolf von 152-153
Lautenbach, Fritz 508
Lavergne, Bernard 274, 369
Lehwald, Walter 197, 303-305
Le Pen, Jean-Marie 367 A. 196
Leuschner, Wilhelm 324
Levin, Alfred 284
Lindrath, Hermann 523
Lloyd George, David 236 f.
Lodgman von Auen, Josef Ritter 122
Lodgman von Auen, Rudolf (bis 1919: Ritter) 8-10, 13, 15, 20, 23, 25, 83-85, 87, 89-90, 97-101, 117, 122 A. 194-201, 123 A. 207, 124-148, 161-163, 199, 201-202, 204-205, 207-208, 211-241, 252, 270-273, 2/6, 313, 320-325, 329, 365, 371, 447, 504, 522, 526-527, 531, 571-572
Loesch, Freda von 77, 79

Lorenz, Werner 241, 248-250, 330, 333
Lorenzen, Lore 186-187
Lossow, Otto von 176, 181
Lübke. Heinrich 358, 519
Ludendorff, Erich 176, 181-183,
Luft, Robert 283-284
Lukaschek, Hans 6, 32, 50, 245-246, 250, 344-345

Magarasević, Dimitrije 301, 449
Magunia, Waldemar 388-389, 391, 393
Manteuffel-Szoege, Georg Baron von 14-15, 43-44, 66, 383-384
Martini, Albert 168-170
Masaryk, Tomáš G. 84, 127, 129, 133, 136-137, 141-144, 239, 268-270, 364, 366
Matthee, Hans 75-76
Mayr-Harting, Robert 310
Mehlhorn, Herbert 336
Meyer, Alfred 397, 401
Mielke, Erich 49, 385, 413
Mitterrand, Francois 367 A. 196
Mocker, Karl IX, 5-6, 12, 15-17, 20, 23-26, 75-76, 83-84, 87, 90-91, 96-97, 100, 109, 122 A. 194-201, 123 A. 204, 196, 198-201, 204-205, 207, 209, 211, 302, 308-315, 319-320, 473-474, 496-504, 524-527, 531, 573-574
Molisch, Paul 127, 133
Molotow, Vjačeslav 371
Müller, Heinrich 256, 258, 325
Mußgnug, Martin 34
Mussolini, Benito 183-184, 274

Nahm, Peter Paul 58, 362
Narloch, Bernard 437
Naujocks, Alfred 257
Naumann, Friedrich 129-130
Naumann, Werner 5, 465
Nečas, Jaromir 165, 272 A. 250, 273, 369
Nehrū, Javāharlāl 275, 361
Nemetz, Franz 315
Neubacher, Hermann 454
Neuberger, Josef 59
Neuhoff, Hans 77-78
Neumann, Clemens 77, 79
Neurath, Konstantin von 241
Noel-Baker, Philip 369
Norden, Albert 15, 46-49, 51-54, 62, 64, 187

Oberländer, Theodor 2, 5-6, 29, 39-41, 43-44, 46-51, 60, 61 A. 267, 63, 65, 189, 255, 258 A. 199, 295. 347, 360, 523
Ollenhauer, Erich 276, 360, 367, 373
Ormsby-Gore, Sir William 243
Otto, Egbert 4, 17, 383-384

Pacher, Raphael 126-127, 134
Paul, Dr. 246, 344
Paul, Prinzregent von Jugoslawien 300
Pavlov, Sergej 408
Pech, Hertha 71-72, 75-76, 519
Peška, Zdeněk 274
Pfitzner, Josef 268, 366
Pierang, Gertrud 483-484, 491
Pillichowski, Czeslaw 441
Piłsudski, Jozef 155-157, 241-242, 251, 259
Pius XII., Papst 23
Plener, Ernst (1856: von; 1906-1919 Freiherr von) 98, 131
Pleyer, Kleophanes 181-182
Pöhner, Ernst 176
Pölzl, Leopold 223, 225-226, 228, 232-233
Ponika, Fritz 280
Popovici, Aurel C. 125, 368
Prothmann, Theresia, verehel. Kather 102

Quitzrau, Helmut 388, 391

Raczyński, Edward Graf 243
Rafalowski, Franciszek 437
Randow, Konrad von 77, 79
Rašin, Alois 141, 145
Rauschning, Hermann 496
Redlich, Josef 100 A. 76, 126
Rehs, Reinhold 4, 13, 15-17, 30, 65-69, 71, 75-76, 83-84, 87, 92, 108-109, 116 A. 169, 122 A. 194 und 199, 123 A. 204, 165-166, 174-187, 203-205, 207, 209, 211, 277, 280, 286-288, 319, 375, 378, 384, 412-413, 420, 518-519, 524, 527-528, 531, 575-576
Reitzner, Richard 365
Renndorfer, Alfred 379-381, 392
Renner, Karl 125, 129, 135, 137, 161, 163
Reuter, Wilhelm 378-380
Ribbentrop, Joachim von 241
Richter, Walter 17 A. 63, 75-76
Rinke, Walter 23, 25, 246, 345-346
Ripka, Hubert 370-372
Rode, Wilhelm 351-355
Rogausch, Friedrich 391, 392 A. 313
Röhm, Ernst 198, 239 A. 122, 265, 279, 303-304, 509
Roosevelt, Eleanor 374
Roosevelt, Franklin D. 371
Rosenberg, Alfred 39, 248
Röver, Ernst 482-483
Röver, Margot 482-483
Rückerl, Adalbert 440-442
Rudat, Fritz 349, 356
Runciman, Lord Walter 370
Russwurm, Wilhelm 396

Personenverzeichnis

Sauckel, Fritz 401, 404
Schafheutle, Josef 57
Schallwig, Friedrich-Wilhelm 18 A. 66
Schebesta, Georg 77, 79
Scheel, Walter 59
Schellenberg, Walter 257
Schellhaus, Erich IX, 3, 5-6, 12, 14-17, 27-32, 45, 75-76, 83-84, 87, 92, 110, 113-114, 123 A. 211 und 216, 165, 173-174, 203-205, 207, 210, 277, 289-295, 319, 375, 413-420, 422, 445. 494, 524-525, 527-529, 577-578
Schirach, Baldur von 181 A. 530, 249
Schierck, Hellmuth 280, 284
Schmid, Anton 494-495
Schmidt, Helmut 84
Schmidtmayer, Dr. 77, 79
Schneider, Georg 246, 345-346
Schönerer, Georg (1860-1919: Ritter von) 231
Schreiber, Ottomar 23, 25-26, 383 A. 262
Schreiber (NSDAP-Ortsgruppenleiter) 170
Schröder, Gerhard 523
Schulenburg, Fritz-Dietlof Graf von der 333, 335, 388
Schulz (Kammergerichtsrat) 445
Schulz, Alfred 430 A. 489
Schulz-Vanselow, Hans 77, 79
Schumacher, Kurt 4, 103
Schütz, Hans 324
Schwarz, Sepp 308-310
Schwarzer, Herbert 18, 70, 73, 77
Seebohm, Hans-Christoph 75-76, 344
Seiboth, Frank 5, 309 A. 401
Seldte, Franz 184-186, 286
Seliger, Josef 135, 141, 145, 161, 163, 219, 225, 270, 360, 362 A. 180, 364, 563
Selzner, Claus 392-393, 404, 411
Severing, Carl 166
Sivkovich, Hans 42
Skrodzki, Rudolf 424, 429, 433, 437-439, 442
Solinski, Paul Wilhelm 340
Spina, Franz 162
Springorum jr., Fritz 304, 331
Springorum, Walter 33, 304, 331-332, 335
Stalin, Jossif W. 9, 83, 137, 241, 255, 364, 371-372, 394, 400, 403, 471 A. 671
Starhemberg, Ernst-Rüdiger (bis 1919: Fürst von 181
Steffen, Jochen 187
Stein, Helmut 516
Steinki, Josef 349-353
Stojadinović, Milan 300-302, 449
Stradal, Karl Heinrich 100 A. 74, 233-240, 323
Strasser, Otto 200, 268-269, 366, 368
Sträter, Artur 56
Strauß, Franz-Josef 255-256, 325

Streicher, Julius 250
Streit, Josef 52
Stresemann, Gustav 146, 152, 154-155, 175, 188-189, 202-203, 205, 242, 244, 252, 303, 524
Strothmann, Dietrich 46, 360
Stücklen, Richard 523
Styp-Rekowski, Leon 440
Szalasi, Ferenc 461
Szegedi, Erich 460
Sztójay, Döme 454, 456-457, 459-461, 469
Szombathelyi, Ferenc 467-469

Taaffe, Eduard Graf 99
Tantzky, Ewald 280-281, 288
Teleki, Pál Graf 451
Thadden, Adolf von 4, 34-37
Tisza, István Graf 130
Tito, Josip Broz 464-465, 468, 470, 473, 478
Tixier-Vignancour, Jean Louis 367
Tobolka, Zdeněk Václav 132
Traub, Wilhelm 379
Treviranus, Reinhold 153
Trischler, Josef 3, 5, 13, 15, 17, 75-76, 83-84, 87, 93, 118-119, 122 A. 194-202, 123 A. 210, 165-166, 190-196, 203-205, 207, 277, 300-302, 320, 375, 382, 447-473, 521-522, 525-526, 529-530, 579-580
Trunkhardt, Artur 340
Tusár, Vlastimil 136, 144 A. 327

Ulbricht, Walter 49, 83, 421, 515 A. 805
Ulitz, Otto 3, 13, 15, 18, 27, 31-33, 54, 69, 72 A. 308, 75-76, 83-87, 93, 110-114, 118, 122 A. 195, 123 A. 203 und 212 und 217, 124, 148-158, 202, 204-205, 207-208, 210-211, 241-261, 276, 305, 320-321, 325-347, 388, 525, 527, 529-530, 581-582

Vries, Axel de 8, 10, 18, 23-25, 44, 379, 381-384, 408, 410

Wagner, Josef 325, 327, 330-334, 337, 341
Wagner, Rudolf 18 A. 66
Walter, Friedrich 17 A. 63, 75-76
Walter, Johannes 69-70, 72 A. 308, 77, 79-80
Walter, Josef 23-26
Weber, Friedrich 176
Weizsäcker, Richard von 84
Wekerle, Sándor (Alexander) 190
Wendt, Otto 445-446
Wersche (Landgerichtspräsident) 426, 430
Westrick, Ludger 60-61
Wiedeck, Hugo 344, 346
Wiesner, Rudolf 327

Wilhelm II., Deutscher Kaiser und König von Preußen   158, 290
Will, Hellmuth   391
Willers, Hellmuth   495
Willinger, Karl   292
Wilpert, Friedrich von   444, 486
Wittke, Otto   172, 283
Wohler, Walter   423, 434, 438, 443
Wolf, Karl Hermann   126-127, 138, 231
Wolf, Markus   385
Wolfram von Wolmar, Wolfgang   224 A. 54, 322
Wollner, Georg   94, 119-122, 201-202, 302, 316-318, 473, 511-514, 516

Wollner, Rudolf   13-15, 17, 69, 71-72, 75-76, 84-88, 93-94, 116, 119-122, 123 A. 213 und 219, 196, 201-202, 204-205, 207-208, 302, 315-319, 473, 504-519, 522-523, 528-529, 583-584

Zaleski, August   153-156, 244
Zeidner, Franz, siehe *Feketehalmy-Czeidner, Ferenc*
Zimmermann, Albert   293
Zoglmann, Siegfried   504
Zöldy, Márton   470
Zygenda, Max   282-284, 393

www.ingramcontent.com/pod-product-compliance
Lightning Source LLC
Chambersburg PA
CBHW080839230426
43665CB00021B/2894